인문고전으로서의 구약성서 읽기

김회권

박영사

2판 머리말

구약성경의 첫인상은 결코 인류의 고전이나 고매한 종교서적과는 거리가 멀어 보인다는 점이다. 언뜻 보면 독선적이고 편파적인 이스라엘 사랑과 가혹한 이민족 멸시천대를 거리낌 없이 보여주는 이스라엘의 민족수호신 야웨는 그리스의 최고신 제우스나 바다의 신 포세이돈, 그리고 전쟁의 신 아레스(로마식 이름 마르스)와 거의 다름없는 변덕과 폭력의 신처럼 보인다. 특히 모세오경 중 출애굽기와 신명기, 그리고 여호수아서에 빈번히 등장하는 야웨의 전쟁독려 장면들은 확실히 구약을 읽어보려는 독자들에게 커다란 걸림돌이 된다. 특히 기회균등과 평등의 에토스로 무장된 다원주의적 현대인들에게 이런 이스라엘의 하나님 야웨는 영락없는 비호감형 신이다. 모세오경이라고 불리는 구약성경의 첫 다섯 책은 이런 편파적이고 폭력적이기까지 한 이스라엘의 하나님 야웨를 가감 없이 드러낸다. 이런 야생적이고 원시적이고 잔혹하기까지 한 야웨의 표적과 기적을 통한 이스라엘의 특별가호 행위는 사랑, 정의, 그리고 공의의 하나님과는 너무나 낯선 풍경이다. 따라서 이런 구약성서를 인문고전으로 읽어보겠다는 시도는 무모하고 성공가능성이 거의 없어 보인다.

<인문고전으로서의 구약성서 읽기>는 바로 구약성경의 이런 하나님 겉모습에 좌절하고 실망한 사람들을 위해 쓰인 책이다. 이 책의 중심주장은 위에서 언급된 구약성서의 하나님에 대한 인상비평을 극복하면 구약성서가 말하는 하나님의 진면

목을 발견할 수 있다는 것이다. 본서가 제시하는 관점으로서 구약성서를 읽게 되면 구약성서의 하나님이 바로 산상수훈의 보편평화이자 이웃사랑의 화신인 예수 그리스도를 보낸 하나님이자 예수 그리스도가 아버지라고 불렀던 하나님임을 깨닫게 된다는 것이다. 구약성경의 하나님에 대한 인상비평을 극복할 수 있는 방법은 두 가지이다. 첫째, 해석학적 여과를 거친 읽기이다. 구약은 아주 오래된 고대인들의 신관, 인간관, 그리고 세계관으로 채색된 오래된 책이다. 구약을 산출한 고대 히브리인들의 정신세계에 대한 선이해를 바탕으로 읽으면 구약성경의 원래 메시지를 정확하게 파악할 수 있다. 둘째, 구약성서 본문에 대한 경청이다. 야웨 하나님의 전쟁독려, 혹은 투쟁독려가 보편적인 정의감을 훼손하는지, 혹은 보양하는지 잘 살펴보자는 것이다. 구약의 하나님이 특정 민족을 편애하고 다른 민족들을 천대하는 하나님인지, 혹은 특정한 삶의 원리를 단죄하고 특정한 삶의 원리를 옹호하는 하나님인지 잘 살펴보자는 것이다. 사실상, 구약성서는 이스라엘 민족이라는 특수한 등장인물의 특수한 역사를 통해 특수한 삶의 원리, 국가 흥망성쇠의 원리를 천명하고 가르치는 데 방점을 찍고 있다. 구약성서는 특정종교나 특정민족을 신성시하거나 특권화하는 배타적인 책이 결코 아니며, 자연법적인 이성과 양심을 가진 사람들의 정의감을 만족시키는 보편타당한 진리를 가르치는 고전이다.

예를 들면, 모세오경이 주창하는 선민사상의 본질을 제대로 파악해 보자는 것이다. 구약성서는 당신을 아브라함의 하나님, 이삭의 하나님, 야곱의 하나님이라고 규정하는 야웨 하나님을 소개한다. 천지를 창조한 하나님이 바로 이스라엘을 선민으로 택한 바로 그 하나님이라는 것이다. 야웨가 당신을 이스라엘의 하나님, 즉 아브라함의 하나님, 이삭의 하나님, 야곱의 하나님이라고 소개하는 맥락을 보면 이 어구의 뜻을 이해할 수 있다. 이 어구는 야웨가 자신의 보금자리를 잃고 새로운 땅을 찾아 어쩔 수 없이 고립무원한 외톨이들의 하나님임을 주장한다. 마찬가지로 출애굽기의 주인공인 야웨 하나님의 행동들과 계획도 보편적으로 이해될 수 있다. 출애굽기는 이스라엘 민족과 이집트 민족이라는 민족갈등을 다루는 책이 아니라, 노예와 노예 주인 사이의 갈등을 다루는 책이다. 구약성서는 동료인간을 노예화하는 파라오의 억압과 비인간화 체제로부터 인간의 안식과 존엄을 되찾아주는 출애굽의 하나님, 모세의 하나님임을 내세운다. 유럽을 전쟁의 참화로 몰아넣은 잔악무도한 인류사적 악의 제국인 독일 3제국, 나치체제를 향해 융단폭격을 가한 연합군의 공격이 잔악한 전쟁범죄가 아니고 인간해방전쟁이었듯이, 출애굽기의 이집트 파괴 재앙들도 노예해방을 위한 정의롭고 해방적인 전쟁임을 선언한다. 여기서 드러나는 진실은 구약에서 하나님이 자신과 동일시하고 특별가호하는 이스라엘은 생물학적 인종적 단일체를 가리키는 말이 아니라. 모든 피압박민을 가리키는 일반명사라는 것이다.

이것과 관련해 가장 놀라운 진실은 구약성서의 하나님은 사후에 천국을 보장하거나 종말에 모든 억울한 자들을 위로할 테니 그때까지 참으라고 다그치는 신이 아니라는 사실이다. 구약의 하나님은 민중의 아편 종교를 창시하지도 지지하지도 않는다. 오히려 중병에 걸린 사람에게 '평안하다. 평안하다.'라고 외치는 거짓된 종교를 비판한다. 구약의 하나님은 이 세상의 가장 밑바닥 사회구성원들을 배제하고 소외시키는 지배층과 그것을 정당화하는 종교인들을 가장 참혹하고 정의롭게 심판하고 응징하는 하나님이다. 하나님은 이런 하나님의 해방적 정의집행에 저항하기 위해 파당을 만들거나 체제를 만드는 지상권력자들의 집합체에게 진노한다. 하나님의 분노는 하나님의 진리에 대항하는 권력자들의 담합체를 정조준하고 겨냥한다. 하나님은 보통 사람들이 심지가 곧지 못해서 범하는 경범죄 같은 수준의 허물과 비행을 향해서는 화산 같은 진노를 결코 터뜨리지 않는다. 하나님은 인류에게 1/n의 죄책을 할당하고 모든 인간을 동등한 수준에서 죄인이라고 다그치며 심판대 앞으로 소환하는 염라대왕이나 마왕이 아니다. 하나님은 에너지와 힘이 넘친 나머지 연약한 이웃을 착취하고 압제하는 강한 자들의 결사체를 분쇄하는 하나님이다. 이 세상의 가장 무기력하고 고립무원한 불의의 피해자들을 보호하고 위로하기 위해 부단히 예언자들을 파송한다. 예언자들을 통해 세상 권력자들과 악인들에게 희생되는 연약한 자들을 보호하고 그들을 압제하는 악한 권력자들에게 불쾌와 진노를 전하시며 회개를 촉구한다. 끝내 회개를 거부하는 자들에게 징벌을 가한다. 하지만 이 과정에서도 하나님은 오래 참고 기다린다. 예언자들은 악인들에게 회개를 촉구하는 하나님의 쟁변이다. 이런 의미로 역사관여적이고 역사향도적인 하나님이 구약의 하나님이다. 구약성서는 이스라엘을 택한 하나님이 형이상학의 장막 뒤에 숨은 신, 혹은 죽은 사람들에게나 심판주의 위세를 드러내는 이원론적 하나님이 아니라,

현실참여적이고 관여적인 사랑, 정의, 그리고 공의의 하나님임을 천명한다. 이런 하나님의 영에 사로잡혀 지상의 절대권력자들과 그들의 결사체를 분쇄하려고 일어난 사람들이 예언자들이다. 예언자들은 하나님의 정의와 공의열정에 감동되고 하나님의 권능으로 무장해 지상권력자들의 악행과 이웃착취죄를 질타하고 회개를 촉구한다. 구약성서는 예언자들이 쓴 책들의 묶음이다.

구약성경의 서른아홉 권 책은 2500년 전후에 걸쳐서 쓰인 책들이다. 구약성서는 특수한 민족에게 일어난 구원사를 통해 인류를 향한 하나님의 구원행동을 원리적으로 묘사하고 범례적으로 제시한다. 구약은 이스라엘이 대변하는 외톨이, 노예, 피압박 천민들을 위한 하나님의 역사내적 해방투쟁과 악인응징 기록이다. 구약은 인간해방, 인간구원, 그리고 인간의 덕성함양에 초점을 둔 인류고전이다. 구약의 하나님은 당신의 대리자들인 예언자들을 통해 피압박민 옹호와 노예해방을 추동하고 이웃을 압제하고 동료를 노예화하는 권력집단과 권력자들의 결사체를 분쇄한다. 이 싸움은 예언자들의 말의 싸움, 예언적 쟁변이다. 예언자들의 자기희생적 역사참여는 하나님의 역사참여의 성육신적 표현이다. 그리스의 최고신 제우스나 로마의 최고신 주피터는 자신을 대변할 예언자들을 세상에 보내지 못했다. 그리스와 로마 제국의 멸망으로 두 신은 각각 신격을 잃고 신화적 허구존재로 사라졌다. 그러나 구약성서의 하나님 야웨는 이스라엘 민족의 국가적 멸망과 민족적 해체를 초월하여 인류역사에서 살아남았다. 구약성서의 하나님은 인간의 역사 속에 부단히 당신의 예언자들을 파송해 역사의 방향타를 조정하신다.

바로 이 이유 때문에 구약성서는 인류의 고전이다. 고전은 지리적 경계, 인종적–민족적 경계, 그리고 시간적 한계를 다 뛰어넘으며 인류에게 사랑받고 승인받으며 영향을 끼치는 지혜를 담고 있다. 고전이 다루는 주제는 네 가지이다. 첫째, 고전은 인간존엄을 고양하고 인간의 어리석음과 자기파멸적인 취약성을 동시에 증언한다. 둘째, 고전은 개인과 국가의 흥망성쇠, 성공과 실패의 원리를 천명한다. 셋째, 고전은 자기희생적 사랑의 불멸적이고 궁극적인 가치를 주창하고 인류애를 파괴하는 오만한 지배의지를 단죄한다. 넷째, 이 세상에서의 삶의 무한한 가치를 드높이는 동시에 인생의 허무성과 잠정성도 경고한다.

구약성서는 이런 고전의 요소를 다 갖고 있다. 본서는 이런 인문고전으로서의 구약성경의 가치와 품격을 주목하는 읽기를 시도한다. 하지만 이 책은 저자가 마음속에서 기획한 만큼 완성도나 충실도에 이르지 못한 미완의 작품이다. 3년 전 가을에 본서는 숭실대의 온라인 강좌로 채택되어 학우들의 사랑을 받아온 <인문고전으로서의 성서읽기－구약편>의 교재로 집필되었지만, 점차 일반 독자들에게 알려지게 되어 2판을 상재하게 되었다. 본서는 먼저 이론적 서술문체로 된 강의안과 그것을 압축하여 구두로 풀어놓은 구어체 강의안으로 구분되어 있다. 모든 문어체 강의안의 끝에는 구어체 강의안이 첨부되어 있다. 일부 내용은 겹치지만 문어체로 된 강의안을 읽는 데 어려움을 느끼는 독자들은 구어체 강의안만 읽어도 본서 전체의 대지를 파악하는 데는 어려움이 없도록 편집되어 있다.

이 자리를 빌려 초판의 허술하고 부족함에도 불구하고 개정판을 내도록 격려해준 박영사와 독자 제현에게 사의를 표하고자 한다. 비록 초판을 대폭 수정하지는 못했으나, 이 개정판에서는 조교 이하은의 도움으로 오탈자들을 교정하고, 특정 주장을 뒷받침하는 데 인증된 성서구절들을 제시하는 데 정확성을 높였으며, 일부 사실 및 정보 오류가 나온 부분을 수정했다. 신실하고 유능한 이하은 조교에게 감사드린다. 박영사의 편집실무자 김다혜 선생님에게 감사드린다. 그러나 항상 그랬듯이 아내 정선희의 철저한 독서와 건설적인 논평들은 책을 더 품격있게 만드는 데 기여했다. 무엇보다도 이 과목을 듣고 이 책을 교재로 사용해준 숭실 학우들 또한 감사를 받아 마땅하다. 부디 이 개정판 2판도 독자들의 사랑과 호응 속에서 읽히기를 기대한다.

2024년 8월 살피재 연구실에서
저자 김회권

1판 머리말

구약성서는 약 30억의 인류가 신봉하는 유대교, 기독교, 이슬람교가 공통으로 존숭하는 경전이다. 구약성서가 특정 종교집단이 신봉하는 경전이라는 데에는 이론의 여지가 없으나 구약성경은 사실 종교문서로 폄하되고 환원되기에는 아까운 인류의 고전이기도 하다. 신들이 주인공으로 등장하는 호메로스의 <일리아드>나 <오딧세이>가 고전이듯이, 신의 계시에 의해 자신의 철학을 개진한다고 주장한 파르메니데스나 소크라테스의 철학이 고전이듯이, 이스라엘의 민족수호신 야웨의 맹활약이 돋보이는 구약성서 또한 고전이다. 역사 속에 등장해 주인공 역할을 한 야웨 하나님이라는 존재 때문에, 구약성서를 인류에게 보편적인 교양과 정신적 자양분을 제공하는 고전의 자리에서 배제하는 것은 부당한 일이다. 구약성서 전체에 걸쳐서 이스라엘의 수호신으로 자임하는 야웨 하나님은 언뜻 보기에는 이스라엘을 편애하고 이스라엘의 대적으로 맞서는 이방인들에게 엄청 가혹한 부족신(tribal god) 처럼 보인다. 그런데 이런 이해는 지극히 피상적인 인상비평일 뿐, 구약성서 본문 어디에서도 지지받기 힘든 오도된 통설이다. 구약성서의 신, 야웨 하나님은 철저하게 체제전복적이고 권력비판적이고 약자옹호적인 하나님이기 때문이다. 구약성서 39권 전체에 걸쳐서 이스라엘의 민족주의적이고 자기복무적인 이데올로기를 지지하는 구절은 단 한 구절도 없다. 구약성서의 '이스라엘'은 특정한 민족의 이름이지만 실상은 이 지상의 절대적 압제자들이나 강자에게 삶의 터전을 빼앗겨 안전한 보금자리를 찾는 난민을 대표하는 자이며, 안식도 빼앗긴 채 강제노동을 강요당하는 '노예'를 대표한다. 구약성서를 산출한 이스라엘의 조상은 난민과 노예였으며, 구약성서 전체는 삶과 문명의 벼랑 끝에 추방된 난민과 노예와 친히 언약을 맺으셔서, 역사의 중심무대를 장악한 압제자들과 요새화된 성읍의 지배자들을 무찌르시고 해체하시는 체제전복적인 하나님을 내세운다.

이 책은 종교적 교리가 포장하기 이전의 구약성서 본문 안에 밝히 드러나는 이 야생적이고 원시적이고 순수한 야웨의 민낯을 드러냄으로써 구약성서가 어떤 점에서 인류의 고전이 될 수 있는지를 보여주려고 한다. 이 책은 구약성서의 개별 책의 중심주제들을 개관함으로써, 각각의 책이 어떤 점에서 인류의 고전으로 읽힐 수 있는가를 다루며, 마지막 두 장에서는 인문고전으로 구약성서를 읽을 수 있는 구체적인 예를 제시하려고 한다. 원래 본서는 숭실대학교 온라인 교양과목으로 개설되었다가 K-MOOC 강좌로 전환되어 지금도 숭실대학교 밖의 성경학도들에게 열린 강좌가 된 <인문고전으로서의 성서읽기-구약편>의 교재로 착상되었다. 본서는 먼저 이론적 서술문체로 된 강의안과 그것을 압축하여 구두로 풀어놓은 구어체 강의안으로 구분되어 있다. 모든 문어체 강의안의 끝에는 구어체 강의안이 첨부되어 있다. 일부 내용은 겹치지만 문어체로 된 강의안을 읽는 데 어려움을 느끼는 독자들은 구어체 강의안만 읽어도 본서 전체의 대지를 파악하는 데는 어려움이 없도록 편집되어 있다. 문어체로 된 강의안은 2006년에 숭실대 출판부에서 발간된 <현대인과 성서>(김회권 외 5인 공저)의 일부인 "구약성서"편을 바탕으로 대폭 수정하고 보완한 원고임을 밝힌다.

이 책은 최초의 기획의도에 따라 청년 독자들을 염두에 둔 책이지만, 청년다운 호기심과 지적 열정을 가진 모든 세대의 정신적 청년 독자들에게도 무리 없이 읽힐 수 있을 것이다. 부디 이 책을 읽는 독자들이 인문고전으로서의 구약성서에 더욱 친근하게 다가갈 수 있기를 바란다.

이 자리를 빌려 저자는 숭실대 온라인 교양강좌로 개설된 <인문고전으로서의 성서읽기-구약편>을 수강하고 많은 유익한 댓글과 피드백을 보내준 숭실대 학우들에게 사의를 표하고 싶다. 매주 토의와 퀴즈에 참여해 본 강좌가 학우들에게 의미 있는 배움의 시간이 되도록 도와준 학우들은 본서를 쓸 수 있도록 용기를 준 선한 자극이 되었다. 이 강좌의 조교로 봉사해준 김현수, 김성남 두 조교에게도 심심한 감사를 표하고자 한다. 그들은 수백 명이 넘는 학우들과의 원활한 소통을 통해 적시의 도움을 제공함으로써 본 강좌가 숭실학우들에게 사랑받는 강좌로 자리 잡는 데 기여했다.

마지막으로 본서의 기획을 제안해 주신 박영사 정성혁 선생님과 책편집 실무를 총괄해 섬겨주신 김민조 선생님에게 진심으로 감사드린다. 김민조 선생님의 신속하고 꼼꼼한 교정과 편집작업으로 본서가 이번 가을학기부터 교재로 사용될 수 있었다. 항상 그렇듯이 나의 아내 정선희는 온 정성을 다 바쳐 문장 하나하나를 정독하여 교정하며, 크고 작은 오류들을 바로잡아 주었다. 초교부터 마지막까지 저자교정 단계의 고단한 원고검토를 즐겁게 감당해준 실실한 동역자이자 친구인 아내 정선희에게 심심한 감사를 드린다.

2021년 9월 저자 김회권

차 례

1주차 강의안

1-1 성서의 낯선 세계에 발을 들여놓는 사람들을 위한 성서입문 강의 ······ 3
1-2 세계사 속의 성경과 성경연대기와 지도 ······ 16

1강 서론 인문고전이란 무엇이며 어떤 점에서 성서가 인문고전인가? • 29
1강-1 성서의 낯선 세계에 발을 들여놓는 사람들을 위한 성서입문 강의 • 31
1강-2 세계사 속의 성경과 성경연대기와 지도 • 42

2주차 강의안

2-1 구약성서의 복합적 구성 개관 ······ 55
2-2 모세오경의 첫 책 창세기: 이스라엘 역사의 "압축 파일" 모세오경 ······ 63

2강 서론 구약성서의 복합적 구성 개관 • 69
2강-1 구약성서의 장르(율법서, 예언서, 성문서) 구분 • 71
2강-2 모세오경과 그 첫 책 창세기 • 82

3주차 강의안

3-1 출애굽기 ······ 93
3-2 레위기, 민수기 ······ 101

3강 서론 출애굽기, 레위기, 민수기의 이해 • 119
3강-1 출애굽기 • 121
3강-2 레위기, 민수기 • 132

4주차 강의안

4-1 신명기와 모세오경 요약 ······ 145
4-2 여호수아부터 열왕기하까지 '신명기 역사서' 개관 ······ 168

4강 서론 신명기 역사서의 독특성 • 193
4강-1 신명기와 모세오경 요약 • 195
4강-2 여호수아부터 사사기까지 • 208

5주차 강의안

5-1 사무엘상하 ······ 225
5-2 열왕기상하 ······ 233

5강 서론 이스라엘 역사의 결정적 변곡점을 다루는 사무엘상하와 열왕기상하 • 245
5강-1 사무엘상하 • 248
5강-2 열왕기상하 • 261

6주차 강의안

6-1 역대기상하 ······ 279
6-2 에스라-느헤미야 ······ 291

6강 서론 패배한 바둑을 복기(復棋)하듯 과거역사를 재해석하는 역대기, 에스라-느헤미야 • 303
6강-1 역대기상하 • 306
6강-2 에스라, 느헤미야 • 315

7주차 강의안

7-1 BC 8세기 예언자들의 중심과제 ······ 329
7-2 아모스와 호세아 ······ 335

7강 서론 사회비판적이고 권력감시적 지식인들의 공적 비판담론으로서의 예언서 • 340
7강-1 BC 8세기 예언자들의 중심과제 • 343
7강-2 아모스, 호세아 • 354

8주차 강의안

8-1 이사야와 미가 ······ 369
8-2 BC 7-6세기 예언자들의 중심과제, 예레미야와 에스겔 ······ 380

8강 서론 BC 8세기 예언자들인 이사야와 미가, 바벨론 포로기의 예언자 예레미야와 에스겔 • 389

8강-1 이사야, 미가 • 392
8강-2 BC 7-6세기 예언자, 예레미야, 에스겔 • 403

9주차 강의안
9-1 가나안 땅 정착에서 가나안 땅 상실까지의 이스라엘 역사 개관: 신명기 역사서의 탄생 ······ 419
9-2 바벨론 포로기의 의의: 대파국적 재난에 대한 다양한 응답 ······ 433
9강 서론 바벨론 유배시대가 구약성서에 끼친 영향에 대한 다각적 분석 • 448
9강-1 신명기 역사서 • 451
9강-2 바벨론 포로기의 의의: 대파국적 재난에 대한 다양한 응답 • 463

10주차 강의안
10-1 기타 BC 7-6세기 소예언자들(요엘, 오바댜, 요나, 나훔, 하박국, 스바냐) ······ 477
10-2 BC 6-5세기 예언자들: 학개, 스가랴, 말라기 ······ 480
10강 서론 왕국멸망기와 바벨론 귀환포로시대의 예언자들 예언 개관 • 485
10강-1 BC 7-6세기 소예언자들(요엘, 오바댜, 요나, 나훔, 하박국, 스바냐) • 487
10강-2 BC 6-5세기 예언자들: 학개, 스가랴, 말라기 • 499

11주차 강의안
11-1 시편, 잠언 ······ 513
11-2 욥기, 전도서, 예레미야 애가 ······ 527
11강 서론 구약성서의 성문서 개관 • 540
11강-1 구약성서의 성문서 주제 개관: 시편, 잠언 • 542
11강-2 욥기, 전도서, 예레미야 애가 • 555

12주차 강의안
12-1 다니엘, 에스더 ······ 573
12-2 룻기, 아가 ······ 579
12강 서론 성문서의 개방성, 보편성, 국제성에 대한 예시적 접근 • 587
12강-1 다니엘, 에스더 • 589
12강-2 룻기, 아가서 • 603

13주차 강의안

13-1 하나의 드라마로 읽는 구약성서 ····· 619
13-2 인문고전으로서의 구약성서 읽기 사례 1 ····· 624

13강 서론 구약성서를 하나의 책으로 읽으려는 시도의 난점과 유익 • 632
13강-1 기승전결의 드라마로 읽는 구약성서 • 634
13강-2 인문고전으로서의 구약성서 읽기 사례 1: 악과 고난의 문제에 대한 구약성서의 인문학적 접근 • 648

14주차 강의안

14-1 인문고전으로서의 구약성서 읽기 사례 2 ····· 665
14-2 인문고전으로서의 구약성서 읽기 사례 3: 구약성서의 윤리학과 이상적인 정치철학 ····· 675

14강 서론 인문고전으로서의 구약성서 읽기 사례 제시 2, 3 • 692
14강-1 인문고전으로서의 구약성서 읽기 사례 2: 바벨론 홍수설화의 빛 아래서 본 노아 홍수 이야기 • 694
14강-2 인문고전으로서의 구약성서 읽기 사례 3: 구약성서의 윤리학과 이상적인 정치철학 • 708

15주차 강의안

15장 구약성서를 인문고전으로 읽는 것을 좌절시키는 걸림돌들 ····· 723
15-1 구약성서의 선민사상은 글로벌 다원주의 다종교, 다인종 공존시대의 걸림돌인가? ····· 725
15-2 왜 구약성서의 하나님 야웨는 이스라엘의 가나안 정복전쟁을 부추기고 명령하는가? ····· 730
15-3 모세율법의 원천: 하나님과 기층민중의 아우성 ····· 736

16주차 강의안

16장 전체 결론—인문고전으로서의 구약성서 읽기의 의의 ····· 745

미주 • 749
참고문헌 • 759

인문고전으로서의 구약성서 읽기

1주차 강의안

1-1

성서의 낯선 세계에 발을 들여놓는 사람들을 위한 성서입문 강의

강좌와 강사 소개

<인문고전으로서의 성서읽기-구약편>은 구약성서의 낯선 세계를 탐험해 보기를 원하는 사람들을 위한 길라잡이가 되려는 강좌이다. 이 강좌는 수강생들이 14주에 걸쳐 매주 50분씩의 강의를 듣고 스스로 복습하고 예습하는 자기주도형 성서학습프로그램이다. 이 강좌는 처음에는 숭실대 학생들을 위한 교양과목 강좌로 기획되었으나, 지금은 무크강좌로 전환되어 다양한 수강생들에게 제공되고 있다. 본 강의를 맡은 강사는 숭실대 인문대 기독교학과 소속 김회권 교수이다. 그는 십수 권의 구약 관련 책을 출간한 학자로 활동하면서 꾸준히 청년들에게 성경을 강의해 오고 있다. 그래서 본 강의에는 청년을 1차 청중으로 예상한 듯한 기획의도가 어쩔 수 없이 두드러진다.

인문고전으로서의 구약의 가치

이 강의를 듣는 여러분은 아마도 성서를 유대교나 기독교의 경전으로 알고 있을 것이다. 그래서 기독교학교인 숭실대학교가 성서를 가르치게 하고 성서를 배우게 하는 것은, 기독교를 선전하고자 하는 목적 때문이라고 생각할지 모른다. 그러나 이 의혹은 사실이 아니다. 무엇보다도 먼저 확실히 해 둘 것은 성서의 인문고전적 가치이다. 성서는 특정종파 또는 특정종교의 경전이기 전에 인류 전체에게 선사된 고전이라는 것이다. 우리는 본 강좌를 통해 성서가 어떤 점에서 특정종파와 상관없이 읽힐 수 있는 인류고전이라고 말해질 수 있는지를 자세히 밝혀 볼 생각이다. 대부분의 인문교양 서적목록들에 성서가 포함되어 있는 것은 사실이지만, 그렇다고 종교적 귀의의사 없이 선뜻 성서를 읽어볼 생각을 갖는 사람들은 많지 않다.

우리는 이번 강의를 통해 어떤 점에서 구약성서가 고전으로 읽힐 수 있는지를 자세히 해명하려고 한다. 고전(古典)은 특정 문명의 모태에서 태어났지만 인류 전체에게 사랑받는 검증된 지혜의 책이다. 구약은 고대근동 문명의 모태에서, 신약은 고대 그레코-로만 문명의 모태에서 형성된 책이다. 적어도 세계의 주요 종교들인 기독교, 이슬람교, 유대교는 구약을 경전 혹은 준경전적 권위를 갖는 책으로 존숭한다. 그래서 구약은 특정종교인들이 특정 교리를 뽑아내는 경전으로 사용될 여지가 있다. 우리는 성서에 대한 특정종교적 읽기를 부인하지 않는다. 그렇게 읽는 방식도 가능하다. 그렇다 할지라도 인문고전으로서 성서를 읽는 것이 불가능한 것은 아니다. 종교적 읽기가 가능한 만큼 인문고전적 읽기도 가능하기 때문이다. 또한 숭실대학교가 교책 과목으로 성서를 가르치는 것 역시 기독교를 선전하거나 기독교 개종을 도모하기 위함보다는 대학시절에 읽어야 할 인문고전으로서의 가치 때문이다. 우리는 기독교대학인 숭실대학에서 특정종교의 교리를 옹호하는 성서읽기보다는 인문고전으로서의 성서공부에 집중하고자 한다.

성서는 구약 39권과 신약 27권을 합친 총 66권으로 구성되어 있다. 구약이 신약보다 네 배 이상 분량이 많다. 통속적인 견지에서 보자면 구약은 주로 분노하고 징벌하는 하나님 이미지와 연결되고, 신약은 인간과 화해하고 용서하시는 하나님 이미지와 연결되어 있다. 그래서 구약보다는 신약이 더 쉽게 읽힐 수 있을 것처럼 보인다. 그러나 이것은 사실이 아니다. 신약은 나사렛 예수 중심으로 짜인 단일서사구조로 되어 있으며, 구약은 장강대하처럼 본류와 지류가 어지럽고 복잡하게 얽혀있는 복합적 서사들로 구성되어 있다. 서사적 풍요로움을 기준으로 삼자면 구약성서가 훨씬 더 재미있는 인문고전처럼 읽힐 수 있다. 구약은 창세기부터 이스라엘의 종말과 미래운명까지를 다루는 미완성 드라마이다. 그런데 그 안에는 여러 가지 형이상학적 질문들과 기타 철학적 궁극질문이 제기되고 다뤄진다. 반면에 신약성서에는 그 자체로 자기완결적 독자적인 서사구조가 없다. 신약성경은 만일에 구약성경이 없다면 어떤 것도 의미가 없는 단절된 언어에 불과하다. 신약은 구약의존적이고 구약계승적이며, 그리고 구약성취적이기 때문이다. 자기완결적 서사구조가 없는 것은 이슬람의 코란도 마찬가지이다. 거기에는 창세기가 다루는 시작드라마가 없다. 코란에는 특별히 독자적 창세기나 출애굽기 같은 장편 대하 역사구원 드라마 서사의 시종이 없다. 예를 들어서 시작, 끝, 인간의 창조기사 등이 다루는 형이상학적 질문에 대한 응답에 해당되는 어떤 독자적 서사구조도 없다. 코란은 아주 빈번하게 구약성서를 그대로 인용하거나 인증(引證)한다. 결국 기독교, 유대교, 그리고 이슬람교까지 모두 다 구약성서에서 시작되었다. 구약성서는 유대교, 기독교, 이슬람교 세 종교 모두가 경전으로 삼는 책이다. 이런 점에서 보면 구약성서는 오히려 인류에게 갈등과 분쟁을 일으키는 세 종교를 이성적인 대화 테이블로 합류시켜서 서로 소통하게 만드는 에큐메니칼(ecumenical)[1]한 플랫폼과 같은 책이 될 수도 있다. 이 강좌는 시종일관 어떤 점에서 구약성경이 특정종교의 파당적, 호전적 종교의 기득권을 옹호하는 책이 아니라, 인류 모두에게 선사된 고전인가를 증시(證示)하려고 한다.

이스라엘 역사의 독특성과 성서가 말하는 '하나님'의 참뜻

최근에 경남 고성, 하동, 전남 여수, 강원도 양양 등지에는 한반도 중생대 백악기 때 살았던 공룡의 뼈들, 공룡 알, 또는 공룡의 유해들이 발견되었다.[2] 세계 3대 공룡 서식지로 알려진 고성에는 공룡박물관 등 여러 전시관이 있다. 거기에는 공룡의 활동을 보여주는 지질학적 유물들이 전시되어 있다. 지금 현존하는 어떤 동물도 감히 남길 수 없는 큰 보폭을 가진 발자국들이 바위에 자세히 암각되어 있다. 그 보폭의 크기, 굵기 등을 볼 때 다른 나라에서 나온 공룡 발자국과 똑같은 발자국임을 알 수 있다. 뉴욕 자연사 박물관에 전시되어 있는 공룡 발자국과 우리 한반도의 공룡 발자국이 거의 같다. 이 유물들은 한반도가 중생대 때 공룡이 집단으로 서식했던 거주지인 것을 드러냈다. 고생물학자들이나 지질학자들은 이렇게 분명한 공룡 발자국을 가지고 있는 공룡의 집단 서식지를 중심으로 특정지역에 공룡이 살았는지 살지 않았는지를 판단한다. 이때, 공룡의 발자국이 목적지향적으로 뚜렷이 암각된 지역이 기준이 된다. 공룡의 잔해물들 또는 유해들이 분명히 남겨진 지역이 다른 지역에도 공룡이 나타났는지 나타나지 않았는지를 판별할 때 기준이 되는 것은 합리적이고 이성적인 측면에서 받아들여질 수 있다. 그래서 고생물학자들은 공룡의 발자국이 뚜렷이 찍힌 지역들을 중심으로 공룡학을 전개한다.

이 공룡 발자국 비유에 기대어 말하자면, 이스라엘 역사를 담고 있는 구약성서는 '하나님'이라고 하는 절대자의 발자국이 뚜렷이 찍힌 역사적 암각 자료와 같다. 여기서 기독교나 유대교를 믿지 않는 사람에게 한 가지 양해를 구하고자 한다. 이런 분들에게 '하나님'이라는 말은 이미 중립적으로 들리지 않을 것이다. 십중팔구 '하나님'이라는 말은 많은 사람들에게 상당히 부정적인 감정을 일으키는 말이기 때문이다. 왜? 지난 인류의 역사, 특히 기독교나 유대교, 그리고 이슬람이 관련된 역사에는 '하나님'은 평화의 적, 인류의 분열자와 갈등촉발적 절대자로 각인되어 있을 것이기 때문이다. 하나님이란 말을 친숙하게 언급하는 사람들이 대체로 하나님이라는 말을 쓰지 않는 사람들보다 훨씬 더 독선적이고 파쟁적이고 투쟁적이고 호전적일 때가 많았기 때문이다. 유럽의 역사, 고대근동의 역사, 고대 그리스-로마의 역사 등 모든 종교 개입적 인류역사를 보면 하나님 혹은 신이 관여된 모든 종교들의 극단적 폐해들을 이구동성으로 증언하고 있다. 종교가 개입되기 전에는 평화로웠던 마을이 종교가 개입되고 나서 분쟁과 전쟁, 또는 분열의 지역으로 바뀌어 버리는 경우가 있었다. 그래서 마틴 부버(Martin Buber)라는 유대인 신학자는 "하나님, 그 단어는 유혈낭자한 언어, 피가 묻어 있는 말이다."[3]라고 말했다. 그런데 우리가 주목해야 할 놀라운 사실이 있다. 그것은 '하나님'이라는 단어는 특수한 사람들이 사용했다는 사실이다. 성경에서는 도대체 누가 어떤 맥락에서 하나님이라는 말을 언급하는가? 우리는 이 단어가 쓰이는 맥락을 자세히 주목할 필요가 있다. 누구의 입에 하나님이라는 말이 들려있는가? 권력자의 입에 하나님이라는 말이 들려있을 때와 그 권력자에게 학대당하는 지극히 연약한 자들의 입에서 하나님이 언급될 때는 '하나님'이라는 뜻 자체가 전혀 달라진다. 전자의 경우는 절대적 압제권력을 정당화하는 자라는 말이요, 후자의 경우에는 압제적 권력자를 부서뜨리는 체제전복적 권능을 함의한다. 힘을 가진 자, 지배자, 압제자, 독재자 등 권력을 남용하는 자의 입에 하나님이라는 언어가 들어갔을 때, 그 하나님이라는 언어는 유혈낭자한 파괴적인 우상이 되어버린다. 그런데 구약성서의 하나님 언급, 하나님 언명은 권력비판적 맥락에서 이뤄졌다.[4] 권력자의 권력을 철두철미하게 비신화화(非神話化)하기 위하여 예언자들이 썼던 언어가 바로 하나님이었다. 이때 하나님은 정의와 공의의 최후 보루요 보증자라는 의미를 갖고 있다. 예언자들은 지상에 살아있는 권력자들의 권력을 해체하고 남용된 권력을 바로잡기 위하여 하나님께 호소했다. 따라서 하나님은 지배자, 압제자에게 짓밟힌 사람들의 입에서 언명될 때 참된 하나님 역할을 하실 수 있다. 하나님이라는 언어가 피억압자, 가난하고 학대당하는 자의 입에 담길 때 그 단어는 정상적인 의사소통 언어가 된다. 구약성서와 신약성서는 단 한 번도 다른 맥락에서 하나님이라는 용어를 사용하지 않는다. 성서는 이 낱말이 누구의 입에 들려져 있는가를 자세히 주목한다. 성서는 시종일관 압제자, 권력자, 지배자, 또는 갑의 자리에 있는 자들이 하나님이라는 말을 남용하지 못하도록 경계한다. 즉 하나님의 이름을 '헛되이 일컫지 말라'고 경고한다.

성서는 하나님이라는 말을 썼던 사람들을 예언자들이라고 말한다. 신구약 성서는 예언자적인 저자들에 의해 쓰였다. 예언자들은 살아있는 절대 권력자들과 대립각을 세우면서 빈민들, 고아와 과부, 난민들, 즉 사회적 약자들을 옹호할 때 하나님이라는 언어를 썼다. 인문학적 성서읽기의 가장 핵심은 하나님이라는 말을 예언자의 입에 다시 되돌려 놓는 읽기이다. 하나님이라는 말은 절대로 종교권력자들이 함부로 남용할 수 있는 언어가 아니라는 점을 부단히 상기시키는 것이 인문학적 성서읽기의 또 다른 과업이다. 그래서 종교가 없는 수강생들도 이 강좌 전체에서 하나님이라는 단어가 거리낌 없이 사용되는 것을 납득할 수 있게 되기를 바란다.

다시 말하면 인문고전인 구약에서 말하는 하나님의 참된 의미를 알자는 것이다. 하나님이라는 말이 예언자들의 입에 들렸을 때, 그것은 인권옹호의 보루가 되었고 억압체제 전복의 보루가 되었고 독재체제를 무너뜨리는 강력한 언어적 무기가 되었다는 것을 알고 가자. 성서 전체에서 무릇 하나님이란 말을 쓰는 모든 경건한 사람들은 자기해체적이고 자기부인적인 맥락에서만 하나님이라는 언어를 썼다. 만일에 하나님이라는 언어를 쓰면서 자기이익을 담보하고 자기이익을 취하려고 한다면, 이미 그것은 하나님의 성품을 배반하는 일이다. 그런 목적을 갖고서는 아무리 하나님을 부르고 하나님께 호소해도 하나님 임재나 현존을 확보할 수 없다. 자기복무적 관점에서 하나님이라는 말을 썼다면, 그것은 이미 하나님이라는 이름을 헛되이 쓰는 것이기 때문이다. '헛되이'라는 말은 하나님의 현존을 매개하지도 못하는데 마치 하나님을 언급함으로써 말하는 그 자신이 하나님과 모종의 친밀관계를 누리고 있는 것처럼 말하는 상황을 가리킨다.

그래서 기독교가 하나님이라는 이름을 어떤 맥락에서 쓰는지 또는 성직자, 사제, 주교, 교황 등 모든 종교인들이 절대자의 이름을 어떤 맥락에서 쓰는지 세상 사람들은 세심하게 주목해야 한다. 하나님이라는 이름을 쓰면서 자기 권력, 자기 기득권, 자기 이익을 사수하려고 할 때, 그 하나님이라는 말은 이미 우상화된 하나님일 뿐 참다운 하나님은 아니기 때문이다. 하나님은 이집트 압제자 파라오의 하나님이 아니라, 압제자 파라오 밑에서 혹독한 고난과 압제를 받았던 히브리 노예들의 하나님이시다. 히브리 노예들은 자유와 인권은 빼앗겨도 하나님이라는 언어를 빼앗길 수 없다. 자유와 인권 등 모든 존귀한 것들을 다 박탈당해도 하나님은 빼앗길 수 없다. 어떤 절대 권력자가 가난한 과부나 농민의 자유, 생존권, 존엄성 모두를 다 강탈한다고 해도 그의 입술에 불리고 그의 심장에 새겨진 하나님을 강탈할 수는 없다. 가난한 자들을 멸시하면 그 가난한 자의 입에 담겨 불리는 하나님도 멸시를 당하는 셈이다. 따라서 가난한 자들을 향한 권력자들의 공격은 궁극적으로 하나님을 향한 공격이다. 이런 일이 출애굽기 1-12장에서 사실 그대로 일어났다.

이집트의 군주 압제자 파라오는 온갖 불의한 명령과 포고령 등으로 히브리 노예들의 삶과 행복을 처참하게 파괴했다. 그러나 그는 하나님이라는 언어를 가지고 유대인, 히브리인 노예들을 압제할 수 없었다. 그에게는 절대권력이 있었지만 그 권력을 순식간에 무로 만들어버리는 하나님이라는 언어는 갖고 있지 않았다. 그래서 파라오의 언어가 아니라 모세의 입에 들린 그 "하나님"이라는 용어는 해방의 무기가 되었다. 이로 보아 하나님은 모든 사람에게 함부로 언급될 수 없다. 하나님은 당신과 언약적 관계에 있는 사람들의 입에 하나님 이름이 들려지기를 원하신다. 고아와 과부, 난민과 노예, 차별받는 모든 사람들이 하나님이라는 언어를 가지고 살아남으며 투쟁했고 또한 불의와 맞섰다. 인문학적 성서읽기의 핵심은 하나님이라는 말이 특정종교, 특정종교 권력자, 특정국가체제를 떠받치는 어떤 기득권 동맹에 들어있는 단어가 아니라는 점을 강조하는 데서 시작된다. 하나님은 칼 마르크스(Karl Heinrich Marx)가 말한 상부구조의 이념적 동맹언어가 아니다. 하나님은 자본주의 체제에 노동자를 압제하는 그런 권력체제에 기생하는 상부구조로서 기능하지 않는다. 동시에 하나님은 우익국가사회주의자들(Nazism)이나 좌익국가사회주의자들(스탈린, 모택동)의 인민지배를 정당화하는 이념적 동맹도 아니다. 하나님은 노예제를 떠받치는 국가주의 혹은 제국주의 시대에 왕실이나 특정 정치체제를 후원하던 기독교 신학이 감히 입에 담을 수 없는 거룩하신 절대타자이시다. 하나님은 오히려 이 세상의 부당한 권력들과 부당한 체제 아래서 신음하는 노예들과 당신을 일치시키신다. 그래서 이런 전복적이고 생활밀착적인 하나님을 말하는 것, 이것이 바로 인문고전으로서의 성서읽기의 진수라고 할 수 있다. 우리는 이런 관점에서 교회에서 일찍이 들어보지 못한 방식의 성경강좌를 진행하려고 한다.

청년대학시절에 성서를 읽어야 하는 이유

그러면 대학시절에 성서를 읽어야 하는 이유는 무엇일까? 그 이유는 여러 가지이지만, 무엇보다도 성서가 청년의 자아형성을 돕는 데 결정적인 지침을 제공하기 때문이다. 불의한 세상에 노출되는 청년들은 기울어진 운동장을 바로 세우시려고 분투하시는 하나님을 알고 그의 동맹자가 되어 살지 않으면, 현실의 여러 불의한 권력들에게 쉽게 영향을 받는다. 대학시절은 청년들의 자아가 형성되지 못한 때이기 때문이다. 대학시절은 자기존재를 정립하여야 할 시기이다. 기성세대 안에 자기존재를 곧추세우고 직립보행하는 주체성을 획득해야 하는 시간이다. 그런데 성서의 하나님은 이 세상에 어떤 공고한 권력기반도 없는 개인들의 하나님이다. 하나님의 도우심은 거대한 체제로부터 탈출한 아브라함과 같은 외톨이들, 이삭, 야곱과 같은 외톨이들에게 결정적인 지지가 된다. 성서의 하나님은 자기 땅이 없어서 이리저리 방황하는 외톨이들을 붙들어서 새로운 세상을 건설하려고 하시는 분이다. 성서의 하나님은 체제 안에 안정된 사람의 종교심을 만족시키는 분이 아니라, 체제를 떠나 새로운 세상을 꿈꾸는 외톨이들의 하나님이다. 그래서 하나님은 당신을 이렇게 말한다. "나는 아브라함의 하나님, 이삭의 하나님, 야곱의 하나님이다." 이것은 무슨 말인가? '나는 생물학적으로 저 셈족의 특정인들의 하나님'이라는 뜻이 아니다. '나는 외톨이의 하나님이다. 외톨이 1세대 하나님, 외톨이 2세대 하나님, 외톨이 3세대 하나님이다. 즉 하나님이 지으시고 경영하시는 보편적인 공평과 정의가 이루어지는 인간다운 세상을 찾아서 훨씬 더 안정적인 체제, 그러나 비인간적인 노예 체제, 압제체제 등을 떠나 새로운 세계를 일구려고 하는 사람들의 하나님이다.' 이런 의미이다. 청년들은 바로 기성세대에 편입되지만 기성세대로부터 창조적으로 분리된 새로운 세상을 건설하려고 하는 세대이기 때문에, 성서의 하나님은 그들에게 결정적인 영감이 되고 용기의 원천이 되어 주신다. 청년들은 바로 아브라함적인 외톨이성, 아브라함적인 고독성, 아브라함적인 단독자성을 가졌기 때문에 하나님의 부르심에 응답하기 쉬운 감수성을 보유하고 있다. 그래서 하나님은 새로운 세상을 건설하기 원하는 청년들을 주목하신다. 그래서 청년들은 엄격한 자기관리를 통하여 시험과 유혹 등을 극복해 건강하고 여문 자아를 형성해야 한다. 청년들은 성서읽기를 통해 그들의 말초적 감정들 또는 쾌락들을 휘젓고 다니는 모든 부수적인 것들로부터 자기를 지키고 자아를 단단하게 형성하는 훈련을 할 수 있다. 성서는 비인간적인 삶을 강요하는 거대한 체제와 그 체제의 낯선 권력자들과 맞닥뜨린 개인들의 분투록으로 가득 차 있다. 아브라함, 이삭과 야곱, 모세, 다윗, 이들 모두는 그들의 청년시절에 당혹스러울 정도의 불합리한 세상과 마주쳤다. 그러나 그들은 기어코 새로운 세상을 만드는 데 성공한다. 그래서 성서는 불합리하고도 마음을 놓을 수 없게 만드는 기성체제와 대립각을 세우는 청년들에게 매우 적절한 고전적 지혜와 가르침으로 가득 차 있다. 고전적 지혜는 어떤 시대에 어떤 환경에서도 위력을 발휘하는 지혜이다. 성서는 불의한 권력체제에게 시달리지만 그것에 편입되어 또 다른 권력자가 되기보다는 권력체제 자체를 해체시켜 재창조하는 열정들을 청년들에게 고취시킨다. 청년들 모두에게는 자기 자아를 직립보행적으로 만드는 뚜렷한 주체성, 뚜렷한 세계관 정립이 필요하다. 성경은 뚜렷한 세계관 및 사고의 주체성을 확립시켜 주는 백과사전적 사례들로 가득 차 있다. 이런 이유 때문에 청년대학생들은 대학시절에 성서를 공부해야 한다.

대학에 들어와 공부하는 목적이 꼭 생존문제를 해결하기 위함만은 아니다. 대학은 이름 그대로 '큰 배움터'라는 말이다. 큰 배움터라는 말은 무엇인가? 생물학적 생존 너머의 고귀한 가치와 삶의 방향을 가르쳐주는 배움터라는 말일 것이다. 생물학적인 생존만을 위해서 대학에 온 것이 아니라, 인류 모두의 행복을 위해 공익적인 기여를 할 수 있는 지식과 기술을 연마하러 온 것이다. 자신의 생계를 책임질 뿐만 아니라 자신의 지식과 공부로 인류 전체의 생존과 발전에 공익적 기여를 할 정도로 쓰임직한 존재가 되기 위해 대학에 들어온다. 공익성을 가진 지식을 얻으러 왔다는 말은 무슨 의미인가? 청년대학생들은 자기 자신의 존재를 풍요롭게 성장시킬 뿐만 아니라, 자신의 전공 공부를 통해 얻은 지식을 활용하여 세상의 번영과 발전에 이바지할 수 있는 길을 찾기 위해 대학에 들어온 것이다. 대학은 단순히 취업을 위해서, 또는 좀 더 잘 먹고 잘 살기 위해서 필요한 곳이 아니다. 좀 더 숭고한 목적, 즉 진리를 탐구하기 위해서 대학에 들어온다. 진리란 무엇일까? 이 세상을 섬기는 데 요청되는 지혜, 지식, 그리고 기술이 진리이다. 진리의 특징은 다른 사람, 바깥세상에 반드시 공익을 끼치는 데 있다. 진리는 타자복무적이고 타자봉사적이기 때문이다. 대학은 내 안에서 타자봉사적인 혹은 타자복무적인 가능성을 극대화시키는 배움터이다. 그래서 나 자신을 이 세상에 정상적인 구성원으로 진입시킬 뿐만 아니라, 나의 지식과 전공 실력과 기술 등으로 세상에 창조적으로 기여할 수 있는 사람으로 장성하는 것이 대학생활의 당면목표이다. 세상에 대한 창조적 기여가 중요하다. 세상을 그냥 따라가는 것이 아니라 세상을 더 좋은 방향으로 변화시켜 가는 일에 동참하는 일이 중요하다는 말이다. 결국 대학 청년들은 전공지식으로 이 세상을 개선하고 발전시키는 데 이바지해야 하기 때문에 창조적 지식인이 되도록 부름받은 것이라고 말할 수 있다. 성서는 바로 이런 세상변혁적 창조적 지식인 육성을 도와준다.

성서는 또한 이 세상의 부정적 양상에 마음이 상한 사람들을 어루만지는 힘이 있다. 이 세상은 청년들이 살기에는 매우 기울어진 운동장과 같은 곳이다. 왜냐하면 청년들은 지금 기성세대가 만든 법과 제도와 관습을 소비하도록 또는 수용하도록 강요받고 있기 때문이다. 즉 청년은 이 세상에 존재하지만 자기 존재를 드러낼 기반이 없는 세대이다. 즉 과소대표되고(underrepresented) 있는 그룹이다. 이 과소대표되고 있는 그룹, 이들이 자기가 살 수 있는 세상을 훨씬 더 공정하고 인간답고 자비로운 세상으로 만들 수 있도록 미래를 향하여 시야를 넓혀주는 것 또한 성서이다. 성서는 지금 내가 살고 있는 세상을 마땅치 않게 생각하며 창조적 불만을 가진 청년들에게 미래사회를 설계할 수 있는 상상력을 고취시켜 준다. 이 점이 매우 중요하다.

이와 관련된 성서의 또 다른 인문고전적 가치가 있다. 성서는 청년들의 영적 고도를 높여준다. 다시 말해서, 시야를 좀 더 높은 곳에 두어서 세상을 바라보게 만든다. 고도가 문제를 해결한다. 좀 더 높은 곳에 가면 사물의 질서, 도시의 모양, 마을의 모양, 물길, 하늘길이 다 보인다. 높은 곳에 오르면 그보다 낮은 곳이 보인다. '높은 곳'이라는 단순한 이유 때문에 사물들을 좀 더 객관적으로 볼 수 있다. 지식을 쌓고 실력을 쌓는 것은 영적, 지적 고도를 높이는 행위이다. 영적, 지적 고도를 높여야만 지도자적 품성이 나온다. 대학생은 어쩔 수 없이 지도자적인 역할을 해야 한다. 대학생들은 또래집단의 누구보다도 훨씬 더 특권적인 교육기회를 받았다. 대학시절의 공부는 대학생들의 지적 고도를 높인다. 지적 고도를 높인다는 말은 무엇을 의미하는가? 이 세상에 대해 방관자적인 무관심으로 살면 안 되고 좀 더 관여적이고 참여적인 지식인으로 살아야 한다는 의미이다. 영적, 지적 고도를 높여 지도자적 품성을 기르고 지도자적 과업을 수행하게 만드는 것, 그것이 또한 성경을 공부하는 또 다른 목적이 된다.

성경과 <플루타크 영웅전>을 비교해 보라. <플루타크 영웅전>은 로마제국 초기의 그리스 역사가 플루타크(플루타르코스)라는 사람이 쓴 비교열전 영웅일화집이다. 그리스-로마 영웅들이 어떻게 개인적 삶에서 공적인 삶으로 그 삶의 지평을 넓혔는가를 자세히 보여준다. 개인적 삶에서 공적인 삶으로 무게중심을 옮기는 것, 이것이 굉장히 중요하다. 그런데 그런 식으로 성경을 보면 성경 안에도 특수한, 사소한 지역의 한 작은 개인이 공공연히 엄청난 역할을 하는 지도자로 바뀌는 사례가 많이 나온다. 사사기 4-5장의 드보라가 바로 그런 사람이고, 사사기 6장에 나오는 기드온도 바로 그런 사람이다. 출애굽기에 나오는 모세, 창세기에 나오는 아브라함, 이삭, 야곱, 전부 다 그런 사람이다. 그들 모두는 지극히 사소한 저 국지적인 영역, 세계에 알려지지 않은 오지에 있던 한 개인들이었다. 그런 역사의 오지에 있던 한 개인이 갑자기 역사의 중심무대로 뚜벅뚜벅 걸어가서 하나님과 함께 새 역사를 개척하는 데 쓰임 받는다. 이것은 하나님의 동역자가 된 그들의 시야가 넓혀졌을 뿐만 아니라 고도가 높여졌기 때문에 가능했다.

마지막으로 성서읽기의 또 다른 중요한 유익을 강조하고자 한다. 악지배적 세상에 대한 비관주의를 극복하는 데 성서는 용기의 원천이 된다. 청년들이 이 세상에 대해서 도덕적 무정부주의 또는 염세주의를 가질 만큼, 또한 무력감을 느낄 만큼 세상은 악지배적인 경향을 보인다. 악지배적인 경향이라는 말은 세상이 잘될 것처럼 보이지 않고, 결국은 악이 지배하는 세상, 악의 압도적인 우세 속에 선이 간신히 살아남는 방식으로 세상이 돌아갈 것이라고 믿는 염세의식을 말한다. 이런 악지배론적 사고를 이겨내는 낙관주의가 성경 안에 있다. 성경은 악(惡)지배론적인 음울하고도 을씨년스러운 세상 한복판에서 희망의 서광을 발견하고 하나님과 더불어 그 어둠을 물리치는, 마치 동화처럼 반전을 일으키는 이야기들이 많다. 혹독한 어둠의 밤에 한 줄기 빛을 품은 작은 소년 또는 소녀가 하나님과 더불어 어둠의 세력과 맞서 싸워 마침내 광명한 새벽을 다시 불러들이는 극적 감동이 성서읽기를 재미있게 만든다. 이 같은 일종의 동화적 반전이 성경에 많이 나오기 때문에 성서읽기가 지루하지 않다. 요약하자면 악과 혼돈의 물결을 초극하고 공평과 정의의 하나님 나라의 궁극적 승리를 확신케 하는 낙관주의가 성경 안에 나온다. 결론적으로 말해서 성경을 읽으면 다음과 같은 구체적인 유익을 누릴 수 있다.

1) 청년들이 자아를 건강하게 길러갈 수 있다.
2) 지도자적 품성을 함양할 수 있다.
3) 미래에 대해서 낙관적인 기투, 투신을 꿈꿀 수 있다.
4) 악과 혼돈이 지배할 것 같은 세상에서 낙관주의적 반전을 일으킬 수 있다.

이런 것들이 성서를 읽을 때, 독자들이 누리는 가장 큰 유익들이다. 이 네 가지가 특정종교와 관련되어 있는가? 이 네 가지가 무슨 특정종교를 옹호하는 교리인가? 아니다. 이 네 가지는 특정종교와 아무 상관이 없는, 인간 모두가 그토록 갈망하는 생존의 지혜, 처세의 지혜, 번영의 지혜이기 때문이다. 이런 지혜가 성경 안에 가득하다. 물론 이 강좌에는 기독교인들이 좀 더 듣기 편하고 이해하기 쉬운 요소가 있을 수 있다. 그러나 우리는 지속적으로 또는 의도적으로 종교를 갖지 않은 사람에게마저도 성경이 어떻게 납득될 수 있는지에 주안점을 둘 것이다.

성서의 저작목적

이제 마지막으로 성서의 저작목적에 대해 이야기하고자 한다. 디모데후서는 신약성경의 끝부분에 나오는 작은 서신서인데 두 군데에서 성서의 저작목적을 말한다. 디모데후서 3:15-17과 디모데후서 4:2이다. 그중에서 디모데후서 3:15-17절, 특히 16-17절을 잠시 언급하려고 한다. “모든 성경은 하나님의 감동으로 된 것으로 교훈과 책망과 바르게 함과 의로 교육하기에 유익하니 이는 하나님의 사람으로 온전하게 하며 모든 선한 일을 행할 능력을 갖추게 하려 함이라” 여기서 중요한 것은 모든 성경은 하나님의 영으로 감동되었다는 말이다. 디모데후서 3:16이 말하는 “모든 성경”은 구약성경 각 책 서른아홉 권, 모두를 가리킨다. 구약성경 39권은 저작목적상 영감된 책이라고 말할 수 있다. 이때의 영감은 백과사전적 무오류의 정보와 지식을 제공하는 신적 권능을 의미한다기보다는, 성서가 인간에게 어떤 권계적, 교육적 기능을 수행할 때 작용하는 신적 권능을 의미한다. 모든 구약성경 39권 각각은 하나님의 감동으로 쓰였기 때문에 교훈과 책망과 의(義)로 교육하기에 그리고 하나님의 사람으로 온전하게 하고 모든 선한 일을 하도록 준비시키는 데, 적합하고 유익한 책이라는 뜻이다. 여기서 성경의 저작목적은 교훈과 책망과 의로 교육하기, 그리고 하나님의 사람으로 선한 일을 하도록 촉진시키는 것이라고 언명된다. 여기서 교훈, 책망, 의(義)로 교육하기라는 말은 무슨 말인가? 성경은 인간의 자기중심성을 부단히 경계하게 하는 책이라는 말이다. 성경은 우리의 은밀하고 지속적인 일탈과 오류를 지적하는 책이다. 성경을 읽는다는 말은 자기비판적 성찰을 시도한다는 뜻이다. 성경을 읽었다는 말은 무엇보다도 자기비판적 성찰을 했다는 것을 의미한다. 다른 사람을 비난하기 위해 성경을 읽는 것이 아니라는 것이다. 성경은 우리 인간이 너무 큰 죄를 범하거나 오류를 범했을 때, 그것을 세차게 책망하고 그것을 틀렸다고 말해주는 무시무시한 다그침을 제공하는 책이다. 인간의 죄성, 자기중심적 욕망과 탐욕, 헛된 자만과 권력의지를 부단하게 경계하고 책망하고 질책한다.

그렇다고 성경은 경계와 책망과 질책만 하는가? 아니다. 성경은 우리가 의기소침함에 빠졌거나, 어떤 여러 가지 이유로 엉망진창이 되어서 우리의 영혼이 진토에 입술을 댈 정도로 실망과 절망에 빠졌을 때, 우리를 신적으로 격려하고 희망을 갖도록 고취하는 격려와 심령회복의 책이기도 하다.

이상이 성경의 저작목적이다. 성서는 무엇보다도 먼저 인간의 죄성에 대해 경계와 경책을 수행하며 적극적으로는 의로 교육하는 품성단련적 기능을 수행한다. 성서읽기의 대부분은 우리의 죄성, 일탈된 인간성과의 부단한 싸움의 과정이다. 하지만 자신의 죄성으로 부서지고 망가진 사람들에 대해서는 성서는 더 이상 정죄하거나 위협하지 않고, 위로하고 격려하고 재활복구시킨다. 이것이 성서의 신적 격려 기능이다. 우리가 우리의 잘못 또는 타자의 잘못으로 우리 자신 혹은 우리 공동체가 만신창이가 되었을 때, 재활복구하는 길을 열어주는 책이 바로 성경이다. 이상이 성경을 읽는 목적이라고 할 수 있다.

이번 강의에서 강조했던 것처럼 성경은 철두철미하게 보편적인 인간의 교양, 지혜를 찾는 갈급한 마음에 응답하는 책임을 기억해 주기 바란다. 성경은 절대로 특정종교를 옹호하는 편파적인 이데올로기 문서가 아니다. 앞으로의 강의를 기대하시기 바란다.

1-2

세계사 속의 성경과 성경연대기와 지도

현대인들이 볼 때, 구약성서는 낯설고 먼 나라의 옛날이야기들로 가득 차 있다. 심지어 구약을 정경으로 받아들이는 기독교인들에게조차 구약성서는 썩 환영받지 못한다. 윌리암 할러데이(William L. Holladay)라는 구약학자는 구약성서가 현대인들에게 환영받지 못하고 생소하고 고리타분한 옛날이야기 정도로 평가절하되는 데 열 가지 정도의 이유가 있다고 말한다(Long Ago God Spoke—How Christians May Hear the Old Testament Today).[5] 물론 이 열 가지 쟁점은 정당한 해석학적 여과를 거치면 다 해명될 수 있다.

1) 구약성서는 인류의 구세주이신 그리스도가 오셔서 구원의 복음을 선포했기 때문에 더 이상 중요하지 않다.
2) 구약성서의 내용 자체는 현대인에게 더 이상 유효하지 않는 너무 케케묵은 이야기들(풍습과 율법)로 가득 차 있다. 야곱의 장자권 매입과 장자축복권 집착 등은 이해하기 힘들다. 여주인을 위해 아이를 낳아주는 여종 이야기도 낯설기는 마찬가지다.
3) 구약성서는 너무 길고 장황하다. 신약성서의 4배 이상 길다.
4) 구약성서는 믿을 수 없는 황당무계한 기적과 표적 이야기로 가득 차 있다. 기

회균등을 강조하는 민주주의 이상과는 안 맞는 선민주의 사상의 옹호서이다.

5) 구약성서는 너무 잔혹한 전쟁 이야기, 패륜적이고 반인륜적이고 반인권적인 이야기들로 가득 차 있다. 여리고성 주민 대학살 명령이 과연 사랑의 하나님이 내릴 수 있는 명령인가?
6) 구약성서에는 황당무계한 숫자, 통계도 등장한다. 969세를 산 므두셀라의 경우 등 우리의 이성적인 판단과 과학적 상식을 일시 마비시키는 사건들이 있다. 이스라엘의 적군 도륙을 위해 하나님이 갑자기 태양과 달을 멈추신 장면도 그러하다(수 10장).
7) 구약성서에는 모순되고 상호 충돌하는 관점이 있다. 창세기 1장과 2장은 각각 다른 창조 이야기처럼 보인다.
8) 구약성서에는 실로 현대인들에게 어떤 규범적 의미도 없는 긴 지명, 인명, 그리고 제도해설, 건물해설 등의 목록들이 많다.
9) 구약성서에는 복수를 요청하는 시편, 자기의(義)를 자랑하는 시편들이 있다.
10) 구약성서는 남존여비사상, 남녀차별을 당연시하고 심지어 옹호하는 것처럼 보인다.

구약에 대한 이런 열 가지 견해는 대부분 편견과 오해의 산물이다. 구약성서는 매우 오래전에 쓰인 책이다. 따라서 고대문서와 현대인의 간극을 상당히 전제해야 한다. 고대문서의 낯섦을 극복하고 그 원의에 도달하려고 하는 학문적 입장, 즉 해석학이 요청되는 이유가 여기에 있다. 해석학은 고대언어, 고대풍습과 역사, 고대인들의 세계관과 우주관 등에 대한 선지식을 수반한다. 본 강의는 이런 해석학적 접근을 통해 구약성서의 메시지를 간결하게 요약할 것이다.

세계사 속의 성서와 이스라엘 역사의 독특성

앞서 언급했듯이, 1990년대부터 최근까지 수십 년간 경남과 전남, 그리고 강원도 해안 지역 일대(통영, 고성, 하동, 여수, 강원도 양양 일대)에 공룡 발자국으로 추정되는 거대한 보폭의 발자국들이 암반 등에 새겨진 채 발견되어, 한반도의 백악기 공룡 시대에 대한 상상력에 불을 지폈다. 발견된 보폭과 발자국은 그 어마어마한 크기와 모양으로 볼 때, 현존하는 어떤 다른 동물의 발자국일 수는 없다. 중생대 백악기 시대에 살았던 거대한 몸집의 공룡의 생존 흔적은 암반에 새겨진 채 몇 만 년의 시간이 강요한 풍화와 침식작용을 견디어 내었다. 마찬가지로 창조주 하나님은 당신의 살아계심과 우주와 역사를 통치하고 계심을 알려주기 위해 아주 다양한 흔적들을 자연과 역사 속에 남겨두신다. 우주 천체와 자연 속에 내재되어 있는 대질서는 이성적이고 신실한 인격적 하나님의 살아계심을 증거한다. 인간의 마음속에 영롱한 보석처럼 빛나는 도덕률과 양심은 인간의 창조주가 아주 고상하고 지혜로운 창조자였음을 부단히 상기시키고 있다. 이처럼 역사와 자연 속에는 창조주 하나님의 발자국이 때로는 아주 선명하게 때로는 희미하게 찍혀있다. 특별히 세계역사 속에는 인간 역사라는 토양 위를 걸어가신 하나님의 발자국이 찍혀 있다. 이처럼 성서는 역사 속에 활동하신 하나님의 활동궤적을 추적하고 해석하는 신학적인 문서다. 여기서 신학적 문서라는 말은 하나님의 의도와 목적의 빛하에서 인생과 역사를 조감하며 분석하는 책이라는 말이다. 비록 성서가 자연(사회)과학적, 사회학적, 인류학적, 여성학적, 그리고 역사적인 질문들과 관심들을 불러일으키는 진술들을 담고 있지만, 그것은 어디까지나 신학적인 문서로서 역사 속에 간섭하시고 활동하시는 하나님에 대하여 "신학적 문법과 화법"으로 말한다. 그러나 성서는 하나님에 대하여 말하지만 어디까지나 인간의 언어와 문화의 옷을 입은 채로 하나님에 대하여 말하고 있다. 성서는 하나님의 말씀임과 동시에 그것에 대한 인간의 증언이자 고백이다. 그래서 구약성서는 무조건 신봉되기 이전에 자세히 분석되고 해석되어야 하는 책이다.

성서는 가장 멀리는 BC 13세기(모세 시대)—AD 2세기까지 약 1,500년에 걸쳐서 40여 명 이상의 개인/공동체 저자에 의하여 저작되었다. 구약성서의 지리적 배경은 고대근동지역이다. 고대근동은 이집트에서부터 시작하여 팔레스타인을 거쳐 티그리스강과 유프라테스강 사이에 형성된 메소포타미아 지역까지를 포괄한다. 창세기 1—2장은 천지창조와 인간창조를 각각 다룬다. 여기에는 어떤 구체적인 시공간상의 맥락이 드러나지 않는다. 창세기 3장부터는 특정 지역의 인류학적이고 문화적인 특색을 드러내면서 죄와 타락의 역사를 다룬다. 창세기 3－5장, 6－11장은 지중해를 중심으로 세계 속으로 확장된 인종들 및 종족들의 지리적 확장사와 이동사를 간략하게 소개한다.

노아의 세 아들들로 대표되는 노아 인류의 후손들은 지중해를 중심으로 퍼져간 인류들로서 그 당시 성서 기자들에게 알려진 세계의 전부였을 것이다. 창세기 10장의 열국 도표는 약 70여 민족을 열거한다(움베르토 카수토의 계산). 신명기 32:8－9은 이스라엘의 자손(야곱과 함께 애굽으로 내려간 이스라엘 사람의 숫자)과 열국의 숫자가 같다고 말한다. 이스라엘은 전 세계 70종족을 대표한다는 함의가 들어있는 것처럼 보인다. 전 세계의 종족을 대표하는 70종족(민족)에는 이미 인류 문명의 4대 발상지 중의 두 문명, 곧 메소포타미아 문명과 이집트 문명을 이뤘던 인종들이 다수 포함되어 있다. 창세기 10:1－5은 노아의 아들 야벳 족속의 후예들이 지중해 일대에 퍼져간 경로를 간략하게 언급한다. 주로 유럽 쪽의 인종이다(야완, 두발, 메섹, 금의 집산지로 유명한 다시스, 엘리사 등). 10:5은 야벳의 후손들로부터 "여러 나라 백성으로 나뉘어서 각기 방언과 종족과 나라대로 바닷가의 땅에 머물렀더라"(개역한글)고 증거한다. 여기서 방언(언어), 종족(문화적 단위), 그리고 나라(정치적 단위)를 기준으로 야벳의 후손들이 분화되어 간 것을 알 수 있다. 야벳 족속은 주로 강, 바다 항구 지역을 차지했다.

10:6－20은 노아의 아들 함의 후손들의 지리적·인종적·정치적 확장 및 분화 과정을 다룬다. 함 족속은 주로 넓은 평야와 곡창지대를 차지했다. 여기서 금방 눈에 띄는 나라는 미스라임(애굽)과 구스(에디오피아)다. 애굽은 BC 30세기경에 이미 정치적 실체를 가지고 국가적 단위의 문명을 이룬 나라다. 또 10:10은 시날(바벨론 평지－다니엘 3장 참조)에 본거지를 둔 함족의 영웅호걸인 니므롯을 특별하게 소개한다. 그는 BC 20세기 이전에 이미 메소포타미아에 휘황찬란한 토목건축 문명을 주도한 영도자다(거대한 바벨탑의 원형이었을 지구라트 문명의 전신). 다시 말해, 니므롯은 BC 20세기 이전의 고(故)바벨로니아－고앗수르 지역을 중심으로 한 토목건축 문명 창조의 영도자였다. 창세기 10:9－12을 보자.

9 니므롯이 여호와 앞에서 특이한 사냥꾼이 되었으므로 속담에 이르기를 아무는 여호와
앞에 니므롯 같은 특이한 사냥꾼이로다 하더라 10 그의 나라는 시날 땅의 바벨과 에렉

과 악갓과 갈레에서 시작되었으며 11 그가 그 땅에서 앗수르로 나아가 니느웨와 르호보딜과 갈라와 12 및 니느웨와 갈라 사이의 레센(이는 큰 성이라)을 건축하였다.

이 함 족속의 한 갈래가 바로 팔레스타인 땅을 두고 수천 년에 걸쳐 갈등하고 대결하던 이스라엘의 숙적 블레셋(창 10:14)이며, 가나안 7부족의 일원이었던 "여부스 족속과 아모리 족속과 기르가스 족속과 히위 족속"(10:15–16)이었다. 야벳 족속은 이스라엘 역사의 초창기에 별로 충돌하지 않았지만 함 족속은 약속의 땅을 사이에 두고 간단없이 충돌하였던 이스라엘의 숙적이었다. 특히 이스라엘의 조상 아브라함이 팔레스타인 땅에 출현하였을 때는 이미 함족의 한 갈래인 가나안 자손의 일파가 시돈(Sidon)에서부터 가자(Gaza)와 그랄(Gerar)과 소돔과 고모라와 아드마와 스보임까지 이르는 넓은 지역을 차지하고 있었다(10:19). 야벳 족속과 마찬가지로 함족의 후예들은 아주 자연적인 방법으로, 즉 "족속"과 "방언"과 "지방"과 "나라" 단위로 흩어지고 확산되었다(10:20).

아브라함의 원줄기 인종을 이룬 노아의 아들 셈족의 지리적·인종적 분화과정은 가장 나중에 소개된다(창 10:21–32). 대체로 셈족은 산지를 차지했다. 셈족은 메소포타미아 문명의 중심 창조세력을 형성하였다(22절). 아마도 에벨은 함족의 영웅 니므롯이 바벨로니아의 시날 평지에서 주도하던 바벨탑 건설에 동조하였던 셈족의 지도자였을 것이다(25절). 마찬가지로 셈족도 앞의 두 형제들의 후손들과 마찬가지로 지리적 인종적 분화 및 확산과정을 거친다. "이들은 셈의 자손이라 그 족속과 방언과 지방과 나라대로였더라"(31절).

요약하면, 창세기 10장은 홍수 이후에 세계의 여러 곳으로 퍼져나간 노아의 후예들의 지리적, 인종적, 정치적, 문화적 분화과정을 다루는데, 아마도 이것은 BC 40–20세기 안에 이뤄진 일일 것이다. 아주 인상적인 사실은 아직도 이스라엘은 세계사에 독자적인 하나의 민족으로 출현하지 않았다는 사실이다. BC 20세기는 수메르 문명이 꽃을 피우면서 동시에 고(故)바벨로니아–고앗수르 문명 창조세력들에게 주도권을 빼앗기는 문명주도 권력의 교체기였다. BC 18세기 그 유명한 바벨로니아의 함무라비왕은 메소포타미아 일대를 평정하고 함무라비 법전을 만들어 법치주의를 실현하려고 분투하였다. 그러나 BC 18세기 함무라비 시대의 바벨론은 전성기를 지나면서 다시 약 300년간의 역사적 격변기를 겪게 되는데, 이 시기에 메소포타미아 지역의 많은 사람들이 여러 가지 이유로 팔레스타인과 애굽 지역으로의 대규모 인종 및 민족 이동을 감행한다.

아브라함의 고향은 바벨론 문명권에 속한 갈대아 우르였다. 이 갈대아 우르는 우르 3왕조(Ur III)의 중심지, 고(故)바벨로니아 세력에 의하여 대체된 고대 수메르 문명의 중심지였던 '수메르 우르'와는 다소 거리가 먼 다른 우르였다. 그러나 우르라는 이 명칭 안에는 고대 수메르 문명의 상속자라는 자기의식이 들어 있다. 아브라함이 그 수메르 문명권에 속했던 갈대아 우르 출신이라는 점이 바로 창세기 1－11장을 고대 수메르－고바벨론 지역의 창조설화와 홍수설화와 비교해 보도록 유도하는 역사적 접촉점을 제공한다.[6] 아브라함은 메소포타미아 지역의 많은 사람들의 애굽 및 팔레스타인 이주가 한창이던 BC 18－15세기 사이의 어느 한 시점에 가나안 땅으로 이주하였을 것이다. 그러나 아브라함은 자연적, 지리적, 정치적 이유 때문에 확장되는 종족역사의 한 부분으로 분류될 수 없는 이유로 가나안 땅 이주에 나선다(창 12:1－3).[7] 아브라함의 가나안 이주는 하나님의 명령이자 약속(초청)에 대한 순종의 결단에 의하여 이뤄졌기 때문이다. 여기에 이스라엘 민족의 자기 정체성에 대한 독특한 이해가 내포되어 있다. 이스라엘 민족은 고대근동의 여러 나라나 민족들의 형성과정과는 판이하게 다른 방식으로 창조되었다는 것이다. 즉 이스라엘 민족은 노아 홍수 심판 이후에 세계 속으로 흩어졌던 노아의 세 아들들과 같은 방식으로 －지리적, 자연적, 정치적, 문화적, 언어적 분화 과정을 거쳐서－ 형성된 나라가 아니라는 주장이다. 또한 바벨탑 축조 세대들에 대한 심판의 끝에 이뤄진 종족들의 심화된 정치적 분화 및 문화적/언어적 분화과정의 산물이 아니라는 것이다(창 11:8－9). 이스라엘은 인류/인종들의 "아래로부터"의 족보의 한 마디에서 생성된 민족이 아니다. 이스라엘은 하나님의 독특한 목적과 약속에 대한 순종으로 형성된 "위로부터 생성된" 민족이라는 것이다. 바로 이 지점이 성서의 역사가 세계사와 갈라지는 지점이다. 성서의 역사나 이스라엘의 형성 역사도 분명히 자연적인 원인으로, 인류학적, 정치적, 지리적 원인들로 설명될 수 있는 부분이 있지만 그것만으로는 불충분하다는 것이다.

아브라함의 가나안 이주는 BC 18－15세기 동안 진행된 메소포타미아의 아모리 족속의 대규모 서진(西進)－팔레스타인/시리아/애굽 이주 행렬－의 한 부분으로 이해될 수 있는 반면에, 전혀 다른 신학적 차원으로 이해되어야 할 부분이 있다는 것이다. 창세기 11:10－32은 셈족의 한 지류에서 이스라엘의 조상이 될 아브라함이 겪었던 불임의 세월을 보도한다. 아브라함은 셈족을 생물학적으로 계승하는 그런 후손을 생산하는 데는 실패한다. 아브라함은 전혀 다른 씨를 생산하고 전혀 다른 민족을 이루는 조상이 될 운명을 타고 태어났기 때문에 고통스러운 불임과 고독의 세월을 보낸 것이다. 하나님은 아브라함을 "세계만민을 복되게 할 민족, 큰 민족의 조상으로 삼고자" 셈족 아브라함은 죽고 "새로운 민족"의 조상 아브라함으로 다시 살도록 역사하신 것이다. 세속적인 세계역사는 다 통찰할 수 없고 추적할 수 없는 하나님의 거룩한 의지가 아브라함의 가족사, 구원의 역사 속에 저류처럼 흐르기 시작한 것이다. 아마도 데라(아브라함의 아버지)가 가나안 땅으로 이주하고자 했던 시도는 자연적 세계사의 일부였을 것이다(창 11:25－29). 그러나 아브라함의 가나안 이주에는 하나님의 거룩한 약속과 명령이 작용하고 있었다. 따라서 성서의 역사는 세계사의 좌표 속에 한 지점으로 자리매김될 수 있는 차원과 인간의 이성으로는 포착될 수 없는 영원하신 하나님, 태초부터 계신 하나님의 의지 차원이 서로 교직되어 있음을 알 수 있다.

성서의 연대기[8)]

구약시대

BC 18C	근동 역사의 BC 18세기: 바벨론의 함무라비 대제 시대
BC 15C	아브라함-이삭-야곱 족장시기. BC 18-15세기 약 3세기 동안 메소포타미아 일대의 셈족들은("서쪽에서 온 이주민들"이라는 뜻을 가진 아모리인[Amorites] 신 26:5-10) 시리아-가나안 및 애굽 지역으로 대규모 민족 이동 감행. 아브라함의 아버지 데라는 갈대아 우르(비옥한 초승달 지역의 끝)에서 출발하여 가나안 땅으로 가고자 함. 창세기와 욥기가 창세기의 족장 시대 풍습 반영.
BC 1250	모세의 출애굽(라암셋 2세). BC 1207년경에 제작된 애굽의 왕 메르넵타 비문(the Merneptah stele)에 '이스라엘' 공동체 언급. 이 비석은 이스

	라엘에 대하여 말하는 최고(最古)의 성서 외적 증거(출애굽기, 레위기, 민수기, 신명기).
BC 1220	여호수아의 가나안 정복(시작 혹은 상당한 성취)(여호수아)
BC 1220-1000	사사시대(사사기, 룻기)
BC 1125	드보라와 바락의 가나안 주력 부대 궤멸
BC 1050	블레셋의 실로(Shiloh) 성소 파괴(실로 성소는 고대 이스라엘 12지파의 정신적 종교적 구심점으로 기능한 성소-엘리와 사무엘 선지자의 근거지)(사무엘상)
BC 1000	다윗이 여부스 족속 정복. 통일 이스라엘 창건(삼하 5장). (사무엘하, 시편, 잠언, 전도서, 아가서)
BC 922/921	통일왕국 분열(여로보암 1세의 반란)(열왕기서)
BC 875	이스라엘의 오므리가 사마리아 건설(오므리 왕조)(열왕기서)
BC 850	엘리야 등장(엘리야-엘리사는 열왕기서의 중심인물)
BC 750	아모스 등장(요나 등장)
BC 745	호세아 등장
BC 738	이사야
BC 722/21	북이스라엘 멸망
BC 715	미가 등장
BC 701	앗수르의 산헤립 유다 침략. 예루살렘 포위.
BC 627	예레미야 소명
BC 621	유다 요시야왕 종교개혁(스바냐서, 요엘, 하박국서)
BC 612	엘람과 바벨론 연합군에 의하여 앗수르 제국 파멸(나훔, 요나서)
BC 609	요시야왕이 애굽의 바로 느고(Pharaoh Nego)와 교전 중 전사
BC 598/7	바벨론의 제1차 유다 침략. 귀족들 및 국가 기간요원들 유수. 유다왕 여호야긴과 에스겔 바벨론 유수.
BC 593/2	에스겔 소명(바벨론 유수 5년차)
BC 587/6	바벨론의 예루살렘 함락(예레미야 애가, 오바댜)
BC 582/1	유다의 남은 백성들의 세 번째 바벨론 유수
BC 562	여호야긴 석방(열왕기서 저작 상한점(왕하 25:27)-다윗왕조는 회복될 것인가?)

BC 538	페르시아의 고레스왕 칙령: 유대인들의 해방 및 귀환 명령/장려 (이사야 40-55장과 56-66장)
BC 520	학개와 스가랴의 성전 건축 독려
BC 515	스룹바벨의 성전(제2성전) 완성
BC 445-400	느헤미야와 에스라의 활동. 에스라의 율법 교육. (역대기상하, 에스라, 느헤미야, 에스더, 전도서)
BC 400-350	제2성전 시대의 영적 퇴락을 반영하는 말라기
BC 332	페르시아 제국을 격파하고 세계를 제패한 헬라 제국의 알렉산더 대왕 팔레스타인 점령(혹자는 이 시기를 말라기 시대로 봄)
BC 198	헬라 제국의 시리아 지방을 물려받아 다스리는 셀류키드(the Seleucid dynasty) 왕조가 팔레스타인 지배 시작.
BC 168/7	시리아의 왕 안티오쿠스 에피파네스 4세 유대인 박해 시작. 마카베오 독립전쟁 시작(다니엘서: 버나드 앤더슨은 다니엘서를 마카베오 저항전쟁의 신학[the theology of the Maccabean Revolt]이라고 규정).

신구약 중간시대

BC 165/4	셀류키드 세력 축출. 성전 제사 회복.
BC 142	셀류키드 지배 종식. 마카베오의 형 시몬이 대제사장이 됨.
BC 128	요한 힐카누스가 사마리아 정복
BC 63	로마 제국의 장군 폼페이우스가 예루살렘 정복. 예루살렘은 다시 로마제국 치하의 속주로 편입. 마카베오(유다 지파) 독립 전쟁 후 유다 마카베오 가문 중심으로 창건된 유대인 토착 하스모니안(Hasmonian) 왕조 세력 쇠락 시작. 하스모니안 왕조의 마지막 왕의 권신이었던 헤롯이 나중에 로마의 안토니우스에게 막대한 돈을 지불하고 왕위를 사서 헤롯 대왕으로 불림(마태복음 2장). 신약시대에는 이 헤롯의 네 아들들이 팔레스타인을 네 지역으로 나누어 다스리는 분봉왕(tetrarch)이 됨.

신약시대

BC 4	나사렛 예수 탄생
AD 15-16	사도 바울 출생

AD 26-27 세례 요한 및 나사렛 예수 세례운동, 하나님 나라 운동 발진

AD 32-33 나사렛 예수 피체(被逮), 십자가 처형, 부활

AD 33 나사렛 예수당 박해자로 활약하던 청년 사울, 다메섹 도상에서 거룩한 충돌 경험. 부활 승천하여 하나님의 보좌에 앉으신 영광의 주를 조우(遭遇). 사도로 부름받음.

AD 33-35/36 사도 바울 아라비아(나바티안 왕국)에서 3년간 선교와 전도. 바나바가 안디옥 교회 공동 목회자로 바울을 초청. 14년 후 바울이 게바와 야고보와 회동.

AD 46-47 사도 바울 1차 전도여행(소아시아, 수리아 일대)

AD 48 사도 공의회-할례 논쟁, 복음과 율법의 관계

AD 50년경 바울 서신과 일반 사도적 서신들의 집필 및 회람

*데살로니가전후서

*갈라디아서

*로마서(2차 전도여행이 끝난 후)

*야고보서

*고린도전후서

*빌립보서

*골로새서-에베소서

*디모데전후서와 디도서

*빌레몬서

*사도행전

AD 67 네로 황제에 의하여 사도 바울 참수(斬首)

AD 70 로마 장군 티투스 예루살렘 점령, 유대교의 기초 전멸, 성전 파괴

AD 70년경 마가복음, 히브리서, 베드로전후서

AD 80 마태복음, 누가복음

AD 90 요한복음, 요한서신들

AD 98 요한계시록

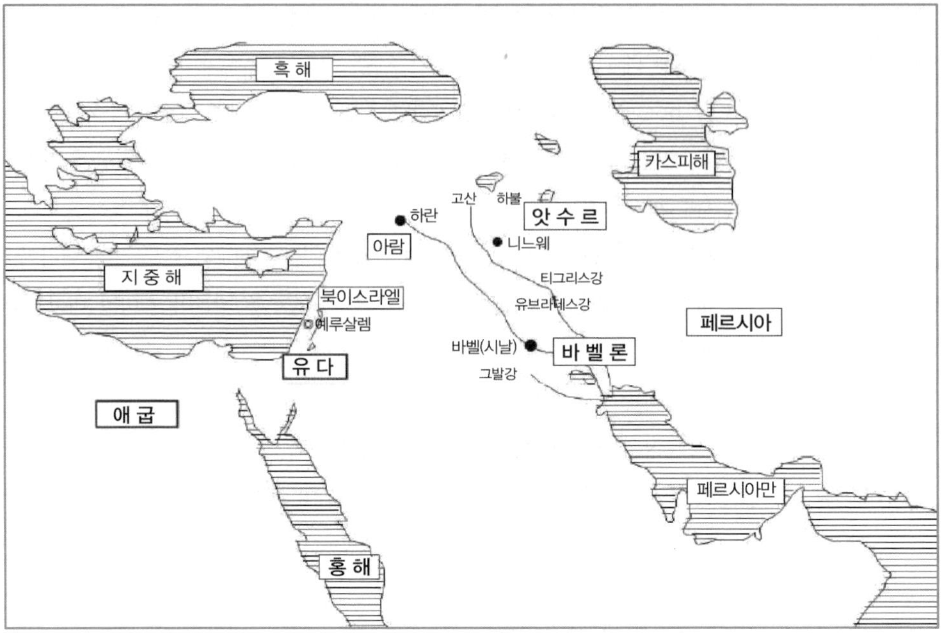

구약성서의 배경으로서의 고대근동지도(BC 18-6세기)

구약의 세계에 등장한 고대 국가들(BC 18-6세기)

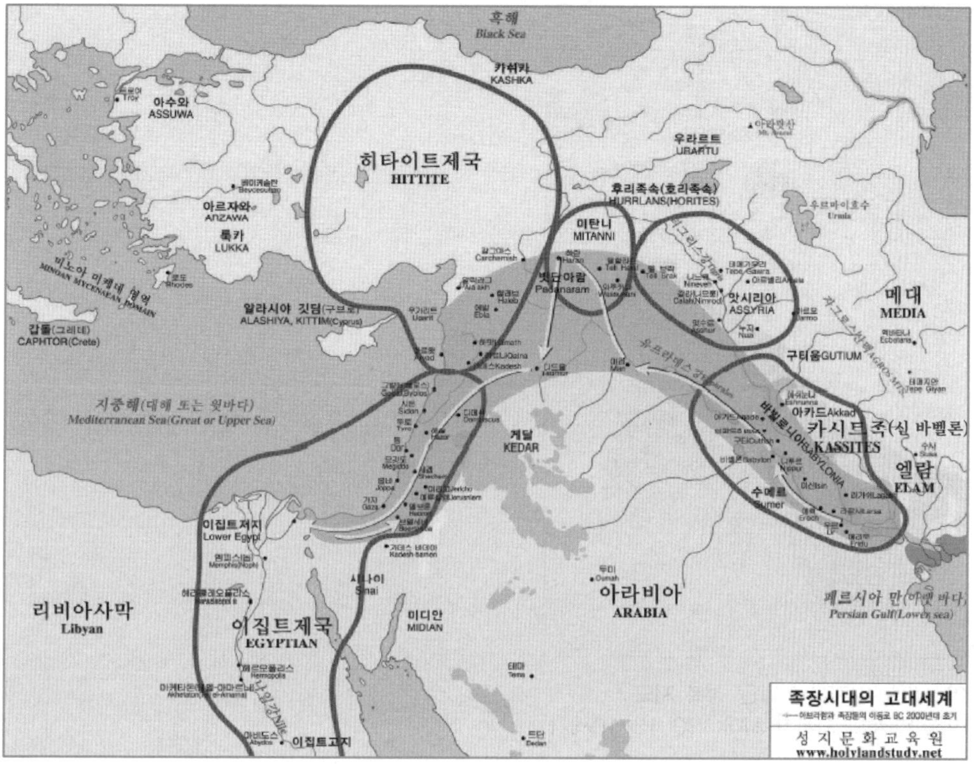

족장시대의 고대세계

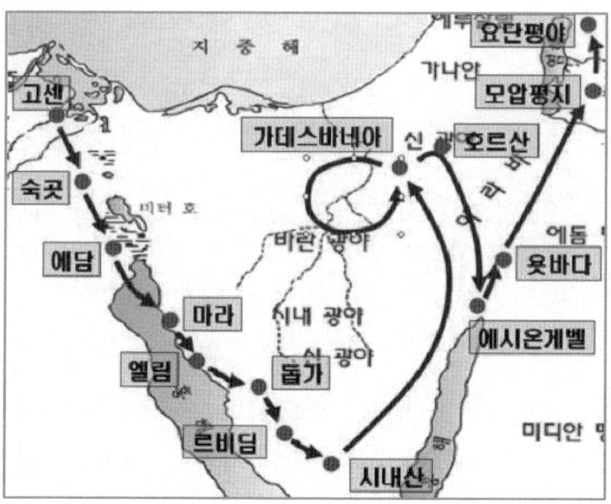

출애굽 경로 지도

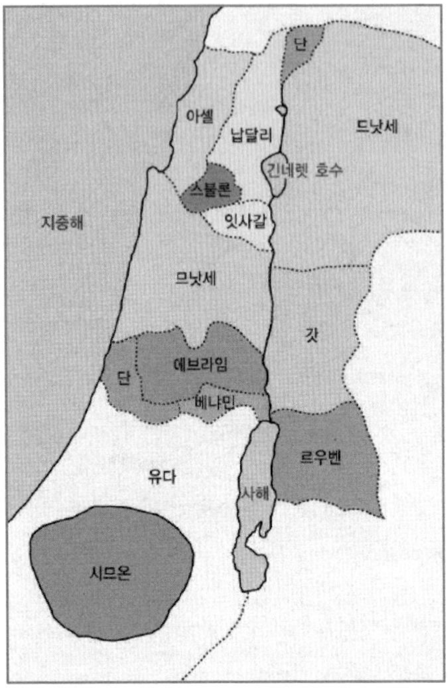

이스라엘 12지파 가나안 정복 지도
여호수아서와 사사기 시대: BC 12-10세기

1강 서론

인문고전이란 무엇이며 어떤 점에서 성서가 인문고전인가?

"인문고전으로서의 성서읽기－구약편"을 수강하는 수강생 여러분, 성서는 인류의 베스트셀러입니다. 특히 구약성서는 종교집단만의 책이 아니라, 정치, 문학, 역사, 철학, 예술 등 모든 인문사회영역에 광범위한 영향을 미친 최장기 스테디－베스트셀러입니다. 구약성서는 39권이며 신약성서는 27권입니다. 구약성서는 요즘 책 인쇄체제에 따라 발간하면 5천 쪽이 넘는 두꺼운 책입니다. 신약성서에 비하여 구약성서는 여러 가지 이유 때문에 현대인들에게 멀게 느껴지는 책입니다. 그래서 성서 66권을 처음부터 끝까지 제대로 읽은 사람은 거의 없습니다. 심지어 성서를 경전으로 여기는 기독교인들에게도 성서는 여전히 낯설고 어려운 책입니다. 현대인들에게 구약성서가 가진 여러 가지 인상 중에 가장 큰 인상은 어렵고 낯설다는 것입니다. 저는 이런 점에 착안하여 종교를 갖지 않은 사람까지 포함하여 모든 사람이 구약성서를 인문고전으로서 읽는 방법을 생각해 보았습니다. 그래서 14주의 강의를 통하여 어떤 점에서 성서의 낯선 세계가 인문고전으로서의 가치를 갖고 있는지를 탐색해 보고자 합니다. 아울러 구약성서가 현대인들의 삶에 어떤 상관성을 갖는지에 대해서도 말씀드리려고 합니다

첫 시간에는 성서의 저작목적, 성서의 주요 내용을 살펴본 후에 청년세대들이

성서를 읽어야 하는 이유들을 간략하게 살펴보겠습니다. 먼저, 세계사 속에서 성경의 위치, 성경의 저작 배경, 성경에 등장하는 사건들의 의미를 추적하고 성경의 연대기, 성서의 주요 사건들을 자세히 살펴보려고 합니다. 그리고 무엇보다도 여러 편의 지도를 통하여 성서가 다루는 사건들이 어떤 지리·정치적 여건 안에서, 어떤 역사적 상황 안에서 일어났는가를 또한 살펴보려고 합니다. 나무를 보기 전에 숲을 먼저 보듯이, 우리는 고대근동 문명의 역사 한복판에서 태어난 성경을, 고대문명의 빛 아래서 이해하려고 합니다. 그리고 고대문명의 여러 사건들과 구약성경의 사건들을 상관시켜 보면서 구약성경의 의미를 추적하고자 합니다.

1강-1

성서의 낯선 세계에 발을 들여놓는 사람들을 위한 성서입문 강의

안녕하십니까? 이 강의를 수강하는 학우 여러분, 저는 이 강의를 맡게 된 기독교학과 김회권 교수입니다. 여러분께서는 성서를 유대교나 기독교의 특정종파의 경전으로 알고 있을 겁니다. 그래서 기독교학교인 숭실대학교가 성서를 가르치게 하고 성서를 배우게 하는 것은 아마도 기독교를 선전하고자 하는 목적 때문이라고 생각할지 모릅니다. 그러나 사실 그렇지 않습니다. 성서는 특정종파 또는 특정종교의 경전이기 전에 인류 전체에게 선사된 고전이기 때문입니다.

성서가 고전이라는 뜻을 저는 이번 강의를 통해서 자세히 해명하려고 합니다. '고전'이라는 말은 특정 지역 또는 특정 시대, 특정 문명의 모태에서 태어났지만, 인류 전체에게 사랑받는, 검증된 지혜를 담고 있는 지적 문물을 가리킵니다. 물론 성서는 특정종교인들이 특정 교리를 뽑아내는 경전으로 쓸 수 있습니다. 그런데 그렇게 읽는 방식이 가능할지라도 인문고전으로서 성서를 읽는 것 또한 그만큼이나 가능합니다. 저는 기독교대학인 숭실대학교에서 특정종교의 교리를 옹호하는 성서 공부보다는 인문고전으로서의 성서 공부가 자못 중요하다고 생각합니다. 그래서 저는 이 강의를 통하여 14주 동안 구약성경을 중심으로 인문고전으로서의 구약 읽기가 왜 중요하며 어떻게 가능한지를 시범 보이고자 합니다.

성서는 66권으로 구성돼 있죠. 구약 39권, 신약 27권입니다. 오늘날까지 존재감을 과시하는 3대 종교인 기독교, 유대교, 그리고 이슬람교 모두 구약성서에서 시작되었습니다. 세 종교가 공통적으로 내세우는 두 가지 신념은 선민사상과 유일신 사상입니다. "천지를 창조하신 하나님이 이스라엘의 조상 아브라함을 선택하여 유일하신 하나님을 온 세상에 퍼뜨리는 선교사명을 맡기셨다." 이것이 유대교의 사명선언입니다. "천지를 창조하신 하나님이 이스라엘의 조상 아브라함을 선택하여 하나님의 심판 아래 있는 세계만민을 구원하려고 계획하셨고 종말의 날에 아브라함의 후손 예수 그리스도를 통해 마침내 세계만민을 구원하실 길을 여셨다." 이것이 기독교의 사명선언입니다. "천지를 창조하신 하나님이 이스라엘의 조상 아브라함을 선택하여 유일하신 하나님을 온 세상에 퍼뜨리는 선교사명을 맡기셨는데 기독교도들이 삼위일체 신앙을 도입해 유일신 사상을 대적했다. 그래서 종말의 날에 하나님께서 마호멧을 부르셔서 다시 유일신 하나님을 온 세상에 퍼뜨리는 사명을 위임하셨다." 이것이 이슬람교의 사명선언입니다. 유대교와 기독교는 창세기의 천지창조 이야기부터 아브라함과 이스라엘 민족 이야기를 중심 서사로 삼고 탄생된 종교입니다. 두 종교 모두 하나님의 선택을 받은 자신들(유대교－유대인들, 기독교－기독교인들)이 세계만민에게 '복이 되고 참되신 하나님이 역사의 주관자이며 구원의 주가 되심을 증언하도록 부름받은 증인'의 사명을 무척이나 강조합니다.

이슬람도 이 점에서는 마찬가지입니다. 이슬람은 단순화시켜 말하자면 유대교와 기독교에서 갈라져 나온 파생종교입니다. 이슬람의 경전인 코란에는 특별히 독자적 서사구조가 없습니다. 예를 들어서 세상의 시작과 끝, 인간의 창조와 역사의 종말 등에 관한 형이상학적 질문에 대답해주는 독자적 서사가 없습니다. 전부 다 구약성서와 신약성서를 그대로 인용합니다.

이는 기독교가 구약성서만큼이나 중시하는 신약성경도 마찬가지입니다. 신약성경은 구약성서가 없다면 즉 구약성서와 연결시켜 읽지 않는다면 신약성서의 그 많은 구절들이 어떤 것도 의미가 없는 그런 단절된 언어에 불과합니다. 신약성서는 아브라함에게 주신 하나님의 약속－'아브라함과 그 후손을 통해 온 인류에게 복이 임할 것이다'－이 나사렛 예수와 바울 사도 등을 통해 세계 속에서 성취되어 가는 과정을 다룹니다.

이처럼 구약성서는 이슬람, 유대교, 기독교 세 종교가 경전으로 삼은 책입니다. 이런 점에서 구약성서는 오히려 인류에게 갈등과 분쟁을 일으키는 세 종교를 대화하게 만드는 에큐메니칼한 플랫폼과 같은 책이라 할 수 있죠. 구약성경은 특정종교의 파쟁적 또는 호전적 기득권을 옹호하는 책이 아니라, 인류 모두에게 선사된 열린 고전이라는 것입니다.

최근에 경남 고성, 하동, 전남 여수, 그리고 강원도 양양 등지에는 한반도 중생대 때 살았던 공룡의 뼈들, 공룡 알, 공룡의 유해들이 발견되었습니다. 세계 3대 공룡 서식지로 알려진 고성에는 공룡박물관 등 여러 전시관이 있죠. 그런데 거기에 가보면 암각되어 있는 신비롭고 큰 발자국이 공룡의 존재를 추정하게 만드는 중요한 실마리임을 알게 됩니다. 지금 현존하는 어떤 동물도 그에 감히 비견할 수 없는 큰 보폭을 가진 발자국들이 바위에 암각돼 있습니다. 그 보폭 크기, 굵기 등을 볼 때 다른 나라에서 나온 공룡 발자국과 똑같습니다. 뉴욕 자연사 박물관에 있는 공룡 발자국과 한반도의 공룡 발자국이 거의 같습니다. 그래서 한반도가 중생대 기간에 공룡이 집단으로 서식했던 또는 살았던 거주지인 것이 입증되었습니다. 이처럼 공룡의 집단적 서식지로 추정되는 지역에서 발견된 암각된 공룡 발자국 증거가 공룡이 살았는지 살지 않았는지를 희미하게 드러낸 지역들을 판별하는 기준이 됩니다. 바다로 걸어간 듯이 뚜렷이 암각된 공룡 발자국들과 공룡의 잔해물들이 어떤 지역에 공룡이 살았는지 판별할 때 기준이 됩니다. 그래서 고생물학자들은 공룡의 발자국이 뚜렷이 찍힌 지역들을 중심으로 공룡학을 전개합니다.

이스라엘 역사 또는 구약성서는 하나님이라고 하는 절대자의 발자국이 뚜렷이 찍힌 역사적 암각 자료와 같습니다. 여기서 말하는 절대자는 지상권력을 상대화시키는 권력비판적 절대자이며 공평과 정의로 불의하게 건설된 가건물 같은 나라와 제국, 도시와 체제의 토대를 부단히 요동치게 만드는 체제변혁적 절대자를 가리킵니다. 특정종교인들이 '하나님'이라는 말을 독점하여 자기복무적으로 행동하는 모습을 본 사람들에게 '하나님'은 중립적인 호기심의 대상이 아니라, 이미 부정적인 반응을 불러일으키는 대상이 됩니다.

'하나님'이라는 말이 많은 사람들에게 상당히 부정적인 감정을 일으키는 이유는 하나님이라는 말을 쓰는 사람들이 하나님이라는 말을 쓰지 않는 사람들보다 훨씬 더 독선적이고, 투쟁적이고, 호전적일 때가 많았기 때문입니다. 유럽의 역사, 고대 근동의 역사, 고대 그리스-로마의 역사 등 모든 인류의 역사를 보면, 종교가 개입되기 전에는 평화로웠던 마을이 종교가 개입되고 나서 분쟁과 전쟁과 분열의 지역으로 바뀌어버리는 사례가 무수하게 발견되었음을 알 수 있습니다.

그래서 마틴 부버라는 유대인 신학자는 "하나님, 그 단어는 유혈낭자한 언어, 피가 묻어있는 말이다."라는 말을 했습니다. 그런데 성경은 하나님이라는 말을 쓰는 맥락을 자세히 주목합니다. 누구의 입에 하나님이라는 말이 들리는가를 주목합니다. 권력자의 입에 하나님의 말이 들려 있을 때, 힘을 가진 자, 지배자, 압제자, 독재자 등 권력을 남용하는 자의 입에 하나님이라는 언어가 들어갔을 때, 그 하나님이라는 언어는 유혈낭자한 파괴적인 우상이 돼버립니다. 그런데 구약성서의 하나님 언급 또는 하나님 언명은 철두철미하게 권력자의 권력을 비신화화시키기 위해서 예언자들이 썼던 언어입니다. 예언자들은 지상에 살아있는 권력자들의 권력을 해체하고 남용된 권력을 바로잡기 위하여 하나님에 호소하였습니다. 따라서 지배자들과 압제자들에게 짓밟힌 사람들의 입에서 하나님이라는 언어가 나올 때가 정상입니다.

성서는 하나님 이름의 망령된 도용이나 언급을 너그럽게 봐주지 않습니다. "악인에게는 하나님이 이르시되 네가 어찌하여 내 율례를 전하며 내 언약을 네 입에 두느냐?"(시 50:16). 하나님이라는 그 낱말을 압제자, 권력자, 지배자 또는 갑의 관계에 있는 자들이 그 언어를 남용하지 못하도록 하나님의 이름을 헛되이 일컫지 말 것을 경계합니다(출 20:7; 신 5:11). 성서는 하나님을 권력비판 혹은 체제전복의 수사로 언급했던 사람들을 예언자들이라고 부릅니다. 예언자들은 살아있는 절대 권력자들과 대립각을 세우면서 빈민들, 고아와 과부, 난민들, 즉 사회적 약자들을 옹호하는 바로 그때 하나님이라는 언어를 썼습니다. 그래서 인문학적 성서읽기의 가장 핵심은 하나님이라는 말을 예언자의 입에 다시 되돌려놓는 읽기입니다. 하나님이라는 말은 절대로 정치경제 및 종교 권력자들이 함부로 남용할 수 있는 언어가 아니라는 겁니다.

그래서 종교인이 아니라고 하더라도 하나님이라는 말을 들을 때 마음 상하지 않기를 바랍니다. 하나님이라는 말은 예언자들의 입에 들렸을 때 그것은 인권옹호의 보루가 되었고, 체제전복의 보루가 되었고, 악한 파라오 압제체제와 잔악한 독재체제를 무너뜨리는 강력한 언어적 무기가 되었기 때문입니다.

그래서 참된 의미에서 하나님이라는 말을 쓰는 모든 사람들은 자기해체적인, 자기부인적인 맥락에서만 하나님이라는 말을 썼습니다. 만일 어떤 사람이나 집단이 자기 이익을 꾀하고, 자기 이익을 취하려고 하면서 자기복무적 아젠다를 관철시키기 위해 하나님이라는 말을 썼다면, 그것은 이미 하나님 이름을 헛되이 쓰는 것이라 할 수 있습니다. 그래서 기독교가 하나님이라는 이름을 어떤 맥락에서 쓰는지 여러분이 자세히 주목해야 합니다. 또는 성직자, 사제, 주교, 교황 등 모든 종교인들이 절대자의 이름을 어떤 맥락에서 쓰는가를 세심하게 주목해야 합니다.

"하나님"이라는 이름을 쓰면서 자기 권력, 자기 기득권, 자기 이익을 사수하려고 할 때 그 하나님이라는 말은 이미 우상화된 하나님일 뿐 참다운 하나님이 아닙니다. 하나님은 이집트 압제자 파라오의 하나님이 아니라, 압제자 파라오 밑에서 혹독한 고난과 압제를 받고 있던 히브리 노예들의 하나님이기 때문입니다. 히브리 노예들은 권력은 없지만 하나님은 있습니다. 아무도 그들로부터 하나님을 빼앗아갈 수 없습니다. 파라오 이집트의 압제자는 자신의 무장권력을 의지해 히브리 노예들을 죽이고 압제할 수 있을지언정, 하나님이라는 언어를 가지고 히브리인 노예들을 압제할 수 없습니다.

그래서 "하나님"은 단 한순간도 파라오의 입에 들린 언어가 될 수 없습니다. 하나님은 파라오에게 압제 받는 노예의 자산이자 힘입니다. 모세의 혀와 입에 들린 그 하나님이라는 언어는 해방의 무기가 되었습니다. 따라서 하나님은 모든 사람에게 함부로 언급될 수 없습니다. 하나님은 당신과 언약적인 관계에 있는 사람들 입에서만 하나님 이름이 들려지기를 원합니다. 인류역사를 통해 권력의 상층부 지배집단은 하나님을 형이상학의 구름 너머로 추방했지만 고아와 과부, 난민과 노예, 차별받는 모든 사람들은 하나님이라는 언어를 가지고 살아남았고, 투쟁했고, 또한 맞섰습니다. 그들에게 하나님은 형이상학의 구름 너머에 있는 관념이 아니라, 정치경제적 해방투쟁의 실재적인 향도와 동지였습니다.

인문학적 성서읽기는 하나님이라는 말이 특정종교, 특정종교 권력자, 특정 국가체제를 떠받치는 어떤 기득권의 동맹에 들어있는 단어가 아님을 밝히는 데서부터 시작됩니다. 하나님은 칼 마르크스가 말한 자본주의 체제의 상부구조, 즉 노동자를 압제하는 권력체제의 마지막 상부구조로 기능하지 않습니다. 하나님은 오히려 이 세상의 모든 부당한 권력들과 부당한 체제 아래서 신음하는 노예들과 당신을 일치시키기 위해서 불의한 지배체제를 전복하시는 해방의 하나님입니다. 그래서 이런 체제전복적이고 민중밀착적인 하나님을 중심으로 구약성서를 읽는 것이 바로 인문고전으로서의 구약성서 읽기의 진수라 할 수 있습니다.

저는 이런 관점에서 여러분이 교회에서 일찍이 들어보지 못한 방식으로 성경을 강의하려고 합니다. 그러면 대학시절에 성서를 읽어야 할 이유는 무엇일까요? 그 이유는 대학시절은 자아 형성의 시기이기 때문입니다. 대학시절은 기득권을 쥔 기성세대가 왕 노릇 하는 세상에 자기 존재를 디밀어 곧추세우는 시기입니다. 취업을 통해 자유를 획득해야 하는 시기입니다. 청년대학시절은 자신의 생계를 타인에게 노예적으로 의존하지 않고 직립보행하는 주체성을 획득해야 되는 시간입니다. 청년대학생들은 이런 점에서 보금자리를 찾아 낯선 땅으로 진입하는 아브라함, 이삭, 야곱 같은 자발적 난민입니다. 하나님이 주목하는 개인은 이런 무소속적인 난민입니다.

창세기가 말하는 하나님의 대표적인 이미지는 이 세상의 어떤 공고한 권력 기반도 없는 개인들의 하나님입니다. 거대한 체제로부터 탈출한 아브라함과 같은 외톨이들, 이삭, 야곱 같은 외톨이들, 자기의 땅이 없어서 이리저리 표류하고 방황하는 외톨이들을 붙들어서 그들과 함께 새로운 세상을 건설하려고 하시는 분이 하나님입니다(창 12:1－3; 18:18－19; 히 11:8－16). 그래서 성서의 하나님은 체제 안에 안정된 사람의 종교심을 만족시키는 분이 아니라, 체제를 떠나 새로운 세상을 꿈꾸는 외톨이들의 하나님입니다.

그래서 하나님은 구약성서의 첫 다섯 권의 책에서 빈번하게 당신을 이렇게 소개합니다. "나는 아브라함의 하나님, 이삭의 하나님, 야곱의 하나님"이다(출 3:6; 6:3, 8). 이 말은, "나는 생물학적으로 저 셈족의 특정인들의 하나님이다"라는 뜻이 아니라, 나는 외톨이 난민 1세대의 하나님, 외톨이 난민 2세대의 하나님, 외톨이 난민 3세대의 하나님이라는 의미입니다. 즉, "나는 하나님이 지으시고 경영하시는 보편적인 공평과 정의가 이루어지는 인간다운 세상을 찾아서 스스로 난민이 된 사람들의 하나님이다. 즉, 먹고사는 문제는 해결되었지만 훨씬 더 비인간적이고 압제적인 도시와 제국의 체제를 떠나 새로운 세계를 일구려고 하는 사람들의 하나님이다." 이런 의미입니다. 그렇기 때문에 하나님은 기성세대에 편입되지만 기성세대로부터 창조적으로 분리된 새로운 세상을 건설하려고 하는 청년세대를 주목하십니다. 청년들이 바로 아브라함적인 외톨이성, 아브라함적인 고독성, 아브라함적인 단독자성을 가졌기 때문에 하나님은 이런 청년들을 주목하십니다.

더 나아가 성서는 실제적인 측면에서 청년들의 품성단련도 도와줍니다. 청년들은 성서를 통하여 특정종교를 배우기보다는 엄격한 자기관리를 통하여 시험과 유혹 등 청년시기의 말초적 감정들 또는 쾌락들을 다스리고 승화시키는 지혜를 배울 수 있습니다. 청년시기의 지배적인 관심사인 성과 사랑은 품성단련을 위해 중요한 영역입니다. 구약성서는 성과 사랑과 관련된 유혹과 시험으로부터 자아를 보호할 수 있는 지혜와 담력을 제공합니다.

성서는 거대한 기존 체제와 낯선 권력자들과 비인간적인 삶을 강요하는 거대한 체제와 맞닥뜨린 개인들의 분투록으로 가득 차 있습니다. 아브라함과 이삭과 야곱, 모세, 다윗 모두 다 청년의 때에 당혹스러울 정도의 불합리한 세상과 마주쳤습니다. 그래서 성서는 불합리하고도 마음을 맡길 수 없는 기성체제와 대립각을 세우고 있는 청년들에게 매우 적절한 투쟁과 돌파의 일화로 가득 차 있습니다.

그래서 청년시기에는 자아를 직립보행하게 도와주는 세계관 정립이 필요하죠. 성경에는 뚜렷한 세계관 또는 사고의 주체성을 확립시켜 주는 많은 백과사전적 일화들이 담겨 있기 때문에 성경은 공부해야 할 가치가 있습니다.

또 취업이 아무리 긴급한 사안이지만 대학은 사실 생물학적 생존문제만을 해결하려고 오는 곳은 아니지 않습니까? 대학은 이름 그대로 큰 배움터죠. 큰 배움터라는 말은 뭐죠? 생물학적인 생존을 위한 지식획득의 터임을 넘어서 인류 모두에게 공익적인 기여를 할 수 있는 지식과 기술을 연마하는 곳이 큰 배움터, 대학이지요. 자신의 생계를 해결하는 데 필요한 지식을 습득할 뿐만 아니라 인류 전체의 생존과 발전과 번영에 이바지할 수 있는 공익성을 가진 지식을 얻으러 대학에 들어온 거죠. 공익성을 가진 지식을 얻으러 왔다는 말은 뭐죠? 자기 자신의 존재를 풍요롭게 성장시킬 뿐만 아니라, 전공지식을 통하여 이 세상의 번영과 발전에 이바지할 수 있는 길을 찾기 위해서 온 것이지 않습니까? 단순히 취업을 위해서 또는 좀 더 잘 먹고 잘 살기 위해서 대학에 온 건 아니란 말이죠. 숭고한 목적, 즉 진리를 탐구하러 온 거죠. 진리라는 말은 뭐죠? 보편타당한 지식입니다. 진리는 나 자신을 이 세상의 정상적인 구성원으로 진입시킬 뿐만 아니라 세상의 발전과 성숙에 창조적으로 기여할 수 있는 사람을 만드는 지식과 실력과 전공 기술 등으로 구체화됩니다. 진리는 창조적 지식인을 만듭니다. 자신의 전공지식으로 이 세상을 개선하고 발전시키는 데 이바지하는 사람이 창조적 지식인이죠.

성서는 또한 이 세상의 부정적 양상에 마음이 상한 사람들을 어루만지는 힘이 있습니다. 이 세상은 청년들이 살기에는 매우 기울어진 운동장과 같은 곳입니다. 청년들은 지금 기성세대가 만든 법과 제도와 간섭을 소비하도록 또는 그걸 수용하도록 강요받고 있죠. 어떤 의미에서 어느 시대에나 청년들은 과소대표(under-represented)되는 하층민입니다. 성서는 이 과소대표되고 있는 청년세대에게 미래를 향하여 꿈을 품을 수 있도록 영감을 줍니다. 자기가 살 세상을 훨씬 더 공정하고 인간답고 자비로운 세상으로 만들 수 있는 시야를 넓혀주는 것이 바로 성서죠. 성서는 지금 자신이 살고 있는 세상을 마뜩잖게 생각하는 청년들 또는 창조적 불만을 가진 청년들에게 미래사회를 설계할 수 있는 상상력을 지펴줍니다. 이게 매우 중요합니다.

그다음에 성서는 영적 고도를 높여주는 고전입니다. 다시 말해서 시야를 높은 곳에 둬서 세상을 바라보게 만듭니다. 고도가 문제를 해결합니다. 우리가 좀 높은 곳에 가면 사물의 질서, 도시의 모양, 마을의 모양, 물길, 하늘길이 다 보입니다. 높은 데 올라가면 높은 곳이라는 그 하나의 이유 때문에 사물들을 좀 더 객관적으로 볼 수 있습니다. 지식을 쌓고 실력을 쌓는 것은 영적, 지적 고도를 높이는 행위입니다. 영적, 지적 고도를 높여야만 지도자적 품성이 나옵니다.

대학생은 어쩔 수 없이 지도자적인 역할을 해야 합니다. 왜? 여러분은 또래집단 누구보다도 훨씬 더 특권적인 교육 기회를 받았기 때문입니다. 여러분의 공부는 여러분의 지적 고도를 높입니다. 지적 고도를 높인다는 말은 뭐예요? 여러분이 이 세상에 대해서 방관자적인 무관심으로 살면 안 된다는 의미입니다. 좀 더 관여적이고 참여적인 지식인으로 살아야 한다는 뜻입니다. 그것이 바로 성경을 공부하는 목적입니다.

성경과 <플루타크 영웅전>을 비교해 보시죠. 이 책은 플루타크라는 그리스 역사가가 마흔 명이 넘는 그리스-로마 영웅들을 상호비교하면서 간략한 일대기를 기록한 책입니다. 이 책은 어떻게 한 개인이 어떤 계기를 만나, 혹은 누구를 만나 사적인 삶에서 공적인 삶으로 삶의 지평을 넓혔는가를 보여줍니다. 구약성경에도 특수하고 사소한 지역의 한 작은 개인이 어떻게 공공연한 엄청난 역할을 수행하는 지도자로 바뀌었는가를 보여주는 사례가 많이 나옵니다. 사사기 4-5장에 있는 여성 사사이자 장군 드보라가 바로 그런 사람이고, 사사기 6장에 나오는 기드온도 바로 그런 사람입니다. 출애굽기에 나오는 모세, 창세기에 나오는 아브라함, 이삭, 야곱, 전부 순수한 사적인 개인에서 공적인 지도자로 인생을 마친 사람들입니다. 그들은 모두 한결같이 극히 사소한, 국지적인, 세계의 중심에서 멀리 떨어진 오지에 있던 한 개인으로 살다가 갑자기 역사의 중심무대로 뚜벅뚜벅 걸어가 하나님과 함께 새 역사를 개척하는 데 쓰임 받는 사람들입니다. 그들은 하나님과 조우하면서 시야가 넓혀졌을 뿐만 아니라 고도가 높아져서 그렇게 되었습니다.

이제 마지막으로 청년세대의 비관론과 허무주의, 혹은 염세주의를 치유하는 성경의 위력에 대해 말씀드리고자 합니다. 요즘 세상은 청년들이 세상에 대해서 도덕적 무정부주의 또는 염세주의를 품을 만큼 불의하고 불공정한 세상입니다. 그래서 청년들이 무력감을 느끼며 '악이 결국 세상을 지배하는구나'라고 느끼게 만드는 악지배적인 사고에 경사될 수 있습니다. 악지배적인 사고는 세상이 잘될 것처럼 보이지 않고 결국은 악이 지배하는 세상, 악의 압도적인 우세 속에 선이 간신히 살아남는 이런 방식으로 세상이 돌아간다고 믿는 사고입니다. 이런 악지배론적 사고를 이겨내는 낙관주의가 성경 안에 있습니다. 성경에는 음울하고도 매우 을씨년스러운 세상 한복판에서 희망의 서광을 발견하고 하나님과 더불어 그 어둠을 물리치는, 마치 동화처럼 반전을 일으키는 이야기가 많습니다. 혹독한 어둠의 밤에 한 줄기 빛을 품은 작은 소년 또는 소녀가 하나님과 더불어 그 어둠의 세력과 대결하여 마침내 광명한 새벽을 다시 불러들이는 동화적 반전이 성경에 많이 나옵니다. 악과 혼돈의 물결을 초극하는 하나님 나라의 궁극적 승리를 확신케 하는 낙관주의가 성경 안에 나옵니다.

요약합니다. '성경을 읽으면 청년들이 자아를 건강하게 길러갈 수 있다.' '지도자적 품성을 함양할 수 있다.' '또 미래에 대해서 낙관적인 비전을 품고 미래를 창조하는 데 투신할 수 있다.' '마지막으로 악과 혼돈이 지배할 것 같은 세상에 대해서 낙관주의적 반전을 일으킬 수 있다.' 이런 것들이 성서를 읽을 때 가장 큰 유익입니다. 여러분, 이 네 가지가 전부 특정종교와 관련돼 있습니까? 이 네 가지가 특정종교를 옹호하는 무슨 교리인가요? 아닙니다. 이 네 가지는 특정종교와 아무 상관이 없는, 인간 모두가 갈망하는 생존의 지혜, 처세의 지혜, 번영의 지혜입니다. 이 지혜가 성경 안에 많다는 겁니다. 물론 제가 강의하는 내용에 기독교인들이 좀 더 듣기 편하고 이해가 쉬운 요소가 있을 수 있습니다. 그러나 저는 지속적으로 또는 의도적으로 종교를 갖지 않은 사람에게마저도 성경이 어떻게 납득될 수 있는가를 주안점으로 두면서 강의할 생각입니다. 따라서 이 강의를 듣는 사람들 모두가 특정종교를 옹호하는 강의가 아니라는 것을 늘 명심하시기 바랍니다.

디모데후서 3장 16－17절을 제가 잠시 언급하려고 합니다. 여기는 구약성서의 저작목적에 대한 언급이 나옵니다. 디모데후서 3장 16절 첫 소절입니다. '모든 성경은 하나님의 영으로 감동되었다.' 이때 '모든 성경은' 모든 구약성경을 가리킵니다. 모든 구약성경 서른아홉 권 각각은 하나님의 감동으로 쓰였기 때문에 교훈과 책망과 의로 교육하기에 유익합니다. 그리고 구약성서는 하나님의 사람으로 온전하게 하고 모든 선한 일을 행하는 데 필요한 지식과 지혜를 겸비시키는 책이라고 했습니다. 즉 성경의 저작목적은 교훈과 책망과 의로 교육하기, 그리고 하나님의 사람으로 선한 일을 하도록 돕는 교양이라는 겁니다. 여기서 교훈, 책망, 의로 교육하기라는 말은 성경은 인간의 자기중심성을 부단하게 경계하는 책이라는 뜻입니다. 성경은 우리의 은밀하고 지속적인 일탈과 오류를 지적하는 책입니다. 그래서 성경을 읽는다는 말은 자기비판적 성찰을 시도한다는 뜻입니다.

성경을 읽는다는 말은 뭐예요? 자기비판적 성찰을 한다는 뜻입니다. 성경은 자기가 너무 큰 죄를 범하거나 큰 오류를 범했을 때 세차게 책망하고 틀렸다고 말해주는 무시무시한 다그침의 책입니다. 그래서 경계하고 책망하고 질책하는 책입니다. 그러면 성경은 경계와 경책과 질책만 합니까? 아닙니다. 성경은 여러 가지 이유로 우리가 의기소침에 빠졌거나 엉망진창이 되었거나, 우리 영혼이 진토에 입술을 댈 만큼 절망에 빠졌을 때 우리를 신적으로 격려하고 희망을 갖도록 고취하는 격려와 심령회복의 책이기도 합니다. 요약하자면 성경은 우리의 죄성과 우리의 일탈된 인간성과 자기중심성과 싸우는 책이면서 지지하고 부축하고 위로하는 책입니다. 특히 우리가 타자의 잘못으로 만신창이가 되었을 때만이 아니라 우리 자신의 죄와 허물로 만신창이가 되었을 때에도 재활복구의 길을 열어줍니다.

여러분, 전체 강의를 요약합니다. 제가 잠시 말씀드렸지만 성경은 철두철미하게 보편적인 인간의 교양, 지혜를 찾는 갈급한 마음에 응답하는 책입니다. 절대로 특정종교 옹호적인 책이 아닙니다. 여러분, 기대하시기 바랍니다. 경청해주셔서 감사합니다.

1강-2

세계사 속의 성경과 성경연대기와 지도

안녕하십니까? 숭실대학교 인문대 기독교학과 김회권 교수입니다. 저는 이번 강의를 통하여 구약성경 39권을 개관하려고 합니다. 구약성서는 세계역사의 격동과 갈등의 현장 속에서 생성된 책이죠. 오래된 책들의 집성물입니다. 구약성서는 현대적 개념의 책이 아니라 책들을 한데 모아놓은 도서관 서가(書架)에 가깝습니다. 장르도 복잡하고 39권을 일이관지로 관통하여 흐르는 단일서사도 발견하기가 힘듭니다. 구약성서와 현대인의 문화적 감수성 차이는 쉽게 극복하기 힘들 만큼 큽니다. 구약성경 안에는 심지어 기독교인들에게마저도 환영받지 못하는 요소가 있습니다. 미국의 구약학자인 윌리암 할러데이는 구약성서가 현대인들에게, 특별히 기독교인에게마저도 환영받지 못하는 10가지 이유를 제시하기도 했습니다. 그는 『*Long Ago God Spoke*』라는 책에서 구약성서를 낯설게 여기게 만드는 10가지 쟁점들을 다음과 같이 정리하였습니다.

첫째, 구약성서에 대한 첫째 반감은 인류구속사의 완성인 예수 그리스도를 강조할 때 발생합니다. "인류의 구세주라고 일컬어지는 예수 그리스도가 이 세상에 와서 십자가에서 못 박혀 죽으시고 구원을 완성한 마당에 구약성서를 왜 새삼스럽게 읽어야 하는가? 그리스도가 오기 직전에 일어났던 일들을 기록한 구약성서가 더 이상 무슨 소용이 있겠는가?" 이런 생각을 가진 사람들에게는 구약성경은 이미 꺼진 불꽃과 같다는 것입니다. 그리스도 이전에 일어난 일을 기록한 구약의 모든 기록들은 이제 더 이상 중요하지 않다는 것입니다. 신약성경이 구약성경을 불필요하게 만든다는 것이죠. 이런 이유 때문에 구약성경은 불필요한 추가물로 여겨진다는 거죠.

둘째, 구약성서는 현대인들에게 더 이상 유효하지 않는 율법들 또는 잘 이해되지 않는 관습들로 가득 차 있다는 거죠. 너무 고대적인 관습들로 가득 차 있다는 것입니다. 구약은 너무 오래된 관심사에 치중한다는 것입니다. 구약성서에 적힌 그 오래된 고대관습이나 법령들이 지금 이 땅에 벌어지는 일들과 무슨 상관이 있느냐는 질문을 불러일으킨다는 것입니다.

셋째, 구약성서는 신약성경보다 4배나 길고, 현대인들의 간편한 종교생활을 저해할 정도로 지나치게 자세하고 복잡한 경전이라는 겁니다.

넷째, 구약성경은 황당무계한 기적들과 표적 이야기로 가득 차 있어서 이성적인 사유에 익숙한 현대인들이 쉽게 접근하지 못한다는 것입니다.

다섯째, 구약성경은 역사를 서술할 때 하나님의 직접 개입과 원인으로 일어난 사건들을 기탄없이 동원한다는 것입니다. 특별히 기회 균등의 민주주의 이념에 익숙한 현대인들에게 특정한 민족을 위해서 해를 갑자기 멈추게 하고 달을 멈추게 하는 하나님의 자의적인 전능과시는 도무지 공감이 안 된다는 것입니다. 현대인들은 이런 옛날 동화 속에나 나올 법한 하나님의 극적 간섭을 통한 구원 이야기에는 전혀 관심을 보일 수 없다는 겁니다.

여섯째, 구약성경은 또한 잔혹한 전쟁 이야기로 가득 차 있고, 심지어 반인륜적이고 반인권적인 신의 명령들로 가득 차 있기 때문에 현대인의 감수성에 맞지 않는다는 것입니다. 이외에도 구약성경은 이성적 판단과 경험적 상식, 그리고 현대과학과 전혀 배치되는 이야기들로 가득 차 있다는 것입니다. 예를 들어서 므두셀라가 969세까지 살았다는 이야기는 믿기 힘들다는 거죠. 이처럼 과학적 상식 또는 이성적 판단과 배치되는 이야기가 많기 때문에 구약성경은 현대인들에게 환영받지 못한다는 것입니다.

일곱째, 또 심지어 구약성경 안에는 모순되고 충돌하는 이야기가 가득 차 있다는 겁니다. 예를 들어서 창세기 1장은 하나님의 명령으로 천지를 단 한 번의 절대

명령으로 창조합니다. 그런데 창세기 2장에는 하나님이 흙을 만지시고, 수공업적이고 실험적 창조를 합니다. 그리고 1장에서와는 달리 하나님이 여자는 남자를 창조한 후 훨씬 뒤에 만듭니다. 남자가 어떻게 작동하는지 보고 나서, 즉 남자가 혼자 사는 것이 적당하지 않음을 알고 나서 여자를 만들었습니다. 즉 하나님이 스스로 자기 평가를 거친 후에 여성을 만들었다는 것입니다. 창세기 2장은 세상 창조가 일종의 시행착오적인 실험적 창조로 보일 수 있게 하나님의 창조를 묘사합니다. 결국 창세기 1장과 2장은 상식적으로 읽어볼 때 충돌하는 창조 이야기라는 겁니다.

여덟째, 구약성서에는 정말 현대인들에게는 발음도 안 되는 옛날 사람들, 지명들, 지리적 영토 목록들로 가득 차 있다는 겁니다. "과연 지명들, 목록들이 영감받은 성경인가? 그 지루한 목록 안에 도대체 무슨 규범적인 의미가 있으며, 윤리적인 지향점이 있단 말인가?"라는 질문을 불러일으킨다는 것입니다.

아홉째, 구약성경 중 특히 시편에서는 자기 의를 자랑하며 원수를 저주하는 저주기도가 많다는 겁니다. 자기 의로 가득 찬 시인이 원수를 멸절시켜달라고 요구하는 복수 요청 기도는 예수 그리스도의 원수사랑 계명과 충돌한다는 것입니다. 이런 것들은 현대인들의 프랑스 대혁명 이후에 생겼던 인권사상, 평등사상, 박애사상 등과 맞지 않다는 거죠.

마지막으로 구약성경에는 오늘날 여성주의적 관점에서 볼 때 여성 차별을 정당화하거나 당연시하는 관습과 법령들이 많다는 겁니다.

이런 10가지 이유 때문에 구약성경은 현대인들에게는 저항감을 일으키며 기독교인들에게도 낯설게 느껴진다는 것입니다. 윌리암 할러데이는 이런 10가지 쟁점들이 구약성경을 읽어갈 때 장애가 된다는 사실을 인정합니다. 구약성경이 현대인에게 저항감 또는 문화적 이격감을 불러일으킨다는 사실을 인정합니다. 그러면서도 그는 '해석학'의 렌즈를 통해 구약성경에 접근해야 할 필요성을 말합니다. 해석학이라는 말은 뭐죠? 고대문서를 고대인들의 세계관에 비추어 해석하는 기술입니다(the art of interpreting ancient documents). 해석학은 고대 문서를 고대적 · 역사적 · 문화적 맥락 안에 정위(定位)시켜 현대인들에게 의미가 통하도록 적절하게 해석하는 체계적인 해석기술을 가리킵니다. 해석학의 가장 초보적인 도구는 고대 언어입니다. 다음으로 고대의 세계관과 우주관과 인생관을 자세히 아는 것도 해석학의 또 다른 기초도구입니다. 마지막으로 고대인들의 풍습과 문화인류학적인 습속들을 자세히 아는 것도 해석학의 중요한 기초가 됩니다. 이런 기초적 토대 위에 구약성경의 각 책이 저작된 배경과 저작시점, 저자집단을 자세히 아는 것이 해석학의 또 다른 요소들입니다. 할러데이는 이런 해석학을 통하여 구약성경을 읽으면, 구약성서가 현대인들에게도 매우 호소력이 있는 보편적인 이야기를 담고 있다는 것을 알 수 있다고 봅니다. 구약성서가 종교적 문서의 외양을 띠었지만, 누구나 종교적 선투신 없이도 읽어서 유익을 얻을 수 있는 인류의 고전이라는 거죠. 할러데이는 이런 해석학적 여과장치를 활용하기만 하면 구약성경은 접근 가능하고, 심지어 이 10가지 장애물들도 극복 가능하다고 판단합니다.

저는 이번 이 강의를 통하여 신앙을 갖지 않은 사람들마저도 구약성경이 재미있게 읽을 수 있는 책이라는 것을 알려주기를 원합니다. 구약성경은 앞서 말씀드렸듯이, 신의 계시를 받은 사람들이 비밀리에 받아 쓴 기록들의 집성물이 아니기 때문에 이성적 사유를 하는 보통 사람들에게도 읽힐 수 있는 책입니다. 구약성경은 세계역사의 한복판에서 간신히 살아남은 사람들이 세상 모든 사람들이 보는 앞에서 작성한 문서입니다. 잘 아시다시피 고대세계는 4대 문명으로 구성돼 있지 않습니까? 메소포타미아 문명, 이집트 문명, 황하 문명 그리고 인더스 문명. 이 4대 문명이 기억하는 인류역사는 지금으로부터 6000년 전부터 시작됩니다. 현존하는 최고(最古) 문자기록물은 BC 24-20세기경에 생성된 자료들인데 그것들은 그 기록물 생성시점을 기점으로 2000년 전 또는 그보다 더 오래된 이야기를 말하고 있습니다. BC 23-22세기에 생성된 수메르 문명의 토판, BC 20세기 전후의 이집트 상(上)왕조 시대의 상형문자 기록들, 그리고 BC 20-19세기의 중국의 황하강 유역의 갑골문자(점복문자) 모두 그것들의 생성시점을 기점으로 약 2천 년 전의 역사나 이야기를 말하고 있습니다. 그것들은 지금으로부터 BC 6000년까지 거슬러 올라가는 기억을 말하는 셈입니다.

성경은 이렇게 오래된 고대 메소포타미아 문명과 이집트 문명의 한복판에서 간신히 생존했던 한 작은 민족이 생성해 인류역사에 남긴 유산입니다. 이 양대세력 사이에 끼어 국가적 독립을 80년밖에 유지하지 못했던 작은 나라, 이스라엘에서 구약성서가 나왔습니다. 그러니까 구약성서는 그 자체가 힘과 권력의 비대칭성이 현저한 기울어진 운동장 같은 세상에서 기울어진 쪽에 속했던 약소민족의 관점에서 증언한 세계와 인간역사에 대한 증언이라는 것입니다. 구약성서는 쉽게 말해 절대 강자와 절대 약자들 사이의, 도저히 불공평하기 짝이 없는 권력게임에서 나온 책이라는 겁니다. 이걸 알아야 됩니다.

구약성서의 모든 언어는 제국의 언어가 아니라, 제국에게 박해받던 노예들의 언어라는 겁니다. 노예들의 귀에 들려지고 노예들의 입을 통해서 알려지고 노예들의 눈을 통해 파악된 신의 언어가 구약성경의 신언(神言)이라는 것입니다. 여러분, 이처럼 먼저 구약성경을 거대담론의 관점에서(macroscopic) 크고 넓게 봐야 됩니다. 구약성경의 작은 내용 안에 원시적인 의미의 복수를 요청하는 내용이 있지만, 그게 구약성서의 본질을 대표하는 담론이 아닙니다. 정당한 복수를 요청하는 심판 강청 언어가 절대강자에게 항상 시달리는 절대약자의 입에서 나왔을 때에는, 여러분에게 그것이 잔인한 보복감정의 토로로 들려요? 아니면 속이 시원하게 들려요? 여러분, 브라질 프로축구선수팀하고 상도동 조기축구랑 붙을 때 누구를 응원해요? 상도동 조기축구팀이 막 10:0으로 지고 있어요. 이때 브라질 프로축구선수팀을 응원하지 않죠. 상도동 조기축구팀에게 박수를 보내고 응원하는 것이 인간의 상식적인 정의감이죠.

지금 생존 자체를 담보 받지 못하는 최약자층 사람들이 신의 언어, 성경 언어를 가지고 하나님께 호소할 때, 이때는 말이 되는 거죠. 이스라엘에게 박해받는 팔레스타인 난민이나 미얀마의 로힝야 족속 같은 연약한 족속들이 자신들을 박해하는 압제자들을 응징해달라고 신에게 요청하면서 구약성경을 인용한다고 여러분이 그들을 원시적인 보복감정에 사로잡힌 비이성적인 집단이라고 매도할 수 있나요? 그렇지 않을 것입니다. 왜 그럴까요? 이 지상의 기울어진 운동장과 같은 힘의 비대칭적 구조, 권력의 비대칭적 구조 안에서 하나님이라는 언어는 약자가 피할 수 있는 최후의 피난처이기 때문이죠. 확실히 불의하고 압제적인 지배층의 손에 들려졌을 때의 구약성경은 칼 마르크스가 말한 상부구조의 이데올로기가 됩니다. 반면에 구약성경이 약자의 손, 원래 있던 그 자리에 들려질 때는 저항의 무기가 되고, 인간을 거대한 압제로부터 건져내는 해방담론이 되는 거죠. 성서를 피압박민, 가난한 난민의 입과 혀에 되돌려주는 읽기를 인문학적 성서읽기라 말합니다. 인간존엄의 근거를 하나님의 형상에 따라 창조된 인간의 본질에서 찾으며 하나님의 형상으로서의 인간의 생명권과 행복향유권을 옹호하는 성경읽기가 인문학적 성서읽기입니다.

구약성서는 유대교나 기독교 등 특정종교를 위해서 쓰인 책이 아닙니다. 구약성서는 유대교, 기독교, 그리고 이슬람교의 교리를 뒷받침하기 위해서 나온 책도 아닙니다. 구약성서는 종교 이전보다 더 궁극적인 하나님 중심의 인간해방과 인간구원을 촉진시키기 위해 쓰인 책입니다. 어쩌면 종교적 투신 없는 사람에게 구약성서가 더 정확하고 올바르게 해석될 수 있습니다. 구약성서는 특정종교를 가지고 종교기업을 운영하거나 천당을 미끼로 혹세무민하는 이원론적인 종교흥행과 아무 상관없습니다. 구약성서는 근본적으로 기울어진 운동장에서 살아가는 약자들의 아우성이고, 그 아우성 속에 신의 언어를 위탁하신 하나님의 결단입니다. 그래서 구약성서의 하나님 또는 신 등은 오늘날 칼 마르크스나 좌파 경제 · 역사학자들이 말한 상부구조 이데올로기로서의 신이 아닙니다. 이데올로기라는 말은 뭐죠? 진실과 멀지만 민중을 선동적으로 속이기 위해서 지배층 집단이 만든 일종의 이념적 직조물입니다. 악한 지배층 집단은 악한 법령 위에 자신의 압제적 지배체제를 정당화하기 위하여 '신'을 모십니다. 이렇게 지배층 집단에 의해 임의로 모셔진 '신'은 상부구조이며 이데올로기입니다. 구약성서의 하나님은 이런 지배층 집단의 통치도구의 일부로 동원된 이데올로기가 결코 될 수 없습니다.

구약성서의 신은 형 가인에게 살해당해 암매장당한 아우 아벨의 핏소리를 듣고 역사에 개입하는 아벨의 하나님이기 때문입니다(창 4:8-10). 지배층 집단의 대표자인 민중살해자 가인의 양심을 교란하는 아벨의 핏소리가 바로 하나님께 타전되는 묵직한 정의요구의 외침이 됩니다. 히브리 노예들의 입에 담긴 신은 파라오 압제체제를 전복시키는 엄청난 상상력의 불이 됩니다. 권력자가 입에 담을 수 없는, 파라오 같은 절대군주가 입에 담을 수 없는 절대적인 금지언어가 '신'입니다.

신은 누구의 입에 담겨야 됩니까? 히브리 노예들의 입술에 담겨야 됩니다. 그래서 구약성서에서는 압제자가 권력적인 공학으로 많은 사람을 괴롭게 하고, 박해자들이 신의 이름을 입에 담아 민중압제를 정당화하는 것은, 하나님 이름을 망령되이 일컫는 악행이라고 단죄됩니다. 그러니까 여러분, 잘 알아야 될 것은 구약성경의 원래 메시지가 오늘날 심지어 제도권 교회들이 선전하는 하나님과는 매우 다를 수 있는 하나님 이미지를 제공한다는 사실입니다.

그러면 저는 왜 구약성서가 그렇게 중요한가를 말씀드리겠습니다. 제가 첫 시간에도 말씀드렸죠? 구약성서는 역사 바깥, 저 형이상학의 구름 너머에 존재하는 관념으로서의 하나님이 아니라, 땅에 사는 사람들의 사정과 형편에 최적화된 역사참여의 하나님을 시종일관 증언합니다. 아브라함의 하나님, 이삭의 하나님, 야곱의 하나님이 바로 이런 의미입니다. 구약의 하나님은 자기의 생존 보금자리를 확보하지 못하여 열국의 왕들과 제후들에게 이리저리 시달리며 겨우 존재하듯이 살아가는 무기력한 개인들의 하나님입니다. 난민과 같은 아브라함과 이삭과 야곱의 하나님입니다. 파라오의 압제체제에 시달리는 노예들의 하나님입니다. 이런 하나님이 인류역사와 동행했던 발자취가 가장 선명하게 찍혀 있는 역사적 기억층이 바로 이스라엘 역사입니다. 그게 바로 구약 역사입니다.

이 세상에 출현했던 신을 말하는 종교문헌들이 엄청나게 많습니다. '바가바드기타'라든지, '리그베다'라든지, 중국의 '서경,' 고대 수메르와 메소포타미아의 고문서들, 이집트 문명의 문헌들, 그리고 그리스-로마 문명의 문헌들 전부 다 신을 말합니다. 그런데 7천 명의 실명 신들 중에서 난민들과 노예들과 언약을 맺어 새로운 세계를 창조하시겠다고 열정을 불태운 신은 이스라엘의 하나님 야웨, 즉 구약의 하나님 외에는 존재하지 않습니다. 왕들과 제후들의 박해와 제국의 명령 때문에 시달리고 학대받고 유린당하는 개인들과 동맹을 맺고 언약을 맺어 그들의 보호자가 되는 신의 행적은 구약성경에서만 발견됩니다. 제가 여기서 "유일하다"고 감히 말합니다. 이 세상 어떤 종교문서도 노예들의 하나님으로 자기를 동일시하거나 아브라함과 이삭과 야곱 같은 난민들, 외톨이들의 하나님으로 자기를 동일시하는 하나님을 내세우는 종교는 없기 때문입니다. 구약성경의 야웨 하나님밖에 없습니다.

야웨 하나님은 아브라함과 이삭과 야곱에게 묵직한 진실이었습니다. 아브라함과 이삭과 야곱에게는 야웨 하나님이 제국의 명령들, 저 파라오의 권력체제들보다 더 실제적이었습니다. 세계역사를 통틀어 이스라엘 민족만큼 역사적 불의와 부조리를 사무치게 경험한 집단은 없을 것입니다. 이처럼 비대칭적인 권력관계에 사는 개개인들, 부족들, 약자들의 공동체를 절대적으로 보호한 신의 행적이 뚜렷이 나타나 있는 책이 구약성서입니다. 즉 구약성서만이 인류의 보편적 유익을 끼치는 신의 이미지를 제공하는 고전이라고 불릴 수 있습니다. 구약성경은 이렇게 정의롭고 자비로운 신의 행적을 자세히, 목적 지향적으로 아주 분명하게 기록했기 때문에 고전의 가치를 갖고 있으며 청년대학생들이 공부할 가치를 가진 인류의 유산으로 대접받는 것입니다. 앞서 말씀드렸듯이, 구약성경은 마치 공룡 발자국이 선명하게 찍혀 있는 고성, 양양, 하동, 여수 등과 같은 고대의 공룡서식지처럼 하나님의 인류역사 동행의 직접적인 활동 증거를 남긴 유적과 같은 것입니다. 구약성경에는 하나님의 발자국이 뚜렷이 찍혀 있다는 거죠. 그래서 우리가 고전으로서의 구약성경을 읽는 거죠.

구약성경을 읽는 목적이 지나간 이스라엘 역사에 무슨 일이 일어났는가 정보를 모으는 겁니까? 아닙니다. 공룡학자들이 모든 중생대 지층 암반에서 공룡 발자국을 찾듯이, 이스라엘 역사에서 하나님이 지나간 흔적을 찾는 마음으로 구약성경을 읽는 것입니다. 구약성경 방식으로 역사를 기술하는 관점은 우리나라의 역사도 재해석하도록 영감을 주고 패러다임 전환을 가능케 하기 때문에, 구약성경 읽기는 정보 취득을 넘어 관점 전환을 가져다줍니다. 앞서 잠깐 언급했듯이, 구약성경은 메소포타미아와 이집트 문명의 갈등과 충돌 속에서 간신히 살아남은 이스라엘의 정체성 형성과 사명자각 스토리를 공공연히 기록한 책이죠.

이것은 1820년에 14세이던 요셉 스미스가 어떤 숲속에서 몰래 천사에게 계시를 받아서 기록했다는 모르몬교의 기괴한 경전(모르몬경)과 전혀 다르죠. 세상종교 경전들의 특징은 뭐예요? 역사변혁, 정의추구 같은 공공성을 전혀 드러내지 않고 오히려 그 특정종교를 신봉하는 자들에게 지구탈출적 도피주의 심리적 구원을 약속하지요? 모든 이단적 종교의 경전들의 특징 중 하나가 그것들이 몰래 기록한 내용들이라는 것이죠. 그러나 구약성경은 단 한 책도 몰래 기록한 책이 없습니다. 구약성경은 고대 메소포타미아 문명과 이집트 문명의 충돌과 갈등 한복판에 간신히 살아남은 이스라엘 백성들의 이야기이기 때문에 당연히 성경에는 고대근동에 출현했던 세계 6대 제국이 다 나옵니다.

가장 오래된 제국인 수메르 제국, 고바벨로니아, 앗수르 제국, 신바벨론 제국, 페르시아 제국, 그리고 헬라 제국까지 다 구약 역사에 등장합니다. 신약까지 가면 로마 제국까지 나오죠. 그러니까 고대근동과 지중해 일대의 6대 혹은 7대 제국이 신구약성경에 다 등장할 수밖에 없죠. 왜요? 구약의 하나님은 이렇게 강대한 제국들 한가운데에서 간신히 존립했던 한 작고 보잘것없는 민족, 이스라엘 민족의 입에 담긴 담론의 중심이기 때문에요. 여러분께서 혹시 시간이 있으면 『고대 근동 문학 선집』이라는 책을 한번 보세요. 이 책은 제임스 프리처드(James Pritchard)라는 프린스턴대학교 교수가 모아놓은 고대근동의 종교문헌들의 집성물입니다.[9)] 여기에 구약성경의 율법들과 유사한 고대근동의 법들이 많이 소개되어 나옵니다. 그중 하나가 BC 18세기의 고바벨로니아 제국의 함무라비 대제의 법입니다. 그런데 구약성경의 율법들과 고대근동의 율법들을 자세히 비교해 볼수록 이스라엘의 하나님, 야웨 하나님이 고대근동의 신들과는 너무나 다르다는 걸 명백하게 깨달을 수 있습니다. 고대 메소포타미아의 신들과 고대 이집트의 신들은 항상 왕의 꿈에 나타납니다. 왕에게 권력유지 방식을 조언하는 지혜와 권고를 줍니다. '너는 이 땅을 지배하라.' '너는 어디 어디를 정복하고 병합하라.' 그런데 구약성경에는 왕에게 박해받고 쫓기는 개인에게 나타납니다. 왕에게 가끔 구약의 하나님이 직접 나타나기도 하지만 대개는 심판위협, 질책과 단죄를 통고하는 신현(神顯)입니다. 대부분 지상의 절대권력을 전복시키려고 하는 약자들이나 그들의 대변자인 예언자들에게 신이 나타납니다. 지속적으로 신은 체제전복적이고 권력해체적 목적을 갖고 권력에 시달리는 자들에게 나타나십니다. 구약성경의 하나님은 고대근동의 신들과 매우 전혀 다른 행적을 보입니다.

여러분, 이 교재 앞부분에 첨부된 지도들을 주목해 주기 바랍니다. 티그리스강과 유프라테스강 상류에 등장하는 최초의 인류문명이 수메르 문명이죠. 그 수메르 문명을 뒤집고 온 유목민족들이 고(故)바벨로니아 제국을 건설합니다. 그 고바벨로니아 문명의 전성기가 고바벨로니아 제국의 6대 왕으로 일컬어지는 함무라비 대제죠. 함무라비 대제는 BC 1760년경에 함무라비 법전을 반포했는데, 이 함무라비 법전은 282개 조문이 남아있습니다. 대부분 민법, 상속법, 그리고 초보적인 형사소송법과 형법들입니다. 이런 법들 중 일부와 모세오경의 율법이 일부 겹치기 때문에 창세기나 출애굽기가 묘사하는 족장들의 시대가 대강 어느 시점이었는가를 짐작해 볼 수 있습니다. 고대 바벨로니아 제국 시대의 풍습을 방불케 하는 관습이나 법이 창세기, 출애굽기, 그리고 욥기 등에서 발견되기 때문에 이스라엘 조상들도 아마 그 시기에 살았던 사람들이 아닐까 하고 짐작해 볼 수 있습니다.

그래서 우리는 대개 BC 1800년을 구약성경의 이스라엘 조상들이 등장했을 법한 시대라고 봅니다. 즉 우리가 추정할 수 있는 가장 이른 시대의 족장들 연대라고 봅니다. 어떤 학자들은 아브라함의 생몰연대를 대개 BC 1800년대부터 좀 늦은 시기로 잡아 BC 1500년대라고 보기도 합니다. 제가 교재에 제시한 구약연대기 자료를 참조해 보기 바랍니다. 여기서 중요한 사실은 창세기와 욥기가 가장 이른 시대의 풍습을 반영하고 있다는 뜻이지, 이때 쓰였다는 뜻은 아니라는 것입니다. 가장 이른 시기에 쓰였을 법한 책은 지금 우리가 가지고 있는 모세오경의 율법 부분입니다. 그다음으로 BC 8세기 예언자들의 예언서가 기록되어 책으로 전해졌을 것입니다. 그리고 구약성경 중 제일 늦게 쓰인 책은 다니엘서입니다. BC 168년부터 165년에 있었던 마카베오 독립항쟁 시기를 전후해 쓰인 책입니다. BC 4세기 후반에 등장했던 마케도니아의 알렉산더 대왕이 남긴 네 왕조 중에 한 왕조였던 시리아 기반의 셀류키드 군주들이 이스라엘 민족을 헬레니즘 문화로 개조하려고 강압적 정책을 강요하자 이에 맞서 일어난 전쟁이 마카베오 독립전쟁입니다. 유다 마카베오라는 전설적인 민병대 조직의 우두머리가 민병대를 이끌고 셀류키드 세력을 예루살렘으로부터 축출해 성전을 되찾는 감동적인 이야기가 마카베오 독립전쟁 서사입니다. 이 마카베오 독립전쟁을 배경으로 쓴 책이 다니엘서라 할 수 있죠.

그래서 구약성경은 약 1700년에 걸쳐서 40명 이상의 저자가 39권의 저작에 관여했다고 말할 수 있습니다. 여러분, 교재에 제시된 지도를 보면 서쪽 비옥한 반달형 끝(the fertile crescent)에 이스라엘이 있고 그 동쪽 끝에 티그리스강과 유프라테스강 상류의 수메르 문명발상지가 있습니다. 비옥한 반달형 경작지의 서쪽 끝이 이스라엘입니다. 이 반달형 모양의 땅이 비옥한 경작가능지(the Fertile Crescent)입니다.

구약성경은 비옥한 반달형 모양의 땅 동쪽 끝에서 일어난 일들과 서쪽 끝에서 일어난 일들을 기록하고 있습니다. 가장 동쪽으로는 페르시아의 수산궁이 있었습니다. 동쪽 끝 페르시아의 수산궁부터 시작해서 제일 서쪽 극단의 끝인 이집트까지 이 광활한 지역이 구약성경의 조상들과 구약성경의 등장인물들이 옮겨 다니며 맹활약했던 지역이죠. 그래서 구약성경을 공부할 때 고대근동의 지도가 매우 중요합니다.

여러분께서 최소한 메소포타미아가 어디인지, 이집트가 어디인지, 가나안 땅이 어디인지, 시리아가 어디인지, 히타이트 제국이 어디인지 정도는 알아야 됩니다. 이런 지도가 연대기와 함께 머릿속에 있어야만 제 강의를 따라올 수 있습니다.

여러분은 저와 함께 축지법을 써야 합니다. 축지법이란 뭐죠? 짧은 시간에 엄청난 보폭으로 진도를 달려야 한다는 말입니다. 축지법을 구사하기 위해 몇 가지 지침을 드립니다. "수업자료로 탑재된 교재 부분을 미리 읽어온다." "필요한 성경구절은 미리 찾아본다." "중간중간에 제시되는 과제물과 토론 주제에 대해 적시에 응답하고 온라인으로 참여한다." 그럼 여러분께서는 주마간산 수준이지만 구약성경의 39권의 얼개를 대강은 파악할 수 있습니다. 그렇지만 이 강좌가 여러분이 구약성경을 철저히 통독하는 걸 대신할 수는 없죠. 다만, '구약성경 한번 읽어보고 싶다.' '구약성경은 특정종교의 종파적 문서가 아니라 인류의 고전이다.'라는 등등의 결심과 깨달음만 생긴다면 이 강좌는 어느 정도의 목적을 달성하는 셈입니다. 본 강좌가 제시하는 관점으로 구약성경을 읽을 때 구약성경이 인류의 고전으로서 가지는 가치를 향유할 수 있는 해석학적인 눈을 가지게 될 것입니다. 감사합니다. 다음 강좌에서 만날 것을 기대합니다.

인문고전으로서의 구약성서 읽기

2주차 강의안

2-1

구약성서의 복합적 구성 개관

율법서 5권: 613개 조항의 율법을 포함하고 있다고 믿어지는 모세오경, 즉 창세기, 출애굽기, 레위기, 민수기, 신명기.

예언서: 21권

- 전기 예언서(The Former Prophets) 6권: 여호수아, 사사기, 사무엘상하, 열왕기상하
- 후기 예언서(The Latter Prophets) 15권: 3 대예언서(이사야, 예레미야, 에스겔) + 12 소예언서(호세아, 요엘, 아모스, 오바댜, 요나, 미가, 나훔, 하박국, 스바냐, 학개, 스가랴, 말라기)

성문서 13권: 룻기, 역대기상하, 에스라－느헤미야, 에스더, 아가, 예레미야 애가, 다니엘, 시편, 잠언, 전도서, 욥기

앞에서도 언급했듯이 본 강의는 기독교신앙만을 옹호하는 구약읽기가 아니라 인문학적 관점의 구약읽기를 시도한다. 인문학은 모든 비인간적 사회·정치·경제적 체제로부터 개인의 인권과 존엄을 보호하려고 하는 학문 분야를 가리킨다(종교와 문사철[文史哲]). 그것은 모든 사회적 압제로부터 개인(가난하고 소외된 개인)을 옹호하는 학문이다. 또한 인문학은 다수의 횡포(도덕적 횡포)에 대해서는 소수를 보

호하는 학문이기도 하다(더 정당한 명분을 가지고 있는 소수). 인문학의 근거는 창세기 1:26–28이다. “하나님이 이르시되 우리의 형상을 따라 우리의 모양대로 우리가 사람을 만들고 그들로 바다의 물고기와 하늘의 새와 가축과 온 땅과 땅에 기는 모든 것을 다스리게 하자 하시고 하나님이 자기 형상 곧 하나님의 형상대로 사람을 창조하시되 남자와 여자를 창조하시고 하나님이 그들에게 복을 주시며 하나님이 그들에게 이르시되 생육하고 번성하여 땅에 충만하라, 땅을 정복하라, 바다의 물고기와 하늘의 새와 땅에 움직이는 모든 생물을 다스리라 하시니라” 결국 인문학은 하나님의 형상을 가진 인간의 존엄과 자유를 옹호하는 학문이다. 인간의 존엄과 자유를 위협하는 모든 종류의 악과 고난으로부터 인간의 존엄을 지키려고 분투하는 학문인 인문학의 이념을 구현하기 위한 구약성서 읽기가 본서의 중심관심사이다.

인문학적 성서읽기의 예

1. **장 자크 루소:** 자연신론적이고 계몽주의적 기독교인의 입장에서 성경을 읽는다. 인간 이성을 옹호하고 자연계시를 강조하는 루소의 성서와 기독교 이해는 『에밀』의 한 부분, “사보이 신부의 신앙고백”에 나온다. 정통 기독교인들에게는 판금된 이 책은, 제도권 기독교권위 옹호에 바쳐진 교조주의적인 성경해석에 맞서서 기독교신앙을 이성과 자연계시의 빛 아래서 재조명하려고 애쓴다.
2. **괴테:** 『시와 진실』에서 괴테는 자신의 기독교신앙 상실 순간을 말하지만 그의 문학은 넓게 보아 기독교적이며 영성적인 깊이를 추구한다. 이 책은 초보적인 수준의 인문학적 성서읽기를 시도한 괴테의 문학적 자서전이다. 인생 노년기의 대작 『파우스트』는 인간의 자유추구, 욕망의 궁극적 원동력, 그리고 타락, 회한, 회개, 구원의 드라마를 제시하며 성경과 병렬적인 서사구조를 드러내 보인다.
3. **톨스토이:** 제도종교와 등진 자유로운 영혼의 성서읽기를 시도했다. 제도권 종교를 위한 호교론적 성서읽기를 반대했던 톨스토이는 배교자라는 비판을

받았지만, 인문학적 성서읽기의 좋은 예를 보여준다. 『부활』은 산상수훈의 고귀한 빛에 의해 감화를 받은 주인공이 자신의 죄악된 과거를 청산하고 지주-소작농의 불의한 구조까지 개혁하려는 정의감을 드러낸다.

4. **도스토예프스키:** 러시아 정교회의 독실한 신자였던 도스토예프스키의 여러 소설은 비참하게 부서진 인간의 영혼을 해부하며 그리스도의 사랑으로 인간 존엄을 회복하려고 분투하고 있다. 『카라마조프가의 형제들』은 "조시마 장로의 유언"을 통해 임박한 볼세비키 유혈혁명으로부터 러시아를 구할 사명은 러시아 수도승들에게 있음을 강조한다.

5. **중국철학자 임어당:** 『동서양의 사상과 종교를 찾아서』는 성서를 세계의 모든 종교와 사상들(불교, 유교, 중국사상, 공산주의 등)과 비교함으로써 성서가 제시하는 '인간존엄 회복' 복음의 위대성을 예찬한다. 에른스트 르낭의 "예수 연구"를 빌려 예수를 석가와 공자 등과 비교하는 마지막 부분은 압권이다.

6. **유대인 정치철학자 요람 하조니:** 하조니는 『구약성서로 철학하기(*The Philosophy of Hebrew Scripture*)』를 저술해서 구약성서는 윤리학, 정치철학, 인식론, 형이상학을 설파한 보편적 인문고전이라고 주장한다. 이 책은 결론을 제외하고 크게 두 부분으로 나뉜다. 1-3장으로 구성된 1부는 구약성서를 이성적 저서, 즉 철학책으로 독해하도록 돕는 해석학적 틀을 제공한다. 구체적으로는 구약성서의 구조와 그것이 저작된 목적, 그리고 성서 저자들이 어떻게 성서 내러티브(창세기-열왕기하)와 선지자의 설교를 통해 보편적 철학사상을 개진했는지를 설명한다. 1장 "구약성서의 구조"는 구약성서의 내적 구조를 개괄한다. 2장 "구약성서의 저술 목적은 무엇인가?"는 이스라엘의 역사 이야기(창세기-열왕기하)가 쓰인 목적을 진술한다. 하조니에 따르면 이 아홉 권(유대교인들의 셈법)의 책들은 유다와 예루살렘의 멸망 그리고 바벨론 유배 이후에도 살아남았던 유대 민족이 자기 정체성을 잃고 소멸되는 것을 방지할 목적으로 쓰였다. 그런데 그는 구약성서의 내용 자체가 비록 겉으로는 하나님과 이스라엘의 언약을 중심으로 벌어진 역사를 다루고 있지만, 실은 세상에서 벌어지는 모든 일들에 대한 보편적 통찰과 지혜를 담고 있다고 주장한다. 구약성서의 지혜와 인생관, 세계관과 역사관은 유대인뿐 아니라

'지구의 모든 민족'에게도 의미심장하게 유효한 철학이라는 것이다. 얼핏 이해하기 힘든 논리이지만, 이 역사 내러티브(창세기－열왕기하)는 구약성서가 제시하는 모세율법은 인간 본성에 부합하고 인류 행복을 지향점으로 한다는 것이다. 간단히 말해, 이스라엘 역사에 관한 성서 내러티브는 유다 멸망 이후 유대 민족의 현안과 가나안 본토 귀환정당성을 옹호하고 이해하려는 큰 의도 아래서 정치, 도덕, 형이상학에 관한 인류보편적 진리를 세우기 위해 저작되었다는 것이다.

자, 이제 요약하자. 구약성경은 외견상 매우 특별한 민족 이스라엘의 시작, 성장, 쇠락, 멸망, 구원과 회복 이야기이다. 그런데 구약성서는 실상 세계만민들에게 적용되고 수용되는 인류 전체의 이야기이기도 하다. 구약성서는 이스라엘에만 집중하지 않는다. 이스라엘 너머 온 세계만민에게 전파되어야 할 하나님의 말씀, 명령, 호소, 그리고 위로가 구약성서의 이스라엘에게 잠시 위탁되었을 뿐이다. 구약성서의 가장 근본 확신 중 하나가 이스라엘은 세계만민을 대신하고 대표하는 선민(chosen people)이라는 주장이다. 구약성서에서 이스라엘은 자신과 하나님의 이야기에 매몰되지 않는다. 이스라엘은 온 세계열방으로 확장되어야 할 하나님의 이상적인 세계비전에 한시도 눈을 떼지 않는다. 그래서 이스라엘의 심판과 구원과 회복 이야기는 세계만민의 심판과 구원과 회복 이야기인 셈이다. 이스라엘의 경험은 세계만민을 대신하고 대표한 경험이라는 것이다. 하나님이 만민을 복주시고 구원하기 위해 전략적으로 선택한 방법이 '선민'을 통한 만민향도, 만민견인, 만민내포이다. 구약성서는 매우 특수한 민족의 이야기인 동시에 보편적인 만민의 이야기인 것이다. 이 진리를 주장하는 대표적인 본문이 창세기 12장 1－3절이다. 이 단락은 인간의 역사에 대한 이중초점적인 전망을 제시한다(a bi－focal look at human history). 즉 이중초점적 하나님 구원사를 보여준다. 이 구절들은 인류역사를 선민(chosen people)과 만민(non－chosen＝"all the families in the Earth")의 평행적·병렬적 움직임으로 본다. 그런데 하나님은 먼저 선민을 구원하고 복주셔서 이 선민을 통해 만민을 구원하실 계획을 세웠다는 것이다. 만민을 구원하시기 위해 이스라엘을 선민으로 택하셨다. 하나님이 아브라함과 그 후손을 통해 이룰 세계는 "하나님 나라"이다

(창 18:18–19). 하나님 나라는 이스라엘과 세계만민이 차별 없이 평화롭게 어울리고 공존하는 미래의 이상사회이다.

여기서 "하나님 나라"는 창세기 12:1(개역한글)에 나오는 "내가 지시한 땅"이라는 어구에 암시되어 있다. 이것은 하나님 상상 속에 있는 땅, 아직 사람들에게 점령되지 않은, 아직 존재하지 않는 땅이다. 이런 땅에 하나님 나라가 들어설 것이다. 이 하나님 나라는 생물학적 욕망으로 나온 나라가 아니라, 하나님이 지시한 땅(미래의 땅)이요 하나님이 세우실 나라이다. 히브리서 11장 10절은 이 하나님 나라를 "하나님이 계획하시고 지으실 터"라고 말한다. 결국 구약성경은 세계만민을 저주에서 구원해 하나님 나라로 인도하시려는 하나님의 의도 때문에 쓰였다.

구약성서의 장르별 핵심주제

모세오경(율법서): 창세기부터 신명기까지 다섯 권의 책은 이스라엘 민족의 정체성을 규정하는 언약과 율법을 담고 있다. 구약성서의 토대가 되는 가장 중요한 책들이다. 율법서는 엄숙하고 장중한 하나님의 음조가 지배한다. 대체로 이스라엘 민족은 율법서에서 거룩한 하나님 앞에서 위축된 채 다소간에 수동적인 모습으로 나타난다.

예언서: 여호수아, 사사기, 사무엘상하, 열왕기상하 6권과 실명으로 불리는 예언서 15권(이사야, 예레미야, 에스겔 + 호세아에서 말라기까지 12권의 소예언서)으로 구성된 예언서는 '왜 너희 이스라엘 민족은 율법서의 규정과 지침대로 살지 못했느냐'고 질책하고 심판하고 응징하는 하나님을 부각시킨다. 예언서 21권 내내 이스라엘 민족은 예언자적 책망과 규탄을 묵묵히 듣고 유구무언의 태도를 유지한다. 예언서 언어의 60%는 탄핵, 심판, 그리고 재난통보 언어이다. 40%의 예언서 언어는 하나님의 심판으로 산산조각 난 이스라엘 민족을 치유하고 회복해, 다시 하나님의 언약백성으로 재활복구시키려는 하나님의 모성애적 언어이다. 예언서는 이스라엘 민족이 왜 하나님의 심판으로 멸망당하고 이방 땅으로 유배당했는지를 설명하고, 또 무

슨 근거로 이스라엘이 장차 하나님의 언약백성으로 재활복구될 것인지를 해명한다.

성문서: 역사설화 성문서 7권(역대기상하, 에스라, 느헤미야, 룻기, 에스더, 다니엘), 시가 성문서 3권(시편, 아가, 예레미야 애가), 그리고 지혜 성문서 3권(욥기, 잠언, 전도서)으로 구성된 성문서에서는 주로 이스라엘 민족이 하나님의 세상통치 방식을 평가하고 그것에 대해 문제를 제기하고 항변과 간청을 하나님께 토로하고 있다. 성문서 중 지혜 성문서와 시가 성문서에는 이스라엘에게 하달된 하나님의 일방적인 명령이나 책망언어보다는 하나님의 세상통치, 이스라엘에 대한 심판 행위 자체에 대한 이스라엘 민족의 평가, 논평, 항변, 그리고 문제제기가 두드러진다. 애가 시편, 예레미야 애가, 전도서, 그리고 욥기는 '하나님이 이 세상을 정말 정의롭고 공평하게 다스리는가?' '이스라엘에 대한 하나님의 심판처분은 정당한가?'를 따져 묻기도 한다. 이 네 권의 책에서는 이스라엘에 대한 하나님의 심판 자체가 공평한지를 따져 묻는 이스라엘 민족의 음성이 두드러진다. 이처럼 성문서는 이스라엘이 하나님의 세상통치 방식이나 자신들에 대한 심판처분에 대해 따져 물을 수 있는 언약당사자로서의 권리를 최대한 사용하는 모습을 주목한다.

요약하자면, 구약성서는 이처럼 특별한 세 가지 장르로 구분될 수 있기 때문에 구약성서의 개별 책을 읽고 해석할 때 그것이 속한 장르의 특성을 고려해야 한다.

구약성서의 다양성

구약성서는 왜 이렇게 다양한가? 장르도 다양하지만 구약성서 서른아홉 권의 각 책이 다루는 주제, 시기, 그리고 신학적 주장도 약간씩 상이하다. 하나님과 이스라엘이 주인공으로 등장한다는 것을 제외하고는 각 책들이 다루는 주제의 다양성은 인상적이다. 그 이유는 구약성서는 이스라엘 민족이 국가로서의 일체성과 통일성을 상실하고 있던 시기에 주로 쓰였으며, 개별 책들이 쓰인 맥락과 시기, 장소도 상이했기 때문이다. 국가적 통일성이 없었던 시대에 세계에 흩어져 있는 '모든' 이스라엘 공동체가 경험한 하나님의 구원과 은혜를 수용하려는 과정에서 다양한 책들이 구약성서에 들어오게 되었다. 구약성서라는 책 안에서나마 국가적·민족적 일체성을 형성하려고 했기 때문에 구약성서 편찬자들은 다양한 책들, 다양한 기원과 관점을 가진 책들을 구약성경의 일부로 받아들일 수밖에 없었다. 이스라엘 본토에 사는 유대인들, 이집트에 사는 유대인들, 바벨론에 아직 남아있던 유대인들의 하나님 이해와 신앙을 다 수용하다 보니 '통전적이고 전(全)이스라엘 포용적'인 구약성서가 산출되었던 것이다.

그런데 구약성서의 다양성은 때로 차이와 긴장으로 느껴질 정도로 '다양한 경우'로 발견된다. 즉 구약성서 개별 책들이 때때로 서로 충돌하는 것처럼 보인다. 그 이유는 무엇일까? 예를 들어 보자. 요엘 3:9-12은 하나님에 의한 최후심판을 전쟁의 형태로 표현하고, 이사야 2:2-4은 최후심판을 모든 살상용 기구를 낫과 쟁기로 바꾸는 평화축제로 표현한다. BC 8세기 예언자 이사야의 미래심판 비전과 BC 7세기의 예언자 요엘의 미래심판 비전이 왜 이렇게 다른가? 두 가지 이유를 생각해 볼 수 있다. 첫째, '하나님의 미래비전'에 대한 인간이해의 불확실성과 부분성 때문이다. 아무리 위대한 예언자라고 해도 그들은 거울로 보는 것처럼 희미하게 미래비전을 보고 해석했을 가능성이 있다. 둘째, 각각의 예언이 선포된 역사적 상황이 달랐고, 그 예언을 듣는 청중도 각각 달랐기 때문일 수도 있다. 후자도 전자 못지않게 중요한 이유였을 것이다. 구약성서 39권을 <구약성서>라는 하나의 책으로 편찬한 사람들이 보기에는 어느 하나를 채택하고 다른 하나를 배척할 필요를 느끼지 못했다. 하나님이 어떤 예언자에게 주신 예언이 다른 예언자들의 의견을 물리칠 만큼 절대적이지 않았다고 생각했기 때문에, 이 구약성서의 편찬자들은 모든 예언자들의 의견을 각각 존중하였고 하나의 책으로 수용했다. 그래서 충돌하는 것처럼 보일 정도의 심각한 다양성이 구약성서 안에 나타난 것이다. 구약성서 개별 책들 사이에서 발견되는 대립적 차이는 인간의 하나님 경험의 '불확실성'과 '파편성'을 증명한다.

또 다른 예도 있다. 창세기의 요셉과 다니엘의 다른 모습을 어떻게 봐야 할 것인가? 요셉은 창씨개명에 저항하지도 않았고 오히려 스스로 이집트 여자와 결혼해 자녀를 낳았으며 이집트의 모든 음식을 먹었다. 그러면서도 요셉은 자신의 정체성을 지켰다. 반면에 다니엘과 세 친구들은 바벨론왕의 진미와 포도주를 거부함으로써 자신들의 유대인 정체성을 지키려고 분투했다. 다니엘서의 기준이나 분위기로 보면 요셉은 변절자처럼 보일 수도 있다. 하지만 구약성서는 요셉에 대해 어떤 비평적 논평도 가하지 않는다. 요셉이 이집트에 충성함으로써 이집트의 총리가 되어 오히려 기근으로 아사 위기에 내몰렸던 동족 이스라엘을 살려냈다.

더 나아가 이방 출신 아내에 대한 에스라, 느헤미야와 룻기의 관점이 상당히 다르다. 에스라, 느헤미야는 바벨론에서 돌아온 소수파의 이야기이며 위협적인 이방인들 한복판에서 자신의 정체성을 지키려고 안간힘을 쓴 사람들의 이야기이다. 이방인 출신 아내에 대한 단죄가 이 두 책에 두드러진다. 반면에 룻기는 모압 여자로서 이스라엘 남자와 결혼했던 룻(Ruth)의 신앙적 미담을 전한다. 룻기에서 이방 여인 룻은 몰락한 이스라엘의 한 가문을 일으키는 맹활약을 한다. 이처럼 이방인 여인을 포용하고 용납하는 룻기와 이스라엘 남자들의 이방 출신 아내를 단죄하는 에스라, 느헤미야는 각각 그것들이 쓰인 저작 배경 아래서 해석될 때 음미할 수 있는 특별한 메시지를 담고 있다.

끝으로, 니느웨의 멸망을 기뻐하고 환호했던 나훔서와 니느웨도 회개하여 구원받아야 한다고 주장하며, 하나님의 보편적 사랑을 설파하는 요나서도 차이가 있다. 둘은 달라도 너무 다르다. 그러나 두 책 모두 각각의 고유한 메시지를 갖고 구약성서로 편입되었다. 구약성서를 편찬했던 저자들은 이 두 책 모두의 관점을 어려움 없이 수용했다. 따라서 구약성서 개별 책들 사이에서 발견되는 차이와 충돌, 그리고 긴장은 구약성서의 결점이 아니라 특장(特長)이다. "성서적"이라는 말은 이런 모순병치적이고 모순포용적인 구약성서 39권의 넓고 너그러운 도량을 존중하자는 말이다. 구약성서의 다양성과 모순적 관점의 병치는 인간의 관점이 빠지기 쉬운 편향성과 주관성을 교정하는 데 유익한 경고를 들려주고 있다.

2-2

모세오경의 첫 책 창세기: 이스라엘 역사의 "압축 파일" 모세오경[1)]

모세오경은 창세기부터 신명기까지 다섯 책을 가리키는데 이 다섯 책은 모세라는 인물의 중심적 역할을 직간접으로 반영하고 있다. 모세오경은 다섯 가지 주제들을 중심으로 전개되는 하나님의 이스라엘 형성사를 추적하고 있다. 그 다섯 가지 주제들은 족장들에게 준 약속들(후손, 땅, 이름, 임재와 보호)(창세기), 출애굽 구원(출 3:6에서 창세기와 연결), 시내산 계약(출애굽기-레위기: 출 25-40장의 성막제조는 레위기를 예기), 광야 인도(민수기-광야 방황의 신학), 그리고 가나안 땅 정복(신명기-여호수아-사사기까지 관통하는 주제)이다.

모세오경은 히브리 노예들이 하나의 신앙 공동체(언약 혹은 계약공동체)인 이스라엘로 형성되어 가는 과정을 다룬다. 모세오경은 왕과 상비군과 관료조직이나 세습 왕조 등에 의하여 지탱되는 국가공동체로 발전되기 이전 단계의 이스라엘을 보여주는 한편, 이미 그런 의미의 국가공동체 단계를 거친 후 다시 광야로 내몰린 시대를 살아가는 이스라엘을 보여준다.

믿음의 공동체 이스라엘 역사의 "압축 파일"인 모세오경

모세오경 안에는 역사적으로 아주 다양한 시대에서 기원한 자료들과, 문학적으로 다양한 삶의 자리를 가진 문학작품들이 절묘하게 교직(交織)되어 있다. 모세오경은 모세와 여호수아 시대의 자료와 기억들을 담고 있지만, 가장 늦게는 포로기 이스라엘의 신앙고백과 집단적인 전기(傳記)도 담고 있다. 즉 모세오경 안에는 기원전 13세기 히브리 노예들의 신앙적 고투도 있고, 사사시대와 왕국 시대 이스라엘 공동체의 지리멸렬한 배교의 역사에 대한 기억도 있고, 포로기 시대의 회한에 찬 왕국시대 역사 회고와 미래 갱신과 회복에 대한 열망도 포함되어 있다. 모세오경에는 결국 기원전 13세기부터 기원전 6세기까지 약 700년간의 구속역사와 신학적 자기이해가 압축되어 있다고 볼 수 있다.

모세오경을 꿰뚫고 흐르는 주제는 "이스라엘의 하나님 야웨는 창조주 하나님이며, 이스라엘의 왕이시다"라는 신앙고백이다. 모세오경은 천지만물의 창조 사건과 이스라엘의 창조 사건(선택과 계약 사건)이 동일한 사건의 순차적 전개과정이라고 주장한다. "삼라만상과 우주의 창조주 하나님이 이스라엘과 열방의 왕이시다"라는 신앙고백은 이스라엘이 세계 속에서 흩어져 소멸되는 것을 막아준 결정적인 신앙 자산이었다. 결국 모세오경은 어떤 인간 왕도 개입되지 않았던 모세 시대의 신정주의적 이상 관점에서 이스라엘의 과거(인간 왕들이 다스리던 파라오 시대 또는 이스라엘 왕국 시대)를 분석하고 미래를 전망한다(모세 시대를 기준으로 볼 때는 가나안 정착시대요, 포로기 독자들의 관점에서는 포로기 이후 시대, 회복 시대). 모세오경은 처음부터 끝까지 하나님의 통치(명령)와 이에 응답하는 이스라엘의 순종 혹은 불순종의 결과를 아주 도식적으로 보여준다.

창세기부터 신명기까지 우리는 하나님의 말씀(명령, 초청, 약속, 계약)에 대한 믿음과 순종이 가져오는 하나님의 왕적 권능과 다스림을 예의 주시할 것이다. 창세기 1장은 하나님의 말씀(명령)과 그것에 순종하는 삼라만상을 보여줌으로써 하나님 나라가 시작됨을 선포한다. 하나님 나라는 하나님의 명령이 아무 방해받지 않고 집행되는 영역이다. 역사와 자연 속에 뿌리를 내리려는 하나님 나라는 인간의 죄와 불순종과 반역에 의하여 좌절되는 듯하지만, 다시 아브라함의 믿음과 순종을 통하여 역사의 궤도를 타고 복귀한다. 아브라함과 이삭과 야곱과 요셉의 이야기는 한 개인의 삶 속에 일어난 모든 하나님 나라 사건이 세계사적인 의미를 가짐을 예해(例解)한다.

출애굽기에서 하나님 나라는 억압과 노예근성으로부터의 해방을 의미한다.

1－12장에서 하나님 나라는 거짓된 애굽 신(신적 왕들)들에 대한 무장해제를 통하여 구축된다. 여기서 우리는 구원의 목적이 바로 하나님 나라에 들어가기, 즉 하나님의 율법에 복종할 수 있는 자유의 획득임을 알게 된다. 출애굽기에서 하나님께서는 십계명 수여와 성막 건설을 통하여 또다시 이스라엘 백성과의 친밀한 동거와 연합을 시도하지만, 이스라엘의 우상숭배와 배교는 하나님의 의도를 좌절시킨다. 이스라엘의 하나님이 거룩하신 하나님임이 드러나고 이스라엘 안에서 하나님 나라가 건설되기 위해서는 이스라엘 백성이 품성적으로 거룩한 백성이 되지 않으면 안 된다는 과제를 남기며 출애굽기는 끝난다.

레위기에서 하나님 나라는 거룩하신 하나님과 거룩한 백성 이스라엘의 연합과 동거를 의미한다. 레위기 제사신학은 "가까이 나아감"의 신학이다. 죄로 인하여 멀리 떨어진 이스라엘과 하나님 사이의 친밀성을 확보하는 도구가 제사이다. 제사 자체의 효력은 제물에 있지 않고 하나님 자신의 죄 용서 의지에 있음이 드러난다. 하나님께서는 성막에 가득 찬 하나님의 거룩한 영광이 사회, 정치, 경제, 일상생활, 종교제의/절기 등 모든 사회적·개인적 삶의 영역에 가득 차기를 열망한다. 레위기는 거룩하신 하나님과의 공존이 일상생활에서 구현되는 나라가 바로 하나님 나라임을 밝힌다.

민수기는 하나님 나라는 자유를 위한 조직화요, 쉼 없는 연단이요, 자기부인의 광야 여정임을 밝힌다. 히브리 노예들이 법적 자유를 얻었지만 품성적 자유를 얻기까지 치르는 혹독한 연단과 고통의 경험은 하나님 나라에 들어가기 위한 대가임이 드러난다. 민수기에서는 또한 하나님 나라 질서에 저항하는 대항 조직들(광야의 반역행위들)이 하나님 나라의 운동력에 의하여 어떻게 분쇄되는지를 잘 예시한다. 민수기는 끝으로 조직화되고 정예화된 용사들이 하나님 나라의 전쟁명령을 수행할 수 있음을 보여주며, 종말의 시대를 사는 전투적 교회(church militant)의 모형을 보여준다. 여기서 하나님 나라의 부름에 응답하는 것은 가나안 정복전쟁을 위해 새 세대 이스라엘 백성들을 징집하시는 하나님의 명령에 응답하는 데서 시작됨을 보여준다.

신명기에서 하나님 나라는 세상을 향한 복된 공격이요 거룩한 육박으로 이해된다. 신명기는 하나님 나라가 지상에 돌입하면서 치르게 되는 하나님의 거룩한 전쟁임을 밝힌다. 여기서 하나님 나라는 전쟁이다. 그러나 신명기의 가나안 정복전쟁은 인종청소와 같은 민족학살 전쟁이 아니고 하나님의 대적들에 대한 거룩하고 공변된 심판이다. 하나님의 대적들 명단에는 불순종하고 의롭지 못한 이스라엘 백성도 포함되기 때문이다. 한편 신명기에서 하나님 나라는 보금자리에서 추방되어 광야를 전전하던 백성들을 다시 한번 보금자리로 불러들이는 죄 용서와 회복과 갱신의 희망으로 다가온다. 믿음으로 말미암아 의롭게 된 이스라엘에게 약속의 땅 가나안으로의 복귀가 허락된다. 신명기가 보여주는 하나님 나라의 지평선에는 이스라엘의 실패와 배교를 넘어서는 미래, 즉 모세를 넘어가는 하나님의 미래, 그리스도 예수가 아주 희미하게 동터온다.

창세기의 메시지와 구조[2)]

창세기는 시작과 기원, 근본의 책이다. 시작과 기원, 그리고 근본의 관점, 즉 하나님의 원래 창조목적의 빛하에서 우리의 인생과 역사를 다시금 생각하도록 이끌어 준다. 창세기는 이 세상과 그 안에서 벌어지고 있는 인생에 관하여 하나님의 원래 창조목적과 계획을 가르쳐 주며, 우리가 살고 있는 이 세상이 하나님의 선한 창조 세계와 얼마나 멀리 떨어져 있는가를 드러낸다.

무엇보다도 창세기는 창조주 하나님을 밝히 드러내고 있다. 하나님이 이 세계와 우주 삼라만상을 창조하신 목적이 무엇인지를 알려준다. 하나님의 말씀으로 창조된 우주와 삼라만상은 하나님의 목적과 의지를 반영한다. 하나님의 천지창조의 목적은 하나님을 아는 지식이 온 세계에 충만해지는 것이다. 물이 바다를 덮는 것처럼 여호와의 영광을 인정하는 것이 충만해지는 것이다(사 11:9; 합 2:14). 요컨대, 피조물 한가운데 하나님이 충만하게 거하시는 것이 하나님이 천지만물을 지으신 목적이다.

창조주 하나님은 지성과 의지와 감정을 가지신 인격적인 하나님이다. 우주와 삼라만상의 궁극적인 통치자는 하나의 비인격적인 법칙이나 원리(道)가 아니라 인격적인 창조주다. 삼위일체 하나님 안에 넘치는 하나님의 사랑과 사귐 속에 사람과 피조물을 초청하시기 위하여 만물과 사람을 창조하신 것이다(요일 1:1–4; 요 1:1–14).

사람으로 태어난 것 자체가 하나님의 영생의 교제에 참여하도록 초청장을 받은 것이다. 하나님께서는 당신이 지으신 세계에 대하여 만족과 기쁨에 가득차서 "참 좋다"라고 하셨다.

둘째로 창세기는 보다 더 구체적으로 사람의 존재목적을 밝히 드러내는 책이다 (웨스트민스터 대소요리문답 1장 1조: "사람의 제 일의 목적이 무엇이뇨? 답: 하나님을 영화롭게 하고 그를 영원히 즐거워하는 것입니다."). 사람의 존재목적을 밝히 가르쳐 주실 분은 오로지 사람을 창조하신 하나님뿐이시다. 사람이 만든 시계가 사람의 손목을 떠나 깊은 바닷속에 빠져 있으면 그 존재목적(제작목적)을 망각하고 있는 셈이 되듯이, 창조주 하나님과의 바른 관계 속에서 살지 않는 인생은 나침반 없이 칠흑 같은 밤에 바다를 표류하는 배와 같다. 사람은 하나님 앞에서만 존재목적, 즉 살아가야 할 이유와 목적을 발견한다.

셋째로, 가정의 시작을 말한다. 가정은 인간의 필요를 채우기 위하여 창설된 제도지만 그 기원은 하나님께 있음을 알려준다. 가정은 하나님의 계명을 지키는 동역자(남자와 여자)의 결합에 의하여 창조된다. 하나님께서는 남자와 여자가 저항할 수 없는 매력에 이끌리는 존재가 되도록 만들어 놓으셨다. 마치 자석의 S극과 N극이 서로 강력하게 끌어당기듯이 남성과 여성 사이에 강력한 끌어당김의 작용이 일어나도록 처음부터 장치해 놓으셨다.

넷째로, 창세기는 죄와 죽음의 기원에 대하여 알려준다. 죄는 하나님이 정하신 기준에 미치지 못하는 피조물의 행동이다. 특히 하나님의 계명에 대한 사람의 의도적인 불신앙과 불순종이 죄의 본질이다. 하나님의 계명의 목적은 인간의 자유를 억압하기 위함이 아니라 인간의 넘치는 생명력을 적절하게 통제하여 선한 열매를 맺도록 돕는 것이다. 하나님의 생명을 누리도록 적절하게 지침을 주는 것이 하나님의 계명의 역할이다. 창세기는 사람이 이런 선한 계명을 어겼다고 말한다. 창세기는 하나님의 계명을 지키는 데 서로 동역하도록 짝지어 주신 인류의 첫 가정이 하나님의 계명을 어겼다고 증언한다. 한 가정의 불순종이 인류의 불순종을 의미하게 되었고 한 사람의 실패가 인류 전체의 실패를 의미하는 일이 벌어졌다. 창세기 1-11장은 세계와 삼라만상의 기원, 사람의 기원, 가정의 기원, 죄와 죽음의 기원들에 관하여 말한다. 결국 창세기는 현재 우리가 살고 있는 이 세계가 하나님의 원래 목적으로부터 얼마나 이탈되어 있는지를 드러내며 원래의 질서로 돌아가도록 요청하고 있다.

마지막으로 창세기는 이스라엘 민족의 기원을 말한다. 창세기 12-50장은 바로 이스라엘 민족의 존재목적을 드러낸다. 창세기 1-11장은 사실 12-50장을 도입하는 데 동원된 긴 서론이다. 3-11장은 인류의 태고사(혹은 원역사)를 다루는데 선민(選民)과 비선민(非選民)의 구별이 없는 만민의 역사를 다루고 있다. 그러나 12-50장은 하나님이 선택하신 선민의 역사에 집중한다. 하지만 하나님의 궁극적 관심은 항상 만민에게로 쏠려 있다. 선민마저도 만민에게 복 주시려는 하나님의 도구일 뿐이다.

창세기의 구조

Ⅰ. 천지창조와 만민의 역사(1-11장)
  1. 천지를 창조하신 하나님-하나님 나라의 시작(1-2장)
    (1) 사람을 창조하신 하나님(1장)
    (2) 생령(a living soul)으로서의 사람-살아있는 욕망으로서의 사람(2장)
  2. 죄와 벌, 원시역사의 악순환(3-11장)
Ⅱ. 선민의 역사: 만민의 복의 근원으로서의 선민(12-50장)
  1. 아브라함 이야기(12-25장)
    (1) 네 차례에 걸친 아브라함의 분리와 이별
    (2) 아브라함의 성격 변화
  2. 이삭 이야기(22-27장)
    (1) 자손과 땅 약속에 관련된 하나님의 약속
    (2) 인간의 불순종에 의하여 약간 좌절되는 듯한 자손 신앙
    (3) 모리아(Moriah) 산에서 맛본 공포와 전율(22장)
    (4) 아내 사라를 막벨라 동굴에 매장하는 아브라함(23장)
    (5) 리브가를 아내로 맞는 이삭(24-25장)
    (6) 온유한 자 이삭(26-27장)
  3. 야곱 이야기(28-50장)
    (1) 경쟁자/속이는 자로 출발한 인생(25:23-34; 27:1-46)
    (2) 밧단아람에서 보낸 20년 종살이(28-31장)
    (3) 종과 사기꾼 인간성이 깨어지면 성자로 탈바꿈된다(32-35장)
    (4) 야곱 못지않게 번성하는 에서(36장)
    (5) 요셉과 더불어 통곡하는 야곱-예언자로 성장하는 야곱(37-50장)

2강 서론

구약성서의 복합적 구성 개관

이번 시간에는 구약성서 39권을 장르별로 구분합니다. 구약성서의 주요 장르는 모세오경 또는 율법서, 예언서, 그리고 성문서로 구분됩니다. 한국 독자들에게는 역사서라는 장르가 익숙할 겁니다. 예를 들어서 여호수아부터 열왕기하까지를 역사서라고 구분합니다. 그러나 대부분의 보편적인 구약 학계에서는 여호수아, 사사기, 사무엘상하나 열왕기상하를 전기(前期) 예언서로 분류합니다. 그 이유는 여호수아서부터 열왕기하까지 여섯 권의 책(성문서로 분류되는 룻기 제외)을 역사서로 보기에는 무리가 따르기 때문입니다. 크게 두 가지 이유 때문입니다. 첫째, 이 여섯 권은 600년간의 이스라엘 민족 가나안 정착사를 너무나 압축해서 서술하기 때문입니다. 역사서로 인정받으려면 어떤 역사적 사건의 원인과 발생을 육하원칙에 따라 서사적으로 진술하여야 합니다. 그런데 이 여섯 권은 오로지 하나님 원인론적 역사해석만 시도하고 있습니다. 둘째, 이 여섯 권은 예언자들의 예언에 의해 역사가 진행되고 전개된다는 것을 범례적으로 보여주는 예언자적 설교문에 가깝기 때문입니다.

결국 구약성경 39권은 모세오경 5권, 예언서 21권, 성문서 13권으로 구성됩니다. 성문서는 예상하듯이 시편, 잠언, 전도서, 욥기, 아가서 등 모세오경과 예언서 21권에 들지 못한 나머지 복합장르의 문서들이 다 성문서로 분류됩니다.

그래서 다니엘서와 역대기상하, 에스라, 느헤미야도 성문서에 포함됩니다. 우리는 모세오경의 창세기, 출애굽기, 레위기, 민수기, 신명기 중에서 창세기를 먼저 공부하고자 합니다. 창세기는 이름 그대로 모든 것들의 시작을 다룬 책입니다. 천지창조의 시작, 인류의 시작, 가정의 시작, 죄와 죽음의 시작 그리고 결정적으로 중요한 시작인 이스라엘 민족의 시작입니다. 모세오경의 첫 책은 우주의 시초에 관한 책이라기보다는 이스라엘의 시초에 관한 책이라 할 수 있습니다. 이스라엘 첫 조상 아브라함을 등장시키기 위해서 창세기에 1장부터 11장의 긴 서론을 배치하였습니다. 창세기 12장부터 50장은 바로 아브라함과 이삭과 야곱, 이스라엘 민족 첫 조상들의 방랑 이야기입니다.

2강-1

구약성서의 장르(율법서, 예언서, 성문서) 구분

안녕하십니까? 숭실대학교 인문대 기독교학과 김회권 교수입니다. 이 시간에는 구약성경의 장르 구분에 관하여 말씀드리고자 합니다. 구약성경은 히브리인들, 즉 유대인들의 계산법으로는 24권이고 기독교인들의 계산법으로는 39권입니다. 이렇게 책의 숫자에 차이가 나는 이유는 기독교인은 상하로 나눠 계산하는 책들을 유대교에서는 한 권으로 보기 때문입니다. 예를 들어서 기독교전통에서는 사무엘상하로 구분하는 것을 이스라엘 사람들은 한 권으로 보죠. 구약정경 39권 외에 13권의 외경이라는 책이 있습니다. 이 외경은 1977년 한국의 신구교회 공동으로 번역한 <공동번역성서>에는 다 들어 있습니다. 가톨릭교회는 이 외경까지도 정경으로 포함합니다. 외경 중에는 마카베오상하, 유딧, 토빗, 집회서 등이 있죠. 그런데 개신교는 39권 또는 히브리인들 계산법으로 24권만 책으로 인정하니까 우리는 서른아홉 권의 정경만 공부하려고 합니다.

구약성경은 창세기부터 말라기까지 39권인데요. 잠시 읽어본 분들은 아시겠지만 이 책들은 장르가 서로 너무 다릅니다. 이야기체로 된 구약성경 부분과 운문과 시문으로 된 예언서가 확연히 다르게 다가옵니다. 그다음에 일종의 철학적인 사변 또는 수상록 같은 느낌이 드는 성문서 등은 이 둘과 또 다른 장르에 속합니다. 한국 사람들에게 일찍이 잘 알려진 구약성서 장르 구분법은 구약성서 39권을 율법서, 예언서, 성문서 세 장르로 구분하는 방식입니다. 저는 한국 사람에게 잘 알려진 방식으로 먼저 구약성경을 구분해 보려고 합니다. 구약성경은 먼저 율법서라는 부분이 있습니다. 모세오경이죠. 창세기, 출애굽기, 레위기, 민수기, 신명기입니다. 이 다섯 권에는 율법만 있는 것이 아닌데 다른 장르의 책들에 비해 율법 부분이 워낙 많기 때문에 율법서라고 부를 수 있습니다. 그런데 그 율법이 하나님과 이스라엘이 맺은 언약이야기의 일부라는 사실이 중요합니다. 율법이 나무라면 언약은 숲입니다. 하나님의 언약은 하나님이 사람을 구원하는 가장 전형적인 방식입니다. 언약은 이스라엘과 하나님 자신을 말의 약속, 즉 상호속박적인 약속으로 묶는 것을 의미합니다. 하나님이 이스라엘에게 행하여야 할 의무조항과 이스라엘이 하나님께 행할 의무조항을 주고받는 것이 언약입니다. 모세오경은 하나님이 거의 일방적으로 이스라엘을 선택하고 구애하여 당신의 언약백성으로 삼으려고 애쓰는 분투로 가득 차 있습니다. 하나님이 이스라엘과 맺은 언약은 두 가지 조항입니다. 야웨 하나님은 이스라엘에게 하나님이 되어주며 이스라엘은 하나님에게 "백성"이 되어준다는 상호속박적 조항입니다. 하나님이 이스라엘에게 하나님이 되어주시기 위해 땅을 제공하여야 하고, 이스라엘은 하나님의 백성이 되기 위해 그 땅을 잘 지키고 경작해서 그 땅에 정의와 공의로 운영되는 나라를 건설하여야 합니다(창 18:18–19; 시 105:44–45). 창세기부터 신명기까지는 야웨 하나님이 아브라함과 그 후손에게 하나님이 되어주시려고 땅을 제공하는 이야기이며, 구체적으로는 노예였던 아브라함의 후손을 가나안 땅으로 인도하여 들이는 이야기입니다. 이 언약의 틀을 유지하기 위해 율법이 주어집니다. 그래서 모세오경에는 율법만 있는 게 아닙니다. 오히려 모세오경, 즉 율법서라고 불리는 이 다섯 권의 책에서 구원의 이야기가 핵심이고 그 사이에 율법이 들어가 있습니다. 따라서 우리가 율법서라고 할 때 율법은 우리나라의 민법, 형법 등의 법을 생각하면 안 됩니다.

율법이라고 번역된 히브리어 단어가 토라입니다. 그런데 토라는 지침(guideline), '사활적 중요성을 가진 가르침(instruction)'을 가리킵니다. 토라는 생명과 선을 누리게 만드는 지침 또는 사활적 교훈입니다. 이 토라의 핵심은 율법조항이 아니라 하나님이 이스라엘을 얼마나 간절하게 사랑하고 섬세하게 인도하셨는가를 보여주는 언약적 견인, 향도, 구원 이야기입니다. 이 구원 이야기가 율법서의 뼈대를 구성한다는 대전제를 숙지하여야 합니다. 구원받은 이스라엘 백성 또는 인류가 이 놀라운 은혜와 구원을 베푸신 하나님께 어떻게 응답하며 살아야 하는가를 기록한 부분이 율법조항입니다. 율법서라고 말할 때 "율법(토라)"은 하나님의 일방적인 구원과 그것에 응답하는 인간의 율법준수 의무를 동시에 지칭하는 개념임을 잘 알아야 합니다. 그런 점에서 토라를 율법이라고 번역한 것은 축소 번역이라고 할 수 있죠. 그래서 유대인들은 토라를 율법이라고 번역하지 않고 그냥 토라라고 부릅니다.

그리고 사전적인 용례의 측면에서 볼 때도 구약성경 안에 율법이라고 번역된 대부분의 히브리어 단어는 토라라는 사실 역시 중요합니다. 그래서 토라예찬 시편으로 알려진 시편 1편, 19편, 119편에서 "율법"으로 번역된 히브리어는 대개 토라입니다. 사실상 감미로운 구원 이야기에 둘러싸여 있는 언약적 조항들이 토라인 셈입니다.

모세오경의 핵심이 바로 초창기 이스라엘 역사의 형성기 때 주어진 언약과 그것을 지탱하는 언약적 율법(의무조항)들이죠. 그래서 율법서가 구약성경 39권의 토대라고 할 수 있습니다. 창세기, 출애굽기, 레위기, 민수기, 신명기 즉 율법서가 다루는 내용이 뭡니까? 율법서는 이스라엘 역사의 시작을 다룹니다. 율법서의 첫 책인 창세기는 모든 시작을 다루는 책입니다. 하나님이 인류를 창조하신 목적, 인류 중에서 셈족이라고 하는 특정한 족속을 선택한 목적, 셈족의 한 가지인 데라의 아들 아브라함을 선택한 목적을 말합니다. 즉, 창세기는 모든 유의미한, 의미심장한 문명사적 사건의 시작들을 다룹니다. 우주창조의 시작, 인류의 시작, 가정의 시작, 죄와 죽음의 시작, 그리고 죄와 죽음의 역사를 극복하기 위해서 하나님이 선택했다고 믿어지는 이스라엘 민족의 시작을 다룹니다. 구체적으로 아브라함과 이삭과 야곱, 즉 이스라엘 민족 조상의 시원을 다룹니다. 창세기의 영어성경 이름이 제네시스(Genesis)인데요, 바로 시작을 의미합니다.

출애굽기는 뭡니까? 출애굽기는 출+애굽기 입니다. 출은 나갈 출(出)자에서 왔고 애굽은 이집트의 한자어 애급(埃及)에서 나왔습니다. 애급이라는 이 말이 이집트라는 말의 중국어 차음(遮音)입니다. 애급을 함경도 사람들의 발음으로 애굽으로 읽었습니다. 만주에 파송된 스코틀랜드 선교사 존 로스 등이 한자어 성경에서 한국어

성경 번역을 도와주는 과정에서 이런 발음이 굳어졌습니다. 그래서 출애굽이라는 말은 출이집트라는 뜻입니다. '이집트 탈출기'라는 뜻이죠. 아브라함의 후손들이 이집트에서 430년 동안 체류민의 신분 또는 노예의 신분으로 거주하다가 모세라는 걸출한 영도자의 영도 아래 이집트를 탈출하는 이야기가 출애굽기의 줄거리입니다.

레위기는 아브라함의 손자이자, 이삭의 아들인 야곱이 낳은 셋째 아들 레위(Levi)의 후손들의 제사장 업무지침서입니다. 야곱의 열두 아들 중에서 레위라는 아들이 모종의 계기를 만나 제사장 일을 도맡아 했습니다(출 32-33장). 레위기는 "레위 지파에 관한 책"이라는 뜻인데 그 책은 제사장들의 제사지침과 이스라엘 백성을 거룩한 백성으로 훈육하는 데 긴요한 제사장들의 훈육교재를 담고 있습니다. 이스라엘 민족의 거룩함(Holiness)과 이스라엘 백성의 윤리적인 삶, 이스라엘 백성의 종교적인 정결 등을 요구하는 하나님의 요구를 자세히 기록한 규정집인 레위기는 조금 지루합니다. 보통 독자들이 읽다가 많이 지칩니다. 레위기를 읽다가 지치지 않는 사람은 신학교로 갈 소명이 있는 사람입니다. 대부분의 사람들은 레위기를 읽다가 지치게 됩니다. 자신이 지극히 보통 사람임을 확신하게 된다는 말입니다. 민수기에도 레위기 못지않게 많은 규정이 나오고 많은 율법 등이 나옵니다만 굉장히 스릴이 넘치는 반전 드라마도 많이 있습니다.

민수기는 '가나안 정복전쟁에 참여할 장정들의 숫자를 세라'는 하나님의 두 차례 명령을 집행하는 사건을 염두에 두고 붙여진 이름입니다. 광야 38년 동안 모세가 두 차례 징집조사를 합니다. 이스라엘이 가나안 땅에 들어갔을 때 가나안 정복전쟁에 참여할 수 있는 스무 살 넘는 남자 장정은 육십만 명이 넘는 대규모 병력으로 징집되었습니다. 이처럼 징집될 장병의 숫자를 두 번 세었다고 해서 민수기(民數記)입니다.

그런데 민수기는 이 두 차례 인구조사보다 훨씬 역동적인 사건들과 사태들로 가득 차 있어 독자들의 흥미를 톡톡히 유발합니다. 민수기의 특징 중 하나는 모세가 38년 동안 광야에서 이스라엘 백성의 매우 다면적이고 집요한 반역과 반발을 경험하면서 리더십의 위기를 겪는 장면을 사실적으로 묘사하는 데 있습니다. 모세가 여러 가지 방식으로 이 리더십의 위기를 극복해나가는 과정이 민수기의 내용입니다. 결국 민수기는 광야의 방황, 징계와 연단, 그럼에도 불구하고 조금씩 가나안 땅으로 비틀거리며 전진하는 이스라엘의 횡보(横步) 이야기이죠.

신명기(申命記)는 “거듭 가르쳐진 율법”이라는 뜻입니다. 신(申)이라는 뜻은 “중복되었다”는 뜻입니다. 즉 다시 한번 중복해 가르쳤던 율법들이 바로 신명기의 의미입니다. 출애굽했던 1세대가 다 광야에서 죽습니다. 가나안 땅에 들어간 세대는 출애굽 1세대의 사람들이 아니라 출애굽 2세대의 사람들입니다. 출애굽 2세대는 출애굽 1세대에 비해 광야에서의 기적 경험과 하나님과 함께하는 경험들을 훨씬 느슨하게 기억하거나 희미하게 기억했습니다. 그래서 신명기는 출애굽 1세대 조상세대가 경험했던 광야의 경험들을 다시 한번 2세대에게 전수하면서 조금 더 이른 시기에 제정된 율법들을 출애굽 2세대의 실정에 맞게 최신판으로 보완하고 개정하는 내용을 담고 있습니다. 이처럼 가나안 땅에 들어갈 출애굽 2세대들에게 반복적으로 가르친 율법들이 바로 신명기입니다. 이 다섯 권의 율법서가 매우 중요하기 때문에 유대교 학자들의 성경 연구의 반 이상은 오로지 율법 연구, 즉 토라 연구에 바쳐져 있습니다.

율법서 다음으로 중요한 장르는 예언서입니다. 예언서는 이사야, 예레미야, 에스겔을 필두로 모두 21권입니다. 여기서 조심할 것은, 세 권의 대예언서(이사야, 예레미야, 에스겔)와 12권의 소예언서 모두를 합한 15권 외에, 여호수아, 사사기, 사무엘상하, 열왕기상하 6권도 예언서에 포함된다는 것입니다.

예언서의 특징은 모세오경에 비해서 이야기적 구성이 결여되어 있다는 데 있습니다. 육하원칙으로 전개되는 이야기가 거의 없습니다. 처음부터 밑도 끝도 없는 짧고 압축적인 시문이 예언서를 이끌어갑니다. 도대체 어떤 맥락에서 누가 말하는지, 이 말을 듣는 청중은 누구인지 등을 종잡을 수가 없습니다. 그래서 보통 독자들이 창세기부터 신명기까지는 간신히 읽었다고 치더라도 이 예언서를 읽는 도중에 길을 잃기 쉽습니다. 예언서의 내용 자체도 만만치 않습니다. 거친 언어, 독설과 야유와 조롱과 비탄이 막 쏟아지는데 누구를 상대로 이런 언어가 쏟아지는지 알 수가 없어 답답해집니다. 그래서 예언서는 반드시 열왕기상하와 같이 읽고 다른 예언서를 참고서로 옆에 두고 읽어야 합니다. 필요하면 이스라엘 역사개론서 한 권을 옆에 두거나 친절한 주석서의 도움을 받아야 합니다. 예언서 읽기에 몰입하려면 인내가 요청됩니다.

예언서는 예언자들이 남긴 책들입니다. 예언자란 미리 일어날 일들을 예언하는 사람들이라는 뜻이 아닙니다. 구약의 예언자들은 아무 맥락도 없이 미래에 대해 불길한 재앙도래를 예고하는 노스트라다무스 식의 예언자가 아니라, 하나님 입장에서 하나님 나라의 이익을 대변하는 대변인을 가리킵니다. 하나님께 위탁받은 말들을 하는 사람이라는 뜻입니다. 이때 예언은 "미리 말한다"는 의미의 예언이 아니라 "맡긴 말을 대언한다"는 의미의 예언을 가리킵니다. 예언(豫言)의 예(豫)는 '미리'를 의미하기보다는 '위탁받았다'는 사실을 강조하는 글자입니다.

예언서는 제국의 지배자들, 모든 약자들을 괴롭히는 지상의 권력자들을 정조준하는 규탄 언어로 가득 차 있습니다. 예언은 지상의 권력자들에게 갑질을 당하고 박해를 당하고 죽음의 땅으로 내몰린 약자들을 북돋아 일으켜 세우는 영적인 앙양(昂揚) 및 부축 담론입니다. 다시 말해서 예언자들은 두 가지 방향의 언어를 구사합니다. 첫째, 세상의 모든 압제적 강자들을 사정없이 규탄하고 질책합니다. 둘째, 압제적이고 잔인무도한 강자들의 권력 행위 때문에 또는 이방민족의 정복전쟁 때문에 산 자의 땅에서 추방당했거나 간신히 살도록 내몰렸거나 아니면 사경을 헤매는 약자들을 일으켜 세워서 희망을 고취시킵니다.

예언서 언어의 약 60%는 세상의 압제자들에 대한 규탄 언어이며, 40%는 압제자들 때문에 시달렸던 모든 약자들을 일으켜 세우는 영적인 격려와 지탱과 위로의 말들입니다. 한국에서는 이사야, 예레미야, 에스겔, 다니엘을 예언서라고 부릅니다만 보통 다니엘서는 성문서로 분류합니다. 저도 두 가지 이유 때문에 그렇게 분류합니다. 첫째, 다니엘서는 보통 예언서와는 달리 아주 수백 년 후에 일어날 일들을 예고하는 예언들을 담고 있습니다. 둘째, 다니엘서는 역사적 맥락을 특정하기보다는 동물 비유들이나 꿈의 환상에 의거해 장차 될 일을 말하기 때문에 다니엘서의 당대 청중에게는 별다른 의미를 갖지 못하는 말들이 대부분입니다. 그래서 보통 예언서와는 다른 장르로 봐야 합니다.

이사야, 예레미야, 에스겔(에스키+엘), 다니엘 이 명사들은 사람들의 이름이라는 걸 알아야 됩니다. 여기서 인상적인 사실은 이들의 이름에 모두 엘과 야라는 음소(音素)가 들어가 있다는 것입니다. '엘'이라는 말은 엘로힘의 축음입니다. 히브리어 말로 엘로힘은 하나님이라는 뜻입니다. 그다음에 '야'는 야웨 하나님의 '야'의 축음입니다. 모두 하나님과 관련된 이름들입니다. '야'와 '엘'이 붙어 있는 사람들은 매우 뼈대 있는 집안 자손이고 매우 신앙이 좋은 집안의 자손이라는 뜻입니다.

그다음에 호세아, 요엘, 아모스, 오바댜, 요나, 미가, 나훔, 하박국, 스바냐, 학개, 스가랴, 마지막 말라기까지 열두 예언서를 소예언서라고 합니다. 소예언서라는 불리는 이유는 이들이 사소하고도 중요하지 않은 예언자이기 때문에 붙여진 것이 아니라, 그들의 이름으로 남겨진 책이 매우 짧기 때문에 소예언서로 불렸습니다. 유대인들의 종교 관념상 또는 기독교의 종교 관념상 제일 중요한 책은 토라, 모세오경이며, 그다음 중요한 책은 예언서라고 할 수 있습니다.

이제 나머지 구약성서의 장르가 13권의 성문서인데 이 성문서는 역사설화 성문서 7권(역대기상하, 에스라, 느헤미야, 에스더, 룻기, 다니엘), 시가 성문서 3권(시편, 애가, 예레미야 애가), 지혜 성문서 3권(잠언, 욥기, 전도서)으로 세분화될 수 있습니다. 모세오경 율법도 아니고 예언서도 아닌, 모든 구약성경은 전부 다 성문서로 불립니다. 거룩한 문서(the Holy Writings)라는 의미입니다. 한국 사람들에게 매우 낯설게 들릴 수도 있지만 다니엘서, 역대기상하, 에스라, 느헤미야도 다 성문서에 들어갑니다. 여호수아, 사사기 바로 뒤에 나오는 룻기도 성문서에 들어갑니다.

성문서에서 가장 특이한 장르 중 하나는 희곡 같은 책인 욥기입니다. 욥기는 일종의 드라마 희곡입니다. 전도서는 철학적 사변이자 수상록입니다. 아가는 사랑의 연시입니다. 에스더는 일종의 단편소설 형식의 호국적 신앙무용담입니다. '하나님'이라는 말이 전혀 나오지 않는 완벽한 세속문학 같은 틀을 가지고 있는 에스더는 사실 가장 경건한 하나님 경외문학입니다.

물론 제 문어체 강의안에 자세한 구분이 되어 있습니다만 이 성문서의 특징은 뭡니까? 성문서 자체가 세부적으로 복합장르를 가진 여러 편의 책들로 구성되어 있으며 문학을 애호하는 모든 독자들에게 강력한 호소력을 가진 세속화된 경건문서라는 사실입니다.

한 가지 장담하지만 모세오경에 나오는 긴 율법조문 빼고는 구약성경은 읽을 만하다는 것입니다. 특히 예언서를 읽을 때 유의할 사항 한 가지를 미리 귀띔해드리고자 합니다. 이는 예언서가 정조준하는 청중 또는 예언서의 언어를 마땅히 들어야 하는 그 대상들만 잘 연구하면 예언서도 읽을 만하다는 것입니다.

그런데 욥기, 시편, 잠언, 전도서 등은 이스라엘 역사에 대한 어떤 선이해가 없어도 펼치면 바로 무릎을 치게 만들고, 탄복을 일으키는 내용이 많다는 사실을 강조하고 싶습니다. 특별히 언급하고 싶은 한 가지 중요한 점은, 성문서 안에는 외견상으로 이스라엘의 독특한 종교 경험이 들어있지 않은 책이 있다는 것입니다. 바로 욥기입니다. 문학적 무대로 보자면, 욥기는 이스라엘 민족이 시작되기 전에 동방 우스(Uz)라고 하는 지방에서 일어난 이야기입니다. 욥기에 언급된 풍습과 관습에 비추어 볼 때 욥은 아브라함과 거의 같은 시대의 사람인데 그가 살았던 동방지역 우스라는 지역이 어디인지는 모릅니다. 다만 에돔 지역, 지금의 요르단 지역 중 하나가 아닐까 추측을 할 뿐입니다. 이 책에는 이스라엘 민족의 선민의식도 없고 이스라엘 민족이 특별히 만민과 구별된 배타적 선민이라는 의식은 더더욱 없습니다. 그런데 어떤 구약성경의 책보다 더 중요한 책이며 실로 인류역사를 관통하는 핵심쟁점, 즉 억울한 자들이 당하는 고난과 그 억울한 자의 고난을 방치하는 신에 대한 기소문제가 욥기 전면에 부각되어 있습니다. 이런 점에서 성문서는 모세오경 못지않게 보편적인 인문고전의 가치를 보유하고 있으며, 욥기의 내용 자체는 모세오경보다 더 심오한 질문을 제기하는 책으로 평가할 수도 있습니다. 그런 점에서 성문서도 중요합니다. 왜? 왜 억울하고 죄 없는 자가 이렇게 가차 없는 고난을 당하며 죽음의 땅까지 끌려가는 엄청난 부조리를 겪어야 하는가를 욥기가 다루고 있기 때문입니다. 동방에서 가장 의롭고 경건하고 사회적으로 가장 정직한 사람인 욥이 졸지에 참담한 고난의 굴레로 떨어지는 이유가 뭔가? 이 가시 돋친 질문이 욥기를 관통하고 있습니다.

욥기 못지않게 구약의 인문고전적 가치를 드높이는 책이 전도서입니다. 전도서는 전도하는 데 도움이 되는 책처럼 보일지 몰라도 전혀 아닙니다. 전도서는 인간의 허위의식과 허영과 피상적인 지혜의존과 지혜추구를 비판하고 찌르는 잠언입니다. 즉, 상식을 찌르는 잠언, 상식의 허점을 찌르는 잠언이 전도서입니다. 다시 말해서 어설픈 확신, 손쉬운 확신들을 경계하는 철학적인 논변들이 전도서입니다. 전도서는 세상이 법칙적인 일관성을 갖고 있지 않다고 말함으로써 세상의 항구여일성을 맹목적으로 신봉하는 사람들을 경각시킵니다. 예를 들어서 전도서는 "달리기를 잘하는 사람이 경주에서 이기는 것은 아니다"라고 말합니다. "지식이 많은 사람이 꼭 좋은 자리에 가는 것은 아니다." "일 많이 하는 사람이 반드시 행복한 것은 아니다." 이런 식으로 도덕적 무정부상황, 혹은 도덕적인 무정형성을 강조하면서 교조적 경직성을 감히 경계합니다. 전도서는 뭔가 사회의 주류지혜라고 알려져 있는 지혜의존을 비판하려는 의도를 드러내는 듯합니다. 주류사회의 보수적 지혜에 따르면, "경주에서 빨리 달리는 사람이 이깁니다." 그런데 전도서는 "빨리 달리는 사람이 꼭 경주에서 이기는 것이 아니다"라고 말합니다. 보수적 주류지혜는 "지혜가 많으면 성공하고 형통한다"라고 말하는데 전도서는 이런 보수적 지혜를 상대화하며 일종의 불확정성 원리를 제시하는 것처럼 보입니다. 확실히 기탄없이 지혜를 예찬하는 잠언서는 사춘기 이전의 소년 또는 소녀의 확신과 가깝습니다. "열심히 공부하면, 노력하면 다 잘될 거야." "내가 지금 공부를 못하는 것은 열심히 공부하지 않았기 때문이야." "내가 가난한 것은 게으름 탓이야." 이런 자책적 다그침은 잠언서의 분위기에 어울립니다. 사회구조적 불의와 부조리는 그대로 두고 개인의 행동을 고치려는 것이 잠언서입니다. 반면에 전도서는 "개인이 잘못되지 않았다. 세상체계, 우주 구조 자체가 잘못되었다."라고 말하는 것처럼 들립니다. "이 세상 자체에 뭔가 함몰된 지점이 있다. 뭔가 빈틈이 있다. 뭔가 성실의 법칙이 보답받지 못하는 구덩이가 있다." 이렇게 역설적인 방식으로 지혜를 전하는 것이 전도서입니다.

시편은 '터힐라'라는 히브리어에서 나왔습니다. 터힐라의 복수형이 '터힐림'입니다. 이 '터힐라'는 찬양, 기도 등으로 번역되는 단어입니다. 그런데 여기서 '찬양'을 의미하는 히브리어 터힐라는 문자 그대로 예찬, 칭찬을 의미하는 찬양만을 담는 책이 아니라는 사실이 중요합니다. 보통 찬양이라는 말은 뭐죠? '하나님 감사합니다.' '하나님 정말 대단하십니다.' '하나님은 지혜가 많으십니다.' 이렇게 하나님을 칭찬하는 것이 보통 찬양이라고 생각하죠.

그런데 시편에서 말하는 찬양은 그게 다가 아닙니다. 하나님을 향해 인간이 토해내는 모든 언어적 토설물, 찬양, 불편, 감사, 죄의 고백, 저주 기원, 복수 요청문 이것 모두 터힐라입니다. 그러니까 시편은 하나님께 인간이 토해내는 모든 언어적 토설, 언어적인 표현들을 한마디로 터힐라, 찬양이라고 말합니다. 이 세상의 기울어진 운동장에서 아무리 애를 써도 박해를 초래하고 의롭고 정직하게 살수록 손해 보는 사람들이 하나님의 개입을 요청하기 위해서 아우성을 치는 내용 모두가 히브리어 터힐라, "찬양"입니다.

그래서 시편에서 하나님을 진짜 순전히 찬양하는 내용은 많지 않습니다. 하나님을 찬양했다가 마지막에 "이렇게 찬양받아 마땅한 하나님은 지금 어디에 계십니까?"라고 끝나는 애가적 찬양도 있습니다(시 89편). '하나님은 지금 어디에 계십니까?' 이렇게 하나님의 부재를 말하고 호소하는 내용이 많습니다. 즉 전도서와 욥기와 일맥상통하는 시편들도 있다는 것을 알겠죠?

결국 성문서는 이 세상이 하나님의 공평과 정의대로 잘 굴러가고 있다고 하는 모세적 엄숙주의와 교과서주의에 대한 일종의 문제제기인 셈입니다. 모세적 엄숙주의와 교조주의는 율법을 잘 지키면 잘되고 형통하게 된다는 확신으로 표현됩니다. 이 확신에 대항해서 성문서 중 애가 시편, 욥기, 그리고 전도서는 "그렇지 않아. 이 세상에는 율법을 잘 지켜도 고난을 많이 받는 사람이 있고, 율법을 지키지 않고 죄를 많이 지어도 번영을 누리는 사람 많아."라고 말하는 듯합니다. 뭐랄까요? 지혜성문서 중 욥기와 전도서, 그리고 애가 시편에는 권선징악과 인과응보의 법칙까지도 상대화시키는 내용들이 많죠. 불확정성의 원리 같은 허무성이 법칙성을 삼키는 듯한 세상을 맞닥뜨리는 사람들에게는 한없는 위로가 되는 책들이 바로 이런 성문서입니다. 이렇게 구약성경은 세 가지로 장르가 나뉠 수 있습니다.

구약성경의 내용에 관해 다루기 전에, 구약성경을 당연히 종교적 읽기 또는 종교적 투신을 옹호하고 그걸 심화시키는 읽기로 읽을 수 있음을 말씀드립니다. 전통적인 기독교 읽기도 가능합니다. 그러나 구약성경은 반드시 그렇게 읽어야만 되는 것은 아닙니다. 구약성경은 인문학적 읽기로 읽을 수 있는 여지가 많기 때문입니다. 여기서 말하는 인문학은 무엇을 의미할까요? 저는 인문학을 모든 비인간적 억압체제로부터 인간의 존엄을 옹호하고 특별히 절대적인 비대칭적인 권력구조 안에서 부서지고 쓰러지는 개인들을 보호하는 데 치중하는 학문이라고 정의합니다. 문학, 역사, 철학, 종교가 인문학의 종가를 이루는 분과학문들입니다. 물론 종교는 여기서 혐의점이 많은 애매모호한 학문이기도 합니다. 인문학적 성서읽기를 거부하고 배척하고 유급 사제집단의 자기복무적인 성서읽기에 토대를 둔 종교는 인문학의 적이 되기 쉽습니다.

왜? 종교집단은 상부구조와 손쉽게 권력동맹과 지배연대세력을 구축하기 쉽기 때문입니다. 상대적으로 문학, 역사, 철학은 종교인들처럼 길드를 형성하는 데 내적 저항이 심한 학문이기에 불의한 권력에 대한 저항성을 끝까지 유지하는 경향성이 많습니다. 문학, 역사, 철학만큼 인간을 근원적으로 옹호하기 위해서 작동하는 학문이 없죠. 그래서 저는 종교가 상부구조와 동맹을 맺지 말고 문학, 역사, 철학과 동맹을 맺어야 인간을 옹호할 수 있는 인문학적인 종교가 가능하다고 말합니다.

이렇게 인문학적 성서읽기를 한 사람이 많죠. 가장 대표적으로 톨스토이입니다. 톨스토이는 러시아 정교회를 비판하여 배교자라는 비판을 받았지만 러시아 정교회의 종교적 권력담론, 제도권 종교적 폐해를 자세히 비판했죠. 그는 성경을 정말 사랑했습니다. 물론 러시아 정교회의 독실한 신자였지만 여전히 종교를 뛰어넘는 보편적인 인문학적 성서읽기를 했던 도스토예프스키도 있습니다. 둘은 러시아 정교회의 다른 면을 보고 절망하기도 하고 희망을 품기도 했지만, 확실한 것은 두 사람 모두 사제집단의 이익을 위한 성경읽기를 거부하고 배척했다는 것입니다. 도스토예프스키는 시베리아 수용소에서 7년 동안 신약성경을 수백 번 읽었다고 하죠. 성서를 인문학적으로 읽었던 도스토예프스키가 쓴 소설 『카라마조프가의 형제들』, 『죄와 벌』 같은 명작들은 인문학적 성서읽기의 전형적인 열매라고 할 수 있죠.

저는 구약성경이 매우 특수한 이스라엘 민족의 이야기, 그것도 옛날 이야기인 것을 부인하지 않습니다. 그런데 이 특수한 이스라엘 이야기, 옛날 이야기가 사실상 보편적인 인간의 이야기를 하고 있다고 해석하며 읽는 것이 인문학적 읽기의 첫 단계라고 생각합니다. 그래서 히브리 정치철학자인 요람 하조니는 『히브리 성서로 철학하기(*The Philosophy of Hebrew Scripture*)』라는 책에서 인문고전으로서의 구약성서 읽기를 상당히 진지하게 시도합니다. 그는 구약성서가 그리스 철학자들의 인식론과 형이상학에 필적할 만한 인식론과 형이상학을 전개하며, 플라톤과 토마스 홉스의 정치철학보다 더 나은 정치철학을 개진하고 있다고 주장합니다. 구약성서는 매우 특수한 민족의, 특수한 시대의, 특수한 종교로 가득한 이야기지만, 사실은 가장 이상적인 정부가 무엇이며 가장 이상적인 윤리학이 무엇이며 가장 이상적인 인식론과 가장 이상적인 형이상학이 무엇인지에 대하여 일관된 철학을 주창하는 철학서적이라는 것입니다.

하조니의 이런 접근도 인문학적 성서읽기의 한 예라고 할 수 있습니다. 저는 앞으로 남은 강의에서 최대한 종교적 파당성을 뛰어넘어 일반 독자에게 구약성서가 어떻게 읽힐 수 있는지를 염두에 두면서 강의하려고 합니다. 감사합니다.

2강-2

모세오경과 그 첫 책 창세기

안녕하십니까? 숭실대학교 인문대 기독교학과 김회권 교수입니다. 이번 강의는 모세오경의 첫 책인 창세기에 관한 강의입니다. 모세오경은 흔히 모세가 썼다는 의미로 모세오경이라고 불립니다. 모세는 아무리 늦어도 BC 13세기 사람입니다. 어떤 사람들은 모세의 연대기를 BC 17세기 또는 BC 16세기로 설정하는 사람도 있습니다. 이런 경우 모세의 시대를 추정하는 두 입장 사이에는 약 300년 차이가 나는 거죠. 저는 대체로 이집트의 라암셋 2세 왕과 같은 동시대인 BC 1300년대를 모세의 시대로 설정합니다. 모세는 출애굽기부터 주인공으로 등장하는 인물입니다. 창세기에는 모세가 등장하지 않습니다. 출애굽기는 이스라엘 백성이 430년간의 이집트 체류 중 마지막 백여 년 혹은 수십 년간을 이집트 파라오의 노예로 전락하여 고생하다가 천신만고 끝에 이집트를 탈출하는 이야기입니다. 이 이집트 탈출의 영도자가 모세입니다.

파라오의 노예였던 이스라엘 민족이 가나안 땅으로 탈출하는 이야기의 중심인물이 모세입니다. 어떤 학자들에게서는 모세가 역사적 실존인물이 아니라는 오해를 받기도 합니다. 그러나 모세오경의 내용으로 볼 때 모세를 역사적 실존인물로 보아야 모세오경이 훨씬 자연스럽게 읽힙니다. 한 민족의 형성기 때에는 으레 탁월한 영도력을 발휘한 인물들이 등장하기 마련입니다. 다른 나라의 역사에도 한 탁월한 인물 혹은 지도자가 등장합니다. 로마건국의 서사시 <아이네이스>에서 베르길리우스는 트로이 전쟁의 패배로 몰락한 트로이의 귀족 아이네이아스가 출트로이 대열을 이끌고 로마건국에 기여했다고 노래합니다. 모세가 너무나 탁월하고 너무나 강력한 카리스마로 무장해 등장하여 출애굽의 여정을 향도하는 것을 볼 때 사람들은 허구가 많이 깃들어 있다고 생각하기 쉽지만, 사실상 모세오경의 내용 전반을 볼 때 모세라는 독특한 인물이 없다면 스토리라인이 무너져 버립니다.

저는 모세가 실존인물이라고 믿을 뿐만 아니라 모세오경이 설정하는 이 인물이 사실상 모세오경에 기록된 것과 거의 같은 리더십을 행사했다고 믿습니다. 그런데 이것을 왜 모세오경이라고 할까요? 그것은 출애굽기 3장 6절부터 14절에 답이 나옵니다. 모세는 시내산에서 이스라엘의 하나님, 아브라함과 이삭과 야곱의 하나님과 첫 조우를 합니다. 이때 하나님이 모세에게 자신을 이렇게 소개합니다. '나는 아브라함의 하나님, 이삭의 하나님, 야곱의 하나님이다.' 창세기를 읽어본 사람들은 하나님께서 아브라함과 이삭과 야곱에게 3세대에 걸쳐서 약속하신 내용이 뭔지를 알 수 있습니다. 이 세 사람, 아브라함, 이삭, 야곱에게 한 약속, 즉 3세대에 걸쳐서 중첩된 약속은 "가나안 땅을 아브라함 후손, 이스라엘 민족에게 영구불변의 영토(基業)로 하사하시겠다"는 약속입니다. 그러므로 하나님이 자신을 모세에게 처음부터 아브라함의 하나님, 이삭의 하나님, 야곱의 하나님이라고 소개하는 이유는, 하나님 자신이 아브라함의 후손인 이스라엘 백성에게 가나안 땅을 기업, 즉 천부불가양의 영토로 하사하시겠다는 약속을 지킬 의무에 매여 있는 하나님임을 밝히시기 위함이었습니다. 하나님 자신이 가나안 땅 약속을 지켜야 한다는 의무감에 사로잡혀 있는 하나님이라는 뜻입니다. 모세오경 전체는 아브라함과 이삭과 야곱에게 한 하나님의 약속, 즉 가나안 땅을 이스라엘 백성이 차지하도록 가나안 땅까지 인도하는 이야기입니다. 하나님은 시내산에서 모세와 처음 조우하셔서 당신의 사정을 털어놓으시고 모세에게 이스라엘을 출애굽시켜 가나안 땅까지 인도해 들이라는 사명을 수행해달라고 부탁하십니다. 모세오경은 바로 모세가 이 사명을 수행하는 이야기입니다. 모세오경이 모세의 사명을 중심으로 기록되어 있기 때문에 이걸 우리는 모세오경이라고 부릅니다.

그런데 이 말이 모세오경의 모든 구절들을 모세가 다 썼다는 것을 의미할까요? 그렇지는 않습니다. 모세가 이 모든 내용을 전부 다 썼기 때문에 모세오경의 저자라고 말할 수는 없습니다. 고대인들의 책 쓰는 방법은 현대인들이 책 쓰는 방법과 매우 다르죠. 현대인들은 특정 개인이 특정 개인의 이름으로 소설을 쓰기도 하고 단행본 책을 내기도 합니다. 그런데 고대에서는 그런 저작 간행이 낯설었습니다. 모세오경의 내용을 낱낱이 쓴 사람은 모세 시대 때보다 훨씬 후대의 인물(들)이었습니다. 모세보다는 약 600년 또는 700년 후의 인물(들)이 현재의 모세오경을 썼을 가능성이 많습니다. 그런데 그 700년 또는 600년 뒤에 오는 후손의 인물, 후대의 서기관이 이 내용을 썼다고 해서 그를 모세오경의 저자라고 볼 수 있습니까? 아니죠. 모세의 사명 관점으로 창세기, 출애굽기, 레위기, 민수기, 신명기가 쓰였기 때문에 모세가 이 내용을 쓰게 만든 장본인이라는 점은 의심의 여지가 없습니다. 모세오경에 기록된 모든 이야기들의 전승주체, 이 모든 이야기를 남겨준 핵심인물이 모세이기 때문에 모세오경이라고 부르는 것이 맞습니다. 모세가 후대의 사람들로 하여금 이런 내용을 쓰게 했다는 의미로 모세가 썼다고 할 수 있죠. 그러니까 모세는 굳이 말하면 사역형 저자입니다. 모세오경을 쓰게 만든 저자라는 뜻이죠.

그런데 모세오경의 핵심은 아브라함과 이삭과 야곱에게 주신 하나님의 약속, 즉 가나안 땅을 이스라엘 자손의 영구적인 영토로 허락하시고 이스라엘 자손이 그 땅을 차지하도록 독려하는 하나님의 이야기입니다. 아브라함의 후손인 이스라엘의 백성은 이집트에서 430년 동안 노예 또는 자유인의 신분으로 체류하다가 모세의 영도 아래 마침내 가나안 땅을 향하여 진군합니다. 이 출애굽의 원동력은 출애굽기 3:6–8이 가리키듯이 창세기에서 하나님이 아브라함, 이삭, 야곱 3세대에게 중복해서 언약을 체결해 다짐하신 하나님의 언약적 투신입니다. 그래서 출애굽기의 필수적 전사(前史)가 창세기이기에 출애굽기의 서론인 창세기가 실로 중요합니다.

창세기는 이 모세오경의 첫 책으로서 구약성서에서 가장 중요한 책입니다. 구약성서의 모든 나머지 내용들은 이미 창세기 안에 압축되어 있습니다. 이런 점에서 창세기는 또한 모세오경 전체의 압축파일이라고 할 수 있죠. 좀 더 범위를 넓혀보면 모세오경 안에는 앞으로 펼쳐질 이스라엘의 모든 역사적 구원 드라마(방황과 징계와 연단의 드라마)가 다 들어있기 때문에 모세오경 전체는 구약성경의 압축파일이라고 할 수 있습니다. 약간 어려운 말로 들릴 수 있습니다만 창세기 안에 모세오경이 다 들어있고 모세오경 안에 이미 구약성서가 다 들어있다고 말할 수 있죠.

그러면 모세오경은 무슨 내용일까요? 모세오경의 첫 책 창세기는 인류의 시작, 물리적인 우주창조의 시작, 가정의 시작, 사랑의 시작, 죄와 죽음의 시작, 그리고 마침내 이스라엘 민족의 시작을 다룹니다. 창세기 12장은 이스라엘 민족의 조상인 아브라함을 부르시는 이야기로 시작됩니다. 모세오경은 기원 또는 시초를 가리키는 제네시스라는 책 이름 그대로 창세기부터 시작되는 것이 너무 당연하죠. 왜? 모든 드라마는 시작이 있기 때문이죠. 모든 스토리는 시작이 있습니다. 따라서 모세오경을 모르고, 즉 이스라엘 구약성경의 구원 드라마의 첫 부분을 모르고 요한복음이나 로마서를 갑자기 읽으면 감동이 많이 축소된다는 의미입니다. 모든 연극, 희곡, 소설, 장편대하소설, 심지어 서사구조를 갖는 시를 보면, 첫 시작을 모르고 마지막에 가서 감동을 받기란 힘들죠. 창세기를 모르고 심지어 창세기가 속한 모세오경을 모른 채로 구약성경 전체의 드라마를 이해하려고 한다거나 심지어 신약성경으로 확장되는 이스라엘 역사의 구원 드라마를 이해하려고 시도하는 것은 매우 무리하고 부적절한 시도라고 할 수 있죠.

모세오경 첫 책 창세기는 1장부터 11장과 12장부터 50장으로 나누어집니다. 문어체로 된 강의교재를 보면 자세하게 나와 있습니다. 1장부터 11장은 인류의 시작, 우주창조의 시작, 가정의 시작, 죄와 죽음의 시작 등 인류의 원역사에 일어난 모든 일들의 시작을 다룹니다. 12장부터 50장은 이스라엘 민족의 시작, 즉 아브라함의 부르심부터 시작하여 야곱의 죽음과 가나안 매장으로 마무리됩니다. 창세기 50장은 야곱의 시신을 가나안 땅에 매장함으로써 이집트에 체류하는 야곱의 후손들이 곧 출애굽-입가나안 여정에 돌입할 것임을 예고하고 있습니다. 그러니까 창세기 1-11장과 12-50장 두 단원 중에 창세기의 무게중심은 어디에 있습니까? 창세기의 중심과제는 1장부터 11장이 아니라 12장부터 50장에 있습니다. 12장부터 50장에 창세기의 신학적 나침반이 맞춰져 있습니다. 그러면 1장부터 11장은 뭡니까? 아브라함을 등장시키기 위한 긴 서론이라고 할 수 있죠.

1장부터 11장을 다시 세분하면 1-2장은 천지창조의 시작과 인간창조를 다루고, 3장은 죄와 죽음의 시작을 다룹니다. 4-5장은 아담이 저지른 죄가 가정 단위에서 어떻게 급속하게 확장되어 사회로 파급되는가를 보여주는 죄의 확장사입니다. 6장부터 9장은 아담부터 시작된 죄가 노아 홍수라는 대파국적인 심판으로 인해 부정적으로 마무리되는 이야기입니다. 대홍수 단원이죠. 10장부터 11장은 홍수 심판을 받으면서도 죄를 돌이키지 않고 하나님께 끊임없이 불순종하는 노아 후손들의 분기와 분화를 다룹니다. 노아의 세 아들인 셈과 야벳과 함의 족속은 일치가결한 마음으로 하나님에 대항해 반역하며, 바벨탑을 축조하다가 온 세계로 흩어지는 징벌을 초래합니다. 요약하면, 1장부터 11장은 하나님의 통치에 우발적인 저항을 일삼는 인류의 이야기입니다. 그런데 이 우발적 저항을 일삼는 인류에 대해서 하나님의 대응은 무엇입니까?

이는 곧, 죄와 죽음과 심판과 징벌, 그리고 마침내 대파국적인 인류멸절 드라마로 나타납니다. 그런데 노아 홍수를 경험하고도 인류는 하나님에 대한 반역을 멈추지 않습니다. 노아의 세 후손은 바벨론 탑 축조가 미완성으로 끝나고 온 세상 여러 곳으로 흩어지는 심판을 당하고도 죄로부터 돌이키지 않습니다. 노아의 세 후손인 셈과 야벳과 함 족속은 산과 강과 바다, 그리고 평원을 따라, 자신들의 나라와 문명을 건설하면서 점점 세력을 확장합니다. 그러면서도 그들은 절대로 스스로 하나님의 심판의 징계와 교육적 효과를 경험하지 못합니다. 다시 말해서 고대근동의 낙원이었던 에덴동산에서 시작된 반역은 세계적 차원의 반역으로 확장됩니다. 에덴동산에서의 반역은 전 세계적 반역으로, 전 인류적 반역으로 확장됩니다. 그 결과 전 인류가 하나님으로부터 멀어져버렸습니다. 하나님과 멀어진 인류의 원심적 이탈의 한복판에 아브라함이 등장합니다.

아브라함은 하나님과 등을 지고 떠난 인류, 하나님과 원수 상태가 돼서 멀어지는 인류의 일원으로 태어났지만, 그 인류를 다시 부르시는 하나님의 마음을 대변하는 중보자로 세움을 받습니다. 아브라함은 원래 셈족의 후손인 데라의 아들입니다. 아브라함은 창세기 11장 25절부터 27절 이하에 처음으로 등장합니다. 데라의 모든 후손들이 아이를 다 낳고 자연적인 출생을 통하여 가족을 확장해 갑니다. 그런데 아브라함만 셈족의 후손을 생산하는 데 실패를 합니다. 그와 그의 아내 사래만 자기 대물림을 할 수 있는 후손을 낳지 못하고 불임의 세월을 보냅니다.

그리고 그는 아버지와 함께 가나안 땅으로 이주하려는 도중에 무슨 이유 때문이었는지 시리아 북쪽에 있는 하란 땅에서 장기간 머물렀습니다. 그의 나이 75세가 되던 해에 하나님께서는 하란 땅에 나타나서 전광석화 같은 말씀으로 임하십니다. '너는 본토 친척 아비 집을 떠나 내가 네게 지시할 땅으로 가라. 내가 너로 큰 민족을 이루고 네게 복을 주어 천하만민이 너로 말미암아 복을 얻게 되는 중심백성이 되게 하겠다.'

여기서 중요한 것은, 하나님이 땅, 많은 후손 그리고 천하만민에게 복이 되는 운명을 아브라함에게 주시겠다는 것입니다. 아브라함은 천하만민을 구원하시려는 하나님의 궁극적인 계획 때문에 선택받은 사람이죠. 아브라함의 생애는 천하만민을 향도하고 견인하며 구원하시려는 넓고 큰 하나님의 마음 때문에 하나님께 추동되기 시작합니다. 아브라함의 후손으로 하여금 천하만민에게 유익한 민족이 되게 하는 것이 하나님의 뜻입니다. 천하만민을 상대로 혜택을 끼치는 보편적인 수혜제공 국가가 되도록 아브라함의 후손을 선택하셨다는 것입니다. 하나님이 주시는 보편적인 혜택을 나누는 사명을 수행할 목적 때문에 아브라함의 후손이 하나의 국가공동체로 세상에 존재한다는 거죠.

왜 하나님이 아브라함과 그 후손에게 땅을 선물로 주었습니까? 그냥 재산으로서 땅을 주었습니까? 아닙니다. 야웨 하나님의 의와 공도를 행하여 천하만민에게 복이 되는 민족이 되라고 하나님이 아브라함과 그 후손에게 땅을 주셨습니다. 하나님이 아브라함과 그의 후손 이스라엘 민족으로 하여금 영토적 단일성을 가지고 다른 나라와 민족에게 하나님의 통치를 확산하고 매개하는 나라, 강대한 나라(고이 가돌)를 건설하라고 요구하고 기대하십니다. '고이 가돌'에서 '고이(gôy)'는 나라, '가돌(gādôl)'은 위대한, 강대한(great)을 의미합니다. 고이 가돌은 great nation입니다. 이 고이 가돌이 창세기 18장 18절에는 '강대한 나라'라고 번역되고, 창세기 12:2에는 '큰 민족'으로 번역됩니다. '큰 민족'과 '강대한 나라'는 똑같은 말이라는 뜻입니다. 그런데 이 강대한 나라 또는 큰 민족은 뭡니까? 다른 민족들을 위협하고 겁주고 위축시키는 큰 민족 혹은 강대한 나라가 아닙니다. 물리적인 투쟁으로 점철된 세계사를 보면, 큰 나라는 작은 나라에게 복의 근원이 되기보다는 항상 위협이 되었고 재앙의 근원이 되었습니다. 큰 민족 혹은 강대한 나라는 공평과 정의를 확장했다기보다는 공평과 정의의 파괴를 자행했고 이웃 나라들에게 평화의 반대, 즉 전쟁의 근원이 되었습니다.

큰 나라가 등장하면 작은 나라는 큰 나라 때문에 사시나무처럼 떨게 되고, 큰 나라에 정복당하고 갑질당하고 압제당하고 박해를 당합니다. 대자연의 법칙이라고 할 수 있죠. 그런데 하나님께서는 이스라엘 백성에게 큰 민족이 되고 강대한 나라가 되라고 복을 주십니다. 큰 민족이 되고 동서남북으로 확장되는 강대한 나라가 되지만 인근의 작은 나라와 이웃 나라들에게 위협이 되는 나라가 아니라 복이 되는 나라가 되라고 명하십니다. 하나님은 아브라함과 그 후손에게 인근의 작은 나라들이 그들 때문에 복을 받는 미래를 꿈꾸라고 격려하십니다. 유대인 정치철학자 요람 하조니도 구약성경을 이해하는 결정적 열쇠는 아브라함에게 주신 약속임을 역설합니다. 세계만방에게 복이 되는 나라가 되는 것이 이스라엘 민족의 운명이요 사명이라는 것입니다. 하지만 이것은 이스라엘 민족에게만 준 깨달음이 아닙니다. “영토적 단일성을 가지고 존재하는 모든 나라는 다른 나라에게 복이 되는 방식으로 존재해야 된다.” 이것이 하나님의 궁극적이고 이상적인 국제관계 청사진입니다. 아무튼 하나님이 이스라엘에게 기대하는 두 가지 이미지, ‘세계만민에게 복이 되는 큰 민족 강대한 나라’는 매우 희귀한 조합이죠. 큰 민족이요 강대한 나라이면서도 다른 나라에게 복이 되는 나라, 이것은 굉장히 희귀한 조합입니다. 그런데 이 희귀한 조합이 바로 하나님이 이스라엘 백성, 아브라함의 후손에게 기대했던 미래상이었죠.

창세기는 아브라함이 등장하기 이전의 세계를 매우 음울하게 그립니다. 아담과 하와의 죄가 가져온 세계는 죄와 죽음의 세계요, 열국이 서로 분리되고 불화하는 세계였으며, 전 인류적으로 하나님과 점점 멀어지는 세계였습니다. 상실된 낙원의 세계였습니다. 이 실낙원의 세계에 하나님이 아브라함을 등장시킨 것입니다. 하나님은 하나님을 믿고 순종하고 동행하면서 모든 인류를 다시 하나님께로 되돌려 돌이키는 복락원 운동을 주도할 민족을 찾고 찾았습니다. 그러다가 하나님은 아브라함과 이삭과 야곱에게 이 복락원 사명을 부여하셨던 것입니다. 아브라함은 구약시대 때 나사렛 예수 같은 역할을 한 거죠. 하나님과 점점 멀어지는 열방들을 데리고 다시 하나님께로 돌아가는 제사장 역할을 했기 때문입니다. 아브라함과 그 후손은 강대한 나라가 되고 큰 민족이 되겠지만 주변 나라들과 인근 부족들과 심지어 약소국들에게 위협이 되고 재앙이 되지 않아야 함을 의미했습니다. 오히려 이웃 나라에게 하나님의 평화를 전파하는 나라가 되어야 함을 의미했습니다. 하나님께서 이스라엘 민족을 선택한 목적은 제국주의적인 위력으로 인근 나라들을 제압하는 나라가 아니라, 하나님 앞에서 같이 공존공영을 나누는 선린국가가 되도록 하기 위함이었습니다. 분명한 사실은 하나님이 아브라함과 이삭과 야곱을 통하여 형성된 이스라엘 민족에게 맹목적이고 혈연적인 편애를 한 것이 결코 아니라는 것입니다. 이스라엘에게 기대한 역할을 하나님은 모든 나라들에게 동일하게 기대합니다. 우리 한민족에게 땅을 주시고 우리를 특별히 많은 존재 소멸의 순간에서 건져주시고 우리보다 훨씬 더 큰 나라로부터 구원해 주신 목적은 뭐죠? 그것은 바로 우리 겨레가 동서남북으로 퍼져서 주변 나라들을 위협하지 않고 주변 나라들을 오히려 복되게 하고 유익하게 하는 방식으로 존재하도록 하기 위함이라는 것입니다.

여기서 기회균등의 평등을 믿는 현대인들은 하나님께서 이스라엘을 선민으로 삼았다는 말에 거역감을 느낄 수 있을지도 모릅니다. 특히 선민이라는 말이 귀에 거슬릴지도 모릅니다. 그러나 선민의 참뜻과 의미를 알고 나면 오해가 풀릴 것입니다. 선민은 만민을 위해 존재하는 선민이며, 만민에게 흘러가야 될 복을 매개하는 선민이기 때문입니다. 만민을 축복하시려는 하나님의 의도 때문에 하나님께 심부름 역할을 하는 나라가 선민이죠. 만민을 배제하는 선민이 아니라 만민을 내포하며 만민을 위해 만민을 향도하는 선민이 구약성경의 선민입니다. 당연하게도 구약성경의 선민사상은 기회균등의 민주주의 평등사상과 배치되지 않습니다. 오히려 먼저 복받은 백성, 먼저 구원받은 백성, 먼저 형통케 된 사람이, 다른 사람에게 복이 되고 구원이 되고 우선적인 책임을 진 백성이 된다는 사상이 참된 선민사상입니다. 하나님을 먼저 안 백성이 다른 민족에게 하나님을 알려주는 복의 매개자가 되는 것이 진짜 선민이고 진짜 거룩한 백성입니다. 이런 내용들이 창세기와 모세오경이 내세우는 선민사상의 얼개입니다. 창세기는 옛날 이스라엘 민족의 조상들에 대한 이야기처럼 보이고 그 옛날 특수한 사람들의 특수한 스토리로 엮어진 이야기처럼 보이지만, 실상 보편적인 의미를 갖는 보편적인 이야기입니다. '세계만민에게 복이 되는 공동체만이 하나님께서 축복하시고 이런 국가만이 영구적으로 존립할 수 있다.' '세계만민에게 복이 되고 혜택이 되는 나라와 민족만 존립할 수 있다.' 모세오경의 선민사상은 바로 이러한 보편적 함의를 갖고 있습니다. 이 논리를 약간 확장하면, '세계만민에 대해서 스스로 복이 되려고 애쓰는 사람이야말로 진짜 참 선민이고 거룩한 백성 선민이다.'라는 뜻입니다. 결국 창세기와 모세오경의 특수한 선민 이스라엘 초창기 역사 안에는 이런 보편적인 선민원리가 들어있다고 할 수 있죠.

마무리합니다. 창세기 12장 1절부터 3절이 창세기의 결정적인 중심구절입니다. '너는 본토 친척 아비 집을 떠나, 내가 네게 지시한 땅으로 가라. 본토 친척 아비 집이라는 1차적 혈연적 연대를 탈출해 하나님의 이름이 걸려있는 땅에 들어가 세계만민에게 복이 되는 개인들의 공동체를 이루라.' 여기서 누가 이스라엘인가라는 질문을 제기할 수 있습니다. 이스라엘은 인종적인 단일체가 아니라 하나님께 순종하기로 결단한 사람들의 공동체라는 겁니다. 이렇게 이해되는 이스라엘의 선민사상에 우리에게 거부감을 일으키는 내용이 있습니까? 결코 없습니다. 누구든지 이스라엘이 될 수 있습니다. 누가요? 본토 친척 아비 집을 떠나 하나님이 주신 이상사회 공동체에 전적으로 동의하고 투신된 사람들은 이스라엘 백성의 일원이 될 수 있습니다. 참된 이스라엘은 '내가 이렇게 땅과 재산을 얻어 사회적 안정과 복을 누리는 까닭은, 세계만민에게 복이 되고 혜택을 끼치는 사람이 되도록 하기 위함'이라고 생각하는 사람입니다. 3주차에서 출애굽기를 공부할 때 다시 창세기 내용을 일부 복습하겠습니다. 감사합니다.

인문고전으로서의
구약성서 읽기

3주차 강의안

3-1
출애굽기

출애굽기의 메시지와 구조

출애굽기는 "그리고"라는 말로 시작한다. 이것은 출애굽기를 창세기와 연결된 이야기로 읽어야 할 책(冊)임을 알려준다. 창세기의 족장 전승과 출애굽 전승의 연결은 모세의 부르심에서 확보된다(출 3:6). 모세는 출애굽 구원의 영도자로 부름받기 전에 이미 창세기 족장들의 약속 전승(땅, 자손, 복의 근원, 임재와 보호의 사중적 약속)의 상속자요, 담지자로 인정받는다. 하나님께서 모세에게 처음 나타나 출애굽 구원과 가나안 땅으로의 인도사명을 주시면서, "아브라함의 하나님", "이삭의 하나님", "야곱의 하나님"으로 자신을 소개하신다. 하나님은 여기서 모세가 창세기 구원사를 정통으로 꿰뚫고 있음을 당연히 전제하신다. 출애굽기에서 하나님은 이스라엘을 구원하신 하나님일 뿐만 아니라 오합지졸에 불과한 노예 상태의 히브리 백성을 하나님의 계약 동반자인 이스라엘 공동체로 창조하시는 분이다(이사야 40-55장은 이스라엘의 구속자 야웨가 이스라엘의 창조자라는 주제에 천착하고 있음을 참고하라). 동시에 이스라엘을 구원하시고 창조하신 하나님은 이스라엘과 계약을 맺으시는 하나님이다. 구원하는 행위는 창조하는 행위이며, 창조하는 행위는 계약관계 속에 초청하는 행위이다(출 19:1-6). 출애굽기-신명기는 족장들에게 주신 하나님의 4중적인 약속(창 12:1–3)들이 얼마나 철저하게 성취되는가를 보여준다. 400여 년 이상 긴 세월이 지난 후에야 하나님의 약속이 실현된다는 것은 하나님의 살아 계심을 증명하는 사건이며, 하나님 자신이 스스로를 신뢰할 만한 하나님으로 계시하는 사건이다(창 15:13–15).

출애굽기의 주제는 죄악의 압제적 지배로부터의 해방이다. 이 해방 사건은 일회적인 사건이지만 그것은 또한 일방적인 하나님의 구원과 그 구원을 세상 한복판에서 계속 누리기 위하여 치르는 연단, 교육, 그리고 징계의 과정이다. 출애굽기에서 나타나는 주도적이고 강권적인 하나님의 구원은, 400년의 노예생활에서 만들어진 노예근성으로 오합지졸이 되어 버린 히브리 노예들을 형제자매의 우애와 사랑이 넘치는 자유시민 공동체로 산파하시려는 하나님의 교육·훈련적 목적 속에서 이뤄졌다. 히브리 백성들은 애굽왕 파라오의 채찍질이 고통스럽고 벽돌을 구워 애굽의 국고성(國庫城)을 짓는 노동이 고역스러웠지만, 그 가운데서 외치는 그들의 고통의 아우성 자체는 자유에 대한 갈망에서 비롯된 것은 아니었다. 그들은 애굽의 채찍질도 싫었으며, 자유를 향해 무인지경의 광야로 나가 하나님의 훈련을 받기도 싫어하는 자들이었다. 죄악의 삶에 한번 인이 박힌 사람들, 즉 죄와 사망의 세력에 노예로 살았던 그들은 자유인이 되기를 오히려 무서워한다. 노예가 자유인으로 살기 두려워 다시 노예생활을 사모하는 기막힌 역설이 출애굽한 이스라엘 백성들에게도 나타난다(민 11–14장).

출애굽기의 구조

I. 히브리 노예들의 이집트 탈출 기획과 준비(1–12장)
  1. 모세를 준비시키는 하나님(1–2장)
  2. 모세를 부르시는 하나님(3–6장)
  3. 애굽의 신들을 무장해제시키는 야웨 하나님(7–12장)
Ⅱ. 출애굽 구원과 파라오 체제의 수장(水葬)(13–17장)
Ⅲ. 자유인이 되기 위한 거룩한 멍에, 시내산 계약과 십계명(18–24장)
IV. 이스라엘 진(陳) 중에 거하시는 거룩하신 하나님의 집, 성막 설계도(25–31장)
V. 중보자 모세의 분투와 좌절(32–34장)
VI. 야웨의 영광으로 충만한 성막(35–40장)

I. 히브리 노예들의 이집트 탈출 기획과 준비(1-12장)

히브리 노예들의 출애굽 경로는 대략 다음과 같이 추정된다[1] : 출발지 고센 지역→비하히롯 맞은 편 배수진→홍해 도강(하나님께서는 수르 광야와 해변길을 거쳐 약 11일 만에 가나안 땅에 들어가는 경로 대신에 홍해 및 시내산 남단 경로로 히브리 노예들을 인도하신다)→신(Zin) 광야→세일산→시내산→가데스 바네아(정탐꾼 파견)→불신앙으로 40년 방황(민 13-14장)→모압 평지(세렛 시내를 건널 때까지 38년 광야 방황[신 2:14]). 하나님께서는 히브리 노예들을 이집트로부터 탈출시켜 '젖과 꿀이 흐르는 땅'으로 불리는 가나안 땅으로 인도하려고 하신다. 이 가나안 땅은 비옥한 초승달 지역(the Fertile Crescent)의 서쪽 끝에 해당되는 지역으로서 주변에 있는 광범위한 사막과 산악지역에 비하여 경작이 가능한 땅이었다. 그런데 출애굽 당시 이 땅은 텅 비어 있는 땅이 아니라, 여러 지역에서 유입된 족속들이 나름대로 기득권을 가지고 점유권을 행사하던 땅이었다.

가장 대표적인 족속이 메소포타미아 지역에서 남하한 아모리 족이었다. 그다음으로는 아르메니아 사막 지대(북쪽 산악-카스피해와 흑해 중간)에서 남서진을 해서 정착한 후리 족(히위 족)이 있다. 또한 가나안 땅에는 터키 지역에서 남하한 헷 족(힛타이트 족속)과 하비루(habiru)라고 불리는 광범위한 부랑아 방랑집단들이 거주하고 있었다. 하비루(혹은 하피루)는 BC 15-14세기 팔레스타인 일대에 대한 이집트의 영향력이 쇠락하면서 팔레스타인 일대에 등장한 수많은 사회적 반체제 집단들로서 전쟁이나 약탈을 일삼으며 경제적 기반을 확장하던 집단들이었다. 이들은 이집트 지배하의 도시국가들에게 상당한 타격을 입힌 변혁적인 부랑아 집단들이었다. 이집트의 텔 아마르나에서 이 시기 동안에 가나안 땅의 도시국가를 다스리던 애굽의 봉신들이 애굽 파라오에게 보낸 편지들이 다량 발견되었는데 이 편지들은 하비루들의 활약과 가나안 땅에 대한 애굽의 정치적인 장악력 쇠퇴 과정을 보여준다. 이 BC 15-14세기를 학자들은 아마르나 시기(BC 1400-1350년경)라고 하며, 이 시기에 팔레스타인 주재 이집트 봉신급 영주들이 이집트왕에게 써 보낸 정세분석 보고서를 아마르나 서신이라고 한다.[2] 대표적으로 세겜의 왕이 파라오에게 보낸 서신에는 하비루의 활약을 부정적으로 묘사한 대목이 있다.[3]

이들 외에도 유럽 쪽에서 건너온 해상세력들(sea peoples)이 있는데 이들도 당시 가나안을 정치적으로 장악하던 이집트에게 심대한 타격을 가했다. 이들은 페니키아 일대를 점령하며 이집트 본토까지 진출하여 유린하기도 했다. 가나안 원주민들 중에서 이스라엘의 역사상 가장 직접적으로 그리고 집요하게 갈등한 토착세력은 블레셋 족속들이었다. 이들은 갑돌(크레타 섬) 출신의 해상세력들로서(암 9:7; 참조. 창 10:14) 이스라엘보다 약 50－100년 전에 가나안 땅에 정착했으며 블레셋의 다섯 해변 도시(Pentapolis)를 이루어 가나안 땅을 가운데 두고 이스라엘과 끝까지 혜게모니 투쟁을 벌였다. 역사적으로 현재 팔레스타인 자치국가의 조상들의 일부로 추정되는 이들은 가나안 서부 해안 지역을 중심으로 자체적인 독립 국가를 이루었고 이스라엘의 소멸 이후에는 가나안 땅에 잔존하였다. 마지막으로 당시의 가나안 땅에는 아라비아 사막에서 올라온 족속들도 있었는데 이들은 항상 땅에 정착하는 것을 열망하며 도시국가들에 대해 잠재적인 위협세력을 형성하기도 하였다.

고대 민족 이동사의 맥락에서 보면 가나안 땅에 정착한 족속들의 역사는 기원전 2000년경(BC 20－16세기)에 일어났던 두 차례의 큰 민족 이동(아모리족의 이동과 후리족의 이동)의 결과로 시작된 역사의 일부라고 볼 수 있다.[4] 이스라엘의 이집트 이주와 출애굽 역사도 마찬가지로 고대근동의 역사적 맥락 안에서 자리매김될 수 있다. 학자들은 대체로 야곱의 후손의 이집트 이주와 요셉의 총리 등극은 BC 17세기에 일어난 아시아 족인 힉소스 족의 이집트 침입과 지배의 역사라는 맥락에서 가능한 일이었다고 본다. 힉소스 족은 이집트 15, 16 왕조의 통치자들로서(이 당시 건설된 힉소스 족의 특유의 성벽이 발견됨) BC 1550년경 18왕조의 창건자 아모시스 1세에 의해 힉소스 족의 통치가 종식될 때까지 이집트를 다스렸다. 그 후 투트모세 3세(Thutmose III, BC 1490－1436경)는 힉소스 족을 추방하는 데서 한 걸음 더 나아가 팔레스타인 및 시리아까지 진출하여 가나안 땅을 정치적으로 장악하며, 가나안의 주요 도시들은 다시 파라오의 봉신들에 의하여 다스려진다. 학자들은 야곱을 비롯한 히브리인의 이집트 정착이 아마도 힉소스 통치 시대에 일어난 사건이라고 본다. 출애굽기 1:8이 말하는 “요셉을 알지 못하는 왕”은 아마도 라암셋 2세(BC 1290－1224)였을 것이다.

1. 모세를 준비시키는 하나님(1-2장)

1-2장은 애굽의 파라오 체제를 심판하고 응징하려고 준비하는 하나님을 보여준다. 히브리 노예들의 고난에 찬 역사에 대한 하나님의 개입은 히브리 노예들의 부르짖음에 대한 하나님의 응답이었다. 400년간 히브리 백성들의 고통의 아우성이 하나님께 상달되자 하나님께서 출애굽 구원을 기획하기 시작하신다. 그러나 하나님의 구원이 사람을 통하여 중개(집행)되기 때문에 하나님의 '사람' 동역자(즉 지도자)가 나타나지 않으면 하나님의 구원은 오랫동안 지체될 수밖에 없었다. 400년간 어떤 인간 구원자도 나타나지 않았던 상황에서 하나님께서 히브리 노예의 아들 모세를 주목해 보시고 그를 출애굽 구원역사의 영도자로 부르신다. 하나님은 히브리 노예들의 조상인 아브라함과 이삭과 야곱과 맺은 약속(가나안 땅을 기업으로 주시겠다는 약속)을 지키기 위해 아브라함의 후손을 가나안 땅으로 인도하시려고 작정하신다. 이때 모세가 등장한 것이다. 2:1-7:7은 모세의 어린 시절 및 청장년 시절을 그리는데 모세는 지도자적인 심성을 갖고 태어나며 지도자적인 품성으로 단련되어 때가 됐을 때 하나님의 부르심을 받는다. 하나님은 모세를 40년간 미디안에서 이드로의 양떼를 치는 목자로 섬기게 하심으로써 인내 훈련, 기다림 훈련, 그리고 겸손 훈련을 시키신다. 지도자는 오랫동안 하나님에 의하여 훈련되어야 함을 보여준다. 80세가 된 모세는 호렙산 기슭의 떨기나무 불꽃 속에서 자신을 부르시는 하나님과 전격으로 조우한다. 바로 그 시점은 히브리 노예들에 대한 요셉을 알지 못하는 파라오의 박해가 절정에 도달하던 상황이었다. 이제 모세의 등장으로 야곱/요셉 자손들을 고향으로 되돌아가게 하시려는 하나님의 섭리가 결실될 시점에 이르렀다.

2. 모세를 부르시는 하나님(3-6장)

하나님은 출애굽 구원역사의 지도자로 투신하기를 주저하는 모세에게 "함께 하시겠다는 약속"으로 모세의 마음을 얻으신다. 이때 하나님은 "자신을 스스로 있는 자"라고 계시하심으로 모세에게 항상 같은 하나님, 일관성 있는 신실한 하나님으로 남아 있을 것임을 확증해 주신다(3:14, "I am who I am" 또는 "I will be who I am").[5] 하지만 모세는 자신의 능력과 지도자적인 자질에 대해 회의하며 지도자적인 과업을 떠맡는 것을 거부하려고 한다. 이런 상황에서도 하나님은 모세에게 히브리 노예 백성을 "내 백성"이라고 부르시며(5:1) 그들을 젖과 꿀이 흐르는 땅, 가나안 땅으로 인도하라고 명령하신다.

3. 애굽의 신들을 무장해제시키는 야웨 하나님(7-12장)

이 단락은 애굽의 신들을 초토화시키고 무장해제시키는 거룩한 용사(mighty and holy warrior)이신 하나님의 강력한 전쟁 과정을 자세하고 반복적으로 묘사한다(7:8-10:29). 피해 범위와 파괴의 강도를 더해가는 10가지 재앙을 당하고도 히브리 노예들을 풀어주지 않는 애굽의 파라오는 하나님 나라의 역사적 실현에 항구적으로 대적하는 악의 원형으로 규정된다. 하지만 하나님은 파라오에 대해서도 오래 참으시는 하나님이시다. 오랜 참음의 끝에 가차없는 심판과 징벌이 애굽과 파라오 체제를 궤멸시킨다. 거의 초토화된 애굽의 당혹과 혼란을 틈타 히브리 노예들은 야웨께서 만드신 칠흑 같은 밤에 애굽을 탈출한다. 애굽의 맏아들을 치시는 하나님의 심판 손길은 어린 양의 피가 뿌려진 히브리 노예들의 집 대문을 그냥 넘어간다. 12장은 야웨 하나님의 심판 천사가 그냥 넘어가 준 절기를 의미하는 유월절(11:1-13:16; 유월[逾越]은 "넘어가다" 혹은 "묵과하다"[pass over])의 기원을 기록한다. 하나님께서는 히브리 노예들을 강권적으로 애굽에서 끌어내기 위하여 그들을 "아주 급격하게" 끌어내신다. 이것이 바로 "아주 급하게 먹는 식사"로서의 유월절 식사의 유래다. 그들은 유월절 어린 양을 통째로 구워 먹었으며 너무 급하게 반죽하여 채 발효되지 않은 밀가루로 된 빵을 만들어 먹는다.

Ⅱ. 출애굽 구원과 파라오 체제의 수장(水葬)(13-17장)

출애굽 후 히브리 노예들이 체류하게 될 중간 기착지는 시내산이다. 이 산은 모세가 하나님의 부르심을 받은 산이면서 이스라엘이 처음으로 야웨 하나님을 알현하고 예배드리도록 지정된 산이다. 이 단락은 히브리 노예들이 시내산으로 가는 도중에서 일어난 구원사건들을 기록한다. 히브리 노예들은 홍해 도강사건을 통하여 파라오의 추격권을 완전히 벗어난다. 홍해 바다의 도강과 바다에서의 승리(13:17-14:31)를 기리는 모세의 바다의 노래와 미리암의 노래(15:1-18, 19-21)가 이스라엘 민족의 뿌리체험을 영원한 노래 속에 갈무리하고 있다. 홍해 도강 후 이스라엘은 아말렉 족속과의 전쟁을 통하여 하나님께서 자신들과 함께하심을 또 한 번 경험한다(17장). 여행 도중에 하나님께서는 물과 만나와 메추라기 등 음식물을 공급하심으로써 40년 광야 여정을 지켜주실 하나님임을 계시하신다.

Ⅲ. 자유인이 되기 위한 거룩한 멍에, 시내산 계약과 십계명(18-24장)

시내산 단락으로 일컬어지는 이 단락은 히브리 노예들이 시내산 기슭에서 보낸 1년간 일어난 일을 기록한다. 이 1년은 노예근성으로 찌든 히브리 노예들이 자유인이 되기 위해 영적 고도를 높이고 가파른 오르막길을 등정하는 산상 수련회 시간이었다. 그들은 400년 만에 맛보는 자유인의 기쁨이 율법의 멍에를 질 때 완성된다는 것을 배우기 시작한다. 십계명과 여러 가지 율법은 히브리 노예들을 자유인으로 변화시키기 위한 자유인의 멍에다. 이 자유인의 멍에 수여식이 바로 계약 체결식이다. 하나님께서 히브리 노예들과 정식으로 계약을 맺으심으로 오합지졸 같은 노예 집단을 자유인의 공동체로 격상시켜 주신다. 하나님은 히브리 노예들의 영적·물리적 필요를 공급하시는 하나님 아버지가 되실 뿐만 아니라 히브리 노예들의 도덕적·영적 품성을 함양하여 주시는 아버지 하나님이시기도 하다. 시내산 언약체결과 십계명의 수납은 출애굽 구원의 중간 목표 달성을 의미한다(출 19-24장). 19:5-6은 이미 레위기(제사장 나라와 거룩한 백성, 이스라엘의 정체성)를 예기하고, 19장, 24장은 시내산 계약의 체결 장면을 비교적 자세하게 기록한다. 여기서 강조되는 하나님은 죄인을 돌파하시고 타격하시는 거룩한 돌격자이신 하나님이시다. 시내산 정상 구름 영광 속에 강림하신 하나님은 시내산 영봉 아래 어떤 구역에도 죄인의 접근을 허락지 않는 거룩하신 하나님이시다. 20장은 거룩하신 하나님의 거룩한 계약 요구를 집약한 십계명을 담고 있다. 십계명은 자유인이 되기 위하여 져야 하는 멍에다.

Ⅳ. 이스라엘 진(陳) 중에 거하시는 거룩하신 하나님의 집, 성막 설계도(25-31장)

이 단락은 하나님의 집, 성막 제조 설계 지침서를 담고 있다. 성막은 하나님의 십계명 돌판을 안치한 이동식 장막이며 하나님의 현존을 대표하는 영적 상징물이다. 그것은 하나님과 이스라엘 백성이 계약으로 묶여진 공동체임을 입증하는 가시적인 증거물이다. 하나님은 성막을 짓게 하심으로써 이스라엘 진 가운데 거하시기를 원하는 단호한 의지를 표명하신다(25:8; 40:33–35). 이스라엘과 맺은 계약의 내용 중 하나님의 의무는 이스라엘의 하나님이 되어주시는 것이다. 그것은 이스라엘의 보호자, 공급자, 인도자 되심을 의미하고 더 나아가서 이스라엘의 공동체성을 유지하도록 끊임없이 교육하시고 단련하시는 의무를 의미한다.

V. 중보자 모세의 분투와 좌절(32-34장)

이 단락은 이스라엘의 노예근성과 우상숭배 습성이 한꺼번에 분출되는 위기 상황과 그것을 돌파하는 모세의 영적 분투와 좌절을 다룬다. 모세가 산 위에서 기도하면서 십계명을 받아오는 동안 히브리 노예들은 우상숭배에 빠진다. 이때 하나님께서는 출애굽 구원을 무효화시키려고 하며 심지어 아브라함과 맺은 계약 전체를 취소하시려고까지 결심하신다. 여기서 모세의 중보기도를 듣고 하나님께서는 단호한 결심을 철회하신다(비교. 겔 22:30).

VI. 야웨의 영광으로 충만한 성막(35-40장)

성막은 시내산의 폭풍과 흑암 속에 강림하셨던 하나님의 현존을 영구적으로 모시는 집으로서 영적 위엄을 갖춘다. 시내산에 강력하게 임하였던 하나님의 영광(히 12:18–21; 딤전 6:16)이 이제 성막을 가득 채우게 되고 그 성막의 영광은 나중에 솔로몬의 성전을 가득 채웠다(왕상 8:11; 사 6:2–4). 하지만 이스라엘의 배교가 깊어지고 집요해지자 하나님의 영광이 예루살렘 성전을 떠나버린다. 이스라엘의 배교와 성전 안에서 저질러진 우상숭배 때문에 하나님의 영광이 성소를 떠나버리자(겔 8:6; 9:3; 10:4, 18; 11:23) 그것은 이방 군대가 공격하면 쉽게 무너지는 한갓 돌무더기로 전락한다. 그렇게 이스라엘의 성소를 떠났던 영광이 다시 나사렛 예수의 육신 안에 거하게 되어(요 1:14 "말씀이 육신 가운데 거하매[tabernacled] 우리가 그 영광을 보니"; 마 26:64; 계 1:7) 예수 그리스도는 살아있는 성전이 된다(요 2:19).

3-2

레위기, 민수기

레위기의 메시지와 구조

레위기의 메시지

레위기는 출애굽기 19:5-6에 대한 길고 확장된 해설이다. "온 세계가 다 내게 속하였지만 너희가 내 언약을 잘 지키면 너희는 내게 대하여 특별한 보배가 되며 온 세계 백성들을 내게로 인도하는 제사장 나라가 되며 거룩한 백성이 되리라"(출 19:5-6). 레위기는 거룩한 백성과 제사장 나라로 살기 위하여 이스라엘 백성이 지켜야 할 지침과 법들의 묶음이다.

레위기는 거룩하신 하나님과 죄로 얼룩진 이스라엘 백성 사이에 존재하는 불화 상태에서 출발한다. 그것은 엄청난 거리감을 전제한다. 하나님과 죄인 사이에는 도저히 뛰어넘을 수 없는 간극, 빙하의 계곡이 놓여 있다. 따라서 인간 편에서는 하나님께 나아갈 수 없다. 오로지 하나님이 정해 준 방법대로만 하나님께 가까이 갈 수 있다. 이스라엘을 출애굽시키신 하나님은 거룩한 흑암과 폭풍과 나팔소리에 둘러싸여 있으므로 아무도 하나님께 나아갈 수 없다. 거룩하신 하나님은 인간의 죄악된 인격과 문화를 돌파하시고 돌격하시기 때문이다(출 24:16-17; 19:11-13, 14-24; 히 12:18-20; 딤전 6:16). 완성된 성막 안과 위에 충만하게 강림한 하나님의 영광이 바로 시내산을 덮친 그 영광이다(출 19:11－18; 24:16－17). 거룩한 하나님은 죄인을 배척하고 돌파하신다. 레위기의 무대가 되는 성막은 하나님의 초월성(超越性)과 거룩한 돌격성을 표상하는 한편 하나님의 접근성과 포용성을 상징한다. 거룩하신 하나님 자신이 스스로를 낮추어 사람들 한가운데 오셔서 거하신다. 여기에는 하나님 접근불가능성과 하나님 접근가능성이라는 변증법이 작용하고 있는 것이다.

하나님의 거룩한 성품에서 불어오는 폭풍 때문에 모세마저도 하나님 앞으로 한 발자국도 나아갈 수 없는 상황이 출애굽기의 마지막 상황이다(출 40:34－35). 그러나 바로 이때 하나님은 모세를 부르신다. 그래서 레위기의 히브리 책명은 "그러나 야웨께서 모세를 부르셨다"(봐이크라 엘－모쉐)이다. 레위기 1:1의 접속사(wa)는 순접접속사가 아니라 역접접속사이다. 역접접속사로 읽는 것이, 하나님이 먼저 가까이 오도록 허용하고 부르실 때에만 하나님께 나아가는 길이 열린다는 진리를 강조하는 데 효과적이다. 레위기는 하나님께 나아가는 두 가지의 길을 제시한다.

하나는 예물(제사)을 통하여 하나님께 나아가는 길이다. 하나님께서 지정하신 "예물"을 히브리어로 코르반(qorban)이라고 한다. 코르반은 "가까움", 혹은 "누구와 누구 사이가 가까움을 드러내는 물건"이다. 이 단어의 명사형 어근 케렙(qereb)은 인간 몸의 내장, 가장 내부적인 부분을 가리키고 약간 전의시키면 심장, 가슴, 지정의(知情意)를 관장하는 인격의 중심을 의미한다. "예물"을 바치는 행위는 자신의 내장과 심장과 창자를 바치는 행위라는 것이다. 심장, 가슴, 창자는 인격의 가장 중추적인 부분을 가리키며 이는 곧 나눠지지 않은 전심(全心)의 인격적 투신을 표현한다. 따라서 레위기가 "예물"을 가져오라고 할 때 그것은 이스라엘의 중심, 창자, 가슴, 심장을 가져오라는 의미다. 이 말은 제사 행위가 공허한 껍데기로 일탈할 수 있는 여지가 얼마나 많은가를 역설적으로 경계하는 셈이다. 또한 코르반(qorban)은 하나님께 "가까이 간다"는 행위를 가리키는 동사 qarab과 같은 어근에서 나왔기 때문에 "제물을 가져간다"는 말은 yaqrib qorban(3인칭 남성단수 미완료: "예물[가까이 감]을 가져오려거든")이 된다. yaqrib이라는 동사는 "가까이 간다"는 동사(qārab)의 사역형 동사로서 "가까이 가져오다"라는 뜻을 갖는다. 따라서 '예물을 드린다'는 말은 "가까이 감"(코르반: 하나님과 헌제자 사이의 가까워진 관계성을 드러내는 물건)을 "가깝게 가져오는 행위"이다. 동종목적어를 사용한 동사다. 따라서 레위기에서 그토록 지루하게 반복되는 단어인 "제물"(예물), 혹은 "제물을 가져오다"라는 표현은 역설적으로 거룩하신 하나님과 죄인 사이에 도저히 극복할 수 없는 거리감이 있음을 상기시키고 있는 셈이며, 죄인을 향해서 "가까워지려는 하나님의 마음"을 극명하게 표현한다.

두 번째 방법은 거룩한 삶(문화, 절기, 법제도)을 통한 나아감이다. 레위기 1-16장이 주로 제사법에 대한 규정이라면, 17-27장은 거룩한 삶과 윤리에 대한 규정이다. 제사의 결과, 즉 하나님과 가까이 감(화해)의 결과는 거룩한 삶과 거룩한 문화를 구현하는 것으로 확증된다. 제사의 목적은 거룩한 인격과 거룩한 공동체 문화를 창조하는 것이다. 거룩한 삶이 뒷받침되지 않는 제사 행위는 무효이다. 사무엘은 "제사보다도 하나님의 말씀을 듣고 순종하는 것이 낫다"(삼상 15:22)고 일갈한다. 호세아 선지자는 "제사보다 인애(계약공동체 구성원 간의 자비와 의리)를 더 원한다"고 갈파한다(호 6:6). 이런 이유 때문에 레위기에서는 바른 제사에 대한 규정이, 바른 삶과 문화에 대한 규정에 앞서 제시된다. 1-16장이 주로 레위 지파(6:9-7:38; 11:1; 13:1; 15:1; 21:1; 참조. 출 13:2, 13; 22:29; 민 3:12)에게 위임된 희생제사와 관련된 규정을 다룬다면, 17-27장은 이스라엘 일반 백성의 거룩한 삶의 길을 다룬다.

레위기의 구조

I. 레위기의 제사신학과 하나님 나라(1-7장)
II. 내가 거룩하니 너희도 거룩할지니라(8-15장)
III. 일상에서 구현되는 거룩한 백성의 길-거룩하신 하나님과의 위험한 동행(16-20장)
IV. 제사장 나라 이스라엘의 중보자 제사장의 성결 요건(21-23장)
V. 하나님 나라의 근사치, 희년 공동체 이스라엘(24-27장)

I. 레위기의 제사신학과 하나님 나라(1-7장)

1-7장은 하나님의 구원 역사를 육하원칙에 따라 구술하는 구원사 이야기가 아니라, 성막에서 드려지는 제사들에 대한 규례와 그에 대한 보충설명이다. 이 단원의 중심 주제는 "어떻게 하면 속되고 부정한 죄인이 하나님 앞에 나아갈 수 있는

가?"이다. 문학적인 차원에서 보면 레위기의 연대기는 출애굽 1주년 기념으로 세워진 성막 준공식부터 시작된다(출 40:2, 17; 참조. 출 12:2). 성막이 준공된 지 한 달 후 이스라엘은 약속의 땅을 향하여 진군할 준비를 마친다. 레위기는 이 "한 달 동안"에 주어진 규례들이다. 그러나 역사적으로 보자면 레위기 안에는 이스라엘이 가나안 땅의 정착 초기부터 땅을 상실할 때까지, 즉 성전이 건재할 동안에 준수된 율법들과 포로기 이후 스룹바벨이 지은 제2성전 시기에 효력을 가졌던 율법들이 연대 구분 없이 혼재되어 있다. 율리우스 벨하우젠(Julius Wellhausen)과 같은 비평적 역사가들은 레위기의 율법이 대부분 포로기 이후의 대파국적 재난경험과 죄책감을 반영한, 포로기 이후에 유래한 율법들이라고 주장한다. 그는 『이스라엘 역사서설』(*Prolegomena to the History of Ancient Israel*, 1878)에서 예배장소, 제사제도, 거룩한 종교축제들, 제사장과 레위인의 구별된 직위제도 등에 대한 제사장 문서(소위 P문서, 즉 출 25-31, 35-40장, 레위기 전체, 민 1-10, 15-36장의 대부분)는 왕이 없던 포로기 이후의 제2성전 시대를 반영한다고 주장하였다.[6] 그는 더 나아가 성막을 중심으로 펼쳐진 정교한 제사제도는 포로기 이전에는 없었다고 주장한다. 그러나 모세 와인펠트(Moshe Weinfeld)는 레위기 율법의 고대성(pre-exilic origin)을 설득력 있게 옹호하고 있다. 그는 속건제를 의미하는 '아셈'('ăšēm)이라는 단어가 기원전 15-14세기에 유래한 것으로 추정되는 라샴라 토판(시리아에서 발굴)이나 에블라 토판(팔레스타인) 등에서도 발견된다는 점을 들어 속죄의식이 포로기 이후에 유래하였다고 단정할 수 없다고 주장한다.[7] 따라서 레위기 문서 안에도 다른 오경에서와 마찬가지로 이스라엘 제의역사의 여러 지층이 공존하고 있다고 보는 것이 합리적일 것이다.

레위기의 제사신학에 따르면 거룩하신 하나님과 함께 살아가는 데 결정적으로 필요한 조건은 거룩하고 정결한 일상생활, 문화, 공동체 생활이며 이스라엘의 공동체적인 존속을 위한 핵심 제도는 희생제사다. 레위기는 이스라엘 백성이 시내산 계약 체결의식과 일 년간의 율법 교육을 통하여 속량함을 받은 거룩한 백성이 되었다는 전제에서 출발한다(레 18:2; 19:2; 23:2; 26:46). 레위기의 일차적인 목적은 이스라엘 백성의 정체성 형성과 유지를 위해 결정적으로 중요한 중보자인 제사장의 역할과 사명을 규정하는 것이다. 제사장은 하나님이 온 백성 앞에 거룩하게 여김을 받고 경배 받으시도록 이스라엘 백성을 교육시키고 훈련시킬 사명을 부여받았다(레 10:3). 또한 제사장들은 이스라엘 백성에게 각각 정결함(제의적 정결), 속죄의 제사, 그리고 거룩한 일상생활을 통해 하나님을 예배하여야 하며 늘 하나님의 거룩한 존전에서 살아야 함을 각인시켜야 한다. 레위기에서 제시된 거룩과 정결의 율법 준수 여하에 따라 이스라엘이 가나안 복지를 항구적으로 차지할 수 있느냐 없느냐가 결정되기 때문이다. 레위기는 이스라엘 공동체 전체를 향하여 하나님이 선물로 주신 가나안 약속의 땅을 영속적으로 차지하고 그 안에서 복을 누리기 위해서 필수적으로 요청되는 계약적 의무들을 준행하여야 할 것을 깨우친다. 그러기 위해서 이스라엘은 하나님을 향한 예배와 제의를 통하여 가나안의 다신교적인 상황과 구별되는 공동체와 문화를 창조하도록 명령받는다.

레위기의 세부 규정들은 거룩하신 하나님이 가나안 땅, 즉 거룩하지 않은 백성들 한복판에 거하시기 위하여 이스라엘이 지켜야 할 최소한의 제의적, 시민법적, 사회적, 도덕적, 경제적 율법이다. 만일 이스라엘 백성이 거룩한 백성으로서 그리고 제사장 나라로서의 공동체성을 상실하여 하나님께서 당신의 거룩한 현존을 이스라엘 백성들로부터 철수해 버린다면 어떻게 될까? 레위기에 따르면 이스라엘의 성전은 더럽혀질 것이며 가나안 땅은 더 이상 하나님의 특별한 보호와 돌봄 속에 있지 않게 될 것이다. 결국 레위기의 중요한 관심사항도 다신교적 문화 한복판에서 일상생활을 통해 하나님의 율법에 세밀하게 순종하여 가나안 땅을 영속적으로 누리는 생명길을 제시하는 데 있다.

이스라엘이 거룩한 공동체로 살아가야 하는 이유는 당시 고대근동의 여러 나라에 참된 거룩함이 무엇인지를 보여 주기 위함이었다. 이스라엘의 거룩은 열국에 하나님의 거룩하심을 증거하는 도구다. 그래서 레위기 전체에 걸쳐서 거룩하신 하나님께서 거룩함, 의로움, 자비, 그리고 절대주권적 자유 속에서 이스라엘 백성이 하나님께 나아오도록 스스로 길을 열어주시는 과정이 다채롭고 반복적으로 구술된다. 그 화해와 가까워짐의 주도권은 언제나 하나님께 있다. 이스라엘 백성이 개인으로서 또한 거룩한 백성(암 카도쉬)으로서 거룩하신 하나님과 동행하기 위해서는, 거룩한 제사장들의 중보사역과 희생제사를 통하여만 하나님께 나아가야 한다. 하나님께 방자하게 접근하는 자는 죽임을 당할 것이며 하나님에 의하여 확정된 제사원칙을 통하여만 하나님께 나아갈 수 있다는 것이다. 레위기는 장엄한 구원사의 드라마 형식으로 기록되어 있지 않기 때문에, 독자에게 인내를 요구한다. 그러나 실상을 따져보면 레위기에 대한 우리의 낯섦과 반감은 줄어들 것이다. 즉 우리가 반복적이고 지루할 정도로 잦은 실수와 허물에 빠지기에 우리의 삶을 고치려는 하나님의 규정도 반복적이고 지루하고 따분한 것이다.

Ⅱ. 내가 거룩하니 너희도 거룩할지니라(8-15장)

레위기는 거룩한 것과 속된 것, 정결한(ṭāhôr) 것과 부정(不淨)한(ṭāmē') 것을 구분하는 책이다. 제사장은 이 경계선을 관리하여 하나님의 백성을 하나님과의 계약관계 안에 머물도록 돕는 중보자이다(10:10; 참조. 겔 22:23-28). 레위기 신학은 거룩의 위계질서를 전제하고 거룩한 제사장이 속된 백성과 거룩하신 하나님 사이를 중재할 수 있다고 믿는 중재신학이다. 제사장은 거룩한 하나님의 인격으로부터 불어오는 배척의 폭풍과 돌격을 막아 주는 완충지대다. 그는 이스라엘이 애굽과 가나안의 종교 및 문화·사회적 습속과 단절하도록 이스라엘 세속 지파들을 교육시키고 계도하여야 한다.

8-10장은 아론과 그의 아들들의 실제적인 성별과 위임식을 다룬다. 11-15장은 부정한 것과 정결한 것을 나누고 부정한 것과의 접촉에 의하여 부정케 되는 경우의 해결책을 제시한다. 이것이 전형적인 제사장신학이요, 접촉신학이다. 11장은 부정한 동물과 정결한 동물을 구분한다. 12장은 해산하는 여인의 부정케 됨과 정결케 하는 의식을 다룬다. 13-14장은 전염성 피부질환으로 인한 부정과 정결케 되는 과정을 다루고, 15장은 여자와 남자의 성생활과 출산에 관련된 유출로 인한 부정과 정결케 되는 과정을 다룬다.

Ⅲ. 일상에서 구현되는 거룩한 백성의 길-거룩한 하나님과의 위험한 동행(16-20장)

16-20장은 하나님의 다스림 아래 자유롭게 살아가기 위한 이스라엘의 일상적

분투를 다룬다. 가나안의 다신교 문명권에서 거룩한 백성으로 살아가는 것은 자발적이고 주체적인 고립의 길을 걷는 것이다. 하나님의 다스림 아래 살아가는 데 가장 시급한 준비는 애굽 및 가나안 다신교 문명과의 급진적 단절이다. 레위기 16장은 그동안에 선포된 제사법의 완결편이면서 동시에 윤리도덕적 차원의 거룩함을 다루는 17-27장의 도입부를 이룬다. 이스라엘의 제사는 하나님과 이스라엘의 계약 관계를 지탱시키는 가장 주요한 도구다. 이스라엘이 하나님의 계약 백성으로 머물 수 있는 근거는 제사를 통하여 이스라엘을 부단히 용서하시는 하나님의 일방적 은혜이다. 죄 사함은 하나님의 다스림을 위한 필요조건인 셈이다. 레위기 16장은 바로 하나님의 일방적이고 정기적인 죄 사함의 은총이 하나님과 이스라엘의 계약 관계를 지탱시켜 준다는 사실을 명백하게 천명하고 있다. 17-20장은 거룩한 하나님과 동행하는 삶이 구체적으로 무엇을 의미하는지를 자세히 규명하고 있다. 이스라엘 백성 개개인이 공동체 안에 계속 존재하려면 각각 거룩한 개인이 되어야 하고, 동시에 이스라엘 민족 전체가 하나의 공동체로서 가나안 땅을 계속 차지하고 그 안에 거하려면 공동체적인 거룩성을 과시하여야 한다(18:1-27:34). 이 공동체적 거룩성은 법, 제도, 관습, 문화 속에 온전히 스며들어야 한다. 이스라엘이 이 거룩성의 구현에 실패하면 이스라엘에 의하여 축출되고 소멸되는 가나안 원주민의 전철을 밟게 될 것이라는 엄중한 경고음이 이 단락 내내 쩌렁쩌렁 울리고 있다.

IV. 제사장 나라 이스라엘의 중보자 제사장의 성결 요건(21-23장)

시내산 계약에서 이스라엘은 시내산 언약을 잘 준수하면 제사장 나라가 될 것이라는 선언을 듣는다. "제사장 나라"라고 번역된 히브리어는 맘므레케트 코하님(mamĕlekhet kôhănîm)인데 직역하면 "제사장들의 왕국"이라는 뜻이다. "제사장들의 왕국"이란 "제사장들의 왕적 지도력이 이끌어가는 나라"라는 말이다. 역사비평적 관점을 가진 학자들은 이 제사장 나라의 비전은 포로기 이후에 제사장의 영도 아래 유지되던 이스라엘의 제의공동체를 반영하는 개념이라고 주장한다. 그러나 좀 더 넓은 세계구속사적 맥락에서 이해하자면 이 주장에 꼭 동의할 필요는 없을 것이다. 오히려 이 말은 이스라엘의 세계선교적 혹은 중보자적인 사명을 가리키는 포괄적인 말로도 이해될 수 있다. 어떤 시기의 이스라엘에도 적용 가능한 말이라는 뜻이다. 이런 경우에는 "제사장들의 왕국"이라는 말이, 이스라엘이 단지 제사장이라는 특수계층의 지도력으로 이끌어가는 나라가 아니라, 세계만민에게 제사장적 중보 역할을 하는 나라라는 사실을 강조하는 말이 될 것이다. 어떻게 해석하든 제사장은 이스라엘의 민족적 정체성과 사명을 집약하는 중보자적 직분이다. 그들은 거룩하신 하나님을 가까이에서 모시고 섬기기 때문에 언제든지 하나님의 거룩하신 돌격과 돌파의 대상이 된 직분자들이었다. 레위기 10장의 나답과 아비후의 경우에서 보듯이 제사장은 거룩하신 화염과 밀접하게 동행하는 사람들로서 아주 위험한 직종에 종사하는 중보자들이다. 이들에게 요구되는 덕목은 고도의 성결과 거룩한 품성과 삶이었다. 제사장들은 실로 하나님의 거룩한 성품을 반영하는 중보자인 동시에 연약한 인간을 대신하는 중보자로서 이스라엘 백성에게 하나님의 거룩하심을 항상 일깨워야 할 사명을 가진 직분자들이었다. 16－20장이 이스라엘 백성 일반을 위한 거룩의 일상적 구현 계명들을 담고 있다면, 21－23장은 이스라엘 백성을 위한 중보자인 제사장들을 위한 특수 계명을 담고 있다. 이 단원의 주제는 "야웨를 가까이에서 모시고 섬기는 사람들을 거룩하게 하시는 야웨 하나님"(21:8, 15, 23; 22:9, [16], 32)이다. 하나님의 거룩하심은 제사장들의 거룩에 의하여 구현되고 육화되어야만 한다. 1－15장이 이스라엘 일반 백성을 위한 중보자로서 제사장의 사명과 역할에 치중하였다면, 21－23장은 하나님을 위한 중보자로서 제사장의 역할과 사명에 치중한다. 특히 21－22장은 오로지 제사장의 거룩과 성결 요건만을 다루고 있다.

V. 하나님 나라의 근사치, 희년공동체 이스라엘(24-27장)

레위기는 성막을 중심으로 이뤄지는 이스라엘의 공동체 생활을 다루고 있다. 적어도 문학적으로는 레위기의 모든 율법과 계명은 이스라엘 백성들이 시내산에 머물던 일 년간 모세를 통하여 중개된 율법들이다. 그러나 역사적으로 보면, 레위기는 대부분 이스라엘이 가나안 땅에 들어가 사는 상황을 전제하거나 반영하는 율법들로 구성되어 있다. 내용과 주제 면에서 보면, 분명히 모세 시대가 아니라, 사사시대, 왕국 시대, 그리고 심지어 포로기 이후의 귀환 공동체의 삶을 반영하는 율법들도 포함되어 있다(성전 세겔, 땅과 가옥법, 경작지 유지법 등). 특히 "성결법전"(the Holiness Code)이라고 불리는 17－26장의 대부분은 이미 가나안 땅에 오래 정착한 상황을 반영하고 있으며 가나안 문화와의 충돌과 혼합을 동시에 겪고 있는 이스라엘 백성들에게 주어진 계명들이다.

그런데 왜 레위기는 그 안에 포함되어 있는 율법들이 모두 "모세가 시내산에서 중개한 율법"(27:34)이라고 말하고 있는가? 이것을 이해하기 위해서는 이스라엘의 계약갱신 신학을 먼저 알아야 한다. 신명기 5:1－11(특히 3－6절)에 의하면 이스라엘 출애굽 2세대들이 제2대 시내산 계약체결 당사자 세대로 정의되고 있음을 알 수 있다. "이 언약은 여호와께서 우리 조상들과 세우신 것이 아니요 오늘 여기 살아있는 우리들 곧 우리와 세우신 것이라"(신 5:3). 계약의 "동시대화"인 것이다(contemporization 혹은 actualization). 즉 이스라엘 모든 세대는 "실존적으로는" 한결같이 "시내산 계약에 참여했던 세대"라는 것이다. 또한 신명기 18:15－18에 의하면 하나님께서 각 시대에 모세적 권위를 가진 예언자를 일으켜주셔서 하나님의 말씀을 중개하도록 하겠다고 약속하신다. 이런 식으로 보면 여호수아는 제2대 모세적 예언자가 되는 것이다. 기원전 10세기에는 사무엘이, 기원전 9세기에는 엘리야와 엘리사가 모세적 예언자인 셈이다. 이렇게 본다면 시내산에서 모세를 통하여 주신 중개된 "하나님의 율법"은 역사가 진행될수록 자라고 수정되고 보완되고 대체되는 과정의 산물인 셈이다. "시내산에서 모세를 통하여 중개되고 가르쳐진 율법들"이란 "이스라엘 백성들에 의하여 하나님의 율법이라고 승인된 율법들로서 공동체의 안녕과 존립에 결정적으로 중요한 율법들"을 총칭하는 말이다. "모세의 율법"이란 모세 시대의 법만을 가리키지 않는다는 것이다. 따라서 우리가 17－26장에서 포로기 이후 유다의 삶의 정황에 잘 부합하는 법들을 발견한다고 해서 당황할 필요가 없다.

24장은 21－24장 단락의 끝 부분을 이루는데 제사장의 일상적 성막관리 의무를 다룬다. 25장은 이스라엘이 계약공동체로서 존립하기 위한 최소한의 경제적 안전장치인 희년을 다룬다. 26장은 성결법전의 결론으로 신명기 28장을 방불케 하는 계약 축복과 저주들을 대조적으로 나열하고 있다. 27장은 성막을 유지하기 위한 재정 확충 규정을 다루고 있다.

민수기의 메시지와 구조

민수기의 메시지

민수기(民數記, Numbers)는 오랫동안 맛없고 짐스러운 음식 취급을 당해온 서러운 책이다(오리겐). 그러나 오리겐이 지적한 대로 누구든지 광야 같은 세상에서 하나님의 인도하심에 목마른 사람들이라면 민수기야말로 하나님의 신령한 음식이요 우리의 영혼과 육체를 지탱시키는 신비로운 보약이다.[8] 민수기의 주제는 광야 속을 걸어가는 광야 여정과 그 가운데 맛보는 하나님의 인도하심이다. 하나님의 인도하심은 직접적이고 즉각적인 징계, 공급하심, 치유하심, 연단하심, 그리고 욕망과 정욕대로 내버려두심을 통하여 드러난다. 여기서 광야 비유는 강력한 은유다. 현대인의 삶은 광야 같은 세상을 순례하는 여정이기 때문이다. 우리가 사는 세상은 안식을 누리는 천국이 아니라 영적인 쟁투와 연단과 징계가 쉼 없이 이뤄지는 연옥적인 광야이기 때문이다. 히브리어 책 제목이 "광야에서(in the wilderness)"라는 데서 알 수 있듯이 민수기는 광야에서 보낸 38년간의 징계, 교육, 훈육적인 연단, 심판과 용서의 경험으로 점철된 세월에 대한 압축적인 기록이다.

민수기는 또한 모세의 지도력이 직면하였던 가장 세찬 시련과 좌절을 증언한다. 민수기는 불평과 반역은 전염성이 강하고 믿음과 확신은 쉽게 전염되지 않는다는 것을 잘 보여준다. 민수기를 통하여 이스라엘 백성의 본질은 자유인이 아니라 노예근성과 노예의지로 뿌리깊게 담금질된 오합지졸임이 드러난다. 그래서 민수기는 자유인이 되고자 할 때 치러야 할 값비싼 대가를 기록한다. 구원은 값없이 받았지만 구원의 삶을 살아가는 것은 자유케 된 하나님 백성 공동체 및 개개인 각자의 몫임이 드러난다. 민수기는 의롭다 하심을 입은 하나님의 자녀들이 법적인 자유가 아니라 품성적인 자유를 체질화시키는 데 얼마나 많은 연단과 훈련이 필요한가를 잘 보여준다. 이스라엘은 한마디로 모든 문제가 생길 때마다, 상황(문제상황)을 너무나 과도하게 생각하여 불평한다. 그 상황 너머에 계신, 상황보다 더 크신 하나님을 고려하지 않고 지도자와 하나님을 향하여 반역적인 불평을 쏟아낸다. 민수기는 거듭난 하나님의 백성이, 즉 자유케 된 하나님의 백성이 자신들 속에 뿌리깊게 자리 잡은 노예근성과 노예의지의 진면목을 만나면서 절망하고 좌절하고 불평하는 이야기다(롬 7:21−25이 민수기 단계에 머무는 그리스도인의 좌절과 분투를 기록). 민수기는 이스라엘의 반복적인 불순종과 불평/불신앙 사건을 기록하고 또한 하나님의 심판과 인내를 동시에 기록한다. 이스라엘 백성의 불평은 민수기 내내 독자들을 우울하게 만들면서 반역적이고 불평하기 잘하는 이스라엘 회중 속에서 독자들 자신들의 자화상을 보도록 만든다. 마침내 이스라엘 백성의 반역과 불순종이 지도자들에게까지 전염되어 모세는 불평과 불순종이라는 암에 걸려 죽는다. 순전히 자신의 죄가 아니라 백성의 죄악을 심각하게 다루다가 자신이 혈기를 부리는 병에 걸린다. 모세는 어느 의미에서는 초보적인 의미에서 대속적인 죽음을 맞게 되는 셈이다. 민수기의 신학과 신앙은 한마디로 정의하면 연단과 성화를 위한 훈련의 신학이다. 그것은 시내산에서 계약공동체로 거듭 태어난 이스라엘 백성들이 과연 하나의 조직체로 기능할 것인가에 초점을 맞춘 교육과 훈육의 책이다.

민수기의 두 무대는 "광야"와 "성막"이다. 민수기의 히브리어 성경 이름인 "광야에서"(쁘미드바르)에서 암시되듯이 민수기는 "히브리 노예들이 애굽과 가나안 땅 중간 지점인 광야에서 하나님을 얼마나 자주 반역하고 격노케 하였는가"를 기록한다. 하나님의 무한정한 인내와 히브리 노예들의 뿌리깊은 노예근성을 예리하게 대비시킨다. 광야 생활(방랑)의 한복판에는 하나님의 성막이 있다. 범접할 수 없는 거룩하신 하나님의 돌격과 돌파를 수없이 경험하면서 이스라엘 백성들은 자신들의 어찌할 수 없는 죄성과 일차원적인 노예근성을 대면한다. 민수기의 광야경험은 하나님의 성막(거룩한 현존) 앞에서 부서지는 히브리 노예들의 옛 사람의 창조적 파괴 과정이다. 따라서 민수기의 메시지는 성막에 대한 바른 이해 없이는 불가능하다.

성막은 행진할 때나 정지 중일 때 히브리 12지파의 한복판에 위치한다. 성막은 시내산의 폭풍(거룩한 배척) 계시의 영구적 보존물이다. 시내산 꼭대기에 강력하게 그리고 무섭게 강림한 하나님의 현존을 영구적으로 보전하는 장치가 바로 이동식 장막인 성막이다(가로 22.5m 세로 45m 정도). 성막은 바깥뜰, 성소, 지성소로 구성되어 있다. 지성소에는 그룹들(Cherubim) 사이에 좌정하신 하나님의 현존을 상징하는 영광과 구름이 가득 차 있다. 시내산 꼭대기에 임한 −구름, 연기, 흑암과 흑운, 큰 나팔 소리(히 12:18−21, 22−24) 가운데 강림하신− 하나님의 현존이 지성소에 거하신다. 거룩하신 하나님은 인간의 죄악과 패역을 보고 화산처럼 폭발한다. 히브리 노예 죄인들은 순식간에 거룩한 화염 속으로 타들어간다. 하나님은 소멸하시는 불이다(사 31:9; 33:14–15; 히 12:29). 시내산의 신성구역에 발을 들여놓는 어떤 피조물도 용서받을 수 없듯이 성막의 지성소 안에는 일 년에 한 차례씩 대제사장만이 들어갈 수 있다. 하나님은 시내산 정상 부근을 거룩한 신성불가침 구역으로 선포하시고 죄인들이 그 영역을 돌파하지 못하도록 엄명하셨다. 인간이 피조물이기 때문에, 또한 동시에 죄인이기 때문에 돌파할 수 없는, 신성불가침 구역인 것이다(출 19:12–15, 16–22, 24). 그것은 하나님의 현존이 머무는 거룩한 영역이다. 출애굽기 24:15–18도 동일한 사상을 다룬다. 모세는 시내산 정상, 곧 하나님의 신성구역 안에서 40일 40야를 보낸 것이다. 이 시내산 폭풍 계시 경험 안에서 모세는 하나님과 죄인 사이에 있는 빙하의 간극을 경험하고 거룩한 하나님과 거룩하지 못한 인간 사이에는 극복될 수 없는 간격이 있음을 선포한다. 그래서 출애굽기 40:35에서는 완성된 성막이 시내산 정상에서처럼 하나님의 영광과 연기로 가득 차게 된다. 모세마저도 그 성막 안에 들어갈 수 없다. 모세는 하나님 앞에서 먼저 나아갈 수 없는, 즉 가까이 나아갈 수 없는 죄인의 무능력과 좌절을 경험한다. 하나님의 존재 중심에서부터 죄인을 배척하는 폭풍이 불어오기 때문이다. 흑암과 흑운이 죄인을 가로막아 하나님의 현존으로 다가서지 못하게 만드는 것이다. 민수기의 메시지는 광야 경험과 성막 경험의 변증법적인 맞물림 속에서 주형되고 생성된다.

민수기의 구조

I. 가나안 정복전쟁을 위한 인구조사(1:1–10:36)
   1. 인구조사(1–4장)
   2. 성막을 정결한 상태로 유지하라(5:1–4; 6:1–21)
   3. 성막 중심의 신정정치를 위한 족장급 지도자들의 재정적 투신(7:1–89)
   4. 요제로 바쳐진 레위인들(8:1–56)
   5. 두 번째 유월절을 기리다(시내산)(9:1–14)
   6. 광야 행진을 시작하는 이스라엘(10:1–36)

II. 광야 여정–실패와 성공의 이야기(11:1–25:18)
   1. 광야로 내몰린 노예들의 반역의 종착지, 환(還)애굽 운동(11–15장)
   2. 광야의 대반역: 고라, 다단, 아비람의 반역과 모세와 아론의 죄(16–21장)

3. 하나님 나라에 저항하는 정사와 권세들—발락, 발람, 그리고 바알브올(22—25장)
Ⅲ. 가나안 정복전쟁을 향한 새 세대 이스라엘 백성들의 징집령(26—36장)

I. 가나안 정복전쟁을 위한 인구조사(1:1-10:36)

이 단원은 가나안 정복전쟁을 위한 인구조사와 성막을 중심으로 조직화되는 이스라엘 공동체의 변화과정을 보여준다. 이스라엘 백성은 진 한가운데 위치한 성막을 중심으로 배치되고 진을 중심으로 행진한다. 레위인과 제사장들은 장자심판을 면제받은 이스라엘의 장자들을 대신하여 성막을 섬기는 직분자들로 부름을 받는다.

1. 인구조사(1-4장)

1장은 싸움에 나갈만한 병사를 징발하는 시점과 과정을 다룬다. 군대 행진과 임박한 가나안 정복전쟁을 위하여 모세는 광야 행진이 시작되기 전에 인구를 조사한다. 레위인을 제외하고 20세 이상인 인구수는 603,550(1:1—46)명으로서 지파별, 씨족별, 가족과 세대별로 계수된다. 이스라엘 장자들(장자들은 22,273명이고 레위인은 22,000명이라서 273명에 대하여)은 다섯 세겔씩의 속전을 내고 성막 수종의 의무로부터 면제된다. 성직자 지파인 레위인들은 전쟁을 위한 징병에 포함되지 않고 대신 성막을 섬기는 데 충원된다. 2장은 이스라엘 11지파의 진 편성을 보도한다. 각 지파들은 동서남북 세 지파별로 행진하도록 배치되는데 유다 지파가 해 돋는 동편 영도대열의 영도지파가 된다(동쪽 선두—유다, 잇사갈, 스불론; 서쪽—에브라임, 므낫세, 베냐민; 남쪽—르우벤, 갓, 시므온; 북쪽—단, 아셀, 납달리). 여기서 유다 지파의 영도적 지위가 현저하게 표시된다(2:3). 성막을 중심으로 배치된 12지파의 행진 위치는 이스라엘 백성이 오합지졸이었던 히브리 노예집단 수준에서 하나님을 왕으로, 제사장들을 신정통치의 대리자들로 세운 채 유지되는 제의적 신정공동체로 조직화되고 있음을 보여준다. 3장은 제사장직을 독점하는 아론의 아들들과 보조 사역자 레위인들을 공식적으로 구분하고 있다. 4장은 다시 레위 지파 자손들의 성막 관련 직분을 세분한다.

2. 성막을 정결한 상태로 유지하라(5:1-4; 6:1-21)

5장은 진을 정결케 하는 조치들을 취급한다. 하나님께서는 문둥병자나 유출병자들을 성막에 접근하지 못하게 하라고 명령하신다. 또한 나실인 서원을 지키지 못하게 하는 공동체적인 불결을 경계한다(6:1-21). 6장은 나실인(Nazirite) 제도를 다룬다. 이 제도는 이스라엘 민족의 광야 유목시절의 경건주의적 이상을 보존하려는 제도였다. 거룩하신 하나님이 이스라엘의 진(陣) 가운데 살기 때문에 이스라엘은 거룩한 공동체가 되어야 한다는 사실이 강조되고 있다. 6장에서는 또한 죄와 허물과 오류를 범하여 어떤 사람에게 해를 끼쳤다면 원래의 것에다 5분의 1을 가산하여 보상하라는 법이 제정된다.

3. 성막 중심의 신정정치를 위한 족장급 지도자들의 재정적 투신(7:1-89)

7장은 재정적 기여를 한 족장들의 명단을 제공한다. 재정적 기여를 한 족장들의 이름을 이렇게 자세히 기록하는 목적은 하나님께서 하나님 백성들이 드린 헌신을 세고 달아보신다는 사실을 강조하기 위함이다.

4. 요제로 바쳐진 레위인들(8:1-56)

1-4절은 등잔대의 제작법(보이신 양식대로)을 다룬다. 일곱 등잔을 등잔대 앞으로 비추게 할 것이다(요한계시록 일곱 금촛대). 5-26절은 "레위인들을 흔들어 바치는 요제로 삼으라"는 규정이다. 흔들어 바쳐진 레위인들만이 성막에 들어와서 봉사할 수 있다. 레위인들은 이스라엘의 초태생을 대신하여 성막봉사를 감당하는데, 여기서는 25세 이상(23절)된 레위인이 회막에서 봉사할 수 있고 50세에 은퇴하는 것으로 규정된다.

5. 두 번째 유월절을 기리다(시내산)(9:1-14)

하나님은 노예들을 자유인으로 변화시킨다. 이 노예해방 절기는 이스라엘로 하여금 출애굽은 하나님의 일방적인 선물이요 구원임을 기억하게 한다.

6. 광야 행진을 시작하는 이스라엘(10:1-36)

마침내 10장은 나팔 신호와 더불어 이스라엘의 광야 행진의 시작을 다룬다. 길고 장황한 준비가 출발 나팔 소리로 극적 전환점에 이른다. 이스라엘 백성은 출애굽한 지 2년 둘째 달 20일에 시내산을 출발하여 바란 광야에서 멈춘다. 10:35-36은 향도역할을 하던 언약궤의 출입 및 행진 시 모세가 외친 기도문을 보존하고 있다: "여호와여 일어나사 주의 대적들을 흩으시고 주를 미워하는 자가 주 앞에서 도망하게 하소서 … 여호와여 이스라엘 종족에게로 돌아오소서" 1-10장의 현저한 주제는 질서, 순종의 분위기에 의하여 지탱된다. 그러나 이 저류에는 위험과 죽음의 주제가 흐르고 있고 장이 거듭될수록 이 부정적인 주제가 표면 위로 부상한다. 11-25장은 죽음, 무질서, 그리고 반역에 의하여 갑자기 장악된다.

Ⅱ. 광야 여정-실패와 성공의 이야기(11:1-25:18)

1. 광야로 내몰린 노예들의 반역의 종착지, 환(還)애굽 운동(11-15장)

11-15장은 히브리 노예들이 자유인으로 환골탈태되는 과정에서 치르는 혹독한 대가를 증언한다. 민수기 11장부터 25장까지 펼쳐지는 광야 여정에서 이스라엘 백성들은 가나안 땅을 향한 올곧은 진군이 아니라 매 순간 그 영적 정진(精進)으로부터 탈선하거나 반역하고 있다. 여기서 "반역"은 가나안 땅으로 "전진하는" 것이 아니라, 원래 자신들을 노예화하였던 "애굽으로 되돌아가려는 영적 퇴행 행위"를 가리킨다. 모세의 지도력에 대한 드센 시험들과 저항들이 이 단원의 중심 줄거리를 구성한다. 11장부터 백성들의 불평이 시작되고 그 불평은 다른 더 큰 불평들과 반역을 초래한다. 첫째, 다베라(Taberah)에서 백성들이 불평하자(11:1-3), 하나님께서 진노하셔서 진의 바깥 언저리를 태우신다. 두 번째로, 기브롯 핫다아와(Kibroth-hattaavah)에서 백성들이 먹거리 문제로 인하여 불평하자 하나님께서는 메추라기를 보내주신다(11:4-35, 특히 31-34절). "함께 섞여 사는 무리들"이 만나만 먹는 광야식단에 대하여 불평한다(11:4-9). 결국 백성들의 완악함 앞에 모세가 불평한다. 불평은 전염성이 있다. 완악한 회중이 지도자를 완악하게 만든다(11:10-15). 하나님께서 모세의 짐을 덜어주기 위하여 70장로를 선발하여 그들에게도 성령을 부어주신다(11:16-30).

하지만 또 다른 곳에서 모세의 지도력에 대한 도전이 일어난다. 하세롯으로 이동한 후에 미리암과 아론이 모세의 권위에 도전한다. 이것이 세 번째 불평이다. 모세의 중보기도로 미리암은 치유되고(12:1–6, 11–12, 13–15) 모세의 배타적인 권위는 인정된다. 하세롯에서 바란 광야로 이동하여 백성들은 세 가지 영적인 실패와 범과들을 저지른다. 13–14장은 첫 대규모의 반역을 다룬다. 그것은 가데스 바네아에서 가나안 남부지역을 정탐한 이스라엘 지파의 우두머리들이 가나안 땅 정복에 대한 두려움을 심어주고 이스라엘 회중을 다시 애굽으로 끌고 가려던 대규모의 반역이었다(13:1–15:41).

2. 광야의 대반역: 고라, 다단, 아비람의 반역과 모세와 아론의 죄(16-21장)

16–21장은 민수기의 핵심주제인 반역과 불순종, 불신앙과 징계의 악순환을 심층적으로 그리고 확장적으로 보여준다. 가데스 바네아에서 가나안 남부지역을 정찰하기 위하여 12명의 정탐을 파견한 모세는, 10지파 두령의 절망적인 보고로 진(陣) 전체가 반역적 기운으로 되돌아가는 절체절명의 위기 앞에 깊숙이 엎드린다. 그때 지도자 모세는 돌을 든 군중 앞에 언제든지 살해당할 수 있는 위기에 처해 있었다. 하지만 하나님의 극적이고 즉각적인 개입과 응징으로 가데스 바네아 반역광풍은 진정되었다. 그러나 이번에는 레위 지파 두령 중심의 반(反)모세 반(反)아론 저항이 아주 조직적이고 체계적으로 일어난다. 이 단원의 첫 주제는 레위 지파 중심의 반역운동이다. 물론 결과적으로 이 레위 지파 중심의 반역은 모세의 영도적 지위와 아론 지파의 레위 지파에 대한 영도적·우월적 지위가 확증되는 계기를 만들어 준다(16:1–19:22). 이 단원의 두 번째 사건은 모세와 아론의 불신앙 사건이다. 다시 물이 없어서 하나님을 원망하는 회중과 충돌하다가 모세는 자신의 혈기를 이기지 못하고 반역적이고 불평 가득 찬 회중의 기운에 압도당한다. 이 므리바 사건에서 모세와 아론은 백성들과 다투다가 하나님의 거룩하심을 충분히 나타내지 못하는 죄를 범한다(20:1–13). 이 단원의 세 번째 주제는 인간의 불순종과 불신앙을 초극하는 하나님의 은총의 힘, 즉 약속에 신실하신 하나님의 일방적인 신실성이다. 백성들이 호르산을 떠나 에돔을 우회하여 가나안 땅을 향해 발행하였을 때 그들은 또 고달픈 광야 방황 여정으로 인하여 하나님께 불평한다. 하나님께서 불뱀을 보내

어 그들을 물게 하신다(21:4-9). 그런 가운데서도 하나님께서는 이스라엘 백성들을 약속의 땅 쪽으로 완만하고 더딘 방법으로 이동시키고 있었다. 백성들과 지도자들의 죄와 허물 속에서도 이스라엘의 진은 여전히 약속의 땅을 향하여 전진한다(20:14-21:35). 약속의 땅으로 직행하려는 이스라엘 백성들의 장도를 방해하거나 도와주지 않는 에돔, 모압, 암몬의 완강한 방해에도 불구하고 이스라엘 백성들은 가나안 땅 길목에 당도한다. 마침내 트랜스 요르단(요단 동편)에 도착한 이스라엘 백성들은 아모리족의 시혼과 바산의 왕 옥을 격파한다(21:1-35, 특히 21-35절). 이 단원은 인간 지도자들이 겪어야 하는 좌절과 방황을 보여주면서 동시에 인간의 불순종과 불신앙을 초극하는 하나님의 압도적인 은총의 위대성을 강조한다. 인간의 죄와 불순종에도 불구하고 하나님의 구속역사는 죄와 불순종을 초극하면서 진척된다.

3. 하나님 나라에 저항하는 정사와 권세들-발락, 발람, 그리고 바알브올(22-25장)

하나님의 강권적인 은총으로 이스라엘은 트랜스 요르단의 적대적인 아모리족의 두 왕 시혼(Sihon)과 옥(Og)을 격파하고(21:1-35, 특히 21-35) 거의 가나안 입구에 당도하였다. 그러나 이스라엘 백성이 치러야 할 마지막 영적 전쟁이 남아 있었다. 이스라엘 백성들은 모압왕 발락과 미디안 족속의 파상적인 협공에 직면한 것이다. 모압왕 발락은 저주기도 전문가 발람을 앞세워 무섭게 육박하는 이스라엘의 기세를 꺾어 보려고 한다. 이것이 실패로 돌아가자 미디안과 모압은 발람의 계략에 의지하여 바알브올 제의를 앞세워 이스라엘의 영적 대오(隊伍)를 다시금 크게 흐트러뜨린다. 그러나 이스라엘은 하나님의 계약적 신실성에 힘입어 이 위기를 극복할 수 있었다. 이 최후의 위기를 초기에 수습할 수 있었던 요인은 야웨의 거룩 열정을 구현한 비느하스와 같은 거룩한 질투심에 사로잡힌 지도자의 활약이었다. 비느하스의 지도력은 백성들의 우상숭배의 죄를 상쇄시키고 대속하는 위력을 발휘하였다(22:1-25:18). 이처럼 출애굽 2세대인 이스라엘 백성들은 모압-미디안 연합세력의 영적 공세를 돌파하는 과정에서 광야시절의 마지막 징계를 당하였지만 약속의 땅을 향하여 한 걸음 더 진군할 수 있었다. 시내산 계약의 기준으로 볼 때는 전혀 불신실한 계약파트너인 이스라엘의 실패를 하나님의 계약적 은총(아브라함 언약)이 초극하였기 때문이다. 시내산 계약에 의한 심판과 징계 자체는 하나님께서 아브라함에게 주신 약속(네 후손이 가나안 땅을 상속하리라-창 15:13-14; 참조. 창 12:1-3)을 무효화하지 못한다. 특히 민수기 22-24장은 아브라함과 맺은 하나님의 언약이야말로 위대하며 이스라엘 역사를 지탱시키고 추진하는 견인차임을 잘 예해(例解)한다. 우리는 이 단원에서 네 차례에 걸친 발람의 예언들을 자세히 살펴봄으로써 이스라엘 민족의 미래를 견인할 아브라함 언약의 위력을 가늠해 볼 것이다(22:1-25:18).

Ⅲ. 가나안 정복전쟁을 향한 새 세대 이스라엘 백성들의 징집령(26-36장)

민수기 26-36장은 가나안 정착생활을 임박한 미래사건으로 전제한 규례들을 다룬다. 그것은 가나안 땅에서 펼쳐질 하나님 나라의 영토성을 집중적으로 부각시킨다. 하나님 나라 운동은 하나님의 다스림 아래 들어오지 않는 반역 상태의 세상을(땅) 정복하는 데서 시작되기 때문에 전쟁은 불가피한 것으로 이해된다. 그래서 가나안 정복전쟁에 참여할 출애굽 2세대 전사들의 징집령이 내려지는 것은 자연스러운 귀결이다(26-27장). 아브라함에게 베푸신 언약의 성취물인 가나안 땅 하사(下賜)는 단지 하나의 민족국가의 시작이 아니라 하나님의 세계통치의 거점을 확보하는 일의 시작이다.

다음으로 가나안 정복전쟁을 주도하고 영도할 새로운 지도자가 세워진다. 모세의 영도자적 카리스마는 새 지도자 여호수아에게로 이양된다. 마지막으로 땅의 항구적인 점유를 위한 규례들이 추가된다. 이 규례들은 하나님이 주신 기업으로서의 땅을 지파 공동체 안에서 계속 점유하는 것이 얼마나 중요한가를 가르친다. 이스라엘은 가나안 땅을 차지하기 위하여 하나님에 대한 배타적 예배를 드려야 하며 동시에 땅의 보전을 위하여 주어진 율법들을 준행하여야 한다(28-29장; 33-36장; 참조. 레 1-7장; 23장; 25장; 민 15장). 여기서 이스라엘 백성들은 가나안 땅의 분배와 상속, 사용에 대하여 중요한 지침을 받는다(특히 28-36장).

3강 서론

출애굽기, 레위기, 민수기의 이해

이번 시간에는 모세오경의 두 번째 책인 출애굽기, 세 번째 책인 레위기, 네 번째 책인 민수기를 공부하고자 합니다. 이 세 책 다 일반적으로 독자들에게 잘 안 읽히는 책입니다. 출애굽기는 1장부터 12장까지는 좀 읽혔다가 그다음부터는 거의 읽히지 않습니다. 그 이유는 읽히지 않을 만큼 지루한 내용들이 많기 때문입니다. 출애굽기의 뜻은 이집트 탈출기라는 의미입니다. 이집트를 중국어 차음으로 '애급'이라고 쓰고 초기 한국어 성경번역자들에 의해 애굽으로 발음되어 지금까지 그대로 사용되어 오고 있습니다. 한국어 성경 번역을 도와준 평안도나 함경도 사람들이 한국어로 번역할 때 애급을 애굽으로 읽었기 때문에 출애급기가 아니라 출애굽기로 제목이 굳어졌습니다. '출'은 '탈출하다' 할 때의 '출'이죠. '애굽'은 이집트입니다. 이집트 탈출기라는 뜻입니다. 이것은 아브라함의 후손인 이스라엘 자손들이 430년 만에 영도자 모세의 지도력하에 이집트의 노예살이에서 탈출하는 이야기입니다. 다시 말해서 출애굽기는 노예생활에서 탈출하는 이야기이며 압제체제로부터 탈출하는 자유쟁취의 이야기입니다. 해방과 자유의 이야기가 바로 출애굽기입니다. 이스라엘 민족이 자신들의 보금자리가 될 가나안 땅을 찾아 가나안으로 들어가게 만든 결정적 첫 실마리가 출애굽기에서 시작됩니다.

출애굽기 다음에는 레위기가 나옵니다. 레위기는 아브라함의 손자이며, 이삭의 아들 야곱의 셋째 아들인 레위의 후손들이 맡은 제사지침을 담은 성무수행 매뉴얼입니다. 레위의 자손들이 제사장 직분을 독점하고 후손들에게 상속시켰기 때문에 레위 지파 제사장들의 업무지침서가 레위기라 할 수 있습니다. 레위인들의 가장 중요한 사명은 거룩함과 비거룩함을 구분하고, 속된 것과 정결한 것을 구분하는 일이었습니다.

민수기는 광야에서 두 차례 인구조사를 실시한 이야기인데, 인구를 조사했다는 뜻이 '민수'입니다. 또한 민수기는 광야에서 38년 동안 이스라엘 백성이 방황하고 혹독한 징계와 연단을 받으면서 자유인의 품성을 함양해가는 과정을 사실적으로 기록합니다. 민수기는 광야에서 보냈던 38년의 방황, 징계, 연단, 그리고 가나안을 향한 비틀거리는 전진에 대한 압축적 기록이라고 할 수 있습니다.

3강-1

출애굽기

안녕하십니까? 숭실대학교 인문대 기독교학과 김회권 교수입니다. 이번 강의는 출애굽기의 메시지를 공부하는 시간입니다. 출애굽기는 '출이집트기'라는 뜻입니다. 이집트 탈출기라는 뜻이죠. 이집트 탈출기인 출애굽기는 히브리 성경에서 등위접속사 와우('and')로 시작됩니다. '그리고 이것들은 …이스라엘 아들들의 이름들이다'라고 시작이 됩니다. '그리고'라는 연결접속사로 시작되는 것에 비추어 볼 때 이것이 창세기와 긴밀하게 연결시켜 읽어야 될 책임을 알 수 있습니다. 독립적인 책인 경우에는 '그리고'라는 접속사로 시작하지 않죠. 그래서 히브리어 원어성경 창세기 50장부터 출애굽기 1장 사이는 아무런 책 나눔의 표지가 없습니다. 지금 우리가 인위적으로 두 책을 구분했을 뿐이지 히브리 성경 안에는 책 구분이 없습니다.

원래 히브리 성경 두루마리 안에는 창세기라는 책 제목도 없었습니다. 당연히 출애굽기도 제목이 안 붙어 있습니다. 그냥 오늘날 우리가 창세기라고 부르는 책 50장 바로 뒤에 출애굽기 1장이 나오는 것입니다. '그리고 이것들은 …이집트로 내려간 이스라엘 아들들의 이름들이다'라고 적힌 히브리 본문을 출애굽기 1장 1절이라고 읽습니다.

출애굽기의 전사(前史)는 아브라함의 증손자였던 요셉이 아브라함의 후손인 야곱의 후손들을 이집트로 초청하여 기근을 피하게 하는 이야기입니다. 오래전에 이집트 땅에 팔려가서 이집트의 총리가 된 요셉의 초청을 받아 이집트로 이주하는 이야기부터(창 46장) 사실 출애굽기가 시작되는 거죠. 창세기 46장에서 야곱의 후손들 일흔 명은 이집트로 이주합니다. 요셉과 두 아들까지 합하면 모두 73명의 야곱 자손이 이집트로 이주한 셈입니다. 요셉이 총리로 재직 중이었을 때 야곱의 후손들은 자유거주민이었으나 요셉을 알지 못하는 새 파라오가 등장하고 난 어느 순간부터 갑자기 노예로 전락했습니다. 그들이 400년 동안 먼저 엄청난 고난과 박해를 당하다가 마침내 탈출하는 이야기가 출애굽기입니다. 출애굽기의 핵심은 아브라함과 그 후손들이 마침내 이스라엘 하나님 야웨와 언약관계로 들어가는 사건입니다. 이 상호속박적 언약체결이 출애굽의 목적이었고 이유였습니다.

여러분, 절대자인 하나님이 지극히 연약한 인간과 언약을 맺고 언약을 지킬 것을 확약하는 보증물을 서로 교환한다는 것은 쉽게 상상이 안됩니다. 하나님과 이스라엘은 일련의 행동 규칙(언약유지의무 조항)을 담은 언약에 상호서명하며 서로에 대해 언약당사자가 되었습니다. 하나님이 인간과의 언약관계 속에 들어갔다는 것, 이것은 하나님의 자기 제한입니다. 하나님은 이스라엘에게, '내가 이런저런 조건에서 이렇게 저렇게 행동하겠다'고 자기 다짐적인 언약을 주시기 때문입니다. 이스라엘 백성도 이런저런 조건 속에서 이렇게 저렇게 행동하겠다고 다짐했습니다. 하나님 자신은 이런저런 조건 속에서 이스라엘에게 하나님이 되어 주겠다고 다짐하고, 이스라엘은 이런저런 조건 속에서 하나님에게 하나님의 언약백성이 되어 주겠다고 다짐함으로써 서로 쌍방속박적 언약을 체결했습니다.

아브라함의 후손인 이스라엘 백성과 하나님이 언약관계를 맺을 때 그 언약을 원초적으로 발동시키는 것은 하나님의 자기결박적 약속입니다. 하나님의 자기결박적 약속이 뭡니까? 아브라함이 먼저 요청도 하지 않았는데 하나님이 먼저 제시한 언약내용이 하나님의 선제적이고 자기결박적인 언약입니다. 이스라엘 후손도 요청하지 않았는데 하나님이 먼저 이스라엘을 언약백성으로 부르시기 위하여 선제적으로 주신 자기결박적 약속은 네 가지입니다. '첫째, 아브라함의 후손인 이스라엘 자손을 하늘의 별처럼 많이 번성하게 하겠다.' '둘째, 아브라함의 후손인 이스라엘 백성을 위해서 하나님께서 가는 곳곳마다 동행하며 보호해 주겠다.' 즉, '이스라엘 자손들이 세상 열국의 힘과 세력 속에서 와해되지 않고 소멸되지 않도록 붙들어 주겠다.' 임재와 보호의 약속입니다. 그다음에 '이스라엘 민족이 세계만민 가운데서 하나님의 이름을 부르고, 하나님을 중개하는 제사장적인 중보자가 되는 명예를 주겠다.' 이름을 창대케 하겠다는 뜻입니다. 마지막으로, '하나님이 이스라엘 민족에게 주신 약속들을 성취할 수 있는 토대인 가나안 땅을 이스라엘 백성에게 천부불가양의 영토로 주겠다.' 이 네 가지 약속 중 제일 토대적인 약속이 땅 하사 약속입니다. 창세기 17:7－10에서 하나님께서 이스라엘 백성에게 "나는 너의 하나님이 되고"라고 말할 때는, '나는 너에게 땅을 줌으로써 너의 하나님 역할을 하겠다'는 뜻입니다. 그러니까 하나님이 이스라엘 백성에게 내가 네게 하나님의 역할을 해주겠다는 말은, 땅을 주시는 하나님이 되겠다는 뜻입니다. 이 네 가지 약속이 하나님의 자기결박적이고 선제적인 언약입니다. 하나님은 이 언약을 성취시킬 의무를 스스로에게 부과하고 계시다는 말입니다. 이런 논리 때문에 하나님은 이스라엘 백성에게 하나님 역할을 하시려면 땅을 주셔야 했습니다.

반면에 이스라엘은 후발적이고 파생적인 자기결박적 언약의무를 수행해야 합니다. 하나님이 아무 공로 없는 조건에서도 선제적으로 땅을 선사하시는 것과 중보자의 이름을 주시고 창대케 하시는 것과 후손을 번성케 하시며, 동행과 보호의무를 다하시는 하나님 앞에서 이스라엘은 하나님이 주시는 언약율법들을 신실하게 준수하고 지켜야 합니다. 하나님이 주시는 언약선물을 누리려면 이스라엘 민족이 언약율법을 지킴으로써 하나님에 대한 신실함을 보여야 합니다. 하나님이 이스라엘 민족에게 주시겠다는 그 복을 누리기 위해서는 이스라엘 편에서도 일련의 행동규약을 지켜야 합니다. 그것이 바로 모세오경의 율법들입니다. 그래서 율법은 언약관계의 파생물입니다. 언약이 율법준수를 파생시킵니다. 언약은 하나님의 선제적 구원을 의미하고, 율법준수는 하나님이 이미 먼저 주신 구원을 유지하고 보전하는 데 기여합니다. 이처럼 하나님과 이스라엘은 서로에게 구속력이 있는 언약을 부과하며 체결했습니다. 이 언약체결 후에는 하나님은 이스라엘의 하나님이 되어주고 이스라엘은 하나님의 백성이 되어주는 일을 영구적으로 유지해야 합니다. 그래서 이스라엘과 하나님의 언약은 상호속박이자 쌍방속박적 관계입니다. 이 쌍방속박적 언약의 결과 이스라엘 편에서 해야 할 행동을 율법이라고 통칭합니다.

이 언약의 파생물인 율법이 출애굽기 19장부터 24장에 나옵니다. 그런데 더 중요한 핵심은, 하나님은 절대자이지만 이스라엘 백성에게 스스로 일련의 규약을 따라 행동하겠다고 약속하는 자기제한적이며 지극히 겸손한 하나님이라는 사실입니다. 하나님은 전능하신 절대자이지만 이스라엘 백성의 협조와 믿음과 동역과 순종을 통하여 자기 뜻을 간접적으로 성취하는 하나님이 되기로 작정한 것입니다. 하나님이 능력이 없어서 이스라엘 백성을 선택한 게 아닙니다. 이스라엘 백성을 영화롭게 하기 위하여, 이스라엘 백성을 통하여 인간의 행동이 하나님께 얼마나 중요한 의미를 갖는가를 설득시키기 위하여, 하나님은 이스라엘에게 하나님과 맺은 언약에 충실한 행동을 하도록 요구하고 기대합니다.

이 점에 대해서는 조금 더 복잡한 설명이 필요합니다. 이 구두강의에서 제가 다 설명해드리지 못할 수 있습니다. 제 교재에 적힌 문어체 강의안을 조금 더 참조하시기 바랍니다. 다만 강조하고 싶은 건, 언약의 하나님은 통속적인 의미에서 전지전능한 하나님이 아니라는 것입니다 왜? 언약에 매여있는 하나님은 임의로 행동할 수 없기 때문입니다. 언약의 하나님은 언약에 적힌 조항에 근거해서 행동하는 하나님이기 때문입니다. 언약의 하나님은 필연적으로 신인협력적 틀 안에서 이스라엘의 협조와 지지, 동역과 공감을 필요로 하는 하나님입니다. 하나님은 독불장군형 전능자가 아니라 이스라엘 백성과 함께 세상을 하나님의 나라로 변혁하기로 작정한 하나님입니다. 이런 점에서 언약의 하나님은 자기제한적 하나님이고 이스라엘을 간접적으로 매개하여 행동하기로 작정하신 하나님이죠.

이 점은 하나님과 이스라엘 모두에게 매우 중요한 진실입니다. 이스라엘이 행동하지 않으면 하나님도 행동하지 않는 것처럼 보일 수 있다는 거죠. 이처럼 이스라엘과 언약을 맺어 이스라엘의 충성심, 순종, 지지를 요청하는 하나님은 자기를 낙차 크게 낮추고 제한하신 겁니다. 그래서 출애굽기의 가장 중요한 핵심은 언약을 맺어주신 하나님입니다.

출애굽기 1장부터 12장은 아주 재미있는 이야기입니다. 특별히 7장부터 12장까지는 이집트를 초토화시키는 10가지 재앙이 나옵니다. 그런데 이집트의 10가지 재앙은 이집트에게 신들로 숭배되는 피조물들에 대한 하나님의 무장해제적 공격이었습니다. 이집트는 태양신을 숭배했죠. 아홉째 재앙이 뭡니까? 태양을 어둡게 하는 흑암재앙이었습니다. 하나님은 이 아홉째 재앙을 통해 이집트가 신으로 숭배하던 태양을 가려서 어둡게 합니다. 태양을 가려 어둡게 하니까 이집트 사람들은 태양신이 자기들에게 노했다고 생각하고, 모두 다 자기 맏아들을 번제로 바쳐서 태양신의 진노를 풀려고 했을 것입니다. 이 과정에서 이집트 사람들은 자기 맏아들을 제물로 바쳤던 것처럼 보입니다. 이것이 하나님의 천사가 이집트 사람들의 장자를 쳤다는 의미였을 것입니다.[9] 이렇게 1－12장은 파라오 체제를 초토화시킨 하나님의 가차 없는 공격을 총천연색 영화처럼 보여줍니다. 특히 7장부터 12장은 400년 가까이 이스라엘에게 가혹한 노예살이를 강요했던 파라오 체제에게 닥친 재기불능의 파멸을 묘사합니다.

13장부터 17장은 파라오 체제가 홍해의 깊은 바다에 완전히 수장되는 상황을 묘사하며, 파라오 체제에서 간신히 벗어난 이스라엘이 광야로 진입해 맞닥뜨리는 곤경을 다룹니다. 홍해를 건넌 후 이스라엘 백성들은 광야에 진입하면서부터 하나님의 놀라운 구원을 경험하기 시작합니다. 18장부터 24장은 시내산 기슭에 도달한 이스라엘 백성이 1년 동안 하나님의 언약백성으로 변화되는 과정을 보도합니다. 여기서 이스라엘은 광야 38년 동안 하나님과 동행할 때 익혀야 할 행동지침을 배우기 시작합니다. 하나님의 언약백성으로 하나님과 동행하는 걸음마를 배우는 일이 18장부터 24장, 더 정확하게는 19장부터 24장의 중심관심사입니다. 18장에서는 모세가 장인 이드로의 도움을 받아 이스라엘을 관료조직으로 재조직합니다. 천부장, 백부장, 오십부장으로 위계화된 재판관과 중간 지도자를 세움으로써 모세는 자신의 영도력 일부를 분산시키려고 시도합니다.

19장은 시내산 언약체결 현장으로 초청하는 하나님의 초청을 다루고, 20장은 야웨와 이스라엘 사이의 언약을 지탱하기 위해 이스라엘이 지켜야 할 핵심언약 율법들을 다룹니다. 십계명과 부대조항들입니다. 21장부터 23장에는 십계명의 부대조항이라고 할 수 있는 매우 오래된 고대의 법령들과 관습들, 그리고 제사법들과 사회법들을 예거합니다. 24장은 이스라엘 백성과 야웨 하나님이 쌍방속박적인 언약을 실제로 체결하는 장면을 다룹니다.

25장부터 31장은 이스라엘 백성 가운데 하나님이 동행하기 위해서 필요한 성막, 즉 거룩한 천막을 건설하기 위한 설계지침을 다룹니다. 이스라엘 진의 이동을 따라다니는 이동용 하나님의 장막이 성막입니다. 성막은 하나님의 법궤와 기타 지성물을 안치할 지성소와 성소로 크게 양분된 건물입니다. 독자들이 예상하듯이, 성막설계도를 기술하는 25장부터 31장은 무한한 인내를 요구할 정도로 지루하고 단조로워 보입니다. 이 일곱 장을 읽고도 지루하지 않다고 느끼는 사람이 있으면 하나님의 특별은총이 임한 사람임이 틀림없습니다. 이 일곱 장의 지루함과 건조함에 뒤지지 않을 단원은 성막설계도대로 성막을 실제로 건축하는 과정을 묘사하는 35－40장 여섯 장입니다. 35장부터 40장은 25장부터 31장을 반복합니다. '설계도대로 그대로 준행하였다'라는 말이 지루하게 반복됩니다. '설계도대로 그대로 준행하였더라' '설계도대로 그대로 만들었더라'라는 후렴구가 이 마지막 여섯 장을 붙들고 있습니다.

이 두 지루한 단원 사이에 역동적인 반동드라마가 32－34장 세 장에 걸쳐서 순식간에 발생했다가 황급하게 마무리됩니다. 32장부터 34장은 불행한 간주곡입니다. 모세가 율법을 받기 위해 하나님의 시내산 정상에 올라가서 40일 동안 내려오지 않자, 이스라엘 백성은 모세가 죽었다고 생각하고 출애굽 여정을 이끌 '야웨 신'의 형상을 만들어내라고 아론에게 드세게 요구했습니다. '이 사람 모세가 어디 갔는지 우리는 알 수 없다.' 그들은 아론에게 몰려가 '우리를 이집트에서 인도해내신 야웨를 보여 달라'고 무섭게 소리칩니다. 그러자 모세의 형 아론이 사람들로부터 금은패물을 걷어가지고 불에 집어던져서 금송아지를 주형해낸 후 이렇게 말합니다. '이는 너희를 이집트 땅에서 인도한 야웨 하나님이시다.' 아론과 이스라엘 민족은 순식간에 십계명의 제2계명을 어겨버립니다. 시내산에서 십계명을 받아 내려오던 모세가, 이스라엘이 이집트 땅에서 섬겼던 황금송아지 숭배가 시내산에서도 재현되는 것을 목격하고 경악했습니다. 이집트 땅에서 섬겼던 황소형상의 신에 대한 숭배를 시내산까지 가져와 재연하는 장면을 본 모세는 이것이 하나님의 진노를 불러일으키는 반역죄임을 직감했습니다. 모세는 야웨를 금송아지 형상으로 주형하여 예배하는 그 음란한 장면을 보고 십계명 돌판을 부숴버립니다. 하나님도 이스라엘과 맺은 언약을 무효화할 기세로 아브라함의 후손 이스라엘 백성을 멸절시키려고 했습니다. 바로 그때 모세가 이스라엘과 하나님 사이에 서서 필사적인 중보기도를 드려 하나님의 전적 파멸결정을 만류합니다. 결과적으로 하나님은 아브라함의 후손 이스라엘을 용서하시고 다시 한번 언약갱신의 자리로 초청합니다. 그래서 34장에서 제2의 십계명이라고 하는 또 다른 십계명이 주어집니다.

그런데 여기서 한 가지 질문을 제기할 필요가 있습니다. "출애굽기에서 시내산 언약율법은 무슨 의미가 있는가?" 여러분, 율법이라는 말을 들으면 어떤 생각이 듭니까? 뭔가 우리를 옭아매는 어떤 부자유, 우리 행동을 규제하려고 하는 일종의 억압적인 사슬, 이런 느낌이 듭니까? 그럴 수 있습니다. 그러나 율법은 결코 그런 것이 아닙니다. 지리멸렬한 개개인들, 방종과 탐욕과 무질서가 극도에 도달한 그런 사람들의 동아리에는 율법이 오자마자 질서가 잡히고 자유가 시작됩니다. 율법은 우리의 넘치는 탐욕과 욕망을 억제하여 사회생활에 적합하도록 창조해줍니다. 율법은 자기주장적인 의지로 가득 찬 개인들을 절제 있는 사회생활로 이끌어 주는 자유의 멍에입니다. 율법은 우리의 자유를 억압하는 것이 아니라 우리를 자유롭게 하는 거죠. 내 마음대로 하는 것이 자유가 아니죠. 이웃의 인권과 삶의 토대를 해치지 않으면서 자유롭게 사는 것이 자유죠. 그래서 야고보서 1장 25절은 우리를 '자유롭게 하는 율법'이라고 말하고 있습니다. 지리멸렬한 무정부 상황에 노출된 사람들 모두는 율법이야말로 우리에게 자유의 대헌장인 걸 알게 됩니다. 그러니까 여러분, 구약성서가 말하는 율법은 현대인들이 부담스럽게 여기는 그 율법과는 매우 다릅니다.

이스라엘 장정 60만 명이 모여서 함께 살아가는 광야를 생각해 보십시오. 정부도 없고 조직도 없고 아무 규율도 없는 광야를 생각해 보십시오. 아무나 여기저기 마음대로 자기가 원하는 곳에 텐트를 부대끼는 상황을 그려보세요. 이런 상황에서 200만 명의 인파가 광야를 방황하면서 이동하는 광경을 상상해 보세요. 40년 동안 어떤 일촉즉발의 위기로 번질지도 모르는 이 무질서한 세상에서 율법이 온 것은 억압이 아니라 자유를 의미하는 것이었습니다. 율법은 우리를 자유롭게 하기 위한 선물입니다. 즉 이웃과 평화롭게 사는 것을 극대화시키는 능력이라고 할 수 있죠. 그래서 하나님은 우리에게 율법을 주셨는데 이 율법은 하나님의 언약에 대한 응답으로서 이스라엘이 감미롭게 이해하고 순종하는 율법이었습니다. 물론 구원받은 백성에게 언약율법이 주어졌지, 구원을 얻기 위해 지켜야 하는 선결조건으로서의 율법이 아니었습니다. 하나님이 먼저 우리를 구원하신 후에 그 구원을 즐기고 그 구원을 심화시키도록 우리에게 율법을 주신 것입니다. 그러니까 율법을 지켜서 구원을 받는 게 아니라 구원을 받은 사람이 율법을 지키는 거죠. 그러니까 율법을 지키라는 요구를 받는 사람은 뭐죠? 이미 하나님의 언약으로 묶인 바 된, 즉 구원받은 사람이라는 의미입니다. 지리멸렬한 무정부 같은 세상에 노출된 사람이 아니라 질서정연한 세상에 이미 들어온 사람들이 율법을 지키라고 요구받는다는 거죠.

여러분, 그래서 율법은 자유를 의미합니다. 율법은 우리 안에 넘치는 자기주장 의지, 이웃의 행복 토대마저도 부서트릴 것 같은 욕망과 탐욕을 억제하여 이웃에게 복스러운 존재가 되게 만들고 타인에게 위협적이지 않은 이웃이 되게 만들어주는 복된 율법이죠. 구약성경의 율법은 이웃과 평화롭게 사는 것에 최적화된 개개인들을 만드는 데 이바지하는 법이에요. 하나님은 율법을 주시면서 우리에게 뭘 기대합니까? 타인의 삶의 토대를 파괴할 정도로 범람하는 욕망을 억제하고, 타인의 삶의 토대를 부서트릴 만큼 탐욕적인 자기주장적인 의지를 억제하고 부정하게 함으로써 의롭고 평화로운 사회생활을 영위하라고 요구합니다.

시내산 율법은 두 가지 구조로 되어 있습니다. 십계명과 부대조항이죠. 십계명은 10가지 계명인데요. 압도적으로 중요한 계명들입니다. 출애굽기 20장 22절부터 23장 전체를 "계약법전"이라고 말하는데 고대 이스라엘에서 가장 오래된 법령 집성물입니다. 이 단원에는 국가의 율령체제가 들어서기 이전의 법과 관습도 포함되어 있습니다. 국가가 들어서기 이전의 법이라는 말은 뭐죠? 국가가 형사 소추권과 형벌권을 갖고 범죄자를 징벌하기 이전의 형법이나 형사소송법도 여기에 포함되어 있다는 말입니다. 국가가 성립되기 이전의 부족연맹체 또는 마을 공동체에서 작동했을 법한 초보적인 사법 절차가 이 법령 집성물 안에 있습니다. 대표적인 관습이 탈리오의 법칙입니다. 출애굽기 21:23에 나옵니다. "귀에는 귀, 눈에는 눈, 이에는 이, 생명에는 생명." 동해동량보복의 법칙을 가리킵니다. 즉, 어떤 사람에게 자신의 왼쪽 눈을 타격당해 시력을 잃은 사람이 있다고 가정해 봅시다. 이 경우 왼쪽 눈을 손상당한 피해자는 가해자의 왼쪽 눈을 해칠 권리만 주어졌다는 것입니다. 왼쪽 눈만 공격당해 상했기 때문에 왼쪽 눈만 상하게 하라는 말은 최소보복만 하라는 뜻입니다. 이 탈리오의 법칙은 최소보복의 법칙이라고 말합니다. 탈리오라는 말은 '보복'이라는 말이죠. 굳이 말하면 이 법칙은 '동해동량보복의 법칙'이라는 뜻입니다.

이런 '동해동량보복의 법칙'은 함무라비 법전에도 나옵니다. 출애굽기의 탈리오법은 고대근동의 동해동량보복의 율법을 상속한 셈입니다. 이 법령은 모세보다도 더 이른 시대부터 있던 법이에요. 우리는 구약성경이 고대근동의 나머지 종교유산과 동떨어진 채 형성되었다고 생각해서는 안 됩니다. 하나님이 불러주는 대로 그냥 받아 쓴 것으로 성경이 쓰였다고 생각해서는 안 됩니다. 구약성경의 율법, 종교, 제도, 관습 대부분은 고대근동의 종교적 법적 유산의 일부를 받아 발전시킨 것이라고 봐야 합니다. 물론 구약성경이 고대근동의 법과 관습 등을 그대로 모방하지는 않았습니다. 이스라엘은 그들의 독특한 하나님 경험을 통하여 고대근동의 공통유산을 창조적으로 재가공했어요. 구약성경과 고대근동 문명의 종교, 율법, 풍속 등에서는 양자를 연계시키는 연속성이 발견됩니다. 피터 엔즈(Peter Enns)가 쓴 『성육신의 관점에서 본 성경영감설』이라는 책이 이 요점을 잘 논증하고 있습니다.[10] 성육신의 관점에서 본 성경영감설이라는 것은 무슨 말이죠? 인류의 메시야로 일컬어진 나사렛 예수가 이 세상에 오실 때 유대인 농부 얼굴을 하고 왔겠죠? 유대인 농부의 얼굴을 하고 온 예수가, 그 내면은 하나님의 아들이었듯이, 구약성경이 아무리 하나님의 계시를 담고 있다고 할지라도, 그것은 고대근동의 종교적 유산들과 유사한 외양을 띠고 있다는 것입니다.

그래서 구약성경의 율법전승과 고대근동의 율법전승 사이에 연속성과 공통점이 발견된다고 하더라도 놀라면 안 된다는 말이죠. 물론 고대근동의 어떤 율법전통에서도 유사한 병행법을 발견할 수 없는 아주 이스라엘적인 특수법령이 있습니다. 그것은 십계명입니다. 십계명은 뭡니까?

첫째, 너는 나 외에 다른 신을 네게 있게 하지 말지니라.
둘째, 너는 하나님을 예배하기 위해서 하나님의 형상을 대표하는 금속주형물을 만들지 말라. 목석으로 또는 주물로 하나님의 형상을 만들지 말라.
셋째, 하나님 이름을 망령되이 일컫지 말라.
넷째, 안식일을 기념하여 지켜라. 남종과 여종, 가축과 짐승의 안식권을 보장하라.
다섯째, 부모를 공경하라.
여섯째, 살인하지 말라.
일곱째, 간음하지 말라.

여덟째, 인신납치하지 말라. '도둑질하지 말라'고 번역한 개역개정보다는 좀 더 강한 의미입니다. '인신납치하지 말라'는 말과 가깝습니다.

아홉째, 이웃을 대적해 거짓 증거를 하지 말라.

열째, 네 이웃에게 속한 집, 전토, 재산, 그리고 아내를 탐하지 말라. 여기서 놀라운 것은 아내가 집안의 재산으로 분류되어 있다는 사실입니다.

이 열 가지 계명을 잘 보세요. 하나님의 거룩성을 훼손하는 신성모독적 행동을 엄금하고 이웃을 향하여 범람하는 욕망을 방출하지 말라는 금지계명이 대부분입니다. 십계명은 이웃의 행복 토대를 무너뜨릴 수 있는 사회적 유력자들과 사회적 최상위 포식자 층에서 범할 수 있는 죄를 원천적으로 단죄하고 금지하고 있습니다. 십계명은 약자가 약자에게 범할 수 있는 죄가 아닙니다. 특히 "간음하지 말지니라"는 계명은 2인칭 남성단수 부정명령문입니다. 2인칭 남성단수 청중을 겨냥한 계명이라는 뜻입니다. '2인칭 남성단수, 너 이스라엘 남자야. 간음하지 마라.' 이런 뜻이에요. 7계명은 이혼하지 말라는 말이 아닙니다. 여자에게 명하는 계명도 아닙니다. 간음죄는 고대 이스라엘 사회에서 유력한 남자가 범하는 죄였기 때문입니다.

그다음 제4계명을 주목해 보세요. "안식일을 기념하여 지키라." 이 계명의 부대조항은 '네 남종과 여종과 네 집에 와 있는 손님과 네 가축에게도 안식일을 누리도록 허용하라.' 이런 의미입니다. 이 계명은 생계 때문에 주일날 일하러 가야 되는 최하층민들을 겨냥하지 않습니다. 안식일에도 종들과 가축들에게 일을 시켜서 경제적 생산성을 극대화하려고 하는 탐욕적인 유력자와 부자들을 겨냥한 계명입니다. 그들은 안식일 계명을 어길 수 있는 가능성이 큰 사람들이라는 말입니다. "네 부모를 공경하라"는 다섯째 계명은 미성년자 어린아이들한테 주는 계명이 아닙니다. 연로한 부모에 비하여 재산을 더 많이 가진 성인 자녀들에게 주는 계명입니다. 자녀들에게 재산을 남겨주고 경제적 무력자가 된 연약하고 연로한 부모님을 경제적으로 봉양하라는 말입니다. 이것이 바로 "네 부모를 공경하라"는 뜻입니다.

여러분, 십계명을 하나하나 살펴보면, 너무 현대적 함의가 많은 것들이에요. 우리는 출애굽기에서 이스라엘 민족만의 특이한 구원과 해방을 목도하는 것이 아닙니다. 모든 인류가 희구하는 해방과 구원 이야기를 읽습니다. 하나님은 절대적인 압제자 파라오의 손에서 히브리 노예를 탈출시키는 하나님입니다. 그리고 그들에게 자유롭고 공정한 공동체를 이루고 다시는 다른 동료에게, 이웃에게 압제적이고 갑질하는 지배자가 되지 말라고 명령하시는 하나님입니다. 출애굽기의 메시지는 '해방된 노예 이스라엘 사람들아, 너희는 서로에 대하여 형제자매적인 사랑을 나누는 사회를 창조하여라. 이것이 출애굽의 해방과 구원을 선사하신 하나님의 뜻이다'입니다. 이 진리를 말해주기 위해서 출애굽기가 구약성경에 들어있는 것입니다. 출애굽기의 중심갈등축은 이스라엘 민족과 다른 민족 간의 인종적 갈등이 아닙니다. 노예살이를 강요당한 노예와 노예를 탄압하며 노예노동으로 자신의 생명을 윤택하게 하려는 파라오의 갈등입니다. 이 쌍방갈등의 중간에서 노예들을 끊임없이 구원하는 하나님의 이야기가 출애굽기의 핵심입니다.

그러면 출애굽의 역사는 이스라엘 역사에만 있습니까? 아닙니다. 세계만민의 역사에는 하나님의 출애굽 역사가 다 있습니다. 출애굽기를 통하여 우리는 세계만민 가운데에서도 압제자로부터 각 민족을 구원해주신 하나님의 구원 이야기가 구전되고 있음을 깨닫게 됩니다. 이스라엘 백성을 구원하시듯이, 하나님은 아람 사람도 기르(Kir)에서 불러올려 땅을 하사하시고 블레셋 사람들을 갑돌(Caphtor)에서 불러올려서 땅을 하사하셨습니다(암 9:7). 출애굽기는 절대강자에게 시달리는 절대약자를 구원하셔서 새로운 나라를 만들어주신 이야기의 전형입니다. 이렇게 읽으면 구약성경이 특수한 민족의 특수한 종교 이야기로 축소될 수 없다는 것은 분명해지지요? 출애굽기는 인류역사를 관통하는 하나님의 해방 역사를 구체적으로 보여주는 범례인 것입니다. 구약성경은 한때 가나안 땅에 살았던 생물학적인 셈족 지류인 이스라엘 사람들만의 이야기가 아니라 온 인류의 이야기라는 것입니다. 인류 전체에게 경험된 하나님의 구원과 해방 이야기를 이스라엘이 대표적으로 잘 경험하고 그 해방과 구원경험을 조리정연하게 기록해 구약성경을 만들었다고 봐야 할 것입니다. 다음 시간에 출애굽기를 복습한 후에 레위기와 민수기를 공부하고자 합니다. 감사합니다.

3강-2

레위기, 민수기

이번 시간에는 레위기와 민수기를 개관하겠습니다. 레위기는 이름이 좀 생소하죠? 야곱의 열두 아들 중에서 셋째 아들이 레위입니다. 르우벤, 시므온, 레위, 유다 이렇게 할 때 셋째 아들이 레위입니다. 레위의 품성적 특징은 과격한 정결 추구 또는 급진적인 거룩함 추구의지입니다. 그는 거룩함을 추구하기 위해서는 혈육의 연도 끊어내는 극단적 정결 추구자였습니다. 창세기 34장에서 잘 드러나듯이, 레위는 이스라엘이 다른 민족들과 섞이는 것을 극단적으로 싫어했던 사람입니다. 레위의 후손이 제사장직을 차지하게 되는 일화는 두 가지가 있습니다. 두 일화 모두에서 공통적으로 드러나는 레위와 레위 지파의 품성은 거룩하지 못하고 순수하지 못한 것과의 단호한 단절과 배척입니다. 창세기 34장에서 야곱의 셋째 아들 레위는 둘째 형 시므온과 더불어 자기 여동생 디나를 성폭행했던 세겜과 그의 부친 하몰 부족 남자들을 전멸시켜 버립니다. 여동생 디나를 욕보였던, 헷 족속의 후예였던 하몰과 세겜 일족 남자들을 다 죽여버렸습니다. 이 일화에서 발견되는 레위의 성격은 이스라엘의 정체성에 대한 과도한 집착과 수호열정입니다. 거룩함에 대한 열정이 레위의 품성적 특이성이었습니다. 뿐만 아니라 출애굽기 32장에서 레위 지파는 다시 한번 거룩함에 대한 극단적 추구를 보여줍니다. 모세가 시내산에 올라가서 십계명을 수령하고 있을 때 이스라엘 백성이 아론을 압박해 금송아지를 만들었습니다. 이때 이 우상숭배자들을 척결하는 모세를 도왔던 핵심지파가 레위 지파였습니다(출 32:26–29).

> 26 이에 모세가 진 문에 서서 이르되 누구든지 여호와의 편에 있는 자는 내게로 나아오라 하매 레위 자손이 다 모여 그에게로 가는지라 27 모세가 그들에게 이르되 이스라엘의 하나님 여호와께서 이렇게 말씀하시기를 너희는 각각 허리에 칼을 차고 진 이 문에서 저 문까지 왕래하며 각 사람이 그 형제를, 각 사람이 자기의 친구를, 각 사람이 자기의 이웃을 죽이라 하셨느니라 28 레위 자손이 모세의 말대로 행하매 이 날에 백성 중에 삼천 명 가량이 죽임을 당하니라 29 모세가 이르되 각 사람이 자기의 아들과 자기의 형제를 쳤으니 오늘 여호와께 헌신하게 되었느니라 그가 오늘 너희에게 복을 내리시리라

이처럼 금송아지에게 절했던 모든 이스라엘 동포들을 형제자매 관계를 더 이상 고려하지 않고 하나님에 대한 열정으로 도륙하고 징벌하는 데 앞장섰던 사람이 바로 레위의 아들들이었습니다. 레위 지파는 죄와 불결을 잘라내는 데 앞장서는 극단적인 배척과 단절열정을 가진 사람들이었습니다. 그래서 레위 지파가 거룩과 속됨을, 정결과 부정을 나누는 데 앞장서는 제사장 지파가 되었습니다(겔 22:26). 제사를 전담으로 드리고 이스라엘의 거룩함을 체현하고 보증하는 핵심 역할을 하는 사람들이 레위 지파였죠. 그래서 레위기는 이 레위 지파의 업무지침서라고 할 수 있어요. 창세기는 50장으로, 출애굽기는 40장으로 구성되어 있고 레위기는 27장으로 구성되어 있습니다. 민수기는 36장으로, 신명기는 34장으로 구성되어 있습니다. 그러니까 레위기가 모세오경에서 제일 짧은 책이죠. 레위기에서 10장을 제외하고는 육하원칙에 따라 전개되는 스토리가 전혀 없습니다. 스토리가 있는 장은 10장입니다. 아론의 두 아들, 나답과 아비후가 하나님이 허락하지 않은 불로 향불을 피우다가 급살 당한 이야기죠. 이 이야기 말고는 레위기는 전부 다 지침들, 규정들, 율법들로 가득 차 있죠. 레위기를 읽을 때 극단적인 인내가 필요한 이유가 여기에 있습니다.

레위기는 1장부터 16장, 17장부터 26장, 그다음 27장 부록으로 구성되어 있습니다. 1장부터 16장은 제사법에 관한 규정들입니다. 17장부터 26장은 이스라엘 백성들이 거룩한 백성으로 사는 데 긴요한 규정들입니다. 17–26장을 "성결법전"(the Holiness Code)으로 부르는데 이 율법집성물은 이스라엘 백성들이 가나안 족속, 이집

트 족속과 구별되는 거룩한 백성으로 사는 데 필요한 율법들로 가득 차 있어요. 27장은 성소 또는 성전을 유지할 때 필요한 일종의 성전세 납부 내규로서 부록에 해당됩니다.

그런데 중요한 사실은 출애굽기처럼 레위기도 등위접속사 와우(and)로 시작된다는 점입니다. 히브리어로 음송하면 '봐이크라 엘 모세' 이렇게 시작됩니다. "그러나 그가 모세를 부르셨다." 여기서 "그는" 하나님입니다. 레위기 1장의 이 첫 소절을 이해하려면, 출애굽기 40장 34–35절 상황을 먼저 파악해 두어야 합니다. 출애굽기의 마지막 상황을 봐야만 레위기 1장 1절의 첫 소절, "그러나 그가 모세를 부르셨다"라는 구절의 의미를 파악할 수 있습니다. 출애굽기 40장 34–35절은 성막이 완성되었을 때 그 성막을 하나님의 영광이 가득 채워 모세가 하나님의 시은좌로 나아가지 못하는 상황을 보도하고 있습니다. 모세가 야웨의 영광으로 가득 찬 성막, 즉 하나님의 존전에 나가지 못하고 쩔쩔 매고 있습니다. 거룩한 하나님의 영광이 발산하는 이격과 배척의 기세 때문에, 모세가 하나님께 가까이 가지 못합니다. 거룩한 하나님의 영광이 거룩한 이격과 거룩한 배척의 힘으로 작용했기 때문에 모세가 하나님의 존전으로 나아갈 수 없었습니다. 그 거룩한 영광이 하나님과 모세 사이에 엄청난 이격감을 만들어 내고 있었습니다. 하나님께 가까이 갈 수 없는 모세의 상태가 출애굽기 40장의 마지막 상황이죠. 그런 상황에서 하나님께서 모세를 불러 당신께 가까이 오게 하셨습니다. 하나님께서는 모세를 가까이 오게 하셨을 뿐만 아니라, 하나님의 영광으로부터 불어오는 거룩한 배척의 바람을 뚫고 하나님께 나아오는 제사제도를 친히 가르쳐 주십니다.

이스라엘 백성이 하나님의 존전에 접근하지 못하게 만드는 거룩한 영광의 배척력을 상쇄할 만한 절차가 하나님께서 만드신 제사입니다. 제사는 히브리말로 '코르반'입니다. 그런데 개역개정 성경은 '코르반'을 예물로 번역함으로써 이 단어의 원의를 잘 포착하지 못하고 있습니다. 코르반은 히브리어 케렙(qereb)에서 파생된 단어입니다. 히브리어 케렙은 심장, 마음, 내장, 인간의 순수한 내적 자아를 가리킵니다. 하나님이 이스라엘에게 코르반을 바치라고 요구할 때 그것은 심장을 바치라는 의미입니다. 케렙에서 나온 동사가 카랍(qārab) 동사인데, 그 뜻은 '심장스럽게 가깝다,' '가까이 오다'입니다. '심장스럽게 가깝다'는 말은 심장을 덧댄 것처럼 아주 친밀하고 가깝다는 말입니다. 하나님은 이스라엘 백성에게 예물(코르반)을 가져오려거든(야크립, 타크립, 타크리부) 양떼와 소와 염소 등 귀한 가축 중에서 하나를 택해 가져오라고 명하십니다. 여기서 '가져오다'라는 히브리어 동사는 카랍 동사의 사역형입니다. 3인칭 단수는 야크립, 2인칭 복수형은 타크리부입니다. '예물(코르반)을 가져오다'라는 구문은 동종목적어 구문입니다. 누군가 '심장스러운 예물을 심장스럽게 가깝게 가져오다'라는 의미로 해석됩니다. 코르반을 가져올 사람들은 그 마음을 가져오라는 말입니다. 그러니까 제사의 핵심은 하나님의 심장에 자신의 심장을 가깝게 가져가는 행위입니다. 곡식예물이나 동물희생 제사로 이스라엘 사람은 하나님께 가까워지는 마음을 표현합니다. 곡식과 희생 동물 이런 것들 전부 다 그 자체가 하나님께 다가가게 만드는 효력을 보유하지 않습니다. 곡식예물, 동물희생 예물 모두 하나님께 가까워지려는 마음, 즉 인간의 심층적 의지인 코르반을 대변합니다. 따라서 제사제도의 핵심은 동물희생 제사나 곡식예물이 아닙니다. 사람의 심장, 정직한 마음, 상한 심정이 하나님께 가깝게 다가가게 만드는 코르반(심장스러운 예물)입니다. 하나님은 제사드리는 사람이 정직한 마음, 내면의 심장 같은 순전함으로 나오기를 원합니다. 하나님은 동물희생 제물을 먹는 신이 아니기 때문입니다.

하나님은 인간의 순전한 마음을 먹습니다. 순전한 마음, 정직한 마음, 심사숙고의 성찰 끝에 하나님을 사랑하는 결심, 그런 것을 하나님은 받으십니다. 그래서 하나님께서는 코르반, 예물을 가져오라고 할 때, 그 예물은 사람의 심장을 가리킵니다. 절대로 동물 또는 곡식이 하나님이 원하는 심장이 될 수 없습니다.

그래서 레위기가 말하는 제사제도의 핵심은 뭐죠? 심장을 가져가는 겁니다. 제사드리는 자는 자신의 심장 안에 있는 정직한 감정과 의지와 결심을 하나님께 가져갑니다. 우리가 슬플 때는 슬픔을 가져가는 것이 예물을 바치는 것입니다. 우리가 감사할 때는 감사를 가져가는 것이 예물입니다. 비탄에 빠졌을 때는 비탄에 빠진 마음, 후회막심한 슬픔과 회개의 마음이 가득 차 있을 때는 회개의 마음을 하나님께 바치는 것이 참된 제사입니다. 하나님이 받으시는 참된 제사는 부서진 마음 또는 정직한 마음입니다.

하나님이 고안한 제사는 다섯 가지입니다. 번제, 소제, 화목제, 속죄제, 속건제입니다. 이 다섯 가지 제사는 하나님 앞에 우리 인간의 심장을 가져가는 방식으로 하나님이 기대하는 제사입니다. 다시 말하지만 동물 그 자체, 곡식 그 자체가 하나님께 열납되는 제사가 아닙니다. 곡식을 드리는 자, 동물희생을 드리는 자의 그 마음이 하나님께 바쳐지는 예물이요 제물입니다.

1장부터 16장은 길고 자세한 제사 규정입니다. 그중에서 절정은 16장에 나오는 대속죄일 제사입니다. 대속죄일 제사는 하나님의 성전 지성소 또는 성막의 지성소를 청결하게 만드는 일종의 시설 자체의 거룩성을 회복하는 제사임에 동시에, 1년 동안 이스라엘 백성이 알게 모르게 지은 모든 죄와 허물을 일괄적으로 속죄하고 용서하는 제사입니다. 대속죄일을 히브리어로 '욤 키푸르'라고 말합니다(the Day of Atonement). 대속죄일 제사는 1년에 한 차례 대제사장이 성전 지성소에 들어가서 지성소 휘장에 피를 뿌리는 엄숙하고 장엄한 제사입니다. 매년 반복되는 제사이기도 합니다. 대제사장만이 성소에 들어가서 드리는 제사입니다. 성소와 지성소를 가르는 휘장에 피를 일곱 차례 뿌리는 제사입니다.

신약성경 히브리서 8-10장은 예수 그리스도의 피가 바로 대속죄일에 뿌려졌던 그 대속죄일 제물의 피라고 말합니다. 하지만 어디까지나 이것은 비유입니다. 예수님의 피제사의 죄 사함 효력은 대속죄일 속죄효력보다 훨씬 더 크기 때문입니다. 구약의 아론계열의 대제사장이 집전한 대속죄일 제사는 중대한 형사범죄나 십계명 같은 계명을 위반한 중대죄악까지 용서한다고 볼 수는 없습니다. 구약시대의 제사는 형사범의 죄를 대속하는 기능을 맡지는 않았습니다. 예를 들어 사람을 죽인 죄는 보통의 속죄제로도 용서되기 힘들었고 대속죄일 제사로도 속죄될 수 없었습니다. 대속죄일 제사는 내 의지와 시간이 모자랐을 때 지었던 죄, 연약함 가운데 저지른 죄, 의식했다고 할지라도 그렇게 중차대한 허물이 아닌 죄를 용서하는 속죄제사였습니다. 다른 사람을 고의로 죽인 자의 죄는 어떻게 되었습니까? 그건 제사로 해결하지 않고 형법으로 다스렸습니다. 간음하다가 붙잡힌 사람들의 죄를 용서해주는 속죄제사도 없었습니다. 바로 돌로 쳐죽였습니다. 이처럼 속죄제사는 물론이요 대속죄일 제사도 구약시대의 모든 죄를 다 해결하는 제사가 아니었습니다. 구약시대 때의 제사는 부지불식간에 지은 죄, 국가형벌권으로 처리되지 않는 죄 등에 관한 해결책이었습니다.

17장부터 26장은 이스라엘 백성이 가나안 백성, 이집트 백성과 얼마나 달라야 되는지를 말하는 성결법전입니다. 이 법전에는 창조질서에 대한 존중, 성적 일탈과 범죄규정, 이웃 배려 규정, 미풍양속을 해치는 혼합주의적인 문명 경계 등으로 가득 차 있습니다. 18장과 20장에는 가나안과 이집트에 만연했던 극단적인 성적 타락과 일탈에 관한 심각한 단죄가 나옵니다. 물론 17－26장 안에는 오늘날 현대인들이 도저히 납득할 수 없는 종교적 제의규율도 있습니다. '남자 아이를 낳았을 때 산모는 33일 부정하고, 여자 아이를 낳았을 때는 66일 부정하다.' 이런 규정은 오늘날 우리가 이해하기 힘듭니다. 그리고 어떤 음식은 먹어도 되고 어떤 음식은 먹지 말아야 된다는 규정 또한 현대인들에게 그대로 적용하기는 쉽지 않습니다. 모든 법령을 관통하는 핵심관심사는 레위기 11장 44－45절, 레위기 19장 2절에 나옵니다. "나도 거룩하니 너희도 거룩하라" 여기서 이스라엘에게 거룩하라고 요구하는 것의 구체적 의미는 무엇일까요? '너희들이 한때 살았던 이집트 사람들과도 구별되어야 하며 너희들이 앞으로 살게 될 가나안 족속과도 달라야 한다.' 하나님의 언약에 충실하게 살면서 주변 문화와 종교관습으로부터 역삼투압을 당하지 말아야 한다는 말입니다. 거룩함의 뜻은 뭡니까? 전체의 유익을 위하여, 전체의 유익 때문에, 전체로부터 분리된 전략적인 고립과 구별을 가리킵니다. '내가 이방인들과 구별된 거룩한 백성이 되어야 이방인들에게 하나님의 거룩한 성품을 가르칠 수 있다.' 이런 의미입니다. 이스라엘이 먼저 하나님께 거룩해야만 거룩하지 못한 사람들을 구원할 수 있기 때문에 이스라엘의 거룩은 인근 이방인들을 위해서도 아주 중요합니다. 이스라엘이 거룩해야만 하나님의 능력으로 거룩하지 못한 사람을 도울 수 있습니다. 따라서 거룩하다는 말은 다른 사람과 영구적으로 갈라지기 위해서 구별되는 것이 아니라, 다른 사람을 구원하기 위해서, 즉 전체의 유익을 위하여 전체로부터 분리되는 것을 가리킵니다. 그래서 레위기의 핵심은 거룩한 백성의 삶을 규정하고 제사장 나라의 삶을 규정한다고 할 수 있어요. 아주 단순화시켜 말하면, 레위기는 출애굽기 19장 5－6절에 나오는 이스라엘의 삼중적 정체성 규정에 대한 긴 해설인 셈입니다. "너희가 내 언약의 말을 듣고 잘 지키면 너는 내게 대하여 제사장의 나라가 되고 거룩한 백성이 되리라" 출애굽기 19장 5－6절의 이 약속을 구체적으로 성취하는 절차가 바로 레위기의 주제입니다.

그럼 민수기의 주제는 뭡니까? 민수기 또한 1장 1절이 등위접속사 와우("그리고")로 레위기와 연결됩니다. 민수기의 첫 단어가 '그리고 광야에서'입니다. 히브리어로 '쁘미드바르'입니다. 민수기는 광야에서 38년 동안 이스라엘 백성이 방황하고 징계를 받고 연단을 받으면서도 점점 가나안 땅으로 전진하는 이야기입니다. 민수기의 책 이름은 두 번의 인구조사를 했다는 뜻으로 "민수기"가 되었지만, 이 책의 내용은 38년 동안 이스라엘 백성이 광야에서 겪었던 징계와 연단과 성화에 관한 이야기입니다. 민수기 안에는 레위기 같은 다소 지루한 율법도 많이 나오지만 또한 매우 재미있는 스토리들도 상당히 많이 들어있습니다.

1장부터 10장 11절까지는 길고 지루한 내용, 행정서식이나 지침 같은 내용들이 주를 이룹니다. 가나안 땅으로 진군하기 위하여 이스라엘 12지파가 어떤 대형으로 광야행진 대형을 유지할 것인가를 가르치는 세부지침이 1장부터 10장 11절까지의 내용입니다. 민수기의 이 첫 단원은 굉장히 지루합니다. 똑같은 정형구문이 반복됩니다. 지파 이름만 바꾸면 됩니다. '어떤 지파는 동쪽에 서고, 어떤 지파는 서쪽에 섰다.' 이런 식입니다. 해 돋는 동쪽은 유다 지파의 행진좌표입니다. 헌물을 바친 각 지파 두령 이름 등 사람이름도 굉장히 많이 나옵니다. 민수기 10장 11절 이후부터 드디어 12지파의 광야 행진이 시작됩니다.

행군을 시작한 후 모세와 아론의 지도력에 대한 반발이 병발합니다. 특히 모세의 리더십이 결정적으로 위기를 맞습니다. 민수기 11장부터 21장까지는 한마디로 말해서 모세의 리더십이 다양한 방식으로 흔들리고 도전받는 이야기라고 할 수 있습니다. 11장부터 21장 내내 이스라엘 백성은 물이 없고 양식이 없을 때마다 모세와 아론을 돌로 쳐죽이려고 합니다. 그리고 더 극단적인 저항은 아예 다시 이집트로 되돌아가겠다는 반역을 통해 터져 나왔습니다. 다시 이집트로 되돌아가겠다고 자체 지도자를 세운 환(還)애굽 반도(叛徒)들은 모세와 아론에게 정면도전했습니다. '너희들이 우리를 가나안 땅으로 데려간다는 명목으로 이집트 땅에서 우리를 끌어내어 광야에서 죽게 한다. 도대체 누가 너희들에게 우리를 이집트에서 끌어내어 광야에서 죽게 할 권리를 주었느냐?' 민수기 14장에서 이 환애굽 반도들이 아예 한 장관을 세워 이집트 노예의 땅으로 되돌아가려고 하는 무서운 반역사건이 일어납니다.

13－14장, 16장, 19장 전부 다 모세의 리더십을 치명적으로 손상시키는 반역 사례들입니다. 그런데 이 반역 무리들의 저항에 직면할 때마다 모세는 돌을 쳐든 군중의 함성 밑에 납작 엎드려서 위기를 모면합니다. 민수기를 읽어보면 진짜 광야 40년 동안 이스라엘 민족에게 일어난 가장 위대한 기적이 무엇이었는가를 깨닫게 됩니다. 광야시절의 가장 위대한 기적은 반석에서 물이 난 기적도 아니요, 하나님이 만나와 메추라기로 이스라엘을 먹이신 사건도 아닙니다. 아무런 무장병력도 없는 모세가 그 성난 군중들 틈 사이에서 자신의 카리스마로 끝까지 살해당하지 않고 살아난 것이 가장 위대한 기적입니다. 다시 말하면 비무장 혈혈단신 문민지도자인 모세가 어떠한 병력이나 공권력의 도움도 없이 60만 명의 장정들을 통솔하여 40년 동안 광야 생활을 유지했다는 것, 이것이야말로 가장 위대한 기적이요 비현실적일 정도의 엄청난 기적입니다. 비무장 지도자 모세가 아무런 행정적·군사적 통제력 없이 60만 명의 남자들을 광야에서 평화롭게 이끌었다는 사실이 믿어지지 않는 기적으로 느껴집니다. 민수기의 내용은 1장부터 10장 11절까지가 광야 행진을 준비하는 행정체제 준비과정을 다루고, 10장 11절부터 드디어 광야 여정의 착수를 다룹니다. 광야행진은 25장 18절까지 계속됩니다. 10장 11절부터 25장 18절까지 내내 광야 여정입니다.

그중에서 3대 반역사건이 일어납니다. 첫째, 민수기 13－14장에 나오는 애굽으로 돌아가자는 환애굽 반역입니다. 둘째, 16장에 나오는 고라, 다단, 아비람 대반역입니다. 마지막으로 25장에 나오는 발람과 바알브올이 부추긴 대반역 사건입니다.

민수기는 가나안 땅에 들어가기 싫어하는 노예근성으로 가득 찬 이스라엘 백성이 자유인이 되어가기 위해서 치르는 엄청난 대가를 말합니다. 이스라엘 백성은 법적으로는 자유인이 되었습니다. 파라오의 손아귀에서 벗어났습니다. 그러나 내적으로는 여호와의 율법의 멍에를 지고 질서정연하게 가나안 땅을 찾아가는 훈련된 시민으로서의 자유는 아직 내면화되지 않았습니다.

이스라엘 민족은 빈번히 1차원적인 생명의 욕구가 채워지지 않을 때, 즉 물이 없거나 양식이 없을 때 돌로 지도자를 쳐죽이려고 하는 원시적인 무질서 상황에 노출됩니다. 그러나 시시때때로 하나님은 이런 무질서한 군중 같은 이스라엘에게 물과 양식을 공급합니다. 이 과정에서 이스라엘은 아주 천천히 하나님을 신실하게 믿을 수 있는 자유인의 성품을 체질화시켜 갑니다.

민수기에서 제일 재미있는 내용은 22-24장의 예언자 발람의 방황과 실족 이야기입니다. 이스라엘 백성이 광야 38년의 방황을 끝내고 이제 가나안 땅 도하 직전의 땅 모압 평지까지 왔습니다. 이 '모압' 평지는 요단강 동편에 있는 나라 모압과는 다른 지역입니다. 쇄도하는 이스라엘 민족을 보고 전전긍긍하던 모압왕 발락이 국제저주 전문기도자인 발람이라는 예언자를 고용해서 이스라엘의 가나안 진입을 좌절시키려고 합니다. 발락은 이스라엘의 접근을 막고 방해하기 위해서 발람에게 저주기도를 요청합니다. 엄청난 돈을 받고 이스라엘에게 저주기도를 하러 온 발람이 저주기도를 하려고 눈을 감고 기도하는 순간, 하나님의 영에 사로잡혀 이스라엘을 저주하기는커녕 축복하고 마는 상황이 폭소를 터뜨리게 합니다. 발람은 하나님 영감에 사로잡혀서 이스라엘을 저주하기보다는 오히려 축복하게 됩니다. 저주 대신 이스라엘의 독특한 미래를 예언하게 되는 엄청난 반전 드라마가 발람 이야기입니다.

발람 이야기의 요지는, '하나님이 복 주신 아브라함의 후손 이스라엘에 대항하는 어떤 누구의 저주기도도 효력을 발휘하지 못한다'라는 것입니다. '하나님이 축복하신 자를 누가 저주하랴.' 하나님이 복 주시기로 작정한 아브라함의 후손을 아무도 저주할 수 없다는 것입니다. 오히려 발람은 하나님이 축복하신 이스라엘을 따라 줄을 서서, 이스라엘의 하나님을 믿는 사람만이 하나님의 축복을 받을 수 있다는 엄청난 원리를 깨닫게 됩니다. 민수기 저자는 발람의 이야기를 통해서 이스라엘 백성의 독특한 사명을 재확증해 줍니다.

민수기는 드라마적 요소를 갖춘 내러티브와 율법이 뒤섞여있기 때문에 약간 다소 어수선해 보입니다. 그런데 우리가 민수기 안에서 깨닫는 분명한 진리는, '비록 우리가 광야 같은 세상에서 쓰러지고 넘어지고 징계를 받을지라도, 가나안 땅을 향해서 우리는 조금씩 전진한다'라는 것입니다. 상처와 고통으로 얼룩진 광야 여정이었다고 할지라도 우리는 비틀거리면서 목적지에 도달하게 된다는 것입니다. 이런 일종의 교육과정을 거쳐 가나안 땅으로 접근해 간다는 것입니다. 또한 민수기에서 우리는 법적으로 자유롭게 됐을지라도 품성적인 자유를 얻기 위하여 많은 연단이 필요하다는 것을 깨닫게 됩니다. 이 주제를 중심으로 보면, 민수기는 단지 과거의 이스라엘 민족에 관한 이야기만으로 머물지 않습니다. 법적인 자유를 얻었지만 그 자유를 누리기 위한 과정은 율법을 준수하는 순종과 실천훈련을 포함한다는 것입니다. 불필요할 정도로 강한 자존심과 욕망을 억제할 수 있는 자기부인의 영성 함양, 이것이야말로 자유인의 핵심교양입니다. 외적 강제나 외적인 억압이 없다고 자유가 오는 건 아닙니다. 이스라엘 백성은 초지일관의 목적과 의식으로 뚜벅뚜벅 전진만 하여 가나안 땅으로 간 것이 아닙니다. 방황을 거듭하고 똑같은 실수를 거듭하고 죄를 짓고 징계를 받고 연단을 받으며 비틀거리면서 가나안 땅까지 갔습니다. 이것이 인간의 실존적인 정황입니다. 우리는 비틀거리면서 징계와 연단을 경험하면서 목적지로 가는 존재입니다. 그래서 민수기를 읽어보면 '하! 이것이 단지 고대 이스라엘 사람들만의 이야기가 아니구나. 바로 내 이야기구나!'라고 느낄 만큼 민수기는 현대인의 광야분투와 생존투쟁의 여러 양상들을 다채롭게 보여주고 있습니다. 민수기는 외견상 고대 이스라엘의 이야기이지만 민수기의 광야 방황과 징계, 연단의 스토리는 지극히 현대적인 생존투쟁기록으로 봐도 손색이 없을 것입니다. 민수기가 그리는 하나님과의 동행여정은 막힘없는 전진이 아니라 비틀거리면서 간신히 걸어가는 완보여정입니다. 다 다룰 수 없지만 민수기에는 실로 감동적인 내용이 많습니다. 이 많은 내용들을 제가 다 동영상 시간에 커버하지 못합니다. 제 교재를 참조하기 바랍니다. 감사합니다.

인문고전으로서의 구약성서 읽기

4주차 강의안

4-1

신명기와 모세오경 요약

신명기의 메시지와 구조

신명기의 메시지

신명기는 창세기-민수기를 꿰뚫고 흐르는 "하나님 나라 신학"의 중간결산이다. 모세오경은 이스라엘 백성들 안에 나라를 세우시려는 하나님의 의지를 극명하게 보여준다. 신명기는 하나님 나라가 관념의 나라가 아니라 구체적인 시공간에 정립되는 정치적 실체임을 보여준다. 가나안 땅에 정착한 이스라엘 백성이라는 구체적인 역사적 실체 안에 진지(陣地)를 구축하여야 하나님 나라는 세계 속에 뿌리를 내릴 수 있다. 따라서 이스라엘은 하나님의 통치를 받는 객체가 되어야 하며 동시에 세계 속에 하나님의 다스림을 매개하는 주체가 되어야 한다. 이스라엘은 정치와 경제, 문화와 종교의 영역 모두에서 하나님의 다스림을 구현하고 육화시켜야 한다. 이런 점에서 구약의 어떤 책도 신명기처럼 우리들을 이스라엘 신앙의 핵심, 곧 하나님 나라 신학으로 곧장 인도하는 책은 없다. 구약성서를 "하나님 나라 신학"으로 총괄요약하신 분은 나사렛 예수다. 예수께서 선포하시는 하나님 나라는 "땅에 임하는" 나라다. 그런데 땅은 기득권을 발판 삼아 하나님 나라의 도래에 필사적으로 저항하는 반역자들의 반역 요새다. 가나안 땅의 원주민들이 하나님 백성들의 진입을 필사적으로 저지하듯이 나사렛 예수가 선포한 하나님 나라도 지상권력자들과 정사(政事)들의 필사적 저항을 맞이하였다.

신명기는 모세의 설교와 모세의 권위를 가진 설교자들(모세적 권위를 잇는 예언자들)의 설교적 강론들을 묶어놓은 책이다. 이 모든 설교들은 하나님의 선행적(先行的)인 은혜에 대한 응답으로 하나님의 율법에 대한 자발적인 순종을 호소하고 있다. 따라서 신명기는 단순한 율법서가 아니라 이스라엘의 심장에 호소하는 설교체로 된 지침들이다. 그것은 인간 행동의 하한선을 설정하고 그것을 위반하는 경우에 받게 될 징벌을 중심으로 결집된 우리나라의 육법전서와 다르다. 오히려 이스라엘 백성들의 심장을 향하여 설교된 법으로서 인간 행동의 상한선을 설정하며 그것을 준수하였을 때 받게 될 축복을 강조한다. 이런 점에서 볼 때 신명기에서 토라를 율법이라고 번역하는 것은 불완전한 번역이다. 토라는 사활적(死活的) 중요성을 가진 가르침(instruction)이다.

신명기는 장르상 토라에 속하지만 예언자적인 기상을 강력하게 풍기고 있다. 신명기는 또한 오랜 교회사를 통하여 가장 첨예한 신학적·윤리적 쟁점들을 제기한 어려운 책이다. 거기에는 인종학살 명령처럼 들리는 종교적 도그마가 있고, 다원주의적 가치를 신봉하는 현대인들에게는 용납되기 어려운 배타적 주장들이 여기저기서 분출한다. 유일신 야웨 외에 다른 신적 존재들을 부정하는 신정주의적인 이상이 신명기 안에 저류(底流)처럼 흐른다. 그러나 또 한편 신명기는 다른 신적 존재들과 야웨 하나님의 불편하고 위험한 공존 현실을 받아들이는 것처럼 보인다. 그렇기 때문에 신명기는 유일신 신앙에 대한 배타적 예배를 그만큼 더 강조하고 있다.

신명기에 대한 통속적인 이해에 따르면 율법의 순종에는 구원과 축복으로, 율법의 불순종에는 징벌과 심판으로 응답하시겠다는 하나님의 흑백논리가 소위 신명기 신학의 대지(大旨)다. 그러나 신명기서 전체에 대한 깊은 공부는 이런 통속적인 이해를 어느 정도 교정하게 될 것이다. 신명기는 율법을 지키면 구원을 줄 것이며 불순종하면 환난과 죽음을 준다는 단순화된 이분법 신학을 제시하지 않는다. 이런 단순도식적 이분법을 넘어선다. 그것은 믿음으로 말미암아 구원받는다는 개신교적인 신앙원리를 옹호할 뿐만 아니라, 전체적으로 보아서 하나님의 절대주권적인 은총의 승리를 기리는 신학으로 평가되어야 할 것이다. 신명기는 이스라엘의 불순종과 불신앙을 초극하는 하나님의 은총을 송축하기 때문이다. 이런 점에서 신약성경(나사렛 예수와 바울)의 광범위한 신명기 인용은 주목할 만하다. 이 사실은 신명기가 바로 믿음으로 말미암아 의롭게 되는 교리, 즉 하나님의 은혜의 궁극적 승리를 기리는 교리의 본령임을 일깨워준다. 특히 모압 언약을 담고 있는 신명기 29–30장은 신명기에 대한 인과응보적 해석을 경계하고 상대화시킨다. 모압 언약에서는 시내산 계약의 준수 실패로 완전히 파산당한 이스라엘 백성들을 회복과 회개로 초청하는 하나님의 절대주권적인 은총이 왕 노릇 하고 있지 않는가?

끝으로 신명기서의 이름들을 살펴봄으로써 이 책의 저작 의도를 알아보고자 한다. 먼저 신명기의 히브리어 성경 책 제목은 "(하)드바림"("이것들은 --- 말씀들이다")이다. "말씀들"이라는 제목은 첫 구절로 제목을 대신하는 오경 책들의 제목 붙이는 관습에 따라 신명기에 붙여졌다. 말씀들이란 명령과 훈계, 선포와 권고의 말씀들을 가리킨다. 권고적이며 설교적인 문체가 이 "말씀들"을 지배하고 있다. 그래서 청중들에게 이 책의 가르침을 순종하도록 권고하기 위해 고안된 목적절들이 많은 장절(章節)을 채우고 있는 것은 자연스럽게 보인다. 마지막으로 한국어 제목인 "신명기(申命記)"는 신명기 17:18의 "율법의 사본"이라는 말의 그리스어 번역문에서 취하여진 것이다. 그런데 그것이 전의되어 "반복된"(혹은 "갱신된") 율법 혹은 "다시 가르쳐진 율법"을 지칭하는 말이 되었다. 따라서 한국식 제목인 "신명기"도 모압 평지에서 출애굽 2세대에게 시내산 율법을 새롭게 가르치는 모세의 강론을 담고 있는 이 책의 대지를 잘 드러내고 있는 셈이다.

신명기의 구조

I. 40년 광야 방랑사 회고와 전망–공세적인 하나님 나라(1–4장)
  1. 약속의 땅 경계선까지 이르는 여정(1–3장)
  2. 갱신된 순종으로 초청하시는 하나님–어떤 신과도 비길 수 없는 하나님!(4:1–49)

II. 영원히 갱신되는 시내산 계약(5–26장)
  1. 자유케 하는 율법인 으뜸 계명과 십계명(5–6장)
     –신명기는 "십계명(쉐마)에 대한 길고 자세한 해설"이다.
  2. 광야의 불순종 역사로부터 도출되는 권계적 설교(7–11장)

3. 가나안 정복전쟁은 인종학살전쟁인가? 하나님의 거룩한 심판인가?(12–16장)
4. 신정통치의 대리자들–재판관, 왕, 제사장, 예언자(17–21장)
5. 약속의 땅을 누릴 백성들의 품격, 자유케 하는 율법과 하나님 나라(22–26장)
III. 은혜 안에서 누리는 하나님 나라–모압 언약의 신학적 의미(27–30장)
IV. 이스라엘의 실패와 배교를 넘어서는 하나님 나라–모세를 넘어 그리스도 예수를 바라보는 신명기 약속(31–34장)

I. 40년 광야 방랑사 회고와 전망–공세적인 하나님 나라(1–4장)

1. 약속의 땅 경계선까지 이르는 여정(1–3장)

이 단원은 모세의 첫째 강론이다. 1:1–46은 하나님의 인도를 믿지 못하는 불신앙의 대가인 패배와 퇴행의 역사를 회고한다. 2:1–3:11은 야웨와 함께 가는 여정에서 경험한 평화와 전쟁에 대하여 회고한다. 3:12–29은 왜 모세가 가나안 땅에 들어갈 수 없는지를 성찰한다. 여기서 모세는 아주 초보적이고 대속적인 징벌의 희생자가 됨으로써 가나안 땅에 들어가지 못하게 된다. 그는 반복적이고 누적적인 불신앙과 불순종으로 하나님을 격노케 하여 가나안 땅 입성을 금지당했던 광야세대의 죄짐을 지고, 하나님께 가나안 입성이 거절당한 광야시대 백성의 대표자가 된다.

2. 갱신된 순종으로 초청하시는 하나님–어떤 신과도 비길 수 없는 하나님!(4:1–49)

4장은 시내산의 폭풍 가운데 현현하신 하나님을 회상하며 율법 순종의 중요성을 되새긴다. 시내산 폭풍 가운데서 하나님의 형상을 보지 못했다는 사실에 근거해 하나님을 예배하기 위하여 어떤 형상이나 우상도 제작하지 말아야 할 것을 강력하게 경고한다. 이 장은 이스라엘이 하나님의 율법을 잘 준행하면서 얼마나 행복하고 자랑스러운 민족이 될 것인가를 반추하며 하나님에 대한 갱신된 순종을 촉구한다. 4장은 이스라엘이 가나안 땅에서 만나게 될 다신교적 상황을 염두에 두고 하나님에 대한 일편단심의 충성심과 순종을 바칠 것을 힘주어 말한다.

결국 1–4장은 어떻게 이스라엘이 현재의 그 장소, 가나안 입구 모압 평지 즉 광야 방랑과 정착생활을 보장하는 약속의 땅 사이에 있는 경계선까지 오게 되었는지를 말해 준다. 4장 서두의 "이제 지금"은 뒤따라오는 내용이 앞선 역사적 회고의

적절한 함축적 결과임을 가리킨다. 이스라엘이 서 있는 경계선은 순전히 지리적인 의미만을 갖는 것이 아니라, 1-3장과 4장 사이, 즉 하나님의 은혜에 의해 형성되었으나 인간적 두려움에 의해 왜곡된 과거의 경험과 아직 형성되지 않은 미래 사이에 있는 경계선이다.[1)]

II. 영원히 갱신되는 시내산 계약(5-26장)

모세의 두 번째 강론은 5-11장(십계명과 쉐마)과 12-28장(신명기 법전과 그것의 부대조건)으로 구성되어 있다. 5-28장의 긴 강론의 서론은 4장 44-49절에서 발견된다. 여기서 말하는 "증거들"(testimonies)은 "십계명"(5-11장)을 지칭하는 반면, "법도"와 "규례"는 12-26장에서 발견되는 가나안 정착생활을 전제한 십계명의 시행세칙들을 가리킨다. 두 번째 강론의 전반부인 5-11장은 가나안 땅에 정착하게 될 출애굽 2세대에게 시내산 계약이 무엇을 의미하는지를 규명한다. 시내산이라는 "무대"에는 올라가지 못하였을지라도 모든 이스라엘의 후세대들은 시내산 계약의 계약당사자라는 것이다. 시내산 계약은 야웨 하나님과 이스라엘 백성 사이에 맺어진 가장 엄숙하고 순전한 쌍방계약이다.

시내산 계약은 쌍방계약이지만 또 한편에서 보면 이 계약은 엄격한 의미에서의 쌍방계약은 아니다. 더 강한 계약 당사자인 하나님과 더 약한 계약 당사자인 이스라엘 사이의 은혜로운(?) 불평등 계약이다. 잘 알려져 있듯이, 시내산 계약은 BC 14세기경에 고대근동(힛타이트 제국과 애굽 같은 강대국들과 여러 작은 나라 사이에 맺어진 조약)에서 행해졌던 종주-봉신 조약 체결 형식을 따르고 있다. 이 고대 종주-봉신 조약의 핵심은 종주가 봉신에게 배타적인 충성심을 요구하는 근거에 있다. 신명기에서 하나님은 거룩한 종주로서 출애굽 구원, 광야인도 등 은혜로운 전사(前史)에 입각하여 이스라엘의 배타적인 충성심을 요구한다. 이스라엘에게 야웨 하나님 한 분만을 섬기고 사랑하라는 요구가 신명기 전체에 걸쳐서 쩌렁쩌렁 울리고 있다. 이스라엘의 이 자발적이고 의지적인 사랑은 하나님의 자발적이고 의지적인 사랑에 대한 응답이라는 점이 모든 중요한 순간마다 상기되고 있다.

신명기 5-11장은 시내산 계약의 핵심조약인 십계명과 그것을 둘러싸고 있는 부대상황을 다룬다. 광야에서 사멸한 부모세대를 대신하여 이제 출애굽 2세대가 시내산 계약의 당사자로 소환된다. 시내산 계약의 관점에서 보자면, 이스라엘 백성이 된다는 것은 시내산 계약의 멍에를 메겠다는 결단에 동참하는 것을 의미한다.

1. 자유케 하는 율법인 으뜸 계명과 십계명(5-6장)

십계명은 400여 년간의 노예살이로부터 생겨난 노예근성을 근절하고 완전한 자유인의 품성을 함양케 해주는 자유의 멍에다(약 1:25). 신명기는 이름 그대로 되풀이하여 가르쳐진 율법으로서 항상 새로운 세대(가나안 정착 세대)에게 십계명을 선포한다. 여기서 모세는 시내산 계약은 이스라엘의 조상세대와 맺은 계약이 아니라 "지금 여기(모압 평지) 살아 있는 현세대"와 맺은 계약임을 강조한다. 시내산 계약의 동시대화를 규정하는 5장 3절의 관련 구절의 히브리어 원전을 문자적으로 재생하면 "우리들과 함께, 이 사람들 곧 여기 오늘 살아있는 우리 모두에게"라고 번역된다. 계약의 동시대적 요구를 강조하기 위하여 서로 중첩되는 일곱 개의 낱말들을 중복적으로 사용하고 있는 것이다. 여기서 출애굽 1세대와 출애굽 2세대 사이에 있는 시간적인 간격은 용해되어 버린다. 이것은 무엇을 말하는가? 그것은 시내산 계약의 영속적 속박력을 역설한다. 시내산 계약은 과거의 사건이 아니고, 현재에 속한 사건이라는 것이다.

또한 신명기 5장과 시내산 계약 체결을 다루는 출애굽기 19장, 24장을 비교해 보면 여기서는 모세의 중보자 사명이 현저하게 고양됨을 알 수 있다. 신명기 5장에서는 이스라엘 백성들이 야웨의 신적 임재와 충돌하여 죽지 않으려고 모세에게 적극적인 중재사역을 요청하는 것으로 묘사된다. 아마도 여기서 십계명을 직접 들었던 백성들이 야웨의 말씀들을 더 이상 직접적으로 듣기를 무서워하여 나머지 말씀들은 모세를 통하여 들었던 것처럼 보인다. 직접 계시로 주어진 십계명과 나머지 율법들이 구별되고 있다. 결국 모세의 중보자적 지위에 대한 회고는 십계명의 으뜸 지위를 강조하는 데 쓰이고 있다. 즉 십계명은 이스라엘 백성들이 직접 들은 말씀이기에 다른 모든 법도들과 규례들과 구분되어 우선적으로 중요시되어야 한다는 것이다. 십계명은 다른 법도들과 규례들과는 달리 후시대들과 다른 장소들에서 영구적으로 적용될 수 있다는 것이다.

5:6－21은 이스라엘과 하나님의 관계를 지탱시키는 으뜸 계명인 십계명을 제시한다. 십계명의 첫 선언인 "나는 너희를 애굽 땅 종 되었던 집에서 이끌어 낸 너희 하나님 여호와로다"는 십계명의 기초석이다. 하나님의 선행적(先行的) 해방이라는 이 토대 위에 하나님께서 백성들로부터 계약적 복종이라는 응답을 요구하고 계신다. 6장은 율법의 심장이자 으뜸 계명인 십계명을 긍정적으로 표현한, 쉐마(6:4－5)와 그것에 대한 함의를 제시한다.

십계명 제1계명: 다른 어떤 신들도 두지 말라(5:7)

창세기 1장이 이 첫 계명의 창조신학적 근거라면 출애굽 구원은 역사적 근거다. 첫째 계명은 출애굽의 은혜로운 전사를 회고하는 역사적 서언(하나님의 자기계시)으로부터 도출된다. 출애굽기 19:5－6은 하나님에 의한 출애굽 구원의 궁극적인 목적이 당신 자신에게 배타적으로 소속되는 한 공동체의 창조임을 선언한다. 이스라엘은 하나님께 바쳐질 충성심을 도적질해 갈 다른 주(主)들과 다른 모든 신들을 배척하여야 한다. 하나님은 분열된 마음을 받으실 수 없는, 나눠질 수 없는 "하나님"이시다(마 6:22－24).

제2계명: 질투하시는 하나님(5:8-10)

이 계명은 다른 신들과 주들을 잠재적인 예배 대상으로 규정한 1계명과 밀접하게 관련되어 있다. 이 계명의 핵심은 보이지 않는 하나님을 보이는 형상으로 새겨 숭배하려는 종교심리학적 욕구를 원천적으로 금지한다. 하나님은 인간의 공작적 상상력에 의하여 포착된 시각 이미지에 갇힐 수 없는 전체시다. 인간의 하나님 경험은 광활하고 심원한 하나님의 인격적 신비를 온전히 포착할 수 없다는 것이다. 시내산 신현현(神顯現)에서 이스라엘 백성들은 어떤 시각적 경험도 하지 못하였다. 양심을 세차게 뒤흔드는 외경스러운 음성을 들은 경험은 있을지라도 그들은 어떤 형상도 보지 못하였다(신 5:22－23). 심지어 하나님의 영광(앞 얼굴)을 보여달라고 간청한 모세에게도 하나님은 당신의 형상(앞 얼굴)을 보여주지 않았다(출 33:12－23). 모세는 하나님의 영광이 지나갈 때 바위틈 사이에 숨어 오로지 하나님의 등을 보았을 뿐이다. 아무도 하나님을 본 사람이 없으되 오로지 태초부터 계신 독생하신 하나님(요 1:17-18)이 하나님의 얼굴에 있는 영광을 알고 그 영광을 계시하신다(고후 4:6).

제3계명: 하나님의 이름을 경외하라(5:11)

여기서 하나님의 "이름"이라는 목적어는 "들다"라는 동사의 목적어다. 하나님의 이름을 "들어서" 자신의 명예를 보호하거나 거짓을 은폐하려고 하지 말라는 것이다(사 1:10-11; 암 5:18-23). 기도, 공예배, 그리고 법정 맹세 시, 우리는 하나님의 이름을 "들어야" 한다. 그런데 우리가 선을 행하지 않고 하나님의 이름을 들면 하나님의 명예를 더럽히게 된다. 하나님의 이름은 하나님의 인격적 현존 자체를 의미하기 때문이다. 정상적인 경우라면 하나님의 백성들이 하나님의 이름을 부르면, 하나님께서 당신의 인격적 현존을 드러내 주셔야 한다(신 4:8-20). 그런데 하나님의 현존을 감당할 자질이 없는 자들이 하나님의 현존을 요청하면 그것은 전혀 헛되고 망령된 일이라는 것이다. 신들의 형상을 제작해 놓고 그 형상에 의지하여 신의 현존을 확보하려는 이교도들과는 달리 이스라엘은 형상에 의지하지 않고 대신 하나님의 이름을 불러서 하나님의 현존을 확보하여야 한다. 그래서 그들은 "형상 숭배"를 통한 하나님 현존 요청 대신에 하나님의 "이름"을 부를 수가 있다.

제4계명: 안식일을 지키라(5:12-15)

신명기에서 안식일 계명은 하나님과의 관계성을 규정하는 동시에 인간적 책임들을 취급하고 있다는 점에서 하나님 관련 계명으로부터 이웃 관련 계명으로 건너가는 교량이다. 신명기에서 안식일 계명은 출애굽기 판본과 주요한 차이점들이 발생하는 유일한 계명인데 이 차이점들은 신명기적인 특성을 잘 드러낸다. 신명기에서는 야웨의 출애굽 구원사건이 안식일을 기억하고 지켜야 하는 근거가 된다는 점이 강조된다. 출애굽기판 안식일 계명(출 20:8-11)은 안식일의 기원을 하나님의 창조 사역에서 찾고 있다. 이에 비하여 신명기의 안식일 계명은 안식일을 지킬 것을 기억하라는 것이 아니고 그 반대이다. 즉 안식일을 지켜서 너희들도 한때 안식을 박탈당한 노예들이었음을 기억하라는 것이다. 신명기의 안식일 계명은 구속의 기억을 생생하게 살림으로써, 공동체의 모든 구성원들을 수고로운 노동으로부터 해방시키라고 명령한다. 특히 종과 노비, 그리고 농장을 가진 지주들의 탐욕과 노동성취주의(workaholic)를 경계하고 있다. 전체적으로 안식일의 휴식은 저등사역(이익 확장 노동)을 그치고 고등사역(예배와 안식)에 몰입하기 위한 거룩한 멈춤이다. 이런 점에서 안식일을 거룩하게 지키는 것은 제1계명과 제2계명을 지키는 데 봉사한다. 안식일은 인간의 노동을 금하는 것이 아니나 인간적 노동에 궁극적인 신뢰를 두는 것을 금지한다.

제5계명: 부모를 공경하라(5:16)

이 계명은 나이 어린 자녀들에게 적용될 수 없다는 뜻은 아니지만 보다 일차적으로는 성년이 된 자식들에게 초점을 맞추고 있다. 그것은 성인이 된 자녀들에게 하찮고 짐스러운 존재로 취급당하거나 다 자란 자녀들을 통제할 수도 없는 훨씬 약하고 가난케 된 연로한 부모들을 염두에 두고 있다. 연로한 부모세대에 대하여 성인이 된 자녀세대가 가질 수 있는 태도는 저주하는 행위 혹은 공경하는 행위일 것이다. 여기서 "저주하는 행위"는 경멸적으로 대우한다는 뜻이다. "공경하는 행위"는 부모세대가 자녀세대에게 남겨준 영적 유산, 물질적 유산, 그리고 양육의 수고에 대한 정당한 보은의 마음으로 존경하는 행위다(잠 6:20–25). 또한 부모 공경은 부모의 출산과 돌봄, 양육과 훈육의 수고를 통하여 하나님의 백성 공동체를 창조하시는 하나님의 질서를 존중하는 행위다. 하나님에 대한 경외와 경배가 부모 공경 계명의 대전제인 셈이다(엡 6:1).

또 한 가지 주목할 것은 제5계명은 약속–"하나님께서 주시는 땅에서 장수하리라"–이 첨가되어 있는 첫 계명이라는 점이다(엡 6:1–4). 각 세대가 연로한 사회구성원들을 공경하고 사랑할 때 그 공동체는 하나님께서 주신 땅에서 아름답고 장수하는 삶을 살 가능성이 커지는 사회 분위기가 조성된다는 것을 의미한다.

제6계명: 생명을 보호하라(5:17)

"살인하지 말라"는 계명은 다른 사람에 의해 또 다른 한 사람의 목숨이 위협받는 것을 막고 사람의 목숨(생명가치) 보호를 최우선적 목표로 삼고 있다. 여기서 "살인하다"의 의미로 번역된 히브리어 동사는 흔히 쓰이는 동사 하락(hārag)이 아니고 라차흐(rāṣaḥ)이다. 라차흐라는 동사는 통상적으로 살인행위는 물론이고, 살인행위에 이르는 심리적인 중간과정까지도 포괄한다. 따라서 그것은 증오, 분노, 탐욕, 욕심, 혹은 어떤 개인을 고의적으로 살해할 마음(적개심)까지도 가리킨다. 그래서 산상수훈에서 예수께서는 형제에 대한 분노, 형제를 바보 같은 놈이라고 욕하는 것도 살인 금지 계명을 범한 것이라고 말한다.[2)]

제7계명: 간음하지 말라(5:18)

이 계명은 아내와 남편 사이에 이뤄지는 성관계가 우선적으로 보호되어야 할 인격적 친밀성의 중심임을 인정하고 있다. 이 계명은 부부가 역동적인 혼인관계를 유지하기 위해서 서로에게만 남편이 되기로 그리고 아내가 되기로, 매 순간 엄숙하게 서약하라고 말하는 것처럼 들린다. 이것은 간음하지 않기 위해서는 부부가 서로 간의 인격적 친밀도를 매 순간 점검하라는 명령이기도 하다.

제8계명: 인신납치하지 말라(5:19)

이 계명은 직역하면 "인신납치하지 말라"이다. 이 계명의 요점을 잘 파악하려면 부족 간에, 종족 간에 그리고 개인 사이에서 노동력을 징발하기 위하여 혹은 배우자를 찾기 위하여 인신납치가 광범위하게 자행되던 고대사회를 떠올려 볼 필요가 있다(삿 21장). 이 금지 규정은 어쩌면 동료 인간을 노예로 부리는 것을 막기 위한 방패였을 것이다. 애굽의 노예였던 요셉은 자신을 가리켜 "히브리인들의 땅에서 훔쳐진 사람"(창 40:15; 출 21:16; 신 24:7)이라고 말한다.[3)]

제9계명: 거짓 증거하지 말라(5:20)

이 계명은 공동체 내의 개개인이 법정에서 부당하게 대우받는 것을 막아주는 보호장치로 설정되었다(왕상 21장 나봇의 포도원 사건). 이 계명은 거짓 증언을 동원하여 공동체의 존립근거인 공평과 정의를 파괴하는 유력자들의 죄악을 금지하는 계명이다.

제10계명: 탐내지 말라(5:21)

탐욕(ḥāmad; hit'awweh)을 금지하는 이 계명은 행동으로 드러나기 이전의 심리적인 차원의 행위까지 금지한다. 탐심은 자신에게 허용되지 않은 것을 가지려고 하는 악한 충동 내지는 갈망이다. 자기의 욕심을 숭배하듯이 집착하는 것이 바로 우상숭배로서의 탐심이다(겔 14:1-4; 수 7:21; 미 2:2; 삼하 11-12장).[4] 특히 물질에 대한 사랑이 하나님에 대한 사랑을 압도할 정도로 탐심이 인간의 마음을 사로잡을 때에는 제1, 2계명이 깨어진다.

2. 광야의 불순종 역사로부터 도출되는 권계적 설교(7-11장)

7:1-26은 하나님과 계약을 맺었다는 말이 무엇인지를 자세히 해설한다. 하나님과의 계약 아래 있다는 것은 도덕적·영적 방종을 정당화해주는 조건이 아니다. 오히려 하나님의 계약적 요구 아래 이스라엘 자신이 스스로를 속박하는 조건이다. 이 장은 비판적으로 음미된 선택/계약 신학에 대한 성찰과 논평을 담고 있다. 8:1-20은 광야 40년이 야웨의 공급하심에 의존한 역사였음을 기억하라고 요구한다. 광야 40년 방황은 매 순간 실존적으로 하나님을 의존하도록 훈련하는 시간이었다는 것이다. 9:1-29은 시내산 금송아지 사건(출 32장)을 교훈적으로 되새김하고 있다. 이 장은 이스라엘은 본디 목이 곧고 완악한 백성이었음을 깨닫고 스스로 조심할 것을 가르치는 권계적(勸誡的) 설교를 준다. 9:7-29과 10:10-11은 중보자 모세의 초상을 자세히 다룬다. 10:12-11:32은 5-11장의 결론으로서 복과 저주의 갈림길에 선 이스라엘에게 생명과 복을 선택하라고 다그친다.

3. 가나안 정복전쟁은 인종학살전쟁인가? 하나님의 거룩한 심판인가?(12-16장)

이 단락은 소위 "신명기 법전"이라고 불리는 신명기 12-26장의 첫 부분이다. 신명기 12-26장은 출애굽 2세대들이 종교적으로나 물질적으로나 아주 풍요로운(?) 가나안 땅에서 정착생활을 시작할 때 꼭 준행하여야 할 세부적인 율법들을 담고 있다. 가나안 땅 정착은 과연 이스라엘이 하나님에 대한 배타적 예배를 유지할 것인지 못할 것인지를 검증하는 시금석이 될 것이다. 신명기 12-26장의 규례들과 판례법들 중 많은 것들은 출애굽기 21-23장에 기록되어 있는 보다 초기의 법도들과 규례들을 반복하지만, 가나안 땅 정착이 초래한 다신교적인 환경에 맞게 개정되거나 증보되었다. 또한 이 율법적인 지침들은 십계명의 확장적이고 구체적인 적용사례를 보여준다. 12–26장은 각각 십계명의 순서대로 진전된다. 크게 보면 12–16장은 십계명의 1–4계명의 확장적 적용사례를 보여준다.

12장은 십계명의 1–2계명 안에 내재된 호전적–배타적 성격을 유감없이 드러낸다. 언뜻 보면 인종청소적인 학살을 명령하는 것처럼 들린다. 이런 본문은 사실상 종교의 이름으로 자행된 숱한 전쟁들(내전이건 국제전이건)을 정당화하는 데 동원되어 왔다. 2–3절은 가나안의 종교체제와 부대시설들을 파괴하라고 명령한다. 신명기나 여호수아서의 다른 부분에서는, 이 명령이 가나안의 토착종교와 그것을 섬기는 사제들, 그리고 그것들을 떠받치는 사람들까지 학살하라는 명령으로 이어지고 있다. 야웨 이스라엘에 대한 이스라엘의 배타적인 예배를 좌절시킬 수 있는 모든 잠재적인 배교 유혹세력들을 멸절하라는 것이다. 이런 전쟁을 구약성서에서는 "야웨의 전쟁"(Yahweh's war) 혹은 "거룩한 전쟁"(the divine war)이라고 한다. 전쟁의 목적이 신학적이기 때문에 즉 하나님이 설정한 이유로 전쟁이 치러지기 때문에 붙여진 이름이다. 하나님을 배타적으로 섬길 이스라엘 공동체를 창설하고 유지하려는 지상 과제 때문에 하나님은 문명파괴적인(?) 명령을 하달하시는 것이다. 많은 시대의 성서독자들에게 하나님의 잔혹한 전쟁이미지는 극단적인 혐오감을 유발시켜 왔다. 그래서 서구신학자들은 이 신명기의 호전성과 야웨 하나님의 호전적인 이미지를 희석화시켜보려고 노력하였다.[5)]

학자들(마틴 노트–폰라드 계열)은 이 명령은 실제 모세–여호수아 시대에 주어진 명령이 아니라 가나안 정착 이후에 이스라엘 민족이 가나안 문화와 종교에 포섭되어 정체성을 잃어버렸을 때 추후적으로(사후적으로) 선포된 지극히 관념적이고 이론적인 명령이었다고 본다. 즉 BC 7세기 신명기 종교개혁 운동의 주창자들이 자신의 시대에 벌어진 종교전쟁, 문화전쟁의 정당화를 위하여 이런 극단적인 명령을 모세의 입에 집어넣었다고 보는 것이다. "너희들은 애초에 가나안 토착족속을 멸절시켰어야만 했다"고 본다. 하지만 이 해석의 설득력은 거의 없어 보인다. 어떻게 해석하든 신명기의 상무적이고 호전적인 하나님 이미지는 국제적 평화와 다원적 가치관이 지배적인 규범이 되어 있는 오늘날의 문화와 조화되지 못하는 면이 있다.

그래서 독일의 아돌프 하르낙과 같은 학자들은 이런 종족신적인 이념을 원시적 선민의식의 잔재라고 폄하한다.

그러나 우리는 출애굽기, 레위기, 민수기, 그리고 신명기에 걸쳐 가나안 토착종교가 철저하게 부정되거나 혐오되고 있음을 기억하여야 한다. 가나안 토착종교나 문명은 이스라엘과 공존 불가능한 타락과 부패의 극치를 보여주는 것으로 묘사된다. 이것은 무엇을 말하는가? 이것은 아마도 가나안 토착문명에 대한 하나님의 파괴명령의 가혹성을 완화시키려는 심리적인 준비과정일 것이다. 가나안 토착세력은 자신들의 관영한 죄악 때문에 멸망당한다는 사실을 받아들이게 된다. 여기서 우리는 모세오경의 "땅 신학"의 한 면모를 이해할 필요가 있다. 모세오경의 땅 신학 중 하나는 인간은 땅의 거류자에 불과하다는 사상이다. 어떤 누구도 땅의 영구적인 소유자가 될 수 없다는 것이다. 현재의 가나안 토착족속들도 그 이전 시기의 토착족속을 몰아내고 정착하였고 이제 이스라엘 백성들에 의하여 이들도 쫓겨날 운명에 놓인 것이다. 땅이 그 토착민의 공의와 정의를 드러내지 못할 때 그 토착민들을 몰아내기(토한다) 마련이라는 것이다(창 15:1–15; 레 18장). 그런데 역사적으로 우연하게도 땅이 그 가나안 토착거민을 토해내는 과정에 이스라엘 백성은 하나님의 공변된 심판의 대리자로 참여하는 것이다. 따라서 가나안 정복전쟁에서 이스라엘이 거둔 승리는 가나안 원주민에 대한 하나님의 심판의 결과일 뿐, 다른 어떤 것도 의미하지 않는다. 이스라엘의 군사적 승리도 아니고 도덕적 승리도 아니다. 하나님의 심판이자, 공의와 정의가 악행과 불의에 대하여 거둔 승리일 뿐이다. 오히려 가나안 정복전쟁에서 멸절되거나 예속되는 토착민들의 운명은 장차 이스라엘 민족이 겪을 운명의 전조가 될 수도 있다는 경고가 쩌렁쩌렁 울려 퍼지고 있다.

그렇다면 무엇이 한 문명, 한 민족으로 하여금 땅을 잃고 소멸되거나 이산과 유랑의 신세가 되게 하는가? 신명기는 하나님과 맺은 계약, 공평과 정의의 계약을 어기는 죄를 범할 때(다른 열방들의 멸망 원인–형제조약의 파기, 가난한 자들에 대한 착취, 사법정의의 타락, 영적·도덕적·윤리적인 타락, 성적 타락), 땅의 거주민은 땅의 사용권을 잃고 소멸되거나 추방된다고 본다. 소돔과 고모라, 아드마와 스보임 등 사해 근처의 네 도시국가들은 공평과 정의의 결핍, 도덕적·성적 문란으로 땅 위에서 문명의 자취를 감추었다. 베수비우스 화산으로 인해 화산재 아래로 함몰된 고대 로마의 유명한 음란 도시 폼페이의 운명도 마찬가지였다.

한 문명창조와 발전의 중심요소는 인구, 문자, 교육, 그리고 종교다. 그중에서도 종교는 으뜸 요소다. 종교(宗教)는 문자 그대로 으뜸 가르침이기 때문이다. 으뜸 가르침은 문명과 제도, 국가경영, 이웃관계, 상거래 등 개인, 가정, 공동체, 국가공동체, 국제관계의 틀을 만드는 토대적인 가르침이다. 이런 점에서 종교의 파탄은 문명의 파탄을 의미한다. 그릇된 신관이 종교 파탄을 초래한다. 그릇된 신관(神觀)은 문명을 타락시킨다. 신명기는 가나안의 신관은 가나안 문명을 존립할 수 없을 정도로 타락시켰고 부패시켰다고 본다. 그래서 하나님은 가나안 문명을 심판하신다는 것이다. 특히 가나안의 신들에 대한 심판, 가나안 문명의 으뜸 가르침에 대한 심판이 우선순위 1번으로 배치된 것은 당연하다(12장). 바로 이런 이유 때문에 신명기 도처에서는 가나안 종교에 대한 아주 살벌할 정도의 호전적인 명령들이 발포되고 있다. 과연 부정적이고 파괴적인 이미지와 언어들이 신명기 12장을 가득 채운다.

하지만 우리는 이때 하나님만을 잔인하고 잔혹한 이미지로 그려낼 것이 아니라 우리 문명의 토대, 내 삶의 토대가 하나님께 얼마나 역겨운가를 먼저 생각하여야 한다. 우리 문명의 토대가 하나님의 창조주권을 얼마나 크게 훼손하고 공격하였는지를 생각하여야 한다. 가나안 토착문명, 토착 으뜸 가르침, 그리고 토착 사제들, 그리고 토착인들(특히 상류층)에 대한 파괴명령은 또 달리 생각하면 바로 이스라엘 백성들 자신 안에 잠재된 그릇된 신관에 대한 파괴명령인 것이다. 따라서 신명기의 가나안 토착족속들에 대한 명령은 인종청소적(genocidal) 학살 명령이 아니라, 인류 일반의 악행에 대한 하나님의 심판이다. 그것은 창조주 하나님을 배반하고 우상을 섬기는 인류의 하나님 위엄 훼손과 하나님의 창조주 영광의 침탈에 대한 대항공격이자 공변된 심판인 것이다.

이 하나님의 거룩하고 공변된 심판의 대행자가 이스라엘 백성들이다. 따라서 이스라엘의 가나안 정복전쟁은 본질적으로 하나님의 전쟁이다. 영토적 야심, 자원 약탈, 신부감 확보를 위한 전쟁이 아니다. 종교가 다르기 때문에 벌이는 협량한 종교전쟁은 더더욱 아니다. 전쟁의 본질적 당사자는 이스라엘과 가나안 족속이 아니라 하나님과 가나안의 신들이며 그들의 대리자들이다.

이렇게 해서 출애굽 2세대이자 가나안 정착 1세대 이스라엘 백성들은 가나안 토착문화에 대한 하나님의 심판을 대행하는 대리자들로 부름을 받았다. 아브라함의 후손을 통하여 의와 공도(체데크와 미쉬파트)를 구현하는 전혀 새로운 공동체를 창조하시려는 하나님의 계획 첫 단계는 가나안 토착문명의 전복이다. 이스라엘은 가나안의 토착종교, 토착신들로부터 분리되어야 한다. 그런데 이전까지의 가나안은 다양하고 화려한 우상신들의 땅이었고 이 신들과 종교는 이스라엘에게 유혹과 시험이 될 것이 틀림없다. 하지만 이 혼돈의 땅에서도 이스라엘은 유일하신 하나님에 대한 일편단심의 예배(12:1–32; 14:22–29; 15:19–16:17)를 유지하기 위하여 전쟁을 하여야 한다. 즉 가나안의 토착신들과 그들이 대표하는 가치체제를 전복하여야 한다.

4. 신정통치의 대리자들-재판관, 왕, 제사장, 예언자(17-21장)

이 다섯 장들은 언뜻 보면 매끄럽게 연결되지 않는 것처럼 보인다. 그러나 깊이 읽어보면 이 다섯 장들은 하나님 나라 보좌의 기초인 공평과 정의를 다루고 있음을 알 수 있다(시 89:11–14). 그중에서도 특히 17–19장(16:21–19:21)은 가나안 땅에서 펼쳐질 하나님 나라(즉 신정통치)의 대리자들의 품격을 다룬다. 공평과 정의를 집행하도록 위임받은 사람들은 하나님 나라의 건설에 결정적으로 중요한 사람들이다. 이스라엘 공동체의 존립 자체를 위한 필수적인 요소가 공평과 정의의 실현이다. 이 공평과 정의에 대한 요구는 너무나 강력하고 보편적이어서 후대의 여러 예언자들의 말씀 속에서 끊임없이 메아리치고 있다. 이스라엘 역사 내내 공평과 정의에 대한 항구적인 위협은 권력자와 권력기관이었다.

신명기에 따르면 국가나 정부의 지배권력은 하나님의 통치권을 위임받은 권력기관이다. 신명기는 국가권력의 기원을 민중들의 일반의지(장자끄 루소의 사회계약론)라고 보는 사회계약설과는 다른 국가권력의 기원을 제시한다. 신명기는 이스라엘 공동체를 거룩한 백성이요 제사장 나라라고 규정한 시내산 계약에서 이스라엘 국가의 기원을 찾는다. 시내산 계약은 이스라엘 백성들을 이중적인 계약에 동여맨다. 첫째, 그것은 야웨 하나님만을 주(主)요 왕으로 섬기겠다는 정치적 계약행위다. 다른 신이나 인간적인 주나 왕의 지배하에 들어가지 않겠다는 자기속박이다. 둘째, 시내산 계약은 이스라엘 백성들을 수평적인 형제자매로 재창조하는 속박이다. 하나님과 계약을 맺은 이스라엘 동포들은 이제 서로에 대하여 형제자매 관계로 재정의된다.

이런 이중적인 계약으로 결속된 이스라엘 공동체는 하나님을 대신하여 하나님의 다스림을 매개하여야 할 대리자들을 요청한다. 재판관, 왕, 제사장, 그리고 예언자가 바로 그들이다. 그들은 하나님께 책임을 지는 존재일 뿐만 아니라 이스라엘 형제자매들에게 책임을 지는 존재다. 고대 그리스 도시국가에서처럼 자유시민의 투표나 민의에 의하여 지도자를 뽑는 대의적 민주주의는 항상 중우정치(衆愚政治)와 금권정치의 희생양이 될 가능성이 크다. 민주주의는 중우정치(페론이즘)나 금권정치를 통하여 계급독재로 이어질 가능성이 매우 크다. 그래서 칼 마르크스는 소위 자유주의 체제 아래서 국가권력을 한 사회의 부르주와(시민) 지배계급의 이익을 무차별적으로 관철하는 악한 기관으로 폄하한다. 사회주의나 공산주의는 육체노동자를 우대하는 이념독재형 국가권력을 창조한다. 자유의 양과 질을 현저하게 축소하는 대신 평등 이데올로기를 극대화하려는 국가권력인 셈이다. 자유주의적 자본주의나 공산주의 둘 다의 경우 국가권력은 지배계급의 충견신분을 벗어날 수 없다. 또한 역사적인 경험의 관점에서 보면 신정통치는 성직의 권력기관화라는 끔찍한 재난을 초래하였다. 이란의 호메이니 체제에서 보았듯이, 신정통치라는 말은 항상 전근대적인 억압적 후진성을 대표하는 말처럼 들린다. 기독교 종말론에 의하면 모든 형태의 인간 정부나 국가형태는 예수 그리스도가 왕으로 통치하는 하나님 나라 안에서 발전적으로 해체될 것이다(계 11:15). 신명기가 전제하는 신정통치는 나사렛 예수에 의하여 완성될 하나님 나라의 희미한 그림자다. 신명기 단계에서 착상되는 하나님 나라는 거의 신정 민주주의적인 통치에 가깝다.

5. 약속의 땅을 누릴 백성들의 품격, 자유케 하는 율법과 하나님 나라(22-26장)

22－26장은 소위 말하는 "신명기 율법(the Deuteronomic law)"(12－26장)의 마지막 단원이다. 신명기 법전은 이스라엘 백성이 가나안 땅에 정착하여 살게 될 때 벌어질 상황에서 십계명을 어떻게 지킬 것인가를 가르치는 판례법이나 시행세칙들의 묶음이다. 신명기 율법에 대한 준수는 가나안 땅을 차지할 수 있는 품격을 부여하지는 않으나, 그것을 하나님의 구원선물로 영속적으로 향유할 수 있는 품격을 획득케 한다. 이미 받은 구원을 지키기 위한 성화구원을 위해 율법준수가 필요하다는 것이다(캘빈이 말한 율법의 세 번째 용도). 구약 율법의 신학적 차원을 등한시한 마틴

루터와 달리 개혁교회의 창시자라고 불릴 수 있는 캘빈은 율법의 성화기능을 강조한다. 그의 『기독교강요』 중 가장 탁월한 부분은 십계명 강해 부분이다.[6] 그는 구원받은 성도가 성화를 이루기 위하여 율법준수의 의무를 심각하게 받아들여야 할 것을 여러 차례 가르친다.

22–26장은 가나안 땅과 그 땅에 사는 계약 백성들의 영적·도덕적 품격을 사안별로 그리고 쟁점별로 제시한다. 야웨의 거룩한 백성인 이스라엘 백성에게 요구되는 일상생활상의 성결과 공동체적인 삶에서 구현되어야 할 거룩함, 결혼과 가정관계의 신성성과 그것을 보호하기 위한 장치들, 그리고 계약공동체 안팎의 연약한 사람들에 대한 존중과 보호 책임 등이 이 다섯 장의 주제들이다. 신명기 12–26장을 십계명의 자세하고 확장적인 강해라고 보는 학자들의 견해를 대략적으로 적용해 보면, 22:1–12은 제6계명과 대략적으로 상응하고, 22:13–23:19은 제7계명에, 23:20–24:7은 제8계명에 상응한다고 볼 수 있다. 24:8–25:4은 제9계명에, 25:5–16은 제10계명에 상응하고 있다. 26장은 이웃 사랑의 계명을 다루는 6–10계명의 긍정적인 표현인 사회적인 자비실천 계명을 담고 있다.

III. 은혜 안에서 누리는 하나님 나라–모압 언약의 신학적 의미(27–30장)

27–30장은 모세의 두 번째 강론의 결론부와 겹치면서 세 번째 강론의 도입부를 이룬다. 이제 종장(終章)으로 치닫는 이 단락에서 그동안 지류처럼 흘러내리던 하나님의 계약적 요구가 세찬 급류를 이루며 이스라엘 백성들의 가슴속으로 쇄도한다. 너무나 추상같은 하나님의 요구 앞에 이스라엘 백성들은 매 순간 결단함으로써 자신의 미래를 개척하여야 한다. 27–30장은 야웨 하나님의 계약백성으로 사는 것이 얼마나 고단하고 위험한 일인가를 냉혹할 정도로 자세하게 묘사한다. 이 단락은 계약갱신과 계약파기, 그리고 잔혹한 징벌과 대파국적 징벌 이후에 새롭게 시작되는 계약적 사랑을 다채롭게 보여준다. 모세오경 어디에서도 본 단락에서만큼 하나님의 계약적 요구를 이토록 자세하게 기술한 곳은 없다. 하나님께서 진노의 화염을 쏟아부어 마치 이스라엘 역사를 끝장내시려는 기세로 계약의 엄숙성을 한껏 부각시키신다. 27장은 가나안 땅에 들어간 직후 이스라엘 백성들이 시내산 계약을 재

확증하는 계약체결식을 가질 것을 명령한다. 가나안 입성 후 처음으로 계약체결이 이뤄지는 곳이 세겜이라는 사실이 주목할 만하다. 세겜 계약은 근본적으로 시내산 계약과 질적으로 차이가 없는 계약으로 하나님과 이스라엘 백성들의 쌍방 계약이다. 일련의 계약체결(갱신) 의식으로 시내산 계약은 이제 시내산-세겜 계약으로 계승되었다.

28장은 시내산-세겜 계약을 순종하였을 때 받게 될 복과 번영을 아주 간략하게 언급하고 파기하였을 때 받게 될 엄청난 재난을 장황하게 제시한다. 이 불균형은 무엇을 암시하는가?

이스라엘 백성들은 율법을 지키며 번영을 구가할 것인가? 아니면 나선형적인 불순종과 반역을 확장하여 마침내 28장 15-68절에 예고된 무서운 재난을 맞이할 것인가? 독자들은 이 불균형을 보고 심리적으로 부정적인 가능성을 대비하는 쪽으로 준비되어야 할 것처럼 보인다. 28장의 심판과 저주 단락들 안에는 이스라엘의 과거, 현재, 미래가 무시간적으로 농축되어 있다.

이스라엘의 반역과 패역, 불순종과 불신앙이 이스라엘 공동체 안에서 자기파멸적인 프로그램처럼 움직이고 있다. 이스라엘 백성들은 시한폭탄을 안고 사는 존재처럼 불순종의 가능성과 그것의 참담한 결과를 54절에 걸쳐 들어야 한다.

29-30장은 모압계약을 다룬다. 모압계약은 신학적으로 아주 중요함에도 불구하고 주석가들과 학자들에게 시내산 계약만큼 주목받지 못했다. 시내산 계약이 양(陽)의 하나님을 대표한다면 모압계약은 음(陰)의 하나님을 대표한다. 모압계약에는 확실히 시내산 계약에서처럼 쌍방적 책임이 강조되기보다는 하나님의 일방적인 약속과 같은 면모가 부각된다. 내용과 형식에 있어서 모압계약은 시내산 계약과 다르다. 시내산 계약은 산지, 정상에서 하나님과 이스라엘이 대등하게 계약을 맺고 서로 비준서를 주고받은 외교적인 관계였으나 모압계약은 광야, 모압 평지, 가나안 땅의 경계지점에서 맺어진 계약이다. 일단 어떤 이유로 가나안 땅을 상실하고 약속의 땅으로부터 멀리 추방당하고 쫓겨난 유랑과 이산의 경험을 한 백성들을 상대로 맺어주시는 재활복구 계약인 것이다. 심판의 대파국이 지난 후의 정경을 그리고 있다. 문학적인 분위기상 폭발한 하나님의 진노는 휴화산처럼 잦아든 것처럼 보인다. 마치 자녀에게 분노를 쏟아낸 후에야 다시 부모의 정을 회복하듯이, 하나님의 마음

은 이미 맹렬한 진노를 분출한 듯, 자못 누그러뜨려져 있다. 부드럽고 감미로운 희망과 갱신의 언어가 미래의 불순종을 경각시키는 언어들을 거의 삼켜버린 듯하다. 29－30장은 이스라엘이 실존적으로 다시금 광야로 내몰려 추방당해 있는 상태를 상정한다. 그들은 가나안 땅, 약속의 낙토를 오랫동안 떠나 온 유배자들처럼 보인다. 그들은 이제 고토로 돌아가야 할 뿐만 아니라 하나님께 전심으로 되돌아가야 할 귀향의 무리들로 설정된다. 적어도 현재의 문맥에서 모압계약은 시내산 계약의 실패자들을 위한 보조언약임과 동시에 새 시대, 은혜시대를 열어가는 선도적 계약이다. 이스라엘 백성들이 28장에서 열거된 시내산 계약조항들을 어겨 심판을 받는다면 이제 이스라엘과 야웨 하나님과의 계약관계는 끝장나버리는가? 아니다. 모압계약은 이 질문에 대한 답이다. 하나님과 이스라엘과 맺은 시내산 계약은 유효하다. 하나님의 일방적이고 압도적인 은혜계약인 모압계약 때문에 이스라엘은 이역만리로 추방당하였을지라도 돌아갈 귀향대로가 열려있다는 것이다. 결국 모압계약은 시내산 계약준수의 실패자를 위한 신학적 퇴로(退路)이면서 동시에 예레미야와 에스겔이 예언한 새 언약시대(렘 31:31－34; 겔 36:25－26)의 준비단계를 대표한다.[7] 모압계약은 예수 그리스도 안에서(눅 22:20) 종말론적으로 완성될 새 언약의 선구자인 셈이다.

IV. 이스라엘의 실패와 배교를 넘어서는 하나님 나라–모세를 넘어 그리스도 예수를 바라보는 신명기 약속(31–34장)

신명기 전체는 모세의 죽음이라는 임박한 현실을 전제하고 선포되는 비장한 유언적 강론들이다. 모세는 므비딤 맛사에서 야웨 하나님의 거룩함을 드러내지 못했기 때문에 가나안 땅 입성 자체를 거부당한다. 광야세대의 불순종이라는 죄짐을 지고 광야에서 소멸되는 출애굽 1세대의 운명을 지고 간다. 신명기 31－34장은 모세의 다양한 유산들을 다룬다. 첫째, 모세는 탁월한 후계자를 남겨놓고 역사의 중심무대를 떠난다(31:1－6, 14－15). 둘째, 모세는 이제까지의 가르침을 문서로 정리한 율법서(토라)를 남겨놓는다(31:9－13, 23－30). 셋째, 모세는 이스라엘의 미래 배교를 예고하고 이스라엘 자신에 대한 계약적 기소를 주제로 한 증거의 노래를 남겨놓는

다(31:16–22; 32:1–43). 넷째, 모세는 이스라엘 12지파의 미래를 위한 축복과 심판의 예언을 남겨놓는다. 마지막으로, 모세는 예언자적인 사명의 모범과 예언자적인 사역의 항구적인 영향력을 남겨 놓는다.

31장과 32장은 모세가 역사의 무대로부터 사라질 때 발생될 가능성이 있는 두 가지 문제들을 다룬다. 누가 이스라엘 백성들을 이끌 것인가라는 문제와 어떻게 그들이 야웨의 가르침을 계속 지킬 것인가 하는 문제이다. 모세의 영향력과 영적 교도기능은 여호수아와 같은 후계적 지도자들과 성문화된 토라에 의하여 계승될 것이다. 34장은 모세를 한껏 현양하는 데서 일단 끝난다. 신명기는 모세를 넘어 모세의 율법을 완성하실 그리스도 예수를 앙망하는 데까지 나아가지 못하는 것처럼 보인다. 그리하여 하나님을 대면한 모세마저도 가나안 땅에 입성하지 못한 채 가나안 땅을 앙망하며 느보산에서 죽는다. 하나님의 영광을 그토록 보기를 열망한 모세의 꿈은 하나님의 영광을 육화(肉化)시킨 예수 그리스도 안에서 실현된다. 이런 점에서 예수 그리스도는 모세가 그토록 앙망하던 가나안 땅인 셈이다.

창세기로부터 신명기까지 이르는 모세오경과 오경의 역사적 무대인 이스라엘의 초기형성사는 모세의 죽음과 더불어 일단락된다. 신명기는 미완(未完)의 과업을 앞에 두고 끝난다. 출애굽 1세대와 그들의 대표자인 모세는 결국 가나안 땅을 밟지 못할 것이다. 모세오경도 아브라함과 이삭과 야곱에게 준 하나님의 약속의 실체인 가나안 땅을 밟아보지 못한 채 광야에서 죽는 모세의 운명에 동참한다.

출애굽의 영도자 모세는 모압 평지에 있는 느보산에 올라가 여리고성을 중심으로 12지파들이 차지할 가나안 땅 전체를 조감한다. 하나님은 느보산의 꼭대기인 비스가 산 정상에 오른 모세에게 12지파가 흩어져 살게 될 가나안 땅의 전경을 다 보여주신다. 하지만 이것은 도저히 물리적으로는 불가능한 일이었을 것이다. 작은 비스가 꼭대기에서 단과 길르앗과 납달리 땅을 조감하는 것은 자연적인 눈으로는 불가능한 일이었을 것이다. 그러나 하나님은 아브라함, 이삭, 야곱에게 약속하신 땅의 경계 안에 있는 모든 곳들을 보여주신다. 비록 몸은 들어가지 못할지라도 모세의 영은 가나안 땅을 답파하고 섭렵한 셈이 되었을 것이다. 12지파가 살게 될 영토들을 다 보여주셨기 때문에 모세가 12지파를 위한 축복기도문을 지을 때 영토적 지정학적 상황을 고려하였을 수 있었을 것이다. 모세는 단지 이스라엘 12지파의 영토만을 본 것이 아니라 그들이 그곳에서 엮어갈 미래를 보았을 것이다. 마침내 모세는 모압 평지 느보산에서 죽었다. 그러나 그의 무덤이 어딘지를 알려 주지 않고 죽었다. 자신을 비신격화, 비신화한 것이다. 그는 어찌 보면 자연사한 것이 아니라 거룩한 의지에 의하여 강제로 "죽음"을 요구받고 은퇴당하였던 것이다. 120세 죽음의 순간에도 그는 기력이 쇠하거나 눈빛이 흐릿하지 아니하였지만 여호수아와 그의 세대를 위하여 아름답게 은퇴한 것이다. 과연 신명기 34:9－12의 저자는 모세의 영도력이 여호수아에게 순조롭게 이양되었음을 증언한다. 10－12절은 모세의 카리스마와 창조적 영도력에 대한 간결한 평가를 제시한다. 10－12절의 저자는 모세 이후에 숱한 예언자들이 일어나 활동하였음을 인정한다. 그러나 모세가 예언의 최고봉이라고 단호하게 말한다. 여호수아가 아무리 위대해도 모세에게 비기지 못하였으며 사무엘, 다윗, 엘리야, 아모스, 이사야, 예레미야 등 기라성 같은 걸출한 구약예언자들도 모세의 영적 지도력에는 미치지 못하였다는 것이다. 왜? 이 마지막 첨기(添記)의 저자는 두 가지 이유를 제시한다.

첫째, 모세는 하나님과 얼굴과 얼굴을 맞대고 대면하면서 말씀을 받은 예언자라는 것이다. 둘째, 모세는 이스라엘 역사 자체의 시발점이 된 시초적인 구원사건인 출애굽 구원의 영도자요 중보자라는 점이다. 모든 권능과 이적을 온 이스라엘 목전에서 행하던 공증된 국민 예언자라는 것이다. 이 논평은 구약의 구원사에서 모세가 차지하는 비중을 적절하게 평가한 것임에 틀림없다. 하지만 또 한편 모세의 영도력에 대한 이런 신명기의 거의 교조적인 평가가 BC 2세기부터 유대교를 경직된 모세종교, 율법주의적 종교를 만들어 내는 데 기여하였다.

그래서 신약의 유대인들은 모세율법 종교의 영광을 보전하는 수건을 뒤집어쓰고 벗지 않았기 때문에 예수 그리스도의 영광을 영접하는 데 실패하였던 것이다. 모세가 가리키는 궁극적인 가나안 땅은 예수 그리스도였다는 것을 깨닫지 못한 것이었다.

그래서 나사렛 예수, 바울, 사도 요한, 그리고 히브리서의 기자 등은 모세의 율법에 대한 유대교의 교조적인 해석에 대항하여 모세의 위치를 정당하게 평가하려고 분투하였다(마 5장; 고후 3－4장; 요 1:18; 히 3－4장). 요한복음 1:17－18은 모세와 예수 그리스도를 적절하게 비교한다. 하나님 아버지 품속에서 하나님과 얼굴을 맞대고 교제하던 하나님의 아들 예수 그리스도의 하나님 대면에 비하면 모세는 하나님의 얼굴을 보았다거나 하나님과 대면하여 말을 했다고 볼 수 없다는 것이다. 아무도 하나님을 본 사람이 없다는 요한복음 1:18의 선언은 모세의 하나님 영광 대면 경험을 과격하게 상대화시키거나 무효화하는 말처럼 들린다(신 34:10). 결국 신명기에서 모세의 영광을 찾는 데만 만족해서는 안 된다는 것이다. 우리가 신명기 29–30장에서 이미 확인하였듯이, 신명기의 율법은 율법주의로 경화되거나 각질화될 수 없는 은총의 동력과 감화력 안에서 제 기능을 발휘하는 율법이다. 신명기 율법은 모세의 영광을 말하는 데 그치지 않고 그리스도의 은혜와 진리의 복음을 미리 내다보는 복음적 광채를 흘리고 있는 것이다.

히브리서 3:1–6은 모세의 영광을 뛰어넘는 그리스도의 우월한 영광을 논증한다. 우리는 히브리서 3:1–6의 빛 아래에서 신명기 안에서 동터오는 예수 그리스도의 하나님 나라, 은혜가 먼저 감동을 불러일으킨 후 진리로 다스리는 하나님 나라의 도래를 감지할 수 있을 것이다.

모세를 진정으로 기리는 것은 그를 뛰어넘어 오시는 그리스도 예수를 바라보는 데 있다. 과연 모세는 출애굽의 위대한 지도자이며, 유일하게 하나님과 대면하여 대화를 했으며(출 33:11; 신 34:10), 율법의 진수인 십계명을 하나님으로부터 직접 받았다. 그러나 모세는 어디까지나 하나님의 집(성전)의 사환이요 심부름꾼이요 종이다. 이에 비하여 예수 그리스도는 하나님의 집의 아들이다. 히브리서 3장은 기독교신앙을 가졌다는 이유로 하나님의 집(성전종교, 성전)으로부터 축출당하였던 기독교인들에게 모세에 대한 그리스도의 우월성을 논증하고 있다. 1세기경의 유대인 출신 그리스도인들은 그들이 새로 받아들인 기독교신앙 때문에 그들의 삶의 중심이었던 유대교를 이탈한 사람들로 구성되어 있었다. 유대교인들의 하나님 집의 사환인 모세에 대한 광적인 집착은 하나님의 집의 상속자이자 주인인 아들 나사렛 예수에 대한 배척으로 이어졌던 것이다. 따라서 히브리서 3장 저자는 그리스도 안에서 가장 확실하게 '하나님의 집'에 속한 것과 영원히 안전하다는 점을 기억시킬 필요가 있었다. 그들은 그들이 거주하는 지역의 회당에서 출교당했으나, 영원한 구원과 소망의 근원이신 '하나님의 집'에서 버림받은 것은 아니었다는 것이다.

과연 우리가 출애굽기-신명기에서 연구해 보았듯이 모세는 하나님의 집 가솔들을 하나의 공동체로 창조하는 데 결정적인 산파였다. 모세는 애굽에서 하나님의 백성을 불러내어 가족을 만드는 데 중요한 역할을 담당했다. 그는 하나님의 사도로서 하나님의 권능을 갖고 이스라엘 무리들을 애굽으로부터 인도하여 하나님의 백성이 되게 하였다. 또 모세는 대제사장의 역할도 했다. 이스라엘의 대제사장은 아론이었지만 실제 하나님과 자기 백성과의 사이에서 가장 실질적인 대제사장, 즉 중재자의 역할을 감당한 사람은 바로 모세였다. 아론이 금송아지 사건으로 하나님 앞에 죄를 지었을 때 이 죄에 대한 용서를 얻어낸 사람은 모세였다. 이처럼 모세는 하나님의 집을 맡은 청지기로서 하나님과 직접 대면하는 특권을 누리며, 하나님의 집을 위하여 충성을 다하였다(민 12:7). 유대교 출신 초대 기독교인들이 모세의 그늘을 쉽게 벗어나지 못하는 것도 이해할 만한 일이었다.

히브리서 저자는 "그럼에도 불구하고 모세는 하나님의 구원이신 예수 그리스도를 증거하기 위하여 하나님의 집에서 충성했던 일꾼에 불과한 사람"이라고 말하고 있다. 모세는 결코 최종목표가 될 수 없다는 것이다. 모세 자체도 그리스도의 때를 학수고대하며 그를 위하여 고난을 자취한 사람이라는 것이다(히 11:25-26). 모세의 최고 사명은, 자신의 백성을 구원하시기 위하여 하나님에 의해 하늘로부터 보내심을 받은 사도이시며 또한 지금도 그들을 위해 중보기도를 드리고 계시는 대제사장이신 분 예수를 예표하며 그 예수를 앙망하게 만드는 중개인 사명이라는 것이다. 모세의 출애굽 구원사역은 장래에 이뤄질 더 궁극적인 출애굽 구원사역을 미리 증거하는 사역이라는 것이다(히 3:5). 하나님이 모세의 사역을 통하여 이스라엘을 구속하신 것은 훗날 하나님이 그리스도를 통하여 세계만방의 백성을 구원하실 것에 대한 예표였던 것이다. 따라서 우리는 모세오경을 예수 그리스도 안에서 일어난 더 궁극적인 구원을 예표하는 모형적인 구원사 이야기로 읽어야 한다. 모세오경의 구원은 예수 그리스도 안에서 일어난 원형적 구원사건의 모형적, 그림자적 구원사건이라고 해석될 수 있는 것이다.

4-2

여호수아부터 열왕기하까지 '신명기 역사서' 개관

여호수아, 사사기

신명기 역사서의 신학–땅 정복 신학과 땅 상실의 신학

"신명기 역사서"(the Deuteronomistic History)는 여호수아서–열왕기하(룻기 제외)까지 약 600년간 진행된 이스라엘의 역사를 신명기 신학(신 28장)의 관점에서 통사체(通史體)로 기술한 역사를 말한다. 신명기 역사서는 여호수아의 영도력하에서 시작된 가나안 땅 정복과 정착의 역사에서부터 200년간의 사사시대, 그리고 약 400여 년 계속된 왕국의 역사, 그리고 유다왕 시드기야 재위 시 발생한 땅 상실(바벨론 유배, the Babylonian exile)의 역사를 신명기 신학의 원칙하에서 재구성한다. 여기서 신명기 신학이라 함은 모세의 율법(시내산 계시–십계명과 부칙 율법)에 순종하면 축복과 번영을, 불순종하면 저주와 심판을 보내겠다는 신명기서의 중심적 신학노선(신 28장)을 말한다. 따라서 신명기 역사서에는 이스라엘 백성이 만일 십계명, 특히 제1–2계명을 지키는 데 실패하면 언제든지 이방민족에 의한 침략, 압제, 천재지변(기근 및 가뭄) 등을 당할 수 있으며, 이것들이 하나님의 백성들을 심판하는 하나님의 의지를 대표하는 것으로 묘사된다. 이스라엘이 가나안 땅을 정복하여 차지할 수 있는 이유는 두 가지다. 이스라엘에 의한 가나안 땅 정복과 점령은 가나안 땅을 아브라함과 그 후손들에게 기업(inheritance, 基業)으로 주시겠다는 하나님의 언약 성취의 일환인 동시에, 가나안 땅 원주민들의 영적, 도덕적 부패에 대한 하나님의 심판의 결과인 것이다. 결국 신명기는 이스라엘이 왜 가나안 땅을 정복하여 차지할 수밖에 없는지를 설명한다. 그것은 아브라함을 택하여 그의 후손들에게 가나안 땅을 기업으로 주시겠다는 선택 신앙 및 계약 전승을 옹호한다. 하지만 신명기는 이 선택 및 계약 신학에 대한 자기비판적인 견해를 담고 있으며, 가나안 땅은 이스라엘이 받은 선물일 뿐 영구적인 귀속물일 수 없음을 누누이 강조하고 있다. 전체적으로 볼 때 신명기 및 신명기 역사서는 왕정기 후대에 결집되고 정리된 예언자적인 비판의 논지를 담고 있다(특히 신 7, 9장).

여호수아서-열왕기하까지는 이스라엘의 배교와 율법 준수 실패와 그것의 결과인 땅 상실과 민족의 멸망이라는 재난에 대한 신명기 신학적 준거를 제시하려는 예언자들의 저작물인 것이다.

여호수아의 메시지와 구조

여호수아의 메시지[8)]

여호수아서는 하나님 나라의 전쟁신학을 담고 있다. 하나님 나라는 하나님 자신의 땅을 찾으려는 하나님 자신의 소유권 반환을 위한 거룩한 전쟁이다. 이 전쟁을 통하여 하나님께서는 땅을 차지하고 살만한 도덕적, 공동체적, 영적 품격을 상실한 사람들을 추방하고 새로운 백성들에게 기회를 제공한다. 모든 인간 족속들은 땅에 대한 어떤 영구적 소유권을 주장할 수 없다.

모든 인간은 땅의 나그네요 체류자요 거류민일 뿐이다. 하나님은 땅을 더럽히고 땅을 폭력과 불의로 가득 채운 사람들로부터 땅의 임차권을 박탈하여 새로운 임차인에게 대여한다. 이것이 바로 여호수아서의 하나님 나라 신학의 대강령이다.

그래서 여호수아서는 가나안 땅 정복에 돌입하는 이스라엘 백성들의 초기 정복 전쟁 이야기로 시작되고, 12지파들을 위한 가나안 땅 도상(圖上) 정복 이야기로 마무리된다.[9)] 여호수아서의 중심 메시지는 땅 정복의 신학적 근거, 약속의 땅 가나안을 계속 차지하기 위한 이스라엘의 부단한 순종, 그리고 불순종 시 땅을 잃을 수도 있다는 무서운 경고로 구성되어 있다. 이스라엘 백성들에게 있어서 가나안 땅은 이미 누린 구원의 현재이지만 언제든지 상실할 수 있는 조건적인 구원이기도 하다. 땅은 이제 이스라엘과 하나님 사이에 맺어진 계약관계의 건강성을 검증하는 시금석이 된다. 여호수아서에서 하나님 나라는 이념의 나라가 아니라 구체적으로 땅 위에, 공간적인 차원을 가진 정치적 공동체를 통해 매개되고 건설된다. 하나님 나라는 하나님께 저항하고 불복종하는 악한 세력들의 패배를 요구한다. 하나님 나라는 적에 대한 전쟁 승리나 적의 항복을 통해서 도래한다는 것이다. 그래서 여호수아서의 전체 기조는 때로는 가차없는 전쟁이요, 때로는 적을 굴복시키고 무장해제시키는 군사적 무력시위에 의해 지배되고 있다.

이런 여호수아서의 전쟁신학은 성서해석사를 통해 항상 오해와 논란을 불러일으켜 왔다. 야웨 하나님은 사막에서 들어온 깡패 같은 신이라는 오해다. 야웨 하나님이 핏빛 정복전쟁을 신학적으로 재가(裁可)하고 정당화할 뿐만 아니라 거의 인종청소적인 대량학살을 친히 명령하는 부족신(tribal god)적인 협량(狹量)이나 잔혹성을 가진 신이라는 것이다. 가나안 땅 원주민들의 아녀자들이나 가축들에 대한 가차없는 학살 명령이 과연 예수 그리스도를 보내신 사랑의 하나님이란 말인가? 이런 이유로 여호수아서는 평화주의적이고 다원적인 가치를 옹호하는 기독교 주석가들에게 냉대(?)를 받아온 책이기도 하다.

그러나 여호수아서의 하나님은 인종적인 편애 때문에 즉 선민에 대한 편애 때문에 만민에 대한 인종학살을 정당화하거나 명령한 하나님이 아니다. 하나님은 당신 자신이 창조한 땅에 거할 거민들을 정당하게 심판하고 징치(懲治)하시는 공의로우시고 의로우신 하나님이시다. 휴머니즘의 관점으로 보면 인간생명이 우주의 최고 가치일지 모르나 하나님의 입장에서 보면 짐승 이하의 잔인성과 음란성으로 자신을 자해하고 이웃을 학대하는 인간들의 목숨은 그 자체가 수호하고 지켜야 할 최고의 가치가 아닌 것이다. 전능하신 하나님에게 생명 창조는 어려운 일이 아니다. 사람의 생명이나 목숨보다 더 거룩하게 지켜져야 할 가치가 있는데 그것은 창조주 하나님의 거룩한 이름이다. 하나님께서는 당신이 조성하신 정원에서 온갖 야수적인 일을 저지르는 인간을 추방하실 수 있고 죽이실 수 있는 권능과 권리를 가지신 창조주 하나님이시다. 따라서 여호수아서의 전쟁은 한 인종 대(對) 다른 인종, 선민 대(對) 만민(非選民)의 전쟁이 아니라 하나님 대 하나님의 땅을 더럽힌 죄인 사이의 전쟁이다. 여호수아서에서 하나님께서는 흔히 오해되고 있는 것보다 훨씬 주도면밀한 이유로 전쟁을 기획하시고 집행하신다. 가나안 정복전쟁은 하나님의 거룩한 성품에 따라 일관성이 있는 원칙으로 기획되고 집행된다. 여호수아서의 전쟁신학은 하나님 나라의 현실정치적 차원을 극명하게 부각시킨다. 그렇다면 어떤 점에서 가나안 원주민에 대한 하나님의 전쟁은 정당화될 수 있으며 더 나아가 하나님 나라의 건설을 위해 필연적인 과정인가?

첫째, 가나안 정복전쟁은 창조주 하나님의 땅 소유권을 찾기 위한 권리투쟁이다. 야웨 하나님은 천지를 창조하신 하나님으로서 땅의 거주민들을 받아들일 수도 있고 내쫓을 수도 있는 권리를 갖고 계신다. 구약성서의 땅 신학에 의하면(신 5-11장), 땅의 거주민들이 땅을 더럽혀서 더 이상 땅을 차지하고 누릴 자격을 상실할 때 하나님은 그 악한 임차인들을 추방하거나 축출하고 새 주인에게 임차 및 점유의 기회를 주신다(레 25:8-11). 땅의 옛 거류자들은 축출되고 그 빈자리에 새로운 이주민들이 들어와 그 땅을 차지하고 살게 된다. 신명기 2:10-23을 보면 가나안 원주민인 7부족도 한때는 이주민으로서 이들보다 먼저 그 땅에 살고 있던 원(元)원(原)주민을 축출하고 땅을 차지하였다는 것을 알 수 있다. 아모리 족속이라고 불리는 바벨론(메소포타미아 출신 이주민들) 사람들은 원래(BC 20세기 이전) 아라비아 사막의 유목민들이었다. 그들은 BC 20세기경에 메소포타미아의 유프라테스강 상류에서 발흥한 수메르 문명을 몰락시킨 후 메소포타미아의 새 주인이 되었다. 그때 그들은 농경민들이었던 수메르 사람들에 의하여 "아모리인"(서쪽에서 온 이주민들)이라고 불렸다. 그 이주민들이 다시 메소포타미아에서 가나안 땅으로 남하하여 정착한 것이다.

둘째, 고대 부족들이 새 땅을 찾아 정복하고 정착하는 과정에서 나름대로의 신학적 준거를 가지고 있었다는 점이다. BC 9세기경에 세워진 모압왕 메사의 비문(왕하 3장 참조)에 보면 모압이 길르앗 땅을 북이스라엘에게 잃은 것은 모압의 신 그모스가 모압 백성에게 노하여 적에게 넘겨버린 사건이요, 그 땅을 다시 찾게 된 것은 그모스가 다시 모압을 권고한 사건인 것이다(이것은 바벨론에 대한 마르둑 신의 유기와 회복의 해석과 유사). 이처럼 고대사회에서 땅은 항상 부족들과 부족들의 국제법적인 규제를 받지 않는 전쟁들, 즉 신들의 명령 수행의 일환으로 치러지는 전쟁을 통하여 소유권이 바뀌었다는 사실을 염두에 두어야 한다. 따라서 이스라엘 민족이 가나안 땅을 하나님의 선물로 받았다는 고백은 고대사회에서 그렇게 유별난 주장이 아니었다는 것이다. 심지어 모든 야만적 전쟁행위를 하나님의 명령에 대한 순종과정으로 간주하였다는 것도 유별난 생각이 아니라는 것이다. 하나님은 고대사회의 기준으로 가나안 땅 정복의 정당성과 대의명분성을 가르칠 수밖에 없었다는 것을 기억하여야 한다. 하나님은 최첨단 윤리학과 국제법적인 휴머니즘으로 무장되지 않은 인류, 즉 부족신적인 협애성과 배타성이 신적 특질로 간주되던 시대의 수준에 맞추어 자신을 낮추실 수밖에 없었다는 것이다(condescending God).[10] 현대의 국제법적 정의감을 여호수아서에 투사시켜 하나님의 행동을 윤리적으로 재단하는 것은 부당하다는 것이다.

셋째, 가나안 원주민 정복은 하나님 자신의 공변된 심판행위였지, 특정 인종에 의한 특정 인종 말살 행위가 아니었다. 가나안 원주민들은 가증한 행위들을 너무나 많이 누적시켰기에 그 땅을 누릴 자격을 상실하였고 그 가나안 땅의 주인공 역할을 누군가에게 넘겨주어야 할 시점에 이르렀다는 것이다. 바로 그때 출애굽하여 광야에서 40년을 방랑하던 이스라엘 백성이 가나안 땅을 필요로 하게 되었던 것이다. 하나님은 가나안 원주민들이 땅을 상실할 만큼 충분히 타락하고 부패할 때까지 약 400여 년을 기다린 후에 이스라엘 백성을 가나안 땅으로 진입하게 하신 것이다. 이것은 무엇을 의미하는가? 하나님의 가나안 땅 원주민 교체사건도 주도면밀한 고려와 견고한 원칙 아래 이뤄졌다는 것을 의미한다.

넷째로, 이스라엘 백성들은 가나안 원주민들을 축출하고 패퇴시키는 하나님 주도적인 전쟁의 용병처럼 싸움에 참여하지만, 이스라엘 백성 자신들도 동일한 이유로 땅을 상실할 수 있다는 것이다. 여기에 인종적 편애는 없다. 이스라엘 백성들은 원주민들을 추방하거나 종으로 복속시킬 때마다 항상 그들이 가나안 7부족의 발자취를 따른다면 동일한 운명에 처하게 될 것임을 귀가 닳도록 듣는다.

이런 관점에서 여호수아서를 읽어보면 여호수아서의 전쟁신학이 하나님 나라 운동에 필수적임을 알게 된다. 하나님 나라는 땅의 거주자를 바꾸는 운동이며 지배세력과 땅의 핵심 거주 세력을 바꾸는 체제전복운동이기 때문이다. "가나안 7부족"의 정치, 종교, 문화를 바꾸어버리는 운동이 바로 하나님 나라 운동이다. 신약성서의 여호수아인 나사렛 예수의 하나님 나라 운동은 가나안 7부족 같은 기득권 체제를 향한 선전포고였다. 악한 정치와 악한 종교, 사악한 신학과 성서해석, 사악한 문화에 대한 하나님의 해방시키는 "복된" 공격이었다. 공관복음서에 나타나는 나사렛 예수의 치유와 귀신축출 사역, 서기관-바리새인-헤롯당과 벌인 논쟁사역, 그리고 대제사장-성전 체제에 대한 거룩한 도발들은 여호수아서의 전쟁신학의 원형 사건인 것이다.

여호수아의 구조

I. 가나안 정복전쟁은 하나님의 전쟁이다(1-5장)
II. 확장되는 가나안 정복전쟁(6-12장)
III. 가나안 땅 정복과 분배(13-19장)
IV. 가나안 땅을 영구적으로 차지하는 길-갱신된 순종과 갱신된 계약(20-24장)

I. 가나안 정복전쟁은 하나님의 전쟁이다(1-5장)

가나안 땅은 하나님께서 선물로 주시겠다고 약속한 땅이지만 동시에 이스라엘이 믿음으로 정복해야 할 땅이다. 가나안 땅 정복전쟁은 고대사회에서 그토록 잦았던 영토확장이나 민족 이동 과정에서 발생하는 전쟁이 아니었다. 유목민이나 반(半)유목민들이 농경지를 차지하기 위하여 벌이는 문명적 및 경제적 명분의 충돌도 아니었다. 가나안 정복전쟁은 가나안 땅 주인이신 하나님께서 땅의 거류자들을 교체하기 위해 치른 하나님의 전쟁이었다. 가나안 7부족이라고 일컬어지는 원주민들이 땅을 차지하고 누릴 수 있는 시효가 끝났기에 이제 가나안 땅은 새 임차인, 새 거류자들에게 양도될 시점에 이르렀다. 때마침 하나님의 백성 이스라엘은 이집트에서 탈출하여 40년간 광야 방황을 끝내고 가나안 땅 입구에 당도해 있다. 가나안 땅의 점유권이 이제 이스라엘 백성에게 양도될 것이다. 이스라엘 백성들이 하나님의 명령과 하나님의 이름으로 가나안 땅을 차지하기 위하여 정복전쟁을 벌이는 것은 피비린내 나는 종교적 도그마나 이데올로기에 도착된 검은 욕망 때문이 아니었다. 겉은 그렇게 보일 수 있으나 그 내면에는 하나님의 거룩한 대의명분 때문에 치러지는 거룩한 전쟁다운 요소로 가득 차 있다. 그래서 가나안 정복전쟁은 영적 전쟁이었다. 영적 전쟁은 정규군을 확대하거나 신형 무기들을 구비하는 데 치중하는 전쟁이 아니다.

이스라엘 백성의 진(陣)이 거룩하고 정결한 상태로 유지되는 것이 중요하였다. 그래서 전쟁에 앞서 야웨 하나님께서 여호수아와 그의 백성에게 가나안 정복전쟁을 위한 영적 쇄신을 명령하신다. 가나안 정복전쟁은 영토를 확장하는 인간의 야욕실현 차원의 전쟁이 아니라 영적 및 도덕적으로 부패한 원주민들에 대한 하나님의 심판(전쟁)이었기 때문이다. 바로 이런 이유 때문에 하나님의 종들인 이스라엘 백성들은 성결을 유지하여야 한다. 이 성결제의의 핵심은 할례와 유월절 축성(祝聖)이다.

1:1-18은 여호수아서의 핵심주제를 도입한다. 가나안 정복전쟁의 승패는 모세가 남겨준 성문율법(책)에 대한 엄밀한 준수에 달려있다는 것이다. 1장의 주제가 요단강 도강(渡江)인데, 2장의 주제는 요단강을 건너기도 전에 여리고 정탐이라는 주제로 바뀌고 있다. 다소 돌연스러워 보일 수 있다(11절; 2:1). 그러나 여리고 정탐 주제는 요단강 도강 주제의 온전한 한 부분이다. 요단강을 건넌다는 것은 여리고성 군대와의 군사적 조우를 예기하는 일이기 때문이다.

그래서 3장이 다시 자연스럽게 요단강 도강 주제를 이어받는다.[11] 3장은 제사장을 선두에 세우고 요단강을 건너는 이스라엘 백성들의 영적 집중력과 패기를 보여준다. 4장은 요단강을 건넌 후 가나안 땅에 처음으로 정착한 야영지 길갈에 돌비석을 세우는 이스라엘 백성의 가나안 정복의지를 부각시킨다. 5장은 가나안 땅을 차지하기 위한 이스라엘의 제의적 준비를 다룬다.

먼저 이스라엘은 할례를 행함으로써 애굽의 노예생활의 수치가 굴러가게(gālā) 한다. 또한 유월절을 축성(祝聖)함으로써 가나안 땅을 정복할 영적 준비를 완료한다. 이 두 가지 제의적 행위들은 이스라엘을 성별시키는 사건이면서 동시에 야웨 하나님의 가나안 땅 하사 약속(출애굽의 궁극 목적)에 대한 투신을 확증하기 위하여 요청된다. 할례 시행과 유월절 축성 후 가나안 정복전쟁을 영도하고 진두지휘할 하나님의 군대장관이 나타나는 것은 당연하다.

II. 확장되는 가나안 정복전쟁(6–12장)

6–12장은 가나안 정복전쟁의 확장과정을 다룬다. 하나님의 영적 주도권과 여호수아의 군사적 영도 아래 이스라엘의 가나안 중심부 정복이 시작된다. 여기서 가나안 정복전쟁은 하나님의 거룩한 전쟁으로서, 고대 민족들의 영토확장전쟁이나 자원약탈전쟁과는 결정적으로 구별되는 전쟁이다. 그 전쟁의 당사자는 이스라엘 민족과 가나안 원주민들이 아니라 하나님의 땅을 더럽힌 땅의 임차인과 땅의 주인이신 거룩하신 하나님이다. 이 거룩한 전쟁은 일반 정규전과는 전혀 다른 심리전이면서 동시에 보통 전쟁과 같은 군사적 전략을 통한 정복전쟁이다. 가나안 정복전쟁은 근본적으로 하나님의 명령에 의하여 개전되는 전쟁이지만 동시에 가나안 땅을 아브라함의 후손에게 주시리라는 하나님의 약속을 성취하는 데 동참하는 이스라엘 백성들의 믿음과 그 믿음에 입각한 군사적 전략을 통해 치러지는 인간의 전쟁이기도 한 것이다.

III. 가나안 땅 정복과 분배(13–19장)

이 단원은 가나안 땅 정복과 분배과정을 다룬다. 노쇠한 여호수아가 가나안 땅 정복의 대업을 완성하지 못하고 역사의 무대로부터 퇴장할 시점이 왔다. 여호수아와 제사장 엘르아살은 실로(Shiloh)에서 제비를 뽑아 각 지파들에게 도상(圖上) 분배를 하였다. 하지만 독자들은 13장부터 다소간의 혼란에 빠지게 된다. 여호수아서 여기저기서 여호수아 당대에 가나안 땅 정복대업이 다 성취된 것처럼 말하고 있음에도 불구하고 실상 정복되지 못한 땅이 훨씬 많이 남아 있음을 인정하는 구절들도 다수 눈에 띄기 때문이다. 과연 여호수아 당대에 가나안 땅 정복은 완료된 일인가? 아니면 극히 일부를 제외하고는 거의 정복되지 못한 채 남겨져 있는가? 아모리 족속의 땅 정복을 보도하는 10:40–43과 북부 가나안 정복을 보도하는 11:21–23, 12:7–24, 21:43–45 등은 여호수아가 한 번 나가서 벌인 정복전쟁에서 온 땅이 단번에 정복된 것처럼 말한다.

40 이와 같이 여호수아가 온 땅 곧 산지와 남방과 평지와 경사지와 그 모든 왕을 쳐서 하나도 남기지 아니하고 무릇 호흡이 있는 자는 진멸하였으니 이스라엘의 하나님 여호

와의 명하신 것과 같았더라 41 여호수아가 또 가데스 바네아에서 가사까지와 온 고센 땅을 기브온에 이르기까지 치매 42 이스라엘의 하나님 여호와께서 이스라엘을 위하여 싸우신고로 여호수아가 이 모든 왕과 그 땅을 단번에 취하니라 (10:40-42)

43 여호와께서 이스라엘의 열조에게 맹세하사 주마 하신 온 땅을 이와 같이 이스라엘에게 다 주셨으므로 그들이 그것을 얻어 거기 거하였으며 44 여호와께서 그들의 사방에 안식을 주셨으되 그 열조에게 맹세하신 대로 하셨으므로 그 모든 대적이 그들을 당한 자가 하나도 없었으니 이는 여호와께서 그들의 모든 대적을 그들의 손에 붙이셨음이라 45 여호와께서 이스라엘 족속에게 말씀하신 선한 일이 하나도 남음이 없이 다 응하였더라 (21:43-45)

다른 무엇보다도 마지막에 인용된 21:43–45은 분명하게 이스라엘 백성이 하나님이 약속하신 대로 그 땅을 온전히 차지했다고 말한다. 하나님의 선한 일이 다 성취되었고 사방대적들과의 전쟁이 그쳐 안식이 주어졌다고 말한다. 무엇이 진실일까? 13–24장에서 보이는 것처럼 가나안 땅 정복은 여호수아 사후에 미완의 과업으로 남아 있건만, 왜 21:43–45은 이렇게 대담한 승리주의적인 선언으로 마무리되고 있을까?

학자들은 21:43–45이 1:3–9(특히 6절)과 함께 내포구조(inclusio)를 이룬다는 점에서 하나의 실마리를 찾는다. 이 내포구조는 여호수아서를 명령과 순종을 통한 성취, 혹은 약속과 믿음을 통한 약속 성취의 도식으로 가나안 땅 정복을 파악하는 데 도움을 준다는 것이다.

1:3–9은 가나안 정복은 미래에 실현될 현실이라고 말한다. 그런데 21:43–45은 여호수아와 그의 백성들에 의하여 가나안 정복은 "성취되었다"라고 말한다. 왜냐하면 여호수아와 그의 세대는 하나님의 율법(모세가 남겨준 율법, 즉 신명기 율법)을 온전히 좇았기 때문이다. 여호수아서는 하나님 나라의 확장에 필수불가결한 인간적 책임이 율법 순종임을 강조하고 싶은 것이다. 그래서 여호수아서는 실증주의적인 의미에서의 역사적 성취와 관계없이 하나님의 율법에 대한 전심의 순종이 하나님 나라의 지상 확장과 정착에 결정적이라는 원칙을 부각시키고자 하는 것이다. 여호수아서도 모세오경에서처럼 하나님 나라는 하나님의 명령에 대한 인간의 순종

을 통해 통치권을 확장해 가는 것임을 보여준다. 여호수아서는 하나님의 명령과 약속은 둘 다 인간의 능동적이고 공세적인 순종과 믿음을 통해 성취된다는 원리를 강조한다. 실제 가나안 땅 정복대업이 여호수아 당대에 이뤄지지 않았을 가능성이 있을지라도 여호수아서는 여호수아와 그의 백성들의 순전한 순종과 믿음이 있다면 가나안 땅 정복은 한 세대 안에 실현될 수 있다는 진실을 널리 선포하고자 하는 것이다. 21:43－45 같은 낙관적인 진술들이 이런 여호수아서의 신학을 견인하는 구절들이다. 순종과 형통의 세대인 여호수아 세대에는 1:3－9에서 약속된 하나님의 약속들이 성취되었다는 것이다. 이 여호수아 세대의 순종에 대한 강조는 사사기 세대의 불순종과 도식적으로 대조된다. 율법 순종, 12지파 통일적인 정복전쟁 참여가 보장된 여호수아 세대는 가나안 땅을 전체 정복하였는데 율법 불순종, 지리멸렬한 지파 분열, 그리고 견실한 지도력의 결핍으로 특징지어지는 사사기 세대는 가나안 정복에 엄청난 좌절을 겪고 있다는 것이다.

이상에서 보여준 것처럼 여호수아 시대가 하나님의 율법에 순종하여 가나안 땅을 다 정복한 것처럼 보이지만, 엄격하게 들여다보면 여호수아 세대도 사사기 세대 못지않게 정복전쟁의 대의에 대한 충성심에 관하여 지파 간의 불균등이 있었음을 알 수 있다. 심지어 땅 도상 정복 과정과 실제 정복 과정상의 불일치 때문에 발생한 영토 부족을 둘러싼 논쟁도 있었음을 알 수 있다. 여호수아서의 여러 구절들이 가나안 정복대업이 아직 미완성의 과업임을 인정하고 있다. 대표적으로 23:1－7은 아주 현실적으로 여호수아 당대에 가나안 온 땅이 정복된 것이 아님을 인정하고 있다. 다만 지파들이 실로(Shiloh)에 모여 제비를 뽑아 각각의 지파 및 가족들에게 소유가 되게 하는 도상 정복을 했을 뿐이다. 지도상으로만 믿음으로 정복했을 뿐 실제 전쟁을 치러 원주민들을 쫓아내고 영토를 확보한 전쟁은 아직 치르지 않은 것이다.

이처럼 여호수아서는 이 두 가지 흐름을 동시에 보여주고 있다.[12] 이 두 흐름이 선명하게 부각되기 시작하는 곳이 바로 13－19장이다. 이 일곱 장은 정복되지 못한 땅과 정복된 땅(13－14장)의 경계를 적시(摘示)하고 있는가 하면 어떤 지파들이 정복전쟁의 선봉에 섰으며 어떤 지파가 정복전쟁에 미온적이었는가를 밝히고 있다. 적어도 1－12장을 읽어보면 가나안 정복은 여호수아의 영도력 아래 12지파의 일사불란한 단결과 일치 속에 성취된 것처럼 보인다. 중부 가나안(6–10장), 남부 가나안(10:29–43), 북부 가나안(11장)은 이미 다 정복된 것처럼 보인다. 더군다나 12장은 정복당한 31명의 왕들과 그들의 성읍들의 목록을 담고 있지 않은가? 12장은 어떻게 읽어도 어느 정도의 완성감을 주는 정복일지의 결론부처럼 읽힌다. 그런데 13장부터는 12지파를 하나의 통일체로 보지 않을 뿐만 아니라, 12지파를 정복전쟁에 열성적인 지파와 미온적인 지파로 나누고 있다. 가나안 땅 정복전쟁의 선봉에 섰던 유다 지파(14:6–15:63), 요셉 지파(16–17장)와 가나안 땅 정복전쟁에 미온적인 아홉 지파의 상황을 대조하고 있다. 13–17장까지는 공세적인 지파들의 가나안 정복 일화들을 다루고, 18–19장은 미온적이고 소극적인 지파들의 제비뽑기에 의한 도상(圖上) 정복 상황을 다룬다. 후자의 경우는 땅의 경계와 제비뽑기에 등장한 두령들과 가장들의 이름들의 밋밋한 나열이 주를 이룬다. 이처럼 여호수아서의 후반부로 갈수록 가나안 땅 정복 과정이 지연되고 좌절될 것 같은 분위기를 자아낸다. 문학적인 진전의 관점에서 보자면 여호수아서는 후반부로 갈수록 가나안 정복대업 앞에 가로놓인 장애물의 실체를 조금씩 드러내는 방식으로 전개된다.

IV. 가나안 땅을 영구적으로 차지하는 길–갱신된 순종과 갱신된 계약 (20–24장)[13]

가나안 정복전쟁이 요단강 입구인 길갈(Gilgal) 사령부를 중심으로 진행되었다면, 가나안 땅 도상(圖上) 정복과 분배는 실로(Shiloh) 성소를 중심으로 이뤄진다. 길갈을 중심으로 이뤄진 가나안 정복대업은 군사영도자인 여호수아의 단일지도력으로 추진된 반면에, 가나안 땅 도상 분배에는 제사장 엘르아살(21:1)의 영적 지도력도 참여하고 있다. 이 단락은 먼저 제사장 지파인 레위 지파들에게 할당된 도피성들과 48성읍들을 소개한 후에 요단강 동편에 정착한 2½지파(므낫세 반지파, 갓 지파, 르우벤 지파)와 나머지 본토 지파들 사이에 발생할 수 있는 잠재적인 문제들을 취급한다. 마지막으로 이 단락은 가나안 땅 정착 과정에서 토착화된 야웨 종교가 안고 있는 위험성을 경고하고 매년 매일 야웨와 맺은 계약을 갱신하여 충성을 다할 것을 명령한다. 가나안 땅 정복은 단 한 번에 일어난 은혜의 사건이지만 그 가나안 땅을 계속적으로 차지하고 향유하기 위해서는 부단히 계약갱신적인 결단을 드리지 않으면 안 된다는 것을 강조한다. 23장은 여호수아의 유언적 강론을 담고 있는데 다른 신들을 섬기다가 야웨 하나님의 질투를 촉발하지 않도록 각별히 당부하고 있다. 24장은 세겜에서 시내산 계약을 갱신하는 대회를 열어 확대된 야웨신앙 공동체에게 다시 한번 야웨에 대한 충성심을 갱신하도록 촉구한다. 이 두 장은 공히 가나안 땅 정복 자체가 구원의 완성이 아니라 구원의 시작임을 강조한다. 가나안 땅은 하나님의 은혜로 정복하거나 얻었지만 그 땅을 영구적으로 누리기 위해서는 상당한 희생이 치러져야 함을 일깨운다.

사사기의 메시지와 구조

사사기의 메시지

여호수아서는 일사불란하고 통일된 이스라엘 공동체에 의한 가나안 정복전쟁을 보여주는 데(수 10:40–42; 11:12–14; 12:1–24, 41–43) 반하여, 사사기(士師記)는 이스라엘 지파들의 지지부진한 가나안 정복전쟁을 증언하고 있다. 여호수아 11:16–23, 12:7, 그리고 21:41–43은 여호수아서의 승리주의적 가나안 정복전쟁을 보도하는 대표적인 구절들이다. 여호수아서의 이 "성공적인" 가나안 정복 이야기와 사사기의 실패 이야기는 어떻게 조화될 수 있는가? 두 책은 한 사건에 대한 다른 신학적인 관점들을 예해하는가? 아니면 사사기가 언명하듯이 시간적인 선후 상황을 반영하는 것일까?(삿 1:1; 2:7–10) 즉 여호수아서의 찬란한 승리 후에 사사기에서 기록된 것처럼 개별 지파들은 가나안 땅을 정복하는 과정에서 지리멸렬한 패배를 맛보거나 가나안 원주민들의 공세에 밀려 가나안 원주민들과 불편하고 위험한 공존을 할 수밖에 없었는가?

또 다른 한편 우리는 여호수아서와 사사기의 연속성을 보증해 주는 미완성 정복 이야기가 이미 여호수아서에서부터 발견된다는 점을 상기하지 않으면 안 된다.[14] 여호수아서는 일진광풍과 같은 정복전쟁으로 가나안 땅을 다 정복했다고 주장하지만, 또 다른 한편 여호수아 당대에도 정복되지 않은 땅들이 상당히 남아 있음을 인정하기도 한다(수 15:63; 16:10; 17:11–13, 14–18; 삿 1:21–23; 4–5장). 이외에도 심지어 여호수아서 내에는 일부의 땅 정복전쟁을 기술하는 과정에서 모순과 긴장이 발생하고 있다. 대표적인 것이 헤브론과 드빌 정복 이야기다. 여호수아 14:6–15, 15:13–19(비교. 삿 1:10–15, 20)에 따르면 겐 족속인 갈렙이 아낙 자손들을 몰아내고 헤브론을 차지하며 갈렙의 아우인 옷니엘이 드빌을 정복한다. 그런데 여호수아 10:36–39, 11:22–23에 의하면 여호수아의 영도 아래 온 이스라엘이 헤브론과 드빌을 정복하였다. 이것은 무엇을 의미하는가? 여호수아서와 사사기는 불연속적이면서 동시에 연속적인 흐름을 이어가고 있다는 점이다. 가나안 정복전쟁의 진행과정에 관한 한 여호수아서의 일단에 벌써 사사기적인 음울한 현실주의가 드리워져 있는 것이다.

우리는 이 두 책 사이에 발견되는 일련의 차이와 연속성을 동시에 인정하면서 사사기의 가나안 정복사를 하나님 나라의 관점에서 숙고하고자 한다. 하나님 나라의 관점에서 사사기를 읽는다는 것은 가나안 땅 정복의 성공과 실패 여부가 하나님의 명령에 대한 일편단심의 충성심 여부에 따라 판가름 난다는 점을 주목하며 사사기를 읽는 것을 의미한다. 가나안 땅 정복은 하나님의 명령에 대한 순종이 실현될 때 이뤄지는 일이라는 것이다.

사사기는 여호수아 사후에 전개된 약 200년(BC 1200–1000[다윗의 통일 이스라엘 왕국 건설])에 걸친 이스라엘 12지파들의 생존 투쟁과 가나안 땅 정복 실패의 역사를 콜라주 형식으로 보여준다. 사사기는 이 200년 동안 발생한 부정적인 현상들을 집중적으로 모아놓고 사사들이 다스리던 시기가 어떤 점에서 극복되고 지양되어야 할 어두운 시기였는가를 증명하는 데 주력하고 있다.

사사시대를 구원사적인 후퇴 또는 답보 단계로 보게 만드는 쟁점들을 일곱 가지로 정리해 볼 수 있을 것이다. 첫째, 사사기의 가나안 땅 정복 과정은 여호수아서의 가나안 정복 과정과 판연하게 다르게 나타난다. 그것은 통일된 이스라엘이 합심하여 가나안 땅을 정복했다고 주장하는 여호수아서의 여러 주장들(10–12장)과 커다란 차이를 보이고 있다. 사사기에서는 일단 통일된 이스라엘의 정복전쟁 장면이 거의 나오지 않는다. 대부분의 경우 개별 지파들이 자신들에게 할당된 땅을 정복하려다가 성공하지 못하여 후퇴하고 있다. 그래서 아예 가나안 원주민들 사이에 소수파 체류민 신세로 전락하여 살거나 단(Dan) 지파처럼 원래 할당된 땅을 정복하지 못한 채 전혀 엉뚱한 곳으로 이주를 하지 않으면 안 되었다.

둘째, 여호수아서와는 정반대로 사사시대에는 지파 간의 전쟁과 내분(베냐민 지파와 11지파의 전쟁), 지역감정의 악화(길르앗과 에브라임 간의 방언발음[쉽볼렛과 십볼렛] 차이로 4만 2천 명 죽음)로 이스라엘은 적대적인 분열을 거듭하고 있었다. 셋째, 사사시대는 제사제도의 혼돈(입다의 딸)으로 믿음 좋다는 평판을 들은(히 11:32) 사사 입다마저도 자기 딸을 인신희생제물로 드리는 참사를 저지른다. 넷째, 사사시대는 윤리와 도덕의 붕괴로 이스라엘의 거룩한 정체성이 심각하게 훼손되던 시기였다. 레위인의 첩에 대한 베냐민 지파 남자들의 윤간 사건과 자신의 첩의 몸을 12조각으로 잘라 베냐민 지파의 만행을 고발하는 레위인의 패륜적 행동이 대표적인 사례다. 다섯째, 사사시대는 하나님 앞에 거룩하고 흠 없는 지도력을 행사하는 지도자를 갖지 못한 시대였다. 드보라를 제외하고 거의 모든 사사들은 흠결이 있다. 사사들은 거의 동네 골목대장급 지도자였지 12지파를 총괄하는 통합의 지도력을 행사할 만한 도량 큰 지도자가 아니었다. 사사기는 영웅적이지만 얼룩진 지도자들을 파노라마처럼 보여줌으로써 한 인간 지도자가 얼마나 믿을 수 없는가를 보여준다(삼손과 데릴라, 기드온, 입다). 여섯째, 사사기의 무질서와 혼돈상 중 하나는 레위인들의 방랑과 제사장의 사유화 현상이다. 레위인들은 각 지역에 정착한 개별 지파들에 의하여 물질적인 공궤를 받으며 그들을 영적으로 지도하도록 파송받은 자였는데 가난과 기아에 시달린 나머지 자신들을 공궤할 사람에게 몸을 의탁한다. 레위인의 방랑은 이스라엘의 하나님에 대한 충성심의 약화를 의미한다(참조. 민 35장). 대표적인 사례가 미가라는 인물에 의한 유다 지파 출신 레위인의 사유화 사건이다(17장).

마지막으로, 사사시대는 사방에서 일어난 외부 세력들의 공격에 의하여 이스라엘 공동체 자체의 존립이 위태롭게 되던 시기였다. 암몬 세력과 블레셋 세력의 압박과 침략은 사사시대를 종식시키고 중앙집권적인 권력과 군사력을 확보한 왕이 다스리는 왕정시대의 도래를 촉진시킨 촉매제였다. 이렇게 해서 12지파의 부족연맹체를 형성하던 사사기 시대는 내적 무정부 상태와 이방 세력의 공격으로 인하여 왕정을 도입하는 사무엘서 시대로 이행한다. 사사기 시대 내내 하나님께서 이스라엘 12지파를 연단하고 징계하기 위하여 안팎의 대적들을 일으키셨고 그때마다 이스라엘은 하나님의 구원을 위하여 부르짖었다. 하나님은 이스라엘이 구원해 달라고 외칠 때마다 사사를 보내셔서 잠정적인 구원을 베풀었으나, 이스라엘 12지파 체제는 강력한 왕의 지도력하에 재창조되지 않으면 안 될 정도로 붕괴되어 있었다(17:6; 18:1; 19:1; 21:25). 200년간의 사사시대에 대한 총체적인 분석은 21:25에 요약된다. "그때는 사람들이 왕이 없었으므로 각자 자기 소견대로 살았다." 즉 사사시대는 어떤 의미에서 지파주의, 가족주의, 개인주의가 만연하여 영적·도덕적·정치적 무정부주의 상태였다는 것이다. 사사기 저자는 이 사사시대의 혼돈은 강력한 왕의 통치에 의하여 해소될 수 있다고 본 것이다. 물론 사사기는 왕정 도입을 옹호하지만 동시에 왕정 도입에 따르는 위험성도 경고한다(9장의 요담의 나무 우화). 전체적으로, 마틴 부버의 지적처럼, 사사기는 왕정주의자적인 자료와 반왕정주의적 자료의 절묘한 병립을 보여준다.[15)]

그러나 전체적으로 사사기는 이상왕에 의한 왕정 도입의 필연성을 옹호한다. 이런 점 때문에 사사기는 여호수아서의 속편으로 읽어야 함과 동시에 이상왕에 의한 왕정 도입의 필연성을 역설하는 사무엘서의 전편으로 읽어야 한다. 사무엘서는 사사시대의 무정부주의도 극복하고 왕정이 갖는 권력의 전제화-폭력화도 거부하는 다윗과 같은 이상왕의 통치를 사사시대에 대한 하나의 대안으로 제시한다.

사사기의 구조

I. 사사기의 문제상황과 사사 옷니엘과 에훗의 분투(1-3장)
II. 사사 드보라의 분투와 승리(4-5장)
III. 사사 기드온의 승리와 분투(6-8장)
IV. 기드온의 그림자, 찬탈자 아비멜렉의 훼절과 패역(9장)
V. 사사 입다의 분투와 길르앗-에브라임 내전(10-12장)
VI. 비극적인 사사 삼손의 분투와 좌절(13-16장)
VII. 결언-왜 왕이 등장해야 하는가?(17-21장)

I. 사사기의 문제상황과 사사 옷니엘과 에훗의 분투(1-3장)

1장은 이스라엘의 불완전한 가나안 정복 상황을 개관한다. 1:1b-15은 여호수아 사후에 이뤄진 유다 지파가 벌인 정복전쟁 이야기 일부를 보도한다. 언뜻 보기에 이 단락은 여호수아 생전에 성취한 승전기록들을 반복하는 것처럼 보인다. 하지만 우리는 1절 상반절의 정경적인 선언에 근거하여 사사기 1장을 여호수아 사후에 이뤄진 정복전쟁 일화라고 간주하고 해석하여야 한다. 여호수아서와는 달리 사사기는 가나안 정복전쟁에 주도적인 지파가 있었음을 전제한다. 1:8-10은 유다 지파가 예루살렘, 남방과 평지에 거한 가나안 족속, 그리고 헤브론의 거인 족속을 패퇴시킨 이야기를 보도한다. 1:11-15은 여호수아 15:15-19의 반복이다. 여호수아서는 옷니엘이 여호수아 살아생전에 갈렙의 후견 아래 드빌을 정복한 것으로 보도하는데 비하여, 사사기 1:11-15은 드빌 정복이 여호수아의 사후에 일어난 것처럼 보도한다. 여기서는 연대기적 편집 원칙이 적용되기보다는 주제별 편집 원칙이 적용되는 것처럼 보인다.

1:16-21은 모세의 장인 이드로가 속한 겐 족속(the Kennites)이 유다 지파에 합류하여 유다-시므온 지파의 연합 정복전쟁에 참여한 이야기를 담고 있다. 1:27-36은 이스라엘 북부 지역에 정착한 지파들의 분투와 좌절을 그린다. 27-29절은 므낫세 지파의 분투와 좌절을 묘사하는 여호수아 17:11-13을 어느 정도 반복하고 있다. 33절은 납달리 지파가 벧세메스 사람들과 벧아낫 사람들을 정복하지는 못했지만, 그들에게 노역을 시킬 정도로 우세했던 상황을 보도한다(수 19:32-39). 34-35절은 아모리 사람들이 단 지파를 산지로 몰아내고 골짜기 평지 정착을 저지한 사건을 보도한다(비교. 수 19:40-48). 아모리 족속의 굳은 결심에 밀려 단 지파는 산으로 쫓겨 간 것이다.

2:1-5은 이스라엘의 불순종의 결과를 진술한다. 길갈(Gilgal)로부터 야웨의 한 사자(messenger)가 와서 이스라엘 지파들이 왜 가나안 정복전쟁에서 지지부진을 면치 못하는지를 진단하고 그들의 회개를 촉구한다. 6-7절에 의하면 여호수아의 생전에 야웨의 위대한 구원 역사를 목격한 세대는 이스라엘의 하나님 한 분만을 근실하게 섬겼음을 증언한다. 그러나 8-10절은 여호수아와 그의 세대가 죽고 난 후

에 태어난 새로운 세대는 야웨의 위대한 구원사의 일차적인 목격자가 아니었기에 야웨 하나님을 알지도 못할 뿐만 아니라 야웨께서 이스라엘을 위하여 행하신 구원 대사도 알지 못했다는 점을 강조한다. 11－23절은 이 여호수아 후세대의 영적 천박성과 패역성이 초래한 결과를 말한다. 어느 시대건 하나님을 알지 못하는 세대는 사사시대에 돌입한다. 하나님에 대한 살아있는 믿음과 순종의 소멸, 우상숭배와 세속화, 하나님 백성들의 세속주의적 세력과의 공존과 제휴가 하나님을 알지 못하는 여호수아 후세대, 사사시대의 특징이다.

3:1－6은 야웨께서 가나안 땅에 남겨두신 가나안 원주민들을 열거한다. 하나님께서는 가나안 정복전쟁의 실상을 경험하지 못한 여호수아 사후 세대의 이스라엘에게 하나님의 명령(언약 금지 명령, 가나안 원주민 제단 파괴 명령)에 대한 순종 여부를 알고자 가나안 원주민들을 상당히 남겨두신 것이다. 3:7－11은 메소포타미아의 왕 구산 리사다임에게 팔려 8년간 압제를 당하는 이스라엘을 구원하는 사사 옷니엘의 분투를 증언한다. 3:12－30은 모압왕 에글론을 개인적으로 죽여서(암살해서) 18년간의 모압 압제로부터 베냐민 지파를 구출한 왼손잡이 에훗의 무용담을 보도한다. 31절은 에훗 사후에 소를 모는 막대기로 블레셋 사람 600명을 죽이고 이스라엘을 구원한 삼갈의 분투를 증언한다. 사사기는 대체로 이스라엘 지파들이 가나안 토착원주민들과 인근 나라들에 의해 수세에 몰려있거나 압제를 당하는 상황을 빈번히 보도한다. 이런 맥락에서 가나안 원주민 축출 명령은 무슨 의미가 있었을까?

사사기에 가장 현저하게 두드러진 하나님의 명령인 “가나안 원주민 축출” 명령은 모세오경의 세 율법층에서 발견된다. 계약 법전(출 21－23장), 민수기 33:50－56의 소위 제사장 법전, 그리고 신명기 7:1－5과 20:10－18의 신명기 법전 모두에서 가나안 원주민들을 축출하라는 명령이 중요하게 취급되고 있다. “가나안 원주민 축출”과 관련된 동사들은 다양하다. 하나님은 가나안 원주민들을 추방하신다(grš). 원주민의 땅 소유권을 박탈하신다(hwryš, dispossess). 멀리 떠나보내신다(šlḥ). 멸절하신다(klh). 쓸어버리신다(hdp). 축출하신다(nšl). 파괴하신다(h’byd). 전멸하신다(hšmyd). 끊어버리신다(ykryt). 이 중에서 사사기에서 가장 빈번하게 등장하는 단어는 “호리쉬”(hôrîš)다. 이것은 가나안 원주민들을 멸절하라는 신명기의 헤렘 사상보다는 다소간 완화된 “축출”을 의미하는 언어다. 이 단어는 인종청소적인 대량학살을 의미하지 않고 땅의 주도권을 빼앗아 오는 것을 의미한다. 사사기에서 하나님은 이스라엘 백성들이 가나안 원주민들 한가운데서, 혹은 가나안 원주민들이 이스라엘 백성 한가운데서 살아갈 수밖에 없는 것을 인정하신다. 이 현실 인정 속에서 하나님은 이스라엘 백성이 가나안 원주민들을 땅의 주변부로 추방하여 더 이상 가나안 땅의 주인 노릇 하지 못하도록 무화(無化)시키라고 명령하신다. 하나님은 이스라엘 백성들에게 가나안 토착원주민들을 멸절하라고 명령하시지 않고 쫓아내되 그들에게 영향을 받는 방식으로 어울리지 말 것을 명령하신다.

적어도 사사기 1-3장에서 강조되는 가나안 원주민들과 "언약을 맺지 말라", "그들의 제단을 헐어버리라", "그들의 신을 섬기지 말라", 그리고 "그들을 쫓아내라"는 하나님의 명령은 그들이 갖고 있던 가나안 땅의 주도세력 지위를 박탈하라는 의미다. 가나안 땅의 원주민을 쫓아내는 행위에는 가나안 땅의 주도세력이었던 원주민들을 노역꾼이나 종으로 부리라는 의미도 포함된다. 하나님 나라 운동은 하나님 나라의 도래에 저항하는 이 땅 "원주민들"의 주도적 지위를 박탈하는 것이다. 그들의 세계관과 철학을 떠받치는 거짓된 종교적·형이상학적 신념들, 그것들을 육화시키는 사회경제·정치적 구조들을 무력화시키는 것이다. 원주민들의 제단을 헐어버린다는 것은 거짓된 종교의 신앙체계와 예배 행위를 불법화, 무력화시키는 것을 의미한다. 사사기에서 전개되는 가나안 원주민 정복전쟁은 오늘날 우리가 추구하는 하나님 나라 운동에서 연장되고 계승되고 있다. 우리가 대한민국이라는 정치적 영토적 실체 안에서 하나님 나라 운동을 한다는 것은 대한민국 안에서 활동하는 이교적 가치, 바알과 아스다롯적인 가치와 신념, 법과 제도를 폐기하고 그것들을 떠받치고 구현하는 인적 구성체를 무장해제시키거나 해산시키는 활동에 참여하는 것을 의미한다. 그러나 이것은 결코 기독교의 교세가 확장되는 것을 의미하지 않는다. 공평과 정의라는 하나님 나라의 중심 규범과 가치가 우리나라의 헌법적 가치가 되도록 애쓰는 것을 의미한다.

II. 사사 드보라의 분투와 승리(4-5장)

사사 에훗과 삼갈이 섬기던 시대가 지나자 이스라엘은 또다시 영적 지도력 공백시대에 돌입하였다. 이스라엘은 가나안 종교와 문화에 깊이 물들어 갔고 가나안 땅에 하나님 나라를 건설할 패기와 사명감을 상실하고 있었다. 이미 오래전에 정복된 땅이라고 간주된 북부 가나안의 군사요새 도시 하솔에 본거지를 둔 가나안왕 야빈이 이스라엘을 20년간이나 압제하고 있었다. 이 20년 동안 900승의 철병거를 가진 가나안 족속들은 군사적 우세를 바탕으로 이스라엘을 경제적으로 약탈하고 압제하였다. 야외 기동전의 경우 백전백승을 보장하는 무기가 가나안 철기문명의 총아 철병거였다. 철병거는 거의 비무장 민병대나 다름없던 초기 이스라엘 백성들에게 자연적인 방법으로는 도저히 극복할 수 없는 장애물이었다. 사사기 1:19은 심지어 가장 용맹한 유다 지파마저도 가나안 사람들의 철병거 장애 앞에 정복전쟁을 더 이상 추진하지 못하고 있었음을 증언한다. 바로 이런 상황에서 여선지자요 사사인 드보라와 그의 동역자인 바락이 등장한다. 드보라와 바락은 가나안의 철병거로 대표되는 외부의 적뿐만 아니라 가나안 종교와 문화에 동화되어 거룩한 백성으로서의 정체성을 잃어버리는 이스라엘 동포 자체의 영적 이완과 일탈이라는 내부의 적과도 싸워야 했다. 하나님의 도우심으로 가나안의 철병거가 무용지물이 되었다고 가나안 정복전쟁이 순풍에 돛단 듯이 추진된 것이 아님은 금세 밝혀진다. 더 완강하고 드센 적은 이스라엘의 밖이 아니라 안에 있었다.

그래서 사사기 저자도 단지 철병거 때문에 가나안 정복을 이루지 못했다고 믿는 "철병거 장애 가설"을 액면 그대로 받아들이지 않는다. 특히 사사기 2:2-3, 20-23은 왜 이스라엘이 가나안 땅 정복에 성공하지 못하는가에 대한 더 깊은 신학적 이유를 제시한다. 이스라엘이 야웨와 맺은 언약을 어기고 바알과 아스다롯과 같은 가나안 토착신들을 섬겼기 때문에 야웨 하나님께서도 이스라엘과 맺은 언약을 버리셨다는 것이다. 하나님께서 친히 가나안 원주민들을 쫓아내시지 않았기 때문에 이스라엘의 가나안 정복전쟁이 실패로 끝나고 있다는 것이다.

사사기는 결정적인 순간마다 여인들의 지도력이나 희생정신이나 비전이 빛을 발하는 장면을 예리하게 포착한다. 그들은 다양한 역할들을 떠맡는다. 드보라와 같은 여성 영웅, 블레셋 족속의 들릴라와 같은 유혹녀, 입다의 딸과 같은 무구한 희생자, 그리고 어둠의 시대를 종식시키는 예언자적인 기도의 여인 한나 같은 여성들이 역사의 중심무대를 차지했다. 이것은 사사시대의 비정상적인 면모를 비추는 거울이기도 하다. 여성 지도력의 우세는 역설적으로 사사시대가 진정한 남성지도력의 실종시대였음을 반증한다. 드보라 앞에서 바락은 왜소하고 유약해 보인다. 야엘의 꼬임에 넘어가고 급기야는 그녀의 일순 공격에 죽어버리는 가나안의 장군 시스라의 황망한 종말도 남성적인 지도력의 한계를 드러낸다. 야엘의 용감무쌍함과 주도면밀함은 바락의 주저하는 태도와 유약한 소심함과 대조된다. 승전 장군의 영예는 바락이 아니라 야엘의 몫이 된다. 야엘은 3장의 에훗의 주도면밀함과 용기를 생각나게 한다(3:12-30). 그녀는 소를 모는 막대기로 블레셋 사람 600명을 죽인 농부 출신 사사 삼갈의 경우처럼 비전형적인 물건을 무기처럼 사용한다. 장막 말뚝과 망치로 적의 관자놀이를 타격한 것이다. 여인들의 삶의 중심근거지인 장막이 적군을 처단하는 가장 처절한 전쟁터로 승격된다. 여인들의 일상생활 현장이 공적인 영역, 새 역사를 개시하는 역사적인 현장이 된다. 남성지도력의 관점에서 보면 이 사사기는 역사의 전진이 아니라 퇴행처럼 보이지만, 위기 시에 빛난 두 여성 야엘과 드보라의 비상하고 비인습적인 지도력으로 이스라엘은 한 차례 역사적 험로를 극복할 수 있었다.

요약하자면, 사사 드보라와 전사 야엘의 활동 기록은 여성지도력의 제도적인 신장을 옹호하는 데 귀중한 증거 및 참조 본문이 되지만 남성지도력의 관점에서 보면 사사시대가 일탈과 비정상의 시대였음을 고발하는 방증(傍證)이다. 이것은 여성지도력의 본질적 가치를 폄하하는 말이 아니다. 당시의 남존여비적인 사회 통념에 반하여 비인습적이고 혁신적인 방법으로 이스라엘을 구원하시는 하나님의 의표를 찌르는 구원역사를 부각시키려는 사사기의 논지를 보다 더 잘 음미하자는 것이다.

III. 사사 기드온의 승리와 분투(6-8장)

사사 드보라가 죽자 이스라엘 백성은 또다시 배교하여 우상을 숭배하기에 이르렀다. 야웨께서는 이스라엘 백성을 7년간이나 미디안 족속에게 압제를 당하게 하셨다. 그래서 범죄-노예화-탄원-구원의 순환이 반복된다(6:1-6). 이스라엘 자손들은 미디안 족속의 압제와 경제적 약탈을 견디지 못하여 산 여기저기에 동굴, 구멍, 그리고 산성을 쌓아 놓고 간신히 살아가고 있었다. 이스라엘이 파종기를 맞아 씨를 뿌리려고 동굴 밖으로 나오는 순간 미디안 족속과 그들을 따라온 아말렉 족속과 동방 족속들은 이스라엘의 토지소산을 비롯하여 가축을 다 빼앗아가 버린다. 그들은 가축들을 몰고 와서 모든 양식을 빼앗아 갔고 심지어 장막을 치고 장기적으로 약탈하곤 하였다. 이스라엘 자손은 이렇게 해서 극단적으로 가난케 되어 야웨 하나님께 부르짖었다.

이때 하나님께서는 이스라엘 자손에게 한 예언자를 보내어 왜 이런 재난이 일어나게 되었는지를 설명해 주신다. 이스라엘 자손은 자신들이 야웨 하나님과 맺은 언약을 파기하였으며 하나님께서 가나안 토착족속인 아모리 족속의 신들을 두려워 말고 하나님만 믿으라고 독려하였음에도 불구하고 가나안 토착족속인 아모리 족속의 신들을 두려워하였다. 예언자를 통해 이스라엘 백성은 그들이 고난을 겪고 있는 이유는 바로 그 계약을 어겼기 때문임을 또다시 알게 되었다. 야웨의 목소리를 청종치 아니하였기 때문에 미디안 족속의 압제가 시작되었다는 것이다(6:7-10).

이런 상황에서 므낫세 지파의 가장 연약한 가문에 속했다는 자의식을 갖고 사는 소시민이었던 기드온에게 하나님의 사자가 당도한다(6장). 7장은 하나님의 신적인 용기 고취로 사사가 된 기드온의 미디안 격파와 민족 해방 치적을 보도한다. 8장은 왕이 되어 달라는 백성들의 요청을 거절하는 듯하면서도 금으로 만든 에봇을 만들어 백성들로 하여금 우상숭배에 빠지게 하는 죄를 범하는 기드온의 미묘한 야심을 주목한다.

IV. 기드온의 그림자, 찬탈자 아비멜렉의 훼절과 패역(9장)

9장은 기드온의 부정적 유산인 아비멜렉의 일탈과 훼절을 다룬다. 아비멜렉은 하나님의 신에 강권적으로 사로잡힘을 경험하지 않고 스스로 이스라엘의 지도자가 되려고 했던 일탈된 지도자의 전형이다. 그는 왕정시대에 나타날 지도자가 최악의 경우 어떻게 변질될 것인가를 보여주는 인물이다. 아비멜렉은 돌연변이인가? 아니면 그의 아버지 기드온의 부정적 유산의 상속자인가? 8:22-35이 어느 정도의 답변을 주고 있다. 이 두 단락에서는 기드온의 말년이 다소간 뒤틀리고 왜곡된 지도력을 노출했음을 암시하고 있다. 22절에서 이스라엘 백성들은 기드온에게 세습 왕조를 세워 영구적으로 이스라엘을 다스려달라고 요청한다. "당신과 당신의 아들과 당신의 손자가 우리를 다스리소서" 23절에서 기드온은 이 제안을 단호히 거절하는 것처럼 보인다. "내가 너희를 다스리지 아니하겠고 나의 아들도 너희를 다스리지 아니할 것이요 여호와께서 너희를 다스리시리라" 그러나 24절에 따르면 기드온은 왕이 되어달라는 요구는 거절했지만 이스라엘에게 영적 지도력을 반(半)영구적으로 행사하려고 시도한 것처럼 보인다. 그는 백성들로부터 전리품 중 금귀고리 등을 다시 거두어 들여 금으로 에봇을 만든다. 에봇은 제사장이 입는 겉옷 정복(正服)이었고 하나님의 뜻을 물을 때 사용되는 우림("빛")과 둠밈("완전")이라는 보석 단추가 달려있는 성스러운 옷이다. 이 에봇을 입은 제사장은 우림과 둠밈을 통해 하나님의 뜻을 물어 그것을 백성들에게 전달한다. 마침내 기드온은 금 1,700세겔을 거두어 들여 금으로 된 거대한 에봇을 만들어 오브라 산당에 안치하였다. 백성들은 그때부터 하나님을 찾기보다는 기드온의 에봇을 미신적으로 숭배하며 하나님께 바쳐져야 할 진심을 그것에다 소진하고 있었다. 그렇게 해서 영적 음행의 촉매제가 된 금 에봇은 기드온과 그의 집에 올무가 되었다. 사람들에게 숭배의 대상이 되는 에봇은 기드온의 자녀들에게 정치적인 야심을 키우고 보양하는 유혹적인 환경이 되었을 것이다.

아니나 다를까 8:30-31은 기드온이 거의 왕과 같은 호화롭고 부유한 생활을 하고 있었음을 증언한다. 그는 많은 아내를 두고 70명의 아들을 낳았다(비교. 신 17:14-20). 그중에 세겜 출신 첩 사이에서 낳은 아들이 바로 아비멜렉이다. 기드온이 죽자마자 이스라엘 사람들은 곧장 바알브릿(Baal of covenant)을 자신들의 신으로 섬기고 자신들을 구원하신 야웨 하나님을 기억하지 않았다(33절). 이스라엘 백성들은 야웨 하나님에 대한 계약적 의리를 어겼을 뿐만 아니라 기드온 가문에 대한 계약적 의무도 망각하였다. 9장은 이 망각의 시대에 등장하여 사사시대에서 왕정기로 이행하기 전에 치른 이스라엘의 유아기 홍역 같은 상처를 남긴 인물인 아비멜렉이라는 패륜적인 지도자를 소개한다. 9장은 왕이 다스리는 시대가 얼마나 혹독한 대가를 요구할 것인가를 미리 암시하는 복선 역할을 한다는 점에서 17장 이후에 반복되는 왕

정에 대한 긍정적인 기대(17:6; 18:1; 19:1; 21:25)와 묘한 긴장을 이루고 있다.[16)]

10-12장은 앞과 뒤에서 모두 다섯 명의 무명 사사 돌라와 야일, 입산, 엘론, 그리고 압돈을 간략하게 소개하고 나머지 몸통 단락은 사사 입다의 분투를 증언한다. 특히 11-12장은 사사 입다와 암몬 족속에 대한 그의 승리, 그리고 그 결과 불거진 길르앗과 에브라임 지파 간의 해묵은 적대 관계를 추적한다.

V. 사사 입다의 분투와 길르앗-에브라임 내전(10-12장)

10장은 에브라임 출신 사사 1명과 두 명의 길르앗 출신 사사들(야일, 입다)의 행적을 보도한다. 1-2절은 잇사갈 사람 도도의 손자 부아의 아들 사사 돌라(Tola)의 행적을 간략하게 보도한다. 그는 에브라임 산지 사밀(Shamir)에 거하며 이스라엘을 구원하며 23년간이나 다스렸다. 3-5절은 돌라 후에 등장한 사사 길르앗 사람 야일(Jair)에 대하여 보도한다. 그는 22년간이나 사사로 활동하였다. 그리고 30나귀를 탄 30명의 아들을 두었다. 그들은 각각 길르앗의 30성읍을 다스렸다. 그 성읍들은 하봇 야일("야일의 마을들")이라고 불렸다(민 32:41). 6-18절은 길르앗 출신 사사 입다가 등장하게 된 역사적 영적 배경을 소상하게 보도한다. 입다가 등장하기 전 이스라엘은 다시 심각한 영적 퇴행에 빠져들고 있었다. 6-10절은 전형적인 배교→이방인에게 팔아넘기는 심판→학대받은 이스라엘의 회개와 탄식 구조로 움직인다.

11장은 입다에 대한 간략한 전기적 자료를 소개한 후 그가 어떤 과정을 거쳐 지도자가 되었는지를 다룬다. 그는 길르앗이라고 하는 므낫세 지파의 유명한 전사 족장이었던 사람, 길르앗이 기생에게서 얻은 아들이라고 소개된다. 그런데 길르앗의 정실 부인에게서 난 아들들이 이 기생 아들 입다를 쫓아내 버렸다. 그래서 입다는 그 형제들을 피하여 돕(Tob) 땅으로 피하여 일군의 사회적 부랑아들(전쟁 용병들)을 모아 그들의 지도자가 되었다. 입다는 암몬 족속과의 전쟁에서 영웅이 되어 개선함으로써 지도자로 추대되지만, 안타깝게도 전쟁 중 다급한 서원기도로 딸을 번제로 바치는 어처구니없는 비극의 주인공이 된다.

12:1-7은 에브라임 지파가 길르앗과 입다에게 걸어온 도발적인 분쟁시도가 어떻게 비극적인 지파 전쟁으로 끝났는지를 보도한다. 12:8-15은 세 명의 무명 사

사들(입산, 엘론, 압돈)의 행적을 간략하게 보도하는 데 그친다. 특별히 기록할 만한 나쁜 일이 일어나지 않았다는 점에서 기록이 짧은 사사시대일수록 평화로운 시대였을 가능성이 있다. 베들레헴의 입산(Ibzan), 북쪽 스불론 지파의 사사 엘론(Elon), 비라돈 사람 힐렐의 아들 압돈(Abdon)이 과도기에 활동한 세 명의 사사들이다. 그들은 평화로운 시대에 태어나 사사로 봉사했으며, 많은 자녀를 낳은 입산과 압돈은 다소간 군주 같은 위세를 행사했던 것처럼 보인다.

VI. 비극적인 사사 삼손의 분투와 좌절(13-16장)

단(Dan) 지파 출신 삼손은 천사의 수태고지를 받고 태어난 사사였는데 그는 베냐민 지파의 에훗처럼 홀로 일어나 강력한 블레셋 족속과 맞선 사사였다. 그는 포도주와 독주를 멀리하고 머리를 자르지 않고 일생을 하나님께 바친 나실인(Nazirite)(민 6장)으로 서원한 인물이었다. 그의 엄청난 괴력은 그의 머리카락에서 나왔다. 그의 머리카락은 나실인 서원의 핵심 표지로 그것은 축적된 경건생활의 위력을 의미한다. 단 지파가 원래 할당받은 땅에 정착하지 못하고 블레셋의 다섯 도시국가 연맹체에 의하여 심각하게 압박을 당하고 있었을 때, 삼손이 등장하여 분투하지만 혈기방장함과 여자의 유혹에 너무나 쉽게 넘어가는 내적 취약성으로 조국의 구원자로 사는 데 실패한다. 블레셋 여자이자 치명적 매력의 소유자인 들릴라(Delilah)의 사랑을 얻고자 블레셋 사람들에게 그의 엄청난 힘의 원천을 털어놓는다. 그러자마자 그는 블레셋 사람들에게 붙잡혀 머리카락이 잘리고 급기야는 마지막 두 안구까지 뽑히는 손상을 당한다. 그는 블레셋의 다곤 신전의 지하 감옥에 갇혀 블레셋의 축제를 고조시키는 노리갯감으로 모욕당하기에 이른다. 하지만 그는 참회하는 마음으로 힘을 다해 하나님께 기도하여 블레셋 신전을 부수고 자신도 죽는다.

VII. 결언-왜 왕이 등장해야 하는가?(17-21장)

이 단락은 미가의 가문에서 일어난 제사장 사유화 현상(17장)과, 최북단으로 이주하는 단 지파의 이주(18장), 그리고 기브아 사건과 베냐민 지파에 대한 11지파의 응징 전쟁(19:1–21:25)을 다룬다. 이 세 가지 사건은 사사시대가 얼마나 엉망진창으로 굴러떨어진 시대였는가를 증명하는 생생한 실례다. 이 네 장은 개인(방랑하는 레위인), 도시(베냐민 지파의 기브아), 그리고 지파(베냐민 지파와 11지파) 차원의 도덕적·종교적 타락의 절정상을 보여주며, 이런 도덕적·영적 무정부 상태를 치료할 왕적인 지도력이 왜 필요한가를 설득한다. 이 네 장에 기록된 사건들은 사사기의 마지막에 배치되어 있기 때문에 사사시대의 마지막 시기에 일어난 사건처럼 보일지 모르나 그 내용과 맥락을 보면 사사시대의 초기에 일어난 사건들로 봐도 무방하다(NIV Study Bible, "Introduction: Judges", 327). 사사기 저자는 연대기에 상관없이 이 사건들과 사태들을 사사기의 마지막에 배치하여 훨씬 더 좋은 다윗왕정 시기와 사사시대를 대조시키려고 한다. 이 단원은 왕정이야말로 사사시대의 무정부 상황에 대한 응답이었음을 강조한다(17:6; 18:1; 19:1; 21:25). 특히 사사기는 처음과 마지막(1:1–2; 20:18) 부분에서 나라를 구하는 애국적 선봉지파인 유다 지파를 12지파의 선봉 지도지파로 내세운다. 유다 지파는 가나안 정복전쟁에서도 앞장섰으나, 도덕적으로 파탄한 베냐민 지파를 응징하는 데도 지도력을 발휘하였음을 강조한다(NIV Study Bible, 327). 이것은 베냐민 지파의 지도자 사울과 사울 가문에 대한 유다 지파와 다윗 가문에 의한 권력 박탈 역사를 예기케 하는 신학적·문학적 복선이다.

17–18장은 사유화된 종교를 대표하는 미가의 훼절과, 할당받은 땅을 버리고 북쪽으로 도피하면서 미가 가문의 레위인 청년을 납치하다시피 데려가는 단 지파의 임기응변적 제사장 충원 행태를 비판한다. 19–21장은 한 레위인의 첩이 베냐민 지파의 성읍인 기브아에서 집단 성폭행을 당한 사건과 그것의 비극적인 결과로 발발한 내전을 보도한다. 천인공노할 이 수치스러운 성폭행 사건을 응징하려고 11지파가 베냐민 지파를 대항해 일어선 것이다. 베냐민 지파는 거의 소멸 직전에 내몰린다. 사사기 저자는 독자들로 하여금 "왜 어찌하여 이 모든 일이 일어났을까?"라는 질문을 제기하도록 만든다. 그리고 다윗왕적인 지도력이 없었기 때문이라고 대답한다. 사사기는 다윗 가문의 영적 기품을 자랑하는 룻기(the Book of Ruth)와 더불어 결국 다윗왕의 등장 과정을 하나님의 섭리와 목적이라고 설복하는 사무엘상하의 서론인 셈이다. 이 셋은 합하여 다윗 가문의 용비어천가(龍飛御天歌) 삼부작을 이루는 셈이다.

4강 서론

신명기 역사서의 독특성

이번 시간에는 모세오경의 마지막 책인 신명기와 모세오경을 요약하고 “신명기 역사서”라고 일컬어지는 여호수아부터 열왕기하까지를 공부하기를 원합니다. ‘신명기’라는 말은 낯선 이름이죠. 이때 ‘납 신(申)’ 자를 보통 씁니다. 명(命)은 ‘명령’ 할 때 ‘명’이고요. ‘기록’ 할 때의 기(記)입니다. 신(申)은 ‘중복하다’ 혹은 ‘거듭하여 되풀이하다’라는 뜻입니다. 그러니까 신명기는 ‘되풀이하고 반복하여 가르쳐진 율법’이라는 뜻입니다. 출애굽의 1세대가 죽고 나서 그 2세대에게 되풀이하여 가르쳐진 율법이 신명기입니다. 아들 세대가 아버지 세대가 배웠던 하나님의 율법과 계명을 가나안 땅에 들어가서 살 때 어떻게 확장적으로 보완하고 새로운 상황에 맞게 재해석할 것인가를 보여주는 책이 신명기입니다. 모세오경의 첫 세대인 출애굽 세대 다음에 태어난 세대가 가나안 땅의 다신교 사회에서 어떻게 살 것인가를 가르치는 총괄적인 계명들의 묶음, 이것이 신명기입니다. 모세오경을 다 읽을 시간이 없는 사람들은 신명기만 읽으면 됩니다.

신명기가 결정적으로 중요한 이유는, 여호수아부터 열왕기하까지 가나안 땅에 살았던 600년의 역사를 관통하는 하나의 역사서술 원칙을 신명기가 제공하기 때문입니다. 신명기 28장에 보면 이스라엘이 야웨 하나님의 계명과 율법에 순종하면 가나안 땅을 오랫동안 차지하고 전쟁과 기근으로부터 보호를 받습니다. 하지만 이스라엘이 야웨 하나님에 대한 배타적 충성심, 이웃에 대한 공평과 정의로운 삶을 규정한 헌법적 요강 같은 신명기 율법을 어기면 가나안 땅을 상실할 수도 있습니다. 이러한 이원적인 미래전망, 즉 하나님이 주신 장기간의 평화냐 혹은 가나안 땅 상실과 열국 추방이냐 이 둘 중 하나가 실현될 것이라는 모세의 예언을 염두에 두고 쓴 역사서가 바로 여호수아부터 열왕기하까지입니다. 이러한 이원적인 미래전망이 명시적으로 표현된 곳이 신명기 28장입니다. 이런 신명기 28장의 이원적 미래전망의 대원칙으로 서술한 이스라엘 역사의 통사(通史)를 "신명기 역사서"(the Deuteronomistic History)라고 합니다. 이것은 가나안 정복부터 가나안 땅 상실까지의 역사, 약 600년간의 역사를 압축적으로 범례화합니다. 곧 뒤따라 나오는 본 강의에 자세히 설명해 놨습니다. 오늘은 여호수아부터 열왕기하까지의 역사가 무슨 의미가 있는가를 설명합니다.

4강-1

신명기와 모세오경 요약

안녕하십니까? 숭실대학교 인문대 기독교학과 김회권 교수입니다. 오늘은 모세오경의 마지막 책인 신명기에 대해서 공부하려고 합니다. 신명기는 지난번 강의에서 말씀드렸듯이 '반복적으로 가르쳐진 율법'이라는 뜻입니다. 신은 한자어로 '납신(申)' 자이지만 '중복한다' 할 때 '거듭 중' 자와 똑같습니다. 그래서 '중복하여 가르쳐진 율법,' 이것이 신명기입니다. 출애굽 제1세대가 광야에서 다 죽고 나서 다음 세대의 후손들이 가나안 땅에 들어가기 직전에 모세가 다시 한번 가르쳐준 율법입니다. 신명기의 큰 틀은 창세기에서부터 민수기의 내용을 독특한 방식으로 재배치하고 수정보완하고 있습니다. 신명기 법전으로 알려진 12－26장은 출애굽기 20장부터 23장에 나오는 율법규정들을 독특한 방식으로 이어받고 있습니다. 다만 주제적으로 확장되거나 세부적으로 줄기가 확장된 정도입니다.

광야시대 때 있던 법들이 가나안 땅에 정착해서 살 것을 대비하여 약간 최신판으로 수정보완된 수준으로 개정된 경우도 있습니다. 그런데 언뜻 보면 같지만 세부적으로 보면 상당히 많이 다릅니다. 보통 독자들은 눈치채지 못할 만큼 미세하지만 의미 있는 변화가 있습니다. 율법은 생물과 같죠. 사람들의 상황을 따라다니며 스스로 변화를 감수하는 것이 구약성경의 율법입니다. 율법 자체가 사람들에게 특정한 원리를 교조적으로 강요하는 것이 아니라, 사람들의 사회생활, 개인생활, 가정생활 또는 종교생활을 따라다니면서 사람들의 유익을 위하여 스스로 변신한다고 보면 됩니다. 더 정확하게는 이스라엘의 삶을 따라다니며 이스라엘의 상황에 최적화된 방식으로 율법을 개정하고 최신판으로 수정하도록 격려해주시는 주체가 하나님이라는 사실이 강조되어야 할 것입니다. 그래서 율법은 변신되고, 변화되고, 수정증보판으로 거듭나는 것이 당연한 것입니다. 하나님께서 일필휘지로 율법을 적어주셨거나, 하늘에서 불러주는 말을 모세가 기계적으로 받아 적었거나, 특정한 서기관들이 무조건 옛날부터 내려오던 법령을 기계적으로 받아 적지 않았습니다. 모세오경의 많은 율법들은 이스라엘이 공동체 생활을 하면서 발생했던 여러 문제들을 해결하기 위해 만든 일종의 추후 대책적인 율법들이었습니다. 그런데도 성경은 일관되게 모세의 율법들을 "하나님이 주셨다"고 말합니다. 하나님이 직접 천상의 음성으로 불러준 걸 받아 적어 만든 율법이 아닌데도 말입니다. 모세오경에 적힌 율법을 하나님이 주신 율법이라고 말하는 것은, 그것들이 하나님만이 가질 수 있는 관점과 관심을 반영하기 때문입니다. 왕과 지배층의 권력남용과 경제적 탐욕을 억제하는 법을 지배층 집단이 스스로 만들었을 리가 없습니다. 모세오경의 율법들은 정치사회학적으로 보면, 왕과 지배층, 유력시민들의 권력과 탐욕을 부단히 경계하고 있습니다. 왕과 지배층 집단의 탐욕과 권력남용은 나라 전체를 멸망으로 몰아갑니다. 모세오경의 율법은 정확하게 공동체를 멸망시키는 급소를 주목하며 그 급소를 공격할 수 있는 최상위 포식자집단의 범람하는 욕망을 부단히 경계하고 검열하고 단죄합니다. 모세오경의 율법이 하나님이 내려주신 율법이라고 믿고 주장한 사람들은 하나님의 영에 사로잡혀 지배층 집단의 죄를 부단히 지적하고 단죄하는 예언자들이며(미 3:8), 궁극적으로 그들이 대변하던 사회경제적 약자들이었습니다. 예언자들은 한결같이 모세오경의 율법이야말로 이스라엘 언약공동체의 존립에 결정적으로 중요하기 때문에 하나님이 주셨다고 믿고 그렇게 선포했습니다. 달리 말하면, "모세오경의 율법은 하나님이 주셨다"라는 믿음은, "모세오경의 율법은 다툴 수 없는 권위를 가졌다. 어떤 경우에도 이 하나님이 주신 율법은 해치면 안 된다"라는 메시지를 확언하는 표현방식이었습니다. 고대 이스라엘의 예언자들은 하나님이 주신 십계명과 모세오경의 토지법 같은 중대한 법령들을 지속적으로 위반하고 어기면 이스라엘 공동체의 존립 자체가 위협받는다고 믿었습니다. 이처럼 "하나님이 율법을 주셨다"는 말은 정치사회경제적으로 깊은 함의를 갖고 있습니다.

"하나님이 율법을 주셨다는" 말을 문자적으로 해석해서는 안 됩니다. 하나님이 히브리어로 또는 그리스어로, 혹은 라틴어로 모종의 율법과 명령을 친히 써주셨다고 생각하는 것은 무리입니다. 그런데도 불구하고 모세오경의 율법들을 하나님의 율법, 즉 하나님이 시내산에서 주신 율법이라고 말하는 이유는, 그 율법들이 이스라엘 공동체에게 결정적으로 중요한 헌법적 가치를 가진 법들이기 때문입니다. 요즘 식으로 표현하자면, 한 공동체의 존립에 결정적으로 중요한 법, 그 법을 어기면 공동체 자체가 망해버리는 그런 법을 하나님이 주신 율법이라고 말했다는 것입니다. 시내산에서 모세가 하나님께로부터 받았다고 믿어지는 율법은 바로 그런 의미에서 "하나님이 내려주신 율법"이라는 것입니다.

모세가 최초로 율법을 받았던 장소가 시나이 반도에 있는 시내산입니다. 시내산에서 하나님과 조우하면서 이스라엘 백성이 받은 율법이 시내산 율법인데, 그것이 모세오경의 율법들입니다. 출애굽기 20–23장, 레위기 17–27장, 신명기 12–26장이 시내산에서 모세가 하나님께 받았다고 믿어지는 하나님의 율법들 집성물입니다. 그런데 이 모세의 율법집성물 안에는 시내산에서 받았을 가능성이 거의 없는 율법들도 시내산에서 선포된 율법인 것처럼 포함되어 있습니다. 왜 그랬을까요? 모든 시대는 각각 그 시대에 결정적으로 중요한 법들을 모두 다 시내산에서 선포된 율법의 연장선상에 있는 율법이라고 봤기 때문이죠. 그래서 모세 시대 때의 이스라엘 백성뿐만 아니라, 그 후에 오는 모든 이스라엘 백성 세대 전부 다 '시내산에서 모세와 함께 율법을 받은 회중'의 일부였다고 믿어졌습니다. 신명기 5:1–3이 바로 이 요점을 잘 표현합니다. "모세가 온 이스라엘을 불러 그들에게 이르되 이스라엘아 오늘 내가 너희의 귀에 말하는 규례와 법도를 듣고 그것을 배우며 지켜 행하라 우리 하나님 여호와께서 호렙 산에서 우리와 언약을 세우셨나니 이 언약은 여호와께서 우리 조상들과 세우신 것이 아니요 오늘 여기 살아 있는 우리 곧 우리와 세우신 것이라" 모세 시대 이스라엘 세대의 후손들이 '이스라엘이 된다'는 뜻은 '시내산 언약체결 현장에 정신적으로 참여해' '하나님의 율법을 직접 받아 그 하나님의 언약율법을 지킬 의무를 상속한다'는 것을 의미했습니다. 어떤 사람이 이스라엘 백성이 된다는 말은 뭐죠? 생물학적 출생만으로 되는 것이 아닙니다. 이스라엘 사람들의 가정에 생물학적으로 출생하는 것이 이스라엘 백성이 되는 게 아니라, 시내산에 올라가서 하나님이 주신 그 율법을 지키기로 결단하고 하나님과 맺은 언약에 자신을 속박할 때 이스라엘 백성이 된다는 것입니다. 그러니까 이스라엘 백성의 출생은 생물학적 출생이라기보다는 하나님과의 언약적인 결속에 스스로를 묶을 때 이뤄집니다. 이 통과의례가 이스라엘 백성이 되는 과정이라 할 수 있는 거죠. 그래서 신명기 5장 3절이 중요합니다. '이 시내산 언약은 죽은 우리 조상들과 맺은 언약이 아니라 지금 바로 여기에 살아있는 우리 후세대와 맺은 언약이다.' 시내산의 언약체결 1세대가 무한 반복적으로 다음 세대에게 이 언약의무와 율법을 상속시킨단 말이죠. 신명기가 말하는 모세의 율법은 모세가 처음 받은 율법과 후세대에 전승되어 보완되고 확장된 새로운 버전(version)의 율법이 합해진 집성물입니다. 시내산에서 모세가 최초로 받은 시내산 율법은 후세대에게 전승되는 과정에서 점점 산호초처럼 자라가면서 확장되고, 수정되고, 보완됩니다. 신명기는 이렇게 확장되고 보완되고 최신판으로 수정된 그런 율법까지 포함하여 모두 다 모세가 받은 율법으로 간주합니다. 실제 역사적으로 보면, 모세 시대의 법이 아닌 법들이 시내산 율법에 많이 포함되어 있습니다. 출애굽기 19장부터 24장과 신명기 12장부터 26장이 시내산에서 받은 율법이라고 알려진 대표적인 법들입니다. 그런데 이 법들 중 상당수는 가만히 보면, 가나안 정착 시대를 오랫동안 경험한 후에 나왔을 가능성이 큰 법들입니다. 심지어 바벨론 포로생활을 마치고 돌아온 세대를 향해 주어진 모세의 설교구문도 발견됩니다. BC 587년부터 BC 450년경까지 약 130년 정도의 세월 이격을 거친 후에야 의미 있게 다가왔을 법들마저도 모세의 시내산 율법 안에 들어가 있는 것입니다. 이것은 무엇을 가리킵니까? 고대 이스라엘 민족은 항상 자신의 동시대를 위하여 모세의 율법을 재정의했다는 것을 의미합니다. 모세의 율법이란 이스라엘 역사의 여러 시기에 등장한 각 세대에게 결정적으로 중요한 법들을 묶어놓은 집성물을 가리킨다는 것입니다. 이 통시대적으로 구속력이 있는 헌법적 비중을 가진 법들을 '모세의 율법' 또는 '시내산 율법'이라고 부른다는 것입니다. 모세의 율법은 일종의 관용어법(idiomatic expression)인 셈입니다. 요약하자면, 고대 이스라엘은 이스라엘의 모든 세대에게 유효하며 다툴 수 없는 권위를 가진 법, 즉 공동체의 존립에 결정적으로 중요한 법들은 전부 다 시내산에서 모세가 받은 율법 또는 모세를 통해 중개된 율법이라고 불렸다는 것입니다. 신명기는 이런 의미에서 모세의 율법입니다. 이스라엘의 국가적 존립에 결정적으로 중요한 헌법적 대요강이 바로 신명기 율법이기 때문입니다. 이런 이해를 바탕으로 신명기를 읽어야 합니다.

신명기는 1장부터 11장, 12장부터 26장, 27장부터 30장, 31장부터 34장으로 구분할 수 있습니다. 1장부터 11장은 좀 더 자세하게 구분하면, 1장부터 4장, 5－11장으로 세분화됩니다. 1－4장은 광야 38년간의 방랑 역사를 간략하게 회고합니다. 1장부터 4장의 핵심은 광야세대의 대표자인 모세가 광야세대와 함께 광야에서 죽고 가나안 땅에 들어가지 못한다는 엄숙한 선언입니다. 이런 점에서 신명기 3장이 장엄합니다. 모세가 하나님께 자신의 가나안 진입을 간청하며 세 번씩 기도합니다. 그러나 하나님은 그때마다 거절합니다. 왜 모세가 가나안 땅에 들어가지 못합니까? 모세가 광야 40년 동안 죄를 짓고, 징계를 받고, 연단을 받아서 소멸해간 광야세대의 죄책을 짊어진다는 점에서 모세의 가나안 진입이 거부됩니다. 광야세대의 죄책을 나눠진다는 의미에서 모세는 가나안 땅에 들어가지 못하는 운명을 공유하는 겁니다.

5장부터 11장은 신명기의 가장 핵심적인 부분입니다. 5장은 출애굽기 20장의 십계명을 반복하는데 몇 군데 수정보완이 이뤄집니다. 6장은 "들으라! 이스라엘아"로 시작되는 쉐마장(章)입니다. '쉐마(들으라!), 이스라엘아. 우리 하나님 여호와는 오직 한 분이시다. 너는 마음을 다하고, 뜻을 다하고 힘을 다하여 너의 하나님을 사랑하라.' 이것이 신명기 6장 4절부터 5절에 나오는 그 유명한 쉐마입니다. 쉐마(Shema)라는 말은 '들어라'라는 뜻의 히브리어(2인칭 남성단수) 한글 음역입니다. 6장 쉐마장에서 가장 중요한 명령은 이스라엘로 하여금 야웨 하나님을 전심전령전력으로 사랑하라는 계명입니다. 야웨를 사랑하는 행위는 야웨의 계명을 자세히 유의하여 세심하게 준수하는 행위를 의미합니다.

7장, 8장, 9장은 이스라엘 백성이 광야 생활에서 범한 치명적 죄악을 비판적으로 회고하며 다시는 우상숭배죄를 재범하지 말도록 권계하는 한편, 왜 이스라엘이 광야 생활을 40년간 했으며, 더 나아가 왜 가나안 땅을 차지해야 하는지를 자세히 설명합니다. 모세 당시의 가나안 땅은 한 주권국가가 배타적으로 다스리는 영토가 아니었습니다. 비어 있는 땅이 많은 공유지의 일종이었습니다. 이스라엘 백성이 가나안을 배타적으로 관할하는 한 나라가 있는데 공연히 그 나라를 쳐부숴서 차지하는 상황이 아니었습니다. 많은 사람들은 이스라엘 백성이 가나안 땅에 들어가서 정착하는 과정을 남의 땅을 강제로 빼앗아 차지하는 식민지 개척모델로 이해하려고 합니다. 이미 하나의 자기완결적인 정치 공동체 또는 국가가 존립하는데, 이스라엘이 갑자기 와서 그 국가를 부수고 자신들의 국가를 세웠다고 간주합니다. 그런데 그렇지 않습니다. 이스라엘 백성이 가나안 땅에 정착해 들어가 산 시기는 BC 13세기입니다. 이때 가나안 땅 중 중앙산간지는 대부분 비어 있었습니다. 이스라엘 지파들이 초기에 정착했던 중앙산지는 해발 500m 정도의 산간지였습니다. 물론 거기에는 이집트의 봉신으로 존재하던 가나안 도시국가들이 있긴 있었습니다(세겜, 예루살렘, 헤브론). 그러나 이런 도시국가나 기타 촌락 공동체가 이미 가나안에 존재하고 있었다 하더라도, 그것들이 가나안 전체를 지배하고 관할하는 단일 정부를 구성한 것이 아니었습니다. 가나안 전체를 통치하는 중앙집권적 단일 국가는 없었습니다. 그래서 모든 방랑하는 부족들, 방랑하는 이주민들, 유목민들이 가나안에 들어와 적당한 땅을 차지하고 사는 것이 가능했습니다. 신명기 2장은 가나안 땅 자체가 그 땅을 차지한 족속들의 숱한 교체를 목격한 땅임을 증언합니다. 하나님은 가나안 땅의 역사가 그 땅을 차지하는 중심 거주민 교체의 역사라는 것을 아셨기 때문에, 하나님의 성품과 통치에 어긋나게 땅을 사용하는 원주민들을 언제든지 추방하고 새 거주민들을 불러들여 정착하게 하실 수 있었습니다. 어떤 땅의 원주민이 하나님의 뜻대로 땅을 사용하지 못하면, 즉 공평과 정의의 공동체를 이루지 못하고 하나님께 매우 가증스러운 풍습과 악행을 자행할 때 하나님으로 그 땅으로 하여금 그 원주민을 토해내게 하십니다. 가나안 7부족도 그 이전의 원주민들을 내쫓고 그들 대신 땅을 차지한 자들이었습니다. 하나님은 이제 가나안 7부족을 쫓아내시려고 합니다(창 15:13). 가나안 원주민들에 대한 하나님의 심판이 이뤄지는 그 시점에 이스라엘이 그 땅을 차지할 기회를 만난 것입니다. 하나님께서는 이스라엘이 가나안 땅에 들어올 때 가나안 원주민들을 심판하여 새로운 거주민을 초청할 계획을 이미 갖고 있었습니다. 원주민들의 가나안 정착권을 박탈하고 새로운 정착민들을 초청하려는 그 시점에 이스라엘 백성이 들어왔다는 말입니다. 이 논리를 설명하는 단원이 신명기 7장, 8장, 9장입니다. 여기서 우리는 창세기 15장 13–16절을 기억해야 합니다. "13 여호와께서 아브람에게 이르시되 너는 반드시 알라 네 자손이 이방에서 객이 되어 그들을 섬기겠고 그들은 사백 년 동안 네 자손을 괴롭히리니 14 그들이 섬기는 나라를 내가 징벌할지며 그 후에 네 자손이 큰 재물을 이끌고 나오리라 15 너는 장수하다가 평안히 조상에게로 돌아가 장사될 것이요 16 네 자손은 사대 만에 이 땅으로 돌아오리니 이는 아모리 족속의 죄악이 아직 가득 차지 아니함이니라 하시더니" 13절이 가리키듯이 아브라함의 후손인 이스라엘 백성이 가나안 땅에 정착하기 위해서는 400년이 경과되어야 했습니다. 가나안 원주민들, 즉 헷 족속, 기르가스 족속, 아모리 족속, 가나안 족속, 브리스 족속, 히위 족속, 여부스 족속의 죄가 그 땅을 잃을 만큼의 임계치에 도달할 때까지 이스라엘 백성은 가나안 땅을 차지할 수 없기 때문입니다. 하나님도 가나안 원주민들을 공연히 쫓아내실 수는 없었기 때문이었습니다. 그들의 죄가 관영하여 하나님께서 도저히 가나안 7부족 원주민들의 정착권을 박탈하지 않으면 안 될 때가 이를 때까지 이스라엘 백성은 이집트에 가서 체류했어야 했습니다. 그런데도 많은 사람들은 여기서 선민사상의 독소조항을 발견합니다. '하나님은 선민을 위하여 저 만민들을 아무 원칙 없이 쫓아내고 그들을 학살의 현장으로 몰아갔다.' 그렇지 않습니다. 신명기 7장, 8장, 9장을 읽어본 사람들은 아무도 그렇게 생각하지 못합니다. 이스라엘 백성들은 하나님이 가나안 원주민을 심판하여 그 빈자리에 자신들을 초청하는 그 현장에 있으면서, '우리 또한 가나안 원주민처럼 언제든지 땅을 빼앗길 수 있다'는 무서운 경고를 부단히 듣고 있기 때문입니다. 그러니까 가나안 땅 정착 초기부터 이스라엘은 가나안 원주민의 운명과 자신의 운명이 동일해질 수 있음을 무섭게 위협받고 들어갑니다. 따라서 '이스라엘의 민족수호신 야웨가 선민을 위하여 선민 아닌 모든 족속들을 따라지신세로 전락시키고 그들의 땅을 무상몰수하여 그냥 자기 친애하는 백성에게 막 뿌려준다'라고 생각하는 통속적 오해는 신명기 7–9장에 의해 교정될 필요가 있습니다. 이런 점에서 신명기 7장, 8장, 9장이 매우 중요합니다.

하나님은 당신 앞에서 이스라엘 백성의 책임을 다그칠 때에 주로 선민사상을 강조합니다. 만민에 대한 선임의 책임, 맏아들 같은 사명을 다그칠 때 하나님은 선민사상에 호소합니다. 고대 이스라엘의 누구도 선민사상과 특권을 연결시키지 않았습니다. 어떤 시대의 이스라엘 사람도 만민에 대한 무자비한 전쟁행위를 정당화할 때 '우리는 선민이다'라고 말하지 않습니다.

10장부터 11장은 이스라엘이 가나안 땅을 상실할 수 있는 미래를 실감 나게 상상하도록 무섭게 다그칩니다. 이스라엘 백성은 그 가나안 땅을 어떤 조건하에서 잃을 수 있는가? 이 두 장에는 이스라엘에게 무시무시하게 들리는 무서운 위협들이 줄지어 나옵니다. 이스라엘은 가나안 땅에 들어가 가나안 원주민들의 죄를 답습하면 언제든지 가나안 땅을 빼앗길 수 있으며 더 나아가, 열국 가운데 흩어져서 다시 가나안 땅 정착 이전 시대로, 즉 혼돈으로 돌아갈 수 있다고 경고를 받습니다. 11장 16절 이하에 이스라엘이 직면한 두 가지 선택이 엄숙하게 제시됩니다. '내가 생명과 죽음과 복과 저주를 너희 앞에 둔다. 죽음이 아닌 생명을 선택하라.' '쫓겨난 가나안 원주민, 심판받아 땅의 정착권을 잃어버린 그 원주민처럼 살지 말고, 그 땅을 차지할 만한 가치가 있는 백성, 즉 거룩한 백성으로 살아가라.' '시내산 율법이 가르친 대로 행동하면서 이웃에게 자비롭고 그리고 주변 나라에게는 공격적인 침략을 일삼지 않고, 동서남북 어디로 퍼질지라도 세계만민에게 복이 되는 강대한 나라가 되어야 한다.' '이 사명에서 조금이라도 이탈하면 너는 이 땅을 빼앗긴다.' 10장부터 11장에 이런 무시무시한 위협이 쩌렁쩌렁 울리고 있습니다.

12장부터 26장은 소위 말해서 "신명기 율법"이라고 말합니다. 신명기 율법인 12장부터 26장은 대체로 십계명의 순서에 따라 각 십계명이 어떻게 확장적이고 각론화된 시행세칙으로 적용되는가를 보여줍니다. 십계명의 제1계명이 뭐죠? '너는 나 외에 다른 신을 네게 있게 하지 말지니라.' 12장은 이 계명을 가나안 땅에서 실천하려고 할 때 무슨 일을 해야 하는가를 구체화시켜 가르칩니다. '다른 신을 네게 있게 하지 말지니라'는 '가나안 원주민들이 유지하던 종교풍습을 폐지하고, 그들이 불렀던 신들의 이름을 도말하고, 그들에게 바쳐진 제단들을 부수고, 다시는 가나안 원주민들의 신들이 거론되는 일이 없게 하라'라고 해석됩니다. '가나안 원주민들의 예배방식과 가나안 원주민 방식의 신에 대한 경건 표현을 일절 하지 말라'는 것입니다. 그것이 바로 1장 1계명의 시행세칙이라 할 수 있죠. 12장, 13장은 십계명의 1-3계명의 시행세칙을 담고 있는 셈입니다. 13장은 야웨 하나님에 대한 배타적 예배와 헌신을 와해시키는 거짓 예언자들의 영적 오도와 우상숭배자들을 단죄합니다. 12장은 가나안 원주민의 종교풍습, '신에 대한 경건 표현을 절대로 따라 하지 말라'고 명하는 호전적인 계명입니다. 여기서 중요한 것은 가나안 원주민이 남긴 종교풍습을 파괴하라고 했지, 그것이 가나안 원주민을 다 죽이라는 뜻이 아니었다는 사실입니다. 12장 어디에도 가나안 원주민을 다 죽이라는 말은 절대로 나오지 않습니다(참조. 신 20장). 심지어 여호수아 2장과 6장에 나오는 여리고성 주민에 대한 학살 명령도 여리고성에 사는 지배체제에 대한 심판을 집행하라고 했지, 여리고 일대의 모든 주민을 학살하라는 명령은 아니었습니다. 교전 중이 아닌, 민간인들인 가나안 땅에 사는 모든 사람을 다 죽이라는 뜻이 절대로 아닙니다.

고대사회에서는 신이 자기를 숭배하고 예배하는 사람에게 최소한의 하나님 노릇을 해야 했습니다. 그것은 자신의 예배자에게 땅을 주는 겁니다. 고대 모든 족속들은 자기가 살고 있는 땅은 자신이 믿는 신이 주었다고 믿었습니다. 그래서 고대 사회에서 땅을 차지하고 싸우는 족속들은 각각 자신들이 믿는 신의 이름으로 전쟁했습니다. 고바벨로니아 사람들은 마르둑 신의 이름으로 전쟁했고, 앗수르 사람들은 아슈르 신의 이름으로 전쟁했으며, 모압 사람들은 그모스 신의 이름으로, 이집트 사람들은 태양신의 이름으로 전쟁했습니다. 이스라엘은 야웨 하나님의 이름으로 땅을 차지하는 전쟁에 뛰어들었습니다. 이처럼 모든 고대인들은 머릿속으로 '우리가 누리는 땅은 우리가 믿는 신이 준 선물이다'라고 생각했다는 것입니다. 그래서 이스라엘 민족도 가나안 땅을 차지할 때 하나님이 주신 선물이라 믿었던 것인데, 이것은 자기 복무적인 이데올로기가 아니었으며 자신의 땅 욕심을 정당화하는 말도 아니었습니다. 오히려 현대인들은 상상도 못할 정도로 경건한 자기검열의식을 가지고 이런 땅 신학을 견지했습니다. 신명기가 주창하는 땅 신학의 대지를 풀어보면 대개 이런 취지를 발견할 수 있습니다. "우리가 하나님께 이 땅을 선물로 받았기 때문에 정말 하나님 뜻대로 이 땅을 사용하지 않으면 안 된다. 우리가 이 땅을 가지고 노예와 지배자로 분열된 양극화 사회를 이루면 안 된다. 외국인과 나그네를 혐오하고 학대하는 외국인 혐오적인 사회를 만들면 안 된다. 전쟁포로라도 함부로 대하면 안 된다. 동물도 함부로 대하면 안 된다. 그리고 땅마저도 7년에 한 번씩 쉬게 해야 된다. 생태적으로 건강한 사회를 만들고, 외국인에 대해서 관대하고 그리고 동족 구성원 사이에 자유와 평등을 적절하게 길항시키는 멋진 세상 만드는 것이 우리가 가나안 땅을 선물로 받은 목적이다. 이 목적을 이탈하면 우리는 가나안 땅을 빼앗긴다."

14장, 15장은 대체로 '너는 안식일을 기념하여 지켜라'라는 안식일 계명의 확장적 시행세칙이라 할 수 있습니다. 그 외에는 "살인하지 말라"는 계명, "간음하지 말라"는 계명, "도적질하지 말라"는 계명, "거짓 증거하지 말라"는 계명, "이웃의 것을 탐내지 말라"는 계명의 시행세칙이 16장부터 25장까지 나옵니다. 저는 여기서 12장부터 16장까지를 주목하기를 원합니다. 이 다섯 장을 자세히 읽어보면 가나안 땅을 차지하는 이스라엘 민족이 내세우는 대의명분, 그리고 가나안 땅을 차지한 후에 이스라엘이 땅 사용과 관련해서 느끼는 엄숙한 자기검열의식을 발견합니다. 한마디로 이스라엘의 가나안 정착과정에서 치러진 부분적인 전쟁이 이스라엘이 아닌 민족에 대한 하나님의 무자비한 학살전쟁이 아님을 강조할 필요가 있습니다. 신명기 저자는 "우리가 하나님 야웨 이름으로 전쟁을 해 가나안 땅을 빼앗았다고 자랑해서는 안 된다. 땅을 차지하는 것보다 땅의 올바른 사용이 더 중요하다."라는 점을 더욱 강조합니다.

앞서 말했듯이, 고대인들의 영토 취득 전쟁은 신의 이름으로 벌어졌습니다. 고대인들의 영토전쟁과 이스라엘의 영토전쟁 사이에 있는 가장 큰 차이점을 주목해야 됩니다. 어떤 고대민족의 문서에서도 땅을 차지하면서 이 땅을 우리가 차지한 목적이 공평과 정의를 구현하는 사회를 만드는 것이라고 명시적으로 천명하지 않습니다. 그에 비해 신명기는 야웨의 이름으로 가나안 땅을 차지하면서 땅의 올바른 사용에 대해 부단히 고민했던 이스라엘의 모습을 보여줍니다. '하나님이 우리에게 땅을 선사하신 목적은 야웨의 율법을 이 땅에 구현하도록 하기 위함이다(시 104:44-45). 이웃 배려적인 사회를 만들고, 난민 영접적인 사회를 만들고, 나그네 배려적인 사회를 만들고, 심지어 동물의 안식권까지 보장하는 자비가 넘치는 세상을 만드는 게 땅을 선사해 주신 하나님의 목적이다. 따라서 땅을 가지고 탐욕을 충족시키고, 빈부격차가 심각해져 사회가 가진 자와 가지지 못한 자로 파편화되어서는 안 된다. 우리가 몰아낸 고대 가나안 국가들에서처럼, 계급사회가 되어 하나님의 언약백성인 자유농민이 노예로 전락하는 것을 방치해서는 안 된다. 우리나라에는 압도적인 지배 권력을 가진 지배층이 나타나서는 안 되고, 지배자형 압제 군주도 나타나서는 안 된다. 우리는 항상 서로가 서로에 대해서 해방자가 되어 주어야 한다. 서로를 해방시키는 해방자적인 이웃관계, 배려적인 이웃관계를 구축해 평화롭게 살아가야 한다. 이것이 바로 모세오경 율법의 핵심이다.'

여러분, 신명기를 자세히 읽어보면 이스라엘이 땅을 선물로 받으면서 신의 계명을 정말 진지하게 받아들였다는 것을 깨닫게 됩니다. 하나님의 계명을 이렇게 엄숙하게 자기성찰적으로, 심지어 자기비판적으로 되새김질하는 문서는 여기 외에 고대 국가 어디에도 없습니다. 땅을 차지하면서 땅의 올바른 소유와 사용을 성찰하며, 스스로를 이토록 치열하게 경계하는 어떤 고대문서도 없었습니다. 신명기는 땅의 소유가 아니라 정당한 사용을 가르치는 데 심혈을 기울입니다. '땅은 하나님의 것이다. 땅은 절대로 땅을 소유한 자의 무한한 재산 증식을 정당화하지 않는다. 만일 땅을 이웃의 생존권을 빼앗는 재산 증식의 수단으로 삼거나 탐욕 충족의 수단으로 삼으면 너희들은 나라 전체를 잃고 땅 전체를 잃는다. 너희 지주들아, 정신 차려라. 지금 너희가 만일 소작인들을 괴롭히고, 노예들을 괴롭히고, 농노들을 괴롭히고, 약자들, 난민들을 괴롭히고 무자비를 행하면 땅 자체를 빼앗기게 된다.' 이런 무서운 위협이 집중적으로 나타나는 곳이 신명기 27장, 28장입니다.

제일 무서운 장이 신명기 28장입니다. 신명기 28장은 땅을 선물로 받은 이스라엘 백성이 가나안 원주민처럼 땅을 남용하고, 땅을 탐욕 충족 수단으로 삼고, 재산 증식의 수단으로 삼고, 사회를 파편적으로 분열시키는 수단으로 삼는 순간 땅을 빼앗길 것이라고 엄중하게 경고합니다. 과연 이스라엘은 신명기 28장의 무서운 경고를 얼마나 진지하게 받았을까요? 가나안 정착 600년 만에 이스라엘 민족은 마침내 가나안 땅을 빼앗깁니다. 이스라엘의 모든 지배층과 지주들은 1,000km 떨어진 먼 바벨론으로 70년 이상 긴 세월 동안 유배당합니다.

신명기 29장, 30장은 땅을 빼앗긴 일이 이미 과거지사라고 느끼는 바벨론 포로들에게 주신 재활복구적 언약갱신 단락입니다. 이 두 장은 땅을 빼앗기고 열국 중에 흩어져서 다시 가나안 땅에 들어오기 이전의 혼돈 상태로 굴러떨어진 포로들을 겨냥한 말씀입니다. 신명기 29장 28절입니다. '열국 중에 흩어짐이 오늘날과 같다' (개역한글) 신명기 29-30장은 이스라엘 백성이 끝내 모세의 경고를 어기고 가나안 땅을 잘못 사용하여 땅을 빼앗겼음을 고백합니다. 29장, 30장은 모압 언약을 통해 바벨론 포로들이 가나안 고토로 귀환할 수 있는 영적 퇴로를 제공합니다. 땅을 빼앗겼지만 다시 한번 하나님은 이스라엘 백성에게 기회를 주시기 위하여 모세는 모압 언약을 따로 체결합니다. 모세는 가나안 땅 진입 직전의 출애굽 2세대에게 모압 언약을 체결하면서 하나님이 지난 광야세대의 모든 허물에도 불구하고 가나안 땅 진입을 허락해 주실 것임을 확신시킵니다. 출애굽 2세대가 선 이 모압 평지는 이스라엘 역사의 모든 언약준수 실패자들을 위한 재활복구의 자리입니다. 모압 평지는 '하나님의 언약대로 살지 못해 가나안 땅을 빼앗긴 모든 세대의 이스라엘이 재활복구를 맛보는 언약갱신'의 자리입니다. 바벨론 포로들은 하나님의 언약을 위반하고 가나안 땅을 상실하여 이방 땅에서 온갖 고생을 다 겪은 세대로서 하나님의 재활복구를 기다리는 세대입니다. 시내산 언약체결현장이 모든 세대에게 열려있었듯이, 모압 언약의 자리도 모든 이스라엘 세대에게 열려 있습니다.

여기서 하나님은 모세를 통해 바벨론으로 유배당했던 이스라엘 백성의 모든 죄를 용서하시고 가나안 땅에 재정착의 기회를 주십니다. 그들은 시내산 언약의 이름으로는 더 이상 가나안 땅에 들어올 자격을 갖추지 못했습니다. 그래서 시내산 언약의 부록격인 '모압에서 맺은 언약의 논리'로 그들에게 가나안 재정착의 기회를 제공하십니다. 모압에서 맺은 언약은 시내산 언약의 부록으로 맺은 언약입니다. 시내산 언약은 가나안 땅을 잃고 열방 중에 흩어지면 다시 가나안 땅으로 되돌아오는 길을 제공하지 않습니다. 그런데 신명기 29장, 30장의 모압 언약은 시내산 언약 기준으로 처절한 실패자들에게 다시 가나안 땅에 들어오는 기회를 제공합니다.

신명기 31-34장은 부록입니다. 31장은 모세의 지도력이 여호수아에게 이양되는 순간을 다룹니다. 모세의 유산은 성문율법과 여호수아에게 승계된 예언자 직분을 통해 이스라엘에게 전승될 것입니다. 31장은 결국 책으로 편집된 성문토라와 토라공부의 중요성을 강조합니다. 32장은 이스라엘의 슬픈 배교의 역사를 회고하는 노래를 통해 야웨 하나님에 대한 일편단심을 후세대에게 심어줄 것을 호소하는 모세의 유언적 유지를 담고 있습니다. 여기서 모세는 '조상들의 슬픈 배교역사와 그것을 상쇄하는 하나님의 신실한 역사를 대조하는 노래를 끊임없이 후손들에게 가르쳐야 한다'라고 말합니다. 결국 32장은 이스라엘 12지파가 얼마나 하나님을 배역하고 반역했는지 반역의 역사를 총정리하고, 이스라엘 반역의 큰 중대성도 하나님의 은총의 무궁함을 이기지 못한다고 결론을 내립니다. 32장의 요지는, "하나님의 은총이 이스라엘 죄악보다 더 크다. 이스라엘의 역사는 하나님의 비대칭적으로 큰 은총이 이끌어가는 역사다. 이스라엘 죄가 하나님과 이스라엘 백성의 언약관계를 해소하지 못한다."라는 것입니다.

33장은 12지파의 미래를 자세히 예언하고 묘사합니다. 34장은 모세가 역사의 무대로부터 퇴장하는 이야기입니다. 이렇게 해서 신명기는 모세의 죽음과 함께 장엄하게 끝납니다. 여러분, 이 강의는 요약 강의였습니다. 교재의 강의안을 자세히 읽으면 강의를 쉽게 따라올 수 있습니다. 감사합니다.

4강-2

여호수아부터 사사기까지

안녕하십니까? 숭실대학교 인문대 기독교학과 김회권 교수입니다. 오늘은 여호수아부터 열왕기하까지 "신명기 역사서"에 대해서 공부하려고 합니다. 그중에서도 여호수아와 사사기를 좀 더 세부적으로 다루려고 합니다. "신명기 역사서"라는 말은 학자들 사이에서 통용되는 언어입니다. 간단하게 말하면 여호수아, 사사기, 사무엘상하, 열왕기상하 이 여섯 권을 "신명기 역사서"라고 합니다. 그 이유는 이 여섯 권이 신명기 28장의 원리에 따라 특정 왕의 업적과 실정을 범례적으로 평가하고, BC 1200년부터 BC 600년까지 약 600년의 가나안 땅 정착의 역사를 범례적으로 개관하는 통사이기 때문입니다. "신명기 역사서"는 BC 1200년부터 BC 600년까지 약 600년 동안 이스라엘 백성이 가나안 땅에 정착한 시기의 역사를 통사적으로 정리했습니다. 그런데 전문학자들은 이 여섯 권의 책이 역사서로 인정받기에는 무리가 있다고 봅니다. 일어난 사건들 중 극히 일부만 다루고 나머지 사건들을 거의 생략한 경우가 많기 때문에 여호수아부터 열왕기상하를 역사서라고 보지 않고 예언서라고 말합니다. 특히 유대교 계열 학자들이 여호수아부터 열왕기하를 예언서라고 분류합니다. 역사서라고 부르기에는 너무나 많은 사건들을 생략했기 때문만이 아닙니다. 이 여섯 권의 책에서는 역사의 추동력을 제공하는 것이 예언자들의 설교나 강론이기 때문입니다. 실제로 예언자들의 역할이 왕들이나 다른 어떤 신정통치의 대리자들의 역할에 비해 훨씬 더 큽니다. 결국 오늘날 우리가 실증주의적인 역사관의 입장에서 볼 때는 여호수아부터 열왕기하는 역사서가 아니라 예언자들이 왕국의 멸망을 초래한 죄를 지적하고 멸망의 정당성을 설복시키려고 하는 설교입니다. 예언자적 관점과 아젠다를 가지고 이스라엘 역사를 과도하게 압축한 역사설교라는 것입니다. 역사를 가지고 설교하는 예언자들의 의도는 유다 왕국의 멸망의 정당성과 회복의 필연성을 부각시키는 데 있습니다. 엄격히 말해서 "신명기 역사서"는 역사라는 외양을 갖춘 예언자적 설교문입니다. 그런데 역사서의 외양을 갖추고 있다는 말은 뭐죠? 이 신명기 역사서가 시간의 순서에 따라 기록되었고, 그것이 등장인물들의 행동을 중심으로 역사의 변동과 사태전개를 인과적으로 설명하고 있기 때문입니다. 초보적이지만 인과관계를 잘 진술하여 앞 사건과 뒤 사건 사이의 계기적인 원인과 결과 관계를 밝히고 있습니다. 그래서 우리는 이 여섯 권을 역사서라고 말할 수 있습니다. 그리고 여기에는 보통 역사서가 갖추고 있는 일종의 개관도 있고, 역사의 목적도 있습니다. 그래서 역사서라고 읽어도 됩니다. 이 여섯 권을 예언서로 읽건 신명기 역사서로 읽건 그것의 대지를 파악하는 데는 별 상관이 없습니다.

신명기 역사서는 20세기 중반에 활동했던 독일 학자 마틴 노트(Martin Noth)에 의해 구약연구의 중심소재로 떠올랐습니다. 노트가 처음으로 신명기 역사서를 대중적으로 유포시켰습니다. 노트의 신명기 역사서 이해는 신명기는 모세오경에 속하는 책이 아니라 뒤따라나오는 여호수아부터 열왕기하까지 이어지는 여섯 책의 서론으로 봐야 한다는 것이었습니다.[17] 노트의 신명기 역사서 가설은 동시대의 또 다른 독일 구약학자 게르하르트 폰라트의 모세육경 가설에 맞서는 대항명제로 나왔습니다. 마틴 노트와 거의 동시대 학자였던 게르하르트 폰라트(Gerhard von Rad)라는 독일학자는 모세육경이라는 명제를 내세워 여호수아서를 모세오경의 결론이라고 봐야 한다고 주장했습니다. "모세오경은 신명기에서 끝나지 않고 여호수아까지 이어진다. 그래서 모세육경이 하나의 유기적 응집성을 가진 문학덩어리이다."라고 말했습니다.[18] 모세육경이라는 말은 19세기 말 독일학자 율리우스 벨하우젠(Julius Wellhausen) 같은 학자들에 의해 벌써 사용되었던 말이기도 합니다. 벨하우젠도 헥사토이크(Hexateuch)라고 불리는 모세육경의 저작을 하나의 연구주제로 보고 접근했습니다.[19] 마틴 노트는 모세오경과 여호수아까지를 한 권으로 읽는 벨하우젠-폰라트의 육경가설에 맞서 아예 신명기를 모세오경에서 떼내어 뒤따라오는 여섯 권의 책과 한데 묶어 읽는 것이 더 낫다고 주장했던 것입니다. 마틴 노트 이후 이 여섯 권의 책은 신명기 역사서로 널리 불리게 되었고 신명기는 이 여섯 권의 서곡으로 간주되기 시작했습니다. 노트는 여호수아와 그 이후에 나오는 열왕기하까지의 책들을 한 덩어리의 문집으로 보고 모세육경에서 여호수아를 빼내는 방식으로 읽을 것을 주장했습니다.

신명기 역사서의 핵심은 두 개의 신조로 압축됩니다. 첫째, "여호와의 율법, 즉 시내산 율법에 순종하면 하나님께서 형통함과 복을 주시고, 국가적 번영 및 무운장구(武運長久)와 전쟁 승리를 주신다." 둘째, "반면에 시내산 율법을 위반하고, 파기하고, 반역하면 질병, 전쟁패배, 재난, 기근 그리고 마침내 땅을 상실하는 천형을 받게 된다." 이런 식으로 BC 1200년부터 BC 600년까지의 이스라엘 역사를 해석한 것이 신명기 역사서죠. 그래서 어떤 점에서 보면 신명기 역사서는 여호수아서의 상서로운 출발점에서 부정적인 완성점, 즉 부정성의 극점인 오메가 포인트, 국가멸망 시점을 향해서 급하게 달려가는 역사서입니다. 가나안 땅의 정착을 다루는 여호수아서부터 시작해서 가나안 땅 정착의 종료시점, 즉 가나안 땅을 상실하는 시점을 증언하는 열왕기하까지 내리 달려갑니다. 그래서 열왕기하 25장은 가나안 땅을 잃고 유다 왕국의 국가기간요원들이 저 1,000km 멀리 떨어진 바벨론으로 포로로 잡혀가는 이야기로 끝납니다. 땅을 중심으로 보면 신명기 역사서는 일종의 수미쌍관 구조죠. 여호수아는 가나안 땅의 정착 시작을 다루고, 열왕기하는 가나안 땅의 정착 종료, 즉 가나안 땅의 상실을 다루기 때문입니다. 신명기 역사서는 부정성의 극점인 오메가 포인트, 다시 말해서 땅을 상실하는 시점까지 독자들의 마음에 서스펜스를 불러일으켜 팽팽하게 유지시킵니다. 과연 이스라엘은 가나안 땅을 오랫동안 차지하고 평화와 번영을 누릴 수 있을까? 아니면 모세가 경고한 것처럼 우상숭배에 빠져 끝내 가나안 땅을 잃을 것인가? 땅을 오랫동안 차지할 것인가? 아니면 얼마 안 되어 가나안 땅을 빼앗기고 말 것인가? 이 서스펜스는 신명기 28장에서 최고조에 오릅니다.

안타깝게도 이스라엘은 자기파멸적인 무지몽매와 영적 일탈로 회개불가능 지점으로 굴러떨어져 망합니다. 이스라엘은 불순종을 누적시켜서 가나안 원주민의 운명을 그대로 밟아가는 아주 불행한 결말을 향해서 치닫게 됩니다. 이 과정을 찬찬히 따라가며 추적하는 것이 신명기 역사서입니다.

신명기 역사서의 첫 책은 여호수아서, 두 번째 책은 사사기입니다. 사사기 다음에 룻기라는 책이 있는데 그것은 신명기 역사서에 포함되지 않습니다. 룻기는 사사기의 어떤 특정 시점에서 일어났던 한 이스라엘 사람의 비극적 가정사를 중심으로 전개되는 이야기입니다. 다윗의 증조할머니와 증조할아버지의 신앙무용담이자 가문을 일으킨 그들의 신앙 미담입니다. 룻기 4장에 벌써 다윗이 언급됩니다. 사무엘상 16장에 처음 나오는 다윗을 사무엘상보다 먼저 배치되어 있는 책인 룻기가 이미 다윗을 알고 언급하고 있습니다. 룻기는 다윗 가문이 얼마나 믿음의 전통이 훌륭한 가문인가를 설명하는 용비어천가 같은 일화입니다. 다윗 가문의 흑역사 중에 하나가 될 수 있던 요소는 다윗의 증조할머니 룻이 이방 여인, 모압 여인이었다는 점이었습니다. 다윗의 증조모 룻이 긴 세월 동안 이스라엘과 불화하던 이웃 나라인 모압 족속이었다는 사실은 다윗에게 일종의 흑역사 내지는 일종의 콤플렉스나 스캔들이 될 수 있었습니다. 그러나 룻기는 다윗의 관점에서 이런 예상되는 혐의와 비판을 정면 돌파합니다. '우리 증조할머니 룻은 모압 여자였지만, 시어머니인 나오미를 섬기면서 무너져가던 우리 다윗 가문을 일으켜 세운 국모급 여인이었다. 그래서 우리 증조할머니 룻은 비록 이방 여인이지만 배척받아서는 안 된다. 우리 하나님은 인종적 외모를 취하지 않고 믿음의 중심을 보신다. 우리 하나님은 믿음의 여부를 가지고 이스라엘 백성됨의 여부를 따지신다. 룻은 믿음으로 이스라엘에 접목된 이스라엘 사람이다.' 룻에 대한 룻기 저자의 따뜻한 환대는 룻기 1장 16절, 17절에 잘 드러나 있습니다. '어머니가 가시는 곳에 나도 갑니다. 어머니의 하나님이 나의 하나님이요 어머니의 백성이 나의 백성입니다.' 이방 여인 룻이 그 시어머니 이스라엘 여자 나오미에게 하는 말입니다. '시어머니 당신이 가는 곳에 내가 가고, 당신이 머무르는 곳에 내가 머물고, 당신의 하나님이 내 하나님이 되고, 당신의 백성이 내 백성이 됩니다.' 이 감동적인 개종사를 통해 룻은 이상적인 개종자의 전범을 보여준 거죠. 결국 룻기는 사사기의 부록이라 할 수 있고 사무엘상하의 각주라고 볼 수 있습니다. 사사기에서 사무엘상으로 넘어가는 전환부에 배치된 룻기는 공적 역사가 아니라 개인 역사에 일어난 에피소드이기 때문에 신명기 역사서에 포함되지 않습니다.

사무엘상 초반부는 사무엘의 전국적 지도력 행사 전후의 이스라엘 역사와 사울 왕의 등장을 보도합니다. 사무엘상 후반부부터는 다윗이 어떻게 이스라엘 권력의 심장부로 진입했는가를 자세히 설명합니다. 사무엘하는 다윗의 왕위 등극 이후에 전개된 다윗의 몰락과 재활·복구 과정을 다룹니다.

열왕기상하는 다윗의 아들이었던 솔로몬이 다윗왕국을 이어받아서 나라를 잠시 번영하게 했지만, 곧이어 국가적 쇠락을 초래하는 과정부터 다룹니다. 열왕기상 1－12장은 솔로몬에 의해 자행된 우상숭배 때문에 통일왕국이 분열되어 파탄 나는 역사를 집중적으로 주목합니다. 열왕기상 13장부터 22장은 남왕국과 북왕국의 분열대립 상황과 북왕국의 위세에 눌리는 남왕국의 취약한 지위를 부각시킵니다. 그리고 열왕기하 대부분은 남북왕국이 서로 갈등하며 이민족의 지배와 압제 아래 시달리다가 마침내 각각 멸망당하는 과정을 기록합니다. 17장에서는 북왕국의 멸망 전후 사정이 보도되고 25장은 유다 왕국의 멸망과 지배층 집단의 바벨론 유배를 보도합니다. 분열되어 대립하던 두 왕국 모두 마침내 가나안 땅을 상실하는 부정적인 오메가 포인트에 이르렀습니다. 신명기 역사서의 저자는 이 오메가 포인트까지 따라와 비관적인 음조를 드러내면서도 아주 실낱같은 희망을 피력합니다. 17세에 바벨론으로 유배당해 37년 만에 석방된 여호야긴의 복권기사에서 실낱같은 희망이 감지됩니다. 열왕기하 25:27－30입니다. “27 유다의 왕 여호야긴이 사로잡혀 간 지 삼십칠 년 곧 바벨론의 왕 에윌므로닥이 즉위한 원년 십이월 그 달 이십칠일에 유다의 왕 여호야긴을 옥에서 내놓아 그 머리를 들게 하고 28 그에게 좋게 말하고 그의 지위를 바벨론에 그와 함께 있는 모든 왕의 지위보다 높이고 29 그 죄수의 의복을 벗게 하고 그의 일평생에 항상 왕의 앞에서 양식을 먹게 하였고 30 그가 쓸 것은 날마다 왕에게서 받는 양이 있어서 종신토록 끊이지 아니하였더라”

자, 이제 우리는 먼저 신명기 역사서 중에서 첫 번째 책인 여호수아서를 조금 더 살펴보겠습니다. 여호수아서는 여호수아의 영도 아래 12지파가 일사불란하게 가나안 땅 정복과업을 성공적으로 완료했다는 보고를 전면에 내세웁니다. 한마디로 여호수아서는 여호수아의 영도력 아래 가나안 정복전쟁에서 승승장구하는 이야기입니다. 이에 반해 사사기는 정반대의 양상을 보도합니다. 12지파가 각각 각자도생으로 가나안 정착을 시도하다가 실패하고 좌절하는 이야기가 사사기의 주(主)를 이룹니다. 심지어 자신에게 할당된 땅을 차지하지 못하고 쫓겨나거나 다수파 가나안 원주민들의 한복판에서 그들에게 둘러싸인 채 간신히 생존해 가는 개별 지파들의 음울한 패배담론이 사사기의 중심부를 차지합니다. 여호수아서는 6명의 대사사와 6명의 소사사가 활동했던 사사기의 의기소침한 분위기를 더욱 생생하게 두드러지게 만드는 찬란한 승리간증이자 사사기의 서론격인 책입니다. 사사기는 여호수아가 죽고 나서 있었던 이야기인데, 가나안 정복의 어려움을 보도하는 데 치중하는 책입니다.

이제 여호수아서의 가나안 정복 과정을 좀 더 자세하게 주목하려고 합니다. 여호수아서는 12장 마지막에서 여호수아가 가나안의 31명의 왕들을 내쫓고, 이스라엘 민족이 이제 가나안 땅의 주도권을 잡았다고 말합니다. 여호수아서는 일종의 가나안 정복 성공기라 할 수 있습니다. 그것은 여호수아의 영도력 아래 이스라엘 열두 지파가 가나안의 31명의 왕들을 내쫓고, 가나안 땅의 주도권을 잡았다는 이야기입니다. 31명의 왕들은 단일 정부의 왕들도 아니고 작은 도시국가의 왕이었기 때문에 그들이 가나안 땅 전체를 통치하는 대표자는 아니었습니다. 그래서 여호수아가 가나안 땅 전체를 다 차지했다는 말은 아닙니다. 이런 승리주의적 어조에도 불구하고 여호수아도 가나안 땅을 정복하는 과정에서 어려움에 직면했음을 보여주는 일화들이 여호수아서에 이미 나오고 있습니다.

이스라엘 백성은 초기에 가나안 도시국가의 통치 관할 영역에서 벗어난 산지에서 살았습니다. 여기는 누구의 땅도 아닙니다. 이스라엘이 얼마든지 가서 살아도 되는 땅이었습니다. 여호수아의 영도 아래 가나안에 들어온 이스라엘 지파들은 누구의 땅도 아닌 곳에 가서 정착하려고 했는데, 가나안에 들어가자마자 가나안 땅 입구에 있는 여리고성 성주의 강력한 저항을 맞이합니다. 그러나 여호수아는 비정규전을 통해 여리고성 정복에 성공하면서 가나안 정복의 대의를 잘 시작했습니다. 여호수아 2장과 6장은 여리고성 성주가 어떻게 패퇴당하는가를 말합니다. 하나님의 명령으로 여호수아 군대는 여리고성의 모든 주민들과 가축을 진멸했습니다. 이 첫 장면 때문에 사람들은 여호수아서가 철두철미하게 가나안 유혈 정복기라고 생각하기 쉬운데 그렇지 않습니다. 당시에 가나안 땅 거민들과 이스라엘 백성이 조우하는 방식은 세 가지 중 하나였습니다. 첫째, 가나안 원주민 족속이 먼저 이스라엘에 맹렬하게 대적할 때 이스라엘은 전쟁을 합니다. 즉, 먼저 전쟁을 걸어오는 여리고성과 같은 성주와 전쟁을 해서 이스라엘은 끝내 그 성을 빼앗는 방식입니다. 다음으로 원주민이 투항하면 이등시민으로 받아주는 방법입니다. 여호수아 9장에는 기브온 족속이 투항하여 열등한 신분이지만 이스라엘 백성의 일부가 되기를 원하는 장면이 나옵니다. 여호수아는 그들의 귀순을 받아주고 이스라엘 백성을 되는 길을 열어줍니다. 일종의 귀화허용이었습니다. 기브온 족속은 전쟁 없이 이스라엘 백성의 일원이 됐습니다. 여리고성의 기생이었던 라합 가문도 믿음의 결단을 통해서 이스라엘 백성이 됐습니다. 이처럼 이스라엘 백성의 정체성은 인종적 기준이 아니라, 하나님의 통치권에 대한 인정 여부에 따라 결정되었습니다. 기브온 족속과 여리고성의 기생 라합 가문은 전쟁 없이 이스라엘 백성의 일원이 되었습니다. 마지막으로, 이번에는 이스라엘 백성이 압도적인 다수이자 강한 세력을 대표하는 가나안 사람들의 호의 속에 간신히 가나안 땅 언저리에 취약한 난민으로 살아가는 방식입니다. 이 셋째 상황은 여호수아서에 나오지 않습니다. 사사기의 대부분은 이런 셋째 방식의 비대칭적인 이스라엘–가나안 원주민의 조우였습니다. 이스라엘 백성이 가나안 원주민을 대항해 전쟁하기보다는 압도적인 다수의 가나안 원주민들의 배려 속에 또는 묵인 속에 가나안의 빈 땅에 살기 시작했습니다.

우리는 여호수아와 사사기를 연속적인 이야기로 읽을 수도 있지만, 서로 대조적인 이야기로도 읽을 수 있습니다. '가나안 정착 과정은 전쟁을 통해서 일어났을까? 아니면 이렇게 점진적이고 산발적인 이주 과정을 통해서 일어났을까?' 여호수아서는 전자가 대세인 것처럼 말하고 사사기는 후자가 대세인 것처럼 말합니다. 여기서 두 책이 각각 표방하는 히든 아젠다(hidden agenda)가 있습니다. 여호수아의 히든 아젠다는 이겁니다. '우리 열두 지파가 일사불란하게 일치단결한 마음으로 가나안 땅을 차지할 수 있다. 여호수아의 지도력과 열두 지파의 일치단결만이 가나안 땅 정복 완수를 가능케 한다.' 신명기 역사가는 여호수아서를 통해 이렇게 설교하는 것처럼 보입니다.

그러면 사사기는 무슨 설교를 하고 있습니까? '열두 지파가 하나가 되지 못하고 지리멸렬하게 서로 분열하면, 가나안 원주민의 종이 될 수밖에 없다. 지파들의 각자도생으로는 가나안 땅 정복은 요원한 과업이다.' 신명기 역사가는 사사기를 통해 아마 이렇게 설교하는 것처럼 보입니다.

어쨌든 여호수아서는 전체적으로 여호수아가 가나안 정복전쟁에서 33전 31승 1무 1패를 거둔 것처럼 보도합니다. 31승은 여호수아 12:7-24에 나온 통계입니다. "7 여호수아와 ...쳐서 멸한 그 땅의 왕들은 이러하니라... 24 ...모두 서른 한 왕이었더라" 1무승부는 기브온 족속을 전쟁 없이 투항 받아서 이스라엘 백성으로 삼은 것으로 여호수아 9장에서 나옵니다. 1패는 여호수아 7장의 아이성 전투에서 당한 패배입니다. 그런데도 독자들은 여리고성 정복장면이 여호수아서의 첫 장부터 나오기 때문에 이스라엘의 가나안 정복을 인종청소급 대학살이라고 오해할 수 있습니다. '엄청난 대유혈 학살, 이것이 가나안 정복전쟁의 참상이구나.'라고 생각하기 쉬운데 그렇지 않습니다. BC 13세기의 여리고성이 아무리 큰 성이라고 하더라도 그 여리고성 안에 살 수 있는 주민은 성인 기준으로 채 2,000명이 넘지 않았을 것입니다. 후기 청동기 시대 또는 철기 시대 초기의 가나안 성터를 보면 1,000명이 넘지 않는 지배층이 성 안에 살았을 가능성을 보여줍니다. 대부분의 주민은 성 바깥에 살았습니다. 성 바깥에 사는 사람들은 피지배층입니다. 성 안의 사람들은 지배권력 엘리트입니다. 성 바깥에 사는 사람들이 성 안에 있는 사람들에게 공물을 갖다 바쳤습니다. 양자 사이에는 일종의 갑을관계가 작동했을 것입니다. 여호수아는 여리고성 지배층을 일소하고 척결했던 것입니다. 가나안 원주민을 다 죽인 것이 아니라 가나안 성의 사람들을 죽였습니다. 가나안 정복전쟁의 핵심은 원주민 주도세력 교체전쟁이지, 가나안 원주민 몰살전쟁이 전혀 아니었다는 것입니다. 본 강의 교재 강의안에는 더 자세히 써놨습니다.

여호수아서의 또 다른 핵심관심사는 가나안 정복전쟁에 적극적인 지파와 소극적인 지파가 운명을 달리한다는 것을 보여주는 데 있습니다. 여러분, 이런 점에서 여호수아 14, 15, 16, 17장이 중요합니다. 왜? 여호수아 시대에 가나안 정복전쟁을 주도했던 두 지파의 이야기를 소개하기 때문입니다. 좀 크게 말하면 가나안 정복전쟁을 주도한 지파는 세 지파라 할 수 있습니다. 첫째, 2-6장에 나오는 여리고성 정복전쟁은 베냐민 지파가 주도한 전쟁입니다(수 18:12, 21). 그다음 여호수아 14장, 15장은 유다 지파가 주도한 정복전쟁입니다. 유다 지파는 가나안 남부지방을 차지합니다. 그다음 17장, 18장은요? 요셉 지파 중에서 므낫세 지파와 에브라임 지파의 가나안 정복 활약상을 말합니다. 므낫세 지파와 에브라임 지파는 가나안 중부지방을 차지합니다. 그들은 아무도 살지 않는 산간지를 개척하면서 경작지를 만들고 거주지를 만듭니다. 17장 15절에서 여호수아가 경작지가 없다고 불평하는 요셉 지파에게 이렇게 말합니다. "너희들이 산간지를 개척하여 경작지로 삼아라." '너무 강대한 원주민이 사는 땅을 두려워하면서 접근하지 못한다면, 사람이 살지 않는 산간지를 개척해서라도 거기에서 거주하면 된다.' 가나안 정복전쟁이 사람들을 대적해 싸우는 전쟁 이상의 과업이었다는 것입니다. 그것은 황무지, 버려진 땅, 산간지를 개척한 전쟁이기도 했습니다. 이렇게 가나안 정착을 위해 분투한 이스라엘 지파들을 그냥 가나안 원주민 몰살자, 인종학살자로 봐서 안 되는 근거가 여기서도 제시되는 거죠. 결국은 요셉 지파, 유다 지파, 베냐민 지파 정도가 가나안 정복전쟁의 핵심적인 역할을 했습니다.

이 외에도 또 다른 용맹스러운 적극성을 과시한 지파들이 있는데, 가나안 동쪽에 목초지를 보고 먼저 정착한 지파들이었습니다. 르우벤 지파와 므낫세 반지파와 갓 지파였습니다. 르우벤 지파, 므낫세 반지파, 갓 지파는 요단강 동편 바산왕 옥과 헤스본왕 시온을 정복하는 데 선봉대 역할을 하고 거기에 먼저 정착했습니다. 가나안 동편 땅 정복전쟁에 앞장섰던 이 세 지파가 모세의 허락 아래 그 땅을 차지하였습니다. 결론적으로 말하면, 가나안 정복전쟁에서 적극성을 띤 지파가 땅을 주도적으로 차지한다는 것입니다.

반면에 여호수아 18장이 보여주듯이, 가나안 땅 정복전쟁에 소극적인 지파는 지도에서 그어준 지역만 정복합니다. 이것을 도상(圖上) 정복, 즉 지도상의 정복이라고 합니다. 그들은 제비뽑아 할당된 땅을 보고도 의욕을 내지 못하거나 소극성을 띠다가 할당받은 땅조차 차지하지 못하기도 했습니다. 가나안 땅 정복전쟁의 가장 소극적인 지파 중 하나가 단 지파입니다. 단 지파는 이스라엘 전토를 한반도 지형으로 비유해 말하면 장흥, 군산, 당진 정도의 땅을 정복하라고 도상 정복 명령을 받았습니다. 그런데 할당받은 땅을 차지하는 데 지지부진하다가 끝내 그 땅을 잃고 맙니다. 단 지파의 영웅이었던 삼손이 몰락하자 단 지파는 아예 그 땅을 빼앗기게 됩니다. 원래 할당된 땅을 빼앗긴 그들은 어디로 갑니까? 우리 한반도 지형으로 비유하지면, 나진, 선봉에 해당되는 이스라엘 최북단으로 올라갑니다. 그곳 이름이 "단(Dan)"으로 불리게 되었습니다. 브엘세바는 최남단 도시이며 단은 최북단 도시입니다. 이스라엘 전토를 부를 때 사용되는 "브엘세바에서 단까지"라는 말이 단 지파의 거주지 이동 일화에서부터 생겨났습니다. 이런 우여곡절 끝에 이스라엘 최북단에 가서 간신히 살아가던 단 지파는 이스라엘 역사의 중심무대로부터 점점 소외되기 시작했습니다. 단 지파가 한반도 지형에 비추어 말하면, 최북단 나진, 선봉으로 쫓겨 간 이유는 뭐죠? 땅 정복에 적극성을 띠지 못하고 게을렀기 때문입니다. 그들은 소극적이었기에 그만큼 원주민들에게 많이 시달렸습니다. 여호수아서를 읽으면서 독자는 이제 하나의 원리를 발견하게 됩니다. '가나안 땅을 하나님의 선물로 믿고, 가나안 땅 정복과 정착을 하나님께 맺은 언약의 의무조항 중 하나라고 믿으며, 적극성을 가지고 빈 땅이라도 차지한 사람들은 실제 가나안 땅을 차지했고, 가나안 땅 원주민들을 두려워하여 소극적으로 임한 지파들은 자기에게 할당된 땅도 차지하지 못하고 가나안 원주민에게 을의 신분으로 시달림을 당하다가 끝내 다른 데로 쫓겨가서 살았다'는 것입니다.

이런 후자의 사례들이 어디에 많이 나옵니까? 바로 사사기에 많이 그리고 자세하게 예시됩니다. 사사기는 영도자 여호수아가 죽고 나서 각 지파별로 가나안 정복전쟁 과업을 수행하다가 생긴 여러 가지 실패 및 성공사례들을 다채롭게 보여줍니다. 여기서도 유다 지파가 선봉과 향도 역할을 합니다. 사사기에서도 유다 지파가 압도적으로 모범적인 선봉대 역할을 하고, 에브라임 지파가 유다 지파 못지않게 향도 역할을 합니다(삿 1-3장). 사사시대에 가장 놀라운 가나안 정복사례는 갈릴리 곡창지대를 포함한 가나안 중부지대를 차지했던 유명한 사사 드보라와 바락의 성공적인 가나안 정복 일화입니다. 사사 드보라는 납달리 지파, 잇사갈 등을 앞세워 가나안왕 야빈과 시스라를 격파하고 중부 가나안을 차지합니다. 납달리 지파의 사사 드보라가 가나안 곡창지대를 차지한 이야기가 사사기 전체의 찬란한 왕관에 해당됩니다. 모두 스물한 장에 걸쳐 전개되는 사사기는 여섯 명의 대사사(옷니엘, 에훗, 드보라, 기드온, 입다, 삼손), 여섯 명의 소사사(삼갈, 바락, 돌라, 야일, 입산, 압돈)의 활동으로 채워졌습니다. 여기서 사사(士師)는 무슨 뜻인지를 말할 필요가 있습니다. 히브리어 사사는 쇼퍼팀(šôpěṭîm)입니다. 재판관들이라는 의미입니다. 평상시에는 재판을 통해 각 지파의 분쟁을 조정하는 사람들이 전시에는 야웨의 영을 받아 전쟁사령관직을 겸직할 때가 있었습니다. 이런 이중직분을 수행한 사람들이 사사라고 불립니다. 중앙집권적인 왕이 등장하기 전에 각 지파별로 리더십을 행사했던 사람들이 사사였습니다. 앞서 말했듯이, 사사들은 평시에는 행정 지도력과 재판 지도력을 발휘했다가 전시에는 야전사령관으로 국방지도력을 발휘했습니다. 사사기는 이 열두 명의 사사가 지리멸렬한 지파별 분열상을 극복하고, 겨우 존재하며 가나안 땅에서 정체성을 상실해 가는 이스라엘 민족을 부축하려고 애썼던 이야기입니다. 그래서 사사기에는 참 당혹스럽고 부도덕한 이야기들도 많죠. 도올 김용옥 같은 경우는 사사기를 보고 "패륜적인 이야기, 인간성을 극단적으로 조롱하는 이야기, 여성 혐오적인 이야기 등이 가득 차 있다."라고 말합니다.[20] 어떤 의미에서 맞는 말입니다. 그것은 사사기의 저작목적과 관련되어 있습니다. 사사기 저자가 최악의 이야기들을 선택적으로 부각시켜 부족연맹체 시대인 사사시대가 암흑기인 것처럼 보이게 만들었기 때문입니다. 사사기는 이스라엘 백성이 얼마나 거룩한가를 보여주는 게 아니라, 이스라엘 백성이 얼마나 타락했으며, 인류를 대표하는 이스라엘 백성이 얼마나 절망적일 정도로 공동체적 생활을 하는 데 부적합했던가를 보여주려고 했습니다. 그러니까 사사기를 통해서 우리는 이스라엘 민족만의 죄를 보지 말고 인류의 참모습을 봐야 됩니다. 사사기 저자는 사사시대는 왕이 없었으므로 저마다 자기 눈에 옳은 대로 행동하는 시대, 즉 자기중심적인 극단적 무질서 시대였다고 고발합니다(17:6; 21:25). 그러나 또 다른 한편 사사시대는 중앙집권적 왕의 권력이 등장하기 이전의 부족연맹체적 소박한 평등이 존재하던 시기이기도 했습니다. BC 1200년부터 약 200년간의 사사시대는 모든 지파들이 다 동원되어 치러야 할 전쟁이 없었던 시대이기도 했습니다. 이 사사시대를 희망적으로 종결짓는 사람이 마지막 사사인 사무엘입니다. 그는 사사기에는 등장하지 않습니다. 그는 사사시대와 왕정시대의 전환기에 등장한 지도자였습니다. 사무엘은 사사시대의 지리멸렬성을 극복하고 열두 지파가 다시 하나로 모여 통일왕정시대를 열어가는 과정에서 산파 역할을 했던 마지막 사사였습니다. 사무엘이 사사시대를 종식시키고 왕정시대를 열어가는 이야기가 사무엘상 이야기입니다.

이제 마지막으로 사사시대의 얼룩진 영웅들인 사사들의 면면을 살펴보고 사사기 강의를 마무리하려고 합니다. 여러분, 사사기 기록에는 여섯 명의 대사사가 있다고 하지만 기억할 만한 대사사는 4명입니다. 사사 드보라, 사사 기드온, 사사 입다, 사사 삼손. 사실상 이 네 명이 위대한 사사입니다. 이 네 명 외에 처음으로 등장하여 활약한 사사 옷니엘이 있는데 그는 대사사로 명명되지만 다른 대사사에 비하면 역할이 미미했습니다. 그는 겐 족속 갈렙의 동생이었는데 메소포타미아의 구산 리사다임으로부터 이스라엘 자손을 구출했습니다(삿 3:8-11). 네 명의 위대한 사사 중 드보라를 제외하고 기드온, 입다, 삼손 세 대사사는 모두 저마다 각각 인상적인 흠결을 가지고 있었습니다. 모든 남자 사사들에게는 다 비극적인 얼룩이 있습니다. 사사기 6-9장에서 맹활약하는 사사 기드온은 매우 역설적인 인물입니다. 왕정시대의 위험성을 미리 예고하는 예언자적 사사였습니다. 므낫세 지파의 마지막 사사인 기드온은 미디안의 7년 압제로부터 이스라엘 자손을 구해낸 후 민족의 영웅으로 존숭되어 '왕이 되어달라'는 요구를 받을 정도였습니다. 그가 미디안 격파로 왕적 권위를 덧입으니까 사람들은 왕이 되어 세습 왕조를 창건해달라고 요구했습니다. 그때 기드온은 세습 왕조 창건은 거부하지만(8:23) 세속왕조 대신에 자기를 향하여서 개인숭배를 하도록 숭배욕구를 불러일으키는 치명적 실수를 범합니다. 황금 에봇을 만들어 놓고 이스라엘 자손의 마음을 도둑질했습니다. 이 모습을 본 아들 아비멜렉은 기드온을 뒤이어 에봇관리자이자 왕으로 등극하기 위해 이복 형제 70명을 반석에 쳐 죽여버립니다(9:5). 그리고 자신을 왕이라고 선포하고 이스라엘 자손에게 복종을 요구하기에 이릅니다. 기드온의 모든 영광은 아비멜렉의 패륜과 악행으로 무색해져 버렸습니다. 처음은 밝게 시작했다가 마지막에 흑역사로 끝나는 것이 사사 기드온과 그의 가문의 역사였습니다.

사사기 10-12장까지 다뤄지는 사사 입다의 이야기는 사사시대의 지리멸렬상과 영적 무질서, 혼돈스러움을 다 반영하고 있습니다. 입다는 한 기생의 소생으로서 길르앗 지역의 토후(土侯), 길르앗의 아들이었습니다. 사사가 되기 전에 거리 깡패 집단의 우두머리 노릇 하며 살던 하류인생이었습니다. 그는 암몬 자손에게 시달리는 동포들을 위해 분연히 일어나 암몬 자손으로부터 길르앗 동포들을 구해냈습니다. 그런데 암몬 족속과의 전쟁을 시작하면서 야웨께서 암몬 족속과 싸우러 나가는 자신에게 승리를 주시면 집으로 돌아가 처음 만나는 사람이나 짐승을 하나님께 번제로 바치겠노라고 서원을 했습니다(삿 11:29-33). 입다가 승전한 후 미스바에 있는 자기 집으로 돌아갔을 때 무남독녀 딸이 소고를 치며 춤을 추며 환영을 했습니다. 그래서 그는 결국 서원을 지키기 위해 자기 딸을 하나님께 번제로 바쳤습니다. 참으로 어처구니없는 신심의 표현이었습니다. 과연 사사시대의 기준으로 볼 때는 입다는 신심이 깊은 인물이었던 것입니다. 참 역설적인 인물입니다. 당시는 가장 경건하고 가장 신심이 깊었던 사람이 신에게 바치는 최고의 예물이 인신희생제사라고 믿어졌던 혼돈천지의 시대였습니다. 입다는 인신희생제사를 최고의 제사라고 간주하는 가나안의 제사 풍습을 모방하여 신을 기쁘게 하려고 했던 것입니다.

마지막으로 13–16장에서 자세하게 다뤄지고 있는 사사 삼손입니다. 단 지파의 사사 삼손은 헤라클레스급 대역사(力士)였지만, 첫눈에 여성의 매력에 훅 빠지는 치명적 약점이 있었습니다. 그래서 그는 블레셋 사람과 전쟁을 하는 도중에 블레셋의 연인이었던 들릴라에 대한 사랑에 눈이 멀어 자신의 나실인 정체성(민 6장)에서 오는 괴력의 정체를 알려줬습니다. 삼손은 나실인으로서 머리털을 길게 길렀고 그 머리털은 그의 괴력의 원천이었습니다. 블레셋 사람들이 삼손을 생포하기 위해 그의 괴력이 어디서 오는지를 알고자 안간힘을 쓰다가 들릴라에게 요청하기에 이르렀습니다. 삼손은 들릴라에게 자신의 괴력이 어디서 오는지를 누설하고 말았습니다. 들릴라의 무릎을 베개 삼아 자는 사이에 그의 머리털은 블레셋 사람에 의해 싹둑 잘려나갔습니다. 그러자 그는 무기력해져서 즉시 블레셋 사람들에게 붙잡혀 눈알을 뽑히고, 블레셋 사람들의 왕궁에 갇히는 신세가 됩니다(삿 16:19–21). 그는 뒤늦게 자신의 경거망동을 후회하며 죽음으로 블레셋 사람들을 파괴하는 엄청난 맹활약을 합니다(16:28–31).

사사기는 이처럼 모순과 부조화, 영웅적 열정과 흠결이 공존했던 사사들의 비극적 활약상을 생생하게 기록합니다. 사사 드보라만이 흠이 없는 사사였습니다. 사사기 4–5장에 등장하는 사사 드보라는 평화로운 평시에는 재판관이었고 사람들의 민원을 들어주는 국모급 지도자였습니다. 그런데 전쟁이 일어나자 그는 용맹무쌍한 야전사령관으로 변신했습니다. 당시 가나안 곡창지대를 다 차지하고 대로의 무역로를 좌우하며 막대한 부를 쌓던 가나안 지배자들인 야빈과 시스라의 가나안 철병거부대를 궤멸시켰습니다. 드보라는 그들의 엄청나게 선진화된 무장세력을 이겨내고 마침내 가나안 곡창지대를 이스라엘 영토로 만드는 데 앞장섰습니다.

전체적으로 사사기는 아름다운 이야기, 비극적인 결말 이야기, 그리고 민망할 정도로 비윤리적인 이야기들이 어지럽게 뒤섞여 있다고 말할 수 있습니다. 이렇게 사사기가 쓰인 이유는 사사기 저자가 스스로 설정한 사사기 저작목적 때문입니다. 사사기 저자는 200년간 사사시대에 일어난 많은 사건들 중에서 자신이 설정한 단 한 가지 저작목적에 이바지하는 기사들을 모아 콜라주처럼 얼기설기 붙여놓았습니다. 사사시대를 매우 괴기스럽고 혼돈천지인 것처럼 보이게 만들려고 주로 안 좋은 이야기들만 집중적으로 모아놓은 콜라주 작품(사사기)을 만들었습니다.

원래 사사기는 200년간 계속됐는데 실제로 더 좋은 일도 많이 일어났을 것이라고 추정할 수 있습니다. 그런데도 저자는 왕정시대가 왜 필요한가를 설명하기 위해 사사시대를 사정없이 깎아내렸습니다. 저자는 사사시대에는 왕이 없었기 때문에 온갖 종류의 무질서, 지파끼리 벌이는 내전, 윤리도덕적 타락과 레위인과 사사들의 일탈과 부패가 일어났다고 말합니다. 그래서 사사기는 부정적인 이야기로 가득 차 있습니다.

이번 시간은 좀 복잡한 내용들을 다루었죠. 신명기 역사서라는 말도 배웠고요. 신명기 역사서의 원칙이 뭔가에 대해서도 이야기했습니다. 그리고 여호수아서와 사사기를 서로 비교하면서 대조했죠. 여호수아서와 사사기는 앞으로 사무엘상하를 읽을 때 결정적으로 중요한 서론이 될 것입니다. 여러분, 여호수아서와 사사기에 관해 더 자세하게 설명된 교재 강의안을 자세히 숙독함으로써 사무엘상하 공부를 준비해 주시면 감사하겠습니다. 감사합니다.

인문고전으로서의 구약성서 읽기

5주차 강의안

5-1

사무엘상하

사무엘상하의 메시지와 구조

사무엘상하의 메시지

사사기와 룻기, 사무엘상하는 약 200년간 지속되던 부족연맹체(사사시대)로부터 왕정이 도입되던 혼돈기를 다루고 있다. 사무엘서는 룻기와 사사시대의 문제의식을 이어받으며 어떤 점에서 의로운 왕이 다스리는 왕정기가 사사시대의 대안이 되는지를 보여준다. 앞서 살펴보았듯이, 사사시대 말기는 왕정 도입 쟁점을 놓고 갈등 상황을 연출하고 있었다. 그 시기는 영적, 정치적 무정부 상황에 의하여 촉발된 지파들 간의 내전, 제사제도의 타락과 변절 상황, 그리고 점증하는 외부 세력의 침략 등으로 중앙집권적이면서 의로운 왕정의 도래를 대망하던 시기였다. 또한 동시에 그 시기는 개별 지파들의 지파적 독립성과 자유로움이 전제주의적 왕정이 도입되면 약화되거나 억제될 것에 대한 우려와 의혹이 일어나던 시기이기도 하였다. 룻기는 처음으로 "다윗"이라는 인물의 이름을 언급하며 다윗왕정의 정통성과 국제성을 옹호함과 아울러 다윗 가문의 뿌리 깊은 신앙내력을 현양(顯揚)한다. 룻기는 다윗 증조모 룻을 라헬, 레아, 다말 반열에 올려놓는 일종의 유다 왕국의 용비어천가이며, 하나님의 구원 은혜가 얼마나 보편적인가를 증거하는 책이다.

사무엘서는 다윗왕국의 정치적·신학적 정통성을 옹호하는 책이다. 이스라엘 12지파 부족연맹체 체제가 노정(露呈)시킨 내외적 무정부상태(블레셋의 점증하는 위협과 지파 간의 전쟁과 갈등 증폭)로 인하여 붕괴된 사사시대의 신정주의적 이상은, 사울에 의하여 회복되는 듯하다가 유산되고 만다. 사무엘서는 바로 이때 등장하는 인물, 유다 지파의 다윗이 사사시대의 신정주의적 이상을 회복하는 이상왕임을 역설한다. 사무엘서는 왜 의로우면서도 권력집중적인 지도자가 출현하지 않으면 안 되었는가, 그리고 어떤 점에서 다윗이 바로 그런 이상적인 권력집중적인 왕인가를 증명하는 책이다. 따라서 사무엘서는 사사시대의 혼돈과 무질서, 배교와 지파 간의 갈등이라는 역사적 배경을 염두에 두고 읽혀야 한다.

요약하자면 사무엘서의 주제는 왜 사울은 폐위되어야 하고 다윗이 왕이 되어야 하는가를 옹호하는 것이다. 사무엘서는 다윗의 통일 이스라엘 왕국 건설이 사사시대의 끝임을 증거한다.

사무엘상하의 구조

I. 동터오는 이상왕의 시대를 열망하는 한나의 기도(삼상 1:1－2:11)
II. 블레셋에게 패배당하고 법궤를 빼앗기는 이스라엘－몰락하는 엘리 가문, 떠오르는 지도자 사무엘(2:12－7:17)
Ⅲ. 사울왕과 다윗왕(8:1－15:31)
  1. 사울왕의 등장(8:1－11:15)
  2. 사울에게서 다윗에게로 옮겨가는 왕권(12:1－15:31)
IV. 고난을 통해 왕권을 획득해 가는 다윗과 사울왕가의 몰락(16:1－31:13)
V. 통일 이스라엘의 왕, 다윗의 왕위 등극(삼하 1:1－5:5)
VI. 다윗왕의 치적과 영광(5:5－9:12)
VII. 쇠약해지는 다윗왕의 통치력과 다윗의 실패들(10－20장)
VIII. 다윗의 말년 통치에 대한 성찰(21－24장)

I. 동터오는 이상왕의 시대를 열망하는 한나의 기도(삼상 1:1-2:11)

한나의 노래(삼상 1:9－18)는 사사시대의 혼돈을 넘어 메시야의 신정통치를 예기하는 노래다. 한나는 사사기에 등장하는 전투적 모성애, 공동체를 살리기 위해 자기를 희생하는 사회적 모성애의 마지막 구현자다. 사사기에는 남성 지도자들이 자초한 어둠을 초극하기 위하여 분투하는 여성 지도자들의 희생이야기로 가득 차 있다. 지파들의 비협조와 지리멸렬한 분산으로 중부 가나안에서 패퇴하는 이스라엘 12지파들을 영도하여 중부 가나안 정복을 주도한 사사 드보라(삿 4–5장), 가나안왕 시스라를 죽인 헤벨의 아내 야엘(삿 4:17–22), 암몬과의 전쟁에서 위급했던 아버지 입다가 내뱉은 서원기도의 희생물이 되어 스스로를 번제단에 바친 입다의 딸(삿 11:34–40), 블레셋 족속에게 밀리던 단 지파의 급속한 약화를 걱정하던 삼손의 어머니(삿 13장), 그리고 자신의 동강난 몸으로 지리멸렬한 12지파의 내분과 분열을 폭로한 레위인의 첩(삿 19장) 등 사사기에는 결정적인 순간마다 퇴행하는 역사의 매듭을 푼 여인들이 맹활약하고 있다. 이 흐름의 마지막에 등장한 한나는 새로운 세기를 학수고대하는 기다림의 여인이다.

II. 블레셋에게 패배당하고 법궤를 빼앗기는 이스라엘–몰락하는 엘리 가문, 떠오르는 지도자 사무엘(2:12–7:17)

이 단원은 법궤를 빼앗기고 실로 성소를 유린당한 제사장 엘리 가문의 몰락을 부각시키며, 떠오르는 유망한 젊은 민족 지도자 사무엘의 등장 전후의 영적 배경을 보도한다. 사무엘은 블레셋과의 전쟁에서 영적·군사적 지도력을 발휘하여 국가적인 지도자로 부상한다. 사무엘의 지도력하에서 이스라엘은 빼앗겼던 법궤를 되찾고 야웨를 다시 섬기기 시작한다.

III. 사울왕과 다윗왕(8:1–15:31)

1. 사울왕의 등장(8:1–11:15)

이 단락은 왕정 도입의 경과를 자세하게 다룬다. 왕이 하나님과 백성들 사이에 등장하기 전에는 제한적이고 임시적인 지도력을 행사하던 "사사(師士)"들이 이스라엘 백성들을 다스렸다. 하나님은 제한적인 권위만 행사하는 지역지도자인 "사사(師士)"들을 통하여 신정통치를 실행하셨다. 이런 사사와 달리, 상비군과 관료조직을 유지하기 위하여 백성들을 상대로 징병과 징세를 강요할 수 있는 전제적(專制的) 지배자로서의 "왕"은 하나님의 신정통치를 위협하는 존재로 소개된다(삼상 8:6–18; 12:12–13). 사무엘상 8:6–20은 왕이란 존재가 얼마나 위협적이고 필요악적인 존재인지를 설파한다. 하나님께서는 인간 왕정은 신정통치의 이상을 배척하는 것이며 중앙집권적 권력을 행사하는 인간 왕의 출현은 신정통치의 이상을 거부하는 것으로 파악하셨다(6–7절). 그래서 신정통치의 이상(理想) 대신에 등장한 인간 왕은 자신의 권력기반을 다지기 위하여 백성들을 강제로 동원하고 징발한다는 점이 부각된다. 궁궐을 유지하기 위한 인력동원, 상비군과 관료조직을 유지하기 위한 광범위한 물자징발은 사사시대의 신정통치적인 이상에 비하면 엄청난 재앙이 아닐 수 없다는 점을 부각시킨다. 여기서 가장 역설적인 음조로 들리는 말이 18절이다. "그 날에 너희가 너희 택한 왕을 인하여 부르짖되 그 날에 여호와께서 너희에게 응답하지 아니하시리라" 이 점이 바로 모든 인간 지도자들을 세울 때 야기되는 항구적(恒久的)인 위험요소다. 옛날 사사들에 비하면 인간 왕은 훨씬 더 많은 권력을 행사하고 권위를 위임받은 전시(戰時) 대비 지도자인데, 바로 이 이유 때문에 인간 왕은 지배자로 변질될 가능성이 많은 존재였다(8:19–20; 12:14–15). 왕정이 도입된 이후 이스라엘의 왕들은 권력남용과 권력강제를 통하여 자신의 지배권을 강화하려는 유혹 앞에 시달리게 된다는 것이다. 바로 이런 상황에서 사울왕이 등장하는데 그는 민의에 의하여 추대되고 하나님에 의해 추인되는 왕이다. 사울왕이 암몬과의 전쟁에서 혁혁한 전과를 올려 인기를 독차지한 지도자로 떠오르자 사무엘은 마지못해 길갈에서 사울에게 기름을 부어 그의 왕권을 확증해 준다.

2. 사울에게서 다윗에게로 옮겨가는 왕권(12:1-15:31)

12장은 사무엘의 고별설교를 담고 있다. 사무엘의 고별설교는 영적 지도자의 마지막이 얼마나 기품이 있는가를 보여주는 명설교다. 13–14장은 블레셋 족속과의 전쟁에서 분전하는 사울과 요나단의 전과를 보도한다. 여기서 사울이 얼마나 성급하고 위기관리에 미숙한지를 보여주는 일화들이 몇 가지 소개된다. 15장은 아말렉 족속을 공격하는 사울의 전과를 보도하며 동시에 사울의 유약한 지도자적 내면성을 보여준다. 아말렉 족속을 정복하고 전리품을 처리하는 과정에서 사울은 사무엘과 불화를 일으키고 이 사건 이후로 사울은 야웨께 버림받은 왕으로 낙인찍힌다. 사울은 사사시대의 잔재라고 할 수 있는 민중 추대 형식으로 왕위에 올랐으나, 사무엘의 영적 지도력을 충분히 인정하지 않고 제사권마저 차지한다는 보수적 야웨주의자들의 의혹을 받아 몰락하기 시작한다. 사울왕의 지도력이 몰락할 즈음에 사무엘은 벌써 다윗의 아버지 이새를 찾아가서 그의 막내아들 다윗에게 기름을 붓는다(16장).

IV. 고난을 통해 왕권을 획득해 가는 다윗과 사울왕가의 몰락(16:1-31:13)

16-17장은 다윗이 어떻게 해서 이스라엘의 권력 중심부로 진입하게 되었는가를 세 가지 일화를 통해 제시한다. 사무엘(하나님)의 은밀한 지명과 도유(塗油)(16:1-13), 사울의 정신병을 고치는 궁중 음악치료사로 취직된 사건(16:14-23), 그리고 골리앗과의 전쟁 승리(17장)를 통해 다윗은 이스라엘의 권력 중심부로 진입한다. 16장에서 사무엘은 사울왕에 대한 실망을 안고 고향 라마 나욧으로 낙향한 후, 얼마 있다가 유다 베들레헴의 토착 부호인 이새를 찾아가서 그의 막내아들 다윗에게 은밀하게 기름을 붓는다. 17장에서 소년 다윗은 블레셋의 거인 장수 골리앗을 타격하여 이스라엘의 군사 지도자로 떠오른다. 18장은 사울왕가와 밀착되는 다윗을 보여준다. 사울의 아들이자 왕세자 격인 요나단은 다윗에게 깊은 우정을 느끼고 사울은 다윗을 사위로 삼는다. 사울과 달리 요나단은 하나님의 섭리와 순리 안에서 다윗에게 집중되는 왕권과 지도력을 받아들이고 다윗과의 우정을 쌓아간다. 19-31장은 사울의 비극적 운명을 추적한다. 사무엘도 일선에서 은퇴하고 사울은 몰락하는 상황에서, 다윗은 사울의 박해를 감수해 가면서 이스라엘의 중심 지도자로 부상한다. 젊은 지도자 다윗에 대한 질투와 적의로 불타오르는 사울은 자신의 취약한 성정으로 인하여 점차 몰락해 간다. 19장은 악신에게 지배당한 사울이 단창으로 다윗을 죽이려 하자 망명길에 오르는 다윗의 모습을 보여준다. 20장은 망명길에 오르는 다윗을 돕는 선량한 요나단의 도량과 인애를 기록한다. 21장은 놉(Nob)의 제사장들에게 가서 은신처를 구하는 다윗의 곤경을 기록하고 22장은 다윗을 도왔다는 이유로 놉의 제사장 85명을 학살하는 사울의 광기를 보도한다. 23장은 유다 남부 사해 부근으로 피신한 다윗이 그 지역의 그

일라(Keilah) 지방 사람들을 블레셋의 침략으로부터 구출해 주는 활약상을 보도한다. 여기서부터 사무엘서 저자는 몰락하는 사울왕과 대조되는 욱일승천(旭日昇天)하는 다윗의 지도자적 기상과 기백을 부각시킨다. 24-26장은 사해 부근 유다 광야 지역에서 근거지를 확보하여 군사들을 모으며 유다와 블레셋 국경 지역에서 경호 및 전쟁 용역업체와 유사한 조직을 꾸려가는 다윗의 현실주의적 지도력 훈련과정을 보도한다. 이 세 장에서는 자신을 추격하는 사울왕을 두 번씩이나 살려주는 다윗의 도량과 금도(襟度)를 증명하는 일화들이 포함되어 있다. 27장은 유다에서는 더 이상 피할 곳을 찾지 못한 다윗이 유다의 적국인 블레셋으로 망명하는 과정을 보도한다. 그는 600명의 병사를 거느리고 사울왕의 적수인 블레셋의 가드(Gath)왕 아기스에게 투항하여 그의 봉신으로 활동하기를 자청한다. 28장은 사울왕의 영적 파탄을 보도한다. 그는 죽은 사무엘로부터 영적 충고를 듣기 위하여 자신이 추방했던 엔돌(Endor)의 무녀를 찾아가는 파탄에 이른다. 29장은 블레셋 사람들에게마저 시기와 질투, 의혹과 미움의 대상이 된 다윗의 곤경을 보도하고, 30장은 아말렉을 쳐서 얻은 전리품으로 유다 장로들을 사로잡는 다윗의 현실주의적 지도력을 부각시킨다. 31장은 블레셋과의 전쟁 중에 전사한 사울과 요나단의 최후를 보도한다.

V. 통일 이스라엘의 왕, 다윗의 왕위 등극(삼하 1:1-5:5)

이 단락은 다윗이 헤브론을 근거지로 유다의 두령 지위에서 통일 이스라엘의 왕으로 부상하는 과정을 담는다. 사울과 요나단의 전사 소식을 듣고 다윗은 '용사의 죽음'이라는 조가(弔歌)를 지어 국민가요가 되게 할 만큼 자신을 박해한 정적에 대한 용서의지를 천하에 선포하고, 사울왕가를 지지하던 북이스라엘 지파들의 마음을 일시에 사로잡는다. 2장은 다윗이 유다의 두령이 되어 북이스라엘 지파 중심의 사울왕가와 권력 투쟁에 돌입하는 과정을 보도한다. 3장은 사울 사후에 사울왕국에서 벌어진 권력투쟁의 일단을 보도하고, 사울왕가의 군대사령관 아브넬의 죽음에 대한 다윗왕의 애틋한 마음을 기록한다. 4장은 사울왕가의 왕으로 북이스라엘을 다스리던 이스보셋이 브에롯 사람 림몬의 두 아들 레갑(Recab)과 바아나(Baanah)에 의해 살해되었음을 보도한다. 5장은 다윗이 북이스라엘 장로들에 의하여 통일 이스라엘의 왕으로 추대되는 과정을 보도한다.

VI. 다윗왕의 치적과 영광(5:5-9:12)

이 단락은 다윗의 군사적·정치적 치적과 정치적 야심의 일단을 보도한다. 다윗의 첫 군사적 업적은 여부스 족속으로부터 시온을 빼앗아 다윗 자신의 왕도(王都)로 삼은 사건이다(5:5-12). 그다음 블레셋 정벌(5:17-25)과 20년간 오벧에돔의 집에 방치된 하나님의 법궤를 예루살렘으로 옮긴 것(6장)이다. 7장은 다윗이 하나님을 위하여 성전을 짓겠다고 기획하자 선지자 나단이 하나님의 뜻을 들어 반대하는 과정을 소상하게 보도한다. 선지자 나단은 다윗은 성전을 짓지 못하겠지만 대신 하나님이 다윗의 의와 신실함을 기리기 위하여 다윗에게 집(왕조)을 지어줄 것이라고 말한다. 이것은 유명한 다윗 언약(the Davidic covenant) 혹은 나단 신탁(the Nathan oracle)인데, 여기서 하나님께서는 다윗의 왕조를 영원한 왕조로 세워주시겠고 그의 후손이 다윗의 왕위를 계승할 것임을 약속하신다(7:12-16). 8장은 주변 족속들(모압, 암몬, 다메섹, 에돔, 블레셋, 하맛)에 대한 다윗의 군사적 정복을 보도한다. 다윗 통치의 특징은 공(公, 미쉬파트)과 의(義, 체데크)를 행하는 데 있다(8:15).

VII. 쇠약해지는 다윗왕의 통치력과 다윗의 실패들(10-20장)

이 단원은 다윗의 죄와 허물, 그리고 그것이 초래한 가정사적·국가적 비극과 재난을 다룬다. 10장은 야전 사령관 출신 다윗왕이 암몬과의 전쟁에 출정하지 않고 영적인 이완 상태에 빠져있는 모습을 보여준다. 11장은 이런 영적인 해이 상태에서 다윗이 치명적인 죄를 범하는 장면을 자세하게 추적한다. 다윗은 자신의 부하 장수 헷 족속 우리아의 아내 밧세바를 불러 성관계를 맺고 임신케 하는 죄를 범하고 만다. 12장은 이 일로 나단 선지자에게 큰 책망을 당하고 회개하는 다윗을 보여준다. 13-18장은 다윗의 성적 범죄가 초래한 가정적 재난과 국가적인 환난을 부각시킨다. 13장은 다윗의 아들 암논이 이복 여동생 다말을 성폭행하는 사건과 암논에 대한 다말의 친 오라버니 압살롬의 복수를 다룬다. 압살롬은 이복 형 암논을 죽이고 3년간

자의 반 타의 반으로 외가인 그술 지방에서 망명생활을 한다. 14장은 3년 후에 돌아온 압살롬이 아버지 다윗에게 반역을 꾀하는 과정을 보여주고, 15장은 압살롬의 왕위 찬탈과 쿠데타를 보도한다. 16장은 아들 압살롬에게 예루살렘을 빼앗기고 도망치는 다윗을 향한 북이스라엘 백성들의 반감과 적의를 보도하고, 17장은 압살롬 진영의 도모와 정치적인 야심을 일시에 좌절시키는 아렉 사람 후새(Husai)의 활약을 다룬다. 18장은 압살롬 진영의 패배와 요압에 의한 압살롬의 살해를 보도한다. 19장은 압살롬을 죽였다고 비난을 들은 생질인 이스라엘의 국방부 장관 요압과 다윗의 불화를 보도한다. 19:8－15은 다윗왕의 예루살렘 귀환, 압살롬 천하 시절에 다윗에게 적의를 드러낸 사람들과 우의를 보여준 사람들을 비교하여 열거한다. 20장은 다윗왕가에 대한 북이스라엘 지파들의 실망과 적의를 대표하는 세바(Sheba)의 반란을 보도하며 장차 있게 될 남북이스라엘 왕국 분열의 복선을 깔고 있다.

VIII. 다윗의 말년 통치에 대한 성찰(21-24장)

이 단원은 다윗 말년 통치에 대한 간단한 회고와 첨기(添記)들로 구성되어 있다. 21:1－14은 여호수아 시대에 맺은 기브온 사람들과의 계약(삿 9장)을 어기고 기브온 사람들을 죽인 사울왕가에 대해 보복을 요청하는 기브온 사람들의 요구를 들어, 사울왕가의 남은 가족들을 죽이는 다윗의 잔혹한 정치행태를 보도한다. 21:15－22은 다윗의 용사들을 나열한다. 22장은 다윗의 영적 전성기에 다윗이 지은 승리의 감사시편(시편 18편과 동일)을 담고 있다. 23:1－7은 다윗의 자기평가와 유언을 담고 있고, 23:8－39은 다시 다윗의 용사들의 위계를 나열한다. 24장은 인구조사를 하려는 다윗의 시도를 만류하는 갓(Gad) 선지자의 활동을 보도한다. 다윗은 징세와 징병 목적으로 인구조사를 실시한 후 하나님의 심판을 초래한다. 하나님께서 3일 동안 온역으로 이스라엘 백성을 심판한다. 이때 다윗은 아라우나의 타작마당을 사서 그곳에 제단을 설치하고 제사를 드림으로써 온역이 그치게 한다. 이것이 바로 솔로몬 성전의 터가 된다. 이 일화는 다윗이 솔로몬 성전의 터를 확보했음을 알리는 동시에 성전은 하나님의 심판을 완화시키거나 중지시키는 중재기능을 수행하는 곳이라는 신학을 드러내고 있다.

5-2

열왕기상하

열왕기상하의 메시지와 구조

열왕기상하의 메시지[1]

열왕기서는 다윗 통치의 말기(C. 970 B.C.)부터 시작하여 유다의 유배와 여호야긴의 석방까지를 다룬다(587/586; 560 B.C.). 열왕기상 1장-열왕기하 25장은 인간 왕들의 통치와 야웨 하나님의 신정통치 이상(예언자적)이 충돌해 가는 과정과, 궁극적으로 예언자들의 탄핵에 따라 이스라엘의 왕정 실험이 실패로 끝나는 경과를 추적한다. 이것은 이조실록과 같은 왕 중심의 역사가 아니라, 왕들을 비판하고 탄핵하는 예언자적인 관점으로 쓰인 이스라엘 왕국 통사다. 열왕기서는 역사적 사건의 원인과 결과가 하나님의 계약 축복과 저주들에 밀접하게 연결된다고 믿는 예언자적인 역사관을 갖고 있다.[2] 열왕기서는 왜 북이스라엘 왕국이 먼저 멸망당했는지와, 왜 시내산 계약(모세 계약)의 기준으로 볼 때는 더 이상 하나님의 백성으로서의 정체성을 유지하지 못하였던 유다가 여전히 야웨 하나님의 백성으로서 더 오랫동안 존속할 수 있었는가를 묻고 대답한다. 유다 왕국의 회복 근거는 모세 계약이 아니라 사무엘하 7:12-16의 다윗 계약임을 강조한다. 열왕기서는 다윗 계약의 깊이와 넓이와 길이를 천착(穿鑿)한다. 북이스라엘 왕국이 BC 722/1년에 망하고 나서 남유다 왕국의 공식적인 신학은 하나님께서 "나의 종 다윗을 위하여"(for the sake of my servant David) 유다 왕국을 존속시킨다는 믿음 위에 의지한다(시 78편). 하지만 사무엘서에서 희구되던 인간 왕은 환멸과 실망만 남기고(삼상 8:18) 열왕기서는 이제 하나님의 마음에 합한 왕(a human king after God's heart) 메시야(메시야, 그리스도, the anointed one)에 대한 실낱같은 희구와 기대를 남긴 채 끝난다.

열왕기서는 다윗에게 허락하신 영원한 계약에 근거한 하나님의 구속사가 인간 왕들의 실패와 그들이 남긴 환멸을 넘어서는 역사의 견인차라고 고백한다. 역사는 인간의 신실성에 의해서가 아니라 하나님의 신실성에 의하여 추동(推動)된다는 것이다. 열왕기서는 시내산 계약의 실패(열왕기하 17장)와 그것의 실패를 초극(超克)하는 다윗 계약(신 29–30장 모압 언약은 시내산 계약과 다윗 계약 사이의 과도기적 계약)의 구속사적인 유효성을 증거한다. 신약성경은 다윗 계약이 유효한 계약이었음을 증명한다(마 1:1). 예수를 다윗의 자손(후손)이라고 부르는 이유가 여기에 있다.

열왕기서는 나름대로 일정한 문학적 짜임새를 갖고 저작되었다.[3] 열왕기서는 거의 대부분 연대기적으로 편집되어 있으나(솔로몬 등극부터 예루살렘 몰락까지), 일부는 주제적 고려에 의하여 편집되었다(왕상 4장 솔로몬의 행정 체제 부분; 왕상 5:1–7:12의 솔로몬의 토목 프로젝트 묘사 부분; 왕상 13장, 14:1–20의 여로보암 1세 관련 자료와 왕하 18:7–19:37의 히스기야 관련 자료들; 왕상 17장–왕하 8:15의 엘리야와 엘리사 이야기).

열왕기서에서 반복되는 각 왕들의 치적평가 부분은 정형화된 틀을 갖고 있다. 유다 왕국의 경우, 먼저 왕이 소개되는데 이때 왕 자신의 이름뿐만 아니라, 왕의 모친 이름, 즉위 기간(북왕국과 연대기 비교)도 언급된다. 다음으로는 왕의 전기적 자료가 추가된다. 즉위 시 나이, 재위기간, 왕후의 이름, 왕도(王都)(예루살렘)의 이름이 언급되고, 왕의 도덕적·영적 지도에 대한 간략한 평가가 덧붙여진다. 마지막으로 왕에 관한 부가적 전기 자료가 소략하게 언급되고, 왕의 죽음 및 매장 사실이 언급되며, 그 왕의 후계자가 누구인지까지 언급된다. 북이스라엘 왕국의 경우 왕 소개 부분은 유다와 동일하다. 전기자료의 보고 부분에서 유다와 다른 부분도 나오는데, 왕도(王都)로는 예루살렘 대신 사마리아가 언급되고, 왕후의 이름은 대부분 누락된다. 나머지 뒷부분도 유다와 거의 유사하다.

BC 922/921년에 통일 이스라엘이 분열된 후 남북왕국은 각각 다른 양상으로 왕조의 역사를 전개해 갔다. 남왕국에 비하여 옛 사사시대 전통을 간직한 북왕국은 정치적으로 훨씬 덜 안정되고 격변적인 공동체였다. 북왕국 이스라엘은 오직 209년간 독립 국가로 존재한다. 모든 왕들은 여로보암 1세의 황금 송아지 숭배를 추종하였다는 이유 때문에 악한 왕으로 평가된다(예후에 대한 평가만 중립적이거나 다소 부정적). 북왕국의 왕들의 평균 재위는 10년이다. 아홉 차례나 왕조가 교체된다. 북왕국에서 왕위계승 시 중요한 것은 혈연적 후계가 아니라 카리스마(민중 추대 및 지지)였다. 북왕국의 모든 왕들의 운명은 비극적이다. 일곱 왕은 암살되고, 한 왕은 자살하였고, 한 왕은 앗수르로 유배되었고, 그리고 한 왕은 하나님의 치심으로 생을 마감한다.

북왕국에 비해 더 안정된 남유다 왕국은 북왕국보다 약 150년 더 긴 기간인 345년간 존속하였다. 19명의 남자 왕들과 한 명의 여왕이 다스렸는데 유다왕들의 평균 재위기간은 17년이었다. 남왕국에서는 왕조 교체 없이 오직 다윗왕조만이 왕위계승권을 가졌기에 안정적이었다고 볼 수 있다. 북왕국 아합의 딸이자 유다왕 아하시야의 왕비였던 악한 여왕 아달랴의 재위기간은 다윗왕가의 단절기였다. 영토나 인구 구성 면에서 볼 때는 유다는 북왕국의 5분의 1 정도 이상이 되지 못하였고 "이스라엘"이라는 나라 이름을 북왕국이 배타적으로 사용한 것을 볼 때, 정치적으로나 군사적으로 남유다의 존재는 북왕국에 비하여 미미하였음을 짐작할 수 있다.

북왕국에 비해 남유다 왕국에는 좋은 왕이라고 평가를 받은 왕들이 많은데 다소 비극적으로 최후를 마친 왕들도 있었다. 다섯 왕들이 암살되었고, 두 왕이 하나님의 치심으로 죽었고, 세 왕이 유배로 비극적 최후를 맞았다. 유다 왕국에는 8명의 왕이 긍정적인 평가를 받는데 그들은 한결같이 다윗의 왕도를 추종하였고 야웨께 순종하였다는 이유로 선한 왕으로 평가된다. 아사, 여호사밧, 요아스(여호아하스), 아마샤, 아자리야(웃시야), 요담, 히스기야, 요시야가 선한 왕으로 평가된다.

열왕기서의 저작목적은 다섯 가지다. 첫째, 사무엘서를 뒤이어 이스라엘 왕국 통사를 완성하기 위하여 저작되었다. 둘째, 분열 왕국들의 역사를 모세 계약의 준행 실패의 관점에서 정리하고자 저작되었다. 셋째, 더 강대하고 큰 나라였던 북왕국이 왜 먼저 멸망당했으며, 결국 유다 왕국까지 멸망당했는지를 설명하기 위하여 저작되었다. 분열 왕국의 멸망에 대한 신학적 준거를 제시하고, 하나님의 심판의 정당성을 옹호하고, 바벨론 포로기의 이스라엘/유다 백성들이 하나님의 자비에 의해서 열릴 수 있는 새로운 미래를 기대하도록 저작되었다. 넷째, 다윗왕조의 정통성과 분열되어 나간 북왕국의 비정통성을 주창하고자 저작되었다. 다윗에게 하나님의 거의 일방적인 왕조의 영속성을 보장한 다윗 언약(곧 나단의 신탁)의 정당성과 유효성을 입증하고자 저작되었다. 사무엘하 7장의 나단 계약의 완전한 성취자가 아직 오지 않았음을 증명하고자, 즉 언젠가 다윗의 이상적인 후손이 나타나 다윗왕국을 재건할 것을 믿도록 격려하기 위하여 저작되었다. 열왕기서는 여호야긴이 비우고 간 그 유다 왕국의 다윗 보좌가 비어 있음을 보여주고자 저작되었다. 열왕기하는 25장의 두 가지의 역사적 부록(바벨론이 세운 유다 총독 그달리야의 암살 사건과 유배당한 유다왕 여호야긴이 37년 만에 석방된 후 바벨론왕의 연금수혜자로 격상된 일)을 통하여 독자들에게 하나님께서 다윗 가문에게 베푼 약속을 언젠가 성취시킬 것이라는 희망을 고취시키고자 하였다. 이 점이 바로 포로기 공동체와 그 이후에 나타난 유대교 중심의 공동체를 지탱시켰던 메시야 대망 사상의 발아점이다. 마지막으로, 열왕기서는 독자들에게 지도자들(왕들)과 나라의 중심 구성원들인 백성들의 야웨와 맺은 계약에 대한 불순종이 어떤 역사적인 대파국을 초래하는지를 보여주기 위하여 저작되었다.

이스라엘의 왕정 도입기부터, 멸망기, 그리고 바벨론 포로 후 시기의 회복 역사까지 포괄하는 세 권의 역사서인 사무엘서, 열왕기서, 그리고 역대기서의 차이들은 무엇인가? 사무엘은 왕정 도입기와 다윗의 통일 이스라엘 왕국 정립까지를 다루고, 열왕기서는 솔로몬의 부귀영화부터 유다의 멸망까지를 다룬다. 역대기는 성전과 예루살렘 그리고 남유다 왕국의 관점에서, 분열시기의 남북이스라엘 왕국의 역사와 페르시아의 창건자인 고레스의 칙령으로 유다의 포로들이 이스라엘 고토로 귀환하는 사건까지를 다룬다.

사무엘서는 전기 문체를 사용하되 주제적 관점에 주목하면서 역사적 서사(내러티브)를 전개시킨다. 이러한 서술 방식을 통해 이스라엘의 왕정 도입 자체 안에 있는 배교적 성격을 언급하고, 사울왕가 대신에 왜 다윗왕조가 하나님의 지상 봉신 국가를 형성하게 되었는지를 설명하며, 그리고 다윗왕가에 허락된 하나님의 일방적인 언약의 의미를 되새김질한다.

열왕기서는 육하원칙의 이야기체와 연대기를 따른(annalistic) 역사편찬적인 틀을 가지고 역사를 서술한다. 이러한 서술 방식 아래 이스라엘이 하나님께 맺은 계약(시내산 계약)이, 정치적 공동체가 된 이스라엘의 상황에서 어떻게 작용하는가를 균형 잡힌 시각으로 보여주려고 한다. 열왕기서는 왕과 예언자의 활동이 역사적 향방의 결정적인 요소가 된다는 관점을 보이며 그것들을 중심으로 기술한다. 여기서 왕들은 모세의 율법에 대한 충성심 여부(산당 폐지 즉 1–2계명 준수 여부), 혹은 다윗 추종 및 모방 여부에 의하여 좋은 왕 혹은 악한 왕으로 평가된다.

역대기서는 포로기 이후의 신학적 관심과 관점에 따라 지나간 역사를 재해석한다. 이스라엘 백성의 예배 실패사를 그 원인과 결과의 관점에서 추적하되, 주로 남유다 왕국의 불순종 역사에 대한 신학적 해석을 시도한다. 역대기서는 상대적으로 제사장과 레위인의 역사적 사명과 활동을 부각시킨다. 왕조보다는 성전이 하나님의 통치 기반이라는 것이다. 역대기서에서 특히 유다는 다윗왕의 모범에 대한 모방 여부와 야웨에 대한 바른 예배와 관련하여 평가된다.

이스라엘과 유다 왕국의 연대기[4)]

북이스라엘의 왕들

	Hayes & Hooker[5)]	Thiele[6)]	Bright[7)]	Cogan & Tadmor[8)]
여로보암	927–906	931–910	922–901	928–907
나답	905–904	910–909	901–900	907–906
바아사	903–882(880)	909–886	900–877	906–883
엘라	881–880	886–885	877–876	883–882
시므리	7 days	885	876	882
오므리	879–869	885–874	876–869	882–871
아합	868–854	874–853	869–850	873–852
아하시야	853–852	853–852	850–849	852–851
여호람 (요람)	851–840	852–841	849–843/2	851–842
예후	839–822	841–814	843/2–815	842–814

여호아하스	821－805	814－798	815－802	817－800
여호아스 (요아스)	804－789	798－782	802－786	800－784
여로보암 2세	788－748	793－753	786－746	789－748
스가랴	6 months	753－752	746－745	748－747
살룸	1 month	752	745	747
므나헴	746－737	752－742	745－737	747－737
브가히야	736－735	742－740	737－736	737－735
베가	734－731	752－732	736－732	735－732
호세아	730－722	732－722	732－724	732－724

남유다 왕국의 왕들

르호보암	926－910	931－913	922－915	928－911
아비야	909－910	913－911	915－913	911－908
아사	906－878(866)	911－870	913－873	908－867
여호사밧	877－853	872－848	873－849	870－846
여호람	852－841	853－841	849－843	851－843
아하시야	840	841	843/2	843－842
아달랴	839－833	841－835	842－837	842－836
요아스	832－803(793)	835－796	837－800	836－798
아마샤	802－786(774)	796－767	800－783	798－769
아사랴(웃시야)	785－760(734)	792－740	783－742	785－733
요담	759－744	750－732	750－735	758－743
아하스	743－728	735－716	735－715	743－727
히스기야	727－699	716－687	715－687/6	727－698
므낫세	698－655	697－643	687/6－642	698－642
아몬	643－642	643－641	642－640	641－640
요시야	641－610	641－609	640－609	639－609
여호아하스	3 months	609	609	609
여호야김	608－598	609－598	609－598	609－598

여호야긴	3 months	598－597	598/7	597
시드기야	596－586	597－586	597－587	596－586

이 왕들의 연대기는 이스라엘과 유다의 역사를 하나의 의미 있고 누적적인, 그리고 식별가능한 하나님 경험의 역사로 질서정연하게 제시하는 데 도움을 주고 있다.[9] 그것은 역사적 사건들의 전후 맥락관계를 확정해 줌으로써 이스라엘의 하나님 경험 이야기를 하나의 포괄적 역사로 만들어 준다. 연대기는 이스라엘과 유다 사이에 일어난 사건들의 상호관련성을 확정해 줄 뿐만 아니라 이스라엘의 역사를 세계사라는 보편적 맥락 속에 정위(定位)시켜 준다.

열왕기상하의 구조

I. 솔로몬의 부귀영화와 왕국 분열의 시작(왕상 1:1－11:43)
II. 왕국 분열(12:1－16:34)
III. 엘리야의 예언으로 몰락하는 북이스라엘 왕국(17:1－22:53)
IV 엘리야의 겉옷을 물려받은 엘리사의 사역(왕하 1:1－8:29)
V. 쇠락하는 북이스라엘의 멸망과 남북왕국의 대치(9:1－17:41)
VI. 쇠락하는 남유다의 멸망(18:1－25:30)

I. 솔로몬의 부귀영화와 왕국 분열의 시작(왕상 1:1-11:43)

이 단원은 솔로몬의 부귀영화와 그 이면의 그림자를 조명한다. 열왕기서는 쇠약해질 대로 쇠약해진 말년의 다윗을 둘러싼 왕자들의 왕위계승 갈등 이야기로 시작한다. 열왕기서 저자는 왕위계승을 둘러싼 궁중 갈등에서 승리한 솔로몬의 왕위계승을 하나님의 뜻이 반영된 일이라고 본다(1:1－2:12). 저자는 왕으로 즉위한 솔로몬의 권력강화 과정(2:13－46)과 백성들로부터 찬탄을 자아내는 솔로몬의 지혜와 그것의 국제적 성가(聲價)를 보도한다(3장). 이어서 솔로몬 통치의 특징적 요소(4장)와 왕궁과 성전을 짓는 솔로몬의 건축/토목 사역(5:1－9:9)을 비교적 자세하게 기술한다. 5장은 특히 성전 건축 준비 상황을 보도하는데 다윗왕 때 이미 확보된 준비 상황을 언급한다. 다윗왕이 성전을 위한 재료 준비와 외교관계, 그리고 기술자 영입(두로왕 히람과의 외교) 문제를 타결해 놓았음을 언급한다. 6장은 성전 건축을, 7장은 궁궐 건축 상황을 비교적 자세하게 보도한다. 성전을 왕궁 옆에 지음으로써 솔로몬은 두 가지 의도를 드러낸다. 첫째, 성전이 왕의 궁궐의 부속건물인 동시에 솔로몬의 왕권 행사를 감찰하는 기관임을 선포하는 것이다. 둘째, 성전에서 일하는 제사장들을 왕의 자문관이나 부하로 삼으려는 관료적 통제 의도를 드러낸 것일 수도 있다.

7:13-15은 성전의 부대시설물을 소개하고, 8장은 그 유명한 솔로몬의 성전 낙성식과 그때 드린 솔로몬의 기도문을 담고 있다. 8장의 이 기도문은 길고 감동적인 낙성식 기도문으로서 신명기 신학의 역사관이 배어 있는 기도문이자 지상의 성전을 상대화하는 기도문이다. 솔로몬은 이 지상 성전이 기도하는 곳이지, 하나님의 현존을 독점하거나 확보한 배타적 장소가 아님을 천명한다. 하나님은 어디까지나 하늘에 계시며 성전은 하나님 백성들과 만민들이 하나님께 소통하며 간구하는 기도처라는 것이다. 열왕기상 8:11은 성전을 가득 채우는 하나님의 영광을 강조함으로써 솔로몬 성전이 광야 시대의 이동식 성전인 성막(출 40:35)의 연속체임을 부각시키고 있다.

9장은 솔로몬이 성전과 궁궐 공사를 다 마친 후 하나님의 배교 경고를 듣는 장면을 보도한다. 9:10-10:29은 솔로몬 통치의 특징적인 사역(관료주의, 국제주의[10장 스바 여왕의 방문], 혼합주의, 북이스라엘 지파에 대한 차별, 유다에 대한 특권적 대우 기미)을 보도한다. 11:1-13은 솔로몬의 방만한 국제 외교관계와 그 결과로 파생된 외국 공주들과의 정략결혼이 가져온 영적 위기를 보도한다. 솔로몬왕국의 내적 취약성은 하나님에 대한 일편단심의 충성심을 앗아가는 이방신들에 대한 만연한 숭배에서 비롯되었음이 밝혀진다. 11:14-23은 위협받는 솔로몬의 통치권에 대하여 보도한다. 하나님을 배반한 솔로몬의 광대한 왕국 변경에서는 솔로몬의 대적자들이 발흥하기 시작한다. 그중 가장 위협적인 대적자가 북이스라엘 지파들의 지도자 여로보암이다. 실로(Shiloh)의 예언자 아히야는 여로보암의 정치적 모반을 하나님의 뜻으로 정당화한다.

Ⅱ. 왕국 분열(12:1-16:34)

12장은 다윗왕가의 노동 착취와 세금 징수 정책 등으로 분노한 북쪽 지파들의 광범위한 민심 이반(離叛)과 저항 시도들을 다룬다. 그 저항운동의 선봉이 나중에 북이스라엘 왕국의 창건자가 되는 여로보암 1세다. 여로보암 1세와 솔로몬의 후계자 르호보암왕의 전쟁을 가로막은 예언자가 스마야다(12:21-24). 여로보암 1세는 벧엘과 단에 금송아지 형상을 구비한 야웨의 제단을 건축하고 예루살렘 성전으로 기우는 민심을 차단하려고 하였다. 13장은 이 벧엘 제단과 북이스라엘 왕국의 미래에 파괴적인 예언을 퍼붓는 유다 출신 하나님의 사람의 사역과 변절과정을 콩트적인 이야기체로 보도한다. 여로보암은 북왕국의 모든 후속 왕들을 야웨 하나님에 대한 바른 예배로부터 이탈시킨 멸망군주로 낙인찍힌다(13:33-34).

14-16장은 남북왕국의 크고 작은 대결관계와 상호 친선 관계를, 남왕국이 북왕국의 혼합주의적 문화에 영향을 받는다는 점에서 다소 부정적인 시각으로 보도한다. 유다왕 르호보암과 북이스라엘왕 여로보암 시대부터 유다왕 아사와 북이스라엘의 아합왕 시대까지 다룬다. 이 시기 왕들의 대략적 연대기상의 순서는 다음과 같다: 이스라엘 여로보암 1세(12:25-14:20)-유다 르호보암(14:21-31)-유다의 아비야, 아사 대(對) 이스라엘의 나답과 바아사의 대결 시기(15:1-16:7)-이스라엘의 엘라(16:8-14)-시므리, 오므리, 아합(16:15-34).

마지막으로 소개된 두 왕 오므리와 아합은 정치적으로는 북이스라엘의 중흥기를 연 왕들이지만 신학적으로 볼 때는 아주 심각한 우상숭배주의자요 종교적 혼합주의자였고 정치적으로는 국제주의적 진보주의자들이었다. 엘리야와 엘리사는 바로 오므리-아합 부자에 의하여 국가적으로 도입되고 장려된 바알 신 우상숭배와 혈투를 벌였던 예언자적인 전사들이었다. 열왕기서의 중심 이야기는 오므리-아합왕조에 대항하여 엘리야-엘리사가 펼친 종교전쟁 이야기다.

Ⅲ. 엘리야의 예언으로 몰락하는 북이스라엘 왕국(17:1-22:53)

17-19장은 북이스라엘에 바알과 아세라 숭배 신앙을 광범위하게 보급하고 장

려한 북이스라엘의 오므리-아합왕조와 결투를 벌이는 엘리야의 이야기다. 엘리야는 바알과의 전쟁이 혈혈단신 단기필마의 전투로 끝날 일이 아님을 알고 후계자 양성 계획에 착수한다. 아무리 처단해도 끝없이 쇄도하는 바알주의자들의 역공에 당황하고 실망하는 엘리야를 달래는 하나님의 목회상담적인 권고는 감동적이고 심오하다(19장). 20장은 오므리-아합왕조의 멸망을 자초하는 아람과의 영토전쟁에 휩쓸리는 아합의 분투와 좌절을 보도한다. 21장은 이스라엘의 자유농민인 나봇의 포도원을 강탈하는 아합을 규탄하고 그에게 파멸을 선고하는 엘리야의 기세등등한 활약을 그린다. 22장은 아람과의 전쟁을 만류하는 참 예언자 미가야를 박해하고 거짓의 영(靈)에 사로잡힌 400명의 예언자들의 꾐에 빠져 아람과의 전쟁에 출정한 아합왕의 우발적으로 보이는 그러나 필연적인 죽음을 보도한다.

IV. 엘리야의 겉옷을 물려받은 엘리사의 사역(왕하 1:1-8:29)

열왕기하 1장은 아합의 아들 아하시야에게 다시 한번 죽음의 메시지를 예고하는 한편 거룩한 잠적을 준비하는 엘리야의 모습을 보여준다. 2장은 엘리야의 승천을 신비로운 필치(筆致)로 묘사하고, 엘리야가 남긴 겉옷을 들고 영적 권능을 발휘하며 등장하는 그의 후계자 엘리사를 소개한다. 2:19-8:15은 북이스라엘의 여호람 왕 시절에 펼쳐진 엘리사의 다채로운 사역을 소개한다. 엘리사의 사역은 왕과 귀족은 물론 가난한 민초들에게까지 미쳤으며, 그의 영적 권능은 이스라엘을 넘어 이방인들에게까지 널리 알려졌다. 그는 민중의 고통과 탄식, 환난과 가난, 죽음과 기근, 국가적 위기와 고초 한복판에서 늘 살리고 치료하고 해결하는 예언자로 활약한다. 이런 자상하고 인자한 예언자였던 엘리사는 과연 엘리야의 후계자답게 아합 가문이 보급하고 장려한 바알 숭배주의자들과의 영적 전쟁에서도 지도력을 발휘한다. 그는 장차 이스라엘의 바알 숭배 습속을 척결한 종교적 혁명가요 왕이 될 이스라엘의 야전군 사령관인 예후에게 자신의 제자를 보내어 기름을 붓게 한다. 그렇게 함으로써 엘리사는 북이스라엘의 정변과 혁명에 깊이 관여한다(왕하 9:1-21).

V. 쇠락하는 북이스라엘의 멸망과 남북왕국의 대치(9:1-17:41)

이 단락은 이스라엘왕 아합의 아들 요람(여호람)과 남유다의 아하시야왕 시대부터 북이스라엘 멸망 시기까지를 다룬다. 9-10장은 엘리사의 생도 중 한 명에게 기름부음을 받은 예후가 쿠데타를 일으켜 북왕국의 바알주의자들을 철두철미하게 척결하는 과정을 보도한다. 11장은 아합의 딸이자 유다왕 아하시야의 모친인 아달랴의 몰락과 유다에서 바알주의 척결 작업을 지휘하는 제사장 여호야다의 활약을 기록한다. 12장은 유다왕 요아스의 성전 수리와 보수 사역을, 13장은 이스라엘왕 여호아하스와 요아스 시절을 간략하게 보도한 후, 엘리사의 죽음과 그 이후 일어난 아람과 이스라엘의 전쟁발발을 보도한다. 14장은 유다왕 아마샤의 에돔 정벌과 북이스라엘왕 요아스와의 전쟁을 보도하고, 이스라엘의 또 다른 정치적 중흥기를 개척한 여로보암 2세의 등장을 다룬다. 이 시기가 북이스라엘에서 BC 8세기 예언자들이 등장하는 시기다. 요나, 아모스, 호세아의 순서로 등장한다. 15장은 유다왕 아사랴(웃시야), 이스라엘왕 스가랴, 므나헴, 브가히야, 베가의 재위를 연속적으로 소개한 후 마지막으로 유다왕 요담의 재위를 간략하게 보도한다. 남유다의 예언자인 이사야는 웃시야(아사랴) 재위기간에, 미가는 요담 재위기간에 등장한다. 16장은 시리아-에브라임 전쟁 시기(BC 734-732)에 앗수르에게 원군을 요청하는 외교적 실책을 범한 유다왕 아하스의 재위기간을 평가하고, 17장은 애굽과 앗수르 제국 사이에서 외교적 곡예를 부리다가 앗수르에게 멸망당하는 북왕국의 마지막 왕 호세아의 재위기간을 다룬다.

VI. 쇠락하는 남유다의 멸망(18:1-25:30)

이 단원은 유다왕 히스기야로부터 바벨론 포로기까지의 유다 왕국 역사를 기록한다. 18장은 히스기야의 선정(善政)을 칭찬한 후에, 그의 선정에도 불구하고 히스기야 시대에 앗수르 제국의 침략을 받았다는 사실을 아무런 논평이나 해석 없이 보도한다. 19장은 위기에 처한 히스기야가 예언자 이사야에게 기도를 부탁하는 상황과, 마침내 하나님의 개입으로 패퇴당하는 앗수르 군대의 퇴각을 보도한다. 20장은 히스기야왕의 발병과 이를 계기로 동맹을 맺자며 위로사절단을 보낸 바벨론왕 므로닥-발라단의 저의에 대한 이사야의 비판적 논평을 담고 있다. 21장은 히스기야의 종교개혁(예루살렘 제의중앙화) 조치를 철회하고 다시 유다 지방의 산당 혼합 종교를 허용한 므낫세의 반개혁 조치들을 부정적으로 보도한다. 저자는 므낫세야말로 유다 왕국의 운명을 재촉한 "멸망초래 군주"라고 보고 있다. 이 장의 끝에는 궁중 정변으로 모살당한 므낫세의 아들 아몬왕에 대한 간략한 보도가 첨가되어 있다. 22장은 성전 수리 중 대제사장 힐기야가 발견했다고 주장하는 율법책의 심판 메시지를 듣고 거국적인 회개운동을 벌이는 요시야왕의 분투를 보도하고, 23장은 다시 예루살렘 제의중앙화로 요약되는 요시야왕의 종교개혁 및 국가개혁 활동을 아주 긍정적으로 보도한다. 이 장의 마지막에는 애굽에게 끌려 간 여호아하스의 재위기간에 대한 간략한 평가가 덧붙여 있다. 아마 이 시기에 예언자 예레미야의 사역이 시작되었을 것이다. 24장은 바벨론의 종주권을 부인하다가 바벨론에게 침략을 당한 후 퇴위당하여 죽은 여호야김의 재위기간(23:36-24:7)을 간략하게 보도하고, 24:8-20은 바벨론으로 유배당한 유다왕 여호야긴의 재위에 대하여 간략하게 보도한다(24:18-20). 25:1-21은 유다의 마지막 왕 시드기야 시대에 일어난 유다 지배층의 바벨론 유수를 보도한다. 25:22-26은 남은 자들의 애굽 도피 상황을 보도한다. 25:27-30은 37년간의 감옥살이 후 풀려난 여호야긴의 석방과 부분적인 복권에 대하여 이야기한다. 열왕기서의 첫 독자들은 여호야긴의 석방 사건에서 다윗왕조의 회복 가능성을 엿보았을는지도 모른다. "유다왕 여호야긴이 다시 석방되고 부분적으로 복권된 것은 다윗에게 허락하신 하나님의 언약(삼하 7:12-16)이 완전히 폐기되지는 않았음을 의미하지 않을까?"

5강 서론

이스라엘 역사의 결정적 변곡점을 다루는 사무엘상하와 열왕기상하

5주차에는 신명기 역사서의 세 번째 책이라 할 수 있는 사무엘상하와 네 번째 책이자 신명기 역사서의 종결부인 열왕기상하를 공부합니다. 사무엘상하는 마지막 사사이자 예언자였던 사무엘의 이름을 따라 붙여진 책입니다. 사무엘은 가나안 땅에서 진행되는 200년의 사사시대를 창조적으로 마무리하는 최후의 사사였습니다. 다시 말해서 그는 이스라엘 12지파가 왕 없이 부족연맹체로 존재하던 가나안 정착 초기 200년 역사를 마무리 짓고 왕이 통치하는 왕정시대를 여는 전환기적 인물입니다. 사무엘은 12지파가 지리멸렬하게 분열되어 가히 무정부 상황을 연출하던 사사시대 이스라엘을 왕의 통치 아래로 적응시키는 과도기 지도자였습니다. 사무엘상하는 왕정 도입기를 산파한 사무엘의 활약과 그에 의해 이스라엘의 왕이 되었던 사울과 다윗의 이야기입니다. 이스라엘의 초대 왕 두 명을 산파한 사람이 사무엘이라 할 수 있습니다.

사무엘상하의 핵심내용은 크게 네 가지입니다. 사무엘상은 사무엘의 등장과 아름다운 퇴장, 첫째 왕 사울왕의 등장과 몰락, 그리고 사울왕의 박해 아래 20여 년 가까운 긴 세월 동안 연단 받는 다윗의 파란만장한 젊은 시절을 다룹니다. 사무엘상 18장부터는 사울과 다윗의 정치적 알력과 다윗의 왕위 쟁취 과정을 그립니다.

사무엘하는 다윗왕의 통일 이스라엘 건설과 그 후에 발생한 개인비리로 몰락하는 다윗의 통치와 다윗 가문의 분열을 다룹니다.

사무엘상은 사사시대가 노출한 무정부 상황과 국방력의 급격한 쇠락 문제를 해결하기 위해서 상시에 전쟁을 할 수 있는 전쟁 지도자를 뽑아달라는 유력 시민들의 요구로부터 시작됩니다. 그래서 등장한 것이 바로 초대 왕 사울입니다. 사울은 유력 시민들의 추대로 왕이 되어 전쟁을 전문으로 지도하는 전쟁 전문 지도자로 등장합니다. 그런데 이 전쟁 전문 지도자는 전제왕권으로 변질될 가능성이 많았습니다. 그래서 두 번째로 등장한 인물이 다윗왕입니다. 다윗왕은 누구입니까? 이스라엘 12지파를 무섭게 위협하고 협박해 전쟁터로 끌고 나간 사울 같은 지도자가 아니라, 영적 카리스마로 이스라엘의 마음을 움직인 지도자였습니다. 그는 하나님께 묻고 기도하며 전쟁하여 백전백승으로 이스라엘 역사의 중심부로 급진한 전설적인 왕입니다. 그래서 사무엘상하는 사울왕의 등장과 몰락 그리고 다윗왕의 등장과 연단과 징계 그리고 성숙 과정을 다루고 있다는 점에서 사울과 다윗의 이야기라 할 수 있습니다.

뒤이어지는 열왕기상하는 다윗의 아들 솔로몬과 다윗의 손자인 르호보암이 하나님에 대한 일편단심의 충성으로부터 이탈해 가며 왕국 전체를 오도한 이야기입니다. 열왕기상하는 왕들이 하나님께서 이스라엘에 왕을 세우신 목적을 서서히 배반해 가며 민심으로부터 배반 받는 이야기입니다. 이스라엘 12지파는 르호보암이 압제적인 군주, 작은 파라오로 변신해 가는 상황에 놀라기 시작합니다. 마침내 BC 921년에 이스라엘 북쪽의 10지파는 르호보암의 전제적 왕권에 반역하며 통일 이스라엘로부터 떨어져 나갑니다. 그래서 통일 이스라엘 왕국은 10지파로 구성된 북이스라엘 왕국과 남아있는 2지파로 구성된 남유다로 분열되어 서로 각축하면서 수백년을 보냅니다. 각축하던 이 두 왕국은 모두 다 차례로 망합니다. 열왕기상하는 결국 두 나라의 왕들이 야웨 하나님이 모세의 입을 통해서 주신 율법을 어겨서 가나안 땅을 상실하기까지 죄를 끊임없이 누적시키는 이야기입니다. 열왕기상하의 마지막 열왕기하 25장은 유다의 국가기간요원 만여 명이 바벨론으로 끌려가서 마침내 가나안 땅 모두를 상실하는 이야기로 끝납니다. 일종의 비극입니다. 그런데 그 이야기의 제일 마지막 끝에 바벨론에 끌려갔던 여호야긴이라는 왕이 37년 만에 바벨론 감옥에서 풀려나 복권될 가능성을 남기고 열왕기하가 끝납니다. 열왕기하는 대파국적인 몰락 끝에 아주 희미하게 동터오는 새벽빛 같은 희망의 빛줄기로 끝납니다. '과연 여호야긴왕이 다윗왕의 보좌를 차지하며 다윗왕조를 부흥시킬 왕이 될 것인가?' '아니면 끝내 가나안 고토로 돌아가지 못한 채 바벨론의 봉신으로 살다가 죽고 말 것인가?'라는 서스펜스를 남기고 끝납니다.

5강-1

사무엘상하

안녕하십니까? 숭실대학교 인문대 기독교학과 김회권 교수입니다. 오늘은 사무엘상하에 대해서 공부하려고 합니다. 구약성경 사무엘상하는 독자들에게 썩 환영받지 못하는 책들 중의 하나입니다. 그 이유는 사무엘상하가 이스라엘 민족의 역사, 그것도 아주 오래전에 일어난 일련에 사건들에 관한 기록이라고 생각하기 때문입니다. 사무엘상하를 언뜻 읽어보면 종교적 교훈 또는 도덕적, 윤리적 교훈을 끌어내기가 쉽지 않은, 복잡한 드라마 구조를 가진 채 진행되는 내러티브처럼 보입니다. 이런 드라마적 구조를 가진 내러티브에서 종교적, 도덕적 교훈을 끌어내기가 쉽지 않기 때문에 기독교나 유대교 진영 모두에서 설교자들은 사무엘상하를 잘 다루지 않거나 잘 인용하지 않습니다.

그런데 실상 사무엘상하는 인문고전으로서의 구약 가치를 결정적으로 드높이는 책 중의 하나입니다. 사무엘상하는 플라톤의 『국가론』 또는 토마스 홉스의 『리바이어던』과 같은, 혹은 그보다 더 높은 수준의 정치철학을 담고 있기 때문입니다. 지금 살아있는 이스라엘의 정치신학자인 요람 하조니는 『구약성서로 철학하기』라는 책 5장 "이스라엘 역사서에 나타나는 정치철학"에서, 사무엘상하는 플라톤의 『국가론』과 토마스 홉스의 『리바이어던』보다 더 고결한 정치사상을 담고 있다고 주장합

니다.[10]

사무엘상하는 사사시대가 끝나는 지점, BC 1000년경 즈음에 12지파로 존재하던 이스라엘이 왕정체제로 전환되는 초기 역사를 다루고 있습니다. 12부족 연맹체였던 이스라엘이 하나의 통일왕국으로 변환되는 이야기가 사무엘상하 이야기입니다. 12지파로 분산되어서 연맹체를 형성하던 사사시대를 끝내고 한 명의 군주가 12지파 모두를 통치하는 왕정시대로 들어가는 이 전환시대를 이끌며 왕정을 산파한 사람이 사무엘입니다. 사무엘은 사사시대로부터 왕정시대를 이끌어 내는 선구자적 인물이었습니다.

사무엘상하가 어떤 점에서 정치사상을 담고 있는가? 이건 매우 중요합니다. 사무엘상하는 입헌적 자기제한 군주제를 내세웁니다. 토마스 홉스의 『리바이어던』은 절대군주제를 옹호합니다. 토마스 홉스가 절대군주제, 즉 리바이어던(Leviathan) 같은 괴수(욥 41장)의 엄청난 힘을 가진 국가의 필요성을 옹호하는 이유는, 철저한 공평철권통치만이 개인의 권리와 자유를 옹호하는 데 가장 적합하다고 믿었기 때문이었습니다.[11] 참 역설이죠. 거대한 국가존재 자체만으로도 시민들은 위협을 느낄 것 같은데요. 하지만 홉스는 개인의 권리와 자유를 옹호하기 위해서 거대한 국가권력의 필요를 주장합니다. 개인이 다툴 수 없는 엄청난 야수 같은 거대한 권력을 가진 국가와 그 괴수국가를 대표하는 절대군주가 필요하다는 것이 토마스 홉스의 역설적인 정치사상입니다.

플라톤의 『국가론』은 철인정치를 옹호합니다. 플라톤은 이 책에서 여러 계급으로 분화된 계급적 구별사회도 각각의 계급에게 필요한 덕목만 잘 발현하면 이상적인 국가가 될 수 있다고 봤습니다. 그의 이상국가는 어디까지나 계급으로 나누어져 있는 사회입니다. 플라톤은 이상국가를 구성하는 시민을 철인통치자 계급, 수호자 계급, 물질적 부를 생산하는 농상공인 평민으로 구분함으로써 계급적 구별은 인정하되 부정적인 의미의 계급차별은 옹호하지 않습니다. 그는 철인통치자 계급은 선의 이데아를 정통으로 아는 자여야 한다고 전제합니다. 플라톤의 이상국가에서 철인 왕은 사유재산을 가지면 안 되고 자기의 사적 가족도 가지면 안 됩니다. 오로지 국가를 위해서만 봉사하는, 봉사의 화신이 되어야 되죠. 현실적으로 이런 철학자 왕은 존재하기가 힘듭니다. 그래도 플라톤은 소크라테스의 입을 통해 여전히 모든 계급 구성원들이 동시에 만족해하는 국가가 가능하다고 말합니다. 이것이 플라톤의 "이상적" 국가철학입니다. "이상적인 만큼" 현실성이 떨어지는 국가론인 셈입니다.

플라톤과 토마스 홉스와 달리 구약성서의 정치사상을 알짬으로 담고 있는 사무엘상하는 입헌군주적·자기제한적 왕정을 지지합니다. 신명기 17:14-20은 입헌적 제한군주제를 말합니다. 이 단락에 따르면, 왕은 왕권을 제한하는 율법서 사본을 평생 읽고 학습해 하나님을 두려워하는 경건심을 유지해야 했습니다(신 17:18-19). 왕의 마음이 자신을 왕으로 추대한 동포들 위에 군림해서는 절대 안 됩니다(신 17:20). 신명기 17:14-20에서 보듯이 왕은 존재하지만 임의로 지배하는 전제군주가 되어서는 안 됩니다. 12부족들의 이익을 담보하되, 그중에서 사회적 최약자층을 옹호하고 그들을 수호하기 위해서 왕정이 필요하다는 것이 사무엘상하의 왕정이해입니다. 언뜻 보면 토마스 홉스의 『리바이어던』과 플라톤의 『국가론』과 유사한 면이 있습니다. 그러나 사무엘상하는 사실 그보다 더 깊이 들어갑니다. 사무엘상하가 내세우는 이상적인 정부론의 핵심은 사무엘상 1-8장, 그리고 12장에 나옵니다. 이스라엘 부족연맹체 사회가 사사시대를 마감하고 왕정시대의 도입을 다루는 부분입니다. 특히 8장과 12장이 중요합니다. 왕정에 대한 부정적 전망과 왕정을 옹호하는 긍정적 전망이 8장과 12장에 각각 제시되기 때문입니다. 앞서 말씀드렸듯이 12부족으로 존재하던 사사시대는 많은 부정적인 현상을 노출한 시대였죠. 12지파의 지파 간 내전, 분열, 지리멸렬상, 무정부주의적인 혼란, 윤리도덕적 타락, 제사제도의 몰락 또는 제사장 제도의 붕괴 등이 모두 다 사사기에 기록된 부정적 양상들입니다. 그런데 부정적인 사건들을 집중적으로 보도하는 사사기의 이 모든 내용들은 사사기 저자의 저작관점의 산물입니다. 저자는 사사시대가 얼마나 부정적이었는가를 보여주기 위해서 일종의 콜라주 형태로 모여진 사건들을 범례적으로 보여주는 것입니다. '사사시대는 왕이 없었기 때문에 이렇게 엉망진창의 시대였다.' 사사기 저자는 이런 주장을 하고 싶은 것이죠.

그러나 또 다른 관점으로 보면 사사시대는 그 나름의 매력을 가지고 있었을 것입니다. 중앙집권적 전제왕권을 가진 왕이 없었기 때문에 세금이나 강제부역이 없었고 강압적 전쟁징집도 없었습니다. 그리고 왕과 지배층을 먹여 살리기 위해서 혹사당하는 하층민들 또는 일반 평민들의 수고가 필요 없었죠. 그런데 왕정은 12지파

시대 때 없던 부작용을 노출시킬 위험한 정치체제였습니다. 다시 말해서 12지파의 의사에 반하여 전쟁에 이스라엘 백성을 동원할 수 있는 군권을 가진 왕이 지휘하고 명령을 내리고 불응 시 징벌도 할 수 있는 무서운 시기죠. 그래서 전제왕권이 등장하면 이스라엘 사회가 얼마나 이질적인 사회로 바뀔 것인가 하는 것을 미리 보여주는 것이 사무엘상 8장입니다. 사무엘상 8장에 나오는 왕정제도의 폐해에 대한 사무엘의 경고는 정치사상으로 볼 때 굉장히 탁월합니다. 모든 왕정제도는 인민 또는 국민의 노예화를 가져올 수 있는 무서운 제도라는 겁니다. 예를 들면, 왕궁을 유지하고 또 왕정체제를 뒷받침하기 위해서, 12부족이 수평적으로 연결되어 있던 사사시대 때는 없었던 세금징수가 바로 시작됩니다. 이스라엘 자유농민들에게 왕의 수레를 끄는 군복무가 요구됩니다. 왕을 위해서 음식을 만드는 여자 노예 또는 여자들의 무상노동 수고가 필요합니다. 이런 모든 것들은 국가를 운영하는 데 드는 엄청난 비용을 의미하죠. 그래서 사무엘은 왕정제도를 도입하자고 외치는 유력시민들(히브리어로 깃뽀르 하일)의 요구를 처음에는 의당 일축합니다. '너희들이 열방처럼 왕을 세워달라고 하는 요구는 하나님 앞에서 불쾌하고 매우 불경한 주장이다.' 왜? 인간 왕을 세워달라고 요구하는 행위는 문민지도자인 사사나 예언자를 통해 구현되는 하나님의 왕적 통치를 거부하는 것을 의미하기 때문입니다. 인간 왕의 통치를 요구하는 것은 다시 이스라엘 백성들을 노예처럼 부릴 수 있는 위험한 권력의 등장을 의미한다는 거죠. 그래서 사무엘상 8장은 왕정제도가 가져올 부정적 변화들을 나열하죠.

여기서 중요한 것은 왕정제도를 도입하는 데 누가 앞장서는가입니다. 바로 유력시민들입니다. 유력시민들은 히브리어로 "깃뽀르 하일"(gibbôr ḥayil)이라고 부릅니다. 지킬 재산이나 돈이 많은 사람, 잉여농산물을 많이 가진 사람, 여론 주도세력을 가리킵니다. 12지파가 얼기설기 모여살던 12지파 부족연맹체 시대는 대체로 경제적 생산성이 낮았습니다. 이런 시대에는 잉여농산물을 가진 부자가 별로 없었죠. 모두가 거의 평등하게 가난했고 동시에 모두가 먹고살 만한 시대였죠. 그런데 사사시대의 말기에는 빈부격차가 발생했습니다(삼상 2장 한나의 노래를 참조하라). 왕정시대 도입 직전의 이스라엘 사회는 땅이나 잉여농산물을 가진 유력자들과 여러 가지 이유로 가난케 되어 굶주리는 사람들로 나누어져 있었습니다. 이때 잉여농산물을 가진 사람, 다시 말해서 다른 사람보다 더 많은 재산을 가짐으로, 지킬 것이 더 많은 사람들이 왕을 요구합니다. 왕은 뭡니까? 유력시민들의 재산을 보호하는 군사지도자(나기드)요 전쟁전문가죠. 그래서 왕을 요구하는 이면에는 유력시민들의 정치사회적 아젠다가 관철되고 있습니다. 왕을 요구하는 사람들은 유력시민들, 잉여농산물 등 재산을 가진 사람들, 많은 땅을 가진 사람들입니다. 반면에 이런 왕제도를 반대하는 사람들은 가난한 사람들이죠. 사무엘상 8장을 자세히 읽어보면 왕정제도가 유력시민들(잉여농산물을 가진 자들 또는 재산가들)의 일방적인 주장으로 도입되는 것을 알 수 있습니다. 이런 유력시민들의 추대와 요구로 최초로 왕이 된 인물이 바로 사울왕이죠. 사무엘상 8장부터 31장까지 사울왕의 시대를 다룹니다. 사울왕은 비극적 흠결을 갖고 갈지(之)자 횡보를 하면서 왕의 사명을 수행했지만 나름의 업적을 남겼습니다. 나름대로는 위대한 왕이었습니다. 그는 12지파에게 전쟁과 무력충돌을 통해서라도 국가를 지킬 수 있는 왕적 리더십을 보여주었습니다. 다만, 전례 없이 왕의 명령만으로 이스라엘 자유농민이 전쟁에 동원되는 이 사태를 이스라엘 12지파의 사람들은 낯설게 받아들였습니다. 왕의 무서운 징집령을 받고 전쟁에 동원되는 이스라엘 12지파 자유농민들은 두려워하기 시작했습니다. 농사짓는 중에도 전쟁으로 불러내는 왕의 명령에 당황스럽게 반응합니다. 이런 이스라엘 농민들의 미온적인 반응을 본 사울왕은 전쟁에 오지 않는 자, 즉 왕의 명령을 거부하는 사람들은 각을 뜨겠다는 위협으로 대응합니다. 무시무시한 위협으로 전쟁동원령을 내립니다. 이 최초의 지도력 행사방식이 시사하는 바가 많습니다. 장차 사울왕이 국가적 위기의 순간에 어떤 리더십을 행사할 것인가를 미리 보여 준 셈이기 때문입니다. 사울왕은 여호와의 영으로 가득 차서 이스라엘 백성의 자발적인 전쟁참여를 유도했다기보다는, 무서운 군령권을 통하여 전쟁에 그들을 강제동원했습니다. 이것은 이스라엘 자유농민이 다시 이집트의 노예신분으로 돌아가는 것만큼이나 위험한 사태라는 거죠. 왜? 이스라엘의 자유농민들은 하나님의 언약백성으로서 자유를 마땅히 누려야 할 "하나님의 백성"이었기 때문입니다. 그런데 갑자기 무장한 왕이 등장해 이스라엘 백성들을 강압적인 분위기에서 전쟁에 동원하고 전쟁에 참여하지 않으면 각을 뜨겠다고 무서운 협박을 해대는 행위는 이스라엘 국가공동체를 위기에 빠뜨리는 것이었습니다. 사무엘은 이 사태의 위험성을 순식간에 깨달았습니다. 선지자 사무엘은 일찍부터 왕정제도의 폐해를 알고 경고했습니다.

이런 상황에서 사울은 자신의 군령권이나 전쟁개시권을 이용하여 이스라엘을 두렵게 하면서도 암몬 족속으로부터 길르앗 야베스 사람들을 구원해 내는 혁혁한 전공을 세웁니다. 사무엘상 14장 마지막 단락(47-48절, 52절)은 사울이 이스라엘 백성을 무섭게 다그치면서도 일사분란하게 병사들을 징집해서 이스라엘을 튼실하게 지켰다고 평가합니다. 이런 사울왕의 업적에도 불구하고 사무엘은 시종일관 왕정제도의 폐해와 왕정제도 안의 무서운 함정을 늘 경고했습니다. 그는 사무엘상 12장에 가서 이상적인 왕정을 청사진으로 제시함으로써 왕정 반대에서 최선의 왕정을 착근시키는 일에 치중하기 시작합니다. 사무엘상 12장에는 사무엘상 8장과는 조금 다른 관점의 왕정 이해가 나옵니다. '왕정이 들어섰다면 그 현실은 받아들이자. 다만, 어떤 왕이 이스라엘의 왕으로 합당한가?' 이것이 사무엘상 12장의 관심사입니다. 사무엘상 12장은 고아와 과부의 생존권과 인권을 보호하는 선봉으로서의 왕의 역할을 기대합니다. 유력시민들의 부를 지켜주는 데 투신된 왕이 아니라 유력시민들에 의해 내부식민지 백성으로 전락하여 간신히 살아가거나 하나님과 이스라엘 백성의 언약관계를 지키지 못할 만큼 삶의 토대가 부서져버린 사람들을 보호하는 데 투신된 왕을 제시합니다. '이런 왕이면 왕정은 안전하다.' 사무엘은 여기서 이런 취지로 왕정을 조건적으로 옹호합니다.

사무엘서 저자는 사무엘상 16장에서부터 등장하는 다윗이 바로 그런 이상적인 왕에 근접한 인물이라고 판단해 다윗을 부각시키기 시작합니다. 사무엘상 16장에서 사무엘에게 기름부음을 받아 이스라엘왕으로 점지된 다윗은 사울의 왕정폐해를 극복하는 대안적인 왕정 실현 후보자로 떠오릅니다. '왕정은 하나님의 통치와 제휴하고 동맹을 맺으면 잘 작동될 수 있다.' 이런 일종의 타협적인 결론이 사무엘상 12장의 결론입니다. 그래서 사무엘상 12장에는 전제왕권을 휘두르는 왕이 아니라, 하나님 마음에 합하면서 하나님께 온 마음을 바쳐서 하나님의 언약백성 이스라엘을 지키려는 데 투신된 왕이 이상왕으로 정의됩니다. 땅과 산업이 거덜나서 하나님의 언약을 지킬 힘도 남아있지 않은 언약백성들을 보호하고 그들을 결속시키는 데 이바지하는 왕이 이상왕이라는 것입니다. 사무엘서 저자는 이런 왕을 하나님의 마음에 합한 왕, 하나님의 성령에 의해 기름부음 받은 왕이라고 합니다. '기름부음을 받은 자'의 히브리어가 마쉬아흐(māšîaḥ)입니다. 이 마쉬아흐에서 우리가 흔히 잘 아는 '메시야'라는 단어가 나왔습니다.

다시 말해서 사무엘서 저자는 유력시민들과 지배계급의 이익을 보호하기보다는 고아와 과부, 약자와 빈자, 그리고 힘센 동포들에게 시달림을 당하는 내부식민지 백성들을 보호하는 데 앞장서는 왕, 그런 왕이 이스라엘의 이상적인 왕이라고 주장하는 셈입니다. 이런 자기제한적이고 약자옹호적인 왕이 이스라엘에 용납될 수 있는 왕이라는 것입니다. 이렇게 보면 정반합의 과정을 거쳐 이상왕이 등장했다고 볼 수 있죠. 정(正)은 '이스라엘에도 왕이 필요하다'라는 유력시민들의 요구입니다. 반(反)은 '인간 왕은 하나님의 통치를 거부하려는 인간들의 하나님 배반의 산물이니 절대 안 된다'라고 말하는 사무엘의 1차 왕정거부 선언입니다. 합(合)은 '이스라엘에게 합당한 왕정은 유력시민들과 지배층의 이익을 옹호하기보다는 사회적 최약자층의 인권과 생존을 옹호하는 왕정이어야 한다'라고 말하는 사무엘의 조건부 왕정 긍정 선언입니다.

이제 14장, 15장, 16장, 17장부터 쭉 사울왕의 전성기 업적이 소개되거나 언급됩니다. 사울왕의 전성기 업적을 뒷받침하는 두 인물이 바로 그의 아들 요나단과 다윗이라는 인물입니다. 다윗은 처음에 사울왕의 궁중 음악치료사로 데뷔하면서 사울왕을 최초로 알았습니다. 혹은 블레셋과의 전쟁에서 혁혁한 공을 세워서, 즉 골리앗을 참살함으로써 사울왕의 주목을 끌어 사울왕의 군사참모가 되어 사울왕을 처음 알게 되었을 것입니다. 16장에 처음으로 소년 다윗이 등장합니다. 선지자 사무엘은 이 소년 다윗을 미래 이스라엘의 왕으로 점지하라는 야웨의 영적 계시를 받아 소년 다윗을 발굴했습니다. 소년 다윗은 하나님 마음에 합한 왕의 후보자로서 선지자 사무엘도 예상하지 못했던 인물이었습니다. 유다 지파의 땅인 베들레헴 유력자였던 이새의 여덟째 아들이었던 다윗은 사무엘에 의해서 기름부음 받고 성령을 받으면서 용기와 무변과 지혜가 충만한 사람으로 성장해 갑니다. 이때 다윗의 나이는 17-18세 정도였을 것입니다. 스무 살 이상된 이스라엘 남자장정들이 블레셋과의 전쟁에 투입되었을 때 그는 아버지의 양떼를 지키고 있었습니다. 그는 위의 세 형들이 사울왕의 군대로 징집되어 전쟁에 참전하고 있을 때 형들과 그들의 지휘관을 위해 음식을 전달하라는 아버지의 요구를 받아 블레셋 전선에 접근했습니다. 거기서 이스라엘이 블레셋 군대에게 비참하게 능욕을 당하며 수세에 몰려있는 장면을 목격하고 분기탱천했습니다. “다윗이 곁에 서 있는 사람들에게 말하여 이르되 이 블레셋 사람을 죽여 이스라엘의 치욕을 제거하는 사람에게는 어떠한 대우를 하겠느냐 이 할례 받지 않은 블레셋 사람이 누구이기에 살아계시는 하나님의 군대를 모욕하겠느냐”(삼상 17:26). 우여곡절 끝에 그가 전쟁에 참여하게 되었습니다. 17장에서 다윗은 블레셋 군대를 대신해 이스라엘 군대를 조롱하는 골리앗이라고 하는 엄청난 거인 장수와 일대일 대결을 벌여서 그를 참살하죠. 17장 45절이 다윗의 됨됨이를 일순간에 드러내는 중요한 말입니다. “다윗이 블레셋 사람에게 이르되 너는 칼과 창과 단창으로 내게 나아 오거니와 나는 만군의 여호와의 이름 곧 네가 모욕하는 이스라엘 군대의 하나님의 이름으로 네게 나아가노라” 다윗은 여기서 할례받은 이스라엘의 정체성을 할례받지 못한 블레셋 백성과 날카롭게 구분하고 블레셋의 전쟁무기와 무력을 조롱하며 하나님의 이름으로 용맹하게 전진했습니다. ‘너는 칼과 무력으로 나오지만 나는 야웨 하나님 이름으로 나간다’라고 외치면서 물맷돌로 골리앗의 머리를 정면타격해 참살합니다. 여기서 ‘다윗과 골리앗의 대결’이라는 유명한 관용표현이 나옵니다. 도저히 상대가 안 되는 강자와 약자의 싸움을 다윗과 골리앗의 싸움이라고 표현합니다. 2m에 가까운 키를 가진 거인 골리앗과 아직 스무 살도 안 된 소년 다윗이 싸워 다윗이 이기죠. 이때부터 다윗은 사울왕의 특급군사참모가 되고 더 나아가 사울을 대신할 만한 이스라엘의 지도자로 떠오릅니다.

바로 이 점이 다윗을 긴 망명과 고난의 시간으로 집어던집니다. 18장부터 다윗은 혁혁한 전공을 세워 사울왕을 기쁘게 하지만 동시에 사울을 두렵게 하는 지도자로 부상합니다. 다윗이 전쟁에 나갈 때마다 항상 이김으로 다윗이 죽인 자가 사울이 죽인 자보다 더 많아 이스라엘 여인들의 집단 칭송을 받기에 이르렀습니다. 다윗의 군사적 업적이 사울의 군사적 업적을 무색케 한 것입니다. “사울이 죽인 자는 천천이고 다윗인 죽인 자는 만만이로다”(삼상 18:7)라는 노래가 이스라엘의 민중사회에 급속하게 퍼졌습니다. 이 후렴구가 상승장군 다윗의 개선을 환영하는 국민가요가 된 것입니다. 이처럼 이스라엘 민중들 마음에 다윗이 희망으로 떠오르자, 이때부터 사울은 다윗을 정적으로 간주하고 죽이려고 했습니다. 다윗은 그의 부마,

사위가 되었지만 사울은 그를 죽이려고 애썼습니다(19장).

그래서 다윗의 길고 긴 망명생활이 17년 넘게 이어집니다. 사무엘상 20장부터 사무엘하 5장까지 다윗은 사울을 피해 이스라엘 국경을 넘나들며 혹독한 인고의 세월을 보냈습니다. 아무리 짧게 잡아도 13년, 길게 잡으면 17년 이상 긴 세월을 망명정치가로 지내며 사울왕의 박해를 피해 다닙니다. 다윗이 골리앗을 죽여서 사울왕에게 처음으로 알려졌을 때 그 나이가 20세가 되지 않았습니다. 왜? 스무 살부터 징집되는 법에 비추어 볼 때 군사로 징집되지 않았던 다윗은 사무엘상 17장의 사건이 일어났을 때 20세 이하였음이 거의 분명합니다. 다윗은 20세 이하였지만 전쟁이 뭔가를 알고 이스라엘 하나님과 야웨 하나님의 백성의 의미가 뭔가를 알고 있었던 조숙한 청년이었습니다. 그가 할례받은 백성과 할례받지 못한 백성 사이의 정체성을 구분하는 것으로 볼 때 그는 철든 청소년이었을 것입니다. 아마 18－19세 정도는 되지 않았을까라고 짐작해 볼 수 있습니다. 다윗은 33세에 저 유다 지파의 큰 도시였던 헤브론에서 유다 지파의 두령이 되었습니다. 그가 18세 정도에 사울왕의 궁전에 들어가서 사울의 정적으로 부상해 박해받고 망명의 길을 떠났다면, 헤브론에서 유다 지파의 두령이 될 때까지 약 15년 이상 다윗은 망명생활을 한 거죠. 그 혹독한 망명생활을 거치면서 다윗은 점점 단련되고 용사를 끌어모으는 지도자로 성숙해졌습니다. 21장에서 다윗은 제사장 아비아달의 도움을 받아 급히 사무엘의 고향으로 가서 은신합니다. 22장에서 다윗은 아둘람 동굴에 칩거하며 사울 치하에서 환난 당한 자, 원통한 자, 빚진 자 등 남자 400명의 용사를 불러 모았습니다. 마침내 사무엘하 5장에서 전 이스라엘 민족의 희망이 됩니다.

그 사이에 사울왕은 다윗을 질투하여 죽이려다가 블레셋과의 전투에서 연전연패를 당합니다. 사울이 다윗을 잃자 국력 쇠락도 초래됩니다. 전쟁에 갈 때마다 다윗의 부재를 뼈저리게 느꼈을 것이지만 사울은 다윗을 끝내 불러들이지 않고 죽이려고 했습니다. 24장, 25장, 26장은 사울의 돌이킬 수 없는 영적 붕괴와 이성상실을 다루고 다윗의 너그러운 도량을 부각시킵니다. 24, 26장에서 다윗은 사울을 결정적으로 두 번이나 살려주는 그런 엄청난 도량을 보입니다. 이때 이스라엘 민심을 잘 알고 있는 사울의 왕세자 요나단은 유다 광야에서 은신하고 있던 다윗을 찾아 격려하고 위로합니다. 그는 이미 이스라엘 민심이 사울을 떠나 다윗에게로 기울어진 것을 깨달았습니다. 이스라엘 통치권이 자기 아버지를 떠나서 자기에게 오지 않고 자기 친구였던 다윗에게로 간 걸 알았습니다. 그래서 요나단은 다윗의 왕위계승을 기정사실로 믿고 그를 축복합니다. 그런데도 불구하고 사울은 요지부동입니다. 완악함이 극에 달합니다. 하나님께서 자기의 통치권을 다윗에게 이양하고 다윗을 다음 왕으로 세우실 것이라는 사무엘의 말을 듣고도 사울왕은 거부하고 저항했습니다. 다윗을 죽여버림으로써 자기 권력을 강화하려고 했습니다. 27장에서 광기에 사로잡힌 사울을 피해 다윗은 이스라엘의 숙적 블레셋 가드왕 아기스에게 투항해 그의 봉신이 되었습니다. 28장에서 사무엘이 죽자 사울은 이제 더 이상 하나님의 뜻을 묻고 자문을 구할 영적 중개자가 없는 처지로 내몰렸습니다. 블레셋이 대군을 거느리고 이스라엘 곡창지대로 진군한다는 소식이 답지하자 사울은 극도의 공포에 싸여 자신이 축출했던 무당을 찾아가는 치명적인 실수를 저질렀습니다. 이미 죽은 사무엘 선지자를 찾아서 사무엘의 혼백에게라도 충고를 듣기 위해서 엔돌 지역에 있는 무녀를 찾아갑니다. 사울왕은 다윗에 대한 미움과 질투심으로 이성을 상실하고 다윗을 죽여버리겠다는 살기로 자기파멸의 길로 일주하다가 이렇게 되어버렸습니다. 사울은 점점 더 이상 빠져나올 수 없는 정신적, 영적 파탄에 이르렀습니다. 당연히 그는 하나님께 물었겠지만 더 이상 하나님의 응답을 받지 못합니다. 하나님의 말씀을 받지 못합니다. 하나님 말씀의 인도를 받지 못하기 때문에 이미 죽어서 음부에 내려간 사무엘과 영적 소통을 시도하려고 무녀를 찾아갑니다. 그러나 그것도 대실패로 끝납니다. 29장은 블레셋 사람들에게 오해를 받아 이스라엘 동포들과 전쟁을 하러 나가야 하는 다윗이 곤경에서 풀려나는 과정을 익살스럽게 묘사합니다. 30장은 이스라엘 대신 아말렉을 쳐서 자신의 지도력을 공고하게 하는 다윗의 활약상을 보도합니다. 사무엘상 31장은 이스라엘과 블레셋의 전면전이 벌어지는 길보아산 전투를 집중 조명합니다. 마침내 길보아산 전투에서 사울과 그의 아들 요나단과 말기수아가 함께 장렬하게 전사합니다. 블레셋 사람이 사울과 그 아들을 다 죽여버립니다. 사울왕권은 이렇게 허무하게 끝납니다. 사울의 왕위는 사울의 아들 이스보셋이 이어받았으나 실상은 아브넬의 실세권력에 의해 좌우되는 처지였습니다.

그래서 사무엘이 예언한 것처럼 사울의 왕권은 자연스럽게 다윗에게로 갑니다.

그러나 다윗은 온 이스라엘의 왕이 되려고 서둘지 않았습니다. 사무엘이 예언했던 것처럼 사울의 왕권이 즉시 다윗에게로 가는 것이 마땅하지만 다윗은 때를 기다립니다. 블레셋 군대가 사울과 그 아들 왕세자 요나단과 말기수아를 죽이자, 다윗은 먼저 조가를 지어 이스라엘의 민심을 위로하고 달랩니다(삼하 1장). 그는 이스라엘 백성의 마음이 진심으로 자기한테 돌아올 때까지 스스로 왕위를 찬탈하지 않았습니다. 사무엘하 1장부터 5장까지 다윗은 온 이스라엘의 왕으로 추대될 때까지 기다립니다. 1장에서 그는 사울왕의 죽음을 애도하는 조가를 불러서 이스라엘 백성들의 민심을 위로합니다. 자기를 박해했던 사울왕이 거둔 업적들을 노래합니다. 그리고 그의 친구였고 왕세자였던 요나단의 죽음을 슬퍼하면서 길보아산을 저주합니다. 왜? 이스라엘 용사의 죽음을 방치했기 때문입니다. 그는 이 산이 메마른 산이 될 것이라고 저주합니다. 이런 조가 때문에 이스라엘 민심이 도량이 크고 너그러운 다윗에게로 급격하게 경사되었습니다. 이제는 33세의 청년이 된 다윗에게 온 이스라엘 민심이 급격하게 쏠려 갑니다. 2장은 유다 지파의 왕이 된 다윗을 말합니다. 3장은 이스보셋을 배신하고 다윗에게 투항한 아브넬의 암살 상황을 보도하고, 아브넬을 위해서도 조가를 지어 유포시킨 다윗의 정치적 도량을 찬양합니다. 4장은 이스보셋의 살해를 보도하고, 5장은 이스라엘 장로들에 의해 온 이스라엘의 왕으로 등극하는 다윗의 인간승리 드라마를 주목합니다. 사실상 사무엘하 1장부터 5장까지 다윗은 긴 기다림을 통하여 이스라엘 민심이 자기에게 돌아올 때까지 기다렸습니다. 그는 왕위를 강제로 찬탈하지 않았습니다.

사무엘하 6장, 7장, 8장, 9장 네 장에 걸쳐서 다윗은 이제 명실공히 하나님 마음에 합하게 이스라엘을 통치합니다. 자기제한적 왕으로 처신합니다. 왕이지만 거대한 왕궁을 건설하지도 않고, 거대한 성전을 건설하지도 않으며, 심지어는 상비군을 뽑아 자기를 경호하게 하지도 않았습니다. 국민개병 징병제도를 한때 생각했다가 하나님과 예언자의 반대로 집행하지 않았습니다. 그는 위대한 왕이었지만 자기제한적인 왕이었으며, 이스라엘 민초들이 털어놓는 모든 억울한 사정들을 낱낱이 다 듣는 왕이었습니다. 저 지방민들의 애달픈 하소연도 다 듣는 왕이었습니다. 공평과 정의로 온 이스라엘을 다스렸습니다(삼하 8:15). 사무엘하 8장 15절이 매우 중요합니다. '다윗은 공평과 정의로 온 이스라엘을 다스렸다.' 9장은 요나단의 아들 므비보셋에게 언약적 의리를 행하는 다윗의 인애정치를 보도합니다.

그런데 이제 10장부터 20장까지가 다윗왕의 일순간의 타락과 심각한 일탈을 추적합니다. 10장은 야전사령관 다윗의 면모를 무색게 하는 게으르고 느슨한 정신의 소유자로 변신한 다윗의 면모를 보여줍니다. 이제 전쟁은 부하들에게 맡기고 자신은 왕궁에 머무는 퇴행을 보입니다. 그러는 사이 일탈이 일어납니다. 11장은 다윗의 성적 타락을 보도합니다. 전쟁에 나가던 야전사령관의 각성상태가 무너지자 억눌렸던 성욕이 그를 지배했습니다. 그 위대했던 다윗왕은 개인적으로 자기 직속 부하의 아내, 곧 헷 족속 우리야의 아내 밧세바를 범함으로써 이제 몰락의 길을 갑니다. 12장은 다윗의 회개를 보도합니다. 그는 자기 부하의 아내를 간음함으로 불륜의 자식을 낳지만 그 아들은 죽습니다. 13-18장은 다윗의 성범죄가 가정과 국가에 끼친 파괴적 영향을 보도합니다. 다윗은 그의 아들들에게 부정적인 예가 돼서 그의 아들 암놈과 압살롬을 결정적으로 오도합니다. 맏아들 암논은 이복누이이자 압살롬의 여동생인 다말을 범하고 맙니다. 그 결과 암논은 성범죄자가 되고 다말의 오라버니 압살롬은 형 암논을 죽이고 끝내 왕위 찬탈자가 돼서 3년간이나 아버지 다윗과 맞섭니다. 찬탈자 압살롬은 다윗의 심복 요압에게 살해당해 유명을 달리합니다. 다윗왕실은 순식간에 풍비박산 납니다. 19장은 압살롬 반역 시에 다윗에게 끝까지 충성을 견지했던 충신들을 예찬하는 기사입니다. 20장은 북왕국 베냐민 지파 지도자 세바의 사울왕가 복위운동과 반역을 보도합니다. 이처럼 10장부터 20장은 다윗왕국이 급격하게 몰락하는 이야기입니다.

21장, 22장, 23장, 24장은 다윗 가문이 혹독한 심판을 거치면서 정신을 약간 차린 후 보이는 성찰의 일단을 보여줍니다. 21장은 기브온 사람들의 요구를 들어주는 척하면서 사울 가문의 반역자 후보들을 다 죽여버리는 다윗의 냉혹한 정치공학을 보도합니다. 22장은 시편 18편의 복사본으로서 사울의 박해로 보냈던 시절의 간난신고를 거친 후 마침내 이스라엘의 왕이 되어 감사하는 다윗의 감사시편입니다. 23장은 다윗왕국을 일으킨 용사들의 명단입니다. 다윗은 독불장군이 아니라 피와 목숨을 바치며 다윗왕국 건설에 투신했던 용사들의 지지와 동역을 활용한 지도자임을 보여줍니다. 24장은 다윗이 칼을 빼든 용사의 숫자를 세다가 하나님과 측근 신하 및 예언자 갓에게 저지당한 일화를 담고 있습니다(대상 21장). 다윗은 전쟁에 나갈 만한 장정의 규모를 파악하기 위해 혹은 군역을 부과하기 위해서 전 이스라엘의 장정을 세어보는 인구조사를 합니다. 전쟁에 나갈 만한, 칼을 빼든 용사의 숫자가 어느 정도 되는가를 알아보기 위함이었습니다. 갓(Gad)이라는 예언자와 요압이라는 장군의 반대에도 불구하고 12지파로부터 징집가능한 병사의 숫자를 셉니다. 그런데 하나님께서는 이스라엘의 왕인 다윗이 전쟁에 징집하기 위해서 군사의 숫자를 세는 것을 보고 크게 진노했습니다. 그래서 하나님께서는 이스라엘 백성에게 3일 동안 치명률 높은 전염병을 쏟아서 진노를 표출합니다. 이때 다윗은 아라우나의 타작마당을 사서 즉시 하나님께 속죄제사를 드림으로써 전염병이 그치게 만듭니다. 이 과정을 통해 다윗은 칼을 빼든 용사의 지도자가 아니라 이스라엘 백성의 고난에 동참하고 이스라엘 백성들의 재난을 물리치기 위해서 중보기도하는 제사장으로 거듭납니다. 군사적 위용을 과시하는 왕이 아니라 이스라엘 백성의 고난을 스스로 지고 연대하는 제사장적 왕으로서 탈바꿈을 하는 거죠. 사무엘하 24장은 이스라엘의 이상왕은 군사적 지도자, 정복군주가 아니라 백성을 치유하는 제사장적 기도의 왕이어야 함을 암시합니다. 군사적 위용을 과시하며 백성을 언제든지 전쟁터로 불러내는 왕이 아니라 아프고 병든 백성을 위해서 기도하는 왕, 하나님의 진노를 신속하게 누그러뜨리는 화해의 중보자로서의 왕이 미래의 참된 왕이라는 것입니다. "백성의 치유를 위해서 속죄의 제사를 드리는 왕이 참된 왕이다." 이런 메시지를 가지고 사무엘하가 끝납니다. 감사합니다.

5강-2

열왕기상하

이번 강의는 구약성서의 또 다른 인기 없는 책 열왕기상하에 대한 강의입니다. 열왕이라는 말은 "일련의 왕들"이라는 의미입니다. 그래서 열왕기(列王記)상하는 '일련의 왕들'에 관한 기록이라는 뜻입니다. 남왕국 22명의 왕과 북왕국 19명의 왕 각각의 선정과 실정에 대한 예언자적 평가기록입니다. 남왕국과 북왕국은 영토 차이가 약 4배 이상 또는 심지어 5배까지 차이가 났습니다. 북왕국은 남왕국의 4배 또는 5배의 영토를 가졌고 인구 또한 그만큼 많았습니다. 이스라엘 12지파 중에서 적어도 10지파가 북왕국에 속했고 남유다 왕국에는 두 지파 또는 1.5지파만 속했습니다. 유다 지파와 베냐민 지파가 남유다의 지파라고 할 수 있으며, 레위 지파와 베냐민 지파 외에 나머지 열 지파가 북왕국에 속해 있었습니다. 간단히 말하면, 북왕국과 남왕국의 규모비율은 10:2였습니다. 인구, 영토, 국력 면에서 모두 압도적으로 북왕국이 강했습니다. 그런데도 북왕국은 BC 721년에 망하고 남왕국은 BC 586년에 망했습니다. 이렇게 된 이유는 북왕국의 지정학적 위치 때문이었습니다. 북왕국은 훨씬 더 강력한 나라인 앗수르 제국과 아람 등과 바로 인접한 나라였고, 남왕국은 남쪽에 있는 이집트 외에는 국경을 맞댄 강한 이웃 나라를 두지 않았습니다. 즉 남왕국의 존재를 위협하는 거대한 세력이 없었습니다.

열왕기상하는 분명히 역사서 형식을 취하고 있습니다. 그런데 역사서로 인정받기에는 어떤 사건들의 원인 또는 발생을 설명하는 인과적 설명이나 해명적 진술이 너무 간략합니다. 쉽게 말하면 열왕기상하는 좀 축소주의적인 원인론에 가까운 단순화된 논리로 왕들의 치세와 나라의 흥망성쇠를 설명합니다. 즉, '하나님에 대한 충성심이 약해서 나라가 망했다.' '야웨 하나님에 대한 배타적 충성을 철회하여 우상들을 섬기다가 나라가 망했다.' 이런 식입니다. 하나님에 대한 충성심이 약했다는 말은 십계명의 제1계명과 2계명을 어겨 망했다는 말의 직설적 표현입니다. '우상을 숭배하다가 나라가 망했다'라는 이런 식의 설명은 오늘날 실증주의적 역사가들에게 쉽게 수용되기 힘든 하나님 원인론적 축소해석입니다. 여기에서 우리는 하나님 앞에서 '너는 나 외에 다른 신을 네게 둘지 말지니라'고 하는 십계명의 1계명을 어기는 것이, 어떤 정치사회적 함의를 갖는가를 파악해야 합니다. 이것을 알아야만 사회과학적인 역사 이해와 구약성경의 역사 이해를 조화시키거나 일치시킬 수 있습니다. 사무엘상하에서 천명된 입헌적, 자기제한적 왕정이 하나님이 원하시는 이상적 나라의 모습입니다. '왕은 존재하지만 입헌적, 자기제한적 군주로서 사회의 최약자를 보호하는 데 투신된 왕이어야 된다.' 이것이 하나님이 원하는 왕국의 모습이었습니다. 그것이 사무엘서에서 다윗왕이 표방한 정치질서였죠. 그래서 열왕기서는 다윗왕을 이상적인 왕의 표상으로 시성(諡聖)합니다. 사울왕과 그의 뒤에 오는 모든 왕들과 비교해 볼 때 다윗은 가장 이상적인 입헌군주적, 자기제한적 왕이었다는 것입니다. 열왕기서가 찬양하는 다윗왕은 역사의 실제 다윗왕이라기보다는 시성된 다윗, 즉 일반명사화된 다윗왕이라고 보는 것이 더 정확할 것입니다. 일반명사화된 다윗왕은 공평과 정의의 통치자입니다. 열왕기상하는 다윗왕의 통치를 기준으로 삼아 마흔한 명의 왕들을 평가합니다. 다윗왕의 신심과 공평과 정의 통치기준에 미치지 못하는 왕들이 얼마나 지리멸렬하게 왕국을 다스렸으며 마침내 어떻게 나라를 멸망으로 끌어갔는가를 보여주고 있습니다. 아울러 다윗왕의 통치질서 또는 통치행태와 유사한 왕들이 어떻게 번영을 누렸는가도 보여줍니다.

열왕기상하는 이미 앞에서 다뤘던 신명기 역사서의 마지막 책입니다. "하나님의 율법, 특히 십계명의 제1, 2, 3, 4계명을 비롯한 하나님의 언약율법에 충성스러운 왕들은 나라를 번영으로 이끌었고, 반대로 하나님 앞에 우상숭배의 죄를 범했던 왕들은 나라를 몰락으로 이끌어 끝내 멸망에 이르게 했다." 이런 신명기적 왕 평가원칙이 열왕기상하에서 철저히 관철되고 있습니다.

이제 열왕기상하의 내용을 먼저 보겠습니다. 열왕기상 1장부터 11장은 솔로몬왕의 부귀영화와 뒤이어 오는 타락과 변질을 다룹니다. 저자는 솔로몬의 부귀영화 속에 이미 왕국 분열의 단초가 발견된다고 봅니다. 구체적으로 보면, 열왕기상 1장부터 3장은 솔로몬이 권력투쟁을 통해서 왕위를 차지하는 과정을 세밀하게 추적합니다. 1장부터 2장은 솔로몬이 학깃의 아들 아도니야라는 이복 형을 물리치고 왕이 되는 장면을 자세히 보도합니다. 3장에서는 솔로몬왕이 초기에 아버지의 선정을 따라 의로운 왕이 될 것을 다짐하고 하나님께 확약받는 내용이 나옵니다. 4장은 솔로몬의 통치 아래 이스라엘이 누리는 태평천하를 묘사합니다. 특히 4장 25절은 솔로몬의 통치혜택으로 모든 이스라엘 자유농민들이 각기 자기 포도나무와 무화과나무에서 편히 쉬고 있는 장면에 독자들의 주의를 환기시킵니다. 미가서 4장 4절은 자기 포도나무와 무화과나무 아래에서 자유농민이 향유하는 평화를 이상사회의 핵심이라고 봅니다. 초기 솔로몬왕의 공평통치는 이스라엘의 자작자영 자유농민들이 각각 자기 포도나무나 무화과나무를 가꾸며 자기 땅을 경작하는 이상사회를 만들었다는 것입니다. 그래서 솔로몬의 이름은 샬롬, 평화의 왕입니다. 평화의 왕이 누구입니까? 이스라엘 자유농민들에게 각각 경작할 땅을 주고 왕의 전제권력에 휘둘리지 않고 하나님 앞에 책임지는 언약백성으로 예우하는 군주입니다. 어떤 전제권력의 폐해로부터도 보호받는 자유농민들의 공동체가 솔로몬의 샬롬 공동체였습니다. 그래서 솔로몬 통치의 위대한 정점은 열왕기상 4장 25절에 묘사되듯이, '모든 이스라엘 자유농민들이 각기 자기 포도나무와 무화과나무 아래에서 쉬고 있는 태평천하'였습니다. 미가서 4장 4절도 이런 모습을 이스라엘의 이상사회라고 봅니다. 누구든지 이스라엘 백성은 하나님이 주신 선물인 땅을 경작하며, 왕의 전제권력에 쉽게 휘둘리지 않으면서 오로지 주체성을 가지고 하나님께만 충성을 바치는 자유민입니다. 이것이 이스라엘의 참된 모습이죠. 이런 이스라엘에서는 왕은 존재하지만 압제적 권력자나 전제군주로 존재하지 않고 이스라엘의 모범 시민으로 존재하여야 했습니다(신 17:14–20; 시 1–2편). 이스라엘의 왕은 은금과 군마를 모으는 것이 금지되었고, 상비군과 거대한 관료조직도 거느리지 말아야 했습니다. 지극히 소박하고 검소하게 사는 이상적인 이스라엘 백성의 삶, 그것이 바로 왕의 진정한 모습이라는 거죠. 솔로몬은 원래 다윗왕으로부터 이런 통치를 실현하도록 왕위를 계승 받았습니다. 솔로몬은 열왕기상 3장에서 이런 다윗과 같은 왕이 될 것 같은 느낌을 주는 상서로운 출발을 합니다. 4장, 5장에서 솔로몬은 지혜가 엄청나고 탁월할 뿐만 아니라 부를 모으는 데도 비범한 능력을 발휘하는 모습으로 그려집니다. 솔로몬은 지혜로 나라를 통치하여 왕국을 번영시켜서 다윗왕국을 안정궤도에 올리는 데 성공을 거둡니다.

그런데 바로 6장, 7장에서부터 솔로몬은 대토목 공사를 시작합니다. 성전 건축과 왕궁 건축을 연이어 시작했습니다. 여기서 북쪽 지파들의 노동력을 심하게 징발해서 원성을 사기에 이릅니다. 8장에서 솔로몬은 거대한 성전을 건축하고 성전낙성식 기도를 합니다. 이 두 가지 거대한 건축프로젝트는 엄청난 비용을 요구했습니다. 이 과정에서 솔로몬은 거대한 관료조직과 상비군을 먹여 살리기 위하여 이스라엘 열 지파, 북쪽 열 지파에게 무거운 세금을 매겨 거둬들이기 시작합니다. 이스라엘 북쪽 지파 백성은 무거운 세금뿐만 아니라 인적 세금인 강제노역에도 동원되었습니다. 즉 이스라엘 자유민들을 오라 가라고 명령하는 전제왕권이 등장한 것입니다. 솔로몬왕이 나라의 물리적 인프라를 구축하는 과정에서 이스라엘 자유농민을 노예처럼 부려먹는 일이 일어납니다. 그 옛날 이집트 제국에서 이스라엘 조상들이 겪었던 노예살이의 데자뷔였습니다. 이스라엘 북쪽 지파 백성은 이집트의 고센 땅에서 이집트의 절대군주 파라오에게 강요당했던 바로 그 강제노역을 다시 경험한 겁니다. 이런 점에서 솔로몬은 모세를 통해서 이뤄진 하나님의 출애굽 구원과 노예해방을 무효화시킨 셈이었습니다. 더 이상 강제노동 없는 자유의 나라로서의 이스라엘의 이상적 정체(政體)는 흐려지기 시작했습니다. 각자 자기 포도나무와 무화과나무 아래에서 누리던 평화를 빼앗기고 하나님의 백성 이스라엘은 솔로몬왕의 대토목 공사에 강제로 동원되기 시작합니다. 이것이 바로 분열의 시작입니다.

9장은 솔로몬에게 두 번째 나타난 야웨 하나님이 솔로몬의 성전 자체가 우상숭배 시 되어서는 안 될 것을 엄히 경고합니다. 야웨의 법도와 계명을 배척하는 경우 이 예루살렘 성전도 한갓 돌무더기로 전락할 것이며 이스라엘의 멸망을 막지 못할 것임을 분명히 말씀했습니다. 10장은 스바 여왕의 방문과 솔로몬 치부 능력과 재능을 보도합니다. 11장은 부귀영화의 정점에서 솔로몬이 나라의 기틀을 공고하게 하고자 외국들과 무분별한 결혼동맹 외교를 추진하는 상황을 비판적으로 보도합니다. 이 과정에서 솔로몬은 국제적인 국격을 높이기 위해서 외교관계를 많이 맺으며 각 나라의 왕실과 정략결혼을 합니다. 그래서 모압왕, 암몬왕, 이집트왕의 왕실과 정략결혼 동맹을 맺어 그들의 공주들을 왕비로 맞아들입니다. 그는 아내가 된 이방 출신 공주들에게 그들이 친정에서 믿었던 신들을 위해 예루살렘 성전 옆에 신전들을 지어줍니다. 이런 결혼동맹정책은 한편으로 외교적인 역량 과시였고 인근 나라의 공주들을 아내로 거느릴 정도로 자신이 강하다는 것을 보여주는 패권주의적인 자기과시였지만, 그것이 자신은 물론이고 이스라엘 백성들로 하여금 야웨 하나님에 대한 일편단심 충성심을 무너뜨리게 만드는 실마리가 되었습니다. 11장은 결국 이 화려한 외교적 제스처가 영적 일탈의 예후임을 예리하게 지적합니다. 11장 후반부는 솔로몬의 마음이 여호와를 떠나기 시작했음을 보도하며 솔로몬의 왕정에 맞서서 사방에서 일어나는 솔로몬의 대적들의 면면을 보도합니다. 그중에서 느밧의 아들 여로보암은 북지파들의 민심을 사로잡아 솔로몬의 왕국으로부터 열 지파를 떼내어 따로 나라를 세우라는 예언자 아히야의 사주를 받습니다. 12장에서 왕국 분열이 일어났습니다. 결국 솔로몬의 대토목 공사 때문에 북쪽 지파들의 민심이 이반되고 이스라엘 통일왕국은 분열된 것입니다. 거대한 토목공사와 관료조직과 상비군 체제를 꾸리는 데 소요된 비용은 이스라엘 자유농민들의 인적 희생과 경제적 희생으로 충당되었습니다. 북쪽 지파들에게 다소 편파적으로 강요된 노역과 세금은 북쪽 지파들의 마음을 솔로몬으로부터 멀어지게 했습니다. 이때를 기화로 북쪽 지파들의 지도자 에브라임 지파, 느밧의 아들 여로보암이 이 왕국 분열을 주도합니다.

그래서 12장부터 16장은 다윗의 손자이자 솔로몬의 아들인 르호보암 때 마침내 일어나는 남북왕국 분열과 그 직후의 대립상황을 보도합니다. 12장에서 르호보암왕은 민중압제와 관료적 통제정치 면에서 솔로몬보다 한술 더 떴습니다. 강제노역을 낮추고 세금을 낮추어달라고 하는 북쪽 지파들의 대표자인 장로들의 요구를 일축하면서, 오히려 자신은 아버지 솔로몬왕 때보다 더 무겁게, 가혹하게 압제적으로 통치하겠다고 엄포를 놓습니다. 그때 솔로몬과 르호보암이 시작했던 대토목 공사의 지도자였던 느밧의 아들 여로보암이 르호보암에게 반기를 들었습니다. 그는 북쪽 지파들의 요구를 르호보암에게 직접 전달하고 협상을 주도한 북쪽 지파들의 대표자였으나 르호보암은 그의 요구를 묵살했고 여로보암은 즉시 이집트로 망명을 떠났습니다. 대토목 공사의 지도자인 여로보암이 이집트에 망명한 행위도 반역이었습니다. 시간이 흘러 이집트 망명에서 다시 돌아온 느밧의 아들 여로보암은 전에 자신에게 북쪽 지파를 떼내어 나라를 세울 것이라고 예언했던 실로의 예언자였던 아히야의 도움을 받아서 12지파 중에 10지파를 떼내어 따로 왕실을 차렸습니다. 북왕국이 시작된 것입니다. 왕상 12장부터 16장은 이제 4.5배 또는 5배 더 큰 북왕국과 매우 축소된 작은 나라, 유다의 분열대립의 시대를 다룹니다. 유다는 예루살렘 주변의 작은 나라로 전락했습니다. 이후 북왕국이 망할 때까지 열왕기서의 역사는 이스라엘과 유다의 분열, 갈등, 상쟁의 역사입니다. 북왕국은 '이스라엘'로 불렸지만 유다는 정식 나라에 끼이지도 못한 다윗지파의 영지였습니다. 북왕국이 압도적으로 강한 나라였으며, 군사적으로나 경제적으로, 국방과 외교 면에서도 모두 다 남유다를 압도했습니다. 남유다에는 두 지파밖에 남지 않았기 때문에 대체로 정적인 사회였습니다. 지배층과 지배층 밑에서 시달리는 하층민으로의 사회분화가 급속하게 진행될 수준도 안 되는 작은 나라였습니다. 북왕국이 BC 721년에 망할 때까지는 유다 왕국은 사실상 존재하지 않는 작은 나라였습니다. 비록 열왕기서나 역대기서가 유다 왕국 중심으로 이스라엘 역사를 개관하지만, 실제 역사에서는 유다는 북왕국의 봉신국가 수준이었습니다(왕상 22장부터 왕하 10장 아달랴 여왕 때까지). 오히려 느밧의 아들 여로보암이 세웠던 북왕국은 인근 나라들에 비해 큰 자유농민의 나라였으며, 국고가 엄청나게 증대된 나라입니다. 13장에서 여로보암은 예루살렘 성전 대신에 벧엘과 단에 큰 신전을 짓고 종교적으로도 남북왕국을 분열시킵니다. 14－16장은 두 왕국의 초기 대립, 갈등양상을 다룹니다. 17장부터 북왕국의 치명적 약점이 드러나기 시작했습니다.

그 북왕국의 강점이 바로 약점이 되기 시작했습니다. 북왕국에서도 다시 지배층과 자유농민 사이에 갈등이 일어납니다. 다시 말해 북왕국의 지배층과 유력농민들이 가나안 사람들의 토착신, 바알과 아세라 신을 받아들이면서 야웨신앙과 가나안 신들에 대한 신앙을 뒤섞는 일이 발생했습니다. 왕실과 지배층이 주도하여 바알과 아세라 신 숭배 열기를 고조시키며 점점 더 많은 부를 추구하자, 소박한 이스라엘 자유농민들 공동체의 결속이 와해되기 시작했습니다. 바로 그때 일어난 예언자가 엘리야입니다. 열왕기상 17장부터 열왕기하 10장까지는 엘리야 사역을 다룹니다. 사실상 열왕기상하의 주인공이라고 할 만큼 엘리야는 위대한 예언자입니다. 열왕기상하의 단 한 명의 주인공이 있다면 엘리야입니다. 두 명의 주인공을 찾자면 엘리야와 그의 제자 엘리사입니다. 북왕국은 바알과 아세라 신 숭배에 전력투구하여 번영과 국운상승을 맛보는가 싶더니 회오리바람처럼 등장한 야웨 하나님의 예언자 엘리야와 엘리사의 심판예언으로 점점 쇠락해 갑니다. 열왕기상 17장부터 22장은 그 당시 북왕국의 최고권력자였던 오므리와 아합왕실과 혈혈단신 단기필마의 예언자 엘리야의 진검승부를 다룹니다. 17장은 오므리와 아합 가문의 바알-아세라 숭배에 대한 하나님의 심판으로 닥친 3년 6개월의 가뭄을 예고합니다. 18장은 이 가뭄을 끝내는 신이 누구인가를 가리는 역사상 최초의 기도배틀을 다룹니다. 바알과 아세라 예언자 모두 합해 850명과 야웨의 예언자 엘리야가 바알-아세라 종교의 홈그라운드인 갈멜산에서 모든 관중이 보는 앞에서 기도배틀을 벌입니다. 이 기도배틀은 엘리야의 대승리로 끝나고 야웨 하나님은 과연 엘리야의 기도에 응답해 3년 6개월의 가뭄을 끝냈습니다. 엘리야는 이스라엘 백성의 도움으로 850명의 이방신 예언자들을 도륙했습니다. 19장은 바알-아세라 종교의 배후조종자요 아합의 왕비였던 시돈 출신 왕후 이세벨의 엘리야 추격작전을 다룹니다. 엘리야는 호렙산으로 도망쳐 죽고 싶다고 토로하며 급격하게 의기소침에 빠집니다. 20장은 아람과 북이스라엘의 전쟁으로 수세에 몰린 아합왕실의 곤경을 보도합니다. 21장은 아합과 그의 아내 이세벨이 이스라엘 자유농민 나봇의 포도원을 강탈하고 그를 불의한 재판으로 죽여버리는 만행을 고발합니다. 22장은 이 악행을 보고 아합을 죽이기로 작정하는 하나님의 천상어전회의 실황을 중계합니다. 17-20장에서 예고되듯이, 아람과의 2차 전쟁으로 북왕국의 가장 최대의 권문세가였던 오므리-아합왕실은 멸망의 길로 치닫습니다. 열왕기상 22장은 한 시대를 풍미했던 오므리-아합왕조의 가장 절정에 있던 아합왕이 마침내 멸망하는 이야기입니다. 이 엘리야의 기상을 이어받은 예언자가 엘리야의 제자 엘리사입니다. 엘리사의 기록은 열왕기하 8장까지 이어집니다.

열왕기하 1장은 아합 가문의 사실상 마지막 왕 아하시야가 야웨 대신 에그론의 신 바알세붑을 의지하다가 끝내 병사하는 과정을 보도합니다. 2장은 엘리야의 승천과 엘리사의 등장을 다룹니다. 3장은 아합 가문의 몰락을 틈타 그동안 북왕국의 봉신이었던 모압이 독립을 쟁취하려고 전쟁을 걸어온 상황을 보도합니다. 여기에 등장하는 모압왕 메사는 실제로 3장에 기록된 이 전쟁을 자기의 석비에 기록해두었습니다. 4장은 민중친화적 예언자 엘리사가 고단한 민중들의 삶의 자리에 내려가 도움을 주고받는 일화들을 보도합니다. 엘리사는 엘리야에 비해 훨씬 더 민중생활 밀착형, 민원해결형 예언자입니다. 엘리야가 권력의 최상층부를 향해 거룩한 화염을 뿜었다면 엘리사는 하층민들의 삶을 주목하고 그들의 곤경을 돌보고 도와주는 비영웅적 활동에 주력합니다. 5장은 적국 아람의 군대장관 나아만의 문둥병을 고쳐주는 엘리사의 치유이야기입니다. 6장은 아람군대의 공격을 받은 이스라엘왕을 도와주는 엘리사의 애국애족 활동을 다룹니다. 7장은 아람에게 포위당해 기근으로 아사 직전에 빠진 사마리아를 극적으로 구원하시는 하나님과 그의 종 엘리사의 구원사역을 다룹니다. 여기서는 문둥병자들이 결정적으로 중요한 소식, "적군의 포위가 풀렸습니다"라는 복음을 외치는 최초의 사신으로 활약합니다. 권력자에 눌려 사는 민중의 지혜와 기지가 사마리아를 위기에서 구했습니다. 8장은 수넴여인에게 땅을 되찾아주는 엘리사의 민중친화적 예언자 사역을 보도하고, 유다왕 여호람과 아하시야의 행적을 보도합니다. 9장은 아합 가문의 바알-아세라 종교를 철저하게 척결하는 예후의 등장상황을 보도합니다. 10장은 아합 가문을 멸족하는 예후의 가혹한 심판을 다룹니다. 예후는 엘리야의 심판예언을 언급하며 아합 가문을 멸망시킵니다(10절). 11장은 예후와 함께 바알-아세라 척결에 앞장섰던 제사장 여호야다가 아합의 딸이자 유다왕으로 재위하던 아달랴를 참살하는 상황을 보도합니다. 12장은 아달랴의 아들인 유다왕 요아스가 개혁제사장 여호야다의 도움으로 유다를 통치하는 상황을 보도합니다. 13장은 이스라엘왕 여호아하스와 이스라엘왕 요아스의 재위기간 일들을 기록하며 엘리사의 죽음을 보도합니다. 14장은 유다왕 아마샤의 완고함과 북왕국의 중흥을 이끄는 예후 왕조 출신의 왕 여로보암 2세의 장기통치에 대해 말합니다. 여기까지가 남북왕국 모두에 침투한 바알-아세라 종교에 맞선 예언자 엘리야와 엘리사의 사역이 맺은 열매입니다.

앞서 언급했듯이, 엘리야와 엘리사가 북이스라엘 왕국에 끼친 영향이 얼마나 큰

지는 그 뒤에 일어나는 정치적 격변을 보면 압니다. 엘리야와 엘리사의 예언은 현대적으로 보면 토지정의 회복운동을 주도한 공공담론이었습니다. 그들의 예언은 자유농민의 땅을 마음대로 빼앗아서라도 영토를 확장하는 왕실과 지배층의 권력남용과 공평정의 배반을 겨냥합니다. 자유농민들의 땅을 빼앗아서 지주가 출현하는 것을 조장했던 오므리의 율례와 아합 가문의 판례는, 미가서 6장 16절에서도 단죄당합니다. “너희가 오므리의 율례와 아합 집의 모든 예법을 지키고 그들의 전통을 따르니 내가 너희를 황폐하게 하며 그의 주민을 사람의 조소거리로 만들리라”(미 6:16). 이 구절이 말하는 오므리의 율례와 아합 가문의 모든 판례는 소수 유력자들의 토지 겸병, 토지 집중소유를 허용하는 제도였습니다. 이 오므리와 아합의 토지정의 파괴는 그들의 바알-아세라 숭배의 결과였습니다. 야웨의 예언자 엘리야와 엘리사가 자신들의 예언으로 바알-아세라 종교를 공격하는 것은 곧 바알-아세라 신의 이름으로 자행된 거대한 토지겸병, 가난한 자들에 대한 토지수탈 악행에 대한 비판이었던 것입니다. 북왕국 내에서도 이런 오므리 아합왕실의 악행을 단죄하고 심판하려는 많은 지도자들이 등장했습니다. 그 지도자 중 한 사람이 바로 9장에 등장했던 예후입니다. 예후라는 지도자는 엘리야와 엘리사의 예언을 먹고 자란 일종의 정치적 신인입니다. 그 정치적 신인이었던 예후가 왕하 9장부터 등장하며 예후 왕조를 열었습니다. 예후 왕조의 사실상 마지막 왕인 여로보암 2세는 북이스라엘을 오랜만에 안정된 궤도 위에 올려놓습니다.

이처럼 열왕기하 9장부터 등장한 예후는 북왕국의 최대 권문세가였고 정치적 대권을 가졌던 오므리-아합왕조를 멸망시켰습니다. 그때부터 북왕국은 더 이상 우상숭배로 나라를 지탱할 수 없는 수준의 나라가 됩니다. 비록 여로보암 2세 때 잠시 부흥해 국운을 회복했으나 국가적 쇠락의 길을 막지는 못했습니다. 그래서 열왕기하 9장부터 17장은 북왕국이 점점 멸망해 가는 이야기입니다. 이 북왕국의 멸망을 주도한 공적 담론이 뭡니까? 엘리야와 엘리사의 저주예언이었습니다. 엘리사와 엘리야의 저주예언의 핵심은 뭡니까? “야웨 하나님에 대한 충성심을 철수시키고 ‘나 외에 다른 신을 네게 있게 하지 말지니라’는 제1계명과 제2계명과 제3계명을 어겼기 때문에, 하나님께서 너희 왕국을 멸망시키는 것이 하나님의 응답이다.” 이것이 엘리야, 엘리사 예언의 핵심논지입니다.

그런데 도대체 "하나님 나 외에 다른 신을 네게 있게 하지 말지니라"는 말뜻이 뭘까요? 이것은 매우 중요합니다. 구약성경의 모든 종교적 계명들에는 반드시 사회경제적 함의가 있습니다. "너는 나 외에 다른 신을 네게 있게 하지 말지니라." 보통 사람들은 이것을 종교적 계명이라고 생각합니다. 그런데 그렇지 않습니다. 구약성경에 잘 보면 "너는 나 외에 다른 신"이라고 할 때 이 "다른 신"은 단순히 다른 민족이 믿는 신이 아닙니다. 야웨 하나님과 전혀 다른 이상사회를 설계하는 신, 야웨 하나님과 전혀 다른 미덕을 강조하는 신, 야웨 하나님과 정반대로 사람들을 이끄는 악한 신이라는 뜻입니다. 다시 말해서 공평과 정의의 신인 야웨와 정반대로 탐욕과 악행을 정당화하는 신, 성적 정결을 주장하는 야웨 하나님과 달리 성적 방종과 타락을 주장하는 신, 이런 뜻입니다. 그러니까 '너는 나 외의 다른 신을 네게 있게 하지 말지니라'는 계명에서 "다른 신"은 토지정의를 허물어뜨리는 신, 자유농민의 생존권 붕괴를 조장하는 신입니다. 다른 신을 섬기지 말라고 엄금하신 이유는 다른 신을 숭배하면 북이스라엘이 멸망했듯이 이스라엘 백성 사이에 있는 언약공동체의 결속이 무너지고, 이웃에 대한 사랑과 배려가 무너져버리기 때문입니다. 즉 다른 신을 섬기면 공동체가 자기파멸적인 시한폭탄을 끌어안는 것과 똑같기 때문입니다. 그래서 야웨 하나님 외에 다른 신은 두지 말라는 것입니다.

따라서 북이스라엘이 멸망한 이유는 종교적으로 말하면, 하나님의 계명을 어겼기 때문입니다. 즉 십계명의 제1계명을 어겨서 망했습니다. 사회과학적으로 말하면 이스라엘 백성의 빈부격차 때문에 나라가 망했다고 말할 수 있습니다. 왕실을 위시한 지배층이 이스라엘 자유농민들의 토지강탈을 방치하거나 조장함으로써 자유를 박탈하고 거대 지주집단이 출현할 길을 열었습니다. 그 결과 언약공동체 구성원 간의 동정심과 배려가 사라져 이스라엘 공동체는 더 이상 나라로 존속할 내적 응집력이 없어서 망했습니다. 이것은 종교적 술어를 사회과학적 용어로 치환해서 설명한 것입니다. 북이스라엘 멸망은 이스라엘 12지파 중 10지파의 멸망이니까 이스라엘 지파의 전멸은 아닙니다. 다만 남유다 두 지파만 남았습니다.

18-25장은 남유다가 북이스라엘의 전철을 밟아 멸망의 길로 치닫는 과정을 추적합니다. 외견상 남유다의 멸망도 야웨에 대한 언약적 충성의 배반 때문입니다. 외교적으로 바벨론과 맺은 종주봉신조약의 일방적 파기로 바벨론의 징벌원정에 희

생당했습니다. 북이스라엘이 이집트를 믿고 앗수르와 맺은 종주봉신조약을 일방적으로 파기해 앗수르의 징벌원정을 초래해 멸망했듯이, 유다 왕국도 동일한 궤적을 따라갑니다. 남유다도 이집트를 믿고 바벨론과 맺은 종주봉신조약을 일방적으로 파기해 바벨론의 느부갓네살에게 멸망당했습니다. 북이스라엘이 멸망한 이후에 130년 정도 견디다가 망한 남유다의 멸망은 북이스라엘 멸망의 일종의 속편이라고 할 수 있습니다. 왜? 종교적으로 똑같은 죄로 망하고 정치적으로도 똑같은 죄(종주봉신조약 파기)로 망했기 때문입니다. BC 721년에 북이스라엘이 멸망하자마자 남유다는 북이스라엘의 영토를 거의 회복해 땅으로 차지합니다. 북이스라엘이 멸망하고 나서 남유다는 엄청 큰 나라가 됐죠. 왜요? 북이스라엘이 멸망해서 북이스라엘 왕조가 있던 그 지역 상당부분이 남유다의 땅이 되었기 때문입니다. 그런데 북이스라엘 왕국 땅만 남유다의 땅이 된 것이 아닙니다. 북이스라엘의 남아있는 인구들도 남유다로 망명하거나 남유다로 편입되었습니다. BC 721년에 북이스라엘이 망했죠? BC 715년에 남유다에 유명한 왕 히스기야가 왕위에 등극합니다. 히스기야가 왕위에 등극하여 북왕국의 영토와 인구를 흡수병합해 갑자기 남유다가 큰 나라가 됩니다. 북이스라엘이 더 이상 존재하지 않기 때문에 북이스라엘 지역에는 왕실은 물론이요 왕국을 떠받칠 백성도 없었습니다. 북왕국의 유력자들은 앗수르로 유배당하지 않기 위해 남왕국으로 내려왔습니다. 그래서 히스기야 당시에 예루살렘, 유다 지방의 거주지가 엄청 커집니다. 인구가 네 배 이상 늘어났죠. 결국 북이스라엘을 멸망으로 이끈 원인, 즉 거대지주의 출현, 자유농민들에 대한 압제와 불의, 사회유력자들과 지배엘리트들의 영적 무감각이, 유다 왕국에게 그대로 작동했습니다. 북왕국을 멸망시킨 죄악과 악행의 남왕국 침투와, 바알과 아세라 신을 섬겼던 북이스라엘 지배층 종교의 남유다 침투가 남유다의 멸망을 재촉했습니다. 이처럼 북왕국과 똑같은 이유 때문에 남유다도 망합니다. 문제는 남유다나 북이스라엘이 국부가 없어서 망했거나, 단지 국방력이 쇠약해 망한 것이 아니라는 것입니다. 하나님에 대해 대항하는 자기 교만, 자기 과신이 넘쳐서 멸망을 자초했다는 것입니다. 다시 말해서 이런 논리였습니다. "야웨 하나님 없이도 우리는 살 수 있어. 바알과 아세라를 믿으면서 우리는 국부를 증가시킬 수 있어. 하늘 여신을 숭배하면서도 우리는 잘 살았어. 우리는 하나님의 도움 없이도 군마, 병거, 금, 은을 많이 쌓아 강대국 이집트와 군사동맹을 맺음으로써 우리의 미래를 담보할 수 있어." 이렇게 하나님 외에 이집트를 믿다가, 앗수르를 믿다가, 바벨론을 믿다가 그리고 은금 등 축적된 국부와, 고급이집트산 수입철병거와 군마 등 군사력을 믿다가 두 나라가 망했습니다. 사회과학적으로 그들의 멸망은 중요한 의미를 가집니다. "나 외에 다른 신을 네게 있게 하지 말지니라"고 할 때 이 다른 신은 다른 강대국 혹은 물신화된 힘, 돈, 권력, 동맹관계일 수도 있다는 말입니다. 반면에 하나님을 믿는다는 말은 뭐죠? 하나님을 믿는다는 것은 하나님과 맺은 언약과 그 부대조항인 율법을 믿는 것입니다. 즉 공평과 정의의 하나님을 믿는다는 것입니다. 공평과 정의를 하나님처럼 떠받든다는 것입니다. 하나님을 믿어야 공동체 구성원 간의 참다운 상호부조, 형제자매적 연합, 그리고 튼튼한 언약적 결속감이 생깁니다. 이스라엘 백성이 각각 하나님을 믿을 때 서로에 대한 언약적 결속감과 유대가 증대됩니다. 하나님을 믿어야만 공동체를 묶는 결속이 강하여지며 그 결과 국방력의 토대가 확립됩니다. 그때 비로소 이스라엘 백성은 자신들의 언약공동체를 지킬만한 가치가 있다고 느끼고 애국심을 발휘해 나라를 지킬 수 있습니다. 하나님과의 언약적 결속력이 국방력의 토대라는 것입니다. 성 아우구스티누스는 426년에 완성한 『하나님의 도성』이라는 책 19권에서 로마공화주의자 스키피오의 말을 인용해 참된 공화국을 정의합니다.[12] 이웃 사이의 상호부조, 상호애착적 결속과 유대감이 공화국이라는 것입니다. 아우구스티누스는 유일하신 참 하나님을 믿는 그 사회에서만 상호부조, 상호배려, 이웃사랑이 충만하여 진정한 공화국이 세워질 수 있다고 역설합니다. 로마가 그토록 꿈꿔왔던 공화국은 다신교 체제 아래서는 결코 세워질 수 없다는 것입니다. 유일하신 참 하나님을 믿어야만 공화국 실현이 가능하다고 설득력 있게 말합니다.

열왕기상하는 확실히 현대인들에게 낯선 종교적 용어로, 그것도 옛날 종교언어로, 옛날에 존재했던 나라들의 멸망과 영고부침(榮枯浮沈)을 말합니다. 이 책은 옛날에 일어났던 사건들과 옛날 사람들 이야기로 가득 차 있지만, 오늘날에도 여전히 유효한 이상적인 정치철학과 공화국론을 설파하고 있습니다. 참된 하나님을 믿어야만 견고한 국가를 세울 수 있다는 종교적 명제를 보편적인 정치학적 용어로 풀어쓰면, '사회약자들에게까지 확장되는 사랑과 친절과 배려, 사회의 가난한 자들까지 품는 상호부조적 연대가 강한 나라는 국방력의 기초 단위가 되는 시민적 결속력이 그만큼 더 크다. 다시 말해서 시민들의 유대와 결속과 우정이 나라를 지키는 힘이 된다.'라는 의미입니다. 열왕기하 저자는 야웨 하나님만 믿어야 이런 상호부조, 상호배려, 상호지지, 상호견인으로 구성되는 공동체적 결속이 강해지고 견고해져 나라가 오랫동안 존속할 수 있다고 말합니다. 공동체 구성원을 한 몸으로 묶는 사회적 유대와 언약적 상호부조가 한 나라로 하여금 하나님께 쓰임 받고 번영을 누리게 한다는 것입니다. "나 외에 다른 신을 섬기면" 어떻게 됩니까? 이웃에 대해서 무관심하고 이웃끼리 서로 배척하고 서로 증오하게 됩니다. 더 나아가 '다른 신'의 영향을 받으면 시민들은 이웃의 불행에 대해서 공감하지 못하며, 심지어 이웃의 불행을 기화로 부를 축적하며, 이웃이 죽음의 땅으로 끌려가도 모른 척하는 무감각과 분열고립에 빠지게 됩니다. 이런 무관심, 냉대, 무자비 등은 다른 신을 믿는 자들 사이에 나타나는 악덕이거든요. "다른 신을 믿지 말라"는 것은 하나님 자신을 위한 계명이 아닙니다. 우리 인류를 위한 계명이고 이스라엘 백성 자신의 유익과 복지를 위한 계명입니다. 이처럼 십계명의 모든 계명들에는 사회정치적 함의가 들어있고 공동체의 장래를 좌우할 정도로 중요한 정치적 함의가 있습니다. 열왕기하 저자는 다윗과 같이 공평과 정의로 나라를 통치하지 않는 왕들은 모든 역사의 격랑에 의해 다 와해되고 부서지고 멸망하여 마침내 가나안 땅을 잃게 만드는 멸망초래 군주가 된다고 말합니다.

열왕기하의 제일 마지막은 뭡니까? 출애굽하여 600년 동안 가나안 땅을 차지했던 이스라엘 백성이 가나안 땅을 상실하고 600년 전의 옛날로 퇴행하는 이야기입니다. 그들이 가나안 땅을 차지할 때 들었던 그 경고를 되새김질하여야 하는 시점으로 소환당한 것입니다. "너희들도 가나안 족속처럼 이 땅을 탐욕과 치부의 수단으로 삼고, 이웃을 배려하지 않고, 이웃을 종처럼 부려먹는 무자비성, 잔혹성을 드러내면 그때는 너희들도 이 가나안 땅을 잃게 된다. 이 땅을 잃을 뿐만 아니라 너희들은 열국 중에 흩어져 이산과 유랑의 운명을 겪을 수밖에 없다." 신명기 7장, 8장, 9장, 11장에서 들었던 그 무서운 경고가 실현되는 과정이 열왕기하 18장부터 25장의 내용입니다.

열왕기하 18장부터 19장은 이스라엘의 마지막, 유다의 성군(聖君) 중의 한 명이었던 히스기야가 쇠락해 가던 나라를 회복시키려고 애쓰는 역사적 정황을 다룹니다. 사실상 통일된 이스라엘의 유일군주였던 히스기야는 신앙과 경건의 사람이면서도 무모한 외교곡예를 서슴지 않던 인물이었습니다. 그 또한 선왕 아하스 때 앗수르 제국과 맺은 종주봉신조약을 일방적으로 파기하며 국가적 위기를 초래했습니다. BC 701년의 앗수르 제국침략, 즉 앗수르의 대범람을 자초했습니다. 그는 나라를 엄청난 위기에 빠뜨리면서도 이사야의 도움으로 구국기도를 드림으로써 나라의 독립을 간신히 유지시킵니다. 그는 한편으로 하나님을 믿고 기도하면서 또 다른 한편 앗수르의 산헤립왕에게 전쟁배상금을 물어주고 앗수르 군대의 예루살렘 포위해제를 유도합니다. 20장은 히스기야의 발병과 치유, 그리고 히스기야의 바벨론 동맹정책 추구를 다룹니다. 히스기야는 남쪽으로 이집트와 북쪽으로 바벨론과 동맹을 추구함으로써 앗수르와 일전불사 의지를 불태웠습니다. 하지만 18장 13－16절이 묘사하듯이 히스기야의 앗수르 봉신지위 탈퇴정책은 대실패로 끝납니다. 21장에서 그의 아들 므낫세가 나라를 다시 엉망진창으로 만들고, 북왕국의 멸망 기운과 똑같은 멸망 기운을 유다 왕국에 세차게 불어넣었습니다. 므낫세는 가히 유다 왕국의 멸망을 초래한 멸망초래 군주였습니다. 50년 넘게 유다를 통치하면서 다시 앗수르의 봉신국가로 전락시켰습니다. 므낫세의 손자이자 히스기야의 증손자인 요시야왕이 등극해 다시 한번 히스기야의 국가개혁을 시도했습니다. 22－23장은 요시야의 국가개혁 프로그램을 비교적 자세히 나열합니다. 그의 국가개혁 중 가장 중요한 개혁은 지방의 모든 산당들과 거기에 종사하는 제사장들과 레위인들을 다 파직하고 예루살렘 성전에 모든 예배를 집중시키는 제의중앙화였습니다. 그는 할아버지 므낫세의 모든 개악적이고 퇴행적인 정치를 극복하고 야웨 하나님 한 분에게 이스라엘의 마음을 되돌려놓기 위해 전심전력을 쏟았습니다. 그는 전심전령전력으로 하나님을 사랑했고 이스라엘을 하나님의 봉신국가로 되돌려놓기 위해 애를 썼습니다. 그러나 요시야왕의 모든 분투도 그의 할아버지 므낫세의 모든 악행을 상쇄하고 극복하기에는 역부족이었습니다. 유다 왕국을 국력숭배로 가득 찬 나라, 외국과 맺은 동맹을 과신하는 그런 나라로 전락시켰던 므낫세의 악행을 상쇄하지 못했습니다. 요시야의 분투도, 요시야의 회개도, 요시야의 국가개혁도 쇠락의 길에 들어선 이스라엘의 운명을 바꾸지 못했습니다. 24장은 요시야의 아들, 소년 여호야긴의 바벨론 유수를 보도하고 25장은 유다 왕국의 마지막 왕 시드기야의 바벨론 유수를 보도합니다. 25장은 예루살렘 지배층의 바벨론 유배를 보도합니다. 유다 왕국의 마지막 왕 시드기야는 눈알이 뽑힌 채 1,000km나 멀리 떨어져 있는 바벨론으로 끌려갑니다. 그렇게 땅을 탐하며 가난한 동포들의 땅을 빼앗아 거대한 부를 축적했던 지배층과 유력부농들도 다 바벨론으로 끌려갔습니다. 오히려 지주들과 유력자들에게 시달림을 받던 빈천하고 가난한 농민들이 포도원을 차지하는 반전이 일어났습니다. 북왕국의 지배층이 망하자 북왕국의 빈민들에게 평화가 찾아왔듯이, 남유다의 지배층이 망하자 남유다의 가장 약했던 빈천한 농민들이 포도원과 무화과를 가꾸는 역설적인 정의가 회복되었습니다.

여러분, 열왕기상하는 그냥 옛날 이스라엘 사람들의 얘기가 아닙니다. 올바른 정치사상을 주장하고 있습니다. 어떤 정치사상입니까? '공평과 정의를 표방하는 왕 외에 모든 왕들의 통치는 거대한 힘의 논리, 즉 야수적인 국제정치의 논리에 휩쓸려가서 망한다.' 이것입니다. 공평과 정의로 약자를 돌보려 하고 이웃을 부축하고 지탱시키려고 하는 거민들이 다수를 차지하고, 야웨 하나님에 대한 경건함이 충만한 나라이어야만 하나님이 존속시키고 그 나라로 하여금 하나님이 선물로 주신 땅을 영구적으로 차지할 수 있게 합니다. 여러분, 하나님에 대한 충성심은 사회과학적인 용어로 말하면 뭘까요? 하나님이 특별히 편애하고 권념하는 가난한 자들에 대한 충성심입니다(잠 14:31; 17:5; 19:17). 진짜 하나님을 두려워하는 경건은 뭔가요? 야고보서 1장 27절이 말하듯이, 세속에 물들지 아니하는 참된 경건, 즉 하나님을 두려워하는 마음은 고아와 과부를 돌보는 자비심으로 표현됩니다. 우리가 이웃을 잘 돌보려는 마음, 이웃의 불행을 응시하면서 그들의 불행을 완화시켜 주려고 애쓰는 상식적인 정의감, 이것이 하나님에 대한 경건입니다. 이 상식적인 정의감과 자비로움이 바로 나라를 지킵니다. 다윗왕의 통치는 바로 하나님에 대한 경건과 상식적 정의감과 자비로움을 육화시킨 통치였습니다. 사무엘하 8장 15절이 가리키듯이, '다윗은 온 이스라엘을 공평과 정의로 통치했습니다.' 이 다윗의 통치가 바로 열왕기상하가 말하고자 하는 이상적인 정치입니다. 이제 결론 맺습니다. 사무엘상하와 열왕기상하는 입헌적, 자기제한적 왕권, 이런 왕권만이 하나님과 동역할 수 있고 하나님께 쓰임 받을 수 있다고 주장합니다. '모든 전제왕권, 모든 압제 왕권, 모든 유력자 중심 왕권은 반드시 파탄 난다'라는 것입니다. 감사합니다.

인문고전으로서의
구약성서 읽기

6주차 강의안

6-1

역대기상하

역대기상하의 메시지와 구조

역대기상하의 메시지

BC 587/86년의 유다 멸망 이후로 대규모 유다 왕국의 기관 요원들이 바벨론으로 유배되었고, BC 538년에 페르시아의 창건자인 고레스(Cyrus)가 칙령을 반포한 이후 유다의 포로들은 크게 세 차례에 걸쳐서 이스라엘 고토로 되돌아왔다. 70년 바벨론 유수가 끝나고 바벨론 포로살이에서 돌아온 귀환 공동체를 "귀환포로 공동체"(the golah community)라고 부른다. "골라"(gôlā)라는 히브리어 단어는 "포로로 잡혀감"을 의미한다. 역대기서는 이 귀환포로 공동체의 입장에서 지나간 이스라엘과 유다의 역사를 신학적으로 재해석하고 회고한다. 많은 부분이 창세기, 사무엘서, 그리고 열왕기서와 겹친다. 이 세 책과 겹치지 않는 부분이 상대적으로 더욱 선명하게 역대기서 저자의 고유한 관심을 반영하고 있다.

귀환포로 공동체의 최대 관심은 짧게는 70년에서 길게는 150년간을 바벨론에서 살다온 바벨론 포로들이 이스라엘 고토에서 진행된 이스라엘 역사의 정통 계승자임을 입증하는 것이었다. 역대기서의 저작 배경에는 귀환포로 공동체가 포로경험을 하지 않은 채 본토에 남아 있었던 비유배파 사람들(사마리아 사람들이라고 불리는 사람들)과 벌였던 헤게모니 갈등이 있었다. 이 갈등에서 승리하기 위하여 바벨론에서 돌아온 귀환포로들은 스스로를 아담으로부터 시작된 하나님의 구속사의 정통 계승자로 자임하기 위하여 역대기서를 저술하였다. 역대기서는 창세기 5장의 아담 자손의 계보로부터 시작하여 바벨론 포로들의 고국 귀환을 허락하고 장려한 고레스 칙령으로 종료된다. 이것은 무엇을 의미하는가? 바벨론 귀환포로들 자신이 바로 아담으로부터 시작되고 아브라함을 통하여 세계역사 속에 착근된 하나님 구원역사의 계승자라고 주장하는 것이다. 특히 사무엘서와 열왕기서에는 전혀 나오지 않는 역대상 1－9장의 지파별 족보와 23－26장의 레위인과 제사장들의 직분 소개와 계보는, 역대기서의 저자가 귀환포로 중에서도 레위 계열의 제사장들이었음을 암시해주는 부분들이다. 역대기서에 언급된 계보들과 가문들과 가족, 그리고 개인들은 역대기서가 저작될 당시에 가나안 땅에 살았던 자들을 중심으로 구성된 족보다(대상 4:43, "오늘까지 거기에 거주하고 있었다.")

역대기상하의 구조

I. 천지창조로부터 바벨론 귀환포로 공동체의 족보(대상 1－9장)
II. 다윗 통치에 대한 우호적 회고(10－29장)
III. 솔로몬의 통치에 대한 신학적 회고(대하 1－9장)
IV. 유다 왕국 중심의 왕국 분열사에 대한 신학적 회고(10－36장)

I. 천지창조로부터 바벨론 귀환포로 공동체의 족보(대상 1-9장)

이 단원은 창세기 5장의 아담 계보로부터 예루살렘에 정착한 제사장과 레위인 등 귀환포로들의 계보를 다룬다. 이 부분이 역대기서의 저작목적을 거의 명시적으로 드러내고 있다. 1장은 하나님의 구속역사의 정통 계보와 방계 계보를 둘 다 기록한다. 1:1－27은 아담으로부터 아브라함까지의 계보다. 이 단락은 창세기 5:1－32, 10:10－32 그리고 11:10－26의 요약이다.

1:28－33은 창세기 25:12－16에 나오는 이스마엘의 족보를 반복하며, 1:34－42은 창세기 36:1－30에 나오는 에서 자손의 계보를 반복한다. 1:43－54은 에돔을 다

스리는 왕들의 계보를 말하는데 그것은 창세기 36:31-43을 반복한다. 2장은 이스라엘과 유다의 족보를 말하는데 북이스라엘 지파들에 대해서는 1-2절에서 간략하게 지파들의 이름만 거명하고 지나간다.

2:3-55은 유다 지파 중 다윗과 갈렙(겐 족속 출신 여분네의 아들 갈렙과 다른 갈렙일 가능성도 있음)의 족보에 초점을 맞추고 있다. 3-17절은 다윗이 태어날 때까지의 유다 지파의 족보를 간략하게 소개한다. 2:18-24은 유다 지파 헤스론의 아들 갈렙 족보를, 2:25-41은 헤스론의 아들 여라므엘의 족보를 소개한다. 2:42-55은 갈렙의 족보를 보다 자세하게 소개한다.

3장은 다윗의 아들과 딸들을 소개하고 4:1-23은 나머지 유다 지파 자손들의 계보를 다룬다. 4:24-43은 시므온 지파 자손들의 계보를 다룬다. 5:1-10은 르우벤 자손들의 계보를, 5:11-17은 갓 자손의 계보를, 5:18-24은 므낫세 반지파 출신 용사들과 자손들의 계보를 기록한다. 5:25-26은 앗수르왕 불(Pul, 곧 디글랏빌레셀 3세)에 의하여 앗수르로 유배당한 므낫세 반지파에 대하여 말한다.

6:1-30은 레위 지파의 족보에 대하여 말하고, 6:31-48은 회막 앞에서 찬송하는 직분자들에 대하여 말한다. 이 단락은 회막 앞 찬양대 직분이 레위인들에 의하여 독점되지 않았던 상황(솔로몬 시대?)을 반영한다. 6:49-53은 제사장 아론의 후손들에 대하여 소략하게 말하며, 6:54-81은 레위인들이 할당받은 정착지와 초장을 열거한다. 7:1-5은 잇사갈 자손의 계보를, 7:6-12은 베냐민 자손의 계보를, 7:13은 납달리 자손의 계보를, 7:14-19은 가나안 본토에 정착한 므낫세 지파의 계보를, 7:20-29은 에브라임 자손의 계보를, 그리고 7:30-40은 아셀 자손의 계보를 기록한다. 8장은 베냐민 자손의 계보를 말하는데 특히 8:29-40은 베냐민 지파 초대 왕 사울의 계보와 다른 용사들의 계보를 언급한다. 9장은 바벨론에 되돌아온 귀환포로들의 정착 상황에 대하여 보도한다. 9:1은 1-8장의 계보가 바벨론 귀환포로 공동체의 입장에서 확보한 계보임을 암시하고 있다. 9:1-9은 귀환포로 중 가문별 우두머리의 이름을 나열한다. 9:10-13은 예루살렘에 정착한 제사장들에 대하여, 9:14-27은 예루살렘에 정착한 레위인들에 대하여 말한다. 9:28-34은 나머지 레위인들 중 성전에 납품되는 제사 물품 등을 공급하는 레위 지파의 가문별 우두머리를 언급한다. 9:35-44은 다시 사울왕의 족보를 자세하게 제시한다. 이 단락은

10장부터 시작될 역대기 역사 부분의 도입부를 구성한다.

Ⅱ. 다윗 통치에 대한 우호적 회고(10-29장)

이 단원은 다윗의 왕위 즉위 순간부터 솔로몬의 성전 건축을 위한 다윗의 주도면밀한 준비까지를 다룬다. 이 단원의 대부분은 다윗의 전성기를 다룬 사무엘하 5-12장을 재해석하여 제시한다. 다윗의 얼룩진 행적은 다 생략하고 오로지 다윗 행적과 통치의 밝은 면만을 드러낸다.

이 단원에 의하면 다윗의 최고 업적은 통일 이스라엘 건국도 아니요, 대 다윗 제국의 건설도 아니요, 오로지 성전의 인적·물적 인프라를 구축하기 위하여 열과 성을 다 쏟은 것이다. 예배와 성전의 수호자요 후원자로서의 다윗 이미지 구축이 이 단원의 특별한 관심사이다.

10장은 사울의 죽음을 보도하는 사무엘상 31:1-13을 반복하는데, 사울의 죽음을 논평 없이 보도하는 사무엘상 31:1-13에 비하여 사울의 죽음을 하나님께 죄를 범하였기에 받은 징벌이라고 해석한다. 국가적 위기의 순간에 하나님께 묻지 않고 신접(神接)한 자에게 물은 죄에 대한 하나님의 응징이라는 것이다(사 8:20-22). 11:1-9은 다윗이 통일 이스라엘의 왕으로 등극하는 과정을 기록한 사무엘하 5:1-10을 반복하고, 11:10-47은 다윗 용사들의 면면을 소개하는 사무엘하 23:8-39을 거의 되풀이한다. 12장은 다윗을 도운 여러 지파들과 용사들을 소개하는데 이 자료는 역대기서에서만 나온다. 12:1-7은 베냐민 지파 중에서 다윗을 도운 용사들을, 12:8-15은 갓 지파 중에서 다윗을 도운 용사들을, 12:16-18은 베냐민과 유다 자손 중에서 다윗을 도운 용사들을, 12:19-22은 므낫세 지파 중에서 다윗을 도운 용사들을 소개한다. 12:23-40은 다윗의 용사들과 지휘관들을 열거한다.

13장은 오벧에돔의 집에 방치된 하나님의 법궤를 예루살렘 회막으로 옮기는 상황을 기록하는 사무엘하 6:1-11을 거의 반복한다. 14:1-7은 다윗의 외교와 예루살렘 출신 여인들과 결혼하여 자녀를 낳는 상황을 보도하고(삼하 5:11-16 반복), 14:8-17은 블레셋에 대한 다윗의 군사적 우위를 보도하는 사무엘하 5:17-25을 반복한다. 15:1-24은 법궤를 옮기기 위한 다윗의 치밀한 사전 준비, 특히 예전적인 준비 상황을 보도하는데 이 단락은 사무엘하 6장에 나오지 않는다. 다윗을 법궤와 성전예배의 헌신적 지원자로 묘사하는 역대기서의 신학적 의도가 엿보이는 부분이다. 15:25－29은 하나님의 법궤를 모셔 들이면서 다윗이 보인 과도해 보이는 기쁨과 춤을 보도하는 사무엘하 6:12－22을 약간 축소하여 반복한다. 16:1－6은 법궤를 옮기는 음악적 예전을 주도한 찬양 지도자들을 소개하고, 16:7－36은 법궤를 옮긴 기쁨을 노래하는 감사시편이다(시 96:1－13; 105:1－15; 106:47－48). 16:37－43은 다윗이 기브온 산당에 잠시 야웨의 법궤 임시 안식처를 마련한 후 번제를 드리는 상황을 보도한다.

17장은 야웨를 위하여 성전을 건축하려는 다윗에게 오히려 다윗을 위하여 집(왕조, 왕국)을 지어주시겠다는 역제의(삼하 7:1－17)를 하시는 하나님의 은혜와 그것에 대한 다윗의 감사기도(삼하 7:18－29)를 다룬다. 이 장은 사무엘하 7:1－29을 거의 되풀이한다. 18장은 다윗의 승전기록을 담고 있는 사무엘하 8:1－18을 되풀이한다. 19장은 암몬과 아람에 대한 다윗(실상은 군대장관 요압)의 공격과 정복을 다루는 사무엘하 10:1－19을 반복한다. 다윗은 이 암몬 정벌 전쟁에 참여하지 않는다. 20:1－3은 군대장관 요압을 통해 랍바를 정복하는 상황을 보도하는데 이 전쟁에도 다윗은 출정하지 않는다. 이 전쟁 출정의무의 불이행 기간 동안에 밧세바 사건이 터진다. 그런데 역대기서는 밧세바 사건은 생략해 버린다. 20:4－8은 블레셋의 거인 용사들을 쳐부수는 다윗 용사들의 활약을 간결하게 보도한다.

21장은 인구조사를 실시하다가 징벌을 자초하는 다윗의 곤경을 보도하는 사무엘하 24:1－25을 반복한다. 그런데 한 가지 다른 점은 사무엘하 24장 1절이 다윗의 인구조사를 격동시킨 주체가 다윗과 유다 왕국에게 진노하사 징벌하시려던 계획을 가진 야웨 하나님이라고 보는 데 비하여, 역대하 21:1은, 사탄이 이스라엘과 대적하고 다윗을 충동함으로써 다윗의 인구조사가 시행되었다고 본다는 점이다. 대개 인구조사란 징병과 징세를 목적으로 시행되었기 때문에 하나님께서는 다윗의 인구조사를 전제 왕정의 도입 의도를 드러낸 것으로 판단하셔서 진노하셨다. 다윗의 인구조사에 대한 하나님의 심판은 유다 왕국을 3일 동안 전염병으로 타격하시는 것이었다. 죄 없는 백성들의 집단적인 죽음을 목격하고 왕 다윗은 자신의 죄를 자백하고 하나님께 용서를 구하기로 결심한다. 때마침 다윗은 여부스 사람 오르난

(삼하 24장에서는 아라우나로 불림)에게 성전의 주초가 놓일 터를 구입하여 거기서 참회의 번제를 드렸다. 그러자 인구조사에 대한 하나님의 응징이 즉시 그쳤다. 오르난의 타작마당이 솔로몬의 성전이 들어설 터가 된다는 점에서 이 장은 예루살렘 성전 터가 어떻게 선택되었는가를 밝히는 원인론적(aetiological episode) 일화인 셈이다.

22–29장은 사무엘하의 병행 시기에 관한 역사 이야기에서는 전혀 나오지 않는 역대기서의 고유한 자료다. 이 길고 자세한 단락은 다윗이 성전을 건축하기 위하여 얼마나 주도면밀하게 준비하였으며 그 성전을 운영할 제사장과 하위 성직자이자 실무일꾼들인 레위인들을 어떻게 조직하고 지원하였는가를 세부적으로 묘사한다. 22장에서 다윗이 솔로몬을 직접 불러 성전 건축을 명령하는데 다윗 자신이 왜 성전을 짓지 못하는지를 설명한다. 전쟁을 통해 나라를 세우느라고 피를 너무 많이 흘려 하나님께서 평화의 전당인 성전을 건축하지 못하게 하셨다는 것이다. 22장은 다윗이 사실상의 모든 건축 자재와 건축 비용을 전부 준비하였음을 강조한다.

23장은 성전의 관리자요 운영자인 레위인들의 과업 해설을 담고, 24:1–19은 성전에서 제사를 집전하는 아론 계열 제사장들의 계보를 소개한다. 24:20–31은 나머지 레위 자손의 계보를 소개하는데, 이 계보에 속한 레위인들은 특별한 직분을 위임받지 못한 레위인들이다. 25장은 성전 찬양대로 봉사하는 레위인들의 계보를, 26:1–19은 성전의 문지기로 봉사하는 레위인들을, 26:20–28은 성전 곳간을 맡은 레위인들을, 26:29–32은 중앙 공무원과 재판관으로 봉사하는 레위인들을 소개한다. 27:1–15은 각 가문의 우두머리와 관원들을 소개하고, 27:16–31은 각 지파를 관할하는 지파 지도자들의 면면을 소개한다. 27:32–34은 다윗왕의 최측근 고위 관리들의 면면을 소개한다. 28장은 이스라엘의 모든 고급 관리들과 각 지파의 우두머리들과 군사 지도자들을 회집하여 성전 건축을 독려하는 다윗을 보여준다. 다윗은 성전 각 구역의 설계도까지 손에 쥔 채 도면상으로 성전 건축을 사실상 지휘하고 있는 것처럼 보인다. 29:1–9은 성전 건축에 드릴 예물들을 나열하고, 29:10–25은 성전 건축 준비를 끝낸 다윗의 감사기도와 백성들의 축제를 보도하고, 29:26–30은 다윗왕의 치적 기간과 영향을 간략하게 회고한다.

Ⅲ. 솔로몬의 통치에 대한 신학적 회고(대하 1-9장)

이 단원은 비록 순서는 약간 뒤바뀌었으나 열왕기상 3:1-11:43의 내용을 자유롭게 재편집하여 사용하고 있다. 중간중간에 역대기서 저자의 신학적 논평이 추가되긴 하지만 내용은 열왕기상의 병행자료와 거의 같다. 1:1-13은 열왕기상 3:1-15을 되풀이하는데 솔로몬왕이 통치자의 재판 지혜를 간구하는 기도에 대하여 보도한다. 1:14-17은 솔로몬의 부귀영화를 묘사하는 열왕기상 10:26-29을 반복한다. 2장은 솔로몬이 주도하는 성전 건축 준비 상황을 보도하는 열왕기상 5:1-18을 반복한다. 솔로몬은 금은 등 쇠붙이 종류와 목재 종류와 이스라엘에 거주하는 이방인 기술자와 벌목꾼들을 확보하는 데 주력한다. 3장은 모리아 산에서 성전 건축에 착수하는 상황을 보도하는 열왕기상 6:1-38을 반복한다. 3:15-17은 성전을 떠받치는 두 기둥인 야긴과 보아스에 대하여 말한다. 4장은 성전 안에 있는 물건들을 나열하는 열왕기상 7:23-51을 되풀이한다. 5장은 성전을 완성하고 언약궤(법궤)를 성전으로 모셔 들이는 상황을 묘사하는 열왕기상 8:1-9을 되풀이한다. 특히 5:11-14은 찬양대의 찬양 중에 성전에 강림하시는 야웨 하나님의 영광을 묘사한다. 6장은 솔로몬의 축복과 기도를 담고 있는 열왕기상 8:12-53을 되풀이한다. 7:1-10은 성전낙성식 상황을 묘사하는 열왕기상 8:22-66을 되풀이한다. 7:11-22은 성전 건축을 완료한 솔로몬에게 성전이 회개와 기도의 중심지가 될 것이며 하나님의 응답을 경험하는 거룩한 곳이 될 것임을 확증하는 야웨 하나님의 현현을 묘사하는 열왕기상 9:1-9을 되풀이한다. 8장은 솔로몬의 통치업적을 보도하는 열왕기상 9:10-28을 반복한다. 9:1-12은 스바 여왕의 솔로몬 방문과 국제무역 협상 상황을 보도하는 열왕기상 10:1-13을 반복하고, 9:13-28은 솔로몬의 재산과 지혜를 묘사하는 열왕기상 10:14-25을 반복한다. 9:29-31은 솔로몬의 죽음을 간결하게 보도한다.

Ⅳ. 유다 왕국 중심의 왕국 분열사에 대한 신학적 회고(10-36장)

이 단원은 열왕기상 12장부터 열왕기하 25장에 대한 역대기서 저자의 신학적 재편집을 보여준다. 왕국 분열사부터 유다 왕국의 멸망과 바벨론 포로들의 고토 귀환을 허락하는 고레스 칙령까지를 다룬다. 열왕기하 25장이 여호야긴의 석방 사건(BC 562년경)까지를 기록하는 데 비하여 역대기서 36장은 고레스 칙령(BC 538년)까지를 담고 있다. 열왕기서와 다른 더 중요한 점은, 역대기서는 북이스라엘의 왕들은 거의 언급하지도 않고 다루지도 않는다는 점이다. 북왕국의 왕이 언급되는 경우는 대부분 유다와 전쟁을 벌이는 경우다. 역대기서 저자는 북왕국을 독립 왕조로 인정하지 않고 다윗왕국에서 분리해 나간 모반자들의 무리라고 본다.

10장은 솔로몬-르호보암왕국 체제에 대한 북쪽 지파들의 점증하는 반발과 저항의 결과로 왕국이 분열되는 상황을 기록한 열왕기상 12장을 거의 되풀이하고 있다. 11:1-4은 르호보암이 북이스라엘의 창건자이자 모반자인 여로보암 1세와 전쟁을 벌이려고 하자 만류하는 예언자 스마야의 활동을 보도하는 열왕기상 12:21-24을 반복한다. 11:5-12은 역대기서의 고유 자료인데, 유다왕 르호보암이 남북 대치 상황을 고려하여 국경의 요새 성읍들을 구축하였음을 보도한다. 11:13-17은 북쪽 지역에 파견된 제사장들과 레위인들 그리고 이들을 따라 유다 왕국의 르호보암에게 충성을 바치기로 결심한 북쪽 지파 사람들이 유다 왕국으로 이주하는 상황을 보도한다. 이 장면도 열왕기서의 병행자료에는 없는 부분인데 이 단락은 유다 왕국의 정통성을 아예 처음부터 강조하려는 역대기서의 신학적 관점을 드러내고 있다. 11:18-23은 르호보암의 가족들을 소개한다.

12:1-12은 르호보암 재위기간에 유다를 치러 올라온 애굽왕 시삭의 유다 침략 사건을 보도하는 열왕기상 14:25-28을 확장적으로 보도하는데 르호보암왕의 회개를 강조한다. 12:13-16은 르호보암의 죽음을 보도한다. 13장은 유다왕 아비야와 이스라엘왕 여로보암 1세의 전쟁상황을 보도하는 열왕기상 15:1-8을 확장적으로 반복한다. 14-15장은 유다의 선한 왕 아사의 개혁활동을 자세하게 보도하는데 열왕기상에는 이 두 장의 병행자료가 없다. 14장은 유다의 모든 성읍에 설치된 산당과 태양상을 파괴하고 많은 요새들을 건축하는 아사왕의 선정을 칭찬하고, 15장은 예언자 오뎃과 그의 아들 아사랴의 도움을 받아 백성들 각 가정에 있는 가증한 우상숭배물들을 제거하며 일대 개혁작업을 진두지휘하는 아사왕의 지도력을 칭찬한다. 16:1-6은 북이스라엘왕 바아사와 전쟁을 하기 위하여 아람왕 벤하닷에게 은금

을 보내어 아람이 북왕국과 맺은 동맹조약을 파기해달라고 요청하는 아사왕의 실책을 보도하는 열왕기상 15:17–22을 되풀이한다. 16:7–10은 전쟁의 위기 시에 하나님 대신 아람을 믿었다는 이유로 아사왕을 책망하는 예언자 하나니의 활동을 보도한다. 이 단락도 열왕기상의 병행자료에는 누락되어 있다. 16:11–14은 아사왕의 죽음을 간략하게 보도한다.

17–20장은 유다왕 여호사밧의 재위기간에 일어난 일들을 기록하는데 열왕기서에서는 조연으로 활약하던 여호사밧이 역대기서에서는 일약 주연급으로 격상된다. 이 단락에서는 열왕기서의 병행자료에 없는 자료가 다수 발견된다. 17장은 역대기서에서만 발견되는 자료인데 여호사밧의 군사적 강성과 그의 국제적 명성을 보도한다. 18장은 북왕국 아합과 사돈이 된 여호사밧이 길르앗 라못을 되찾기 위하여 아람과 전쟁을 벌이려는 아합에게 정중한 충고를 베푸는 상황을 부각시킨다. 이 장은 열왕기상 22:1–28의 반복인데 역대기서에서는 여호사밧이 주연으로 활동하고 아합이 조연으로 밀려난 인상을 준다. 18:28–34은 참 예언자 미가야 벤 이믈라의 경고를 무시하고 전쟁에 나간 아합왕의 죽음을 보도하는 열왕기상 22:29–35을 반복한다.

19–20장은 대부분 역대기서 저자의 고유 자료로서 열왕기상의 병행자료에 없는 내용이다. 19장은 아합왕과 동맹을 맺어 전쟁에 나간 일로 여호사밧을 책망하는 예언자 하나니의 아들 예후의 활약과, 여호사밧의 산당 혁파, 재판관 제도 및 율령 체제 정비 등의 선정을 보도한다. 20:1–30은 다시 여호사밧이 레위 찬양대의 영적 예배 지원으로 유다를 침략하러 온 인근 족속들(모압, 암몬, 그리고 마온 사람들)을 격퇴하는 무용담을 담고 있다. 여기서 인상적인 것은 노래하는 자들이 예복을 입고 군대를 향도하여 전쟁에서 이겼다는 점이다. 이 단락은 레위인들의 역할을 현저하게 현양하는 부분이다. 20:31–37은 여호사밧의 통치 행적을 요약한다.

21장은 여호사밧의 아들이자, 북왕국 아합의 딸 아달랴를 아내로 맞이한 유다 여호람의 실정(失政)과 영적 퇴행을 보도하는 열왕기하 8:17–24을 되풀이한다. 역대기서는 열왕기서와는 달리 엘리야와 엘리사 이야기를 크게 생략한 채 바로 여호람 재위기간으로 이동해 버린다.

여호람은 엘리야의 심판예언을 받고 하나님의 타격을 받아 죽는다. 22:1–9은 유다왕 아하시야의 재위기간을 기록한 열왕기하 8:25–29과 9:21–28을 되풀이한다. 22:10–23:15은 아하시야의 사후 유다왕위를 차지한 그의 어머니 아달랴에 대한 제사장 여호야다의 저항 운동을 보도하는 열왕기하 11:4–16과 11:17–20을 되풀이한다. 여호야다는 아달랴를 제거한 후에 모든 백성과 새로 즉위한 요아스왕 사이에 언약을 세우고 성전 직분자들의 과업체계를 정비하는 데 주력한다. 24:1–12은 요아스왕의 개혁활동을 보도하는 열왕기하 12:1–16을 반복하고, 24:13–22은 여호야다가 죽은 후 벌어진 반(反)개혁적이고 반(反)여호야다적인 반동을 주도하는 유다 방백들의 활동을 보도한다. 이 반개혁적인 배교를 규탄하는 제사장 여호야다의 아들 스가랴는 유다 방백들과 왕을 비판하다가 성전 뜰에서 돌에 맞아 죽임을 당한다. 24:23–27은 요아스의 죽음을 간략하게 보도한다.

25장은 유다왕 아마샤의 통치 기간에 벌어진 일을 보도하는 열왕기하 14:1–20을 거의 되풀이한다. 아마샤는 부분적으로 선하나 부분적으로 악하고 흠결이 많은 인물인데 에돔과의 전쟁에서 승리한 후 북이스라엘을 침략하다가 패배당한다. 그는 예언자의 말도 지혜로운 충고도 거부하는 완악한 인격의 소유자다. 26장은 웃시야왕의 통치를 한껏 치켜세우는데, 병행자료인 열왕기하 14:21–22, 15:1–7을 다소 확장적으로 보도한다. 26:16–23은 열왕기하 병행자료에는 거의 언급되지 않는 웃시야의 나병 발병 배경을 자세하게 보도한다. 제사장의 권한까지 월권하다가 나병에 걸린 웃시야는 모순적인 인물이다. 27장은 요담의 통치 행적을 보도하는 열왕기하 15:32–38을 거의 그대로 반복한다. 28장은 아하스왕의 행적을 간략하게 보도하는 열왕기하 병행자료인 16:1–9을 부정적인 방향에서 확장적으로 보도한다. 28:8–15은 누가복음 10장의 선한 사마리아인 이야기의 구약 버전(version)이라고 불리는 아주 특이한 일화를 담고 있다. 북이스라엘 자손이 아하스왕 때 유다 자손을 사로잡아 사마리아에 개선하였을 때, 오뎃이라는 예언자가 나타나 형제 유다 사람을 침략하고 유린하고 심지어 그들을 포로로 잡아오는 이스라엘 군 지휘관들을 크게 책망한다. 오뎃의 강론에 감동받은 사마리아 사람들이 포로들을 아주 인자하게 대우하여 유다로 되돌려보낸다.

29장은 유다왕 히스기야의 성전 정화를 보도하는 열왕기하 18:1–3을 아주 자세하게 확장하여 보도한다. 여기서 레위인들의 역할이 현저히 부각되고 그들에 대한 히스기야의 칭찬과 공적인 인정이 주목을 끈다. 30장은 열왕기하 병행자료에는 거의 언급되지 않는 자료인데 이미 앗수르에게 멸망당하여 왕조를 잃어버린 북이스라엘 남은 지파들에게 유월절 초청장을 보내는 히스기야의 통일 의지를 칭찬한다. 그는 자신의 왕세자 이름을 므낫세라고 지음으로써 북왕국의 중심 지파인 므낫세에게 화해적인 손짓을 보낸다. 31장은 히스기야의 광범위한 성전 운영 체제 개혁활동을 보도하는데 역대기서에서만 발견되는 자료다. 32:1－23은 앗수르 군대에게 포위당한 히스기야의 곤경을 보도하는 열왕기하 18:13－37, 19:14－19, 35－37(사 36－37장)을 축소하는 방향으로 되풀이한다. 32:24－26은 히스기야의 발병을 교만의 결과라고 신학적으로 해석하는데, 이 점이 병행본문인 열왕기하 20:1－3, 12－19(사 38:1－3; 39:1－8)과 차이를 드러내는 부분이다. 32:27－33은 히스기야의 부와 영광을 말하며 마지막으로 그의 죽음을 간략하게 보도한다. 33:1－20은 므낫세의 통치 행적과 죽음을 보도하는 열왕기하 21:1－9, 17－18을 거의 되풀이하는데, 33:10－13의 므낫세의 회개 기도 부분은 역대기의 고유 자료다. 역대기서는 일관되게 악한 인물이 뒤늦게나마 회개하였다면 그 회개를 높이 평가하는 경향을 보인다.

역대기는 포로기 공동체의 신학적 중심주제 중 하나가 회개였음을 에둘러 말하고 있다. 33:21－25은 아몬왕의 재위기간을 평가한 열왕기하 21:19－26을 요약한다. 34장은 요시야왕의 종교개혁 및 국가개혁을 보도하는 열왕기하 22－23장을 되풀이한다. 35:1－19은 요시야왕의 유월절 축성(祝聖)을 보도하는 열왕기하 23:1－23을 되풀이하고, 35:20－27은 애굽의 바로느고에 맞서다가 전사한 요시야의 때이른 죽음에 대해 신학적 해석을 가한다. 이런 점에서 이 단락은 요시야의 죽음을 단순히 보도하는 열왕기하 23:28－30을 확장적으로 되풀이한다.

36:1－21은 유다의 쇠망기에 왕이었던 여호아하스, 여호야김, 여호야긴, 그리고 시드기야의 통치 기간에 대한 간략한 보도를 담고 있다. 이 단원은 열왕기하 23:30－35(여호아하스), 23:36－24:7(여호야김), 24:8－17(여호야긴), 그리고 24:18－20, 25:1－21(렘 52:1－11)을 압축적으로 되풀이한다. 한 가지 인상적인 점은 36:21이 바벨론 포로생활 70년의 의미에 대한 신학적 해설을 추가한다는 점이다. 이스라엘 땅이 그동안 안식하지 못하였기 때문에 땅의 안식을 위하여 땅의 점유자들인 이스라엘이 70년간 다른 나라에 가서 살았다고 해석한다.

36:22–23은 고레스 칙령을 보도하는 에스라 1:1–4을 되풀이한다. 이 마지막 단락 때문에 역대기서는 에스라 느헤미야의 문학적 연속물로 읽힐 수 있다. 에스라–느헤미야는 역대기서의 속편(續篇)(sequel)인 셈이다.

6-2

에스라-느헤미야

에스라-느헤미야의 메시지와 구조

에스라-느헤미야서의 메시지

에스라서와 느헤미야서는 독립적인 책이지만 주제적으로 서로 응집되어 있는 책이라서 그것들의 메시지를 함께 다루는 것이 적당하다. 에스라와 느헤미야는 BC 450-445년에 활동한 바벨론 교포 2세 혹은 3세급 인물들이다. 에스라서와 느헤미야서는 귀환포로 공동체 중심의 이스라엘 재건 프로젝트 과정을 기록한다. 바벨론의 유다 포로들은 세 차례에 걸쳐서 이스라엘 고토로 돌아왔다. 1차 포로 귀환은 BC 535년경에 초대 총독 세스바살(스 5:15)과 스룹바벨/제사장 예수아(혹은 여호수아) 중심으로 이뤄졌다. 그들의 사명은 성전재건의 기초를 놓는 일이었다. 포로들의 귀환 초기에 귀환포로 공동체 안에서 스룹바벨, 세스바살, 그리고 예수아의 지도력은 크게 빛을 발하였고 심지어 왕족이었던 스룹바벨은 유다 민중들 사이에 다윗왕국의 복위를 희구하는 일종의 메시야적인 열망을 점화시키는 도화선이 되었다. 학개와 스가랴 선지자는 스룹바벨에 대한 메시야적 열망을 고조시키면서 성전재건을 독려한 예언자들이었다.

2차 포로 귀환은 제사장 겸 학사 에스라에 의하여 주도되었다. 에스라는 스룹바벨에 의하여 시작되었다가 여러 가지 이유로 중단된 성전재건 역사를 완성시키고 페르시아의 식민지 유다 백성들에게 율법교육을 시키라는 황제의 위임을 받고 파송되었다. 그는 페르시아 황실 파견 공무원이었다. 어떤 점에서 에스라는 페르시아의 황실의 호의를 크게 덧입음으로써 유다를 계속 페르시아 제국에 충성하도록 묶어두려는 페르시아 제국 정책의 집행자였다. 하나님께서는 페르시아의 패권이 지배하는 세상에서 이런 방식으로 유다의 귀환포로들을 돌보셨던 것이다.

3차 포로 귀환은 유다의 총독으로 임명된 환관 출신 느헤미야 중심의 귀환이었다. 이 세 번째 귀환세력은 페르시아 황실의 재정적 지원 외에 스스로 재력을 확보한 유력한 유다 교포들이었다. 물론 에스라와 느헤미야의 귀환 순서에 대해서는 학자들의 논란이 있어 왔으나, 정경적인 순서를 존중한다면 이런 정도의 연대기 재구성은 가능할 것이다.

에스라서와 느헤미야서는 BC 538년의 페르시아의 왕 고레스의 칙령으로 70년간의 바벨론 유수에서 풀려난 유다 포로(교포 1.5세가 주축)들이 고토로 귀환하여 단절된 구속사의 정통성을 계승하려는 과정에서 보여주는 영적 분투를 증언한다. 크게 보면 에스라서는 성전재건과 율법교육 공동체라는 인적 공동체의 재건을 다루고, 느헤미야서는 예루살렘 성벽 및 요새화 과정, 즉 공동체의 외적인 구조를 갖추는 과정을 다룬다. 주제적으로 보자면, 에스라-느헤미야서는 귀환포로 공동체가 직면한 쟁점들 중 가장 집요하고 심각한 쟁점을 다룬다. 그 쟁점은 포로경험을 하지 않은 채 본토에 남아있었던 사람들과 사마리아를 본거지로 한 혼합세력(국제화된 권력체제들)과의 헤게모니 갈등이었다. 이 두 책은 과연 누가 아브라함부터 바벨론 유수 때까지 가나안 땅에서 진행된 과거 구속사의 정통 계승자인가를 다투는 상황을 다룬다.

에스라서는 고레스의 칙령(BC 538년, the Edict of Cyrus)으로 인하여 촉진된 유다의 포로 귀환 운동과 성전재건, 그리고 율법 강론을 통한 영적 부흥의 역사를 다룬다. 에스라서는 성전재건의 과정에 겪게 되는 토착민(사마리아인, 암몬 족속, 에돔 족속 등)과의 갈등을 부각시키며 위기의 순간마다 적절하게 제공된 페르시아 황실과 황제의 호의를 집중적으로 선전한다. 다시 말해 에스라의 사명은 새로 지어지는 성전을 중심으로 유다를 페르시아 제국을 위한 기도/제의 공동체로 만드는 일이었다.

이때 당시 유다는 스스로 왕국을 구성하는 독립적인 군사적·정치적인 집단으로서가 아니라, 어디까지나 종교적·행정적인 공무원들에 의하여 관리되는 비정치적인 공동체로 규정되었다. 귀환포로 공동체는 성전을 중심으로 운영되는 일종의 종교적 공동체로 자리매김된다. 그래서 에스라서는 성전재건과 율법의 반포 및 교육에 초점을 맞추고 있다.

이에 비하여 느헤미야서는 청백리 총독 느헤미야에 의한 52일간의 예루살렘 성벽 중건 공사의 이야기다. 성전 공사가 먼저 시작되었는지 성벽 공사가 먼저 시작되었는지 정확하게 알 수는 없지만, 느헤미야서는 성벽 공사 도중에 대적자들의 방해로 성문이 불타고 귀환포로 공동체의 영적 일치와 정치적 독립성이 크게 위협당하는 시점을 전제하고 시작된다. 느헤미야는 13년의 간격을 두고 두 차례나 유다 총독으로 부임하여, 귀환포로 공동체가 이스라엘 땅에서 구원사의 정통성을 확보하고 자립적인 영적 공동체로 일어설 수 있도록 지도력을 발휘한 인물이다. 아마도 페르시아의 황제 아닥사스다왕의 내시 자문관이었던 느헤미야가 성벽을 재건하고, 귀환포로 공동체 내에 사회적·경제적 불평등과 불의를 제거하고, 예루살렘을 국제 상거래 중심도시로 만들려는 토착세력들 및 그들과 연대한 주변 세력들과의 갈등을 불사하면서까지 배타적 공동체를 세우려고 노력하는 것은 참으로 인상적이다. 오늘날의 기준으로 보면 에스라와 느헤미야는 국제적 소통과 연대성이라는 문화적 기풍(ethos)을 배척하는 것처럼 보이나, 당시 거대한 세속 문화와 이방 세력들의 한복판에서 자신의 공동체를 지키려는 소수자 의식을 가진 귀환포로 공동체의 입장에서 보면 에스라와 느헤미야의 활동을 맹목주의적인 배외주의(xenophobia)라고 단정 짓는 것은 지나친 평가가 될 것이다.

몰트만에 의하면 현대교회의 위기는 정체성의 위기(crisis of identity)와 상관성의 위기(crisis of relevance)로 집약된다. 정체성 관리는 자신의 본질을 충실하게 채우고 정립하는 일에 치중하는 것을 의미한다. 상관성 관리는 주변 문화와의 융통성 넘치는 대화와 혼합의 위험성을 감수하는 성육신적인 자기조정을 의미한다. 에스라서와 느헤미야서는 "정체성과 상관성, 어느 것이 우선시되어야 하는가?" 하는 문제와 씨름하고 있다. 이 두 책은 하나님의 거룩한 백성들이 거룩한 공동체로 존립하기 위하여 주변 세계와 대립과 긴장을 불가피하게 감수할 수밖에 없음을 강조한다. 정체성의 위기를 상관성의 위기보다 더 큰 위기로 보았다는 것을 의미한다. 주변 세상에 비하여 신앙의 공동체가 아주 미약하고 유약한 공동체라면, 정체성의 위기에 우선적으로 응답하여야 할 것이다. 귀환포로 공동체 구성원의 대부분은 바벨론 포로 2세였을 것이다. 그들에게 절실한 주제는 "자신이 누구인가?"라는 정체성 규정 문제였을 것이다. 그들에게 바벨론도 낯선 땅이었지만 가나안 땅도 예루살렘도 낯설었을 것이다. 그래서 그들은 두 가지 방식으로 자신들의 정체성을 확정하려고 한다. 하나는 본토에서 전개된 과거의 구속사 전통의 적통을 이어받은 계승자임을 확정하는 방법이다. 70년 포로살이를 마치고 돌아온 귀환 공동체는 자신들과 과거 이스라엘 역사와의 연속성을 확보하여 자신들이 가나안 땅에서 펼쳐진 구속사의 정통 계승자임을 자임한다. 귀환포로 공동체가 남은 자로서 하나님의 계약 동반자라는 것이다. 제사장과 레위인에 의하여 지도받는 공동체요 페르시아 제국의 공식적인 지원을 받는 집단이라는 것이다. 다른 하나는 주변 세력들과의 날카로운 대립과 갈등을 통하여 자신들이 누구인가를 확정하는 것이다. 그들은 처음에는 성전재건 공사에 열심을 내지 않았을 수도 있다. 그런데 정체성 위기를 맞이하면서 열심을 내었을 것이다. 더욱이 학개와 스가랴의 예언에 의하면 성전 공사가 중단된 것, 혹은 아예 본격적으로 착수되지 못한 것이 귀환포로 공동체의 영적인 나태와 느슨함, 성전의 터를 놓을 시기에 대한 확신 결여에서 비롯되었다. 이 점을 고려해 본다면, 이들의 정체성 혼란은 극심하였을 것이다. 그래서 어찌 보면 토착세력들과의 갈등은 그들의 정체성 확정과정에서 필연적 통과의례였다고 보인다. 주변 토착세력과의 갈등을 두려워한 나머지 귀환포로 공동체가 성전재건에 소극적이었다가 정체성 갈등을 겪으면서 오히려 공세적인 입장으로 변화되었을 것이다. 따라서 에스라-느헤미야서는 오히려 기득권을 가진 강력한 국제적 권력 집합체를 상대로 자신의 정통성과 역사적 연속성을 확보하고자 고군분투하는 불안정한 소수 약자의 "생존 이야기" 내지는 "뿌리 찾기"로 보아야 한다. 이런 점에서 에스라-느헤미야서는 모든 유랑과 이산의 경험을 가진 "난민적 상황"에 처한 사람들에게 보편적인 공감을 불러일으킨다.

에스라-느헤미야서에서 다뤄지는 신학적 쟁점들을 엿볼 수 있게 해주는 성경의 다른 책들은 이사야 40-55장과 56-66장, 역대기서, 학개, 스가랴, 말라기 등이다. 또한 저작 연대와 상관없이 말한다면, 룻기와 요나서도 포로기 이후의 이방인에 대한 혐오증(xenophobia)과 배타적 태도에 대한 부드러운 비판과 익살스러운 자기비판을 담고 있다고 볼 수 있다. 구약성서가 이방인들에 대하여 아주 배타적이라는 대중적인 인상은 교정될 필요가 있다. 이처럼 바벨론 포로기 이후 시기에 이스라엘과 열방들의 관계성에 대하여 두 가지 상반된 입장이 떠올랐던 것이다.

하지만 엄격하게 말하면 구약성서 전체에서 이스라엘과 이방 열방과의 관계는 약 다섯 가지 방식으로 규정된다. 첫째, 열방들은 이스라엘 신앙의 적이며 진멸되어야 한다고 주장하는, 극단적으로 배외주의적인 본문이다(신 7장; 사 35장의 에돔에 대한 적대). 이런 본문들은 열방들은 이스라엘 신앙의 배교를 장려하는 적들로서 이스라엘과 절대로 교섭해서는 안 되는 위협 세력이라고 본다(에스라-느헤미야서). 둘째, 열방들은 이스라엘을 향한 하나님의 심판의 도구들로서 그 자체로 중립적이거나 또는 그들 자신들의 죄악으로 하나님의 심판을 자초하는 집단(앗수르와 바벨론의 경우)이라고 보는 본문이다(사 10장; 렘 25, 52장). 셋째, 열방들은 이스라엘을 향한 하나님의 구원과 돌보심의 도구로 사용된다고 보는 본문이다. 페르시아의 창건자 고레스를 야웨 하나님의 목자요 기름부음을 받은 자라고 보는 본문(사 44-45장)이다. 넷째로, 열방들을 이스라엘의 하나님 야웨의 보편적인 구원의 대상이라고 보는 본문이다. 열방도 하나님의 구원 계획 안에 들어있다는 것이다(사 54-56장). 마지막으로, 열방들이 때로는 이스라엘보다 더 신실하거나(룻기) 혹은 더욱더 회개에 민첩하다고 보는 본문이다(요나서). 이처럼 열방과 이스라엘의 관계가 역사적 상황에 따라 아주 복합적이고 복선적으로 전개되기 때문에 교조적인 태도를 가진 채, 성서의 이름으로 열방과 이스라엘의 관계를 규정하는 것은 무리다.

에스라서의 구조

I. 포로살이로부터의 첫 귀환과 성전재건 착수(1-2장)
II. 성전 건축의 방해자들과 귀환포로 공동체의 영적 분투(3-6장)
III. 제사장 겸 학사 에스라의 귀환과 공동체 정결 작업(7-10장)

I. 포로살이로부터의 첫 귀환과 성전재건 착수(1-2장)

이 단원은 에스라가 귀환하기 전 예루살렘의 정치적·종교적 상황을 다룬다. 1:1－4은 유다 포로들의 귀환과 예루살렘 성전재건을 격려하는 고레스 칙령을 담고 있다. 1:5－11은 하나님께 감동을 받아 예루살렘 성전을 건축하고자 하는 유다 지파와 베냐민 지파 귀환포로 공동체의 지도자들과 제사장과 레위인들의 헌신과 헌물을 보도한다. 2장은 스룹바벨과 예수아 등과 함께 귀환한 포로들의 이름을 소개하는데 느헤미야 7:4－73과 거의 유사하다. 족보 관계가 미상인 평민들과 제사장들에게는 귀환포로 공동체의 정회원권, 혹은 제사장 공동체의 정회원권 부여가 일시 보류된다.

Ⅱ. 성전 건축의 방해자들과 귀환포로 공동체의 영적 분투(3-6장)[1)]

이 단원은 성전재건 공사를 시작하였지만 인근 족속들과 사마리아 사람들이라고 불리는 토착세력들의 방해로 성전 공사가 지연되는 상황과 그것을 극복하는 상황, 그리고 마침내 성전재건을 마치고 봉헌하는 상황을 다룬다.

에스라 3－4장은 귀환포로 공동체가 성전을 재건하고 예루살렘성 중건을 추진하다가 겪는 좌절과 분투를 증언한다. 3－4장은 시간적으로 약 80여 년에 걸쳐 진행된 역사적 사건들을 증언하되 "연대기 원칙"이 아니라 "주제적인 원칙"으로 증언하고 있다. 이 단락은 성전재건 착수와 성전 완성이라는 주제를 다루는 에스라 3－6장 단락의 일부다. 이 큰 단락에 따르면 성전재건은 네 단계에 걸쳐 진행된다.

1단계: 귀환포로 공동체의 재건 사역 착수(3:1－13; 4:1－5)
2단계: 예루살렘성 중건 역사에 대한 토착민들("땅의 백성들")의 반대와 페르시아 왕실의 비협조(아하수에로왕과 아닥사스다왕)(4:6－23)
중간단계: 다리오왕의 재위 2년에 시작된 성전재건 역사(4:24)
3단계: 성전재건 반대의 철회와 성전재건역사의 가속화－학개와 스가랴의 활약(5:1－6:12)

4단계: 성전재건 완료. 봉헌과 유월절 축성(祝聖)(6:13－22)

여기서 주목할 것은 4장 6－23절이 심각한 연대기적인 착오를 보인다는 점이다. 본문을 읽어보면 금방 분명해지듯이, 4:6－23의 방해자들은 성전 건축의 방해자들(3:3; 4:1－4)이 아니라 예루살렘 성벽 건축(요새화)의 방해자들로서 성전재건과는 아무런 관련이 없다. 4:6－22에 나오는 아람어로 된 조서 어디에도 성전재건에 대한 언급이 발견되지 않는다. 그런데도 4:24은 예루살렘 성벽 재건 공사의 방해음모가 예루살렘 성전재건의 방해음모의 일부인 것처럼 말하고 있지 않은가? "이에 예루살렘에서 하나님의 전(殿) 역사(役事)가 그쳐서 바사왕 다리오 제2년까지 이르니라." 이 절은 성전 공사의 방해자들과 예루살렘 성벽 재건 공사의 방해자들이 마치 동일인물들인 것처럼 취급하고 있다. 성벽 재건 공사가 일어났을 법한 시대인 아하로수에로왕과 아닥사스다왕 통치 시절은 BC 480－450년 전후인데, 성벽 재건 사건이 갑자기 성전재건 시대인 BC 538－520년대 사건과 동시대 사건인 것처럼 묘사되는 것이다.

왜 에스라 3－4장의 저자는 약 70－80년의 간격을 두고 일어난 사건들을 "하나의 사건"인 것처럼 다루고 있는 것일까? 저자가 이런 연대기적 순서를 일부러 무시하였다고 보아야 하는가? 아니면 단순한 무지에 의한 실수를 범한 것일까? 우리는 전자라고 본다. 휴 윌리암슨(Hugh. G. M. Williamson)이 지적하듯이, 여기서 우리는 "과거에 어떤 일이 실제로 어떤 순서에 따라 일들이 일어났는가?"를 보여주려는 역사편찬적 의도를 발견할 수는 없다.[2)] 오히려 우리는 연대기적인 원리에 따라 성전재건 역사를 해석하지 않고 신학적, 주제적 원리에 입각하여 성전재건 역사를 "재해석"하고자 하는 저자의 의도를 파악해야 할 것이다.

아마 에스라서 저자는 적어도 두 가지 질문에 대한 답변을 주려는 의도로 이런 주제적－신학적 편집원칙을 고수하는 것처럼 보인다. 첫째, 성전재건이 왜 지연되었는가를 설명하는 과정에서 3－4장이 유래하였을 것이다. "왜 BC 538년에 귀환한 귀환포로 공동체가 520년(다리오 재위 2년)이 될 때까지 성전재건 사역을 미루었을까? 예루살렘 성전재건이 왜 지연되었는가?"에 대한 설명을 제시하려는 것처럼 보인다. 학개서(특히 1－2장)와 스가랴서에 의하면 성전재건 역사 지연의 가장 큰 원인은 백성들의 영적 이완과 나태였다. 페르시아 왕실의 비협조도 아니요, 땅의 백성들로 불리는 토착세력들의 방해공작도 아니요, 백성들 자신의 물질적 안락추구와 이기적인 태도가 성전재건 사역을 지연시켰다는 것이다. 학개서와 스가랴서가 귀환포로 공동체의 영적 나태와 방종을 부각시킴으로써 귀환포로 공동체를 부정적으로 묘사하는 것에 대한 일종의 교정용 보완서술이라는 것이다. 성전재건이 지연된 원인은 땅의 백성들, 즉 사마리아 토착세력들임을 강조함으로써 귀환포로 공동체의 주체적 노력을 부각시키려는 것이다.

둘째, 3－4장은 왜 사마리아 사람들이 성전재건에서 배제되었는가를 설명하려는 데 관심을 보인다. 성전재건 동참의사를 밝힌 사마리아 사람들은 사실상 약 80년간이나 귀환포로 공동체의 총체적인 회복역사를 방해한 중심 적대세력이라는 것이다. 따라서 그들은 성전재건에 동참의사를 밝혔지만 실상은 예루살렘이 하나님의 도성으로 복원되는 것을 방해한 세력들이라는 것이다. 예루살렘 성전은 하나님의 백성들의 거룩한 정체성을 규정짓는 핵심기관이기 때문에 귀환포로 공동체는 이방인들과 방불한 사마리아 사람들의 연합시도를 거절할 수밖에 없었다는 것이다. 요약하면 4:1－5, 6－24을 다음과 같은 연대기의 틀 안에서 배치할 수 있다.

4:1-5
성전재건 공사 착수시점-다리오왕 2년(BC 520)
성전재건 완성-BC 516-515

4:6-23
아하수에로왕 재위-BC 486-465
아닥사스다왕-BC 465-424
4:24
다시 다리오왕 2년(BC 520), 성전재건 공사 재개 사실 언급.

이런 연대기적인 모순에도 불구하고 저자는 예루살렘 성벽 공사의 반대일화를 성전재건 공사 반대일화의 일부로 편입시킨다. 그 이유는 두 가지였을 것이다. 성전재건 반대자는 바로 예루살렘 성벽 중건 반대자와 동일집단이었기 때문이다. 사마리아 대적자들은 성전재건 공사를 예루살렘 성벽과 요새 재건 공사의 일환으로 간주하여 조직적으로 방해하였을 것이다.

그럼에도 불구하고 "아닥사스다왕과 아하수에로왕 시절 동안 성전재건 공사가 중단되었다가 다리오왕 시절에 성전 공사가 재개되었다"는 24절의 해설은 연대기적으로 볼 때는 완전히 오류지만 이런 주제적인 흐름의 관점에서 보면 용납될 수 있는 편집의 자유라고 보아야 한다. 그래서 사마리아인들에 의한 성전재건 사역 방해 이야기가 갑자기 4:6–23에서는 사마리아인들의 예루살렘 성벽 중건 공사 방해 이야기로 이어진다. 아마도 느헤미야 시절의 경험을 과거로 역투사시킨 것처럼 보인다. 유대인들에 대한 안팎의 공격들을 통하여 사마리아 사람들은 아닥사스다왕이 유대인들의 성전재건 공사와 예루살렘 성벽 복원공사 중지를 명령하는 칙서를 공포하게 하는 데 성공한다. "그래서 다리오왕 2년이 될 때까지, 성전재건 사역은 중단된다"(4:1–24).

5장은 선지자 학개와 스가랴의 예언활동으로 중단된 성전재건 공사에 열심을 내는 과정을 다룬다. 유다 장로들의 공세적인 지도력 덕분에 귀환포로 공동체는 아닥사스다왕의 성전재건 공사 금지조서보다 앞선, 성전재건을 허용하고 장려하던 고레스 황제의 칙령에 호소하여 마침내 공사를 마칠 수 있었다. 다리오 황제는 어렵게 고레스 황제의 칙령을 찾아내고 유다 장로들의 상소가 정당함을 인정하고 성전 공사 재개를 허락한다. 6장은 귀환포로 공동체가 다리오의 새로운 칙령에 힘입어 성전재건 공사를 재개하여 봉헌하는 과정을 다룬다. 학개와 스가랴의 예언활동이 성전 중건사역의 완성에 지대한 공헌을 세웠다. 마침내 제사장과 레위인들이 중심이 되어 재건된 예루살렘 성전에서 유월절을 축성(祝聖)한다.

Ⅲ. 제사장 겸 학사 에스라의 귀환과 공동체 정결 작업(7–10장)

7장은 에스라의 족보와, 에스라의 파견 목적과 그를 지원하라는 명령이 담긴 페르시아 황제 아닥사스다의 조서와, 자신의 예루살렘 귀환을 가능케 하신 하나님에 대한 감사기도를 담고 있다. 8:1–14은 에스라와 함께 올라온 귀환포로들의 면면을 제시하고, 8:15–20은 예루살렘으로 귀환하려는 레위인들이 없어서 애써 찾아다니는 에스라의 활동을 기록하고, 8:21–23은 예루살렘 귀환에 앞서 같이 귀환할 포로 공동체를 이끌고 아하와 강가에서 금식기도하는 에스라의 영적 준비 상황을 보도한다. 8:24–30은 에스라와 함께 돌아온 지도자들이 하나님께 바친 예물들의 중수를 기록한다. 8:31–36은 에스라의 예루살렘 도착 상황을 보도한다. 9장은 귀환포로 공동체의 지도자급 인물들이 이방 여인들과 결혼하여 가정을 이룬 상황과 예루살렘이 거룩한 도시로서의 면모를 잃은 것에 대하여 심각한 회개기도를 드리는 에스라의 결연한 태도를 묘사한다. 그는 민족사의 누적된 죄악을 낱낱이 회개하고 하나님의 거룩한 백성 공동체의 보존을 위하여 비장한 결단에 이를 것을 천명한다. 10장은 이방 여자와 결혼하여 하나님 백성다운 거룩성을 잃어버린 사람들의 이방 여인 아내를 축출하는 개혁에 돌입하는 에스라의 리더십을 부각시킨다. 특히 10:18–44은 이방 여인 아내를 축출하고 에스라에게 협조한 지도자들의 이름들을 소개한다.

느헤미야서의 구조

I. 유다 총독으로 임명된 느헤미야의 귀환(1–2장)
II. 느헤미야 주도의 예루살렘 성벽 재건(3–7장)
III. 에스라의 율법 강론과 영적 부흥(8–12장)
IV. 느헤미야의 두 번째 총독 임기 사역(13장)

I. 유다 총독으로 임명된 느헤미야의 귀환(1–2장)

1장은 예루살렘 성벽 공사가 지연되고 이방 대적 세력들에 의하여 성문이 불탔다는 소식을 듣고 영적으로 격동하여 하나님께 수일 동안 금식기도에 돌입한 아닥사스다왕의 술 맡은 관원장 느헤미야를 소개한다. 2장은 아닥사스다 황제에 의하여 유다 총독으로 임명되어 예루살렘에 당도해 예루살렘 성벽의 퇴락상황, 성읍의 황폐화된 상황을 보고 온 백성들의 힘을 결집시켜 예루살렘 성벽을 재건하기로 결단하는 느헤미야의 비장한 각오를 부각시킨다.

II. 느헤미야 주도의 예루살렘 성벽 재건(3-7장)

3장은 지역과 직능, 직업과 남녀노소를 불문하고 모든 백성들을 예루살렘 성벽 중건 공사에 동원한 느헤미야의 지도력을 현양한다. 4장은 느헤미야의 예루살렘 성벽 재건 공사가 완성되면 기득권을 잃게 될 인근 토착세력들의 파상 같은 방해공작을 다룬다. 사마리아 사람 산발랏, 암몬 사람 도비야, 아라비아 사람, 아스돗 사람이 함께 일어나 느헤미야의 예루살렘 성벽 중건 공사를 조롱하고 음양으로 방해하였다. 낮과 밤 없이 온 백성이 단결하여 공사에 몰두해 예루살렘 성벽은 이제 모양을 갖추기 시작한다. 5장은 예루살렘의 정신적·영적 성벽을 쌓는 이야기다. 느헤미야는 부유한 자들을 타이르고 설득하는 한편 또한 그들을 공공연히 비판함으로써 귀환포로 공동체 안에서 발생한 경제적·정치적 차별과 양극화 상황을 해결하려고 분투한다. 그는 도덕적 훈계와 정치적·법률적인 압박 두 가지 방식을 동원하여 경제적·정치적인 불의와 압제상황을 혁파하려고 노력한다. 정치경제적 부조리와 압제로 인하여 부르짖는 가난한 자들을 진정시킴으로써 느헤미야는 정신적인 성벽 건축까지 감당한 셈이다. 5:14-19은 예루살렘의 공무원들을 청백리로 변화시킴으로써 사회정의를 실현하기 위하여 총독의 녹을 받지 않겠다고 다짐하는 느헤미야의 결단을 보도한다.

6:1-14은 산발랏, 도비야, 그리고 아라비아 사람 게셈이 느헤미야를 암살하기 위하여 음모를 꾸민 상황과 이것을 잘 극복하는 느헤미야의 기지와 지혜를 보도한다. 6:15-19은 52일 만에 성벽 재건공사가 완료되었음을 보도한다. 7:1-4은 예루살렘 성벽을 관리하고 돌볼 레위인 관리들을 세우는 느헤미야의 지도력을 부각시킨다. 7:5-72은 느헤미야가 확보한 1차 포로 귀환 명단을 담고 있다(스 2:1-70).

III. 에스라의 율법 강론과 영적 부흥(8-12장)

7:73-8:18은 온 백성들을 상대로 율법을 가르치고 해설하는 에스라의 활동을 보도한다. 이때 에스라를 도와 백성들에게 율법을 가르치고 해설해 준 레위인들의 해석자 역할은 인상적이다. 9장은 창세기의 아브라함 시절부터 당시까지 하나님께

서 이스라엘에게 베푸신 구원사의 은총들을 회고하며 민족사의 누적된 죄를 참회하는 에스라의 구국 참회기도문이다. 이 8장의 율법 강론 수양회와 구국기도회를 통하여 에스라는 다시금 이방 여인을 아내로 맞이한 유다 사람들의 하나님만 전심으로 섬기겠다는 언약갱신 예식을 주도하고 집전한다. 10장은 이 언약갱신에 서명한 사람들의 명단을 소개하고 성전에 십일조를 비롯한 예물들을 신실하게 바칠 것을 서약하는 그들의 결단을 부각시킨다. 11장은 예루살렘에 거주하는 제사장들과 지도자들과 그 주변 지역에 거주하는 백성들의 면면을 소개한다. 12:1－7은 제사장과 레위인들의 면면을 소개하고 12:8－11은 대제사장 예수아의 자손들을 소개한다. 12:12－21은 제사장 출신 족장들의 면면을 소개하고 12:22－26은 레위 자손 중 족장들을 소개한다. 12:27－43은 느헤미야가 주도하는 예루살렘 성벽 봉헌식 상황을 보도한다. 12:44－47은 제사장과 레위인들의 몫에 대하여 말한다.

IV. 느헤미야의 두 번째 총독 임기 사역(13장)

13장은 1차 총독 임기를 마친 후 13년 후에 두 번째로 유다 총독에 임명된 느헤미야의 업적을 보도한다. 13년 동안에 예루살렘은 다시 국제상업 도시로 전락하였고 성전은 장사치들과 모리배들의 복마전으로 변질되어 있었다. 유다 장로들은 또다시 안식을 지키지 않는 일에 앞장섰고 공동체의 지도자급 인물들은 이방 출신 아내들과 결혼하여 하나님 백성의 거룩성을 심각하게 상실하고 있었다. 13장은 이 상황을 혁파하고 예루살렘을 거룩한 도시로, 유다의 귀환포로 공동체를 거룩한 공동체로 재주형하려고 분투하는 느헤미야의 모습을 보도한다. 느헤미야가 예루살렘 "성벽"을 쌓고 유다를 배타적인 독립공동체로 재주형하려는 행위는 외국인들과 국외자들을 무조건 배척하는 태도가 아니라, 유다를 하나의 거룩한 공동체로 형성하기 위한 내적인 몸부림이었다. 그래서 느헤미야 10－13장은 에스라 8－10장과 더불어 "거룩한 씨" "거룩한 후손" 보존의 중요성을 강조한다. 영적 혈통의 보존은 인종적인 배타주의를 장려하는 것이 아니라 온 세계를 위해 복의 근원이 되기 위한 내적 조건을 확보하는 행위다.

6강 서론

패배한 바둑을 복기(復棋)하듯 과거역사를 재해석하는 역대기, 에스라-느헤미야

이번에는 역대기상하와 에스라, 느헤미야에 대해서 강의하기를 원합니다. 역대기상하, 이름도 낯설죠? '역대기'라는 말은 영어로 "크로니클즈"(Chronicles)라는 말입니다. 시간의 순서에 따라 기록된 역사인데 보통 우리가 역사(history)라고 부르는 기록과는 약간 다른 뉘앙스를 풍깁니다. '역사' 히스토리에 비해, 역대기상하는 해석이 덜 가미된 일지형 기록이라는 의미입니다. 그런데 실은 역대기서에도 해석된 과거사건이 많이 나옵니다. 그래도 보통 크로니클즈(Chronicles)는 해석이 덜 가미된 일지별 과거기록 정도로 이해합니다.

역대기상하는 분명히 시간의 순서에 따른 역사적 사건들을 인과적으로 기록하고 있습니다. 에스라, 느헤미야도 마찬가지입니다. 그런데 이 네 권은 예언서에 포함되지도 않고 모세율법에도 포함하지 않습니다. 거룩한 문서를 의미하는 성문서(聖文書, the holy writings)에 포함합니다. 이 네 권이 성문서에 포함된다는 것은 역사서술 과정에서 예언자적 관점이 일관되게 관철되는 신명기 역사서와 비교해 볼 때, 역대기서나 에스라, 느헤미야는 예언자적 관점이 훨씬 덜 부각되고 그냥 기록하는 데 치중하는 문서라는 함의가 들어있습니다.

역대기상하의 내용은 뭡니까? 유다 왕국의 제사장과 레위인들이 바벨론에 끌려가 70년 동안 포로생활을 하고 돌아와서, 왜 조국이 망하고 나라의 지배층이 70년이나 이방 땅에서 유배생활을 하게 되었는가를 성찰하기 위해 기록한 역사문서입니다. 특히 '성전 중심'의 예배공동체로서의 이스라엘 역사 재서술입니다. 주로 유다 왕국의 지배층과 그들의 후손이었던 바벨론 포로들은 70년 만에 또는 150년 만에 모두 세 차례에 걸쳐 가나안 땅으로 귀환합니다. 제1차 귀환 지도자들이 스룹바벨과 세스바살입니다. 제2차 바벨론 귀환포로의 지도자는 에스라입니다. 제3차 바벨론 귀환포로의 지도자는 느헤미야입니다.

역대기상하는 BC 520년에서 BC 500년 사이에 바벨론 귀환포로들이 '지나간 역사를 자아비판적으로 회고하며, 남북왕국으로 분열되어 살았던 지난날들을 회개하자'라는 마음으로 다시 쓴 역사서입니다. 많은 부분에서 역대기서 저자는 열왕기상하를 다시 풀어 썼는데 어쩔 수 없이 많은 표절을 할 수밖에 없었습니다. 내용이 많이 중복됩니다. 그렇지만 관점은 다릅니다. 열왕기서는 남왕국의 정통성을 옹호하고 북이스라엘 왕국의 이탈과 배반을 비판하는 관점을 유지하지만, 역대기서는 남북왕국 시대의 분열상을 예루살렘 성전예배로부터 일탈한 역사라고 판단하여 비판적으로 회고합니다. 다만 역대기서는 남왕국이 북왕국보다 야웨 하나님의 율법에 더 충실했기 때문에 더 오래 존속되었다는 식의 정통성 논쟁을 더 이상 하지 않습니다. 역대기서는 남북 12지파 이스라엘 모두 '다윗왕실 또는 남북 각각의 왕실 중심으로 하나가 되지 말고 예루살렘 성전예배와 절기 중심으로 하나가 되자'고 호소합니다. '하나님이 주신 성전 중심으로 하나의 나라, 하나의 공동체를 이루자.' 이런 대민족 화해 사상이 역대기상하에 나옵니다.

에스라는 제2차 귀환포로들의 지도자로서 이스라엘에게 율법을 가르쳐서 이스라엘의 공동체성을 정립하는 데 기여합니다. 그는 귀환포로들이 국가에 준하는 공동체, 질서와 규율이 있는 공동체, 일종의 시민질서가 있는 공동체로 거듭나도록 율법을 가르쳤습니다. 율법을 가르치지 않으면 뭡니까? 귀환포로 공동체는 무질서 오합지졸의 동아리일 뿐이죠. 에스라가 율법을 가르쳤다는 말은 뭐죠? 국가적인 틀에 준하는 공동체성을 확보했다는 뜻입니다. 느헤미야는 페르시아의 황제 아하수에로에 의해서 유다 총독으로 임명받아 약 13년간 유다 총독을 하면서 무너진 예루살렘 성벽을 52일 만에 중건한 지도자입니다. 에스라, 느헤미야는 동시대 사람으로서 BC 450년경 시대의 인물입니다. 그리스 역사로 말하면 헤로도투스, 소크라테스, 페리클레스와 거의 동시대 인물들입니다. 이런 시대의 인물로서 느헤미야와 에스라는 각각 예루살렘 성벽을 건설하고, 예루살렘의 인적 공동체성을 확보한 지도자였습니다. 이들은 바벨론 포로들의 후손으로서, 페르시아 왕실의 고급관리였습니다. 페르시아적 이익과 하나님 백성의 이익을 절충하여 완성시킨 인물들이라 할 수 있죠. 에스라서와 느헤미야서는 매우 흥미진진한 영웅적 지도력의 발휘 이야기입니다.

6강-1

역대기상하

안녕하십니까? 숭실대학교 인문대 기독교학과 김회권 교수입니다. 이번 시간은 역대기상하에 대해서 공부하고자 합니다. 역대기상하, 참 낯선 이름이죠? 거의 쓰지 않는 단어입니다. '역대기'라는 말은 영어로 크로니클즈(Chronicles)인데요. 시간을 의미하는 크로노스(chronos)에서 파생된 단어입니다. '시간에 따라 어떤 사건의 일지를 기록한 내용'이라는 뜻입니다. 그러니까 보통 역사라고 번역되는 히스토리(history)에 비해서는 평가적이지 않은, 그야말로 통계를 모아놓은 듯한 기록을 역대기라고 하죠. 그러니까 역대기는 해석이 덜 가미된 과거사 정리라고 할 수 있습니다.

역대기와 가장 닮은 책이 열왕기상하입니다. 열왕기상하는 다윗과 솔로몬의 통치부터 다윗왕국과 솔로몬왕국의 분열, 그리고 북왕국의 멸망, 남왕국의 멸망까지의 역사를 예언자적 관점으로 정리하고 해석한 역사입니다. 그래서 열왕기상하는 북이스라엘 왕국, 즉 느밧의 아들 여로보암이 다윗의 왕조로부터 10지파를 데리고 나라를 따로 세운 사건을 매우 부정적으로 평가합니다. 쉽게 말해서 당파적일 정도로 북왕국의 역사를 편파적, 부정적으로 묘사하면서 기록합니다. 아젠다가 분명한 역사 평가서입니다. 북왕국에 대한 그런 부정적인 평가가 주를 이루는 열왕기상하에 비해서 역대기상하는 그런 독소조항 같은 느낌이 들지 않는, 밋밋한 과거사 기록이라는 인상을 줍니다. 그래서 역대기상하는 해석이 덜 가미된 과거사 정리라는 뜻이죠. 그런데 내용을 잘 읽어보면 역대기서가 해석이 덜 가미되었다고 말할 수 없습니다. 오히려 다른 관점으로 해석된 역사라고 보는 것이 더 정확할 것 같습니다. 다만, 열왕기상하에 비해서 북왕국에 대한 편견이 좀 덜 들어간 과거사 정리임은 분명해 보입니다. 다시 말해서 역대기서는 북왕국과 남왕국의 정통성 갈등과 논쟁이 더 이상 의미 없어진 시대에 쓰인 책이라는 뜻입니다. 역대기서는 상대적으로 북왕국 또는 북이스라엘을 구성한 10지파를 우호적으로 묘사하려는 과거사 정리가 되는 셈입니다. 그래서 역대기상하는 유대인들의 구약성서 장르 구분에 따르면, 예언서가 아니라 성문서로 분류됩니다.

앞에서 말했듯이, 여호수아, 사사기, 사무엘상하, 열왕기상하는 유대인의 장르 구분에 따르면 예언서라고 했죠. 왜 이 여섯 권을 예언서라고 합니까? 하나님의 말씀을 대언하고 대변하는 예언자들에 의해서 저작된 역사서이기 때문입니다. 예언자들에 의해서 나라의 길이 열리고, 또한 예언자들에 의해서 국가멸망이 성취되는 과정을 그린 역사이기 때문이기도 합니다. 그런데 역대기상하에는 나라의 운명을 좌우하는 무시무시하고 위협적인 언사를 주로 남발하는 예언자가 거의 아무도 없습니다. 그런데 역대기상하에도 예언자가 나옵니다. 여기서 예언자는 지배층의 죄악을 규탄하거나 북왕국에게 일방적인 비난을 퍼붓는 심판예언자가 아닙니다. 남북지파 화해적인, 사회통합적인 역할을 많이 하는 예언자입니다. 그래서 역대기상하는 성문서에 해당됩니다.

그러면 역대기상하의 내용을 잠깐 살펴볼까요? 역대상이 29장으로 구성돼 있어요. 역대하가 36장으로 구성돼 있습니다. 모두 65장으로 구성돼 있죠. 65장으로 구성된 내용에 다윗과 솔로몬에 관한 이야기가 엄청나게 많습니다. 스물일곱 장 정도가 다윗과 솔로몬에 관한 이야기입니다. 1/3이 넘는 분량이 다윗과 솔로몬에 관한 이야기입니다. 역대상 1-9장은 천지창조로부터 바벨론 귀환포로들의 족보까지 기록했습니다. 창세기부터 바벨론 포로들의 가나안 귀환까지의 역사를 족보로 압축해 기록한 거죠. 역대상 1-9장은 이미 먼저 존재하던 구약성경 여러 책(창세기 등)을 전제하거나 의식하고 있습니다. 10-29장은 다윗의 이스라엘 통치에 대한 우호적 회고입니다. 성전을 짓기 위한 다윗의 준비가 얼마나 철저하였고, 제사장과 레위인들 제도를 다윗이 얼마나 확실하게 정착시켰으며, 특별히 레위인들의 처우를 다윗이 얼마나 안정되게 보장했는가를 주로 강조합니다. 다윗의 전쟁업적이나 다윗의 통치업적을 덜 강조하고, 다윗의 제사장적 역할, 다윗의 성전 우호적 정책 등을 부각시키는 거죠. 10－29장에서 다윗은 왕이라기보다는 예전 지도자, 예배 인도자 또는 찬양대의 후원자로 자리매김됩니다.

역대하 1－9장은 솔로몬의 통치에 대한 회고입니다. 열왕기상하에 나오는 솔로몬의 통치에 대한 부정적 또는 적어도 양가적 평가에 비해서 역대기의 평가는 상당히 달라졌습니다. 솔로몬은 일종의 경력세탁이 된 상태로 "긍정" 일변도로 묘사됩니다. 이것은 다윗에 대해서도 마찬가지입니다.

열왕기상하 또는 사무엘상하에는 다윗의 개인적 얼룩과 다윗왕실의 죄와 얼룩이 다 여과 없이 드러납니다. 특별히 사무엘하 10－20장에는 다윗의 밧세바 간음, 다윗에 대한 아들 압살롬 반역 등 모든 다윗 가문의 수치스러운 기사가 다 나옵니다. 그런데 다윗에 대한 우호적 회고로 가득 찬 역대상 10－29장은 '다윗 자체가 밧세바와 간음한 적이 없음. 밧세바 알지 못함'인 것처럼 묘사돼 있습니다. 여기에는 다윗의 흑역사가 하나도 기록돼 있지 않습니다. 다윗에 대한 이 우호적 묘사분위기는 솔로몬에 대한 우호적 묘사분위기와 궤를 같이합니다. 열왕기상 4－11장에는 솔로몬의 위대한 통치 이면에 있는 어두운 면이 여과 없이 언급되고 있습니다. 여기서 솔로몬은 주변 인근 나라들과의 정략결혼과 인근 나라들과의 외교관계 확장을 통해 국격을 과시하면서도 이방신들의 예루살렘 침투를 방치하고 스스로도 우상숭배에 가까운 죄를 범했습니다. 열왕기상에 보면 성전 대토목 공사도 약간 부정적인 시각으로도 묘사됩니다. 그런데 역대기하 1－9장에서는 솔로몬의 통치에 대한 모든 부정적인 기록과 논평은 사라지고 솔로몬의 성전 착공, 건축, 낙성 과정이 긍정적으로 언급되고 있습니다. '지나간 이스라엘 역사에서 단 하나의 위대한 업적이 있다면, 그것은 바로 예루살렘 성전 건축이었다.' 이렇게 단언할 만큼 이 단원은 솔로몬의 통치에 대한 우호적 진술로 가득 차 있습니다.

그럼 왜 이렇게 돼 있을까요? 열왕기서와 역대기서를 쓴 집단과 쓴 시점이 각각 달랐기 때문입니다. 이스라엘이 완전히 멸망하기 전까지는 왕실과 성전과 상비군과 관료제 모두가 이스라엘 백성의 삶을 힘들게 만들고, 피폐하게 만들었습니다. 그런데 바벨론 귀환포로들에게는 국가라는 것 자체가 없었습니다. 그들에게는 왕조도 없고, 상비군도 없고, 관료제도 남아 있지 않았습니다. 나라 자체가 멸절돼서 아무것도 없는 때에 성전이 유일하게 이스라엘 백성들의 정치적·행정적·영적 중심 역할을 했습니다. 성전이 곧 국가요 나라요 상비군이요 관료역할을 다 한 것입니다. 그러니까 바벨론 포로 이전 시대와 성전 기능이 완전히 바뀐 겁니다. 옛날에 시퍼런 절대왕권을 가진 왕들과 왕궁과 관료조직과 상비군 등이 있었을 때는 예루살렘 성전은 왕의 폭정을 지지해 주고, 동조하는 때가 많았습니다. 성전은 왕의 학정을 감시하지도 못하는 일종의 왕실 통치 부속기관이었습니다. 그런데 BC 538년에 돌아온 바벨론 귀환포로들이 볼 때는 성전이야말로 이스라엘 민족에게 남겨진 유일한 정신적·정치적·물리적 구심점이었습니다. 그래서 성전을 짓는 행위마저도 다시 재해석되었습니다. 성전 건축을 위해 투신한 다윗과 성전을 실제로 건축한 솔로몬의 통치 전체가 윤색되어 좀 더 좋게 해석되었습니다. 특히 솔로몬의 성전 건축이 매우 긍정적으로 회고되고 묘사되고 있습니다. 이 관점이 역대하 1-9장을 지배하고 있습니다.

마지막으로 역대하 10-36장은 열왕기상 1장부터 열왕기하 25장까지의 열왕기상하를 압축적으로 반복합니다. 요즘 말로 하면 표절입니다. 열왕기상 1장부터 열왕기하 25장까지 모두 47장으로 돼 있는 긴 기록이 역대하 10-36장, 모두 스물일곱 장으로 압축요약되었습니다. 열왕기상하는 북왕국 이야기와 남왕국 이야기를 병렬적으로 교차하여 진술했습니다. 남왕국 이야기 좀 했다가 북왕국 이야기했다가 이런 식으로 비교했습니다. 그런데 역대기하 10-36장에서는 극히 일부를 제외하고 북왕국에 관한 기록은 다 빼버리고 남왕국 중심으로 왕국 역사를 회고합니다. 그래서 역대하 10-36장은 열왕기상하의 압축적 표절이라고 할 수 있습니다.

그렇다면 역대기의 독특한 점은 무엇일까요? 역대기는 과연 열왕기상하의 압축적 표절에 불과합니까? 어떤 평가적 잣대도 없단 말입니까? 그것은 아닙니다. 역대기서에도 분명히 나름대로 평가적 잣대가 있고 역사를 해석하는 기준이 있습니다. 역대기서가 쓰인 시점, 역대기서가 쓰인 역사적 정황과 관련된 역대기의 저작목적이 뭔가를 알 때, 우리는 역대기서의 특징에 대해서 좀 더 정확하게 말할 수 있습니다.

역대기는 BC 520년에서 BC 500년대, 혹은 BC 450년경 전후에 쓰인 책입니다. 남왕국과 북왕국이 더 이상 존재하지 않을 때 쓰였다는 말입니다. 북왕국과 남왕국의 정통성 갈등, 논쟁, 그리고 동족상잔이 없을 때, 즉 그 모든 일은 이미 과거지사가 되었을 때 쓰인 책입니다. 다시 말해서 오히려 왕국 분열의 시대를 아프게 회고하던 때에 쓰였습니다. 왕국 분열의 역사과정에서 남왕국이 옳으니 북왕국이 옳으니, 이런 헤게모니 싸움과 정통성 싸움을 할 필요가 없는 때 쓰인 책이란 말이죠.

역대기서가 쓰인 그때 역대기서 저자에게는 어떤 반성과 성찰이 있었을까요? '우리가 남왕국과 북왕국이 분열되어 서로 싸운 것, 이건 매우 안 좋은 것이다. 이제 남왕국 중심으로 하나 되자고 선동하지도 말고 북왕국 중심으로 하나 되자고도 주장하지 말자. 왕실은 이스라엘을 하나로 결속시키는 기관이 아니다. 오히려 예루살렘 성전이 하나님의 궁전으로서 이스라엘을 하나로 결속시키는 영적 구심체이다.' 역대기서 저자는 이런 반성과 성찰을 했던 사람이었습니다. 따라서 민족 분열과 상쟁을 고치려고 애썼던 사람들이 역대기서 전체에 걸쳐서 부각되는(close up) 것은 우연이 아닙니다. 그래서 역대기상하는 남왕국과 북왕국의 분열 역사를 아프게 회고하거나, 그것을 막으려고 했거나, 남왕국과 북왕국 사이의 화해를 도모하는 예언자들, 왕들, 영적 지도자들의 업적을 되살려냅니다. 열왕기상하에 나오지 않는 사람들과 사건들이 역대기서에서 비중 있게 다뤄집니다. 열왕기상하에는 나오지 않고 역대기서에만 있는 자료를 '역대기 특수자료'라고 하는데, 이 역대기 특수자료 안에 역대기서의 독특한 신학적 지향이 드러나 있습니다. 역대기서의 특수한 신학적 지향은 뭡니까? 남북왕국의 화해, 남북왕국에 남은 백성들의 영적 일치와 화해입니다. '이스라엘은 하나의 민족이다'라는 '전(全) 이스라엘' 사상입니다. 그래서 역대기서 저자는 분열의 시대를 살았지만 이 분열의 시대를 극복하기 위해서 애썼던 사람들을 부각시킵니다. 또한 남왕국과 북왕국의 왕실 갈등 시기에는 양국 백성 사이에 형제자매적 우애가 있었고, 형제자매라는 일치감과 사랑이 왕실적대감을 이겼다라는 방식으로 과거사를 정리합니다.

대표적인 본문이 역대하 28장 8–15절입니다. 구약성경 버전의 "선한 사마리아인 이야기"입니다. 이 이야기의 핵심은 북왕국 사마리아 사람들의 선행을 남유다 사람들이 쓴 과거역사 기록에 크게 부각시켰다는 점입니다. 남왕국과 북왕국이 BC

735년부터 732년에 소위 시리아-에브라임 전쟁을 합니다. 시리아-에브라임이 유다를 겁박해서 반(反)앗수르 동맹에 가담시키려고 예루살렘을 공격하고 에워싼 전쟁입니다. 시리아(아람)와 북이스라엘이 동맹을 맺어서 남유다를 3년간 공격합니다. 이때 남유다의 농촌 지방들이 두 연합군의 침략 앞에 많이 유린됩니다. 그래서 이 전쟁 끝에 북왕국이 남왕국 주민 20만 명 정도를 포로로 잡아서 사마리아로 끌고 갔습니다. 그런데 사마리아에 살던 오뎃이라는 예언자가 나타나서 '우리의 골육지친인 저 유다 백성을 전쟁포로처럼 대우하고 묶어서 학대하고 끌고 온' 야전사령관들을 무섭게 질책하는 일이 벌어졌습니다. 오뎃은 사마리아의 이사야라고 불릴 수 있는 기가 막힌 예언자였습니다. 오뎃이라는 예언자가 북왕국의 군사적 노략행위와 남왕국 동포에 대한 포로취급을 맹렬하게 비판하면서 '우리가 형제자매를 노예처럼 부려먹고 전쟁포로처럼 대우하는 것은 옳지 않다. 즉시 돌려보내야 한다.'라고 외쳤습니다. 그는 다른 사마리아 지도자들의 지지를 받아 북왕국의 장군들을 설복시켜 남왕국에서 끌려온 포로들을 다시 여리고까지 데려다주라고 요구했습니다. 그래서 사마리아 사람들이 제네바 포로협정 기준보다 더 좋은 대우를 유다 포로들에게 제공합니다. 그들은 포로들의 상처를 깨끗하게 치료하고, 싸매고, 먹이고, 벗겨진 옷을 다시 입히고, 신발을 신겨서 여리고까지 데려다주고 돌아갑니다. 여러분, 누가복음 10장의 선한 사마리아인 이야기와 참 많이 닮았지요? 역대기하 28장의 선한 사마리아 사람들은 포로로 잡혀와 고생한 동포들을 여리고까지 데려다주었습니다. 누가복음 10장의 선한 사마리아 사람은 여리고에서 강도를 만나 거반 죽게 된 사람의 상처를 싸매고 고쳐주었습니다. 예수님은 누가복음 10장의 선한 사마리아인 이야기를 들려주시면서 아마도 역대하 28장을 생각하셨을 것입니다.

역대기하 28장의 이 충격적인 감동실화의 의미는 무엇일까요? 남유다 왕국의 사람들이 쓴 역사책에 북왕국 사람들이 했던 이 눈부시게 착한 행동을 자세히 기록했다는 말은 뭐죠? 남북분열 중에도 남왕국과 북왕국 사람들 사이에는 형제애가 작동했으며 분열의 정서보다 일치와 형제애가 더 오래 지속되었다는 것을 역대기서 저자는 강조하고 싶었던 것입니다. 여러분, 에드워드 카는 『역사란 무엇인가』라는 책 1장과 5장에서 이렇게 말합니다. "역사는 역사가라는 현재와 과거자료와의 대화이다." "역사란 또한 역사가가 미래의 이상사회에 이바지할 과거사건을 골라서 시도하는 대화이다."[3] 역사는 현재와 과거와의 대화이면서 현재와 미래의 대화라는 것입니다. 현재 역사가가 과거의 많은 사실들을 소환하고 역사를 재구성할 때 어떤 과거사건을 취하여 역사에 기록할 것인가는 선택의 문제라는 것입니다. 역사적 사건들을 취사선택할 수밖에 없다는 것입니다. 에드워드 카는 취사선택의 안목은 역사가 개인에게 있다고 했습니다. 그런데 역사가가 순수 개인입니까? 아닙니다. 역사가는 자기가 속한 공동체의 관심을 대변하는 개인입니다. 즉, 동시대 사람들을 대신하는 역사가가 역사를 쓸 때 그 시대의 요청에 따라서 과거 사실을 취사선택하여 진술합니다. 역대기상하는 민족 화해적인 미래, 민족 화해적인 일치감이 훨씬 중요한 미래를 생각하면서 과거사를 정리합니다. 그래서 "역사란 과거와 미래 이상사회와의 대화이다"라고 설파한 에드워드 카의 통찰은 역대기 역사가에게도 그대로 적용됩니다. 역대기상하의 저자가 볼 때 미래 이상사회는 남북왕국의 국민들이 분열하고 갈등하는 것이 아니라, 서로 화해하고, 서로 친하게 지내야 할 사회였습니다. 그러기 위해 역대기 역사가는 형제애를 발휘했던 그 기억들을 소환하여 '앞으로 우리가 살 세상은 사마리아 사람들과 예루살렘 사람들이 하나 되는 세상이다'라고 말하고 싶었던 것입니다. 역대기상하는 '역사란 과거와 미래 이상사회의 대화다'라는 명제라는 열쇠로 열면 열리는 과거의 문입니다.

바로 이런 역대기서의 민족 화해 정신을 이어받은 분이 예수님입니다. 예수님은 사마리아를 거쳐 예루살렘으로 내려오기도 하고, 갈릴리로 돌아가기도 합니다. 요한복음 4장 1절과 2절에 보면, 예수님께서 유다를 떠나 갈릴리로 올라갈 때 의도적으로 사마리아를 거쳐 올라갑니다. 누가복음 9장 마지막에도 사마리아를 거쳐서 예루살렘으로 내려옵니다. 여러분, 예수님이 예루살렘-갈릴리, 갈릴리-예루살렘 여정에서 일부러 사마리아를 거치는 이유는 뭐죠? 예수님 머릿속에는 이 사마리아 사람으로 대표되는 10지파와 남유다와 베냐민 지파가 살았던 유다 사이에 평화를 도모하는 일이 너무 중요했기 때문입니다. 예수님이 사마리아를 거쳐 예루살렘과 갈릴리를 오가는 결단을 하신 것은 갈라진 동포들의 마음을 싸매고 치유하길 원했기 때문입니다. 예수님은 역대기의 민족 화해 사상을 일찍이 체득하고 체현하신 거죠. 이 정도 하면 역대기상하가 어떤 책인가를 알 수 있겠죠? 열왕기상하는 '느밧의 아들 여로보암, 그가 예루살렘에서부터 이스라엘 백성을 끌고 나가서 따로 왕국을 세운 것은 매우 나쁜 거야, 틀렸어!'라고 말하는 데 비해서, 역대기상하는 '유다왕실과 북이스라엘 왕실의 분리에도 불구하고 우리 겨레는 분열된 적이 없었어. 예루살렘의 영적 구심력이 우리 이스라엘 민족의 분단 체제 안에서도 여전히 작동했기 때문이야.'라고 말합니다. '우리는 정치적으로는 분단되었지만 영적으로는 여전히 하나였다.' 이것을 강조한 겁니다. 역대기서는 분열의 역사를 강조한다기보다는 분열의 역사에도 불구하고 화해와 일치의 기억을 더 강조하고자 합니다. '왕실은 분열되고 정치가들은 분열되고 장군들은 서로 싸웠지만 우리 백성은 영적으로 하나였다.' 이것이 역대기상하의 내용입니다.

이런 민족 화해 및 통일사상을 강조하는 또 하나의 일화를 들어보겠습니다. 역대하 30장에서 히스기야가 예루살렘에서 유월절을 축성(祝聖)합니다. 유월절은 이스라엘 민족이 이집트에서 해방되던 그 절기를 기리는 해방과 구원의 축제죠? 이 유월절을 유다 달력으로 말하면 1월 14일에 축성해야 되는데, 사마리아 달력으로는 2월 14일에 축성(祝聖)해야 했습니다. 히스기야는 일부러 북왕국 사람들의 역법에 따라 유월절 행사를 함으로써 북왕국 사람들을 예루살렘으로 초청합니다. 이것은 뭘 가리켜요? 히스기야가 얼마나 정성껏 북왕국 사람들을 포용하였고, 민족의 일치감으로 그들을 이끌고 지탱했는지를 보여줍니다. 히스기야가 유월절을 한 달 연기해 가면서까지 북왕국의 사람들을 예루살렘 유월절 축성(祝聖)에 참여시키려고 노력한 것은 역대하 30장 여기에만 나옵니다. 역대기상하 저자는 남왕실과 북왕실 갈등 역사, 상잔 역사, 그리고 정통성 논쟁의 역사는 다 필요 없다고 보는 것이죠. 역대기 저자의 머릿속에는 이스라엘의 미래사회가 이랬을 것입니다. "우리가 지향할 사회는 북의 10지파, 남의 2지파가 하나가 되어서 정말 서로 화해하면서, 예루살렘 성전예배를 드리는 공동체이다. 하나님을 왕으로 섬기며 세속왕조 없이도 존립하는 나라, 왕과 상비군과 관료조직 없어도 예루살렘 성전 중심으로 똘똘 뭉쳐서 하나 되는 미래사회를 꿈꾼다." 이처럼 역대기상하는 생각보다 굉장히 따뜻한 책입니다. 이상에서 살펴본 것처럼 역대기상하는 남북분열의 역사를 아픈 마음으로 회고하는 책입니다. 역대기상하가 오늘날 우리에게 주는 함의는 큽니다. 그럼 역대기상하의 최초의 독자들은 그 책을 옛날 이스라엘 사람들 이야기로만 읽었을까요? 아마도 아니었을 것입니다. 그들이 꿈꾸는 미래사회는 동족이 서로 갈등하고 분열하는 나라가 아니었습니다. 그들은 공동체적 역사를 재해석할 때 동포들을 분열시키고 대립시키는 부정적인 사건 중심의 과거사는 일부러 무시했습니다. 동포들을 서로 화해하게 만드는 과거의 일화와 사건들에 대한 기록을 일부러 더 의미심장하게 소환하여 그들의 이상사회의 청사진(역대기상하)에 담기를 원했을 것입니다. 오늘날 세계 유일 분단적대국을 조국으로 갖는 21세기 대한민국 사람들에게 남북한 갈등의 역사, 대립과 증오로 얼룩진 한일의 과거사를 전부 다 역대기적으로 재해석하고 정리할 수 있는 용기와 담력이 있다면 얼마나 좋을까요? 우리가 서로에게 철천지원수가 되고, 서로에 대한 증오심을 정당화하고 유지하도록 도와주는 그런 과거사 정리 말고요. "우리가 지금은 불편한 갈등 속에 빠져있지만, 우리를 강력하게 결속되게 만들었던 과거의 감동적인 순간도 많았다." 그런 과거의 기억들을 주로 채집하여 모아서 쓰면 역대기적 남북한역사, 역대기적 한일역사가 될 것입니다. 저는 한일관계, 남북관계에서도 이 역대기적 접근으로 과거사를 정리할 필요가 있다고 봅니다. 따라서 역대기는 인문학적인 지혜를 줍니다. 갈등의 확대·재생산이 아니라, 화해와 인류애적인 동포애를 소환하는 방식의 과거사 정리가 더 온당하다는 것이죠. 이상입니다. 감사합니다.

6강-2

에스라, 느헤미야

안녕하십니까? 숭실대학교 인문대 기독교학과 김회권 교수입니다. 오늘 강의는 에스라, 느헤미야에 관한 강의입니다. 에스라, 느헤미야, 아마 이 사람들의 이름을 들어보지도 못한 사람이 많을 겁니다. 이 두 책도 구약성경 전체를 볼 때 잘 애독되지 않는 책들이기 때문입니다. 에스라, 느헤미야를 정독하는 사람은 아마도 없을 겁니다. 그리고 보통 기독교인들이 아침마다 읽는 성경묵상용(Quiet Time) 잡지에도 보면 에스라, 느헤미야의 본문을 정독하기보다는 건너뛰면서 그것들로부터 얻을 수 있는 교훈을 바로 뽑으려고 하는 경우가 많습니다. 확실히 에스라, 느헤미야, 이 두 책 다 오늘날 이런 국제주의적인 개방사회에서 별로 인정받지 못합니다. 왜 그런지 아십니까? 에스라, 느헤미야는 다민족, 다문화, 다종교가 다원주의적으로 얽혀 사는 사회에서 너무 지나치게 자기다움(identity)을 유지하려고 분투하는 사람들의 전투적 신앙을 은근히 칭찬하기 때문입니다. 이 두 책 모두 21세기 글로벌 다원주의 다인종 혼종(混種)시대에는 약간 뒤처진 배타적 종교서적으로 보이는 이야기이거든요.

자기다움을 아이덴티티(identity)라고 말합니다. 사람이 타자와 관계를 맺고 타자에게 의미 있는 존재로 영접되기 위해서는 먼저 자기자신이 되어야 합니다. 자기자신다움이 정체성입니다. 이스라엘 민족의 자기자신다움을 구성하는 핵심요소는 하나님이었습니다. 에스라서와 느헤미야서를 현대인들이 불편하게 여기는 이유는 정체성 또는 자기다움을 보존하는 과정이 자기답지 못한 것을 배척하는, 즉 타자성을 배척하는 것과 깊이 관련돼 있기 때문입니다. 에스라서와 느헤미야서가 다루는 BC 450년경 이스라엘 고토 상황에서 바벨론 귀환포로들은 극소수의 숫자를 가진 사람들이었습니다. 그들은 BC 597−586년에 나라가 망하고, 538년부터 450년까지 약 세 차례에 걸쳐서 바벨론에서 귀환한 포로들입니다. 약 14만 4천 명 정도의 바벨론 귀환포로들이 귀환했다는 전설이 있습니다. 제1차 바벨론 귀환포로들은 BC 538년에 페르시아의 태조 고레스가 칙령을 내려서 70년의 바벨론 생활을 끝내고 돌아옵니다. 제1차 바벨론 귀환포로들은 세스바살과 스룹바벨 같은 지도자들 중심으로 가나안 고토로 돌아옵니다. 제2차 바벨론 귀환포로는 BC 450년경 에스라를 중심으로 귀환했습니다. 제3차 바벨론 귀환포로는 BC 450년에서 445년 사이에 느헤미야를 중심으로 돌아왔습니다. 에스라, 느헤미야는 외국 페르시아 제국 치하에서 태어났습니다. 그들은 이때까지 자기 고국, 가나안 땅을 한 번도 안 가봤을 가능성이 많습니다. 쉽게 말해서 그들은 바벨론 유대인 교포 2세 또는 3세라 할 수 있죠. 그들은 둘 다 페르시아 제국의 고급 공무원으로서 자기 조상의 땅으로 가서 페르시아적 사명을 수행합니다. 그들이 수행하도록 위임받은 페르시아적 사명이 뭘까요? 페르시아의 세계제국적 경영과 관련된 사명입니다. 이 페르시아적 사명을 이해하려면 페르시아의 역사와 150여 년의 기간 동안 벌어졌던 그 유명한 페르시아−그리스 전쟁을 먼저 이해해야 합니다. 페르시아는 오늘날의 이란과 이라크 일부지역에 등장한 아리안 족의 국가로서 BC 538년부터 BC 330년경까지 약 200년간 존속한 나라입니다. 페르시아는 초대 황제 고레스가 나라를 세운 지 약 200년 만에 마케도니아의 정복군주 알렉산더에 의해서 망하게 되죠. 페르시아가 바벨론을 무찌르고 처음으로 취한 조치가 '자기 고국으로부터 쫓겨 나와 바벨론 제국에서 이산과 유랑의 운명을 겪고 있는 모든 소수민족들은 자기 고향 땅으로 돌아가도 된다'라는 칙령입니다. 이걸 BC 538년의 고레스 칙령이라고 얘기하죠. 그렇다면 고레스 칙령은 왜 내려졌는가? 많은 학자들은 고레스라는 사람이 마음씨가 좋아서 포로생활하는 사람들의 처지를 매우 불쌍하게 여겨 그렇게 했다고 생각하지 않습니다. BC 586년부터 BC 538년까지 이 기간은 바벨론 강제이주민들 또는 바벨론 포로들이 이미 바벨론에서 삶의 터전을 닦고, 공동체를 이루고, 나름대로 성공을 구가하던 때입니다. 따라서 불쌍하게 여길 이유가 없는 겁니다. 심지어 페르시아 제국시대의 고고학 유물 중에서 무라슈 다큐멘트(Murashu documents)라는 문서가 있습니다. BC 450년 전후에 작성된 문서인데 거기에는 유대인의 이름을 가진 사람(이름에 yahu가 붙어 있는 사람들)이 약 900명 등장합니다. 19세기 말에 니푸르(Nippur)에서 발견된 이 문서는 그들이 땅 및 토지거래와 일반적 상업에 종사하고 있었음을 보여줍니다. 거래문서입니다. BC 5세기 중반경에 페르시아에서 유대인들이 얼마나 엄청난 경제적 성공을 거두었는가를 간접적으로 알려주는 문서입니다.[4] 페르시아 제국 내의 소수민족 중에서 가장 성공한 소수민족이 유대인라고 할 수 있어요. 이 상황을 반영한 책이 에스더서입니다. 여기에 나오는 페르시아의 황궁 경비대장이 누구예요? 소수민족 유대인 출신 모르드개입니다. 페르시아 아하수에로왕의 왕비가 누구예요? 소수민족 유대인 출신의 에스더입니다. 이 책은 페르시아에서 맹활약하는 유대인들의 역동성을 보여줍니다. 유대인들은 바벨론 포로로 끌려가서 영락하거나 몰락해 세력이 위축되지 않았습니다. 그곳에서 성공을 했고, 심지어 경제적 부를 이루었습니다. 그래서 이들이 바벨론 땅에서 가나안 고토로 돌아가라는 명령을 들었을 때 환영을 하면서 '하나님이 불쌍한 우리를 불쌍히 여기는구나'라고 생각한 게 아니라는 말입니다. 그렇다면 왜 고레스는 황제 취임 후 곧장 칙령을 내려 바벨론 귀환포로들로 하여금 가나안 고토로 되돌아가도 좋다고 허용했을까요? 그들이 썩 불쌍하게 보이지도 않았는데 왜 고국으로 가라고 했을까요? 이유가 있습니다. 그것은 페르시아 제국의 세계경영과 관련되어 있습니다. 여기서 우리가 곧장 페르시아 시대의 지중해 맞은편 라이벌이 누구인가를 기억할 필요가 있습니다.

여러분, 바로 BC 538년은 그리스의 황금시대 초입니다. 솔론 치하의 아테네는 최초의 대외 전쟁인 메가라와의 살라미스 전쟁을 승리로 이끌고, 이 전쟁을 승리로 이끈 지도자 페이시스트라토스(Peisistratos)는 기원전 561년에 평민층의 지지를 바탕으로 참주가 되었습니다. BC 490년에는 최초로 그리스와 페르시아의 전쟁이 발발했습니다. 477년에는 1차 아테네 해상동맹인 델로스 동맹이 결성되었습니다. 고레스 칙령부터 에스라, 느헤미야의 가나안 고토파견을 이해하려면 페르시아가 직면한 세계적 세력판도를 알아야 합니다. BC 538년은 그리스의 도시국가들이 맹렬하게 세력을 떨쳐서 지중해 건너 페르시아까지, 소아시아까지 막 진출하면서 세력을 확장할 때입니다. 그리스는 오늘날의 터키 남부해안 지방, 즉 이오니아에 식민도시들을 건설했고 많은 그리스인들을 그곳에 살도록 유도했습니다.[5)] 이런 상황에서 고레스는 그리스와 이집트라는 거대세력과 페르시아 중간에 친페르시아적 완충국가 혹은 원격으로 통제된 친페르시아 외곽초소격 공동체가 있기를 바랐을 수 있습니다. 아니나 다를까 BC 492년에 페르시아와 그리스 아테네 전쟁이 일어납니다. 유명한 마라톤 전쟁도 결국 BC 490년 전쟁의 일부였습니다. 42.195km를 달려 아테네가 이겼다는 말을 해주기 위해서 마라톤 평원을 달렸다는 이야기가 마라톤의 기원 아닙니까? BC 490년경에 그리스 도시국가 동맹이 페르시아를 위협할 만큼 지중해 일대에 세력을 떨쳤습니다. 그런데 지중해를 뚫고 가야만 이집트 및 유럽으로 가는 상업노선을 개척할 수 있는 페르시아 제국으로서는 지중해 제패권과 지중해 상권을 지키고 싶었을 것입니다. 이 과정에서 페르시아는 그리스 세력과 충돌할 수밖에 없었던 거죠. 그래서 페르시아와 그리스 사이에는 BC 490년대 초부터 계속 충돌이 일어납니다. 그 전쟁의 마지막이 바로 마케도니아 필립왕의 아들 알렉산더 대왕에 의해 장식됩니다. 다니엘서 8장은 페르시아와 그리스의 전쟁을 동물(염소와 양)의 각축으로 묘사합니다. 페르시아의 입장에서 볼 때 페르시아가 지중해에서 이집트나 유럽으로 갈 때 그 중간에 중간급 유지 같은 완충지대가 필요하다고 느꼈습니다. 그래서 옛날 이스라엘 고토에 친(親)페르시아 완충 공동체 또는 완충 준국가가 필요했습니다. 소수민족이었던 바벨론 포로들로 하여금 '예루살렘 고토로 돌아가라'고 허용하고 장려한 것은 친페르시아적인 일종의 완충 GP 국가, 그러니까 외곽초소 국가가 이스라엘 고토에 있으면 좋겠다는 생각 때문이었을 것입니다. 이스라엘 고토에 외곽초소 국가가 필요했다고 느낀 이유는 고레스 칙령이 반포된 지 50년도 채 안 되어 입증되었습니다. BC 480년경에 이집트에서도 페르시아에 대항하는 반란이 일어났습니다. 그러니까 이집트와 그리스 일대에서 페르시아의 지중해 진출을 가로막는 정치적·군사적 움직임을 완화시키고 상쇄하기 위해서 이스라엘 고토에 페르시아에게 매우 우호적인 준국가 공동체가 존재하여야 할 이유가 더욱 분명하게 드러난 셈입니다.[6)] 고레스 황제와 페르시아 황실이 예루살렘 성전 건축을 지원하고, 예루살렘 성벽 중건을 돕고, 유대인들 포로의 가나안 고토귀환을 장려한 이유는 바로 이런 페르시아의 세계경영을 성취하기 위함이었다는 것입니다. 이렇게 세계사적인 맥락에서 봐야 페르시아 제국의 바벨론 귀환포로 귀환허용 및 장려정책이 제대로 해석됩니다.

이 중에서도 페르시아 제국이 자신의 아젠다를 관철시키기 위하여, 즉 예루살렘과 유대를 강력한 친페르시아 공동체로 만들기 위해서 중용한 사람이 누구입니까? 에스라, 느헤미야입니다. 에스라, 느헤미야는 둘 다 페르시아 황궁관리로서 페르시아 황제의 녹을 먹는 사람들입니다. 이들은 예루살렘에서 활동했지만 그들의 머릿속에는 페르시아의 세계제국적 경영과 통치와 관련된 활동이 주요관심사였습니다.

에스라는 성전 건축을 완성하는 데 이바지한 사람입니다. 물론 공식적인 성전 건축은 538년부터 515년까지 23년간 이루어졌습니다. 에스라가 오기 전에 성전은 중건되었습니다. 예루살렘 성전과 성벽은 같이 중건되기 시작했는데, 이 성벽과 성전 건축을 좌절시키려는 방해자들이 많았습니다. 대표적인 방해자들은 누구입니까? 바벨론 포로생활을 겪지 않고 남아있던 이스라엘 백성들이었습니다. 그들의 주류는 '사마리아 사람들'로 불립니다. 특히 바벨론 포로생활을 겪지 않고 남아있던 사마리아에 본거지를 둔 토착 이스라엘 사람들의 방해가 가장 심했습니다. 유다 사람들 중 비유배파들 또한 사마리아 사람들과 한통속이었습니다. 바벨론에서 돌아온 사람들과 바벨론으로 끌려가지 않고 남아있는 사람들은 그들의 과거 100여 년의 역사를 보는 눈이 완전히 달랐습니다. 바벨론 귀환포로들은 "우리가 정통 하나님의 사람으로 준비됐어! 우리는 참 하나님께서 돌보신 좋은 무화과나무야(렘 24장)."라고 주장했습니다. 그들은 주로 예레미야의 예언에 의지하여 이스라엘 고토에서 일어나는 일들의 주도권을 자신들이 가져야 한다고 주장했습니다. 반면에 '사마리아 사람들'로 알려진 비유배파들은, "아니야. 가나안 땅에 남아있던 사람들이 하나님이 볼 때 의로운 사람이야. 우리는 죄를 짓지 않은 의로운 사람이기 때문에 바벨론 포로로 안 잡혀갔어."라고 생각하며 자신들이 가나안 땅의 참 주인이라고 주장했습니다. '누가 더 의로운가? 땅에 남아있던 사람들, 즉 포로로 잡혀가지 않은 이들이 더 의로운가?' '70년 동안 바벨론 포로생활을 했다가 돌아온 이들이 더 옳은가?'라는 논쟁이 붙은 거죠. 그런데 이 논쟁을 예상하고 일찍이 판결을 내려준 예언자가 있었는데, 바로 예레미야입니다. '바벨론 포로들이 훨씬 더 의롭고, 하나님에 더 적법한, 더 단련된, 더 정화된 동반자다'라고 말해준 사람이 예레미야입니다. 예레미야 24－25장이 정확하게 바벨론 포로들이 하나님의 동역자들이라고 확언합니다. '바벨론 귀환포로들이야말로 왜 바벨론 포로살이가 일어났는지를 해석하고, 하나님의 뜻으로 국가멸망의 재난을 해석한 사람이고, 영적 감지력이 있고 영적 지각력이 있는 사람들이다.' 이런 취지가 예레미야의 메시지입니다. 바벨론 귀환포로들은 이 예레미야의 메시지를 확장하여 다음과 같이 생각했습니다. '바벨론 포로생활을 하지 않고 가나안 땅에 남아있는 사람들은, 바벨론 포로살이라는 역사적 재난을 해석할 안목도 없고, 하나님으로부터 아무런 예언자적 메시지도 받지 못한 사람들이다. 그들은 예언자적인 돌봄도 받지 못한 사람들이다. 이들은 오히려 사마리아에 와 살던 앗수르 사람들과 몸, 정신, 피가 뒤섞여서 혼혈민족이 돼버렸다.' 그때부터 바벨론 유배파들은 가나안 땅에 남아있던 사람들을 경멸적으로 "사마리아 사람"이라고 불렀습니다. 1차적으로는 사마리아에 사는 사람들이 사마리아인이지만, 2차적으로는 바벨론 포로생활을 겪지 않고 가나안 땅에 남아 있으면서, 사마리아 사람들의 영향을 받는 사람들 전부 다 사마리아 사람들이라고 간주했습니다. 바로 이런 이유 때문에 사마리아 사람들이 처음에는 성전 건축에 동반자가 되려고 했지만, 바벨론 귀환포로들이 그들을 쫓아냈습니다. 이 근본갈등이 바로 에스라서와 느헤미야서를 관통하는 갈등입니다. 에스라 1－4장이 바로 이런 상황을 다룹니다. 5－6장은 사마리아 사람들의 방해를 극복하고 성전을 완성하고 봉헌하는 이야기입니다. 7장은 에스라의 예루살렘 도착을 다루고 8장은 에스라와 함께 돌아온 포로들의 명단을 말합니다. 9장은 에스라의 구국회개 간구입니다. 10장은 이방인 아내와 결혼해서 히브리어를 하지 못하는 혼혈자녀를 낳은 유력지도자 가문들을 색출하여 이방인 아내들을 다 축출하는 이야기입니다.

결국 에스라, 느헤미야의 갈등은 뭡니까? 동족 분열의 역학성, 분열의 다이내믹성을 다룹니다. "우리가 진짜 참 하나님의 백성들이야. 우리는 바벨론 포로생활을 겪으며, 하나님의 의로운 심판을 겪어서 우리는 심판의 불꽃으로 정화된 사람이야. 우리는 열방 중에서 살았지만 깨끗하게 된 사람이야. 우리는 하나님의 불꽃에 단련되고, 의롭게 되고, 정결케 됐어. 우리는 이 가나안 땅의 역사를 이어갈 정통 적법한 계승자야." 에스라서와 느헤미야서는 이렇게 주장합니다. 그런데 사마리아에 남아있던 사람들 또는 가나안 본토에 남아있던 사람들은 이렇게 생각했습니다. '아니야. 이방인과 우리를 서로 나누면 안 돼. 사마리아 사람인 우리는 다른 인종과 섞여 사는 일을 피할 수 없어. 따라서 이스라엘다움, 유대인다움을 너무 강조하면 안 돼. 아라비아 사람과 암몬 사람과 모압 사람과 우리 모두가 하나가 되어야 해. 지금은 유대인다움을 너무 강조하면 안 돼. 이스라엘인다움을 너무 강조하면 안 돼. 정체성만 너무 강조하면 안 돼. 우리는 서로 이웃과 연결돼야 해. 인근 족속과 하나가 돼야 해.' 이것이 사마리아 사람들의 속생각이었습니다. 사마리아 사람들의 관점은 국제주의적인, 혼합주의적인 다원주의적 가치관입니다. 이런 혼합주의적이고 다원적인 인생관을 가졌던 사마리아 사람들과 순혈주의적인 정체성만 강조하는, 속이 좁은 것처럼 보이는 에스라, 느헤미야의 갈등이 에스라, 느헤미야서의 주제입니다. 에스라는 예루살렘의 성전과 율법을 중심으로 이스라엘의 인적 정체성을 재건하는 일을 주도합니다. 그러기 위해 그는 율법을 가르쳐서 이방인과 다른 이스라엘 백성다움, 사마리아 사람과 다른 이스라엘 백성다움, 하나님 백성다움, 자기다움을 강조하는 교육을 시켰습니다. 이 과정에서 그는 이방 여자들과 결혼한 유다 귀족들과 제사장 등 모든 유력자들로 하여금 이방인 아내들을 내보내도록 함으로써 전부 다 강제로 이혼시켰습니다. 그러니까 국제주의적인 통교주의, 다원주의적인 개방주의를 전부 다 정죄하는 거죠.

이와 똑같은 정신으로 일하는 사람이 거의 같은 시대 사람, 느헤미야입니다. 1장은 아하수에로왕의 술을 맡는 관원, 즉 로얄 칵테일러(royal bartender) 느헤미야를 소개합니다. 로얄 칵테일러는 왕의 음료를 관장하는 고급 공무원인데, 왕실의 신임이 두터운 사람만 이 직분을 맡았습니다. 페르시아 왕실의 신임이 두터웠던 로얄 칵테일러였던 느헤미야는 예루살렘 총독으로 13년간 일합니다. 느헤미야는 조국 유다에서 들려오는 애통한 소식(성문이 불탔다)에 수심이 가득 찬 얼굴로 다니다가 황제에게 자신의 우환을 털어놓게 되었습니다. 2장은 느헤미야의 유다 총독 임명 상황을 보도합니다. 느헤미야는 13년 일하면서 사마리아 사람들 그리고 인근 주변 암몬 사람, 아라비아 사람 등의 방해를 돌파해 52일 동안 예루살렘 성전을 중건합니다.

느헤미야 3장은 느헤미야가 예루살렘 파괴현황을 실사하기 위하여 야간민정시찰하는 상황을 보도합니다. 모든 예루살렘 거민에게 성벽 중건에 참여할 기회를 주기 위해 아주 면밀하게 성벽 파괴현황을 조사했던 것입니다. 느헤미야는 예루살렘 성전을 중건할 때 모든 사람들이 자기 집에 가장 가까운 성벽을 건축할 사명을 부여하고 전 주민의 동의와 참여를 이끌어냈습니다. 지금도 예루살렘 성벽에 가보면 알지만 서쪽 통곡의 벽이 남아 있죠. 북쪽은 천연요새로 쓰이는 절벽으로 둘러싸여 있기에 성벽을 쌓을 필요가 없었습니다. 남쪽, 동쪽 성벽은 부서졌는데, 서쪽 통곡의 벽은 아직도 남아 있습니다. 여기에 놀라운 비밀이 있습니다. 로마군이 AD 135년에 그렇게 많은 포탄, 공성퇴 공격을 가했는데도 서쪽 벽은 무너지지 않았습니다. 이 난공불락의 견고함은 어디서 왔을까요? 이스라엘 평민들이 쌓은 영역이 바로 서쪽 영역이었습니다. 3장에서 보듯이, 예루살렘 성벽 중건에는 모든 계층의 사람들이 다 참여했습니다. 제사장, 관리, 유력자, 일반 백성 모두 다 자기 집 앞에 있는 일정한 길이의 성벽을 쌓도록 위임받았습니다. 그중에서 평민들이 쌓았던 서쪽 벽이 아직도 건재하다는 것은 이스라엘 평민의 진실성과 헌신성이 청사에 빛나는 귀감이 됨을 보여줍니다. 이렇게 거족적인 노력으로 예루살렘 성벽 중건에 모두 52일이 걸렸습니다. 그때부터 귀환포로 공동체는 성벽 안 사람과 성벽 바깥사람을 구분했습니다. 느헤미야는 예루살렘 성벽 안에는 유대인 중의 유대인들을 거주하게 했습니다. 예루살렘 성 안에는 누가 살았습니까? 제사장과 레위인들과 유대인 중에서 하나님의 율법에 가장 정통한 사람들, 종교 엘리트들이 살았습니다. 느헤미야는 제사장과 레위인들, 그들을 예루살렘의 거룩성(sanctity)을 북돋우고 유지하는 데 투신된 영적 엘리트로 키웠습니다. 그리고 예루살렘 성 바깥에는 평민들과 이방인들이 살았습니다. 성을 쌓는다는 행위는 나와 타자(他者)를 강력하게 구분하는 행위입니다. 그리고 느헤미야도 이런 의식으로 성을 쌓았습니다. 이런 의식으로 느헤미야는 이방 여인과 결혼한 사람들을 다 강제로 이혼시켰습니다.

4장은 사마리아 토후 세력 산발랏의 성벽 중건 방해 음모와 공작을 돌파하며 성벽 공사를 힘있게 추진하는 느헤미야의 지도력을 칭찬합니다. 5장은 유다 귀환포로공동체 안에 발생한 빈부격차와 양극화 문제를 해소하는 느헤미야의 청백리적 지도력을 칭찬합니다. 5장에 따르면 귀환포로 공동체 안에 극심한 빈부격차가 생겨나서 이스라엘 백성이 다른 동포에게 노예로 팔리는 사태가 발생했습니다. 돈이 많은 사람들이 돈이 적은 사람에 비해서 훨씬 더 권력을 많이 누리고, 갑자기 흉년을 만난 동포들에게 종살이를 시키면서 6년이 지나 7년째 되어 면제년이 시작되어도 동포출신 종을 풀어주지 않았던 겁니다. 유다의 귀인들과 장로들이 면제년이 돼도 동포출신 노예를 풀어주지도 않고, 몸만 종살이할 뿐만 아니라 땅 전체를 빼앗아버리는 만행을 범하고 있었습니다. 그 옛날 바벨론 유배를 초래할 정도로 큰 죄악들, 사회양극화, 빈부격차, 동포의 노예화 작태가 그대로 재현되고 있었습니다. 그래서 느헤미야는 이사야, 예레미야처럼 동포를 노예 삼고, 땅도 돌려주지 않고, 7년 면제년이 되어도 동포의 인신을 해방시켜 주지 않는 유다 귀족들과 장로들을 무섭게 질책하면서 급진적 사회개혁을 추진했습니다. 스스로 총독이었지만 느헤미야는 월급도 받지 않고 이렇게 급진적인 사회적 형평정책을 집행했습니다. 느헤미야의 이런 정치적·행정적 리더십으로 이제 예루살렘의 귀환포로 공동체는 어느 정도 안정됩니다. 드디어 유다와 예루살렘은 페르시아 왕실의 원격조정을 받는 친페르시아적 외곽초소 같은 공동체를 이룹니다.

6장은 이런 느헤미야에 대한 대적자들의 음모를 다룹니다. 느헤미야의 성벽 중건을 왕조중건으로 음해하는 자들이 일어나 느헤미야를 암살하려고 했으나, 느헤미야는 두문불출 은인자중하여 위기를 넘깁니다. 페르시아는 절대로 다윗왕조 같은, 페르시아와 언제든지 대립각을 세울 수 있는 독립왕조가 예루살렘에 들어서는 것을 원치 않았습니다. 느헤미야는 이 사정을 잘 알고 두문불출 무대응으로 대처해 위기를 넘겼습니다. 7장은 예루살렘 성벽을 관리하는 중간관리를 임명하는 상황을 보도합니다. 누구보다도 느헤미야 자신이 예루살렘의 성전 중심의 공동체가 하나의 독립왕조가 되는 것을 막고 대신 예루살렘 성전을 준국가 공동체의 중심으로 삼으면서 제사장과 레위인들을 지원했습니다. 8장은 느헤미야가 에스라와 함께 성문 수문 앞 광장에서 초막절 성경사경회를 열고 백성들에게 야웨의 언약백성으로서의 정체성과 자부심을 한껏 고취시키는 상황을 보도합니다. 9장은 느헤미야의 구국회개 기도문입니다. 10장은 하나님의 백성답게 살자는 언약에 참여한 레위인들과 제사장들의 명단입니다. 이들은 이방인들과 절교하고 하나님의 율법을 읽고 준행하기로 결심한 자들입니다. 11장은 예루살렘에 거주하는 백성의 면면입니다. 12장은 예루살렘에 거주하는 제사장들과 레위인들의 명단입니다. 13장은 느헤미야의 예루살렘 성전 정화와 개혁활동을 보도합니다.

이상이 에스라서와 느헤미야서의 큰 줄거리입니다. 그럼 종교적 관심이 없는 사람들한테는 에스라서와 느헤미야서가 무슨 책으로 읽힙니까? 자기다움을 유지하기 위해서 어쩔 수 없이 타인을 배척해야 되는 이런 난민적 상황, 즉 자기 뿌리를 찾기 위해서 어쩔 수 없이 전략적으로 자기다움과 타자성을 구분할 수밖에 없는 사람들의 이야기로 읽을 수 있습니다. 하지만 이 두 책은 결코 외국인 배척이나 혐오(xenophobia)를 조장하거나 정당화하지 않습니다. 타자성에 대한 배척을 결코 정당화하지 않습니다. 어느 일순간이라도 제노포비아, 즉 외국인 혐오증 또는 외국인을 두려워하는 마음이 일어난다면, 그것은 다수의 외국인들 가운데 극소수의 난민적 실존이 우리다움을 유지하기 위해서 일시적으로 취하는 전략이었을 것입니다. 이 두 책은 자신의 영토나 문화를 해치는 침입자적 이방요소를 배척할 뿐, 평화롭게 공존가능한 타자나 외국인을 공격하거나 그들의 문화를 도발하는 것을 결코 지지하지 않습니다.

한때 우리나라도 옛날에 '정체성'을 많이 강조했습니다. '5천 년 단일민족, 단군의 자손.' 이것이 신화인 것을 알지만 세계 속에서 자기를 찾아가는 과정에서 단일민족 신화에 호소한 적이 있었습니다. 지금 우리나라는 다원주의적 혼종문화, 하이브리드를 수용하고 심지어 환영하기도 합니다. 또한 우리나라가 단일민족으로 구성된 나라라는 신화 없이도 우리다움을 유지하는 다른 길을 찾았습니다. 실제로 우리나라 사람들이 유전자 검사를 해보면 남방민족과 북방민족이 뒤섞였단 말이에요. 고려시대에만 하더라도 송도에 7만 명의 외국인이 들락날락했다는 말이 있습니다. 통일신라시대에 경주에도 많은 외국인들이 와서 살았습니다. <쌍화점>이라는 고려시대 때의 가요는 뭐예요? 아랍 상인(회회아비라는 위구르인)과 고려 여자의 사랑을 다룬 남녀상열지사입니다. 이 모든 것은 뭘 가리켜요? 우리 민족이 단일민족이 아니기 때문에 순혈주의적인 민족사랑 구호는 더 이상 안 통한다는 것입니다. 우리 민족은 처음부터 다민족 사회였습니다. 인간사회는 정체성을 강조할 때가 있지만 그 필요성이 약해지면 다시 다원주의 사회 분위기를 수용한다는 것입니다.

따라서 에스라서, 느헤미야서는 우리다움을 강조하기 위하여 어쩔 수 없이 외국인을 배척하는 경향이 있는 것을 인정합니다. 그러나 에스라서와 느헤미야서가 "이것이 항상 옳다"라는 교조를 주창하는 것은 아닙니다. 에스라서와 느헤미야서의 변명은 이런 것입니다. "우리다움을 유지하기 위해서 우리가 하나님 앞에 외국인 아내와 사는 이스라엘 남자와 제사장들을 질책하고 그들로 하여금 외국인 아내들을 내쫓으라고 압박할 수밖에 없는 이유는 무엇인가? 이스라엘 백성의 정체성을 잃을 만큼 외국인과 섞이면 안 된다는 것이었다." 우리다움을 잃으면 어떻게 됩니까? 에스라서와 느헤미야서는 우리다움, 정체성을 잃으면 타자성에 대한 올바른 긍정이 안 된다고 봅니다. "나다움을 유지하는 사람만이 타자성을 긍정하기 때문에 나다움을 형성하기 위해서 애쓰고, 정체성을 형성하기 위해서 애쓰는 것은 타자와의 교제에 더 적합하게 한다." 이것이 두 책의 중심논지일 것입니다. 그렇습니다. 확실히 에스라서와 느헤미야서는 일반적으로 말하면 배타적인 분위기의 책입니다. 그러나 그 배타적인 분위기의 책도 타자성에 대한 무조건적 배척을 정당화하거나 주장하는 것이 아님을 알아야 합니다. 나다움을 상실케 만든 위기에 맞서는 뿌리 찾기 정도입니다. 요한계시록 7장 7-9절에 보면 종말에 완성된 하나님 나라에는 모든 소수민족도 자기 나라와 자기 언어성, 자기 민족성, 인종성을 갖고 참여함을 알 수 있습니다. 아무리 소수단위의 민족도 차별받지 않고 자기 언어를 가지고 천국에 들어갑니다. 절대로 우리가 하나님 나라에 간다고 한국말을 잃는 것이 아니라는 것입니다. 하나님은 모든 세상의 족속과 모든 작은 단위의 부족도, 심지어 300명밖에 남지 않은 소수민족도 그 소수민족다움을 유지하기를 원합니다. 세계의 다양한 민족과 부족들이 단 하나의 인종, 예를 들어 백인종이나 황인종으로 통폐합되기를 원치 않습니다. 우리 모두가 개성적으로 개체다움을 유지하고, 개성다움을 유지하고, 자기다움을 유지한 채 타자와 교제하고 하나 되기를 원합니다. 타자와의 하나 됨은 자기다움의 상실을 요구하는 것이 아님은 물론입니다. 에스라와 느헤미야가 오늘날 약간 인기가 없어 보일 수는 있습니다. 외국인 아내와 사는 사람들을 막 정죄하니까 '그럼 국제결혼을 반대하는 건가?' 이런 반발을 자아낼 수 있습니다. 당연히 아닙니다. 그런 뜻이 전혀 아닙니다. 국제결혼을 반대하는 것이 아니라 외국인 아내가 이스라엘 땅, 하나님이 주신 선물을 외국인 소유로 가로채기 때문에 땅을 보전하고, 기업의 터전을 보호하기 위해서 외국인 아내를 반대했던 것입니다. 그러니까 이 두 책이 국제결혼에 대한 반대가 아니라, 이스라엘 백성들의 산업인 땅을 보호하기 위해 외국인 아내의 이스라엘 민족의 고유 영토 잠식과 탈취를 반대한 것입니다.7) 전체적으로 에스라서와 느헤미야서가 갖는 분위기가 약간 딱딱함에도 불구하고 여러분, 이 본래적인 메시지를 이해하기를 바랍니다. 감사합니다.

인문고전으로서의 구약성서 읽기

7주차 강의안

7-1

BC 8세기 예언자들의 중심과제

BC 8세기 예언자의 출현과 예언 운동: 아모스, 호세아, 이사야, 미가

열왕기 시대에 등장한 예언자 운동의 본질은 무엇인가? BC 8세기 예언운동은 인간 왕들의 정치에 대한 환멸과 탄핵을 연료로 삼아 발진(發進)한 과격한 신정통치적 이상의 견인차였다.

예언자들의 눈에 비친 왕정시대는 사사시대의 영적·도덕적 무정부 상태와 다르지 않았고, 오히려 전제왕권을 휘두르는 인간 왕들은 하나님의 직접적 통치를 방해하는 장애물임이 드러났다. 이런 상황에서 예언자들은 자신들이 하나님의 어전회의에서 의논된 의제(agenda)를 지상의 왕들과 지배층에게 전달하는 거룩한 전령(messenger)이라고 자임하였다(사 6:1–9; 렘 23:18–22; 암 3:7). 하나님 나라의 이익을 대표하는 예언자들이 지상의 왕국들과 충돌하는 현장이 바로 예언운동이다. 예언운동은 모세–사무엘로 이어지는 하나님의 말씀 대언(代言) 운동이다(신 18:15–18 모세와 같은 예언자). 이사야 6장, 예레미야 1장(렘 18:18 "제사장에게 율법이, 지혜로운 자에게 모략이, 선지자에게서 말씀이"; 23:18–22)과 아모스 7장, 호세아 1–3장, 에스겔 1–3장은 예언자들의 탄생 배경을 잘 예해(例解)하고 있다. 또한 열왕기상 22장과 이사야 6장은 하나님의 어전회의에서 역사의 진행과정을 의논하는 장면을 묘사한다. 하나님의 종, 예언자는 하나님의 어전회의에 참석하는 정회원이다. 다시 말해 예언자들은 하나님 나라의 유익을 위하여(시 103:19-21) 활동하도록 하나님으로부터 파송 받은 특사들이다. 열왕기상 22장에 나오는 미가야 벤 이믈라와 거짓 선지자 시드기야의 갈등으로 미루어 볼 때, 정경적인 예언자들(canonical prophets)보다 더 많은 수의 동시대의 거짓 예언자들이(직업적 예언자) 활동하였음을 알 수 있다(미 2-3장; 암 7장). 직업적 예언자는 먹고살기 위해서 사사로운 개인들을 위하여 예언활동을 하였던 반면에(미 3:5-7), 정경적인 예언자들은 고객 중심이 아닌 파송자(하나님) 중심의 예언자였다.

BC 8세기 예언자들의 중심과제와 신학적 고투

예언이란 당대의 역사적 및 자연적 사건이나 현상들을 신학적으로 해석하는 참조의 틀을 가리킨다(mental frame of reference). 성경의 예언은 점성술에서 주로 시도하는 미래 예측(fortune-telling)이 아니라 현실분석이었으며, 동시대 사람들(왕, 관리, 지배계층, 그리고 일반 백성)의 마음에 모종의 결단을 하도록 돕는 목회사역의 일환이었다. 성서의 예언은 인간의 역사가, 하나님의 공평과 정의의 잣대로 볼 때, 급격한 퇴락과 영적 일탈의 길로 치달을 때 분출하였다. 예언은 위기의 순간에 인간의 역사를 덮친 신적 기습사건이며 하나님의 말씀 분출사건이었다. 예언자 사역은 어떤 점에서 위기사역이었다. 남유다와 북이스라엘 왕국이 맞이한 BC 8세기 중후반(BC 750-701년: 아모스 사역 시작 기점-이사야 사역 종료시점)은 위기의 시대였다. 정상적으로 운용되던 하나님 뜻의 전달 과정(왕을 통한 전달, 제사장과 선견자, 혹은 성소 중심의 예언자 집단)은 더 이상 효과적인 기능을 수행하지 못하였다. 그래서 하나님의 회오리바람 같은 예언운동이 BC 8세기 중후반에 일어났던 것이다. 물론 이런 예언자들이 질풍노도처럼 이스라엘과 남유다를 진동하기 전에도 많은 생계유지형 예언자들이 활동하고 있었다(미 3장). 그들은 모두 소비자/고객 중심의 예언활동에 종사하고 있었다. 그들은 공적인 담론으로서의 하나님 말씀을 전하지 못하였고, 지극히 사유화된 "예언"으로 개인들의 길흉화복을 예측하고 그것들에 대처할 만한 액땜들을 처방하는 정도의 사역에 머물렀을 것이다. 이에 비해 8세기 예언자들은 하나님의 말씀을 공적 담론으로 격상시켰고, 자신들을 찾아오는 소비자/고객 중심의 신탁을 중개한 것이 아니라 하나님이 지정하신 사람들/계층에게 하나님의 말씀을 중개하였다. 이 점이 가장 큰 차이점이다. 그들은 당대의 역사적인 재난이나 위기를 철저히 신학적으로 해석하려고 하였다. 여기서 말하는 신학적인 해석이란 하나님의 의도와 목적의 빛하에서 자연적·초자연적·역사적인 사건들이나 현상을 해석하는 행위를 가리킨다. 예언자들은 당대의 상황이나 국내적·국제적인 정세들을 하나님의 의도와 목적의 빛하에서 해석하려고 하였다. 그들은 때때로 미래 예측자였으나 대부분의 경우 현실분석가였고, 그들이 미래를 말했을 때에도 현실 사람들에게 모종의 영향을 끼치려고 노력하던 상황에서 미래에 대하여 말했던 것이다. 이런 점에서 볼 때 예언자들은 철두철미하게 당대의 중심과제를 안고 씨름하던 사람들이다.

BC 8세기 예언자들 사이의 차이점들과 공통점[1]

아모스, 호세아, 이사야, 그리고 미가의 예언들에서 발견되는 각각의 특징적인 요소들은 이 네 예언자들을 단순하게 비교하는 것이 위험한 일임을 알려준다. 그러나 이 네 선지자들은 그들이 상속한 구원사 전승을 어떤 예언자들보다 더욱 급진적으로 과격하게 상대화하였다는 공통점을 가진 것은 분명하다. 그러나 면밀하게 관찰해 보면 그들의 신학적인 스펙트럼은 다소간 차위점(差位点)을 드러낸다.

호세아와 이사야의 차위점은 무엇일까? 호세아는 북쪽 왕국 출신이며 왕국 혹은 왕에 의하여 함축되는 모든 사상/제도들에 대하여 적대적인 입장을 취하였다(참조. 호 10-13장). 네 예언자들 중에서 호세아가 제의로부터 도출되는 족장시대의 관념(patriarchal concepts)에 가장 깊은 이해를 보여준다. 호세아는 족장전승과 출애굽전승을 명시적으로 인용한 듯이 보인다. 그는 성스러운 영역들에서 일어나는 문제들과 제의적인 불법/일탈들에 대하여 특별히 주목하였다. 이에 반하여 이사야는 남유다 왕국의 수도인 예루살렘 출신이며 그 자신이 왕족이거나 귀족이었을 것이다.

그래서 그는 유다의 궁중정치 내부에서 일어나는 일에 대단한 관심을 드러낸다. 이사야는 다른 어떤 예언자들보다 세계정치와 정세의 예리한 관찰자였다(사 13-23장을 보라). 그는 정치적인 요지경 속에서 일어나는 모든 변화들을 하나님의 과격한 의도(계획)의 일부로 파악하였다. 그는 어찌하든지 야웨께서 시온을 보호하실 것이라고 믿었고, 결국에는 의와 공평의 통치를 가져올 한 이상왕(an ideal king)이 시온에 나타나 하나님의 세계적 통치를 매개하게 될 이상왕 시대를 갈망하였다. 호세아와는 달리 그는 왕이야말로 하나님의 우주적인 통치 한가운데 배치되어 있는 구속사적인 중심기관이라고 보았다(시 72편; 89편; 132편).

이런 정도의 특징적인 차위점들은 아모스와 호세아 및 이사야 사이에서도 발견될 수 있을 것이다. 아모스는 겉으로 보기에는 호세아의 주요 논제-가나안 바알 숭배에 의한 야웨 예배의 순결성 위협-에 의하여 영향을 별로 받지 않은 것처럼 보인다. 아모스는 오히려 공의 없는 종교의 위험성과 아무런 의미 없는 성지순례의 위험성을 공격하는 데 힘을 쏟는다. 그는 또한 이사야와는 달리 잘못 기획된 정책들이나 군사무장 정책, 그리고 외국과의 동맹정책들에 대하여 말하거나 비난하지 않는다.

마지막으로 미가와 이사야는 시온 함락가능성에 대하여 약간 다른 생각을 가졌던 것처럼 보인다. 당대의 예루살렘 권력 엘리트들이나 일반 백성들은 시온불패(the invincibility of Zion; 시온의 안전보장에 대한 신적인 확신) 신앙을 가지고 있었다. 하지만 이사야는 시온이 멸망당하는 미래에 대해서는 예언하지 않았으나 시온이 굴욕을 당할 가능성에 대하여 여러 차례 말했다. 한 걸음 더 나아가 미가는 시온이 역사의 기억으로부터 도말될 것이라고 기대하였다.[2)]

이런 차위점에도 불구하고 이 네 명의 8세기 예언자들을 하나로 묶어주는 공통적인 요소들이 많이 있다. 그들의 종교적인 관념들은 그들이 물려받은 관념들에 비하면 너무나 과격하고 혁신적이다. 따라서 이 과격성의 일치가 그들의 차이들을 사소해 보이게 만든다. 여기서부터 8세기 예언자들이 당대의 사람들에게 혁신적이라고 느껴졌을 법한 요소들을 논해보자. 무엇보다도 8세기 예언자들은 당대의 사람들과 구별된 외톨이들이었다. 그들의 소명경험은 그들에게 야웨에 대한 독특한 앎과 이스라엘을 향한 야웨의 계획들에 대한 직접적인 앎을 제공하였다. 그들은 전승(전통)의 창조적인 계승자였다(시내산 전승; 출애굽 전승; 선택 및 계약 전승; 십계명 전승). 그들은 전승이 그들 당대에 상관성을 가질 수 있도록 해석한 자들이다(예. 암 9:7 블레셋과 아람의 "출애굽"). 그들은 이러한 과격한 재해석이 야웨의 "계몽" 혹은 "계시"에 의한 것임을 고백하였다(점진적으로 확보한 지식이나 확신이 아님). BC 8세기 예언자들은 비인습적인 용어로 하나님을 묘사(사 7:20 이발 비유; 호 5:12 이스라엘 몸에 생긴 종기; 성공하지 못한 연인[사 5:1ff])하였다. 이러한 과격성은 예언자들이 직면한 상황과 그들의 말을 듣는 사람들의 마음의 틀에 의하여 정당화되었다. 그들이 외친 가장 새롭고 충격적인 메시지는 야웨가 이스라엘을 심판의 보좌 앞으로 소환하고 있었다는 주장이다(암 8:2). 이런 메시지를 가능케 한 역사적인 상황은 앗수르의 팔레스타인 진출이었다. 거의 상투적인 문체이긴 하지만 아모스는 그 심판이 포로로 잡혀가는 형식으로 집행될 것이라고 제시한다. 이 선지자들의 예언활동은 하나의 요인이 아니라 다수의 요인들에 의하여 촉발되었다. 그들은 하나님의 진노를 하나의 사실로 말하였고 그들 동시대 사람들의 전적인 삶－경제적, 정치적 및 종교적 삶의 체계－이 심판의 대상이 될 것이라고 말하였다. 이러한 새로운 종교적 사상들은 주전 8세기 예언자들의 독창적 고안물이 아니었다. 오히려, 그들의 새로운 이해는 옛 야웨신앙의 전승들에 대한 비판적이고 창조적인 재해석에서 출발했다. 옛 전승들이야말로 그들의 공격의 주 대상이자 논쟁의 토대였다. 옛 야웨주의 신앙은 그들과 동시대 청중들이 공통으로 서 있는 근거였다. 다만, 그들은 동시대인들과 전승 해석상에서 달랐던 것이다. 예언자들이 보기에는 그 옛 전승들이 결코 구원을 담보해 주지 못하였다(예. 암 3:1－2). 여기가 "율법"－그 용어의 고유한 의미에서－이 처음으로 설교되었던 경우다(상업적·경제적인 불의의 비판 근거인 율법). 예언자들은 스스로를 어떤 특정한 사회집단의 혁명적인 대변인으로 자임하지 않았다. 거듭해서 우리는 그들이 옛 율법을 그들 자신의 당대적인 상황에 적용하려고 시도하였음을 알 수 있다.[3] 이사야는 시온전승을 이용하여 예루살렘 사람들의 행위를 비판하였다. 그는 유다의 군사적 무장이나 외국과의 동맹외교를 통하여 안전보장을 획책하는 것을 하나님의 도우심을 거절하는 불신앙의 행위라고 보았다. 호세아는 땅의 구원적 가치(saving gift)에서 출발하여 당대의 이스라엘 사람들의 불신실성을 공격하였다. 이스라엘 동시대인들은 땅이 얼마나 놀라운 하나님의 조건적인 선물인지를 완전히 이해하지 못하고 있었다. 그들은 어떤 사회의 전형적인 죄라고 생각되는 모든 행위들을 이스라엘을 심판하는 야웨 하나님의 심판 근거로 제시한다. 그러므로 우리는 역사에 대한 예언자들의 견해가 갖는 특징적인 측면을 다음과 같이 기술할 수 있을 것이다.

예언자적인 견해는 역사 속에 작용하는 야웨의 의도와 목적들의 존재를 가장 명확하게 인정할 뿐만 아니라 역사 속에 작용하는 그 다양한 힘들을 다른 사람들과 전혀 다르게 파악한다. 정치적인 무대의 중심무대를 차지하였던 위대한 힘들은 하나님에 대하여 그들의 눈(관점)을 멀게 하지 못하였다.[4] 이 세계 제국들도 천지에 충만한 야웨 하나님의 힘 앞에서는 무(無)로 축소된다. 앗수르 제국의 역할에 대한 이사야의 초기 예언과 후기 예언이 각각 어떤 점에서 나름대로의 주관적인 확실성을 드러내며 그것들이 어떻게 서로 충돌하였는가를 살펴보자. 앗수르 제국에 대한 이사야의 견해는 비교조적이고 개방적이다. 앗수르가 팔레스타인으로 서진하였을 때 그는 앗수르를 하나님의 진노의 몽둥이라고 보았다. 그러나 그의 해석이 나중에 가면 불충분한 해석이었음이 드러났다. 그는 앗수르가 자신의 사명의 한계를 넘어 교만함에 빠졌다고 해석하여 야웨의 일관성 있는 의도를 해석해 내었다(사 10:5-7). 이런 이사야의 견해상의 변화는 역사를 하나님과 관련시켜 볼 수 있다는 예언자들의 주장에 대한 또 하나의 놀랄만한 확증이다. 이사야의 견해에 의하면 역사는 하나님의 항구적 의도와 그것과 거의 똑같이 효력을 갖는 인간의 자의적인 권력행위로 인수분해될 수 있다(사 28:23-29). 그러나 하나의 예상되는 오해는 시정되어야 한다. 예언자들이 현대인들의 실증주의적인 역사 이해를 가졌다고 생각하면 안 된다는 것이다. 예언자들의 미래 예언은 그들이 기반하고 있는 옛 전승에 영향을 받고 있다. 다가올 미래의 구원은 옛 전승들에서 경험된 구원에 상응한 구원들이라는 것이다. 일종의 반(反)모형과 모형의 관계다. 예언자들이 미래를 말할 때 그들은 옛 전승의 해석자로 기능하는 셈이다. 결국 예언자들은 구원이 심판의 그림자라는 형태로 온다는 사실을 선포하였다. 야웨께서 이스라엘에 대한 심판을 구원의 행위와 상관없이 의도한 것은 아니라는 것이다. 야웨의 이스라엘 심판은 특별한 계시의 도움 없이 구원전승 자체에 내재된 원리의 확장이었다.[5]

7-2

아모스와 호세아

아모스와 호세아의 시대: BC 750년 전후의 북왕국 이스라엘

문서 예언자들의 출현에 대한 역사적 성찰

자신이 선포한 예언들을 자기 이름으로 된 책에 남긴 예언자들을 문서 예언자 혹은 고전적인 예언자라고 부른다. 아모스가 그런 점에서는 최초의 문서 예언자다. BC 8세기 아모스(BC 750년경－여로보암 2세)와 호세아(여로보암 2세 직후의 북이스라엘 선지자)는 이스라엘이 금과옥조처럼 여겨오던 고대 이스라엘의 구원사 전승을 과격하게 재해석하여 선택과 계약 전승을 책임과 의무의 전승으로 전환시킨다. 그는 출애굽 전승마저도 상대화시키며 진정 택함 받은 백성이라면 하나님의 계약적 요구에 부응하는 높은 도덕과 윤리적인 이상을 사회 각 영역에서 구현해야 함을 강조한다(9:7). 그는 선택과 계약은 남용되어야 할 특권이 아니라 오히려 높은 윤리와 고상한 삶으로 감당해야 할 책임임을 강조한다. 아모스가 사회정치적－경제적인 영역의 공의의 실현을 강조한 반면에 호세아 선지자는 아모스보다 약간 늦은 시기에 등장하였는데 이스라엘의 종교적 배교 문제에 초점을 맞춘다. 그는 바알 숭배가 어떤 사회경제적인 함의를 가지고 있는지를 깊이 파헤친다. 호세아는 제사장 계급의 타락과 부패, 왕정제도의 배교적 특성, 그리고 종교윤리적인 음란을 집중적으로 다룬다. 남유다의 드고아 출신 아모스는 이사야에게, 호세아는 예레미야에게 깊은 영향을 끼친다.

왜 엘리야와 엘리사는 자신들의 글을 자신의 실명으로 남겨두지 못하였는데 약 백년 후에 등장한 아모스와 호세아 등 8세기 선지자들은 자신의 글을 남길 수 있었을까? BC 850-750년 약 100년이 구전시대에서 문전시대로 넘어가는 과도기였다고 보는 견해 외에는 다른 답이 있을 수 없다. BC 8세기는 곡식 시장의 왜곡, 거대한 지주와 농지 탄생, 채무 급증, 히브리 자유 자작 소농들의 몰락과 채무노예화 가속화를 목격하였다. 임금의존 노동자들의 증가는 이스라엘과 유다 사회의 기초를 붕괴시키고 있었다. 여로보암 2세 재위 당시, 지진이 일어나기 2년 전에 사마리아의 종교적 수도격인 벧엘에 유다의 농촌 드고아 출신 아모스가 출현하였다. 그는 벧엘 성소 앞에서 성소에 출입하는 경건한 예배자들을 향하여 저항할 수 없을 정도로 어마어마한 산사태가 오고 있음을 고지한다.[6] "거룩하신 하나님의 거룩함을 친히 맛보게 될 사태가 다가오고 있다." 여호와의 날을 사모하는 사람들에게 "흑암"을 선포하였다. 본래 이스라엘의 종교제의에서 "여호와의 날"은 이스라엘의 구원을 위한 여호와의 결정적인 간섭의 날(순간)을 의미하였다. 종교제의나 절기는 바로 그런 날들을 골라 기리고 있었다. 유월절, 초막절, 여호수아가 가나안 족속을 격파한 날, 기드온이 미디안을 격파한 날, 다윗이 예루살렘을 정복한 날 등이 여호와의 날로 축성(祝聖)되었을 것이다. 아마도 신년 축하 절기도 여호와의 날이었을 것이다. 아모스는 이런 자기중심적인 의미의 여호와의 날을 기다리는 대중들에게 그날은 구원이 아니라 심판의 날이 될 것이라고 외친 것이다.

아모스는 하나님을 만군의 하나님 여호와라고 부르지, 결코 이스라엘의 하나님이라고 부르지 않는다. BC 8세기 예언자들은 이전의 예언자들과는 구별되는 별종이었으며 그들은 물결을 거슬러 올라가는 물고기들이었다. "이스라엘의 하나님" 대신에 "공의와 정의의 하나님"을 우선시하였고 하나님과 이스라엘 사이에 있다고 믿어졌던 자연적 유대는 이미 깨어졌다고 주장한다. 그들은 이스라엘에 대한 하나님의 계약적 돌보심과 보호는 이스라엘의 계약적 신실성, 공평과 정의에 입각한 공동체 창조와 유지에 의하여 확보된다고 믿었기 때문에, BC 8세기 예언자들은 소위 "윤리적 일신교신앙"의 창시자들이라고까지 불린다. 이것은 물론 과장된 진술이지만, BC 8세기 예언자들은 모세 시대부터 전해 내려오던 하나님의 이스라엘 선택과 계약이라는 구원사적 전통이 일정한 조건하에서만 유효한 계약 전통임을 강력하게 주장하였다.[7)]

호세아의 시대는 북이스라엘의 번영과 국력강성의 시기가 끝나가고 국운이 급격하게 쇠락하던 때였다(호 1:1 웃시야와 요담과 아하스와 히스기야 시대, 그리고 여로보암 2세 시대 예언활동). 궁중정변을 통하여 왕권의 권위는 몰락하고 지파 내부의 갈등과 분쟁이 병발하였다. 가장 참담한 재난은 제사장 및 귀족 계급의 철두철미한 부패였다. 호세아는 예후 왕조의 마지막 왕 여로보암 2세의 통치가 끝나갈 즈음에 등장하여 예후 왕조에 대한 임박한 하나님의 심판을 선언하였다(호 1:4). 그러나 그는 심판을 선언하면서도, 그 자신이 어쩌면 자신의 백성들의 영적인 일탈과 배교 상황을 하나님의 입장에서 느껴보지 않으면 안 되는 기막힌 가정을 이루게 된다. 음란한 여인과 결혼하여 음란한 자식을 낳아야 하는 소명을 받는다. 이것은 보통 예언자들이 받는 소명 양식이나 내용과 너무 다르다(가장 비슷한 수준의 소명: 벗은 몸으로 3년간 시위할 것을 명령받은 이사야[사 20:2–3]; 인진의 불꽃으로 데운 빵을 먹으며 예루살렘 거리에 드러누워 지내야 하는 에스겔[겔 4:6–13]). 아모스가 공의 없는 종교/예배를 탄핵하며, 선을 찾으면 살 수 있을 것처럼 말한 데 비하여, 호세아는 하나님이 이미 밟고 있는 이혼절차의 정당성을 옹호하기 위하여 기구한 결혼을 함으로써 소명을 수납한다. 호세아는 이스라엘이 하나님의 계약 당사자로서 완전히 자격을 상실하였음을 선언하며, 이제 남은 희망은 다시 “광야의 밀월시대”로 돌아가서 새로운 출애굽 구원을 경험하여야 한다는 것이다. 호세아는 BC 8세기 예언자들 누구보다도 모세전승, 즉 계약 전승(하나님을 아는 지식, 인애, 음부와 음행 등은 계약 함의적인 용어들임)에 자주 호소하는(2장 ‘광야로 가자’; 11장 ‘내 아들을 애굽에서 불러낸다’) 예언자다.

아모스의 구조

I. 표제(1:1) 및 아모스 메시지의 서론(1:2)
II. 열국들에 대한 심판(1:3－2:16)
  1. 북이스라엘과 남유다의 숙적 아람(1:3－5)
  2. 블레셋(1:6－8)
  3. 페니키아(두로/시돈)(1:9－10)
  4. 에돔(1:11－12)
  5. 암몬(1:13－15)
  6. 모압(2:1－3)
  7. 유다(2:4－5)
  8. 이스라엘(2:6－16)

이스라엘과 유다를 포함한 열방들에 대한 하나님의 심판 이유들은 가난한 자들에 대한 무자비한 압제(2:6－7), 종교의 부패와 변절(2:7－8), 사회계층의 차위(2:9－12)로 인한 양극화, 국제간의 조약 파기와 신의(信義) 부정과 억압적 국가체제의 존재다. 여덟 나라 중에서 북이스라엘의 죄악에 대한 하나님의 심판이 가장 심각하고 긴 점이 인상적이다.

III. 이스라엘에 대한 재앙예언들(3:1－5:17)
  1. 선민에 대한 심판(3장)
  2. 회개하지 않는 백성에 대한 심판(4장)
  3. 불의한 백성에 대한 심판(5장): 애가, 생명을 추구하라, 번영은 파멸로!

IV. 포로로 잡혀갈 것을 예언하는 아모스(5:18－6:14)

이 단원은 약 30년이나 앞서 아모스가 북이스라엘 왕국의 멸망과 앗수르에 의한 국가기간요원 유배에 대하여 선포한 예언을 담고 있다. 전통 신학으로는 "구원의 날"로 믿어진 "야웨의 날"이 흑암과 재난의 날로 재정의된다. 이 단락에서 아모스는 이스라엘의 유력자들에게 성문에서 공의를 세우고 고아와 과부를 위한 재판을 바르게 시행하라고 요구한다. 아모스는 공의 없는 종교의 무용성을 천명하며 공의를 하수처럼 흘리라고 다그친다.

V. 신적인 보복의 환상들(7:1－9:10)

이 단락은 북왕국의 몰락과 멸망에 대한 아모스의 환상들과 야곱의 집(북이스라엘)을 위한 아모스의 간절한 중보기도를 담고 있다. 하나님은 이제 북왕국의 기초가 얼마나 하나님 나라와 어긋나 있는가를 보여주기 위하여 다림줄 환상을 비롯하여 연속적으로 닥칠 재난을 환상으로 보여주신다. 7:10－17은 다윗의 소명설화를 담고 있으며 여로보암 2세의 개인적 파멸과 몰락을 예고하는 아모스의 대담한 심판 선언을 기록한다.

VI. 이스라엘의 축복된 미래의 회복의 조건(9:11－15)
  1. 다윗왕조의 회복(9:11－12)

2. 에덴동산과 같은 약속의 땅으로 복귀(9:13－15)

이 단락은 북왕국의 멸망이 오히려 다윗왕국의 회복과 통일 이스라엘의 회복을 가능케 하는 일이라고 보는 낙관적 전망을 포함한다. 아모스는 공평과 정의가 다윗왕국의 기초이듯이 무너진 다윗의 장막이 공평과 정의로 회복되어야 할 것을 전망하고 요청한다.

호세아의 구조

I. 표제(1:1)

II. 부정한 아내와 신실한 남편이 이루는 가정(1:2－3:5)

1. 시대의 징조들로서의 예언자의 자녀들(1:2－2:1)
   (1) 아들 이스르엘(1:3－5): 이스르엘에서 예후 왕조의 피 흘린 죄값을 물으리라.
   (2) 딸 로루하마(1:6－7): 하나님께서 이스라엘을 더 이상 긍휼히 여기지 않으시리라.
   (3) 아들 로암미(1:8－9): 이스라엘은 더 이상 하나님의 백성이 아니다.
2. 부정한 아내의 행음과 회복(2:2－23)
3. 신실한 남편(3장)

III. 신실치 못한 나라와 신실하신 하나님(4－13장)

1. 이스라엘의 불신실성(4:1－6:13)
   (1) 일반적인 애가(4:1－3)
   (2) 애가의 이유와 결과들(4:4－19)
   (3) 백성들과 지도자들에게 주는 특별 메시지(5장)
   (4) 슬픈 간청(6:1－13)
2. 이스라엘에 대한 하나님의 심판(7:1－16)
   이스라엘은 영적 순결을 상실한 바람 난 신부와 같다. 하나님의 심판은 불가피하다.
3. 이스라엘은 계약을 파기하였다(8:1－11:11)
4. 하나님께서는 심판 너머에 회복의 불씨를 남겨두신다(11:12－13:16)

IV. 이스라엘의 회개를 촉구하시는 야웨 하나님(14:1－9)

이스라엘의 회개를 위한 하나님의 간절한 요청(1－8절)과 잠언서와 같은 결론(9절)

7강 서론

사회비판적이고 권력감시적 지식인들의 공적 비판담론으로서의 예언서

연대기로 말하면 BC 8세기 예언자들인 아모스, 호세아는 사실 역대기, 에스라, 느헤미야보다 앞서 강의했어야 마땅합니다. 그런데 한글성경의 순서상 역대기상하가 열왕기상하 뒤에 바로 붙어 있고 독자들이 이 순서에 익숙하기 때문에 독자들의 편의를 위해서 예언서 강의를 역대기상하 뒤에 배치했습니다. 이번에는 BC 8세기의 네 명의 위대한 예언자들인 아모스, 호세아, 이사야, 미가에 대해서 공부합니다. 이 거명한 순서가 바로 네 명의 활동순서입니다. BC 760년부터 BC 700년까지의 기간은 이 네 명의 예언자가 활동했던 시기입니다. 이들이 왜 위대한 예언자라고 불립니까? 첫째, 그들의 삶과 예언 메시지가 갖는 독창성과 그들이 후대의 예언자들에게 끼친 영향 때문입니다. 둘째, 그들이 실명으로 남긴 예언서가 그들의 예언을 촉발시킨 당시의 역사적 환경을 재구성하는 데 결정적으로 기여하기 때문입니다. 그들은 각각 약간 다른 관점에서 그 시대가 주는 도전적 상황들에 대해 교차증언을 제공하고 있습니다. 그들은 개인적으로 서로 몰랐을 가능성이 많습니다. 그들이 활동한 시대, 그들이 직면한 청중, 그들의 사역 본거지, 그리고 그들이 속한 사회계층이 각각 달랐기 때문입니다. 그럼에도 불구하고 그들은 서로 의논하지도 않고 거의 동시다발적으로 동시대의 핵심쟁점을 지적하는 데 같은 목소리를 냈습니다. 지배층의 죄악이 너무 커서 하나님의 언약백성 공동체가 붕괴 직전에 왔다는 경보음이었습니다. 즉 모세율법의 근간인 공평과 정의가 무너지고, 종교적으로 말하면 십계명의 1-4계명이 철저하게 유린당하는 현실을 보고 경악하며 권력자들과 지배엘리트를 향해 하나님의 무서운 심판신탁을 쏟아냈습니다. 그들은 이스라엘 자유농민들의 땅을 빼앗고 그들의 삶을 피폐하게 만드는 지배권력 엘리트들에 과감하게 맞섰던 분연한 문민지도자들이었습니다. 그들은 시퍼렇게 살아있는 권력자들에게 하나님의 임박한 심판을 통보하고 즉각적인 회개를 촉구했습니다. 그들은 하나님이 주시는 영감으로 가득 차서 왕실과 지도층, 그리고 전반적인 지배권력 엘리트들의 죄를 규탄했습니다. 이렇게 함으로써 그들은 이스라엘 자유농민들의 땅을 되찾아주고, 그들의 인권을 보호하고, 그들의 삶의 자리를 튼튼하게 보호하는 데 투신했습니다.

한마디로 이 BC 8세기 예언자들의 중심과제는 뭡니까? 이상적인 국가, 바른 왕정, 참된 지도자의 본분 등을 가르치는 일이었습니다. 그들의 메시지를 관통하는 핵심의제는 공평(미쉬파트)과 정의(체데크)입니다. 공평은 강자들과 지배층들의 탐욕을 억제하고 배척하는 사법적 정의입니다. 정의는 여러 가지 이유로 하나님의 언약백성의 정체성을 부정당한 채 하나님과의 언약적 결속을 잃어버린 가난한 자들을 다시 부축하고 견인하는 친절입니다. 즉 체데크는 가난한 자들에게 하나님 언약백성 신분을 되찾아주는 언약적 의리를 가리킵니다(사 5:16; 암 5:24; 호 4:1-6; 미 6:6-8). 그들은 한결같이 이스라엘 자유농민들의 땅을 빼앗아서 대지주를 출현시키는 데 앞장섰던 모든 거짓된 종교, 거짓된 정치, 불의한 재판을 규탄합니다.

이런 일에 제일 앞장선 사람이 바로 BC 750년경 일어난 아모스입니다. 아모스는 남유다의 영토였던 드고아 출신으로 북이스라엘의 수도 벧엘과 사마리아에 가서 북이스라엘의 번영군주였던 여로보암 2세에게 바로 직접적인 하나님의 말씀을 대언합니다. '당신의 왕실이 지금 섬기는 벧엘 예배당이 곧 초토화된다'는 무서운 예언을 토해냅니다. 호세아는 북왕국의 제사장 출신(세겜) 예언자로서 이스라엘과 하나님의 관계를 부부관계 언약으로 파악합니다. 그는 비극적인 가정사를 배경으로 이스라엘과 하나님 사이의 관계파탄을 파탄 난 부부관계에 비유했습니다. 특히 아내 쪽에서 간음을 범해 파탄에 이르게 된 가정 이미지를 들어 이스라엘의 배교역사를 폭로합니다. 호세아 자신은 아내가 바람을 피워서 가정이 파탄 나는 경험을 뼈저리게 한 사람입니다. 자기 가정의 비극적인 경험을 바탕으로 야웨 하나님 파토스, 즉 야웨 하나님의 상처 입은 마음을 충분히 공감하고 대변하면서, 이스라엘 백성에게 "돌아오라", "회개하라"고 외칩니다. 호세아, 아모스 둘 다 화려하고 겉치레로 가득 찬 종교행위보다 공평과 정의, 정직과 신실 등 기본적인 언약덕목을 훨씬 더 강조했습니다. 외형적인 제사행위나 종교행위보다 더 중요한 것은 공평, 정의, 인애, 진실이라고 역설했습니다. 아모스와 호세아는 각각 이사야와 예레미야 등 후대 예언자들에게 큰 영향을 끼칩니다. 이사야와 미가는 이들보다 약간 더 후대에 나온 동시대의 예언자였습니다.

7강-1

BC 8세기 예언자들의 중심과제

안녕하십니까? 숭실대학교 인문대 기독교학과 김회권 교수입니다. 오늘은 이스라엘의 예언자들에 대해서 공부하기를 원합니다. 이스라엘의 예언자들은 전 세계역사에서 전무후무하게 독특한 인물들입니다. 크게 보면 예언자들은 미래의 임박한 재난을 예고하여 현실의 청중들 삶을 바꾸려고 애썼던 사람들입니다. 좀 더 쉽게 말하면 그들은 살아있는 권력자들을 비판하고, 그 권력자들에 의해서 압제당하는 빈민들과 사회적 최약자층들을 옹호한 사회비판적 지식인들입니다. 이들을 세계사적으로 유례없는 인물이라고 한 이유는 체제전복적 권력비판의 철저성과 연속적 출현 때문입니다. 그들은 세상 어떤 비판적 지식인보다 더 집요하게 고난과 죽음을 초래하면서까지 살아있는 권력자들을 비판했으며, 이스라엘 전체 역사에 걸쳐서 연속적으로 출현했기 때문입니다. 더 나아가 그들은 하나의 목적지향적인 미래상을 예언했기 때문입니다. 여기서 목적지향적 미래상이란 말은 뭘까요? 완전한 이상왕(理想王)이 와서 하나님의 통치를 대신할 때까지 세상권력자들과 지배자들은 끊임없는 민중저항과 정의요구를 피할 수 없다는 것입니다. 다시 말해서 보통 인간의 통치로는 인간을 만족시킬 수 있는 정치가 불가능하다는 것이죠. 그래서 모든 예언자들은 단 하나의 미래의 황금시대, 자기를 철저하게 비우고 하나님께 철두철미하게 순종하고, 전심으로 이스라엘 백성을 섬길 메시야 이상왕이 올 때까지 권력자들과 지배층을 뒤흔드는 민중의 아우성은 멈추지 않을 것이라고 예언했습니다. 자기복무적 권력의지를 완전히 포기한 자기비움의 화신인 이상왕이 올 때까지 정의를 요구하고 공의를 외치는 약자들의 아우성은 결코 멈추지 않는다는 것, 이것이 그들의 메시지였죠. 이런 메시지를 전파했던 예언자 운동의 선두에 BC 8세기 예언자들이 서 있습니다.

왜 BC 8세기가 이렇게 중요합니까? BC 8세기는 세계사적으로 보면 춘추전국시대가 시작되는 시대이며(BC 771년), 도시국가 로마가 건국되던 시대(BC 753년)입니다. 또한 BC 8세기는 <일리아드>와 <오딧세이>를 기록한 그리스 서사시인 호메로스의 시대입니다. 그런데 지중해 일대의 BC 8세기 중에서 이스라엘의 BC 8세기는 두 가지 역설적인 그림을 제시합니다. 첫째, 경제적으로 또는 국력 전체로 볼 때 BC 8세기는 이스라엘의 국력이 정점을 찍는 시기입니다. BC 8세기의 남유다왕 웃시야는 52년간 유다를 통치하며 부국강병을 구가했던 왕입니다. 그의 동시대 북왕국의 왕 여로보암 2세 또한 40년 이상 북이스라엘을 다스리며 비약적 국력신장 시대를 구가했습니다. 남북왕국 각각에는 번영과 국운상승의 기운이 충천하였습니다. 여로보암과 웃시야가 분명히 국력을 신장시키고, 국방의 에너지를 집중시켰으며, 삶의 질을 높인 것처럼 보였습니다. 그런데 이 번영의 시대를 구가했던 BC 8세기에 왜 권력비판적 공적 지식인들인 예언자들이 벌떼처럼 일어났습니까? 이것이 매우 중요한 질문입니다. BC 8세기는 전체적으로 국력이 늘어나고 사치품 수입이 늘어나며 경제활동이 활성화된 것처럼 보였습니다. 바로 여기에 그림자가 있습니다.

사실 알고 보니까 하나님의 언약백성으로 살던 이스라엘 자유농민들이 땅을 상실해 소작인으로 전락하고, 더 나쁘게는 노예로 전락하여 이스라엘의 사회토대가 붕괴되기 시작했습니다. 언약공동체의 구성원들이 유민(流民)이 되어서 땅을 떠나며 공동체에서 점점 배제되는 현상이 일어났습니다. 이스라엘 자유농민들이 땅을 잃고, 유민이 되고, 흩어져서 자기 조국을 버리고, 자기 공동체를 버리고 이리저리 흩어지는 것은 예언자들의 눈에 아주 위태로운 국난이었습니다. 예언자들이 볼 때 언약공동체 구성원의 이탈과 유민화현상은 야웨 하나님의 신앙을 이 땅에 전수하고 야웨 율법을 지킬 기초 구성원들이 없어지는 것을 의미했습니다. 바로 이 역설적인 사태가 예언자들을 출현시켰습니다. 야웨 하나님의 예언자들은 하나님의 영에 추동된 채 대담한 패기로 살아있는 권력자들의 학정과 압제와 죄악들을 낱낱이 들추어냈습니다.

그럼 세계의 다른 나라 역사에서는 BC 8세기 예언자들처럼 살아있는 권력자들을 비판하는 사람들이 없었습니까? 예와 아니오 둘 다로 대답해야 하는 질문입니다. 물론 있었습니다. 아브라함 요수아 헤셸이 쓴 『예언자들』이란 책 15장 '세계 도처의 예언자들'에 따르면 다른 나라의 역사에도 권력비판적인 지식인들이 나타났습니다. 고난을 초래해 가면서까지 살아있는 권력자들을 비판한 지식인들은 세계 도처에 나타났습니다. 그런데 집요하게 연속적으로 그리고 하나님을 불러가면서 살아있는 권력자들의 권력을 상대화시키고 격하시킨 예언자들은 이스라엘 역사에서만 유일하게 나타난 유례없는(sui generis) 현상이었습니다.[8] 살아있는 하나님의 영을 받은 이스라엘의 예언자들은 지상의 왕들을 두려워하지 않고 지상권력자들, 고관대작들, 지주들, 그리고 외국 군주들마저 두려워하지 않고 하나님의 메시지를 직설적으로 선포했습니다.

BC 8세기가 이스라엘 내부로 볼 때는 사회양극화가 심화되고 이스라엘 자유농민들이 땅을 잃고 이스라엘 언약공동체가 해체되는 내적 위기를 경험하던 시기였습니다만, 이 내적 위기가 BC 8세기 이스라엘의 예언자들을 등장시킨 유일한 요인은 아니었습니다. 외부적으로 더욱 큰 원인이 있었습니다. BC 8세기 중반에는 오늘날 이라크에 해당되는 앗수르 지역에, 메소포타미아는 물론이요 이집트까지 아우르는 거대한 제국, 신흥 신앗시리아 제국이 등장했습니다. 신앗수르 제국으로 지칭되는 이 나라는 BC 745년에 디글랏빌레셀 3세라고 하는 철저한 정복군주를 왕좌에 등극시켰습니다. 그는 이전의 어떤 군주와 달리 고대 메소포타미아 일대를 완전히 정복해 하나의 제국으로 복속시키는 대규모 정복전쟁을 수행합니다. BC 8세기 예언자들이었던 아모스와 호세아가 BC 750년경 전후에 나타났는데, 750년경이 바로 디글랏빌레셀 3세가 등장하여 메소포타미아 일대를 착착 정복하며 시리아-가나안-이집트까지 정복할 기세로 남서진하기 시작한 시기였습니다. 바로 이때 BC 8세기 예언자들은 '하나님 앞에서 무서운 심판의 먹구름이 몰려오는구나. 이 무서운 심판의 먹구름은 앗수르 제국이라는 형태를 띠고 오는구나.'라고 외치며 각종 비유와 그림언어로 이 전례 없는 하나님의 심판도구를 두려운 마음으로 지켜보았습니다.

앗수르 제국은 조공을 받고, 조공을 거부한 나라를 제압해 봉신국가로 강등을 시키며, 연례조공을 받으면서 만족하던 신사 종주국이 아니었습니다. 앗수르 제국은 크고 작은 나라 사이의 안정된 외교관계를 뒷받침하던 인습적인 종주봉신조약에 만족하지 않고 전통적인 강약소국 나라의 관계를 훨씬 초월하는 무시무시한 정복전쟁을 수행했고, 아예 정복당한 국가의 지배층 엘리트 전체를 앗수르의 북쪽 국경으로 강제이주시켜 나라 자체를 이끌 기간요원들을 제거해 버렸습니다. 다시 말해서 국가기간요원들을 완전히 제거해 세계의 딴 곳으로 옮겨 버리고, 왕족을 멸족시키고, 왕조를 이어갈 만한 엘리트를 전부 다 소멸시키는 정책을 썼습니다. 디글랏빌레셀 3세는 토착왕조를 존속시키고 고분고분해진 토착왕조로부터 조공을 받아먹고 사는 그런 강대국이 아니었습니다. 토착왕조들을 다 멸절시키고 왕조를 이어갈 만한 인재들을 다 소거시켜 포로로 잡아가서 그 나라 전체를 더 이상 존립할 수 없도록 만들었습니다. 이렇게 무시무시한 정복군주 디글랏빌레셀 3세가 역사의 지평선에 떠오르자 BC 8세기 예언자들은 긴장했습니다. '우리나라, 우리 북왕국, 이스라엘이 망할 수 있겠구나.' '우리 남유다가 완전히 지도상에서 사라질 수 있겠구나.'라고 생각하며 무시무시한 전율에 사로잡혔습니다. 그러면서도 그들은 동시에 하나님과 언약백성의 신분으로 살던 유다와 이스라엘이 아예 영원히 망할 수는 없다는 생각을 했습니다. 그런데 실제로 유다와 이스라엘의 주변에 있는 모든 나라들은 완전히 망했습니다. 이제까지는 결코 멸망할 수 없는 나라라고 믿었던 자기들 조국의 운명과 실제로 망하고 있고 멸절되고 있는 인근 나라의 운명을 비교하면서 예언자들은 조건적으로 다음과 같은 말을 했습니다. '우리 하나님은 우리를 지켜주시는 하나님 맞다. 우리는 하나님의 언약백성 맞다. 우리는 하나님의 언약적 보호를 받는 것 맞다. 그것은 지난 역사에서 입증되었고, 지금 우리의 역사에서도 이미 경험되고 있다. 그렇지만 하나님이 우리를 언약적으로 보호한다는 말이 우리의 어떤 죄에도 불구하고, 즉 우리가 국가적 멸망을 초래할 만한 죄를 짓더라도 용서한다는 것은 아니다. 국가적 멸망이 필요하면, 그것 또한 하나님이 우리를 지켜주는 방식 중에 하나가 될 수 있다. 지금 우리나라가 망하고 우리 민족이 절단되는 이것이 하나님이 우리를 지켜주기 위한 하나의 방법일 수 있다.' BC 8세기 예언자들은 이렇게 무서운 변증법적 생각을 했습니다. "우리나라가, 우리 민족이, 우리 왕실이, 우리 왕조가 절단 나고 완전히 파탄 나서 나라 자체가 사라질 수 있다"는 생각을 한 겁니다. 그런데 그들은 '나라가 사라지지만 이것은 하나님과 이스라엘 백성의 언약적 스토리의 끝이 아니다. 우리나라가 멸망하는 이 경험마저도 나라를 갱신시키고, 민족을 갱신시키고, 신앙을 새롭게 하고, 새로운 백성으로 우리를 재창조하기 위한 하나의 연단적 심판이고, 회복을 위한 멸절이고, 우리를 재창조하기 위한 국가적 죽음이다.'라고 생각했습니다. 이것이 BC 8세기 예언자들의 핵심적 메시지였습니다.

다시 요약합니다. BC 8세기 예언자들은 역대급 번영을 구가하는 웃시야왕과 여로보암왕 치세에, 즉 국가적으로 엄청나게 잘나가는 것처럼 보이던 시대에 일어난 예언자들입니다. 이들은 30년 또는 40년 후에 올 재난의 시기를 번영의 세기의 한 복판에서 이미 내다보았습니다. 그러니까 '모두 다 번영이고, 모두 다 형통이고, 모두 다 성공'이라고 말하는 시대에 벌써 40년 후에 또는 30년 후에 몰려올 실패, 대재난을 예고한 겁니다. 이것이 그들의 비극이었습니다. 그들은 한 세대를, 심지어 한 세기를 앞서서 내다보는 사람들이었습니다. 그런 점에서 예언자들은 앞서서 내다보는 사람들이 맞습니다.

그렇지만 예언자들의 예언행위가 더 본질적으로 복무했던 일은 하나님의 입장과 관점에서 동시대의 역사적 격변과 재난을 해석하는 일이었습니다. 그런데 하나님의 관점에서 하나님의 이익을 위하여 역사의 격변과 재난을 해석했다는 말뜻은 무엇입니까? 사회과학적인 용어로 말하면 뭐죠? 하나님이 보호하려고 하는 이스라엘의 언약백성, 즉 이스라엘의 자작(自作)자유농민들의 입장에서 역사적 격변과 재난을 해석한다는 뜻이죠. BC 750년에서 BC 700년 사이, 약 50년 동안 BC 8세기 예언자들은 자유농민들의 관점에서 그 시대의 번영을 해석했습니다. 자유농민들의 관점에서 그 시대의 번영을 해석한다는 말은 뭐죠? 왕실, 지주, 고관대작들, 그리고 대제사장 등 지배엘리트들의 관점에서가 아니라 그 국가적 번영을 위해서 땅을 빼앗기고 생존을 위협받던 수탈된 농민들의 입장에서 그 시대를 해석했다는 말입니다. 여기서 하나님의 관점이라는 표현이 형이상학적인 용어로 증발해서는 안 됩니다. 하나님의 언약백성인 자유농민들의 입장에서 시대의 사회상을 분석하고 대변하는 것이 하나님의 입장을 대변하는 예언행위였습니다. 하나님은 당신이 선사한 땅을 경작하는 언약백성과 자신을 동일시하셨기 때문에, 예언자들의 언사(言辭)에는 지배엘리트들에게 압제당하는 이스라엘의 자유농민을 항상 "내 백성"이라고 부르는 하나님의 친애화법이 자주 등장합니다(사 3:15; 호 4:6, 8; 사 40:1; 렘 8:21). 이런 점에서 볼 때 구약성서의 모든 종교적 용어는 사회과학적 용어로 또는 인문학적 용어로 치환가능한 용어입니다. 하나님을 대신하고 대변한다는 말은 뭐죠? 하나님의 언약백성인 자유농민을 대신하고 대변한다는 말이 되는 거죠. 그래서 BC 8세기 예언자들의 예언에는 이스라엘 자유농민들의 관점에서 사태를 해석하고 사물을 해석하는 말씀들이 많다는 것입니다. BC 8세기 예언자들은 국내외적으로 엄청난 번영시기와 동시에 위기라고 여겨지는 이런 불협화음적인 이중그림이 내걸린 세상에 출현했습니다. 그런데 그들은 앞서서 내다보았고 하나님의 입장에서 내다보았습니다.

BC 8세기 예언자들은 한마디로 무슨 말을 했습니까? '살아있는 권력자들아, 지주들아, 고관대작들아, 왕들아, 자유농민들의 땅을 빼앗지 마라. 그들의 국방력 기초를 훼손하지 마라. 그들이 하나님의 율법을 지켜 공평과 정의의 나라를 건설하려면 자유가 필요하고 평화가 필요하다. 그들에게 땅은 자유이며 평화이며 하나님이 주신 본래적 생명향유권의 토대이다. 그들에게서 땅을 빼앗는 것, 그것은 그들에게서 하나님을 빼앗는 극악무도한 악행이다. 고아와 과부의 땅을 강탈하지 말고 자유농민의 땅을 사서 영구히 소유하지 말고 면제년과 희년에는 돌려주어라.' 왜? '그들은 땅을 경작하여 스스로의 생존문제를 해결해야, 누구의 위협과 협박에도 굴하지 않고, 하나님의 율법을 지킬 수 있다. 그들은 자기 양심을 지키는 데 필수적인 생존기반이 필요하다. 생존을 위해서 양심과 도덕을 훼손하지 않아도 될 만큼 생존기반이 필요하다. 그게 바로 땅이다. 자유농민들의 땅을 지켜주어라.'

사회과학적 용어로 말하면 이것이 바로 BC 8세기 예언자들의 핵심적인 아젠다입니다. 이것을 종교적 용어로 말하면 이렇습니다. '야웨 하나님에 대한 일편단심을 지켜라. 야웨 하나님 외에 다른 신을 섬기지 말라. 야웨 하나님 외에 다른 강대국과 동맹을 맺지 말라.' 결국 좀 더 구체적인 사회과학적 용어로 말하면 이렇습니다. '자유농민들을 전쟁에 동원해 가면서 왕실의 안전을 강구하지 말라. 또한 왕실의 영토

확장을 위해서 하나님의 거룩한 언약백성의 자유를 쉽게 박탈하여 전쟁에 함부로 징집하지 말라. 그리고 엉터리 재판을 통하여 자유농민들의 땅을 빼앗아서 지주들에게 집중적으로 몰아줘, 라티푼디움 같은 대지주 농장이 출현하게 하지 말라!'

이런 것들이 BC 8세기 예언자들의 중심관심사입니다. BC 8세기 예언자들의 예언을 보면 사회과학적 용어로 또는 인문학적 용어로 가득 차 있습니다. 생각보다 종교적 용어가 거의 없습니다. 인문학적 지성이나 사회과학적 안목을 가진 사람들이 종교에 빠진 사람들보다 더 손쉽게 구약예언서를 읽어낼 수 있는 이유가 바로 여기에 있습니다. 오히려 BC 8세기 예언자들은 종교를 비판합니다. BC 8세기 예언자들은 종교가 사회과학적인 의미의 공의를 훼손한 자들이 피하는 은신처 또는 도피처라고 비난합니다. 다시 말해서 자유농민들의 땅을 빼앗고, 자유농민들의 삶을 괴롭게 만들고, 자유농민들을 압제했던 권력 엘리트들이 대규모 종교행사를 통하여 그들의 죄를 은닉하고 감추고 가장한다는 겁니다. BC 8세기 예언자들은 '모든 사회과학적 공의 실패, 모든 사회과학적인 정의 실패가 종교로 상쇄되지 않는다'라고 단언했습니다(사 1:11-17). '어떤 종교적 열심과 종교적 속죄간청 제의도, 하나님에 대한 어떤 경건 표현도 사회과학적인 의미의 정의와 공의 좌절, 그리고 공의와 정의의 미집행을 대신할 수 없다. 이웃에 대한 사랑과 공의를 저버린 자는 어떤 예물이나 제물로도 하나님에게 나아갈 수 없다. 하나님은 이웃과 관계가 나쁜 악인, 이웃의 삶의 토대를 무너뜨리는 하나님 대적자들의 제사와 예배, 그리고 모든 종류의 종교적 경건 표현을 받지 않으신다.'

이것이 지배층의 일부가 된 종교권력에 대한 네 예언자 모두의 공통비판입니다. 아모스, 호세아, 이사야, 미가는 종교권력이 악한 정치경제권력의 최후 보루요 요새임을 알고 맹렬한 종교비판에 가담합니다. 아모스는 BC 750년대 사람입니다. 호세아가 BC 750에서 BC 745년경 사람이고, 이사야는 740년에서 700년경 사람입니다. 미가는 730년에서 700년경 사람입니다. 그래서 이들을 BC 8세기 예언자들이라고 부릅니다. 이상에서 말한 이유 때문에 이 네 명의 메시지를 '공평과 정의'라고 요약합니다. 공평은 범람하는 욕망으로 이웃의 생존권과 이웃의 행복을 무너뜨릴 만큼 과도한 사회적 유력자들을 사법적으로 억제하는 행위를 가리킵니다. 욕망 추구자들의 탐욕을 사법적인 판단을 통해서 억제하는 행위를 공평이라고 말합니다.

히브리말로 미쉬파트라고 말합니다. 아모스 5장 24절, "오직 정의를 물같이, 공의를 마르지 않는 강같이 흐르게 할지어다"에서 "정의"가 바로 공평(미쉬파트)을 가리킵니다. 그러니까 공권력 개입을 통하여 강자가 약자의 땅을 함부로 빼앗지 못하고 약자의 생존권을 함부로 짓밟지 못하도록 견제하는 행위를 공평이라고 말합니다.

요즘 개역개정에서 "공의"라고 번역하는 정의(체데크 또는 츠다카)는 좀 더 포괄적인 행위를 가리킵니다. '여러 가지 이유로 언약관계에서 이탈하여 유민(流民), 즉 하나님의 언약백성 신분을 박탈당한 사람들을 다시 하나님의 언약백성의 신분으로 재활·복구시키는 모든 법적 친절, 사회적 친절, 공동체적 친절과 지지행위를 가리킵니다.' 이 두 개념에 대해서는 제 교재 강의안에 더 자세히 설명해 두었습니다. 개역한글 성경에서 미쉬파트와 체데크를 '공평과 정의'라고 번역하고 있습니다. 여기서 '공평'이라고 번역되는 단어 미쉬파트는 아모스 5:24이 말하는 "정의"이며 '정의'라고 번역되는 단어 체데크는 아모스 5장 24절이 말하는 "공의"입니다. '정의를 하수처럼, 공의를 강같이 흘려라'라고 할 때, 그것의 의미는 '언약공동체의 신분을 박탈당하여 이스라엘 공동체에서 이탈하여 흩어지려는 사람들을 붙잡아두려는 친절이 하수처럼, 강물처럼 흘러내리는 사회를 만들라'는 것입니다. 아모스 5장 24절에서 보듯이, 공평과 정의가 이스라엘 지배층 권력 엘리트들에게 우선적으로 기대되는 사명이었죠. 모든 권력은 약자를 보호하는 데 필요한 선물이기 때문입니다. 왕은 왜 존재하죠? 왕의 존재 목적은 지배층 권력 엘리트들의 동맹세력의 우두머리가 되어서 지배층의 권력남용을 정당화해주는 것이 아니라, 오히려 지배층 엘리트들에게 땅을 빼앗긴 고아와 과부의 땅을 되찾아주고(왕하 8장 엘리사가 수넴여인의 땅을 되찾아주듯이) 소작인들과 노예들의 생존권과 행복권, 곧 언약백성의 신분을 되찾아주는 데 있다는 것입니다. 그러니까 권력은 뭐죠? 자기복무적인 욕망충족의 수단이 아니라 부당한 이유로 권력에서 가장 먼 자들을 도와주는 하나님의 선물입니다. 하나님이 위임하신 권력은 권력에서 가장 소외된 사람들을 붙들어주는 일종의 선물이라는 거죠. 그 선물 중 가장 귀한 선물이 바로 왕권입니다.

그래서 BC 8세기 예언자들은 같은 시대에 출현한 세계의 어떤 철학자나 종교적 천재들보다 더 치열하고 지속적인 공적인 담론자들이었고 비판적 지식인이었습니다. BC 8세기 그리스의 호메로스, BC 6세기 인도의 석가모니, BC 6–5세기 이

탈리아의 피타고라스, BC 5세기 엠페도클레스(Empedocles), BC 5−4세기 소크라테스와 플라톤보다 자신들의 동시대 사회에 끼친 영향이 더 다대했습니다. 그들보다 한두 세기 뒤에 나온 위대한 종교창시자들이나 철학자들의 사상보다 예언자들의 신탁은 더 공적인 사상이었고, 더 치열한 약자옹호사상이었고, 최고 수준의 휴머니즘이었습니다. 왜 이렇게 평가를 받을 수 있습니까? 약자, 가난한 농민, 자기 땅을 빼앗긴 자유농민, 고아와 과부, 이 모든 사람들의 생존권과 인권 보호가 그들의 주요 아젠다였기 때문입니다. 그러니까 예언자들은 오늘날 기준으로는 종교인으로 분류하기 힘들 만큼 세속적인 일에 투신된 정치적 담론형성자들이었습니다. 그들은 이스라엘과 유다 사회에 일어나는 모든 일들과 외교, 정치, 국방 정책, 사회의 미풍양속 등 이 모든 문제에 전부 다 관심을 가졌습니다. 아모스, 호세아, 이사야, 미가는 요즘 말로 하면 중앙부처에서 붙이는 관보를 다 읽은 사람이고, 시카고 곡물시장의 가격변동을 아는 사람들입니다. 그리고 가락동 농수산시장에서 유통되는 농수산물 가격 등폭락을 알고 수출수입 물량의 동향과 그 품목까지 훤히 꿰뚫고 있었던 '세상 한복판'의 사람들이었습니다.

이사야 3장을 보세요. "18 주께서 그 날에 그들이 장식한 발목 고리와 머리의 망사와 반달 장식과 19 귀 고리와 팔목 고리와 얼굴 가리개와 20 화관과 발목 사슬과 띠와 향합과 호신부와 21 반지와 코 고리와 22 예복과 겉옷과 목도리와 손주머니와 23 손 거울과 세마포 옷과 머리 수건과 너울을 제하시리니"(18−23절). 이것은 당시 유다의 귀족 부인들이 착용했던 스물두 가지의 이집트산 귀금속 액세서리 품목입니다. 이 품목은 예언자들이 얼마나 철저하게 저인망식 사회의식을 갖고 당대의 사회문제를 들여다보고 분석하고 있었는지를 예시합니다. 그러니까 우리가 이런 예언서를 종교인의 관점으로 축소해서 해석하면 안 되는 거죠. 사회가 돌아가는 일에 보통수준의 인문학적 관심과 사회과학적 문제의식을 가진 모든 사람들이 읽어도 이해할 수 있는 책이라는 뜻입니다. BC 8세기 예언자들의 예언서는 죽어서 천당 가는 것에 도움이 되는 영혼위무용 잠언도 아니고, 안심입명과 마음의 평화를 원하는 사람들에게 도움이 되는 책이 아닙니다. 그런 사람들에게 도움 되는 구절은 별로 없습니다. 오히려 사회정의 문제에 관심이 많고 우리 사회가 어떻게 공정하고 바른 사회가 될 수 있을 것인가를 고민하는 사람들에게 흥미와 통찰을 동시에 주는 책입니다. 앞서 소개한 아브라함 요수아 헤셸의 『예언자들』은 1962년에 등장하자마자 전 세계 지성인들에게 구약성경 예언자의 육성을 생생하게 재생해준 인문사회과학 고전이 되었습니다. 여러분, 제가 BC 8세기 예언자들을 이렇게 간략하게 소개했지만 사실 그들은 이렇게 요약할 수 없는 어마어마한 고봉준령 같은 인물들입니다. 공정한 미래사회를 꿈꾸는 모든 깨어있는 시민들은 고봉준령과 같은 높이와 심해의 깊이를 가진 이 고매한 예언자들과 그들의 예언신탁들을 자세히 읽어야 합니다. 저는 한국교회 또는 한국사회가 BC 8세기 예언자들의 이 무시무시한 권력비판담론과 패기 어린 기층민중 옹호담론의 핵심에 귀를 기울여보기를 원합니다. 미가서 3장 7절과 8절입니다. "7 선견자가 부끄러워하며 술객이 수치를 당하여 다 입술을 가리울 것은 하나님이 응답지 아니하심이어니와 8 오직 나는 여호와의 신(神)으로 말미암아 권능과 공의와 재능으로 채움을 얻고 야곱의 허물과 이스라엘의 죄를 그들에게 보이리라" 미가는 돈에 양심을 빼앗긴 예언자들의 타락을 묘사하며 자신이 느끼는 신적 압박감과 정의감을 토로합니다. 당시의 많은 예언자들은 돈을 쥐어주고 먹을 것을 주면 "평화"를 외쳤습니다. 또 다른 한편 돈을 주지 않으면 위협하고 살벌하게 하나님 심판예언을 쏟아냈습니다. 그러나 하나님의 영에 가득 찬 참된 예언자들은 야곱의 허물을 들춰내고 이스라엘 지배층들, 이스라엘 두령들의 죄를 과감하게 들추어내다가 고난을 자초합니다. 여러분, '하나님의 영감'이라는 말이 참 중요합니다. 백과사전적인 무오한 지식 전달을 위해 하나님의 영감이 필요한 것이 아닙니다. 살아있는 권력자들을 하나님의 영과 권위로 무섭게 다그쳐 하나님께 소환시켜서 그들의 양심을 일깨우는 데 요긴한 패기 넘치는 권력비판담력을 '하나님의 영감'이라고 말합니다. '하나님께 영감 받았다'는 말은 도덕적 패기를 갖고 살아있는 권력자들을 비판할 수 있는 어마어마한 심리적 견인불발성과 패기를 겸비했다는 말입니다. 하나님께 대적하는, 살아있는 권력자들을 무섭게 다그칠 수 있는 신적인 용맹충만, 견인불발적 기상, 이것이 하나님의 영감이 주는 효과입니다. 여러분, BC 8세기 예언자들은 보통 사람들을 종교인으로 만드는 데 치중하지 않았습니다. 공평과 정의를 행하는 건강하고 의로운 시민들을 육성하고 후원하는 데 투신했습니다. BC 8세기 예언자들의 예언서들은 성문과 광장에서 이 사회가 어떻게 돌아가야 될지를 관심 갖는 모든 사람들에게 호소력이 있는 인문사회과학 고전입니다. 결코 좁은 의미의 종교서적이 아닙니다. BC 8세기 예언자들, 그들은 좁은 의미의 종교인들이 아니었으며 그들이 남긴 예언서들도 결코 종교인 문서가 아닙니다. 그들의 책은 결코 내세의 구원이나 기대하는 사람들의 이야기가 아닙니다. 지금 이 땅의 성문과 광장에서 벌어지는 일들, 사건들, 그리고 사태들을 걱정스럽게 지켜보는 지극히 세상관여적인 건전시민들을 위한 책입니다. 공평과 정의가 쓰러지고 무너지는 현실에 탄식하는 사람들을 위한 책입니다. 여러분, 제 강의를 듣고 예언서들을 꼭 읽어보셔야 됩니다. 이상입니다. 감사합니다.

7강-2

아모스, 호세아

이 시간에는 BC 8세기의 예언자 중에서 최초의 예언자들이었던 북왕국의 예언자 아모스와 호세아에 대해서 공부하기를 원합니다. 여러분, 구약성경을 펼쳐보면 예언서는 이사야, 예레미야, 에스겔, 다니엘, 호세아의 순서로 나오고 있음을 알게 될 것입니다. 한글성경에는 호세아가 대예언자 다음으로 가장 먼저 나옵니다. 호세아는 모두 열네 장으로 구성되어 있고, 아모스는 모두 아홉 장으로 구성되어 있습니다. 그러니까 소예언서 중에서는 좀 분량이 많은 책들이죠. 제가 앞선 강의에서도 말씀드렸듯이, 이들의 책이 소예언서라고 불리는 이유는, 그것들의 가치가 적다거나, 소예언자들의 존재감이 미미하기 때문이 아니라, 그들이 남긴 예언서의 분량이 이사야나 예레미야 등에 비해 적기 때문이라는 점을 기억해야 합니다. 그런데 그럼에도 불구하고 호세아는 다니엘서보다 분량이 더 많습니다. 다니엘서가 모두 12장이고 호세아서가 14장입니다.

여러분, 성경을 찾아 소예언서들이 배치되는 순서대로 한번 보십시오. 호세아, 요엘, 아모스, 오바댜, 요나, 미가, 나훔, 하박국, 스바냐, 학개, 스가랴, 말라기. 이 모든 사람들이 실명으로 남긴 예언서들이 전부 다 소예언서에 해당됩니다. "말라기"(Malachi)는 '기'까지 포함하여 사람 이름입니다. 말라가 쓴 것이 말라기가 아니라 말라기까지가 사람 이름입니다.

대부분 이들은 BC 8세기부터 BC 6세기까지 주로 활동했던 예언자이며, 제일 마지막 시기의 예언자였던 학개, 스가랴, 말라기는 BC 6세기부터 BC 5세기에 활동한 예언자들입니다. 소예언서들을 관통하는 주제는 살아있는 권력자들에 대한 비판과 감시, 권력자들에 의해서 시달리고 학대받는 약자들에 대한 옹호, 그리고 하나님의 심판으로 대파국적 몰락과 재난을 당하고 살 소망이 끊어진 자들을 영적으로 격려하고 북돋우려는 목회적 동정심입니다. 소예언서들을 남긴 예언자들은 어떤 제도권 종교권력을 가진 기관에 속하지 않았던 독립 지식인들이었거나 그런 제도권 종교기구에 속했더라도, 그 제도권의 제약요소를 기꺼이 뛰어넘은 자유지식인들이었습니다. 에드워드 사이드가 쓴 『권력과 지성인』이라는 책을 보면, 참된 지식인은 경제적 이익을 매개로 모종의 사적 기관이나 국가 등에 고용되지 않는 아마추어들입니다.[9] 경제적 이익에 따라 활동하지 않고 그야말로 순수하게 진리 자체에 아마추어적 관심으로 말하고 행동하는 사람이 지식인이라는 것입니다. 에드워드 사이드가 정의한 지식인의 전형이 바로 고대 이스라엘 예언자들입니다. 예언자들은 국가에 고용된 지식인도 아니고, 국가가 발주하는 프로젝트의 연구자들도 아니며, 사기업에 소속되어 연구용역계약을 맺고 연구보고서를 제출해야 하는 '이해관계'에 매인 학자도 아니었습니다. 그들은 누구에게도 소속되지 않고 오로지 하나님의 영에 의해서 말하고 행동한다는 점에서 하나님께만 배타적으로 속한 사람들이었습니다. 하나님의 영에 의해 추동되어 권력비판을 감행하고 지상권력을 비신화화하는 방식으로 행동하되 지속적으로 행동하는 것, 이런 유형의 인물 자체가 전무후무합니다. 중국의 역사나 이집트의 역사나 고바벨론 역사에도 왕에게 조언하는 자들은 있습니다. 하지만 누구도 왕에게 조언하지만 왕에게 목숨을 걸어놓기까지 간언하는 예는 극히 희귀했습니다. 물론 우리나라의 역사서 <이조실록>에 보면 홍문관, 사간원, 대사헌 등 감찰관리들이 왕에게 목숨을 걸어놓고 상소문을 올리는 경우도 적지 않았습니다. 그들은 성리학이나 주자학의 진리를 믿고 권력비판을 감행한 지식인들이었습니다. 아마 조선의 선비들이 구약성경의 예언자들과 그나마 가까운 인물들이 아니었나 생각해 봅니다. 그러나 상소문을 올릴 수 있는 우리 조선 선비들은 고대 이스라엘의 예언자들처럼 하나님의 이름으로 왕의 권력 자체를 비신화화하거나 비판하지는 못했습니다. 공자나 주자의 이름으로, 맹자나 유교성현들의 이름으로 왕의 학정과 압제자들의 폐해를 고발할 수는 있었습니다. 그런데 그들이 하나님의 영에 호소했다는 말은 어디에도 없습니다. 이 점이 구약의 예언자들을 세계에 나타났던 어떤 비판적 지식인과도 구별짓는 요소입니다.

아모스 3장 7-8절에는 아모스가 하나님의 어전회의(히브리말로 소드)에 불려갔음을 암시하는 언급이 있습니다. "7 주 여호와께서는 자기의 비밀(소드)을 그 종 선지자들에게 보이지 아니하시고는 결코 행하심이 없으시리라 8 사자가 부르짖은즉 누가 두려워하지 아니하겠느냐 주 여호와께서 말씀하신즉 누가 예언하지 아니하겠느냐" 7절의 "비밀"로 번역된 히브리어 소드(sôd)는 하나님의 천상어전회의를 가리키는 전문용어였습니다. 예언자들은 하나님의 어전회의에 들어가서 하나님이 당대 역사에 대해서 품고 있는 도모와 계획들을 먼저 듣지 않고는 사자처럼 울부짖을 수 없다는 것입니다. 사자처럼 포효하는 예언자의 포효는 하나님이 인간세상의 불의와 불법에 대해 피력하는 신적인 포효를 대행하는 것입니다. 시대의 죄악에 대한 예언자의 격분은 하나님의 격분과 당혹스러운 반응을 대리하는 대리행위라는 것입니다. 예레미야 23장 18절에서 22절을 보면, 참된 예언자는 하나님의 어전회의에서 하나님이 무슨 결정을 했는가를 듣고 그 결정들을 하나님 백성에게 말해주는 사신(使臣)입니다. "18 누가 여호와의 회의에 참여하여 그 말을 알아들었으며 누가 귀를 기울여 그 말을 들었느냐 19 보라 여호와의 노여움이 일어나 폭풍과 회오리바람처럼 악인의 머리를 칠 것이라 20 여호와의 진노가 내 마음의 뜻하는 바를 행하여 이루기까지는 그치지 아니하나니 너희가 끝날에 그것을 완전히 깨달으리라 21 이 선지자들은 내가 보내지 아니하였어도 달음질하며 내가 그들에게 이르지 아니하였어도 예언하였은즉 22 그들이 만일 나의 회의에 참여하였더라면 내 백성에게 내 말을 들려서 그들을 악한 길과 악한 행위에서 돌이키게 하였으리라"

이사야 6장 8-10절도 유사한 논지를 가진 말씀입니다. "8 내가 또 주의 목소리를 들으니 주께서 이르시되 내가 누구를 보내며 누가 우리를 위하여 갈꼬 하시니 그 때에 내가 이르되 내가 여기 있나이다 나를 보내소서 하였더니 9 여호와께서 이르시되 가서 이 백성에게 이르기를 너희가 듣기는 들어도 깨닫지 못할 것이요 보기는 보아도 알지 못하리라 하여 10 이 백성의 마음을 둔하게 하며 그들의 귀가 막히고 그들의 눈이 감기게 하라 염려하건대 그들이 눈으로 보고 귀로 듣고 마음으로 깨닫고 다시 돌아와 고침을 받을까 하노라 하시기로" 이사야 6:9-10절 단락에서 말하는 "백성"은 어떤 백성을 가리킬까요? 하나님과 대립하고 있는 백성들, 권력자들, 권력 엘리트들을 가리킵니다.

예레미야 1장 9-10절은 예레미야가 예언자로 부름받고 하나님의 말씀을 대언하라는 요구를 받았을 때 절망하는 모습을 보여줍니다. '나는 아이라 말할 줄을 모릅니다.' 왜 예레미야가 자신을 아이라고 말할까요? 그에게 하나님의 말을 대언한다는 말은 그 당시 살아있는 권력자들에게 하나님의 심판 메시지를 전달한다는 것을 의미했습니다. 그것은 매우 큰 위험을 초래하는 행위였습니다. 결코 중립적인 행위가 아니었습니다. 최초의 예언자 중의 한 사람이었던 엘리야도 그 시대의 번영주도 군주였던 아합에게, 단도직입적으로 왕의 실정을 면전에서 고발하고 회개를 촉구했습니다. '당신과 당신의 왕실 때문에 3년 반 동안 기근 재난이 닥쳤습니다. 당신과 당신 아버지 죄 때문에 지금 이스라엘 자유농민의 땅에 기근이 왔습니다. 즉각 회개하시오.' 그러다가 엘리야는 오랫동안 망명생활을 할 수밖에 없었습니다. 이처럼 예언자란 존재는 하나님의 영에 충동되어 살아있는 권력자들에게 직설담화를 펼치는 사람들이었습니다. 예언자는 성문 앞 광장이나 왕궁 앞 또는 왕의 로얄 채플(왕실전용 예배당) 같은 곳에서 왕이 들으면 불쾌하고 노할 수밖에 없는 지배층의 죄악을 규탄하는 공적 담론을 일삼았습니다. 그들은 몰래 찾아오는 사람에게 개인적인 길흉화복 관련 점괘를 은밀하게 말해준 것이 아닙니다. 모든 예언자들은 성문과 광장에서 외치고 담화했습니다. 성문은 무엇입니까? 재판이 일어나고 공정한 재판이 기대되는 곳이 성문입니다. 여론이 모이는 곳입니다. 일종의 아크로폴리스죠.

다음으로는 성문 앞 광장뿐만 아니라 왕궁 앞, 왕의 통치가 일어나는 곳에서 예언했습니다. 그리고 왕이 예배드리는 곳에 가서 하나님의 심판예언을 토해냈습니다. 아모스 7장에 보면 아모스가 왕이 예배드리는 곳, 벧엘에 가서 왕이 듣는 데에서 '이 벧엘성소는 파괴될 것이고 왕실은 절단 날 것입니다'라고 외쳤습니다. 이런 것이 구약이 말하는 전형적인 예언입니다. 그래서 예언자는 막연한 미래에 대해서 말하는 자가 아니라, 하나님 입장에서 말하는 자입니다. 하나님 입장이라는 말은 뭐죠? 지금 시퍼런 권력자들 때문에 시달리고 있고 학대를 받고 있는 약자들을 옹호하는 방식으로 말했다는 것입니다. 이것이 '하나님 입장에서 말한다'의 참뜻입니다. 구약에서 말하는 하나님 입장은 사회과학적 용어로 말하면 자작자경농민들 입장, 약자들 입장, 고아와 과부의 입장과 동일시됩니다. 왕과 지배층의 권력에 의해서 시달림을 받고 있는 자들, 지배층의 권력남용 때문에 생존권이 위협당하는 사람들의 입장에서 말하는 행위를 성경은 '하나님 입장에서 말한다'라고 합니다. 그러니까 하나님 입장과 민심의 입장을 대신 전달하는 사람들이 예언자들이죠. 유신론적인 하나님 이해는 약했지만 민심을 천심으로 알고 일어난 "동학" 창시자 최제우 같은 사람도 예언자적 기층민중 대변인 역할을 했죠. 그래서 동학사상에도 신학적 요소가 없지 않습니다. 민심과 천심을 일치시켰던 인내천사상이 신학적 사유입니다. 세계만민들은 하나님의 통치 아래에 있기 때문에 전 세계만민들 모두에게 예언자적 목소리가 안 들릴 수는 없었죠. 모든 나라에는 왕을 견제하고 왕의 권력을 비판하고 질책하다가 고난을 당한 사람이 있죠. 하나님은 이스라엘뿐만 아니라 세계 도처에 민심을 대변하는, 즉 하나님의 마음을 대변하는 예언자들, 권력비판적 지식인들을 일으켰죠. 하지만 이스라엘 예언자처럼 연속적으로, 연쇄적으로, 신실하게, 역사를 목적지향적으로 해석하면서 권력비판과 민중옹호 및 위로담론을 쏟아낸 사람들은 없었습니다. 고대근동의 다른 나라들의 기록에 비하면 이스라엘은 너무 독특합니다. 왜요? 고대 앗수르 제국, 이집트 제국, 바벨론 제국, 수메르 제국 등이 남긴 많고 많은 종교문서들 중에서 아모스서나 호세아서 같은 문서가 나타나지 않았습니다. 왕과 담론을 나누고, 왕을 비판하며, 왕을 질책하며, 왕으로부터 박해를 받는 구약성경의 예언자 같은 자문관의 초상화는 고대근동 어떤 문서에도 자세하게 기록된 것이 없다는 거죠.

이런 예언운동의 선두에 아모스가 있습니다. 1장에 따르면 아모스는 남유다 드고아 사람입니다. 즉, 우리 식으로 말하면 평택 정도 사는 사람입니다. 평택 정도에 사는 사람이 평양에 올라가 북녘 땅의 핵심권력 심장부에 가서 북녘 땅의 왕실을 비판하고 왕실 멸망을 예언한다고 생각해 보면 아모스서의 분위기를 어느 정도 감지할 수 있을 것입니다. 남쪽 예언자가 북쪽 왕궁에 가서 활동했는데 이것은 하나님의 영의 회오리바람에 실려가지 않았다면 절대로 일어날 수 없는 일이었습니다. 왜요? 일단 남쪽 사람이 남쪽 왕에게 말해도 위험한데 남북왕국 분열시대 때 남쪽 지식인이 북녘 땅에 올라가서 북녘 왕국을 비판하고 규탄한다? 이것은 완전히 오해받기 쉬운 일이었습니다. 남쪽에서 올라와 '우리 북쪽 정권을 궤멸시키려고 온 간첩 또는 역적모의자'로 오해받았을 가능성이 컸겠죠. 아모스는 정확히 그렇게 오해받았습니다. 그 당시 북왕국의 왕은 여로보암 2세인데 그는 부국강병을 주도하는 왕으로서 40년 이상 긴 세월 동안 북왕국을 다스려 번영의 반석 위에 세웠습니다. 누가 보더라도 당시의 북왕국은 위험에 처하지 않았습니다. 그런데 아모스가 볼 때 여로보암의 엄청난 국가번영의 주도 속에는 북왕국 농민들의 아우성과 피울음이 섞여 있었습니다. 여로보암의 국부 증가 속에는 북왕국 자작자영농민들의 땅 상실이 있었고, 그로 인한 아우성이 터져 나왔습니다. 농민들은 부당한 재판을 통해서 땅을 빼앗기거나 아주 사소한 채무 때문에 인신이 노예로 팔려가는 불의를 겪었습니다. 아모스는 국가의 부 증가에는 공평과 정의의 파괴행위가 동반되었다는 것을 알았습니다. 그럼에도 불구하고, 당시의 거짓 예언자들과 거짓 종교인들은 왕실 중심으로 국가번영과 국부증가만 보았습니다. 그들은 땅을 빼앗겨 아우성을 치고 눈물을 짓는 연약한 농민들을 보지 못한 거죠. 아모스는 그것을 보았습니다. 그런데 아모스가 이런 북왕국 내부문제만 보았습니까? 아닙니다. 아모스서를 펼치자마자 아모스 1장과 2장을 보면 유다와 이스라엘 외에도 아람으로부터 시작해서 페니키아, 에돔, 암몬, 모압 등 이스라엘 인근 나라들에 대한 하나님의 임박한 심판계획이 예고되어 있습니다. 다시 말해 북이스라엘 왕국 인근에 있는 나라들의 운명이 예고되고 있으며 왜 그들이 하나님께 심판받는지 그 이유들도 각각 언급되어 있습니다. 도대체 왜 아모스는 이런 외국들의 운명까지 예언의 범위 안에 포함했을까요? 왜 아모스는 자기 나라의 국내문제에만 집중하지 않고 국제문제에도 집중적인 관심을 보였을까요? 여기가 매우 중요한 부분입니다. 신문도 없고 방송도 없던 고대사회에서 어떻게 한 나라의 작은 지식인이 이렇게 외국 사정까지도 완벽하게 꿰뚫고 있었을까요? 이 질문은 풀어야 할 과제입니다. 아모스는 그냥 농사만 짓는 허접한 농투성이가 아니었습니다. 그는 자기의 목장과 무화과 농장을 가지고 있었으며 양을 치고 소떼를 기르는 농장주였습니다. 그는 유력농민이었습니다. 유력농민으로서 그는 외국 사신들이 오고 가는 교통요지 중 하나였던 드고아에서 국내정세뿐만 아니라 국외정세도 파악할 정도로 견문이 넓은 사람이었습니다. 그는 당시의 기준으로 볼 때 일종의 세계를 하나로 보는 식견 높은 국제관측통이었습니다. 그는 각 나라가 무슨 죄 때문에 하나님 심판을 초래하는지를 환히 꿰뚫고 있었습니다. 시리아-팔레스타인 일대의 나라들에 대한 하나님 심판의 도구가 앗수르 제국인 것을 전제하고, 앗수르 제국 디글랏빌레셀 3세의 무서운 남서진 팽창정책이 이 모든 나라들에 대해 어떤 파괴적인 영향을 끼칠지를 파악한 것입니다. 앗수르 제국이 아람, 페니키아, 에돔, 암몬, 북이스라엘 왕국 등 작은 나라들을 다 삼켜버릴 것을 예언합니다. 이것은 무엇을 의미합니까? 북이스라엘 왕국도 디글랏빌레셀 3세의 팽창정책에 희생당하는 나라들의 운명에서 예외가 될 수 없다는 것이었습니다. 북이스라엘에 대한 하나님의 심판이 앗수르 제국을 통해 이뤄질 것과 그 심판의 확실성을 강조하기 위해서, 아모스는 인근 나라에게 이미 일어나고 있는, 혹은 일어날 심판들을 미리 말하는 것입니다. 그 말은 뭐죠? '우리는 예외가 될 거야. 우리는 앗수르 제국의 심판으로부터 면제받을 거야. 앗수르 제국이 우리나라를 침략할 수 없어.'라고 믿는 북이스라엘 지배층의 거짓된 확신을 부수기 위해서였습니다. 이런 이유 때문에 아모스는 북이스라엘 왕국의 모든 인근 나라들에게 임할 재난을 자세히 묘사합니다.

그런데 북이스라엘 인근 열국들의 죄가 무엇입니까? 국가 간 조약을 어긴 죄, 자국민을 압제한 죄, 권력을 남용한 죄, 종교와 정치의 거짓된 동맹관계의 죄 등입니다. 이것들에 대한 하나님의 심판 때문에 다른 나라들도 굴욕을 당하거나 망합니다. 그러니까 북이스라엘이 심판당하고 멸망당하는 이유와 암몬과 모압이 심판당하고 멸망당하는 이유가 똑같습니다. 다시 말해서 하나님은 심판을 집행함에 있어서도, 이스라엘만의 하나님이 아니라 온 세계열방의 하나님이라는 것입니다. 이스라엘의 하나님 야웨가 이스라엘의 하나님 일뿐만 아니라 온 세계열방의 국가적 운명과 민족적 흥망성쇠를 좌우하는 절대주권적인 하나님임을 강조하는 것이 이 열국 예언의 목적입니다.

3장부터 5장은 이스라엘에게 누적된 악행과 허물, 그것들로 인해 임할 하나님의 심판을 자세히 말합니다. 북이스라엘 백성은 이런 중에도 선민이라는 자기의식 속에서 '우리는 이 심판과 재난을 피하리라. 왜? 우리는 선민이고 하나님의 언약백성이기 때문에.'라고 말합니다(3:2). 그랬더니 아모스가 대답합니다. '하나님의 언약

백성, 하나님의 선민이라는 사실 자체는 하나님의 더 가혹한 심판을 초래하는 계기가 될 뿐이지 심판을 면제받는 계기가 되지 않는다.' 이것이 아모스 3장 2절의 요지입니다. '열국 중에서 내가 너만 알았다.' 일종의 계약사상입니다. 이 '안다'는 말은 언약적 함의를 가진 개념입니다. '하나님이 이스라엘 백성을 안다'는 말은 무엇입니까? '하나님이 이스라엘 백성과 언약적 친밀관계에 들어갔다'라는 의미입니다. '따라서 이스라엘 백성은 하나님의 요구를 다른 민족들보다 더 잘 알아야 마땅하다'라는 뜻입니다. 그런데 이스라엘 백성은 회개하지 않습니다. 4장은 회개하지 않는 이스라엘 백성에 대한 심판예고입니다. 5장은 회개하지 않는 이스라엘 백성의 거짓된 종교행위를 세차게 규탄합니다. 다시 말해 아모스는 브엘세바, 길갈, 벧엘 등 유명한 종교성소를 찾아다니면서 하나님을 찾고 하나님의 복을 구하는 거짓된 종교행위를 맹렬하게 비판합니다. 대신 외칩니다. '벧엘을 찾지 말고 길갈도 찾지 말고 정말 제대로 정의를 행하고 선을 행하고, 선을 찾으라.' '거짓된 종교에 의지하고 귀의하는 것은 멸망을 재촉할 뿐이다.' '지금 즉시 이웃에게 선을 행하고, 고아와 과부를 돌봐주고, 약자들에게 가해지는 무자비를 즉시 멈추어라. 그러면 회개할 기회가 열린다. 그러면 민족적인 살길이 열린다.' 이것이 '정의를 하수처럼, 공의를 강같이 흐르게 할지어다'라고 말하는 5:24의 핵심의미입니다.

그런데 아모스가 3장부터 4장, 5장까지 이처럼 엄중하게 하나님의 지속적인 심판을 외쳤지만, 이스라엘 백성은 끝내 듣지 않기로 결단합니다. 5장 18절부터 6장 14절은 한 나라를 일으켜 이스라엘을 치실 하나님의 계획을 지체 없이 선포합니다(6:14). 이스라엘 국가 전체의 기간요원이 포로로 잡혀간다는 예언입니다(5:26–27). 이제 하나님께서 국가를 구성하고 유지할 만한 인력 자원들을 다 소거시키시는데, 이스라엘 국가 엘리트들을 이방 나라로 끌어갑니다. 이것이 앗수르 제국에게 포로로 잡혀갈 것을 암시하는 충격적인 예언입니다. 여기서 이스라엘 역사에서 처음으로 국가기간요원들이 자기 나라를 떠나 외국으로 끌려간다는 재난예언이 선포된 것입니다. 실제로 이 일은 732년 혹은 721년에 일어났던 일인데, 아모스가 이것을 예언한 때는 BC 750년경입니다. 그러니까 아모스는 40년 또는 30년 앞서서 미리 내다보고 예언한 것입니다. 당시 북이스라엘 청중이 이런 예언을 들었을 때에는 아마도 이렇게 반응했을 것입니다. '이렇게 잘나가는 우리나라의 국가기간요원들이 무슨 외국으로 잡혀간단 말이야? 어림없는 소리!' 아모스의 이런 예언은 청중이 이렇게 콧방귀를 뀌면서 배척할 만한 소리였습니다. 참으로 완악하고 경직된 청중반응이 아닐 수 없었습니다. 아모스는 북이스라엘의 문제를 종교의 외양 아래 감춰진 공평과 정의의 붕괴라고 보았고, 공평과 정의의 붕괴는 국가붕괴로 이어질 것을 예고했습니다. 이스라엘 지배층은 고아와 과부를 학대하고, 이스라엘 자유농민들의 땅을 빼앗고, 지주들의 거대규모 땅 소유는 정당화해주고, 바알과 아세라 신들을 숭배하면서 또한 야웨 하나님도 섬겼습니다. 결과적으로 가진 자를 점점 더 갖게 만들고 없는 자를 더 없게 만드는 사회적 양극화와 무자비한 파편화가 도래했습니다. 아모스는 바로 이 일련의 인과적 사태를 강력하게 규탄했지만, 이 규탄에 대한 북이스라엘 왕국 유력시민들의 최후 응답은 무엇이었습니까? 회개하지 않기로 결단함, 다가오는 역사적 재난에 한번 맞서보기로 함, 역사적 재난의 실체가 뭔지 한번 보기로 함이었습니다. 그렇게 하다가 그들은 실제로 역사적 재난의 실체를 맞습니다.

7장부터 9장은 북이스라엘의 지배층이 그토록 믿던 성전기둥이 흔들리고, 국가 전체가 흔들려서 완전히 멸망해 가는 과정을 자세히 기록했습니다. 9장 11절부터 15절은 아모스의 결론인데 매우 중요합니다. 이것은 아모스서의 부록으로 알려져 있습니다. 북이스라엘 왕국의 기간요원이 끌려가서 나라를 더 이상 유지하지 못할 만큼 국력이 쇠약해졌습니다. 그러나 하나님은 북이스라엘을 아예 재기불능의 파멸로 이끌지는 않겠다고 약속했습니다(9:8). 그렇다면 북이스라엘 왕국에 남아 있는 한 가지 희망은 뭡니까? '회개하고 다윗의 통치이념, 즉 공평과 정의로 온 이스라엘을 다스렸던 다윗의 모범을 따르면 국가회복은 가능하다'라는 위로였습니다. 이처럼 아모스서의 마지막 단락에는 희망과 위로, 그리고 회개요구가 어우러져 있습니다. '북이스라엘 남은 자들아. 다윗의 장막으로 돌아오라. 다윗이 온 이스라엘 백성을 공평과 정의로 통치했듯이 너희도 이제 다윗의 장막으로 돌아와 다윗의 이상통치를 계승하라. 그러면 국가적 회복의 실마리가 열린다.' 이것이 아모스의 마지막 예언이었습니다. 주제 면에서 아모스 9장 11–15절은 사무엘하 8장 15절과 서로 호응합니다. 사무엘하 8장 15절은 뭡니까? '다윗이 온 이스라엘을 공평과 정의로 통치했다.' 북이스라엘의 희망은 남은 자들이 다윗의 장막으로 돌아오는 것입니다. 즉 공평과 정의로 통치하는 것이 다윗의 장막으로 돌아오는 것이었습니다. 북이스라엘 왕국의 국가적 회복 실마리는 공평과 정의를 회복하여 땅을 빼앗긴 자유농민들을 보호하고 그들을 일으켜 세우는 데서 발견됩니다. 이렇게 인자하고 정의로운 정치가 회복될 때 국가의 미래가 열린다는 것입니다.

여로보암 2세 시대 때 번영의 한복판에서 재난을 예고한 아모스에 비해, 이제 막 재난이 시작되고 국가적 정변이 연속적으로 발생해 나라가 붕괴일로를 걷기 시작할 때 등장한 예언자가 호세아입니다. 호세아는 좀 더 진전된 하나님의 심판 양상을 말합니다. 호세아는 북이스라엘 출신 예언자입니다. 학자들은 호세아가 아마도 북이스라엘 유명한 종교 중심지였던 세겜 출신의 제사장일 것이라고 추측하고 있습니다. 그는 이스라엘 예언자 중에서 매우 독특하게 가정과 부부관계를 유비로 삼아 야웨 하나님과 이스라엘의 언약관계 파탄을 분석하고 묘사합니다. 가난하고도 가련한 이스라엘 농민들을 보호하기 위하여 그는 혼인 메타포, 하나님과 이스라엘 백성의 부부관계 은유를 사용합니다. 1장부터 3장에서 호세아는 아예 자기 가정의 불행한 사연에 의거해 하나님의 마음을 대변합니다. 1장부터 3장은 호세아 자신이 고멜이라고 하는 여자와 결혼해서 세 자녀를 낳은 이야기부터 말합니다. 세 자녀의 이름은 각각 상징적입니다. 아들 이스르엘, 딸 로루하마, 아들 로암미. '이스르엘'은 '그가 씨를 뿌린다'라는 의미입니다. '여로보암 2세 왕조의 창시자 예후가 이스르엘 평야에서 흘린 무죄한 자들의 피값을 치르게 하겠다', '죄를 곧 심판하겠다'라는 의미입니다. '로루하마'는 '이스라엘 백성은 더 이상 나의 긍휼을 받지 못한다'라는 의미입니다. '로암미'는 '이스라엘 백성은 더 이상 내 백성이 아니다'라는 의미입니다. 호세아는 이런 세 가지 엽기적인 이름을 자기 세 자녀에게 줍니다.

왜 이렇게 됩니까? 개인의 비극적인 가정생활을 통하여 그리고 세 자녀의 이름들을 통해 이스라엘을 향한 하나님의 상한 마음을 드러내고자 했기 때문입니다. 호세아의 아내 고멜은 남편의 일편단심 사랑을 배반하고 정부(情夫)를 따라 바람이 났습니다. 그래도 호세아는 자기 바람난 아내를 돌로 쳐 죽이지 않고, 심판하여 내치지도 않고, 막대한 위자료를 지불하고 아내를 다시 데려와서 가정을 회복합니다. 호세아는 일방적인 사랑을 퍼부었지만 배신당한 남편의 마음을 고통스럽게 경험했습니다. 정확하게 이 호세아의 가정적 불행 경험이 바로 바람난 야웨의 신부 이스라엘이 하나님에게 끼친 불행이었습니다. 그래서 하나님의 상처 입은 마음을 표현하려고 했을 때 호세아 자신의 비극적인 가정사가 강력한 메타포를 제공하는 데 동원되었습니다. 이스라엘 백성은 하나님과 시내산 언약에서 언약관계에 들어갔습니다(출 24장). 요즘 말로 하면 부부관계, 혼인관계에 들어갔습니다. 왜요? 하나님은 이스라엘 백성만 특별히 사랑하려고 작정했고, 이스라엘 백성은 야웨 하나님 외에 다른 신을 두지 않기로 작정함으로써 쌍방속박적이고 배타적인 언약관계를 맺었기 때문입니다. 이 언약관계가 부부 사이의 배타적 친밀감을 서로 기대하고 요구하는 토대가 됩니다. 하나님께서는 신부된 이스라엘에게 온갖 사랑을 베풀었고, 땅과 번영을 선물하고, 이스라엘이 국가적인 형태를 갖출 수 있도록 엄청난 복을 주었습니다. 그런데 이스라엘이 번영하자 바람이 났습니다. 앗수르 제국과 정분이 났고 이집트와도 정분이 났습니다. 이 국가적 정분은 이스라엘이 강대국들과 군사보호동맹 혹은 종주봉신조약 같은 계약관계에 들어갔음을 의미합니다. 북이스라엘은 야웨를 버리고 앗수르를 따라가거나 이집트를 따라다녔습니다. 바알과 아세라를 섬길 뿐만 아니라 그들에게 번영을 준다고 약속했던 정부(情夫), 즉 앗수르 제국이나 이집트 제국을 따라가서 동맹을 맺었습니다. 이것을 호세아는 야웨의 신부인 이스라엘이 '바람났다'라고 비유했습니다. 즉, 야웨 하나님의 충성스러운 동맹국가가 되어야 될 이스라엘이 앗수르의 동맹국가가 되고 이집트의 동맹국가가 됨으로써 바람난 고멜 같은 음부(淫婦)가 되었다는 것입니다.

그런데 바람난 고멜을 막대한 위자료를 주고 되찾아온 호세아처럼, 하나님도 바람난 이스라엘을, 일정한 기간의 연단과 심판을 겪게 한 후에 되찾아오고야 맙니다. 이처럼 호세아는 하나님과 이스라엘 백성이 우여곡절 끝에 재결합할 것을 예고합니다(2:14–23). 부부관계의 정절이 깨어지고 파탄 나는 위기를 거치면서도, 하나님의 일방적인 용서로 다시 하나님과 이스라엘의 부부관계가 회복될 것을 암시합니다. 3장은 하나님과 이스라엘의 언약관계 회복을 이스라엘이 다윗왕 같은 이상왕의 다스림을 받는 것으로 묘사합니다.

4장부터 13장은 음란한 행위를 하여 하나님에게 부부관계의 도의를 저버린 이스라엘의 음란과 패역한 행동들을 낱낱이 고발합니다. 14장은 이렇게 하나님이 용서를 베풀고 인애를 베풀었으므로 이제 이스라엘이 할 수 있는 남아있는 행동은 무엇인가를 묻습니다. "회개밖에 없다." 이처럼 이스라엘에게 "회개할 것을 요청하면서" 호세아서가 끝납니다.

전체적으로 호세아서에는 다소 충격적이고 현대인의 감수성에 약간 상처를 주는 비유나 이미지가 다수 나옵니다. 특히 여성비하적인 표현들이 좀 있습니다. 그래서 오늘날 페미니스트 성서해석가들은 호세아서의 본문 자체를 비판합니다. 그러나 하나님께서 여성을 비하하려고 한 것이 아니라, 여성비하적인 표현들을 통해서 여성을 성상품화하는 시대를 비판했다고 봐야 됩니다. 이스라엘이 자기 애욕을 충족하기 위하여 정부를 따라갔다는 것 자체가 여성비하적인 편파적 표현이라고 보기는 힘듭니다. 이스라엘을 여성형으로 표현한 것도 고대의 성별 구분의 관습을 따른 것으로 특별히 여기에서 여성폄하적인 의도를 찾기 힘듭니다. 이스라엘이 자신의 국가적인 욕망인 번영을 누리기 위해서 하나님의 공평과 정의 동맹에 호소하기보다는, 부국강병의 정책에 호소하여 이집트와 앗수르라는 강대국과 연합한 외교행각을 '간음했다' 또는 '간통했다'라고 본 것입니다. 호세아서는 하나님과 부부관계의 의를 도모할 때, 즉 강대국 동맹이 아니라 이스라엘 자유농민들과의 공평과 정의 동맹에 호소할 때 국가적인 안전보장과 번영이 주어진다는 진리를 계속 외칩니다. 국가적 안전보장과 번영은 강대국과의 간음적 동맹외교가 가져다주는 것이 아니라 야웨를 아는 지식의 열매이기 때문입니다. 그런데 이스라엘은 국가적으로 이집트와의 군사동맹, 앗수르와의 군사동맹을 맺음으로써, 국가적 안전보장, 왕실의 안전보장, 부국강병을 보장받으려 했기 때문에, 영적 순결성을 잃었습니다. 남편이 아닌 자들과 간음한 것이죠. 그래도 호세아서는 희망을 말합니다. 호세아서는 이렇게 간음한 이스라엘 민족이 심판을 거치고 하나님의 진노를 맛본 후, 즉 남편 없이 오랫동안 광야로 쫓겨나 거기서 고독의 세월을 보낸 후에야, 다시 남편의 사랑을 받아서 언약관계를 회복한다는 점을 분명히 말하고 있기 때문입니다. 간음한 아내 이스라엘이 심판과 연단을 거치겠지만, 하나님은 이스라엘을 다시 아내로 재영접하시며 돌아오라고 호소하십니다. 회개에 대한 간절한 요청, 이것이 호세아서의 마지막 메시지입니다. 누가복음 15장에 나오는 돌아온 탕자 드라마는 호세아서의 메시지를 극화한 것이라고 알려져 있습니다. 돌아온 탕자를 다시 영접하는 따뜻한 아버지의 마음, 이것이 바로 호세아서의 메시지입니다. 감사합니다.

인문고전으로서의 구약성서 읽기

8주차 강의안

8-1

이사야와 미가

이사야와 미가의 시대: BC 740-701년의 남유다[1)]

이사야 1-39장에 기록된 예언들의 선포자 혹은 기록자 이사야는 아모스의 아들 이사야다(Isaiah ben Amoz)(1:1). 이 아모스(Amoz)는 예언자 아모스(Amos)와는 다른 인물이다. 엄격하게 발음하면 아모츠(Amoz)다. 이사야는 예루살렘에 본거지를 둔 상류계층에서 태어났으며 왕실 내부에서 일어나는 일들과 외교정책의 추이들을 면밀하게 분석하고 비판할 수 있을 만큼 유다 왕국 내부의 사정에 정통하였다. 넓게 말하면 그는 유다왕실의 내부자인 셈이었다(7:3, 4; 8:2; 30:1-7; 36:1-38:8, 21f.; cf. 왕하 18:3-20:19). 탈무드에 의하면 이사야는 웃시야의 사촌이었거나 아마샤왕의 조카였다(Talmud Meggiloth. 10b). 역대하 26:22과 32:32이 각각 그를 웃시야왕과 히스기야왕의 서기관이었다고 기록한 것은 신빙성 있는 역사적 증언일 것이다.

그는 여선지자와 결혼하여 세 아들을 낳았다(7:3, 14-17; 8:1). 세 아들은 스알야숩("남은 자만 돌아가리라"), 임마누엘("우리와 함께 하시는 하나님"), 그리고 마헬살랄하스바스("노략이 급속하게 임하고 약탈이 임박하게 이뤄질 것이다")이다. 세 아들의 이름들은 당대에 주신 하나님의 말씀들을 대언하는 징조와 표적으로 간주되었다(8:18).

이사야는 유다가 야웨 하나님과의 계약관계를 파기하였기 때문에 발생되는 사회적 문제들을 폭로하고 귀족과 관료, 지주 등 상류사회의 타락과 부패를 공격하였다(1:3-9; 3:13-15; 5:8-23). 그럼에도 불구하고 그는 예루살렘 거민이었으며 초지일관 왕정신학과 시온신학의 신봉자로 남았다. 왕정신학은 "왕"은 하나님이 세상에 세운 우주적 질서의 일부이며, 왕의 사명은 하나님의 고유과업인 공평과 정의의 실현이라고 주장한다. 시온신학은 이스라엘의 왕은 하나님이 선택한 시온(예루살렘)에서 온 이스라엘과 세계만민을 위하여 공평과 정의를 실천해야 하는 사명을 부여받았다고 믿는다(시 89편; 132편). 위경인 <이사야의 승천>(The Assumption of Isaiah)에 의하면 이사야는 므낫세 치세 동안(BC 696-642)에 통나무 안에서 톱으로 몸이 절단되는 참사를 당한 것으로 전해진다(히 11:37).

반면에 미가는 이사야보다 약간 늦은 시기에 출현한 유다 농촌 출신 예언자다. 그는 북이스라엘의 유력자들이 예루살렘에 피신해 와서 남유다의 정치적·경제적 불의와 불법을 조장하는 상황을 주목하고, 유다 농민들의 입장에서 예루살렘 중심의 지주들과 정치적 권력자들에게 심판을 예언하였다. 시온의 패망 가능성에 대하여 극도로 조심하였던 이사야와는 달리, 미가는 시온도 멸망당할 수 있음을 공공연히 선포함으로써, 히스기야 시대에 왕실에 붙들려 재판을 받는 고초를 겪기도 하였다(렘 26:18).

이사야와 미가의 메시지

다윗-솔로몬 제국은 약 80년간(BC 1000-920) 시리아-팔레스타인 일대를 제패하지만 솔로몬과 그 아들 르호보암왕의 실정(失政)과 종교적 배교로 인하여 쇠퇴일로를 걷다가 급기야 분열된다(왕상 11:1-13). 외국과의 정략결혼과 동맹정책, 지역차별, 사치와 대규모 토목공사로 인한 북지파들의 민심이반과 르호보암 시대에 안착된 관료주의와 궁중 권력정치 등이 솔로몬-다윗제국의 몰락과 쇠퇴 원인이었다. 그래서 마침내 BC 922/21년경 통일 이스라엘은 남북왕국으로 분열되고 그 후 약 170년 후에 등장한 예언자 이사야는 예루살렘을 무대로 예언활동을 시작한다.

이사야와 미가는 BC 8세기 북이스라엘의 예언자들인 아모스와 호세아의 동시대 사람이었다. 그들이 예언자로 공식적인 활동을 시작할 무렵인 BC 8세기 중엽은 북쪽의 앗수르 제국이 제국주의적 정복전쟁을 남서쪽으로 확장하던 시점이었다. 앗수르 제국의 정복군주인 디글랏빌레셀 3세는 이미 BC 740-738년경에 북시리아 지역의 소왕국들을 다 정복한 상태였다(BC 740년은 웃시야가 죽기 전후의 시기). 앗수르 제국은 아람의 도시국가인 하맛(Hamath) 정복을 필두로 칼노(Calneh) 등 시리아-페니키아-팔레스타인의 소왕국들도 차례로 정복하였다(사 10:8-11; 36:18-20). 그는 시리아-페니키아-팔레스타인의 작은 왕국들을 강제로 병합하여 속주로 삼아 무거운 조공을 바치도록 강요하였다(왕하 15:19-20). 작은 왕국들은 북이스라엘의 므나헴처럼 무거운 조공을 바쳐서 간신히 왕위를 유지하거나 아니면 저항하다가 국가적 파멸을 감수하여야 했다. 그런데 BC 740년경 전후를 반영하는 것으로 보이는 앗수르 제국의 정복일지에 따르면, 유다왕 웃시야는 잘 알려지지 않은 이유로 조공을 바친 봉신 명단에서 제외된다.[2] 그런 와중에 디글랏빌레셀 3세는 BC 734년경에 팔레스타인에 진출하였으며 심지어 애굽 국경선까지 육박하였다. 그는 정복일지(블레셋 원정일지인 ana Philistia)에서 "애굽 강 앞에" 군사(무역)기지를 구축하기에 이르렀다고 자랑한다. 이 가공할 만한 앗수르의 군사적 팽창에 직면하여 많은 작은 왕국들은 반역해 보았으나 잔혹하게 진압되어 버렸다. 이 와중에 시리아와 북이스라엘이 주도하는 시리아-에브라임 전쟁이 일어나고(BC 734-732), 두 나라 동맹군은 유다의 아하스왕에게 반앗수르 연합전선에 동참하도록 강요하기에 이른다. 예언자 이사야가 처음으로 공적인 무대에 등장하는 때가 바로 이 상황이다. 이사야는 아하스와 다윗왕실에게 시리아-에브라임 동맹국 왕들의 강요에 굴복하지도 말고, 앗수르 원군을 요청하지도 말라고 권고하였다. 이사야의 권고 때문인지 분명하지 않지만 유다 왕국은 시리아-에브라임 동맹에 참여하기를 거부하였던 것처럼 보인다. 그러자 시리아-에브라임 동맹군은 다윗왕조를 종식시키고 아람계 인물인 다브엘의 아들(the son of tabeel)을 유다의 왕으로 세우려고 기도하는데 이사야는 이 계획을 악하다고 비난하며 결코 성취될 수 없는 계획이라고 단죄하였다(왕하 15:37; 16:5; 사 7:6-7). 이사야는 아하스에게 야웨 하나님의 다윗언약을 믿고, 즉 하나님의 주권적인 도우심을 믿고 외국 군대의 힘에 의지하지 말도록 권고한다. 그러나 아하스는 이사야의 충고를 거부하고 앗수르에게 도움을 요청하였다. 이때 이사야는 해방자로 출병한 앗수르가 정복자가 될 것임을 암시하는 예언들을 쏟아내었다(사 7:18–25; 8:1–10).

마침내 디글랏빌레셀 3세는 아람을 완전히 멸망시키고 북이스라엘의 북부 지역을 앗수르의 속주로 병탄시켜 버렸다. 급격한 쇠락을 맛본 북이스라엘의 왕 베가(Pekah)는 막대한 조공을 지불하고 간신히 파멸의 운명을 면하였다(BC 732). 베가의 왕위를 찬탈하고 왕이 된 호세아는 애굽왕 소(So)와 동맹을 맺고 앗수르왕 살만에셀 5세(Shalmaneser 5세)에게 저항하였다(왕하 17:4). 그 결과 북이스라엘 왕국은 국가적 파멸을 겪지 않을 수 없었다. 살만에셀 5세는 이스라엘을 침략하여 3년간 사마리아를 포위하였고, 그의 아들 사르곤(Sargon 2세)은 사마리아를 함락시키고 많은 상류층 사람들을 포로로 잡아갔다(BC 722/1). 이제 유다 왕국의 정치적 독립은 풍전등화의 위기 앞에 놓인 셈이 되어버렸다(사 5:29). 그래서 유다는 시리아와 팔레스타인의 많은 소왕국들이 애굽과 힘을 합하여 반(反)앗수르 봉기를 일으킬 때도(가자[Gaza]의 하눈[Hanun] 왕이 주도한 BC 720년 반앗수르 봉기 등) 반앗수르 봉기에 가담하지 않았다. 그러나 유다는 얼마 후 블레셋의 아스돗(Ashdod)이 주도하는 반앗수르 봉기에는 약간 참여하였던 것 같다(14:28–32). 이때도 아마 애굽은 잠재적 후원자의 자격으로 참여했을 것이며 실제로는 에돔, 모압, 블레셋의 도시들이 봉기를 주도하였을 것이다(BC 714–711). 앗수르왕 사르곤 2세는 아스돗과 가드(Gath)를 정복하였고 이로 인하여 유다는 더욱더 고립무원의 지경에 빠진다(20:1–2).[3] 그러나 유다는 소극적으로 참여하였기 때문에 정복되지는 않고 조공을 바치는 봉신국가 신분을 유지하게 되었을 것이다. 하지만 BC 705년에 사르곤 2세가 죽자 다시금 팔레스타인 소왕국들의 반앗수르 봉기 열기가 분출되기 시작하였다. 이때는 유다왕 히스기야가 반앗수르 봉기의 선봉장이 된다.

팔레스타인의 맹주격인 히스기야가 주도하고 바벨론의 므로닥 발라단과 블레셋의 일부(에그론)가 지지하는 대규모 반앗수르 봉기가 팔레스타인을 격동시켰다(왕하 20:12–19; 사 39:1–4). 여러 역사적 정황증거들을 고려해 볼 때 이때도 팔레스타인 반역왕국들을 위한 애굽의 깊숙한 후원 약속이 어느 정도 작용했을 가능성이 크다. 비록 앗수르 진영에서 나온 언급이긴 하지만 애굽은 유다를 돕기로 약속한 것도 사실일 것이다. 애굽왕 다르하가(Tarhaqa) 휘하의 군대가 유다 지역으로 파견되었다는 사실과 엘테크(Eltekeh) 전투에서 애굽 군대가 앗수르에게 패배하였다는 역사적 증언은 신빙성이 있어 보인다. 추론컨대 유다왕 히스기야는 애굽의 명시적인 지원을 믿고 팔레스타인의 소왕국들을 동원하여 BC 705년경에 반앗수르 봉기를 주도했던 것처럼 보인다.

불안한 정정(政情)에 휩싸인 국내 상황과 북쪽 산악족속들의 문제를 처리하느라고 남서쪽 지역의 반앗수르 봉기에 효과적으로 대처하지 못하던 앗수르의 새 군주인 산헤립(Sennacherib)은 마침내 BC 701년에 남서진 정복원정에 돌입하였다. 산헤립의 단호한 징벌원정은 파죽지세로 팔레스타인 지역으로 육박하여 신속하게 사태를 장악하였다. 그는 북쪽의 시돈을 패배시키고 일시에 정상적인 종주-봉신 관계를 회복한다. 그는 암몬, 모압, 그리고 에돔으로부터 조공을 받아낸다. 그리고 여전히 불안정한 입장을 견지하던 에스겔론(Ashkelon)과 에그론(Ekron)을 복속시키고 유다의 히스기야를 새장의 새처럼 에워싸 버린다. 산헤립은 히스기야에게 매년 바쳐야 할 조공 외에 엄청난 전쟁배상금을 강요하며 완전 항복을 종용하였다. 히스기야는 지체 없이 산헤립의 요구에 굴복함으로써 성이 함락되는 참변을 피했다(왕하 18:13-16).[4] 이사야는 시리아-에브라임 전쟁부터 이 마지막 순간까지 유다의 정치적 위기 한복판에서 하나님의 말씀을 대언하였고, 약 40년간 지속된 국가적 위기 속에서 유다왕실과 백성들과 함께 하였다.

미가는 주로 산헤립의 유다 침략기인 BC 701년 전후 상황의 피폐케 될 혹은 피폐케 된 유다 농촌 현실에 초점을 맞추며 예언하였다. 둘 다 공평과 정의에 대한 강조를 통하여 유다에 대한 앗수르의 침략이 하나님의 진노의 발현이라고 보는 데는 일치하였다. 하지만 심판예언에 집중한 미가에 비하여, 이사야는 40장부터 위로와 희망예언으로 주조음(leitmotif)을 바꾼다. 연대기적으로 볼 때 이사야 40-66장은 바벨론 포로기와 페르시아 시기, 그리고 바벨론 포로 귀환 후 시기까지를 포괄하는 예언들을 담고 있는 것처럼 보인다. 그래서 일부 비평적 학자들은 이사야 40-55장을 BC 540-530년경 전후의 바벨론 거주의 익명의 예언자(제2이사야)의 예언집이라고 보며, 이사야 56-66장을 BC 450년 전후에 팔레스타인으로 되돌아온 귀환포로 출신 예언자(제3이사야)의 예언집이라고 본다. 그러나 이 학설은 아직 확정된 사실이라기보다는 논란 중에 있는 가설에 머물고 있다.[5] 이사야 1-66장 전체가 한 사람의 예언집이건 두 예언자 혹은 세 예언자의 예언집이건 상관없이 현재의 이사야서 전체는 적어도 세 시기를 반영하거나 전제하고 있다. 세 시기의 청중들에게 말하고 있는 것이다. 1－39장은 대체로 BC 8세기 이사야 당대의 청중들에게 겨냥된 예언이고, 40－55장은 고레스 칙령 전후의 유다 포로들을 청중으로 삼고 말하는 예언이며, 56－66장은 귀환포로들이 직면한 문제들을 염두에 두고 선포된 예언들임은 거의 분명해 보인다.

이사야서의 구조

I. 표제 및 주제적 배열: 이사야 신학의 파노라마적 전개(1장)
II. 유다와 이스라엘의 참혹한 현재와 대비되는 영광스러운 미래(2－4장)
III. 이스라엘과 유다에 대한 하나님의 계획(5－6장)
IV. 시리아－에브라임 전쟁 동안에 선포된 "구조(救助)" 예언들(7－12장)
V. 열방들을 심판하시는 만군의 야웨 하나님(13－27장)
VI. 유다와 북이스라엘에 대한 심판의 예언들(28－33장)
VII. 열국들에 대한 하나님의 심판과 하나님의 백성에 대한 구원 메시지(34－35장)
VIII. 히스기야－이사야 비망록(36－39장)
IX. 바벨론 포로들에게 주는 위로와 희망(40－55장)
X. 돌아온 귀환포로들에게 들려주시는 위로와 희망 메시지(56－66장)

I. 표제 및 주제적 배열: 이사야 신학의 파노라마적 전개(1장)

이사야서는 아모스의 아들 이사야가 네 왕의 치세 동안에 유다와 예루살렘에 관하여 "본" "이상"(vision)들을 편집한 책이다(1:1). "이상"이란 하나님의 관점에 의해 해석된 역사적 사건들과 사태들이다. 1장은 이사야서 전체(2－39장, 혹은 2－66장)에 대한 서론으로서 BC 701년(혹은 BC 586년) 앗수르 위기가 남기고 간 후폭풍 메시지처럼 들린다.

II. 유다와 이스라엘의 참혹한 현재와 대비되는 영광스러운 미래(2-4장)

이 단락은 영광스러운 미래–수치스러운 현재–다시 영광스러운 미래로 움직이며, 회복된 유다와 예루살렘의 신학적·세계사적 사명을 부각시킨다. 심판을 통해 정결케 된 시온은 불심판을 거치고 살아남은 "남은 자들의 보금자리"로 부활할 것이다. 부활한 시온은 하나님 백성들의 미래 번영을 주도하고 하나님의 통치를 구현할 영적인 진지요 보좌로 변화될 것이다(4:2–6). 여기서 다시 한번 남은 자들의 사명이 부각되고 있다.

III. 이스라엘과 유다에 대한 하나님의 계획(5-6장)

5장은 출애굽 전승(시 80편)과 시내산 계약 전승을 담고 있는 노래로서 앗수르 제국에 의한 북이스라엘의 멸망(BC 722/21)과 남유다의 초토화(BC 701)가 가져다 준 충격과 그에 따른 영적인 각성을 보여준다. 하나님은 공평과 정의 대신, 압제와 포학의 들포도를 맺어버린 자신의 포도원 울타리를 허물어뜨려 짐승들의 발밑에 유린당하게 할 것이다(5:8–30; 10:5–6). 6장은 웃시야가 죽던 해에 소명(6:1)을 받은 상황을 보도한다.

IV. 시리아-에브라임 전쟁 동안에 선포된 "구조(救助)" 예언들(7-12장)

이 단락은 대부분 시리아–에브라임 전쟁 기간 동안에 이사야가 선포한 예언들을 담고 있다. 이사야는 세 아들의 이름들을 통하여(스알야숩, 임마누엘, 마헬살랄하스바스) 시리아–에브라임 동맹군들에게 시달리는 아하스와 유다왕실에게 구조(救助) 예언들을 선포하였다. 시리아–에브라임 동맹군들 중 "오직 몇몇만이 살아 돌아가리라"라는 예언은 아하스왕에게는 구원의 예언이요 하나님이 함께 하시겠다는 약속의 예언이었다. 임마누엘 예언도 애초에는 다윗의 집에는 상서로운 예언이요, 시리아–에브라임 동맹에게는 불길한 예언이었다. 임마누엘은 다윗 언약(나단 예언–삼하 7:12–16)에 대한 재확증을 의미하였다. 마헬살랄하스바스 예언(8:1–22)도 시리아-에브라임 동맹군에게 임박한 전쟁약탈이 자행될 것을 예언하며 유다가 앗수르의 도움을 요청하지 않아도 되는 이유를 암시하는 구조 예언이었다. 그러나 이 약속을 믿지 못하면 구원자요 해방자로 온 앗수르가 유다를 이내 약탈할 것이다.

V. 열방들을 심판하시는 만군의 야웨 하나님(13-27장)

이 단락은 유다와 예루살렘의 운명과 상관성이 있는 정치적으로나 영적으로 인접한 열방들에 대한 예언들이다. 이 단락은 바벨론 제국에 대한 예언으로 시작하였다가 온 땅에 대한 심판 후에 찾아오는 하나님의 백성들에 대한 위로로 종료된다. 이 단락은 이스라엘과 유다의 심판-열방심판-이스라엘과 유다의 위로와 구원의 구조로 움직인다. 13-14장에서 바벨론 제국과 앗수르 제국은 영적으로 동일한 실체를 가리킨다. 아마도 BC 8세기 앗수르 제국에 관한 이사야의 예언이 바벨론 포로들에 의하여 바벨론 제국에 관한 이사야의 예언으로 간주되고 재편집되는 과정에서 원래 앗수르 제국에 대한 심판예언이 당시의 세계제국이던 바벨론 제국에 대한 예언으로 전환되었을 것이다. 바벨론 포로기의 편집자들은 이사야의 예언 지평을 확장함으로써 후대의 비슷한 영적·정치적 정황에 탄력적으로 적용되도록 정경화를 시도하였던 것이다.

VI. 유다와 북이스라엘에 대한 심판의 예언들(28-33장)

이 단락은 소위 "앗수르 단락"(the Assyrian cycle)으로 불리는데 BC 705-701년 유다의 반앗수르 봉기 전후의 긴박한 상황에 대한 신학적 분석을 담고 있다. 북이스라엘의 전철을 밟아 앗수르 제국에게 거의 멸망당하기 직전까지 위기에 내몰린 유다지배층의 정치적, 영적 무지몽매를 집중적으로 비판한다. 이 단락은 하나님의 극적 개입으로 구출된 시온에 이상적인 왕이 등장할 것을 기대하는 예언으로 마무리된다.

VII. 열국들에 대한 하나님의 심판과 하나님의 백성에 대한 구원 메시지 (34-35장)

이 단락은 유다의 숙적들에 대한 야웨 하나님의 가차 없는 보복과 심판을 다루고 하나님 백성들 중 남은 자가 열어갈 영광스러운 미래를 예고한다. 여기서 중요한 것은 "남은 백성들"이다. 에돔과 열방에 대해서는 가혹한 심판이 진행돼야겠지만, 먼저 심판받은 이스라엘은 결국 회복될 것을 전망한다.

VIII. 히스기야-이사야 비망록(36-39장)

이 단락에는 BC 701년 앗수르 위기에 대한 당대의 신학적 분석(히스기야의 광신주의적 전쟁 신앙 비판)과 신학적 추후 재해석(하나님의 기적적인 구원을 가져온 히스기야의 경건 칭찬)이 교직(交織)되어 있다. 이 단락은 앗수르 패권주의 시대에서 바벨론 패권주의 시대로 전환되는 과정을 다루는 역사적 간주곡이다. 비록 앗수르가 예루살렘을 정복하려고 시도하였지만(BC 701년), 히스기야의 믿음은 앗수르에 대한 야웨의 극적 승리를 맛보게 하였다. 그러나 히스기야는 바벨론 병문안 사신들에게 왕국의 보화들을 보여줌으로써 바벨론 포로살이라는 비극의 실마리를 제공한다. 처음에는 히스기야가 믿음의 영웅으로 묘사되다가 결국에는 경거망동한 불신앙과 불경건의 원흉이자 국가적 멸망을 초래한 군주로 몰락한다. 바벨론 유배가 예고되자마자 이사야 40장은 이미 바벨론 포로생활이 종료되는 시점을 다루고 있다.

IX. 바벨론 포로들에게 주는 위로와 희망(40-55장)

이 단락은 BC 538년 고레스 칙령으로 이스라엘 고토로 되돌아가는 희망에 들떠 있거나 고레스의 칙령에도 불구하고 여전히 냉담한 바벨론 포로들을 이스라엘 고토로 되돌아오도록 격려하고 위로하는 예언들로 가득 차 있다. 하나님께서 이제 출애굽 구원을 잊어버릴 만큼 장엄하고 감동적인 출(出)바벨론 구원을 일으키실 것이며, 이스라엘 고토에는 시온을 위로하시고 회복하시는 하나님의 새 역사에 대한 감사와 감격이 넘칠 것이다. 이 단락의 주제는 "시온으로 되돌아가자. 시온으로 되돌아가는 길은 하나님께서 친히 열어주실 것이다. 시온은 이제 다시 하나님의 영광이 깃든 세계의 중심이 될 것이다."이다. 이사야 53장은 바벨론 포로살이의 신학적 의미를 한층 더 깊이 파헤친다.

X. 돌아온 귀환포로들에게 들려주시는 위로와 희망 메시지(56–66장)

이 단락은 귀환포로들이 회복의 프로그램을 놓고 내분을 겪는 상황을 반영하는 예언들을 담고 있는 한편, 시온이 전 세계의 제사장 나라와 거룩한 백성으로서의 지도력을 과시할 미래를 전망한다. 이 단락은 회복된 이스라엘 공동체 안에서는 여전히 영적 퇴락의 길을 걷는 사람들이 있겠으나, 하나님의 신실한 종들의 수고와 분투를 인정하시는 하나님의 강권적인 은혜로 이스라엘 공동체는 세계를 향하여 선교적 사명을 수행하게 될 것임을 증거한다. 이 단락의 중심 음조는 시온은 세계를 갱신하시고 새롭게 다스리실 하나님의 세계 경영과 통치의 거점이 될 것이며, 새 하늘과 새 땅 시대의 중심지가 될 것이라는 예언이다.

미가의 구조

I. 표제(1:1)
II. 이스라엘과 유다에 대한 심판(1:2–3:12)
  1. 서론(1:2)
  2. 예견된 파멸(1:3–7)
  3. 파괴에 대한 애가(1:8–16)
    (1) 당시 사회의 부패상(2:1–11)
    (2) 음울한 현실 가운데서 미리 맛보는 희망(2:12–13)
    (3) 정죄 받는 지도자들과 야곱의 죄를 들추어내며 탄핵하는 참 선지자(3장)
III. 이스라엘과 유다를 향한 희망(4–5장)
  1. 임박한 왕국(하나님 나라)(4장)
  2. 불원간에 회복될 다윗왕국(5:1–5a)
  3. 하나님의 백성들을 향한 승리(5:5b–15)
IV. 이스라엘을 소송으로 끌어내시는 하나님(6장)

1. 하나님의 기소(6:1－8)
2. 임박한 심판(6:9－16)

V. 음울함이 승리로 바뀌다(7장)

1. 사회부패상을 탄식하는 미가(7:1－6)
2. 밝은 미래(7:8－13)
3. 하나님 나라를 위한 승리(7:14－20)

8-2

BC 7-6세기 예언자들의 중심과제, 예레미야와 에스겔

BC 7-6세기 포로기 예언자, 예레미야와 에스겔의 메시지

예레미야와 에스겔은 BC 6세기 바벨론 제국에 의한 조국 유다의 멸망(BC 586년)을 목격하였거나(예레미야) 멸망 소식을 망명지에서 들었던(에스겔) 사람들이다. BC 586년에 유다는 하나님의 선택의 상징적인 보증들이었던 성전과 다윗왕조를 상실하였다. 그것들의 상실은 야웨와 이스라엘 사이에 있어 왔다고 믿어졌던 특별한 관계(즉 계약관계)에 대한 인습적인 이해를 뿌리째 뒤흔들었다. 십자가 사건의 그림자가 공관복음 전체를 그림자 지우듯이, 꼭 마찬가지로 BC 586년 사건의 그림자가 예레미야서 전체와 에스겔서의 후반부를 뒤덮고 있다. 예레미야서와 에스겔서의 예상 독자들은 의심할 바 없이 절망의 구렁텅이에 빠졌던 사람들이었을 것이다. 결과적으로 이 두 책의 주제는 절망을 초극하는 희망, 하나님이 창조하신 희망이다. 과거는 이미 흘러갔고 이제 돌이킬 수 없었다. 오로지 이스라엘이 바라고 희망할 수 있었던 것은 과거의 폐허와 잔해로부터 하나의 새로운 이스라엘이 탄생되어, 전에는 자신들의 죄악으로 실현되지 못하였던 그 오래된 하나님의 약속들의 상속자가 되는 것이다. 엘리야-엘리사 시대가 하나님 백성(이스라엘/유다) 공동체에서 자라기 시작한 암세포(암의 징후)를 발견하는 단계라면, 아모스-호세아-이사야-

미가 단계는 암 3-4기 단계로서 암세포 제거 수술의 필연성을 역설하는 단계다. 예레미야와 에스겔은 암세포 제거 수술의 무용성을 인정하고 사망선고를 내리는 단계의 선지자들이다. 다만, 예레미야와 에스겔은 죽음을 넘어 부활과 회복을 내다본다.

예레미야

예레미야는 예루살렘 몰락 현장(1, 20, 25, 29, 31-33장)을 목격하면서 하나님의 언약적 신실성이 아니면 이제 다시는 유다에게는 희망이 없다고 단언한다. 그는 유다 멸망의 필연성을 역설하고 바벨론 유배의 신학적 의의를 강조한다(25장; 29:11-13). 가나안 땅에 사는 것이 얼마나 큰 은혜인지 모를 바에는 차라리 바벨론 포로로 잡혀가서 거기서 다시 땅 상실이 무엇을 의미하는지, 약속의 땅에 살았던 시절이 얼마나 놀라운 은혜의 시절이었는지를 회상하여야 한다고 주장한다. 그는 바벨론이 하나님의 심판의 도구라고 주장하였기 때문에 민족주의적 정서를 가진 사람들에게 매국노라고 비난을 받았고 상대적으로 바벨론 정복군에게는 선대를 받았다. 이사야가 앗수르라는 대제국에게 군사적 원조도 요청하지 말고 앗수르와 군사적 대결도 벌이지 말라고 충고한 반면에(비동맹 고립정책), 예레미야는 한 걸음 더 나아간다. 민족 전멸을 면하려면 바벨론의 멍에를 지라고 말한다. 전체적으로 예레미야는 바벨론에 포로로 잡혀간 사람들에게 유다의 미래가 있을 것이라고 말한다. 그는 지방 성소 아나돗 지방의 제사장 아비아달 가문의 아들로서 유다의 미래상을 제시함에 있어서 에스겔과 사뭇 다른 미래상을 제시한다. 그는 하나님의 영으로 가득 찬 이스라엘 계약공동체, 영 민주주의적 공동체를 미래의 이상사회로 꿈꾼다(렘 31-33장). 미래사회에 대한 예언을 담고 있는 예레미야 30-33장의 메시지는 예레미야서의 중심축(中心軸)을 형성한다. 그가 소명을 받았을 때(BC 627년)부터 예루살렘에 재난이 임박했을 때(BC 587년)까지 46년 동안 예레미야의 설교를 들었던 사람들은 그들을 영적인 자기만족감에서 일깨워 내려는 예레미야의 무서운 경고들을 들었던 터였다. 재난이 이제 막 그들을 덮치려고 했을 때, 그들의 영적인 자기만족감은 절망으로 바뀌었고 뒤이어 희망의 상실감이 그들을 지배하기 시작하였다. 이 절망감과 환멸감에 지배되어 있는 바로 그 백성들에게 예레미야의 희망의 메시지가 전달되었던 것이다. 그치지 않는 사랑으로 이스라엘을 돌보셨던 거룩하고 은혜로우신 하나님의 정당한 분노를 옹호하였던 예레미야는, 나라가 멸망당하자 그 때부터는 그릇된 길로부터 돌이키는 백성을 능히 다시 회복시키실 하나님의 구원 의지를 옹호하기 시작하였다. 뿌리를 뽑고 기초를 훼파(毁破)하셨던 바로 그 하나님이 다시 건축하시고 심으시는 하나님이시다(1:10).

여기서 한 가지 주목할 만한 사실은, 유다의 미래에 대한 그의 예언자적인 비전 안에서는 예루살렘 성전이나 사독 계열 제사장의 위계질서는 아무런 역할을 하지 못한다는 것이다. 실로(Shiloh)성소의 적통을 이어받은 아비아달 계열의 제사장 가문에서 태어난 예레미야는 아비아달을 지방으로 축출한 사독계열 제사장이 주도하는 예루살렘 성전에 대하여 신학적·역사적인 문제의식을 가진 예언자였다. 이런 점에서 에스겔과는 다른 궤적을 걷는다.

예레미야의 구조

I. 예언자로 부르심을 받는 예레미야(1장)
  – 예레미야의 변증법적 과업(to root out/tear down versus to build up/plant)
II. 유다에 대한 경고들과 권계들/권면들 – 유다에 대한 예언자적인 분석(2–35장)
  1. 초기 예언: 회개에의 촉구(2–6장)
  2. 반성전 설교들: 예루살렘 성전에 대한 지방 제사장들의 반감(7–10장)
  3. 언약과 음모(11–13장): 하나님과 유다 사이의 언약은 파기되었다. 언약파기를 외치고 멸망을 외치는 재앙 예언자 예레미야를 죽이려는 음모.
  4. 가뭄 예언(14–15장) 및 재앙과 위로(16장–17:18)
  5. 안식일을 거룩하게 지키라는 명령(17:19–27)
  6. 토기장이로부터 배우는 교훈들(18–20장)
  7. 왕들, 예언자들 그리고 지주(땅의 백성들)들에 대한 규탄(21–24장)
  8. 바벨론 유수 예언(25–29장)
  9. 회복의 약속 – 다윗 언약의 갱신/시내산 언약의 갱신(30–33장)
  10. 부록 – 역사적 비망록(34–35장)
III. 예레미야의 고난과 박해(36–38장)

1. 예언 두루마리를 태우는 왕(36장)
2. 투옥되는 예레미야(37－38장)

IV. 예루살렘의 몰락과 그 후에 일어난 사건들(39－45장)
1. 예루살렘의 몰락(39장)
2. 그다랴 즉위와 암살(40:1－41:15)
3. 애굽으로 도주하는 암살자들(41:16－43:13)
4. 애굽으로 망명한 사람들에 대한 비난(44장)
5. 바룩에 대한 위로(45장)

V. 열방들에 대한 심판들(46－51장)

VI. 비망록－예루살렘의 몰락에 대한 회고(52장)

에스겔

에스겔은 BC 597년에 바벨론으로 끌려가 약 10년간의 포로생활 후에, 예루살렘 멸망소식을 망명지에서 듣고 경악한다. 그는 망명지에서 아내를 잃고도 공식적인 애도의식을 거행하지도 못할 만큼 비극적 인물이었다. 사독계열 제사장의 아들로 태어난 에스겔은 서른 살의 나이에 바벨론 포로들 한복판에서 하나님의 부르심을 받고 예언자적 목회에 돌입한다. 그는 성전의 그룹 사이에 좌정하신 하나님이 아니라, 불전차를 타고 세계를 종횡무진하시는 절대적으로 초월적이고 절대적으로 자유하신 하나님과 부딪친다. 25세에 바벨론에 유배되어 5년 차 되던 해, 즉 그의 나이 서른 살(30세) 때 자기 동족들이 운하 건설공사에 동원되어 노동하던 그발강(the Kebar River)가에서 에스겔은 '하늘이 열리는' 묵시(黙示, 幻像=vision) 경험을 한 것이다. "제 삼십년 사월 오일에 내가 그발강 가 사로잡힌 자 중에 있더니 하늘이 열리며 하나님의 이상을 내게 보이시니, 여호야긴왕의 사로잡힌 지 오년 그 달 오일이라"(1:1－2). 그가 하늘이 열리는 경험을 한 그발강가는 바로 유다의 바벨론 포로들이 시온을 기억하는 노래(고라/자손의 시온 순례시들)를 부르며 망국의 한을 삭이던 장소였다(시편 137편). 에스겔은 조국의 멸망과 더불어 자신의 인생이 송두리째 망가지는 경험을 하였다. 왕도 포로로 잡혀가고 예루살렘 성전도 파괴되었다. 그가 다시 고국으로 돌아가서 제사장으로 봉사할 희망은 아득히 멀어져 간 신기루 같은 꿈이 되어버렸다. 그런 우울하고 답답한 포로생활이 5년째 접어든 시점, 그가 고국에 있으면 성전에 나가 제사장 직무를 감당해야 할 그 나이 서른의 시점에 하늘의 불전차 보좌 위에 앉아계신 하나님을 목도한 것이다. 그는 유다왕실은 망하고 유다왕의 보좌는 텅 비어 있었지만, 하나님 나라의 보좌에는 이상이 없다는 것을 깨달았다. 이것이 바로 하늘이 열리는 경험이었다. 전후좌우 평면적 차원의 모든 전망이 흑암처럼 답답하게 닫힐 때 하늘이 열리는 묵시의 경험이 시작된다. 우리는 에스겔서 전체에 걸쳐서 유다왕조의 흥망성쇠와 상관없이 여전히 우주와 역사, 인생과 온 삼라만상을 주재하시는 왕이신 하나님을 만난다. 유다왕의 보좌는 비어있지만 하나님은 불전차 보좌 위에 앉아 계시며 세계를 다스리신다.

역설적이게도 나라가 망하고 민족이 파멸되고 자신이 언제 끝날지 모르는 전쟁포로의 신분으로 전락한 절망적인 상황에서 에스겔은 예언자로 거듭 태어난 것이다. 좋고 안정된 직장(예루살렘의 제사장직)을 잃고 거룩하고 불안정한 그러나 엄청나게 역동적인 직장을 얻게 된 것이다. 그는 옛 세계의 멸망을 통해 새 세계에 눈을 뜰 수 있었다. 에스겔은 자주 말씀의 능력에 의하여 끌어 들어올림(영적 부양)을 경험하였다. 하나님 보좌에서 역사와 인생을 바라볼 수 있는 예언자적 통찰력과 상상력을 획득하였다는 것이다. 하나님 보좌의 시좌(視座)를 가지고 역사를 조감하고 민족의 미래를 미리 내다볼 수 있게 된 것이다. 하나님의 보좌 환상을 보면서 하나님의 왕적 다스림을 확신하게 되고 이스라엘의 미래를 확신하게 되었다. 에스겔서 전반부(1–24장)는 시드기야의 반(反)바벨론 정책을 규탄하는 데 할애된다. 에스겔의 환상들은 포로기 공동체의 다면적인 문제상황들을 잘 예시한다. 에스겔서의 전반부 예언들은 BC 597–587년 사이에 예루살렘 성전에서 벌어지는 온갖 종류의 이방종교 제의들을 규탄하고 심지어 바벨론 포로들 중 유력자들(장로들) 사이에서 만연했던 우상숭배 습속을 단죄하는 데 초점을 맞추고 있다. 에스겔서 2부인 25–32장은 열방에 대한 심판예언을 담고 있다. 에스겔서 3부인 33–39장(특히 36–37장)은 이스라엘의 영적 회복과 갱생에 관한 예언과 약속을 담고 있다. 3장에서 이스라엘의 파수꾼으로 부름받았던 에스겔이 33장에서 다시 한번 이스라엘의 파수꾼으로 부름받는다. 그런데 이번에는 파멸과 심판의 대언자가 아니라 희망과 약속의 말씀을 대언하도록 부름받는다(33장). 에스겔은 이스라엘의 회개와 회복의 메시지를 선포하도록 위임받은 파수꾼이었다. 파수꾼은 하나님 원인론적인 미래전망자요, 현실분석가이며, 과거 해석자다(22:30). 예언자, 곧 파수꾼은 하나님의 목적과 의도의 빛 아래서 이스라엘 과거역사를 해석하고 현실을 분석하고 미래를 전망한다. 그의 메시지의 핵심은 "이스라엘 백성은 회개하여야 한다"(33:10-20)였다. 34장은 하나님의 백성들을 노략질하는 거짓 지도자들에 대한 규탄을 담고 있다. 악한 짐승에게 물어뜯기고 삯꾼 목자에게 버림받고 유린당한 채 방치당하는 상하고 병든 양떼를 보호하는 다윗왕의 도래를 예언한다. 현재/과거의 거짓 목자들과 미래의 다윗 같은 선한 목자가 대조된다(34:1-31). 비록 이스라엘의 목자들이 양떼들을 삼키는 거짓 목자들이지만 야웨께서는 그들을 심판하실 것이며, 하나님 자신이 친히 양떼들을 먹이고 돌보는 목자가 되실 것이다(요 10:11, 14: "나는 선한 목자라"). 하나님은 거짓 목자들을 심판할 뿐만 아니라 양떼들을 심판할 것이며 야웨의 마음에 합한 종 다윗을 세워 그들과 평화의 언약을 세울 것이다. 거짓 목자들은 양떼들을 잡아먹고 수탈하며 억압하고 갈취하고 이용한다. 그래서 야웨는 그들로부터 당신의 양떼들을 빼앗아 가시고 그들이 더 이상 백성들의 목자가 되지 못하게 하실 것이다(34:1-10). 야웨께서 친히 당신의 백성들을 양떼처럼 먹이고 돌보는 시대가 올 것이다. 그는 당신의 양떼들 가운데 심판하시며(살진 양과 병든 양-막 6:34) 마침내 다윗(재림 다윗 유형)을 그들 위에 선한 목자로 세울 것이다.

반면에 이스라엘의 숙적(에돔/세일산)은 파멸될 것이다. 에돔이 하나님을 대항하여 이스라엘의 영토를 차지하려고 노력하였고 그 과정에서 심히 교만하였기 때문에(하나님의 영토경계 묵살) 에돔을 하나님이 심판하실 것이다. 에돔은 이 굴욕적인 심판을 통하여 야웨가 하나님임을 깨닫게 될 것이다(35:1-15). 대신 이스라엘의 미래는 영광스러울 것이다. 야웨께서 이스라엘과 유다를 다시 약속의 땅에서 한데 모아 번영을 누리게 할 것이기 때문이다. 비록 지금은 그들의 원수들에게 모욕을 당하고 살지만 언젠가 이스라엘이 고토로 회복되어 정결케 된 후 다시 하나님이 주시는 번영을 누리는 때가 올 것이다(36:1-38). 이스라엘은 고국의 회복된 땅에서 다시 번성할 것이다(36:1-15). 하나님의 거룩한 이름을 위하여 고토에서 정결케 될 것이며 마침내 새 언약의 수혜자가 될 것이다(36:16-18, 19-38). 그들은 이제 하나님의 저항할 수 없는 은총에 의하여 정결케 되어 새 언약 안에 묶인 채 하나님과의 밀접한 영적 친교를 누리게 될 것이다.

이스라엘과 유다에 대한 에스겔의 미래 비전의 핵심은 에스겔 37장의 에스겔 골짜기 비전이다. 이스라엘과 민족갱생과 통일에 대한 비전이다. 비록 현재는 이스라엘 나라가 죽어있지만(오랜 포로생활로 절망, 무덤에 있는 백성들) 그들이 야웨의 말씀을 들음으로써 영적으로 소생할 것이다(행 1:6). 소생케 된 이스라엘과 유다는 하나님의 손안에서 하나가 될 것이다(37:1–28). 무덤 속의 부활은 분열된 이스라엘과 유다의 연합을 의미하며 이상적인 "다윗왕"의 다스림 아래로 들어가는 것이다. 두 막대기들로 대표되는 이스라엘과 유다는 하나님의 손안에서 하나가 될 것이다. 에스겔서의 새 언약은 통일과 연합의 언약이자 하나님의 주도하에 갱신되는 언약이다(37:14–28). 마른 뼈들은 하나님의 말씀을 듣고 에스겔 마른 골짜기에서 부활할 것이며 무덤에서 뛰쳐나올 것이다(36:1–37:28). 그리하여 다윗왕적인 이상왕의 주도하에 열방 중에 흩어진 마른 뼈들인 이스라엘은 "하나님의 군대"로 부활할 것이다. 그들은 영적으로 갱생되어 고토로 회복될 것이다. 그런데 하나 중요한 사실은 고토로 다시 돌아온 갱생된 하나님의 백성들은 자신의 죄악과 상관없이 큰 전쟁을 거치지 않으면 안 된다는 것이다. 하나님의 백성과 종말의 대전쟁을 벌이는 우주적인 반역세력인 곡(Gog)과 마곡(Magog)이 여기에 등장한다(38–39장). 하나님의 백성들은 영적으로 갱신되고 회복되고 연합되고 통일된 후에 지상에 임할 하나님 나라를 위하여 거룩한 전쟁을 치러야 한다. 갱생되고 부활한 이스라엘과 전쟁을 치르는 세력은 태초부터 종말까지 하나님의 다스림에 반역하는 우주적 반역세력이다. 즉 성결케 된 이스라엘은 태초부터 하나님께 반역해 온 하나님의 대적세력(신약성서의 정사와 권세와 보좌와 주관[골 2:15; 엡 6:12; 고전 15:20–28])의 지상 구현세력들과 마지막 대전쟁을 벌여야 한다. 그런데 이 전쟁의 목적은 모든 족속들이 야웨가 만유의 대주재 하나님임을 인정하도록 하기 위함이다. 하나님과 이스라엘 백성과 이스라엘을 멸절시키려는 우주적인 원수인 곡(Gog)과 마곡(Magog) 사이의 종말전쟁(38:1–39:29)은 갱신된 이스라엘을 연단시키는 거룩한 전쟁인 셈이다. 이 전쟁을 통하여 이스라엘은 지극히 순결하게 단련될 것이다. 비록 곡(Gog)과 마곡(Magog)이 엄청나게 큰 군대로 이스라엘을 공격하지만 야웨께서는 자연을 이용하여 그들을 패주시킬 것이며, 그리하여 대적을 포함한 만민이 야웨가 하나님임을 인정하게 될 것이다. 곡(Gog)은 하나님에 의하여 대패당하고 이스라엘은 곡(Gog)의 시체들을 매장할 것이며 열방들은 야웨가 하나님임을 인정할 것이다(38:17－39:29). 에스겔 골짜기의 마른 뼈들을 하나님의 군대로 부활시키는 데 결정적인 세 요소는 하나님의 영, 하나님의 말씀, 그리고 말씀의 대언자다. 오늘날에도 교회갱신과 개인의 영적인 갱생은 이 세 가지 요소가 결합된 곳에서 일어난다. 4부격인 40－48장은 예루살렘 성전 회복과 사독계열 제사장직의 회복과 복권을 다룬다. 예루살렘은 세계만민을 치료하는 생명의 강이 흘러내리는 하나님 나라의 중심보좌로 복권될 것이다.

전체적으로 에스겔서 주제는 예루살렘 성전을 떠나는 하나님의 영광(shekinah)과 회복된 성전(시 46편; 겔 40장)이다. 예레미야와 달리 에스겔은 바벨론 포로기 공동체, 혹은 포로살이 자체의 신학적인 자산가치를 높이 평가하지 않는다. 마찬가지로 이사야 40－55장도 바벨론에 눌러앉아 살려는 사람들을 겨냥하여 바벨론 우상들에 대한 가열찬 공격을 가한다. 에스겔서도 유다의 바벨론 포로들이 가나안 고토로 되돌아갔을 때, 새롭게 시작될 하나님의 새 역사를 예기한다. 하나님께서는 현재는 비록 타락한 성전이지만 그래서 돌무더기로 전락한 성전이지만 예루살렘 성전을 회복시킬 것이며, 다시금 사독계열 제사장들은 예루살렘 성전을 중심으로 여호와 삼마 공동체를 이루는 데 기여할 것이다. 에스겔의 미래사회 청사진의 핵심은 예루살렘 성전과 사독계열의 제사장들이다. 에스겔은 예레미야와는 달리 거룩과 속됨을 나누고 정결과 부정을 나누는 제사장들이 미래사회를 영도할 지도력으로 부상할 것이라고 본다.

에스겔서의 구조

I. 이스라엘에 대한 예언들(1－24장)
   1. 예언자 소명 환상(vision)(1－3장)
   2. 예루살렘의 포위를 묘사하는 상징적인 행위들(4－5장)
   3. 심판을 설명하는 예언들(6－7장)
   4. 타락한 성전에 대한 환상－성전을 떠나는 야웨의 영광(8－11장)
   5. 예루살렘의 바벨론 유수를 묘사하는 상징적인 행위들(12장)

6. 심판예언들(13－24장)

II. 열방들에 대한 심판(25－32장)

1. 암몬(25:1－7)
2. 모압(25:8－11)
3. 에돔(25:12－14)
4. 블레셋(25:15－17)
5. 두로(26:1－28:19)
6. 시돈(28:20－24)
7. 이스라엘에 대한 희망 노트(28:25－26)
8. 애굽에 대한 재앙 예언들(29－32장)

III. 이스라엘의 회복 예언들(33－48장)

1. 파수꾼(33:1－20)
2. 예루살렘 몰락이 보고되고 설명되다(33:21－33)
3. 거짓 목자들과 선한 목자들(34장)
4. 에돔에 관한 예언(35장)
5. 이스라엘 산들에 대한 예언들(36:1－15)
6. 에스겔 신학의 요약: 새 언약(36:16－38)
7. 국가적 회복 환상(37장)
8. 마지막 전투－곡(Gog)과 마곡(Magog)에 대한 하나님의 전쟁(38－39장)
9. 회복된 예배 공동체(40－48장)

8강 서론

BC 8세기 예언자들인 이사야와 미가, 바벨론 포로기의 예언자 예레미야와 에스겔

이번 시간에는 BC 8세기 예언자들이자 남유다 왕국을 중심으로 활동한 이사야와 미가를 공부하고, 그러고 나서 이들의 신학적 유산을 상속한 BC 7세기에서 6세기에 활동한 남유다의 예언자 예레미야와 에스겔을 공부하기를 원합니다. BC 8세기는 이스라엘 역사에서 결정적인 변곡점입니다. 국부는 증가하고, 국방력은 신장되고, 겉으로 볼 때는 전성기를 맞이한 것처럼 보였던 그 시기가 국가적 몰락의 시한폭탄을 장전한 시대이기도 했기 때문입니다. 국력신장, 국운상승의 그 시기가 이스라엘 민족을 구성했던 두 왕국인 남유다 왕국, 북이스라엘 왕국의 기초가 사실상 무너지는 때였다는 겁니다. 겉으로 볼 때는 국운상승의 시기였는데, 예언자적 통찰력을 가지고 봤을 때는 이스라엘 자유농민들의 생활이 극단적으로 피폐해져 국방의 기초단위가 무너지던 때였다는 것입니다. 이상하죠? 국부는 증가했는데 이스라엘 자유농민들의 삶은 붕괴되었다는 사실이 언뜻 조화가 잘 안되는 현상이기 때문입니다. 이 부조화를 알아차리고, '이스라엘 민족의 번영은 멸망을 잉태하고 있는 번영이다. 시한폭탄 같은 번영이다.'라고 말하면서 세차게 비난하며 등장한 사람들이 남유다의 예언자 이사야, 미가입니다.

이사야는 남유다 왕국 아하스왕과 히스기야왕 때 집중적으로 활동했는데, 예언활동 내내 초지일관해서 유다왕실과 지배층에게 외국과 군사동맹을 맺는 그 에너지를 이스라엘 자유농민들을 살리는 데 쓰고, 공평과 정의로운 세상을 만드는 데 쓰라고 촉구했던 사람입니다. 남유다의 예언자 미가는 시온중심적인 이사야와 달리, 철저하게 자유농민들의 입장에서 국운상승이 유다 농촌의 거민들에게 드리운 그림자를 보았고, 시온의 난공불락성을 신봉하던 유다 왕국 주류지배층의 확신을 공격했습니다. 이사야가 왕과 지배권력 엘리트 가운데 살면서 그들의 죄를 규탄하는 데 힘을 쏟았다면, 미가는 지배권력 엘리트들에 의해서 압제 받고 시달림을 받은 자유농민들의 한복판에서 지배층의 탐욕과 불의 때문에 농민들의 삶이 얼마나 피폐해졌는가를 자세히 주목하고 예언한 사람이죠. 이사야서는 예순여섯 장으로 구성돼 있고 미가는 일곱 장으로 구성돼 있습니다. 그 분량의 차이에도 불구하고 그들의 메시지는 똑같이 굵직하고 묵직합니다.

이들의 신앙적 패기를 이어받은 사람이 BC 7세기에서 6세기 사이에 활동한 남유다의 예언자 예레미야와 에스겔입니다. 예레미야는 눈물의 예언자로 알려져 있죠. 예레미야는 8장 21절에 '내 백성이 상했다'라는 하나의 관점으로 남유다가 이제 돌이킬 수 없는 파국으로 치닫고 있는 것을 감지하고 조국멸망과 그 후의 미래상에 대해 설파합니다. BC 597년 에스겔은 바벨론으로 유배당한 국가기간요원 중 일원으로 스물다섯 살의 나이에 유배되어 망명지에서 25년 이상 포로난민을 위해 예언하다가 유배지에서 죽었던 인물입니다. 그는 예루살렘 제사장 가문 사독가문의 후예로서 우상으로 가득 찬 예루살렘 성전을 떠나 바벨론 포로들 가운데 와서 임시성소가 되어주신(겔 11:16) 야웨의 절대주권적 이동자유를 간파했습니다.

에스겔과 예레미야는 단순히 회개를 말하지 않습니다. 그들이 보기에 회개하기에는 때가 늦었습니다. 반면 그들보다 한 세기 앞선 이사야와 미가는 여전히 회개하라고 말했습니다. 이들보다 100년 후에 나온 예레미야와 에스겔은 회개보다는 죽음 후에 오게 될 부활에 희망을 두었습니다. "회개의 때는 늦었다. 이제 죽음은 필연적이다. 민족적·국가적 죽음은 필연적이다. 따라서 이제 우리가 기대할 수 있는 유일한 희망은 하나님이 우리를 용서하시고 우리를 가나안 땅으로 다시 재정착시켜주는 것밖에 없다. 죽음 너머에 오는 갱생과 부활만 바랄 뿐이다. 시내산에서 야웨와 맺은 옛 언약으로는 이스라엘이 더 이상 구원받을 수 없기 때문에 옛 언약의 세대로는 저주받은 이스라엘 백성이 되었고 죽은 바 되었다. 바벨론 땅에 포로로 집어던져진 이스라엘을 되살릴 수 있는 길은 하나님의 새 언약밖에 없다." 이것이 예레미야와 에스겔이 공통적으로 외친 새 언약 예언입니다. 예레미야와 에스겔은 새 언약의 주창자이자 새 언약의 고취자입니다. 바벨론 포로들을 다시 가나안 땅에 정착시켜주실 것을 믿고, 그 믿음을 설파한 사람이 바로 예레미야와 에스겔이었습니다.

8강-1

이사야, 미가

이번 시간에는 BC 8세기의 예언자 이사야와 미가에 대해서 공부하기를 원합니다. 아모스와 호세아가 북이스라엘 왕국의 지배층과 유력시민들을 대상으로 예언했다면, 이사야와 미가는 남유다 왕국의 지배층과 유력시민들을 향하여 예언했습니다. 이들은 BC 740년부터 700년대, 약 40년간 남유다의 지배층을 겨냥해서 하나님의 말씀을 대언했습니다. 이들의 메시지도 당연히 BC 8세기 예언자들을 관통하는 공통주제, 공평과 정의로 똑같습니다. 지배층들의 권력남용을 경계하고 유다(이스라엘)에 임박한 심판을 예고하며 즉각적인 문제해결을 요청하는 메시지가 대부분이죠. 그런데 이사야와 미가의 메시지에는 조금 독특하고 상이한 점도 있습니다. 이사야와 미가는 남유다 왕국의 수도였던 예루살렘의 멸망 가능성을 사이에 두고 약간의 긴장을 보입니다. 그럼에도 이사야와 미가 둘 다 시온의 미래에 대해서는 같은 생각을 나눴습니다. 둘 다 지금은 하나님의 심판대상으로 전락했지만 시온, 즉 예루살렘이 먼 훗날 역사의 혹독한 심판불꽃을 통해 정화를 경험하고서 세계만민을 위한 희망의 산 정상으로 거듭날 것을 내다봅니다. 성전이 있는 시온산이 세계만민들을 이끌며 세계만민들에게 평화를 가르치며 세계만민의 평화운동을 주도할 미래를 바라보는 데는 이사야와 미가가 일치합니다.

그런데 이사야와 미가가 차이를 보이는 점이 있습니다. 이사야는 시온이 징계를 받을지언정 당대에는 유린당하지 않을 것이라고 전망하는 데 비하여, 미가는 시온 자체도 갈아엎음을 당하고 돌무더기로 전락할 수 있다고 전망했습니다. 이사야는 예루살렘 지배층들의 통치거점인 시온이 어떤 일이 있더라도 멸망당하지 않고 보존될 것이라고 믿습니다. 굴욕을 당할지언정, 적의 손아귀에 떨어지지 않을 것이라고 하는 믿음이 있습니다. 그런데 미가는 시온마저도 밭갊을 당하며 적군의 군사력 앞에 유린당할 수 있는 가능성을 말합니다. 또한 이사야는 예루살렘 권력 심장부에 있는 자들을 향해서 맹렬한 규탄을 일삼았습니다. 반면에 미가는 미가서 1장에 나오는 10개의 농촌지역에 거점을 둔 지주들과 그들의 배후인 예루살렘 지배층을 맹렬하게 규탄했습니다. 물론 둘 다 유다 왕국의 지배층을 향해 거룩한 화염 같은 메시지를 전했으나 미세한 차이가 있습니다.

이사야서는 66장으로 구성되어 있습니다. 1장부터 39장은 주로 BC 8세기 예언자 이사야의 예언들로 구성되어 있습니다. 40장부터 66장은 BC 8세기 예언자 이사야의 정신을 이어받은 이사야의 파생예언자라고 혹은 이사야의 제자라고 자임하는 후대 예언자들의 예언을 집성한 집성물입니다. 40장부터 66장에서 BC 8세기 이사야가 직면했던 앗수르 제국은 이미 과거지사로 여겨집니다. BC 8세기 유다 왕국을 위협했던 앗수르는 과거지사의 복고적 기억대상으로 주변적으로 한두 번 언급될 뿐 아예 중요하게 취급되지 않습니다. 40－66장에서 문제가 되고 있는 세력들은 바벨론 제국과 페르시아 제국입니다. 그래서 40장부터 66장은 바벨론 제국의 멸망과 페르시아 제국의 등장을 배경으로 선포되었거나 작성된 예언들이라고 보면 됩니다. 특별히 이사야 45장 1절에 나오는 고레스라는 특정 인물은 페르시아 제국의 태조 이성계급 인물입니다. 여기서 고레스가 언급되므로 이사야 40장부터 66장은 적어도 바벨론 멸망과 페르시아 제국의 등장을 기점으로 예언된 내용들을 기록했다고 말할 수 있습니다. BC 8세기 예언자 이사야가 자신의 당대에 약 170년 이후에 일어날 일들에 대해 예언했을 리가 없습니다.

그런데도 불구하고 이사야의 이름으로 집성된 예언서에 이사야 40장부터 66장이 붙어있는 까닭은 뭡니까? 그것은 이사야 1장부터 39장에 나오는 핵심 메시지와 근본적으로 동일한 확신과 전망을 공유하기 때문입니다. 1－39장과 40－66장이 공유하는 신앙은, 예루살렘의 회복, 시온의 영화화, 그리고 정화되고 회복된 시온이 만민을 향해 행사하게 될 지도력에 관한 확신과 전망입니다. 이사야서의 이 두 부분 다 동일한 이스라엘의 미래 회복 청사진을 공유하고 있습니다. 이사야 40장부터 66장에서도 하나님의 미래 회복과 구원은 예루살렘의 성전이 있는 시온을 중심으로 이루어집니다. 따라서 이사야 1-66장 전체에 걸쳐서 희구되는 하나님의 구원은 "열방으로 흩어졌던 이스라엘 열두 지파가 모두 시온으로 복귀하여, 시온에서 하나님의 통치를 맛보고 마침내 열방에게 유일하신 참 하나님 야웨의 구원잔치에 참여하라고 초청하는 제사장 나라 역할을 맡게 될 미래"입니다.

1장부터 39장에 기록된 BC 8세기 예언자 이사야의 예언은, 시온중심적 미래 회복이었습니다. 40장부터 66장도 바로 이 시온중심적인 미래 회복과 미래 구원을 말하기 때문에 후자는 이사야 1-39장 예언의 후속편 또는 연장으로 생각할 수 있습니다. 40장부터 66장은 사실상 바벨론 포로기가 끝날 때쯤에 일어난 예언자와 바벨론 포로들의 귀환 이후에 일어난 또 다른 이사야의 제자 예언자가 각각 예언했을 신탁들을 상당히 많이 포함하고 있는 것처럼 보입니다. 그렇지만 그들은 독자적으로 자기 이름을 내지 않고 이사야의 예언 두루마리에 자기 예언을 갖다 붙였습니다. 그 이유는 뭘까요? 그들은 이사야의 예언을 신봉하고 이사야 예언의 실현을 자신의 시대에 경험했기 때문에, 자신들의 예언은 이사야가 원래 예언했던 예언의 당대적 성취를 확증하는 역할을 맡고 있다고 생각해 별도의 "실명" 예언서를 만들지 않았습니다. 그들의 사명은 이사야가 BC 8세기 때 예언했던 내용을 되풀이하여 동시대 사람들에게 들려주는 것이었기 때문에, 자신들 스스로를 실명으로 예언서를 남길 독자적 예언자로 여기지 않았을 것입니다. 그 대신 그들은 이사야 예언의 두루마리에 자신의 예언들을 갖다 붙여 널리 읽히는 길을 선택했습니다.

이처럼 이사야 1장부터 66장의 구성은 다소 복합적입니다. 대부분 BC 8세기 예언자 이사야의 진정성 있는 예언을 담고 있는 1장부터 39장, 바벨론 제국의 멸망과 페르시아 제국의 등장기에 나타난 예언자가 선포한 40-55장을 우선 구분할 수 있습니다. 40-55장은 이사야의 원래 예언에 들어 있던 미래 회복과 시온을 위로하시는 하나님의 구원예언이 지금 자신의 당대에 바로 성취되고 있다고 자각했던 바벨론 포로 귀환시기의 예언자가 선포한 예언들이죠. 마지막으로 바벨론 귀환포로들이 이스라엘 고토로 돌아가서 성전을 중건한 후에 벌어지는 사태에 대해서 말하는 이사야 56-66장이 있습니다. 크게 말하면 이사야서는 1-39장과 40-66장으로 구분할 수 있습니다. 이 두 문서덩어리가 합하여 오늘 우리가 알고 있는 이사야가 되었습니다. 그러나 좀 더 세분화하면 1-39장, 40-55장, 56-66장으로 삼분될 수도 있다는 것도 알아두면 좋을 것입니다.

1장부터 11장은 하나님이 이스라엘 백성과 유다 백성에게 행할 심판의 내용을 파노라마처럼 개관합니다. BC 740년대부터 BC 720년대까지 일어난 하나님의 심판입니다. 그 심판에 가장 대표적인 것은 뭡니까? BC 721년에 일어난 북이스라엘 왕국의 멸망입니다. 이사야 예언자는 당대에 북이스라엘 왕국이 망하고 북이스라엘의 많은 사람들이 남유다로 피난하여 남유다 왕국이 갑자기 인구팽창에 직면하는 사태를 경험한 예언자입니다. 그 내용이 바로 1장부터 12장입니다.

13장부터 23장은 열국예언입니다. 이사야가 유다와 예루살렘 주변에 있는 열방들을 향하여 예언한 내용입니다. 그것들의 핵심은 뭡니까? 앗수르 제국과 바벨론 제국에 의해서 멸망당한 모든 군소왕국들은 각자 자기 죄 때문에 심판을 받는다는 것입니다. 열방예언의 교훈 중 하나가 세계사적 패권국가인 앗수르 제국과 바벨론 제국은 하나님의 섭리 가운데에 등장해 하나님의 심판몽둥이로 쓰임 받지만 그들 스스로도 하나님의 궁극적인 심판을 초래해 망한다는 내용입니다. 세계패권국가들은 하나님의 섭리 가운데에 일어났지만, 그들이 세계만민에게 행한 잔혹한 정복과 유혈낭자한 유린만행은 정당화되지 않습니다. 헤겔이 이성의 간지(奸智)라는 어구에서 말한 것처럼,[6] 제국들은 세계정신(이성)에 의해 한때 사용되었다가 버림받았습니다. 하나님께서 앗수르(바벨론) 제국을 들어서 세계만민을 심판할 때 심판의 몽둥이로 썼습니다.

그런데 하나님은 심판의 몽둥이로 쓰임 받았던 앗수르(바벨론) 제국이 스스로에게 부여한 세계패권국가 역할을 제국의 망자존대와 자기 과잉위임으로 보고 단죄했습니다. 앗수르(바벨론) 제국은 자기가 마치 세계제국의 설계자인 것처럼 자임하다가 갑자기 망하고 맙니다. 이 제국의 돌연한 멸망 이야기가 14장에 나옵니다. 13장, 14장은 제국주의 정치가 얼마나 취약하며 열국들을 지배하고 세계만민의 우두머리 국가로 등장한 나라가 존재론적으로 얼마나 취약한가를 잘 보여줍니다. 그래서 13장부터 23장이 매우 중요합니다. 특별히 13장과 14장이 중요합니다. 요약하면 세계 모든 나라들은 각기 저마다의 죄 때문에 하나님의 심판을 초래했다는 것입니다. 저마다의 죄가 뭐죠? 자기 자국민을 압제한 죄, 자국민 안에서 약한 자들을 압제한 죄, 땅을 가진 사람들을 내밀치고 노예로 삼고 동포 중 약자를 학대한 죄 때문에 각 나라는 망합니다. 그리고 예언자 이사야는 각 나라가 참되신 하나님에 대한 숭배에서 이탈해 우상숭배에 도착되어, 사회정의에 대한 열정을 잃어버렸다고 말합니다. 그래서 모든 나라는 각각 심판을 당합니다. 각 나라를 심판하는 주체는 누구입니까? 그 당시에 역사의 무대에 슈퍼파워로 떠오른 앗수르 제국이 바로 열방을 향한 하나님의 심판을 대리합니다. 이처럼 BC 8세기에는 앗수르 제국이 하나님의 세계열방 심판자 역할을 수행했습니다. 작은 나라들의 죄를 심판하고 징치하는 심판의 도구로 초강대국이 쓰인 거죠. 그런데 BC 7－6세기에는 바벨론 제국이 바로 이 역할을 대신합니다. BC 6세기 후반에는 페르시아 제국이 세계패권국가로서 열방을 심판하는 하나님의 대행자로 쓰임 받습니다. 그래서 예언자 이사야는 세계 역사의 무대에 등장하여 세계적인 통치권을 행사하는 패권국가에게 신학적 의미를 분명히 부여합니다. 이 세계적 패권국가는 하나님의 심판자로 맹활약하지만 결국 그 열국심판 과정에서 드러난 세계심판 대리자 제국의 잔악성이, 자신을 향한 하나님의 심판집행의 빌미가 된다는 점이 참 시사적입니다. 열방들을 숱하게 정복하고 유린하고 멸망시켰던 그 잔악한 심판행위의 가속도를 이기지 못하여 이런 세계적 패권국가들은 자멸합니다. 하나님의 심판대행 제국은 스스로 하나님이 부여하신 위임한계를 뛰어넘어 하나님과 상관없이 세계를 더 가혹하게 지배하려고 하다가 창졸간에 멸망당합니다. 바로 이런 이유 때문에 하나님은 세계를 좌우했던 패권국가들을 홀연히 멸망시킵니다. 이사야 13장과 14장은 홀연히 멸망한 바벨론 왕 또는 바벨론 제국을 가리킵니다. 이사야 당대에 그 홀연히 망한 제국은 앗수르 제국을 가리키는 말이었습니다.

24－27장은 이사야 소묵시록으로 알려진 단락으로 열국예언의 총결산이면서, 이스라엘에 대한 신원, 위로, 회복, 재활복구를 약속하는 상서로운 예언 묶음입니다. 이스라엘과 유다에 대한 하나님의 강도 높은 심문을 다루는 1－12장의 대응적 상쇄단원입니다. 24－27장은 1－12장에서 집행된 하나님의 심판의 정화효과와 갱

생효과를 말합니다. 이제 유다와 이스라엘은 더 이상 하나님의 진노를 촉발시키는 들포도 맺는 포도원이 아닙니다. 이제 이스라엘과 유다는 더 이상 분열된 백성이 아닙니다. 시온에서 하나된 유다와 이스라엘은 열방을 위해 하나님이 준비한 극상품 포도주를 양조하는 거룩한 포도원으로 복구됩니다. 이 몽환적인 미래전망도 잠시, 이사야서는 다시 고통스럽고 괴로운 현실로 독자들을 인도합니다.

28장과 32장은 북이스라엘 왕국의 멸망을 보고도 전혀 경각심을 갖지 못하고 북이스라엘의 멸망궤적을 그대로 따르는 남유다 지배층들의 어리석음과 하나님에 대한 두려움 상실증, 그리고 끝없는 패착과 일탈을 자세히 추적하고 있습니다. 33장은 잠시 하나님께서 이스라엘 민족에게 희망적인 미래를 보여줍니다. 시온에 거하시는 하나님이 불로 이스라엘을 심판하고 앗수르 제국의 심판 아래 유린당하게 방치함으로써, 유다 백성의 일부가 정련되고 정화되어 하나님 나라의 동역자가 될 것을 기대케 하는 예언입니다. 34－35장은 이스라엘을 위로하는 예언입니다. 34장은 고난의 시기에 유다 백성에게 온갖 학대와 노략질을 했던 에돔 족속을 향한 저주심판 예언입니다. 35장은 이스라엘이 초토화되고 유린되어 재기불능의 파산을 겪고 난 후에 찾아올 하나님의 위로를 말합니다. 35장은 거룩하게 된 구속받은 하나님의 백성이 어딘가로부터 돌아오는 미래를 말함으로써 BC 538년 이후부터 있게 될 바벨론 포로들의 귀환을 예기하는 예삽법(豫揷法, prolepsis)을 구사하고 있습니다.

36장부터 39장은 BC 705년부터 701년에 걸쳐 일어난 앗수르 제국의 유다 침략을 배경으로 펼쳐지는 히스기야왕 관련 에피소드들입니다. 이때 주인공은 히스기야와 이사야입니다. 당시 히스기야는 유다 왕국의 패권주의적인 왕입니다. 그는 앗수르 제국과 일전불사를 각오하고 이집트로부터 철병거와 무기를 도입하여 앗수르 제국과 야외 기동전을 기도할 만큼 대담무쌍한 왕이었습니다. 히스기야는 앗수르 제국과의 조공 관계를 일방적으로 청산하고 앗수르 제국과 전쟁을 시도하다가 큰 실패를 경험합니다. 이 과정에서 그와 이사야 등이 거주하던 예루살렘이 약 3년간 포위됩니다. 엄청난 전쟁배상금을 물어주고 히스기야왕은 앗수르왕의 철군을 유도합니다. 열왕기하 18장 13절부터 16절이 바로 히스기야왕의 굴욕적 패배를 기록합니다. 히스기야왕의 굴욕적 패배를 기록한 리얼리즘이 가득 찬 역사 기록 외에, 열왕기하 18장 17절부터 19장 전체, 그리고 이사야 37장은 히스기야왕의 굳센 신앙

승리를 예찬하는 신앙무용담을 담고 있습니다. 엄청난 양의 전쟁배상금을 받고도 철군하지 않고 히스기야와 유다를 더 굴욕적으로 패배시키고 재기불능의 초토화를 꿈꾸었던 앗수르 제국의 산헤립의 야심이 화를 자초합니다. 하나님의 개입으로 앗수르 군대 18만 5천 명은 하룻밤 사이에 몰살당합니다. 하나님께 대항한 앗수르의 교만을 심판하는 내용입니다. 하나님께서는 앗수르 제국과 산헤립을 통하여 유다를 굴욕게 해서 유다의 정화를 도모했습니다. 하나님은 앗수르가 유다가 스스로 죄를 씻을 정도로 굴욕게 해줄 것을 기대했습니다. 그런데 앗수르 제국과 산헤립은 유다를 굴욕시키는 심판 정도로 머물지 않고 유다 자체를 멸절시키려고 유다왕궁을 다시 에워쌌습니다. 그래서 하나님께서는 이번에는 앗수르 제국의 산헤립과 그 군대를 멸절시켜서 유다를 극적으로 구해주었던 것입니다. 38장은 히스기야의 발병과 이사야의 중재로 이뤄진 치유를 보도합니다. 39장은 극적으로 구원받은 히스기야왕이 살아난 후에 다시 바벨론과 동맹을 맺는 경거망동을 범하는 과정을 보도합니다. 앗수르 제국과 동맹을 맺었던 아버지 아하스왕의 어리석은 외교정책을 답습하는 히스기야의 어리석음을 비판합니다. 이사야는 히스기야의 어리석은 동맹정책의 결과 바벨론의 포로살이가 일어날 것임을 경고합니다. 친구와 동맹으로 온 바벨론이 유다를 정복하게 될 정복자로 돌변할 미래의 어느 시점을 미리 내다보고 있습니다. 여기서 이사야는 히스기야의 후손 중 몇이 사로잡혀 바벨론왕의 환관이 될 것임을 예고합니다. 이처럼 이사야 39장은 동맹군으로 왔던 바벨론이 유다의 침략자로 돌변할 것을 예고하는 음울한 이야기로 끝납니다.

바벨론 유배가 곧 있을 것이라고 예언한 즉시 바로 40장이 시작됩니다. 그런데 여기서는 이미 바벨론 포로살이가 끝났다는 이야기가 나옵니다. 다시 말해서 이사야 39장과 40장 사이에는 바벨론 포로생활이라고 하는 중간 드라마가 이미 실현되었다는 것이 전제되고 있습니다. BC 586년(혹은 597년)부터 BC 538년 사이에 유다 왕국의 지배층 다수가 바벨론 유배를 감수했습니다. 40장은 이 바벨론 포로생활의 긴 역사가 이미 완료된 사건인 것처럼 말합니다. 그래서 이사야 40장에는 '내 백성을 위로하라. 내 백성을 위로하라. 예루살렘에게 말하여 복역의 때가 끝났다.'라고 외치라는 신언(神言)이 들립니다. 바벨론 포로생활이 이미 끝났음을 말하는 40장은 무엇을 가리킵니까? 바벨론 포로 귀환 시대가 도래했다는 것입니다. 이사야 1장부터 39장이 BC 8세기 상황을 자세히 다룬다면, 이사야 40장부터는 BC 538년 고레스 칙령 이후에 전개될 일들을 다룰 것임을 짐작게 합니다. 일부 보수적 주석가들이 생각하는 것과는 달리, BC 8세기 예언자가 이렇게 먼 훗날에 있을 일을 천리안적 투시능력으로 예언했을 가능성은 매우 적습니다. 앞에서 말씀드렸듯이, 이사야 1－39장과 40－66장이 이사야 두루마리라는 한 책에 실린 이유는, 양자를 하나의 책으로 묶어주는 신학적 공통점 때문입니다. 시온에 대한 야웨 하나님의 언약적 투신과 사랑이 그것들을 묶는 공통점입니다. 저자의 단일성 때문에 한 책으로 묶인 것이 아닙니다.

이사야 40장부터 66장은 1장부터 39장이 상정하는 역사적 환경과 상황과는 매우 다른 역사적 환경과 상황을 다룹니다. 40장부터 66장 안에는 가혹한 심판언어보다 회복과 위로와 미래에 대한 새로운 희망을 복구시켜 주는 부드러운 어조가 더 많이 발견됩니다. 죄악되고 타락한 이스라엘 모습보다는 정화되고 회복된 이스라엘에 관한 얘기가 조금 더 많습니다. 이사야 40장부터 66장은 이스라엘이 바벨론 제국에게 끌려가 포로생활을 했던 경험이 어떤 효과를 가져왔다고 말하고 있을까요? 불꽃 같은 하나님의 심판이 유다에게 어떤 효과를 일으켰습니까? 여러 가지를 말할 수 있을 것입니다. 우선 말할 수 있는 효과는 세계열방을 품고 열방을 하나님께 이끌어 가려고 하는 제사장적, 선교사적 사명에 눈을 떴다는 것입니다. 42, 49, 53, 61, 65장이 특히 이런 제사장적 사명자각이 바벨론 포로살이가 유다에게 끼친 각성 중 하나였음을 보여줍니다. 40장부터 66장은 바벨론 포로생활이 유다와 유다의 유력시민들에게 세계사적 사명을 자각게 하는 시간이었다고 말합니다. 동시에 자신들의 죄를 뼈저리게 느끼면서 영적 정화를 경험하는 시간이었다고 말합니다.

53장 1－12절, 60장 1－3절, 61장 1－4절 전부 다 고난받는 종인 이스라엘이 세계열방을 하나님께 이끌어가는 열방의 빛으로 거듭난다는 이야기를 명시하거나 암시하고 있습니다. '세상 열방은 흑암에 처할지라도 심판의 불꽃으로 정화된 이스라엘은 하나님께 회복되고 열방을 향도하는 제사장 국가로 거듭날 것이다.' 이런 복된 미래전망이 이사야서 앞에도 나옵니다. 미가서도 이사야서와 유사한 미래시온 전망을 갖고 있습니다. 이사야 2장 1절부터 4절과 미가서 4장 1절과 4절이 똑같습니다. '말일에 여호와의 성전이 있는 산이 열방의 어떤 산들보다 높아져서 열방을 감화시켜 열방으로 하여금 토라를 공부하도록 이끌 것이다.' '많은 열방들은 이렇게 말할 것이다.' '오라, 우리가 야곱의 하나님께 나가자. 우리가 시온산에 올라가서 여호와의 도를 배우자. 그는 우리의 전쟁연습을 그치게 만들고 우리의 모든 살상용 무기를 생산용 농기구로 만들어 줄 것이다. 우리가 시온산에 올라가서 토라를 공부하면 우리는 더 이상 전쟁을 연습하지 않고 더 이상 살육적인 포식자 국가로 살지 않아도 된다.' '사자와 어린 양처럼 힘과 세력의 비대칭성을 가진 약소국과 강대국일지라도 평화롭게 공존할 수 있다. 우리 모두는 풀 먹는 초식성 사자가 되어 어린 양과 함께 풀밭에 누워 놀 것이며 이리와 어린 양도 같이 뒹구는 이상적인 사파리를 이룰 것이다.'

이것이 바로 이사야와 미가가 공통적으로 말한 시온의 미래상입니다. 미가서도 1장 2절부터 3장까지는 유다와 이스라엘 지배층에 관한 가혹한 심판예언으로 가득 차 있습니다. 칼 마르크스는 프롤레타리아 혁명 관련 논변(論辯)들에서 미가서와 이사야서를 많이 언급합니다. 마르크스가 미가서와 이사야서를 자주 언급한 이유는, 지배층 자본가에 대한 분노를 예언자 언어에 담아 표출하려고 했기 때문입니다.[7] 그런데 예언자 언어는 그 목적이 증오나 멸절과 투쟁이 아닙니다. 예언자들의 급진적인 지배층 비판은 심판을 넘어 정화와 회복에 있고 궁극적으로는 청중들로 하여금 하나님의 은총을 덧입고 복구될 미래를 맞이하도록 준비시키기 위함이었습니다. 예언자들의 언설(言說)들은 급진적이긴 하지만 증오심에 가득 차 있지 않습니다. 예언자의 심판예언은 최후통첩식 심판통고도 아닙니다. 미래의 회복이 왜 필요한지를 설복시키고 그 미래 회복을 꿈꾸게 만드는 심판언어입니다. 예언자들이 말하는 "심판"은 미래에 재활되고, 복구될 죄인들에 대한 하나님의 심판입니다. 그래서 미가서의 가혹한 언어도 죄의 규탄 자체에 매몰되지 않고, 이 죄를 심판하신 하나님께서 죄에 대한 심판을 넘어 벅찬 미래를 제공하실 것을 약속하는 예언으로 균형 잡혀 있습니다.

1장부터 3장이 가혹한 심판언어로 가득 차 있다면 4장부터 5장은 희망으로 가득 차 있습니다. 이 두 장이 그리는 미래에는 유다와 이스라엘은 더 이상 분열하는 상쟁국가가 아닙니다. 동족상잔의 살육전이 더 이상 없습니다. 유다와 이스라엘은 다윗과 같은 이상왕에 의해서 통일되어 한 목자 밑에서 평화롭게 살 것입니다. 강약으로 나눠져 강한 자와 약한 자가 여전히 존재하겠지만, 강한 자와 약한 자는 푸른 초장에 함께 누워서 선한 목자의 인도를 받을 것입니다. 오히려 이스라엘의 남은 자들이 이전에 자신을 괴롭혔던 강대국들을 군사적으로 압도하고 공격하는 반전이 일어날 것입니다. 이런 미래상이 미가서 4장과 5장에 암시되고 있거나 명시적으로 표현되어 있습니다. 그런데 이런 희망의 예언이 지나가자마자 또 현실주의적인 각성이 전면에 등장합니다.

6장은 이스라엘을 소송으로 이끌어서 마침내 거의 재기불능의 파탄으로 내리치는 하나님의 심판을 예고합니다. 오므리의 율례와 아합 집의 모든 예법(토지집중 소유 허용 법령)이 남유다에게까지 퍼져 남유다(BC 8세기에는 이스라엘이라고도 불림)도 파멸에 이르게 된다는 것입니다. 그렇지만 6장의 재기불능적 최후심판은 하나님의 최후처분이 아닙니다. 6장에서는 재기불능의 파탄까지 가는 심판으로 이스라엘을 내리쳤지만 7장에서 하나님은 다시 이스라엘에게 절망을 초극하는 재활에너지를 허락하십니다. 칠전팔기하는 이스라엘의 모습이 나옵니다. "대저 의인은 일곱 번 넘어질지라도"(잠 24:16) 다시 일어나게 하시듯이, 하나님께서는 이스라엘을 다시 일으킵니다. 가혹한 심판이 남긴 것은 정직한 각성입니다. 이스라엘은 자신을 향한 하나님의 가혹한 심판이 자신의 참혹한 죄에 대한 정당한 심판임을 인정합니다. 그렇지만 미가서는 이 심판이 하나님의 최후통첩이 아니며 하나님의 최종적 언어가 아님을 긍정하면서 끝납니다. 미가서 내내 가혹한 심판언어가 독자들의 심령을 세차게 뒤흔들지만, 제일 마지막은 따뜻하고도 감미로운 위로의 언어, 미래를 담보하는 희망과 약속의 언어로 끝납니다.

모든 예언서에는 재기불능의 치명상을 입히는 심판과 가혹한 타격언어가 나온 후에, 치유와 회복언어가 뒤따릅니다. 가혹한 심판타격에 의하여 존립할 수 없을 만큼 약해졌을 때, 하나님은 우리를 북돋으시고 재활복구시키시고 희망을 주십니다. "선(先)심판"→"후(後)위로"→"최후(最後)회복" 구조로 예언서가 편집되어 있습니다. 이런 예언서가 좁은 의미의 종교에 관한 내용입니까? 아닙니다. 자신들의 사회가 지배층 집단과 권력 엘리트들의 불의와 불법으로 해체되는 상황을 보고 격정하고 탄식하고 분노하는 민주시민들을 위한 책입니다. "하나님의 심판을 초래할 만큼 누적된 죄를 가진 공동체는 반드시 심판을 경험하겠지만, 심판 너머에 오게 될 새로운 사회를 창조할 기회를 누리게 된다." "나라를 멸망으로 몰아간 지배층이 자신들의 죄악을 회개하고 국가해체적 심판이 초래된 이유를 알고 각성하는 공동체에게는 재활복구의 기회를 주신다." 구약 예언서들은 시종일관 이 두 가지 역사 발전의 원칙을 천명하고 있습니다. 이사야서와 미가서의 메시지를 갖고 세계만민의 역사를 해설할 수 있습니다. 세계만민의 역사는 지배층의 죄로 멸망당하고 각성한 지배엘리트들이 나라를 재건하는 이야기들로 가득 차 있기 때문입니다. 이 이야기들을 관통하는 스토리라인은 이렇습니다. '어떤 공동체는 죄로 말미암아 거의 멸절됐다고 하고 싶을 만큼 파탄 났습니다. 그런데 가혹한 심판을 받았던 공동체가 죄를 회개하고, 공동체를 재활복구할 만한 비전을 가지고 일어섰을 때, 공동체를 재건했습니다.' 결국 세계역사에는 각기 자신들의 죄로 인해 심판을 초래하지만 죄를 능히 극복하며 새로운 공동체를 창조하는 일이 얼마나 많았습니까? 세계역사는 묵은 땅을 개간하여 새로운 농토를 일구었던 변증법적인 재생의 역사입니다. 예언자들의 예언목적은 나라의 멸절 자체에 있지 않고, 심판을 통하여 기경하고 재생하고 갱신시켜서 역사를 새롭게 이어가려는 것을 돕는 데 있습니다. 예언자의 분노는 분노 자체가 목적이 아닙니다. 하나님의 사랑을 감미롭게 회고하고 생각나게 만드는 가혹한 심판언어는 다분히 변증법적입니다. 이상입니다. 감사합니다.

8강-2

BC 7－6세기 예언자, 예레미야, 에스겔

이번 시간에는 BC 7－6세기 포로기 예언자, 예레미야와 에스겔의 메시지를 공부하고자 합니다. 예레미야와 에스겔은 너무나 중요한 두 예언자입니다만, 그들의 예언서들은 사람들이 거의 읽지 않는 책들입니다. 두 예언서 모두 너무 어렵고, 복잡한 운문으로 구성되어 있을 뿐만 아니라, 예언자의 심판예언으로 타격당하는 현실상황이 육하원칙에 따라 사건을 재구성할 수 없을 만큼 어지럽게 묘사돼 있기 때문입니다. 특별히 대한성서공회에서 나온 개역개정 성경책들은 그 편집형태가 촘촘하여 독자 친화적인 면모가 부족해 더더욱 읽어내기가 힘듭니다. 압축과 비유, 생략과 암시가 많은 예언서 본문을 읽을 때에는 그 본문을 생성시킨 역사적, 정치 종교적 상황을 산문으로 묘사하는 다른 구약성경 책의 도움을 받아야 합니다. 예레미야서와 에스겔서를 이해하기 위해서는 열왕기하 22장부터 25장까지를 읽어둬야 합니다. 예레미야와 에스겔은 둘 다 남유다의 멸망기 때에 활동한 예언자입니다. 둘 다 제사장 출신입니다.

우리는 BC 7, 6세기의 유다 왕국이 어떤 왕들에 의해서 통치되었는가를 먼저 이해할 필요가 있습니다. BC 8세기 왕들은 웃시야, 여로보암, 아하스, 요담, 히스기야, 므낫세이며 BC 7세기 왕들은 아몬, 요시야 등입니다. 앞선 강의에서 제가 웃시야라는 왕이 남유다의 국가적 번영을 장기간 주도한 왕이라고 했죠. 웃시야왕의 다른 이름은 아사랴입니다. 웃시야왕의 아들 아하스, 아하스의 아들 요담, 요담의 아들 히스기야, 히스기야의 아들 므낫세, 므낫세의 아들 아몬, 아몬의 아들 요시야 이렇게 연결됩니다. 예레미야와 에스겔 두 예언자의 활동맥락을 파악하기 위해서는 요시야라는 왕이 누구인지 아는 것이 중요합니다.

이제 남은 유다의 왕들은 여호아하스, 여호야김, 여호야긴, 시드기야입니다. 전부 다 요시야의 아들이나 손자(여호야긴)입니다. 그러니까 사실상 이스라엘(유다가 '이스라엘'을 대표)의 왕 같은 역할을 한 마지막 왕이 요시야왕입니다. 요시야왕은 유명한 국가개혁 또는 종교개혁을 주도한 왕인데 비운의 왕입니다. 요시야왕은 그의 할아버지 므낫세의 악행을 척결하려고 분투했습니다. 므낫세는 요시야왕의 증조할아버지 히스기야가 일으켰던 모든 우상타파 운동을 원천 무효로 돌리고 다시 우상숭배를 이스라엘 전역에 재유행하게 했던 왕입니다. 그래서 므낫세왕이 하나님을 격동시킨 악행이 너무 커서 요시야왕의 선행이 유다의 멸망을 막지 못했다는 기록이 나옵니다(왕하 23:26). 요시야의 아무리 큰 선행도 할아버지 므낫세의 악행을 상쇄할 만큼 크지는 못했다는 의미입니다. 므낫세는 국가를 멸망으로 이끈 가히 멸망초래 군주급 인물이었습니다. 이런 것이 열왕기하 22-25장 내용입니다. 결국은 히스기야왕과 므낫세왕, 아몬왕, 요시야왕의 국가개혁과 반개혁 등이 엎치락뒤치락하면서 유다로 대표되던 이스라엘의 쇠락을 촉진시키는 데 음으로 양으로 기여합니다.

예레미야는 BC 7세기 예언자죠. BC 627년 전후에 예언자로 부름받았던 것으로 보입니다. 그는 베냐민 지파의 아나돗이라고 하는 제사장 집성촌의 제사장 아들로 태어났습니다. 그는 예루살렘 성전을 매우 부정적으로 바라보는 전통을 가진 보수적 가문의 예언자입니다. 그가 예언활동을 시작했던 시기는, 유다가 므낫세의 악행, 즉 유다 땅을 바알과 아세라 우상숭배로 가득 차게 만들었던 악행을 극복하려고 애쓰던 요시야의 분전(奮戰)시대였습니다. 그는 므낫세가 주도했던 역행하는 역사를 되돌려 놓으려고 애를 썼던 국가개혁과 갱생의 분투가 일어나던 시기에 예언자적 각성에 이르렀습니다. 예레미야는 아마도 요시야왕의 국가개혁 활동을 처음에는 약간 긍정적으로 본 것 같습니다. 예레미야 4장에 보면, "너희는 묵은 땅에 파종하지 말라. 씨를 파종하려거든 묵은 땅을 기경한 후에 씨를 파종하라."라는 말이 나옵니다. 요시야의 국가개혁의 불철저성을 은근히 지적하는 듯합니다. 그러니까 '개혁하려거든 근본 바탕을 개혁하라. 개혁하는 형식만 갖추지 마라.' 이런 뜻인 듯합니다. 예레미야 7장과 26장을 보면, 예레미야가 가장 문제 삼았던 세력들이 있습니다. '성전을 국가방위를 위한 최후 보루요 난공불락의 요새로 삼아서 어떤 일을 하더라도 하나님은 우리를 지켜줄 것이다'라고 외치던 제사장들과 거짓 예언자들 집단입니다. 그는 예언활동 내내 성전의 난공불락 요새화를 주도하는 거짓된 예언자들과 거짓된 제사장들과 갈등했습니다. 예레미야 23장에 보면, 거짓된 예언자들이 얼마나 예레미야와 다른가를 알 수 있습니다. 예레미야는 '유다의 현실은 바벨론 제국의 침략을 초래할 만큼 엄청나게 누적된 죄로 가득 차 있다'라고 외쳤습니다. 예레미야 8장 21절은 '내 백성이 상했다'라고 말합니다. '내 백성,' 즉 '이스라엘 자유농민들이 땅을 잃고, 뿔뿔이 흩어지고, 이제 국방력의 기초단위인 자유농민들이 없어졌다'라는 의미입니다. 그런데 이 자유농민들의 땅을 빼앗은 자들이 누구였습니까? 지주, 지배층, 고관대작, 왕족들입니다. 그런데 왕실 권력자들, 지배자들, 고관대작들은 자유농민들의 땅을 빼앗고도 땅을 빼앗긴 농민들이 상한 짐승처럼 슬피 울어도 그들에게 공감하지 않았습니다. 그래서 예레미야는 하나님의 파토스를 이렇게 요약했습니다. '내 백성이 상했다.' '내 백성이 상했다'는 말이 예레미야의 화두입니다. 즉, '내 백성,' '하나님 언약백성의 공동체성이 와해되었다. 언약백성의 공동체성이 와해됐는데 아무도 돌보지 않는다. 그래서 내가 하나님의 눈물을 흘리는 예언자가 됐다.' 이것이 예레미야서를 관통하는 주조음입니다. 그래서 예레미야는 "눈물 흘리는 예언자"(the weeping prophet)로 알려져 있습니다. 파멸과 멸망만 외치는 무자비한 멸망통고자가 아니라, 그는 당대 지배층의 죄악을 지적하고 그들의 회개를 촉구하기 위해 애를 쓴 목회자였습니다. 1–25장에서 예레미야는 시종일관 예루살렘을 파괴하지 않고 용서할 명분을 얻고자 애쓰는 하나님의 아픈 마음을 대변합니다. 25장은 마침내 70년의 바벨론 유배를 직설적으로 예고하는 예언을 말합니다. 25장이 되기 전까지 예레미야는 바벨론 유배라는 대파국을 막으려고 온갖 종류의 분투를 다 했습니다. 대파국적 심판을 유예시켜 줄 의인 한 사람을 찾으시는 하나님의 마음이 이 스물다섯 장을 지배합니다. 5장 1절입니다. '예루살렘 넓은 거리를 다녀보라. 그 넓고 광활한 예루살렘 거리에서 공평과 정의를 행하는 사람 한 사람만 찾으면 내가 이 성을 사하리라.' 이 본문은 창세기 18장에서 아브라함이 소돔을 향해서 비는 기도와 비교되는 본문입니다. 예레미야서에서는 의인 10명이 없어서 망한 소돔성보다 더 커트라인을 낮춥니다(창 18:22-32). '의인 10명만 있어도 소돔성의 모든 죄를 용서해주겠다.' 그렇게 하나님께서 아브라함에게 말했죠. 그런데 예루살렘을 용서할 조건을 정할 때는 소돔성보다 더 커트라인을 낮춘 것입니다. '공평과 정의를 행하는 사람 한 사람, 진실을 찾고 진실을 행하는 사람 한 사람만 내가 찾아도 예루살렘성을 용서하겠다.' 그렇게 하나님이 많이 양보했지만 예루살렘성에는 그런 사람이 없었습니다. 예루살렘성은 급기야 멸망을 초래했습니다. BC 597년에 처음으로 유다 지배층이 바벨론으로 유배당했습니다. 예레미야는 23년간 이런 메시지를 전했습니다. 23년간 예루살렘 멸망의 불가피성과 임박성을 가르쳤지만, 그중 누구도 예루살렘의 멸망 가능성과 멸망 임박성을 믿지 않았습니다. 예레미야는 처음부터 끝까지 예루살렘이 사방으로부터 오는 공포에 시달리게 될 것이라는 메시지를 전합니다. "마골밋사빔"(terror on every corner). '사방으로부터 몰려오는 공포'라는 의미입니다. 20장 3절에 나오는 어구입니다. 예레미야가 그의 청중에게 예루살렘의 임박한 멸망을 강조하기 위해 이렇게 말했습니다. "마골밋사빔." 사방으로부터 두려움이 몰려온다는 경보음입니다. 사방으로부터 침략군이 몰려와서 유다의 국가를 초토화할 것이라는 경보입니다. 예레미야는 23년간 "마골밋사빔"이라는 예언을 통해 유다의 국가기초를 멸망시킬 대파국적 재앙을 경고하고 예고했습니다. 예레미야가 23년간 국가적 멸망을 예고했지만, 나라가 멀쩡하니까 1차 바벨론 유배가 있기 직전까지 그의 대적자들은 이 어구를 예레미야의 별명으로 만들어 오히려 그를 조롱했습니다. '너야말로 마골밋사빔이야. 사방에서부터 두려움이 온다고 외치는 자야, 네가 오히려 마골밋사빔이야.' 예레미야가 다가오면, 그들은 '마골밋사빔, 저기 온다'라고 놀렸습니다. 그래서 예레미야는 하나님께 단도직입적으로 불평하고 간구합니다. '차라리 내가 죽기를 원합니다. 내가 23년간 국가적 재난을 예언했지만 하나님은 국가적 재난을 23년간 유예했습니다. 그 사이에 나의 대적자들은 내가 거짓말쟁이라고 욕하며, 내가 거짓의 영에 사로잡혀, 하나님께 사기를 당했다고 나를 비난합니다. 하나님, 내가 죽는 게 낫겠습니다.'

예레미야 12장 1절은 시편 1편과 정반대의 이야기를 합니다. 시편 1편은 말합니다. '오직 복 있는 사람만이 물가에 심긴 나무처럼 시절을 좇아 과실을 맺으며 열매를 맺습니다. 여호와의 율법을 즐거워하고 여호와의 율법을 주야로 묵상하는 사람이 물가에 심긴 나무입니다. 그들은 바람이 불어도 흔들리지 않습니다.' 그런데 예레미야 12장 1-3절은 말합니다. '하나님, 어찌하여 악한 자가 형통하며, 어찌하여 악한 자가 물가에 심긴 나무처럼 번성을 구가합니까? 시편 1편이 말하는 진리가 어찌하여 현실에서 왜곡돼 있습니까?' 그래서 예레미야는 자기 목숨을 더 이상 부지할 희망을 갖지 못합니다. '차라리 죽는 것이 낫겠다.' 왜? 하나님의 말씀은 성취되지 않고 하나님의 오래 참으심은 커서 심판은 지체됩니다. 그 사이에 하나님의 임박한 심판을 예고한 예레미야 자신은 너무나 심한 조롱을 당했습니다. 예레미야는 여기저기에서 지극히 개인적인 비애감을 많이 토로합니다. 이런 점에서 예레미야서는 예언자 개인의 마음속에 실제로 무슨 일이 일어났는가를 추적할 때 요긴한 자료를 풍성하게 제공합니다. 예레미야서는 하나님의 예언을 전했지만 그 시대와 전혀 소통되지 않는 답답함으로 시대로부터 배척을 당하는 고독한 외톨이 지식인의 고달픈 과업을 자세히 보여줍니다. 여기에도 종교적 관심이 주도하지 않습니다. 예레미야서에는 유다 사회의 모든 사람들, 유다 사회의 지배층, 자유농민들, 유력시민들 등 유다 사회의 하나님의 백성 모두에게 공공연히 적실성이 있는 말들만 있습니다. 한마디로 예레미야는 공평과 정의가 무너진 유다 왕국의 공평과 정의를 다시 세우기 위하여 지배층들의 죄를 규탄하고 질책하는 데 전력투구했습니다. 그럴수록 그는 조롱을 당했고, 미치광이라는 비난을 들었습니다. 그는 미치광이라는 소리를 들었을 뿐만 아니라, 심지어 왕에게 그의 예언 두루마리를 불태움 당하는 고난도 당했습니다. 예레미야 36장에서 여호야김왕은 그를 책망하는 하나님의 심판예언을 적은 두루마리를 불태웁니다. 그래서 예레미야는 그의 서기관 바룩에게 다시 적으라고 말합니다. 예레미야 45장은 예레미야의 서기관이었던 바룩에 관한 축복된 예언이 나옵니다. 하나님 말씀을 칼로 찢어 불태우는 여호야김과 달리 바룩은 하나님 말씀을 당대의 지배층 집단에게 낭독했고 또 두루마리에 적어 그것을 후대에 남겼습니다. 세상 사람들은 하나님 말씀을 듣고 탄식하고 호응하는 바룩과 같은 성실한 청중과 하나님 말씀을 듣고 두루마리를 찢어버리고 불태우는 여호야김 같은 악한 청중으로 대별됩니다. 예레미야서는 우리가 바룩의 길을 따를 것을 권고합니다. 나의 죄를 질책하고, 나의 죄 때문에 임박한 심판을 에누리 없이 예고하는 예언자의 말을 소중히 여기고, 그것을 기록해 후세에 남기는 복된 바룩 같은 자가 되기를 기대합니다. 내 귀에 거슬리는 진리의 말씀들을 칼로 찢고 불태워버리는 패역군주 여호야김의 길로 가면 안 됩니다. 예레미야는 특정종교에 관한 말을 하지 않습니다. 진리에 대해서 인간이 갖는 보편적인 두 가지 이해를 전제하여 진리추구와 진리실천 의무를 강조합니다. 첫째, 진리는 죄악된 인간성을 대적한다는 것입니다. 고통을 동반한 채 내 죄를 지적합니다. 진리는 나의 옛 모습, 나의 집요한 완악성, 그리고 나의 오래된 습관들을 혁파하라고 요구합니다. 그런데 옛 모습을 혁파하라고 요구하는 진리의 음성을 우리는 찢어버리고 싶고, 억누르고 싶어 합니다(롬 1:18). 우리는 진리의 음성을 못 들은 척하고 싶습니다. 그런데 바룩 같은 예레미야의 예언자 제자는 진리를 기록하고 후대에 남깁니다. 죄를 지적하는 심판의 말을 적습니다. 그래서 우리는 바룩의 마음으로 예언서를 공부해야 합니다. 여호야김처럼 예언서의 존재를 부정하거나 이미 엄존하는 예언서를 찢어서는 안 됩니다. 예언서에 대해서 분노로 응답하는 악한 청중이 되면 안 됩니다. 진리의 말씀에 대한 이 이중적인 응답이 1–25장에 교차되어 편집되어 있습니다. 둘째, 진리는 내 옛 존재를 멸망시키기만 하지 않는다는 것입니다. 진리는 옛 자아를 허물고 새로운 자아를 창조하는 데 요긴한 주초가 됩니다. 예레미야는 옛 사회를 허물고 새로운 사회를 건설하려고 진리의 말씀을 외치고 외쳤습니다. 예레미야에게 있어서 "진리"는 하나님의 새 언약으로 표현됩니다.

항상 강조하는 바이지만, 예언서를 읽을 때에는 예언서 본문의 최초 청중과 선포자를 둘러싼 역사적 맥락을 파악하는 일부터 해야 합니다. 먼저 본문이 발설되는 역사적 연대, 최초 청중, 그리고 본문이 다루는 주제를 검토한 후에 개별 본문들의 해석을 시도해야 한다는 말입니다. 예레미야 26–52장을 이해하기 위해서는 그것들을 둘러싼 역사적, 신학적 정황과 맥락을 파악하는 것이 대단히 중요합니다. 이 스물일곱 장은 네 단원으로 구분됩니다. 네 단원은 주로 여호야김과 시드기야왕 재위 시절에 선포된 예언들을 담고 있습니다. 첫째 단원에 속한 26–29장은 바벨론 포로들의 유배생활에 대한 거짓 예언자들과 예레미야의 갈등을 다루고, 30–33장은 다윗 언약의 갱신과 시내산 언약을 발전적으로 흡수하는 새 언약시대의 도래를 예고합니다.

첫 단원에서 정독해야 할 본문은 26장의 반(反)성전 예언입니다. 예레미야는 여호와의 성전이 모든 국가적 재난으로부터 유다를 지켜 줄 것이라고 선전하는 예루살렘 성전 지도자들을 세차게 비판합니다(7장의 주제 반복). 유다 지배엘리트들과 유력시민들이 그들의 길과 행위를 고치지 않으면 실로 성소에 임한 파멸의 운명이 예루살렘 성전에도 임할 것이라고 무섭게 경고합니다.

첫 단원에 속한 27－29장은 논쟁의 형식과 서간문의 형식을 빌려 거짓 예언자들의 논리와 신탁을 조리정연하게 비판합니다. 이 세 장의 예언은 시드기야왕의 재위 초기에 선포된 예언들입니다. 이 세 장의 핵심은 유다 왕국이 신흥 제국 바벨론 정복자의 통치를 받아야 한다는 것입니다. 하나님께서 느부갓네살을 고대근동 세계의 패권자로 세웠기 때문입니다. 그는 하나님의 세계심판을 대행하는 하나님의 종이었습니다(27:5－6). 특히 28장은 거짓 예언자들의 대표자인 하나냐와 예레미야의 첨예한 쟁점별 갈등을 보여줍니다. 거짓 예언자들과 예레미야의 입장은 아래와 같이 달랐습니다.

	거짓 예언자들	예레미야
바벨론 침략	하나님의 심판이 아니다	지배층에 대한 하나님의 심판이다
예루살렘 미래	하나님이 지켜주신다	예루살렘 성전, 왕조 둘 다 멸망당한다
바벨론 포로기간	2년 안에 끝난다	70년간 계속된다
바벨론 침략군	애굽과 동맹해서 맞서야 한다	무조건 항복하고 나라 멸망을 피하라
핵심 메시지	평안, 구원	회개, 고난, 멸망 불가피

요약하면, 거짓 예언자들은 바벨론 포로들에게 바벨론에 끌려가서 바벨론 정변을 노리면서, 바벨론의 정변을 틈타서 탈출하라고 은근히 부추겼습니다. 하지만 예레미야는 포로들에게 오히려 '바벨론의 평화를 구하면서 바벨론 제국 안에서 안정

을 찾으며 거기서 공동체를 일구며 살아야 한다'라고 권고했습니다. 이 후자가 예언자 예레미야의 방책이었습니다. 그래서 일부 학자들은 예레미야가 친바벨론 첩자가 아닌가 하는 오해까지 합니다. 결코 그렇지 않습니다. 예레미야 46장부터 52장 전체가 이집트와 바벨론 제국, 그 당시의 양대제국에 대한 엄청난 규탄 예언입니다. 특히 50–51장은 바벨론에 대한 가장 신랄한 심판예언입니다.

첫 단원의 둘째 단락은 30–33장입니다. 이 네 장은 특별히 중요한 메시지를 담고 있습니다. 이 네 장 중 새 언약 예언은 예레미야의 메시지가 단지 뿌리뽑고, 멸망시키고, 초토화시켜서 이스라엘 민족의 국가적 기강을 무너뜨리는 데 있지 않음을 보여줍니다. 예레미야의 메시지는 이스라엘을 새 언약의 백성으로 재활·복구시키는 데 관심이 있음을 보여줍니다. 특히 31장 31–34절의 새 언약시대 예언이 매우 중요합니다. '내가 다시 유다 집과 이스라엘 집과 맺은 언약은 옛날 출애굽할 때 내가 이스라엘과 맺은 언약과 다르다. 내 영을 그들의 마음에 두어 그들이 내 율례를 행할 능력을 갖도록 만들어주겠다.' 이것이 새 언약입니다. 신약시대를 내다보고 있는 예언입니다. 같은 내용의 메시지가 에스겔 36장에도 포함되어 있습니다.

둘째 단원은 34–38장으로서 바벨론이 예루살렘을 포위하는 동안에 주로 예레미야에게 닥친 고난과 박해를 다룹니다. 유다의 마지막 왕 시드기야의 해방된 히브리 동포들의 재노예화를 단죄하는 34장과 레갑 자손들의 신실한 조상전통 준수를 칭찬하는 35장은 유다 멸망의 원인을 분석합니다. 즉 조상들이 전해준 소중한 신앙유산(안식년 노예해방법과 조상들의 신앙전통)을 배척한 결과 나라가 멸망했다는 것입니다. 36장은 예레미야의 예언 두루마리를 태우는 여호야김왕의 만행을 다루고 37–38장은 시드기야왕 치하에 박해당한 예레미야의 고난을 다룹니다.

셋째 단락은 예루살렘의 몰락과 그 후에 일어난 사건들을 다루는 39–45장입니다. 39장은 예루살렘의 멸망과 유다왕조의 해체를 다루고, 40–41:15은 바벨론 제국에 의해 세워진 유다 임시행정지도자 그다랴의 즉위와 암살을 다룹니다. 그다랴 암살자는 암몬왕 바알리스와 결탁된 반바벨론 친애굽파 이스마엘이었습니다(40:14; 41:15). 이스마엘의 그다랴 살해동기는 명확하지 않습니다. 친바벨론파 그다랴에 대한 친애굽파 이스마엘의 적개심 발동은 어렵게 않게 추론할 수 있습니다. 더군다나 이스마엘 자신의 출신성분을 고려하면 그의 그다랴 살해동기는 좀 더 쉽게 이해가 됩니다. 이스마엘 자신은 다윗의 왕가에 속하였지만, 유다 총독의 지위를 자신 같은 왕족이 아니라 그다랴에게 준 사실에 분개했을 것입니다. 이 그다랴 암살 사건은 바벨론 제국에 의해 멸망당한 유다 왕국의 빈 자리에 사실상 무정부 상황적 국론 분열이 일어났음을 보여줍니다.

41:16–43:13은 그다랴를 살해하고 애굽으로 도주하는 친애굽 반바벨론 항쟁파 유력자들의 이집트 망명을 다룹니다. 이집트 망명자들은 기어코 예레미야도 함께 데리고 이집트로 망명했습니다. 44장은 예레미야와 애굽으로 망명한 사람들의 신학적 논쟁을 다룹니다. 이집트 망명자들은 하늘 여신 등 여러 신들을 동시에 섬겼을 때에는 번영을 누렸으나 야웨 하나님 한 분만 섬기자마자 재앙이 시작되었다고 불평하며, 야웨 하나님에 대한 유일신 신앙이야말로 국가멸망의 원인이라고 비난합니다. 애굽 망명자들의 불평은 아마도 요시야 종교개혁이 국가쇠락을 초래한 원흉이라고 비난하는 것처럼 보입니다. 요시야 종교개혁이 하늘 여신 숭배 등 모든 이교도적 예배를 일소하고 척결했기 때문입니다. 요시야 국가개혁에 대한 반동은 이 애굽 망명자들의 가슴 속에 아직도 약동하고 있습니다. 즉 그들은 요시야 종교개혁 때문에 배척하고 포기했던 신들이 사실 여호와보다 더 강하다고 주장하며 요시야왕 이후로 밀어닥친 국가적 연쇄불행(요시야왕 전사, 바벨론 제국의 침략, 국가멸망 등)은 원래 전통적으로 섬겼던 여러 신들에 대한 예배를 그쳤기 때문에 초래된 불행이라고 주장했습니다. 에스겔 8:12에도 동일한 불평의 음성이 들립니다. 예루살렘 성전이 아직도 존재하고 있는데, 이스라엘 장로들은 우상을 숭배하면서, "여호와는 우리를 보지 않고 여호와는 이 땅을 버리었다"라고 불평했습니다. 애굽 망명파들은 자신들에게 재앙이 연쇄적으로 닥친 시점은 '율법서를 발견하여 요시야왕이 옛 예배 의식을 금지한 후였다'고 말했습니다.

45장은 예레미야의 서기관 바룩을 위한 예언자적 위로를 담고 있습니다. 45:1은 예레미야 36장 사건을 염두에 두고 있습니다. 바룩은 여호야김이 불태워버린 예레미야의 예언을 다시 두루마리에 적는 수고를 감수했습니다. 하나님은 이런 바룩에게 국가적 재난의 때에도 그가 가는 곳마다 생명을 노략물 주듯이 주시리라고 약속합니다.

46–52장은 열방에 대한 하나님의 심판예언들을 담고 있으며, 그중에서도 바벨론 제국의 멸망을 예고하는 신탁들이 가장 많고 자세합니다. 46장은 애굽에 대한 심판이며 애굽이 느부갓네살에 의해 침략당할 날을 예고합니다. 따라서 애굽에 대한 유다 왕국의 의존정책은 실패로 귀결될 것을 강조한 셈입니다. 47장은 블레셋에 대한 심판을, 48장은 모압에 대한 심판을, 49장은 암몬과 에돔 등에 대한 심판을 기록합니다. 주변 네 나라들은 혹시 유다 왕국이 반바벨론 항쟁을 도모할 때 동맹으로 불러들일 가능성이 있는 후보들이었습니다. 예레미야는 이 인근나라들도 철저하게 몰락하거나 멸망을 경험하게 될 것이라고 예고했습니다. 그 나라들이 섬기던 국가적 후견신들도 북쪽에서 쇄도하는 침략군으로부터 자기 나라를 구해내지 못할 것입니다.

50–51장은 바벨론에 대한 하나님의 가혹한 심판을 기록합니다(사 13–14장; 45–48장). 예레미야는 유다 왕국이 존망지추의 위기에 빠져 있었을 때 바벨론 제국과의 직접적 군사충돌이나 전쟁을 극력으로 말리고 반대했습니다. 그러나 바벨론이 일단 고대근동 일대를 군사적으로 정복하고 세계의 유일패권국가로 군림하기 시작하자 바벨론 제국의 필연적 몰락과 파멸을 기탄없이 예고했습니다. 바벨론 제국의 멸망예언은 유다와 이스라엘의 구원예언으로 이어집니다. 비록 예레미야는 바벨론 유배가 70년이나 계속될 것이라고 믿었으나 바벨론의 잔혹한 세계정복과 철권통치를 정당화하지 않았습니다. 바벨론 제국의 멸망은 유다와 이스라엘 포로들의 고토복귀를 가능케 하는 복된 소식이며 결국 야웨 하나님은 온 세계열방을 심판하고 통치하시는 보편적인 하나님임이 밝히 드러날 것입니다. 바벨론 제국은 야웨 하나님과 싸웠으며 이스라엘의 거룩한 자 야웨 하나님에게 심히 교만했기에 수치스럽게 멸망했습니다. 여기서 위대한 성경적 역사철학이 나옵니다. 세계사는 야웨 하나님 나라(산 돌)에 의해 산산조각나고 파쇄된 제국들의 무덤이라는 사실입니다(단 2:35, 44–45).

이 열방 심판예언 단원의 마지막에는 유다 왕국 멸망 상황에 대한 묘사와 회고적 성찰이 기록되어 있습니다. 열왕기하 25장과 예레미야 52장은 상호 조영적(照影的)입니다. 이 마지막 장은 바벨론 제국의 유다 멸망이 가져온 예기치 않은 선한 결과를 보도합니다. '유다 왕국이 멸망당하자 가난한 백성이 포도원을 가꾸는 농부가 되었다'(렘 52:16). "(느부사라단) 시위대장이 그 땅의 비천한 자를 남겨두어 포도원을 다스리는 자와 농부가 되게 하였더라"(왕하 25:12).

에스겔은 지방 제사장 출신이었던 예레미야와 달리 중앙성전 예루살렘 성전의 뼈대 있는 제사장 가문 후손입니다. 제사장 부시의 아들 에스겔은 25세 때 바벨론 그발(Chebar)강가의 포로수용소에 끌려갑니다. 그는 25세에 바벨론 포로로 잡혀갔다가 30세가 되던 해에 그발강가에서 하늘이 열리는 경험을 합니다. 예언자로 부름받았다는 뜻입니다. 그는 그발강가에 모여 집단거주촌을 형성했던 유다 출신 포로난민들에게 하나님의 말씀을 대언하는 사역을 개시합니다. 그는 25년 이상 난민사역을 하다 이스라엘 고토로 돌아가지 못한 채 유배지에서 죽습니다. 바벨론 포로민들을 바라보는 에스겔의 입장도 대체로 예레미야와 똑같았습니다. 예레미야는 바벨론 땅에 끌려간 사람들을 격려하고, '바벨론 땅에 간 사람들이야말로 유다의 미래를 담보할 희망의 단초다. 바벨론 포로살이 경험이야말로 하나님과 더 가까워질 수 있는 가능성을 열어준다.'라고 말했습니다. 그는 오히려 심판을 경험하지 않고 가나안 땅에 머물며 "우리 비유배파는 죄가 없어. 그래서 하나님은 우리를 바벨론 포로로 끌어가지 않았어. 우리는 의로운 남은 자야."라고 자랑하는 비유배 가나안 땅 잔류파를 "나쁜 무화과 광주리"라고 말합니다. 예레미야 24장에 나오는 두 광주리 무화과 비유에서, 좋은 무화과는 뭡니까? 바벨론 포로생활을 하며 국가멸망이라는 심판의 정당성을 인정하고 하나님의 미래 은총에 기대는 사람들이 좋은 무화과나무입니다. 예레미야는 바벨론 포로생활을 했던 사람들이 가나안 땅에 남아 있던 사람들보다 이스라엘과 유다의 미래에 더 희망적인 과업을 부여받을 것이라고 말했습니다.

이 예레미야의 메시지에 대체로 동의하면서도 에스겔은 약간 다른 관점으로 바벨론 포로들을 바라봅니다. 에스겔은 바벨론 땅에 끌려와 있는 사람들을 두 그룹으로 나눕니다. 그는 바벨론 포로들 중에서 적대적 청중을 발견했습니다. 가나안 땅에 남아 있으며 이집트와 동맹을 맺어 유다 왕국 복원운동을 벌이는 친애굽 보수파들과 연락을 주고받는 포로들이 대체로 에스겔에게 적대적이었습니다. 이 적대적인 청중의 생각은 이랬습니다. '우리나라가 망하고 우리가 이곳으로 유배당한 이유는 우리나라가 줄을 잘못 섰기 때문이야. 우리가 확실하게 이집트 편에 줄 서고 이집트와 강력한 군사동맹을 맺어서 바벨론과 일전불사를 해야 했는데 그러지 못한 것이 우리의 패착이었어. 또한 우리가 야웨 하나님만 믿었던 것이 잘못이야. 우리를 지켜줄 여러 신들, 즉 하늘 여신과 태양신 등을 동시에 섬기지 않고 야웨 하나님만 오로지 섬겼다가 이 꼴을 당했어. 우리의 종교적 선택의 실패야.' 그들은 이렇게 생각하면서 지금 바벨론 포로생활을 하는 것은 하나님의 심판 때문이 아니라 불운 때문이며 굳이 이유를 대자면 종교적 선택의 잘못 때문이라고 생각했습니다. 그들은 야웨 하나님에 대한 죄 때문에 심판을 받아 바벨론으로 끌려왔다고 생각하지 않았습니다. 에스겔은 그런 적대적 청중을 '무서운 전갈'이라고 비유했습니다. 반면에 거룩하신 하나님이 바벨론 포로 가운데 거하심을 믿고 포로살이를 견디는 포로들도 있었습니다. 하나님이 새 언약으로 이스라엘을 갱신시켜 결국 새롭게 이스라엘을 가나안 고토로 복귀시켜 줄 것을 믿고 에스겔의 메시지에 신실하게 호응했던 남은 자들이었습니다.

에스겔서 1장부터 25장의 대부분은 바벨론 땅에 와 있는 적대적 청중들과, 이집트와의 동맹을 통해서 바벨론에 맞섬으로써 유다 왕국의 복위운동을 꿈꾸는 친애굽 유다왕당파들에 대한 비판입니다. 25장부터 32장까지 열국예언은 암몬, 모압, 에돔, 두로, 시돈, 이집트에 대한 심판예고를 담고 있습니다. 이 중에서 29-32장까지 무려 네 장이 이집트에 대한 심판예언입니다. 이렇게 긴 이집트 심판예언은 유다 땅에 남아있는 자들 중 친애굽 망명파들이 이집트를 의지하고 바벨론과 맞서 유다 왕국 복위운동을 하는 것이 얼마나 악하고 어리석은 시도인가를 경각시키기 위함입니다.

33장부터 37장이 예레미야 30-33장에 상응되는 이스라엘의 미래 구원과 회복 예언 단원입니다. 실로 이스라엘을 위한 대(大)위로와 회복의 장입니다. 대(大)위로와 회복의 단원 중에서 유명한 것은 36장과 37장입니다. 36장에는 예레미야 31장 31-34절에 나오는 새 언약 예언과 거의 방불한 구절이 나옵니다. "너희를 맑은 물로 씻어서 너희 속에 내 영을 두고, 너희 마음에 내 율법을 두어 너희들이 내 율례를 행하게 하리라." 이것이 에스겔 36장 20-28절의 대지입니다. 이 새 언약 예언은, 이방인들 가운데 살면서 더러워진 이스라엘 포로들을 깨끗한 물로 씻어서 정결한 백성으로 창조해주시겠다는 약속입니다. 바벨론 포로들이 그들의 유배생활을 마치고 가나안 땅으로 다시 되돌아가게 해준다는 약속입니다. 37장 11절과 14절에서 더욱 놀라운 약속을 듣습니다. '내가 내 백성들을 무덤에서 불러내어 가나안 고토로 돌아가게 할 것이다.' '나는 너희들을 반드시 가나안 땅으로 돌아가게 할 것이다.' 이렇게 약속합니다. 하나님께서는 '바벨론 포로들이 바벨론 땅에서 보냈던 망각의 세월에 묻히지 않게 하실 것입니다. 그들을 다시 정련하고, 정화시켜 가나안 땅으로 되돌아가서 새 언약 백성으로 재활·복구시킬 것이라고 약속합니다.

에스겔 38-39장은 곡과 마곡이 깨끗게 된 이스라엘에게 가해오는 도발전쟁을 분쇄하시는 하나님의 극적 개입을 다룹니다. 이미 정화된 이스라엘을 침략하는 하나님의 원수국가 곡과 마곡의 도발은 하나님에 의해 온 세계만민이 보는 앞에서 대실패로 끝납니다. 깨끗게 된 이스라엘 백성은 하나님이 친히 지켜줍니다. 깨끗게 된 이스라엘에는 군사도 없고 무기도 없지만 하나님의 안보와 수호를 받습니다. 정화된 하나님 백성은 하나님의 적성국가인 곡과 마곡의 무시무시한 군사적 위협으로부터 항상 구출되고 구원받습니다. 여기에 이스라엘의 국방력과 관련한 중요한 비밀이 작동합니다. '이스라엘 국방의 큰 힘은 군사에 있지 않고 정결함과 거룩함에 있고 의로움에 있다. 정결하고 거룩한 이스라엘 백성은 하나님이 어떤 군사적인 침략으로부터도 보호해 주신다.' 이것이 에스겔 38-39장의 요지입니다.

에스겔 40-48장은 회복된 예루살렘 성전과 회복된 성전에서 세계만민을 살리는 생명의 강이 흘러나오는 미래를 말합니다. 회복된 성전의 역할에 대한 예언은 거의 비현실적인이고 몽환적인 미래상을 그립니다. 에스겔은 회복된 예루살렘 성전이 미래에 맡게 될 역할을 크게 부각시키는 비전을 말했고, 예레미야는 성전 중심이 아니라 야웨의 영에 인도받는 언약백성의 생동감 넘치는 율법 실천이 주도하는 미래상을 그립니다. 예레미야는 제사장과 성전이 주도하는 미래상이 아니라. 이스라엘 자유농민들이 여호와의 율법을 스스로 터득하여 자발적으로 율법을 실천하는 영(靈)민주주의적인 미래상을 그립니다. 예레미야의 이상적인 이스라엘 미래공동체는 제사장이 매개하는 미래가 아니라, 언약백성 각자가 성령 충만하여 여호와 율법을 깨닫고, 율법을 준행하는 공동체였습니다.

비록 미래상에 대해서 약간 차이점을 드러냈지만, 예레미야와 에스겔 둘 다 '이스라엘과 유다의 죄가 하나님의 사랑을 소진시키지 못했으며, 이스라엘과 유다의 죄가 아무리 참혹한 죄였다고 할지라도 하나님은 이스라엘과 유다에 대한 언약을 끊지 않으실 것이다'라는 점을 강조하는 데서는 완전한 일치를 보입니다.

이상에서 살펴본 예레미야서와 에스겔서의 예언이 단지 이스라엘과 유다만의 이야기로 들립니까? 아닙니다. 그것들은 단지 이스라엘과 유다에 관한 이야기가 아니라, 인류의 미래에 관한 이야기입니다. 두 예언자가 끝까지 내세우는 진리는, '인간이 아무리 참혹한 죄를 지어도 하나님의 사랑과 긍휼을 소진시키지 못한다'는 사실입니다. 두 예언서에서 종횡무진으로 활동하고 말씀하시는 하나님도 결코 권력자의 입에 담긴 하나님이 아닙니다. 생존 자체를 위협받는 세상의 가장 약한 자들만이 입에 담을 수 있는 언어가 바로 '하나님'입니다. 하나님이 자신의 죄악 때문에 혹은 타인의 죄악 때문에 존재소멸 위기를 맞은 난민적 실존들을 끝내 '하나님 나라'라는 보금자리, 약속의 땅으로 초청하는 이야기입니다. 이상입니다. 감사합니다.

인문고전으로서의
구약성서 읽기

9주차 강의안

9-1

가나안 땅 정착에서 가나안 땅 상실까지의 이스라엘 역사 개관: 신명기 역사서의 탄생

구약성서 전체에 스며든 바벨론 유배 그림자

이번 강의는 가나안 정착에서부터 가나안 땅 상실까지의 이스라엘 역사를 개관한다. 왜 이 시점에서 이런 이스라엘 역사의 개관이 필요한가? 과거의 역사를 정리해야 할 필요성은 나라나 문명이 몰락했을 시점에 더욱더 커진다. 구약성서가 다루는 가장 의미심장한 두 사건은 출애굽과 가나안 정착, 그리고 유다 왕국의 멸망과 뒤이은 가나안 땅 상실과 바벨론 유수사건이다.

구약성서의 모든 책들에는 바벨론 포로생활의 영향이 아주 다양한 수준과 방식으로 반영되어 있다. 창세기 11:1-9의 바벨탑 사건과 15:7의 아브람의 원고향 "갈대아인들의 우르" 언급은 바벨론 포로생활을 반영한다. 시날 땅에 바벨탑을 쌓다가 하나님의 간섭과 심판으로 모든 족속들이 여러 지역으로 흩어지는 이야기는 바벨론 제국의 세계제국 정립 기획의 붕괴를 암시하고 있다. 이 바벨탑 붕괴사건은 다니엘서 3장의 두라 평지에 세워진 느부갓네살의 거대한 금신상을 생각나게 한다.

아울러 창세기 11:1-9의 바벨탑 축조 심판 사건은 이사야 13-14장, 44-46장의 바벨론 제국 심판과 조롱예언을 미리 내다본다. 이스라엘의 조상 아브라함이 갈대아인들의 우르 출신이라는 사실은 의미심장하다. 갈대아인들은 BC 6세기에 등장한 신바벨론 제국의 중심민족을 가리킨다. 이 단어는 다니엘서 1-2장에 등장하는 바벨론 사람들을 가리키는 호칭이다. 유다의 바벨론 포로들 중 일부가 갈대아인들의 우르(수메르 제국의 우르 3왕조의 수도 우르가 아닌 시리아에 가까운, 아마도 유프라테스강 중하류 쪽의 도시였을 것이다)에서 거주했을 것으로 짐작된다. 결국 출바벨론(출갈대아 우르)한 아브람은 출바벨론한 바벨론 귀환포로들(BC 538년부터 450년 사이에 세 차례 귀환)의 조상이며 원조인 셈이다. 이외에도 바벨론 유수(幽囚)경험이 구약성서의 모든 책과 구절들 곳곳에 스며들어 있다. 따라서 구약성서를 제대로 이해하려면 바벨론 포로생활의 신학적 또는 신앙적 의미가 무엇인가를 규명해야 하며, 바벨론 포로생활이 성경형성에 얼마나 중차대한 영향을 미쳤는가를 가늠하기 위해서, 그 이전과 이후의 이스라엘 역사 전체를 개관할 필요가 있다.

왜, 누가 역사를 쓰는가?

이스라엘 역사는 멀게는 BC 18세기 또는 16세기 이스라엘 조상 아브라함으로부터 시작된다. 물론, 한 나라 또는 한 민족의 역사가 단일 조상으로부터 시작되었다는 것은 역사적 사실보다는 신화에 가깝다. 어떻게 세계만민의 다민족적인 구성체인 민족 또는 국가가 한 사람으로부터 시작되겠는가? 그럼에도 불구하고 이스라엘 민족이, 자기 민족의 조상을 외톨이였던 한 사람 아브라함, 즉 수메르 문명과 고(古)바벨로니아 문명의 잔해에서 떨어져 나간 문명체제 바깥의 사람이었다고 주장하는 것은 의미심장하다.

이스라엘 민족이 고바벨로니아 문명과 수메르 문명을 탈출해 새로운 보금자리를 찾아 나선 한 외톨이가 자기 민족의 조상이라고 생각하는 것은, 이스라엘 역사에 있어서 매우 중요한 의미를 갖는다. 요람 하조니는 『구약성서로 철학하기』라는 책에서 이스라엘 민족의 본질을 체제와 맞선 외톨이들의 투쟁 또는 저항에서 찾는다.[1] 이스라엘 역사는 바벨론-수메르 문명의 모태로부터 떨어져 나간, 그야말로 장차 나갈 길을 알지 못하고 간 개개인들의 결단으로 시작되었다는 것이다. 이 외톨이들의 구체제 탈출의 산물로 이스라엘이 탄생했다는 것이다.

또한 출애굽기는 이스라엘 민족은 파라오 체제라고 하는 문명질서로부터 창조적인 분리를 감행하고 탄생된 민족이라고 선언한다. 이스라엘 민족은 인간이 영구적으로 거주할 수 없는 가건물 같은 또는 날림공사로 지어진 정치질서 공동체로부터 이탈을 감행한 모험에 가득 찬 사람들의 동아리라는 것이다. 이 구문명 탈출이 이스라엘의 본질이라는 것이다. 이스라엘은 불평등으로 고착화된 사회적 위계질서 따위를 믿지 않았다는 것이다. 이스라엘이 오로지 믿었던 것은 자신들이 하나님에 대한 충성을 맹세하고, 하나님과 언약 맺었다는 주장이었다. 하나님과 언약 맺었다는 이 주장은 정치사회학적으로 의미가 굉장히 깊다. "우리는 하나님과 언약을 맺었다"라는 이 주장은 "우리는 어떤 인간 군주나 압제적인 지배자에 종속될 수 없는 자유민이다"라는 뜻이었다. 하나님과 언약 맺었다는 이 말은 "우리는 땅이 중요한, 땅을 경작하는 사람이지만 땅보다 더 중요한 우리의 존재 기반은 하나님이다. 땅을 창조하신 하나님이다."라는 사상을 주창하는 셈이었다.

그래서 "아브라함의 하나님, 이삭의 하나님, 야곱의 하나님"이라는 어구의 뜻은, 이스라엘의 하나님이라고 불리는 야웨는 외톨이들의 하나님, 체제 바깥으로 탈출하여 새로운 공동체를 창조하려고 분투하는 개인들의 하나님이 되어주셨다라는 뜻이었다. 고대 사회에서 어떤 신이 '누구누구의 신이 되어주셨다'는 말은 '경작지를 제공하는 신이 되었다'는 말이었다. 고대 메소포타미아에서 신이 자기를 신이라고 주장할 수 있는 근거는 '자신의 권능으로 자신을 믿는 자들에게 땅을 제공할 수 있는 권능'이었다(창 17:7-10; 신명기와 에스겔의 많은 계약체결 공식구문: '나는 너희들에게 하나님이 되어 주고 너희들은 내게 백성이 될 것이다.'; 호 2:14-23). 이스라엘 백성들은 경작지를 그리워하고 부러워하는 유목민 또는 반(半)유목민적인 삶을 살았다. 이스라엘 조상 아브라함, 이삭, 야곱은 반농·반유목민적 삶을 살았다. 그들에게 야웨가 그들의 하나님이 되어주셨다는 말은 그들에게 땅을 선사하실 수 있는 하나님이 생겼다는 것을 의미했다.

유목민의 삶에서 가장 중요한 것은 경작지였다. 그래서 유목민들에게는 경작지에 대한 불타는 열망이 있었다. 유목민들인 아브라함, 이삭, 야곱에게 하나님은 항상 약간 유혹적인 선물, "땅을 선물로 주겠다. 경작지를 주겠다."라는 식으로 약속하며 그들을 언약백성으로 얻으려고 애쓰셨다. 땅, 이것은 이스라엘 민족의 역사를 관통하는 하나의 줄기관심사였다. 가나안 정착의 역사부터 시작해서 가나안 땅 상실의 역사까지 땅은, 이스라엘 민족이 하나님을 믿게 만들고 하나님의 호의를 향유하게 만드는 언약의 보증물이었다. '하나님과 나 사이에 언약관계가 존재한다'는 말은 '내가 하나님의 언약보증물인 땅에 정착하고 산다'라는 말이었다. 우리가 만일 하나님의 언약에 매여 언약율법을 지킬 수 있으려면, 하나님의 선물인 땅에 정착하고 있어야 한다는 말이다. 그런데 이스라엘은 이 하나님의 언약보증물인 땅에 대해서 양가적인 견해를 가지고 있었다. 확실히 땅은 하나님의 선물로 주어졌지만 이 땅을 오랫동안 영구적으로 차지하다 보면 그 땅의 선물성, 그 땅의 신적 기원을 망각하고 땅 자체를 오랫동안 차지한 자신이 마치 땅의 소유자인 것처럼 착각하게 되는 것이었다. 취득시효 같은 권리가 생긴다는 것이다. 취득시효는 남의 땅이지만 그 땅을 오랫동안 차지하고 일정한 기간이 지나면 자기 땅이 되는 이상한 자연법적 원리와 같은 기득권이다. 이처럼 이스라엘은 하나님에 대한 신뢰보다는 땅 자체에 대한 거짓된 신뢰가 생긴다는 것을 예리하게 의식했다. 처음부터 가나안 땅은 하나님이 준 선물이었으며 구체적으로 말하면 하나님의 언약을 충실하게 지킨다는 조건하에서(시 105:44-45) 향유하라고 준 조건적이고 한시적인 선물이었다. 하나님의 언약적 조건은 무엇인가? 출애굽기 19-24장에 나오는 언약조건이다. 간단히 말해 십계명과 부대조항을 지키며 공평과 정의로 운영되는 공동체를 이루면서, 이웃에 대해서 해방자가 되면서, 이웃을 압제하지 않고 서로 배려하면서, 상호부조하면서, 공화국적인 공평과 정의를 이루며 사는 것, 이것이 고대 이스라엘 민족이 가나안 땅을 부단히 누리게 만드는 하나님의 언약적 조건이었다. 하나님의 언약적 조건에 충실해야만 가나안 땅을 영구적으로 향유하는 길이 열렸던 것이다.

그런데 이스라엘의 역사는, 이스라엘 백성들에게 이상적인 공동체 생활을 가능하게 했던 이 하나님의 선물인 가나안 땅이 오히려 유혹이 되고 시험거리가 되며 마침내 하나님을 배반하게 만드는 역설적인 상황을 목격했다. 이것이 이스라엘 민족이 가나안 땅을 차지할 때부터 가졌던 "땅"에 대한 이중적 이해였다. 이와 같이 가나안 정착에서부터 가나안 땅 상실까지의 역사, 가나안 땅에서 이뤄진 약 6백 년의 이스라엘 역사를 개관하여야만 예레미야와 에스겔 시대, 그리고 예레미야와 에스겔 신탁의 그 가열찬 의미를 조금이라도 더 잘 이해할 수 있다.

이스라엘 조상들은 BC 18세기, 또는 16세기부터 메소포타미아에서 이주해 온 사람들로 가나안에 정착하게 되었다. 그 당시에 가나안에는 단일한 정치체제가 들어서지 않았기 때문에 공유지 같은 빈 땅이 많았다. 이집트라든지 메소포타미아라든지, 티그리스강과 유프라테스강 유역처럼 이미 단일 도시국가, 또는 단일 제국이 건설되어서 새로운 이주민이 뿌리를 내리기 힘든 그런 땅이 아니었다. 그 당시까지 가나안 땅은 사실상 단일국가의 통치체제 아래에서 단일한 통치를 받은 적이 없었던 땅이었다. 크고 작은 도시국가들(세겜, 살렘, 헤브론, 브엘세바 등)이 여러 개 산재했으나 가나안 땅에는 여전히 빈 땅이 많았다. 하나님께서 그 가나안 땅의 일부를 아브라함에게 선물로 주시겠다고 약속하셨다. 아브라함 후손들에게 실제로 그 땅을 선물로 준다 하더라도, 이것은 누구의 생존권도 위협하지 않는 일종의 무상공여 행위였다. 그래서 아브라함과 이삭과 야곱은 하나님의 특별가호 아래 가나안 땅에 우거하며 가나안 땅의 원주민들과 협조하며 살아갔다. 그러나 그들은 가나안 땅을 소유했다기보다는 그들의 후손들이 실제로 소유하고 다스릴 날을 기대하면서 역사의 무대에서 퇴장했다. 그들은 가나안 땅 선사약속을 받았으나 그 실체를 누리지는 못하고 죽었다(히 11:13).

그런데 아브라함부터 4대 후손 요셉시대 이후에 등장한 모세 시대 때 드디어 엄청난 인구로 불어난 이스라엘 백성들은 가나안 땅에 들어가려고 출애굽을 한다. 그 사건은 BC 16세기 또는 BC 15세기, 어떤 사람들은 BC 13세기에 일어났다고 말한다. 우린 편의상 주류학설을 따라 출애굽을 BC 1250년경에 일어났다고 생각하고자 한다. 왜냐하면 BC 1220년 또는 BC 1207년에 세워졌다고 믿어지는 한 고고학 유물이 “이스라엘이라는 공동체”가 이미 가나안 땅에 있었음을 증언하고 있기 때문이다. 이집트 황제 메르넵타는 자신의 가나안 땅 정복을 기리는 메르넵타 석비를 세워놓고 죽었는데, 그 석비에 ‘이스라엘’ 공동체가 언급되고 있다. 메르넵타 석비 안에 최초로 이스라엘이라는 이름이 나온다(“이스라엘은 황폐케 되었다. 그 후손은 없다”). 그 석비에는 BC 1220년 혹은 1207년경에 이스라엘이라고 하는 공동체가 이미 가나안 땅에 살고 있었으며 이집트의 침략대상이 되고 있었다는 사실이 상형문자로 기록되어 있다. 그러니까 BC 1207년 이전에, 혹은 BC 1220년 이전에는 이스라엘 백성이 가나안 땅에 존립했다라는 것을 증명하는 유일한 성경 외적 증거가 바로 메르넵타 석비인 셈이다. 따라서 아무리 늦어도 출애굽은 그 이전에 일어났다고 분명히 말할 수 있다. 가장 늦은 연대로 출애굽 연대를 설정해도 BC 1250년이 된다. 아무리 늦어도 BC 1250년에는 출애굽이 일어났다고 가정할 수 있다는 것이다. BC 1250년 출애굽 가설을 믿는 또 다른 이유는 출애굽 직전 히브리 노예들이 비돔성과 라암셋이라고 하는 국고성을 지었다는 출애굽기 1장의 기록 때문이다. 라암셋은 BC 1250년경 당시의 이집트의 군주였던 라암셋 2세를 가리킨다고 보인다. 라암셋, 비돔 국고성 건설 등은 라암셋 2세라고 하는 BC 13세기 이집트의 군주 때 일어난 일이라고 보기에 우리는 출애굽의 연대를 대략 BC 1250년이라고 말한다. 그러나 이것은 최종적인 결론은 아니다. 이 연대추정을 지지하는 결정적 증거가 아직까지 없기 때문이다. 보통 조금 더 보수적인 사람들은 BC 1500년대, 1446년경 출애굽을 말한다. 또 다른 어떤 사람들은 BC 1607년이라고 말하는데, 이때 일어난 그리스의 산토리니 화산폭발로 인해 이집트 일대에 10가지 재난들이 연쇄적으로 일어났을 것이라고 추정하기도 한다. 이 마지막 가설은 최근에 등장한 가설로 좀 기이하면서도 놀라운 주장을 담고 있다. 다만, 우리는 편의상 BC 1250년에 모세의 출애굽이 일어났다고 믿는 선에서 이스라엘 역사 개관에 임하려고 한다.

출애굽기 1장은 아브라함 후손들인 히브리 사람들의 지위가 극적으로 변화되는 과정을 기록한다. 요셉을 알지 못하는 새로운 파라오(1:8)가 일어나서 이집트 나일강 삼각주 지역의 고센 땅에 자유민으로 체재하던 히브리 사람들을 노예로 삼기 시작했다. 그가 자유민으로 존재하던 이스라엘 백성들을 갑자기 노예로 부려먹고 벽돌을 만들게 해서 라암셋과 비돔이라는 국고성을 쌓는 일에 동원시키는 역사가 결국 출애굽을 촉발시킨다. 히브리 사람들이 노예신분으로 존재했던 기간이 어느 정도인지는 분명하지 않으나 이집트 체류 430년 동안 대부분을 고난 속에 보냈을 것이다(창 15:13-18). 아브라함을 기점으로 약 4백 년이 지난 후에 히브리 사람들의 노예생활 고난은 극도에 이른다.

BC 1250년에 출애굽을 주도한 모세는 40년의 광야 방황을 거쳐 가나안 땅 입구까지 이스라엘 민족을 인도하고 역사에서 퇴장했다. 그의 후계자 여호수아가 리더십을 가지고 약 40년 동안 이스라엘 12지파를 통솔했고 가나안 정복전쟁을 수행했다. 여호수아가 죽고 나서 유명한 사사시대가 진행된다. 사사시대란 무엇인가? 중앙집권적 왕이 등장하기 전에 각 지파별·부족별로 행정 및 군사적 지도력을 행사하던 사사들의 지파별 지도자 시대를 사사시대라고 한다. 이때 이스라엘은 12부족의 연맹체로 존재했다. 우리나라에서도 6세기 후반에 멸망한 가야가 이런 사회였다. 가야는 육가야 연맹체를 가리키는 말이다. 고대사회 혹은 고대 국가도 부족연합체인 경우가 많았다. 처음부터 한 나라로, 완전체로 '나는 한 국가다' 이런 식으로 시작된 나라는 거의 없다. 대부분 소수 유력 부족들의 수평적 계약으로 국가가 형성된다(스위스의 예). 그런 부족연합체가 한 중앙집권적인 국가로 발전되는 과정이 이스라엘에게도 있었다. 이스라엘 민족도 처음에는 12지파의 연합을 이루었다가 후에 중앙집권적인 왕국으로 발전된다. 사사기는 지파별 연맹체 방식으로 존속하던 약 2백 년간(BC 1200–1000년)의 이스라엘 역사를 배경으로 쓰인 책이다. 그런데 각 지파에게만 리더십을 발휘하는 사사들에게는 이스라엘 전 지파, 12지파 모두에게 무슨 훈령을 내리거나 포고령을 내려서 어떤 행동을 강제하거나 호소할 수 있는 권한은 없었다. 사사들은 납달리 지파의 사사 드보라, 단 지파의 사사 삼손, 므낫세 지파의 사사 기드온, 요단 동쪽 므낫세 반지파의 입다로 불렸다. 사사기 21장 25절 또는 17장 6절에 비추어 보면 이런 사사시대는 무정부 상황적인 난맥상을 노출했다. '모든 사람이 자기 소견대로 행하여 어지럽고 혼란한 시대였다.' 즉, 무정부적 상황, 지리멸렬한 무질서 상황이 사사시대를 관통했다. 그런데 이 두 구절 바로 앞에 이런 말이 있다. "그때는 왕이 없어서..." 이 구절은 왕정시대를 호의적으로 보려고 하는 의도성이 드러나는 구절이다. 그러니까 사사기는 왕정이 사사시대에 비해 훨씬 더 발전되고 좋은 시대라는 의식을 가진 왕정시대의 서기관들에 의해 기록된 문서라고 말할 수 있다. 우리나라의 <고려사>는 언제 기록됐는가? 고려시대에 기록되지 않고, 조선시대에 기록되었다. <삼국사기>는 삼국시대에 기록되지 않았고 또 고려시대 때 기록되었다. <삼국사기>를 기록한 김부식은 고구려 사람도 아니고 신라 사람도 아니고 고려 사람이었다. 그러니까 역사는 항상 역사적 사건이 일어나고 나서 한참 후에, 숙고와 성찰을 거친 후에 쓰인 역사서에 의해 뼈대를 갖춘다. 가나안 땅 정착기간에 일어난 모든 일들의 모든 양상을 낱낱이 다 기록한 책으로서의 이스라엘 통사책은 없다. 그런 책이 있었다면 엄청난 분량을 가진 책이었을 것이다. 그런데 구약성서에는 이런 "긴 역사서"는 없다. 여호수아서부터 열왕기하까지 여섯 권의 책이 자세한 역사서는 될 수 없다. 6백 년간 존속한 이스라엘 역사를 여호수아, 사사기, 사무엘상하, 열왕기상하 이 몇 권의 책이 다 포괄할 수 없기 때문이다. 600년간의 가나안 정착역사를 다 기록했다면 이스라엘 역사책이 엄청나게 분량이 많은 책이 되었을 것이다. 우리나라 이조시대만 하더라도 태조부터 철종까지의 <조선왕조실록>을 한글로 번역하면 거의 1900권에 이른다. <조선왕조실록>이 세계 최장 기록문화유산으로 간주되는 이유가 바로 여기에 있다. 6백 년도 안 된 우리나라 조선 역사만 해도 이렇게 엄청난 기록인데, 이스라엘 민족이 가나안 땅에 살았던 6백 년 동안의 발자취를 다 기록했다면 엄청난 분량의 역사서가 생겨났을 것이다. 따라서 이렇게 짧은 여호수아, 사사기, 사무엘상하, 열왕기상하가 이스라엘 통사를 대신할 수 없는 것은 분명하다. 이 여섯 권의 책은 이스라엘 민족의 가나안 땅 상실 원인을 추적하는 데 치중하는 특별조사보고서 같은 문서였다.

BC 1200년부터 1000년까지 일반적으로 사사시대라고 불리는 시대를 뒤이어 왕정시대가 등장한다. 사사는 이미 설명했듯이 일종의 제한된 권위를 가진 지파별 부족연맹체별 지도자를 가리키는 말이다. 이 제한된 권위를 가진 사사들이 주도했던 사사시대를 BC 1200년경부터 1000년까지라고 본다. 사사기는 이 기간에 일어났던 모든 사건들을 전부 다 기록한 것은 아니다. 오히려 매우 부정적인 양상들, 사사시대가 갖는 모든 나쁜 측면만을 기록했다.

물론 사사시대가 이보다 훨씬 좋았던 점도 있었을 것이다. 예를 들면, 세금을 강제하는 전제 왕권도 없었고, 군대에 오라 가라고 훈령 내리는 장군도 없었으며, 이스라엘 사람들이 저마다 자기 포도원과 무화과나무를 가꾸면서 평화롭게 살던 시절도 있었을 것이다. 어찌 보면 크로포트킨(Kropotkin)과 프루동(Proudhon) 같은 사람들이 주창한 일종의 무정부주의적인 이상사회 같은 측면도 없지 않았을 것이다. 그 시기는 압제적 권력이 없어도 유지되는 공동체 생활이 가능했기 때문이다. 그렇지만 성경의 사사기는 부정적인 측면이 매우 도드라지는 역사서로 남아 있다.

사사시대 이후에 왕정시대가 BC 1000－586년까지 존속된다. BC 921년 남북왕국 분열이 일어나고, BC 721년에 북왕국이 먼저 망한다. 그리고 마침내 BC 586년에 유다 왕국도 멸망당하며 이스라엘의 연속적인 가나안 정착시대는 종료된다. 북이스라엘의 국가기간요원들은 앗수르에게 유배당하고, 남유다의 국가기간요원들은 바벨론으로 유배당하면서 국가를 구성할 지도력 공백이 일어났다. 사무엘상하는 이스라엘의 왕정도입기와 사울-다윗의 이스라엘 12지파 통일사를 다룬다. 열왕기상하는 솔로몬 이후 급격하게 분열되고 쇠약해지는 이스라엘 민족의 점강적 몰락과정을 다룬다. 이렇게 해서 가나안 땅을 무대로 전개되던 이스라엘 역사는 끝났다.

가나안 땅의 상실과 더불어 야웨 하나님의 언약의무 조항을 짐진 이스라엘의 언약백성 신분도 박탈당했다. 이스라엘과 유다는 열국 중에 흩어져 이산과 유랑의 세월을 거치며 야웨의 이름을 더럽히는 부정한 유랑민 신세를 벗어나지 못했다. 가나안 땅 정착시대를 마감한 사건이 바벨론 유배사건이다. 이로써 가나안 땅에서 보낸 첫 600년간의 이스라엘 통사는 개관되었다.

그러나 앞서 말했듯이 가나안 땅에서 6백 년이나 살았던 이스라엘 역사를 이 짧은 몇 권(여호수아-열왕기하)의 책으로 다 기록할 수 없는 것은 당연하다. 따라서 여호수아, 사사기, 사무엘상하, 열왕기상하는 그냥 쉽게 말해서 역사서가 아니다. 우리가 흔히 말하는 역사서가 아니라 압축적인 역사서이다. 이 여섯 권의 책들은 과거에 일어난 일이 무엇인가를 알려는 독자들의 호기심을 충족시키는 정보제공적 역사책이 아니라, 역사적 사건들을 소재 삼아 뭔가를 설교하려고 하는 아젠다가 분명한 의도적인 문서다. 그런데 이 여섯 권의 책을 관통하는 그 아젠다가 뭘까? 그것은 신명기 역사관이다. 신명기 전체, 구체적으로 28장을 중심으로 이스라엘 멸망원인을 하나님 원인론적으로 분석하고 해석하는 설교적 역사, 혹은 역사형식의 설교를 제시하려는 의도가 이 여섯 권의 책을 관통하고 있다. 신명기 28장의 기준은 이것이다. '야웨 하나님의 언약에 충성을 다하고 야웨 하나님의 언약율법에 충성을 다 하고 십계명과 부대조항을 잘 지키면, 이스라엘은 가나안 땅을 영구적으로 차지할 수 있다. 야웨의 율법에 충실하면 개인적으로나 국가적으로 번성하고 형통을 누린다. 그런데 십계명과 부대조항을 잘 지키지 못하고 하나님을 묵살하고 하나님을 무시하고 하나님을 배역하면, 가나안 땅을 빼앗길 수 있다.' 이런 관점에서 기록한 일종의 설교적 역사서가 이 여섯 권의 진면목이다. 학자들은 이 여섯 권을 바로 이런 이유 때문에 "신명기 역사서"라고 말한다.

우리는 앞선 강의에서 "신명기 역사서"를 이미 한 차례 설명한 적이 있다. 그런데도 이 신명기 역사서를 다시 재론하는 이유는, 이 신명기 역사서가 예레미야와 에스겔의 하나님 심판 옹호논리와 일맥상통하기 때문이다. 바벨론 포로 상황에서 이 신명기 역사서가 다시 언급되는 이유는, 신명기 역사서가 예레미야와 에스겔, 특히 예레미야서를 이해할 때 결정적으로 중요한 책이기 때문이다. 예레미야서에는 유다 왕국 말기에 일어난 사건들을 신명기 역사서의 원칙을 갖고 해석하는 장면이 자세히 나온다. 예레미야는 BC 1000년부터 시작되어 BC 586년에 끝난 이스라엘의 왕국 역사를 신명기 역사의 관점에서 해석하고 있다. 그래서 학자들은 신명기 역사서를 집필한 서기관들이 예레미야서의 저자들이거나 그 계보의 후손들이라고 믿는다. 그래서 신명기 역사서와 예레미야의 관계에 대한 연구가 많이 이루어지고 있다. 일반적으로 신명기 역사서가 예레미야의 영향을 받았다라고 주장한다.

BC 1000년부터 시작된 왕정시대는 BC 921년에 첫 위기를 맞는다. 그것은 BC 921년에 일어난 남북왕국 분열이었다. 다음으로 BC 721년에 더 중대한 위기를 맞는다. 이때 이스라엘 전체 영토와 인구의 5분의 4를 차지한 북왕국이 멸망한다. 그리고 BC 586년에 남왕국 유다도 멸망한다. 왜 이렇게 되었을까? 열왕기서는 이 원인을 세밀하게 추적해 간다. 통일 이스라엘의 최초의 왕 사울, 두 번째 다윗, 그다음에 솔로몬, 그다음에 르호보암 순으로 이스라엘 왕정은 순조롭게 진행되는 것처럼 보였다. 그런데 BC 921년 르호보암왕 때, 통일왕국은 분열된다. 북왕국을 구성할 열 지파를 데리고 나간 북왕국의 지도자 느밧의 여로보암은 12지파 중 두 지파만 남겨둔 채 나라를 따로 세우고 독자적인 성전도 건축해 버린다. 북왕국은 예루살렘 성전으로부터 스스로 잘려 나가 버린다. 그 후부터 남왕국은 "유다"라고 불리고, 북왕국은 "이스라엘"이라고 불린다. 그런데 남왕국과 북왕국 사이에 군사력, 영토의 차이는 극심했다. 북왕국은 영토, 군사력, 경제력 전부 다 남유다보다 4-5배 컸다. 남유다는 거의 국가로 존재하지 못했다. 북왕국의 부마국가로 북왕국에 종속되거나 아니면 다른 나라에 종속되면서 간신히 존재했던 나라였다. 반면에 북왕국은 유다 왕국에 비해서 큰 나라였다. BC 853년에 앗수르 제국의 남서진을 막기 위해서 시리아-팔레스타인 일대의 작은 나라들이 반앗수르 군사동맹을 맺었을 때, 북왕국이 엄청난 수량의 철병거를 보냈다는 앗수르왕의 기록이 아직도 남아 있다. 보통 다른 나라는 200대의 철병거를 보냈다고 기록된다. 그런데, 북왕국은 2,000대의 철병거를 보냈다.[2] 북왕국이 강대국이 된 이유는 곡창지대의 한복판에 건설되었기 때문이었다. 갈릴리, 므깃도 전부 다 아주 좋은 곡창지대였다. 이스르엘 평야 또한 아주 넓은 곡창지대였다. 그러니까 북왕국은 농민의 숫자도 많았고, 영토도 많았으며, 국력도 강한 여러 가지로 엄청난 나라였다. 그런데 그 엄청난 나라가 먼저 망했다. BC 721년에 앗수르 제국에게 멸망당했다. 왜? 국력이 약해서 서서히 망했는가? 아니다. 자신의 국력, 군사력, 동맹 등을 믿고 앗수르와 정면대결하다가 망했다. 국력의 최전성기, 청년의 때의 힘을 믿다가 하나님께 심판받아서 망했다. 북이스라엘은 사람으로 치면 80살 정도 되어서 죽은 자연사가 아니라 30세의 요절 또는 심판으로 인한 급사를 당했다. 그래서 북왕국의 멸망은 열왕기하 17장 6절 이하에서 하나님 원인론적인 관점에서 해설되고 있다. '북이스라엘은 가나안 땅에 정착하자마자 처음부터 느밧의 아들 여로보암을 따라 하나님 대신에 우상을 섬겼다가 망했다.' 이렇게 열왕기하 저자는 하나님 원인론적 관점에서 북이스라엘의 멸망 원인을 해석한다. 하나님 원인론적 역사 해석, 이것이 바로 신명기 역사서의 역사 서술 원칙이다. 어떤 나라가 망할 때, 멸망원인은 여러 가지가 있다. 그런데 하나의 원인만 가지고 나라의 멸망원인을 설명하는 것은 엄밀한 의미의 객관적 역사서가 아닐 수도 있다. 그럼에도 불구하고 신명기 역사서는 하나님 대신에 우상을 섬겨서 북이스라엘이 멸망했다고 주장함으로써 이스라엘 멸망원인과 과정을 과도하게 단순화시켜 설명한다. 십계명과 부대조항을 어겼기 때문에 나라가 망했다는 것은 사회과학적으로 설명할 여지가 많다. 하나님의 언약에 불충성해서 망했다는 말은 결국 무엇을 말하고자 하는 것일까? 사회과학적으로 말하자면 공평과 정의, 즉 약자에 대한 배려 또는 자유농민에 대한 배려가 없어서 나라가 망했다는 뜻이다. 토목공학적 구조물의 비유로 말하면 한 국가의 가장 밑바닥 기층은 자유농민이다. 땅을 경작하는 자유농민들이 토목공학적으로 가장 견고하고 튼튼해야 국가가 견고해진다. 자유농민은 국방력과 애국심의 기초세포단위이기 때문이다. 그런데 북왕국은 자유농민을 존중하지 못하고 자유농민의 땅을 빼앗아 지주들과 지배층들에게 몰아줌으로써 나라를 스스로 붕괴시켰다. 북왕국 지배층은 애국심의 기초단위를 흐트러뜨려서 나라를 멸망에 이르게 했다. 이렇게 사회과학적으로 나라의 멸망원인을 설명하는 것과 야웨 하나님에 대한 언약을 어겨서 망했다는 말은 결국 같은 원리를 말하고 있다. 우리가 성경을 해석할 때 이처럼 사회과학적인 관점으로도 읽을 의무가 있다. 그래야만 성경은 인문고전이 된다.

결국 자유농민, 이스라엘 공동체의 기층부를 무너뜨리자 북이스라엘과 유다 둘 다 망했다. 그래서 가나안 땅 완전 상실이 BC 586년에 일어난다. BC 586년에는 유다 왕국의 국가요원들 약 만 명이 바벨론으로 끌려간다. 이제 가나안 땅에는 한 국가를 유지하고 운영하고 존립시킬 수 있는 인적 자원과 기초가 사라졌다. 그래서 그때부터 예루살렘과 유다의 땅은 바벨론의 지배하에 있는 땅, 일종의 정복된 땅이 되어버린다. 이 엄청난 재난을 보고 신명기 역사서가 탄생했다. 신명기 역사서의 핵심은 무엇인가? 가나안 땅 정착부터 가나안 땅 상실의 역사까지 6백 년의 역사를 개관하면서, "우리가 왜 망했나"를 묻고 대답하는 역사서이다. 왜 우리가 땅을 상실했나? 신명기 역사서는 모세의 입을 빌려서 이스라엘 멸망원인을 구명(究明)한다. 보다 구체적으로 그것은 '모세의 입을 통하여 중개된 십계명과 부대조항, 하나님의 헌법적 요강과 같은 언약, 즉 시내산 언약 율법을 어겼기 때문에 우리가 나라를 잃었다'라고 말한다. 아주 과감한 하나님 원인론적 역사 해석이다. 이게 신명기 역사서의 본질이다. 신명기 역사서는 신명기 28장의 원리로 가나안 정착의 역사부터 가나안 땅 상실의 역사까지를 개관하는 통사(通史)이다. 여호수아, 사사기, 사무엘상하, 열왕기상하가 바로 신명기 역사서를 구성한다.

그런데 신명기 역사서 저자는 어떻게 이런 놀라운 책을 쓸 수 있었을까? 19세기 게오르크 빌헬름 헤겔이 쓴 『법철학』이라는 책의 서문에 이런 말이 나온다. '미네르바의 부엉이는 황혼녘에 날개를 펴고 날아오른다.'[3] 미네르바는 지혜의 여신이며 부엉이를 부리는 여신이다. 지혜의 여신은 언제 지혜를 발휘하는가? 황혼녘이다. 즉 한 문명이 땅거미를 맞이해서 쇠락했을 때 문명 쇠락의 원인을 자세히 논변하고 이 원인을 규명할 수 있는 철학적 담론이 나온다는 것이다. 신명기 역사서는 가나안 땅을 상실하고 나서야 '우리가 가나안 땅을 누렸던 6백 년의 시기가 얼마나 놀라운 은혜였는가'를 황혼녘에 이르러서야 슬프게 회고하며 개관하는 책이라는 뜻이다. 이런 신명기 역사서의 관점에서 예레미야와 에스겔은 지나간 가나안 땅 정착 시대 역사를 하나님의 선물로 재인식하면서 다시 한번 가나안 땅에 들어가 정착해 살 소망을 불태우고 있다. 이것이 예레미야와 모든 바벨론 포로기 때 등장한 예언자들의 공통의 관심이다. 바벨론 포로기 이후에 모든 예언자들의 유일한 관심은 무엇인가? '우리는 다시 가나안 땅에 들어가 살 수 있을 것인가?' '우리 이스라엘은 다시 가나안 땅을 선물로 받을 수 있을 것인가?' '이스라엘은 하나님께 다시 하나님의 백성으로 재복구될 수 있을 것인가?' 예레미야와 에스겔 같은 포로기 예언자들은 이런 문제의식을 초미의 관심으로 품으며 예언했다. '이스라엘이 다시 가나안 땅으로 들어갈 수 있을까? 이스라엘은 다시 가나안 땅을 선물로 받을 수 있을 것인가?' 이 중대한 질문들에 응답한 예언자가 바로 예레미야와 에스겔이다. 둘 다 '그렇다. 우리 이스라엘은 다시 가나안 땅에 재정착하게 된다. 야웨 하나님의 이스라엘 사랑과 인애는 무궁하기 때문이다.'라고 대답했다.

그래서 예레미야와 에스겔은 신명기 역사서가 못 박아 선포한 진리, '가나안 땅 상실 그것은 정당한 하나님의 심판이었다'는 진리를 수용했다. 그들은 '가나안 땅 상실은 모세의 입을 통해 이미 일찍이 이스라엘 역사 초기에 천명된 그 중대한 헌법적 질서의 파괴에 대한 하나님의 응답이다'라고 보았다. 둘 다 같은 결론에 이르렀다. '따라서 이제 하나님의 은총 외에는 이스라엘이 가나안 땅을 되찾을 길이 없다. 이제 기대할 것은 한 가지, 하나님의 새로운 은총, 하나님이 이스라엘을 새롭게 선택해 주고 우리를 다시 용서해 주는 은총밖에 없다.' 이것이 바로 새 언약, 신명기의 새 언약(29-30장의 모압 언약), 예레미야의 새 언약(30-33장), 에스겔의 새 언약 사상(36장)이다. 새 언약 사상은 무엇인가? 하나님의 죄 사함 은총으로 열리는 미래의 언약, 이것이 새 언약이다. 이런 점에서 볼 때 구약성서는 종결된 드라마가 아니다. 옛 언약의 기준으로 볼 때는 철저히 실패한 이스라엘을 언제나 새 언약으로 구원하시고 재활복구시켜 주는 하나님 주도적인 드라마는, 신명기 역사서 마지막 책 마지막 장 열왕기하 25장에서 종료감 없이 끝난다. 열왕기하 25장 마지막 단락은 바벨론으로 끌려간 여호야긴왕이 37년 만에 감옥에서 풀려나 복권되는 일화로 끝난다. 과연 이스라엘의 역사는 다시 이어질 것인가? 여호야긴이 비워둔 다윗왕국의 보좌에는 누가 앉을 것인가? 결론적으로 구약성서는 분명히 과거에 일어난 일들을 가지고 과거를 말하는 책이지만, 동시에 미래에 있게 될 하나님의 후속적인 구원드라마를 예기하면서 끝나는 것처럼 보인다. 그런 점에서 구약성서의 드라마는 미완성으로 남아있다.

이상에서 우리는 가나안 정착부터 가나안 땅 상실까지의 역사를 신명기 역사서의 관점으로 개관했다. 이렇게 함으로써 바벨론 포로기의 가장 위대한 두 예언자 예레미야와 에스겔의 메시지에 담긴 새 언약 사상의 중대한 의의를 더 생생하게 포착할 수 있기 때문이다.

9-2

바벨론 포로기의 의의:
대파국적 재난에 대한 다양한 응답

구약성서를 이해함에 있어서 바벨론 포로기의 신학적, 신앙적 의의는 아무리 강조해도 지나침이 없는 사안이다. 바벨론 포로기는 사실상 '가나안 땅 상실', 그 이상을 의미했기 때문이다. BC 586년의 바벨론 유배는 국가의 멸망, 공동체성의 멸망, 국가를 구성하는 고급 인재의 유실을 의미했기 때문이다. 이것보다도 더 큰 위기가 있겠는가? 이때 하나님을 신실하게 믿었지만 불순종세대에 대한 하나님의 심판을 몸소 겪었던 남은 자들은 고통스러운 질문들에 직면했다. '하나님이 우리를 버리셨는가? 하나님과 우리 사이의 언약적 관계는 해체됐는가? 우리는 더 이상 하나님의 백성이 아닌가? 야웨는 우리의 하나님이 아닌가?'(시 77편 참조) 이런 신앙적 질문들에 대한 응답을 얻고자 바벨론 포로기의 남은 자들은 고투를 거듭했고 마침내 하나님의 언약적 인애의 무궁무진성을 확신하기에 이르렀다. '우리 이스라엘의 죄가 아무리 크고 참혹했다고 해도, 그것이 하나님의 언약적 신실성과 사랑을 소진시키지는 않았다. 아직도 하나님의 은혜는 남아있다. 하나님은 진노와 심판의 극한치를 퍼부었으나 거룩하신 하나님은 스스로 돌이켜 이스라엘을 다시 선택하시고 다시 가나안 땅으로 되돌아가게 하실 것이다'(암 9:11-14; 호 2:14-23; 11:8-9; 사 57:15; 신 29장; 30:1-16; 참조. 슥 8:3-8, 14-15). 이 점이 고대 이스라엘의 국가적 멸망이 다른 나라와 민족의 국가적 멸망과 다른 궤적을 그리는 부분이다.

고대사회에서 한 국가와 국가가 섬겼던 후원신의 관계를 살펴보면 대개 국가가 멸망하면 그 국가적 후견신도 망하고 그 신의 족보도 사라진다. 예를 들어 바벨론이 섬겼던 신 마르둑은 바벨론 제국이 멸망하면서 역사에서 사라졌다. 바벨론이 국가적 정체성, 즉 국가성(statehood)을 상실하면 바벨론 국가를 후원하던 신 마르둑도 결국 소멸된다는 말이다. 앗수르 제국이 섬기던 신 아슈르도 앗수르 제국의 멸망과 더불어 역사의 무대에서 사라졌다. 수메르의 여러 신들도 수메르 제국의 멸망과 함께 소멸되었고 이집트 제국의 멸망과 더불어 이집트의 여러 신들도 다 인류 역사에서 도말되었다. 로마 제국이 멸망당하자 로마가 섬기던 제우스, 전쟁의 신 마르스도 당연히 소멸되었다.

그런데 이스라엘 민족과 야웨의 관계는 전혀 다른 양상으로 진전되었다. 이스라엘 민족과 공동체가 국가적으로 섬기고 개인적으로 신봉하고 예배했던 그 신이 국가공동체의 멸망 이후에 더욱더 자기 존재감을 드러냈기 때문이다. 야웨는 이스라엘의 국가적 봉헌과 신봉, 경배에 의존한 신이 아니었던 것이다. 고대의 종교세계에서 이것은 너무나 특이한 현상이었다. 고대 국가의 신과 그 후원 국가, 혹은 후원 민족의 관계는 결국은 공동 운명체였다. 국가의 멸망이 신의 멸망이고 종교의 멸망이었다. 그런데 이스라엘 민족의 경우는 전혀 달랐다. 이스라엘과 유다가 정치적으로 사망을 당하자 야웨 하나님은 더욱 빛나게 당신의 정체를 드러내셨다. 이스라엘 민족의 멸망과 유다 왕국의 멸망을 통하여 그들이 섬겼던 야웨 하나님이 얼마나 유별나고 독특하고 또한 성경적 용어로 말하면 거룩한 신이었는가가 드러난 것이다. 앞선 강의에서도 말씀드렸듯이, 한 나라가 망할 때 그 나라 멸망 원인에 대한 분석, 진단은 여러 가지가 제시된다. 이스라엘 민족이 멸망을 경험하고 나서 '우리가 왜 망했지?'를 따져 묻고 성찰하는 단계에서도 똑같은 현상이 나타났다. 남유다의 여러 정파들은 남유다가 바벨론에게 멸망하고 남유다의 국가기간요원이 유실되어서 국가를 존립시킬 만한 인적 재원이 없어진 상태에 대해서, 그리고 유다 왕국 멸망의 원인에 대해 여러 가지로 해석과 진단을 제시했다. 피터 아크로이드(Peter Ackroyd)는 『이스라엘의 포로와 회복(Exile and Restoration)』이라는 책에서 포로기와 포로기 이후 시기를 구약신학과 사상의 창조적 형성기로 설정하는 데 크게 이바지했다.[4] 이 책은 BC 6세기의 바벨론 유수가 유다의 포로들에게 불러일으킨

신학적 반성들과 응답들을 자세하게 추적한다.

이 책은 학개서 연구에서 시작되어 학개서와 주제적으로나 연대기적으로 가장 근접한 스가랴서 1–8장의 연구로 한층 더 확장되었다. 그리고 바벨론 유수 직전 상황의 예레미야를 앞부분에 배치했고, 바벨론 유수가 촉발시킨 신학적 반성과 성찰들을 담고 있는 예레미야, 신명기, 제2이사야, 에스겔을 천착한다. 그리고 포로기 후기 초반부(BC 520년대) 상황을 증언하는 학개와 스가랴 1–8장 연구를 통해 바벨론 포로기와 그 이후 시기가 얼마나 창조적이며 신학적으로 풍요로운 시기인가를 자세히 논증한다.

저자는 이 책에서 약 세 가지 통속적 편견을 극복하려고 이 연구를 진행하고 있다. 첫째, 구약 전체를 신약의 배경사로 이해하려는 구약폄하적인 연구풍토를 극복한다. '그리스도 안에 나타난 하나님의 계시를 최종적이며 결정적인 것으로 받아들인다고 해서 자동적으로 하나님의 속성과 목적을 조리정연하게 이해할 수 있다고 생각해서는 안 된다. 구약성경을 연구함에 있어서 예언과 성취의 측면에서 그리스도 중심적 구속사 이해를 취하는 것이 합당하지만, 구약성경은 그 자체로 하나님의 경륜, 성품, 속성 등을 풍요롭게 계시하기 때문에, 신약수렴적인 연구가 아니라 구약본문 그 자체로 연구되어야 한다.'는 것이다.

둘째, '구약의 모든 중요한 일들은 포로기 이전에 일어났으며 이스라엘 역사 초기의 예언운동은 독창적이고 변혁적이지만 포로기 이후의 예언은 모방적이거나 아류적이라는 편견'을 극복한다. 즉 포로기 이전의 예언자들은 위대하지만 포로기 이후 소예언서들의 예언자들은 작고 미미하다는 생각을 논박한다.

셋째, '제의와 율법은 예언과 경건보다 저급한 수준의 종교적 사상이라는 19세기 낭만주의 학자들(율리우스 벨하우젠 등)의 편견'을 불식시킨다. 포로기 이전의 예언자들에 비해 포로기 이후의 예언자들은 '공평과 정의' 혹은 고결한 윤리나 도덕을 파기했다고 왕, 지주, 고관대작 등 지배층을 규탄하는 열정을 보여주지 못하는 것이 사실이다. 왜냐하면 이미 유다 왕국의 권력 엘리트들은 약화되었고 바벨론으로 유배당해 현역신분을 유지하지 못했기 때문이다. 그래서 포로기 이후 예언자들은 공평과 정의의 문제를 우회적으로 말하거나 그것에 대하여 질문을 하는 수준에 그친다. 그러나 아크로이드는 이러한 이유 때문에 포로기 이후 예언이 포로기 이전

예언보다 저급하다고 간주해서는 안 된다고 주장한다. 특히 성전재건과 정결한 예배 재조직과 같은 제의적 문제에 대한 포로기 이후 시대의 예언(학개, 스가랴, 말라기; 이사야 56–66장, 에스겔 40–48장)이, 종교제의를 사회정치적 공평과 정의 이슈보다 가볍게 여긴 듯한 BC 8세기 예언자들의 예언보다 열등하다는 생각은 잘못되었다는 것이다. 전체적으로 이 책은 포로기 이후 시기의 위대한 창조적 인물들(학개, 스가랴, 그리고 그들의 동료들[에스라, 느헤미야, 욥기의 저자])을 통해 포로기의 신학적 의의와 풍요로움을 찾아낸다.

아크로이드는 그의 책 3장 "사건에 대한 반응"에서 바벨론 유배가 촉발시킨 네 가지 반응을 분석했다.[5] 그는 예레미야, 에스겔, 신명기 역사서, 레위기의 성결법전, 이사야 40–66장, 학개, 스가랴 1–8장, 애가 시편 등이 바벨론 유수에 대한 신앙적, 신학적 응답을 담고 있다고 본다. 그에 따르면 주요 반응유형은 네 가지로 구분할 수 있다. 이 중 두 가지는 부정적이고, 두 가지는 긍정적이다. 본서는 아크로이드의 바벨론 유배에 대한 유다 왕국의 여러 정파들의 다양한 반응 분석에 부분적으로 동의한다. 그러나 예레미야와 에스겔의 응답에 신학적 가중치를 한층 더 두는 방식을 취한다는 점, 유다 왕국의 멸망을 하나님의 과잉징벌이라고 보면서 하나님의 진노를 완화시키려고 애쓴 애가형 저항도 있었다는 점, 그리고 유다 왕국 멸망을 정치적 실책의 우발적 결과라고 믿는 사람들의 반응도 강조한다는 점에서 본서는 아크로이드의 분석과 상당히 다르다. 본서는 아크로이드의 세 가지 응답 발견에는 충분히 동의하나 그가 제시한 넷째 응답('야웨의 날'에 대한 새로운 이해를 통해 야웨의 심판 속에 구원이 들어있다는 변증법적 신앙)에는 선뜻 동의하기가 힘들다. 앞서 말했듯이 아크로이드는 바벨론 유배와 그 포로기에 대한 예레미야, 에스겔, 제2이사야, 신명기 역사서, 제사장 문서의 반응과 포로 후기 예언서들의 반응을 차례대로 분석한다. 아크로이드가 지적하는 주요 반응 중 두 가지(옛 다신교 체제로의 퇴행, 바벨론 종교제의, 즉 대세순응주의)는 부정적이고, 두 가지(심판의 정당성 옹호와 남은 자의 희망 고취, 야웨의 날의 변증법적 구조 발견)는 긍정적이다.[6] 본서는 이 넷째 반응에 대한 아크로이드의 분석에 동의하지 않고 애가형 저항응답이 오히려 더 의미심장한 응답 중 하나였다고 본다. 그리고 오히려 유다 멸망을 비신앙적, 비신학적으로 해석하고 현실정치적 실책의 우발성 때문이라고 믿는 세속주의자들의 응답 역시 의미 있는 응답이라고 본다. 또한 유다 멸망과 바벨론 유배에 대한 신비주의적 해석의 응답도 있었음을 강조하고자 한다. 결론적으로 바벨론 유배와 유다 멸망에 대한 동시대와 후대의 반응을 일곱 가지로 정리할 수 있다.

첫 번째 응답: 야웨 종교의 배타적 성격에 대한 비판과 다신교 체제 옹호로 퇴행한 사람들

에스겔 8장과 예레미야 44장, 스가랴와 제3이사야의 특정 구절, 신명기와 신명기 역사서 일부 구절들은 유다 멸망 전후의 남은 자들 중 더러는 야웨에 대한 배타적 예배가 유다 왕국 멸망을 초래했다고 보았음을 알려준다. 그들에게 이 재앙에서 살아남는 길은 가나안의 오래되고, 익숙한 신을 예배하는 것이었다. 에스겔 8장은 예루살렘의 두 번의 파괴 사이에 걸친 시기(BC 597–586년)의 종교상황을 반영하는 것 같은데, 일정 정도 예루살렘에 침투한 바벨론 종교제의를 대변하는 것처럼 보인다. 담무스에 대한 직접적 언급(14절)을 제외하고는, 여기에 묘사된 제의의 정확한 속성은 분명하지 않다. 에스겔 8장에 등장하는 사람들은 '야웨가 그의 땅을 버리셨고, 돌보시지 않으신다'고 확언한다(12절; 참조. 9:9). 예레미야 44장은 유다 왕국의 재앙에서 살아남은 자들 중 일부, 특히 친애굽파 구성원들은 옛 다신교 숭배 제의로 복귀해야 살길이 열린다고 공공연히 주장했음을 보여준다. 바벨론 침략과 유다 왕국의 멸망이라는 재앙은 하늘의 여왕 숭배를 경시한 탓으로 돌려졌다. 이들은 야웨에 대한 배타적 예배를 강조하면서 모든 토착적 다신들을 척결한 요시야의 국가종교 개혁 수행에 왕국 멸망의 책임 일부를 전가하는 것처럼 보인다. 유다 멸망과 바벨론 유배가 오랜 시간 동안 가나안 땅에서 친숙하게 숭배했던 다른 신을 경시해서 생긴 재앙이라고 믿은 사람들이 예레미야에게 맞서는 논쟁맥락에서 이런 논리를 펼친 것을 볼 때 그들의 확신이 얼마나 강했겠는가를 짐작할 수 있다.

예레미야 44장의 친애굽파 애굽 망명자들의 논리는 다음과 같다. '우리가 여러 신들을 섬겼을 때에는 모든 것이 잘 돌아갔다. 경제도 정치도 다 잘 돌아갔다. 그런데 야웨 하나님만 믿으라고 강요하는 히스기야와 요시야 때부터 나라가 망했다.'

히스기야와 요시야 때부터 나라가 망했다고 하는 것은 인기 있는 대중적 진단이었다. '우리가 하늘 여신을 섬겼을 때에는 나라가 잘됐다. GDP가 올라가고 소비생활도 풍요로웠다. 그런데 사막에서 들어온 그 하나님, 공평과 정의를 찾는 그 하나님의 엄숙주의, 엄중한 신앙을 따라가다가 나라가 망했다.'라는 주장을 편 사람들은 복고적 퇴행주의자들이었다. 특히 44:17의 논리는 쉽게 풀면 이렇다. '우리는 우리의 입으로 맹세한 대로 할 것이오. 우리와 우리 조상과 우리 왕들과 우리 고관들이 유다 성읍들과 예루살렘 거리에서 하던 대로 우리도 하늘 여신에게 제물을 바치고, 그에게 술 제물도 바치겠소. 하늘 여신을 섬길 때에는 우리에게 먹을 양식이 풍족하였고, 우리가 잘 살았으며, 재앙을 만나지도 않았는데...' 에스겔서에 보면 에스겔이 그발강가에서 본 환상에서도 예루살렘 성전이 우상숭배자들에게 점령당한 장면이 그려진다. 칠십 장로가 향불을 피우며 우상을 숭배하는 장면이다. 그런데 거기에는 에스겔의 친구, 선배들도 있었다. 바벨론 포로수용소에서 국가멸망 원인을 자세히 성찰하던 에스겔은 바벨론 포로로 끌려오지 않고 그 땅(예루살렘)에 남아 부서진 성전 폐허 더미에서 여전히 예배드리는 그의 동료와 선배들이 우상숭배적인 방식으로 예배드리는 것을 보고 분노하고 경악했다. 그 우상숭배자들은 야웨 하나님 외에 다른 신들에게도 제사를 바쳤고 다른 신들에게도 잘 보여야만 나라가 잘된다고 믿었다. 그들은 다신숭배가 훨씬 안전보장적인 유익에 봉사한다고 믿었다. 예나 지금이나 한 분 하나님만 믿으라고 하는 요구는 다원적 인간의 종교 욕구에 맞지 않았다.

두 번째 응답: 세계패권세력이었던 바벨론 제국 종교 추종세력

유다 멸망기에 살아남은 일부 남은 자들은 야웨보다는 바벨론 신들에게 충성을 이전시키는 길이 살길이라고 믿었던 것처럼 보인다. 디글랏빌레셀과 그 후계자들 시기에 보여준 앗수르의 성공으로 인해, 아하스는 앗수르의 종주권뿐만 아니라, 앗수르 신들의 지위 역시 인정해야만 했다(왕하 16:5–10). 앗수르에 전적으로 영합하여, 산당의 혼합주의적 종교제의를 회복했던 므낫세 시기 또한 마찬가지였다. 패권국가의 종교에 대한 아하스왕의 수용과 순응은 바벨론 제국이 유다를 침략하고 정복했던 바로 그 시기에도 역시 일어났던 것으로 보인다. 특히 바벨론으로 끌려간 포로들 중 더러는 바벨론 신들이 탁월한 힘을 지녔다고 믿었던 것처럼 보인다. 이사야 44-46장에서 예언자는 이방종교에 맞선 저항과 야웨의 유일성과 절대성이라는 논쟁적인 주장을 개진한다. 이것은 유대인 포로들 중 일부가 바벨론의 신들을 수용한 상황을 정조준한 예언자적 논쟁이었다. "우상을 만드는 자는 다 허망하도다. 그들이 원하는 것들은 무익한 것이거늘 … 자기의 우상을 만들고 그 앞에 엎드려 경배하며 그것에게 기도하여 이르기를 너는 나의 신이니 나를 구원하라 하는도다"(사 44:9-17). 이사야 44:9절 이하의 이 논쟁은 숭배 대상인 신들의 속성을 나타내는 것이 아니라, 형상숭배의 어리석음을 질책하고 조롱하는 데 초점을 맞추고 있다. 마찬가지로 제2이사야에서 나무와 돌에 지나지 않는다고 조롱당한 바벨론 신들은 에스겔 20:32에서 찾아볼 수 있다. "…우리가 이방인 곧 여러 나라 족속 같이 되어서 목석을 경배하리라…"(겔 20:32) 이 점에서 확실히 바벨론 세력 대세 추종자들은 야웨 하나님 안에서 미래의 희망을 찾지 못하고 열방의 길로 동화되는 것에서 미래를 찾으려고 했다.

세 번째 응답: 하나님의 심판의 정당성을 옹호하고 하나님의 무궁무진한 사랑과 인애를 기대한 정경적 예언자들, 수용과 회개

아마도 이 첫 번째, 두 번째 반응이 더 많은 사람들의 지지를 받았을 가능성이 크다. 그러나 성경의 정통신앙으로 살아남아 정경화의 영예를 얻은 응답은 하나님의 심판을 정당화하고 하나님의 무궁한 인애에 기대를 거는 신실한 자들의 신앙적 고투였다. 한 신이 자신을 섬기는 백성의 죄 때문에 심판을 하고 자신의 백성에게 재앙을 가져온다는 사상은 매우 오래된 사상이었다. 열왕기하 3장에서 모압왕 메사는 모압의 신 그모스의 진노 때문에 이스라엘의 종이 되었고 그모스의 자비로 이스라엘의 종노릇에서 해방되고 잃었던 땅도 되찾았다고 말한다(모압왕 메사의 비문). 비록 소수였을지 모르나 유다 멸망과 바벨론 포로들 중 일부는 신명기 역사서의 관점에 따라 예언자의 심판 선고를 수용하고, 바벨론 유수라는 전무후무한 재앙은 하나님의 정당한 심판이며, 남아있는 유일한 살길은 하나님의 재선택의 은총과 이스라엘의 회개라고 믿었다. 예레미야와 에스겔은 이런 입장을 가장 힘 있게 대변한다. 그들은 국가멸망이라는 재앙을 넘어서서 하나님의 새로운 행위(새 언약)에 근거한 희망을 붙들었다. 그들은 자신들의 의가 아니라 야웨의 자기반전적 거룩한 사랑, 무궁한 인애와 의로움 속에서 궁극적인 희망의 근거를 찾고 있었다.

이런 응답은 여러 가지 응답 중 가장 인기가 없고 생존 가능성이 없었을 것이다. '우리나라가 멸망한 이유는 모세에게 주신 하나님의 율법을 어김으로써 오랫동안 누적된 우리 조상들의 죄가 폭발했기 때문이다. 우리가 이스라엘 자유농민들의 땅을 빼앗고, 그들을 압제하고, 그들을 흩어지게 만들고, 그들이 언약공동체의 충성심을 갖지 못하게 만든 것, 이것이 우리의 죄다. 이 죄 때문에 하나님이 우리를 멸망하게 했다.' 이렇게 말하는 것은 자기추궁적 해석이요, 하나님 원인론적 해석이었다. 이 해석은 소수파의 해석이었다. 이스라엘 역사 해석으로 살아남을 가능성이 없는 해석이었지만 이렇게 해석한 사람들의 목소리만 성경에 정경의 음성으로 살아남았다.

네 번째 응답: 애가형 저항으로 응답한 사람들

위의 자기추궁적 해석과 유사하면서 조금 다른 컬러(color)의 응답이 있었다. 예레미야 애가라는 책이 대변하는 애가형 저항과 불평, 탄원응답이다. '하나님이 우리 죄 때문에 심판한 것까지는 좋습니다. 그런데 이렇게 잔악무도한 바벨론 군대에게 우리나라가 국권을 잃고 성전이 산산조각 나고 우리 왕들은 쫓겨가고 우리 왕조가 절단 날 만큼 우리가 잘못했단 말입니까? 우리가 그렇게 잘못했습니까? 우리보다 잘못한 나라가 얼마나 많습니까? 우리가 하나님께 받은 징벌은 우리의 죄보다 더 큰 게 아닙니까?' 이처럼 예레미야 애가는 하나님의 과잉 심판에 대해 항변했던 사람들의 목소리를 대변했다. 애가 시편, 예레미야 애가, 하박국서 등에 이런 애가형 저항/불평언어와 탄식이 나온다. 이런 내용은 무엇을 의미할까? 애가를 토로한 사람들은 적어도, '하나님의 심판의 정당성 인정하겠습니다. 그렇지만 우리가 이렇게 대파국적 재난을 당한 것, 우리가 이렇게 바벨론 포로생활을 하고, 국가의 기간요원들이 모두 다 망실되고 이산과 유랑의 역사로 휩쓸려 간 이것은 하나님의 과잉 징벌입니다. 즉시 멈추어 주십시오. 우리 죄보다 하나님의 심판이 더 중합니다. 그러니 즉시 우리를 회복시키고 용서해 주십시오.'라는 대듦의 언어가 제의적 효용력이 있다고 믿었다는 것이다. 예레미야 애가, 그 외에 애가형 시편, 예를 들어 시편 38편, 89편 등이 이런 목소리를 대변한다.

다섯 번째 응답: 바벨론 유배는 현실정치적 실책의 우발적 결과일 뿐이라고 생각하는 세속주의자들

그런데 바벨론 포로기에 대한 응답 중에 또 다른 응답이 있었다. '이건 종교적인 문제가 아니야. 정치적인 실책의 문제야. 우리가 처음부터 일관되게 이집트와 굳센 군사동맹을 맺고 군사적으로 준비를 잘했다면 바벨론 침략은 막을 수 있었어. 왜? 바벨론은 저 1,000km 떨어진 곳에서 오는 침략군이었기 때문에 100km밖에 떨어지지 않은 가까운 이집트 군대가 우리를 도와줬다면 우리는 분명히 바벨론 침략군에 용감무쌍하게 맞설 수 있었어. 국론이 분열되어 나라가 망한 것뿐이야. 친이집트와 친바벨론파, 전쟁하자는 파와 전쟁하지 말자는 파의 갈등 때문에 국력이 쇠퇴해서 나라가 망했어. 우리가 철두철미하게 친이집트 노선을 걷지 않았기 때문에 나라가 망한 거야.' 이집트로 망명한 사람들 중 일부, 아마도 BC 582년경 예레미야를 이집트로 끌고 가 죽여버린 사람들은 이렇게 해석했을 것이다. 그들은 군사적인 실책, 외교적 실책 때문에 나라가 망했다고 생각했을 것이다. 이런 자들은 아마 전통종교 복고주의자들과 쉽게 제휴할 수 있었을 것이다.

여섯 번째 응답: 신비주의적 해석으로 응답한 사람들

여섯 번째로, 또 하나의 응답과 해석이 있다. 신비주의적 응답과 해석으로, 욥기에 등장하는 해석이다. 유다 멸망기에 살아남은 신실한 남은 자들 중 더러는 이런 입장을 취한 것으로 보인다. 그들은 바벨론 포로생활의 참혹함, 환난, 고난 이것을 단순히 죄에 대한 심판으로 보기에는 너무 가혹하다고 믿었다. 그들은 애가적 시편으로 항변하다가 항변 끝에 '이스라엘 민족의 고난에는, 바벨론 포로생활의 참담한 환난 경험에는 우리가 모르는 하나님적 원인이 있는데, 그것은 창조질서 안에 있는 신비한 섭리이다. 창조질서 안에는 인과응보 법칙을 뛰어넘는 예외적이고 섭리적으로 관할되는 원인이 있다. 그래서 죄 없는 자도 심각하게 고난의 운명에 휩쓸려 갈 수 있다.'라는 깨달음에 도달한 것이다. 욥기(특히 23장)와 신명기 29장 28절, 29절이 이런 응답을 대변한다. '이처럼 이 세상에는 우리의 하나님이 숨기시기 때문에 알 수 없는 일도 많다. 그것은 주님의 섭리적 비밀에 속한 영역이다. 그러나 하나님은 그의 뜻이 담긴 율법을 밝히 나타내 주셨으니, 이 율법은 우리가 힘써 지켜야 할 우리의 몫이다. 우리와 우리의 자손은 길이길이 이 율법의 모든 말씀에 순종해야 한다.' 요약하자면, 유다 멸망과 바벨론 유배가 일어난 이유는 하나님께 속한 비밀이라는 것이다.

일곱 번째 응답: 야웨의 종으로 단련 받기 위한 고난, 대속적 대리적 고난

이 마지막 입장은 이사야 40-55장에 집중적으로 나오는 입장이다. 주로 야웨의 종의 노래라고 알려진 네 본문(42장; 49장; 50장; 53장)에 이런 의로운 고난사상, 명분 있는 고난사상이 암시된다. 이것은 야웨 하나님 한 분만을 믿고 하나님에게 충성을 다했기 때문에 초래된 고난으로서 바벨론 유배생활을 해석하는 입장이기도 하다. 이런 입장은 이사야 53장에서 가장 명시적으로 피력되는 응답이다. 바벨론 포로 2, 3세대들은 바벨론 1세대들과 달리 죄가 없는데 조상들을 잘못 만나서 엄청난 고난을 당했기 때문에 이런 생각을 할 수도 있었다. '바벨론 포로경험이 하나님 원인론적인 고난인 것은 맞는데, 우리 죄 때문에 받는 징벌로 이 모든 것이 다 일어났다고 말할 수는 없다. 우리의 바벨론 포로살이 안에는 하나님이 이스라엘 민족에게 맡기신 사명과 관련된 고난의 분량이 있다.'는 것이다. 그들은 바벨론 유수 시기를 정금같이 단련되는 시간으로 해석한다. 장기간 지속된 바벨론 유배는 죄에 대한 벌 이상의 의미가 담겨 있다는 것이다(사 53장 고난받는 종). 우리가 열국에 포로로 잡혀간 것은 한편으로는 우리의 죄 때문이기도 하고 또 다른 한편으로는 하나님께서 장차 우리에게 맡기실 사명을 수행하기 위한 교육적 연단의 일환이기도 했다는 믿음이었다.

이상에서 살펴본 것처럼 바벨론 포로살이와 유다 멸망이라는 전무후무한 대파국적 재앙에 대한 당대 사람들과 후대 사람들의 반응과 해석은 다양했다. 다시 요약하고자 한다. 유다 멸망과 바벨론 유배에 대한 응답은 일곱 가지이다. 첫째, 전통종교로 퇴행하는 다신교주의이다. '우리가 하나님 한 분만 섬기다가 다른 신들에 대한 충성심을 철수해서 이런 재난이 왔다. 즉, 다신숭배에서 유일신 숭배로 돌아왔다가, 신을 잘못 선택해서 이런 고난이 왔다'(참고. 렘 44장; 겔 8-11장). 그들은 하늘 여신을 숭배하면서 다시 국가적인 부흥과 회복을 달라고 기도했다. 둘째, 대세추종주의 응답이다. '바벨론 신 만세주의자들'이다. 다니엘서 1장과 3장에 나오는 대세추종주의자들이 그런 사례이다. 셋째, 정경적 예언자들의 입장이다. 하나님의 심판수용과 자기추궁적 응답이다. 이 정경적 응답이 성경에 살아남은 표준응답이다. 넷째, 애가형 저항응답이다. '아니다. 바벨론 포로생활은 하나님의 징벌인 것은 맞지만 이 징벌은 좀 과잉되어 있고 하나님께서 책임져야 하는 부분이 있다. 하나님 탓이기도 하다. 그래서 우리는 즉시 고난을 멈추게 해달라고 저항해야 한다. 하나님께 울부짖어야 한다.' 이렇게 응답한 사람들은 시편 애가, 예레미야 애가적으로 저항했다. 다섯째, 세속주의자들의 응답이다. '유다 왕국 멸망과 바벨론 유배, 이것은 종교의 문제도 아니고 신의 문제도 아니다. 그냥 국제정치의 곡예 중에 잘못된 선택을 했고, 동맹을 잘못 맺고, 외교를 잘못했기 때문에 일어난 일이다. 그리고 국력 비축을 덜 했기 때문이다.' 일종의 자연주의적 해석이다. 여섯째, 신비주의적 응답자들이다. '하나님께서 우리를 열국 한복판에 집어던지신 것은 우리 죄와 관련 없는 하나님 창조질서와 관련된 원인 때문이다. 우리는 지금 알 수 없지만 우리를 불꽃처럼 단련시켜서 우리를 더 거룩하게 쓰시기 위해 이런 고난을 주시는 하나님께 붙어있어야 한다.' 욥기와 유사한 응답이다. 마지막 일곱째 응답은 바벨론 유배를 초래한 대파국적 삼중재난(지배층 유배, 국가멸망, 성전 파괴)은, 하나님의 구속사적 목적을 성취하는 중간과정이라는 해석이다. 이 입장은 정경적 예언자들의 응답을 수용하되 그것을 뛰어넘는 미래지향적 해석이다. 성경책에 살아남은 자기추궁적 회개다짐형 응답에는 이스라엘의 미래 회복에 관한 상상력이 끼어들 여지가 없다. 이 일곱 번째의 구속사적 응답은 다니엘 9장, 에스라 9장, 그리고 느헤미야 9장과 이사야 40-55장의 야웨의 종의 노래에 담긴 응답이다. '바벨론 포로생활, BC 586년에 일어난 이 엄청난 대파국적 재난, 성전 초토화와 멸망, 왕조의 절단, 국가기간 요원의 유실과 이산, 가나안 땅의 완전 상실, 이 모든 대파국적 재난은 우리 당대의 죄 때문이 아니라 우리 조상들로부터 시작된, 오래전부터 켜켜이 쌓인 죄악들에 대한 하나님의 심판 때문에 일어난 일이다. 우리 조상들과 우리들의 죄악 임계치가 너무 커서 가나안 원주민을 쫓아냈던 것과 똑같은 원리로 우리를 추방하시는 하나님의 심판손길은 정당했다. 하나님께서는 가나안 땅을 더 이상 차지할 자격이 없기 때문에 우리를 쫓아내고 언약백성 자격을 박탈했다. 우리는 더 이상 언약백성이 아니다. 왜? 가나안 땅은 언약백성에게 주는 선물인데, 우리는 언약백성 지위에서 탈락했고, 분리됐고, 이제 떨어져 나왔기 때문이다. 더 이상 하나님은 우리를 언약백성으로 대우하지 않는다.' 이렇게 생각하면서 이 거룩한 남은 자들은 심판을 수용했다. 그러나 이 해석은 자기추궁적인 책임을 강조하는 데서 한 걸음 더 나아간다. 이 해석의 가장 위대한 점은 '이 심판은 확실히 우리의 언약백성 신분을 박탈하는 대재앙인 것이 맞다. 그러나 하나님의 무궁무진한 은총은 우리 죄 때문에 소진되지 않는다. 우리 죄가 아무리 크고 참혹하다 하더라도 하나님께서 우리에게 주신 원초적인 사랑, 애착을 끊어내지 못한다.'라고 해석하는 데 있다. 이것은 하나님의 무궁한 의로우심에 자신들의 운명을 위탁하는 결단이 담긴 해석이었다. 이런 해석을 하는 사람들이, 성경에서 표준적이고 정경적인 해석을 한 예레미야와 에스겔이었다. 예레미야와 에스겔은 바벨론 포로살이라는 대파국적 재난에 대해 가장 멋진, 정확한 응답을 한 사람들이었던 셈이다. 이들의 특징은 심판의 정당성을 수용하고 자신들의 죄가 조상 대대로부터 이어진 것임을 인정하며 가나안 땅 상실, 왕조의 절단, 성전 파괴 이 모든 심판마저도 정당하다는 것을 받아들일 뿐만 아니라 자신들이 언약백성으로서의 자격을 상실했음을 받아들인다는 데 있다. 무한책임적인 응답이었다. 그럼에도 불구하고 '이 참담한 재난이 하나님과 이스라엘 민족이 맺었던 언약 스토리의 마지막인가, 이게 끝인가'라는 질문에 대해서는 예레미야와 에스겔은 이렇게 응답했다. '그렇지 않다. 우리가 하나님의 언약백성 신분을 박탈당한 게 맞다. 그러나 이스라엘의 야웨 하나님은 심판 너머까지 무궁히 연장되는 인애가 있는 하나님이시다. 따라서 하나님의 사랑과 하나님의 계약적 투신, 계약적 사랑은 우리의 죄에 의해서 소진되지 않는다. 하나님의 언약적 선(先)투신, 선(先)사랑, 선행적(先行的)인 애정이 우리 죄보다 더 크기 때문이다. 그래서 우리는 새 언약의 시대로 진입한다. 시내산 언약, 모세가 주도한 언약, 출애굽할 때 맺은 언약은 시효가 끝났다. 이제 우리가 다시 하나님의 신분을 회복한다면 그것은 옛 언약의 논리가 아니라 새 언약의 논리로만 가능하다.' 새 언약을 선포하는 예언자 예레미야와 에스겔, 그들은 이미 신약시대를 내다보고 있었다. 이 새 언약의 논리가 너무 중요하다. 이것은 비단 이스라엘 민족에게만 일어난 일이 아니다. 하나님은 세계만민의 역사 속에서 같은 논리로 행동하신다.

세계 모든 나라들과 민족들은 전부 다, 가나안 땅을 상실한 것 같은 국가적 위기를 경험했다. 세계역사를 보자. 어떤 나라도 이런 세계사적 흥망성쇠 영고부침을 경험함에 있어서 예외가 없다. 땅을 상실하고 파국적인 재난에 직면하지 않은 나라가 어디 있는가? 지금까지 존립하는 모든 나라의 역사에는 전부 다 바벨론 포로기라는 대파국적 재난의 역사가 민족 역사의 기억 지층에 남아있다. 그때마다 이것을 주체적으로 해석하고 자기추궁적으로 해석한 사람만이 역사의 주도권을 쥐었다. 대파국적 역사를 자기 책임, 자기추궁적으로 해석한 사람이 누구인가? 다니엘서 9장, 에스라 9장, 느헤미야 9장 등에 등장하는 재난해석자들이요 응답자들이다. 그들은 일종의 자기추궁적 해석, 하나님의 심판을 수용하는 해석, 그리고 하나님의 심판 너머 은총의 찬란한 승리를 기약하는 해석에 모든 것을 걸었다. 결국 이런 해석만이 그들을 재난의 역사에서 살아남은 생존자가 되게 만들었다.

가나안 땅에서 살아남은 사람들, 바벨론에 끌려가지 않은 사람들, 그리고 저 이집트로 도망간 사람들, 그리고 바벨론 땅에 포로로 잡혀갔지만 자기 죄 때문에 이런 일이 일어났다고 믿지 않는 사람들, 그들은 더 이상 가나안 땅에 돌아올 어떤 이유도 없었다. 그러나 '하나님이 우리를 가나안 땅에서 쫓아내시고, 바벨론 땅으로 집어던지신 까닭은 우리 죄 때문'이라고 믿었던 사람들은 죄를 회개하고 죄책을 해소하기 전까지 하나님 앞에서 안식을 누리지 못했다. 그래서 대파국적 재난에 대한 응답 중에서 자기추궁적인 응답, 자책적인 응답, 회개를 통해 하나님과의 관계를 회복하고자 열망하는 주체적인 응답만이 성경에서 살아남는, 성경에서 옳다고 인정받는 응답이요 해석이었다. 이것은 무엇을 의미하는가? 우리 겨레의 역사적 재난을 해석하는 데도 이런 응답은 유익한 통찰을 줄 수 있다는 것이다.

우리나라가 일제 강점기 때 36년간 종살이를 했다. 일제 강점기를 해석할 때, 여러 가지 원인론적 접근을 시도할 수 있다. 가령 예를 들어, '일본이 우리에게 야만적으로 나와서 우리가 식민지가 됐다' 또는 '사색당파(동인, 서인, 남인, 북인) 때문에 일본의 식민지가 되기 이전에 우리나라는 이미 망했다' 등등 여러 가지로 해석할 수 있다. 그런데 이보다 더 주체적인 해석은 '우리 조선 지배층이 조선 인구의 90% 넘는 농민을 지켜주지 못했고 농민의 삶을 피폐하게 했고 자기 동포를 노예처럼 부려먹었기 때문에 일본이 우리를 노예화했다'라는 해석일 것이다. 이렇게 주체적으로 해석하는 게 매우 중요하다. 황현의 『매천야록(梅泉野錄)』에는 조선의 헌종부터 철종까지 너무나 많은 사람들이 자기를 노예로 파는 자매(自賣)문서가 많이 발견됐다는 증언이 나온다. '충청도에 사는 나 OO는 딸 칠분이와 함께 쌀 몇 섬에 몸을 노예로 팔겠습니다.' 가난과 기근을 벗어나기 위해서 자기 몸과 딸을 종으로 파는 이런 비참한 상황이 조선 말기의 상황이었다. 이런 상황에서 나라가 국민을 지키지 못하고 지도자들이 국가를 방탕과 해체의 일로로 걸어가게 만들었을 때 나라가 망했다. 에스라, 느헤미야, 다니엘 각각의 9장에 나오는 구국회개기도문들은 '우리가 이렇게 잘못했기 때문에 나라가 이렇게 되었다'라고 해석하는 사람들이 다음 시대의 새 역사 발전을 주도하는 주인공이 될 수 있다는 암시를 제공한다. 조국분단의 시기를 바라볼 때에도 마찬가지이다. '북한 때문이야, 미국 때문이야, 스탈린 때문이야, 일본 때문이야!' 이렇게 남 탓하는 것은 우리 역사의 새로운 미래를 담보하는 데 아무런 기여를 하지 못한다. '우리가 우리 민족의 역사를 절단 내고 동족상잔의 역사를 70년 이상 이어오는 것은 우리 죄악 때문이요, 우리 시대의 중심 죄악 때문이다. 특히 민족 엘리트들의 민중수탈 죄 때문이다. 우리 국민을 못살게 구는 죄가 창궐하는 한, 민족분단은 아직도 우리의 고통으로 남아 있을 수밖에 없다. 공부를 많이 해 엘리트가 된 사람들, 국가권력을 위임받은 사람들이 사회에서 가장 어려운 사람들, 권력으로부터 가장 멀어진 사람들을 섬기려고 애쓸 때, 우리는 원래 하나님께서 우리에게 선물로 주시려고 했던 삼천리 금수강산을 누릴 수 있다.' 이런 식으로 해석하는 것이 대파국적 재난에 대한 예레미야식, 에스겔식의 응답이 될 것이다. 이런 해석은 비록 종교적 언어로 되었지만 사회과학적 용어로 치환 가능하다. 노르웨이 오슬로 국립대학교의 교수 박노자는 함석헌의 통일사상을 사회과학적으로 재치환하여 번역한다. 함석헌의 통일사상은 순전히 종교적 용어, 철학적 용어, 약간 기독교적 용어로 언표되어 있는데 박노자는 그것을 사회과학적 용어로 치환하여 실천적 함의를 끌어낸다.[7] 예레미야와 에스겔 같은 사람들은 말한다. '우리 죄 때문에 이런 엄청난 파국적 재난이 왔고, 하나님의 심판은 정당했으며, 대파국적 재난을 돌파하는 유일한 길은 하나님의 은총에 기대는 길이다. 하나님의 은총에 기대는 행위는 회개하는 길밖에 없다.' 회개를 촉구하는 응답으로서의 역사 해석, 이것이 바벨론 포로기에 대한 해석 중에서 가장 멋진 해석이었고 성경에서 살아남은 응답이었다. 이런 바벨론 포로기에 대한 예레미야적 응답이 가장 잘 나타난 곳이 신명기 30장이다. 신명기 30장의 논리는 이렇다. '하나님께서 뜻을 돌이키시사 이스라엘 백성을 다시 선택하여 가나안 땅에 들어오게 했을 때, 이스라엘 또한 전심으로 돌이켜야 한다. 이스라엘이 다시는 하나님께서 주신 모세 언약, 율법을 어기지 않겠다고 다짐하며 이웃을 돌보고, 상호부조가 넘치고, 인애가 넘치고, 사자와 어린 양이 함께 풀을 먹는 그런 공동체를 형성해야 한다. 이것이 우리 이스라엘이 맺어야 할 회개의 열매다.' 이렇게 보면 바벨론 포로기 역사는 옛날 이스라엘의 이야기라기보다는 한 민족의 국가멸망과 회복의 변증법적 드라마를 재해석할 수 있는 실마리를 던지는 원리라고 볼 수 있다. 이 바벨론 포로기의 모든 응답들은 모든 나라의 역사를 해석할 때 다 등장했던 패러다임이고 결국에는 가장 올바른 패러다임이 무엇인지를 암시한다.

이상에서 우리는 바벨론 포로기의 신앙적, 신학적 의의를 살펴보았다. 바벨론 포로기라는 대파국적 재난에 대한 다양한 응답을 보면서 우리가 취할 진짜 옳은 응답이 무엇인가를 살펴보았다.

9강 서론

바벨론 유배시대가 구약성서에 끼친 영향에 대한 다각적 분석

이번 시간에는 BC 586년에 있었던 바벨론 유배 사건과 그것이 그 이후의 역사에 끼친 영향을 살펴볼 것입니다. 유다 왕국 지배층의 바벨론 유배, 성전 파괴, 왕조 멸망 등 대파국적 재난 자체와, 그것이 동시대 사람들과 그 이후의 이스라엘 사람들에게 어떤 충격적 각성을 일으켰는가를 자세히 공부합니다. 고대 이스라엘 사람들이 600년 동안의 가나안 정착역사를 뒤로 하고 가나안 땅을 잃고 이산과 유랑의 운명을 짊어져야 되는 이 충격을 어떻게 극복했는가? 간단히 대답하면, "고대 이스라엘 사람들은 신명기 역사서를 통하여 이 대파국적 재난의 위기를 극복했다"라고 말할 수 있습니다. 신명기 역사서는 뭡니까? 여호수아, 사사기, 사무엘상하, 열왕기상하입니다. 이것은 가나안 정착시대를 끝내고 바벨론 포로기 시점에서 되돌아본 지나간 역사서입니다. 무엇보다도 신명기 역사서는 가나안 땅 상실이 하나님의 정당한 심판의 결과임을 수용한 사람들이 쓴 책입니다. '우리가 가나안 땅을 상실한 이유는 우리나라의 헌법적 대요강이라고 할 수 있는 하나님의 언약율법을 지키지 않았기 때문이고, 그 결과 이웃에 대한 사랑과 공의를 실천하지 않았기 때문이다. 우리는 하나님 대신에 우상을 숭배했기 때문에 나라를 잃고 가나안 땅에서 추방되었다.' 이처럼 바벨론 포로세대가 가나안 고토로 되돌아와서 자기추궁적이고 자기책려적(自己責勵的)으로 지나간 역사를 해석한 결과 산출된 책이 신명기 역사서입니다. 이 신명기 역사서 탄생에 이바지한 사람들이 바로 예레미야 같은 포로기 선지자들입니다. 포로기 선지자들은 대파국적 재난이 하나님의 정당한 심판임을 역설하는 데 시간을 많이 쏟았습니다. 지배층 집단의 바벨론 유수(幽囚)라는 충격적인 사태에 대한 그 응답이 신명기 역사서라는 책으로 등장했습니다.

그렇다면 신명기 역사서만 BC 586년의 대파국적 사태에 대한 유일한 반응이었을까요? 아닙니다. 바벨론 포로생활이라고 하는 이런 충격적인 대파국적 역사에 대한 응답은 여러 가지로 나타났습니다. 예를 들면, '우리가 야웨 하나님 한 분만 섬기다가 망했다. 우리가 하나님 한 분만 섬기기 이전에 섬기던 여러 다신들도 다시 섬겨보자.'라는 반응도 있었습니다. 이처럼 다신교 체제로 퇴행하는 방안도 그 당시에 일부 사람들이 보여줬던 응답입니다(렘 44장). 또 다른 응답은 뭡니까? '아니다. 우리 민족을 초토화시키고 유린하고 정복한 저 강대한 바벨론 제국의 신이 우리 하나님 야웨보다 더 강하고 낫다. 이제 야웨 하나님보다 더 힘이 센 신, 마르둑 신, 바벨론 제국의 신을 믿어 보자.' 마르둑신 숭배주의자의 길입니다(사 46장). 이 두 가지 응답이 정통예언자들의 자기추궁적인 해석보다 훨씬 더 많은 수의 지지자를 거느렸을 가능성이 있습니다. '가나안 땅 상실, 왕조 절단, 성전의 파괴, 이 모든 것은 우리 조상들이 지은 죄에 대한 하나님의 심판이다'라고 믿는 입장은 지금은 비록 구약성경에 '정통노선'인 것처럼 남아있지만, 당시 기준으로는 소수파 견해였을 가능성이 많습니다. 당시 기준으로 볼 때는 '한 분 하나님이 우리를 지켜주지 못했다. 따라서 우리는 옛날에 섬겼던 신들에게로 다시 돌아가자.'라는 주장이 더 설득력 있게 수용되었을 가능성이 큽니다. 아니면 '이제는 야웨의 시대가 끝났다. 이제는 바벨론의 신 마르둑 시대가 왔다. 이 대세에 편승하는 것이 살길이다.'라는 현실수용파가 그야말로 대세였을 수도 있습니다.

이 두 가지 응답(복고적 다신교 회복파, 마르둑 신 대세편승파) 외에 정통예언자들의 응답입니다. '가나안 땅 상실, 왕조 절단, 성전의 파괴, 이 모든 것은 우리 조상들이 지은 죄에 대한 하나님의 심판이다'라고 믿는 입장입니다. 모든 예언서에는 이 유형의 응답이 압도적으로 두드러집니다.

이 세 가지 응답 외에 '하나님 너무하십니다. 이 참혹한 삼중재난(지배층 유배,

왕조멸망, 성전 파괴)은 우리의 죄악에 대한 심판 치고는 너무 과도합니다.'라고 불평하는 일종의 애가형 저항응답도 있었습니다.

또 이외에도 순수 세속정치적 응답도 있었습니다. '이 삼중재난은 정치적 사건일 뿐이지, 하나님과는 아무 상관이 없어! 그냥 대자연의 법칙이야. 큰 나라가 작은 나라를 멸망시키는 것, 역사에서 흔히 있는 일이야.' 이런 비종교적 해석을 했던 사람들도 또 하나의 응답을 구성했을 것입니다. 이것이 다섯 번째 응답입니다.

여섯 번째로, 신비주의적 불가지론도 하나의 응답이었을 것입니다. '아니야. 우리가 멸망한 것은 우리 죄 때문도 아니고, 단지 대자연의 법칙도 아니야. 우리가 겪은 이 대파국적 재난에는 우리가 모르는 하나님 섭리가 있어.' 그 대파국적 삼중재난에 대한 신비주의적 해석입니다. 욥기의 일부(엘리후의 일부 강설)가 이런 입장을 드러내는 것처럼 보입니다.

마지막이자 일곱 번째로 구속사적 해석이라는 응답이 있었습니다. '이 대파국적 재난은 죄악된 옛 이스라엘의 창조적 해체이며, 세계열방을 하나님께로 이끌 제사장 나라, 거룩한 백성으로서의 이스라엘을 해산하기 위한 하나님의 새 창조의 일환이었다'고 보는 입장입니다. 바벨론 포로들의 고난에는 이스라엘의 죄악에 대한 하나님의 심판이 가한 고통도 들어있지만, 이스라엘이 유일하신 참 하나님, 역사의 주관자인 야웨 하나님의 증인으로 연단 받기 위해 대리적, 대속적 고난도 포함되어 있다는 입장입니다(이사야 40–66장의 야웨의 종의 노래, 욥기의 일부 강설).

9강-1

신명기 역사서

안녕하십니까? 숭실대학교 인문대 기독교학과 김회권 교수입니다. 오늘은 가나안 정착에서부터 가나안 땅 상실까지의 이스라엘 역사를 잠시 개관하고자 합니다. 왜 이런 이스라엘 역사의 개관이 필요할까요? 그것은 바벨론 포로생활의 신학적 의미가 무엇인가를 규명하기 위해서입니다. 이스라엘의 가나안 정착역사의 끝에 일어난 BC 586년의 대파국적 사태가 무슨 의미를 갖는가를 파악하기 위해서, 이스라엘이 가나안 땅에 들어와 살기 시작한 시점부터의 역사를 복기(復棋)하듯이 개관할 필요가 있습니다. 바둑기사가 이긴 바둑게임이나 패배한 바둑게임을 분석할 때, 어느 지점에서 결정적으로 패착을 두었는지, 혹은 어떤 지점에서 승기를 잡았는지를 정확하게 알기 위해 처음부터 해당 바둑게임을 재현하는데, 이것을 복기(復棋)라고 합니다.

이스라엘 역사는 멀게는 BC 18세기 또는 16세기 이스라엘 조상 아브라함으로부터 시작됩니다. 물론 한 나라 또는 한 민족의 역사가 단일 조상으로부터 시작된다는 것은 역사적 사실이라기보다는 신화에 가깝습니다. 어떻게 세계만민의 다민족적 구성체인 한 민족 또는 한 국가가 한 사람으로부터 시작되겠습니까? 그럼에도 불구하고 이스라엘 민족이 자기 민족의 조상을 방랑하던 외톨이였다고 고백하는 것은 의미심장합니다. 여기에는 역사적 사실규명의 의지보다 더 중요한 가치와 세계관 및 인생관이 표현되어 있기 때문입니다. 구약성경을 만든 고대 이스라엘이 자신의 조상이 인류 최고(最古)의 문명이었던 수메르 문명과 고(古)바벨로니아 문명의 잔해에서 떨어져 나간 문명 바깥의 사람, 혹은 문명체제 바깥의 사람이었다고 생각했다는 것은 구약성서의 세계를 이해하는 데 아주 요긴한 시각을 제공합니다. 고대 이스라엘이 자기 민족의 조상을 새로운 보금자리를 찾아 스스로 외톨이가 된 이주 난민이라고 생각한 것은 이스라엘의 역사전개에 있어서 매우 중요한 의미를 갖습니다.

요람 하조니는 『구약성서로 철학하기』에서 이스라엘 민족의 본질을 체제와 맞선 개인 또는 외톨이들의 투쟁 또는 저항에서 찾았습니다. 이스라엘 역사는 고(古)바벨로니아 및 수메르 문명의 모태로부터 떨어져 나간, 그야말로 장차 나갈 길을 알지 못하고 새로운 땅을 찾아 나선 개인들의 결단에서 시작되었다는 것입니다. 이미 시효가 다한 문명의 잔해를 걷어차고 새로운 문명을 건설하려는 모험적이고 창의적인 탈출이 이스라엘을 탄생시켰다는 것입니다. 하조니에 따르면, 이것이 창세기의 핵심 메시지입니다.

또한 이스라엘 민족은 파라오 체제라고 하는 비인간적이고 압제적인 문명질서로부터 창조적인 분리를 감행하고 탄생된 민족이라는 거죠. 그러니까 이스라엘 민족은 인간이 영구적으로 거주할 수 없는 가건물 같은 또는 날림공사로 지어진 문명에 속한 출구 없는 공동체로부터 이탈모험을 감행한 사람들의 동아리라는 것입니다. 억압적 문명체제 탈출기상, 이것이 이스라엘의 본질이라는 거죠. 이스라엘은 인간사회를 불의하게 나누는 위계적 질서, 혹은 양극화되고 고착화된 질서 따위를 아예 믿지 않았다는 거죠. 고대 이스라엘이 오로지 믿었던 것은 천지의 창조주 하나님과 자신들이 언약을 맺었다는 주장입니다. 고대 이스라엘 민족은 자신들이 하나님과 언약을 맺었기 때문에 하나님에 대한 언약적 충성이 이스라엘의 본질과 정체성을 규정한다고 믿었습니다. '창조주 하나님과 언약 맺었다'는 주장은 정치사회학적으로 굉장히 의미가 깊습니다. '우리 이스라엘은 하나님과 쌍방속박적인 언약을 맺었다'라는 이 주장은 '우리는 어떤 인간 군주나 압제적인 지배자에 종속될 수 없는 자유민이다'라는 뜻이었습니다. 그리고 이스라엘은 무릇 모든 인간은 하나님의 형상을 따라 창조된 신의 모상(模像)이기에, 하나님이 아닌 어떤 지배자나 군주도 인간 위에 신처럼 군림할 수 없다는 절대적 저항명제를 주창했습니다.

하나님과 언약 맺었다는 말의 또 다른 의미는 '우리는 하나님이 언약선물로 주신 땅을 경작하는 자유민이 되었다'는 뜻입니다. 전제군주나 압제자가 우리를 좌우하지 말라고 말하는 이유는 하나님이 주신 땅 선물 때문입니다. 땅의 박탈은 하나님과의 언약의무 박탈이며 하나님에 대한 신앙박탈이었습니다. 따라서 '우리는 하나님의 언약백성이 되었다'라는 이스라엘의 고백은 '우리는 하나님의 땅을 경작해서 하나님께 열매를 바치는 언약백성이 되었다. 우리는 땅을 경작하는 사람이지만, 땅보다 더 중요한 우리의 존재 기반은 하나님이다. 땅을 창조하신 하나님이 땅보다 더 견고한 존재 기반이다.'라는 고백입니다. 17세기 유럽의 사회계약설보다 훨씬 더 급진적인 사상이 이스라엘의 신－인 계약신앙입니다. 그래서 '나는 아브라함의 하나님, 이삭의 하나님, 야곱의 하나님이다'라는 하나님의 자기소개는 '나는 외톨이들의 하나님, 체제 바깥으로 탈출하여 새로운 공동체를 창조하려고 분투하는 개인들의 하나님이다'라는 의미입니다. 이스라엘 백성의 조상들은 경작지를 그리워하며 매우 부러워하는 유목민 또는 반(半)유목민적인 삶을 살았죠. 이스라엘 조상 아브라함, 이삭, 야곱은 반농(半農)적이고 반(半)유목민적 삶을 살았습니다. 유목민의 삶에서 가장 중요한 것은 경작지입니다. 경작지에 대한 불타는 갈망이 유목민들의 로망입니다. 그래서 아브라함과 이삭과 야곱에게 하나님은 항상 약간 유혹적인 선물로 접근하십니다. '땅을 선물로 주겠다. 경작지를 주겠다.' 이런 선물로 하나님은 이스라엘 조상들을 유혹합니다. 경작지, 농지, 땅은 이스라엘 민족의 역사를 관통하는 하나의 줄기주제입니다. 가나안 정착의 역사부터 시작해서 가나안 땅 상실의 역사까지 땅은 이스라엘 민족이 하나님을 믿게 만들고, 하나님 호의를 향유하게 만드는 언약의 질권(質權[민법 제 329조－제344조])이자 언약관계를 확증하는 보증물이었습니다. 하나님은 이스라엘에게 땅을 제공할 의무가 있다는 점에서 채무자입니다(창 17:7－10). 또 다른 한편 이스라엘도 땅에서 하나님의 언약율법을 실천하고 준수하여 하나님 나라에 근접하는 나라를 세울 의무를 지고 있습니다. 하나님의 땅 제공의무와 땅에 하나님 나라의 근사치를 구현하여야 할 이스라엘의 의무를 맞교환하는 것입니다. 하나님과 우리 사이에 언약관계가 존재한다는 말은 뭐죠? 첫째, 우리가 하나님의 선물인 땅에 정착하고 있다는 사실입니다. 둘째, 우리가 하나님의 율법을 구현하는 나라를 이 땅에 세우는 의무를 다해야 한다는 뜻입니다.

그런데 가나안 정착 이후에 이스라엘은 이렇게 중요한 땅에 대해서 양가적인 견해를 가졌습니다. 확실히 땅은 하나님의 선물로 주어졌지만, 이 땅을 오랫동안 영구적으로 차지하다 보면 그 땅의 선물성, 땅의 신적 기원을 망각하고 땅 자체를 오랫동안 차지한 자신이 마치 땅의 소유자인 것처럼 착각하기 시작했다는 겁니다. 땅을 자신의 사유재산인 것처럼 여기는 거짓된 신뢰가 생겼다는 겁니다. 취득시효(取得時效) 원리가 작동한 것이죠. 남의 땅을 오랫동안 차지하고 나서 일정 기간이 지나면 자기 땅이 되는 그런 이상한 자연법적 원리와 같은 원리가 작동한 겁니다. 가나안 땅은 하나님이 준 선물입니다. 하나님이 언약적인 조건하에서 이스라엘이 향유하도록 준 선물입니다. 하나님의 언약적 조건은 뭡니까? 십계명과 부대조항을 지킴으로써, 공평과 정의를 이루고 이웃에 대해서 해방자가 되면서 사는 조건입니다. 즉, 이웃을 압제하지 않고 서로 배려하면서, 상호부조를 하면서, 공화국적인 공평과 정의를 이루며 사는 것, 이것이 하나님이 제시한 언약적 조건입니다. 하나님의 언약적 조건에 충실하면 가나안 땅을 영구적으로 향유하는 길이 열렸죠.

그런데 하나님의 선물인 가나안 땅이 오히려 이스라엘의 언약의무를 망각게 하는 유혹으로 작동했습니다. 이스라엘 백성에게 이상적인 공동체 생활을 구현하도록 선사된 이 땅이 유혹이 되고, 시험거리가 되고, 하나님을 배반하게 만드는 역설적인 기능을 했다는 겁니다. 땅의 양면성에 대한 예리한 의식은 이스라엘 민족이 가나안 땅을 차지할 때부터 가졌던 진정한 자기 이해의 일부였습니다. 이처럼 이스라엘 민족은 가나안 땅에서 번영을 누리는 날에 역설적으로 하나님을 망각하는 언약배반과 이탈 재앙이 발생할 수 있다는 두려움을 가진 채 가나안 정착을 시작했습니다. 그런데 600년 만에 이스라엘은 언약배반을 누적시켜서 급기야 언약선물인 땅을 빼앗겼습니다. BC 586년의 대파국적 삼중재난은 갑자기 발생한 재난이 아니었습니다. 지난 600년의 가나안 정착기간 내내 누적된 언약불충성과 언약배반의 죄악에 대한 하나님의 일괄정산식 심판이었습니다.

가나안 정착에서부터 가나안 땅 상실까지의 역사, 가나안 땅에서 이루어진 600년의 역사를 개관해야만, 예레미야와 에스겔의 신탁의 의미를 조금이라도 더 잘 이해할 수 있습니다. 이스라엘 조상들은 BC 18세기 또는 16세기부터 메소포타미아에서 이주해 온 사람들로서 가나안 땅에 정착하려고 했습니다. 그 당시 가나안 땅은 단일한 정치체제가 들어서지 않았던 땅입니다. 빈 땅이 많았습니다. 이집트라든지 티그리스강과 유프라테스강 사이에 들어선 메소포타미아 문명에는 많은 도시국가들 또는 단일 제국이 건설되어서, 새로운 이주민이 뿌리를 내리기 힘든 땅이었습니다. 반면에 가나안 땅은 사실상 그동안 한 번도 단일국가의 통치를 받은 적이 없었습니다. 그래서 하나님께서 빈 땅이 많았던 가나안 땅의 일부를 아브라함과 그 후손에게 선물로 준다고 하더라도, 이것은 다른 누구의 생존권도 위협하지 않는 자유로운 무상공여 행위였습니다. 아브라함과 이삭과 야곱은 하나님의 인도하심으로 가나안 땅에 들어와 처음부터 가나안 땅을 배타적으로 소유하지 않았습니다. 오히려 가나안 땅에 우거하고, 가나안 땅의 원주민들과 협조하며 살아갔습니다. 그러나 장기간의 기근으로 야곱의 자손들은 이집트로 피난을 갔습니다.

아브라함부터 4대 후손인 요셉의 중재로 이집트 땅에 정착한 야곱 가문은 노예로 압제를 받았으면서도 모세 시대에는 엄청난 인구로 불어났습니다. 요셉이 죽고 새로 들어선 이집트 새 왕조는 자유이주민이었던 이스라엘 백성을 노예로 강등시켜 강제노역에 동원했습니다. 히브리 노예들은 하나님께 부르짖었습니다. 그러자 하나님은 모세를 통해 히브리 노예들을 출애굽시켜 가나안 정착의 길을 열어주었습니다. 사람들마다 출애굽 연대를 약간 다르게 산정합니다. BC 16세기 또는 BC 15세기, 혹은 BC 13세기 출애굽 연대설 각각 장단점이 있습니다만 우리는 출애굽을 BC 1250년경에 일어났다고 생각합니다. BC 1220년 또는 BC 1207년에 세워졌다고 믿어지는 이집트 황제 메르넵타 석비의 증언 때문입니다. 이 메르넵타 석비 안에 최초로 '이스라엘'이라는 이름이 나옵니다. 상형문자로 된 그 석비에는 이 시기에 '가나안 땅에 이스라엘이라고 하는 공동체가 이미 존재했다는 사실'을 언급하고 있습니다. 적어도 BC 1207년 이전에, 혹은 BC 1220년 이전에는 이스라엘 백성이 가나안 땅에서 살며 존재했다는 것을 증명하는 유일한 성경 외적 증거가 바로 이 메르넵타 석비(the Merneptah Stele)입니다. BC 1220년 또는 BC 1207년 이전에 이스라엘이 국가 또는 공동체로 존립했다는 사실이 입증된 이상, 출애굽은 분명히 그 이전에 일어났다고 봐야 합니다. 그래서 가장 늦은 연대로 출애굽 연대를 설정하면 BC 1250년입니다. BC 1250년 출애굽 연대를 주장하는 또 다른 이유는 토목공사에 대한 출애굽기 1장에 대한 언급 때문입니다. 파라오가 히브리 노예들을 강제동원해서 비돔성과 라암셋이라고 하는 국고성을 지었다는 기록은 이집트의 라암셋 2세 파라오의 토목공사 프로젝트를 가리킬 가능성을 높여줍니다. 라암셋과 비돔성 같은 국고성 등은 라암셋 2세라고 알려진, BC 13세기 이집트의 군주 재위 때 지어진 것으로 추정됩니다. 물론 아직까지 라암셋 2세의 토목공사 역사를 입증하는 결정적 증거는 없습니다. 그래서 좀 더 보수적인 사람들은 BC 1500년대, 1446년을 출애굽 연대로 잡습니다. 그러나 어떤 사람들은 BC 1607년 출애굽 연대를 주장하기도 합니다. 출애굽기 7－12장의 열 가지 재앙을 그리스의 산토리니섬 화산폭발로 일어난 10가지 재난으로 설명하려는 지질학자들도 있습니다. 출애굽 연대문제는 가설수준으로 다뤄지는 점을 감안하더라도 우리는 편의상 BC 1250년에 모세의 출애굽이 일어났다고 믿는 입장에서 강의하려고 합니다.

BC 1250년에 출애굽한 후 모세가 이스라엘을 40년 동안 이끌었습니다. 그 후 여호수아가 모세의 리더십을 이었고 그가 가나안 정착시대를 열었습니다. 그리고 여호수아가 죽고 나서 유명한 사사시대가 진행됩니다. "사사"는 누구입니까? 중앙집권적 왕이 등장하기 전에 각 지파별로, 부족별로 행정 및 군사적 지도력을 행사한 지역별 지도자입니다. 각 지파가 지파를 다스리던 '사사'들의 활동시기를 사사시대라고 말합니다. 당시의 이스라엘은 12부족의 연맹체로 존재했죠. 우리나라 5세기 후반에 멸망한 가야도 원래 6가야 부족동맹체였지요. 고대 사회의 국가는 중앙집권적 단일정부가 아니라 부족연합체인 경우가 많았죠. 처음부터 '우리는 한 국가다'라고 선포하면서 등장한 나라는 없었습니다. 현실적으로는 소수 유력 부족들의 수평적 계약으로 국가가 형성되었습니다. 이스라엘 민족의 국가형성도 거의 같은 궤적을 그립니다. BC 1200년부터 BC 1000년까지 약 200년의 사사시대가 끝나고 왕정이 시작됩니다. 왕정의 의미를 알려면 다시 사사시대의 사사란 어떤 유형의 지도자였는가를 상기해야 합니다.

사사의 뜻은 뭐죠? 제한된 권세를 가진 지파별 또는 부족연맹체별 지도자라는 뜻입니다. 사사 지도력의 특징은 뭐죠? 각 지파에게만 리더십을 발휘합니다. 이스라엘 12지파 모두에게 무슨 훈령을 내리거나 포고령을 내려서 어떤 행동을 강제하거나 호소할 수 있는 권한이 사사에게는 없었습니다. 그 유명한 사사 드보라도 '납달리 지파의 사사 드보라'라고 불렸습니다. '단 지파의 사사는 삼손', '므낫세 지파의 사사 기드온', '요단 동편 므낫세 반지파의 사사 입다'. 다 이렇게 말합니다. 이런 사사시대는 사사기 21장 25절 또는 17장 6절에 비추어 보면, 무정부적 혼란의 시대였습니다. '모든 사람이 자기 소견대로 행하던' 지리멸렬한 무질서 사회, 혹은 무정부 상태였습니다. 그런데 이 두 구절의 앞부분에, '그때는 왕이 없었으므로'라는 어구가 있습니다. 왕정시대를 호의적으로 보려고 하는 의도성이 드러난 기록이죠.

이처럼 사사기는 왕정시대 때 기록된 문서라고 할 수 있죠. 역사적 사건이 일어나고 나서 한참 후, 숙고와 성찰을 거친 후에 역사서가 나오기 때문에 사사시대에 대한 평가가 왕정시대에 나온 것은 당연하게 생각됩니다. 하지만 왕정시대의 이 사사기 평가는 역사적으로 객관적인 평가라고 보기에는 무리가 있습니다. 사사기 저자가 BC 1200년부터 1000년까지 즉 사사시대에 일어났던 모든 기록들을 전부 다 사사기에 기록한 것이 아니기 때문입니다. 사사기 저자는 사사시대의 매우 부정적인 양상들, 즉 사사시대가 갖는 모든 나쁜 측면만을 기록했죠. 그것은 사사기 17장 6절과 21장 25절이 함의하듯이, 왕정시대를 이상적인 시대로 보았기 때문이었습니다. 왕정시대에는 사사시대가 상대적으로 부정적인 시대로 보였을 수도 있습니다. '그때는 왕이 없었으므로 저마다 자기 눈에 옳은 대로 행동하던 시대였다'라는 평가에서 '왕'은 질서, 진리, 합법, 규범을 상징하고 대표하는 존재입니다.

또 다른 관점에서 보면 왕정시대에 비해 사사시대가 훨씬 좋았던 점도 있었을 것입니다. 그때에는 세금을 강제하는 전제왕권도 없었고요. 군대에 오라고 훈령 내리는 사람도 없었습니다. 이스라엘 백성은 모두 다 저마다 자기 포도원과 무화과나무를 가꾸면서 평화롭게 살았을 수도 있습니다. 압제적 권력 없이도 유지되는 공동체 생활이 사사시대의 민중생활의 진면목이었다면, 어찌 보면 크로포트킨(Kropotkin)이나 프루동(Proudhon) 같은 무정부주의자들이 꿈꾼 이상사회에 더 가까운 사회였을 수도 있습니다. 그렇지만 구약성경의 사사기는 부정적인 측면이 매우 돋을새김된 역사서죠.

그러나 가나안 땅에서 600년이나 살았던 이스라엘 역사를 신명기 역사서라고 불리는 이 여섯 권의 책으로 다 기록할 수 없습니다. 따라서 여호수아, 사사기, 사무엘상하, 열왕기상하는 흔히 말하는 역사서가 아니라, 압축적인 역사소재를 바탕 삼아 뭔가 설교하려고 하는 아젠다가 분명한 의도적인 설교문서에 가깝다고 봐야 합니다. 그렇다면 그 아젠다가 뭘까요? 세 가지 명제로 요약할 수 있습니다. '첫째, 야웨 하나님의 언약에 충성을 다하고, 야웨 하나님의 언약율법, 즉 십계명과 부대조항을 잘 지키면 가나안 땅을 영구적으로 차지할 수 있다.' 둘째, '그런데 십계명과 부대조항을 지키는 것을 거부함으로써, 하나님을 묵살하고 무시하며, 하나님을 배역하면 가나안 땅을 빼앗길 수 있다.' 셋째, '대파국적 재난으로 시작된 이 바벨론 유배시대가 하나님과 이스라엘의 언약관계의 영구소멸을 의미하지는 않는다. 하나님의 무궁한 인애가 이스라엘의 죄와 패역을 초극하기 때문에, 이스라엘에게는 가나안 땅으로 돌아갈 희망은 아직 남아 있다.' 신명기 역사서의 저작목적은 이 세 가지 논제를 설파하려는 의도였습니다. 바로 이 관점으로 이스라엘 가나안 정착사 600년의 역사를 압축적으로 요약한 설교적 역사문서가 바로 신명기 역사서입니다. 제가 앞선 강의에서 강조했듯이, 신명기 역사서는 구약성서 역사 내러티브(창세기부터 열왕기하까지의 스토리)일 뿐만 아니라 예언서 21권을 해석할 때도 매우 중요합니다. 대부분의 예언서의 논리도 신명기 역사서의 논리와 대동소이합니다. 특히 예레미야서를 이해할 때 신명기 역사서가 결정적으로 중요한 책입니다. 예레미야서에는 신명기 역사서의 원칙을 가진 해석이 자세히 나오기 때문입니다. 그래서 신명기 역사서와 예레미야서의 관계가 매우 많이 연구되고 있습니다. 신명기 역사서가 예레미야의 영향을 받았다는 주장이 정설에 가깝습니다.

이처럼 예레미야서는 BC 1000년부터 시작돼서 BC 586년에 끝난 이스라엘 왕국 역사를 신명기 역사의 관점에서 해석하고 있습니다. BC 1000년부터 시작된 왕정시대는 세 차례 변곡점을 맞습니다. 남북왕국이 분열되는 BC 921년, 북왕국이 멸망하는 BC 721년, 그리고 남왕국 유다(전체 이스라엘을 대표하는 유다)가 멸망하는 BC 586년이 세 변곡점입니다. 여러분, 잘 아시다시피 최초의 왕 사울, 두 번째 다윗, 그다음 솔로몬, 그다음 르호보암으로 이어지다가, 르호보암 재위 중 BC 921년에 여로보암이 10지파를 데리고 나가 북왕국을 세웁니다. 남유다에 2지파만 남겨둔 채 독립해 버립니다. 그 후 남왕국은 유다라 불리고 북왕국은 이스라엘로 불립니다.

그런데 남왕국과 북왕국 사이에 군사력과 영토의 차이는 극심했습니다. 북왕국은 영토, 군사력, 경제력 전부에서 남유다보다 4-5배 컸습니다. 남유다는 북이스라엘에 비하면 거의 국가로 존재하지 못했다고 볼 수 있습니다. 북왕국의 부마국가 또는 북왕국이나 다른 나라에 종속되면서 간신히 존재하던 나라입니다. 북왕국은 그에 비해서 큰 나라였습니다. 북왕국은 BC 853년에 앗수르 제국의 남서진을 막기 위해서 시리아 일대의 작은 왕국들이 반(反)앗수르 군사동맹을 맺었을 때, 그때 엄청난 철병거를 보냅니다. 앗수르 왕실의 공식문서에 따르면 보통 다른 나라는 200대의 철병거를 보냈다고 기록됩니다. 그런데 북왕국은 2,000대의 철병거를 보냈다고 말합니다. 북왕국이 중심지로 삼았던 이스라엘 북쪽지역은 곡창지대의 한복판에 있습니다. 갈릴리, 므깃도 등 좋은 곡창지대의 한복판에 있었던 지역입니다. 이스르엘 평야가 북왕국의 핵심 곡창지대였습니다. 그러니까 북왕국은 농민의 숫자도 많았고, 영토도 넓었고, 국력도 강했습니다. 남유다에 비해 엄청난 나라였습니다.

그런데 그 엄청난 나라가 먼저 BC 721년에 망했습니다. 왜 망했습니까? 국력이 약해서 서서히 망했습니까? 아닙니다. 국력의 최전성기, 신장기, 청년 때의 힘을 믿다가 하나님께 심판받아서 망했습니다. 그는 80세 정도 되어서 자연사로 죽은 게 아니라, 30세에 돌연사를 당했습니다. 하나님께 국가적으로 심판당해 죽었습니다. 그래서 북왕국의 멸망은 열왕기하 17장 6절 이하에서 해설되고 있습니다. '가나안 땅에 정착하자마자 처음부터 느밧의 아들 여로보암의 예를 따라 하나님 대신에 우상을 섬기다가 나라가 망했다.' 열왕기상 저자는 이렇게 하나님 원인론적 역사 해석을 합니다. 하나님 원인론적 역사 해석, 이것이 바로 신명기 역사서의 역사 해석 원칙입니다. 어떤 나라가 망할 때 멸망의 원인은 여러 가지가 있을 수 있죠.

그런데 신명기 역사서는 하나의 원인만 가지고 북이스라엘이나 남유다의 멸망을 해석하려고 합니다. 십계명과 부대조항을 어겼기 때문에 나라가 망했다고 보는 신명기 역사서의 하나님 원인론적 해석에는 사회과학적 설명과 호환할 여지가 많습니다. 하나님의 언약에 불충성해서 망했다는 말은 뭐죠? 하나님의 언약은 이스라엘에게 억강부약적(抑强扶弱的) 공평, 자애, 공정사회를 위한 헌법적 대요강입니다. 사회과학적으로 말하면 하나님의 언약을 누적적으로 위반해 망했다는 말은 하나님 언약이 지향하는 사회적 기풍인 공평과 정의를 오랫동안 파괴해서 망했다는 말과 거의 동의어입니다. 즉 약자에 대한 배려 또는 자유농민에 대한 배려가 없어서 나라가 망했다는 뜻입니다. 토목공학적 구조물로 말하면 한 국가의 가장 밑바닥 기층은 자유농민, 땅을 경작하는 자유농민입니다. 기층민중을 해체하는 사회는 스스로를 무너뜨리는 자기파멸로 치닫습니다. 북이스라엘과 남유다는 하나님의 언약백성이 자유농민을 땅으로부터 추방해 유민화(流民化)하고 노예화했다가 망했다는 것입니다. 신명기 역사서나 예레미야서가 제시하는 하나님 원인론적 국가멸망 해석을 사회과학적인 용어로 치환하면, '자유농민을 존중하지 못하고 자유농민의 땅을 빼앗아 애국심의 기초단위를 흐트러뜨려서 나라가 망했다'라는 명제로 정리됩니다. 이렇게 사회과학적으로 설명하는 것은 야웨 하나님에 대한 충성심이 모자라서, 야웨 하나님에 대한 언약을 어겨서 나라가 망했다는 주장과 같은 말입니다. 그러니까 우리가 성경을 해석할 때 사회과학적인 관점에서 읽을 의무가 있습니다. 그래야만 성경은 인문고전이 됩니다.

마침내 가나안 땅 상실은 BC 586년에 일어납니다. BC 586년에는 유다 왕국의 국가기간요원들 약 만 명이 세 차례에 걸쳐 바벨론으로 끌려갑니다. 국가를 운영할 엘리트 집단 만 명이 끌려가서 가나안 땅에는 국가를 존립시킬 수 있는 인적 기초가 없어져 버린 셈이었습니다. 그때부터 예루살렘과 유다의 땅은 바벨론의 지배하에 있는, 일종의 정복당한 땅이 돼버립니다. 이 엄청난 재난을 보고 신명기 역사서는 탄생했습니다.

신명기 역사서의 핵심이 뭡니까? 가나안 땅 정착부터 가나안 땅 상실의 역사까지 600년의 역사를 개관하면서 '우리가 왜 망했나? 왜 우리가 땅을 상실했나?'를 규명하다가, 스스로 답을 찾았습니다. 신명기 역사서는 모세를 통해 매개된 하나님의 십계명과 부대조항, 즉 하나님의 헌법적 요강과 같은 시내산 언약(또는 모세 언약의 율법)을 어겼기 때문에 '우리가 나라를 잃었다'라고 결론을 내렸습니다. 아주 과감한 하나님 원인론적 역사 해석입니다. 구체적으로 말하면, 신명기 역사서는 신명기 28장의 원리로 이스라엘의 가나안 정착역사를 평가합니다. 즉 가나안 정착의 역사부터 가나안 땅 상실의 역사까지를 개관하는 일종의 통사(通史)입니다. 신명기 역사가는 여호수아, 사사기, 사무엘상하, 열왕기상하, 이 여섯 권의 책을 통해 지나간 실패역사에 대한 심오한 성찰을 내놓았습니다. 19세기 독일 철학자 게오르크 빌헬름 헤겔이 쓴 『법철학』의 서문에 이런 말이 나오죠. '미네르바의 부엉이는 황혼녘에 날개를 펴고 날아오른다.' 미네르바라는 말은 뭐예요? 그리스-로마 신화의 지혜의 여신(아테나이)이 부리는 신조(神鳥)입니다. 지혜의 여신 미네르바(아테나이 여신의 로마식 이름)가 가진 새가 부엉이입니다. 그런데 지혜의 여신은 언제 지혜를 발휘합니까? 황혼녘, 즉 한 문명이 망하고 몰락했을 때, 한 문명이 땅거미 같은 쇠락기에 접어들 때, 그때 그 문명 쇠락의 원인을 자세히 논변하고 이 원인을 규명할 수 있는 철학적 지혜담론이 나온다는 거죠. 신명기 역사서는 가나안 땅을 상실하고 나서야 '우리가 가나안 땅을 누렸던 600년의 시기가 얼마나 놀라운 은혜였는가'를 슬프게 회고하는 자기추궁적 성찰의 책입니다. 이런 신명기 역사서의 관점에서 예레미야와 에스겔 등은 지나간 가나안 땅 정착의 역사를 하나님의 선물로 재인식하면서, 다시 한번 가나안 땅에 들어가 정착할 시대, 즉 새 언약시대에 대한 소망을 불태우는 거죠. 하나님의 무궁한 인애로 다시 재기의 기회를 갖는 하나님의 백성 이스라엘의 미래에 대한 다채로운 담론이 포로기 전후에 등장한 예언자들의 공통 주제입니다. 하나님이 주시는 새로운 출발에 대한 소망, 이것이 예레미야와 모든 바벨론 포로기 때 등장한 예언자들의 공통 관심사입니다. 좀 더 구체적으로 말하면, 바벨론 포로기 전후에 활동했던 모든 예언자들의 유일한 관심은 뭐죠? '우리는 다시 가나안 땅에 들어가 살 수 있을 것인가? 이스라엘은 다시 가나안 땅을 선물로 받을 수 있을 것인가? 이스라엘은 끝내 재활·복구되어 다시 하나님의 백성으로 불릴 수 있을 것인가?' 포로기 예언자들은 이 초미의 관심으로 이스라엘의 미래를 예언합니다. 그중에서도 예레미야와 에스겔이 이 질문들에 대해 가장 자주 긍정적으로 답변을 내놓았습니다. '이스라엘은 다시 가나안 땅으로 돌아갈 수 있을까? 이스라엘은 다시 가나안 땅을 선물로 받을 수 있을 것인가?' 이 중대한 질문에 긍정으로 응답한 예언자가 바로 예레미야와 에스겔입니다.

그래서 예레미야와 에스겔은 신명기 역사서가 못 박아 선포한 진리를 100% 수용하면서 그 너머까지 갑니다. 즉 새 언약시대까지 내다봅니다. 이 두 예언자의 논리를 요약하면 이렇습니다. '가나안 땅 상실은 정당한 하나님의 심판이었다. 가나안 땅의 상실은 모세의 입을 통해, 이미 일찍이 이스라엘 역사의 초기에 천명된 그 중대한 헌법적 질서의 파괴에 대한 하나님의 응답이다. 따라서 이제 하나님의 은총

외에는 이스라엘이 가나안 땅을 되찾을 길이 없다. 이제 기대할 것은 한 가지, 하나님의 새로운 은총뿐이다. 하나님이 이스라엘을 새롭게 선택해 주고 우리를 다시 용서해 주는 은총밖에 기댈 것이 없다.'

이것이 바로 예레미야와 에스겔의 새 언약시대 예언입니다. 비록 신명기 역사서는 새 언약이라는 말을 사용하지 않지만 가나안 정착부터 가나안 땅 상실까지 이스라엘의 역사를 지탱해 온 원동력이 하나님의 무궁한 인애라는 점을 분명히 했습니다. 결국 예레미야와 에스겔의 새 언약 사상은 뭐죠? 하나님의 새 용서로 열리는 미래의 언약이라는 뜻입니다. 예레미야와 에스겔의 "새 언약시대" 예언은 신명기 역사서의 후속편이라고 말할 수 있습니다. 이처럼 우리가 가나안 땅 정착부터 가나안 땅 상실까지의 역사를 신명기 역사서의 원리에 따라 개관해야만, 예레미야와 에스겔의 메시지에 담긴 중대한 의의를 더 생생하게 포착할 수 있습니다. 이런 이유로 이번 강좌는 이스라엘 역사를 개관하였습니다. 감사합니다.

9강-2

바벨론 포로기의 의의: 대파국적 재난에 대한 다양한 응답

이번 시간에는 바벨론 포로기의 신학적 또는 신앙적 의의에 대해서 공부하기를 원합니다. 바벨론 포로경험은 사실상 가나안 땅의 상실을 의미하는 정도를 넘어섭니다. 땅은 잃어도 국가를 구성할 수 있는 인재나 국가기간요원이 남아 있다면, 망명정부를 구성할 수 있을 것입니다. BC 586년 대파국적 재난이 단지 영토상실의 의미를 넘는 재난이라고 말하는 이유는, 그것은 국가의 멸망, 공동체성의 철저한 멸망, 국가를 구성할 수 있는 고급 인재의 유실을 다 포함하기 때문입니다. 이것보다 더 큰 위기가 어디 있겠습니까? 포로기 시대의 이스라엘 사람을 사로잡은 질문들은 하나님과 자신들의 관계에 관한 질문들이었습니다. '하나님이 우리를 버리셨는가? 하나님과 우리 사이에 언약관계는 해체되었는가? 우리는 더 이상 하나님의 백성이 아닌가? 야웨는 우리 하나님이 아닌가?' 이런 신앙적 질문들이었습니다.

고대사회에서 한 국가와 국가가 섬겼던 후원신(patron deity)의 관계는 대개 국가가 멸망하면 그 신도 함께 멸망합니다. 예를 들어서 바벨론 제국이 섬겼던 마르둑이라는 신이 있습니다. 바벨론 제국이 멸망하면, 즉 국가성(statehood)을 상실하면 바벨론 국가가 후원하던 신 마르둑도 함께 소멸됩니다. 앗수르 제국이 섬기던 신 아슈르는 앗수르 제국의 멸망과 더불어 역사의 무대에서 사라졌습니다. 그런데 이스라엘 민족의 경우는 이스라엘 민족과 공동체가 국가적으로 섬기고 이스라엘 사람들이 개인적으로 신봉하고 예배했던 그 신이 국가공동체의 멸망 이후에 더욱더 자기 존재감을 드러냅니다. 이것은 너무 특이한 현상입니다. 고대국가의 신과 후원국과 또는 후원 민족은 공동 운명체였는데 야웨는 이스라엘이 국가성을 상실한 후에도 살아남았고 오히려 예언자를 통해 전 세계만민을 향한 메시지를 쏟아냈습니다. 국가의 멸망은 그 국가가 섬기던 주신(主神)의 멸망이었는데 야웨 하나님은 이스라엘의 하나님임을 넘어 온 세계의 하나님으로 격상되기 시작했습니다. 이스라엘 민족의 멸망과 유다 왕국의 멸망을 통하여 오히려 그들이 섬겼던 하나님이 스스로를 얼마나 유별나고, 독특하고 –성경적 용어로는– 거룩한 하나님인지를 보여줬다는 것입니다.

여러분, 한 나라가 망할 때 그 나라가 망한 원인에 대한 분석과 진단은 여러 가지로 나왔겠죠? 이스라엘 민족이 멸망을 경험하고 나서 '우리가 왜 망했지'라고 분석하는 일과 국가를 이끌 지배층 집단 전체의 유배에서도 다양한 분석과 진단이 나타났습니다. 남유다의 여러 정파들 중에는 남유다가 바벨론으로 끌려가고, 남유다의 국가기간요원이 유실되어서 이제 국가를 운영할 만한 인적인 재원이 없어졌던 상황에 대해서 여러 가지로 해석했습니다.

예를 들어, 우선 '여러 신들을 섬겼을 때는 우리가 잘되었고 경제도 잘 돌아갔는데, 야웨 하나님만 믿으라고 강요하던 히스기야와 요시야 때부터 나라가 망했다'라는 분석이 있었습니다. 히스기야와 요시야 때부터 나라가 쇠망하기 시작했다고 하는 이 입장은 대중적인 진단 중 하나였습니다. 예레미야 44장에 보면 이런 취지의 말을 하는 이집트 망명파들의 견해가 나옵니다. '우리가 하늘 여신을 섬겼을 때는 나라가 잘되었다. GDP도 올라가고 소비생활도 아주 풍요로웠다. 그런데 한 신, 야웨 하나님, 사막에서 들어온 하나님, 공평과 정의만을 몹시 강조하는 하나님에 대한 엄중한 신앙을 따라가다가 나라가 망했다.' 에스겔서에 보면, 에스겔이 그발강가에서 임한 환상을 통해 예루살렘 성전에서 70장로가 우상을 숭배하면서 향불을 피우는 장면을 봅니다. 거기에는 자기 친구, 선배도 있었습니다. 바벨론 포로수용소에서 국가멸망의 원인을 자세히 묵상하고 성찰하던 에스겔은, 바벨론 유배에 동참하지 않고 그 땅에 남아 있으면서 부서진 성전 폐허 더미에서 여전히 예배드리는 그의 동료, 선배들이 우상숭배적인 방식으로 예배를 드리는 것을 보고 경악했습니다. 그들도 예레미야 44장의 이집트 망명파처럼 야웨 하나님 외에 다른 신들도 섬겨야만 나라가 잘된다고 믿었던 것처럼 보입니다. 그들은 다신숭배적인 종교제의가 나라의 안전보장에 훨씬 잘 봉사한다고 믿었습니다. 한 분 하나님만 믿으라고 하는 요구는 인간의 다신숭배적 종교 욕구에 잘 맞지 않는다고 주장하는 것처럼 보입니다.

그런데 바벨론 포로기 응답 중에 또 하나의 응답이 있습니다. 두 번째 응답입니다. 이 입장은 힘센 바벨론의 신들을 숭배하며 바벨론 대세에 순응하려고 했던 자들입니다. 이들은 바벨론 유배파 중에서 가나안 고토로 되돌아가려고 하지 않는 자들이었습니다.

다음 세 번째로 여러 분석 중에 가장 인기가 없고, 가장 생존 가능성이 없었던 분석이 있습니다. 예언자적 징벌수용과 회개촉구의 입장입니다. '우리나라가 멸망한 이유는 모세를 통해 주신 하나님의 언약율법을 어겼기 때문이야. 오랫동안 누적된 우리 조상들의 죄가 폭발해 우리나라가 망했어. 우리가 이스라엘 자유농민들의 땅을 빼앗고, 그들을 압제하고, 그들을 흩어지게 만들고, 그들이 언약공동체에 충성심을 갖지 못하도록 만들었어, 이 죄 때문에 하나님은 우리를 멸망시켰어.' 이 입장은 자책적, 자기책임 추궁적인 해석이면서 동시에 하나님 원인론적 해석이었습니다. 이 해석은 소수파의 해석으로서 이스라엘 역사에서 살아남을 가능성이 없었던 해석입니다. 그런데 놀랍게도 이러한 해석이 살아남았습니다.

그런데 이 해석 외에 이 해석과 유사하면서 조금 더 다른 컬러의 해석이 있습니다. 네 번째 응답으로서, 예레미야 애가라는 책이 대표하는 입장입니다. 예레미야 애가는 '하나님이 우리 죄 때문에 심판한 것까지 좋습니다. 그런데 이렇게 잔악무도한 바벨론 군대에게 우리나라가 국권을 잃고, 성전이 이렇게 산산조각 나고, 우리의 왕들은 쫓겨 가고, 우리 왕조가 절단 날 만큼 우리가 잘못했단 말입니까? 우리가 뭐 그렇게 잘못했습니까? 우리보다 잘못한 나라가 얼마나 많습니까? 우리가 당했던 곤경과 우리가 하나님께 받았던 징벌은 우리 죄보다 더 과도하지 않습니까?' 이렇게 항변했던 사람들의 입장이었습니다. 시편 중 애가 시편, 예레미야 애가, 하박국서 등에 이런 불평과 항변이 나옵니다. '하나님의 심판과 징벌, 그 정당성은 인정하겠습니다. 그렇지만 우리가 이렇게 대파국적 재난을 당해 바벨론 포로생활을 하고, 국가기간요원들이 모두 다 망실되어 이산과 유랑의 격랑에 휩쓸려간 것, 이것은 지나칩니다. 우리 죄보다 하나님의 심판이 더 중합니다.' 시편 38편과 89편 등 애가 시편도 이런 어조를 유지합니다.

다음으로 또 하나의 해석이 있습니다. 다섯 번째 응답인 셈입니다. 이들은 주로 비유배파, 가나안 땅에 남아있던 친이집트 사람들이 공유한 입장이었습니다. '이것은 종교문제가 아니야. 정치적인 실책의 문제야. 우리가 처음부터 일관되게 이집트와 굳센 동맹을 맺고 군사적으로 준비를 잘했다면 바벨론 정도는 막을 수 있었어. 왜? 바벨론은 저 1,000km 먼 곳에서 온 침략군이고 우리는 이집트랑 100km도 되지 않는 가까운 곳에 있어. 이집트 군대가 우리를 도와준다면 우리는 분명히 맞설 수 있었어. 국론이 분열되어 나라가 망한 거야.' 이런 입장은 유다 왕국 내에 친이집트파와 친바벨론파, 전쟁하자는 파와 전쟁하지 말자는 파가 다투다가 나라가 절단 났다고 보았습니다. 특히 이집트로 망명한 사람들은 '우리가 철두철미하게 친이집트 노선을 걷지 않았던 것이 나라의 멸망 원인이야'라고 분석했습니다. 그들은 군사적인 준비 부족으로 나라가 망했다고 생각했습니다.

여섯 번째, 일종의 신비주의적인 해석인데요. 욥기에 등장하는 해석입니다. 바벨론 포로생활의 참혹한 고난을 단순히 우리 죄에 대한 응답, 우리들에 대한 어떤 심판으로 보기에는 너무 가혹하니까, 뭔가 당대에는 다 해명되지 못한 신비한 섭리가 있다고 믿는 입장이었습니다. 이스라엘 시인이 애가 시편으로 항변하다가 항변 끝에 어떤 응답을 받았습니까? '바벨론 포로생활이라는 이스라엘 민족의 고난에는 우리가 모르는 하나님 원인이 있는데, 창조질서 안에 작동 중인 하나님의 섭리가 깃들어 있다.' 창조질서 안에는 인과응보의 법칙만 규칙적으로 작동하지 않고, 인과응보의 법칙을 뛰어넘는 원인이 있다는 것입니다. 죄 없는 자도 심각하게 고난의 운명에 휩쓸려 갈 수 있다는 것입니다. 세상 만민을 의롭게 하기 위해 대표의 이름으로, 즉 선민의 자격으로 고난을 겪고 있다고 본 것입니다. '우리의 바벨론 포로살이 안에는 하나님만이 알고 있는 원인이 있다. 창조질서와 관련된 원인이 있다. 우리는 지금 정금같이 단련될 것이지만, 원인은 다 알 수 없다.' 신명기 29장 28－29절이 이런 해석을 시도합니다. '우리가 열국에 포로로 잡혀간 이것은 한편으로는 우리 죄 때문이기도 하고 또 한편으로는 하나님께서 유보해놓은 비밀 때문이다.'

마지막으로 일곱 번째 응답입니다. 이스라엘의 고난에는 대속적 고난의 요소가 있다는 것입니다. 전체가 맞을 징벌을 대신 받는 대리적, 대속적 고난이 작동한다는 것입니다. 바벨론 포로 2세, 3세대들은 바벨론 포로 1세대와 달리 죄가 없는데 조상들을 잘못 만나서 엄청난 고난을 당했기에 이런 생각을 할 수 있었을 것입니다. 이 입장은 바벨론 포로경험이 하나님 원인론적인 고난임을 인정합니다. 그럼에도 불구하고, 우리 죄 때문에 징벌 받는 과정으로 이 대파국적 재난경험(바벨론 유배)이 다 일어났다고 말하지 않고, 많은 사람들을 의롭게 하기 위해 가혹한 고난을 받는다고 생각했다는 것입니다.

다시 요약합니다. BC 586년의 대파국 재난에 대한 당대 및 후대의 반응은 일곱 가지로 나타났습니다. 첫째, '우리가 하나님 한 분만 섬기다가 다른 신들에 대한 충성심을 철수해서 이런 재난이 왔다. 즉, 다신숭배에서 갑자기 유일신 하나님 숭배로 돌아왔다가, 신을 잘못 선택해서 이런 고난이 왔다.' 예레미야 44장의 이집트 망명파와 에스겔 8-11장의 에스겔의 환상 중에 나타난 이스라엘 장로들의 입장입니다. 그들은 하늘 여신을 숭배하면서 다시 국가적인 부흥을 달라고 기도하고 기도하였습니다.

둘째, '이제 재난의 분석에는 너무 치중하지 말고 현실을 봐야 한다. 바벨론 제국의 신들이 짜놓은 질서에 순응하며 살자. 지나간 과거에 대해 왈가왈부해봤자 소용없다.' 바벨론 신 마르둑에게 귀의한 사람들의 입장입니다.

셋째, '우리 조상들이 모세를 통해 주신 율법을 오랫동안 어기고 우상숭배를 해, 나라의 근간인 자유농민들의 언약공동체를 무너뜨렸기 때문에, 이 대파국적 재난이 왔다.' 예언자적 심판수용과 회개촉구였습니다.

넷째, '아니다. 바벨론 포로생활은 하나님의 징벌인 건 맞지만, 이 징벌 중에 과잉징벌이 있었고 하나님이 책임져야 되는 경우도 있다. 그래서 우리는 하나님의 과잉징벌에 저항해야 한다. 하나님께 울부짖어야 한다.' 애가 시편 또는 예레미야 애가처럼 불평하는 사람들의 입장이었습니다.

다섯째, '이것은 종교의 문제도 아니고 신의 문제도 아니다. 그냥 국제정치의 곡예에서 잘못된 선택을 했고, 동맹을 잘못 선택했다. 외교를 잘못했다. 그리고 국력 비축을 덜했다.' 일종의 자연주의적이고 세속주의적 해석입니다.

여섯째, '하나님께서 우리를 바벨론 포로생활로 집어던진 것은 우리 죄와 관련 없는, 하나님 창조질서와 관련된 원인이 있다.' 욥기와 신명기 29:28－29의 입장입니다.

일곱째, '이 대파국적 재난에는 우리 조상과 우리의 죄악에 대한 하나님의 징벌과 심판의도만 작동하는 것이 아니다. 우리 이스라엘을 만민 앞에 야웨의 종으로, 야웨의 증인으로 세워주시기 위해 연단과 훈련의 시간을 주신 것이다. 우리를 단련시켜서 더 쓰시기 위해서 이런 고난을 주셨다.' 욥기와 유사한 해석이지만 한 단계 더 나갑니다.

이 모든 해석 중에서 인기가 없었지만 지금 구약성경책에 '정통'입장으로 살아남은 해석은 셋째 해석입니다. 여섯째, 일곱째 해석도 정통해석의 일부로 수용되고 있습니다. 이 세 가지 입장을 합했을 때, 다음과 같은 논리가 도출됩니다.

> 'BC 586년에 일어난 이 엄청난 대파국적 재난, 즉 성전 파괴, 왕조 절단, 국가기간요원의 유실과 이산과 유랑, 그리고 가나안 땅의 완전한 상실은 크게 보면 하나님의 정당한 징벌이었다. 이 모든 대파국적 재난은 우리 당대의 죄 때문이 아니라, 우리 조상들과 우리 조상들의 조상들부터 시작되어 세대를 거쳐서 켜켜이 쌓인 불순종의 임계치가 너무 커서 하나님의 진노를 폭발시켜서 일어났다. 하나님은 우리보다 앞서 가나안을 차지하고 살았던 원주민을 쫓아낸 원리와 똑같은 원리로, 가나안 땅을 더 이상 차지할 자격이 없기 때문에 우리를 가나안 땅에서 쫓아냈고 언약백성의 자격도 박탈했다. 우리는 이제 더 이상 야웨의 언약백성이 아니다. 왜? 가나안 땅은 언약백성에게 주는 선물인데 언약백성의 자격을 박탈당했기 때문에 가나안 땅을 빼앗긴 것이다. 우리는 하나님의 언약에서 분리되었고, 떨어져 나왔다. 더 이상 하나님은 우리를 언약백성으로 대우하지 않는다.'

소수의 사람들이었지만 예언자의 정통 가르침에 훈육된 사람들은 이렇게 생각하면서 하나님의 대파국적인 심판을 받아들였습니다. 근본적으로 이 해석은 자기추궁적인 책임을 강조한 해석이고 자기책려적인 해석이었습니다. 이 해석의 가장 위대한 점은, 자기 책임을 인정하는 데서 한 걸음 더 나아가 하나님의 무궁한 인애를 끝내 믿었다는 점입니다. '이 심판은 확실히 우리의 언약백성 신분을 박탈하는 대

재난인 것은 맞다. 그러나 하나님의 무궁무진한 은총은 우리 죄 때문에 다 소진되지 않는다. 우리 죄가 아무리 크고 참혹하다 할지라도 하나님이 우리에게 주시는 원초적인, 선행적인 투신, 사랑, 애착, 이것은 끊어내지 못한다.'

이런 해석을 한 사람들이 성경 속에 살아남은 정경적인 표준적인 해석을 한 예언자들이며, 이 예언자적 해석의 선두가 바로 예레미야와 에스겔입니다. 예레미야와 에스겔은 바벨론 포로살이라고 하는 이 대파국적인 재난에 대한 가장 멋진, 가장 정확한 응답을 한 사람들이었던 거죠. 이들의 특징은 심판의 정당성을 수용하고, 자신들의 죄가 조상 대대로부터 이어온 죄임을 인정했으며, 그리고 바벨론 포로생활 및 가나안 땅 상실, 왕조 절단, 성전 파괴 등 이 모든 심판마저도 정당하다는 것을 받아들였다는 데 있습니다. 그리고 자신들이 하나님 언약백성으로서의 자격을 상실했음도 받아들입니다. 그런데 그들은 여기에서 한 걸음 더 깊이 하나님 마음속으로 들어가 하나님의 속마음을 읽었습니다. '이 참담한 재난이 하나님과 이스라엘 민족이 맺었던 언약 스토리의 마지막인가? 이제 다 끝났는가?'라는 질문에 대해서 예레미야와 에스겔은 다음과 같이 대답했습니다.

> '그렇지 않다. 우리가 하나님의 언약백성 신분을 박탈당한 것은 맞다. 그렇지만 하나님은 심판을 넘어, 심판 너머까지 무궁히 연장되는 인애가 풍성하신 하나님이시다. 이스라엘에 대한 하나님의 계약적 사랑과 계약적 투신은 우리 이스라엘의 죄에 의해서 소진되지 않는다. 하나님의 언약적인 이 선(先)투신, 선(先)사랑, 선행적(先行的)인 애정이 우리 죄보다 더 크다. 그래서 우리는 이제 하나님의 새 언약의 시대로 진입한다. 출애굽할 때 모세가 주도해 하나님과 맺었던 시내산 언약의 시효는 끝났다. 이제 우리가 다시 하나님 백성의 신분을 회복한다면 그것은 옛 언약의 논리가 아니라, 새 언약의 논리로만 가능하다.'

그래서 새 언약시대를 예고하고 새 언약을 설파하는 예언자가 바로 예레미야와 에스겔이었습니다. 그들은 이미 신약시대를 내다본 사람들입니다(눅 22:20; 히 3장; 6장). 예레미야와 에스겔 이후에 온 모든 예언자들과 신약성경을 이해하는 데는 이 새 언약의 논리가 너무 중요합니다.

세상 모든 나라는 거의 다 예외 없이 가나안 땅을 상실한 것과 같은 국가적 위기를 경험하였습니다. 여러분, 세계의 역사를 보십시오. 땅을 상실하고 파국적인 재난에 임하지 않은 나라가 어디 있습니까? 지금 존재하는 모든 나라의 역사에는 전부 다 바벨론 포로기 같은 대파국적인 재난이 분명히 역사의 기억지층에 남아 있습니다. 그때마다 이 대파국적 사태를 주체적으로 해석하고, 자기추궁적으로 해석한 사람들만이 역사의 주도권을 쥐었습니다. 이스라엘 역사의 경우 이런 대파국적 재난을 자기책임 추궁적으로 해석한 사람이 누구입니까? 다니엘서 9장, 에스라 9장, 느헤미야 9장에 나오는 구국회개 참회 기도에 아멘으로 동참한 사람들입니다. 다니엘, 에스라, 느헤미야는 자기추궁적인 재난해석을 통해 하나님의 심판을 수용하고 하나님의 무궁한 인애를 앙청(仰請)했습니다. 하나님의 심판 너머 하나님 은총의 찬란한 승리를 강청하는 이 해석만이 역사의 생존자가 되게 만들었습니다.

그런데 보세요. 그러면 가나안 땅에 살아남은 사람들, 바벨론 유배를 경험하지 않은 사람들, 이집트로 도망간 사람들, 그리고 바벨론 땅에 포로로 잡혀갔지만 자기 죄 때문에 이런 일이 일어났다고 믿지 않고 그냥 억울하고 원통하다고 하나님께 불평만 터뜨린 사람들, 그들은 더 이상 가나안 땅을 다시 되찾았다는 감격도 누리지 못했고 아예 가나안 고토로 다시 돌아올 어떤 이유도 없었습니다. 그러나 '하나님이 우리를 가나안 땅에서 쫓아내시고, 바벨론 포로생활로 우리를 집어던진 까닭은 우리 죄 때문'이라고 믿었던 사람들은 죄를 회개하고, 하나님께 범한 모든 죄책을 해소하기 전까지 안식을 누리지 못했습니다. 오로지 하나님의 무궁인애만 강청했습니다. 하나님의 무궁한 인애가 그들을 붙들어 하나님의 역사로부터 표류하여 유실되는 것을 막았습니다.

여기서 분명한 사실은, 대파국적 재난에 대한 응답 중에서 자기추궁적이고 자책적인 응답, 회개를 통해 하나님과의 관계를 회복하고자 열망하는 주체적인 응답만이 성경에서 살아남는 응답이요 성경에서 옳다고 인정받는 응답이었다는 것입니다. 이것은 뭘 가리킵니까? 우리가 어떤 역사적 재난경험을 할 때, 그것을 하나님 원인론적으로 해석할 수 있어야 한다는 것입니다. 예를 들어, 우리 겨레는 41년 또는 36년간 일본에 종살이를 했죠? 이 파국적 재난을 여러 가지 원인으로 해석할 수 있습니다. '일본이 우리한테 야만적으로 나와서 우리가 식민지가 되었다.' 또는 '사색당파 때문에 나라가 망했다.' 그런데 이런 해석보다 더 주체적인 해석은 '우리 조선

이 조선 인구의 90%가 넘는 농민을 지켜주지 못했고, 농민의 삶을 피폐하게 하였고, 자기의 동포를 노예처럼 부려먹었기 때문에 일본이 우리를 노예화했다'라는 해석입니다. '우리가 잘못했기 때문에 나라가 이렇게 되었다'라고 해석하는 사람들이 역사의 주도권을 쥔다는 거죠. 우리가 남북분단의 시기를 바라볼 때도 마찬가지입니다. '북한 때문이야.' '미군 때문이야.' '스탈린 때문이야.' '일본 때문이야.' 이렇게 다 남 탓하는 것은 우리 역사의 새로운 미래를 담보하는 데 아무런 기여를 못합니다. 자기추궁적이고 주체적으로 재난해석을 해야 미래가 열릴 수 있습니다. '우리가 우리 민족의 역사를 절단 내고, 동족상잔의 역사를 70년 이상 이어온 것은 우리 죄 때문이다. 남북이 이념으로 갈라져 싸우게 된 이 시대의 중심죄는, 우리 민족의 엘리트가 긴 세월 동안 육체노동자 등 기층민중을 수탈했던 죄이다. 이 죄 때문에 닥친 재난이 민족분단이다. 공부 많이 해 엘리트가 된 사람들, 국가권력을 위임받은 사람들이 아래에 있는 사람들, 권력으로부터 가장 멀어진 사람들을 섬기려고 애쓸 때, 민족분단, 민족내부의 식민지수탈체제는 해소될 수 있다. 원래 하나님이 우리에게 주신 선물인 가나안 땅을, 즉 대한민국 땅, 삼천리 금수강산을 누릴 수 있다.'

결국 이런 자기추궁적이고 주체적으로 분단고통을 해석하게 되면, 우리가 육체노동으로 생계를 해결하는 이웃을 못살게 구는 죄가 창궐하는 한 민족분단은 아직도 계속 우리의 고통으로 남아 있을 수밖에 없다는 깨달음이 가능합니다. 이런 해석은 종교적 용어로 표현되었지만, 사회과학적 용어로도 치환이 가능합니다. 노르웨이 오슬로 국립대학 교수 박노자라는 사람 있죠? 박노자는 함석헌의 통일사상을 사회과학적으로 재치환하여 번역합니다. 함석헌의 통일사상은 기독교적 용어로 표현되어 있습니다. 그런데 박노자는 그것을 사회과학적인 용어로 치환하여 실천의 함의를 끌어냅니다. 박노자의 이 시도는 종교적 용어로 표현된 예언서의 사상도 사회과학적 용어로 치환이 가능하다는 것을 시사합니다.

예레미야와 에스겔 같은 사람들은 역사적 재난과 격변을 종교적인 용어로 표현했습니다. '우리 죄 때문에 이런 엄청난 파국적 재난이 왔고, 하나님의 심판은 정당했으며, 이 대파국적 재난을 돌파하는 유일한 길은 하나님의 은총에 기대는 길과 하나님 은총에 대한 응답으로 회개하는 길밖에 없다.' 이처럼 회개를 촉구하는 응답에 의거한 역사 해석, 이것이 바벨론 포로기의 응답 중에서 가장 멋진 응답이었고 성경에서 살아남은 응답입니다. 이것을 사회과학적 용어로 치환하면 이렇게 됩니다.

> '우리나라가 망한 이유는 우리 지배층이 하나님의 언약백성인 자유농민의 땅을 수탈하고 그들을 노예화함으로써 내부식민지를 구축했기 때문입니다. 자기 땅을 빼앗긴 농민들은 지켜야 할 기업이나 조국이 없어졌습니다. 따라서 외국군대가 와서 우리나라를 정복하기 전에, 우리 지배층 엘리트의 불의와 불법이 우리나라를 정복했습니다. 억강부약의 원리로 국가를 운영하라고 가르쳐 준 우리의 헌법적 대요강인 십계명과 부대조항을 묵살한 것은 우리나라의 토대를 붕괴시킨 사건입니다. 나라를 떠받치는 토대는 자작자영농민들입니다. 하나님과 언약관계에 있는 농민을 소멸시키는 것은 언약을 소멸시키는 죄악이었습니다. 우리 유다를 멸망시킨 세력은 외국군대가 아니라 공평과 정의를 무너뜨린 탐욕적인 우리 지배층이었습니다. 이제 회개만이 유일한 국가회복의 길입니다. 다시는 하나님의 언약백성을 학대하지 않겠다는 언약적 다짐만이 유일한 희망입니다.'

이런 바벨론 포로기의 자기추궁적이고 주체적인 응답 사상이 가장 잘 나타난 곳이 신명기 30장입니다. 신명기 30장은 하나님께서 먼저 뜻을 돌이키사 이스라엘 백성을 다시 선택하여 가나안 땅에 들어오게 하실 미래를 말합니다. 하나님의 이 선제적이고 선행적인 돌이킴이 바벨론 포로들의 회개를 촉발시킨다는 것입니다. 신명기 30장은 하나님의 선제적이고 선행적인 돌이킴이 인간구원의 유일한 가능성이라고 말합니다. 이 하나님의 선행적인 돌이킴에 대해 할 일은 뭡니까? '다시는 하나님이 주신 언약율법을 어기지 않고 살겠다고 다짐하며, 이웃을 돌보고, 상호부조가 넘치고, 인애가 넘치는 사회를 만들겠다고 결심하는 것이다. 사자와 어린 양이 한때 풀을 먹는 그런 공동체성을 확보하는 것, 이것이 우리 바벨론 포로들이 맺어야 할 회개의 열매이다.'

여러분, 바벨론 포로기 역사는 단지 옛날 이스라엘 사람들 이야기라기보다는 한 민족의 국가멸망과 회복의 변증법적인 드라마를 재해석할 수 있는 실마리를 던지는 범례적 역사입니다. BC 586년의 대파국적 재난의 원인과 그것에 대한 대처방식을 둘러싸고 바벨론 포로기에 등장했던 모든 응답들은 모든 나라의 역사를 해석할 때 다 등장했던 패러다임이기도 합니다. 그것들은 지금 여기에 사는 우리들에게 우리가 직면한 재난과 위기에 대한 올바른 응답패러다임이 무엇이 되어야 할 것인가를 보여주고 있는 것입니다. 이상으로 우리는 바벨론 포로기의 신앙적 또는 신학적 의의를 살펴보았습니다. 바벨론 포로기라는 대파국적 재난에 대한 다양한 응답을 보면서 우리가 취할 진짜 옳은 응답이 뭔가를 살펴보았습니다. 감사합니다.

인문고전으로서의 구약성서 읽기

10주차 강의안

10-1

기타 BC 7-6세기 소예언자들 (요엘, 오바댜, 요나, 나훔, 하박국, 스바냐)

포로기(BC 7-6세기)의 다른 예언자들과 소(小)예언서

예레미야와 에스겔 외에도 BC 7-6세기경에 활동한 예언자들이 있는데, 그들이 남긴 책들은 상대적으로 길이가 짧기에 소예언서라고 불린다. 그것들의 신학적 비중이 작아서 소예언서가 아니라 예언서 자체의 길이가 짧아 소예언서로 불린다. 보통 아모스, 호세아도 소예언서로 분류되지만 예언서를 역사적 맥락에 집어넣어 읽는 본서(本書)의 저작목적 때문에 아모스서와 호세아서는 다른 BC 8세기 예언자들과 함께 다뤄졌다. BC 7-6세기경에 활동했던 예언자들은 나훔, 오바댜, 하박국, 요엘, 스바냐다. 이 다섯 명의 문서예언자들이 남긴 예언서 외에 포로기 예언서들과 함께 읽히는 책이 요나서와 예레미야 애가다.

요나서는 BC 8세기 북이스라엘 여로보암 2세 시대에 활동한 예언자 요나(왕하 14:25)를 주인공으로 삼는 예언서인데, 요나서는 정작 BC 7세기 상황, 곧 앗수르가 몰락하는 BC 612년 전후 상황을 다루고 있기에 BC 8세기 예언과 함께 읽지 않고 다른 포로기 예언서들과 함께 읽는 것이 더 적당하다. 요나는 북이스라엘 예언자 요나의 불순종과 순종의 이야기다. 요나서는 편협한 민족주의적 선민의식을 부드럽게 그리고 익살스럽게 비판하는 예언서이다. 이 예언서는 BC 612년경 전후, 곧 니느웨가 몰락되기 전의 상황을 반영하는 예언으로서 이스라엘이 보편주의적 시각으로 이방민족을 배려하자는 취지의 메시지를 담고 있다. 1장은 원수 나라 앗수르의 수도 니느웨에 가서 하나님의 임박한 심판계획을 외치고 회개를 촉구하는 메시지를 전파하라는 하나님의 명령을 거부한 요나의 곤경을 다룬다. 2장은 요나가 물고기 뱃속에서 드린 회개기도문을 담고 있다. 3장은 요나의 순종으로 니느웨가 은혜를 입는 과정을 묘사한다. 니느웨는 요나를 통해 전해진 하나님의 강력한 회개촉구 메시지를 듣고 온 백성과 가축까지 회개에 참여한다. 4장은 회개하여 심판을 모면하는 원수 나라 앗수르의 행운을 보고 속이 상한 요나와 그를 달래는 하나님의 익살스러운 대화를 담고 있다.

모두 세 장으로 된 **나훔**은, 앗수르 제국의 몰락을 기뻐하는 나훔이 남긴 민족주의적인 예언서로 BC 612년경 선포된 예언이다(BC 7세기). 나훔은 '위로하다', '복수하다'를 의미하는 히브리어 나함(nāḥam)의 수동분사형(nāḥûm)이다. '위로받은 자', '신원 받은 자'라는 뜻이다. 주제상으로는 요나서와 대립한다. 요나서는 니느웨 거민에게도 자비를 베푸는 하나님의 보편적 사랑을 다루는데 나훔서는 니느웨와 앗수르 제국에게 '신적 보복'을 집행해 달라고 강청하는 예언서이기 때문이다. 1장은 앗수르 제국 수도 니느웨에 대한 야웨의 진노를 말한다. 니느웨는 BC 701년에 유다를 침략했던 앗수르 제국의 왕 산헤립의 왕도(王都)였다. 앗수르 제국을 하나님의 백성을 향한 하나님의 진노 어린 심판을 대행하는 분한의 몽둥이라고 봤던 이사야와는 달리(사 10:5), 나훔서에서 니느웨는 야웨를 대적하고 거스리는 자이다. 하나님의 백성에게 무거운 멍에를 강요한 잔악한 나라일 뿐이다. 2장은 니느웨를 멸망시키는 침략군(바벨론 군대)의 활약을 자세히 묘사한다. 3장은 피로 건설한 성읍 니느웨의 멸망, 니느웨 거민의 유배, 그리고 앗수르왕에게 가해질 재기불능 수준의 치명상을 보도한다. 3장 끝에서는 앗수르 제국의 몰락을 보고 손뼉 치며 기뻐하는 세상 사람들의 환호성이 울려 퍼진다.

오바댜는 한 장으로 구성된 예언서로서, 유다 왕국이 바벨론에게 함락될 때(BC 597-586) 바벨론을 도와 유다를 노략질한 에돔에 대한 가혹한 심판을 선포하는 오바댜의 예언을 담고 있다(BC 6세기). 모두 세 장으로 된 **하박국**은 예레미야와 거의 동시대의 예언자인 하박국의 예언집으로서, "믿는 자가 의인이며 하나님의 심판(바벨론 유수)의 필연성을 영접하는 자가 의인이다"라는 진리를 역설하는 예언서이다. 더 불의한 바벨론이 상대적으로 의로운 하나님의 백성을 침략하는 것을 보고 하나님의 정의와 공평을 의심하다가, 바벨론에 대한 하나님의 궁극적인 심판계획과 하나님 백성에 대한 하나님의 궁극적인 구원계획을 듣고 하나님을 찬양하는 예언서이다. 1장은 잔혹한 바벨론 제국이 세계를 유린하고 사악한 지주들과 상류층 사람들이 가난한 사람들을 압제하는 현실을 보고, 하나님이 이 세계를 다스린다는 사실을 의심하는 하박국의 문제제기를 다룬다. 2장은 하나님의 응답을 담고 있다. 하나님 심판의 정당성을 받아들이고 심판을 넘어 확장되는 하나님의 구원계획을 말한다. 3장은 하나님의 궁극적 승리와 하나님의 백성에 대한 하나님의 구원계획을 듣고 하나님을 찬양하는 예언자를 보여준다.

모두 세 장으로 된 **스바냐**는 예레미야와 동시대에 활동한 유다 왕국의 선지자(BC 7-6세기) 스바냐가 남긴 예언서로서, 하나님 백성을 정결케 하는 날인 "여호와의 날"과 정결케 된 "남은 자들"의 회복에 대하여 예언한다. 1장은 심판의 날인 야웨의 날을 묘사한다. 2장은 야웨의 날이 임할 때 열방들이 받을 벌을 말하고, 3장은 예루살렘이 받을 형벌과 하나님의 신적 보호를 말한다. 스바냐서의 중심 주제는 시온에 대한 하나님의 궁극적인 위로이다. 스바냐와 거의 동일 시기의 남유다 왕국 예언자인 **요엘**은 "야웨의 날"에 대한 변증법적인 해석을 제시한다. 야웨의 날은 심판의 날임과 동시에 위로의 날이라는 것이다. 모두 세 장으로 된 요엘서는 사도행전 2장에서 일어나는 오순절 성령강림의 성서적 근거를 제시하고 있다(2장). 1장은 농사를 망치는 하나님의 연속적인 심판을 말하고, 2장은 안일하고 자기만족적인 자세로 야웨의 날을 앙망하는 자들에 대한 경고를 담고 있다. 3장은 야웨께서 판결 골짜기에서 열방들과 민족들을 심판하실 환상을 그린다. 열방에 대한 심판은 이스라엘에 대한 하나님의 위로로 이어진다.

10-2

BC 6-5세기 예언자들: 학개, 스가랴, 말라기

포로기 이후 시기(BC 6-5세기) 예언자들: 학개, 스가랴, 말라기

학개와 스가랴의 메시지

이 두 예언자는 BC 538-515년 사이에 귀환포로 공동체에게 성전재건을 독려한 예언자들이다. BC 538년에 고레스의 칙령으로 이스라엘 고토로 되돌아온 귀환포로 공동체는 여러 가지 이유로 성전 건축에 열심을 내지 않았다. 가장 큰 이유는 세 가지였다. 첫째, 성전재건이라는 큰 토목공사를 발주하여 완성시키려면 강력한 중앙권력이 필요했는데 당시의 예루살렘에는 강력한 지도력이 부재하였다. 둘째, 토착세력들의 방해가 집요하였다. 심지어 시리아 지역 관할 공무원들이나 사마리아 토착세력들, 그리고 주변 암몬 세력 등이 예루살렘에 강력한 유대인 공동체가 형성되는 것을 막았다. 그들은 페르시아의 아닥사스다왕에게 상소문을 올려가면서까지 방해하였다.[1] 셋째, 귀환포로들 자체의 열의와 충성심이 부족하였다. 학개와 스가랴는 이 세 가지 방해물들을 돌파하여 23년이나 지연되었던 성전재건 공사가 완료되는 데 결정적인 기여를 하였다.

모두 두 장으로 구성된 학개서는 주로 귀환포로들의 영적 해이 상태와 성전재건에 대한 열의 부족을 질타하였다. 성전을 지을 때가 아니라면서 성전재건 공사에 미온적이었던 지도자급 인물들에게 “너희들의 집은 그렇게 빨리 지으면서 왜 하나님의 성전 공사에는 그토록 나태한가?”라고 힐문하였다. 1장은 당시 유다에 닥친 가뭄은 성전 건축에 충성을 다하지 않는 백성들의 영적 해이 상태와 근시안적 이기주의에 대한 하나님의 심판에 의해 초래된 것이라고 주장하였다. 2장은 스룹바벨과 제사장 여호수아를 크게 격려하고, 시체를 만진 백성처럼 부정해졌지만 그들을 정결케 해주는 성전이 없는 현실을 개탄한다. 하지만 학개는 성전 중건 공사에 착수하는 날부터 하나님께서 백성들에게 복 주실 것임을 확신시키고 있다.

스가랴도 거의 비슷한 기조의 예언을 선포하지만 훨씬 더 비의적이고 종말론적인 메시지를 담고 있다. 스가랴는 특히 스룹바벨에 대한 대중들의 메시야적 기대감을 고취시키는 데 일조하였으며, 스룹바벨과 여호수아의 양두 체제 지도력을 인정하고 있다. 모두 14장으로 구성된 스가랴서는 BC 6세기 상황을 반영하거나 전제한 1－8장과, 다소 비의적이고 종말론적인 음조를 띠고 있는 9－14장으로 대별된다. 스가랴서의 세부적인 구조는 다음과 같다.

스가랴서의 구조[2)]

I. BC 6세기 성전재건 공사를 독려하는 당대적 예언들(1－8장)
  1. 서언: 연대, 저자 이름, 회개를 촉구하는 예언(1:1－6)
  2. 여덟 가지의 연쇄적인 밤 환상들(1:7－6:8)
    (1) 화석류 나무 사이에 있는 말 탄 사람들(1:7－17)
    (2) 네 뿔과 네 장인들(1:18－21)
    (3) 측량줄을 잡은 사람(2장)
    (4) 대제사장을 위한 정결한 옷(3장)
    (5) 순금 등잔대와 두 감람나무(4장)
    (6) 날아가는 두루마리(5:1－4)
    (7) 광주리(에바) 속의 여인(5:5－11)
    (8) 네 병거(6:1－8)
  3. 대제사장을 위한 면류관과 그것의 상징적 의미(6:9－15)
  4. 금식보다 나은 청종, 그리고 미래의 약속(7－8장)
II. 위대한 메시야적 미래와 하나님 나라의 완전 실현에 관한 두 예언들(9－14장)
  1. 첫 예언: 메시야의 강림과 메시야 배척(9－11장)

(1) 메시야의 강림(9-10장)
(2) 메시야적 목자 왕의 배척(11장)
2. 둘째 예언: 메시야의 강림과 메시야 영접(12-14장)
(1) 이스라엘의 구원과 회심(12-13장)
(2) 메시야의 도래와 그의 왕국(14장)

I부를 구성하는 1-8장은 BC 6세기 성전재건 공사를 독려하는 당시의 상황들을 배경으로 선포된 예언들로 읽힐 수 있다. 1:1-6은 예언자의 계보와 그가 처음으로 예언을 선포한 연대를 말하며, 주제 메시지를 소개한다. 저자 스가랴는 BC 520년(다리오 제2년) 어느 시점(학개보다 약간 늦은 시점)에 예언사역을 시작했다. 그의 메시지는 회개를 촉구하는 예언이다. 망령된 조상들을 본받지 말고 그들의 길을 떠나라고 말한다.

1:7-6:8은 여덟 가지의 연쇄적인 밤 환상들을 기록하는데 그 환상들은 대부분 야웨 하나님의 시온에 대한 계약적 사랑과 성전 건축이 가져올 미래 복을 예언하는 환상들이다. 1:7-17에 나오는 "화석류 나무 사이에 있는 말 탄 사람들"의 환상은 시온을 향한 하나님의 위대한 계약적 질투, 시온 회복, 성전 건축에 관한 환상이다. 마찬가지로 1:18-21의 "네 뿔과 네 장인들"의 환상도 이스라엘과 유다의 회복에 관한 환상이다. 네 장인들은 이전에 이스라엘과 유다를 흩뜨렸던 그 네 뿔(네 나라)을 분쇄하고 무력화시킬 것이며 유다와 이스라엘을 두렵게 하거나 흩어버릴 뿔들은 사라지게 될 것이다.

2장의 "측량줄을 잡은 사람"의 환상은 예루살렘이 아주 강대하여져서 열국 백성이 와서 살게 되며 하나님이 친히 그 가운데 거하실 미래를 그린다. 측량줄로 예루살렘을 측량해 보니 너무 커서 성곽을 만들 수가 없게 될 것이다. 하나님의 불이 성곽과 성벽 구실을 하게 될 것이다. 3장의 "대제사장을 위한 정결한 옷" 환상은 예루살렘의 죄를 용서해 주시고 정결케 해 주실 것을 예언하는 환상이다. 그것은 동시에 하나님께서 여호수아의 영적 지도력을 높여줄 것을 예고하는 환상이다. 4장의 "순금 등잔대와 두 감람나무" 환상은 스룹바벨의 영적 지도력을 높여주는 환상이다. 하나님의 강권적인 능력에 힘입어 스룹바벨은 산을 깎아 평지를 만들듯이 모든 방해를 극복하고 성전을 완성하게 될 것이다. 두 감람나무는 당대적으로는 스룹바벨과 여호수아의 영적 지도력을 가리키는 은유였을 것이다.

5:1-4의 "날아가는 두루마리" 환상은, 도적질하고 야웨의 이름으로 망령되게 맹세하는 자 등 죄인들에게 내릴 하나님의 심판을 가리킨다. 5:5-11의 "광주리(에바) 속의 여인" 환상은 사회 각 영역 속에 구조화되어 있는 악을 의미한다. 이 환상은 이 악이 유다로부터 제거되어 악이 머물기에 더 적합한 땅인 바벨론으로 옮겨질 것을 예언한다. 6:1-8의 "네 병거" 환상은 야웨 하나님께서 세계사를 주장하고 다스리고 계심을 확신시키는 환상이다. 여기서 병거는 하나님의 바람, 천사적 존재로 역사의 흐름을 주장하는 바람을 의미한다. 북쪽 바벨론으로 나간 말, 즉 바람이 하나님께 반역하던 나라인 바벨론을 멸망시켰기에 하나님의 영이 싸우지 않고 쉬게 되었다. 6:9-15은 대제사장 여호수아를 위한 면류관과 그것의 상징적 의미를 말한다. 이것은 스룹바벨의 왕적 지도력을 찬양하고 정당화하는 예언임과 동시에, 스룹바벨("싹"이라고 이름하는 자)과 여호수아 사이에 이인 공동 통치체제가 예루살렘에 들어설 것임을 예고한다.

7장은 한 벧엘 사람이 자신의 금식을 자랑하기 위하여 언제 금식하는 것이 좋으냐고 묻자, 금식보다 나은 청종의 중요성을 강조하는 스가랴의 모습을 보여준다. 스가랴는 바벨론 포로기간에도 다섯째 달과 일곱째 달에 금식했는데 그것이 무슨 유익이 있었느냐고 묻는다. 8장은 시온을 향한 하나님의 계약적 질투와 하나님께서 뜻을 돌이켜 예루살렘을 위하여 복된 미래를 창조해 주시기로 한 결단을 강조한다.

II부를 구성하는 9-14장은 메시야 시대의 예루살렘 위상에 대하여 말한다. 9:1-8은 이스라엘과 유다의 전통적인 원수들에 대한 하나님의 공격과 정복전쟁을 묘사한다. 반면 하나님께서 하나님의 집(성전)을 에워싸서 어떤 대적도 접근하지 못하게 하실 것이다. 9:9-17은 그렇게 신적 보호를 받고 있는 시온을 다스릴 왕의 도래를 예언한다. 정복군주급 왕이 아니라 전적으로 평화의 왕이 시온의 왕으로 오실 것이다. 철병거를 타고 오시는 것이 아니라 어린 나귀 새끼를 타고 오신다. 이 왕은 세계평화를 주도하는 왕이 될 것이다. 10장은 열국 중에서 흩어진 이스라엘과 유다 백성들을 다시 고토로 불러 모으실 하나님의 위대한 역사를 말한다. 11장은 메시야적 목자 왕을 배척한 결과 이스라엘이 겪게 될 곤경을 말한다. 12-13장은 이스라엘의 구원과 회심에 대하여 말하고 14장은 메시야의 도래와 그의 왕국에 대하여 예언한다. 동시에 하나님의 친정통치에 대해서도 말한다. 어떻든 하나님이 친히 거룩한 전사가 되어 예루살렘을 치러 온 나라들을 격퇴하실 것이다. 예루살렘을 치러 온 열방 중 일부는 야웨 하나님을 예배하러 예루살렘으로 순례하러 오는 날이 도래할 것이다. 반면에 야웨 하나님의 예루살렘 성전으로 올라와 예배드리지 아니하는 나라들은 벌을 받게 될 것이다.

구약성서의 마지막 예언자, 말라기의 메시지와 구조

말라기는 BC 5-4세기의 귀환포로 공동체에게 예언한 예언자다. 그는 포로기 이후의 이스라엘의 종교적 부패에 대하여 개탄하고 규탄한다. 1장은 영적 이완과 해이 상태에 빠져버려 성전 예물을 드리는 때에나 예배를 드릴 때 너무 성의 없는 태도로 나오는 동시대 사람들의 영적 퇴락상황을 비판한다. 병든 제물을 가져오거나 십일조를 바치지 않고 가로채는 것은 하나님의 것을 가로채는 도적이라고 비판한다. 2장은 제사장들의 영적 일탈과 타락에 대하여 말한다. 여기서 레위인들에게 제사장의 직분을 할당한 하나님의 레위 언약을 스스로 깨뜨림으로써 멸시를 당하게 된 제사장들이 강력하게 비판당하고 있다. 3장은 십일조를 바치지 않는 자들을 하나님의 예물 훔치는 자로 단죄하며 자신들의 잘못을 인정하지도 않는 채, "우리가 무슨 말로 주(主)를 대적했습니까?"라고 덤벼드는 자들에게 자신의 잘못을 스스로 깨닫기를 촉구한다. 그들은 도덕적 무정부주의를 유포시키는 말을 한 자들이다. "하나님을 섬기는 것이 헛되니 그 명령을 지키며 슬프게 행하는 것이 무엇이 유익하리요? 지금 우리는 교만한 자가 복되다고 하며 악을 행하는 자가 번성하며 하나님을 시험하는 자가 화를 면한다 하노라"(3:14-15). 4장은 메시야 강림 전에 엘리야의 회개운동이 있을 것을 예언하며, 세례자 요한의 인생 요절 중 하나를 제공한다(4:2).

10강 서론

왕국멸망기와 바벨론 귀환포로시대의 예언자들 예언 개관

이번 시간에는 12소예언서 중에서 호세아, 아모스, 미가 등 세 예언서를 뺀 모든 예언서들을 다 공부하기를 원합니다. 요엘, 오바댜, 요나, 하박국, 스바냐, 나훔, 학개, 스가랴, 말라기 등이 소예언서들입니다. 이 중에 말라기는 제일 뒤에 배치되어 있는 예언서입니다. 말라기가 예언서 중에 제일 늦은 시기에 선포된 예언임을 암시합니다. 물론 말라기가 제일 늦게 쓰인 책이라는 뜻은 아닙니다. 구약성서 중에서 제일 늦게 쓰인 책은 묵시문서라고 불리는 다니엘서입니다. 요엘, 오바댜, 요나, 하박국, 나훔, 스바냐는 BC 7세기 내지 6세기 예언자들입니다. 다음으로 학개, 스가랴, 말라기는 BC 6세기에서 5세기 예언자들입니다.

이들의 큰 주제는 앞서 공부했던 예언서들의 주제와 별로 다르지 않습니다. '지배층 또는 지배적 유력 시민들의 죄를 규탄하고, 하나님의 심판의 정당성을 옹호하고, 하나님의 임박한 심판을 통고함으로써 회개를 촉구하고, 즉시 하나님에 대한 참된 충성을 회복하고, 이웃에 대해서 공평과 정의를 실천하라.' 이런 내용들이 BC 7세기에서 5세기에 등장했던 모든 예언자들의 중심 관심사입니다. 각각의 예언자들이 특별히 부각시킨 개별적인 주제가 있지만, 여기서 그것들을 자세하게 다 다루기는 힘듭니다. 따라서 예언자들이 누구를 상대로 예언했는가를 중심으로 각 소예언서의 주제를 파악해 보려고 합니다. 모든 예언자는 자신의 동시대의 지배권력자들과 유력시민들을 상대로 예언했습니다. 하나님의 심판을 자초한 외국지배력을 규탄하는 예언도 있습니다만, 그 경우에도 그 예언을 들었던 실제 청중은 유다 왕국에 거하는 동포청중이었습니다. 그렇다면, 이 경우에도 규탄되는 외국세력들과 한통속인 자국 내 지배층을 겨냥한 예언인 셈입니다.

학개, 스가랴, 말라기는 바벨론 귀환포로들을 상대로 예언했습니다. 나머지 요엘, 오바댜, 요나, 하박국, 나훔, 스바냐는 전부 다 바벨론 유배 전의 예언자들입니다. 그러나 그들의 예언 맥락들은 거의 대동소이합니다. 다만, 학개와 스가랴는 바벨론 귀환포로들이 두 번째 성전을 지을 때 활약한 예언자였으며, 말라기는 두 번째 성전이 완성되고 나서 활약한 예언자이기 때문에, 공평과 정의 주제가 이전 예언자들, 즉 BC 8－6세기 바벨론 유배시기 이전에 활동했던 예언자들에 비해서 덜 두드러지게 나타납니다.

10강-1

BC 7－6세기 소예언자들 (요엘, 오바댜, 요나, 나훔, 하박국, 스바냐)

이번 시간에는 BC 7－6세기 소예언서, 또는 소예언자들에 대해서 공부하기를 원합니다. 앞서 예언서 개론에서 말씀드렸듯이 소예언서들은 그들의 활동이 미미하거나 정말 존재감이 없는 예언자들의 책이라는 뜻이 아닙니다. 그들이 남겨 놓은 책, 예언의 양이 적어서 소예언서로 불립니다. 따라서 이 예언자들도 마땅히 대예언자로 불리는 이사야, 예레미야, 에스겔같이 정당하게 존중받아야 합니다. 오늘은 소예언자 중에서 요나, 요엘, 하박국, 스바냐, 나훔, 오바댜 등에 대해서 공부하길 원합니다.

여기에서 하나 짚고 넘어가야 할 예언서가 문제적 예언서 요나서입니다. 요나서는 모두 4장으로 구성돼 있죠. 요나서는 매우 익살스럽고 자기비판적인 유머가 있는 책입니다. 그런데 이것이 문제적 예언서가 되는 이유가 무엇인가요? 현재 우리가 가진 요나서 1장 1절을 보면 요나서는 "아밋대의 아들 요나"의 예언이라고 되어 있습니다. 열왕기하 14장 25절에 등장하는 예언자 요나가 바로 아밋대의 아들 그 요나입니다. 그런데 문제는 열왕기하 14장 25절에 나오는 요나는 BC 760－750년 시대에 활동한 예언자였다는 것입니다. 그러니까 요나는 BC 8세기 네 예언자보다 더 앞선 시기에 활동했다는 말입니다. 이 요나는 BC 8세기에 북왕국을 처음으로 비판했던 아모스보다 약간 더 이른 시기에 활동한 예언자입니다. 열왕기하 14장 25절에 따르면, 요나는 여로보암 2세의 영토확장 정책, 또는 부국강병 정책을 지지한 애국심이 가득한 예언자였습니다.

BC 8세기 중엽의 예언자인 이 요나는 지금 요나서에 등장하는 예언자 요나와 이름, 출신지역 등에 비추어 볼 때 동일인으로 볼 여지가 있지만, 나머지 면에서는 서로 겹치지 않는 부분이 나옵니다. 그래서 요나서는 문제적 예언서입니다. 첫째, 열왕기하 14:25의 예언자 요나가 활동하던 시대와 예언서 요나가 다루는 시기가 차이가 나기 때문입니다. 무슨 차이가 납니까? BC 8세기 예언자 요나가 활동하던 시기는 앗수르 제국의 중흥기, BC 760-750년경입니다. 이때는 앗수르 제국이 매우 강력한 패권을 가지고 고대 메소포타미아와 이집트까지 세력을 확장하려고 야망을 펼치던 때입니다. 이때는 북왕국도 오랜만에 국운상승을 경험하던 때이기도 했습니다. BC 8세기 요나의 활동 무대는 북이스라엘 왕국의 부국강병책을 주도하던 여로보암 2세의 치세였습니다. 그는 아직 앗수르 제국의 침략을 경험하지 않았던 시대의 인물입니다. 앗수르 제국과 북왕국 이스라엘이 군사적으로 충돌한 최초의 시기는 BC 732년경입니다. 앗수르 제국의 디글랏빌레셀 3세가 시리아와 아람을 공격하려고 온 시리아-에브라임 전쟁의 종료시점이 북왕국이 처음으로 앗수르 제국의 군사적 예봉을 맛본 때였습니다. 이것은 무엇을 의미합니까? 실제 BC 8세기 요나는 이런 앗수르 제국의 군사적 침략을 보지 못했을 가능성이 아주 크다는 말입니다.

그런데 요나서에 나오는 이 요나는 BC 701년 이후 즉 앗수르왕 산헤립이 니므롯에서 니느웨로 수도를 옮긴 이후의 어느 시점에 등장합니다. 요나서에서 앗수르의 왕도는 니느웨입니다. 요나서는 BC 760-750년대가 아닌 앗수르 제국의 말기 시대(BC 705-612년)와 매우 흡사한 상황을 반영합니다. BC 8세기 요나가 활약하던 그 시기의 앗수르 제국 수도는 니므롯이었기 때문입니다. 니므롯은 요나서 4장에 나오는 앗수르 제국의 왕도 '큰 성 니느웨'와는 다릅니다. 니느웨는 산헤립이라는 앗수르 제국의 왕이 등극한 후에 왕도로 삼은 도시였습니다. 니느웨는 BC 760-750년경 활동했던 애국적 예언자 요나가 활동할 때는 앗수르 제국의 수도가 아니었습니다. 그 당시 니느웨는 좌우를 분변하지 못하는 유청소년 이하 인구 12만 명이 살던 수도가 아닙니다. 고고학에 따르면 BC 700년대의 앗수르 제국 수도 니느웨의 인구는 15만 명 또는 12만 명 정도였다고 합니다.

그런데 요나서의 저자는 BC 8세기 예언자 요나와 BC 7세기 말 역사적 상황을 기묘하게 결합시킵니다. 140년 전 예언자를 등장시켜 그 민족주의적 성향이 강한 예언자가 니느웨라고 하는 앗수르 제국의 수도에 직접 가서, 앗수르 제국이 멸망할 수도 있다는 무서운 예언을 선포하라고 명령받는 상황을 말하고 있습니다. BC 760-750년경 실제로 요나가 살았던 시대는 앗수르 제국이 망할 수 있는 시대도 아니었고, 당시의 수도도 니느웨가 아니었습니다. 그런데 요나서의 요나는 앗수르 제국의 수도였던 니느웨로 가라는 명령을 듣습니다. 이것은 무엇을 의미할까요? 실제 요나와 요나서의 "요나"는 다르다는 것입니다. 요나서의 "요나"는 실제 역사적 "요나"를 바탕으로 창조된 문학적 등장인물이라는 것입니다. 어쨌든 요나서의 요나는 앗수르 제국의 니느웨에 가서 이렇게 외쳐야 했습니다. '니느웨의 악독이 하나님에게 상달되었다.' '회개하지 않으면 이 큰 성읍이 멸망할 수 있다.' 요나서에 따르면 애국심이 많은 요나가 자기 민족을 괴롭혔던 앗수르 제국을 구원하시려는 하나님 계획을 마지못해 순종했습니다. 삼일 동안 걸어 다녀야 도시 전체를 다 답파할 수 있었는데 요나는 단 하루만 걸으면서 "사십 일이 지나면 니느웨가 무너지리라"고 외쳤습니다. 요나가 니느웨성의 멸망 추이를 지켜보기 위해서 박넝쿨 안에 초막을 짓고 삽니다. 이때 박넝쿨이 그늘을 만듭니다. 요나가 그 그늘 밑에서 니느웨성이 과연 어떻게 되는가 지켜봅니다. 박넝쿨이 그늘이 되어서 그를 시원하게 만듭니다.

그러는 사이 요나의 예상과 달리 니느웨성 주민 모두-좌우 분변이 안 되는 미성년자 12만 명 포함-와 가축까지 재를 뒤집어쓰고 회개하여 하나님의 용서를 받아버렸습니다. 자기 민족의 원수 니느웨가 망하기를 원했는데, 하나님의 너무나 넓고 사랑이 많은 마음씨 때문에 원수가 구원을 받았습니다. 경악스럽게도 이스라엘 거주민들과 달리 니느웨 주민들은 모두 일치단결해 회개하는 놀라운 역사를 일으킵니다. 이때 애국심이 가득 찼던 요나가 하나님의 이 넓은 사랑 때문에 실족하고 자기 원수를 용서하는 하나님의 사랑 앞에 좌절감을 느낍니다. 그래서 요나는 차라리 자기를 죽여 달라고 하나님께 요구합니다.

그러는 사이에 하나님께서 요나를 회개시키기 위해 벌레를 보내서 박넝쿨을 다 갉아먹게 하여 요나가 일사병에 걸릴 만큼 뙤약볕 아래 다시 노출되게 합니다. 이때 요나가 짜증을 냅니다. 그때 하나님께서 요나에게 나타나서 당신의 속마음을 털어놓습니다. '벌레가 갉아먹어 없앤 그 호박넝쿨 하나 때문에 마음 상해하는 네가 내 마음을 이해하겠느냐? 이 도시에는 선악을 분변하지 못하는 사람 12만 명이 살고 있다. 12만 명이 살고 있는 이 큰 도시가 멸망되는 것이 나에게 몹시도 슬프고 애통한 일이다. 이 도시가 얼마나 나에게 아깝겠는가? 내가 니느웨를 살려주고 용서하는 것이 뭐가 그리 고까운 일이냐?' 하나님의 익살스러운 역습입니다. 정상적이라면 요나는 하나님의 이 넓고 큰마음을 이해하여 아멘으로 응답하면서 '감사합니다'라고 말하면서 마무리를 했어야 했습니다. 그런데 요나는 끝내 분이 풀리지 않은 채 이 이야기가 끝납니다.

그래서 요나서 저자는 결국 역사적 인물인 요나를 통하여 자기비판적 해학과 자기조롱의 익살을 제시합니다. 이처럼 요나서는 외국인을 배척하고 열방을 배척하는 배타주의적 선민사상을 스스로 비판하는 예언서라고 할 수 있죠. 요나서는 성경의 저작목적대로 교훈과 책망과 의로 교육하기에 아주 유용한 책입니다(딤후 3:16). 교훈과 책망은 뭐죠? 이스라엘의 선민적 자부심, 선민적 자기중심성을 비판하고 열방 모두를 사랑으로 품는 하나님을 받아들이라는 거죠. 결국 요나서는 '좀 더 다른 시대'로 재배치된 역사적 예언자가 약간 허구적으로 설정된 무대에서 활동하는 이야기입니다. 하지만 전적으로 허구적인 이야기는 아닙니다. 요나는 살아 있었던 예언자이고, 요나의 애국주의적인 정서도 널리 알려진 진실입니다. 그런데 요나가 자기가 살던 시대보다 140년 정도 더 후대인 미래시대에 와서 활동하는 것처럼 보이는 이 부분은 일종의 문학적 장치입니다. 그럼에도 불구하고 요나서는 우리에게 교훈과 책망과 의로 교육하기에 합당한 정경으로 수용됩니다. 요나서를 읽을 때 "실제 요나" 예언자와 약간 후대 시점에 와서 활동하는 "요나서의 요나" 사이에 약간의 차이가 있다는 사실을 알고 있는 것이 좋습니다. 이런 차이에도 불구하고 요나서는 성경의 가치, 정경 가치를 조금도 잃지 않습니다. 우리는 요나서에 기록된 그대로, 모든 그 세부사항이 그대로 일어났기 때문에 요나서를 영감받았다고 말하지 않습니다. 요나서가 말하는 중심 메시지가 하나님의 영감을 받은 원리이자 원칙이기 때문에 요나서가 하나님의 영감으로 쓰였다고 믿습니다. '하나님의 넓고 크신 사랑 때문에 우리 선민은 좌절당하지 말아야 한다.' '선민의 배타성으로 외국인을 배척하려는 이 잘못된 마음을 고쳐먹어야 한다.' 이 원칙을 강조하는 요나서의 메시지를 우리는 영감받은 메시지라고 보는 거죠. 요나서를 과거 역사에 무슨 일이 일어났는가를 알려주는 정보적 자산이 아니라, 과거의 이스라엘 사람들이 터득한 신앙원리와 원칙을 가르쳐주는 정경으로 읽어야 한다는 뜻입니다.

요약하자면, 요나서는 보통 예언서와는 다른 단편소설적 형식을 띤 우화적 예언입니다. 요나서 저자는 애국심이 많은 요나를 등장시켜서 외국인을 배척하는 관점이 어떻게 고쳐져야 하는가를 익살스럽게 보여줍니다. 외국인을 배척하는 감정이 가득찬 역할을 하는 요나가 이스라엘을 멸망시킨 원수 나라도 용서하시고 구원하시는 하나님의 너무 크고 보편적인 사랑과 자비에 의해 거의 실족당합니다. 요나서의 예언자 요나는 이스라엘과 유다를 괴롭혔던 원수 나라인 앗수르 제국을 영접하고 포용하고 앗수르 제국까지 구원하시려는 하나님의 넓고 큰 사랑에 실족하여 니느웨 거민들이 끝내 회개하고 용서받는 장면을 보고 죽고 싶다고 불평합니다. 이렇게 거의 실족한 요나를 익살스럽게 놀리는 하나님의 말씀으로 요나서는 마무리됩니다. "여호와께서 이르시되 네가 수고도 아니하였고 재배도 아니하였고 하룻밤에 났다가 하룻밤에 말라 버린 이 박넝쿨을 아꼈거든, 하물며 이 큰 성읍 니느웨에는 좌우를 분변하지 못하는 자가 십이만 여 명이요 가축도 많이 있나니 내가 어찌 아끼지 아니하겠느냐 하시니라"(욘 4:10-11).

요나서에 대한 해석이 조금 길었는데요. 요나서 외에도 이제 BC 7-6세기에 활동한 예언자 중에서 우리가 다뤄야 될 인물이 많습니다. 요엘과 스바냐입니다. 요엘서와 스바냐는 둘 다 세 장으로 된 예언서로 내용이 적습니다. 둘 다 특징은 "여호와의 날"을 중심으로 일어날 일들에 대한 예언이라는 점입니다. 요엘과 스바냐는 둘 다 야웨께서 결정적으로 심판하시는 날에 대해 말하고 이 결정적인 심판이야말로 구원의 날이 될 것임을 변증법적으로 역설합니다. 요시야왕 치세부터 예언했던 스바냐는 여호와의 날이 이스라엘의 죄를 정결케 하고 이스라엘을 과거와 단절시키는 심판의 날이 될 것이지만, 이 심판 속에는 이스라엘의 새로운 미래가 잉태되고 있다는 사실을 강조합니다. 정결케 된 남은 자들이 이스라엘의 미래를 열어갈 사람들이라는 것입니다. 스바냐서 1장은 하늘의 뭇별을 숭배하는 우상숭배자들과 여호와 하나님의 무기력과 무능력을 조롱하는 자들에게 임할 여호와 하나님의 큰 날을 말합니다. 2장은 여호와의 분노의 날을 피할 수 있는 길에 대하여 먼저 이야기합니다. "여호와를 찾으며 공의와 겸손"을 구하는 자들에게는 피할 길이 열립니다. 2장 나머지는 블레셋의 가자(Gaza), 모압, 암몬, 구스, 앗수르, 니느웨에 대한 임박한 심판예언입니다. 이 심판의 결과는 여호와 하나님이 세상의 모든 신들을 쇠약하게 하여 이방 사람들도 각각 자기 처소에서 여호와 하나님을 예배하게 될 날이 도래하는 것입니다. 3장은 예루살렘에게 임할 징벌과 그 징벌 후에 예루살렘이 받게 될 위로를 말합니다. 하나님이 남겨둘 곤고하고 가난한 백성, 그들은 야웨의 이름을 의지하고 보호를 받을 것이며 열방으로 쫓겨난 모든 하나님의 백성이 다시 예루살렘에 돌아와 하나님의 기쁨이 될 것입니다.

요엘서도 세 장으로 구성돼 있죠. 요엘서의 경우 저자가 활동한 시기를 알려줄 왕의 치세가 어디에도 발견되지 않습니다. 주 청중인 시온의 거민들에 대한 예언이 주를 이룹니다. 요엘서는 BC 7－6세기 중 예루살렘 성전이나 제사장들이 아직 건재했을 때 어느 시점에 선포되었던 예언입니다. 다만 3장 6절에 "헬라 자손"이라는 언급이 나오는 것에 비추어 볼 때 요엘서의 최종편집은 BC 2세기 때에 이뤄진 것이 아닌가 짐작해 볼 수 있습니다. 다니엘서 10장과 스가랴 9장 외에 "헬라 자손"을 의미 있게 언급하는 구절은 요엘서 3장이 거의 유일합니다. "또 유다 자손과 예루살렘 자손들을 헬라 자손에게 팔아서 그들의 영토에서 멀리 떠나게 하였음이라"(8절). 여기서 헬라 자손은 BC 168년 이후에 일어난 마카베오 독립전쟁을 언급하는 것처럼 보이기 때문입니다. 또 3장 10절 이하에 나오는 전쟁을 위한 무장독려 구절도 마카베오 항쟁 참전을 북돋우는 맥락으로 보이기도 합니다.[3] 마지막으로, 1:4의 네 곤충이 이스라엘을 유린한 네 제국을 가리키는 것으로(참조. 단 2장) 이해될 수 있음을 고려하면, 팥중이는 앗수르, 메뚜기는 바벨론, 느치는 페르시아, 그리고 황충이는 헬라 제국을 가리키는 것으로 읽을 수 있을 것입니다. 이렇게 보면 요엘서는 BC 2세기 오늘날의 모습으로 최종편찬되었을 가능성이 큽니다.

요엘서는 팥중이, 메뚜기, 느치, 그리고 황충이가 먹어버린 세월, 심판으로 내동댕이쳐진 그 모든 세월을 위로로 다시 갚아주시겠다는 하나님의 약속을 부각시킵니다. 지난 세월에 이뤄진 모든 부정적인 하나님의 심판과 고난 가득 찬 날들도 하나님이 다시 허락하실 영광스러운 미래, 회복된 미래에 비하면 조금도 크고 부당한 것이 아니라는 점을 강조합니다. 하나님의 심판보다, 아예 심판을 망각하게 만드는 더 위대한 회복과 약속된 미래가 있을 것이라는 것입니다. 1장은 임박한 여호와의 날에 대비하여 제사장들을 경각시키고 대비시키는 내용입니다. 2장은 여호와의 심판과 재앙의 날을 대비하여 시온의 지도자들과 거민들에게 거족적인 회개의례를 준비하라고 다그치는 내용입니다. '회개하라'는 호소가 주조음을 이룹니다. 2장은 이방인의 침략을 목전에 둔 위기상황에서 선포된 예언입니다. 2장 28절부터 32절은 사도행전 2장에서 사도 베드로가 오순절 성령강림 사건을 풀 때 인증(引證)하고 인용한 말씀입니다. '말세에 여호와의 영이 임하면 모든 이스라엘 남녀노소 모두 다 미래사회를 꿈꾸고, 하나님이 가져올 시대에 대한 예언적 기대로 가득 차게 된다'는 내용입니다. 하나님이 가져올 미래는 이스라엘이 지난 시절에 겪었던 모든 부정적인 황폐한 시간들을 다 상쇄하고도 남는다는 것입니다. 이 점에서 요엘서는 스바냐서와 일맥상통합니다. 다만, 요엘서는 '회개'의 중간과정 없이도 하나님이 절대주권적으로 선사하실 미래를 말하는 데 비하여, 스바냐서는 이스라엘 중에서 심판의 불꽃을 거치되, 하나님 심판의 정당성을 승인한 사람만이 역사에 살아남는 자가 될 수 있다고 말합니다. 즉 이전의 민족적, 국가적 죄악 때문에 심판을 받고도 정결케 되어 생존한 자들만이 하나님의 구원역사를 계속 계승할 자격이 있다는 것입니다. 어찌 됐든, 이렇게 서로 다른 사실적인 심판 묘사에도 불구하고 스바냐서나 요엘서 둘 다, 심판을 잊게 만들고 심판을 더 이상 생각나지 않게 만들 정도로 위대하고 감미로운 하나님의 회복이 있을 것임을 역설하는 것은 놀라운 점입니다. 이런 점에서 스바냐 3장 17절은 유명하죠. '여호와께서 즐거움과 기쁨을 참지 못하시며 이스라엘을 잠잠히 사랑하신다'는 예언입니다. 이스라엘을 다시 감미로운 하나님의 자녀로 불러주고 친근히 사랑해 주신다는 이야기입니다. 이처럼 요엘과 스바냐가 거의 같은 주제로 움직인다는 것을 기억해 주시기 바랍니다. 요엘서 3장은 시온을 노략하고 유린한 열방들을 축출하고 다시 시온을 회복해서 시온에 좌정하시게 될 야웨 하나님을 찬양합니다. 3장은 마카베오 독립항쟁으로 시온과 예루살렘을 회복할 것을 내다보거나 이미 이뤄진 시온탈환과 예루살렘 회복이 마치 예언된 하나님의 말씀이 성취된 것으로 파악하는 것처럼 보입니다. 다시 시온에 거하는 여호와 하나님에 대한 찬미로 요엘서는 마무리됩니다.

모두 세 장으로 된 나훔서는 앗수르 제국의 몰락을 기뻐하는 민족주의적인 예언서입니다. BC 605년에 신흥 바벨론 제국이 갈그미스(Carchemish) 전투에서 앗수르 제국을 격파하고 중근동의 결정적인 패권을 쥐게 됩니다. 물론 앗수르 제국은 수도 니느웨가 함락된 BC 612년에 사실상 망했다고 봐야 됩니다. 1장은 앗수르의 왕도 니느웨에 대한 하나님의 진노를 다루고, 이것이 오히려 유다에게는 아름다운 소식으로 화평의 복음이 된다는 점을 강조합니다. "볼지어다. 아름다운 소식을 알리고 화평을 전하는 자의 발이 산 위에 있도다"(1:15). 앗수르 제국이 다시 유다 가운데로 통행할 일이 없을 것임을 기뻐합니다. 2장은 니느웨를 공격하고 함락시키는 침략군의 공격을 자세하게 보도합니다. 하나님이 친히 니느웨의 대적이 되어 앗수르의 병거, 젊은 용사들, 그리고 유다에 파견된 앗수르의 사자들을 멸할 것입니다(13절). 3장은 느치 같고 메뚜기 같은 앗수르의 상인들과 장수들의 몰락과 패망을 예언합니다. 앗수르에게 행패를 당한 사람들이 재기불능의 치명상을 입고 쓰러진 앗수르를 보고 손뼉을 치는 모습을 보여줌으로써 3장은 마무리됩니다.

앞에서 우리가 살펴본 요나서와 앗수르 제국에 대한 심판예언을 담은 나훔서는 주제적으로 대척점을 이룹니다. 구약성경이 모순병치적인 내용을 많이 담고 있다는 사실이, 참 이상하죠? 니느웨의 멸망을 기뻐하고 니느웨에 행해진 심판을 오히려 하나님의 정의라고 기뻐하는 나훔서도 성경에 포함되어 있고, 니느웨가 하나님께 극적으로 용서받고 구원받는 것을 보고 실족한 옹졸한 민족주의적 예언자 요나를 익살스럽게 놀리는 요나서도 구약성경에 들어 있습니다. 요나서와 나훔서는 겉으로 볼 때 서로 대척적인 지점에 있습니다. 그런데 앗수르 제국의 몰락을 기뻐하는 나훔서도 하나님의 말씀이고, 앗수르의 구원을 보고 마음이 상해버린 민족주의적 예언자를 은근히 비판하는 요나서도 정경에 들어갑니다. 민족주의 정서를 약간 익살스럽게 비판하면서 민족의 원수인 앗수르 제국마저도 하나님께 회개하면 구원받을 수 있고, 하나님은 앗수르 제국의 구원자도 될 수 있다고 말하는 이 보편주의적인 하나님을 찬양하는 것이 요나서입니다. 요나서와 나훔서는 각각 서로 모순적인 상황을 다룹니다. 그런데 성경은 나훔서와 요나서를 동시에 품으며 어느 하나를 갖고 다른 하나를 무효화하지 않습니다. 이것은 뭘 가리킬까요? 요나서와 나훔서 둘 다를 동시에 갖는 게 성경입니다. 그래서 "성경적"이라고 할 때, 그것은 "모순병치적인", "모순포용적인", 또는 "훨씬 더 차원 높은 종합주의적인" 이런 뜻입니다. 그래서 우리가 어떤 사람과 논쟁할 때 "성경대로 해보자"라고 말하면서 자기 주장이 옳다고 주장하기가 쉽지 않습니다. 또는 "성경을 찾아보자"고 말하는 것도 매우 단순한 논리입니다. 성경에는 한 주장과 그것을 상대화시키는 다른 주장이 각각 자기 자리를 차지하고 있기 때문입니다. 그래서 앗수르 제국의 몰락을 기뻐하는 나훔서와 앗수르 제국의 회개와 구원을 기뻐하는 요나서가 같이 있는 것이 성경입니다.

나훔서 외에 한 장으로 된 오바댜서가 있습니다. 오바댜서도 유다 왕국이 바벨론에게 멸망당할 때 바벨론을 도와서 유다를 노략질했던, 인근 나라 에돔에 관한 심판예언입니다. 에돔 족속을 응징하고 심판해 달라고 요청하는 예언입니다. 여기서 저주받는 "에돔"은 누구입니까? 이웃 유다가 외국의 침략을 받아 환난에 처했을 때, 이웃을 돕기보다는 이웃의 약점을 이용하여 이웃을 노략질하고 극악무도한 방식으로 자기 이익을 추구하는 만행을 저지르는 자가 여기서 저주받는 에돔입니다. 인류혐오 범죄에 해당되는 죄악자행이 에돔의 만행입니다. 이때 여기에서 중요한 것은, 에돔은 유다의 인접한 이웃이라는 사실이며 형제부족의 나라라는 사실입니다. 유다는 야곱의 후손이요, 에돔은 야곱의 쌍둥이 형 에서의 후손입니다. 인접한 이웃의 역할은 뭐죠? 돕고 방조하는 것입니다. 유다가 곤경에 처할 때 가장 진실하게 도와주기로 기대된 사람이 에돔이었다는 것입니다. 그런데 에돔은 유다가 곤경에 처했을 때 유다의 곤경을 이용하여 유다를 극한 수준으로 노략질하고 능욕했습니다. 결국 에돔에 대한 저주예언으로 가득한 오바댜가 정조준하는 청중은 누구입니까? 오바댜서는 이웃의 환난을 빌미 삼아 극악무도한 방식으로 자기 이익을 추구하는 모든 만행에 대한 저주예언입니다. 이것은 특정종교가 가르치는 윤리나 도덕이 아닙니다. 지금도 우리에게 적용될 수 있는 윤리입니다. 우리는 이웃에 대해서, 이웃의 곤경에 대해서 극악무도한 방식으로 자기 이익을 추구하는 자기복무적인 접근을 하지 말고, 환난 당한 이웃을 돕기 위하여 상호부조적인 이웃 사랑으로 응답해야 된다는 거죠.

다음에는 하박국서입니다. 하박국서는 모두 세 장으로 구성돼 있는데요. 하박국은 예레미야와 거의 동시대 사람입니다. 1장은 하나님의 백성 유다보다 훨씬 더 극악무도한 바벨론을 통해 유다를 심판하는 하나님의 처사가 과연 정당한가를 따져 묻는 예언자 하박국의 항변을 담습니다. 2장은 하나님의 응답입니다. 유다를 노략질한 교만한 바벨론 제국도 당연히 하나님의 심판으로 굴욕과 멸망을 맛보게 될 것이라는 응답입니다. 아울러 하박국 예언자는 잔인무도한 바벨론을 통해 하나님의 백성을 심판하는 이 기이한 사태를 보고 실족하지 말고 하나님에 대한 굳은 충성심, 의로움을 견지할 것을 강조합니다. 하박국서 2장 4절은 사도 바울이 말한 이신칭의(justification by faith)를 말합니다. "오직 의인은 그의 믿음으로 말미암아 살리라" 하나님의 심판 과정과 계획이 다소 이상해 보여도 하나님을 신실하게 믿는 의인이 대파국적 역사에서 살아남아 하나님을 끝까지 믿을 수 있다는 것입니다. 하박국의 가시 돋친 질문들이 하나님의 응답을 받아낸 셈입니다. '유다보다 훨씬 더 야만적이고 사악한 바벨론이 어찌하여 유다의 심판자로 기능하는가?' '훨씬 더 불의한 바벨론이 상대적으로 의로운 하나님 백성을 이렇게 노략질하고 침략하는 것이 과연 옳은 것인가?' 일종의 신정론(theodicy) 질문이죠. 신정론은, 참혹하고 불의한 역사를 보고도 왜 하나님은 가만히 있는가, 과연 하나님이 정의로운가를 묻는 분야의 학문입니다. 하박국의 질문을 확장해 보면, '어떻게 저 불의하고 나쁜 나라 바벨론이 세계패권을 쥐고 있는가? 훨씬 공정하고 훨씬 의로운 국가가 많은데, 왜 저 악하고 힘만 센 세계패권국가인 바벨론이 세계 운명을 좌우하는가?' 이런 질문들이었을 것입니다.

그런데 2장에서 주어진 하나님의 답변을 풀어쓰면 이런 뜻입니다. '심장과 폐부를 시험하는 하나님을 끝까지 믿고 시험에 들지 말라. 악한 자가 형통하며 세계 운명을 지배하는 것처럼 보이는 이 외견상의 현실을 보지 말고, 이 현실 너머에서 작동하는 하나님의 집요한 신실성을 붙들라. 인간의 눈을 미혹할 정도로 부조리해 보이는 이 현실 너머에서 하나님 역사는 항상 이뤄지고 있다. 모든 악을 심판하고, 모든 불의를 바로 잡으시는 이가 이 역사를 지탱하고 있다. 이 사실을 믿는 사람이 의인이요 의인이야말로 모순에 가득 찬 역사의 파도에 휩쓸리지 않고 살아남을 수 있다.' 확실히 우리 눈에는 악한 자가 형통해 보이고, 불의한 자가 빨리 출세하는 것처럼 보일 수 있습니다. 도덕적으로 아주 열등한 사람들이 온갖 편법을 다 동원하여 세계만민의 운명을 좌우하는 것처럼 보입니다. 그런데 이것은 하나님이 우리를 시험하는 과정입니다. 이런 역경 속에서도 하나님의 의, 곧 하나님의 집요한 신실성과 공평과 정의가 역사를 지탱해 온다는 사실을 믿는 사람이 바로 의인이라는 거죠. 그래서 하나님의 공평과 정의를 의심하게 만드는 바벨론의 득세, 바벨론의 세계패권 장악, 이것은 눈에 잠깐 보이는 파도와 거품 같은 현상이라는 겁니다. 2장은 하나님의 궁극적인 심판계획은 유다가 아니라 바벨론에 대한 것임을 깨닫게 합니다. 세계만민을 노략질하고 초토화시켰던 바벨론을 하나님이 제일 마지막에 세계만민이 보는 앞에서 재기불능의 강도로 심판하실 때, 바벨론에게 유린당했던 모든 열국은 오히려 위로받습니다. 그래서 바벨론이 잠시 승리하는 것처럼 보이는 이 무시무시한 외견상의 부조리성 때문에 하나님의 정의를 의심하면 안 된다는 것이죠. 하나님께서는 이 바벨론의 야만적인 손안에 하나님 당신의 백성을 집어던진 것처럼 보였지만, 궁극적으로 바벨론을 심판하므로 오히려 하나님은 이스라엘을 위로하신다는 거죠.

그래서 하박국 1장은 잔혹한 바벨론 제국이 세계를 유린하고 사악한 지주들과 상류층 사람들이 가난한 사람들을 압제하는 현실을 보고, 하나님의 정의를 계속 믿기 힘들어하는 예언자 하박국의 심리상태를 보여줍니다. 그런데 하나님께서 2장에서 응답합니다. 2장 4절에 나온 응답의 핵심입니다. '그렇다. 세계사의 진행을 보면 나(하나님)의 정의를 의심할 수 있는 상황이 많다. 그러나 나의 의, 나의 공평과 정의의 세계 지배는 의심의 대상이 될지언정 한 번도 작동을 멈춘 적이 없다. 그러므로 모든 의인들, 모든 신실한 사람들은 나의 심판의 정당성을 믿을 뿐만 아니라 바벨론의 저 부조리한 힘을 통하여서라도 세계를 심판하고, 세계를 바로잡으려는 나의 정의의 복원력을 믿어야 한다.' 2장은 이 진리를 강조합니다. 그래서 2장 4절이 매우 중요합니다.

3장은 하박국의 찬양기도문입니다. 3장은 하나님의 백성을 구원하시려고 악인의 집의 머리를 치시고 그 기초를 바닥까지 드러내는 열국심판을 다룹니다. 3장은 마침내 바벨론 제국에 대한 심판이 집행되고 나서 찾아오는 하나님 백성들의 구원과 위로를 다룹니다. 3장 17절부터 19절이 매우 중요합니다. '포도나무에 열매가 없고 감람나무에 열매가 없으며, 외양간에 소가 없어져도 나는 여호와로 인하여 기뻐한다.' 하박국은 하나님의 심판으로 모든 재산을 잃어도 세계 속에 살아계시고 악인을 심판하고 의인의 미래를 열어주시는 하나님의 살아계심에서 위로를 느낍니다.

우리가 사는 현실사회도 하박국과 같은 문제를 제기할 만한 사회입니다. 하박국은 하나님의 정의를 의심할 수밖에 없는 악인의 야만시대, 불의한 자들의 폭력시대, 잔악한 나라의 패권시대에 살았습니다. 그러면서 하나님 앞에 신실하게 사는 것이 무슨 의미가 있는가를 질문했고 끝내 응답을 받았습니다. 하나님의 정의를 의심하게 만들었던 그 바벨론 제국도 궁극적인 하나님의 심판 칼날을 피하지 못한다는 사실을 확신하고 믿음을 유지했습니다. 바벨론 제국의 철두철미한 파괴와 붕괴, 그것은 이사야 13－14장에 잘 나와 있습니다. 바벨론 제국에 대한 철저한 심판과 응징은 바벨론 제국에서 유린당했던 모든 만민에 대한 위로로, 회복으로 나타납니다.

제가 아까 말씀드렸지만 이 주제는 예레미야와 동시대 인물, 스바냐 예언자를 다시 생각나게 합니다. 스바냐서에 대해서는 아까 제가 이미 말씀드렸죠? 약간 복습합니다. 스바냐서에 따르면, 여호와의 정결케 하는 날, 여호와의 심판하는 날, 여호와의 구원하는 날이 똑같다는 겁니다. 여호와의 날은 심판으로 나타났다가 심판 속에서도 하나님의 정당성을 인정하고 심판의 정당성을 수용한 사람들은 이 심판 속에서 하나님의 구원을 보고, 변증법적으로 오히려 새로운 출발을 본다는 겁니다. 그래서 스바냐서 1장은 정결케 된 자들의 회복에 관한 예언입니다. 2장은 이스라엘 민족을 유린했던 열방들이 받을 벌을 말합니다. 3장은 예루살렘이 받을 형벌과 마침내 이 형벌을 넘어 오게 될 하나님의 신적 견인과 보호에 대해서 말합니다. 마침내 굴욕당했던 하나님의 심판의 대상이었던 시온은 하나님 나라 안에서 다시 회복됩니다. 시온은 하나님의 위로를 경험하는 가장 극적인 장소가 됩니다. 스바냐서는 모든 예언서를 관통하는 변증법적 구원서정을 잘 보여줍니다.

이번 시간에는 소예언서 6권에 대해서 간략하게 살펴봤습니다. 앞서 말했듯이 소예언서는 각각 매우 중요한 주제를 가지고 있기 때문에 절대로 무시당할 수 없는 책들입니다. 이상입니다.

10강-2

BC 6-5세기 예언자들: 학개, 스가랴, 말라기

이번 시간에는 바벨론 포로기 이후에 활동한 예언자들 학개, 스가랴, 말라기에 대해서 공부하기 원합니다. 제가 앞선 강의에서 바벨론 포로기의 신앙적 또는 신학적 의의에 대해서 말씀드렸죠. 바벨론 포로기는 외견상으로는 역사의 단절기입니다. 이 단절기의 의미는 가나안 땅 정착시대 종료와 함께 이스라엘 국가기간요원, 조금 구체적으로 말하면 유다 왕국의 국가기간요원들이 모조리 바벨론으로 끌려가는 데서 발견됩니다. 유다 왕국의 지배층과 그 자녀들 만 명 정도가 70년 동안 바벨론에서 포로생활을 하죠. 어떻게 해서 70년 동안의 바벨론 포로살이인가? 이것은 사람마다 해석이 다릅니다. 예레미야 25장 11절에 보면 바벨론 포로생활이 70년간 계속될 것이라고 말합니다. 역대하 36장 21절에는 어떻게 해서 70년의 유배생활이 나왔는가에 대한 실마리가 나옵니다. 출애굽기 21장과 23장(노예해방법), 레위기 25장(안식년법), 그리고 신명기 15장(면제년법)에는 이스라엘의 오래된 법령인 히브리 동포노예 해방법, 면제년법과 안식년법이라는 법이 있습니다. 안식년(쉬나트 샵바톤)법은 7년에 한 번씩 땅을 휴경하고, 가난한 자들이 그 휴경된 땅에서 자연스럽게 열린 소출을 먹게 만드는 제도입니다. 토지를 배타적 사유재산으로 보는 개념이 아니라 땅을 6년 동안은 자기가 소유하지만 7년째 땅에서 나오는 곡물은 가난한 사람들과도 나눔으로써 땅의 상대적 소유를 강조하는 겁니다. 이스라엘은 이런 안식년을 7년에 한 번씩 지켜야 했습니다. 안식년을 7년에 한 번씩 지켜야 되는 또 다른 자연적 이유가 있었습니다. 이스라엘 땅 자체가 자연 지리적으로 볼 때 표층이 좀 얇았습니다. 밑에 석회석이 깔려 있어서 휴경하지 않으면 토질의 비옥도를 담보할 수 없었습니다. 그래서 이스라엘은 7년에 한 번씩은 땅을 휴경하여 토지의 생산성, 비옥한 힘을 유지해야만 했습니다. 땅에 무슨 자비를 베푸는 것이 아니라 사람들의 생존 자체의 가능성을 제고하기 위함이었습니다. 땅을 휴경하니까 당연히 노동력이 필요 없었겠죠? 그래서 땅을 휴경하면서 그동안 채무노예가 되었던 동포들을 풀어줍니다. 이것이 안식년법 또는 면제년법입니다. 그러니까 땅의 휴경과 노예가 된 동포를 풀어주는 것은 같은 겁니다. 이런 안식년을 일곱 번 지키면 49년이 지나가겠죠? 49년이 지나고 다음 안식년, 즉 이 대안식년을 희년(禧年)이라고 말합니다. 희년은 레위기 25장에 나오죠? 레위기 25장 23절 이하에 나옵니다. 희년은 히브리어로 쉬나트 요벨입니다. '나팔의 해'라는 뜻입니다. 나팔을 불면 모든 종된 사람들이 각기 원래 자기 땅으로 돌아가는 해방의 날이 시작된다는 의미였습니다. 히브리어 요벨의 음역이 영어로 쥬빌리(jubilee)가 되었습니다. 쥬빌리가 '나팔의 해'라는 뜻입니다. 나팔 부는 해, 해방의 복음이 들리는 해라는 뜻입니다.

그러니까 바벨론 포로생활은 땅을 휴경하고 땅을 경작하는 데 동원됐던 동포 노예들을 풀어주는 일을 일흔 번 동안 불순종한 이스라엘 백성들에 대해서 하나님이 한꺼번에 되갚음을 하는 것이죠. 일흔 번 동안이나 안식년을 지키지 못한 땅을 일괄 정산하여 안식년을 주는 것이 70년 바벨론 포로생활입니다. 이 말이 무슨 뜻이죠? 유다의 지배층이 70년간 바벨론 땅에 쫓겨감으로써 하나님이 선물로 준 땅을 경작할 수 없게 만듭니다. 열왕기하 25장이나 예레미야 52장에 보면 지배층이 다 유배 가고 난 그 자리를 가난한 농민들이 채워 포도원을 가꾸는 땅의 경작자가 됩니다. 그동안 가난한 농민들을 부려먹고 하나님이 주신 땅을 독점하고 탐욕을 충족시켰던 지주들, 고관대작들 등 모든 지배층들은 전부 다 땅을 빼앗기고 바벨론으로 끌려갑니다. 대신 남겨진 빈천한 농민들이 땅의 경작자가 됩니다. 너무 역설적이죠. 그래서 바벨론 포로생활은 상상 외로 엄청난 충격을 준 사건이죠. 이상한 방법으로 토지정의가 회복된 사건이기도 했습니다.

지배층의 바벨론 유배는 그것이 가져온 좋은 결과가 있었다고 하더라도 당대 사람들에게는 처음부터 끝까지 불행한 재난으로 보였을 것입니다. 국가단절, 왕조단절, 역사단절, 그리고 예배와 제사의 단절이었습니다. 그런데, 유다의 지배층에게 압제 받던 하층민의 입장에서 보면 그것은 기득권 체제의 완전한 붕괴였습니다. 기득권 체제의 붕괴는 보통 혁명을 통해서 일어나죠? 그런데 이스라엘(유다)은 외부적으로 전쟁이 일어나서 기득권 체제를 전복시켜 버렸습니다. 외부 세력, 즉 바벨론 제국에 의해서 유다 왕국의 지배층들이 궤멸됐죠. 이 일이 BC 605년부터 시작됩니다. BC 605년은 바벨론이 이스라엘 국경 북쪽 시리아의 갈그미스까지 와서 앗수르 제국의 주력군을 궤멸시킨 해였습니다. BC 597년 1차 바벨론 유수(幽囚)가 일어났습니다. 이때 열여덟 살 소년 왕 여호야긴이 왕위에 오른 지 석 달 만에(왕하 24:18) 바벨론 제국의 느부갓네살에게 잡혀 바벨론으로 끌려갑니다. 유명한 예언자 에스겔도 25세의 나이로 이때 같이 바벨론으로 끌려갑니다. "14 그가 또 예루살렘의 모든 백성과 모든 지도자와 모든 용사 만 명과 모든 장인과 대장장이를 사로잡아 가매 비천한 자 외에는 그 땅에 남은 자가 없었더라 15 그가 여호야긴을 바벨론으로 사로잡아 가고 왕의 어머니와 왕의 아내들과 내시들과 나라에 권세 있는 자도 예루살렘에서 바벨론으로 사로잡아 가고 16 또 용사 칠천 명과 장인과 대장장이 천 명 곧 용감하여 싸움을 할 만한 모든 자들을 바벨론 왕이 바벨론으로 사로잡아 가고"(왕하 24:14-16).

BC 586년에는 제2차 바벨론 유배가 일어납니다. 국가의 완전멸망이 일어난 해입니다. BC 582년에는 제3차 바벨론 유배가 일어났습니다(렘 52:28-30). 바벨론이 임명한 유다 총독(대리통치자) 그달리야를 죽인 다윗왕조의 복위파들(이스마엘)과 그들에게 동조한 유다 백성을 바벨론으로 끌어갔습니다.

그런데 이 세 차례 유배보다 더 이전인 BC 605년 어간에도 잡혀간 왕(이집트의 느고왕에 의해 여호아하스 하맛 땅에 억류)과 바벨론 포로들도 있습니다. 다니엘서에 보면 BC 605년 이때는 다니엘과 유다의 포로들 일부가 잡혀갔던 것으로 보이지만, 대규모 국가 엘리트가 잡혀간 것은 BC 597년입니다. 이때 잡혀간 유다의 왕은 여호야긴왕입니다.

그 후 약 10년 또는 11년이 지난 BC 586년에 유다 왕국, 예루살렘 성벽, 그리고 예루살렘 성전 모두 다 파괴됩니다. 이때 마지막 시드기야왕이 눈알이 뽑힌 채 끌려갑니다. 시드기야왕이 문자적으로는 유다의 마지막 왕입니다. 그도 요시야의 아들입니다. 요시야의 아들이었던 시드기야왕이 눈알이 뽑혀서 왕자와 함께 바벨론에 끌려가면서 나라가 절단됩니다. 그래서 바벨론 포로생활이 시작됩니다. 그런데 70년 바벨론 포로생활을 계산해 보세요. BC 597을 시작년으로 삼아 70년을 계산하면 어떻게 됩니까? BC 527년이 되겠죠. 만약 BC 605년부터 계산하면 어떻게 됩니까? BC 605년부터 계산하면 535년이죠. 이때 바벨론 포로생활이 끝났다는 거죠. 다니엘과 그의 친구들이 바벨론으로 끌려갔던 BC 605년부터 포로생활이 시작되었다고 보면, 즉 BC 605년을 기점으로 치면 BC 535년이 70년이 되는 것입니다. 그런데 고레스 칙령이 BC 538년에 일어났습니다. 이처럼 바벨론 포로살이가 시작된 그 기점을 언제로 할 것인가에 따라서 바벨론 유배가 종료되는 70년째가 언제가 될지도 약간 다르게 생각됩니다.

BC 605년부터 말하면 BC 535년이 70년이 됩니다. BC 538년에 포로생활이 끝났기 때문에 거의 70년 되는 셈입니다. 그런데 BC 597년으로 치면, BC 527년에 바벨론 포로생활이 끝나는 셈입니다. BC 586년으로 계산해 볼까요? 진짜 국가기간 요원이 대부분 붙들려 간 BC 586년부터 70년을 계산하면 BC 516년 또는 515년이 되죠. BC 515년은 예루살렘 성전이 완성되는 해입니다. 성전 완성을 포로살이의 종료라고 본다면 이 연산이 바벨론 유배 70년을 설명하기 좀 수월합니다.

BC 538년부터 제1차 바벨론 귀환포로들이 돌아옵니다. 제2차 바벨론 귀환포로들이 BC 450년경 돌아오고, 제3차 바벨론 포로들이 BC 450년 또는 445년경 돌아옵니다. 예루살렘 성전 중건 해가 매우 중요합니다. BC 515년입니다. 예루살렘 성전이 파괴된 해가 BC 586년, 예루살렘 성전이 재건되어 낙성된 해가 BC 515년이니 약간 70년 지난 후에 성전이 중건된 셈입니다. 이렇게 계산하면 유다의 지배층이 사실상 문자적으로도 70년 동안 바벨론 포로생활한 것이 맞습니다. 열왕기하 24:14–16은 BC 597년에 느부갓네살이 용사 7천 명과 장인과 대장장이 1천 명을 끌고 갔다고 말합니다. 이에 비해 예레미야 52:28–30은 BC 597년에 3,023명, BC 586년에 830명, BC 582년에 745명, 모두 세 차례에 걸쳐서 4,600명을 포로로 잡아갔다고 증언합니다.

BC 586년 이후에 바벨론으로 간 사람들은 포로들 외에 다른 사람들도 있었을 것입니다. 포로의 가족들도 자원해서 따라갔을 수도 있고 아니면 바벨론 제국을 좋아해서 간 이주민들도 있었을 것입니다. BC 597년의 바벨론 포로들은 주로 군인들, 장인(匠人)들, 그리고 대장장이들이었습니다. 에스겔에 따르면 그들은 바벨론 그발(Chebar)강 운하 공사에 동원됐다고 볼 수 있습니다(시 137:1–2). 또 일부는 국경 수비 도시 같은 데 요새에 파견돼서 살았습니다. 앞서 잠깐 말했듯이, 아마 바벨론 귀환포로들 중에서 심판당하여 끌려간 사람도 있는 반면에 바벨론이라는 거대한 나라에 준(準)자발적으로, 바벨론 문명을 그리워해서 이주한 사람도 있었을 것입니다. 그래서 바벨론으로 간 사람들은, 끌려가서 심판받은 사람, 자원적으로 이주한 이주민들, 그리고 거의 반(反)강제적으로 이주했지만 노예생활은 하지 않은 사람들 등으로 구성됐다고 봐야 되겠죠. 학자들은 바벨론 포로살이를 강제이주(forced immigration)라고 봅니다. 강압적으로 이루어진 이민이라는 것입니다. 하지만 이 강제이주민에게는 어느 정도의 자유와 독립적 생활 공간이 허락되었습니다. 그렇게 생각할 수 있는 이유는 예레미야 29장 1절부터 14절에 나옵니다.

예레미야 29장 1절부터 14절을 보세요. 1절부터 5절에 보면 바벨론에 간 포로들에게 예레미야가 다음과 같이 말합니다. '집을 짓고 포도원을 가꾸고, 그리고 결혼하여 아이를 낳아라. 그리고 너희가 사는 바벨론에서 바벨론 나라가 평안하도록 기도하라. 너희가 거기에서 번영할 것이다.' 이런 것을 볼 때 바벨론에 끌려간 포로들이 그냥 강제노동 수용소에서 자유를 잃고 억압적인 생활만 했다고 믿기는 힘듭니다. 왜요? '자녀를 낳고, 땅을 경작하고, 포도원을 가꾸고, 집을 짓고 살아라'라는 이 권고는 유다 이주민들의 독립적 집단거주지가 존재했을 가능성을 전제하고 있기 때문입니다. 에스라 8장 15절을 보면 유다인 집성촌에서 예배 행위도 있었음을 암시하는 구절이 나옵니다. 에스라가 제2차 바벨론 귀환포로들을 모집할 때 레위 사람들이 아무도 없었습니다. 에스라 8장 15절에서 에스라가 레위인들을 모집하려고 가시뱌 지방에 살던 잇도의 집에 가서 잇도라는 사람을 찾습니다. 잇도라는 사람의 집에 갔을 때 많은 레위인들을 만날 수 있었습니다. 레위인만 만난 것이 아니었습니다. 성전의 잡역부 역할을 했던 느디님 사람도 그때 만났습니다. 느디님 사람, 레위인들, 그리고 제사장을 동시에 만났다는 말은 뭐죠? 그들이 바벨론에 끌려가서도 여전히 예배를 드렸고 하나님을 믿었음을 알 수 있습니다. 물론 그들이 정식 성전을 지어놓고 거기서 예배를 드리지는 않았을 것입니다. 그렇지만 레위인들과 제사장과 느디님 사람이 같이 집성촌을 이루고 살았다는 말은 바벨론에서도 여전히 종교활동은 있었음을 짐작케 합니다. 따라서 바벨론 포로들이 아우슈비츠 수용소나 강제 수용소에 갇힌 것은 아니었다는 말입니다. 일부 징벌 받은 지배층, 권력 엘리트들은 처음에 그런 심판을 받았을 수 있습니다. 그것을 어떻게 알 수 있습니까? BC 562년에 여호야긴왕이 37년 만에 감옥을 벗어납니다. BC 597년에 끌려가서 바벨론 제국의 감옥에 갇혔던 여호야긴왕은 감옥에서도 바벨론 포로들의 정신적 지주였을 것입니다. 그런데 이 왕이 37년 동안 감옥에서 살다가 풀려나와 바벨론왕의 식탁에서 밥을 먹습니다. 즉 바벨론에 끌려온 인질 왕들 중에서 가장 좋은 대우를 받습니다. 바벨론 제국이 충성스러운 봉신으로 인정하고 복권시켜 주었다는 말입니다. 그래서 우리는 BC 562년경에는 유다 포로들의 운명이 상당히 호전되고 역전되었을 가능성이 있다는 것을 알 수 있습니다. 유다 포로들의 운명이 급격하게 호전된 이런 상태에서, 유다의 포로들은 번성하기 시작했을 것입니다. 이런 번성기를 누린 지 한 세대도 안 지나서 페르시아의 고레스에게 바벨론이 망합니다. 그래서 BC 538년에 고레스 칙령이 선포됩니다. 고레스 칙령은 제가 말했죠? 영어로는 키루스(Cyrus)라고 발음되는, 페르시아의 태조 고레스가 칙령을 내려서 바벨론 제국에서 끌려온 모든 소수 민족들은 각자 자기 나라로 돌아가서 자기 신들을 믿고, 자기 신들을 위해서 성전을 지어도 좋다는 포고령이었습니다. 고레스는 유다 포로들의 고국 귀환을 허락할 뿐만 아니라 지지했습니다. 유다 포로들에게는 예루살렘 성전재건 공사비를 대겠다고 약속했고 페르시아 황실은 실제 재정지원을 했습니다. 페르시아 황실은 느헤미야에게 예루살렘 성벽 재건을 도와주겠다고 약속했고 실행했습니다. 페르시아 황실이 유다에 특별한 호의를 베푸는 것처럼 보입니다. 고레스, 다리우스, 아닥사스다, 아하수에로왕은 모두 유다의 귀환포로들의 공동체 재건에 호의적이었습니다. 왜 페르시아 황실은 유다에 이런 호의를 베풀었는가? 그것은 제가 처음에 앞선 강의에서 페르시아의 세계경영 차원의 일환이었다고 말씀드렸죠.

BC 492년부터 페르시아와 아테네, 즉 그리스 도시국가들과 전쟁이 있었죠? BC

480년에는 페르시아의 지배 아래 있던 이집트에서 반란이 일어났습니다. 이 시기에 이집트, 그리스 등에서 반(反)페르시아 전선이 형성됐습니다. 페르시아의 입장에서는 이런 분위기를 차단하기 위해서 일종의 완충국가가 필요했는데, 그 완충국가는 왕조를 가질 정도로 독립적인 나라가 되어서는 안 되었습니다. 페르시아는 여차여차해서 이집트와 그리스와 동맹을 맺고 페르시아와 맞설 수 있는 '왕 중심의 나라'가 유다에 들어서는 것을 원하지 않았습니다. 대신 페르시아는 친(親)페르시아 고급관리들과 친(親)페르시아 유대인 관리들을 유다에 파송하여 유다 재건을 돕되, 문민 제사장 지도력하에 움직이는 성전행정 공동체가 들어서는 것까지만 허락합니다. 그것이 바로 성전을 중심으로 모이는 비정치적 공동체, 예배 공동체로서의 유다(페르시아의 호칭, "예후다")였습니다. 페르시아는 페르시아 황실을 위해서 기도하는 일종의 준(準)완충국가, 원격으로 조정할 수 있는 공동체를 만들었습니다. 이 공동체가 바로 바벨론 포로기 이후 시기(the post-exilic period), BC 538년부터 450년 사이의 유다를 대표했습니다. BC 538년부터 515년 사이 기간은 예루살렘 성전을 짓는 시기입니다. 1차 바벨론 귀환포로들이 예루살렘 성전을 지으려고 갔을 때, 예루살렘 성전은 재건하기에는 너무나 많이 훼파되어 있었습니다. 그래서 예루살렘 성전 건축이 생각보다 쉽지 않았습니다. 먼저 바벨론 귀환포로들이 막대한 재정적 헌신을 해가면서까지 성전을 선뜻 짓고자 하지 않았습니다. 지으려고 설계한 성전이 너무나 초라했기 때문에 성전을 재건한다고 하더라도 옛날 솔로몬 성전의 위용을 되찾기는 힘들 것이라고 생각한 귀환포로들도 열심을 내지 않았습니다. 그래서 성전재건은 지지부진한 상태를 면치 못하여 예언자 학개와 스가랴의 질책을 초래했습니다. 학개와 스가랴는 귀환포로 공동체의 영적 나태함과 영적 이완 상태를 비판했습니다. 학개와 스가랴는 그 바벨론 포로 이전의 예언자들이 했던 것처럼 왕이나 지배층이나 권력 엘리트들을 비판하지 않았습니다. 왜요? 그 당시에는 지배층, 권력 엘리트들의 카르텔이 없었기 때문이었습니다. 제사장, 예언자, 왕들, 귀족들, 지주들은 더 이상 존재하지 않았습니다. 반면에 학개와 스가랴는 바벨론 귀환포로 중에서 유다 지파의 귀인들과 장로들이 성전 짓는 데 뜨뜻미지근하여 충성을 보이지 않고 자기 집을 짓는 데는 열심을 내는 것을 보고 비판했습니다. 그들은 성전을 짓는 데는 매우 불성실한 유다의 귀인들과 장로들뿐만 아니라, 그 당시 종교 지도자 레위인과 제사장들도 혹독하게 비판합니다.

특히 학개가 그랬습니다. 학개서는 모두 두 장으로 구성돼 있는데요. 1장은 성전 짓는 것보다 자기 집을 짓는 데 더 열심을 내는 귀인들과 장로들의 나태를 질책합니다. 전반적으로 당시 귀환포로 공동체의 미지근한 신앙을 공격합니다. 2장은 성전재건을 주도하는 스룹바벨과 제사장 여호수아를 격려하며 장차 지어질 성전의 영광이 이전 성전의 영광보다 더 클 것이라고 예언합니다. 2장의 마지막 단락은 영적 이완과 나태에 빠진 귀환포로 공동체에게 임할 곡식 말리는 재앙, 깜부기 재앙, 우박 재앙을 예고합니다. 놀라운 것은 이 연쇄적인 재앙을 당하고도 하나님께 돌이키지 않는 사람들의 영적 완악함입니다. 주로 질책을 통해 열심을 다하여 성전을 짓자고 독려한 예언자 학개와 유사한 예언자가 동시대의 예언자 스가랴입니다.

스가랴는 성전재건의 지도자였던 여호수아와 스룹바벨, 이 두 명의 쌍두마차를 격려하는 예언자입니다. 학개와 똑같은 시기입니다. 이들이 활동한 시기는 BC 520년경입니다. 그런데 스가랴서는 학개서에 비해 굉장히 긴 예언서입니다. 1장부터 14장까지 구성돼 있습니다. 1장부터 8장과 9장부터 14장 내용이 조금 다릅니다. 1장부터 8장에는 상당히 여러 가지 메타포나 비유가 나옵니다. 해석이 조금 필요할 정도로 복잡하고 미묘한 동물 비유 등이 앞부분에 나와 있습니다. 9장부터 14장은 좀 더 직설적으로 당대의 역사적 맥락을 자주 언급합니다. 스가랴서의 핵심 메시지는 이렇습니다. '새로 재건된 예루살렘 성전이 세계만민을 하나님께 이끄는 데 긴요하게 쓰임 받을 것이다. 이스라엘과 시온에 대한 하나님의 재선택이 있게 될 것이다. 두 번째 선택으로 말미암아 이스라엘과 시온은 정결케 되고, 정결케 된 이스라엘이 세계만민에게 생명의 강물을 흘려내릴 것이다. 성화된 이스라엘과 시온은 세계만민에게 제사장적 사명을 다할 것이다.'

학개서와 스가랴서와 달리, 에스라서와 느헤미야서는 성전재건 공사 또는 성벽 재건 공사를 진척시키지 못하게 방해하는 외부 세력들에 초점을 맞췄습니다. 성전 재건과 성벽 재건을 도와준다고 약속해 놓고 도와주지 않는 페르시아 황실, 성전재건을 위해 결정적으로 도움을 주는 것처럼 하면서 방해했던 사마리아에 거점을 둔 토착세력 맹주 산발랏, 산발랏의 동맹 세력인 암몬 사람 도비야, 마지막으로 아라비아 사람 게셈 등이 예루살렘의 성전 중건 및 성벽 중건 공사를 조롱하고 방해했습니다. 에스라서와 느헤미야서가 성전 공사를 진척시키지 못하게 하는 외부 요인을 주목했다면, 학개서와 스가랴서는 내부 요인을 주목했다는 말이죠. 두 예언자는 성전재건 공사에 열심을 내지 않는 지역 관할 공무원들과 제사장들, 그리고 귀환포로 중 유력자들을 지목해 질책했습니다. 사마리아에 거점을 둔 토착세력들, 주변 암몬 세력 등을 강력하게 규탄했던 에스라서와 느헤미야서에 비해서 학개와 스가랴는 내부 요인, 귀환포로 공동체의 이완된 영적 상태와 그들의 충성심의 결여, 하나님에 대한 열심 부족, 이스라엘 미래에 대한 전망 부족 등을 비판했습니다. 학개서는 당시의 이스라엘 구성원 모두의 충성심을 동시다발적으로 이끌어 내려고 했습니다. 학개서의 질책을 요약하면 이런 질문으로 표현될 수 있습니다. '너희들 집은 그렇게 빨리 좋은 건축 자재를 사용해서 지으면서, 왜 하나님 성전을 짓는 데는 그토록 나태한가?' 그런데 아니나 다를까 학개서 1장은 그 당시 닥쳤던 가뭄과 기근의 원인을 하나님 원인론적으로 해석합니다. '바벨론 귀환포로들아, 너희가 성전 건축에 충성을 다하지 않으니까 지금 기근이 왔다. 이것은 하나님 심판이다.' 이렇게 단순 논리로 말합니다. 학개서 2장은 스가랴서 주제와 같습니다. 성전재건의 주도자였던 스룹바벨과 제사장 여호수아를 크게 격려하고 또한 시체를 만진 것처럼 부정케 된 이스라엘 백성들을 정결케 하기 위해서 반드시 성전이 필요하다고 역설합니다. 성전이야말로 이스라엘 민족의 정결을 회복하는 데 결정적으로 중요하다고 말하면서 성전재건의 긴급성과 임박성을 훨씬 더 강조합니다. 이런 점에서 학개서 2장과 스가랴서의 내용이 비슷합니다.

그런데 스가랴서는 읽기가 조금 힘듭니다. 조금 신비하고 종말론적인 메시지가 많습니다. 스가랴서의 핵심은 쌍두마차였던 스룹바벨과 여호수아 지도자의 양두체제를 지지하고 옹호한다는 것입니다. 스가랴는 이 둘을 두 감람나무라고 말하면서 그들의 지도력을 인정하고, 청중들에게 그들의 지도를 따르라고 말합니다. 1장 1절부터 6절은 연대(다리오왕 2년 여덟 째 달), 저자 이름(아마도 에스라 8:17의 가시뱌 지방의 영적 지도자였을 잇도의 손자 베레갸의 아들 선지자 스가랴)을 말합니다. 1장부터 6장 8절은 여덟 가지 연쇄적인 밤 환상들이 나옵니다. 이 밤 환상은 전부 다 성전재건을 독려하는 내용들입니다. 화석나무에 선 자 환상(1:7–17), 네 뿔과 네 명의 대장장이 환상(1:18–21), 척량줄을 잡은 사람 환상(2:1–13), 사탄과 여호와의 천사사이에 서 있는 여호수아 환상(3장), 순금 등잔대와 두 감람나무 환상(4장), 날아가는 두루마리 환상(5:1-4), 에바 속의 여인 환상(5:5-11), 그리고 네 병거 환상(6:1-7)입니다. 여기서 3장이 위로의 장입니다. 3장은 여호수아를 위한 격문 같은 예언입니다. 성전이 완성됐을 때 대제사장 여호수아가 얼마나 멋진 중보자가 될 것인가를 말합니다. 4장은 성전 중건에서 지도력을 발휘하는 행정지도자 스룹바벨을 칭찬합니다. 성전재건 공사에 열심을 내지 않는 사람들을 비판하면서, '작은 일의 시작이라고 왜 멸시하느냐? 스룹바벨아, 네 앞에 산들은 평지가 되리라.'라고 격려합니다. 스가랴는 스룹바벨 같은 성전재건 지도자가 거대한 태산 같은 장애물을 보고 좌절하니까, '네 앞에 있는 태산 같은 장애물이 평지가 될 것이다'라고 말하면서 이 모든 장애를 극복하고 성전을 재건하는 일은 여호와의 능력으로 가능하다고 격려하고 위로합니다. 즉, 스룹바벨을 하나님이 인정하신 지도자로 세우자는 호소입니다. 전체적으로 왕과 같은 지도자의 지도력이 얼마나 멋질 것인가를 말합니다. 5장은 날아가는 두루마리 환상과 에바 속의 여인 환상입니다. 날아가는 두루마리 환상은 하나님의 저주가 온 땅에 퍼질 것을 예고하며, 에바 속의 여인 환상은 이스라엘의 죄악이 측정되어 이방으로 흩어져 유배당하는 심판을 초래할 정도임을 암시하는 예언입니다. 6:1-7의 네 병거 환상은 하나님의 심판이 온 사방 천지에 대해 집행될 것임을 예고하는 예언입니다.

6:8-15은 "싹"이라고 불리는 사람이 일어나서 성전도 건축하고 영광을 얻고 성전에서 다스릴 것이며 그 "싹"은 제사장과 협력하여 평화롭게 다스릴 미래를 예고합니다. 6장 8절부터 15절은 대제사장 여호수아가 착용하게 될 면류관이 이스라엘 민족이 얻게 될 영광임을 암시합니다. 7장은 종교적이고 의례적인 금식 열기를 비판하며 하나님의 공평과 정의를 위해서 투신하는 일상의 순종이 종교적 금식보다 더 중요하다고 말합니다. 제의적이고 의례적인 금식보다 청종할 것을 기대하는 여호와의 마음을 강조하는 7장은 후반부에서 왜 지난날 이스라엘의 조상들이 바벨론으로 유배당해 갔는가를 회고합니다. 예언자들을 통해 보내신 하나님의 권계를 거부하고 연약한 동포들에 대해 범한 무자비와 잔악함이 바벨론 유배를 초래했다는 것입니다. 8장 1-17절은 예루살렘의 회복 약속입니다. 8:18-23은 일 년에 네 차례 행한 금식절기가 기쁨, 즐거움, 그리고 희락의 절기가 될 것을 예고합니다.

9장은 이스라엘 인근 나라들에 대한 심판을 담고 있으며(1－8절), 시온이 평화의 왕에 의해 통치되어 세계평화를 주도하게 될 미래를 말합니다. 13절에 나오는 "헬라 자손을 치게" 하는 하나님의 행동은 BC 168－165년에 일어난 대(對)시리아 마카베오 항쟁을 가리키는 것처럼 보입니다(참조. 헬라를 언급하는 욜 3:6과 단 10:20). 10장은 열국에 흩어진 이스라엘 이산민들과 포로들의 고토 귀환과 그들에게 주실 복된 미래를 말합니다. 11장은 백향, 잣나무, 상수리나무로 은유되는 악한 지배층과 귀족층을 질책하고, 양떼들을 버린 목자들에 대한 규탄을 담고 있습니다. 12－13장은 예루살렘이 받을 구원과 정결케 된 이스라엘의 미래를 말합니다. 14장은 구원과 회심을 말하고 구원과 회심을 경험한 이스라엘을 통해서 세계만민이 어떻게 복을 받을 것인가를 말합니다. 14장은 또한 예루살렘을 치려고 온 열방들을 친히 격퇴하시고 이스라엘을 구원하실 하나님의 미래구원을 말합니다. 예루살렘을 치러 왔던 이방 나라 사람들 중 남은 자는 오히려 만군의 여호와께 초막절을 축성하기 위해 예루살렘으로 몰려들 것을 예언합니다. 이런 내용이 스가랴서의 구조입니다. 요약하면, 스가랴서 1장부터 8장은 스가랴에서 주된 6세기 성전재건 공사를 독려하는 당대적 예언들입니다. 9장부터 14장은 메시야의 강림에 관한 이야기인데, 이 메시야는 앞으로 귀환포로 공동체를 다스리게 될 이상적 지도자를 말합니다.

말라기는 모두 4장으로 구성돼 있는데, BC 400년경 늦게 쓰인 예언서들 중 하나입니다. 예언자 말라기는 완성된 성전 안에서 다시 제사 행위가 드려졌지만 제사제도가 이완되고, 제물이 성의가 없으며, 성전의 제사 활동이 아무런 의미를 갖지 못하는 타락한 종교상을 책망합니다. 쉽게 풀어쓰면 말라기서의 취지는 이것입니다. '성전을 완성하고 하나님 영광이 가득 찬 성전에서 예배드리면 뭐해.' 말라기는 나쁜 제물, 다리 저는 제물, 병든 제물, 즉 하나님이 받으실 수 없는 제물을 가지고 거짓된 종교활동을 일삼으며 사실상 하나님께 마음을 다하지 않는 동시대 유력시민들의 형식적인 종교생활을 비판합니다. 1장은 이스라엘에 대한 하나님의 사랑을 배반하는 제사장과 백성들의 무성의, 허위, 거짓 제사를 비판합니다. 2장은 제사장들의 영적 나태, 불의, 일탈을 고발하고, 이방신들을 섬기는 이방 여인과 결혼한 유다 귀인들의 죄악을 고발합니다. 2:10－16은 에스라서와 느헤미야서의 이방 여인 단죄 분위기와 일맥상통합니다. 3장은 하나님께 바쳐져야 할 공의로운 제물에 대하여 이야기합니다. 공의로운 제물은 고아와 과부에게 행한 자비로운 사랑실천에 힘쓰는 자들이 드리는 제물임을 암시합니다. 4장은 여호와의 대심판 날에 대비하여 하나님이 이스라엘의 거족적 회개운동을 일으키기 위해 엘리야를 보내주실 것을 예고합니다. 이스라엘의 죄와 허물, 누적된 영적 적폐는 성전에서 드려지는 보통의 의례적인 제사나 종교활동으로서는 해결할 수 없다는 전제 아래 말라기는 여기서 전 민족적 갱생을 가져올 거족적 회개가 필요하다는 점을 역설합니다. 특히 여기서 말라기는 메시야, 이상왕의 통치를 예기하는 차원에서 전 민족적 회개가 필요하다는 점을 역설합니다. 4장 2절이 중요합니다. '여호와 앞에 보내진 사자(使者), 즉 엘리야 같은 예언자가 와서 메시야를 맞이하기 위해서 이스라엘 민족의 전 민족적 회개운동을 일으킬 것'이라고 예고하면서 말라기서가 끝납니다. 말라기는 사실상 예수 그리스도를 준비시키는 세례 요한의 행동을 미리 얘기했다고 봅니다. 왜요? 세례 요한은 말라기와 이사야 40장에서 자기의 인생사명 요절을 발견했기 때문입니다. 세례 요한은 자신이 생애 동안 추구해야 할 사명을 말라기 3-4장에서 발견했습니다.

이번 시간에는 BC 6-5세기에 바벨론 귀환포로 공동체에게 예언했던 세 예언자, 학개, 스가랴, 그리고 말라기에 대해서 공부했습니다. 감사합니다.

인문고전으로서의 구약성서 읽기

11주차 강의안

11–1

시편, 잠언

시편의 메시지와 구조

시편의 메시지

예수 그리스도는 구약성서의 핵심 메시지를 하나님 나라라고 정의한다. 여기서 “하나님 나라”란 말은 모든 피조물을 향한 하나님의 인격적 다스림과 그 다스림의 영역을 포괄적으로 지칭하는 말이다. 구약성서의 하나님 나라 신학이 가장 광범위하고 풍요롭게 표현된 곳이 시편이다. 시편 신학은 찬양신학으로서 하나님의 왕적 다스림에 대한 갈망과 그 다스림의 결과에 대한 허다한 시적 고백들과 선언들로 가득 차 있다. 시편(특히 150편)은 사람을 비롯하여 모든 피조물이 하나님의 거룩하신 위엄과 창조주의 권능을 찬양하도록 초청한다. 구약성서의 찬양의 핵심은 찬양자의 주관적인 감정의 방출에 있지 않고 객관적으로 임하는 하나님 나라의 영접과 송축에 있다. 따라서 구약성서의 찬양은 노래방에서 불리는 대중가요들이나 일반적인 발라드나 재즈류의 음악과는 전혀 다른 예배 장르로서 하나님의 다스림을 사모하고 영접하는 경배 행위의 연장이다.

시편과 찬양의 신학은 다윗의 신앙적 유산이다

시편이 자주 사용되는 맥락은 예배(공예배와 일상생활에서의 예배), 교육과 제의(축제/절기)다. 예배에 시편 찬양을 도입한 사람은 이스라엘의 국민가수였던 다윗이었다. 다윗은 "이스라엘의 노래하는 자"(삼하 23:2, 이스라엘의 "국민가수"; 삼상 16:18, "유명한 수금 연주자")라고 불린다. 대부분의 경우 문서로 의사소통하지 않고 구두로 의사소통이 이뤄졌던 그 옛날에(BC 1000년 전후), 노래만큼 좋은 신앙교육 및 내면화의 도구는 없었을 것이다(신 31:21-22, "모세가 당일에 이 노래를 써서 이스라엘 자손을 가르쳤더라"). 노래는 신앙을 내면화 및 개인화시키는 가장 강력한 도구였다. 다윗은 이스라엘에게 시편(찬양) 장르를 도입함으로써 야웨신앙을 대중화시키는 데 결정적으로 이바지하였다. 이 시편 장르는 원래 블레셋-페니키아 등의 성전 제의에서 사용되던 찬양 예배(제의)를 다윗이 망명시절에 습득하여 창조적으로 변용한 가운데 만들어진 장르였을 것이다(시 29:3-7).[1] 다윗에게 와서 바알과 하닷 등 이방 신에게 바쳐진 모든 찬사들이 야웨 하나님을 향하여 재주형되었다. 다윗은 짧은 시편들을 직접 작사·작곡하기도 하고 또 일부는 번역하거나 번안하기도 하면서 일상생활의 현장을 하나님과 밀접하게 연결시켰다. 시편 찬양은 성전에 가서 예배를 드리지 못하는 사람들이 책 대신에 노래 가사와 곡조에 담아 하나님을 찬미하고 예배하는 데 사용되었을 것이다. 다윗은 많은 시편의 실제적인 저자로서 또한 비파와 수금의 전문가적 연주자로서 야웨신앙을 일반 백성들의 삶의 현장 속에 접목시키는 데 결정적으로 이바지하였던 것이다. 다윗은 실제로 망명시절에 블레셋과 두로의 예배문화에서 시편의 노래문화를 배웠을 것이다. 그는 바알과 아세라, 혹은 하닷 등 이방 신들에게 바쳐진 많은 신적 자질들과 품성이야말로 야웨 하나님께만 속한 자질이요 성품인 것을 깨닫고, 이방신들에게 부여된 신적 품성들을(하나님을 설명하는 서술어들을: 예) 구름 타고 날아가는 바알 → 구름 타고 날아가는 야웨로) 과감하게 야웨 하나님께 전용(專用)하였다.

사실 다윗의 생애를 좀더 자세히 살펴보면 시편의 찬양이 다윗 개인에게 어떤 의미를 가졌는지 잘 알 수 있다. 다윗은 세 가지 일로 이스라엘 정치의 중심 무대에 진출한다. 가장 먼저는 십대 소년 시절 사무엘에게 은밀하게 왕으로 지명되어 기름부음을 받았다. 이것은 어디까지나 늙은 예언자 사무엘이 추진했던 정치적 기획의 일환이었다. 두 번째로 다윗은 블레셋의 거인 장군 골리앗과의 전쟁에서 승리함으로써 일시에 유명인사가 되어 사울의 궁중에까지 알려지게 되었다. 마지막으로 다윗은 사울왕의 정신병(조울증) 치료를 위해 고용된 궁중 음악치료사의 자리에서 이스라엘의 정치적 심장부에 진출하였다. "왕이 될(고난을 거쳐 왕이 될) 운명"을 타고난 소년 다윗의 인생은 이때부터 끝 모를 심연으로 곤두박질친다. 이스라엘 국경의 끝자락에 있는 사막과 광야의 동굴과 암혈에서 젊은 날 사울의 단창을 피하느라고 눈물의 세월을 보냈다. 이스라엘의 국경 안에서는 어떤 안전한 피난처도 발견하지 못하여 모압과 블레셋 지역, 그리고 아마도 두로(시돈)지역까지 망명의 도주를 감행하지 않을 수 없었다. 이런 극한 박탈과 한(恨)의 세월 속에서 다윗은 비파와 수금을 치면서 하나님의 살아계심을 믿고 기다리면서 인고의 세월을 참아내었다(특히 56-57편). 시편들에는 바로 다윗의 심장 속에 메아리쳤을 멜로디와 곡조, 강하고 느린, 고음과 저음, 단조와 장조의 애절하고 장엄한 비트(beat)가 살아 숨쉬고 있다. 다윗의 일대기를 상기하면서 다윗이 친히 저작한 시편들과 다윗을 위하여 지어진 시편들을 읽고 노래하면 저항할 수 없는 감동이 파도쳐옴을 느낄 수 있다.

처참한 전락과 망명생활, 가난과 불안의 삶 속에서 다윗이 자신을 하나님의 손아래 낮출 수 있었던 이유는 바로 찬양이 있었기 때문이었다. 그는 마침내 33세에 헤브론에서 유다 족속의 두령이 되었고 40세 나이에 이스라엘 12지파의 왕이 되었다(삼하 5장). 그런 높은 곳에 올라가기 위하여 그토록 낮아지고 비참한 삶을 먼저 통과했어야만 했다. 시편의 찬양은 특히 우리가 삶의 내리막길로 굴러떨어질 때 우리의 동반자요, 하나님의 지팡이와 막대기같이 작용한다.

시편은 하나님을 향한 대듦의 언어(confrontational language) 및 불평의 언어를 믿음의 반경 안에서 포용한다. 특히 시편 137편은 원시적인 보복감정의 토로(吐露)를 용인한다. 그것은 복수윤리를 가르치지는 않지만 복수심에 시달리는 인간의 연약한 감정을 이해하고 있다.

그래서 시편에는 조직신학이나 교리신학에서는 상상할 수 없는, 경계를 자유롭게 넘나드는 '야성미' 넘치는 하나님이 심심찮게 발견된다. 시편의 하나님은 야성미가 넘치시고 약자의 억울한 고난에 일방적으로 편드시는 하나님이다. 따라서 시편에는 인간의 가장 비참한 감정까지도 배려하시는 하나님의 놀라운 신적 자비가 자주 발견된다. 인간의 역사에 대한 하나님의 쉼 없는 권념과 간섭의지가 시편의 찬양곡들을 통하여 폐부에 전달되는 것이다.

찬양은 입술로 드리는 찬미의 제사다

시편 신학은 이스라엘의 찬송 중 보좌 위로 착석하시는 왕이신 여호와에 대한 믿음에 기반한다(시 22:3). 하나님의 백성들이 온몸과 영혼으로 하나님을 찬미할 때 하나님은 비로소 백성들의 마음의 보좌 위에 착석하신다. 시편 신학은 토라와 예언서 신학의 완성이다. 토라는 하나님의 다스림의 대강령을 천명하고 예언서는 하나님 나라의 회복을 기도(企圖)한다. 하나님의 백성들을 다스리는 도구인 하나님 말씀을 음악적 선율과 시적인 정형 속에 녹여 놓은 것이 구약성경의 시편들인 것이다. 즉 하나님의 말씀을 감미로운 선율과 내재율에 실어 우리 영혼의 지성소에 실어 나르는 것이 바로 시편들이다. 시편은 찬양신학의 교과서다. 구약성경의 찬양을 연구하려는 학생들이 가장 깊이 연구하고 익숙하게 알아야 하는 성경이 바로 시편이다. 시편은 오늘날의 음악적인 곡조 없이 읽히거나 낭송되는 "시"들의 묶음이 아니라 노랫말과 곡조가 같이 결합된 음악곡집이다. 따라서 대부분의 개별 시편들은 실제 찬송할 때 어떤 곡조/분위기나 멜로디로(발성법 혹은 화음) 불러야 할지를 지시하고 있다. 시편의 표제 옆에 붙어 있는 음악적인 노트들은 오늘날 원래의 뜻을 발견하기가 쉽지 않다. 다만 여러 시편들에 공통으로 붙어 있는 표제들에 대해 어렴풋이 추정할 뿐이다. 예를 들면 시편 56편에는 "영장[지휘자]에 의하여 지도 받는 노래로서 요낫 엘레 르호김에 맞춘 노래"라는 표제가 붙어있다. 이런 경우 직역하면 "슬픈 비둘기소리 곡조" 정도로 번역된다. 시편 5편은 관악기에 맞춘 노래요, 4, 55, 61, 67편은 현악기에 맞춰서 불리도록 작곡된 찬양곡이다. 이외에도 어떤 시편에는 그것의 노랫말이 지어지게 된 개인적 혹은 역사적 계기가 첨부되어 있다. 예를 들면 57편에는 "다윗의 믹담시, 영장으로 알다스헷에 맞춘 노래, 다윗이 사울을 피하여 굴에 있던 때에"라는 표제와 해설이 붙어 있다. 시편 102편에는 "곤고한 자가 마음이 상하여 그 근심을 여호와 앞에 토하는 기도"라는 해설이 붙어 있다. 시편 120–134편에는 "성전에 올라갈 때 부르는 노래"(songs of ascent)라는 표제어가 붙어있다. 이것은 바로 유월절 등 국가적 절기에 지방민들이 예루살렘 성전으로 순례여정을 떠나면서 불렀던 노래라는 뜻이다. 복음서들은 예수께서 유월절 어린 양으로 자신을 드리기 위하여 예루살렘 성전을 향하여 올라가실 때 "찬미"하였다고 증언하는데 학자들은 예수님이 예루살렘 마지막 상경 시 부른 찬미의 노래가 바로 이 시편 120–134편의 일부였을 것이라고 추정한다(막 14:26).

이러한 시편 찬양이 가장 큰 위력을 발휘하여 하나님의 백성을 붙들어 준 때는 바벨론 포로기 동안이다. 국권을 상실하고 민족적 정체성을 상실할 수밖에 없던 위기의 순간에도 바벨론의 유다 포로들은 하나님의 왕적 다스림에 대한 비전을 완전히 상실하지는 않았던 것이다.

잘 알려진 대로 BC 587년에 바벨론 군대가 유다의 성전을 파괴하고 귀족들과 왕족들, 그리고 국가의 기간요원들을 포로로 잡아갔다. 바벨론 포로들 중에는 성전 예배의 지도자들도 포함되어 있었다. 고라 자손과 아삽 자손, 에단과 헤만 자손 등은 성전 찬양대의 지도자들이었다. 이들은 바벨론 포로생활의 고달픔 속에서도 하나님의 왕적 다스림에 대한 기대를 고조시킨 영적 지도자들이었다. 바벨론 포로기의 가장 지속적인 영적 지도자들은 이런 찬양 지도자였다고 해도 과언이 아닐 것이다. 바벨론 포로 70년 동안에는 성전에서 드려지던 정규적인 예배인 황소와 염소의 희생제사는 폐지되었다. 하나님과 교통할 어떤 제의적(祭儀的)인 수단도 남겨져 있지 않았다. 그러나 유다의 포로들은 시온의 노래를 기억하고 하나님 나라의 비전에 다시 자신들을 결박하였다. 이런 바탕 위에서 마침내 유다의 바벨론 포로들은 70년의 포로생활을 끝내고 다시 시온으로 돌아와 성전을 재건하고 예배를 회복하였다.

찬양은 하나님 나라 도래에 대한 갈망을 음악적으로 선포한다

사실 에스라–느헤미야의 재건 프로젝트가 가능했던 것도 시온에 대한 하나님의 계약적 신실성을 쉼 없이 고취시킨 시온의 노래(시편들)들 덕분이었다. 다윗이 이스라엘에 도입한 시편들(찬양)은 바벨론 포로들을 극한 고난과 절망 속에서 지탱시켜 주었던 것이다. 그들은 성전예배를 그리워하면서 이방 땅 고난과 굴욕의 현장에서도 찬양을 드렸다. 시온의 회복을 꿈꾸며 하나님의 왕 되심과 살아계심을 갈망하며 하나님을 찬미하였다. 현실을 보면 하나님은 계시지 않는 것 같고 계시더라도 하나님은 왕으로 다스리지 않는 것처럼 보일 때에라도, 시편 찬양곡들은 현실 너머에 역사하고 있는 하나님의 왕적인 통치를 믿고 갈구하게 하였다. 그래서 황소와 염소의 제사 대신에 입술로 드린 제사, 즉 찬미의 제사를 드린 것이다(히 13:15–16, "찬미의 제사"). 입술로 드려진 찬미의 제사들이 150편들의 시편 곡조들에 보존되어 있다. 이런 찬미는 여호와 하나님을 왕으로 인정하는 신앙고백이었다. 그래서 시편 22:3에는 "이스라엘의 찬송 중에 왕으로 임하시는("보좌에 착석하시는"과 같은 말)"이라는 노랫말이 나온다. 바벨론 포로생활은 바로 하나님의 살아계심을 의심할 수밖에 없었던 거친 현실 속에서 하나님의 왕적 다스림을 확신하는 반전의 기회가 되었던 것이다. 그 거칠고 강요된 무신론적인 정황 속에서도 바벨론 포로들은 찬양과 노래로 하나님의 살아계심과 왕적 다스림을 선포하였다.

> 우리가 바벨론의 여러 강변에 앉아서 시온을 기억하며 울곤 하였네.
> 그중의 버드나무에 우리는 차라리 우리의 수금을 걸어 놓아버렸네.
> 왜냐하면 우리의 정복자들이 노래 한 곡조 불러주기를 청하였었고 우리를 고문하는 자들이 자기들을 즐겁게 해 줄 시온의 노래 한 곡조를 청하였었기 때문이라네. 우리가 이방 땅에서 어찌 여호와의 노래를 부를꼬!
> 예루살렘아 내가 너를 잊을진대 내 오른손이 그 수금 타는 재주를 잊으리.
> 내가 예루살렘을 기억하지 않거나 내가 너를 나의 가장 큰 기쁨으로 여기지 않는다면 나의 혀가 입천장에 붙어도 좋으리. (시 137:2-6의 저자 사역)

이 노래는 시온의 포로들이 이방 땅에서 그 극한 굴욕과 환난 가운데서도 망가지지 않고 부서지지 않고 마침내 시온으로 돌아갈 꿈을 버리지 않을 수 있었던 것은 그들의 마음속에 성전예배 시 불렀던 찬양이 울림으로 살아있었기 때문임을 보여준다. 시편의 찬양은 극한 고난 속에 영혼을 지탱시키는 위력을 발휘한다. 시편의 저류에는 아둘람 동굴의 의기소침과 절망을 비파와 수금으로 깨우고 이슥한 밤의 어둠에 갇혀있는 새벽을 깨운 다윗의 영적 분투가 흐르고 있는 것이다.

회중은 설교를 통해 하나님의 말씀을 듣고 찬양을 통하여 하나님께 말씀(기도)을 올려드린다. 찬양은 설교나 봉헌만큼이나 본질적인 예배요소다. 찬양은 하나님의 성품에 대한 객관적인 찬미와 하나님의 선하심에 대한 공적인 선포다. 찬양은 음악을 통한 한 편의 설교와 같은 역할을 하기 때문에 찬양 속에서 하나님께서는 회중에게 하시고 싶은 말씀을 하신다. “찬양 중에 거하시는 하나님”(시 22:3)이라는 표현은 회중이 찬양할 때 하나님은 회중을 다스리는 보좌 위에 앉으시기 시작한다는 말이다. 찬양은 하나님의 보좌 착석을 알리는 신호라는 것이다. 찬양은 야웨의 궁전으로 들어가는 행위인 것이다(100편). 포로기 동안과 포로기 이후에는 성전/회당의 공예배(公禮拜) 시에 불린 찬양이 예배의 본질적인 부분이며 하나님의 다스리심을 맛보는(God's loving care and reign) 순간이었다.

따라서 찬양이 풍성한 예배는 하나님의 임재를 풍성하게 경험하는 시간이며 공간이었다. 프로테스탄트 교회(개신교회)에 와서 설교가 예배의 중심부분을 차지하는 바람에 개신교회에서는 음악과 찬양의 중요성이 상대적으로 반감된 것처럼 보이는 것도 사실이지만, 우리는 설교(말씀 선포)와 찬양과 예물 드림을 조화시킴으로써 하나님의 풍성한 임재를 맛보는 예배를 회복할 수 있다.

시편 103:1에서 하나님은 우리의 은밀한 감정, 오장육부 속에 감춰진 감정들을 불러내어 찬양하도록 권유하신다. “내 영혼아 여호와를 송축하라 내 속에 있는 것들아 여호와의 성호를 찬양하라” 여기서 말하는 “내 속에 있는 것”은 창자 곧 오장육부를 가리킨다. 오장육부 속에는 분노, 수치심, 당혹감, 실망, 원한 등이 숨겨져 있다. 찬양은 우리 감정의 일시적 정지와 부정을 요구한다. 찬양은 우리의 기분이나 정서에 의하여 발동되는 것이 아니라 하나님의 객관적인 성품이나 하나님의 구원행위에 의하여 발동되기 때문이다. 우리 감정은 우리의 입술을 얼어붙게 할지도 모른다. 그러나 우리의 숨은 감정들은 하나님의 성호를 찬미하는 데 동참하여야 한다. 하나님 나라에 대한 갈망을 음악적으로 선포하고 고백하는 시편 신학의 내용을 좀 더 세분하면 다음과 같이 요약할 수 있을 것이다. 첫째, 시편(찬양)은 감사와 찬미의 음악이다. 하나님의 객관적인 성품이나 창조 사역(지혜/권능) 찬미가 찬양의 주요 요소이다. 피조물로서 드리는 찬양이 바로 이런 유형이다(104편). 둘째, 시편(찬양)은 죄 사함과 치유에 대한 감사의 노래이다. 죄인으로서 드리는 감격적인 회복의 음악이다(103편). 셋째, 시편(찬양)은 하나님의 성도로서 이 세상을 살면서 느끼는 딜레마를 극복해 나가기 위한 영적인 싸움의 일종이다. 바울과 실라가 감옥에서 드리는 찬송(행 16장)과 예수님이 마지막 수난주간에 감람산으로 가시면서 부른 찬미(120편 이상)는 바로 이런 유형의 찬미다. 찬양의 신학적인 메시지는 하나님의 말씀이 노래와 깊은 영혼의 음악처럼 승화되고 내면화되지 않고는 순종될 수 없다는 주장이다(1편; 103편).

시편의 구조

Ⅰ. 제1권(1－41편)
Ⅱ. 제2권(42－72편)
Ⅲ. 제3권(73－89편)
Ⅳ. 제4권(90－106편)
Ⅴ. 제5권(107－150편)

시편은 토라(Torah)의 다섯 책에 상응하듯이 5권으로 구성되어 있다. 제1권에서는 1, 2, 10, 33편을 제외하고는 모두 다윗에게 헌정(獻呈)된 시편이거나 다윗이 저작한 시편이다. 시편의 주요 저자들은 다윗 외에 고라 자손과 아삽 자손들이 있다. 고라 자손과 아삽 자손들은 각각 찬양 및 예배지도자들로서 예루살렘 중심의 예배 및 종교활동을 장려하는 순례 장려형 시편들을 많이 썼다. 두 집단들 모두 음악과 노래로 내면화된 신앙만이 현실의 모든 극한 환난과 시련을 극복할 수 있다는 시편 신학의 선봉들이다. 고라 자손이 저작한 시편들은 대부분 제2권(42편－60편)에 집중되어 있는데, 주로 쫓기는 개인이나 공동체의 탄원시나 하나님의 임재를 사모하는 시편을 저작했다. 그것들의 핵심 주장은 “찬양은 고난받는 영혼을 위한 하나님의 위로와 소망의 자양분을 가득 담은 신령한 음식”이라는 것이다.

아삽 자손의 시편들은 제3권에 주로(74－89편) 집중되어 있다. 이 시편들은 현실이 하나님의 다스리심과 살아계심을 의심하게 만들 때 시편과 찬양의 신앙으로 견디어 낼 것을 장려한다. 이 외에도 모세(90편)나 솔로몬(127편)의 저작으로 간주되는 시편도 있다. 제4권은 야웨 하나님의 창조주권과 왕권을 노래하는 시편들로 구성되어 있는데 그것들에는 저작 배경이나 저자에 관한 표제어가 누락되어 있다. 제5권은 다시 다윗에게 바쳐진 시편들과 성전에 올라갈 때 부르는 순례의 노래(120-135편)들로 구성되어 있다.

주제적인 관점에서 나누면 시편은 토라 시편, 예전적 시편, 제왕 시편, 탄원 시편, 참회 시편, 교훈 시편, 창조주의 통치권 찬양 시편, 구속사 회고 시편 등으로 나눠질 수 있다. 특히 시편 1, 9, 119편은 토라(Torah) 시편으로 토라의 내용을 감미롭게 공부하도록 격려하는 노래다. 시편 15, 24, 68편은 국가적 공동체적 예전시 사용된 시편이다. 시편 34, 73, 128, 133편 등은 교훈 시편이다. 시편 2, 89편은 제왕 시편이요, 창조주 하나님의 왕권을 노래하는 창조주 찬양 시편은 시편 47, 93-99편이다. 시편 51편은 대표적인 개인 참회 시편이다. 토라 시편인 1편은 시편 백오십 편 전체의 서론으로 시편 전체를 요약하는 주제를 선포한다. 이 세상에는 의인의 길 아니면 악인의 길밖에 없다고 주장한다. 이처럼 시편 1편은 인생이 걸어가야 할 길(토라)을 제시함으로써 다섯 권의 시편이 다섯 권의 모세오경을 음악으로 승화시킨 것임을 암시한다.

잠언의 메시지와 구조

잠언의 메시지

구약성서 전체는 교육적 목적으로 저작되었다(딤후 3:15-17; 시 1편; 19편; 119편). 그중에서도 모세오경(창세기-가족적 맥락에서 일어난 교육; 출애굽기-민족형성사의 측면에서 일어난 교육; 레위기-예배 교육; 민수기-광야의 자유인 품성교육; 신명기-가정, 사회, 공동체, 국가 맥락에서 이뤄진 교육)과 잠언서 등은 교육신학의 대강과 세목을 담고 있는 책이다. 구약성서가 주창하는 교육 내용, 주체, 목적은 다음과 같다. 구약성서는 첫째, 유일무이한 하나님의 사랑을 충분히 경험하고 맛보고(받고), 둘째, 유일무이하신 하나님을 전심으로(undivided loyalty) 사랑하는 법을 가르친다. 셋째, 유일하신 하나님을 예배하고 사회 및 가정생활에서 야웨에 대한 경외를 구현하고 국제적 맥락에서 실현하는 개인, 가정, 신앙 공동체를 창조하는 것이 구약 교육의 핵심이다. 넷째, 구약에서 새 세대의 교육 책임은 부모에게 위탁되어 있다. 다섯째, 구약 교육신학은 하나님을 사랑하고 부모와 아름답고 감미로운 순종관계를 이루며 이웃에게는 유용하고 유익한 존재가 되도록 가르치는 품성교육이었다. 품성교육이 기술 및 직업 교육에 우선하였다. 이런 구약성서의 교육적 관심과 지향의 대강(大綱)과 세목(細目)이 잘 드러난 책이 잠언서다. 잠언서에서 교육은 품성 개발 교육(character formation)에 초점을 맞추고 있다.

전체적으로 잠언서는 전도서와 욥기에 비하여 다소 보수적인 지혜를 대변한다. 이 책은 사회학적인 관점에서 볼 때 중상류층에 속한 신자의 관점을 보다 더 많이 반영한다. 하지만 근본적으로는 일상생활을 영위하는 데 아주 긴요한 하나님의 실용적인 지혜를 담고 있다. 잠언서는 바르게 생각하는 것, 분수 안에서 생각하고 행동하는 것, 부모의 자녀양육 지혜, 초달로 다스려야 될 만큼 다루기 힘든 반역성과 내적 취약성을 가진 청소년 세대, 근면한 노동의 보람, 어리석고 우매한 사귐의 파탄적 결과, 불확실한 인생살이에서 북극성과 같은 하나님의 신적 인도를 받는 방법, 자신의 능력과 판단에 대한 과도한 신뢰가 가져올 낭패, 교만의 사탄적인 성격, 신분사회에서 인정받고 성공하는 다소 세속적으로 보이는 처신 지혜 등에 관하여 자세히 반복적으로 가르쳐 준다.

잠언서의 구조

I. 서론(1:1–7)
  1. 저자–다윗의 아들이자 이스라엘의 왕 솔로몬(1:1)
  2. 잠언서의 목적들(1:2–6)
  3. 잠언서의 원칙들: 야웨를 경외하는 것이 지식의 근본이다(1:7)
     –지혜를 배척하는 것은 어리석음이다(어리석음은 탐욕과 교만)
     –지혜로운 사람을 공경하는 것이 야웨를 경외하는 것의 시발점이다

II. 솔로몬의 잠언록 1권–아버지가 아들에게 들려주는 회고체 훈계들(1:8–9:18)
  1. 지혜를 주목하라(1:8–9)
  2. 교훈 1: 강도들과 살인자들의 초청에 넘어가지 말고 지혜자의 초청을 거절하지 말라(1:10–33)

(1) 악한들의 초청을 감연히 거부하라(1:10－19)
(2) 지혜의 초청을 받아들이라. 각각의 결과를 비교하라.(1:20－33)
3. 교훈 2: 아들아, 지혜의 말씀들을 받아들이라(2:1－22)
4. 교훈 3: 하나님을 신뢰하고 영화롭게 하라(3:1－10)
5. 교훈 4: 아들아, 지혜가 하나님의 복을 가져다 줌을 이해하라(3:11－26)
6. 교훈 5: 다른 사람들과의 관계에서 지혜로울지어다(3:27－35)
7. 지혜 권면의 간주곡: 아들아, 지혜를 얻는 것이 생의 최고목표가 되게 하라 (4:1－9)
8. 교훈 6: 순전함의 길을 따르고 나쁜 길을 피할 것을 훈계하시는 아버지 (4:10－19)
9. 교훈 7: 아들아, 동기들과 행동들을 감찰함으로써 스스로를 경계할지어다 (4:20－27)
(1) 아버지 말씀을 주의하여 경청하라(4:20－22)
(2) 동기들과 행동들을 잘 지키고 경계하라－마음, 입, 눈, 발을 경계하라 (4:23－27)
10. 교훈 8: 성적 부도덕의 결과와 비용을 잘 계산할지어다(5:1－14)
11. 교훈 9: 악행의 결과들을 고려하면서 삶 자체를 즐길지어다(5:15－23)
12. 교훈 10: 악행 하는 사람들, 게으름뱅이, 낯선 채무자들, 도덕적 비류(匪類)들과 어울리지 말지어다(6:1－19)
13. 교훈 11: 음녀를 피하라(6:20－35)
14. 교훈 12: 음녀를 피하고 "지혜 부인"을 따르라(7:1－8:36)
(1) 음녀를 피하라(7:1－27)
(2) 지혜 부인을 따르라(8:1－36)
15. 요약 교훈: 경쟁하는 여인들, 경쟁하는 마음들, 두 상극적 결과들(9:1－19)
(1) "지혜"라는 이름의 귀부인(9:1－12)
(2) "우매"라는 이름의 추녀는 젊은이를 죽음의 파티에 초청한다(9:13－18)

III. 솔로몬 잠언록 2권－짧은 경구들(10:1－22:16)
1. 의로운 삶과 악한 삶을 대조하는 잠언들(10:1－15:33)
2. 의로운 삶을 높이는 잠언들(16:1－22:16)

IV. 지혜자들의 잠언들(22:17－24:34)
1. 지혜자들의 첫 잠언들: 삼십 잠언(22:17－24:22)
(1) 서론: 하나님을 신뢰하고 늘 준비된 자세로 인생을 살지어다(22:17－21)
(2) 가난한 자를 강도짓 하지 마라(22:22－23)
(3) 성마른 사람들과 어울리지 말라(22:24－25)
(4) 빚보증을 함부로 서지 말라(22:26－27)

(5) 옛 지계표 이동 금지(22:28)
(6) 능숙한 자가 되라(22:29)
(7) 왕 앞에서 탐식가로 살지 말라(23:1–3)
(8) 물질주의자로 살지 말라(23:4–5)
(9) 이기적인 사람과 함께 먹지 말라(23:6–8)
(10) 바보와 말하지 말라(23:9)
(11) 옛 지계표들을 함부로 옮기지 말라(23:10–11)
(12) 중간 서론: 훈계에 착심하라(23:12)
(13) 자녀 징계를 지체하지 말라(23:13–14)
(14) 지혜롭고 올곧은 사람이 되라(23:15–16)
(15) 형통한 죄인들을 부러워하지 말고 야웨를 두려워하라(23:17–18)
(16) 지혜로운 자가 되고 술주정뱅이와 탐식가들과 어울리지 말라(23:19–21)
(17) 아버지 말씀에 순종하고, 나이 든 어머니를 멸시하지 말라(23:22–23)
(18) 지혜로운 자가 되라(23:24–25)
(19) 아버지의 법도들을 따르고 음녀를 피하라(23:26–28)
(20) 술주정뱅이가 되지 말라(23:29–35)
(21) 죄인을 부러워하지 말라(24:1–2)
(22) 지혜로운 자가 되라는 간접적인 충고(24:3–4)
(23) 지혜로운 모략을 얻으라는 간접적인 충고(24:5–6)
(24) 바보가 되지 말라는 간접적인 경고(24:7)
(25) 죄를 기획하지 말라는 간접적인 경고(24:8–9)
(26) 강한 자가 되라는 간접적인 충고(24:10)
(27) 희생당한 사람들을 도우라는 충고(24:11–12)
(28) 영혼에 달콤한 지혜를 찾으라(24:13–14)
(29) 경건한 사람의 가산을 빼앗지 말라(24:15–16)
(30) 원수가 넘어질 때 기뻐하지 말라(24:17–18)
(31) 죄인을 부러워하지 말라(24:19–20)
(32) 야웨를 경외하고 배교자들을 피하라(24:21–22)

2. 지혜자들의 두 번째 잠언들: 여섯 잠언들(24:23–34)
(1) 재판 시 특혜를 주지 말라(24:23–25)
(2) 정직하고 똑바른 답변을 하라(24:26)
(3) 네 밭을 경작하라(24:27)
(4) 거짓 증언하지 말라(24:28)
(5) 복수를 경계하라(24:29)
(6) 게으른 삶을 경계하라(24:30–34)

V. 솔로몬의 잠언록 3권(히스기야 신하 편집)(25:1–29:27)

1. 1단원－잡다한 잠언들
   (1) 서론(25:1)
   (2) 왕들에 관하여(25:2－7)
   (3) 법정 출두와 재판에 관하여(25:8－10)
   (4) 언어와 말에 관하여(25:11－15)
   (5) 지나침에 관하여(25:16－17)
   (6) 신뢰할 수 없는 존재에 관한 잠언들(25:18－20)
   (7) 원수들에 관한 잠언들(25:21－22)
   (8) 험담에 관한 잠언들(25:23－24)
   (9) 냉수와 진창에서 솟는 샘에 관한 잠언들(25:25－26)
   (10) 자부심과 자기통제에 관한 잠언들(25:27－28)
   (11) 바보들에 관한 잠언들(26:1－12)
   (12) 게으름뱅이들에 관한 잠언들(26:13－16)
   (13) 수다쟁이들에 관한 잠언들(26:17－28)
   (14) 인간관계에서 발생하는 문제들에 관한 잠언들(27:1－5)
   (15) 친구들에 관한 잠언들(27:6－10)
   (16) 관계성에 관한 잠언들(27:11－22)
   (17) 농사에 관한 잠언들(27:23－27)
2. 2단원－악인과 의로운 자의 대조(28:1－29:27)
   (1) 의로운 태도와 악한 태도를 대조시키는 잠언들(28:1－28)
   (2) 의로운 관계들과 악한 관계들을 대조시키는 잠언들(29:1－27)

VI. 아굴의 잠언서들(30:1－33)
1. 서론(30:1)
2. 하나님을 아는 지식의 으뜸성(30:2－9)
3. 유사한 것들에 관한 잠언들(30:10－33)
   (1) 노예를 다루는 일에 관한 충고(30:10)
   (2) 네 종류의 죄인들(30:11－14)
   (3) 결코 만족할 줄 모르는 네 가지 존재(30:15－16)
   (4) 부모를 멸시하지 말라(30:17)
   (5) 이해할 수 없는 네 가지 일들(30:18－19)
   (6) 음녀를 피하라(30:20)
   (7) 네 가지 불공평한 일들(30:21－23)
   (8) 작지만 네 가지 지혜로운 존재들(30:24－28)
   (9) 으스대는 네 가지 존재들(30:29－31)
   (10) 교만과 분노를 피하라(30:32－33)

VII. 결론 – 지혜를 추구하라 – 르무엘의 잠언들(31:1 – 31)
1. 르무엘왕의 잠언들(31:1 – 9)
2. 잠언의 의인화 – 이상적인 아내 지혜 부인(31:10 – 31)

잠언서의 핵심 모토는 "야웨를 경외하는 것이 지식과 지혜의 근본이다"라는 명제다(1:7). 서언(1:1 – 7)은 잠언서의 저작 및 공부 목적(2절)을 진술한다. 잠언서 저작 및 공부의 목적은 세 가지다. 그것의 도덕적 목적은 순종/판단의 기술을 길러주고 그릇된 습관이나 품성을 바로잡아 주는 교정적 가르침을 주는 데 있다(1:2a). 그것의 정신적 목적은 지혜의 말들을 분별하도록 돕는 데 있다(1:2b). 1:3 – 6이 말하는 잠언서 저작 및 공부의 확장된 목적은 훈육(Discipline), 의(Righteousness)의 함양, 판단력(Judgment)의 함양, 공명정대(Equity)를 익히게 함이다(3절). 특히 잠언서는 생각이 단순한 자에게 사려분별을, 젊은이들에게 지식과 깊은 심사숙고의 판단력을 가르친다(4절). 그것은 배우는 자에게 학식과 지혜로운 모략과 경륜을 증가시켜 준다(5절). 마지막으로 그것은 잠언적 경구, 비유, 지혜자의 말씀들, 지혜자의 수수께끼를 이해할 수 있게 해 준다(6절).

II단원(1:8 – 9:18)은 아버지가 아들에게 들려주는 회고체 훈계들로서 1:7을 자세히 예를 들어 강해하고 있다. "지혜와 어리석음 사이에 무엇을 선택하는가?"가 교육의 근본문제라는 것이다. 지혜를 선택하도록 돕는 것이 이 단원의 교육적 주안점 중 하나다(지혜와 어리석음의 두 길을 잘 비교하고 예해한다).

III단원(10:1 – 22:16)은 객관적 서술적 문체로 쓰인다. 이 단락은 지혜와 어리석음의 두 길이 한 사람의 일생에 얼마나 집요하게 선택을 요구하면서 접근하는지를 잘 보여준다. 개별적인 잠언들 모두가 선택과 판단의 중차대성을 강조한다. 인생은 선택과 판단의 씨줄과 날줄로 짜여가는 피륙과 같다는 것이다. 냉정하고 객관적이고 경험적인 현실관찰이 잠언서 교육의 또 하나의 주안점이다.

IV단원(1. 22:17 – 24:22; 2. 24:23 – 24)은 다시 1 – 9장의 훈계조 문체로 쓰인다. 궁중 혹은 왕실 서기관들인 지혜자들의 잠언들이다. V단원(25:1 – 29:27)은 히스기야의 신하들에 의하여 채집되고 결집된 솔로몬의 잠언들의 묶음이다. 국가정책상의 지혜와 어리석음 사이에 존재하는 긴장을 적절하게 보여준다. VI단원(30:1 – 31)은 아굴의 잠언들인데 잡다한 영역에서의 지혜의 효용을 논한다. VII단원(31:1 – 31)은 르무엘왕의 말들로서 잠언서의 결론부를 구성한다.

11-2

욥기, 전도서, 예레미야 애가

욥기의 메시지와 구조

욥기(the Book of Job)의 메시지

욥기는 문학 장르상 희곡으로 분류되는 작품이다. 이스라엘이 이 세계에 출현하기 오래전에 고대 동방의 우스(Uz)라는 성읍에 살던 의인(義人) 욥이 하나님을 향하여 쏟아내는 불평과 질문들을 감동적으로 제시하고 있다. 의인 욥은 하루아침에 10명의 자녀들과 재산을 다 잃고 자신은 문둥병과 유사한 병에 걸려 버린다. 졸지에 욥은 가족, 재산, 사회적인 신망과 존경, 건강, 그리고 하나님에 대한 믿음까지 잃어버린다. 욥기는 이처럼 까닭 없는 고난을 연속적으로 겪은 욥이 하나님에게 하나님의 정의가 어디 있느냐고 항의하는 이야기다. 자신에게 닥친 고난들을 원인론적으로 접근하던 욥은, 욥을 위로하러 왔다가 그의 참혹한 고난을 보고 그것을 죄에 대한 하나님의 심판이라고 주장하는 세 친구와 격렬한 논쟁에 빠진다. 욥의 고난을 욥의 숨은 죄, 욥 자녀들의 죄, 그리고 인간 일반이 하나님 앞에서 짓는 죄에 대한 하나님의 심판이라고 믿는 세 친구들은, 욥을 강제로 회개시키려고 하는 종교적 보수주의를 대표하는 인물들이다. 욥을 하나님께 회개시키려다가 욥과 세 차례의 신학적 논쟁을 벌이게 된 세 친구들은 사태의 핵심을 파악하지 못한 채 처음부터 끝까지 교조적인 완고함에 머물고 있다. 뒤늦게 양방의 논쟁에 끼어든 젊은 변사 엘리후의 책망 섞인 강론도 사태의 핵심에 접근하지 못하는 점에서는 세 친구들의 입장과 별다를 것이 없다. 고난의 원인을 찾지 못한 욥은 탄식과 자기연민, 항변과 자기변호 사이를 왔다 갔다 한다. 그 사이에 하나님께서 욥을 찾아오신다. 폭풍과 흑암 속에서 현현하신 하나님은 욥에게 감히 상상할 수 없는 질문들을 퍼붓는다. 창조의 신비에 속한 엄청난 질문공세를 받고서야 욥은 자신이 지적으로 해명할 수 없는 질문을 하나님께 제기한 사실을 알고 회개한다. 욥 자신의 고난은 창조의 신비에 속한 고난임을 알고 하나님께서 자신에게 허락한 신비로운 "고난"을 받아들이고 하나님께 승복한다. 문학적으로 보면 다소 싱겁게 끝나버리지만 욥기는 적어도 신학적으로는 두 가지 사실을 긍정한다.

첫째, 이 세상에는 죄와 상관없이 애매하고 억울하고 부조리한 고난을 경험하는 사람들이 많이 있다는 사실이다. 둘째, 이 부조리하고 억울한 고난은 인간의 머리로는 이해할 수 없는 일이며 창조의 신비에 속한 일이라는 사실이다. 다만 하나님께서는 자신의 무죄함(적어도 자신이 겪은 고난들과 관련해서는)을 주장하며 하나님을 원망하던 욥과, 하나님의 절대 정의와 공평을 옹호하고 욥을 정죄하여 회개를 유도하는 세 친구들의 논쟁에서 욥의 손을 들어줌으로써 욥을 위로해 주신다. 하나님께서는 모든 환난과 고통을 하나님의 신적인 인과응보 혹은 징벌론적인 관점으로만 파악하려는 교조주의적 독단을 더욱 비판하신 것이다.

욥기는 잠언서, 신명기 28–29장, 그리고 일부 예언서 신학의 중심골격인 원칙, 곧 하나님께서는 죄에는 벌, 선행(하나님께 복종)에는 상급(축복)을 주신다는 전통적이고 인습적인 교리에 대한 회의를 제기한다. 욥의 고통은 욥의 죄 혹은 욥의 자녀들의 죄와 분명히 직간접적으로 관련되어 있다고 주장한 욥의 세 친구들의 주장들은 결국에 가서 하나님에 의하여 비판받는 입장임이 드러난다. 32–37장에 맹활약하는 양비론(兩非論)의 사도인 엘리후의 입장은 38–39장에 나오는 하나님의 강론을 이해하도록 준비시키는 한편 욥의 친구들의 교조주의적 입장을 다소 누그러뜨리는 신비주의적 모호성을 드러낸다. 전체적으로 욥기의 주제는 하나님은 왜 의인에게 고통을 주실까 하는 질문이라기보다는 어떻게 하면 고난의 시기를 의미 있게 보낼 수 있을까를 고민하는 다소간 실용적인 주제다.

욥기를 읽을 때 한 가지 조심할 것은 이 책에 등장하는 하나님의 대사들 자체를 교조적으로 이해하면 안 된다는 점이다. 특히 욥기 1－2장에 나오는 사탄과 내기를 벌이는 하나님의 대사들은 그 자체만 분리시켜 교조적으로 이해하면 안 된다. 하나님께서 사탄과 내기하다가 욥이 얼마나 강한 믿음의 소유자인가를 증명하기 위하여 욥과 그의 재산과 가족을 사탄의 공격에 넘겨주는 장면을 교조적으로 이해하면 곤란하다. 욥기의 하나님의 궁극적인 모습은 38－41장에서 그려지듯이 폭풍우 속에서 나타나시는 신비한 하나님이시다. 고난의 원인을 사람에게 알려주시기보다는 고난 중인 욥과 함께 하시는 하나님 자신이 욥의 고난에 대한 응답인 것이다. 욥기는 어떤 시대의 개인이나 집단에게도 일어날 수 있는 일을 다루고 있으나, 아마도 성서 안에서 욥기는 바벨론 포로살이와 같은 엄청난 환난이 과연 죄에 대한 하나님의 심판의 결과인지 아니면 인간이 해명할 수 없는 심오하고 신비한 하나님의 섭리(신 29:29)가 개입된 일인지에 대한 신학적 성찰을 반영하고 있는 것처럼 보인다. 바벨론 포로 1세대는 분명 바벨론 유수를 자신의 죄에 대한 하나님의 심판으로 이해하였으나 바벨론 포로살이가 그들의 자녀세대에게는 억울하고 애매한 고통이었을 수도 있었을 것이다. 참혹한 바벨론 포로살이가 길어지면서 바벨론 포로 2－3세대들에게 그들의 바벨론 포로살이가 대속적이고 신비로운 하나님의 뜻을 이루는 고난일 수도 있다는 생각이 일어났을 수 있다(사 53장 참조).

욥기의 구조

I. 서언－의롭고 행복한 욥에게 닥친 악한 시험(1－2장)
II. 세 친구들과의 논쟁(3－26장)
  1. 욥의 기조 탄식(3장)과 1라운드 논쟁(4－14장)－욥의 대답(9－10장, 12－14장)
  2. 2라운드 논쟁(15－21장)－욥의 대답(19장, 21장)
  3. 3라운드 논쟁(22－26장)－욥의 대답(23－24장, 26장)
III. 욥의 결론적 담화와 긴 독백(27－31장)
  1. 욥의 결론적 담화(27장)
  2. 지혜시적 간주곡(28장)
  3. 욥의 탄원－결백을 밝혀달라는 아우성(29－31장)
IV. 엘리후의 긴 강론(32－37장)

V. 하나님의 긴 담론(38－41장)
VI. 결언－욥의 회개와 하나님의 위로(42장)

I. 서언-의롭고 행복한 욥에게 닥친 악한 시험(1-2장)

1장은 하나님께서 하나님의 아들들과 사탄 앞에서 동방의 우스 땅에 사는 욥의 신앙을 칭찬하자 사탄이 이의제기를 하면서 시작된다. 1:6－12은 신앙의 진실성과 순전성에 대한 하나님과 사탄의 논쟁을 보도한다. 사탄은 사람들이 하나님을 믿고 공경하는 것은 하나님께서 복을 주시고 사랑을 베풀어 주시기 때문이지, 하나님이 주시는 복과 독립적으로 순전히 하나님만을 경외하는 사람은 한 사람도 없다고 주장한다. 하나님께서는 사탄의 주장을 반증하기 위하여 욥을 내세운다. 사탄은 욥을 쳐서 욥이 하나님을 원망하는지 신앙을 지키는지 시험해 보자고 제안하고 하나님은 이 제안을 받아들이신다. 사탄은 욥의 목숨을 앗아가는 일을 제외한 모든 종류의 악한 시험을 가하여 욥이 신앙을 포기하도록 유도하는 역할을 맡게 되었다. 1:13－22은 욥에게 가해진 사탄의 첫 시험을 보도한다. 천재지변과 약탈자들의 침략으로 모든 재산이 상실된다. 또한 단란한 욥의 자녀들 7남 3녀가 순식간에 죽임을 당하는 참담한 환난이 연쇄적으로 욥을 타격한다. 욥은 겉옷을 찢고 머리털을 밀고 땅에 엎드려 하나님께 경배한다.

2:1－6은 욥을 향한 사탄의 두 번째 시험이 욥을 타격하는 상황을 보도한다. 사탄은 욥에게 악창과 종기가 돋아나게 하여 욥은 온종일 기와조각으로 자기 몸을 실성한 사람처럼 긁고 있다. 그러나 2:7－10은 이런 참혹한 개인적인 곤경 속에서도 믿음을 지키려는 욥을 증거한다. 2:11－13은 드디어 욥의 세 친구들이 욥을 위하여 위로 방문길에 오르는 상황을 보도한다. 데만 사람 엘리바스와 수아 사람 빌닷과 나아마 사람 소발이 바로 그들이다.

II. 세 친구들과의 논쟁(3-26장)

이 단원은 처음에는 욥의 처지를 위로하러 왔던 세 친구들이 보수적이고 교조적인 신학의 빛 아래서 욥의 고난을 징벌론적인 관점에서 이해한 나머지, 욥으로 하여금 무조건 하나님께 숨은 죄를 고백게 하여 하나님의 용서를 구하도록 강압하는 상황을 자세히 점층적으로 보도한다. 세 친구들의 신학은 흔히 신명기 신학이라고 불리는데(신 28장) 모든 고난은 죄의 결과라고 보는 입장이다. 욥의 고난은 욥 자신의 숨은 죄, 혹은 그의 자녀들의 죄, 혹은 피조물 일반이 하나님께 대하여 근본적으로 갖는 불완전성과 피조물적인 누추함에 대한 하나님의 공평한 대응이라는 것이다. 이들의 교조적인 주장에 대하여 욥은 처음부터 끝까지 자신의 무죄와 결백을 주장하며 하나님께 오히려 자신의 고난을 속시원히 해명해 달라고 거칠게 덤벼든다.

1. 욥의 기조 탄식(3장)과 1라운드 논쟁(4－14장)－욥의 대답(9－10장, 12－14장)
2. 2라운드 논쟁(15－21장)－욥의 대답(19장, 21장)
3. 3라운드 논쟁(22－26장)－욥의 대답(23－24장, 26장)

3－26장 단원은 욥과 세 친구들과의 교차 논쟁을 담고 있는데 일종의 소나타 형식으로 진행된다. 기본 주제는 동일한데 약간씩 세부 논쟁이 바뀔 뿐이다. 욥의 핵심 주장은 자신에게 닥친 연쇄적이고 참혹한 고난은 자신의 죄에 대한 하나님의 심판일 수가 없다는 것이다. 세 친구들의 주장의 핵심은 세 가지다. 첫째, 욥의 숨은 죄가 이 고난의 원인이다. 욥은 어서 빨리 회개하여 하나님과 화목하여야 한다. 둘째, 욥의 자녀들의 명시적 혹은 숨은 죄에 대한 하나님의 응징일 수가 있으니 욥은 회개하여야 한다. 하나님은 절대 공평하신 하나님이기에 까닭 없는 고난이나 환난을 내리실 수 없다는 것이다. 셋째, 하나님 앞에서는 어떤 피조물도 더럽고 유한한 존재이므로 하나님 앞에서 자신의 의로움을 과도하게 주장하면 안 된다는 것이다. 따라서 욥은 침묵하여야 하며 더 이상 하나님을 고소하는 도발적인 오만을 멈춰야 한다는 것이다.

III. 욥의 결론적 담화와 긴 독백(27-31장)

1. 욥의 결론적 담화(27장)
2. 지혜시적 간주곡(28장)
3. 욥의 탄원-결백을 밝혀달라는 아우성(29-31장)

이 단원은 세 친구들에 대한 욥의 답변과 하나님에게 영혼을 쏟아붓는듯한 감동적이고 긴 독백이다. 이 단원을 읽으면 독자들은 욥의 입장에 더욱 동정적이게 된다. 하나님을 향한 거칠고 독설적인 불평과 항의가 다소 거슬리긴 하지만 욥의 언어는 불신앙이 아니라 하나님과 대면하여 해결하고 싶은 강한 열망을 드러낸다. 세 친구들이 하나님을 옹호하고 그의 죄를 자백시키기 위하여 노력하지만 정곡을 찌르는 욥의 하나님 규탄 언어는 멈출 줄 모른다. 세 친구와 벌인 논쟁에서 욥의 자기변호는 두 가지 극단점을 왕래하고 있다. 자신의 결백과 하나님의 부당한 역사하심에 대한 규탄과, 피조물로서의 인생(자신)의 본질적 곤궁함과 유한성에 대한 탄식과 자기연민에 가득찬 넋두리 사이를 왔다 갔다 한다. 이 두 극단의 중간 지점에 욥기 23장이 놓여 있다. 자신이 겪고 있는 이 형용할 수 없는 불행과 환난의 참 의미를 언젠가 해명해 주실 구속자, 중보자가 땅 위에 나타날 것을 믿으며 욥은 하나님의 은닉상황을 견딘다.

IV. 엘리후의 긴 강론(32-37장)

이 단원은 논쟁의 첫 순간부터 욥과 세 친구들의 논쟁을 지켜보다가 뒤늦게 논쟁에 뛰어드는 젊은 변사 엘리후의 다소 장황하고 산만한 강론이다. 양비론적인 성격을 가진 엘리후의 강론은 첫째, 거칠고 오만스럽게 들리는 욥의 불평이나 태도를 비판한다. 둘째, 욥의 고난에는 징벌 이상의 의미가 있을 수 있다고 말한다. 엘리후는 고난 속에 시달리는 욥에 대한 욥의 친구들의 무자비한 율법주의적 단죄를 비판하는 동시에, 욥의 자기의(自己義)에 입각한 하나님의 정의에 대한 의심도 비판한다. 엘리후는 먼저 욥에게 죄를 회개하여 그의 환난이 멈출 수 있게 하라고 다그친다. 그러나 또 한편 엘리후의 논리는 한마디로 인생과 자연 속에는 인간이 도저히 궁구할 수 없는 신비가 있다는 것이다. 엘리후는 자신의 고난의 원인을 지적(知的)으로 해명하려는 욥의 시도를 책망한다. 엘리후는 구름의 생성과 역할에 대하여 아느냐고 묻는다. 신비하게 생성되는 구름은 그 안에 무서운 번개를 감추고 비를 내리는데 때로는 심판의 비를 내리기도 하고 때로는 피조물을 살리려는 하나님의 사랑을 표현하는 비를 내리기도 한다는 것이다(37:13). 이 세상에는 하나님이 행하시는 신비로운 일들이 많다는 것이다(37:14, 23). 다만 한 가지 믿어야 할 것은 "사람을 대하실 때에 의롭게 대하시고 정의롭게 대하여 주신다"(23절)는 것이다. 따라서 엘리후는 욥이 하나님을 의심하거나 불공평하다고 불평하지 말고 하나님을 경외하여야 한다고 주장한다. 마지막으로 엘리후는 하나님은 스스로를 지혜롭다고 간주하는 사람들을, 즉 욥이나 욥 친구들을 공히 무시한다고 주장한다. 결국 욥의 고난도 하나님의 공평하심의 표현이기 때문에 욥은 자신의 의로움을 과시하지 말아야 한다는 것이다.

엘리후의 강론은 뒤따라 나오는 하나님의 강론(38–41장)을 준비시키는 역할을 한다. 이 세상 안에는 하나님이 행하시는 신비로운 일들이 많기 때문에 믿음으로 참고 견디어야 한다는 것이다. 하나님의 궁극적인 공평하심과 정의로움을 의심하지 말고 믿어야 한다는 것이다. 이 점이 바로 엘리후의 강론이 갖는 신학적 무게다.

V. 하나님의 긴 담론(38–41장)

하나님의 강론은 두 강좌로 구성되어 있다. 하나님 강론의 주제는 삼라만상 온 피조물이 하나님의 절대적 주권과 창조주적 권능을 증거하고 있다는 것이다. 38장(4–38절)은 주로 하나님의 절대적 주권과 창조주적 권능을 증거하는 무생물들(땅, 바다, 태양, 지하세계, 빛과 어둠 등)을 나열하고 39장(38:39–39:30)은 하나님의 절대적 주권과 창조주적인 권능을 증거하는 생물들을 나열한다. 40–41장은 엄청난 지혜와 지식으로 고난의 원인을 알고자 하는 욥에게 세상의 미묘한 이치들과 원리들에 대하여 질문을 퍼붓는 하나님을 보여준다. 하나님께서는 욥이 대답할 수 없는 질문들을 제기함으로써 욥 자신이 고난에 관한 원인을 머리로 이해하려고 했던 것이 얼마나 무모했던가를 깨우쳐 주신다. 욥은 이제 폭풍우 속에 현현하셔서 신묘막측한 피조세계에 관한 질문을 퍼붓고 계시는 하나님 앞에, 자신이 하나님을 정죄하듯이 하나님께 불평하고 따져들 듯이 고난의 원인을 해명해 달라고 강청한 것이 잘못된 요구임을 알게 된다.

VI. 결언-욥의 회개와 욥에 대한 하나님의 위로(42장)

42장은 재와 티끌 사이에서 회개하는 욥을 위로하고 욥의 친구들을 정죄하시는 하나님의 모습을 보여준다. 하나님께서는 세 친구들에 비하여 욥이 더 옳고 의로웠음을 인정하시며 욥을 위로해 주신다. 오히려 욥은 세 친구들을 위하여 중보기도를 드림으로써 세 친구들의 사죄를 요청하여야 할 상황이 발생한 것이다. 그러자 욥의 중보기도를 들으신 하나님께서는 어리석고 무식한 말로 욥을 정죄하였던 세 친구들을 용서해 주신다. 욥의 잘못은 자신의 무죄를 확신한 것이 아니라 하나님께 자신의 고난을 해명해 달라고 요청한 방법과 태도임을 알게 된다.

42:10－17에서 하나님께서는 욥의 가정을 완전히 새롭게 창조해 주실 뿐만 아니라 그에게 갑절의 부와 명예를 선사하심으로써 억울하고 애매한 고난으로 망가진 세월을 회복해 주신다.

전도서의 메시지와 구조

전도서의 메시지

전도서는 코헬렛(qohelet, 영어 이름은 ecclesiastes)으로서 그 뜻은 “편찬자” 혹은 “수집자”를 의미하거나 “선포자” 혹은 “설교자”를 의미한다. 어떤 방식으로 이해해도 전도서는 제목 그대로 지혜적 잠언의 수집물이면서 동시에 젊은이를 포함한 독자들에게, 양(陽)의 방식이 아니라 음(陰)의 방식으로 야웨신앙을 가르쳐준다. 이 책은 불신앙과 신앙의 경계선에서 방황하고 의심하고 불평하는 사람들을 야웨신앙의 내면으로 한 단계 초청하는 철학적 · 신학적 묵상록이다. 바벨론 포로생활의 고달픔에 대한 신학적 절규로 읽힐 수 있는 욥기와 시편(137편) 등과 같이, 전도서도 야웨의 전통적인 공평과 정의로운 통치에 대한 방법론적인 의심을 표출하고 있다.

저자가 솔로몬왕이라는 말은 전도서에 나타나지 않으나 다윗의 아들 예루살렘왕으로서 잠언을 짓고 모으는 일에 열심을 낸 왕은 솔로몬왕으로 알려져 있으므로(왕상 4:32) 전통적으로 솔로몬의 저작이라고 믿어져 왔다. 전도서 자체의 주인공 화자는 솔로몬적인 극단 경험(극단적 지혜와 지식 추구, 극단적 쾌락과 성욕 추구, 극단적 부와 명예 추구)을 통해서 인생의 환희와 보람을 느끼지 못하고 모든 것은 불확실하고 견고하지 못하다는 것을 경험한다. 세상은 불공평한 것처럼 보이며 지혜 있는 자나 어리석은 자가 모두 함께 쇄도하는 불행과 불운의 피해자로 전락하며, 재판정과 법정은 악한 강자의 손 아래 놓아나는 것처럼 보인다. 페르시아 제국이나 바벨론 제국의 치하에서 살았던 경건한 야웨주의 신앙인이, 야웨 하나님이 다스리는 세상은 공평과 정의로 견고하게 확정된 세상인데 "왜 세상이 이 모양이냐?"고 묻는다. 욥기와 더불어 전도서는 구약성서에서 불확실하고 위험한 세계에 대한 대표적인 현실비판적 신앙교본이다. 욥기와 더불어 전도서도 전통적인 야웨신앙에 대한 비판적 성찰의 기록으로서 회의하고 좌절하는 모든 야웨주의자들을 위로하고, 야웨 하나님이 다스리는 세계에 대한 믿음과 하나님에 대한 믿음을 지탱하고 지지해 주는 위로의 책이다. 외견상으로는 전도서가 삶의 불확정성(unreliability)과 허무성에 대하여 고백하지만 그 본질에 있어서는 세상의 부조리와 불공평, 불확정성과 허무함에도 불구하고 젊은 날에 하나님을 경외하고 하루하루를 즐기며 사는 평범하고 겸손한 삶이 얼마나 좋은가를 가르친다.

비록 전도서 안에서 화자(話者)는 자신을 다윗의 아들 예루살렘왕이라고 소개하지만, 전도서의 정경적인 완성은 화폐경제가 일상화되고 중산층이 부(富)를 추구하려고 불확정적인 현실에서 투자를 하다가 망하기도 하는 아주 불투명하고 불확실한 페르시아 제국 시기였던 것처럼 보인다.[2] 그럼에도 불구하고 전도서의 저작 기원과 배경에는 솔로몬의 지혜 추구와 수집 및 편찬 활동이라는 역사적 사실이 모종의 역할을 했음이 틀림없다.

전도서의 구조

I. 표제와 저자 소개(1:1)
II. 주제 선포: 세상 의존적인 삶의 무의미성과 허무함(1:2)
  1. 서론: 아! 지루하고 피곤한 세상이여!(1:3－11)
  2. 담론 1: 명백한 모순과 허무성에도 불구하고 삶은 하나님의 선물이다 (1:12－11:6)
  3. 담론 2: 죽음과 노화가 곧 찾아오기 때문에 젊은 날 인생의 기쁨을 누려야 한다 (11:7－12:7)
III. 주제의 반복(12:8)
IV. 결론: 삶의 무의미성을 극복하는 방법(12:9－14)

I. 표제와 저자 소개(1:1)

저자는 자신을 다윗의 아들 예루살렘왕이라고 말한다. 제목은 전도자(코헬렛)의 말씀이다. 저자는 솔로몬왕이거나 솔로몬적인 경험을 가진 후 현재의 전도서 말씀 같은 깨우침을 얻은 인물이다.

II. 주제 선포: 세상 의존적인 삶의 무의미성과 허무함(1:2)

1:2은 전도서의 전체 주제인 하나님과 분리되어 사는 삶, 즉 세상 의존적인 삶의 무의미성과 허무함을 천명한다. 1장 2절에서 전도서는 모든 것이 "허무하다"는 말을 다섯 번이나 반복한다. 여기서 "허무하다"는 말은 중국의 노장사상이나 도가(道家)가 말하는 무(無) 혹은 불교의 화엄경이 말하는 공(空) 사상을 가리키는 말이 아니다. 그 말은 철학적인 성찰을 말하는 것이라기보다는 평범한 일상생활에서 느끼는 삶의 불안정성과 불확실성을 의미한다. 따라서 허무하다는 것은 "불확정적이다!", "불확실하다!" 혹은 "믿을 만한 항속적인 실체가 없다"라는 정도의 의미를 갖는다. 하나님을 떠난 삶의 관점에서 세상만을 쳐다보면, 세상에는 우리 인간의 영혼이 닻을 내릴 만한 안전한 항구가 없다는 것이다.

1. 서론: 아! 지루하고 피곤한 세상이여!(1:3-11)

이 단락은 이 세상 안에는 전혀 새로운 일이 일어나지 않으며 세상만사가 지루한 반복일 뿐이라고 말한다. 세상 만물은 피곤에 찌들어 있고 이전 세대와 현재 세대와 장래 세대는 전혀 의미 있게 연결되어 있지 않다고 말한다. 역사적 허무주의가 짙게 배어있다. 해가 지고 세월이 흐르는 것, 바람이 부는 것, 강물이 흘러 바다에 들어가는 것은 경이롭고 신비한 하나님의 일하심의 반영이 아니고 지루하고 권태로운 반복일 뿐이라고 말한다.

2. 담론 1: 명백한 모순과 허무성에도 불구하고 삶은 하나님의 선물이다(1:12-11:6)

이 단원의 핵심은 삶 자체의 명백한 모순과 난제(무의미성/허무성)들에도 불구하고 그것은 하나님의 선물로서 향유되어야 한다는 가르침이다. 이 단락에서 전도자는 여러 가지 주제에 걸쳐 전통적인 정통교리에 비판적 성찰을 던지는 것처럼 보인다. 전도자는 주일학교 학생 같은 단순한 흑백논리나 희화화된 신명기적 확신(하나님의 뜻에 순종하면 상을 주고 죄를 지으면 벌을 준다는 교리, 즉 신 28장을 보라)으로는 이해가 안 되는 신비의 영역, 불가해한 허무의 영역이 있음을 인정한다. 전도자는 우리가 살고 있는 세계는 도덕적인 무의미주의 혹은 허무주의를 심어줄 때가 많음을 인정한다. 그래서 그는 불확정적인 삶의 현실을 직시하는 것이 경건이요 신앙이라고 말한다. 이런 전도서의 주장은 정통교리의 가르침으로 해결 안 되는 삶의 모순에 개안하는 성년 신자의 고백일 수도 있다.

1:12-18은 극단적 지식과 쾌락 추구와 야심만만한 생의 성취 등이 인생의 무근거성과 허무감을 극복하는 데 도움을 주지 못한다고 말한다. 2장은 극단적인 부의 축적과 호화로운 생활 등이 인생의 허무를 극복하는 데 전혀 도움이 안 되는 상황을 말하고, 오히려 평범한 일상생활의 향유가 하나님의 선물임을 기억하라고 권고한다.

3장은 천하범사에 때가 있으므로 불행을 순식간에 행복으로 바꿀 수 없으며 아픈 상태를 급작스럽게 건강한 상태로 바꾸지 못한다는 것을 가르친다. 피조물 인간은 때와 시간에 속박된 유한한 존재라는 것이다. 4장은 세상에 벌어지는 부조리, 학대와 불공평, 신분상의 상승과 쇠락을 담담하게 관찰하며 세상살이의 허무함과 부조리성을 보여준다. 5장은 하나님을 경외하는 삶의 가치, 재물과 부요, 존귀한 신분에 대한 탐닉의 어리석음과 헛됨을 말한다. 6장은 재물욕, 식욕, 가족적 흥성에 대한 집착의 헛됨을 말한다.

7장은 지혜자와 우매한 자의 차이가 별 것이 아님을 말하고 지혜를 얻어 지나치게 지혜로운 사람이 되려고 하는 사람에게 지혜의 한계를 가르쳐 준다. 8장은 악인과 의인이 신명기 신학의 원칙에 따라 처벌받거나 상을 받지 못할 때가 있음을 말한다는 점에서 욥기를 생각나게 한다. 9장은 악인과 의인의 운명이 비슷하게 흘러가는 것처럼 보이는 현실, 선악의 경계가 애매모호한 것처럼 보이는 현실을 인정하면서도 지혜의 효용이 있음을 인정한다. 10장은 전통적인 잠언서의 지혜를 생각나게 하는데 지혜에 대한 전통적인 견해와 보조를 맞추고 있다. 지혜가 모든 것을 해결하고 만사형통케 하는 만병통치약은 아닐지라도 우매보다는 낫다는 것이다. 11:1–6은 지혜로운 사람은 미래를 대비하는 사람이라고 말한다.

3. 담론 2: 죽음과 노화가 곧 찾아오기 때문에 젊은 날 인생의 기쁨을 누려야 한다 (11:7–12:7)

이 단락은 젊은이에게 초점을 맞추고 있다. 이 단락은 젊은이들이 다가올 미래, 즉 노화와 죽음에 대비해서 현재의 삶에 최선을 다하여 살아야 한다고 말한다. 그러나 하루하루의 삶을 즐기면서 사는 것, 즉 하나님의 선물인 인생을 향유하는 것과 쾌락주의는 다름을 강조한다. 전도서가 말하는 젊은이의 지혜는 젊은 날 창조주 하나님의 심판을 생각하면서 살아가는 것이다.

III. 주제의 반복(12:8)

12:8은 1:2의 주제 구절을 반복한다. 하나님을 경외하고 미래를 대비하되 과도한 욕망 추구, 부의 추구, 지식 추구, 명예 추구에 빠지지 말아야 한다. 인생은 시간과 때에 속박된 유한한 피조물임을 기억하고 하나님 안에 영혼의 닻을 내려야 한다는 것이다.

IV. 결론: 삶의 무의미성을 극복하는 방법(12:9-14)

결론 단락은 하나님을 경외하고 신뢰하라(잠 1:7)는 전통적인 잠언을 상기시킨다. 전도서에서 "여호와를 경외한다"는 것은 무엇인가? 그것은 하나님 없는 세상의 지루한 반복성, 불확정성, 그리고 삶의 유한성과 제한성, 모순성을 정직하게 인정하는 것이다.

예레미야 애가의 메시지

예레미야 애가는 예루살렘의 파괴(요시야왕의 때 이른 죽음)에 대한 애가와 하나님의 한없는 은혜에 대한 감사를 담고 있다. 이 책은 심판을 넘어 하나님이 열어가실 미래에 대한 기대를 강력하게 표명하며 폐허가 된 예루살렘 성전 터를 목전에 둔 예언자의 슬픔과 통곡을 표출한다. "어찌하여?"를 의미하는 히브리어 "에카"가 이 책의 히브리어 제목이라는 사실에서 알 수 있듯이, 이 책은 도저히 이해할 수 없을 정도로 가혹한 하나님의 심판에 대해 문제제기를 한다. 그러면서도 전체적으로는 예레미야 애가는 파괴를 뛰어넘는 하나님의 무궁한 자비를 노래한다. 파괴당한 성전과 예루살렘 성을 그리워하며 일찍 전사한 요시야왕을 염두에 둔 듯한 애가는 회개를 돕는 최고의 영성서적일 것이다. 1장은 예루살렘의 파괴와 시온의 몰락에 대한 깊은 슬픔과 당혹감을 표출한다. 2장은 예루살렘에 대한 야웨 하나님의 진노와 심판의 정당성을 묵상한다. 3장은 야웨의 진노와 심판을 넘어 계속될 하나님의 이스라엘 구원사에 대한 확신을 피력하며 인간의 죄와 불순종을 이기는 하나님의 무궁한 자비를 노래한다. 4장은 멸망 후의 황량한 예루살렘 성전 터를 묘사하고 그 폐허가 된 예루살렘 성전이 희망의 처소로 복구될 미래를 꿈꾼다. 5장은 야웨의 긍휼을 간청하는 기도를 담고 있다.

11강 서론

구약성서의 성문서 개관

이번 시간부터는 성문서(聖文書)의 주요 책들을 공부할 것입니다. 구약성경 서른아홉 권 중에서 모세오경(율법서) 다섯 권, 예언서 스물한 권 모두 26권을 제외한 열세 권을 성문서라고 부릅니다. '거룩한 책들'(the holy writings)이라는 뜻입니다. 모세오경이나 예언서가 권위 있는 규범을 제시하려는 교훈적이고 훈도적 목적을 드러내는 데 비해, 성문서는 아래로부터 하나님께로 올라가는 인간의 말을 담고 있습니다. 하나님의 귀에 들리는 인간의 아우성도 하나님의 말씀이라고 말하는 셈입니다(시 56:7–8). 성문서는 역사설화 성문서 7권, 시문(詩文) 성문서 3권, 지혜문서 성문서 3권 모두 열세 권으로 구성되어 있습니다. 역사설화 성문서는 역대기상하, 에스라, 느헤미야, 룻기, 에스더, 다니엘이며, 시문 성문서는 시편, 아가, 예레미야애가입니다. 지혜 성문서는 욥기, 잠언, 전도서입니다. 앞선 강의에서 말씀드렸듯이, 우리 한국 독자들에게 잘 안 알려졌겠지만 역대기상하, 에스라, 느헤미야, 룻기, 다니엘서는 모두 성문서에 들어갑니다. 하나의 주제로 이 13권의 성문서를 묶어내는 것은 쉽지 않습니다. 각각 다 개별적으로 혹은 개성을 지닌 책으로 중요하게 취급되어야 하는 책들이기 때문입니다. 그런데 가장 중요한 사실은, 성문서는 하나님이 인간에게 수직강하적으로 내려준, 초월의 자리에서 아래로 쏟아낸 말들이 아니라는 사실입니다. 오히려 굳이 방향을 말하자면, 성문서는 인간에게서 하나님께로 상향적으로 실행된 의사소통을 주목합니다. 인간이 하나님께 터뜨린 말들, 인간이 하나님에 대해서 갖는 사변과 성찰들이 성문서의 많은 분량을 차지합니다. 그러니까 아래에서 위로 올라가는 말들이 성문서의 주요 내용입니다. 그래서 성문서가 참 중요합니다.

대표적으로 시편입니다. 시편은 인간이 하나님에게, 혹은 하나님에 대해 쏟아낸 말들을 많이 담고 있습니다. 외견상 하나님을 찬양하는 시편인데 그 찬양의 내용 안에는 하나님을 찬양하는 말만 있는 것이 아니라, 하나님에 대한 불평과 저항 언어도 포함되어 있습니다. 잠언은 지배 엘리트들, 궁중 관리들을 길러낼 때 사용되었을 법한 고급 교양 교과서입니다. 인간의 경험, 관찰, 그리고 관습적 지혜습득에서 결정화(結晶化)된 지혜가 잠언서의 대부분을 구성합니다. 욥기는 하나님이 다스리는 세계가 공평과 정의가 심각하게 무너진 세상이라고 불평하는 내용입니다. 전도서도 하나님의 공평과 정의의 원칙이 무너진 것처럼 보이는 세상에 대한 비판철학적 사변입니다. 전도서는 일종의 히브리 성경 버전(version)의 행복추구 철학입니다. 예레미야 애가는 우리 죄보다 훨씬 더 과도하게 집행된 하나님의 심판에 관한 저항의 노래입니다. 애가의 노래, 시편의 불평언어, 욥기의 따지고 묻는 태도, 전도서의 비판적 성찰어조 모두 다 하나님을 향하여 인간이 쏟아낸 말들의 파노라마입니다. 이런 것들이 하나님 말씀이라는 사실이 참 중요합니다. 하나님이 인간에게 하신 말씀만 하나님 말씀이 아니라, 인간이 하나님께 터뜨린 모든 언어도, 즉 하나님 귓전에 들리는 그 말들도 하나님 말씀이 된다는 사실이 매우 중요합니다.

11강-1

구약성서의 성문서 주제 개관: 시편, 잠언

안녕하십니까? 숭실대학교 인문대 기독교학과 김회권 교수입니다. 오늘은 구약성서의 성문서 중심 요소인 시편과 잠언에 대해서 공부하기 원합니다. 먼저 성문서는 앞선 강의에서 말씀드렸듯이, 모세오경과 예언서를 제외한 나머지 모든 책을 가리키는 호칭입니다.

모세오경은 창, 출, 레, 민, 신, 즉 창세기, 출애굽기, 레위기, 민수기, 신명기를 가리키죠. 예언서는 이사야, 예레미야, 에스겔과 호세아, 요엘, 아모스, 오바댜, 요나, 미가, 나훔, 하박국, 스바냐, 학개, 스가랴, 말라기로 이어지는 12권의 소예언서입니다. 그런데 전문 성서학자들은 여호수아, 사사기, 사무엘상하, 열왕기상하도 예언서라고 분류합니다. 이스라엘 역사의 시종일관을 하나님의 목적과 의도의 빛 아래서 해석한 예언자들의 관점이 이 여섯 권에 철저하게 반영되어 있기 때문입니다. 이 여섯 권의 도중에 끼어있는 책은 사사기 끝에 나오는 룻기인데 룻기는 성문서에 포함됩니다. 그리고 예레미야서 뒤에 붙어 있는 예레미야 애가도 성문서로 분류합니다. 이 두 책을 성문서라고 분류하는 이유는 여러 가지가 있습니다. 나름대로 합리적인 근거가 있다는 말이죠. 룻기는 다윗의 증조부와 증조모의 신앙이 한 가정을 회복하고 마침내 다윗을 잉태하는 데까지 기여했다는 것을 보여주는 신앙미담입니다. 페르시아 제국 아하수에로왕 치하에서 일어난 유대인 학살위기 모면을 다룬 에스더서도 대표적인 역사설화 성문서입니다.

역대기상하, 에스라, 느헤미야는 겉으로는 바벨론 귀환포로들이 산출한 역사적 내러티브입니다만, 열왕기상하처럼 예언자적 관점으로 쓰인 책이 아니라서 성문서로 분류합니다. 그리고 한국 독자들에게는 대예언서로 알려진 다니엘서가 성문서로 분류됩니다. 이에는 여러 가지 이유가 있는데, 그중 가장 큰 이유는, 현실분석적인 구약의 예언서들과 다르게 다니엘서는 1-6장은 신앙무용담이요 7-12장은 이 책이 쓰인 시점을 기준으로 이스라엘의 미래에 일어날 일들을 기록한 묵시문서이기 때문입니다. 묵시문서는 종말의 날에 일어날 일들에 대한 비밀스러운 하나님의 계획을 미리 엿본 묵시가들이 남긴 문서입니다. 동물 비유나 천사들의 맹활약이 빈번하게 나오는 묵시문서는 해석하기가 여간 어려운 책이 아닙니다.

시편은 하나님 찬양곡 노랫말이며 아가서는 사랑의 노래, 연애시입니다. 예레미야 애가는 하나님의 과잉징벌에 대한 불평과 항변을 담고 있는 애가입니다. 하나님의 우주운행과 세상경영과 통치의 원리가 무엇인가를 묻는 지혜추구적 책들이 욥기, 잠언, 전도서인데 이 세 권도 성문서입니다.

이런 책들을 성문서라고 분류하는 이유는 이 책들이 모세오경에 속한 것도 아니고 예언서에 속하는 것도 아니기 때문에 그냥 성문서라고 부릅니다. 성문서의 뜻은 "거룩한 문서들"이라는 뜻이죠. 성문서의 내용들은 역사서를 닮은 역대기상하, 에스라, 느헤미야도 있고 예언서를 닮은 다니엘서도 있습니다. 또한 사사기의 부록격에 해당되는 룻기도 있고요. 우리가 잘 아는 종교 단편소설 같은 에스더서도 있습니다. 또 사랑의 연시를 모아 놓은 사랑의 절창 아가서도 성문서입니다. 그러나 보통 학자들이 성문서라고 할 때 가장 중심적으로 연구하는 성문서는 시편, 잠언, 전도서, 욥기를 가리킵니다. 그중에서도 시편, 잠언, 욥기, 전도서는 성문서 중에서도 분량도 많거니와, 신학적으로도 중대한 문제들을 제기한 책들입니다.

성문서 각 권을 공부하기 전에 우리가 알아야 할 중요한 사실은, 성문서와 예언서, 성문서와 모세오경을 구별짓는 큰 차이가 있는데 그것은 성문서가 '하나님의 말씀'을 정의하는 방식에 관한 것입니다. 모세오경은 모세가 하나님으로부터 받은 초월적인 하나님의 말씀으로 구성되어 있습니다. 위에 계신 초월적인 하나님으로부터 아래 인간에게 내려오는 말씀들이죠. 예언서도 마찬가지입니다. '야웨께서 이렇게 말씀하셨다'(코-아마르 아도나이). '이것은 야웨의 말씀이다'(느움-아도나이). 이런 히브리어 관용적인 어법이 예언서의 가장 대표적인 수사(修辭)입니다. '야웨께서 이렇게 말씀하셨다' 혹은 '이것은 야웨의 말씀이다'와 같은 히브리어 관용어법들이 예언서 모두가 "하나님으로부터 온 말씀"이라는 사실을 문자적으로 지지합니다.

그런데 시편, 잠언, 욥기, 전도서, 룻기, 에스더 등에는 하나님으로부터 인간에게 내려오는 이런 수직강하적인 말씀들이나 명령들이 두드러져 있지 않습니다. 오히려 인간이 하나님을 향해서 토해내는 말들, 인간이 하나님에 대해서 갖는 비판적 성찰, 인간이 하나님에 대해서 묻는 철학적 문제제기, 이런 것들이 성문서의 핵심이라는 것이죠. 물론 다니엘서는 예언서를 닮기도 하고, 특히 묵시문서를 닮기도 했다는 점에서 단순히 성문서가 아니라 묵시문서로서의 성문서입니다. 묵시문서는 종교소설적 성격이 강한 책입니다. 나중에 이 강의의 마지막 부분에 다뤄질 다니엘서는 묵시문서로서의 성문서로 분류됩니다. 대부분의 학자들 역시 다니엘서를 성문서로 분류합니다. 아마도 이 점은 한국의 그리스도인들 또는 성서 애호가들에게는 다소 낯설 수 있습니다. 그렇지만 아마 강의를 들어보면 납득하실 겁니다. 성문서의 가장 큰 특징은 인간의 말들, 관찰, 관습적 지혜, 항변, 노래, 철학적 사변, 종교소설적 스토리 등을 '하나님의 말씀'이라고 수용하는 데 있습니다. '하나님으로부터 위에서 발설된 말씀이 아닌 인간들이 위에 계신 하나님께로 발설한 인간의 말들이 어떻게 소위 하나님 말씀이라고 정당화될 수 있는가?' 이것이 성문서가 우리에게 깨우침을 주는 도전적인 안목입니다.

그리스도인들은 성문서를 하나님 말씀으로 믿습니다. 그런데 대부분 성문서가 어떤 점에서 하나님 말씀이 되는가에 대한 고민 없이 기계적으로 그냥 하나님 말씀이겠거니 하고 생각합니다. 따라서 성문서가 어떻게 하나님 말씀이 되는가를 따져묻는 것은 인문고전으로서의 구약이해를 위해 아주 중요한 문제입니다. 하나님의 귓전에 타전된 인간의 말들도 하나님의 말씀으로 간주된다는 이 명제의 참뜻을 제대로 이해해야 합니다. 하나님이 인간에게 한 말만 하나님 말씀이 아니라, 인간들이 하나님을 향해서 쏟아내는 말, 인간들이 하나님을 향하여 토해내는 불평, 철학적 문제제기, 신정론적 문제제기, 또 하나님의 정의를 따져물으며 하나님에게 대드는 언어들, 이 모두도 하나님의 말씀이라는 것이죠.

다시 말해서 하나님의 귀전에 타전되는 인간의 호소, 아우성, 문제제기 또는 대항 언어, 이 모든 것도 하나님의 말씀이라는 것입니다. 이것이 성서해석에서 아주 중요한 관점입니다. 코페르니쿠스적 발상전환의 해석학입니다. 보통 우리가 하나님의 말씀을 들을 때 사제나 예언자를 통해 듣습니다. 이런 영적 중개자들이 하나님께 들은 말을 인간에게 대신 전달해 줍니다. 이런 방식이 보통 사람들이 하나님의 말씀을 접하는 통로입니다. 이런 의사소통 패턴에서는 모세처럼 시내산 높은 곳에 올라가서 하나님과 함께 있다가 내려온 사람, 이런 사람이 하나님 말씀을 전달하는 사람들이죠.

그런데 성문서적 관점을 취하면 하나님의 말씀을 듣는 통로가 달라질 수 있습니다. 하나님의 말씀을 듣기 위해서 하나님께 임명받은 사제만 찾을 필요가 없다는 것입니다. 하나님의 말씀을 듣기 위해서 저 먼 시내산 정상에 올라가지도 않았던 보통 사람들이 땅에서 경험한 삶을 바탕으로 발설하는 말들이 성문서에서는 하나님의 말씀으로 격상되기 때문입니다. 기울어진 운동장 같은 부조리한 현실에서 압제를 당하고 시달림을 당하고, 공평과 정의가 시행되지 못함으로 희생당하는 저 가난한 농민들, 과부들, 고아들의 아우성이 바로 하나님 말씀이라는 겁니다. 우리가 하나님 말씀을 듣기 위해서 시내산에 올라가거나 하나님께 임명받은 사제들의 설교 또는 강론에만 주목하지 말고 '땅 아래에서 솟구치는 억울하고 원통한 자들의 아우성'에 주목해야 한다는 것입니다. 교회도 나오지 못하고, 심지어 종교를 갖지도 않았지만 부조리한 삶의 현장에서 아우성치고 호소하며 정의를 시행해 달라고 외치는 사람들의 언어가 바로 우리가 들어야 하는 하나님 말씀이라는 것이죠. 신의 음성은 하늘에서만 들리는 것이 아니라 땅에서 혹은 땅 아래에서도 들려올 수 있다는 것입니다. 특히 땅끝에 암매장당한 사람들의 핏소리도 하나님의 마음을 대변하는 하나님의 말씀이 될 수 있다는 말입니다(창 4:10). 임금체불로 고통당한 노동자의 아우성은 하나님의 말씀이 되는 것이죠. "보라 너희 밭에서 추수한 품꾼에게 주지 아니한 삯이 소리 지르며 그 추수한 자의 우는 소리가 만군의 주의 귀에 들렸느니라"(약 5:4).

이런 점에서는 인간의 음성과 하나님의 음성을 동일시했던 동학(東學)사상이라든지 세계 많은 다른 사상도 우리가 주목해 볼 필요가 있는 거죠. '민심은 천심이다'라는 말이 유교나 맹자 사상 등에서 나오지 않습니까? 이런 점에서는 하나님 말씀을 특정종교가 독점할 수는 없는 거죠. 왜요? 하나님 말씀은 하나님께 임명된 사제들을 통해서, 혹은 예언자들을 통해서만 들려오는 것이 아니기 때문입니다. 기울어진 운동장 같은 부조리한 현실에서 정의를 시행해 달라고 외치며 부당한 현실을 고발하는 모든 기층민중의 아우성, 하나님 귓전에 들리는 그 아우성이 하나님의 음성이요 말씀이 될 수 있기 때문입니다. 하나님의 법정에 울려 퍼지는 아벨의 핏소리가 전부 다 하나님 마음을 대변하는 하나님의 음성이기도 합니다. 아벨의 핏소리는 하나님이 응답해야 하는 인간의 음성이지만, 그것이 창세기 저자 같은 사람에게 접수되면, 그것은 즉시 하나님의 음성이 되고 말씀이 되는 것이죠. 창세기 4장 8–10절(특히 10절)에 '아벨의 핏소리가 내게 호소한다'라는 하나님의 말씀이 있습니다. 또한 시편 56:8도 유사한 취지로 말합니다. "나의 유리함을 주께서 계수하셨사오니 나의 눈물을 주의 병에 담으소서 이것이 주의 책에 기록되지 아니하였나이까" 억울한 다윗이 흘린 눈물이 주의 책에 기록되었다는 것입니다. 이것은 구약성서의 저자들이 하나님 말씀을 좁게 해석하지 않고 매우 폭넓게 해석했다는 것을 보여줍니다. 이런 점에서는 구약성경만 하나님 말씀을 갖는다고 말할 수 없죠. 전 세계만민들이 하나님을 향해서 정의를 호소하는 하소연과 아우성을 토해낸다는 점에서 그리고 그것들이 모두 다 하나님의 책에 기록된다는 점에서 하나님의 말씀이 된다는 말이죠. 이런 점에서 시편이 너무 중요합니다.

시편은 히브리어 터힐라(tĕhillā)를 번역한 말입니다. 이 터힐라라는 말을 라틴어와 영어권에서 싸암(psalm) 혹은 사모디(psalmody)라고 번역했습니다. 터힐라의 일차적인 의미는 찬양(praise)입니다. 그것은 하나님의 덕성, 미덕, 하나님의 권능, 지혜 등을 좋게 찬양하고 찬미하는 것입니다(complimentation).

그런데 터힐라는 하나님에게 감사하는 감미로운 감사 언어, 하나님 예찬 언어, 하나님 찬미 언어만 포함하는 것은 아닙니다. 하나님께서 들어야 할 모든 인간의 언어적 표현들, 모든 인간의 심장에서 터져 나오는 아우성들, 언어들, 감사들, 불평들, 하나님을 향하여 대드는 불경스러운 도전적 언어들, 이것들도 터힐라의 일부라는 것입니다. 그래서 터힐라는 '찬양'이라 번역하기에는 너무나 포괄적인 단어입니다. 하나님을 향하여 인간이 토해내는 모든 토설, 모든 언어적 표현들, 그것이 모두 다 터힐라, 시편이기 때문입니다. 시편은 이름 그대로 복합 장르입니다. 당연히 하나님을 순전하게 찬양하며 하나님께 감사하다고 찬양하는 시편이 있습니다. 그러나 시편의 하나님 찬양에는 찬양 받으시기 합당한 하나님이 지금 공평과 정의를 제대로 행하지 않고 뭔가 사보타주(sabotage)하시는 것처럼 보이는 현실을 개탄하는 내용도 많습니다. 하나님을 찬양했다가 이내 공평과 정의를 집행하고 세우는 일에 하나님이 무관심한 것처럼 보이는 현실을 향하여 불평하는 언어가 곧 그 찬양 뒤에 따라 나옵니다. 대표적으로 시편 89편입니다. 시편 89편은 매우 긴 시편인데요, 앞부분은 하나님을 찬양합니다. 하나님의 권능 찬양, 하나님 지혜 찬양, 하나님 공의 찬양입니다. 하나님의 성품과 하나님이 그동안 이스라엘에 베풀었던 모든 은택을 찬양합니다. 그런데 지금 이 시편의 기자가 말하는 그 자리, 현실은 뭡니까? 하나님이 방치해 버린 현실은 진창이요 수렁이요 혼돈입니다. 하나님을 잘 믿었던 경건한 왕이 전쟁에서 패배합니다. 하나님을 잘 믿었던 요시야 같은 왕이 전쟁에서 패배하고 나라가 위기에 빠집니다. 그런데도 하나님은 도와주지 않는 것처럼 보입니다. 바로 이런 상황에서 시편 기자는 하나님을 찬양하는 부분을 시편의 앞에 배치합니다. 하나님을 찬양하는 부분이 앞에 배치됐다는 말은 뭐죠? 사실은 그 시편의 가중치는 뒤에 있다는 것을 암시합니다. 앞에서 찬양했던 내용은 뒷부분에서 하나님을 의심하고 하나님께 대드는 빌미가 되어 버립니다. '그런데 왜 하나님, 우리가 찬양한 대로 행동해 주지 않습니까?' '출애굽의 능력자 하나님은 어디 갔습니까?' '표적과 권능의 하나님 어디 갔습니까?' '지금 왜 우리는 이렇게 진창과 수렁에서 헤매고 있습니까?' '하나님의 권능, 어디 있습니까?' 이렇게 따져 묻기 위해 서론에 하나님 공덕과 권능 찬양을 배치한단 말이죠. 시편 74편, 77편, 104편 등도 다 이런 구조입니다. 특히 시편 74편 9절부터 23절을 보세요.

> 9 우리의 표적은 보이지 아니하며 선지자도 더 이상 없으며 이런 일이 얼마나 오랠는
> 지 우리 중에 아는 자도 없나이다 10 하나님이여 대적이 언제까지 비방하겠으며 원수
> 가 주의 이름을 영원히 능욕하리이까 11 주께서 어찌하여 주의 손 곧 주의 오른손을
> 거두시나이까 주의 품에서 손을 빼내시어 그들을 멸하소서 12 하나님은 예로부터 나의
> 왕이시라 사람에게 구원을 베푸셨나이다 13 주께서 주의 능력으로 바다를 나누시고 물

가운데 용들의 머리를 깨뜨리셨으며 14 리워야단의 머리를 부수시고 그것을 사막에 사
는 자에게 음식물로 주셨으며 15 주께서 바위를 쪼개어 큰 물을 내시며 주께서 늘 흐
르는 강들을 마르게 하셨나이다 … 18 여호와여 이것을 기억하소서 원수가 주를 비방
하며 우매한 백성이 주의 이름을 능욕하였나이다 19 주의 멧비둘기의 생명을 들짐승에
게 주지 마시며 주의 가난한 자의 목숨을 영원히 잊지 마소서 … 21 학대 받은 자가
부끄러이 돌아가게 하지 마시고 가난한 자와 궁핍한 자가 주의 이름을 찬송하게 하소서
22 하나님이여 일어나 주의 원통함을 푸시고 우매한 자가 종일 주를 비방하는 것을 기
억하소서 23 주의 대적들의 소리를 잊지 마소서 일어나 주께 항거하는 자의 떠드는 소
리가 항상 주께 상달되나이다”

여기서 시편 기자는 하나님을 찬양했다가 바로 권능을 행하지 않고 하나님이 뭔가 동면상태에 빠진 것처럼 보이는 그런 상태를 타개하기 위해서 하나님께 대드는 어조로 불평하고 문제제기를 합니다. 시편의 제목 터힐라의 복수어가 터힐림(tĕhillîm)입니다. 앞에서 잠시 살펴보았듯이, 터힐라는 매우 복합적이고 다층적인 인간의 의사소통을 포함합니다. 터힐림에는 하나님을 향해 쏟아내는 감정 언어, 파토스 언어, 불평 언어, 맞섬 언어, 또는 애타는 간청, 그리고 마침내 하나님을 찬양하는 노래, 이것들이 서로 뒤섞여 있다는 것입니다. 시편은 이 정도로 이해하면 됩니다.

그러면 시편만 그렇습니까? 욥기, 전도서를 보세요. 이 두 책에는 하나님이 인간에게 하는 말은 거의 나오지 않습니다. 거기에는 하나님이 인간에게 명령하는 말이나 지시하는 말이 나오지 않습니다. 모세적 엄숙주의 화법도 거의 없습니다. 욥기와 전도서에서는 수직강하적인 신의 명령이 없어요. 특히 욥기는 마흔두 장 대부분이 하나님에게 쏟아내는 욥의 탄식과 저항 언어입니다. 하나님의 공평과 정의를 의심하면서 캐묻는 신랄한 문제제기가 욥기의 대부분입니다. 그런데도 이런 욥기가 하나님 말씀이라는 말은 뭐죠? 하나님의 정의를 의심하면서 따져 묻는 모든 억조창생, 세상 만민들의 문제제기가 하나님이 들어야 하는 말씀, 하나님의 귓전에 들리는 말씀이기에 곧 하나님의 말씀이라는 것입니다. 따라서 기독교인, 하나님을 믿는 모든 사람도 그런 억조창생의 장엄한 호소를 하나님의 말씀을 듣듯이 진지하게 귀담아듣고 부조리한 현실을 타개하려고 분투해야 한다는 뜻입니다. 부조리한 현실을 정말 이해해 보려고 애쓰는 사람들이 제기하는 신정론적 문제제기를 들어야 됩니

다. 그렇게 보면 한국 기독교 또는 종교인들은 폭이 좁은 사람들입니다. 왜요? '하나님 말씀'을 너무 좁게 해석하기 때문입니다. 하나님 말씀은 구약성경과 신약성경 안에만 있다고 생각합니다. 많은 그리스도인들은 구약성경과 신약성경 안에 언어적으로 표현되지 않은 어떤 말도 하나님 말씀이 아니라고 생각합니다. 성문서를 하나님 말씀이라고 본 정경의 최종편찬자들의 관점에서 보면 이것은 어림없는 일입니다. 그렇지 않습니다. 하나님 말씀은 특정종교가 배타적으로 독점하지 못합니다. 하나님과 모든 인간은 다 직접 연관돼 있기 때문입니다. 종교와 상관없이 이 세상 만민은 하나님 한 분과 다 동등하게 연결돼 있습니다. 종교를 불문하고 아우성치는 모든 곳에 하나님의 도움이 기대된다는 뜻입니다. 2015년 9월에 터키 보드룸 해변에서 얼굴을 모래에 파묻고 죽어 있던 시리아의 쿠르드계 3살짜리 아이, 쿠르디 아일란(Kurdi Aylan) 같은 아이들도 하나님의 돌보심, 하나님의 애타는 동정심, 하나님의 민망한 마음의 대상입니다.[3)] 왜요? 하나님은 인종이나 종교를 기준으로 사람을 구분하지 않기 때문입니다. 기독교인이라고 하나님이 더 편애하거나 종교가 없다고 말하는 사람들을 무신론자라고 무시하지 않습니다. 삶의 아우성이 있는 모든 사람들의 사연은 하나님과 연결돼 있습니다. 인간이 종교를 갖든 안 갖든 억울하고 부조리한 일을 당해 토해내는 모든 언어가 하나님께 들리는 언어입니다. 따라서 하나님의 말씀은 욥기와 전도서 같은 사회비평적인 언어를 토설하는 사람에게서도 들을 수 있고 접할 수 있습니다.

잠언서(箴言書)는 뭡니까? 이 잠언서는 바늘 잠, 말씀 언에서 나온 이름입니다. '바늘로 찌르는 말'이라는 뜻입니다. 전도서 제일 마지막에 바늘로 찌르는 말로서의 지혜, 잠언 언어가 언급되고 있습니다(전 12:11). 잠언의 히브리어 책 제목은 '미쉴레 쉘로모'입니다. '솔로몬의 비유격언들'이라는 의미입니다. 잠언은 인간이 상식적으로, 경험적으로 승인할 수 있는 대체로 옳은 말들입니다. 대체로 옳은 말이지만 또한 자기중심적인 인간들을 질책하여 웃음 짓게 만들고, 정곡을 찌르는 상식적인 말들입니다. 잠언서 내용에는 특정종교의 파당적 색깔이 거의 없습니다. 왜 그런지 아십니까? 잠언서는 하나님이 인간에게 직접 하늘에서 들려주는 말보다는 인간이 경험적으로 누적한 자연관찰, 누적적인 일상생활 관찰, 누적적인 역사 개관을 통하여 터득한 격언들과 행동준칙들로 구성되어 있기 때문입니다. 잠언서에는 인간의 이성과 양심이 오랜 경험과 관찰을 거쳐 마침내 귀납적으로 발견한 격언들, 교훈들, 도덕적인 훈령들로 가득 차 있습니다. 이 말은 뭐죠? 하나님 말씀은 지속적 관찰과 일상생활의 충실한 참여와 그리고 하나님의 역사에 대한 파노라마적 개관들을 통해서도 추론할 수 있고 청취할 수도 있다는 것입니다. 땅에서 벌어지는 자연현상, 역사적 변동, 그리고 일상생활을 잘 관찰해도 하나님 말씀을 추론할 수 있고, 들을 수 있다는 것입니다. 그래서 잠언서는 모세가 하나님의 직접 계시를 통해서 받아 이스라엘에게 들려주는 말씀과, 보통 이스라엘의 현인이 경험과 관찰로부터 추론하고 귀납적으로 추론하여 얻은 하나님 말씀이 일맥상통한다고 봅니다. 모세는 시내산의 무시무시한 효과음과 배경무대를 통해 하나님 경외를 가르쳤고, 잠언서의 저자는 일상적이고 평범한, 전혀 극적이지 않은 일상생활에서 하나님 경외가 무엇인가를 가르친다는 것입니다. 이런 이유에서 잠언은, 엄마 아빠가 자녀에게 주는 삶의 지침도 하나님의 율법(토라)이라고 말합니다. 그냥 부모의 교훈이 아닙니다. 부모의 교훈은 부모에게 위탁된 하나님의 율법이라는 것입니다.

이제 잠언서 1장부터 9장을 보세요. 1장부터 9장까지, 특히 3장에는 부모가 자녀에게 주는 말씀이 많습니다. 그것을 토라라고 합니다. 히브리어로 토라트 아비('아버지의 교훈'), 토라트 에미('어머니의 교훈')입니다. 잠언서 3장 1절을 보세요. "내 아들아 나의 법을 잊어버리지 말고 네 마음으로 나의 명령을 지키라" "내 아들아"라고 부르는 엄마 아빠의 잠언 토라입니다. 엄마, 아빠가 가르쳐주는 인격적인 가르침도 토라라는 것입니다. 그러니까 잠언서는 실로 인간의 일상생활을 충실하게 관찰하고, 자신의 경험을 충실하게 분석하고, 상식을 존중하는 사유를 통해 마침내 결정화(結晶化)된 지혜를 담고 있는데, 이 지혜가 바로 하나님 말씀임을 주장하고 있습니다. 다시 말하지만, 성경에는 수직강하적이고 초월적인 기원을 가진 하나님 말씀만 있는 것이 아니라, 인간의 경험과 누적된 관찰에 따라 귀납적으로 도출된, 파편적으로 축적된 잠언 같은 하나님 말씀도 포함되어 있는 것입니다. 사실 세계의 모든 문명권에는 잠언 수준의 하나님 말씀이 있습니다. 이스라엘 밖의 다른 문명권과 나라들에는 구약성경같이 잘 짜이고 장르가 다 갖춰진 하나님 말씀은 없을지 모릅니다. 다시 말해서 세계의 다른 문명권과 다른 문화권에는 모세오경 같은 수직강하적인 초월의 하나님 계시는 없을 수 있습니다. 그럼에도 불구하고 세계의 모든 문명권과 인간의 공동체에는 잠언적인 하나님 말씀은 있습니다. 인디언 공동체에도 있을 수 있고요, 저 원시부족사회에도 이런 하나님 말씀은 있을 수 있습니다. 당연히 아프리카 원시림이나 아마존의 밀림 거주민 촌락에도 잠언적인 하나님 말씀이 있습니다. 잠언은 아래로부터 누적된 경험과 관찰과 추론에 의해서 만들어진 하나님 말씀이기 때문입니다. 이런 방식으로 채집된 지혜를 하나님 말씀으로 받아들였던 구약성경의 정경 편찬자들은 정말 넓고 넓은 마음의 소유자들이었습니다.

전도서와 욥기는 다음 강의 시간에 할 것이므로 더 이상 들어가지 않습니다. 다만 시편의 내용만 간단하게 언급하고자 합니다. 시편은 대부분이 다윗의 직접 저작 시편과 다윗과 관련된 시편으로 구성되어 있습니다. 다윗과 관련된 시편은, 다윗의 생애에서 도출된 주제를 가지고 후대 저자가 쓴 시편들입니다. 학자들은 다윗이 직접 쓴 시편은 시편 일백 오십 편 중에서 열여섯 편이 넘지 않을 것이라고 봅니다. 그런데 다윗과 관련된 시편이 이렇게 많은 이유는 뭡니까? 그 이유는 다윗의 생애가 이스라엘 민족의 집단적 경험을 표준적으로 재현하고 있기 때문입니다. 영광스러운 첫출발, 하나님과 더불어 이루었던 위대한 성취, 죄로 말미암아 전락과 재기불능 정도 수준의 심판으로 대좌절을 경험하는 장면, 그리고 하나님의 은혜로 극적으로 재활복구되어 다시 하나님께 쓰임 받는 장면, 이 기승전결의 구조가 다윗의 생애에서 다 나타납니다. 이 장면들은 다윗의 개인사를 관통하는 굵은 마디들이며 또한 이스라엘 역사를 관통하는 주제들입니다. 다윗은 사무엘상 16장 13절에서 사무엘로부터 기름부음을 받고 성령을 받은 후에 이스라엘의 위대한 왕으로 성장해 가죠. 이 위대한 왕이 이스라엘 영토를 엄청 확장하고 12지파를 통일하고, 정말 이스라엘의 미래를 반석 위에 세웠죠. 그렇지만 그는 나중에 어떻게 됩니까? 사무엘하 11장에서 그의 직속부하의 아내 밧세바에게 성범죄를 범하고, 그의 남편 우리아를 적진 깊숙이에 보내 전사케 함으로써 살인죄를 범해 끝 모를 심연으로 굴러떨어집니다. 그의 맏아들 왕세자 암논도 이복누이 다말을 범해 성범죄자가 되고, 그의 셋째 아들 압살롬은 친누이 다말의 복수를 하기 위해 또한 암논을 죽이고, 암논의 죄를 가볍게 여기고 그의 세자직을 유지하게 해 준 아버지 다윗왕에게 반역하여 왕위 찬탈자가 됩니다. 이렇게 다윗의 가족은 풍비박산이 났습니다. 참 처참하죠. 사무엘하 11장부터 사무엘하 18장까지 다윗은 끊임없이 추락합니다. 그렇지만 하나님께서 다윗의 죄를 용서해주시고, 그를 재활복구시켜 주시며, 다시 왕위를 되돌려주심으로써 그를 소생시켰습니다. 그의 마지막 모습은 이스라엘 민족을 위해서, 자기 백성을 위해서 중보기도하는 사람으로, 기도의 사람으로 성숙하게 이끌어 줍니다. 이처럼 다윗의 생애는 기승전결 구조로 되어 있습니다. 그런데 이 기승전결의 구조가 이스라엘 민족의 집단적인 하나님의 경험과 닮았다는 것입니다.

이스라엘 백성은 광야에서 하나님과 서로 언약을 맺어 언약백성이 되고, 언약적 결속에 들어갑니다. 이스라엘은 가나안 땅에 들어가 위대한 성취를 하고 600년 동안 엄청난 문명을 이룹니다. 그런데 죄로 말미암아 하나님과 이혼을 당하고, 하나님께 버림받아서 가나안 땅을 상실하고 바벨론 포로생활을 70년간 합니다. 하나님께서는 스가랴에서 말씀한 것처럼 다시 이스라엘을 선택하시어 새 언약으로 다시 결속하시고 이스라엘 민족을 재활복구시켜 세계만민의 제사장 국가로 거룩한 백성으로 다시 회복시킵니다. 이 이스라엘의 역사의 기승전결 극적 구조가 다윗의 생애와 닮았기 때문에, 다윗의 생애로부터 나온 이야기가 이스라엘 민족의 집단 경험을 집약적으로 표현합니다. 대표적으로 시편 51편입니다. 여러분, 시편 51편 표제에 보면 "밧세바를 범하여 나단에게 책망받을 때"라는 표제어가 있습니다. 그런데 여러분, 이 다윗의 개인회개 시편이 단지 다윗의 개인회개 시편이 아닙니다. 이 시편의 마지막에 가면, '여호와여 시온성을 건설하는 데 힘을 더하여 달라'고 간구하는 구절이 나옵니다. 이 시편의 최종편찬자는 다윗이 아니라 느헤미야 시대 사람일 가능성이 있다는 것입니다. 시편 51편은 귀환포로 공동체가 돌아와서 시온성을 재건할 때 다윗처럼 회개하고 재활복구되는 과정에서 불렀던 노래입니다. 분명히 시편의 모티브는 다윗의 개인사에서 나왔습니다. 그러나 이 시편의 주제는 다윗의 개인사에서 나왔지만, 그것의 최종편찬 맥락은 느헤미야가 시온성을 쌓을 때였을 것으로 추정됩니다. 귀환포로 공동체의 회개와 민족적 갱생과 회개를 독려하는 시편으로 읽혔다는 거죠. 이처럼 시편은 개인의 생애를 둘러싸고 일어난 사건들을 주요 모티브로 삼지만 그것이 실제로 읽히고 불린 맥락은 공동체의 특정 행사나 절기였을 것으로 추정됩니다.

이제 잠언서를 살펴보겠습니다. 시편과 달리 잠언서는 종교적 색채가 거의 나지 않습니다. 시편은 1－41편, 42－72편, 73－89편, 90－106편, 107－150편 모두 모세오경의 흉내를 냅니다. 다섯 책으로 되어 있습니다. 시편도 모세오경과 같은 급이라는 것입니다. 그런데 잠언서에는 이런 구조가 없습니다. 잠언서에는 기승전결의 서사 구조가 없습니다. 각 장 각 구절이 다소 독립적이며 병렬적입니다. 모두 각각 낱개입니다. 1장부터 8장은 주로 아버지 어머니의 잠언입니다. 9장부터 21장은 주로 의인의 삶과 악인의 삶을 대조하는 비유, 비교, 대조잠언입니다. 22장 17절부터 24장 34절은 이집트의 아멘엠오펫 잠언과 거의 내용이 같습니다.[4)] 이것은 '이집트의 서른 잠언'으로도 알려져 있는데요, 아멘엠오펫 이집트 잠언은 궁중 에티켓 교육, 지도자 소양 교육 잠언입니다. 이집트의 아멘엠오펫 잠언과 잠언서 22:17－24:34의 잠언 중 열일곱 가지가 문자적으로 거의 같습니다. 그래서 우리는 잠언 22장 17절부터 24장 34절이 가장 오래된 잠언이라고 봅니다. 솔로몬이 잠언을 이집트에서 그대로 직수입한 것이라 봐야겠죠. 왜? 솔로몬이 이집트 관료제도를 도입했기 때문에 이 관료소양교육 교본인 이집트 잠언도 수입했을 가능성이 크기 때문입니다. 아마 솔로몬 시대 때부터 그 이후까지 내내 이렇게 수입된 이집트 잠언이 궁중 엘리트들, 궁중 관료를 기를 때 사용되었던 교본이었던 것 같습니다. 그래서 이 잠언이 가장 오래된 잠언이라고 봐야 되겠죠. 여기서 눈여겨 볼 것은 잠언의 최종저자가 보여주는 국제적 개방성입니다. 그는 이집트의 잠언을 가감 없이 받아들입니다. 이처럼 구약성경의 저자들은 고대근동의 공통 문화유산과 종교유산을 가감 없이 받아들이고 활용할 줄 알았습니다. 그들은 그 공통의 유산을 받아서 이스라엘의 필요에 따라 재배치하고 재가공했습니다. 잠언 22편 17절부터 24편 34절이 그런 내용입니다.

25편부터 29편까지는 히스기야왕의 신하들이 편집한 잠언입니다. 이 외에도 잠언서의 나머지 대부분 잠언들도 히스기야왕 때 오늘날의 모습으로 편집됐을 것이라고 봅니다. 30편과 31편은 그 기원이 외국인 듯합니다. 30편은 아굴의 잠언, 31편은 르무엘왕이 어머니에게 받은 훈계 잠언입니다. 그런데 아굴과 르무엘이 누구인지 모릅니다. 다만 이스라엘왕은 아닙니다. 이 말은 뭐죠? 아마 이 두 잠언도 에돔 등 주변 나라에서 편입되거나 흡수된 잠언일 가능성이 있다는 것입니다. 그러니까 여러분, 시편과 잠언이 얼마나 넓고 포괄적인 의미로 하나님 말씀을 정의하는지 보시기 바랍니다. 잠언서 최종편저자는 국제적 개방성을 가졌으며, 고대근동의 지혜와 유산을 아낌없이 받아들였다는 것입니다. 그들은 유일신 하나님의 신앙 안에서 고대근동의 모든 종교적 자료들을 재배치하고, 재맥락화하였습니다. 굉장히 폭넓은 식견을 가진 사람들의 대담한 창의력이 이런 잠언서를 만들어 낸 것입니다.

시편과 잠언서에 대한 나머지 강의 내용은 본서의 문어체로 된 강의안에 더 자세히 나와 있습니다. 이상에서 저는 시편, 잠언, 전도서, 욥기 등이 어떤 의미에서 하나님 말씀인가에 가중치를 두고 강의했습니다. 감사합니다.

11강-2

욥기, 전도서, 예레미야 애가

이번 시간에는 성문서의 또 다른 중심 요소인 욥기, 전도서, 예레미야 애가를 공부하길 원합니다. 제가 지금 바로 앞선 강의에서 욥기, 전도서, 예레미야 애가를 간략하게 설명했습니다. 욥기는 모두 42장으로 구성된 일종의 희곡 또는 드라마입니다. 등장인물들의 대화가 욥기의 핵심내용입니다. 주인공 한 사람이 주도하는 1인칭 이야기(narrative)가 아니라, 너댓 사람이 나와 서로 논쟁을 벌이는 장면들의 연속입니다. 욥기는 3인칭 서사로 된 1−2장과 1인칭 서사와 등장인물들의 대화로 구성된 3−42장으로 나누어집니다. 1−2장은 전지적 작가 시점에서 저자가 무대를 설정하고 독자들을 초청하는 장면이 나옵니다.

전도서는 모두 12장으로 구성돼 있죠. 전도서는 쉽게 말해서 뭡니까? 고대 이스라엘 사람들의 행복추구 철학이라고 보면 됩니다. 그러니까 BC 4세기경에 기원한 그리스의 스토아 철학, 에피쿠로스 철학이 등장하던 시기와 거의 같은 시기에 나온 책이라고 보면 됩니다. 에피쿠로스 철학과 스토아 철학은 둘 다 정신적인 희열을 추구했고, 육체적·정신적 고통 극복도 추구했습니다. 보통 에피쿠로스 철학 하면 쾌락주의를 연상하는데 이 연상은 지나치게 단순화된 이해입니다. 에피쿠로스 철학이 주창하던 쾌락주의는 오늘날 육욕적 욕망을 다 충족시키는 쾌락주의가 아닙니다. 정신적인 만족을 추구하는 일종의 쾌락주의입니다(아타락시아). 스토아 철학도 마찬가지입니다. 스토아 철학도 세상에 대한 초연한 무관심을 통하여 운명적으로 얽힌 모든 복잡한 상황을 이겨내는 정신적 극기력을 제고하는 행복(아파테이아)추구 철학입니다. 이 스토아 철학, 에피쿠로스 철학과 거의 견줄 수 있는 구약성경의 책이 전도서의 행복추구 철학입니다. 전도서의 내용은 현실세계의 불확실성, 변동성, 예측 불가성을 강조하는 데서부터 시작됩니다. 세상 모든 일이 헛되고, 헛되다는 것입니다. 헛됨과 가장 유사한 말은 불확실성, 가변성, 신뢰하기 힘든 변동성입니다. 전도서는 '이런 불확실성의 시대에 내가 손에 붙들 수 있는 행복이 뭐냐'를 묻습니다.

전도서는 '미래에 행복하기 위해서 현재를 희생하라'는 세속적인 처세훈에 대해 거부감을 드러냅니다. 오히려 '현재 행복한 사람이 미래에도 성공하며 행복할 가능성이 있다'라고 말하는 것처럼 보입니다. 현재 행복한 사람이 끝까지 행복해질 수 있다는 생각을 바탕으로 '오늘 나에게 주어진 하루'를 최대한 선용하라는 것입니다. 일종의 카르페 디엠(하루를 붙잡아라[seize the day]) 철학입니다. 또는 메멘토 모리('죽음을 기억하라') 철학이기도 합니다. '인생은 짧다.' 메멘토 모리, 즉 '죽음을 기억하라'는 뜻이죠. 카르페 디엠은 '오늘을 잡으라'입니다. 'seize the day.' 전도서는 극히 불확실한 나날들에도 불구하고 하루를 붙들어서 거기서 행복을 발견하고 누리라는 것을 역설합니다.

그런데 전도서에도 복잡한 논리가 있습니다. 이름은 전도서이지만, 보통 사람들에게 전도할 때에 도움이 되는 책은 아닙니다. 그 안의 복잡한 논리를 한순간에 전달하기가 쉽지 않기 때문입니다. 전도서는 에클리지애스티즈(Ecclesiastes)라는 영어 이름을 가지고 있는데 에클리지애스티즈(Ecclesiastes)라는 말은 '회중들에게' 또는 '회중들을 향하여' 이런 뜻입니다. 이 단어는 '회중'을 의미하는 에클레시아(Ecclesia)에서 나왔죠. 전도서는 '회중들을 찌르는 잠언 교사의 기록이다.' 이렇게 말할 수 있습니다.

예레미야 애가는 모두 5장으로 구성돼 있습니다. 예레미야 애가는 BC 586년에 일어난 대파국적 재난을 보고 쓴 '항의와 불평의 노래'입니다. BC 586년 예루살렘 궁전과 예루살렘 성전과 예루살렘 성벽, 이 세 가지가 동시에 불탔습니다. 예루살렘이 거의 폐허가 됐죠. 예레미야 애가는 BC 586년에 전무후무한 대 파국적인 파괴를 경험한 이스라엘 백성이 '우리가 죄가 있는 것 인정합니다. 하지만 이 심판은 너무 가혹합니다. 하나님 너무 하십니다.'라고 항변하는 사연을 담은 비통의 노래입니다. 이처럼 예레미야 애가는 신명기 역사가적인 자책에만 머물지 않습니다. 제가 지난번 강의 시간에 말씀드렸죠? 신명기 역사가의 신학은 자기추궁적이고 죄책고백적인 책임수용과 책임감수 신학입니다. 이 신학의 취지는 이렇게 풀어쓸 수 있습니다. 'BC 586년의 모든 역사적 재난은 내 죄 때문이고 우리 조상들과 우리가 범한 누적된 죄 때문입니다. 우리가 바벨론 포로생활하는 것 또한 우리 죄 때문인 것 맞습니다. 우리는 정당하게 하나님의 심판을 받는 것 맞습니다. 하나님의 심판은 늘 정당합니다. 우리는 이 심판을 이겨내면서 의롭게 되고 새롭게 되기를 원합니다.' 이것이 신명기 역사의 신앙입니다.

그런데 예레미야 애가는 그렇지 않습니다. 애가의 논리를 풀어쓰면 이렇습니다. '하나님 편에서 지나치시다. 하나님은 우리를 너무 가혹하게 다루신다. 하나님의 정의가 우리한테 너무 지나치다. 우리의 죄보다 우리가 당하는 곤경이 더 크다. 우리의 죄보다 하나님이 하는 엄중한 심판이 너무 가혹할 정도로 불균형적이다.' 그래서 예레미야 애가는 하나님의 즉각적 개입과 하나님의 구원적 관여를 요청하는 일종의 SOS 같은 기도문입니다. 그러니까 저항과 탄원과 애소, 하소연이 섞여 있는 내용이 애가입니다. 영어로 러멘테이션(Lamentations)이라고 하죠. 그래서 예레미야 애가의 히브리 책 이름은 '에카'입니다. 에카는 '어찌하여'라는 뜻입니다. '어찌하여 이런 일이 일어났습니까? 어찌하여 예루살렘 성전이 이렇게 초토화됐습니까?' 이런 내용입니다.

결국 애가서의 모든 외침들과 항변들은 전부 다 뭐죠? 전부 다 하나님을 향하여 인간이 내지르는 소리입니다. 욥기, 전도서, 예레미야 애가는 하나님을 향하여 인간이 내지르는 아우성, 불평, 캐물음, 문제제기 등입니다. 그래서 성문서가 됩니다. 앞선 강의에서 제가 말씀드렸죠? 성문서는 수직강하적인 초월의 언어가 아닙니다. 또한 예언자들이 매개한 계시언어도 아닙니다. 모세가 매개한 계시언어는 모세오경입니다. 예언자들이 매개한 수직강하적인 초월 언어는 예언서라 할 수 있죠. 그런데 구약성서가 말하는 신앙이란, 인간이 일방적으로 하나님 음성을 듣고 순종하는 태도가 전부는 아닙니다. 하나님도 인간이 내지르는 아우성을 경청하고, 인간의 눈

높이에서 부조리하고 불의한 현실을 바라봅니다. 하나님의 백성도 하나님처럼 땅에서 들려오는 인간의 아우성을 경청하고 불의한 현실을 민망하고 애타는 마음으로 바라보라는 것입니다. 특히 기울어진 운동장 같은 부조리한 현실에서 시달리고 학대받고 그야말로 삶의 소망이 끊긴 자가 내지르는 소리를 들어야 하나님께서는 100% 참 하나님이 되신다고 느끼십니다. 하나님이 참 하나님이 되시려면 피조물의 세계에 하나님의 거룩한 성품이 100% 발현되어야 합니다. 하나님이 온전히 하나님이 되려면 인간의 아우성과 예레미야 애가적인 탄식을 듣고 거기에 응답해야만 합니다. 하나님은 이런 거룩한 부담을 갖고 기꺼이 피조물의 하나님이 되어 주십니다. 이런 하나님 이해는 한편으로 낯설고 동시에 굉장히 대담한 거죠. 히브리 성서의 저자들은 하나님에 대해서 굽신굽신하는 사람들이 아닙니다. 그들은 하나님에게 하나님 역할을 제대로 해달라고 소리쳤습니다. 하나님이 세계를 공의롭게 다스리는 이 과업을 수행함에 있어서 더 이상 태업하지 말고, 공평과 정의를 수행하고, 심판의 공정한 집행을 해달라고 소리치는 겁니다. 이런 것들이 성문서의 중심 구성요소가 되는 거죠.

이제 세 책을 조금 더 구체적으로 보겠습니다. 욥기는 하나님의 선택된 백성 중심으로 구속사를 시작하기 전에 이미 있던 동방 우스라는 땅의 의인 욥의 이야기입니다. 욥은 아브라함과 이삭과 야곱과 같은 시기의 인물입니다. 아브라함과 같은 시대의 의인입니다. 욥은 하나님을 믿었던 경건한 사람이지만 이스라엘 사람이 아닙니다. 그런데 그는 동방에서 그가 살던 나라 전체에 걸쳐서 가장 완벽한 의인입니다. 개인적으로 경건했고 사회적으로 성공했으며 덕망이 높았습니다. 그는 자녀 7남 3녀와 신실한 아내와 같이 행복하게 살았습니다. 그런데 하나님과 사탄이 내기를 합니다. 내기를 먼저 건 쪽은 사탄입니다. '하나님이 물질적인 복을 주지 않았는데도 순전히 하나님만을 경외하는 것이 가능한가? 물질적인 복을 받지 않았는데도 하나님이기에 순전한 마음으로 경외하는 사람은 없다.' 이것이 사탄이 하나님께 도발하면서 던진 질문이었던 것으로 보입니다. 1장 8절에서 "내 종 욥을 유의하여 보았느냐"라는 질문을 하나님이 선제적으로 하는 것을 볼 때, 사탄이 이보다 앞선 어느 순간에 하나님을 자극하는 문제제기를 했음이 틀림없습니다. '하나님이 세상을 통치하는 방식이 세상 사람들로 하여금 하나님을 믿게 만들 만큼 충분히 정의롭지 못하다. 이 세상에 하나님을 진짜 믿는 사람은 아무도 없다. 하나님이 축복의 울타리를 둘러주니까 믿는 척할 뿐이다. 진짜 하나님을 믿는 사람은 아무도 없다. 진짜 하나님을 믿는 사람은 하나님의 공의를 의심할 정도까지 부조리한 경험을 당하고 온갖 환난을 다 당한 후에도 신앙을 유지하는 사람이다.' 아마 사탄이 이런 식으로 하나님을 도발한 것 같습니다. 1장 8절에 비추어 볼 때 확실히 사탄이 1장 이전의 어느 순간에 하나님을 자극하고 도발했던 것 같습니다. 여기서 한 가지 유의할 사항은 욥기 1장의 이 사탄은 신약의 사탄과 다르다는 것입니다. 욥기의 사탄은 하나님의 논쟁상대자, 즉 하나님과 대립되는 입장을 가진 자를 가리킵니다. 하나님의 천상어전회의 일원이면서 하나님과 맞서는 역할을 하는 대항천사 같은 역할을 합니다. 그는 인간의 약점을 잡고 인간을 하나님께 참소(讒訴)하여 하나님으로 하여금 인간의 신앙심을 없앨 만큼 가혹하게 징벌하도록 부추깁니다. 그런데 1장 8절 이전에 하나님께서는 사탄의 인간 참소에 대하여 아마 이런 논리의 대답을 사탄에게 한 것처럼 보입니다. '그래, 네 말처럼 대부분의 사람들은 기복신앙이 맞다. 그렇지만 내 종 욥은 다르다. 내 종 욥이 지금 경건하게 살면서 축복을 누리고 살지만, 내가 그를 위해 축복의 산울타리를 둘러쳐 줬기 때문에 그가 경건한 삶을 사는 건 아니다.' 그래서 신명기 역사관의 관점에서 볼 때 욥의 번영과 욥의 형통은 설명할 수 있습니다. 욥의 성공은 신명기 28장의 원칙에 따라서 볼 때 설명 가능합니다. 욥은 가장 경건했고, 가장 의로웠고, 하나님께 가장 큰 충성을 다 바쳤던 사람입니다. 그러니까 하나님께서 약속대로 욥에게 번영을 주시고 많은 자녀와 엄청난 재부(財富)를 주시고, 사회적 존경까지 누리게 하셨습니다. 욥은 인간이 바라는 모든 걸 다 가졌죠. 그는 정말 깨끗한 사람이었습니다. 하나님을 두려워하는 사람이었습니다. 그렇게 많은 재산을 가지고도 종들을 압제하지도 않고 갑질하지도 않았습니다. 종들로부터 진심으로 존경받았습니다. 그의 자녀들로부터도 존경받았습니다. 그런데 이 세상에 이렇게 많은 재산을 가지고도 이렇게 겸손하면서 이렇게 자녀 7남 3녀에게 존경받으면서, 그리고 그의 종들과 노예들로부터도 충심의 존경을 받았습니다. 이렇게 사는 것은 확률적으로 거의 불가능합니다. 그런데 그 확률적 불가능에 도전했던 사람이 욥입니다. 욥은 하나님이 보실 때 어떤 환난이 와도 신앙적 절개와 지조를 포기할 사람이 아니었습니다. 하나님은 욥이 어떤 극한적인 상황, 즉 하나님의 정의를 의심할 수밖에 없는 상황에 몰리더라도 끝까지 하나님을 믿을 사람이라고 봤습니다. 그래서 1:8에서 하나님은 "내 종 욥"이라고 말합니다. '내 종 욥은 사탄 네가 말하는 그런 부류의 사람이 아니다. 그는 극한 부조리에 처할지라도 하나님에 대한 신심을 포기하지 않을 것이다.' 이처럼 하나님이 아주 당차게 사탄을 질책합니다. 그랬더니 사탄이 두 번째로 도전합니다. '한번 쳐볼까요? 욥 한번 고난에 빠트려 볼까요? 그래도 하나님에 대한 믿음을 유지하는지.'라고 도발합니다. 그래서 '그래, 한번 해보자'라고 말하면서 하나님이 사탄의 도발적 자극에 못 이긴 체하고 사탄으로 하여금 욥에게 고난을 가하는 것을 허용합니다. '다만 욥의 생명은 해치지 마라. 욥 주변은 전부 다 고난에 빠트려도 된다.'라고 하나님은 말합니다. 그래서 하루 한 날 욥의 7남 3녀가 다 죽음을 당합니다. 태풍에 의해서, 하늘의 불에 의해서, 외국 침략군들(스바 사람, 갈대아 사람)에 의해 다 죽습니다. 그리고 욥은 재산과 건강, 그리고 사회적 존경과 신망까지 다 잃습니다. 자신은 전염병과 같은 무시무시한 악창에 걸렸습니다. 그것은 온몸을 기와조각으로 긁어야 하는 무시무시한 질병이었습니다. 마침내 그는 자기가 태어난 날을 저주합니다. 이 광경을 보고 그의 신실했던 아내는 폭발합니다. '차라리 당신, 하나님을 저주하고 죽어라. 이 모양 이 꼴로 전락했으면서도 여전히 하나님에 대한 진심을 왜 유지하는가? 하나님은 당신을 버렸다.'

욥은 자기가 난 날을 저주하고 7일간 금식도 하지만 갑자기 모든 것을 다 잃어버린 이 비극적 재앙에서 벗어날 길이 없었습니다. 하나님에 대한 불평이 차오를 때 욥은 이렇게 말합니다. '하나님은 이 모든 걸 주셨고, 이 모든 걸 취하실 수 있는 분도 하나님이다. 나는 불평하지 않겠다.' 이렇게 다짐했지만 욥은 자기 생일을 저주합니다. 자기가 태어났다고 기뻐하던 그 자기 생일날 밤의 가족들이 터뜨렸던 환희를 저주하고 조롱합니다. 이때 먼 지방에서 친구들이 찾아옵니다. 유명한 사람들이었습니다. 엘리바스, 빌닷, 소발이라는 친구가 찾아옵니다. 이 세 친구는 처음에는 욥을 위로하려고 7일간 동조 금식을 합니다. 그런데 가만히 생각해도 '욥이 이렇게 엄청난 고난을 당하고 죽음 직전까지 내몰리는 까닭은 욥의 죄나 그의 가정에 쌓인 죄악이 없다면 설명하는 것이 불가능하다'라는 결론에 이르게 되었습니다. 욥에게 숨은 죄가 있거나 욥의 자녀들에게 죄가 있거나, 아니면 욥이 이렇게 참혹한 고난을 통해서라도 씻겨야 할 죄가 많은 인간성을 이어받았든지 셋 중 하나의 경우일 것이라고 생각하기에 이르렀습니다.

그들은 '뭔가 죄가 없었다면 도저히 일어날 수 없는 심판이 일어났다. 욥은 하나님께 저주를 받은 것이고 심판받은 것이 분명하다'라는 결론에 도달했습니다. 그러자 그때부터 친구들은 욥을 도와주기 위해서 욥에게 즉각적 회개를 하라고 권고했습니다. '욥, 네 숨은 죄를 회개해라. 네가 부지 중 지은 죄를 회개해라. 네 자녀들의 숨은 죄를 회개해라. 그리고 네 존재 자체가 하나님께 불결하기 짝이 없는 존재임을 인정해라. 네 존재의 그 처절한 연약함, 네 존재의 지저분함, 불결함, 부정함을 인정하라. 하나님이 죄 없이는 너를 심판할 리가 없다. 네가 죄 없다고 말하는 순간 하나님을 고발하는 셈이다. 네가 하나님을 고발할래? 네가 죄 있다고 자백할래?'

친구들은 욥의 자백을 집요하게 강요했습니다. 하지만 욥은 끝까지 자백하지 않습니다. 이런 기조 속에서 욥과 세 친구 사이에 세 차례의 논쟁이 벌어집니다. 그것이 바로 4장부터 31장에 이어집니다. 4장부터 31장에 욥과 세 친구의 논쟁이 이 세 가지 정죄를 기본 주제로 삼으면서 약간씩 변주를 하듯이, 제자리걸음 하듯이 진행됩니다. 욥에 대한 친구들의 가열찬 단죄와 욥의 저항적 결백주장이 반복됩니다. 친구들의 동기는 선했습니다. 욥의 죄를 지적해서 거의 강제적일지라도 욥을 회개시켜서 하나님과 화목하게 만들어 욥을 재활복구시키기 위함이었습니다. 어처구니없는 말처럼 들릴지 몰라도 세 친구는 착한 마음으로 욥의 죄를 지적합니다. 그러나 욥은 초지일관 친구들의 정죄를 거부하고 결백을 주장합니다. 욥의 대답 전체를 요약하면 이렇습니다. '내가 피조물 인간인 것은 인정한다. 내가 하나님보다 거룩하지 않은 것도 인정한다. 그렇지만 이 모든 고난은 나의 죄와 상관없다. 세상에 뭔가 우리가 모르는 신비한 원리가 있다. 죄에 대한 심판을 교조적으로 가르치는 신명기 신학으로는 해명할 수 없는 신비한 원리가 작동한다. 죄 없는 자가 대신 징벌을 당한다는 원리인 듯하다.'

이렇게 욥은 끝까지 저항합니다. 욥기 23장 10절입니다. "...내가 가는 길을 그가 아시나니 그가 나를 단련하신 후에는 내가 순금같이 되어 나오리라" '하나님께서 나를 정금같이 단련하신 후에 내가 금 같은 신앙의 사람이 되어 나오리라.' 이런 말입니다. 욥기 24장에서 욥은 자신이 신명기적 원칙에 의해서 축복과 번영을 누리는 동안에는 몰랐던 세상을 경험합니다. 욥은 성 안에서 억울하게 죽은 사람들이 그 억울한 대접을 받고 죽어가도 한 사람도 그를 위로하는 사람이 없고, 심지어 하나님도 모르는 체하고 있다는 사실을 알게 됩니다. 욥은 신앙의 완성, 경제생활의 완성, 직장생활의 완성, 가정생활의 완성을 이룬 최고봉의 완성점에서 살 때는 저 부조리를 일상적으로 경험하는 사람들을 몰랐습니다. 그런데 자신도 드디어 성문에서 죽어가는 억울한 사람의 운명에 합류하면서 이 세상에서 벌어지는 엄청난 부조리한 일들을 경험하고, 이 세상이 인과응보의 법칙, 공평과 정의, 그런 방식으로 진행되지 않고 하나님이 죄 없는 자에게 고난을 전가하므로 이 세상의 부조리성을 드러내고자 하는 의도가 있다는 것을 깨닫게 됩니다.

이렇게 쉴 새 없이 논쟁을 하는 도중에 32장부터 37장에 엘리후라는 젊은 논객이 등장합니다. 엘리후라는 논객은 욥과 욥의 친구들을 각각 비판하는 양비론(兩非論)을 견지합니다. 양비론적 또는 양시론(兩是論)적입니다. '둘 다 옳은 말이 있다. 둘 다 일리 있다. 그러나 둘 다 틀렸다.' 엘리후는 이렇게 말하면서 자신의 핵심주장을 개진합니다. '하나님은 공연한 심판을 하지 않는다. 하나님은 죄와 상관없는 심판을 하지 않지만 심판은 더없는 좋은 결과를 가져올 수 있다. 욥의 심판 안에는 저주만 있는 것이 아니라 축복을 잉태하는 무언가가 있다.' 이런 엘리후의 말 안에는 38–39장에 나오는 하나님의 강설(講說)이 할 말을 대신해주고 준비시키는 대사가 몇 마디 있습니다. 38–39장의 하나님 강설에는 유명한 말이 나옵니다. 하나님은 폭풍 속에서 욥에게 70여 가지 질문을 퍼부으면서, 창조질서의 신비에 대해서 자세히 묻습니다. 천문학, 기후기상학, 동물학, 식물학 등을 탐구하는 질문들에 대해 욥은 당연히 대답하지 못합니다. 하나님과 맞짱을 뜨면서 하나님을 지상의 인간 법정에 끌어내려서 하나님을 고소하려던 욥에게 70여 가지의 질문을 던짐으로 하나님은 욥을 굴복시킵니다. 이 세상에 일어나는 것들 중에서 욥이 모르는 것이 너무 많다는 점을 납득시킨 것입니다. 그래서 하나님은 욥의 고난 원인을 직설적으로 말해주지 않습니다. 욥의 고난은 창조질서의 신비 안에 있는 혼돈의 역범람 가능성에 비추어 암시적으로 해명될 뿐입니다. 하나님의 천지창조는 거대한 혼돈물결을 땅의 깊은 곳에 감금하고 유폐시킨 행위로 요약됩니다. 거대한 혼돈으로부터 땅을 건져 올려 피조물의 생명만개 공간으로 만드신 사건이 창세기 1장의 천지창조입니다. 그런데 하나님의 창조질서는 이 유폐된 거대한 혼돈물결이 심연을 떠나 인간의 거주공간으로 범람해 생명을 파괴할 수 있는 가능성에 열려있습니다. 욥기 38:8-11은 바로 이 사실을 시적으로 말합니다. "8 바다가 그 모태에서 터져 나올 때에 문으로 그것을 가둔 자가 누구냐 9 그때에 내가 구름으로 그 옷을 만들고 흑암으로 그 강보를 만들고 10 한계를 정하여 문빗장을 지르고 11 이르기를 네가 여기까지 오고 더 넘어가지 못하리니 네 높은 파도가 여기서 그칠지니라 하였노라" 욥이 당한 고난은 유폐된 거대혼돈 물결의 범람으로 인한 것이었다는 암시입니다. 이 거대한 혼돈물결은 하나님이 지으신 창조질서의 견고성과 안정성을 테스트하는 하나님 자신의 자가진단 공법을 위해 동원된 것입니다. 욥의 고난은 욥의 견고성과 안정성을 테스트하는 혼돈물결이라는 것입니다.

이런 점에서 욥기 38-39장에서 하나님은 욥에게 질문세례를 퍼부음으로써 욥의 고난의 원인을 직설적으로 해명하지는 않습니다. 오히려 하나님은 시치미를 떼십니다. '내가 왜 네게 이런 고난을 줬는가?' 이 질문에 답하기 위해 하나님은 욥기 1-2장의 내용을 말해주면 됩니다. 그런데 하나님은 그렇게 하지 않습니다. 하나님에게는 욥기 1-2장의 하나님-사탄 간의 대화를 욥이 이해할 수 있을 것이라는 확신이 없었을 것입니다. 오히려 하나님은 자신의 고난 원인을 따져 묻는 욥에게 이렇게 대답한 셈입니다. '욥, 네가 네 고난의 원인을 아는 것은 내 창조의 신비를 아는 것과 같다. 네 고난은 창조의 신비와 관련돼 있다. 나의 창조에는 인과관계로 설명 안 되는 우발성의 영역이 있다. 죄 없어도 고난을 당할 수 있는 세계가 내가 창조한 세계이다. 네 고난은 이 세상을 창조할 때 죄와 상관없는 고난이 있을 수 있다는 하나의 원리가 작동하고 있었음을 깨닫게 해 준 것이다. 나는 죄와 상관없는 고난이 있는 세상을 만들었다. 내가 만든 세상은 애초부터 혼돈의 물결이 죄 없는 희생자(innocent victim)를 만들 수 있는 세상이었다. 내가 만든 세상에서는 죄와 상관없는 사람들을 삼키는 우발적 사태가 일어난다. 하나님의 정의와 공의가 푹 꺼져 함몰된 지역이 이 세상 어딘가에 존재한다. 이처럼 나는 인과성의 법칙이 더 이상 작동하지 못하는 빈틈이 있는 세상을 만들었다. 나는 완전무결한 인과응보의 닫힌 체계를 만들지 않고, 죄와 상관없는 고난도 있을 수 있는 세계를 만들었다.'

욥기 38장 8절부터 11절이 바로 이 진실을 말하는 셈입니다. 하나님이 세계를 만드실 때 세계 안에는 하나님의 창조 명령에 끊임없이 복종하지 않는 혼돈의 물결을 남겨둔 채로 세상을 만들었다는 것입니다. 하나님의 도덕적 인과응보 법칙이 완벽하게 설명되는 그런 세상이 아니라 하나님의 도덕적 통치가 작동이 안 되는 것처럼 보이는 영역이 있는 채로 세상을 만들었다는 것입니다. 이것이 욥기 38-39장의 여러 가지 질문세례를 퍼부으심으로써 하나님이 암묵적으로 제시하는 대답인 셈입니다. 따라서 욥의 고난은 죄와 상관이 없습니다. 맞습니다. 하나님의 욥 결백 옹호발언의 취지는 이렇습니다. '욥아, 네 고난은 죄와 상관없다. 죄와 상관없는 네 고난은 창조질서를 어긴 것이 아니라 창조질서의 일부다. 이 세상에서는 죄와 상관없는 사람이 고난을 당해야만이 죄 있는 자들의 고난을 대신 져줄 수 있다.' 욥은 이 하나님 강설의 논리를 납득한 것 같습니다. 욥기 40-41장에는 이 세상에 베헤못, 레비아탄, 라합이라고 하는 엄청난 수생괴수, 즉 바다에 거주하는 거대한 괴물이 나옵니다. 이 거대한 괴물들은 이 세상 창조질서 안에 거주하도록 창조된 피조물입니다. 그런데 거대한 힘으로 인해 창조주 하나님께 쉽게 굴복하지 않는 완강함과 집요함을 과시하는 존재들입니다. 그것들은 하나님의 도덕적 통치를 허물어뜨리는 것처럼 보이는 창조 내재적인 혼돈세력들을 상징합니다. 이런 혼돈세력은 나름대로 자율적인 활동공간을 갖고 있으며 도덕적 인과법칙의 원리를 어지럽게 하는 자율적인 우발성을 과시합니다. 그래서 욥기 38-41장 전체단원은 인과응보 법칙만으로는 다 설명되지 않는 고난이 있고, 죄와 상관없는 자가 무참하게 부조리한 운명의 희생자가 되는 일이 있다는 것을 설명합니다. 하지만 죄와 상관없는 이런 고난에도 한계가 있습니다. 유폐된 심연에서 지상으로 터져 나오려고 하는 혼돈세력에 대한 하나님의 명령은 계속 작동하기 때문입니다. '이 한계를 넘어 범람하지 말라.' 40-41장은 아무리 강력하고 거대한 괴수들도 하나님의 주권적 통제와 통치 아래 있다고 말합니다. 욥을 괴롭히고 타격하는 환난이 아무리 거대괴수처럼 강력해도 하나님의 통제 아래 순치될 수밖에 없는 환난이라는 것입니다. 이것은 아무런 죄도 없이 당하는, 천지창조의 신비로 인해 생기는 욥의 고난은 하나님이 끝까지 책임지는 고난이라는 뜻이기도 합니다. 이런 억울한 희생은 하나님이 결국 위로하고 신원해 주실 희생입니다. 그래서 42장에서 하나님은 욥의 고난을 위로하면서 욥의 친구를 책망합니다. '욥이 옳고 너희 세 친구는 틀렸다.' 욥의 친구들은 신명기 역사관, 다시 말해 신명기 28장에 입각한 인과응보의 역사관을 묵수하다가 하나님의 책망을 받았습니다. '고난받는 사람의 고난은 죄 때문이다.' 지나치게 단순 도식화되고 교조화된 신명기 신학을 고집했던 세 친구는 이런 단순한 1차 방정식적인 해법을 가지고 있었죠. 하나님께서는 이런 옹졸하고 교조적인 욥의 세 친구를 책망합니다. 오히려 욥이 세 친구들을 위해 중보기도하게 합니다. 욥은 그들의 죄를 사해달라고 중보기도합니다.

욥은 마침내 42장에서 하나님을 만납니다. 욥은 그토록 갈망했던 하나님의 '세상 출두', 하나님의 직접 해명을 듣고 봤습니다. 그는 하나님이 폭풍 가운데서 나타난 것 자체가 자신의 부단한 항변과 하소연에 대한 대답으로 봤습니다. 욥은 하나님이 구체적으로 자기 고난의 원인을 직설적으로 설명하지 않았지만 하나님께서 폭풍 가운데 나타나서 이 세상의 창조질서의 신비에 대한 언급을 할 때, 이미 응답을 받은 것으로 생각했습니다. 욥은 39－41장의 하나님 강설을 통해 자신의 고난이 창조질서의 신비에 속하는 고난인 것을 알게 됐고, 자기 죄 때문에 받은 징벌이 아님을 더욱 확신하게 됐습니다. 그리고 자신의 고난에도 반드시 끝이 있으며, 혼돈세력(사탄)이 자신에게 가할 수 있는 고난에도 '한계'가 있음을 깨닫게 되었습니다. 하나님의 직접적인 신현현(神顯現) 앞에 욥은 오히려 무지한 말로 하나님의 이치를 어둡게 한 자신의 허물을 뉘우칩니다. 그는 재와 티끌 가운데서 회개합니다. 하나님께서 이렇게 회개하는 욥을 위로합니다. 하나님께서는 다시 욥에게 7남 3녀를 주시고 엄청난 동방의 최고 의인으로 회복시켜 주었습니다. 이전보다 더 명예롭고 더 신망이 높도록 존귀케 했습니다. 이전의 명예와 덕망이 한 번 추락하는 과정을 거쳐서 오히려 욥의 영예와 덕망을 변증법적으로 더 높여주셨습니다. 이상이 욥기의 내용입니다. 욥기는 엄청난 책입니다. 구약성경에서 인문학적 성서읽기를 위한 단 하나의 책을 꼽으라면 아마 욥기를 꼽아야 될 겁니다. 그만큼 내용이 풍부합니다. 욥기는 여러 가지 현대문학에도 엄청난 영향을 끼쳤습니다. 욥기와 같은 스토리가, C. S. 루이스(Lewis)의 책 중에서 『우리가 얼굴을 찾을 때까지』에도 흥미진진하게 전개됩니다. 이 소설은 욥기의 구조를 그대로 따라 하고 있습니다. 실로 욥기는 이 세상에서 억울한 고난을 당하는 모든 사람을 근원적으로 위로할 수 있는 치유의 책입니다. 이 강의가 여러분이 직접 욥기를 읽어보는 것을 대신할 수 없을 것입니다. 욥기 본문에는 너무나 절묘하고 풍요로운 언어들이 가득 차 있습니다.

이제 전도서를 살펴보겠습니다. 전도서는 모두 12장으로 되어 있죠. 1장은 책 전체의 주제를 선포하는 책입니다. 2장은 즐거움도 헛되고, 지혜나 노동의 수고도 헛됨을 선언합니다. 즐거움을 아무리 느껴도 만족이 없으며 아무리 지혜로워도 우매자와 지혜자 모두에게 닥치는 환난과 피조물의 유한성은 피할 수 없으며 일생 동안 수고해서 얻은 것도 오히려 다른 사람의 몫으로 굴러떨어지는 부조리한 현실은 대표적으로 헛된 세계라는 것입니다. 3장은 인간이 짐승보다 더 낫다고 뻐길 이유가 없음을 말하고 인간의 행복과 불행을 좌우하는 것은 인간의 노력이 아니라 천하범사의 기한과 때임을 강조합니다. 4장은 세상에 넘치는 부조리, 불의, 불평등이 세상살이를 헛되게 만드는 모습을 보여줍니다. 5장은 사회정의가 훼손되는 불의하고 헛된 현실을 보고 좌절하는 사람을 위로하며, 재물과 부요, 존귀 추구 자체도 헛되고 부질없는 일이라고 말합니다. 6장은 해 아래서 일어나는 부조리하고 어처구니없는 현상을 조감하며 헛된 생명의 날들을 보내느라고 참된 소확행을 포기하는 사람들의 우매를 은근히 질타합니다. 7장은 지혜자와 우매자의 뒤바뀐 운명을 관찰하며 명랑쾌활하기만 한 삶보다는 죽음의 집을 생각하며 피조물의 유한성을 의식하고 사는 삶을 은근히 강조합니다. 8장은 악인들과 의인들에게 일어나는 부조리한 일을 개탄합니다. 악인처럼 벌받는 의인이 있고, 의인처럼 상을 받는 악인이 있다는 것입니다. 9장은 이런 모든 모순과 부조리를 깨닫는 지혜를 찬양합니다. 조용히 들리는 지혜자의 말들이 우매자들을 다스리는 자의 호령보다 낫다는 것입니다. 10장은 왕의 무지몽매에서 오는 부조리와 국가적 재앙을 말합니다. 11장은 지혜로운 삶은 유한함을 인정하고 대비하는 삶임을 말합니다. 지혜로운 청년은 노인의 때를 생각한다는 것입니다. 12장은 인생의 가장 헛된 일은 죽음이지만 그것이 하나님께로 돌아가는 귀향임을 말하며 사람의 본분은 하나님을 경외하며 하나님의 명령들을 지키는 것임을 강조합니다. 하나님의 명령들은 헛됨을 이기는 절대적 확실성의 영역입니다.

여러분이 전도서를 펴자마자 느끼는 것은 '헛되고, 헛되다. 모든 것이 헛되다.'라는 식의 허무긍정, 허무개탄 후렴구 같은 구절이 전도서 전체를 지배하고 있다는 인상일 것입니다. 그런데 전도서에서 "헛되다"라는 말은 '아무것도 없음'을 말하는 허무주의가 아니라 '불확실하다', '정해진 인과법칙이 아니라 뭔가 이 세상이 액체 상태 같고, 물과 같다. 바람과 같이 이해불가의 원리에 의해 좌우되는 것 같다.'라는 정도의 의미입니다. '빠른 경주자라고 달리기에 1등 하는 것이 아니다.' 전도서 9장 11절 말씀입니다. 유사한 논법은 이런 것입니다. '지혜가 많은 사람이라고 성공하는 것이 아니고, 부지런한 사람이라고 성공하는 것이 아니다.' 지혜마저도 전도서의 세계에서는 제한적인 효용만 있습니다. 전도서가 유일하게 확실하게 권고하는 삶의 방식은 9장 7-9절에 나옵니다. "7 너는 가서 기쁨으로 네 음식물을 먹고 즐거운 마음으로 네 포도주를 마실지어다 이는 하나님이 네가 하는 일들을 벌써 기쁘게 받으셨음이니라 8 네 의복을 항상 희게 하며 네 머리에 향 기름을 그치지 아니하도록 할지니라 9 네 헛된 평생의 모든 날 곧 하나님이 해 아래에서 네게 주신 모든 헛된 날에 네가 사랑하는 아내와 함께 즐겁게 살지어다 그것이 네가 평생에 해 아래에서 수고하고 얻은 네 몫이니라"

이처럼 전도서는 일종의 소확행을 가르치는 책입니다. '이 모든 헛되고 불확실한 날들을 장차 한 날에 얻어 누릴 행복을 위해서 모든 현실을 희생하지 말고, 지금 하루하루 불확실한 이 날을 붙들고 하루에 얻을 수 있는 행복을 지금부터 누려라.' 그것이 뭘까요? 좋은 음식을 먹고, 의복을 단정히 하고, 머리에 기름을 바르며 그리고 배우자와 함께 한 잔의 포도주를 마시면서 사랑을 나누는 것이 헛된 날에 맞서는 유일한 길이라는 것입니다.

전도서는 젊은 날을 쾌락과 욕망을 무제한 방출하면서 사는 시기가 아니라, 늙은 날을 대비하여 '늙은 날이 헛되다'고 말하기 전에 자신의 욕망을 절제할 수 있는 길을 가르칩니다. 그러니까 결국 전도서는 절제와 소확행적인 행복추구 철학이라고 할 수 있죠. 에스더에서처럼 여기에도 하나님이 직접 말하는 장면이 나오지 않습니다. 오히려 하나님이 지으신 세계를 약간 야유하고 비판적 거리감을 보이면서, 이 불확실한 세계, 권태가 넘치고 또 반복되는 일들이 계속 일어나는 세상에서 행복한 삶은 무엇인가를 묻고 찾습니다. '지금 내가 얻은 노동의 열매를 오늘 하루하루 즐기면서 살자. 이렇게 하루의 노동으로 얻은 성과를 하루의 행복으로 채워가지 않으면 헛된 날들에 맞설 수 없다.' 이런 방식으로 허무와 불확실에 맞서보자는 것입니다. 위대하고 찬란한 성공의 그 한 날을 위해서 지금 현실을 희생하고 살지 말라는 겁니다. 위대한 성공을 해서 세상 모든 친구들을 감동시키려고 하지 말고, 지금 옆에 있는 오늘의 친구들과 한 잔의 술을 마시면서 한 잔의 커피를 마시면서 교제의 악수를 즐기자는 것입니다. 지금 아내와 젊었을 때 소박한 음식이라도 나누는 것이 더 좋다는 것입니다. 아내를 멋지게 감동시키기 위하여, 아내를 버려두고 멀리 가서 엄청난 일확천금을 노리는 대투자사업에 몰입하지 말라는 것입니다. 결국 전도서가 말하는 불확실한 세계는 뭡니까? 견고한 항상성이 없는 세계입니다. 전도서가 말하는 헛된 날은 불확실하고 손에 잡을 수 없으며 예측 불가능한 현실의 날들입니다. 전도서는 이런 조건에서 예측 가능한 행복부터 먼저 누리자고 설득합니다. 전도서가 보기에는 '오늘'의 가치를 더 높여주는 날이 이 세상의 불확실한 양상입니다.

전도서는 구약성서의 대표적인 행복추구 철학으로서 스토아 철학과 에피쿠로스 철학에 능히 견줄 수 있는 철학을 제시합니다. 어쩌면 이 두 그리스 철학보다 더 탁월한 행복추구의 처세를 가르쳐 줍니다. 앞서 말씀드렸듯이 여기는 수직강하적인 초월의 언어가 없습니다. 세상을 자세히 관찰하고 세상의 부조리를 인정합니다. '그러면서 이 부조리한 세상에 다시 부정적으로 맞설 것입니까? 아닙니다. 세상이 부정적으로 돌아갈수록 내 안에 긍정적인 행복의 에너지를 더 도출하여 행복한 대응을 해야 됩니다. 그래야 이 헛된 날에 우리가 무너지지 않습니다.' 이것이 전도서의 행복철학입니다.

전도서 다음으로 또 이번 시간에 다뤄야 할 책은 예레미야 애가입니다. 예레미야 애가는 앞서 제가 서론에서 말씀드렸죠. 예루살렘 성전, 예루살렘에 거점을 둔 유다왕조, 그리고 예루살렘 성벽의 파괴를 목격한 예언자가 쓴 애가입니다. 학자들은 아마도 눈물의 선지자 예레미야가 이 애가를 썼을 것이라고 보지만 확정된 사실은 아닙니다. 예레미야 애가는 삼중적 파괴를 경험했던 참담한 상황에서 하나님께 애소하고 호소하는 내용입니다. '하나님, 우리의 죄를 너무 과잉징벌하신 겁니다. 하나님, 이 폐허가 된 예루살렘 성벽에서 드리는 기도를 들어주십시오.' 예레미야 애가는 완전히 폐허가 되고, 파괴되고, 무너진 성전에서 드리는 기도도 하나님이 들어주신다는 메시지를 갖고 있습니다. 그래서 예레미야 애가에는 부정적인 언어, 탄식의 언어, 저항의 언어가 많지만 왠지 모르게 예레미야 애가를 읽으면 따뜻한 위로를 경험합니다. 하나님은 무너지고 참담하게 부서진 인생, 그 틈 사이에서 드리는 아우성도 들으신다는 의미 때문일 것입니다. 장엄하고 멋진 성전에서 드리는 기도도 들으시지만, 폐허가 된 성전에서, 무너진 성벽에서 아우성치는 기도도 하나님이 들으신다는 것입니다. 이런 믿음을 가지고 예레미야 애가가 진행됩니다. 예레미야 애가를 구성하는 다섯 장은 각각 독립적인 장입니다. 각 장에는 대체로 과잉징벌로 초래된 고난에 대한 항변과 불평, 그리고 구원을 위한 죄책고백과 간청이 교대로 나옵니다. 1장은 예루살렘에게 닥친 환난을 총천연색 그림영화처럼 보여줍니다. 2장은 여호와의 진노가 얼마나 무섭고 참혹하게 유다와 예루살렘에 쏟아부어졌는가를 생생하게 보여줍니다. 3장은 BC 586년의 삼중적 대재난이 이스라엘의 진멸이나 멸절을 의미하지 않고, 오히려 회개를 통해 새 출발을 할 소망을 주는 사태임을 인정합니다. 이스라엘의 죄보다 하나님의 인애가 더 크고 무궁함을 강조합니다. 4장은 예루살렘이 당한 포위공격이 초래한 비인간적 참상을 말합니다. 5장은 하나님의 긍휼에 호소하며, 이스라엘과 맺은 언약을 기억해 달라고 앙청하며, 이스라엘 회복과 용서를 강청하는 간구문입니다.

이상으로 이번 시간에는 욥기, 전도서, 예레미야 애가를 공부했습니다. 감사합니다.

인문고전으로서의 구약성서 읽기

12주차 강의안

12-1

다니엘, 에스더

묵시문학과 다니엘의 메시지와 구조

다니엘서는 원래 한글성서에서는 대예언서로 분류되지만 히브리 성경은 다니엘을 성문서로 간주한다. 다니엘은 BC 7세기와 6세기에 걸쳐 활동한 예언자요 묵시가이지만, 다니엘서가 다루는 시기가 신구약 중간시기 상황이므로 학개, 스가랴, 말라기와 함께 읽는다. 문학적인 양식으로 볼 때는 다니엘서는 BC 3세기부터 꽃피기 시작한 장르인 유대 묵시문학(BC 250년-AD 250년)의 하나이다. 구약성서 안에서는 스가랴서와 에스겔서의 일부, 2-3이사야(40-55장과 56-66장)의 일부가 묵시문학적인 특징을 보여주고 있다. 묵시문학은 천상의 계시자가 박해를 경험하고 스스로를 주류 세력들에 의하여 소외당하고 희생당하는 소수자라고 느끼는 사람들이나 공동체에게 미래에 관한 환상이나 천상 비밀을 몰래 알려주는 현상을 다루는 문학이다.[1] 미래에 대한 환상이나 천상의 비밀을 일부 사람에게 몰래 알려주는 목적은, 어둠이 지배하는 시기 혹은 고난의 시기가 얼마 남지 않았음을 알려줌으로써 소수자 개인이나 집단을 지지하고 보존하는 데 있다. 다니엘서는 전통적인 예언서에 가깝기보다는 이런 의미의 묵시문학에 가깝다.

묵시문학의 주요 특징들은 첫째, 신비한 상징들이 등장하고, 옛 선인들의 입을 통해 전달되는 이야기 혹은 천상의 중보자들을 포함하는 상징적인 꿈들이 이야기의 주요 줄거리와 무대로 기능한다. 둘째, 일어난 일을 오래전에 이미 예언된 일이었다고 주장하는 사후 예언(事後 預言, ex eventu prophecy)이 묵시문학에 주요 구성물로 등장한다. 셋째, 결정론적 역사 해석이 묵시문학의 특징이다. 마지막으로 묵시문학의 특징은 종말론적 세계관이다. 이 종말론적인 세계관은 악한 세력의 도전을 극복하고 새로운 질서를 회복하는 선한 세력의 이야기 속에서 육화된다. 이 우주적 이원론 속에서 육체 부활사상이 발돋움한다. 다니엘서는 이런 묵시문학적 요소를 대부분 갖고 있다. 다니엘서에는 윤리적-우주적 이원론과 영생과 보상(사후) 대 영벌이라는 이분법이 나타난다. 그래서 다니엘서에는 죽은 자들의 부활 신앙이 아주 자연스럽게 등장한다.

다니엘서의 연대 및 역사적 배경에 대해서는 의견이 분분하지만 대체로 학자들은 다니엘서가 BC 168-165년(길게는 BC 168-142년)의 마카베오 독립 전쟁 전후에 쓰였다고 본다. 이스라엘을 헬레니즘화시키기 위하여 광분하던 시리아의 셀류키드 왕조의 안티오쿠스 에피파네스 4세(BC 175-163년)가 주도한 종교박해에 대항하여 유다 지파의 마카베오가 저항운동을 일으켰다. 다니엘 1-6장과 7-13장은 안티오쿠스 에파파네스 4세의 유대인 정체성 말살정책에 저항하며 일어선 마카베오 독립항쟁군을 격려하거나 칭송하고 있는 것처럼 읽힌다. 몇 가지의 사후 예언(事後 預言)을 포함하고 있으며 전체적으로 다니엘서를 마카베오 독립항쟁의 성명서 문서(the manifesto of the Maccabean revolt)[2]라고 간주하게 만드는 구절들이 다수 발견된다(7장 용감하게 싸우는 인자와 그를 따르는 성도들). 특히 7-12장이 이런 추정을 더욱 굳게 해 준다. 다니엘서는 "다니엘"이라는 BC 7-6세기의 인물이 주인공으로 등장하는 예언서지만 옛날 사람을 주인공으로 삼는 예언서는 언제든지 후대에 쓰일 수 있다는 점이 중요하다.

다니엘서의 주제는 하나님 백성으로서의 정체성을 결코 희생시키지 말아야 한다는 것이다. 다니엘서는 하나님께서 역사를 주관하시기에 모든 것은 하나님의 계획 속에 들어있다고 믿으며 악에 대한 하나님의 궁극적 승리를 주장한다. 악에 대한 하나님의 승리를 이 땅에서 맛보기 위해서는 성도의 견인(堅忍)이 요청된다(7-12장). 다니엘서는 모든 것이 하나님의 계획 속에 있다는 믿음을 빌미 삼아 역사로부터 도피하지 말고, 하나님 나라의 도래를 믿고 역사 안에서 준동하는 악과의 싸움에 능동적으로 참여할 것을 독려한다. 다니엘서의 이런 주장을 구현한 인물들이 바로 다니엘과 그의 세 친구들이다. 다니엘서는 바벨론 포로였던 다니엘과 세 친구들이 세계 이방제국 한복판에서도 하나님 백성의 정체성을 지키기 위하여 고난과 박해를 감수하지만 결국은 하나님이 주신 승리를 경험한다는 이야기다.

다니엘서의 구조

I. 다니엘과 세 친구들의 신앙 무용담(1–6장)
  1. 유다의 젊은 포로들의 신앙적 절개와 단호한 결심(1장)
  2. 제국의 안정에 대한 번뇌로 악몽에 시달리는 느부갓네살(2장)
  3. 시날 평지에 거대한 금신상을 세워 제국의 안정과 통일을 확보하려는 느부갓네살(3장): 저항하는 다니엘의 세 친구들(아사랴, 미사엘, 하나냐)
  4. 느부갓네살의 두 번째 꿈–짐승으로 전락하는 세계의 제왕(4장)
  5. 메네 메네 데겔 우바르신: 바벨론 제국의 멸망을 예언하는 다니엘(5장)
  6. 사자굴에 집어 던져지기까지 고난당하는 다니엘의 독야청청 신앙(6장)

II. 다니엘의 미래 비전–인자의 나라가 오기까지 감수하여야 하는 전쟁과 박해(7–12장)
  1. 하늘에서 내려온 인자 같은 이와 그의 백성들(7장)
  2. 숫양과 숫염소 환상(8:1–14)
  3. 환상의 의미를 설명하는 가브리엘 천사(8:15–27)
  4. 다니엘의 구국 참회 기도(9장)
  5. 힛데겔 강가에서 본 환상(10장)
  6. 남방 왕과 북방 왕의 전쟁(11장)
  7. 세상 끝날과 죽은 자들의 부활(12장)

에스더의 메시지와 구조

에스더서의 메시지

이 책은 페르시아 황제 아하수에로 때 황후로 간택된 에스더라는 유대인 여인이 자신의 목숨을 바칠 각오를 통해 집단 학살의 위기에서 민족을 구한 신앙 무용담이다. 이 책에는 하나님이나 야웨라는 말이 나타나지 않는다. 오로지 하나님은 모든 인간적 행동과 계획의 배후 장막 뒤에서 보이지 않는 섭리의 손길로 남아 계신다. 에스더서는 하나님 한 분 외에 다른 신들이나 인간에게 절하지 않고 살 때 주인공 모르드개처럼 핍박과 박해를 경험할 수 있지만, 궁극적으로 하나님께서는 성도의 신앙적 정절을 지켜주신다는 진리를 가르쳐 준다. 세상 제국의 음모나 대적자들로부터 믿음의 정절을 지키다가 곤경을 맞이한 당신의 백성들을 지켜주신다는 믿음이 에스더서를 지배하고 있다. 하나님께서 공개적, 명시적으로 활동하시지 않는 것처럼 보이는 이방제국 구중궁궐 안에서도 하나님은 활동하고 계신다는 거룩한 섭리에 대한 믿음 또한 에스더가 가르치는 주제적 교훈이다. 에스더는 문학 장르상 비교적 잘 짜인 단편소설의 형식을 취하고 있어 재미있게 읽힌다.

에스더서의 구조

I. 아하수에로왕의 연회들(1–2장)
II. 에스더가 주최한 연회들(3–7장)
III. 부림(Purim)절 축제의 기원(8–10장)

I. 아하수에로왕의 연회들(1–2장)

1장은 자신의 제국을 127도(道)로 나누고 각 도의 방백을 세워 다스리는 아하수에로왕이, 제국의 위엄과 영화를 자랑하기 위해서 모든 도의 방백들과 신하들을 위한 연회를 여는 장면부터 시작한다. 6개월 동안 계속된 이 잔치 후에 아하수에로는 수산궁 근처에 사는 귀인들과 백성들을 초청하여 잔치를 벌인다. 이 잔치가 열린 지 7일 만에 주흥이 오른 아하수에로는 황후 와스디(Vashti)를 초청하여 온 남자들에게 그녀가 얼마나 아름다운가를 보여주려고 한다. 하지만 예상을 뒤엎고 황후 와스디는 자신을 남성들의 눈요기로 부른다고 느낀 나머지 거절하고 만다. 그래서 와스디는 즉시 폐위된다.

2:1–18은 베냐민 지파의 유다 포로 모르드개의 양녀이자 절세미인인 고아 소녀 에스더가 황후로 간택되는 과정을 그린다. 2:19–23은 왕궁의 문지기인 모르드개가 우연히 아하수에로왕을 모살하려는 왕의 내시들, 빅단과 데레스 두 사람의 음

모를 알고 왕에게 보고하는 상황을 보도한다.

II. 에스더가 주최한 연회들(3-7장)

3장은 오만방자한 아각 사람 하만이 페르시아의 총리로 등장하는 과정과, 모든 문지기들에게 꿇어 엎드려 예를 표하라고 강요하는 하만에게 절하지 않는 유대인 모르드개의 갈등상황을 보도한다. 격노한 하만은 모르드개가 유대인임을 알고 제국 내에 거주하는 모든 유대인들을 죽여버리라는 칙령을 내려달라고 황제에게 요청하게 된다. 아하수에로 황제가 유대인들의 집단 학살을 허락해 달라는 하만의 요청을 받아주자마자, 모든 유대인들을 학살하려는 하만의 시나리오는 파발마처럼 신속하게 진행된다. 이 비통하고 위험한 소식이 수산궁의 황후 에스더에게도 전달된다.

4장은 모르드개가 수산궁의 에스더에게 이 위급한 상황을 알리고 도움을 요청하지만, 에스더가 일단 거절하는 상황부터 보도한다. 그러자 모르드개는 "네가 황후가 된 것이 우리 민족의 집단 학살을 막아주시려는 하나님의 섭리의 결과인 줄 네가 알겠느냐?"라고 다그치며 다시 한번 왕에게 직소하여 오만방자한 하만의 음모를 폭로해 달라고 요청한다. 하지만 에스더의 상황은 쉽지 않다. 왕이 자신을 침실로 부르지 않은 지도 이미 30일이 지났고 자신은 황후지만 왕을 쉽게 만날 수 없다는 것이다. 무엇보다 황후인 자신이 낮에 왕을 만나기는 불가능함을 알린다. 왕이 부르지 않으면 근무 중(보좌에 앉아있는 왕)에 나아가는 일은 황후에게도 금지된 일이었기 때문이다. 만일 왕이 부르지 않았는데 황후가 스스로 그냥 왕에게 뚜벅뚜벅 걸어간다면 그것은 사형감이었다. 이런 상황을 알고도 모르드개의 집요한 간청과 민족의 운명에 대한 염려와 애통한 마음 때문에 에스더는 마침내 죽을 각오를 하고 왕에게 나아가기로 결단한다(4:16). "죽으면 죽으리라"라는 말은 그녀의 각오를 압축적으로 표현한다. 이런 방식으로 왕에게 나아가도 사는 길이 하나 있었는데 그것은 왕이 자신의 지팡이(홀 혹은 규)를 황후에게 내미는 것이었다.

5장은 왕에게 이 위급한 상황을 보고할 기회를 얻고자 잔치를 베풀어 황제와 하만을 초청하는 에스더의 주도면밀한 면모를 보여준다. 죽을 각오를 하고 나간 황후에게 황제는 즉시 왕의 지팡이를 내밀어 살린다. 황후는 자신의 연회에 황제와 하만을 초청하려는 계획을 알린다. 황제는 즐거이 응낙하고 첫날 연회를 즐기고 나갈 때 다음 날 잔치에 또 초청을 받는다. 하만은 첫 잔치에 참석한 후 퇴궐하면서 자신에게 마땅한 공경의 예를 보이지 않는 모르드개를 보고 또 다시 기분이 엉망진창이 된다. 자신의 아내 세레스의 권고를 받아 다음 날은 모르드개를 높은 나무에 달고 말겠다는 각오를 한다. 6장은 우연히 그러나 섭리에 의하여 아하수에로왕이 잠을 이루지 못하고 이전의 왕실 공훈록을 보면서 모르드개의 공을 발견하게 되는 상황을 보도한다. 왕은 즉시 모르드개에게 최고의 상과 영예를 내린다. 이처럼 상황이 급반전된 사실 앞에 당혹한 하만은 에스더가 주최한 두 번째 연회에 참여하게 된다.

7장은 에스더가 왕에게 하만의 음모를 알린 후 벌어지는 반전상황을 보도한다. 황제는 모르드개를 더욱 존귀케 하는 한편 하만을 단죄하고 사형에 처한다. 모르드개를 죽여 매달려고 했던 그 장대에 하만이 죽어 매달리는 대반전이 벌어진 것이다.

III. 부림(Purim)절 축제의 기원(8-10장)

이 단원은 에스더-모르드개의 영적 분투의 결과, 민족 전멸의 위기에서 살아난 유대인들의 감격이 어떻게 부림절 축제로 발전되었는지를 알려준다. 8장은 유대민족을 향한 황제의 배려와 선한 조치들을 보도하고 민족 전멸위기에서 구출된 유대인들의 감격과 페르시아 제국 내에서 한껏 높아진 유대인들의 위상과 명예를 보여준다. 9장은 아하수에로 황제의 명령으로 유대인들이 그들을 죽이려고 했던 하만 일당을 응징하고 처단하는 역전 상황을 보도한다. 특히 9:20-32은 유대인들이 매해 아달월 14-15일을 부림절로 기리게 되는 사연을 보도한다. 부림(Purim)절은 하만이 유대인을 "제비뽑아 뽑힌 자들을 죽이려고 음모했던 그 제비뽑기"를 대반전시켜 하만과 그의 공범자들을 정의의 이름으로 처단했던 사건을 기념하는 절기다. 이 단어는 제비뽑기 혹은 제비를 의미하는 히브리어 푸르(pur)에서 연원되었다.

12-2
룻기, 아가

룻기의 메시지와 구조

룻기의 메시지

룻기는 신명기 역사서에 포함되지 않고 다윗왕가의 신앙 계보를 기록하고 있다는 점에서 앞뒤에 배치되어 있는 신명기 역사서와는 다르다. 그것은 기근의 땅을 축복의 땅으로 바꾼 이스라엘 여인 나오미와 모압 여인 룻의 영적 분투와 인애 넘치는 우정(헤세드)에 관한 이야기로서 다윗 가문의 영적인 혈통이 얼마나 국제적이고 모범적인가를 증명하는 작은 용비어천가 한 가락을 이룬다. 룻기는 여성들 간의 동역과 일치가 얼마나 아름다울 수 있는가를 보여준다. 룻기를 아름답고 감동적인 책으로 만드는 것은 기근과 가난의 땅을 인애와 사랑이 넘치는 땅으로 일구어 가는 두 여인, 나오미와 룻의 인애 넘치는 우정과 사랑이다. 나오미와 룻의 깊은 인격적 친교는 하나님의 축복을 받는 통로와 그릇이 되었다. 가장 어려운 역경의 시간을 믿음으로 견디어 내는 시어머니와 며느리의 영적 동역은 죽음과 기근의 땅을 축복의 땅으로 바꾼다. 가난한 자에 대한 한없는 자비와 연민, 동정과 연대가 룻기 전체에 흐르고 있다. 결국 룻기는 여성적인 혹은 모성애적인 살림의 신앙과 신학을 옹호한다.

룻기의 구조

I. 텅 빈 손으로 모압에서 되돌아온 나오미(1장)
II. 이삭 줍는 여인 룻과 보아스의 만남(2장)
III. 룻과 기업 무를 자 보아스의 사랑(3장)
IV. 룻과 보아스의 결혼－메시야의 족보에 이름을 올린 이방 여인(4장)

I. 텅 빈 손으로 모압에서 되돌아온 나오미(1장)

1장은 나오미(즐거움)로 떠났다가 마라(쓰라림)가 되어 돌아온 한 과부 나오미의 파란만장한 인생을 소개한다. 기근을 피하기 위하여 나오미는 약속의 땅을 버리고 이방 땅 모압으로 이탈하는 한 여인이다. 하지만 모압 땅에서 그녀의 삶은 불행과 환난의 연속이었다. 남편과 두 아들을 잃었다. 기근의 땅을 피하여 보다 더 나은 삶, 풍요로운 삶을 추구하려고 했던 그녀의 꿈은 산산이 부서지고 그녀에게 남은 것은 쓰라림뿐이었다. 세 남자의 죽음은 세 과부를 남겨 놓았고 나오미는 삼중적인 불행 속에 극단적인 고독을 겪고 있었다. 나오미가 10년 동안의 타향살이를 마치고 모압 출신 며느리 룻을 데리고 고향 베들레헴으로 돌아왔을 때 고향 사람들은 그녀의 귀향을 즐거워하고 환영하는 잔치를 준비하고 있었다. 그러나 비참한 몰골이 되어 돌아온 친구의 몰락을 보면서 베들레헴 여인들은 소스라쳐 놀랐다. 나오미는 고향 사람들의 환대를 거절하면서 자신의 오장육부 속에 감춰둔 진심의 일단을 드러낸다. 그녀는 상실과 실패를 경험하였고 바로 그런 쓰라린 개인사 배후에 하나님이 있었다는 불평이 깊이 배어 있다(20－21절). "나오미가 그들에게 이르되 나를 나오미라 칭하지 말고 마라라 칭하라 이는 전능자가 나를 심히 괴롭게 하셨음이니라 내가 풍족하게 나갔더니 여호와께서 나로 비어 돌아오게 하셨느니라 여호와께서 나를 징벌하셨고 전능자가 나를 괴롭게 하셨거늘 너희가 어찌 나를 나오미라 칭하느뇨 하니라"

II. 이삭 줍는 여인 룻과 보아스의 만남(2장)

가난하고 마음이 부서진 시어머니를 위한 룻의 헌신과 효성을 보면서 독자들은 룻의 사람 됨됨이에 대하여 조금씩 눈치채 간다. 지성이면 감천인가? 시어머니에 대한 지극한 효성으로 추수가 끝난 밭에서 밀이삭을 줍던 룻은 우연히 마음씨 좋은 남자 보아스를 만난다. 놀라운 것은 이 보아스가 바로 나오미의 가까운 친족이라는 것이다. 보아스는 나오미의 남편의 친구이자 덕망이 높은 사람이었다. 보아스가 룻을 알아보며 자신은 벌써 룻이 그녀의 시모에게 얼마나 선한 일(인애를 베푼 일-죽은 자와 산 자에 대하여 베푼 계약적 의리와 사랑)을 하였는지를 알고 있었음을 말한다(11절). 보아스는 가난한 친족의 거덜 난 살림살이를 회복시켜 다시 엘리멜렉 가문의 유업을 잇도록 도와주려는 의지를 가진 의인임이 드러난다. 보아스의 인생에 흘러넘치는 충만한 복이 룻의 잔에게 전달되고 그것은 마지막으로 나오미의 텅 빈 잔으로 흘러간다.

III. 룻과 기업 무를 자 보아스의 사랑(3장)

시모 나오미는 보아스가 룻을 아끼고 사랑하는 마음을 주시하고 있다가 룻을 보아스의 아내로 만들려고 궁리한다. 보아스가 룻을 아내로 맞는다는 말은 거덜 난 엘리멜렉의 집안을 세워주어야 한다는 부담을 안는 것을 의미하기 때문에 그에게도 결단이 필요한 일이었다. 나오미는 룻에게 일단 죽은 자를 위한 상복을 벗으라고 충고한다. 나오미는 룻에게 낫가리를 쌓아 놓은 임시처소에서 잠자는 보아스의 침실로 들어갈 것을 제안한다. 기업 무를 자의 자격이 있는 보아스에게 선한 의미의 미인계를 쓰는 것이다. 룻은 모든 일에서 시모에게 복종한다. 밤중에 자신의 침실에 누워있는 룻을 보고 보아스는 참으로 놀랍고 아름답게 처신한다. 그 발치에 누워있는 행위의 의미가 단순히 낭만적인 남녀 간의 사랑의 표현을 의미하는 것 이상임을 알아차렸던 보아스는 룻의 명예를 지켜주기 위하여 모든 일을 비밀로 부칠 것을 명령한다.

Ⅳ. 룻과 보아스의 결혼-메시야의 족보에 이름을 올린 이방 여인(4장)

4장은 메시야의 족보에 이름을 올린 이방 여인 룻의 인생유전의 마지막 역전을 다룬다. 사려분별이 깊은 보아스는 공식적인 절차를 밟아 룻을 아내로 맞이하였다. 성문에 모인 장로들은 룻이 라헬, 레아 두 사람과 같게 해달라고 기도한다. 보아스와 룻의 기묘한 사랑과 결혼의 드라마가 펼쳐진 작은 고을 베들레헴은 구원사적으로 아주 중요한 장소로 떠오르기 시작한다.

베들레헴, 떡집이라는 이름의 작은 마을이 만민을 위하여 자신을 생명 떡으로 내어주신 이가 오실 그곳이기 때문이다. 룻이 낳은 첫 아들은 오벳인데 나오미의 아들로 입양되었고 나오미의 끊어질 것 같은 가문은 대를 잇게 되었다. 오벳은 이새를 낳고 이새는 다윗을 낳고 다윗의 가문(혈통)에서 나사렛 예수께서 태어나셨다. 예수 그리스도의 족보를 담고 있는 마태복음 1장은 룻기 4장과 긴밀한 관계를 갖고 있다. 모압 여인 룻은 이스라엘 공동체를 건설하는 핵심 족보에 들어갔다. 소망이 없어 보였던 두 여인들이 이룬 인격적 사랑과 친교(우정)가 다윗이라는 인물을 잉태하는 족보를 만드는 데 결정적인 역할을 한 것이다.

아가의 메시지와 구조

아가(雅歌)의 메시지

아가(雅歌)라는 말은 “이 세상에서 가장 아름다운 노래”, “노래 중의 노래”, 혹은 절창(絕唱)을 가리킨다. 아가서는 솔로몬의 연애시이면서 신부 이스라엘에 대한 신랑 야웨 하나님의 멈출 수 없는 사랑에 대한 신비주의적 명상시다(베르나르 드 끌레르보). 아가서의 주제는 연애 같은 신앙생활, 영성생활이다. 아가서의 장르는 극시(오페라)에 가깝다. 등장인물은 남자 연인, 여자 연인, 그리고 예루살렘 여인들이다. 남자 연인이 누군지, 여자 연인이 누군지는 명확하게 알 수 없다. 전통적으로는 남자 연인을 솔로몬왕이라고 보고, 여자 연인을 남방 순시 때 우연히 만나 꿈같은 사랑을 주고받았던 시골 처녀 술람미 소녀라고 본다.[3] 신분과 계급의 차이가 심한 이 두 연인의 이루어질 수 없을 것 같은 사랑의 순전성을 테스트하기 위하여 예루살렘 여인들이 퉁명스럽게 끼어든다. 최근의 아가서 연구가들은 솔로몬은 8장에서 3인칭으로 묘사되고 비교되는 인물일 뿐 본문의 주요 화자인 남자 연인이 될 수 없다고 본다.[4] 지체 높은 한 남자, 혹은 양떼를 치는 야생의 목동이 남자 연인일 것이라고 보기도 한다. 남자 연인이 누군지가 명확하지 않아도 아가서를 사랑의 절창으로 읽는 데에는 아무런 어려움이 없다. 다만 우리는 여기에서 전통적인 관점으로 해석하려고 한다. 아가서가 솔로몬의 결혼식 전후의 분위기를 묘사하는 연애시는 아닐지라도, 솔로몬의 많은 비빈(妃嬪) 가운데 한 사람인 여인과 솔로몬이 주고받은 사랑과 애모감정을 담은 노래라고 보는 것이 아가서를 영성적 명상시로 읽을 때에도 더 유리하다. 베르나르 드 클레르보는 아가서를 그리스도와 교회의 연애시로 읽었는데 신분, 계급, 거리를 초월하여 이뤄지는 남자 연인의 사랑이, 얼굴이 검게 탄 슐람미 여인 같은 히브리 노예들을 신분과 계급을 초월해 사랑해 주신 야웨 하나님의 낙폭 큰 자기하강적 사랑을 생생하게 상기시키기 때문이다.

모두 여덟 장으로 구성되어 있는 아가서는, 현재 한글성서나 영어성서들에서는 각 구절들이 누구의 대사인지가 분명치 않아 아가서를 충분히 음미하는 데 어려움을 준다. 그런데 히브리어 성경은 인칭과 성수(gender and number)가 명시되어 있기에 각 구절이 누구의 말인지를 판단할 수 있다. 셰익스피어를 무색게 할 정도로 아름답고 감동적인 사랑의 절창이 아가서의 각 장을 지배한다. 처음부터 끝까지 아가서는 솔로몬과 슐람미 소녀 사이에 흐르는 성애적 감정을 가장 진솔하고 역동적인 이미지와 비유로 묘사하고 있다. 젊은이들이 연애 편지를 쓸 때 인용할 만한 명언들과 명시구들로 가득 찬 책이다. 대담하고도 생동감 넘치는 육체적 아름다움에 대한 묘사들, 성적 접촉이나 성적 애무에 대한 묘사들은 성애적 상상력을 고조시킨다. 이처럼 아가서는 명백하게 사랑노래다.

그런데 한 차원 더 깊이 읽어보면 아가서는 하나님의 사랑에 대한 깊은 명상시다. 하나님 마음속으로 들어가고픈 무한 열망을 가진 영성가들의 사랑노래다. 아가서가 말하는 영성은 하나님과의 감미로운 교제 속에서 자발적으로 일어나는 하나님에 대한 순종의지와 순종 열정이다. 영성은 연애적 친밀성과 배타적인 소속감을 추구하기 때문에 연애적 감정 몰입과 의지적 투신을 요구한다. 아가서가 말하는 연애는 영성적 몰입과 연합이며, 아가서가 말하는 영성은 연애적 흥분과 친밀감, 배타적 친밀감을 느끼고자 하는 강력한 사모감정으로 추동(推動)된다. 진정한 연애경험과 하나님과의 영적 결합을 최고의 목적으로 삼는 영성적 추구는 둘 다 하나님의 성령에 의하여 심화되고 역동화된다. 하나님의 영이 우리의 의지와 지성과 감정을 사로잡아 하나님과의 깊은 연합 상태로 이끌고 들어간다. 이런 점에서 아가서는 영성이 무엇인가를 묵상하는 데 깊은 통찰을 던지는 책 중 하나다.

이처럼 아가서는 남녀 간의 절절한 연애를 노래하는 시임과 동시에, 하나님과 이스라엘, 그리스도와 그의 신부되신 교회(신자) 사이에 있어야 할 깊고 순결한 사랑을 노래하고 있다. 바로 이런 이유 때문에 아가서는 유월절 절기에 이스라엘 백성들이 하나님의 사랑을 기억하고 회고할 때 불렀던 노래다. 이스라엘에게 신앙은 하나님의 압도적인 사랑의 육박이요 저항할 수 없는 접근이요 초청이었다. 그리스도인에게 신앙생활은 연애와 같은 면이 있다. 거리를 초월하고 상황을 초월하고 신분을 초월하여 서로에게 강력하게 소속되는 감정 몰입과 의지적 투신이 연애이듯이, 하나님께서는 거리를 초월하시고 신분을 초월하시면서까지 시골뜨기 슐람미 소녀 같은 우리들을 사랑하신다.

아가서의 구조

I. 표제(1:1)-솔로몬의 연애감정을 표출하는 절창(絕唱)

II. 첫 만남(1:2-2:7)

이 단락은 사랑 안에 있는 불합리할 정도의 강력한 충동성을 노래한다. 사랑에는 합리성을 초월하는 불가해하고 거룩한 충동성이 있다. 그리스도께서는 당신의 신부를 더욱 깊고 친밀하게 경험하고자 신부의 방을 훔쳐보는 신랑과 같다. 그는 우리 성도들을 향하여 이런 참기 힘든 사랑을 느끼신다. 여기서 신랑의 사랑공세를 받고 있는 이 슐람미 여인은 육체적인 외모가 아름다운 사람이 아니다. 그녀는 포도원에서 하루 종일 일을 하는 하녀요 그래서 얼굴이 검게 그을린 여인이다. 오라버니들에게 미움을 받아 하루 종일 포도원의 막일을 하도록 대우받고 사는 소녀다. 아가서의 전체 구조를 살펴보면 이 슐람미 소녀는 예루살렘 여인들로 불리는 도회지의 세련된 여인들에게 놀림당하고 조롱도 당하며 이루어질 수 없는 사랑을 찾아다닌다는 비아냥도 듣는다. 그러나 여인은 먼 거리를 초월하여 사랑하는 연인을 찾아온다(슐람미에서 예루살렘까지).

III. 두 번째 만남(2:8–3:5)

왕 또한 엄청난 신분상의 거리를 초월하며 사랑의 공세를 멈추지 않는다. 이 단락은 왕의 신분을 가진 남자가 저항할 수 없는 애모(愛慕)의 열정을 이 슐람미 소녀에게 쏟아붓는 상황을 그린다. 남자는 여인의 창가에서 사랑의 세레나데를 부른다. 그것은 더 깊은 차원의 사랑으로 도약하자는 초청의 밀어(密語)다.

IV. 세 번째 만남(3:6–5:1)

이 단락은 성적 흥분을 불러일으키는 자연 묘사와 육체의 아름다움에 대한 직유와 은유가 넘치는 단락이다. 입맞춤과 성교를 암시하는 단어들은 여인과 왕의 사랑이 절정에 치닫는 듯한 인상을 준다.

V. 네 번째 만남(5:2–6:3)

이 단락은 여인의 방문에 연신 노크를 하는 남자, 밤이슬을 맞으면서 달려온 남자에게 여인이 문을 열어주는 장면 묘사에서 시작한다. 그러나 반전 상황이 발생한다. 여인이 문을 열어주자 왕은 벌써 물러가 버렸다. 여인은 연인인 왕을 찾으러 나선다. 자신의 연인을 만나려고 예루살렘 거리를 쏘다니다 박해와 냉대를 받는다(5:6–7). 성 안을 순찰하는 자들과 성을 파수하는 자들이 슐람미 소녀를 상하게 하였고 겉옷을 벗겨가 버리기도 한다. 여인은 자신의 연인을 잃어버리고 하루 종일 찾아다니지만 만나지 못한다. 슐람미 여인은 고향으로 내려가 자기 양떼를 먹이고 있다. 마침내 왕이 여인을 찾는다.

VI. 다섯 번째 만남(6:4-8:4)

이 단락은 슐람미 여인의 아름다움에 대한 왕의 격정적 묘사부터 시작된다. 슐람미 여인이 60명의 왕비보다 더 아름답고 80명의 후궁보다도 더 아름답다는 것이다. 왕은 낙향한 슐람미 여인에게 "되돌아오라"고 절규한다. "돌아오고 돌아오라 슐람미 여자야"(6:13). 여인의 육체적 아름다움에 대한 묘사가 절정에 이르고 있다. 그러나 왕은 여인에게 공공연히 입맞춤을 하지도 못하는 상황을 안타까워한다(8:1). 예루살렘에서 님을 찾지 못한 채 혹독한 박해를 당하고 낙향하여 칩거하던 여인이 돌아오기를 열망하며 예루살렘 여인들에게 자신과 슐람미 여인의 사랑을 방해하지 말아 달라고 부탁한다.

VII. 문학적 절정(8:5-7)

마침내 고향 시골로 떠났던 여인이 되돌아온다. "그의 사랑하는 자를 의지하고 거친 들에서 올라오는 여자가 누구인고?" 역동적인 애모의 정념이 왕의 가슴으로부터 여인을 향하여 발출된다. 솔로몬은 깨닫는다. "사랑은 죽음같이 강하고 질투는 스올같이 잔인하며 불길같이 일어나니 그 기세가 여호와의 불과 같으니라. 많은 물로 이 사랑을 끄지 못하겠고 홍수라도 삼키지 못하나니 사람이 그 온 가산을 다 주고 사랑과 바꾸려 할지라도 오히려 멸시를 받으리라"(8:6-7).

VIII. 결론(8:8-14)

슐람미 여인의 오라버니들은 그녀의 누이가 솔로몬과 결혼하기에는 너무 어리다고 생각한다. 하지만 슐람미 소녀의 오라버니들은 청혼 받는 날에 무엇을 해 줄 것인가를 생각하고 있다. 이처럼 아가서는 결혼을 예기하며 종료된다.

12강 서론

성문서의 개방성, 보편성, 국제성에 대한 예시적 접근

이번 시간에는 성문서 중에서 약간 스릴러 장르 또는 종교적 단편소설 형식을 취한 이야기들인 다니엘서와 에스더서를 공부하고 다음 시간에는 아가서와 룻기를 공부하기를 원합니다. 장르상 다니엘은 1장부터 6장까지는 신앙영웅 무용담입니다. 7장부터 12장은 1－6장과 달리 굉장히 어렵고 복잡한 신비로 가득 찬 묵시록입니다. 묵시록(apocalypse)이란, 소수의 박해받는 사람들에게만 비밀리에 알려진 계시 또는 비밀이라는 뜻입니다. 소수의 박해받는 성도들은 짐승 같은 압도적인 제국의 정치권력에게 박해받는 사람들입니다. 하나님이 그들을 보호하기 위해서 비밀리에 돕고 위로하는 내용들이 묵시록입니다. 다니엘은 묵시록 문서입니다. 그래서 다니엘은 미래에 대해서 예언을 하지만 예언자들이 미래에 대하여 예언하는 그런 방식의 예언은 아닙니다.

에스더서는 페르시아 궁중에서 일어난 반유대인 학살음모를 좌절시키는 또 다른 대항 궁중 정변 이야기입니다. 유대인을 전멸하려는 악인들을 전멸시키는 통쾌한 반전 이야기입니다. 페르시아의 총리였던 하만이 아하수에로왕이라는 페르시아 왕을 꼬드겨서 유대인을 전멸시키려는 음모에 모르드개와 에스더, 그리고 페르시아에 살던 모든 유대인들이 일치단결하여 맞섬으로써 끝내 민족 전멸의 위기를 민족

구원의 기회로 반전시키는 이야기입니다.

룻기는 다윗의 증조할머니 모압 여자 룻의 신앙 분투기, 즉 나오미 가문을 다시 일으키는 신앙 역정을 다룹니다. 이방 여자이지만 룻은 참으로 하나님을 믿는 것이 무엇인지를 온몸으로 체현했던 신앙영웅입니다. 그는 이스라엘 남편이 죽었으나 홀로 남겨진 시모 나오미를 따라 이스라엘로 돌아와 하나님의 백성, 이스라엘 백성의 일원이 되었고 그리고 마침내 믿음의 계보에 당당히 이름을 올렸습니다.

아가서는 솔로몬의 아가라고 불립니다. 두 남녀 연인 사이에 교창(交唱)된 가장 에로틱한 사랑의 노래입니다. 이 사랑의 노래는 남녀 간의 사랑노래지만 동시에 신과 인간의 사랑, 야웨와 이스라엘의 사랑, 그리스도와 교회의 사랑노래로 해석될 여지를 남기고 있는 사랑노래입니다. 아마도 젊은이들이 가장 관심을 갖고 읽어야 될 책 중 하나가 아가서일 것입니다.

12강-1

다니엘, 에스더

이번 시간에는 다니엘서와 에스더서에 대해서 공부하기를 원합니다. 다니엘서는 앞선 강의에서 말씀드렸듯이, 예언서가 아니라 성문서의 하나입니다. 다니엘서가 예언서로 분류되기 어려운 요소가 몇 가지 있습니다. 첫째, 모든 고전적인 예언자들의 예언은 미래의 일을 말할 때도 자기 당대보다 한 세대 앞선 미래를 주로 말합니다. 다시 말해 30년 또는 40년 후에 일어날 일들을 말합니다. 따라서 예언자들의 청중은 미래 일을 말하는 예언자들의 말 때문에 영향을 받고 회개하기도 합니다. 그런데 다니엘은 보통의 예언자들과 달리 다니엘서의 청중 또는 독자가 손을 뻗칠 수 없는 먼 미래에 관해서 말합니다. 예언자들과 다니엘 모두 다가올 미래에 대해서 말하는 점은 마찬가지지만, 다니엘서는 현재의 청중들에게 어떠한 영향도 끼칠 수 없고 상관도 맺을 수 없는 너무나 막연하고 먼 미래에 대해서 말하고 있습니다. 이렇기 때문에 우리는 다니엘서를 고전적 예언과 달리 묵시문학이라고 합니다.

묵시문학에서 묵시(默示)는 박해받는 소수의 하나님 백성 또는 주류종교 권력에 의해 주변화된 소수의 하나님 자녀들에게 비밀리에 알려진 계시라는 뜻입니다. 비밀리에 알려진 계시의 핵심은 무엇일까요? 묵시문학 또는 다니엘서의 독자나 청중은 다음과 같은 묵시를 받습니다. '다니엘서의 주인공들이 당하는 곤경과 환난은 머지않아 끝날 것이며, 하나님의 신적 간섭과 응징과 해원상생이 곧 있을 것이다.' 묵시문서는 여러 가지 비의적이고 신비한 방법으로 하나님이 소수의 박해받는 혹은 주변화된 신자들에게 하나님의 임박한 구원간섭 일정을 계시하는 내용인 셈이죠. 다니엘서가 묵시문학이 되는 이유는 소수에게만 비밀스럽게 알려진 계시를 다루기 때문입니다. 묵시문서인 다니엘서는 고난받고 있거나 박해 중이거나 또는 주류 종교세력으로부터 배제되어 주변화되어 있는 소수 성도들을 위로하고, 견인하고, 지탱하는 문서입니다.

다니엘서 1장부터 6장, 7장부터 12장은 장르가 완전히 다릅니다. 1장부터 6장은 다니엘과 그 친구들의 개인 서사들입니다. 그런데 7장부터 12장은 완전히 장르가 바뀝니다. 1장부터 6장까지는 육하원칙이 뚜렷한 스토리로서 사건과 상황을 이야기 방식으로 기술하는 반면에, 7장부터 12장에서는 알 수 없는 숫자, 알 수 없는 동물 메타포, 그리고 천상 영적 중개자들의 빈번하고 과도한 출현 등이 이야기를 이끌어갑니다. 그래서 학자들은 다니엘서를 BC 605년에 바벨론 포로로 잡혀갔던 다니엘과 그 세 친구들에 관한 이야기로 읽을 수 있는 본문은 1장부터 6장까지이고, 7장부터 12장은 완전히 다른 내용을 다룬다고 말합니다. 그러면 7장부터 12장은 무엇을 다룰까요? 마카베오(Maccabeus) 상하(上下)라는 외경서가 있는데 이 두 책이 다니엘서 7–12장을 이해하는 데 결정적으로 중요한 참고서입니다. 마카베오 상하는 BC 168–165년(길게는 BC 168–142년) 사이에 일어난 마카베오 독립전쟁을 다룹니다. 당시에 이스라엘을 지배하고 있던 시리아에 본거지를 둔 셀류키드 왕조를 이스라엘로부터 축출하기 위해 이스라엘의 민병대 지도자 유다 마카베오가 주도한 마카베오 독립항쟁을 배경으로 쓰였는데요, 마카베오 상하의 내용과 다니엘서 7장부터 12장의 내용이 주제적으로, 연대기적으로, 사건적으로 많이 겹칩니다. 다니엘서 7장부터 12장은 BC 2세기 마카베오 항쟁시기를 전후해 기록된 책인 것을 알 수 있습니다. 그런데 다니엘서 전체의 맥락 안에서 보면 BC 6세기 예언자였던 다니엘이 자신보다 약 400년 후에 일어날 일을 미리 내다보고 예언한 것처럼 되어 있습니다. 이런 것을 사후 예언이라고 부릅니다. 사후 예언(prophecy ex eventu 혹은 post–factum prophecy)은 '어떤 사건이 오래전에 이미 예언된 예언의 성취인 것처럼 기술하는 스토리텔링 기법'입니다.

다니엘서 7장부터 12장은 모두 다니엘의 꿈 또는 환상에 나타난 미래 일들입니다. 그러니까 다니엘이 살았던 시대의 일보다는 400년 후에 일어날 일들인 거죠. 그러므로 다니엘서 7장부터 12장의 사건들은 다니엘서의 BC 6세기 청중들에게는 아무 상관없는 일들입니다. 그래서 오늘날 독자들은 도대체 다니엘서 1-6장과 다니엘서 7-12장이 무슨 상관이 있는가를 묻습니다. 물론 상관관계가 있습니다. 다니엘서 1장부터 6장까지에 등장하는 신앙영웅들은 7-12장에 나오는 '전투 중인 하나님 백성'의 예표이기 때문입니다. 1-6장에서 순교적 무용담을 많이 만들어 낸 다니엘과 세 친구들의 미래의 현신(現身), 미래의 대응 인물들이 바로 7장부터 12장에 나오는 신앙영웅들이라는 것입니다. 그러니까 BC 168년의 마카베오 항쟁에 참전해 이스라엘의 헬레니즘화에 저항했던 인물들은, BC 6세기의 다니엘과 그 세 친구들의 미래 현신(現身) 또는 미래 재현체 같은 존재들이라는 거죠. 다니엘서 1장부터 6장에 나오는 주인공들과 다니엘서 7장부터 12장에 나오는 주인공들은 똑같은 관점으로 사물과 역사적 사태를 인식합니다. '하나님에 대한 충성심을 지키기 위해서는 제국의 권력과 맞서야 되고, 제국의 박해자들에 의해서 위협당할지라도 용감무쌍하게 저항해야 한다.' 1-6장, 7-12장 두 단원 모두 이런 메시지를 담고 있는 거죠.

다니엘서 1장부터 6장은 비현실적일 정도로 하나님의 직접 관여 또는 기적이 많이 일어납니다. 반면에 7장부터 12장은 좀 리얼리즘 터치가 강합니다. 이 후반부에서는 하나님께서 하나님의 백성을 고난과 박해의 현장에 내던지셨지만, 1장부터 6장에서처럼 동화적 반전이 일어나거나 기적이 일어나는 경우는 별로 없습니다. 하나님의 백성은 죽고 쓰러지고 소수로 내몰리고, 끝내 응답을 받지 못한 채 이 지상 생애를 끝냅니다. 그래서 7장부터 12장은 자못 현실주의적인 기록입니다. 7장부터 12장의 상황은 마카베오 독립전쟁기를 배경으로 읽으면 훨씬 이해가 잘된다는 뜻입니다. 그런데 많은 기독교인들 또는 많은 경건한 유대교인들은 다니엘서 7장부터 12장을 앞으로 올 메시야를 기다리는 메시야 대망사상을 고취시키는 예언으로 읽어버립니다. 우리나라에 처음으로 다니엘서를 본격적으로 소개한 미국의 선교사 간하배(Harvie M. Conn)가 이런 관점으로 해석했습니다.[5] 다니엘서의 모든 내용들을 당대적 의미를 묻지 않고 메시야를 예언하는 것으로 읽어버린 거죠. 이것은 매우 부적절하고, 불충분한 읽기입니다. 다니엘서 안에는 분명히 메시야에 관한 예언이 있습니다. 그렇지만 다니엘서를 최초로 접했던 사람들의 관점에서 다니엘서를 먼저 읽는 게 필요합니다. 다니엘서를 최초로 접했던 사람들은 굳이 말하면 BC 168년과 165년 마카베오 항쟁기를 거쳐 지나간 혹은 지나가고 있는 사람들이라고 할 수 있습니다.[6] 그들에게 유의미한 하나님의 위로가 있다면 그 내용은 무엇이었을까요? "흑암의 세계통치가 곧 끝장난다"는 은밀한 계시였을 것입니다. 먼 미래에 올 메시야는 실제로 외국군대의 막강한 군사력에 밀려 야산과 동굴을 전전하는 마카베오 항쟁 참여자들에게 위로가 될 수 없었을 것입니다. 메시야에 관한 다니엘서의 예언이 있다고 하더라도 그것의 주지는 이렇습니다. '어떤 환경에서도 하나님 백성의 정체성을 잃어서는 안 된다. 하나님 백성의 정체성은 희생과 타협의 대상이 아니다. 우리나라는 반드시 하나님의 기름부음을 받은 자가 다스리는 영광스러운 나라가 될 것이다. 오늘 우리의 투쟁은 그런 메시야의 나라가 도래하는 데 요긴한 길을 닦는 일이다.' 그래서 다니엘서 11장 32절은 '하나님을 아는 백성들은 강하고 용감하여 어떤 박해와 유혹, 그리고 어떤 위협에도 굴복하지 않는다'라는 명제문을 말합니다. 너무나 멋진 이 구절의 히브리어 음역은 이렇습니다. 암 요드예 엘로하이브 야하지쿠 붜아쑤('am yôdyê 'ĕlôhāyiw yāḥăziqû wĕ'āśû). 직역하면, '자기 하나님을 아는 백성은 강력하여 성취할 것이다'입니다. 여기서 '알다'는 계약함의적 단어입니다. 아주 친밀한 인격적 연대와 결속을 가리킵니다. 따라서 이 구절은 '자기 하나님과 언약적으로 결속되어 있는 백성은 강력하여(하나님을 굳게 붙들어) 행할 것입니다'라는 의미입니다. 그래서 다니엘서 11장 32절이 다니엘서 1장부터 12장 사이를 관통하는 하나의 열쇠어입니다. 1-6장의 다니엘과 세 친구는 전형적으로 암 요드예 엘로하이브('am yôdyê 'ĕlôhāyiw)입니다. 즉 하나님과 언약적으로 굳게 결속된 자들이었습니다. 어떤 점에서 그들은 강력했으며 하나님의 계명을 성취하고 준행했습니까? 그들의 하나님 백성다운 용맹무쌍성은, 저항성과 비타협성으로 나타났습니다. 그들은 하나님의 백성답게 바벨론 제국의 주류종교와 주류문화에 비타협적으로 저항하고 그것들을 보이콧했습니다. 이런 하나님 백성의 용맹무쌍성이 얼마나 위대한 역사를 만들어내는가를 보여주는 것이 다니엘서의 서사적 주제라고 할 수 있죠. 이런 이유 때문에 1장부터 6장은 매우 재미납니다. 7－12장에서는 한층 더 격화된 대립과 갈등 속에서, 하나님 백성이 군사적 무력충돌까지 감수하며 신적인 용맹성을 발휘합니다. 여기서 가브리엘과 미가엘 같은 천사들은 실명으로 등장하지만 다니엘 외에 이스라엘 용사들은 아무도 실명으로 등장하지 않습니다. 다니엘 7장 13－18절에서 나오듯이, 구름을 타고 온 인자 같은 이(커바르 에노쉬)와 지극히 높으신 이의 성도들이 세상에 일어날 네 짐승의 나라를 무너뜨리고 나라를 얻을 것입니다. 7－12장에서는 항상 '성도'들, 즉 복수로 움직이는 하나님 자녀들이 주체가 되어 옵니다. 7:18의 아람어 구절을 음역하고 직역하면 이렇습니다. 뷔캅버룬 말쿠타 카디쉐 엘요닌 뷔야하스눈 말쿠타 아드－알마 뷔아드 알람 알마야(wîqabbĕlûn malkûtā qaddîšê ʻelyônîn wĕyaḥsĕnûno malkûtā ʻad－ʻolmā ĕʻad ʻālam ʻolmayyā). '그리고 지극히 높은 이의 거룩한 자들이 왕국을 상속할 것이며 왕국을 영원부터 영원까지 소유하리라.' 마카베오 항쟁파 이스라엘 사람들은 자신이 헬라 자손과 전쟁을 해서 이기면 다시는 빼앗기지 않을 왕국을 상속하고 영구적으로 소유하게 될 것이라고 믿었다는 것입니다.

1장은 뜻을 정한 다니엘과 세 친구들의 용맹무쌍함을 그립니다. 10대 청소년일 때 바벨론 관리요원으로 선발되어 포로로 잡혀가 바벨론 제국의 창씨개명에 직면했지만, 그들은 그중에서도 자신의 정체성을 지키기 위해 분투합니다. 바벨론왕의 진미와 포도주를 마시지 않음으로써 자기를 지켜 깨끗게 하려는 결의를 보입니다. 다니엘과 세 친구는 10대 청소년 때 이런 정체성 수호 결단을 했습니다. 자기를 더럽히지 않기로 뜻을 정하여 바벨론왕의 산해진미를 먹지 않겠다고 결심을 했습니다. 그런데 이 결심은 그들이 처해 있는 상황에 비추어 볼 때 얼마나 용감하고 모험적이었는가를 생각해 볼 필요가 있습니다. 그들의 처지는 어떠했습니까? 다니엘과 세 친구들은, 즉 다니엘과 하나냐, 미사엘, 아사랴는 바벨론 제국의 황실 장학생으로 뽑혀서, 바벨론 제국의 세계통치를 돕는 자문관으로 훈육 받고 있었습니다. 바벨론 제국은 왜 소수민족 유대인의 귀족 자녀들을 포로로 데려갔을까요? 바벨론은 세계를 제국주의적으로 통치할 장기계획 때문에 모든 피정복지역의 청년들을 바벨론 제국의 이데올로기로 교육시킬 필요가 있었기 때문입니다. 각 족속, 각 토착민족의 엘리트를 길러 친바벨론 세력으로 키울 필요가 있었습니다. 바벨론 제국의 세계관을 주입시키고, 바벨론 중심의 세계패권을 관철시키기 위해 피정복민 인재들을 뽑아 길러서 장차 제국의 고급관료로 쓰겠다는 거죠. 아주 단순화시켜 말하면, 다니엘과 세 친구들은 일제가 국비장학생으로 뽑아 일본으로 데려간 조선총독부 장학생이라고 할 수 있습니다. 바벨론에 가자마자 다니엘과 세 친구들은 창씨개명을 당합니다. 우리에겐 매우 낯익은 풍경이죠. 그들의 새 이름에는 바벨론 신들(벨, 느고, 바벨론 신 아쿠가 반영된 메삭과 사드락 등)의 이름이 들어가 있습니다. 벨드사살이 된 다니엘, 메삭이 된 미사엘, 아벳느고가 된 아사랴, 사드락이 된 하나냐, 이 네 명의 유대인 이름들은 원래 야웨의 '야'와 하나님을 의미하는 엘로힘의 '엘'이 붙어 있었습니다.[7] 창씨개명을 당하면서 이제 그들은 바벨론 신을 숭배하는 바벨론 제국의 신민으로 살도록 강요받습니다. 그들은 이 기습적인 창씨개명에는 저항하지 못했습니다. 그러나 다니엘과 세 친구들은 바벨론왕의 산해진미, 포도주를 거부함으로써 바벨론왕의 호의에 놀아나지 않겠다고 결단합니다. 이 작은 결단이 다니엘과 그 세 친구들을 바벨론왕의 음식을 먹어버린 다른 또래보다도 훨씬 더 윤택하고 총명한 사람으로 만들었습니다.

다니엘서 2장은 하나님께서 영감으로 가득 채우시고, 꿈과 환상을 해석할 수 있는 탁월한 능력으로 겸비시킨 다니엘의 맹활약을 다룹니다. 다니엘은 당시 세계제국의 패권자였던 바벨론 황제 느부갓네살의 악몽을 해석하는 전문가로 성장합니다. 바벨론 제국의 황제 느부갓네살은 낮의 세계는 지배합니다. 그런데 밤마다 악몽에 시달립니다. 그래서 자신이 꾸는 악몽을 해석해 줄 사람을 찾습니다. 그때 꿈과 환상의 해석전문가인 다니엘이 느부갓네살의 꿈을 해석합니다. 느부갓네살의 꿈은, 금, 은, 구리, 철과 흙으로 만들어진 아주 거대한 금신상이 철두철미하게 부서져 내리는 꿈입니다. 느부갓네살의 꿈은 바벨론 제국과 그 이후에 등장할 세계제국들의 계기적 패망을 예고하는 계시적 꿈이었습니다. 이 거대한 금신상의 금으로 된 머리는 느부갓네살 황제를 가리킵니다. 나머지 은, 구리, 철과 흙은 바벨론 제국의 다음 왕들 또는 바벨론 제국 뒤에 오는 다음 나라들을 가리킵니다. 그런데 2장 44절 이하에는 산에서 내려온, 손으로 뜨지 않은 돌, 리빙스톤(Living Stone)이 이 거대한 금신상을 산산조각 내어 온 태산을 다 덮을 만큼 많은 가루로 만드는 장면이 나옵니다. 하나님 나라에 의해 세계에 등장한 모든 제국은 산산조각 난다는 의미입니다. 이때 하나님 나라는 모세와 예언자들이 그토록 강조한 억강부약적인 나라, 공평과 정의, 인애와 자비가 100% 관철된 나라입니다. 절대로 특정종교인들이 배타적으로 차지하는 나라가 아닙니다. 산에서 내려온 야생의 자연석 리빙스톤은 하나님 나라의 권능입니다. 그 권능은 하나님의 공평과 정의통치, 자비와 인애통치입니다. 그런데 실상은 하나님 나라에 의해 정복당하는 것은 구원을 받는 것을 의미합니다. 거대한 그레코-로만 제국이나 게르만 제국이 하나님 나라에 정복됨으로 로마인과 게르만족에게 구원이 임했습니다. 이 세계의 어떤 제국도 산에서 내려온 산 돌의 타격을 견디고 살아남을 수 없었습니다. 세계를 좌우했던 패권적 제국들의 역사는 하나님의 통치에 의해서 산산조각 나는 것으로 마감되고 퇴장당합니다. 자와할랄 네루는 『세계사 편력』이란 책에서 그의 딸 인드라 간디에게 그렇게 말합니다. '세계의 역사는 세계제국의 무덤이다.' 그렇습니다. 만민의 운명을 무력으로 좌우했던 패권적인 폭력제국들은 하나님 나라를 상징하는 산 돌에 의해서 산산조각 나, 역사의 무대에서 소멸되거나 사라졌습니다.

다니엘서 3장은 다니엘의 세 친구들이 보인 영웅적 신앙무용을 다룹니다. 지방장관으로 파송 받은 세 친구들이 느부갓네살이 세운 금신상에게 절하라고 하는 요구를 받고도 절하지 않다가 환난을 초래하는 이야기입니다. 4장은 느부갓네살이 다시 꿈을 꾸고, 그 꿈을 다시 해석해 달라고 다니엘에게 요청하는 장면입니다. 그 꿈의 내용은 느부갓네살이 실각하여 황제권을 잃고 7개월 동안 짐승처럼 살다가 재활복구되어 다시 권력을 잡고 엄청나게 겸손한 사람이 되는 이야기입니다. 4장에는 매우 중요한 정치사상이 나타납니다. '모든 지상의 권력자들, 특히 왕들의 권력을 감시하는 천상의 파수꾼이 있다'는 사상입니다. 모든 지상의 권력자들은 언뜻 보면 절대군주처럼 보여도 사실상 천상 파수꾼의 감찰 아래 있는 중간단계의 관리라는 것입니다. 4장에서는 하나님이 다니엘의 눈과 귀를 통하여 감지된 천상 파수꾼의 감찰을 바탕으로 느부갓네살의 권력남용에 대한 심판을 집행하려고 느부갓네살에게 악몽계시를 한 것입니다. 느부갓네살의 꿈에서 하나님은, 망자존대에 빠져 자신에게 권력을 위임한 하나님(렘 27:5-8)을 무시하고 권력을 남용하는 느부갓네살의 폭정과 제국주의적인 패권정치를 산산조각 낼 기세였습니다. 이 악몽계시에 대한 다니엘의 답변이 위대한 정치사상을 담고 있습니다. 폭력적이고 불의한 제국이 사는 유일한 길은, 제국의 존재기반, 그 토대를 스스로 허물어뜨리는 자체 혁명입니다. 그래서 느부갓네살이 이 꿈의 해석을 듣고 겸손해져서 가난한 사람들을 풀어주고, 가난한 사람들에게 정의와 자비를 베풀라고 요구받았습니다. 그의 제국주의적인 침략전쟁으로 열방을 초토화시켰던 만행을 속죄하라는 요구를 받았습니다.

다니엘서 5장은 느부갓네살의 아들인 벨사살의 망자존대를 심판하는 하나님의 응징을 다룹니다. 벨사살은 역사로부터 아무것도 배우지 못하고 자기파멸의 길로 질주합니다. 그는 예루살렘에서 빼앗아 온 예루살렘 성전 금그릇으로 술을 마시고 예루살렘에 대한 바벨론의 승리를 축하하다가 하나님의 심판 메시지를 받습니다. 그가 앉은 궁궐 방 벽에 손가락으로 쓴 글씨가 홀연히 나타납니다. 그 벽에 나타난 글은 '메네 메네 데겔 우바르신'이었습니다. '저울로 네 제국의 무게를 달아보니, 제국이 너무 가벼워서(공평과 정의의 무게가 나라의 무게입니다) 둘로 나눠진다'라는 뜻입니다. 하나님은 나라의 무게를 잽니다. 나라의 무게는 나라가 시행하는 공평과 정의의 양과 규모에 달려 있습니다. 벨사살의 나라는 가벼웠습니다. 그래서 하나님은 평결을 내립니다. "바벨론 제국이 메대와 페르시아로 나누어진다." 바벨론 제국의 세대는 끝나고 메대와 페르시아 제국이 바벨론 제국을 대신하여 등장할 것임을 예고하는 내용입니다.

6장은 다니엘의 정치적 경륜과 능력을 말합니다. 그의 정치적 생명은 바벨론에서 페르시아로 세계패권이 교체되어도 유지되었습니다. 6장은 이 비결이 하나님에 대한 다니엘의 충성심이라고 봅니다. 다니엘은 타의 추종을 불허하며 정치적으로 롱런합니다. 왕조가 바뀌며, 황제가 바뀌고, 세월이 가도 다니엘은 건재하고 오히려 점점 높이 출세합니다. 다니엘의 모든 적수들은 다니엘이 약점이 없다는 것을 알았습니다. 다니엘의 약점이 있다면 오로지 하나님께 지나치게 충성심이 많고 하나님께 항상 신실하게 기도하는 사람이라는 사실이었습니다. 그래서 다니엘의 적대자들은 다니엘 기도금지법이라는 법을 만들어서 페르시아의 다리우스왕에게 반포해 줄 것을 강청했습니다. 헌법적 권위를 갖는 기도금지법 칙령을 만들어 다니엘을 책잡으려고 했습니다. 다리우스왕은 신하들의 집요한 요구에 못 이겨서 앞으로 한 달 동안 다리우스왕 외에 다른 신들에게나 다른 인간에게 기도하는 모든 사람들은 결박하여 사자굴에 집어넣는다는 포고령을 내립니다. 다리우스는 왕도 변개할 수 없는 페르시아의 황실전통에 의거해 그 칙령에 어인(御印)을 찍었습니다. '다리우스왕 외에 다른 신과 인간에게 기도하는 자들은 사자굴에 집어던져 넣을 것이다'라는 포고령이 다니엘을 겨냥한 법임을 다리우스도 다니엘도 알고 있었습니다. 이 포고령은 아무도 변개할 수 없는 페르시아왕의 칙령, 즉 왕도 바꿀 수 없는 칙령의 수준으로 선포되었기 때문에 하나님만이 이 칙령의 효력을 정지시킬 수 있었습니다. 다니엘서 6장 10절에 보면 다니엘이 이 포고령을 보고 어떻게 대처했는지를 알 수 있습니다. 그는 하루에 세 번씩 창문을 열어놓고 예루살렘 성전을 향하여 기도합니다. 열왕기상 8:48－49의 간구에 의거해 기도했습니다. "48 자기를 사로잡아 간 적국의 땅에서 온 마음과 온 뜻으로 주께 돌아와서 주께서 그들의 조상들에게 주신 땅 곧 주께서 택하신 성읍과 내가 주의 이름을 위하여 건축한 성전 있는 쪽을 향하여 주께 기도하거든 49 주는 계신 곳 하늘에서 그들의 기도와 간구를 들으시고 그들의 일을 돌아보시오며" 예루살렘 성전 쪽 창문을 열어놓고 드린 다니엘의 기도가 응답되었습니다. 마침내 바벨론 제국의 왕 또는 페르시아 제국의 왕, 혹은 어떤 세계제국의 왕의 포고령도 무효화시키는 참 하늘대왕의 포고령을 들었습니다. 하나님은 '다니엘 기도금지법'이 하나님 나라의 법을 위반하는 위헌이고 하나님의 법에 어긋나는 것을 알고 다니엘 기도금지법 자체를 무효화시키는 조치를 합니다. 하루에 세 번씩 기도했던 다니엘에게 하나님이 기도응답을 주셔서 다니엘이 사자굴에 던져졌지만 사자는 다니엘을 물지 않았습니다. 왜요? 사자가 다니엘을 물지 않았다는 말은 뭐죠? 페르시아 황제의 칙령이 취소되었거나 의미가 없어졌다는 것입니다. 하나님께서는 페르시아 황제의 변개할 수 없는 칙령을 무효화시켜 버린 것입니다. 이런 내용이 1장부터 6장입니다. 이 여섯 장의 주제상의 특징은 뭐죠? 하나님 백성의 정체성을 지키기 위해서 비타협적인 고립의 길을 가지만 하나님이 그때마다 나타나셔서 도와주시고, 신원하시고, 신앙 정체성을 보존하게 해주신다는 확신입니다. '하나님은 어떤 역경에 처하더라도 하나님 자녀의 정체성을 지키기를 원하는 사람들은 어떤 일이 있어도 지켜 주신다.' '하나님은 하나님 백성의 정체성을 희생시킬 수밖에 없는 그런 위기에 처하더라도 하나님 백성의 정체성을 지키려고 하는 사람들은 반드시 지키신다.' '아무리 이방제국의 구중궁궐 안이라고 할지라도 하나님은 거기에서도 역사하신다. 하나님이 역사하실 수 없는 곳은 없다. 느부갓네살 제국의 궁중도 하나님의 통치현장이 되어 버린다.' '심지어 저 이방제국의 무지무지한 사형 집행이 일어나는 사자굴도 하나님의 통치영역에서 벗어나지 않는다. 하나님의 통치가 이루어지지 않는 곳은 없다.' 이렇게 엄청난 상상력에 불을 지피는 것이 1장부터 6장입니다.

7장부터 12장은 간단합니다. 이 여섯 장을 이해하기 위해서는 이스라엘 주변의 세계패권 질서의 변동을 파악하여야 합니다. 페르시아 제국 이후로 알렉산더 대왕(BC 336−323년 재위)이 등장하여 천하는 알렉산더의 패권 아래 놓이게 됩니다. 그러나 그는 재위 13년 만에 세계정복의 열기에 압도되어 요절합니다. 여러분도 잘 알다시피, 알렉산더 대왕은 BC 336년경 등장해서 짧게 통치하다가 그의 제국을 네 나라로 나눠 네 장군에게 통치하도록 하고 죽었습니다. 알렉산더 대왕이 남긴 거대한 그리스제국은 네 나라로 갈렸는데 그중에서 두 나라가 이스라엘 국경에 마주한 나라였고, 이스라엘을 교대로 지배했던 나라입니다. 먼저 이집트 지역을 통치했던 장군은 프톨레미 장군입니다. 프톨레미가 다스리는 이집트 프톨레미 왕국은 그리스제국의 후신입니다. 처음에는 이 프톨레미 왕조가 이스라엘을 점령하고 지배하다가 얼마 후에는 시리아에 본거지를 둔 셀류키드 왕조가 이스라엘을 점령하고 지배합니다. 셀류키드 왕국은 알렉산더의 부하장군 셀레우코스가 그 나라를 이어받았기 때문에 그렇게 불렸습니다. 프톨레미 왕조에 비해 이 셀류키드 왕조는 이스라엘의 정체성을 희생시키고 이스라엘 전역을 헬레니즘 문화로 물들이려고 했으며 그 과정에서 이스라엘 주민들에게 엄청난 불법과 폭력을 행합니다. 셀류키드 왕조의 악명 높은 군주 안티오쿠스 에피파네스 4세의 헬레니즘화, 혹은 유대교 정체성 박탈 시도에 맞서 일어난 사람이 누구입니까? 모레셋의 제사장 맛다디아스(Judas Mattathias)와 그의 아들 마카베오를 비롯한 아들들입니다. 마카베오 가문이 이스라엘의 민병대를 조직해 셀류키드 왕국의 정규군과 맞서 싸웠습니다. 초기 항쟁 사령관 마카베오는 이 뼈대 있는 집안의 아들들 중 가장 출중한 군사령관이었습니다. 그 외에 요한, 시몬, 엘르아살, 요나단 등도 아버지와 함께 일어나 대(對)셀류키드 항쟁을 주도합니다. 그중에서 셋째 아들 마카베오 유다가 초기에 민병대를 조직해 시리아군들을 쫓아내는 데 앞장섰기 때문에 보통 마카베오 항쟁이라고 불립니다. 그리고 맛다니다스의 둘째 아들 시몬이라는 사람이 이 마카베오 항쟁 전쟁의 열매를 거두어 마침내 BC 142년에 시몬 왕조, 즉 하스모니안 왕조(the hasmonians)를 창설합니다. '하시몬'은 히브리어 정관사 하(ha)에 시몬의 복수형이 붙어 만들어진 하쉬모님에서 파생되었습니다. '시몬 가문들'이라는 뜻입니다. 그 하스모니안 왕조가 BC 142년부터 BC 63년까지 존속합니다. BC 63년에 로마장군 폼페이우스가 팔레스타인을 지배하면서 그때부터 로마 제국이 팔레스타인을 지배합니다. BC 63년부터 BC 37년 사이에 마카베오 항쟁의 열매로 태어난 하스모니안 왕조의 마지막 권신(權臣)이었던 안티파테르라는 사람과 그 아들 헤롯이라는 사람이 군사지도자로 등장해 하스모니안 왕조의 국경을 많이 확장합니다. BC 37년에 안티파테르의 아들 헤롯이 로마의 2차 삼두정치의 지도자인 폼페이우스를 만나서 팔레스타인을 지배해도 된다는 승인을 받고 헤롯 왕조를 개창합니다. 신약성경 마태복음에서 "헤롯 대왕"이라고 불리는 이 헤롯은 로마제국의 이익을 관철시키는 로마제국의 정치용역업자로 등극합니다. 그래서 BC 37년부터 이스라엘 전역을 다스릴 기세로 등장한 나라가 헤롯 왕조입니다. 그 헤롯 왕조의 태조가 헤롯 대왕이라고 불리는 자로서 바로 예수님 태어났을 때의 왕입니다. 비록 다니엘서에는 헤롯 왕조가 언급되지 않지만 헤롯 왕조 이야기는 바로 신약으로 이어지죠. 그러니까 구약 전체에서 제일 늦게 쓰인 책이 다니엘서라 할 수 있습니다. 7장은 하늘에서 내려온 인자 같은 이와 지극히 높으신 이의 성도들이 함께 나라를 얻는 전쟁에 가담하는 상황을 암시합니다. 8장은 페르시아와 그리스의 패권전쟁과 그 전쟁에 영향을 받는 이스라엘의 운명을 다룹니다. 9장은 다니엘의 구국회개 기도와 예루살렘에 등장하게 될 메시야의 도래 일정과 등극상황에 대한 묵시적 예고를 담고 있습니다. 10장은 다니엘이 힛데겔 강가에 본 천사 환상을 말하고 다니엘의 영적 소진을 돌보면서 소생시키는 천사의 사역을 말합니다. 11장은 남방왕(프톨레미 왕조)과 북방왕(셀류키드 왕조)의 싸움을 먼저 말한 후 그 비천한 북방왕이 이스라엘에게 가하는 노략질을 단죄합니다. 28－45절은 셀류키드 왕조의 안티오쿠스 에피파네스 4세의 만행을 고발하는 것처럼 보입니다. 이 단락은 마카베오 항쟁이 촉발되기 직전 상황을 다루고 있습니다. 12장은 마카베오 항쟁에 참여했다가 전사한 사람들을 위한 레퀴엠(진혼곡) 같은 본문이며, 그들의 부활소망을 말합니다.

이제 에스더서를 살펴보겠습니다. 에스더서도 다니엘서랑 똑같은 주제입니다. 에스더서도 유대인들이 제국의 한복판에 살아가는 소수파요 때로는 위협당하는 작은 난민으로서 어떻게 살 것인가를 다루고 있기 때문입니다. 다니엘의 저항방법과 유사하면서도 약간 다른 저항방법으로 민족을 구원하는 이야기가 에스더서입니다. 1장은 에스더가 어떻게 아하수에로왕의 황후로 간택되어 페르시아의 권력심장부로 진출하는지를 말합니다. 2장은 아하수에로왕을 암살하려는 왕의 가신들, 빅단과 데레스의 음모를 발견해, 에스더에게 보고해 왕의 목숨을 지켜내는 데 공을 세운 수산궁 경비대장 유대인 모르드개(에스더의 양부이자 삼촌)의 활약을 보도합니다. 3장은 자신에게 절하지 않은 유대인 모르드개와 그가 속한 유대 민족 전체를 제거하려는 총리 하만의 음모 전개과정을 보도합니다. 4장은 에스더가 죽음을 무릅쓰고 근무 중인 왕에게 나아가기로 결단하는 비장한 상황을 보도합니다. 5장은 마침내 왕에게 나아가 극적으로 왕을 알현하는 데 성공하여 왕을 자신이 주최한 잔치로 초청하는 데 성공하는 에스더의 숨막히는 모험을 그립니다. 6장은 왕 암살 음모를 발견하고 자신을 구해준 모르드개를 상찬하는 왕의 결정을 보도하고, 7장은 하만에 대한 왕의 교수형 집행을 보도합니다. 8장은 유대인 몰살명령을 담은 하만의 칙령이 무효화되고 유대인들을 살리고 존귀하게 대우하는 친유대인 칙령이 공포되는 과정을 그립니다. 9장은 하만 세력들에 대한 유대인들의 보복적 응징을 다룹니다. 20-32절은 부림절의 기원을 설명합니다. 10장은 한층 더 존귀하게 된 모르드개의 입신을 보도하고 마무리됩니다.

장별 요약도 중요하지만 에스더서 전체를 숨막히는 드라마로 즐기기 위해서는 4장 16-17절이 중요합니다. 이 구절을 중심으로 에스더서를 주제적으로 요약해 보려고 합니다. "16 당신은 가서 수산에 있는 유다인을 다 모으고 나를 위하여 금식하되 밤낮 삼 일을 먹지도 말고 마시지도 마소서 나도 나의 시녀와 더불어 이렇게 금식한 후에 규례를 어기고 왕에게 나아가리니 죽으면 죽으리이다 하니라 17 모르드개가 가서 에스더가 명령한 대로 다 행하니라" 에스더의 개인적 결사각오 기상이 민족을 전멸위기에서 건져낸다는 이야기가 에스더서의 중심 줄거리입니다. 에스더는 페르시아 아하수에로왕의 왕비로 간택된 인물로서 유대인입니다. 그런데 페르시아의 유명한 하만이라는 총리가 유대인 소수민족들을 싫어합니다. 유대인 소수

민족들은 하나님 외에 누구에게도 절하지 않고 심지어 자기에게도 절하지 않기 때문이었습니다. 하만은 자기에게 절하지 않는 유대인 경비대장 모르드개라는 인물 때문에 유대인 전체에 대한 미운 감정이 싹텄습니다. 그래서 하만은 모르드개와 유대인 전체를 다 죽여 버리려고 음모를 꾸몄습니다. 페르시아의 수도 수산에 있는 모든 유대인들을 다 죽이려고 십자가 형태의 나무사형대를 준비했습니다. 이 무시무시한 음모를 알아챈 모르드개가 에스더, 즉 페르시아왕 아하수에로의 왕비에게 이 모든 비밀을 털어놓고 민족을 구원하는 데 왕비의 권력을 써달라고 부탁합니다. 왕비는 왕이 불러주지 않았을 때 황제에게 스스로 나가지 못한다는 국법을 들어 처음에는 거절하는 듯한 태도를 취합니다. 일리 있는 거부였습니다. 페르시아 황제가 불러주지 않았을 때 왕비가 스스로 근무 중인 황제에게 접근하는 것은 심각한 국법위반이었습니다. 왕후가 낮의 근무시간에 왕에게 무턱대고 접근했다면, 왕이 특별한 지팡이, 왕의 홀을 탁 펼쳐서 왕비를 살려주겠다고 싸인을 보내지 않는 한 바로 즉시 처형감입니다. 문제는 황제가 오랫동안 왕비 에스더를 찾아주지도 않았고 부르지도 않았다는 데 있었습니다. 이런 상황에서 왕비 에스더가 "죽으면 죽으리라"라는 각오를 하고 왕을 찾아갑니다. 갑자기 근무 중에 나타난 왕비 에스더를 보고 아하수에로왕이 깜짝 놀랍니다. 깜짝 놀란 아하수에로왕이 홀(笏)을 뻗어 왕비를 살려냅니다. 왕비는 왕에게 접근하여 자신의 파티에 와 달라고 초청장을 보여드립니다. 마침내 에스더는 두 차례의 잔치를 열어서 왕에게 하만의 흉계를 말하고 자기 민족이 처한 엄청난 위기를 말합니다. 아하수에로왕은 하만의 흉계를 깨닫고 유대인을 죽이려는 하만을 죽이고 유대인 모두를 다 구원합니다. 이것이 바로 유대인들이 절체절명의 위기에서 민족적으로 구원받은 이야기 에스더서의 중심 줄거리입니다. 오늘날에도 유대인들이 엄청나게 높이 치는 경축절인 부림절(제비뽑기절)의 기원은 바로 에스더서가 증언한 이 극적 구원사건에서 유래한 것입니다. 에스더서가 증언하는 이 극적 구원은 민족의 운명이 바뀌는 것을 기리는 축제, 부림절(Purim)의 기원이 되었습니다.[8] 지금 어떤 사람들은 에스더의 무덤이 페르시아 제국의 후신인 이란 어딘가에 있다는 주장을 합니다. 그것은 역사적으로 입증되지는 않았습니다만 그럴 가능성이 없지 않아 있습니다. 다만 에스더가 페르시아 왕실 역사에 등장하는 인물인가? 그렇지는 않습니다. 이 질문에 대해서는 아직은 '아니요'

라고 말할 수밖에 없습니다. 그래서 에스더서를 일종의 상상력이 가미된 소설적 허구로 보려는 학자들도 있습니다. 실재사건에 약간의 상상력이 가미된 문학작품으로 보려는 경향이 많습니다. 유대인들 또한 이것을 역사소설로 보려는 경향이 많습니다. 그러나 이들이 에스더가 증언하는 이 사건의 역사성을 부인한다는 의미는 아닙니다. 이에 비하여 기독교인들 중에서는 이것을 일어난 그대로의 역사라고 믿고 싶은 사람도 상당수 있습니다. 저는 모종의 역사적 사건이라는 알맹이가 없다면 부림절의 시작을 설명하기 힘들다는 점에서, 문학적 윤색 여부와 상관없이 에스더서의 역사성을 믿는 것이 가능하다고 봅니다. 이 책에는 '하나님'이라는 단어가 단 한 차례도 사용되지 않습니다. 하나님은 등장인물들의 행동, 생각, 의지, 계획의 어딘가에서 은닉된 방식으로 영향을 미치는 것으로 이해되고 있습니다. 다만 에스더서가 실제 기록이건 아니건 에스더서의 분명한 한 가지 요점은 이것입니다. 에스더서는 하나님이라는 말이 한마디도 나오지 않지만, 하나님이 역사의 주관자라는 사실을 전제하고 있습니다. 에스더서의 논지는 풀어쓰면 이렇습니다. '하나님은 인간 행복의 배후에 계시고, 역사의 장막 배후에 계시고, 보이는 현실 너머에 계시면서 하나님 백성을 섭리적으로 구원하신다. 반드시 구원하신다. 자기를 구원하려고 애쓰고, 자기를 지키려고 애쓰는 모든 사람을 반드시 하나님은 다른 제3의 사람들을 통해서라도 구원하신다.' 에스더서에는 난민으로 살아가는 모든 소수민들이 어떻게 살 것인가를 가르쳐 주는 일종의 지혜가 있습니다. 이것이 단지 과거의 유대인들만의 이야기입니까? 아닙니다. 모든 소수파 난민으로 살아가는 자들의 처세와 생존의 지혜가 담긴 책입니다.

이번 시간에는 다니엘과 에스더의 공통주제를 중심으로 강의했습니다. 감사합니다.

12강-2

룻기, 아가서

이번 시간에는 성문서의 또 다른 책들인 룻기와 아가서를 공부하려고 합니다. 룻기와 아가서 또한 한국의 그리스도인들에게 애독되는 책은 아닙니다. 룻기는 사사기와 사무엘 사이에 중간에 끼어있는 네 장짜리 짧은 책입니다. 그런데 룻기는 오늘날 외국인, 타자성 또는 난민 이런 문제들을 어떻게 바라보는지를 보여주는 데에 있어서 적지 않은 인문학적 통찰을 줍니다. 쉽게 말해서 룻기는 구약의 야웨신앙이 다른 인종과 섞이는 것을 무조건 배척하는 것으로 오해되는 상황을 바로잡는 데 도움이 됩니다. 룻기는 인종적 혼종(混種)을 통해 야웨신앙이 훼손된다는 교조적 경직성에 도전합니다. 타자성과 어울리고 섞이는 것, 그것도 나쁘지 않다는 것입니다. 룻기는 성경 안에 있는 배외주의적인 태도를 교정하는 데 유익하기 때문입니다. 룻기는 외국인을 배척하고 배제하는 듯한(xenophobic) 경향을 가진 모세오경의 책들이나 에스라-느헤미야서 같은 책들의 분위기를 중화시키는 데 유익합니다. 다시 말해 이방인에 대해 배타적인 책들과 대항적 짝을 이룹니다. 외국인 배척적인 책들과 구절들에 백신처럼 작용한다는 말이죠. 구약성경에서는 외국인을 배척하는 듯한 본문들이 더러 발견되는 것이 사실입니다. 특히 아말렉 족속에 대한 저주를 담고 있는 출애굽기 17장이 대표적인 본문 중 하나이죠. 그다음에 이방 여인과 결혼한 모든 이스라엘 남자들을 규탄하면서 그들의 이방 출신 아내를 강제로 쫓아내라고 주장하는 느헤미야서와 에스라서도 현대인의 감수성을 다소 거스릅니다. 외견상 이 책들보다 이방인들에 대해 배타적인 입장을 취하는 책은 신명기입니다. 이방인들과의 결혼을 금지하는 것은 물론 접촉도 경계하며, 이방인의 신들을 섬기지 말고 이방인들의 문화를 따르지도 말라고 소리 높여 강조하는 신명기의 논조는 룻기의 따뜻한 이방인 환대와 포용분위기와는 매우 다릅니다. 왜 이렇게 서로 다를까요? 각각의 책이 이방인들에 대해 보이는 태도와 입장은 그것이 저작된 당시의 역사적 정황과 밀접하게 관련되어 있습니다. 어떤 한 책의 입장이 다른 책의 입장을 무효화할 정도로 절대적인 단독권위를 행사할 수는 없습니다. 이방인에 대한 이런 양가적인 입장을 표방하는 구약성경 중 룻기는 이방인을 하나님 백성의 일부로 보는 포용적이고 대승적인 입장을 취하는 쪽입니다.

룻기는 제가 몇 번의 앞선 강의에서 언급했습니다마는, 다윗의 증조할머니 룻과 다윗의 증조할아버지 보아스를 통해 다윗이 탄생하는 계보추적 이야기입니다. 마태복음 1장 족보는 아예 보아스와 룻을 그리스도 예수의 조상이라고 못박고 있습니다. 예수 그리스도의 조상의 일원으로 등록된 룻은 모압 여인입니다. 모압은 요단강을 사이에 두고 유다 왕국을 마주 보고 있는 나라입니다. 유다 지파의 땅과 위도가 같은 요단강 건너편에 모압이 있습니다. 모압은 이스라엘 사람들에게 대체로 혐오감과 적대감을 불러일으키는 족속이었습니다. 모압 족속은 창세기 19장에 등장하는 롯과 그의 맏딸의 근친상간으로 생겨난 족속이었죠(37절). 이런 근친상간으로 나온 족속이라는 오명을 뒤집어쓴 채 모압 족속은 유다 백성에게 멸시받았습니다. 아마도 창세기 19장의 모압 출생 스토리는 이스라엘이 모압 족속에 대해 인위적으로 만들었을 낙인화의 산물이었을 가능성도 있습니다. 이스라엘은 모압의 조상이 아브라함의 조카 롯과 그의 맏딸의 근친상간의 산물이라고 말함으로써 모압에 대한 편견을 확대 재생산했을 가능성이 있다는 거지요. 이스라엘은 창세기 19장의 이 원인론적인 일화 자체를 가지고 모압에 대한 우월감을 유지했을 것입니다. 그런데 모압이 하나님 앞에 인정받은 자기 영토를 고유의 기업으로 존중해 침략하지 말라고 경고하는 본문도 구약성경에 있습니다. 모압의 영토도 하나님이 마련해 주신 기업(基業)이라는 주장이지요(신 2:12-14). 모압에 준 땅은 이스라엘 백성이 함부로 침범하면 안 됩니다. 왜요? 하나님께서 모압에게도 천부불가양한 영토를 주셨기 때문이죠. 이스라엘은 이처럼 모압에 대한 양가적 감정이 있었습니다. 모압을 긍정하는 본문과 혐의 가득 찬 시선으로 보는 본문이 공존하는 거죠.

아무튼 모압 여인에 대해서 이렇게 긍정적으로 기술한 책이 구약성경 안에 있다는 말은, 구약성경이 외국인을 무조건 혐오하고 대적하는 책이 아니라 국제적인 개방성과 타인종적, 다문화적인 다원성을 승인한 책이라는 것입니다. 오늘날 타자성 또는 이질성, 이것은 배척해야 될 어떤 그 무엇으로 보입니다. 요즘 유럽은 난민문제로 시끄럽죠. 몇 년 전에 우리나라도 제주도에 몰려든 아랍 난민문제 때문에 시끄러웠던 적이 있었지요. '난민, 즉 우리와 전혀 다른 이질적인 문화에서 온 탈출민들을 우리가 받아들이면 우리 정체성이 위협당하지 않을까?', '우리 정체성이 혼란을 겪지 않을까?' 이런 것이 과도한 정체성 집착이죠. 만일에 터키를 유럽연합(EU)에 받아들이면, 거대한 터키 이슬람국가가 유럽 기독교 문명권을 위협하지 않을까? 지금 이것이 유럽연합의 고민이기도 하죠.

그런데 영국의 폴란드 출신 사회학자 지그문트 바우만이나 유대인 학자 임마누엘 레비나스, 또 프랑스 철학자 폴 리쾨르 같은 학자들은 이구동성으로 '타자성이야말로 정체성 성장의 또 다른 자양이 되고, 정체성의 진정한 발전과 풍요로움은 타자성의 수용과 타자성의 적절한 소화에 있다'라고 말합니다. 구약성경의 이스라엘 역사는 좁은 의미의 민족주의적 기조로 진행된 역사가 아니었습니다. 19세기 말에 형성된 시온주의적인 민족주의는 구약성경의 고대 이스라엘 사람들에게는 매우 낯선 풍경일 것입니다. 적어도 구약성경의 이스라엘 역사는 타자성에 매우 친숙하고, 타자성과 어울려서 형성된 종합적인 그 무엇이라고 말할 수 있습니다. 구약성경의 주인공 이스라엘은 절대로 생물학적으로 셈족, 아브라함 후손들의 배타적 혈족집단이 아닙니다. 이스라엘 민족은 거대한 역사의 물줄기로 보면, 지류에 해당되는 다양한 민족들과 부족들을 통합해서 형성된 공동체였습니다. 여러분, 유다 지파를 한번 볼까요? 유다 지파는 겐 족속 옷니엘과 겐 족속 갈렙을 받아들여서 위대한 가나안 정복전쟁을 주도하지 않습니까? 여호수아 14-15장을 보세요. 겐 족속 갈렙의 헤브론 정복 이야기가 나옵니다. 그런데 그 갈렙이 시온주의적인 유다 자손입니까? 아닙니다. 유다의 지파가 되기로 결단하여 들어온 사람입니다. 그러니까 귀화

유다 지파인 겁니다. 사사기 3장의 겐 족속 사사 옷니엘의 활약을 보세요. 옷니엘은 메소포타미아왕 구산 리사다임의 손에서 이스라엘을 구원하는 맹활약을 했습니다. 이렇게 구약성서는 처음부터 배외주의적인 감정에 지배되지 않았고, 외국인과 유대인을 나누지도 않았습니다. 이스라엘은 숱한 이방인들, 고아와 난민들이 와서 사는 큰 나무 그늘이었습니다. 그래서 구약성경은 대체로 외국인이나 난민에 대해서 자비롭고 너그럽게 대할 것을 강조합니다. 그래서 구약성경의 이스라엘은 오늘날의 종교에서 보이는 그런 정체성에 과도하게 집착하는 모습도 보이지 않았고, 타민족의 종교를 무조건 배척하는 배타성에 지배된 민족이 아니었습니다. '다른 신들'에 대한 배척은 기층민중을 착취하고 압제하는 지배층의 종교를 비판하는 맥락에서 나온 예언자적 경고였지, 다른 민족의 종교를 아예 다 무시하겠다는 의도는 아니었습니다. 신명기 32:8－9이 가리키는 것처럼 고대 이스라엘은 다른 민족들이 다른 신을 섬기는 것을 처음부터 부정하지 않았습니다. "8 지극히 높으신 자가 민족들에게 기업을 주실 때에, 인종을 나누실 때에 이스라엘 자손의 수효대로 백성들의 경계를 정하셨도다 9 여호와의 분깃은 자기 백성이라 야곱은 그가 택하신 기업이로다" 이 신명기 구절은 초기의 이스라엘은 세계의 각 민족이 자신들이 섬길 신을 가졌다는 것을 당연시했음을 보여줍니다. 또한 이스라엘은 자신이 믿는 야웨 하나님이 모든 신들의 주(主)였기 때문에 세상 만민이 야웨 하나님의 통치혜택을 누릴 자격이 있다고 믿었습니다. 이스라엘의 하나님은 모든 만민들의 하나님이었고(출 19:5) 모든 만민에게 하나님은 똑같이 가깝다고 봤습니다. 하나님이 이스라엘 민족의 조상 아브라함을 불러 하나님의 선민으로 삼으실 때 그 목적은 세계만민에게 하나님 복을 매개하고 유통시키기 위함이었습니다(창 12:1－3). "1 여호와께서 아브람에게 이르시되 너는 너의 고향과 친척과 아버지의 집을 떠나 내가 네게 보여 줄 땅으로 가라 2 내가 너로 큰 민족을 이루고 네게 복을 주어 네 이름을 창대하게 하리니 너는 복이 될지라 3 너를 축복하는 자에게는 내가 복을 내리고 너를 저주하는 자에게는 내가 저주하리니 **땅의 모든 족속이 너로 말미암아 복을 얻을 것이라** 하신지라" 신약성경의 예수와 바울은 이 아브라함의 언약에 담긴 복을 온 세계에 확산시키는 데 결정적인 통로였고, 예수 그리스도는 아브라함의 후손을 대표하는 대표자였습니다. 갈라디아서가 예수를 통해 아브라함의 이 언약이 이방인들에게 확산되는 논리를 잘 설명합니다(3:6-28).

> 갈 3:6 아브라함이 하나님을 믿으매 그것을 그에게 의로 정하셨다 함과 같으니라 7 그런즉 믿음으로 말미암은 자들은 아브라함의 자손인 줄 알지어다 8 또 하나님이 이방을 믿음으로 말미암아 의로 정하실 것을 성경이 미리 알고 먼저 아브라함에게 복음을 전하되 모든 이방인이 너로 말미암아 복을 받으리라 하였느니라 9 그러므로 믿음으로 말미암은 자는 믿음이 있는 아브라함과 함께 복을 받느니라 … 14 이는 그리스도 예수 안에서 아브라함의 복이 이방인에게 미치게 하고 또 우리로 하여금 믿음으로 말미암아 성령의 약속을 받게 하려 함이라 15 형제들아 내가 사람의 예대로 말하노니 사람의 언약이라도 정한 후에는 아무도 폐하거나 더하거나 하지 못하느니라 16 이 약속들은 아브라함과 그 자손에게 말씀하신 것인데 여럿을 가리켜 그 자손들이라 하지 아니하시고 오직 한 사람을 가리켜 네 자손이라 하셨으니 곧 그리스도라 … 22 그러나 성경이 모든 것을 죄 아래에 가두었으니 이는 예수 그리스도를 믿음으로 말미암는 약속을 믿는 자들에게 주려 함이라 … 28 너희는 유대인이나 헬라인이나 종이나 자유인이나 남자나 여자나 다 그리스도 예수 안에서 하나이니라

이처럼 이스라엘 민족은 처음부터 이방인 포용적이었습니다. 아브라함의 복이 이방인에게 흘러가서 이방인도 아브라함의 복에 참여하게 될 것이라는 아브라함 약속이 실현되는 책이 바로 룻기입니다. 이방인들에게 너그러운 책, 아브라함 언약의 만민포용성을 구현한 책이 바로 룻기입니다.

룻기의 스토리라인은 간단합니다. 유다 지파의 다윗 조상 중 한 사람인 엘리멜렉이 기근을 만나서 모압 땅으로 이주를 갑니다. 엘리멜렉은 살기 위해서 모압 땅에 이주를 갔다가 '죽음'을 당했습니다. 10년 동안에 그와 두 아들이 다 죽습니다. 아내와 모압 출신 며느리 둘만 남겨두고 세 남자가 죽어버린 것입니다. 그들은 모압의 들판에서 이삭을 주워 간신히 먹고 살려고 애쓰다가 죽었습니다. 그런데 10년 후에 나오미가 그의 고향 베들레헴에 돌아왔을 때 베들레헴에는 풍년이 들어 풍성한 곡식이 있었습니다. 모압 땅에서 죽었던 엘리멜렉의 아내 나오미가 10년 만에 베들레헴 땅에 귀향하면서 모압 땅에서 얻었던 며느리 룻도 데리고 옵니다. 룻은 청상과부가 된 거죠. 그런데 젊은 과부인 룻이 1장 16-17절에 보면 확고부동하게

시모의 가족, 시모의 백성이 되기로 결단했음을 공언합니다. "16 룻이 이르되 내게 어머니를 떠나며 어머니를 따르지 말고 돌아가라 강권하지 마옵소서 어머니께서 가시는 곳에 나도 가고 어머니께서 머무시는 곳에서 나도 머물겠나이다 어머니의 백성이 나의 백성이 되고 어머니의 하나님이 나의 하나님이 되시리니 17 어머니께서 죽으시는 곳에서 나도 죽어 거기 묻힐 것이라 만일 내가 죽는 일 외에 어머니를 떠나면 여호와께서 내게 벌을 내리시고 더 내리시기를 원하나이다 하는지라" 그냥 시모 따라 이스라엘에 온 것이 아니라 나오미의 가족이 되기 위해 왔다는 것입니다. '어머님의 하나님은 내 하나님이 되고, 어머니가 가는 곳에 내가 가고, 어머니의 백성은 내 백성이 될 것입니다.' 표준적인 개종공식으로 사용해도 좋을 명문장입니다. 이렇게 감동적인 개종의지 피력으로 룻은 자신의 정체성을 재형성합니다. 그러니까 모압 여자 룻은 이스라엘을 동족으로 받아들이고 이스라엘의 하나님을 자기 하나님으로 받아들이면서 자기의 정체성을 풍요롭게 확장합니다. 마찬가지로 이 이방 여인 룻을 베들레헴 공동체가 받아들이면서 베들레헴 또한 모압 여자 룻 덕분에 훨씬 풍요롭고 확장된 자아정체성을 갖습니다. 누구보다도 나오미 가문 자체가 아주 풍요롭고 확장된 정체성을 얻습니다. 룻이 다윗의 증조모가 되는 데에는 고대 이스라엘의 형사취수(兄死娶嫂) 제도와 기업 무르기 제도가 일정 정도 기여했습니다. 고대 이스라엘 사회에는 어떤 친족 또는 친척이 자기 기업을 상속할 아들이 없을 때 그 땅을 상속해 가문을 이어주는 형사취수법 제도와 기업 무르기 법이 있었습니다. 엘리멜렉이라는 사람은 아들이 없었는데 엘리멜렉의 베들레헴 땅은 그대로 있었습니다. 엘리멜렉 집에는 땅을 상속할 아들은 없었고 이방인 며느리밖에 없습니다. 엘리멜렉 집안에는 아들이 없기 때문에 엘리멜렉이 남기고 간 그 땅은 더 이상 엘리멜렉 가문에 머물 수 없었습니다. 이때 엘리멜렉과 가장 가까운 친척이 그 땅을 상속할 아들을 낳아줄 의무가 있습니다. 그러나 엘리멜렉의 가장 가까운 친척은 이 의무를 져버렸습니다. 그래서 두 번째 가까운 친척이 나타났습니다. 그 사람이 보아스입니다. 보아스가 엘리멜렉의 두 번째 가까운 친척으로서 이방 여자 룻을 아내로 받아들여서 아들을 낳습니다. 이 아들이 오벳입니다. 오벳은 이새를 낳고 이새는 다윗을 낳습니다. 그래서 보아스가 다윗의 증조할아버지가 됩니다. 보아스와 룻 사이에 태어난 오벳이 바로 엘리멜렉과 나오미의 아들 역할을 하며 엘리멜렉의 땅을 상속합니다.

1장은 엘리멜렉과 나오미의 모압 이주와 쓰라린 결말을 말합니다. 1장 끝단락은 나오미와 룻의 쓰라린 베들레헴 귀향 이야기입니다. 2장은 룻이 친척 보아스의 밭에서 이삭을 줍다가 보아스를 만나는 과정을 말하고, 3장은 나오미의 각본과 감독 아래 룻이 보아스에게 '아내로 받아달라'고 간청하는 과정을 보도합니다. 4장은 보아스와 룻이 법적으로 결혼하여 다윗의 조상 가문을 일으키는 과정을 보도합니다. 4장은 룻이 보아스라는 친족과 결혼하여 엘리멜렉과 나오미 가문을 다시 부활시키고, 나오미 가문과 그 땅을 다시 지켜가는 이야기입니다. 이방 여자 룻은 아브라함적인 신앙의 분투로 무너져가는 한 가문을 일으켜 세우고 유다 지파의 빛나는 계보를 이었습니다. 룻기는 다윗의 증조할머니가 비록 이방 여인이었지만 신실한 개종 이방인으로서 이스라엘 민족의 일부가 되기에 부족함이 없는 여인이었다고 말합니다. 모압 출신 여자였다는 것이 문제가 되지 않았다는 것입니다. 모압 출신 룻은 야웨 하나님 백성의 일원이 되기에 부족함이 없었고, 심지어 다윗의 증조할머니가 될 만큼 믿음에 찬란한 업적을 남겼습니다. 사무엘상에서는 16장 13절에 처음으로 언급되는 다윗이 사실 룻기 4장에 먼저 나옵니다. 따라서 룻기는 사무엘상하를 이미 알고 있는 독자에게 읽혔다고 봐야 합니다. 비록 순서는 룻기가 사무엘상보다 앞장에 나와 있지만 내용인즉슨 사무엘상하에 먼저 나온 그 다윗을 아는 사람에게만 룻기 4장의 다윗 소개가 의미 있었을 것입니다. 굳이 말하면 룻기는 다윗 가문의 신앙 분투와 뼈대 있는 신앙기풍, 이런 것을 선전한다고 말할 수 있습니다.

마무리하자면 룻기는 다음과 같은 인문학적 성찰을 던집니다. '이방인이라고 배척하지 말라.' '인종적인 기준으로 배척과 수용 여부를 결정하지 말라. 나라와 국적의 이름으로 배척하지 말라. 야웨 하나님에 대한 충성심이 분명한 한 그는 어떤 인종적 장벽도 없고 하나님 백성이 될 수 있고 이스라엘 백성이 될 수 있다.' '누가 무엇이 이스라엘을 구성하는가? 인종적 기준? 생물학적 DNA 기준이 아니다. 야웨 하나님에 대한 충성, 믿음의 여부가 이스라엘 정체성을 좌우하는 요인이다.' '평소에 오랫동안 이스라엘 주류사회로부터 멸시받고 배척받던 이방인 모압 여자도 누구보다도 멋진 이스라엘이 될 수 있다.' 이런 메시지가 룻기의 메시지입니다. 따라서 룻기는 정체성을 지키려고 발버둥치기보다는 타자성을 받아들임으로써 내 협소한 정체성을 확장시켜서 풍요롭게 하라고 권고합니다. 참된 정체성을 지키려면 타자를 수용할 만큼 너그러운 정체성을 디자인하라는 뜻입니다. 오늘날 우리는 타자성을 적개심 어린 태도로 배척하고 있습니다. 이런 때일수록 나와 다른 것만을 보지 말고 타자 안에서 나의 모습을 발견할 때입니다. 타자성, 이질성, 그리고 낯섦을 받아들여 내가 보다 더 바람직한 자아로 성장하고 확장되어 가는 과정을 기대하자는 것입니다.

이제는 아가서에 대해서 말씀드리려고 합니다. 아가서는 모두 8장으로 구성되어 있습니다. 아가서는 언뜻 보면 서사적 구조가 없는 독립된 사랑의 연시처럼 보입니다. 마치 셰익스피어의 소네트처럼 각각 서로 다른 상황을 노래하는 남녀 연인의 교창 또는 화창(和暢)처럼 읽힙니다. 하지만 한글성경에 보면 각 구절의 화자가 누구인지 잘 알 수가 없습니다. 한국어 번역이 가장 큰 문제입니다. 이에 비해 히브리어 성경에 보면 남녀 성수 구분이 되기 때문에 화자(話者)가 누군지, 청자(聽者)가 누군지 구분할 수 있습니다. "나의 사랑, 나의 어여쁜 자야 일어나서 함께 가자." 이 말이 남자 연인이 하는 말인지, 여자 연인이 하는 말인지 알 수 있습니다. "네 얼굴", "네 소리"에서 2인칭 여성 단수를 발견하기 때문에 이 절은 남자 연인의 노래임을 알 수 있습니다. 이처럼 히브리어 본문에는 인칭 성수가 구분되기 때문에 읽기가 좀 수월합니다. 어쨌든 아가서는 남자 연인과 여자 연인이 서로 주고받는 노래 중의 노래, 사랑의 절창, 가장 위대한 사랑노래라는 사실입니다.

아가서는 첫인상과 달리 1장부터 8장까지 느슨하지만 전진하는 서사구조가 있습니다. 사랑의 시작, 사랑의 진전, 사랑의 파국과 좌절, 그리고 사랑의 회복과 결실, 이런 구조를 통해 메시지가 드러납니다. 아가서는 한국어성경의 장별 구별에 의지해서는 이 서사적 전진구조를 파악하기 힘듭니다. 단락 중심으로 아가서를 나눠 보려고 합니다. 1장 1절은 표제입니다. 아가서를 솔로몬의 아가라고 소개합니다. 1:2–2:7은 남자 연인과 여자 연인의 첫 만남을 다룹니다. 이 단락은 사랑 안에 있는 불합리할 정도의 강력한 충동성을 노래합니다. 사랑에는 합리성을 초월하는 불가해하고 거룩한 충동성이 있다는 점을 부각시킵니다. 여기서 연인의 사랑공세를 받고 있는 이 술람미 여인은 육체적인 외모가 아름다운 사람이 아니라, 오히려 포도원에서 하루 종일 일을 하는 하녀요 그래서 얼굴이 검게 그을린 여인입니다. 하지만 여인은 먼 거리를 초월하여 사랑하는 연인을 찾아옵니다(슐람미에서 예루살렘까지). 2:8－3:5은 두 연인의 두 번째 만남을 보도합니다. 지체 높은 왕 혹은 남자 연인 또한 엄청난 신분상의 거리를 초월하며 사랑의 공세를 멈추지 않습니다. 이 단락은 남자 연인이 저항할 수 없는 애모(愛慕) 열정을 슐람미 소녀에게 쏟아붓는 상황을 그립니다. 3:6－5:1은 두 연인의 세 번째 만남을 그립니다. 이 단락은 성적 흥분을 불러일으키는 가히 최음제적인 자연 묘사와 육체의 아름다움에 대한 직유와 은유가 넘치는 단락입니다. 입맞춤과 성교를 암시하는 단어들은 두 연인의 사랑이 절정에 치닫는 듯한 인상을 줍니다. 5:2－6:3은 네 번째 만남을 보도하는데 무슨 이유에서였는지 두 연인은 서로를 각각 찾지만 서로 만나지 못하는 상황이 전개됩니다. 여자 연인은 자신의 연인을 잃어버리고 하루 종일 찾지만 만나지 못합니다. 그런데 고향으로 낙향해 자기 양떼를 먹이고 있는 슐람미 여인에게 마침내 남자 연인이 찾아옵니다. 6:4－8:4은 두 연인의 다섯 번째 만남을 묘사합니다. 이 단락은 슐람미 여인의 아름다움에 대한 왕의 격정적 묘사부터 시작됩니다. 남자 연인은 낙향한 슐람미 여인에게 "되돌아오라"고 절규합니다. "돌아오고 돌아오라 슐람미 여자야"(6:13). 이 단락에서는 여인의 육체적 아름다움에 대한 묘사가 절정에 이르고 있습니다. 8:5－7은 두 연인의 재회를 다룹니다. 여기서 "그의 사랑하는 자를 의지하고 거친 들에서 올라오는 여자가 누구인고?"라고 말하는 남자 연인의 애모의 격정이 연인을 향하여 발출됩니다. 솔로몬적 페르소나를 가진 남자 연인은 깨닫습니다. "사랑은 죽음같이 강하고 질투는 스올같이 잔인하며 불길같이 일어나니 그 기세가 여호와의 불과 같으니라. 많은 물로 이 사랑을 끄지 못하겠고 홍수라도 삼키지 못하나니 사람이 그 온 가산을 다 주고 사랑과 바꾸려 할지라도 오히려 멸시를 받으리라"(8:6－7).

8:8－14은 종결부입니다. 슐람미 여인의 오라버니들은 그녀의 누이가 결혼하기에는 너무 어리다고 생각하지만, 동시에 그녀가 청혼 받는 날에 무엇을 해 줄 것인가를 생각하고 있습니다. 이처럼 아가서는 결혼을 예기하며 종료됩니다.

이스라엘 민족은 출애굽 유월절을 축성(祝聖)할 때 아가서를 낭독하는 전통을 보존해 오고 있습니다. 그것은 아가서가 형식상으로는 남녀사랑의 절창으로 보이지만 실상은 하나님과 하나님의 신부 이스라엘의 사랑을 노래하고 있다고 본다는 뜻입니다. 아가서가 남녀 연인이 서로에 대해 성애적 감정을 에누리 없이 방출하며 사랑을 노래하는 노래처럼 보이지만, 사실상 하나님이 이스라엘 민족을 향해서 펼치는 구애의 노래와 이스라엘 민족이 하나님의 사랑에 응답하여 애모감정을 표현하는 노래가 교환되는 교창(交唱)으로 읽는 사람이 많다는 것입니다. 이런 해석이 구속사적 읽기입니다. 이와 유사하지만 다른 읽기가 영성적 읽기입니다. 기독교 영성사에서 아가서를 하나님과 인간의 신비한 사랑의 교본으로 해석한 수도사가 있습니다. 12세기의 프랑스 수도사 버나드 클레르보("광명 골짜기의 버나드")의 아가서 묵상을 통한 신인 연합적 영성추구는 유명합니다. 그는 가장 엄격했던 노동수도원 시토수도회에 합류해 사실상 창설했다고 할 정도로 시토수도회를 크게 발전시킨 사람이죠. 버나드 클레르보 같은 사람은 아가서를 통해 굉장히 깊은 그리스도의 사랑을 주야로 찬양했습니다.[9] 아가서를 야웨 하나님과 이스라엘 백성의 사랑, 교회와 그리스도의 사랑노래로 해석할 수도 있습니다. 아가서의 많은 구절들이 그리스도가 교회를 얼마나 사랑하는지에 대한 아주 세부적인 묘사라고 말할 수 있습니다. 그렇다고 하더라도, 아가서를 문자 그대로 먼저 남녀 간의 사랑노래로 읽지 말아야 할 이유는 없습니다. 남녀 간의 사랑노래로 먼저 읽고 나서 2차적으로 은유적으로나 비유적으로 하나님과 이스라엘 백성의 사랑, 그리스도와 교회의 사랑노래로 읽을 수 있다고 봅니다.

여기서 다시 강조하고자 하는 것은 아가서 여덟 장은 남자 연인과 여자 연인의 사랑이 진행되는 행로를 따라가는 서사구조가 있다고 믿는 해석의 중요성입니다. 남자 연인은 왕인지, 왕적 존재로서 지체 높은 예루살렘 거주민인지, 아니면 야생의 목동인지 확정 짓기는 힘듭니다. 남자 연인의 정체를 특정하지 않아도 아가서 해석은 가능합니다만, 여기서는 남자 연인을 솔로몬적 페르소나를 가진 지체 높은 사람, 왕적 존재라고 상정합니다. 그는 어떤 계기로 슐람을 지나다가 그곳의 한 농장에서 일하던 처녀를 보고 매혹당합니다. 잠시 서로 사랑의 감정을 수수하다가 헤어졌고 그 슐람미 처녀가 예루살렘을 찾아오면서부터 드라마가 시작됩니다. 슐람미 여인은 얼굴이 검게 탄, 포도원에서 일하는 하녀 또는 지체가 낮은 사람입니다. 오라비가 있는데 오라비가 일하러 가라고 시켰기 때문에 오이밭 농장에서 일을 하다가 얼굴이 타기까지 일합니다. 그런데 지체 높은 남자 연인이 이 여인을 애모하여 찾아옵니다. 남자 연인은 이 여자를 사랑하기 위해서 산을 넘고 계곡을 넘고 거리를 초월하고 신분을 초월하며 달려옵니다. 사랑을 구애합니다. 그래서 둘은 꿈같은 사랑의 시간을 보냅니다. 그 꿈같은 사랑을 보내고 사랑이 무르익을 때쯤 무슨 이유인지 몰라도 사랑의 절정기에서 사랑이 이어지지 못하고 둘의 관계는 파국을 맞이합니다. 두 연인은 이별합니다. 남자 연인이 여자를 찾을 때 여자가 없고, 여자 연인이 남자를 찾으려고 갔을 때 남자가 없습니다. 그런데 우여곡절 끝에 여자와 남자는 다시 만납니다. 이렇게 사랑이 감미롭게 회복됩니다. 비현실적이고 몽환적인 아름다움으로 시작된 사랑이 진전되다가 절정에 도달해야 될 그 시점에 파국을 맞고 파국을 맞은 끝에, 즉 사랑이 이제 끝난 것처럼 보였을 때 또 예기치 않게 다시 한번 사랑의 기회가 열립니다. 마침내 둘은 혼인을 할 것 같은 설렘으로 가득 찬 채 아가서는 끝납니다. 독자들은 둘이 혼인에 들어가 사랑의 결속에 들어갔을 것이라고 기대하고 아가서 무대를 떠납니다.

어떤 사람들은 아가서를 솔로몬왕의 결혼식이라는 극적 무대를 장식하는 콘티라고 보는 사람이 있습니다. 그런 상황에서 몇 가지 모티브를 따오고 이미지와 비유를 차용했을 수는 있으나 현재의 아가서는 솔로몬왕의 결혼식과는 상관이 없는 것처럼 보입니다. 솔로몬왕이 이것을 썼을 수는 있지만 주인공은 솔로몬이 아니라는 것입니다. 물론 아가서의 남자 연인에게는 솔로몬적 자아(페르소나)가 언뜻 보이기도 합니다. 지체 높은 남자 연인의 자아의식은 솔로몬적인 페르소나를 대표하지만, 그렇다고 남자 연인이 반드시 솔로몬 그 자신일 필요는 없습니다. 아가서의 남자 연인은 어쨌든 지체 높은 귀공자 스타일의 연인이고, 여자 연인은 얼굴이 검게 탄 하녀입니다. 둘 사이에는 신분의 차이가 있습니다. 이 신분 차이를 넘고 사랑을 진척시켜 가는 과정이 쉽지 않습니다. 중간에 오해가 있습니다. 여자 연인이 예루살렘에 찾아와서 자기 연인을 만나러 왔다고 말했을 때, 예루살렘 여자들이 이 슐람미 여인을 깔깔 비웃고 조롱하는 듯한 장면이 나옵니다. 그렇지만 예루살렘을 찾아온 이 연인은 솔로몬왕 페르소나 같은 지체 높은 연인을 향해서 불타는 구애를 합니다. 하지만 어떤 이유에서였는지 몰라도 서로에 대한 불타는 애모감정을 숙성시켜 결혼까지 가 절정에 도달해야 할 그 시점에, 둘은 결혼에 이르지 못하고 둘의 사랑은 위기를 맞습니다. 그러고 나서 서로를 각자 찾지만 만나지 못합니다. 예루살렘 여인이 자기 연인을 찾아 예루살렘 거리를 헤매는 장면을 보십시오. 이것은 마치 무엇을 연상시킵니까? 이스라엘 백성이 유명한 성소를 찾아다니고 종교성회를 열어가면서 하나님을 찾는 열기를 생각나게 하지 않나요? 혹은 예언자들이 거리를 헤매면서 이스라엘 백성의 심장을 얻기 위해서 분투하는 이미지가 떠오르지 않나요? 이스라엘 예언자들이 하나님의 마음을 담아서 하나님의 연인, 신부된 이스라엘의 마음을 찾으러 애쓰는 예언자적인 분투를 가리킬 수도 있습니다. 더 나아가 하나님이 미친 듯이 예루살렘 거리를 찾아다니면서 참된 신부다운 이스라엘 민족의 영적 진정성을 막 찾는 장면일 수도 있습니다. 아니면, 오히려 이스라엘이 바벨론 유배기 동안에 하나님의 뜻이 무엇인지를 찾고 찾는 상황을 가리킬 수도 있습니다. 여자 연인이 자기 남자 연인을 찾으려고 밤거리를 쏘다니는 장면은 회개한 이스라엘 백성이 광야에서, 거친 환경에서 자기 연인이 자기를 얼마나 사랑하는가를 기억하면서 다시 랑데부 하려고 애쓰는 상황일 수도 있습니다. 특히 바벨론 포로살이 가운데서 이스라엘 백성은 하나님을 필사적으로 찾았습니다. 그렇지만 하나님의 응답을 받지 못하는 상황입니다. 그렇게 어긋나는 사랑이 어느 순간에 중대한 전환점을 맞습니다. 들에서 올라오는 처녀 술람미 여인을 남자 연인이 다시 만나면서 사랑이 완성될 것 같다는 인상을 주면서 마지막 8장이 끝납니다. 사랑은 죽음보다 강하고 사랑은 어떤 걸로도 끌 수 없습니다. 이스라엘 백성과 하나님 사랑은 끌 수 없는 불이라는 것입니다. 마치 슐람미 여인과 지체 높은 남자 연인의 사랑이 끌 수 없는 불이듯이, 하나님과 이스라엘 백성의 사랑도 어떤 죽음의 극한도 좌절시킬 수 없다는 것입니다. 바벨론 포로살이라고 하는 이스라엘 민족의 집단적인 죽음마저도 하나님의 사랑을 끊을 수 없습니다. 하나님의 신부인 이스라엘과 신랑 되신 하나님의 부부 정분과 의를 끊을 수 없습니다. 결국 아가서는 하나님과 이스라엘 백성이 혼인관계에 들어갔다고 하는 혼인 예식적인 메타포 안에서 풍성하게 해석될 여지가 많은 것이 사실입니다. 이런 점에서 시내산 언약을 하나님과 이스라엘 백성이 혼인을 맺은 것으로 보는 예레미야 2장과 호세아서와 같은 느낌을 갖고 아가서를 읽을 수 있다는 것입니다. 이렇게 읽는 것을 구속사적 읽기라고 부릅니다. 아가서 안에는 모세오경부터 바벨론 포로귀환까지의 이스라엘 역사가 압축되어 있습니다. 그런데 이 모든 구속사적 단계가 전부 다 사랑언어와 그림언어로 내장되어 있기 때문에 쉽게 알아차리기는 힘들 수도 있습니다. 결론적으로 저는 아가서를 남녀 간의 성애적 사랑노래로 읽을 수 있음을 옹호하면서도 구속사적 아가서 읽기 또한 시도했습니다. 즉 아가서 안에는 이스라엘 역사와 맞대응하면서 전진하는 서사적 기승전결 구조가 있다고 보는 방식으로 읽을 수 있다는 것입니다.

그럼에도 불구하고 아가서 안에는 이런 구속사적 읽기로는 다 음미할 수 없는 19금 남녀상열지사에 버금가는 표현들과 어구들, 비유와 이미지가 생각보다 많이 있습니다. 특히 남자와 여자의 몸 또는 매력적인 신체기관에 대한 지극히 세밀한 묘사들은 우리를 흥겹게 하면서도 또한 우리의 얼굴을 붉히게 만듭니다. 아가서를 남녀사랑의 절창으로 읽을 때 아가서가 가르치는 중요한 진실은, 사랑은 육체가 매개될 때 궁극적으로 표현되고 음미되고 경험된다는 것입니다. 성애감정은 육체적인 매력과 같이 갑니다. 육체 없는 정신적 사랑보다 육체가 개입된 사랑이 더 궁극적 사랑이죠. 아가서에 나타나는 육체의 아름다움에 대한 칭찬과 애모는 결코 외모지상주의를 부추기는 것이 아닙니다. 아가서는 정신적 영적 교감이 100% 실현되는 과정에 요청되는 육체적 사랑표현을 부각시킵니다. 아가서는 외모지상주의를 부추기기보다는 얼굴의 아름다움을 소중히 여기라고 권고하는 것처럼 보입니다. '얼굴은 보지 말고 믿음을 보고 결혼을 하자.' 흔히 교회에서 들리는 이런 충고는 제가 볼 때는 부적절하다고 봅니다. 얼굴은 얼이 나타나는 굴입니다. 얼굴은 내면의 사람이 와서 자리를 잡는 곳입니다. 정신의 궁극은 얼굴에 나타나고 결국 몸 전체에 나타납니다. 그래서 몸을 찬미하는 것은 단지 육체를 찬미하는 것이 아니라, 인간 전체를 찬미하는 것입니다. 영적 아름다움과 정신적인 고귀함이 사람 몸에 나타날 때 몸 혹은 신체 특정 부위에 대한 찬미는 단지 육체에 대한 찬미가 아닙니다. 육체와 정신, 영이 절묘하게 통전적으로 결합되어 전인(全人)을 이룬 사람의 아름다움에 대한 찬미입니다. 그래서 그런지 아가서는 몸에 대한 칭찬과 흠모감정을 자주 드러냅니다. 신체 각 부위에 대한 찬미, 여성의 몸에 대한 찬미, 성적 매력을 풍기는 남자 연인의 몸에 대한 찬미, 이런 것들이 아가서 안에서 다 제 기능을 하는 거죠.

저는 아가서에 대한 구속사적, 영성추구적 해석을 지지하고 수용하면서도 아가서를 남녀 연인이 서로에 대해 부르는 사랑의 절창으로 읽는 것 또한 추천합니다. 남자 연인과 여자 연인의 절창에서 하나님과 이스라엘의 절창, 교회와 그리스도의 사랑 절창을 읽어내는 것은 얼마든지 가능합니다. 다만 그럼에도 불구하고 먼저 남녀 사랑의 궁극적 신비와 깊이에 도달하는 사람에게 하나님과 이스라엘 백성의 사랑의 깊이를 이해하는 길이 열릴 것이라고 봅니다. 연인 및 부부 메타포를 이해할 때 하나님과 인간 사이에 오고 가는 사랑의 교호성과 상호견인성을 더욱 실감 나게 이해할 수 있다는 생각을 하게 됩니다. 그래서 아가서를 너무 빨리 알레고리컬(allegorical)하게 읽으려고 하지 말고, 먼저 문자적으로 읽어보는 연습을 하자고 말하고 싶습니다. 이런 문자적 읽기를 시도한 후에 풍유적, 영적 읽기로 전진해도 된다고 믿습니다.

오늘 강의는 사랑의 힘으로 이방인의 타자성도 극복한 룻기, 사랑으로 신분과 거리를 초월하여 모든 파국적인 위기에도 불구하고 재결합에 이른 아가서의 사랑 이야기를 다뤘습니다. 룻기가 가르치는 영성적 미덕은 인애, 헤세드입니다. 시어머니에 대한 룻의 충절과 의리가 룻이 시모에게 베푼 인애입니다. 시모에게 인간적인 최선을 다하는 며느리의 의무수행이 인애실천입니다. 이것이 하나님의 마음을 감동시켜서 하나님이 보아스를 통해 룻에게 인애를 베풉니다. 룻의 지성(至誠)에 감천(感天)하는 방식으로 하나님은 나오미와 룻의 가문을 일으켜 주십니다. 아가서도 남녀 간의 사랑이건 하나님과 이스라엘의 사랑이건 때때로 위기를 맞고 때때로 끝났다고 느낄 만큼 파국을 맞았을 때도, 사랑의 원초적인 힘이 남아있는 한 파국과 위기를 돌파할 수 있으며 더 나아가 한 차원 더 높은 재결합이 가능하다는 메시지를 전합니다. 룻기와 아가서는 짧지만 간단하게 강의할 수 없는 깊이를 가지고 있습니다. 여러분께서 이 강의로 아가서나 룻기 성경책 읽는 것을 대신하지 말고 꼭 룻기와 아가서를 천천히 즐기면서 읽어보시기 바랍니다. 이번 시간에는 성문서의 또 다른 사랑의 절창, 룻기와 아가서를 공부했습니다. 감사합니다.

인문고전으로서의
구약성서 읽기

13주차 강의안

13-1

하나의 드라마로 읽는 구약성서

구약성서의 드라마적 구조 – 신과 인간의 이인무(二人舞)

구약성서는 1700여 년에 걸쳐서 40여 명 이상의 저자가 쓴 책들의 집성물이다. 그래서 하나의 단일한 저작계획 아래 단일저자가 쓴 책을 읽을 때와 다른 접근이 요청된다. 그런데 느슨한 수준이지만 구약성서 안에는 다양한 장르의 39권 책들을 관통하는 하나의 기승전결(起承轉結)적 구조의 드라마가 있다. 구약성서 39권을 다음과 같이 장르별로 나눌 수 있다.

1. 율법서(모세 5경)
2. 전기 예언서 6권(여호수아 – 열왕기하), 후기 예언서 15권{3 대예언서(이사야, 예레미야, 에스겔) + 12 소예언서(호세아 – 말라기)}
3. 성문서 13권(룻기, 역대기상하, 에스라, 느헤미야, 에스더, 욥기, 시편, 잠언, 전도서, 아가, 예레미야 애가, 다니엘)

그런데 극적 구조의 관점에서 보면 39권의 구약성서 책들은 다음과 같이 나눠질 수 있다.

기(起): 언약적 관계의 시작(창세기－신명기)

승(承): 언약적 관계의 진전, 성숙, 절정(여호수아－사무엘하)

전(轉): 언약적 관계의 위기, 파탄, 대파국적 결렬(열왕기상하, 이사야, 예레미야, 에스겔 + 12 소예언서 전반부 심판부분)

결(結): 언약적 관계의 복원, 새 언약 출발, 끊을 수 없는 언약(역대기상하, 에스라, 느헤미야, 이사야 40－66장, 예레미야 30－33장, 에스겔 33－48장, 12 소예언서의 후반부, 결론부)

성문서 13권 중 다음의 책들이 다음 각각의 단계에 상응한다. 성문서 각 책이 우리가 앞선 강의에서 확인했듯이, 기승전결의 서사구조를 내포하고 있다.

욥기: 기승전결

시편: 기승전결

잠언: 대체로 신명기적 질서정립 분위기, 보수적 분위기 견지. 기(起) 단계

전도서: 대체로 신명기적 질서정립 분위기의 해체와 와해를 지각하는 전(轉) 단계

아가: 기승전결

에스더: 결

다니엘서: 전결

예레미야 애가: 전결

각 책들의 저자들이 이런 기승전결 구조를 의식하고 쓴 것이 아니었겠지만, 이 39권 책들을 권위 있고 표준적인 정경문서(canon)로 결집한 정경편찬자들은 이런 드라마적 구조를 의식하고 오늘날의 구약성경 책 순서대로 배치했을 가능성이 크다. 이 기승전결 구조를 관통하는 중심 플롯은 하나님과 이스라엘의 언약적 시소게임이다. 하나님은 이스라엘을 세상 만민 중에서 선택하여 온 세계만민에게 하나님이 어떤 분인가를 계시하는 중보자 민족, 즉 제사장 나라로 삼으셨다. 전능하신 하나님은 왜 굳이 이스라엘을 언약백성 삼으시는가? 이스라엘은 과연 하나님에게 협조하여 인류에게 공존번영의 평화세상을 산파할 것인가? 아니면 배반할 것인가? 왜

전능하시다고 알려진 하나님은 인간의 도움을 이토록 절실하게 요청하는가? <일리아드>나 <오딧세이>에 등장하는 그리스 신들과 달리, 왜 구약성서의 신 야웨는 이렇게 인간의 믿음과 충성을 기대하는가?

이것은 하나님의 인격성과 깊은 관계가 있다. 하나님은 입헌적(언약 토대적), 자기제한적인 절대자이시기 때문이다. 하나님은 이스라엘에게 자신을 전능한 절대자로 계시하기보다는, 특별한 개인들과 언약을 맺어 예측 가능한 방식으로 행동하는 겸손한 하나님이시다. 인격적 하나님은 이스라엘의 지극히 자발적인 믿음, 협력, 순종을 통해 일하신다. 독불장군적으로 전능한 방식이 아니라 이스라엘의 언약적 협력, 도움을 받아 가면서 자신의 전능을 행사하신다. 그래서 하나님은 이스라엘이 맹목적으로 순종하기보다는 하나님 당신을 잘 알고 이해해 줄 것을 호소하신다.

왜 전능하신 하나님은 인간의 신뢰와 순종을 필요로 하실까?

구약성경에서 하나님은 코란에서만큼 빈번하지 않지만 때로는 절대권능을 가진 창조자요 구원자로 그려진다. 모세오경에서 그려진 하나님은 외견상 절대권능을 휘두르시는 하나님이시다. 말씀으로 천지를 창조하시는 하나님, 절대주권적 권능으로 출애굽 구원을 일으켜 히브리 노예들을 해방하고 그들에게 가나안 땅을 기업으로 주시기 위해 가나안 원주민들을 무장해제시키시는 하나님은 절대권력자의 모습에 가깝다. 이보다 앞서 창세기 1장에 말씀(명령)으로 천지를 창조하시는 하나님은 당신이 뜻하신 바를 거침없이 이뤄가시는 절대권능의 창조주이시다. 그러나 절대권능을 가진 하나님이 세상을 창조하시고 특히 당신의 형상대로 사람을 만드시고 그를 지상의 대리통치자로 세우신 후부터는 이 신적 절대권력은 의도적으로 유보되거나 억제된다. 창세기 1장의 하나님은 추상같은 명령으로 세상을 창조하시지만 창세기 2장의 하나님은 아담의 순종과 신뢰를 바탕으로 에덴동산을 가꿔가신다. 아담을 창조하신 후부터는 아담의 순종과 신뢰에 "의존하신 채로" 세상을 다스리신다. 창세기 1장의 하나님이 우주의 절대단일군주적인 하나님이시라면, 창세기 2장의 하나님은 입헌군주제적인 하나님, 아담(의회)과 협치하시는 권력분산적인 하나님이시다.

구약성경 전체에 걸쳐서 이 두 상반된 하나님 이미지가 서로 교차되고 있다.

하지만 통계적으로 계산해 보면 구약성경 전체에서는 전능하신 하나님의 권력이 신정통치의 대리자들에게 위탁되고 분할되어 행사되는 상황이 훨씬 더 많이 나온다. 아담을 창조하시고 그에게 에덴통치를 위임하시는 하나님, 아브라함을 부르시고 그의 후손을 당신의 언약백성으로 삼으시는 언약적인 하나님, 즉 관계의존적인 하나님이 구약성경에서 보다 더 두드러진 하나님 모습이다. 구약성경에서는 코란에서와는 달리, 전능하신 하나님에 대한 강조가 훨씬 덜하다. 구약성경 전체에 걸쳐서 하나님은 당신 스스로 언약백성으로 삼으신 이스라엘 백성의 반역과 불신, 불신앙과 불순종 때문에 상처를 입으시고 그 거룩한 명의가 손상당하여 괴로움을 당하신다. 하나님은 전능하신 하나님이기도 하지만 언약의 하나님이시기에 인간(이스라엘)에게 당신이 어떤 특정 조건이 조성된 이후에는 '어떻게 어떻게 행동하시겠다'고 약속해 주심으로 당신 자신을 스스로 제한하시는, 지극히 인격적인 하나님이시다.

하나님은 절대권력을 가진 창조주 하나님이시지만, 동시에 당신의 고유한 성품에 반하는 방식으로 권력을 남용하실 수 없는 자기제한적 하나님이다. 하나님은 전능하시지만 당신의 거룩하신 성품을 배반하시면서까지 전능하시지는 않기 때문이다. 하나님의 전능은 당신의 지극히 인격적인 사랑과 거룩하신 성품에 억제당하는 전능이다. 따라서 하나님은 악을 행하기에는 전적으로 무능하시고 당신의 절대공평과 정의를 훼손해 가는 방식으로 권력을 남용하실 수는 없다는 점에서 무능하신 하나님처럼 보인다. 바로 이 이유 때문에 하나님의 세상통치 자체가 인간들의 의심을 사고 있다. 요컨대 구약성경이 말하는 하나님의 절대권능은 자의적이거나 변덕스러운 권세가 아니라, 당신의 사랑과 공의 때문에 억제되거나 유보된 방식으로 작동된다. 때때로 가증스러운 악인들이 횡행하고 득세해도 하나님이 그냥 내버려두는 것처럼 보인다. 이런 상황에서 사람들은 하나님의 살아계심을 의심하고 저항적 무신론으로 경사되기도 하지만, 하나님의 성품을 알고 하나님과 연합된 성도들은 이런 거친 환경에서도 신앙을 유지할 수 있다. 하나님의 권력행사가 지극히 복합적이고 기묘한 변증법적인 방식으로 이뤄지기에 사람들은 악의 범람에 직면할 때마다 하나님이 어디 계시느냐고 항의하지만, 하나님의 의인들은 하나님의 신실함에 기대어 살고, 하나님 당신의 신실함에 감화감동되어 파생되는 신실함을 갖춘 성도들은 세상사의 현상을 넘어 본질을 붙든다.

요컨대, 구약의 하나님은 전능하시면서도 선하신 인격적인 하나님이시다. 하나님의 선한 창조질서 안에 면역주사액과 같은 악이 창조 후에도 잔존하고 있다. 악은 하나님의 전능성을 부정하는 것이 아니라, 신실함을 갖춘 변증법적으로 하나님의 권능을 옹호하며 마치 창조되지 않은 것처럼 보이는 피조물스러운 면목을 보존하고 있다. "악"은 하나님 존재만큼 영원하지 않으며, 오직 "그림자" 같은 피조성을 벗어나지 못한다. 아무리 기세등등하게 악이 창궐해도, 악은 영존하시는 하나님 앞에서는 "헛것이며" 한갓 피조물에 지나지 않는다. 그럼에도 불구하고 이 세상에는 전능하신 하나님을 의심하게 만드는 제지되지 않은 폭력과 무질서, 악의 범람이 발생한다. 사람들은 이 악에 대하여 아무런 제재도 가할 수 없기 때문에 하나님을 의심한다. 즉 심판과 하나님의 개입을 느낄 수 없을 만큼 제 길을 가는 혼돈의 세상이, 전능하시면서 선하신 하나님 아버지 존재를 믿지 못하게 한다. 그러나 하나님의 전능은 여러 가지 이유로 억제되거나 유보되거나 감춰져 있다. 첫째, 사랑 때문에, 둘째, 인간의 자유의지 존중(인간다움의 존중. 하나님께서 인간을 창조하실 때 스스로에게 하신 맹세와 자기속박적 약속)이라는 교육적 의도 때문에[1], 그리고 셋째, 악마/악에 대한 완전한 승리(폭력에 의한 승리가 아니라 진리에 의한 승리)를 위하여 하나님의 "악" 일망타진은 유보되거나 억제되고 있다. 하나님의 전능하신 공권력은 억제된 전능이요 숨은 전능으로서, 하나님의 전능하심은 변증법적으로 옹호된다. 하나님의 선하심과 인자하심도 마찬가지로 변증법적으로 옹호된다. 분명한 것은 하나님의 전능하심과 선하심은 처음에는 의심되지만 결국 옹호된다는 사실이다.

13-2

인문고전으로서의 구약성서 읽기 사례 1

악과 고난의 문제에 대한 구약성서의 인문학적 접근: 하나님의 선한 창조질서와 악의 끈질긴 존속[2)]

사도신경의 첫 번째 신조는 "나는 전능하사 천지를 만드신 하나님 아버지를 믿습니다"이다. 우리가 "전능하신 하나님 아버지"라고 고백할 때 그것은 무엇을 의미하는가? 그것은 창조주 하나님은 사랑과 공의의 하나님이시며, 이 하나님의 사랑은 어떤 난관과 장애도 극복하여 당신의 백성을 사랑하시는 능력임을 고백하는 것이다. 하나님의 전능하심과 선하심을 동시에 고백하는 것이다(요일 4:8; 애 3:22; 아 8:7). 그럼에도 불구하고 현실 속에서 우리는 전능하시면서도 동시에 선하신 하나님의 현존을 잘 느끼지 못한다. 하나님은 선하시고 전능하신데, 왜 이 세상에는 이렇게도 많은 악이 존재하는 것일까? 왜 선하시고 전능하신 하나님이 창조한 세계에 악이 존재할까? 하나님은 자신감에 넘쳐서 선한 창조질서를 위협하고 파괴하는 일을 기꺼이 허락하시는 것일까? 아니면 하나님 자신도 속수무책으로 당하고 계시는가? 하나님의 절대주권은 허구적 신념에 불과한 것인가? 왜 하나님은 충분할 정도로 선하고 의로운 사람들을 후원하거나 공공연히 지원해 주지 않는가? 세상은 악인의 손에 장악되었는가? 아니면 이 세상은 대등한 힘과 권능을 가진 선신과 악신의 영원한 각축장이 되었는가? 아우슈비츠의 대학살에 하나님은 연루되어 있지 않는가?(엘리 위젤[Elie Wiesel]의 <흑야>[Night]; 욥기와 전도서의 절규를 들어보라) 이 질문들은 20세기 실존주의 문학과 철학의 핵심주제다. 까뮈, 사르트르, 도스토예프스키, 러셀, 엘리 위젤 등 숱한 철학자들과 문학가들이 이 질문들과 씨름하였다. 특히 20세기 최대의 논리학자요 수학자, 철학자였던 버트란드 러셀(Bertrand Russell)은 『나는 왜 기독교인이 아닌가?(*Why I Am Not a Christian?*)』라는 책에서 이 세상에는 오직 두 종류의 신만이 존재할 수 있다고 주장한다. 전능하기는 하지만 선하지는 않은 신이 존재하거나 선하기는 하지만 전능하지 못한 신이 존재한다.

과연 우리는 현상 세계에서 벌어지는 그러나 즉각적인 하나님의 응징을 받지 않은 채 자행되는 엄청난 악행을 보면서(전 8:11) 하나님의 정의로운 다스리심을 확신하는 데 심각한 인식론적 부조화를 경험하고 있다(전 2-4장). 그래서 심지어 구약성경 안에서도 하나님은 당신의 업무태만(사보타지) 때문에 -충분히 공의를 드러내지 않고 약자를 돌보는 일에 충분히 신경을 써 주지 않는다고- 힐난(?)을 당하는 것처럼 보인다(시 44:23-24; 89:38-49; 사 51:9). 이런 맥락에서 존 레벤슨(Jon D. Levenson)은 그의 책 『하나님의 선한 창조와 악의 끈질긴 잔존(*Creation and the Persistence of Evil*)』이라는 저서에서 하나님의 전능성을 재정의한다. 하나님의 전능성은 모든 인간의 악행을 즉각적으로 중단시키는 그런 전능성이 아니라 악에 의하여 상처받고 망가지는 것을 견디는(?) 전능성이라는 것이다. 그에 따르면 하나님의 전능성은 인간의 순종을 통하여 완성되는 전능성이며, 하나님의 절대주권도 인간의 자발적이고 협력적인 복종에 의하여 완전해지는 그런 겸손한 절대주권이라는 것이다.

이렇게 보면 현실역사 속에 자행되는 악행들은 과연 하나님의 선한 창조질서가 어떤 공격에도 유지될 수 있는 견고한 구조인가를 검증하는 과정의 일부라고 볼 수 있을 것이다. 과연 저지되지 않는 악의 무차별 공격에도 부서지지 않을 만큼 이 세상 창조질서는 충분히 선한가? 구약성경은 하나님의 전능성과 선하심을 의심하게 만드는 방해받지 않는 악의 창궐이 사람들로 하여금 하나님의 전능성과 절대주권을 의심하게 만들 수 있다는 것을 인정한다. 하지만 하나님께서는 사람이 보는 앞에서 과연 하나님이 지으신 이 선한 창조질서가 그것을 무효화하려고 덤벼드는 악의 격렬한 도전에 흔들리지 않을 만큼 견고한가를 기꺼이 검증하신다. 이 검증 과정을 통과한 후에 하나님은 진정으로 전능하신 하나님임과 동시에 선하신 하나님임을 스스로 증명하신다. 악의 끈질긴 잔존은 선한 창조세계의 내적 취약성을 고통스럽게 일깨우지만, 하나님께서는 선한 창조세계가 악과의 싸움을 통하여 변증법적으로 선해져야 함을 일깨워주신다. 악의 공격과 도전에 의하여 악을 경험하면서도, 인간은 선을 의지적으로 지향하여 선한 창조질서를 구현해 가야 한다는 것이다. 하나님의 창조질서는 태초의 창조시점부터 내재적으로 선하지만, 혼돈의 도전을 받아 극복하면서도 계속 선한 상태로 존재하도록 의도된 창조질서였다. 그래서 창세기 3장의 뱀의 도발적 시험이 시작되어 인간이 죄와 죽음의 세계로 굴러떨어지기 전까지는, 그것은 악의 도전과 공격을 경험하지 않았다는 점에서 불완전한 의미에서의 "선한" 창조질서였다. 아직 악과의 싸움을, 악의 도전을 거치지 않은, 꿈꾸는 순진무구성의 세계로서의 선한 질서인 것이다. 이 정태적, 잠재적인 의미의 선한 창조질서가 실제적인 의미에서 "선한 창조질서"로 발전하려면 변증법적인 부정을 거쳐야 한다는 것이다. 즉 하나님의 선하심과 전능성이 송두리째 도전받고 위협당하는 위기가 발생하여야 한다. '하나님의 창조질서는 결코 선하지 않으며, 세계를 창조하신 하나님은 그것을 당신의 의도대로(창조주의 절대주권의 목적대로) 보호하고 지탱할 능력이 없을지도 모른다'는 의심을 불러일으켜야 한다. 그의 전능성과 선하심이 송두리째 부정당할 위기 한복판에서 하나님은 자신의 선하심과 전능성(절대주권)을 온전히 증명하여야 한다. 하나님의 전능하심과 선하심은 극적으로 증명되어야 한다는 것이다. 극의 전반부와 중반부는, 악당들이 독무대를 이루듯이 현실을 지배하도록 내버려 두어야 한다. 오직 마지막 순간에 갑자기 출현한 선한 주인공에 의하여 악당들의 무대가 파탄당하여야 하고 의심받고 부정당하던 선하고 전능한 주인공이 홀연히 승리하여야 한다. 하나님의 전능성은 태초에 한 번 과시되고 종말에 다시 과시될 때까지 세찬 의심과 부정의 대상이 된다. 태초와 종말의 중간시기인 현실역사 속에서 하나님은 일시적인 패배를 맛볼 수도 있고 하나님의 권위는 의심당하거나 훼손당할 수도 있다는 것이다. 따라서 역사의 중간기를 사는 하나님의 백성들은 전능하사 천지를 지으신 하나님을 고백함으로써 세상의 현상세계를 초극하여야 한다. 이 과정에서 인간의 능동적인 순종과 신뢰에 찬 복종이 아주 중요한 의미를 가진다. 의심받고 있는 하나님과 함께 현실적인 악, 공중의 권세 잡은 자를 몰아내면서 새 하늘과 새 땅 창조의 공동참여자가 되어야 하기 때문이다. 이런 점에서 전능하시면서도 선하신 창조주 하나님에 대한 신앙고백은 이 세상에 창궐하는 악과의 싸움에 엄청난 무기가 된다. 다니엘과 세 친구들이 바벨론 제국과 맞싸운 무기가 바로 이 신앙고백이다. 본회퍼가 히틀러의 파시스트 제국과 맞싸울 때, 주기철 목사가 일제의 군국주의와 맞싸울 때 휘두른 무기가 바로 이 전능하시면서도 선한 창조주 하나님에 대한 신앙고백이었던 것이다.

이에 반하여 하나님의 전능성에 대한 고전적인 논의는 하나님의 패배 불가능성, 하나님의 수난 불가능성을 강조하고 모든 하나님의 실패처럼 보이는 현상도 인간의 자유의지의 탓으로 돌렸다.[3] 악의 기원에 관한 이 아우구스티누스적인 전통적 설명은 자신을 높여 하나님과 동등됨을 강탈하려고 한 오만한 반역적 천사장이 악의 기원이며, 이 타락한 천사의 꾐에 빠져 역사 속에 악을 육화시키는 인간의 자유 남용이 악의 실재라는 주장이다(창 3장; 유다서). 모든 악을 사탄과 자유의지를 잘못 사용하는 인간에게 귀속시킨 것이다. 이 이론은, 사탄(Satan=대적자)은 하나님의 절대주권이 정해 주는 한계 안에서 신비로운 이유 때문에 제한적으로 악한 활동을 하도록 허용받고 있다고 설명한다. 물론 이 설명은 악의 피해자에게 약간의 위안을 줄 수 있을지언정, 악 자체를 제거하고 극복하는 데 실제적인 도움을 주지는 못한다.

따라서 이제 우리는 악은 하나님의 (선한) 창조질서 안에 내재된 일종의 프로그램이라고 보는 존 레벤슨의 입장을 좀 더 진지하게 경청할 필요가 있다. 그에 따르면 잔존하는 악은 하나님과 인간의 신뢰관계 위에 구축될 하나님 나라의 항구적인 위협세력의 역할을 한다는 것이다. 악은 선한 창조질서 내에서 일어난 사건이 아니며 오히려 하나님의 창조행위가 극복하려고 한 일종의 창조 이전부터 있던 혼돈세력이다. 하나님이 보시기에 선한 피조세계(창세기 1-2장)는 이미 상대적으로 선재하던 악과 혼돈세력에 대한 대항질서요 대안질서로 창조되었다는 것이다. 하나님이 충분히 전능하지 못하여서 태초의 창조 시 존재하던 그 혼돈세력을 제거하지 못하신 것이 아니라, 하나님의 창조주권을 변증법적으로 과시하기 위하여, 즉 피조물의 대표인 인간이 보는 앞에서 당신 자신의 전능하심과 선하심을 과시하기 위하여 악과 혼돈세력을 세계 안에 잔존하도록 허용하셨다는 것이다. 이 경우에 악은 창조 내재적인 질서나 사건이 아니라, 하나님의 천지창조를 통하여 극복하려고 했던 "1-7일 창조" 이전의 문제상황이었던 셈이다. 따라서 창세기 1장 하나님의 "선한" 창조질서는 창조 이전부터 상대적으로 먼저 존재하던 악과 혼돈세력의 간단없는 공격과 위협에 노출된 "선한" 창조질서인 셈이다.

하나님은 이 "선한" 창조질서가 악의 공격과 대면하면서 악과 혼돈의 위력을 경험해 가면서도 하나님께 순종하는 "선한" 질서가 되도록 섭리하시는 하나님이시다. 이 과정에서 하나님은 때때로 잠자고 있는 것처럼, 활동중지에 빠진 것처럼 행동하신다. 이런 이유 때문에 야웨의 절대주권이 자주 혼돈세력에 의하여 억제되거나 탈취당해 무기력해진 것처럼 보인다. 당신의 전능하심과 선하심을 드러내는 일에 너무나 느린 것처럼 보인다. 그래서 이 억제된 하나님의 전능성과 선하심의 역동적 재활성화를 요청하는 구약성경의 애가형 시편들이 여기저기서 분출된다. 시편 44편에 의하면 자연뿐만 아니라 역사 자체도 가끔 하나님의 통제를 벗어난 방향으로 움직이고 있다(시 44:18, 23-26). 따라서 44편의 시편 기자는 하나님이 잠에서 깨어나야 한다고 주장한다. 시편 97편도 하나님이 왕이 아닌 상태(무기력하고 잠자는 상태)에서 되돌아와 다시 왕이 되셨다는 사실을 감격적으로 노래한다. 시편 74편과 89편에서도 이 애가 시편의 화자들은 하나님께 "깨어나라"고, "일어나라"고 탄원한다. 다시금 혼돈과 악의 세력을 억제하시고 선한 세계를 창조하실 때의 바로 그 전능성을 과시해 달라고 간청한다.[4] 천지를 창조할 때(악을 처음으로 거의 완전 무장해제시킬 만큼 강력하게 악을 제압하신 사건) 과시했던 그 엄청난 창조적 권능을 다시금 과시해 달라고 요청하는 것이다(시 44편; 78편; 89편). 잠자고 있는, 억제된 전능을 다시 보여 달라는 것이다.

하지만 이런 탄원들과 애가들에도 불구하고 안타깝게도 구약성경에 의하면 이 억제된 전능성은 종말의 악이 무장해제되는 종말론적 전쟁 때에 가서야 다시금 봇물 터지듯이 과시되기로 예정되어 있다. 즉 태초와 종말 두 시점에는 하나님의 전능성이 거침없이 발휘되지만, 태초와 종말의 두 극점 사이의 중간시대를 사는 하나님의 백성들은 오로지 하나님의 전능성을 믿고 긍정하도록 요청받는다. 이런 점에서 전능하사 천지를 만드신 하나님 아버지를 믿는 것은 현실초극적인 신앙고백이다. 이것은 현실 묘사적인 고백도 아니요 현실반영적인 관찰도 아니다. 오히려 현실재해석을 통한 신앙고백이다.

왜 하나님은 시간의 중간기인 이 현실 안에서는 당신의 전능을 억제하셔야 하는가? 왜 바로 당장 당신의 전능으로 지상의 완전한 정의와 공평을 정립하면 안 되는가? 구약성경의 기자들은 악의 창궐을 보고 지성적으로 설명하여 하나님을 곤경으로부터 건져내려는 사람들이었던가? 결코 아니다. 그들은 존 밀턴(John Milton)처럼 현재 일어나는 모든 것은 하나님의 영광을 드러내는 소재가 된다고 주장하는 과도한 시적 영감을 주장하지도 않았다. 그들은 오히려 "하나님, 당장 악을 날려 보내소서!" 소리 질렀다(시 92편; 렘 12:1-3과 시편 1편과 대조해 보라). 창궐하는 악을 보고 하나님께 개입해 달라고 소리치지만 하나님이 응답하지 않을 때 우리에게 남는 것은 세 가지 선택이다. 계속 하나님과 논쟁하여 마침내 하나님의 개입을 이끌어내는 것, 하나님을 포기하는 것, 마지막으로 다니엘의 세 친구 같은 입장이다. 세 친구들처럼 우리는 하나님을 전능하신 선하신 창조주라고 고백함으로써 하나님의 창조주권에 저항하는 악의 세력들을 무력화시키는 길을 갈 수 있다. 다니엘의 세 친구의 "그리 아니 하실지라도"의 신앙은 하나의 정태적 공식이 아니라 준(準) 예전적 행동이다. 하나님 전능성에 대한 이 변증법적인 고백은 악과 혼돈세력(하나님의 선하심과 전능하심을 의심하게 만드는 세력)의 공격을 무력화시킬 수 있다.[5)]

따라서 하나님을 이 세계의 창조주라고 고백하는 것은 하나님과 그의 창조행위(악 억제 및 질서 창조 및 유지행위)에 저항하고 적대하는 세력들을 향하여 싸움을 거는 신앙고백이다. 창조행위가 어떤 기존의 세력에 대한 싸움이라고 해석하는 입장은 후대 유대교 및 기독교의 "무(無)로부터의 창조" 교리(creatio ex nihilo =creation out of nothing)와 배치되는 것처럼 보일 수도 있다. 그러나 창세기 1:2은 말한다. 하나님이 이 세계 땅을 토후 봐보후(תהו ובהו, formless and void=황무지)로부터 만들었다는 것이다. 토후 봐보후가 창조의 원질료로 활용되었다는 것이다. 하나님은 중립적인 무로부터가 아니라 토후 봐보후라는 상대적으로 선재하는 것으로부터 우리가 누리는 이 질서 잡힌 세계를 창조하셨다. 토후 봐보후는 아무것도 없는 상태라기보다는 우주를 가득 채운 천체들과 심지어 지구상의 어떤 거주자도 존재하지 않던 원시우주를 의미한다. 삼라만상의 피조물들을 수용할 수 없던 적대적 상황을 가리킨다. "토후 봐보후" 조건에서의 땅은 물에 가득 잠겨있는 땅이며 어떤 생명체도 품기 힘든 원질료였다. 하나님께서는 생명의 공동체인 지구생명 생태계에게 해악스러운 이 원질료(토후 봐보후)를 가지고 당신의 가슴속에 있던, 우리가 현재 누리고 있는 이 멋지고 장엄한 생명공동체를 만드셨던 것이다. 따라서 무(無, nothing)는 존재의 반대인 무(無)가 아니라 어떤 나쁜 것(something negative)을 의미한다. "무(無)로부터의 창조교리"(creatio ex nihilo)에서 nihilo는 nihil, nothing을 의미하는데 그것은 단순히 "없음"이 아니라 어떤 방향으로 활동하는 실재하는 힘을 의미한다. 쓰레기더미, 변소, 톱밥이 가득 찬 작업장 위에 위엄에 찬 대궐을 건축한 왕과 같은 마음으로 하나님은 무로부터 세상을 창조하신 것이다. 난지도 같은 쓰레기 하치장 위에 베르사이유 궁전을 지었다는 것을 의미한다. 창조하다를 의미하는 히브리어 동사 빠라(bārā')도 흔히 통속적으로 이해되듯이, "순수 없음"으로부터 "무엇인가를 만드는 행위"를 가리키는 말이 아니다. 이 동사는 덜 좋은 원질료를 갖고 원질료보다 훨씬 더 좋은 것을 만들어내는 행위를 가리킨다. 이 동사의 강세능동형(피엘) 뻬레(bērē')는 삼림이나 황무지를 경작지로 개간하는 행위를 표현할 때 사용되기도 한다(수 17:15 "삼림에 올라가서 스스로 개척하라"[우베레타 러카]). '창조하다'를 의미하는 '빠라'(bārā')는 오히려 '나누다, 구획하다, 장소를 최적화하다' 등의 의미를 갖는다. 결국 하나님의 창조(bārā')는 물과 뭍이 뒤엉켜 있는 상태(混沌)로부터 생명체 친화적 거주공간인 지구를 만드는, 창조적 구역분할 행위였다.

오히려 무(nothing), 즉 "카오스"를 비존재, 존재결여로 보는 입장은 아리스토텔레스적인 자연주의 철학 입장이다. 이런 입장에서 보면 하나님이 텅 빈 상태에서 무엇인가를 존재케 하고 창조하는 일은 자연과학적 공작활동이지 더 이상 불의, 혼돈, 무질서에 대한 정의의 승리가 아니다. 이때 하나님의 창조는 가치중립적인 자연과학적 행동에 불과하다. 이런 경우 하나님의 창조행위는 인간에 의하여 재활성화될 수도 없고 모방될 수도 없고 계속될 수도 없다. 그런데 이런 해석은 하나님의 창조행위가 갖는 정치신학적 차원을 놓치고 있다. 그러나 창세기 1장의 천지창조 행위는 혼돈세력을 무장해제시키고 유폐시키는 정치적 행동이다. 창세기 1장에서 분출되는 하나님의 추상같은 위엄으로 가득 찬 명령들은 하나님 자신이 혼돈세력을 억제하여 선한 창조질서를 창조해 내는 창조주이자 절대왕권을 가진 왕이심을 증명한다. 따라서 여기서 창세기 1장의 창조 명령들은 도덕적(moral) 및 정치적 차원을 가진다는 사실이 충분히 강조되어야 한다.

하나님의 창조행위가 도덕적 행위라는 의미는, 창세기 1장에 나오는 하나님의 창조행위가 혼돈세력에 대한 명령행위이며 역사 속에 활동하는 불의, 억압, 어둠에 대한 의로움, 평화, 사랑, 빛의 승리라는 것을 의미한다. 하나님의 창조활동은 가치 내포적이고 가치주창적(value-advocating)인 활동인 것이다. 하나님의 창조행위는 자연과학적 제작행동에 가깝기보다는 정치적·윤리적 질서부여 행동에 가깝다. 불행하게도 현대 자연과학은 자연과학의 영역을 도덕과 영적 세계(차원)로부터 집요하게 분리시킨다. 도덕과 자연과학의 분리를 통하여 서구사상은 하나님의 창조행위 안에 있는 도덕적 영적 차원을 사상(捨象)시킨다. 특히 극소수를 제외하고 현대 서구신학은 창세기 1장에 담겨있는 정치신학적 차원을 잘 모른다. 그러므로 창세기 1장의 창조 사건을 혼돈세력에 대한 하나님의 도덕적 억제명령 사건이요 어둠과 무질서를 무장해제시키는 정치적 사건이라고 읽을 때 이런 서구신학의 한계를 극복할 수 있다.

13강 서론

구약성서를 하나의 책으로 읽으려는 시도의 난점과 유익

이번 13주차 강의와 다음 14주차 강의는 구약 39권 각각의 책에 관한 강의가 아닙니다. 이번 13주차 강의의 첫째 주제는 구약성서의 드라마적 구조의 탐구입니다. 1차시 강의는 구약성서를 기승전결의 서사구조를 가진 하나의 드라마로서 읽는 방법에 관하여 공부합니다. 드라마로 구약성서를 읽는 것은 인문학적 구약성서 읽기의 대표적인 사례입니다. 그런데 1700여 년에 걸쳐서 40여 명 이상이 썼다고 알려진 39권을 하나의 드라마로 읽을 수 있을까요? 단일저자에 의해서 쓰인 단일저작품도 아닌 구약성서 39권에서 어떻게 드라마적 서사구조를 읽어낼 수 있을까요? 서로 관련이 없어 보이고, 서로 전혀 다른 맥락을 전제하고, 전혀 다른 상황을 다루는 서른아홉 권의 책들이 어떻게 기승전결 드라마로 읽힐 수 있을까요? 이런 질문들이 가능하죠.

그러나, 간단하게 대답하면, 가능합니다. 서른아홉 권의 책을 관통하는 기승전결 드라마가 느슨하게 작동하고 있기 때문입니다. 첫출발이 창세기, 출애굽기, 레위기, 민수기, 신명기입니다. 하나님이 아브라함과 언약을 맺어 그의 후손을 통해 세계만민에게 하나님의 복과 구원을 나눠주려는 하나의 기획이 구약성서의 첫 다섯 책을 관통하고 있습니다. 하나님은 이스라엘 백성과 아름답고 아름다운 2인 3각의 여정을 출발했습니다. 그들의 언약관계는 전진과 퇴보를 거치면서도 성숙해 갔습니다. 그래서 이스라엘은 하나님의 언약선물이자 보증물인 가나안 땅에서 600년을 살았습니다. 그러나 여러 가지 이유로 야웨 하나님과 이스라엘의 600년 세월의 언약관계는 가나안의 다신교 종교들 영향으로 약화되기 시작하고 와해되다가, 마침내 파탄 났습니다. 그래서 이스라엘은 하나님의 언약보증물인 가나안 땅에서 쫓겨나 바벨론 포로생활을 시작했습니다. 이스라엘의 역사가 바벨론 포로생활로 끝났으면 기승전결 드라마가 아닙니다. 그냥 끝난 이야기입니다. 그런데 바벨론 귀환포로들이 돌아오면서 반전이 일어남으로써 반전에서 반전이 한 번 더 일어납니다. 그래서 야웨 하나님과 이스라엘의 관계는 드라마적 전환과 변곡점을 거치면서도 지속되었습니다. 다만 이 드라마는 끝이 어떻게 될지 모른다는 점에서는 미완성(open-ended) 드라마입니다. 끝이 아직 나지 않은 드라마, 지금도 여전히 진행 중인 드라마라는 뜻입니다.

다음으로 13주차 2차시 강의는 구약성서에서 발견되는, 악과 고난에 대한 인문학적 접근을 다룹니다. 우리는 창세기 1장부터 3장에 대한 자세한 읽기를 통하여, 악과 고난이 과연 창조 안에 있는 하나님의 결함인지, 혹은 인간이 바깥으로부터 오는 영향을 받아서 범한 악행의 결과인지, 혹은 악과 고난 자체를 문제시하는 것 자체가 하나님의 일원적 세상경영을 너무 인위적으로 나누려는 시도인지 등에 대해 공부하고자 합니다. 악과 고난에 대한 구약성서의 인문학적 접근, 매우 흥미진진한 이야기입니다.

13강-1

기승전결의 드라마로 읽는 구약성서

숭실대학교 인문대 기독교학과 김회권 교수입니다. 이번 시간에는 "하나의 드라마로 읽는 구약성서"라는 주제를 다루려고 합니다. 단연코 구약성서의 주인공 등장인물은 하나님 또는 신입니다. 등장인물로 신 또는 절대자 또는 하나님이라고 일컬어지는 초월적 존재들이 등장하는 고전은 많습니다. 아니, 인류 대부분의 고전들, 특히 서양에서 나온 고전들에는 신들이 주요한 등장인물로 나옵니다. BC 8세기에 그리스의 서사시인 호메로스가 쓴 <일리아드>와 <오딧세이>는 제우스신, 그의 아내 헤라 여신, 바다의 신 포세이돈, 지혜의 여신 아테네 등 여러 신들이 서로 충돌하고 갈등하면서 맹활약하는 주인공으로 등장합니다. 그리스의 역사가 헤시오도스가 쓴 <신통기(神統記)>는 그리스 신들의 계보와 출생관계, 친근원소(親近遠疎) 관계를 다루는 신계보학입니다. 이 세 권을 통해 우리는 그리스-로마 신화를 재구성할 수 있지요. 이 세 책 모두 신들의 이야기이지만 인류의 고전이죠. 후대의 사람들이 신들이 주인공으로 등장하는 이런 신들의 이야기를 단순히 신들의 이야기로 읽지 않고 인류의 고전으로 수용하는 이유가 무엇일까요? 신들의 전쟁, 갈등, 질투, 생성과 소멸 이야기를 통해 인간의 내면을 들여다보는 창으로 삼고 신들의 이야기를 곧 신의 세계에 투사된 인간의 이야기로 읽기 때문입니다. 외견상 신들의 이야기이지만 신들의 이야기로 읽지 않는 이유는, 그리스-로마 신화의 신들은 '신성의 가면을 쓴' '인간영웅, 인간악당, 인간희생자'들이라고 보기 때문입니다. 뿐만 아니라, 각각의 신화 또는 고전이 보편적이고 시대를 초월한 인간성, 인간의 유한성, 인간의 불멸추구 열정을 다루고 있기 때문이죠.

여기서 우리는 다시 더 근원적인 질문을 떠올립니다. 인류의 고전들은 뭘 다루고 있습니까? 인류의 고전들은 대체로 인간이란 누구이며 무엇인가를 묻고 있습니다. 인간의 의무, 인간의 행복추구권리, 인간의 신적 불멸성과 필사적(必死的) 허무성을 동시에 다룹니다. 좀 더 구체적으로 말하면, 인류의 고전은 인간의 본성, 인간을 구성하는 핵심 구성요소가 무엇인가를 묻죠. 그리고 인간의 열망, 인간의 영생추구욕구, 인간 안에 있는 선과 악의 갈등문제, 이것들이 인류의 고전들이 거의 공통적으로 다루는 주제들입니다.

그리고 이 외에 또 인류의 고전들이 다루는 주제가 있다면 뭐가 있을까요? 이상적인 공동체 생활 또는 이상적인 국가 혹은 사회가 무엇인가를 묻죠. 또는 인류의 궁극적인 운명, 개개인의 운명 등에 관한 형이상학적 질문을 갖습니다. 대부분 인류의 고전들은 영구불변한 신적 질서 또는 절대적 질서가 있고, 그 영구불변한 절대적 질서 또는 신적 실재와 구분되는 가변적인 현실이 있다고 믿었죠. 이런 점에서 인류의 고전들은 대체로 느슨한 이원론에 입각합니다. 더 온전한 세계, 신의 세계 또는 이데아의 세계와 그 온전한 세계에서 분리되고 이탈한 실제, 현실 세계 또는 현상의 세계, 이렇게 구분합니다. 동양의 고전들과는 달리 지중해를 둘러싼 고대중근동과 지중해를 낀 유럽과 아프리카 문명권에서 나온 고전들은 '신들'이 주요 등장인물로 나올 때가 적지 않습니다. 그리스의 ＜일리아드＞, ＜오딧세이＞, 고대근동의 모든 신화들-＜길가메쉬 서사시＞, ＜아트라하시스＞ 또는 ＜에누마 엘리쉬＞-과 이집트의 종교제의 문서들에는 전부 다 신들이 주요 등장인물로 등장합니다. 이런 점에서 지중해를 낀 문명권과 고대중근동 문명의 교차로에 꽃핀 고대 이스라엘에서 나온 구약성서에도 마찬가지로 신 또는 절대자가 등장하죠. 그러나 구약성서가 고대근동의 신들이 주인공으로 나오는 문헌들과 호메로스의 ＜일리아드＞와 ＜오딧세이＞와는 다른 점이 있다는 사실이 중요합니다. 무엇보다도 구약성서는 다신교적 세계관에 대해서 강력한 반박적 동기를 갖고 있습니다. 구약성서에서 세계는 여러 신들의 무질서한 협의체적 분할통치 아래 있는 세계가 아닙니다. 구약성경에서는 한 신 또는 한 하나님이 세계를 절대주권적으로 단독통치한다고 보는 입장입니다. 이것을 유일신 신앙이라고 말하죠. 구약성서는 유일신 신앙을 앞세우기 때문에 여러 신들의 협의체적 또는 상호 충돌적 통치체제가 당연시되는 고대 중근동의 종교문헌들(길가메쉬 같은 고전)과는 차이가 납니다. 이 차이가 구약성서에 대한 반감을 불러일으키는 것은 아닙니다.

오히려 구약성서가 그리스-로마시대의 고전들이나 다른 신들이 등장인물로 나오는 책들에 비해서 유독 경계심을 자아내는 이유는, 특정종교가 신성시하고 절대시하는 '경전'으로서 여겨지기 때문일 것입니다. 구약성서를 경전으로 삼는 유대교와 기독교, 이슬람교가 호전적이고, 배타적이며 그리고 타자에 대한 존중을 결여하고 있는 것처럼 보이기 때문에, 많은 사람들은 구약성서를 철학서 또는 인문고전으로 읽기보다는 하나의 배타적 종교문서, 호교문서로 보기 쉽다는 거죠. 저는 이 편견에 도전하기를 원합니다. 구약성서는 특정종교집단이 자기의 경전으로 삼아서 타자를 멸시하고 배척하며 배제하는 데 악용해서는 안 되는, 인류에게 선사된 인문고전이라는 것입니다. 구약성서가 널리 존숭되는 다른 인류의 고전들의 권위와 품격에 배치되는 몰상식하고 야만적 행동지침을 담은 책이라고 저는 보지 않습니다. 구약성서는 매우 너그럽고 타자수용적이고, 타자와 공존을 추구하는 책이며, 자신의 사명이 세계만민에게 복이 되는 것이라고 믿는 민족의 비전을 담고 있는 고전입니다. 인류에게 보편적으로 수용되는 고전들의 인간옹호적, 문명계몽적 평화의 비전과 구약성서의 비전이 다르지 않습니다. 구약성서는 처음부터 선민을 위한 책이 아니라 만민에게 선사된 책입니다. 선민의 특수한 사명이 강조된 책이긴 하지만 구약은 명실공히 만민지향적이고 만민포용적이고 만민구원을 위한 비전을 담은 고전입니다. 제 이 주장은 구약 각 책을 읽어봐야만 입증되는 논제죠. 저는 여러분들이 이 강의를 통하여 구약 각각의 책을 편견 없이 읽어보는 기회를 가져보기를 바랍니다.

구약성서의 신 또는 절대자는 특정종교가 독점할 수 있는 언어가 아닙니다. 구약성서의 하나님 또는 신은 인류 모두에게 말하는 독립적이고 자존적인 발화자(發話者)입니다. 구약성서의 하나님은 특정종교를 지지하고, 그 배후에서 사람들을 조종하고 자신의 의지를 관철시키기 위해 특정 사람들에게 자신의 명령이나 의지를 전달하는 신이 아닙니다. 구약성서의 신은 누구의 입에 담긴 신입니까? 구약성서에서 하나님은 지배자, 압제자, 권력자의 입에 담긴 언어가 아니라, 박해받고 압제당하는 노예들의 입에 담긴 언어입니다. 단 한 가지 중요한 사실은, 신 혹은 하나님은 결코 이미 세상에서 권력을 휘두르는 자들의 입에 담길 수 없다는 것입니다. 하나님의 명령이나 율법 중 어떤 것도, 세계를 정치적으로나 군사적으로 지배한 패권자의 입에 담겨서 인류에게 전달된 것이 아닙니다. 구약성서의 하나님 또는 신은 기울어진 운동장 같은 현실에서 절대 강자의 강압, 박해 또는 죽음의 위협에 맞섰던 약자들의 입에 담긴 언어였다는 겁니다. 구약성서의 하나님은 세상에서 엄연히 작동하는 모든 부조리한 질서의 피해자들이 입에 담았던 말이라는 거죠. 구약성서는 세계를 지배하려고 하는 야심을 가진 사람들이 애독하거나 존숭할 수 있는 책이 아닙니다. 구약성서의 하나님은 이런 타자지배적인 권력을 휘두르는 자들을 상대화시키는 절대자이기 때문입니다. 하나님의 절대자 역할은 자신의 권력을 신의 재가나 승인의 산물이라고 주장하는 자들의 신화(神話)의 허위성을 폭로하는 것입니다. 오히려 구약성서에서 하나님 말씀, 계명, 명령을 자세히 보세요. 거대한 폭력, 제국의 힘에 맞서서 간신히 살아가는 약자들의 아우성이 결집된 거죠. 그래서 구약성서는 인간 존엄 옹호의 보루입니다. 신의 이름으로 권력을 행사하는 모든 정치, 군사, 경제, 그리고 종교권력들을 근원적으로 비판하고 해체하는 고전이 바로 구약성서라는 사실은 아무리 강조해도 지나침이 없습니다. 자기종교를 절대화하고 인류 다수의 존엄과 행복, 공영과 평화공존을 도외시하는 어떤 특정 종교권력자들도 구약성서를 이용해 자신들의 독선을 정당화할 수 없을 것입니다.

구약성서는 1700여 년에 걸쳐서 40여 명 이상의 저자가 개별 책들의 저작에 참여해 만들어진 책입니다. 구약성서는 말씀드렸듯이 39권의 책입니다. 이 39권의 책들은 단일저자 혹은 단일저자협의체가 합의해서 완성한 책이 아닙니다. 39권 각 권의 저자가 자신이 쓰는 개별 책들이 모여 오늘 우리가 아는 이런 구약성서라는 하나의 책이 될 것을 예상하고 쓴 것도 아닙니다. 다수의 저자들로 구성된 구약성서 저작협의체에서 기획된 저작물도 아닙니다. 오늘날 우리가 정경이라고 부르는 서른아홉 권 외에도, 고대 이스라엘 사람들과 유대인들에게 읽혔던 경건한 문서가 많이 있었습니다. 14권 내지 15권의 외경(deutero-canonical literature) 혹은 훨씬 더 많은 위경(僞經, pseudepigraphy)도 있습니다. 외경은 뭡니까? 구약성서의 정경에는 포함되지 않았지만, 신앙과 삶의 표준적 지침이 될 책들이 외경입니다. 가톨릭교회는 외경도 정경으로 포함하고 있습니다. 1977년 신구교 공동으로 번역한 <공동번역>에도 이 외경이 실려 있습니다.

또 정경이나 외경은 아니지만, 여전히 종교적으로 의미 있는 문서가 있는데 위경입니다. 수데피그라파(pseudepigrapha)라고 말합니다. 위경은 고대 유명한 사람의 이름을 빌려 쓴 익명의 저자가 남긴 문서라는 뜻이죠. 외경이나 위경 둘 다 정경 외 문헌(Extra-Canonical Literature)으로 권위가 좀 떨어지지만, 정경을 위한 참고자료가 될 정도의 문서라는 뜻이죠. 39권의 정경으로 선정된 구약성경 개별 책은 이렇게 많고 다양한 책들 중에 선발된 책들이라는 것을 알 수 있죠.

그런데 이 선발된 책들은 각각 어디에서 누구에 의해 쓰였습니까? 확정하기가 어렵습니다. 이 책들의 기원은 정확하게 밝혀내기 힘듭니다. 구약성서가 다루는 시대와 상황은 아주 오래된 일들이지만, 오늘날 우리가 가진 모습의 구약성서의 서른아홉 권 대부분은 BC 6세기에서 5세기 사이에 쓰인 책들이라고 봅니다. 왜요? 구약성서의 대부분 책들에는 지나간 과거 사건들이 후대 관점에서, 즉 추후성찰과 뉘우침의 관점에서 쓰였기 때문입니다. 구약성서의 모든 책들은 한 가지 중심사건을 음으로 양으로 반영하고 있거나 전제하고 있습니다. BC 586년의 유다 왕국 멸망과 유다 지배층의 바벨론 유배사건입니다. 고대 이스라엘은 나라가 멸망하고 가나안 땅을 빼앗기고 나서 70년의 바벨론 포로생활을 거친 후에, 그때까지의 모든 역사를 종합적으로 성찰하는 과정에서 구약성서로 편입될 여러 책들을 산출했습니다. 구약성서를 쓴 저자들을 사로잡은 질문들은 몇 가지입니다. '우리는 누구인가?' '우리는 왜 존재하는가?' '우리 겨레가 맡은 세계적 사명은 무엇인가?' '왜 우리는 가나안 땅을 잃고 바벨론 포로살이를 했나?' '왜 하나님은 우리를 버렸나?' '우리에게 미래가 있는가?' '우리가 미래에서 수행할 일이 무엇일까?' '우리가 가나안 고토로 다시 돌아간다면 그 이후에 우리에게 기대되는 역할은 무엇일까?' '우리는 왜 다시 가나안 땅으로 돌아가야 하나?'

BC 6-5세기의 구약성서 개별 책들의 저자들은 이런 민족적 사명 자각의식과 존재이유에 관한 질문들에 답을 제공하려는 의도를 가지고 서른아홉 권의 구약성서 책들을 썼습니다. 물론 구약성서는 매우 오래된 옛날을 다룹니다. 그러나 구약성서의 각 책이 실제 일어난 그대로의 옛날 이야기를 기록한 기록물이 아니라, 저자 자신의 시대상황에 맞게 의미심장한 방식으로 과거사를 재구성했습니다. 따라서 구약성서 각 책들은 과거지사의 사건들과 일들을 복사하듯이 기록한 기록물이 아니라는 것입니다.

에드워드 카는 『역사란 무엇인가』란 책에서 “역사란 과거와 현재의 부단한 대화다”라고 말했습니다. 이때 과거는 ‘지나간 일들을 기록한 문서’를 가리킵니다. 여기서 현재는 뭡니까? 역사를 쓰는 역사가를 가리킵니다. 그런데 이 역사가는 에드워드 카에 따르면 개인이 아니라 공동체를 대표하는 사회 속의 개인입니다. 그러니까 역사란 한 공동체가 지나간 과거를 반추하면서 우리가 미래에 어떤 세상을 이룰 것인가, 어떤 이상사회를 건설할 것인가를 고민할 때, 그 공동체의 고민을 대표하는 개인 역사가가 과거지사에 대해 쓰는 선택적 기록입니다. 역사책은 지난 일들을 기록한 단순한 복고적 기록물이 아니라, 미래지향적인 과거소환이라는 거죠. 그러니까 역사가는 자신의 시대를 대표해서, ‘미래에 우리가 어떤 세상을 만들래?’라고 물으면 답하는 사람입니다. 역사가는 미래에 이룩하게 될 멋진 세상, 이상사회를 정당화하고 지원하기 위해서 과거지사를 선택적으로 소환하고, 압축적으로 소환해 ‘역사’를 쓴다는 말이죠. 구약성서는 BC 6세기에서 5세기에 걸쳐서 바벨론 귀환포로들이 자신들의 미래 이상사회를 건축할 때 도움이 되는 과거를 선택적으로, 압축적으로 소환해서 쓴 책들로 구성되어 있습니다. 여기서 한 가지 유의할 사실은, 구약성서의 현재 모습이 BC 6−5세기 때 단번에 쓰였다고 보기는 힘들다는 것입니다. 구약성서 각 책들의 역사를 보면, 오래전부터 구전으로 전달되다가 문서로 기록되다가 또 그 최초의 문서가 보충되고 보충되어서, 마침내 오늘날 우리가 가진 이런 책이 되었다고 보는 것이 합리적인 이해임을 알 수 있습니다. 따라서 오늘날 어떤 소설가가 단일한 기획의도를 가지고 특정 기간 안에 소설을 쓰듯이 구약성서의 개별저자들이 자기 완결적 구조를 가진 책을 단번에 완성했다고 보기는 힘들죠. 그러면 구약성서는 누가 썼습니까? 구약성서의 최초의 원본문장(autograph)을 쓴 사람은 글자를 잘 익혔던 서기관이었을 것입니다. 그런데 저자가 최초로 쓴 육필원본들(autograph)은 다 사라졌습니다. 우리가 가진 성경은 이 원본으로부터 필사해 사본을 만들었던 사본필사가들이 써서 완성한 산물입니다. 그러나 구약성서를 그렇게 쓰도록 만든 사람은 누구입니까? 구약성서가 예언한 이상사회를 꿈꾸었던 각 시대의 남은 자 공동체 모두죠. 이런 공동체들 모두가 한 서기관, 개인필사가 또는 개인저술가로 하여금 구약성서 개별 책들을 쓰게 만들었죠. 그렇기 때문에 고대 이스라엘의 여러 시대 공동체가 구약성서의 책들을 썼다고 말할 수 있죠. 그런데 그 공동체들에게 이런 영감을 붓고, 이상적인 미래를 꿈꾸도록 추동하고, 기투(企投)하도록 만든 근원적인 힘이 무엇이었을까요? 이스라엘 백성은 그 근원적인 힘이 하나님이라고 믿었습니다. 그래서 구약성서 각 책이 하나님의 감동으로 쓰였다고 주장을 하는 거죠(딤후 3:16). 구약성서가 하나님의 영감으로 쓰였다는 말은, 구약성경이 제공하는 일반적인 문화인류학적 지식, 정보, 통계, 인명과 지명, 그리고 연대기 정보 등이 백과사전적이고 무오한 지식이라는 뜻이 아닙니다. 구약성서의 저자들(공동체들)이 설정한 미래사회에 대한 청사진이 하나님의 영감으로 만들어졌다는 의미입니다. 따라서 우리는 구약성서가 꿈꾸는 미래사회는 인류 모두가 경청할 만한 지혜라고 믿기 때문에 구약성서를 인류의 고전이라고 보는 거죠. 오랫동안 가나안의 고국 땅을 잃고 여러 나라에 흩어져 살던 유대인들이 가나안 땅에 돌아가 다시 한번 가나안 땅에서 이어질 역사를 기대하면서 쓴 책이 구약성서라고 봅니다. 이것은 헤겔의 『법철학』 서문에 나오는 유명한 격언을 떠올리게 만듭니다. '미네르바의 부엉이는 황혼녘에 날아올라 날갯짓한다.' 미네르바는 지혜의 신입니다. 부엉이는 미네르바가 부리는 신조(神鳥)입니다. 지혜의 여신은 한 문명이 왕성한 생장기와 전성기를 보내고 폐허가 되고 몰락했을 때에야, 드디어 자신의 쇠락한 문명을 성찰하면서 새로운 문명을 꿈꿀 수 있다는 거죠. 한 문명의 황혼기와 몰락기는 다른 새 문명의 여명기가 된다는 의미이기도 합니다.

그런 점에서 아브라함은 고대근동의 최고(最古) 문명이었던, 고대 수메르와 고대 바벨론 문명이 몰락했을 때 그 몰락의 시점에서 새로운 세계를 꿈꾼 사람이라고 할 수 있죠. 아브라함은 바로 고대 수메르 문명과 고대 바벨론 문명이 둥지를 틀었던 메소포타미아 출신 아닙니까? 메소포타미아 지역은 지금 남겨진 기록물로 추정컨대 가장 오래된 문명이 존속했던 곳입니다. 메소포타미아 최고 문명은 우르

3왕조가 있었던, 티그리스강과 유프라테스강 상류였던 우르입니다. 수메르 우르입니다. 그런데 아브라함은 이 수메르 우르(Ur)가 아니라 갈대아 우르 출신이죠. 갈대아 우르는 아마도 수메르 우르보다는 시리아에 가깝고 이스라엘에 좀 더 가까운 우르였을 것입니다. 그래도 우르입니다. 메소포타미아 고대문명의 흔적을 보유한 우르에서 아브라함이 나왔다는 말은 이스라엘 역사나 구약성서가 고대 메소포타미아 문명의 연속선상에서 등장했다는 것을 암시하는 거죠. 구약성서에 나타나는 모든 홍수 이야기, 선악과 이야기, 영생추구 이야기 등 모든 것은 메소포타미아 문명이 공통으로 상속한 종교문명이라는 말이죠. 구약성서의 첫 책들에게 서사적 틀을 제공한 창세기 1－11장이 상정하거나 전제하는 메소포타미아의 공통 종교유산에는 뭐가 있습니까? 홍수원인을 설명하는 ＜아트라하시스＞, 바벨론의 창세기 격인 ＜에누마 엘리쉬＞, 영생추구를 다루는 ＜길가메쉬 서사시＞ 등입니다. BC 22세기까지 거슬러 올라가는 오래된 문서인 ＜길가메쉬 서사시＞는 영생을 추구하는 인간의 이야기입니다. 아브라함이 갈대아 우르에서 가져왔을 법한 메소포타미아의 공통 종교유산은 창세기부터 신명기까지 모세오경에 다 들어있습니다. 이것은 무엇을 가리킵니까? 구약성서가 고대근동의 종교유산 또는 지적 유산과 연속성을 이루고 있다는 뜻입니다. 홍수 이야기, 창조 이야기 전부 다 고대근동 비교문헌에서 어느 정도 병행문서나 자료를 찾을 수 있다는 점에서, 창세기의 앞부분이 메소포타미아 문명 전체의 공통유산의 일부임이 확실합니다. 확실히 구약성서의 창세기 1－11장은 이미 메소포타미아에 선재하던 종교전통을 이스라엘의 유일신 신앙으로 재가공하고 재해석하고 있습니다.

그런데 구약성서의 세계기원 관련 이야기들과 인간창조 이야기가 처음에는 문학으로 읽히다가, 종교적 경전의 권위를 갖는 책으로 격상된 때는 훨씬 후대였습니다. BC 6－5세기, 즉 바벨론 귀환포로들이 자기 민족 멸망을 한 번 경험한 후 뒤늦은 시점에서 지나간 과거를 정리하던 때였습니다. 이때 구약성서의 저자들은 고대 메소포타미아의 공통유산들을 유일신 야웨신앙의 빛 아래 재창조했고, 이렇게 재창조된 세계기원, 재해석된 인간창조 등의 이야기들은 고대 이스라엘 사람들에게 종교적 권위를 행사하기 시작했습니다. 지금 우리가 가진 구약성서로 완결된 형태가 된 시기는 BC 6－5세기보다 훨씬 더 후대일 가능성이 큽니다. 바벨론 귀환포로 공동체는 그동안 구전되거나 문서로 전달되는 권위 있는 책들을 모으기 시작했습니다. 그렇지만 그때만 하더라도 '한 권의 책' 개념은 없었습니다. '한 권의 책' 개념은 16세기 구텐베르크 활자책 이후에나 가능했습니다. 고대 이스라엘 사람들은 모든 책들을 개별 두루마리로 보관했지 하나의 두루마리에 모든 구약 책을 다 필사해 휴대하거나 보관하지 않았습니다. 구약성서 39권을 공통된 두루마리 뭉치로 규정해 '정경'이라고 권위를 덧붙여준 시기는 AD 90년 얌니아 종교회의 때라는 것이 정설입니다. 유대인 랍비들의 총회에서 이 서른아홉 권을 정경으로 정하기 전까지는 '구약성서'는 존재하지 않았던 셈입니다. AD 90년까지는 39권이 아직 정경으로 확정되지 않았기 때문에 '구약성서'도 존재할 수 없었습니다. 이 유명한 얌니아 랍비회의 전까지 구약성서로 후에 편입될 책들은 주로 세 지역의 유대인 공동체에 퍼져 읽히고 있습니다. 알렉산드리아에 있는 유대인 공동체, 바벨론에 남아있던 유대인 공동체, 팔레스타인에 돌아온 유대인 공동체, 이 세 공동체 모두에게 공통적으로 읽힌 책들은 후에 39권의 정경으로 확정됩니다. 결국 39권의 정경으로서 뽑힌 구약성경 개별 책은 어떤 책이었다는 말입니까? 이집트 알렉산드리아 중심의 유대인 교포들에게도 읽히고, 팔레스타인에 있는 유대인 본토민들에게도 읽히고, 저 바벨론에 남아있던 유대인 교포들에게도 읽혔던 책들이 39권이었다는 것입니다.

저는 이 39권의 책들에는 기승전결의 드라마적 서사가 진행되고 있다고 봅니다. 우리가 구약성서 안에 기승전결 드라마가 있다고 믿으려고 노력하지 않으면 이 드라마적 서사가 안 보일 수 있습니다. 구약성서를 읽어보자마자 이런 드라마적 서사가 작동하고 있다는 느낌이 드는 것은 아닙니다. 모세오경, 예언서, 성문서 등 장르가 구분되는 한에 있어서 구약성서의 개별 책들을 드라마적 서사구조 안에 무리하게 집어넣지 않고 그냥 장르에 적합한 방식으로 읽고 해석해도 무방합니다. 각각의 책은 그 책 안에서 발견되는 원리로 읽어도 된다는 뜻입니다.

그런데 구약성서 전체를 하나의 드라마로 읽으려고 했던 사람이 나사렛 예수였습니다. 신약성경의 중심인물인 나사렛 예수는 구약성서를 창세기부터 말라기까지 하나의 드라마로 읽었습니다. 어떤 드라마로 읽었습니까? 기승전결의 드라마로 읽었습니다. 아름다운 첫 시작, 창조 이야기와 이스라엘 민족의 시작 이야기입니다. 이것은 기(起)입니다. 아름다운 시작을 대표하던 이스라엘 민족의 전진과 성숙이

승(承)입니다. 아름다운 시작을 대표하는 이스라엘의 좌절과 파탄이 전(轉)입니다. 그리고 이 좌절과 파탄을 도말하고 새 출발을 시작하는 하나님의 주도성이 결(結)입니다. 나사렛 예수는 구약을 이렇게 기승전결 구조로 되어 있다고 본 겁니다. 구약성서를 하나의 드라마로 읽으려는 이 경향은 유대교인들에 비해서 기독교인들에게 훨씬 많이 나타납니다. 나사렛 예수가 유대인 랍비들에 비해서 훨씬 압도적으로 구약성서의 창세기부터 말라기까지를 하나의 드라마로 읽으려고 했죠.

드라마로 읽으려고 했다는 말은 뭐죠? 구약성서가 복합장르로 구성되어 있고 다양한 책들로 이렇게 뒤섞여있지만 사실상 하나의 미래 이상사회, 즉 "하나님 나라"라는 완성점을 향하여 움직이고 있다고 본다는 의미입니다. 영국의 모든 시골길, 모든 산길과 오솔길이 런던으로 가는 길로 연결되듯이, 구약성서의 많은 이야기들, 지류들, 갈래들, 등장인물들, 사건들, 일화들, 이 모든 것들은 정확하게 한 시점에 이뤄질 그 일로 귀일된다는 것입니다. 메시야라고 불리는 이상왕이 와서 이룰 공동체를 가리키며 모이고 있다는 것입니다. 신약성서의 용어로 말하면, 구약성서의 모든 책들과 사건들은 하나님 나라를 꿈꾸면서 움직이고 있다는 것입니다. 구약성서가 그 안에 하나의 시작과 종점을 갖는 드라마를 품고 있다고 주장하는 것은 신약성도 또는 그리스도인들의 구약읽기의 전형이기도 합니다. 그런데도 오늘날 이렇게 구약성서를 읽는 사람이 많지는 않습니다. 구약성서를 '하나님 나라의 시작과 성숙과 파탄과 그리고 복원 드라마'로 읽는 나사렛 예수의 경우처럼 구약성서를 읽는 읽기가 흔하지 않습니다. 특히 유대인들에게는 이런 읽기가 많지 않습니다.

나사렛 예수 방식을 취해 읽으면, 모세오경은 하나의 완전하고 아름다운 시작 이야기입니다. 하나님과 인류의 동행시작 이야기입니다. 하나님과 이스라엘 민족의 아름다운 시작입니다. 그다음에 여호수아, 사사기, 사무엘상하, 열왕기상하는 하나님과 이스라엘의 밀착동행의 성장, 위기, 파탄 이야기입니다. 유대인들이나 기독교권 전문 구약학자들은 이 여섯 권을 전기 예언서(the former prophets)라고 부릅니다. 모세오경이 기(起)에 해당된다면, 이것은 일종의 승(承)에 해당됩니다. 아름다운 시작의 전진, 성숙, 위기에 해당되는 것이 전기 예언서입니다. 그다음에 후기 예언서, 즉 이사야, 예레미야, 에스겔과 12 소예언서가 다루는 것은, 아름다운 이야기의 전진이 아니라 아름다운 이야기의 후퇴 또는 좌절, 중단입니다. 이것은 전(轉)에 해당됩니다. 다시 말해서 이스라엘과 하나님의 언약관계가 파탄 나고 후퇴하는 반동의 시기입니다. 일종의 안티플롯(anti-plot)입니다. 바벨론 유배시간은 바로 이런 반동(안티플롯) 서사입니다. 여기서는 우발성이 예측성을 압도합니다. 바벨론 유배시기는 이스라엘과 야웨의 미래가 허공 중에 걸려있는 미완의 스토리로 증발될 위험성도 있는 단계입니다. 이제까지 진행된 구약성서의 줄거리를 무효화해 버리는 그런 반동의 플롯이라는 것입니다. 그래서 구약성서는 이렇게 기-승-전으로 진행되며 전(轉)의 단계에서 부정적인 변곡점을 지나죠. 후기 예언서, 특히 이사야와 예레미야와 에스겔의 전반부 대부분과 모든 예언서의 전반부는 대체로 '전(轉)'에 해당됩니다. 주제상으로 보면 이 전(轉) 단계의 서사는 심판과 멸망의 정당성을 옹호하는 내용입니다.

그런데 모든 후기 예언서, 즉 이사야, 예레미야, 에스겔의 후반부와 호세아부터 말라기까지의 소예언서의 후반부는, 대체로 '결(結)'에 해당됩니다. 단순화하면, 후기 예언서의 후반부는 전부 다 '결(結)'에 해당됩니다. 결(結)은 하나님에 의해 주도되는 회복과 재활복구 스토리입니다. 이렇게 해서 독자는 마침내 기-승-전-결의 결(結)에 도달합니다. 이스라엘과의 언약관계 파탄을 복원하는 하나님의 새 언약적 출발, 하나님의 새로운 희망 비전 고취, 하나님의 새로운 미래비전 전망은 모두 결(結)입니다. 이렇게 해서 우리는 창세기부터 말라기까지 기승전결의 드라마로 움직이는 서사를 포착했습니다. 모세오경과 전기 예언서, 후기 예언서까지 포함해 26권의 개별 책에서 기-승-전-결의 구조를 뽑을 수 있습니다. 성문서 13권을 빼고 나면 이런 기-승-전-결의 구조가 분별이 됩니다.

요약합니다. 모세오경, 창·출·레·민·신은 '기(起)'에 해당됩니다. 새로운 언약관계의 시작, 세계의 시작, 첫 감미로운 출발은 기(起)에 해당됩니다. 그다음에 여호수아, 사사기, 사무엘상하, 열왕기상하, 이것은 이스라엘을 향한 하나님의 계획이 잘 성취되어 이스라엘이 가나안 땅에 정착해 가나안 땅에서 600년간 사는 이야기입니다. 가나안 땅에서 600년 살면서 하나님의 뜻을 성취하며 하나님과의 동역이 잘 유지될 것처럼 보입니다. 이것이 승(承)입니다. 그런데 후기 예언서, 다시 말해서 이사야, 예레미야, 에스겔을 보면, 이스라엘 민족이 가나안 땅에 정착하는 그 과정이 하나님의 뜻을 성취하는 과정이 아니라, 하나님의 뜻에 반역하는 과정이고,

하나님의 뜻을 좌절시키는 과정이라는 사실이 드러납니다. 후기 예언서의 전반부는 바로 '전(轉)'에 해당됩니다. 후기 예언서의 모든 후반부(특히 예레미야, 에스겔, 이사야 40-66장)는 이스라엘의 죄를 초극하고 이스라엘을 다시 하나님의 언약백성으로 재활복구시키는 하나님의 주도권을 다루는 결(結)에 해당됩니다. 그런데 성문서 13권은 도대체 기-승-전-결 어느 맥락에 들어맞는지를 잘 알 수 없습니다. 그러나 잘 읽어보면 욥기는 그 자체 안에 기-승-전-결 모두를 가지고 있는 책입니다. 아름다운 출발, 이 언약관계의 성숙과 전진, 언약관계를 심각하게 훼손하는 대환난, 그리고 대환난과 의심을 거쳐서 하나님의 언약관계 재확증이 욥기의 서사구조입니다. 이런 점에서 욥기도 기승전결 구조를 가지고 있다고 볼 수 있습니다. 시편도 역시 기승전결 구조로 읽을 수 있습니다. 새로운 출발, 언약관계의 전진과 성숙, 언약관계의 파탄과 좌절, 그리고 마침내 하나님의 은혜와 위로의 시작, 새 언약적 출발의 스토리가 시편 일백오십 편에 은근하게 드러나고 있습니다. 시편도 그 안에 기승전결의 드라마적 서사를 품고 있다는 주장이 납득됩니다.[6)]

그런데 잠언서는 대체로 신명기적 질서정립 분위기를 풍기고, 보수적 분위기를 풍기기 때문에 기(起)의 단계만 부각됩니다. 질서를 바로 세우려는 단계에 비해 질서가 무너지는 장면은 나오지 않기에 드라마적 서사구조는 거의 나타나지 않습니다. 물론 질서를 바로 세우려는 잠언서 안에는 이스라엘의 반역과 일탈이 잠깐씩 보이거나 암시되고 있습니다. 그렇지만 대체로 질서를 세우려는 분위기 때문에 승전결(承轉結)은 나타나지 않습니다. 잠언은 모세오경의 '기(起)' 단계 분위기에 포함됩니다. 전도서는 신명기적 질서가 와해되는 느낌이 들고 매우 비관적입니다. 즉, 이스라엘 공동체가 해체일로를 걷고 있다는 느낌이 듭니다. 그래서 전도서는 '전(轉)'에 해당됩니다. 아가서에도 기승전결이 모두 나옵니다. 사랑의 첫출발, 사랑의 성숙, 사랑의 파탄, 그리고 사랑의 복원과 회복이 다 나옵니다. 에스더서에도 기승전결 서사구조가 보입니다. 에스더 황후간택으로 유대인의 존재감 상승이라는 첫출발, 유대인 존재감의 발전과 전진(모르드개의 왕 암살 음모 발각과 보고), 관계의 파탄(하만에게 미운털이 박힌 모르드개와 유대인), 그리고 하나님의 언약적 사랑과 보호의 변증법적인 재확증(페르시아 수산 거주 유대인 전멸위기에서 생환)의 서사구조가 에스더서를 이끌어가고 있습니다. 에스더서의 극적 구조는 결(結)의 단계에서 더욱 선명하게 부각됩니다. 에스더서는 민족 전멸의 위기에 몰렸던 이스라엘이 오히려 하나님의 은밀한 극적 개입으로 대적들에게 승리하는 이야기이기 때문입니다. 에스더서에는 기승전결이 다 나타나지만 언약의 위력이 변증법적으로 폭발한다는 점에서 구약성서 전체의 드라마 구조에서는 '결(結)'에 해당됩니다. 다니엘서는 '전'과 '결' 다 나옵니다. 다니엘과 세 친구는 관계의 파탄, 언약관계의 파탄 때문에 바벨론 포로로 잡혀갔습니다. 이것은 관계의 위기입니다. 그런데 바벨론 포로로 잡혀간 그때부터 하나님의 언약적 보호의 은혜가 복원되어, 다니엘과 세 친구의 이스라엘 정체성을 지켜주고, 오히려 그들에게 우상숭배를 하지 않고 승리하는 법을 알려줍니다. 우상숭배의 죄 때문에 가나안 땅을 잃고 바벨론 포로로 잡혀갔는데, 다니엘과 세 친구는 바벨론 포로의 땅에서는 오히려 우상숭배를 하지 않고도 승리하는 법을 체득했습니다. 그래서 '전'과 '결'이 동시에 나타납니다. 예레미야 애가도 마찬가지입니다. 기승전결 중에서 '전'과 '결'이 부각됩니다. 왜요? 애가의 저자는 하나님과의 언약관계 파탄을 애통해하지만, 하나님께서 관계를 영구적으로 파탄시키지 않고 언젠가 이 파탄된 언약관계를 회복시킬 것이라는 희망을 주면서 예레미야 애가가 끝나는 것처럼 보이기 때문입니다.

그러면 왜 하나님은 이렇게 극적 구조로 이스라엘 역사를 운영하고 인도했을까요? 하나님이 홀로 원맨쇼를 하는 전능한 하나님이 아니라 인간의 협력과 순종과 동력을 기대하면서, 인간의 행동수위와 반응에 따라, 하나님 뜻이 전진을 거듭하다가 후퇴를 거듭하기도 하고, 좌절을 거듭하다가 또 비약적으로 전진하는 방식을 택하시기 때문입니다. 하나님은 인간의 이해 정도, 순종 정도, 몰이해 정도, 불순종 정도에 따라 각각 인간과 동행하시는 방식을 조율하시기 때문에 약간의 극적 구조가 개입될 수밖에 없습니다. 왜요? 하나님은 홀로 전능하신 분이 아니라 인간과 협력하고 동역하고 일을 같이 하기를 원하는 겸손한 전능자 또는 상대적 전능자이기 때문입니다. 이런 하나님을 우리는 '인격적 하나님'이라고 부릅니다.

결론적으로 말하면 구약성서의 드라마는 하나님의 인격적인 요소와 하나님의 전능자적 요소가 길항작용을 일으키며 전개됩니다. 하나님은 열방의 신화에 등장하는 신화적 신들과 비교해 볼 때 인간 동역자 이스라엘의 응답에 너무 영향을 많이 받는 지극히 인간화된 하나님입니다. <일리아드>나 <오딧세이>에서 인간의 행동이 제우스나 헤라나 포세이돈에 영향을 거의 끼치지 않습니다. 그런데 구약성서에서는 인간의 행동이 하나님의 기분과 정서, 하나님의 계획집행 과정에 엄청난 영향을 끼칩니다. 인간의 우발적 회개가 하나님의 심판을 취소하게 하기도 하고(욘 4장), 중보기도하는 예언자들이 나서서 하나님의 극한 심판집행을 만류해 철회하도록 할 때도 있습니다(겔 22:30; 출 33:17). 하나님의 가혹한 심판으로 찌그러지고 망가진 이스라엘을 보고 이스라엘의 대적자들이 신성모독적 언사로 하나님을 모독할 때 하나님은 오히려 그 오만한 대적자들을 응징하고 이스라엘을 신원하기도 합니다(신 32:27–34). 심지어 당신의 심판으로 너무나 망가져 소생할 기미가 보이지 않을 만큼 영혼이 쇠패하고 낙담한 당신의 백성을 보고 긍휼이 불타올라 진노에서 자비로 스스로 돌이키기도 합니다(호 11:10–11; 신 32:36; 사 57:15). 그래서 하나님은 수위를 조절해 가면서 자신의 원(原)목적을 천천히 심사숙고 끝에 성취해 가기 때문에 극적 구조를 띨 수밖에 없다는 겁니다.

이번 시간에는 하나의 드라마로 구약성서를 읽을 때 어떤 효과가 있으며, 어떤 의미가 있는가를 다루었습니다. 감사합니다.

13강-2

인문고전으로서의 구약성서 읽기 사례 1: 악과 고난의 문제에 대한 구약성서의 인문학적 접근

이번 시간에는 인문고전으로서의 구약성서를 읽는 한 가지 예를 제시하고자 합니다. 그 주제는 악과 고난에 대한 구약성서의 인문학적 접근입니다. 악과 고난의 문제는 종교의 문제이면서 철학의 문제이고, 문학의 문제입니다. 요약하면, 사실 이것은 인문학의 문제이죠. 인간의 행복과 존엄 향유를 치명적으로 좌절시키는 악과 고난은 인간성 내부로부터 오는 문제이면서, 인간 개인에게 가해지는 외부적 폭력의 한 양상일 수도 있습니다. 악과 고난의 문제를 지적으로 선명하게 다 해소시킨 사람은 없습니다. 악과 고난의 문제는 인류의 지속적인 문제이기는 하지만 과연 누가 나서서 악과 고난의 원인에 대해서 지적으로 완전무결한 답을 제시할 수 있을지 의심스럽습니다. 기독교인들이 믿고 있는 사도신경은 이렇게 말합니다. “나는 전능하사 천지를 만드신 하나님 아버지를 믿습니다.” 이때 “전능하사”라는 말은 매우 애매모호한 단어입니다. all-powerful, omnipotent라는 영어 형용사를 번역한 말입니다. 그리스어 판토 크라토르(panto krator)에서 영어 omnipotent라는 단어가 나왔습니다. 판토 크라토르는 ‘모든 일에 있어서 능력이 있는’ 이런 의미입니다. 그리스의 제우스를 수식하는 형용사입니다. 그런데 야웨 하나님은 인간을 구원하는 데 능력이 많고 큰 하나님이요, 죄악되고 망가진 피조물을 다시 회복하는 데 능력을 발휘하십니다.

악을 꾸미고 악을 행하는 데 무능합니다. 하나님은 당신의 성품을 위반하면서 뭐든지 할 수 있는 권능을 갖고 있지도 않으며 그런 권능을 쓰지도 않습니다. 따라서 그리스의 제우스에게 적용되는 판토 크라토르는 야웨 하나님에게 적용되기 힘듭니다. 아니나 다를까, 구약성경에서는 정확하게 "전능한"이라는 형용사는 나타나지 않습니다. 창세기 17장 1절에 "아니 엘-샤따이('ănî 'ēl-šadday)"라는 어구가 나옵니다. 개역개정은 1절을 "나는 전능한 하나님이라"라고 번역합니다. 엘-샤따이라는 말을 "전능하신 하나님"이라고 번역하는 것인데, 사실 그것은 '전능하신 하나님'이라기보다는 '초지일관성이 있는' 혹은 '약속에 신실한 하나님'이라는 뜻에 더 가깝습니다. 구약성서에 전능하다라는 형용사는 없습니다. 전능하다는 말은 그리스어 판토 크라토르와 라틴어 옴니포텐트(omnipotent)를 번역하는 데서 나온 형용사입니다. 영어로는 올마이티(Almighty)라고 번역되어 있죠.

'전능한 하나님'에 가까운 히브리어 단어는 '아도나이 츠바오트' 혹은 '아도나이 콜-츠바오트'입니다. '아도나이 츠바오트'는 '천군의 야웨'이라고 번역되며 '아도나이 콜-츠바오트'는 '만군의 야웨'라고 번역됩니다. 하나님이 천지를 창조하실 때 '하늘에 천군천사'를 창조하셔서(창 2:1) 당신의 명령을 집행하는 중간대리자들로 삼았습니다. 그리스어 구약성경 역본에는 '뒤나미스'라고 번역됩니다. '능력'으로 번역됩니다. 신약성서 에베소서 1:21은 "능력"을 천사적 대리자들 중 하나로 언급합니다. "모든 통치와 권세와 능력과 주권." 로마서 8:38도 "뒤나미스"를 천사적 대리자로 봅니다. "천사들이나 권세자들이나 현재 일이나 장래 일이나 능력이나"라고 말합니다. 츠바오트(ṣĕbā'ôth)는 '차바'(ṣābā')의 복수형 단어입니다. 히브리어 차바(ṣābā')는 "천사적 대리자"들을 가리킵니다. 하나님은 시편 103:19-22에서 천군천사를 대리자로 삼아 당신의 뜻, 명령이 하늘과 땅에 관철되게 하십니다. "19 여호와께서 그의 보좌를 하늘에 세우시고 그의 왕권으로 만유를 다스리시도다. 20 능력이 있어 여호와의 말씀을 행하며 그의 말씀의 소리를 듣는 여호와의 천사들(말아크)이여 여호와를 송축하라. 21 그에게 수종 들며 그의 뜻을 행하는 모든 천군(콜-츠바오트)이여 여호와를 송축하라. 22 여호와의 지으심을 받고 그가 다스리시는 모든 곳에 있는 너희여 여호와를 송축하라 내 영혼아 여호와를 송축하라."

'전능하신 하나님'이라는 개념과 가장 근접한 히브리어 어구는, 시편 103:21에 나오는 히브리어 하나님 칭호인 '아도나이 콜-츠바오트', '만군의 야웨'입니다. 콜은 '모든'을 의미하고, 츠바오트는 '하늘 군대'(heavenly army)를 의미합니다. 혹은 지상에서 하나님의 뜻을 대리하는 하나님의 지상대리자들과 하나님의 지상군인들, 하나님의 지상 백성도 '천군'(차바 혹은 차바의 복수형 츠바오트)으로 불리기도 합니다. 그러니까 구약의 하나님이 전능한 하나님이라고 불리는 것은 어려울지 몰라도, '능력이 크신 하나님'이라고 불릴 수는 있습니다. 야웨는 지상과 천상의 모든 대리자들을 통하여 당신의 뜻을 펼치는 하나님이기에 권능이 크신 하나님임은 분명합니다. 하지만 하나님은 지상의 모든 대리자들과 천상의 모든 중간대리자를 통해서 당신의 뜻을 관철시키고 펼치기 때문에, 당신의 권능은 어디까지나 대리자들을 통해 표현되고 발현되도록 하십니다. 하나님은 천사나 인간 같은 피조물의 협력을 기대하면서 당신의 능력을 분산시킨다는 뜻입니다. 하나님은 당신의 능력과 당신의 권능을 천사 또는 인간에게 일부 위탁해 놓고 위임해 놓았습니다. 하나님은 홀로 전능하신 하나님이 될 의향이 없다는 뜻이기도 합니다. 그래서 구약성서의 하나님은 모든 천군, 천사 또는 인간들이 하나님의 뜻대로 행동해 줄 때만 전능한 하나님으로 믿어지고 영접될 수 있습니다. 즉 만군이라고 불리는 지상 및 천상의 대리자들을 하나님이 질서정연하게 부려서 하나님의 뜻이 원하는 시간에 원하는 처소에서 관철될 때 그때 하나님은 전능한 하나님이 되는 거죠. 전능한 하나님이 천지를 창조했다고 고백하는 것은, 언뜻 들으면, 이 땅에 일어나는 모든 일들이 전능한 하나님의 공권력 행사로 통제되거나 미연에 방지될 수 있다는 것을 승인하는 것처럼 들립니다. 그래서 어떤 사람들은 하나님의 전능과 섭리만 제대로 작동하면 어떤 악행도 전능한 하나님이 막아줄 수 있다고 믿습니다. 그러나 이런 통속적인 전능자 하나님에 대한 이해는 틀렸습니다. 거대한 물, 혼돈의 원시바다에서 -즉 생명의 보금자리가 되기에 불가능한 여건에서- 땅을 건져 올려 피조물들의 생명보금자리로 만드는 일이 전능하신 하나님의 위력입니다. 즉 사도신경 첫 신앙고백은 뭐든지 다 할 수 있는 절대적 임의적 전능이 아니라, 생명적대적인 환경을 생명친화적이고 생명수용적인 환경으로 변화시키는 능력을 발휘한 전능하신 하나님의 권능에 대한 고백입니다. 사정이 이러함에도 불구하고 사람들은 사랑이 많고 권능이 많은 하나님이 코로나19 팬데믹 같은 지구인들의 곤경을 해결할 능력을 왜 발휘해 주지 않는지 의아해합니다. 이 질문은 하나님의 전능을 천국 911 긴급출동 기동대의 전능으로 오해하는 것처럼 보이는 질문입니다. 2002년에 나온 오래된 영화, <마이너리티 리포트>가 하나님의 전능을 이렇게 우스꽝스럽게 생각할 때 발생할 수 있는 재앙을 짐작게 하는 영화입니다. 유대인 감독 스티븐 스필버그가 감독하고 톰 크루즈라는 영화배우가 주인공으로 나와요. 이 영화, 유명한 문제적 영화였죠. <마이너리티 리포트>는 서기 2054년 미국 수도 워싱턴 DC의 최첨단 범죄예방 시스템을 다룹니다. 워싱턴 DC에 본부를 둔 전지전능한 범죄예방국은 프리크라임 시스템(Pre-crime system)을 운용하면서 범죄가 행해지기 직전에 예비검속을 해서 범죄를 획기적으로 줄이려고 합니다. 최첨단 치안 시스템 프리크라임 체제는 어떤 범죄가 일어날 시간과 장소, 범행을 저지를 사람을 미리 예측해 내고, 이를 바탕으로 미래의 범죄자들이 범죄를 저지르기 직전에 미리 체포합니다. 프리크라임 팀장인 존 앤더튼(톰 크루즈)은 천부적인 감각으로 미래의 범죄자를 추적해 내는 능력을 인정받고 있습니다. 이 범죄 직전의 범죄자 색출은 최첨단 기계와 신비한 영적 예지력을 가진 영매의 공동노력으로 이뤄집니다. 그런데 어느 날 주인공은 자신이 범행을 저지르게 되고 범행 직전에 체포되는 영상을 보고 충격에 빠집니다. 그래서 주인공이 이 프리크라임 체제 자체에 반기를 들고 그것에 저항하는 용사로 돌변하는 스토리가 이 영화의 중심 줄거리입니다. 이 최첨단 범죄예방 시스템은 범죄를 미리 알고 범죄를 행하기 직전에 예비범죄자의 현장에 가서 범행을 막는 일종의 예비 검속제도입니다. 악행을 범할 것을 미리 알고 가서 악행을 미리 막는데요, 그래서 이 영화에서는 악행을 범했다고 감옥에 가는 것이 아니라, 악행을 범하기 직전에 악행을 저지를 마음을 먹었다는 이유로 감옥에 갑니다. 감옥은 초만원이 될 처지입니다. 워싱턴 DC 범죄예방국이 범죄예방을 하려고 아주 급속하게 움직이는 초경량 헬기를 타고 예비범죄자를 전부 다 체포해 들이기 때문입니다. 워싱턴 일대 감옥들은 범죄를 행하지는 않았지만 범죄할 것이 확실한 자들로 가득 차 있습니다.

만일에 하나님의 전능이 이런 범죄예방 공권력처럼 발휘된다면 이 세상은 어떻게 되었을까요? 범죄는 일어나지 않았을지 몰라도 모세혈관과 초미세 신경섬유까지 지배하려는 하나님의 통제적 통치 때문에 인간의 삶은 지옥 같은 적막함으로 가득 차 있겠지요? 만일 하나님이 우리의 자유를 억압하면서까지, 우리가 죄악도 범할 수 없을 만큼 우리의 자유를 막아가면서까지 우리를 선하게 한다면, 우리가 하나님의 사랑을 느낄 수 있을까요? 하나님의 염려와 극단 근심이 우리에게 퍼져 우리는 아주 비참한 우주의 로봇처럼 전락했을 것입니다. 우리 인간은 악을 범할 수 없는, 즉 어쩔 수 없이 로봇처럼 선을 행할 수밖에 없는 존재가 되었겠지요. 자유행사와 그것에 따르는 책임감수의 역동성이 하나도 없는, 스스로는 하나님을 기쁘시게 하지 못하는 그런 하등 피조물이 되었겠죠. 지금 동물들보다 더 존재감이 미미한 하등 피조물이 되었겠죠.

하나님은 감사하고 다행스럽게도 이런 인간을 창조하시지 않았습니다. 하나님은 자유행사와 그것의 결과인 책임감수의 역동을 누리는 존재로 인간을 창조하셨고 그 인간에게 지구경영을 위탁하셨습니다. 창세기 1:26-28입니다. "26 하나님이 이르시되 우리의 형상을 따라 우리의 모양대로 우리가 사람을 만들고 그들로 바다의 물고기와 하늘의 새와 가축과 온 땅과 땅에 기는 모든 것을 다스리게 하자 하시고 27 하나님이 자기 형상 곧 하나님의 형상대로 사람을 창조하시되 남자와 여자를 창조하시고 28 하나님이 그들에게 복을 주시며 하나님이 그들에게 이르시되 생육하고 번성하여 땅에 충만하라, 땅을 정복하라, 바다의 물고기와 하늘의 새와 땅에 움직이는 모든 생물을 다스리라 하시니라" 이 단락이 아담과 하와에게 건네준 하나님의 자기제한적 지구통치위탁 약정서입니다. 하나님은 지구경영과 통치를 인간에게 위탁하시고 인간이 자유를 충분히 느낄 만큼 스스로를 감추시고 은닉하십니다. 인간의 인격적 요구와 청원에 응답하여 지구통치를 위해 지혜와 명철을 나눠주실 수는 있습니다. 그러나 하나님이 지구통치와 경영의 전면에 나서지는 않습니다. 오히려 하나님은 아담과 하와에게 엄청난 자유를 주시고 그 자유에 책임을 지라고 명하셨습니다.

하나님은 악을 범할 수도 있고 하나님께 맞설 수도 있는 고등 피조물을 만들기를 원했지, 악의 가능성이 전혀 차단된 채 선의 본능으로만 움직이는 기계인간을 만들지 않았습니다. 오히려 인간은 놀랍게도 자신에게 일방적으로 복종하는 AI와 로봇을 만들어 놓고 엄청 열광하고 있고 자신의 능력에 스스로 도취되어 있습니다. 하지만 하나님은 입력된 선의 프로그램에 따라 선한 행동밖에 하지 못하는 하등 피조물을 만들고 만족하지 않았을 것입니다. 그래서 구약성경은 악의 가능성이 하나님이 인간을 창조할 때부터 있었다고 말합니다. 그래서 선악을 알게 하는 나무라는 말이 창세기 3장에 나오지 않습니까? 이때는 인간이 죄를 짓기 전이거든요. 처음 창조된 인간은 죄를 짓기 전에 선악을 선택할 수 있는 가능성으로 소환된 인간이라는 말이죠. 만일에 하나님이 선과 악 각각의 가능성으로 우리를 초청하지 않았다면 악을 범할 수 없었겠죠. 그래서 구약성경은 좁은 의미의 도덕함양을 위한 도덕주의적인 책이라기보다는 하나님의 극단적인 자유와 하나님의 극단적인 지혜를 실험하는 책이라고 할 수 있습니다. 구약성경은 하나님을 등장시킨 종교문서처럼 보이지만 실상은 인간 존재의 본질을 탐구하는 철학적 고전에 가깝습니다. 구약성경은 인간에게 신의 계율을 맹목적으로 지키는 자가 행복한 자라고 말하거나 신의 계율만이 인간에게 제일 중요하다고 말하지 않습니다. 오히려 인간은 신 혹은 하나님이라는 한계와 신 혹은 하나님이라는 광막한 가능성 사이에 끼어있는 이원적 존재라는 점을 강조합니다. 인간은 신과 소통하려는 자기상승적 존재임과 동시에 신과 멀어져서 자기를 자율적인 신처럼 만들려고 하는 자기성취적 존재라는 것입니다. 이때 신은 우리의 이정표이지만 우리가 자발적으로 자유 가운데 선택하여야 하는 진리입니다. 그러니까 구약성서에는 인간으로 하여금 아예 죄짓지 못하게 하는 게 아니라 선과 악의 가능성에 초청해 놓고 선을 선택할 것을 가르치는 교사로서 하나님이 등장합니다. 물론 구약성경 내내 인간은 하나님과 그 대리자들에 의해 선을 선택하도록 부단히 훈육을 받지만 이 교육의 효과에 온전히 순복하지 않습니다. 그래서 하나님은 선악을 알게 하는 나무를 동산 중앙에 만들어 놓고 인간을 테스트합니다. 어느 순간까지 인류의 첫 조상들은 하나님께 잘 순종하다가 결정적 순간에 선악을 알게 하는 나무, 금지된 나무열매를 따먹고 하나님과 등지고 대립하면서 인간다움을 부정적으로 형성해 갑니다. 하나님은 부정적으로 형성된 이 인간다움, 인간성을 죄라고 말합니다. 이때의 죄는 형법적 죄가 아니라 신학적 죄입니다. 죄인이란 말은 뭐죠? 이 단어 안에는 묘한 매력이 있습니다. 하나님과 맞설 수 있는 극한 자유 실험이 죄입니다. 하나님은 이런 극한 자유를 실험하려는 인간을 가르치려고 합니다. 죄를 짓지 않고도 자유에 이르는 길을 가르쳐 주려고 합니다. 그 안에 범람하는 욕망을 가진 인간과 마주한 하나님은 욕망 자체를 부정하기보다는 인간으로 하여금 그 욕망을 자발적으로 통제하는 방법을 가르쳐 주려고 하십니다. 율법의 바운더리(boundary)로 그 범람하는 욕망을 억제하고 승화시키는 지혜를 가르쳐 주려고 하십니다. 범람하는 욕망이 율법으로 적절하게 승화되면 이웃 배려적인 자비의 생명력으로 변화(變化)됩니다. 세계를 선하게 섬기는 데 쓰임 받는 재능과 은사로 변화됩니다.

그런데 구약성서는 인간 안에 하나님이 정해준 경계를 넘으려는 범람욕구와 액체 같은 무정형적인 욕망의 출렁거림이 약동하고 있음을 직시하고 있습니다. 혼돈의 바다 물결같이 우리 속에 작동하는 무정형적, 액체적 욕망을 억제하고, 그 욕망이 질서정연한 욕망이 되게 하기 위해서 율법을 줍니다. 인간은 대체로 율법을 잘 지키다가도 결정적 순간에 율법을 범하며 하나님과 대적합니다. 이런 이원적인 에너지에 끌어당김을 당하는 우리 인간에게 하나님이 선악을 알게 하는 나무를 주신 그 순간부터, 인간은 악의 가능성과 선의 가능성 사이에서 부단하게 정신과 몸이 찢기는 경험을 합니다. 그래서 구약성경은 악을 범하는 인간에 대한 포괄적인 동정심, 악을 범할 수밖에 없는 인간에 대한 창조주의 동정심과 체휼을 전제합니다. 그러니까 구약성서는 악을 범한 인간을 단죄하고 그냥 멸시하는 데서 그치는 것이 아니라, 악을 선택하며 스스로 파멸해가는 인간에 대한 한없는 동정심으로 가득 찬 하나님의 시선을 그 바탕에 깔고 있다는 것입니다. 시편 103편 13–14절은 이 진실을 잘 드러냅니다. '하나님은 우리 인간이 진토임을 기억하고, 우리가 진토, 흙으로 지어진 존재임을 기억하신다. 우리 인간이 존재론적으로 매우 취약한 피조물임을 기억하고 우리를 불쌍히 여기사 우리가 죄를 이길 수 있도록 은총을 계속 공급하신다.' 그러므로 기독교는 죄짓는 일이 마치 우리 인간에게 낯선 일이 일어난 것처럼 여기지 않으며, 죄짓는 인간의 비참한 실존을 지나치게 단죄하는 것을 오히려 경계합니다. 기독교는 구약성서의 이 시선을 잘 수용함으로써 완전 무결성을 추구하다가 넘어지고 쓰러질 때에도 퇴로가 있다고 말합니다. 성경과 참된 기독교는 인간 안에 엄청난 혼돈의 물결 같은 욕망이 하나님이 설정한 율법의 둑을 넘으려는 사태를 예의주시합니다. 성경과 기독교의 하나님은 이성과 양심으로 통제되지 않은 근원적인 생명력이 인간 안에 용출하고 있다는 것을 인정합니다. 원초적 인간의 본성 안에 약동하는 이 근원적 생명력을 혼돈의 물결이라고 합니다. 성경은 하나님이 완전무결한 선을 지향하는 완전 무결체로 인간을 만들었다고 말하지 않습니다. 오히려 혼돈의 물결이 파동치는 존재로서의 인간을 만들었다고 말합니다.

구약성서의 첫 책인 창세기는 인간을 선악의 경계선상에서, 부단하게 선을 선택해야 하지만 어쩔 수 없이 악을 선택할 수밖에 없는 인간의 존재론적 취약성을 처음부터 인정합니다. 이 이원적 힘의 길항적 상호역동은 죄를 짓기 이전부터 아담의 마음에서 벌어지는 현실이었습니다. 이 사실을 어떻게 어디에서 알 수 있습니까? 창세기 2장 6-7절입니다. 히브리어 구문을 직역하면, '하나님이 흙으로 사람을 만드사 그 코에 생기를 불어넣었더니, 사람은 생물(네페쉬 하야)이 되었다'입니다. 개역한글과 개역개정 성경에서는 '생물'이 되었다는 말 대신 '생령(生靈)'이 되었다고 번역했습니다. 그런데 '생령'으로 번역된 히브리어 네페쉬 하야(nepeš ḥayyā, 직역하면 '살려주는 호흡' 혹은 '살아있는 욕망')는 창세기 1:21, 24에서 "생물"로 번역된 단어와 같습니다. 모두 다 네페쉬 하야입니다. 사람이 네페쉬 하야(생물)가 되었다는 말과 동물도 생물이 되었다는 말이 똑같은 말이라는 것입니다. 그런데 우리 창세기 한글번역에는 사람을 생령이 되었다고 말합니다만, 이 번역은 옳지 않습니다. 동물에 대해서는 네페쉬 하야를 '생물'(living creatures)이라고 번역하고, 인간에 대해서는 '생령'(living soul)이라고 번역할 필요가 없습니다. 인간은 하나님의 생기로 고취된 존재이지만 여전히 동물과 같은 생물이 되었습니다. 살아있는 동물적 존재, 살아있는 욕망이 되었다는 뜻입니다. 인간은 하나님의 생기를 그 코에 받자마자 왕성한 생물적 생명력 혹은 동물적 생명력을 가진 존재가 되었다는 말입니다. 인간이 처음 만들어졌을 때 왕성한 동물적 생명력, 야생적 생명력으로 가득 찬 존재였다는 의미입니다. 이것은 인간이 아직 선악의 구분에 눈뜨기 이전의 상황입니다. 야생적 생명력으로 가득 찬 인간이 야생성을 순치시켜 가면서 점점 하나님과 이인무(二人舞), 즉 하나님과 함께 멋진 탭댄스를 추기 위해서 준비되는 과정이 창세기 3장 상황입니다. 하나님과 춤을 추기 위해서는 인간은 하나님의 춤동작을 익혀야 하고 하나님도 인간의 춤동작에 적응해야 합니다. 인간은 율법을 통해서 하나님이 어떤 분인가를 서서히 알아가고, 아울러 자기 자신의 존재론적인 강점과 약점을 알아가도록 교육받아야 된다는 거죠. 하나님도 창조주로서 인간이 자신이 창조한 의도대로 움직이고 기능하는지를 보고 인간에게 적응하여야 했습니다.

구약성서의 인간관의 중핵은, 인간은 완전무결하게 창조되었다고 말하지 않고 교육이 필요한 존재로 만들어졌다고 믿는 것입니다. 구약성서의 인간관은 성선설도 아니고 성악설도 아니죠. 인간은 하나님의 형상으로 만들어졌지만 인간의 몸은 흙의 질료성에 매여 있습니다. 흙은 무게나 중력, 압력을 견디지 못해 중심이 쉽게 무너집니다. 인간이 만들어진 그 지향점은 하나님의 형상이지만 그 인간 존재를 구성하는 자연적 진료는 흙입니다. 흙이란 말은 무엇을 의미합니까? '취약하다.' '일관성이 없다.' '뭔가 내적 통일성이 결여되어 있다.' 이런 의미입니다. 이스라엘 땅의 흙을 한번 보세요. 붉은색 먼지로서 바람에 쉽게 휘날립니다. 흙은 내적 응집성이 있습니까? 없습니다. 그래서 질료적 인간은 자기 스스로 한 약속도 못 지킵니다. 왜요? 내적 응집성과 일관성이 모자라기 때문입니다. 진토적인 본질, 흙 같은 요소가 인간 존재의 중심을 이루고 있습니다. 그러나 인간은 또한 하나님의 형상을 따라 지음 받았기 때문에 하나님 같은 대접, 사랑받는 대접, 존중받는 대접, 이런 것들을 원합니다. 왜요? 하나님의 형상 따라 지음 받았기 때문에 하나님이 스스로에 대해 갖는 자기존중감이 충족되기를 원합니다. 인간은 굶주리는 것도 견딜 수 없지만, 모욕받고 멸시받고 천대받는 것을 더욱 견디지 못합니다. 왜요? 인간은 하나님의 형상을 따라 지음 받았기 때문입니다. 하나님의 형상이라는 이 본질이 인간이 자기 보호를 위해서 내세울 수 있는 결정적인 최저선(Bottom line)이 되는 것이죠. 성경은 성선설, 성악설 등과 달리 진토적인 질료성과 하나님의 형상이라는 신성의 이원적 역동으로 인간을 설명하려고 합니다. 자기존재를 앙양시키고 북돋우는 신적 상향성과 동물적 자기중심성이 같이 공존하는 존재라는 것입니다. 그런 전제 아래서 인간은 하나님 앞에 책임적 존재로 섭니다. 창세기는 하나님이 세상을 선하게 만들었다고 말하지만 이것이 이 세계의 완전무결성을 지지하는 말이라고 보기는 힘듭니다. 창세기 1장에서 일곱 차례 반복된 '좋다'라는 하나님의 자기평가는 해석될 필요가 있는 오묘한 구절입니다. 하나님이 세상을 보시기에 좋게 만들었다는 말은, 그 자체로 더 이상 선택의 갈등과 선택의 번뇌도 필요 없는, 그야말로 완전무결체로서의 세상을 만들었다는 뜻이 아닙니다. 하나님의 창조목적에 맞게 세상이 창조되었다는 의미에 가깝습니다. 하나님이 인간을 교육하고, 인간 품성을 단련하며, 인간에게 당신의 뜻을 점진적으로 알려주려고 하는 하나님 당신의 전반적인 교육 목적에 적합한 세상을 만들었다는 뜻이죠. 창세기 2장 16-17절은 '하나님이 사람을 에덴동산에 두사 동산을 지키고 다스리고 관리하게 만들었다'라고 말합니다. '동산을 지키고 다스리고 관리한다.' 이 말은 뭐예요? 에덴동산이 목가적인 전원이 아니라 지켜야 할 그 무엇이요, 뭔가 다스려야 할 야생성의 세계라는 암시입니다. 하나님의 형상을 따라 지음 받은 인간이 경작하고 관리하고 노동을 투입해서 가치를 창조해야 할 세상이라는 거죠. 에덴동산 그 자체가 목가적이고 전원적인 세상이라면, 인간의 그런 노력이 왜 필요합니까? 하나님이 세상을 만들었을 때 인간을 최초로 불러들인 이 낙원은, 오늘 우리가 생각하는 목가적인 낙원이 아닙니다. 정신줄을 놓아도 되는 낙원이 아니라 긴장을 해야 되고, 뭔가를 배워야 되고, 뭔가 깨어있어야 되는 일종의 교육훈련장이라는 거죠. 그래서 창세기 1장 1-2절은 '하나님이 태초에 천지를 창조하시니라. 하나님이 천지를 창조할 때 땅이 혼돈과 공허로 가득 차 있었다.'라고 말합니다. 하나님이 혼돈과 공허로부터, 어떤 피조물도 살고 있지 않고, 어떤 질서도 정초되기 전, 즉 상대적으로 선재적인 무질서 상태에서 세상을 창조했다는 말입니다. 이것이 무(無)로부터 창조했다는 말의 참된 의미입니다. 그런데 '혼돈과 공허로 가득 차 있다'라는 이 말을 많은 기독교적 및 유대교적 성서읽기는 지나치게 단순하게 해석하려는 경향을 보입니다. 그동안 많은 기독교 주석가들은 여기서 이 '무'를 '존재 없음'의 의미로 규정함으로써 창조의 풍성한 의미를 다소 놓쳤습니다. 그런데 창세기를 보면 존재 없음의 무가 아니라 이미 선재하는 그 무엇, 뭍과 물이 뒤엉켜있는 원시바다, 그것이 '무'라고 말하고 있습니다. 히브리어로는 토후 봐보후입니다. 아무것도 살지 않고, 아무런 구분도 없는 생명체 무거주성과 영역의 미분할적 혼합성, 환언하면, 우주적 야생성과 질료성의 세계가 "무"(無)였습니다. 하나님의 창조주권이 미치기 이전 상태의 선재하는 질료(혹은 상황/사태)로부터 하나님은 세상을 일주일간 창조합니다. 창조 이전의 원시적 질료사태는 물이 온 땅을 뒤덮고 있는 혼돈 상황이었습니다. 여기서 혼돈(混沌)이라는 단어가 중요합니다. '큰 물이 범람하다'를 의미하는 혼(混), '큰 물에 잠기다'를 의미하는 돈(沌)입니다. 혼돈이라는 말은 '땅이 큰 물에 잠겨있는 상태'입니다. 혼돈은 혼동이 아닙니다. 땅과 물의 뒤엉킴입니다. 물론 뭍과 물이 뒤엉켜있기 때문에 혼동된 것은 맞습니다. 그러나 창세기 1장 2절에서 말하는 혼돈은 "큰 물에 잠겨있는 땅"이라는 뜻입니다. 그래서 '하나님이 무로부터 세상을 창조했기 때문에 이 세상은 완전무결한 세상이고, 모든 악은 인간의 죄 때문이고, 인간의 죄는 천사의 타락 때문이다'라고 해석하는 전통적인 서구의 창조이해는 수정될 여지가 있습니다. 이런 식으로 해석하는 서구의 성경해석은 구약성서 본문상의 지지를 받기는 조금 힘듭니다.

이런 해석을 우리는 아우구스티누스의 『하나님의 도성』 제11-14권에서 발견합니다.[7] 이 네 권을 보면 아우구스티누스가 만든 원죄설 또는 완전무결한 창조설이 창세기 창조구절에 대한 다소 치우친 해석에서 발생된 것임을 알게 됩니다. 아우구스티누스의 '완결무결한 선한 창조설'에 따르면, 이 세계에 존재하는 모든 악과 고난은 인간의 죄 때문이고, 인간의 죄는 천사의 선재적 타락에 부하뇌동한 어리석음 때문이며, 하나님에게는 아무 책임이 없습니다. 이 입장을 좀 단순화하면, 이 교설에는 하나님이 인간의 죄와 타락에 대해 느끼는 책임, 애타는 동정심과 체휼의 자리가 만들어지지 않습니다. 하나님은 성결과 거룩의 초월적 보좌에서 용서를 구걸하는 인간에게 용서를 선포하거나 아니면 도저히 구제불가의 죄인들에게 심판을 내리는 역할에만 그칩니다. 인간의 악행과 타락을 지나치게 많이 강조하여 창조질서의 완전성을 너무 강조하는 이런 서구신학의 전통을 아우구스티누스 신학전통이라고 부릅니다.

그런데 본서에는 비록 기독교인들에게 비(非)주류로 받아들여지지만, 구약성경의 본문 지지를 조금 더 받는 학설을 소개하고 있습니다. 악과 고난의 원인을 인간의 죄와 허물, 혹은 천사의 타락에서만 찾지 않고 더 근원적으로 창조질서 안에 내재하는 '잔존 혼돈'에서 찾으려고 합니다. 제가 지금 소개하는 이 창조이해는 창세기 1장과 2장에서만 구약의 창조신학 전모를 찾지 않습니다. 창세기의 창조기사는 구약성서 여러 창조 본문 중의 하나에 불과하다고 봅니다. 시편 74:12-17, 욥기 38:8-11, 이사야 51:9 등 구약 운문에서도 구약의 창조신앙을 증언하는 실마리를 찾고 있습니다. 그것은 유대인 신학자 존 D. 레벤슨(Jon D. Levenson)의 창조이해입니다. 그는 일찍이 유대교 창세기 주석가들의 창조이해를 정교하게 발전시켜 『하나님의 창조와 악의 잔존』이라는 책을 냈습니다.[8] 그는 여기서 하나님이 천지를 창조할 때 혼돈의 일부가 남겨져 있었다고 주장합니다. 하나님의 주권적 통치가 일부러 미치지 않는 범위가 창조 이후에도 일부 남아있었다는 말입니다. 이것은 무엇을 의미합니까? 자유의지를 가진 인간이 선과 악의 경계선상에서 끊임없이 선을 선택하는 연습과 학습을 하고, 품성을 단련하기 위해서 교육조교처럼 활용되는 혼돈세력이 일부 남아있다는 주장입니다. 인간창조 이전에도 선과 악의 세력이 이미 세상안에 작동했다는 것입니다. 아담과 하와가 창조됐을 때 세상에는 이미 선과 악이 갈등하는 중이었습니다. 하나님이 지으신 세계에는 하나님의 성품을 100% 계시하는 밝은 창조와 하나님의 성품을 변증법적으로 더 밝게 계시하는 데 유익한 어두운 창조영역, 즉 미완성 창조영역으로 나눠져 있다는 것입니다. 아담과 하와가 창조되어 초청받은 창조세계는 근원적으로 하나님께 반역하는 반역성을 일부 가진 채 만들어진 세계였으며, 하나님의 지상대리통치자인 인간의 교육훈련에 합당한 세계라는 거죠. 레벤슨 같은 학자들은 창세기 1-2장 창조기사 외에 시편 74편 12-17절, 시편 82편, 89편, 104편, 욥기 38장 8-11절, 이사야 51장 9절 등 여러 성경구절에서 보다 더 오래된 창조신학 관련 증언들을 찾아보자고 합니다. 레벤슨은 창세기 1-2장보다 더 오래된 창조신학적 구절을 볼 때, 하나님이 이 세상을 만드실 때 하나님의 뜻에 저항하는 창조 내재적인 혼돈을 일부 남겨두었다는 추론이 가능하다고 합니다. 레벤슨에 따르면, 아담과 하와가 죄를 지은 것은 타락한 천사의 꾐에 넘어가서도 아니며, 우리 인간이 죄를 짓는 것은 아담의 원죄를 이어받았기 때문도 아닙니다. 제가 원죄설을 다 반박할 의도는 없습니다. 원죄설은 죄의 보편적 확장과정을 해명하는 데는 어느 정도 설명하는 힘이 있습니다. 그러나 원죄설만 교조적으로 묵수하지 말고 악과 고난에 대한 다른 관점도 있다는 것을 알아야 함을 강조할 필요가 있습니다.

아우구스티누스보다 200년 이상 앞선 2세기 희랍 교부였던 이레니우스와 같은 입장도 있다는 것을 알아둘 필요가 있습니다.[9] 이레니우스는 원죄론 대신에 아담의 죄를 아담 품성론, 연단과 훈육의 틀 안에서 이해하려고 합니다. 아담의 죄는 단지 악과 고난의 유일한 입구가 아니라는 것입니다. 아담의 죄는 불완전하고 어린 아담을 책임 있는 성년 아담으로 성장시켜 가려는 하나님의 의도 안에서 일어난 사태라는 것입니다. 이 품성 단련적인 훈육의 빛 아래서 아담의 죄를 바라보는 이레니우스의 창조신학은 존 D. 레벤슨의 창조신학과 어느 정도 일맥상통합니다. 이레니우스에 따르면, 하나님은 우리를 완전무결하게 만드시지 않았습니다. 따라서 이레니우스는 완전무결하고 부족한 것이 하나도 없는 낙원에서 인류의 조상이 의도적으로 죄를 지어서 세상에 파국적 재앙을 초래했다고 보지 않습니다. 그에 따르면, 아담과 하와는 어린이 단계에서 성인으로 자라기 위해 교육받는 과정에서 학습 에러를 범했습니다. 하나님의 배움을 잘못 적용했습니다. 그래서 이렇게 파국이 왔습니다. 그래서 인간의 죄는 그 자체로 불행한 파국이요 하나님으로부터의 일시적 이탈이요 소외지만, 혼돈물결을 억제하는 연습을 요청하는 현장이기 때문에 인간의 죄가 하나님의 은혜를 덧입게 해 하나님께 더 가깝게 만들고 하나님의 언약적 결속을 심화시키는 계기가 됩니다. 이처럼 인간의 죄에는 인간과 하나님 사이에 존재하는 관계를 검증함으로써 이전보다 하나님과 인간의 언약적 유대를 풍요롭게 만드는 드라마적 요소가 있습니다. 인간의 죄를 불행과 재앙의 원천이라고 단선적으로 규정하기보다는 인간의 죄 안에는 하나님께로 되돌아가는 또 다른 길이 있다는 것을 알아야 합니다. 크게 보면 바로 존 D. 레벤슨과 이레니우스와 같은 교부들의 생각은 이런 인간의 죄를 고립된 사건으로 보기보다는 하나님의 우주적 피조물 구원 및 갱생 드라마의 일부로 보려는 입장입니다. 죄가 악과 고난의 원인으로 지목되는 경우는 확실히 많이 있지만, 악과 고난은 인간의 죄보다 훨씬 더 시원적이고 근원적인 원인을 갖고 있다는 입장에 좀 더 개방적일 필요가 있습니다.

이제 마무리하겠습니다. 우리는 창세기 1－2장의 창조기사에만 의존해 구약성서의 창조신학을 구축해서는 안 된다는 것입니다. 하나님의 완전무결한 창조세계에 인간의 죄가 이 엄청난 파국을 초래했다는 주장만 너무 신봉하지 말자는 것입니다. 천사타락과 아담의 원죄설만 교조적으로 믿지 말고, 창조질서 안에 잔존하는 내재적인 혼돈, 하나님이 일부러 남겨놓았던 내재적 혼돈에서 유래하는 악과 고난에 대해서 열린 생각을 가질 필요가 있습니다. 하나님이 창조 후에도 남겨두신 혼돈은 우리 인간의 품성을 단련하고, 하나님의 은혜를 숙고하고, 자발적으로 선택하는 것을 도와주는 일종의 교육현장 조교입니다. 그런 점에서 잔존한 혼돈도 여전히 창조질서의 일부로 우리가 받아들이자는 거죠. 원죄설뿐만 아니라 혼돈잔존 창조설을 구약성서의 창조신학으로 받아들인다면, 우리가 세상에 악과 고난을 설명할 때 훨씬 더 풍요로운 성경적 토대를 제시할 수 있습니다. 어느 하나를 갖고 다른 하나를 배제할 필요가 없습니다. 이 두 입장 중(원죄설, 혼돈잔조 창조설) 하나만 맞다고 교조적으로 신봉할 필요가 없는 거죠. 저는 악과 고난의 문제에 대한 구약성서의 인문학적 접근이 기독교 교리나 유대교 교리를 직접 지지하지 않을 수 있다고 생각합니다. 그러나 기독교 교리나 유대교 교리는 인간의 실존적 정황에 설명력을 많이 갖는 방향으로 더 풍요롭게 변화될 수 있습니다. 악과 고난의 문제에 대한 이런 인문학적 접근은, 유대인들이 아우슈비츠에서 수백 만 명이 죽어가면서 하나님의 전능성을 재정의하는 과정에서 새로 착상된 신학을 어느 정도 반영합니다. 우리는 이런 신학을 "포스트 홀로코스트 신학"(Post-Holocaust Theology)이라 부릅니다. "유대인 대학살 이후의 신학"이지요. 이런 유대인 대학살 이후의 신학이 바로 존 D. 레벤슨의 『하나님의 창조와 악의 잔존』에서 지지되고 나옵니다. 개신교 학자인 독일의 위르겐 몰트만이 1960년에 출간한 『십자가에 달린 하나님』에서 이런 신학적 견해가 발표됐죠.

구약성경은 특정종교의 특정 교리를 지지하기 위해서 존재하지 않습니다. 구약성서는 많은 인문학적 상상력을 불러일으키면서, 인간이 보편적으로 안고 있는 문제에 대한 다층적인, 다차원적인 대답을 제시하며 대화를 유도하는 책입니다. 악과 고난에 대한 철학적 사유를 촉진시키는 매개효과가 있다는 거죠. 제 강의가 다 다루지 못한 부분들은 교재에서 취할 수 있기를 간절히 바랍니다. 이번 시간에는 인문고전으로서의 구약성서 읽기의 한 사례로 악과 고난의 문제에 대한 구약성서의 인문학적 접근을 예시로 들어 설명했습니다. 감사합니다.

인문고전으로서의
구약성서 읽기

14주차 강의안

14-1

인문고전으로서의 구약성서 읽기 사례 2[1)]

바벨론 홍수설화의 빛 아래서 본 노아 홍수 이야기[2)]

노아 홍수 이야기는 하나님의 선한 창조질서(특히 "땅")를 원천적으로 창조 이전의 혼돈(混沌) 상태(원시바다에 침수되어 있는 땅)로 되돌려 놓을 수 있는 피조물의 패역성을 집중적으로 부각시킨다. 노아 홍수 이야기는 하나님 편에서 이 세계에 대한 완전통치를 실현하기 위해서는 많은 난관을 극복하지 않으면 안 된다는 것을 보여준다. 바벨론의 홍수설화의 빛 아래서 노아 홍수 이야기를 읽어보면 창세기를 "하나님 나라 신학"의 관점에서 읽어보려는 시도가 적지 않은 지지를 받게 됨을 알게 된다. 바벨론 문명의 창조설화격인 <에누마 엘리쉬>(enuma elish="아주 먼 옛날 하늘들과 땅에서는...")에 따르면 창조는 땅 아래의 신선한 물(Apsu=앞수)과 대양의 소금기 어린 물(Tiamat=티아마트)[3)]이 뒤엉킴으로써 시작된다. 이 뒤엉킴으로부터 열등한 신들이 창조되었는데 너무나 많은 신들이 창조되어 최고신인 앞수(Apsu) 신을 괴롭게 할 정도가 되었다. 그래서 앞수 신은 육체노동용 일꾼으로 창조된 이 열등한 신들을 전멸하기로 작정하였다. 그런데 열등한 신으로 낙인찍혀 전멸될 운명에 처해 있는 신 중 하나인 이아(Ea)가 앞수 신의 의도를 알아차리고 그를 최면으로 무력화시키는 데 성공한다. 더 나아가 그는 앞수 신을 죽이고 그의 왕권을 찬탈해 버린다. 이에 격분한 앞수의 아내 티아마트가 킹구(Kingu) 신을 야전 사령관으로 임명하여 이아(Ea)와 그의 동맹세력인 열등한 신들과 전쟁을 벌인다. 그런 가운데 초기 전세는 티아마트와 킹구 쪽으로 기울어지기 시작하였다. 아무도 킹구를 감당하지 못하고 이제 열등한 신들은 패배 직전으로 내몰린다. 이때 이아의 아들 마르둑(Marduk)이 킹구 신을 격파하겠다고 나서자 전세는 급전된다. 마르둑은 마침내 킹구를 격파하여 신들의 최고위직에 오른다. 마르둑의 전과(戰果)를 인정한 여러 열등한 신들은 마르둑에게 성전을 지어 바침으로써 그가 최고신의 지위를 획득하게 된 것을 인정하고 송축하기에 이른다. 여러 신들은 마르둑에게 왕의 예를 갖추고 그에게 복종한다. 최고신이요 우주의 대주재 왕으로 등극한 마르둑은 티아마트를 두 동강으로 내어 세상, 즉 땅과 하늘을 만든다. 그는 땅과 바다를 나누어 바닷물이 땅을 덮쳐 그의 승리를 위협하지 못하도록 경계를 정하고 지킨다. 원시바다 세력을 대표한 티아마트는 땅과 바다로 갈라진 셈이다. 그렇지만 현재의 창조세계 안에서도 바다는 여전히 옛날 티아마트적인 반역적 성향을 감추고 있다.

바로 이런 바벨론 신화와 거의 흡사한 창조설화를 공유한 구약성경에서 "바다"는 항상 하나님을 향하여 잠재적 반역세력의 본거지가 될 것처럼 묘사되거나 예언된다(계 14장의 '바다'에서 올라온 네 짐승; 21-22장의 '바다가 없어진 새 하늘과 새 땅'). 마르둑은 킹구의 몸을 잘라서 인류를 만드는데 인류는 열등한 노동자 신들의 고역을 대신 떠맡기 위하여 창조된 신의 노예들이었다. 이런 위대한 신의 천지창조와 인간창조에 감사하여 열등한 신들은 에사길라(Esagila)에 마르둑을 위한 성전을 지어 바친다. 티아마트 세력에 맞선 승리에 대한 열등 신들의 보은의 응답이 바로 마르둑의 "안식"을 위한 성전이다. 마르둑 신은 에사길라 성전에서 "안식"에 들어간다. 더 이상 대적이 준동할 수 없는 상태가 되었기 때문이다. 열등한 신들은 마르둑을 찬양하는 오십 가지의 화려한 칭호들을 선포하고 열거함으로써 그를 최고의 신으로 모신다. 여기서 <에누마 엘리쉬>는 끝난다.

이런 관점에서 보면 창세기 2:3에서 하나님이 "안식"하셨다는 선언은 창세기 1장의 창조 사역도 모종의 창조를 위한 전쟁과 유사한 상황에서 하나님께서 온전히 승리하셨음을 암시하는 구절로 이해된다. 하나님은 원래 피곤하지도 곤비하지도 않으셨기에 안식할 이유를 갖지 않으신 신이다(사 40:30-31). 따라서 여기서 말하는 안식은 피곤에서 회복되기 위한 안식이 아니라, 다른 의미의 안식이다. 그것은 전쟁에서 이긴 자가 누리는 안식이다. 하나님은 더 이상 대적자를 남겨 두지 않고 완벽하고 절대적인 승리자가 되셨기 때문에 안식하실 수가 있다는 논리이다. 이렇게 보면 창세기 1장의 숱한 명령들이 하나님 편에서는 일종의 전쟁 승리를 확증하고 송축하는 행위와 흡사하다. 창세기 1장은 최고의 지위에 오른 야웨 하나님이 신적 대권을 휘두르는 장면인 것이다.

물론 창세기의 창조설화나 노아의 홍수 이야기가 바벨론의 창조설화인 <에누마 엘리쉬>를 그대로 차용하였다거나 그것에 맹목적으로 의존하였다고 주장하는 것은 아니다.[4] 오히려 구약성경은 바벨론 창조설화를 야웨 하나님의 절대주권적인 지배권을 송축하는 방향으로 의미심장하게 개작하고 재주형했다. 창세기의 창조설화와 노아 홍수설화에서 오로지 강조되는 것은 하나님의 절대주권적 통치권이다. 구약성경에서 두드러지는 야웨 하나님에 대한 배타적 유일신 신앙은, 바벨론의 다신교적 창조신화가 가공되지 않고 원색적인 다신교 색채를 띤 채 구약성경 속으로 이식되는 것을 저지한 셈이다. 그럼에도 불구하고 레벤슨의 지적처럼 창세기와 다른 구약성서의 창조신학적 본문들이 바벨론 창조설화나 가나안의 바알신화처럼 "혼돈세력과의 전쟁을 통한 창조" 신학의 편린들을 산발적으로 기억하고 있다는 점 또한 부인할 수는 없다.[5] 창세기의 창조설화와 더불어 노아 홍수설화를 바벨론의 창조설화의 빛하에서 해석할 때 구약성서의 독특한 메시지를 더욱 뚜렷하게 포착할 수 있는데, 다음의 세 가지 면을 고려할 때 그러하다.

첫째, 바벨론 창조설화는 노아 홍수 이야기의 신학적 메시지를 좀 더 잘 부각시키는 데 통찰을 던져 준다. 노아 홍수설화에서 "바다" 혹은 "물"을 단지 수소 둘과 산소 하나로 구성된 무기물 원소결합체로 파악하는 것은 노아 홍수설화의 신학적 차원을 간과하는 해석이다. 창세기 1장의 7일 창조 기사 중 어디에서도 하나님이 원시바다, 물(1:2의 수면)을 창조했다는 언급은 발견되지 않는다. "원시바다"는 처음부터 거기 있는 것처럼 보인다. 아마도 그것은 하나님의 우주창조 이전의 선재 물질이었을 것이다. 적어도 1~6일 동안 창조된 최초의 창조질서에 비해서는 상대적으로 선재했던 물질이라는 것이다. 그런데 이런 추론은 전통적인 유대교-기독교의 <무로부터의 창조> 교리와 즉각 충돌한다. 많은 그리스도인들은 이 교리를 성서 안에서 추론할 수 있는 유일무이한 창조교리라고 믿는다. 그러나 이 <무로부터의 창조> 교리는 창세기 1장 1절 첫 소절을 "태초에 하나님이 천지를 창조하였다"(하나님의 광범위한 창조행위에 대한 포괄적 언급이라고 볼 때만)라고 번역할 때만 추론 가능한 교리다. 그러나 이 해석은 중세의 유대인 랍비 라쉬(Rashi) 이래로 의심되어 온 해석이다. 스파이저(A. Speiser)와 같은 창세기 주석가에게도 이미 폐기된 해석이다. 1장의 나머지 부분을 잘 읽어보면 둘째 날 하늘이 창조된 목적이 천상의 물을 억제하기 위함이었음을 알 수 있다. 물론 땅은 셋째 날에 창조되었다. 이때 땅의 창조는 사실상 알고 보면 원시바다 아래 침수되어 있는 땅을 물에서 건져올려 "마른 땅"(야바샤)이 되게 하신 사건 외에 다름이 아니다(적어도 창세기 1장에서는). 결국 땅의 창조도 원시바다에서 "마른 땅"을 건져올린 사건인 셈이다. 노아 홍수는 "땅 창조"를 무효화하는 사태였던 셈이다.

둘째, 창세기 1장에서 벌써 다른 신적 존재들의 존재가 암시된다(26절: "우리의 모양"). 이 다른 신적 존재들은 —즉 하나님 옆에 있는 우리의 일부— 언제 창조되었는가? 이들은 적어도 현재 우리가 알고 있는 우주의 창조 전에 선재하고 있는 것처럼 보인다. 물론 이런 생각이 제2이사야[6]에서는 아주 격렬하게 부정된다(사 43:11; 44:8). 그러나 창세기에는 아직 부정되지 않고 인정된다. 다만 우리는 이 다른 신적 존재들이 하나님의 천지창조 시 어떤 역할을 하였는지 알 수 없다. 모종의 역할을 하였을 가능성을 암시하는 본문도 있지만(욥 1:6–12; 2:1–6; 38:1–7; 왕상 22:19–23=하나님의 아들들), 확신 있게 그들의 역할을 규정할 수 없다. 또한 의사결정 시 이 다른 신적 존재들이 하나님의 절대주권과 완전한 통치권에 어떤 제한을 가했는지도 알 수 없다. 그러나 이들은 <에누마 엘리쉬>의 마지막 부분에서 마르둑을 찬양하는 하급의 열등한 신적 존재들과 비슷한 역할을 하고 있는 것처럼 보인다. 창세기는 대체로 그들이 하나님의 의사결정에 거의 중요한 결정을 하지 못하였음을 암시한다. 물론, 이스라엘의 하나님에게는 자신의 기원에 관한 어떤 신화도 없다는 점에서 그리고 야웨 하나님의 기원에 대하여 말해주는 어떤 신적 족보도 히브리 성경에서는 발견되지 않는다는 점에서, 창세기 1장과 다신교를 배경으로 저작된 바벨론 창조설화를 곧장 비교 대상으로 삼는 것은 조심해야 한다. 그런 점에서 바벨론의 다신교적 토양에서 산출된 <에누마 엘리쉬>와 창세기의 창조 이야기나 노아 홍수 이야기를 곧장 연결시키는 것은 무리다. 하지만 그렇다고 양자의 차이를 지나치게 과장하거나 극대화할 필요가 없다. 그것이 구약성경의 가치를 더 높이는 것은 아니다. 다만 창세기 6-9장의 노아 홍수 이야기가 "바다"를 갈라 육지로 만드는 일에 주안점을 두고 있는 바벨론 창조설화의 빛 아래서 그것의 신학적 메시지를 더 잘 부각시킨다는 점을 지적하고자 한다.

셋째, 노아의 홍수설화를 이해하는 데 창세기 1장 외에 구약성경 안에 있는 다른 창조기사들의 증언에 대한 청취와 해석이 요구된다. 창세기 1장이 제일 처음 배치된 것이 의미가 없는 것은 아니지만, 구약성서의 창조신학을 논할 때 그것을 너무 과도하게 강조할 필요는 없다. 토라의 편찬자나 저자는 창세기 1장을 처음에 배치함으로써 하나님의 절대주권에 대한 더 이상의 의심이나 논란을 잠재우려고 하였을 수도 있다. 즉 하나님은 절대주권적 위엄을 가진 분이요 어떤 선재하는 물질의 도움을 받지 않고 우주를 창조하신 절대적 창조주임을 강조하기 위하여 이렇게 배치하였을 수도 있다. 그러나 구약성경은 병렬적 배치원리를 통하여 특정한 하나의 본문이 다른 본문에 대하여 교조적 권위를 갖지 못하도록 잠금장치를 가지고 있는 경우가 더러 있다. 창세기 1장 이외에 다른 창조본문은 "다른 창조 시의 정황"을 그리고 있는 것이다. 시 82편, 특히 6-7절을 보라. 여기에 "엘로힘"은 신적 존재들을 가리킨다("너희는 신들이며"). 이 시편에 대한 전통적 해석은 "엘로힘"이 인간 재판관을 가리킨다고 해석하지만, 히브리어 본문을 자세히 살펴보면 그들은 타락한 인간 재판관들을 가리키는 말이 아니라 신적 존재들을 가리킨다고 보는 것이 타당해 보인다. 이 시편은 이스라엘 야웨 하나님이 고대근동의 판테온(萬神殿)에서 최고위직 신의 자리를 차지하는 순간을 보여준다. 야웨 하나님은 최고의 왕위에 등극하면서 그의 동료신들의 신적 위광과 지위를 박탈해 버린다. 결국 시편 82편은 다른 신적 존재들에 대한 사형선고인 셈이다. 만일 이런 해석이 옳다면 그것은 놀라울 정도로 바벨론 창조서사시 격인 <에누마 엘리쉬>와 유사하다. 시편 82편은 마르둑이 티아마트와 그녀의 연합세력을 분쇄하고 최고신의 지위에 오르면서 다른 신들을 열등한 신으로 격하시키는 <에누마 엘리쉬>의 창조신화와 닮은 것이다. 두 경우 모두에서 최고신(마르둑과 야웨)의 최고위직과 절대지배권은 창조 이전부터 자명하게 주어진 실체가 아니라 "전쟁 후에 얻은 일종의 전리품"으로 이해된다. 시편 82편에는 우주기원과 창조과정에 연루된 신적 존재들의 각축과 전쟁이 명시적으로 언급되어 있지 않지만, 야웨 하나님이 열등 신들의 신격(神格)을 박탈하는 "최고대권"을 행사하는 상황이 암시되고 있다(신 32:8-9). <에누마 엘리쉬>나 시편 82편 둘 다에서 최고신은 모종의 사건을 치른 후(전쟁과 유사한 그 무엇) 최고신 지위에 올랐다는 인상을 준다. 마르둑신의 최고직 신적 대권을 기리는 바벨론의 신년 축제는 마르둑의 절대지배권이 정기적으로 매년 갱신되고 재구현되어야 할 신분임을 가리키고 있다. 마르둑의 절대적 왕권은 영원히 주어진 정태적 실체나 닫힌 현실이 아니라 그 반대의 현실에 의하여 늘 공격당하고 부서지기 쉬운 상태였기 때문이다. 시편 82:8도 마찬가지다. '야웨여! 일어나소서! 세상을 차지하고 세상을 다스리고 심판하소서.' 즉 '야웨여 절대왕권을 다시 휘둘러 주십시오'의 의미인 것이다. 이것은 무엇을 말하는가? 하나님의 세계에 대한 완전지배와 통치가 아직 완결된 사건이 아님을 암시하는 것 아닌가? 오히려 야웨의 절대주권적 통치에 대적하는 어둠세력의 몰락이 당장에 있을 일이 아니라, 불확실한 미래에 일어날 것임을 시사하고 있는 것이다.[7)]

구약성경에서 주도적으로 나타나는 야웨 하나님의 신적 대권 장악에 대한 묘사(최고신의 보좌 위에 등극하는 사건에 대한 묘사)는 바다의 용(티아마트)과 힘든 전투를 치른 후 최고신의 지위에 오르는 마르둑의 창조설화 <에누마 엘리쉬>와 크게 다르지 않다. 시편 74:12-17을 보라(특히 13-16절). 74편의 직접적인 문학적 맥락은 가나안의 바알신화이다. BC 14세기에 유래하는 바알신화에는 가나안판 최고신 지위를 차지하는 바알이 바다 용[8)]을 격파하고 분쇄하는 이야기가 있다. 이 각각의 표현이 시편 74편에 어떤 모양으로든지 나타난다. 만일 우가릿의 바알신화가 없다면 이런 표현들은 비의적인 애매모호함을 가진 채 해석되지 못하고 방치될 수밖에 없을 것이다. 구약성경에서는 우주창조를 전후한 신적 존재들의 전쟁과 갈등을 일련의 자기완결적인 이야기 형식으로 기록한 책이나 문단이 없다. 다만 시편이나 예언서, 욥기 등에 산발적으로 흩어져 암시되고 있을 뿐이다. 하지만 바알신화의 발견 덕분으로 우리는 구약성경의 창조신학에도 어렴풋이 신적 존재들 간의 갈등과 전쟁이 있었음을 암시하는 구절들이 잔존하고 있음을 발견한다(시 89편; 104편; 사 51장). 특히 시편 74:12-17에 묘사된 원시바다 괴물은 야웨 하나님의 창조활동에 의하여 억제된 혼돈세력, 무질서, 어둠세력의 표상물로 이해될 수 있다. 시편 74편은 원시바다 괴물과 전쟁을 치른 후 선한 세상을 창조하신 하나님의 창조 사건을 다루는 시편으로 이해된다. 특히 "하나님은 예로부터 나의 왕이시라"(벨로힘 말케 미케뎀)라는 표현은 야웨가 우주창조를 위한 전쟁을 승리로 종결지은 후 최고직 신의 자리에 등극할 때의 태초 이전의 한 시점을 가리키는 말처럼 보인다. 한 걸음 더 나아가 시편 74:12－17(특히 16－17절)은 필시 하나님의 창조 사역(경계선 구분)을 가리키고 있음이 틀림없다.

> 하나님은 예로부터 나의 왕이시라 사람에게 구원을 베푸셨나이다 주께서 주의 능력으로 바다를 나누시고 물 가운데 용들의 머리를 깨뜨리셨으며 리워야단(바다 괴물)의 머리를 부수시고 그것을 사막에 사는 자에게 음식물로 주셨으며 주께서 바위를 쪼개어 큰 물을 내시며 주께서 늘 흐르는 강들을 마르게 하셨나이다 낮도 주의 것이요 밤도 주의 것이라 주께서 빛과 해를 마련하셨으며 주께서 땅의 경계를 정하시며 주께서 여름과 겨울을 만드셨나이다

하나님의 창조행위에 대한 긍정적 선언이 바다 용에 대한 야웨의 격파와 분쇄 바로 후에 뒤따라 나오는 이 서사적 구조는 <에누마 엘리쉬>와 거의 동일하다. 이 양자 간의 평행관계를 우연의 일치라고 볼 수는 없을 것 같다. 결국 시편 74:12－17은 하나님 야웨와 바다 괴물들 간에 있었던 "우주창조를 위한 전투"를 증거하고 있다고 보아야 한다. 바다 괴물을 물리치고 나서 야웨는 세상의 질서를 부여할 수 있게 되었다는 것이다. 즉 세상의 질서부여(물과 뭍의 경계, 계절의 순환과 경계부여)는 원시바다 괴물에 대한 야웨 하나님의 창조전쟁의 승리가 가져온 결과였던 것이다. 그래서 시편 74편이 증언하는 창조 이야기는 만물에 대한 야웨의 절대주권적 장악과 지배를 당연한 것으로 말하지 않고, 획득한 것, 극적이고 흥분스러울 정도로 즐거운 일, 널리 그리고 크게 송축하여야 할 사건임을 말한다.[9)]

여기서 중요한 것은, 다시 강조하지만 하나님의 창조행위는 원시바다 세력, 카오스 세력과의 전쟁행위와 유사한 정치적 질서부여 행위라는 것이다. 하나님은 원시바다를 갈라 땅과 궁창을 만드시고 만물들의 거처를 마련해 주셨듯이, 역사 속에서 원시바다 세력의 육화된 세력으로 활약하는 혼돈세력(애굽의 파라오, 앗수르, 바

벨론 제국, 히틀러 제3제국과 일본 군국주의 등)을 억제하고 분쇄함으로써, 당신의 백성들의 보금자리(땅)를 제공하신다. 이렇게 행함으로써 하나님은 당신의 창조행위를 계속하신다는 것이다. 창세기 6-9장에 나오는 노아 홍수 이야기는 인간의 불의가 하나님 나라에 대하여 갖는 의미를 극적으로 부각시킨다. 인간의 불의는 우주적 대파국을 초래하는 창조질서 파괴행위라는 것이다. 인간의 패역과 영적 피조물의 반역은 하나님의 선한 창조질서를 혼돈으로 되돌려 놓으려고 위협한다. 즉 인간과 신적 존재가 연합하여 하나님의 창조의 면류관인 "땅"을 폭력과 패역으로 관영케 하였다(6장에 그토록 반복되는 땅에 대한 언급을 보라). 이 우주적 반역이 땅의 세계를 다시 창조 이전의 물과 뭍이 뒤엉킨 원시 수면(바다) 아래로 침수시키려고 위협하는 것이다. 여기서 땅은 원래 원시바다에 의하여 침수 상태(混沌)에서 건짐을 받았던 "마른 땅"이었음을 기억할 필요가 있다. 그런데 노아 홍수는 마른 땅을 다시 원시바다 아래로 침수시킨다는 점에서 하나님의 창조행위를 원천적으로 무효화하는 반역사건의 결과인 것이다. 노아 홍수는 하나님의 선한 창조질서(마른 땅과 하늘이 있는 세상이 선한 세상)의 면류관인 땅을 원시바다 속으로 집어던진다. 이것은 혼돈세력의 일시적 승리사건이다. 하나님의 태초의 아름다운 창조를 기억해 보라. 하나님은 태초에 원시바다 물을 궁창 위의 물과 궁창 아래의 물로 나누어서 분할통치했고, 그 결과 땅과 하늘이라는 인간을 위한 아주 안정되고 자애로운 삶의 근거지를 창조해 주시지 않았던가? 그런데 노아 홍수 때, 이 나눠진 물이 다시 합수되어 버린 것이다. 더 나아가 가둬 둔 물들인 "깊음의 샘"까지 터졌던 것이다(창 7:11). 결과적으로 궁창 위의 물과 궁창 아래의 물로 나눈 하나님의 창조행위의 결과가 사라져 버린다. 아울러 두 물의 나뉨으로 인해 생겨난 마른 땅도 사라져 버린다. 이것은 무엇을 말하는가? 하나님의 선한 창조질서가 절대적으로 안정된 환경이 아님을 암시한다. 인간의 반역과 죄악이 땅을 관영케 하면 언제든지 노아 홍수급 혼돈세력이 발호할 빌미를 줄 수 있다는 것이다. 그러나 하나님의 창조의지는 노아 홍수로 대표되는 혼돈세력을 또다시 억제하시고 더 이상 넘을 수 없는 경계선 안에 가두어 두시는 행동에 집약된다.

마침내 노아 홍수로 침수된 땅은 또다시 하나님의 큰 바람에 의하여 서서히 원시바다로부터 솟아오른다.[10] 침수된 땅이 마른 땅이 됨으로써 세상은 다시 창조된다. 생육하고 번성하라는 창조의 축복명령이 노아에게 반복적으로 들린다. 홍수설화에서 원시바다가 물러가고 다시 자애롭게 인간에게 우호적인, 인간을 위한 땅이 물에서 융기하여 나온 것은 신적 구원의 표지다. 파라오의 억압을 피하여 도망치는 이스라엘처럼 노아와 그의 가족도 치명적인 바다의 분노를 피하여 마침내 하나님의 새로운 계약을 선물로 받는다.

2,000년간의 서구신학은, '하나님의 세계창조란 물리적인 무로부터의 물질 창조가 아니라 오히려 혼돈세력의 방해에도 불구하고 혼돈세력과 맞서서 이룬 장엄한 성취였다'는 것을 잊어버렸다. 그 결과 기독교회도 하나님의 세계창조가 단지 아무것도 없음으로부터 뭔가를 창조한 공작적인 창조가 아니라 하나님과 사귐을 나누기에 적합한 피조물 공동체, 즉 자애롭고 생명유지적이며 질서정연하고 안정된 피조물 공동체 창조였음을 충분히 깨닫지 못했다. 그러나 앞서 논의한 것처럼, 창조는 하나님의 창조계획에 저항하는 원시바다의 혼돈세력들을 패배시킨 야웨의 승리 결과로 출현한 선한 질서의 창조이다. 선한 창조질서는 원시바다의 혼돈세력이 마른 땅의 출현으로 일정한 경계선을 넘지 않고 유폐되어 있는 상태다. 역사 안에서 이렇게 유폐된 원시바다 세력, 혼돈세력들은 언제나 그 경계선을 넘어 덮치려고 광분한다. 이 혼돈의 바다가 경계선을 넘는 순간에, 하나님은 활동중지, 동면상태에 빠진 것처럼 보인다. "야웨의 팔이여 옛날처럼 깨어나소서"라고 호소하는 탄원기도(사 51장)는 태고적 창조시점에 야웨에 의하여 패퇴당한 세력들이 아직 완전히 멸절되지 않고 있다는 사실의 방증이다. 그들은 창조주가 정해준 경계선을 넘어 그 거룩한 신적 정복자에게 도전하였다. 원시바다의 범람은 악의 창궐이요 도덕적 무질서 상태 수준의 폭력과 음란의 발호다. 이런 악행들이 통제할 수 없을 정도로 지상에 범람하면 노아 홍수에서처럼 선한 창조질서는 다시 이전의 혼돈으로 되돌아가 버린다.

여기서 우리는 우리가 속해 있는 하나님의 창조질서의 내적 취약성에 눈뜨게 된다. 우리가 속한 하나님의 창조세계는 본질적으로 항구적으로 안정된 구조가 아니라 언제든지 깨어질 수 있고 혼돈세력으로 인해 퇴행할 수 있는 불안정 구조라는 것이다. 인간의 악이나 기타 바다의 용들이 도전해 오면 부서질 수 있고 혼돈으로 치달을 수 있는 생물체적인 구조인 것이다. 따라서 안정되고 질서 있는 세상을 유지하는 것은 하나님의 자유롭고 특별한 행동으로 가능하다. 노아 홍수기사에서 창조질서는 다시는 물로 세상을 심판하지 않겠다는 하나님의 맹세에 의하여 유지된다. 구약성경에서 자연은 그 자체가 자율적이고 자기 충족적인 존재가 아니라 당신의 창조세계를 지키시려는 하나님의 특별한 열심과 피조된 세상을 향한 하나님의 언약적 책임감에 의존하고 있다. 세상 자체의 존속이 하나님의 신실하심, 강력하심, 그리고 자애로우심을 증거한다(시 19:2). 또한 노아 홍수설화는 선한 창조질서의 존속이 그 질서를 향유하는 인간의 영적 품격과 도덕적 책임에 달려 있음을 강력하게 경고한다.

14-2

인문고전으로서의 구약성서 읽기 사례 3: 구약성서의 윤리학과 이상적인 정치철학

유대인 정치철학자 요람 하조니(Yoram Hazony)는 『구약성서로 철학하기』라는 책에서 구약성서의 윤리학, 정치철학, 인식론과 형이상학을 도출하고 그리스 철학자들의 철학과 비교했다. 그는 구약성서 본문들이 일반적인 성격의 논의나 이론을 개진하도록 의도된 것이 아니라는 의심이 촉발된 것은, 성서 저자들의 논의 전개 방식에 대한 사람들의 무지 때문임을 주장한다. 하조니에 따르면, 내러티브나 예언의 한계를 극복하고 보편적 철학사상을 표현한 사람들이 구약성서 저자들이었다. 마치 초기 그리스 철학자들이 시와 희곡을 철학적 탐구의 도구로 사용한 것처럼, 구약성서의 저자들은 이야기(내러티브)와 메타포를 활용한 설교를 통해 철학적 입장을 표명했다는 것이다. 그들이 성서 본문에 도입한 몇몇 문학적 기법들은 다음과 같다.[11)]

구약성서 저자가 사용한 논증 방식

교훈적 내러티브

일부 학자들이 구약성서의 내러티브에 대해 가지는 생각은, '내러티브의 모호성 때문에 구약성서가 사상 전달에 부적절하며, 따라서 우월한 철학적인 주장을 전달하는 데는 부적절하다는 의견'이다(존 바턴). "이처럼 내러티브 문학은 그 본성상 저자의 생각을 명확히 표현하지 않기 때문에, 저자가 정확히 무엇을 어떻게 생각하는지 아는 것은 불가능하다"는 것이다.[12] 그런데 하조니는 최신 내러티브 이론(마사 누스바움)에 의거하여 내러티브야말로 철학적 주장을 담기에 더 적합하고 유용하다고 판단한다. "어떤 삶의 진리들은 내러티브 예술의 언어와 형식을 통하여 적합하고 정확하게 표현된다. 소설가의 예술적 언어들은 인간 삶의 어떤 요소에 있어서 둔탁한 일상언어나 추상적인 이론이 보지 못하는 부분을 포착해 낸다... 이렇게 구체적인 언어만이, 즉 내러티브의 언어(와 구조)만이 (저자가) 참이라고 믿는 것을 독자들에게 적합하게 전달할 수 있다."[13]

하조니에 따르면, 구약성서 저자들이 추상적인 철학 논증의 중요한 수단으로 사용하는 내러티브 화법 중 하나는 성서인물들 사이의 '모형적 대조'이다. 모형적 인물 대조의 기초로 사용되는 본문은 가인과 아벨의 갈등을 묘사한 창세기 4장이다. 더 나아가 창세기 37장에 등장하는 야곱의 열두 아들 중 다섯 형제들(르우벤, 시므온, 레위, 유다와 요셉)도 리더십을 두고 경쟁하는 갈등구도를 보여준다.

하조니는 내러티브의 유용성에 대한 자신의 긍정적인 견해가 내러티브에 대한 현대 성서학자들의 입장과 대조되는 것을 알고 자신의 입장을 해명한다. 무엇보다도 먼저 구약성서 저자들이 내러티브를 전개할 때 자신들의 견해를 거의 드러내지 않기 때문에 특정 스토리에서 무슨 주장이나 철학이 옹호되고 있는지 확신할 수 없다는 현대 성서학자들의 주장을 조목조목 반박한다. 그 반박은 다음의 세 가지로 정리될 수 있다. 첫째, 구약성서의 저자(스토리텔러 혹은 내레이터)가 등장인물의 행동이 무슨 철학을 대표하고 옹호하는지에 대해 침묵을 지킨다고 생각하는 현대 성서학자들의 오해는, 현대 성서학자들이 성서의 내러티브를 단회적으로, 그리고 단순하게 받아들이기 때문이라는 것이다. 둘째, 현대 독자들이 구약성서의 내러티브 속에서 윤리적 입장을 발견하지 못하는 이유는 하나의 내러티브를 전체적 관점에서 읽지 않고 독립적으로 받아들이기 때문이라는 것이다. 하조니는 기록된 사건들에 대한 구약성서 내러티브 저자의 관점은 그 이후의 문맥에서 온전히 드러나기 때문에 독자들은 '행위의 결과들'에 집중하며 읽을 필요가 있다는 점을 강조한다.

셋째, 현대 독자들이 어떤 이야기나 내러티브에서 구약성서 저자의 관점이 드러난다고 하더라도, 그 내러티브 저자의 판단이 흑백 논리로 귀결될 것이라는 편견을 지니는 것은 바람직하지 않다는 것이다. 구약성서의 저자는 각 인물들의 윤리적 모호성에 대해 인식하고 있으며 결코 단순하지 않은 판단을 내리기 때문이다.

선지자들의 설교

하조니는 선지자들의 설교도 시적인 동시에 논증이며 특정 세계관과 윤리관을 논증함으로써 종종 보편적 가치의 문제들을 탐구한다고 주장한다. 하조니는 인문고전으로서 구약성서를 읽는 독자는 예언적 설교들을 읽을 때 선지자들이 어떻게 은유를 활용하는지를 이해함으로써 그들의 사상을 밝히는 데 집중해야 한다고 주장한다. 이사야는 씨 뿌리는 농부의 비유를 통해 처음에 좋은 결과를 내는 것처럼 보이는 행동과 마지막에 좋은 결과를 내는 행동을 대조한다(사 17:11). 또한 그는 산불 비유를 통해 개인이나 공동체의 악행이 피해자뿐 아니라 자신과 자신의 주변 사람들에게 해를 끼친다는 원리를 말한다(사 9:18). 하조니에 따르면, 예언자들이 은유를 사용하는 목적은 그 시대 사람들에게 익숙한 소재를 통해 추상적인 윤리 원리를 청중에게 쉽게 전달하기 위한 것이다.

그럼에도 불구하고 현대 독자들은 예언자들의 설교상의 은유가 무슨 철학적 원리나 이념을 전달하는지 잘 모르며 심지어 예언자의 은유 사용 목적도 오해하는 현실을 하조니는 지적한다. 하조니가 보기에 예언자의 예언에 대한 현대 독자들의 오해 혹은 불충분한 이해는 구체적으로 다음과 같다. 첫째, '예언자들의 은유 사용 목적은 하나님의 계시를 명확하게 밝히는 것이 아니라, 모호하게 하기 위함이다.' 둘째, '시 형태로 표현되는 예언자들의 예언이 이성적·철학적 저작이 될 수 없다.' 셋째, '예언자들의 설교나 발언 모두는 무슨 철학원리를 담는 언설이라기보다는 미래를 향한 계시이다.'

하조니는 이 셋째 오해가 발생하는 과정을 설명하기 위하여 이사야 6장 9–10절을 예로 든다. 예언자들의 말씀이 미래 일에 대한 예언이라고 축소시켜 이해하는 사람들은 이사야 6장 9–10절 말씀이 이사야가 미래에 일어날 사건에 대해 예언하고 있다고 해석한다. 이사야 6장 9-10절의 말씀은 다음과 같다. "9 여호와께서 이르시되 가서 이 백성에게 이르기를 너희가 듣기는 들어도 깨닫지 못할 것이요 보기는 보아도 알지 못하리라 하여 10 이 백성의 마음을 둔하게 하며 그들의 귀가 막히고 그들의 눈이 감기게 하라 염려하건대 그들이 눈으로 보고 귀로 듣고 마음으로 깨닫고 다시 돌아와 고침을 받을까 하노라 하시기로" 확실히 이 예언은 겉으로 볼 때 이사야의 청중의 완고함 때문에 그들의 미래는 파국적인 재앙이 될 것이라고 예고하는 것처럼 보인다. 즉 이사야의 예언을 배척한 자들에게 닥칠 미래 재난을 예고한 것처럼 보인다. 그러나 더 깊이 들여다보면, 이 두 구절은 단순히 미래에 대한 예고가 아니라 하나의 철학적 원리를 말하고 있다. 하조니에 따르면, 이사야 6:9-10은 '예언자를 통해 들려오는 하나님 말씀을 지속적으로, 의도적으로 배척하고 묵살해 어느 임계점을 넘어가면, 더 이상 회개할 수 없는 회개불가능점까지 굴러떨어질 수 있다'라는 일종의 원리를 천명하는 것이다. 이처럼 구약 예언자들의 미래 예언처럼 보이는 많은 말씀들은 미래 예언의 형식을 빌려, 어느 시대에도 적용되는 하나의 철학이나 사상을 주창하고 있다. 즉, 예언자들을 통해 전해진 하나님의 임박한 재난예고를 묵살하는 세대나 사회에는 재기불능 수준의 대파국적 재앙이 반드시 임한다는 하나의 역사진행의 원리가 이사야 6:9-10의 핵심 메시지라는 것이다.

1. 양치기 윤리학[14)]

하조니는 "인물 대조 유형"에 의거하여 구약성서가 말하는 윤리학을 찾아낸다. 하조니는 무엇보다 먼저 구약성서의 윤리학은 하나님의 명령(신명, divine command)에 대한 절대적 순종을 요구하는 경직된 윤리학이라고 주장하는 학자들의 편견을 비판한다.[15)] 그에 따르면 구약윤리는 절대적 순종 원리 이상이다. 구약성경 저자들은 하나님의 계명을 인간의 본성에서 유래하는 근본적인 도덕법을 가리키거나 그것을 보충하는 율법으로 이해했기 때문이다. 이스라엘 민족에게 모세를 통해 하나님의 율법이 주어지기도 전에 하나님은 아담과 하와에서부터 소돔과 고모라 사람들까지 모두 다 하나님의 율법에 대한 선이해가 있다는 점을 전제하고 그들의 율법 위반, 파기에 대한 책임을 추궁하신다. 아담, 가인, 노아시대, 소돔과 고모라 사람들을 심판하실 때 하나님은 인간의 본성 속에 이미 내재하는 자연법(본성법)에 근거해서 죄책을 추궁하신다. 자연법의 대명제는 죄를 범하면 책임이 따른다는 것이다(가인의 살해－살인에 대한 법 없었음에도 처벌받음). 이처럼 구약성서의 윤리학은 자연법의 우선성을 인정하며 인류 모두에게 허락된 자연법에 그 뿌리를 두고 있다.

요람 하조니는 이런 이해를 갖고 창세기부터 열왕기하까지에서 드러난 구약성서의 윤리학을 추적하고 탐색한다. 이를 위해 그는 구약역사서(교훈적 내러티브[창세기－열왕기하], 특히 창세기를 중심으로)에 드러난 자연법적 윤리학을 파악하려고 애쓴다. 그는 양치기와 농부의 삶을 대조하고 구약성서의 윤리학은 양치기의 윤리학이라고 정의한다. 하나님은 양치기의 윤리학을 농부의 윤리학보다 더 선호하신다고 본다. 하조니는 구약성서의 최초 형제갈등인 가인과 아벨의 갈등을 농부와 양치기 윤리학의 갈등으로 파악한다. 하조니에 따르면 아벨, 아브라함, 야곱, 야곱의 아들들(창 46:33－47:3), 모세, 다윗(삼상 17:20, 40, 54) 등 모든 구약성서의 주인공들은 다 양치기이다. 양치기의 윤리학을 설명하기 위해 하조니는 네 가지 사례를 든다.

농부 가인의 양치기 아벨 살해: 농부와 양치기

농부 가인은 '굶어죽지 않으려면 땅을 경작해야 한다'고 생각하며 아버지 아담의 삶의 방식을 수구적으로 계승하지만 아벨은 농부의 삶을 버리고 양치기가 된다. 아벨은 전통과 인습을 거부하고 창의적으로 하나님께 제사를 드리는 혁신적인 인물이다. 창세기 3:17－19, 23은 고통으로 가득 찬 농부의 삶, 저주받은 땅을 경작하고 살아가야 하는 농부의 운명을 말한다.

> 17 아담에게 이르시되 네가 네 아내의 말을 듣고 내가 네게 먹지 말라 한 나
> 무의 열매를 먹었은즉 땅은 너로 말미암아 저주를 받고 너는 네 평생에 수고하
> 여야 그 소산을 먹으리라 18 땅이 네게 가시덤불과 엉겅퀴를 낼 것이라 네가
> 먹을 것은 밭의 채소인즉 19 네가 흙으로 돌아갈 때까지 얼굴에 땀을 흘려야
> 먹을 것을 먹으리니 네가 그것에서 취함을 입었음이라 너는 흙이니 흙으로 돌

아갈 것이니라 하시니라 … 23 여호와 하나님이 에덴 동산에서 그를 내보내어 그의 근원이 된 땅을 갈게 하시니라

하조니에 따르면 아담은 땅을 섬기는 종으로 전락했다는 것이다. 가인은 아버지의 농부직업을 받아들였다. 그는 하나님께 먼저 제사를 드릴 정도로 경건했다. 그런데 하나님은 가인의 제사를 받으시지 않았다. 반면에 아벨은 저주받은 땅을 경작하는 농부의 운명을 거부하여 양치기가 되었고, 하나님은 아벨의 제사를 받으셨다. 가인과 달리 아벨은 저주받은 땅을 경작하고 먹고살라는 하나님이 정한 운명을 거부하고 자기 생존방책을 창의적으로 추구했다. 가인의 복종윤리학 대신에 저항윤리를 채택했다. 가인은 농부의 삶, 경건한 복종의 삶, 전통적 관습에 묶인 삶, 겨우 먹고살기 위한 삶을 대표하며, 아벨은 하나님이 제시한 땅 중심의 삶을 거부하고 자신과 후손들을 위해 더 좋은 것을 확보하려고 지혜롭고 용기 있게 반항의 길을 간다. 양치기 아벨은 "반항과 창조의 삶"을 대표한다. 그는 하나님의 단순한 명령에 기계적으로 따르기보다는 "하나님의 참된 뜻으로 생각되는 것을 추구하는 삶, 인류의 참된 선을 구하는 삶을 대표한다."[16] 하조니는 양치기의 삶이 실상 하나님이 진정으로 원하시는 삶이었다고 말한다. 유대인 주석가 아브라바넬과 독일의 헤르만 궁켈을 따라 하조니는 하나님이 진정 인간에게 기대했던 것은 "인간의 상황이 향상되는 것과 인간이 자신의 독립적인 노력을 통해서 더 큰 선을 얻어내는 것이다"라고 말한다. 하나님은 가인의 제사 대신 남이 시키지 않아도 스스로 무언가를 개선하려고 하는 사람 아벨을 좋게 보시고 그의 제물을 열납하셨다는 것이다.[17] 결국 하조니가 정의한 양치기의 삶은 다음과 같이 요약될 수 있다.

'양치기 아벨을 죽인 농부의 삶이 맺는 궁극적인 열매는 도시이다. 고대 바벨론과 이집트는 농부들이 세운 도시문명의 앞잡이들이다. 도시는 강제노동 동원 없이는 건설되지 않는다. 큰 권력을 가진 왕과 관료들의 사회에서만 도시를 짓는다. 도시문명의 궁극은 하늘을 정복하려고 하는 바벨탑 축조자들의 바벨건설에서 발견된다. 성서가 부정적으로 보는 도시와 국가생활은 농부적 삶의 나쁜 열매들이자 결과들이다. 가인의 덕목인 전통답습, 전통복종의 수구적 삶이 도시와 국가를 낳고, 절대적으로 여겨지던 신의 말씀에 의문을 품고 더 나은 삶을 위해 전통과 인습을 거부하는 아벨의 삶은 도시 거부, 국가 바깥에서의 자유를 추구한다. 그래서 양치기

는 자유로우며, 가난하지만 독립적이다. 양치기들의 문명 밖 관점이 그들로 하여금 자유와 존엄을 확보해 주고 정말 중요한 일에 집중하게 해준다. 창세기 저자에 따르면 양치기와 농부는 서로 충돌하는 근본적인 윤리사상을 대표한다.'

아브라함의 윤리학: 우르를 떠남[18)]

대도시의 삶 대신 양치기 장막에서의 삶을 추구했던 아브라함은 양치기 윤리를 100% 구현한 인물이었다. 하나님은 본토 친척 아비 집을 떠나는 아브라함에게 복을 주시고 세상 만민에게 복이 되게 하신다. 이는 창세기 12:1－2에서 나타난다. "1 여호와께서 아브람에게 이르시되 너는 너의 고향과 친척과 아버지의 집을 떠나 내가 네게 보여 줄 땅으로 가라 2 내가 너로 큰 민족을 이루고 네게 복을 주어 네 이름을 창대하게 하리니 너는 복이 될지라" 하나님은 왜 아브라함에게 복을 주셨을까? 하조니에 따르면, 구약성서 본문이 직접 말하는 양치기적 삶의 결단과 단호함 때문에 하나님께서 아브라함에게 복을 주신다. 창세기 12－22장에서 발견되는 아브라함의 덕목 때문에 아브라함은 열방에게 복이 된다! 그는 무엇보다 자기 자신과 그의 가족들의 이익을 지키는 데 큰 관심을 쏟은 사람이었다. 참으로 이기적인 삶을 추구했으나 그것의 결과는 공공의 선이었고 이웃사랑, 친족사랑이었다. 아브라함의 선행과 도덕적 덕목들이 그로 하여금 세상 만민에게 복이 되게 하셨다. 양치기 윤리학 핵심은 '국가 밖에서', '국가에 의존하지 않고 사는 주체적 삶'에서 실현되는 윤리학이다. 양치기 윤리학에 따르면 구약성격의 핵심 공공도덕 철학은 자신을 돌보고, 가족을 돌보고, 그다음에 보편적인 공공선에 이바지하는 것이다. 이런 점에서 요셉은 "양치기"의 삶에서 다소 벗어난 인물이다. 하지만 요람 하조니는 아브라함과 요셉의 삶을 단순히 양치기와 농부의 삶의 유형에 각각 끼워 맞추는 것에는 신중하다. 아브라함의 양치기 윤리학과 요셉의 국가의존적 삶은 대조되지만 이것들을 선악으로 나누기보다는 이것들의 관계 안에는 쉽게 단정할 수 없는 도덕적 복잡성, 애매모호성이 있다는 것이다. 요람 하조니가 주장하는 아브라함의 양치기 윤리덕목들은 다음과 같다.[19)]

① 그는 친족에게나 낯선 사람들에게나 심히 관대할 수 있다.

② 그는 불의에 마음 아파하고 분노하며 무고한 자들을 보호하기 위해서라면 자신의 목숨을 위험에 빠뜨리면서까지 주저 없이 행동한다.

③ 그는 자신의 것만을 취하고 다른 사람에게서 취한 것은 모두 값을 지불한다.

④ 그는 경건하게 제사를 드리고, 성소를 설치하고, 하나님을 외쳐 부른다.

⑤ 그는 자기 자신과 그의 가족들의 이익을 지키는 데 매우 관심이 높다.

이런 양치기 윤리학의 국가상대화 철학은 홉스의 『리바이어던』과 플라톤의 『국가론』에 내재된 국가의존적 삶을 비판하는 준거가 된다. 토마스 홉스 『리바이어던』 1부 13장과 2부 17장[20]은 절대군주가 공평무사하기만 하면 이상적인 국가를 이룰 수 있다고 주장한다. 절대군주가 통치하는 나라에서는 절대군주가 공평무사하기만 하면 아주 이상적인 사회라는 것이다. 요람 하조니에 따르면, 플라톤과 소크라테스, 둘 다 국가숭배적인 개인구원론을 설파한 자들이다. 이 그리스의 국가숭배적 구원론은 고대근동(메소포타미아)에서 시작된 것이다. 국가숭배 사상의 더 극단적인 형태는 플라톤 외에 토마스 홉스의 『리바이어던』에 더 정교하게 나타난다.[21]

이에 반해서 구약성서는 각각 개개인의 도덕적, 주체적 숙고를 거치지 않고 도덕적 판단에 승인을 받지 않는 한, 어떤 이상 국가도 가짜라고 보는 입장을 갖는다. 이것이 양치기 윤리관점에서 형성된 국가관이다! 이것이 '양치기적 개인주의' 윤리학의 강점이다. '상호 협약적·호혜적 소통주의'가 양치기 윤리학의 핵심이다. 양치기 윤리학은 국가의존적 삶을 탈피하여 도덕적 판단의 토대를 다른 데서 찾는다. 하지만 양치기 윤리는 무정부주의를 지향하거나 이상화하지 않는다. 양치기 윤리는 국가보다 훨씬 조밀하고 촘촘한 친애적 돌봄이 실현되는 자신, 가족, 사회를 이롭게 하는 윤리라는 것이다. 따라서 하조니에 따르면 양치기 윤리학에서 개인주의가 반드시 공공선과 충돌하는 것은 아니다.

요셉: 곡식에 배고픈 자[22]

양치기 윤리학의 관점에서 보면 요셉은 일의적으로 규정하기 힘든 존재이다. 다만 하조니는 요셉에 대해서 도덕적 영웅화 혹은 모범화를 시도하는 것을 경계한다.

하조니의 관점에서 보면 요셉은 다음과 같이 엇갈리는 평가를 유발하는 존재이다. 첫째, 보디발의 아내 유혹을 뿌리치고 권력 대신 감옥행을 택한 것은 양치기 윤리 실천으로 간주될 수 있다. 둘째, 전체적으로 히브리인의 정체성을 유지했지만, 요셉은 보디발 사건 이후 외적 순응과 내적 순응의 길을 거쳐 양치기의 삶으로부터 멀어져 갔다. 셋째, 양치기의 관점에서 볼 때 우상의 제국(이집트)의 총리가 되어 기근을 극복하게 하는 과정에서 파라오의 창고를 가득 채우고 농민들의 땅을 국가자산으로 차압한 것은 국가주의로 퇴행한 삶이었다. 왜? 요셉은 기근을 기화로 모든 이집트 자유민을 국가에 예속되게 했기 때문이다. 요셉이 이집트 자유민에게 식량을 제공하면서 파라오에게 복속되게 한 것은 국가주의의 실수라는 것이다. 하조니는 선한 의도가 항상 선한 결과를 만들어 내지 않는다고 말하면서, 윤리적 행동의 복합성을 인정한다. 요셉의 삶은 아브라함이 구현한 양치기 윤리학의 기준에서 볼 때, 국가주의로 후퇴한, 농부의 삶에 투항한 삶이었다. 요셉은 인간과 그가 만든 기관에 대한 두려움과 무조건적인 헌신의 유혹에 저항할 수 있는 능력이 모자랐다는 것이다.

결론: 주변인의 윤리학[23]

하조니에 따르면, 양치기의 윤리학은 국가주의 세계관의 관점에서 보면 주변인의 윤리학이다. 앞서 언급했듯이, 이것은 고대근동의 국가주의 행동윤리와 매우 다르다. 고대 이집트, 메소포타미아 문명, 그리스-로마 문명 모두 국가숭배적 윤리학을 발전시켰다. 국가공동체에 개인을 희생시켰으며, 정당한 국가 없이 정당한 개인은 없다는 모토를 주창했다. 이상에서 살펴본 것처럼 구약성서 역사서 내러티브(창세기-열왕기하)가 인류 모두가 본받아야 되는 보편적인 도덕을 개진하는 방식은 인물 대조 유형 제시이다. 양치기 윤리학과 농부의 윤리학의 대조는 특수한 인물들을 대조시키는 것처럼 보이지만 사실상 보편적인 공공행복 철학을 말한다. 이 양치기 윤리학이라는 보편적인 공공행복 철학은 국가권력 의존적 철학과 다르다. 그것은 개인적으로 내게 선한 행동을 하는 것이 공동체적으로도 선한 결과를 가져오는 것임을 믿고 그대로 행동하는 것이다. 양치기 윤리학에서 이기적인 행동이 이타적인 윤리로 나타나는 경우가 있는데 창세기 14장에서 예해된다. 여기서 조카 롯을 구하러 전쟁에 참여하는 아브라함의 친족보호 행동은 이기적이고 가족적인 행동이지만, 동시에 공공선의 실천이었다. 아브라함이 롯을 구하러 가는 것은 유목민의 기억 속에 혈족 중심적이다. 그런데 아브라함의 롯 구출은 소돔, 고모라, 아드마, 스보임 모든 도시국가들에게 큰 유익/선을 끼쳤다. 개인적으로 선한 행동이 공동체적인 선이 된다는 이 양치기 윤리학의 낙관적인 전망은 유목민의 기억 속에서 나온 것이다. 양치기적 관점의 이상적 인간은 "국가 밖에" 서 있는, 어떤 매임도 없는 자리에 서 있는, 국가에 독립적인 존재로서 인간이다. 양치기적 윤리의 특징은 개인과 소규모 집단에 대한 충성심이 국가에 대한 충성심보다 오래간다는 데 있다. 거대 담론이 아닌 내 마을, 친족, 가족에 대한 최상의 성실성이 국가에 대한 이념적 애착이나 충성보다 더 중요하다는 것이다. 그래서 유대인은 국가 없이 유럽 속에 존재할 수 있었다. 양치기 윤리학은 '국가 밖에서' 국가에 의존하지 않고 사는 '주체적 삶'이 뚜렷한 사람의 윤리이며 이 양치기 윤리는 보편적 공공선을 창출한다. 구약성경의 핵심 공공도덕 철학은 먼저 자신을 돌보고, 가족을 돌보고, 그다음에 보편적인 공공선에 이바지하기 때문이다.

2. 이스라엘의 역사서에 나타나는 정치철학[24)]

『구약성서로 철학하기』 5장은 창세기부터 열왕기하 아홉 권이 주창하는 구약성서의 정치철학을 다룬다. 겉으로 보기에는 이 아홉 권의 책은 하나님과 고대 이스라엘이라는 특수민족이 맺은 언약과 그것에 근거한 국가형성, 성장, 그리고 멸망과 회복 희망을 해설하고 있다. 그러나 앞에서 하조니가 잘 지적했듯이, 이 아홉 권의 책은 생명과 선을 가져다주는 도덕법칙에 대한 철학적 탐구를 담고 있다. 창세기-열왕기하 아홉 권의 책은 겉으로 볼 때는 이스라엘의 흥망성쇠와 영고부침을 다루지만 실상 한 나라의 흥망성쇠와 영고부침의 원리를 객관적으로 설명하는 국가번성과 국가멸망 법칙을 말하고 있다. 아브라함 언약(창 15장; 17장; 18-19장)과 모세 언약(출 19장, 24장 거룩한 백성, 제사장 나라)의 핵심은 고대근동의 억압적 절대군주체제, 국가체제에 대한 대항적 반작용의 산물이었다. 정의와 공의의 나라에 대한 하나님의 비전은 세속적으로 이미 존재하는 국가형태들은 더 이상 하나님의 통치를 매개하거나 대리할 수 없다는 문제의식의 소산이다. '사울왕국(삼상 8장; 12장)은 사사기의 무정부 상황을 극복하려는 대안정치체제였으며 솔로몬왕국의 쇠락(왕상 9–12장)은 기층민중에 대한 압제로 촉발되었다.' 이런 정도의 이스라엘 역사의 영고부침과 변동과정은 다른 나라들의 쇠락 원인과 같은 이유로 설명될 수 있다. 이 아홉 권의 역사서는 개인과 국가의 관계, 무정부주의의 장단점, 국가성립의 요인들, 국가의 위험성, 가장 이상적인 통치형태, 통치자들의 책임, 국가쇠락 원인 등에 대한 일관된 관점을 드러낸다. 하조니는 구약성서의 정치철학이 서구와 세계민주주의 발전에 지대한 공헌을 했다는 점을 강조한다. 5장의 목표는 이스라엘 왕국의 흥망성쇠 원인들을 분석하고 이스라엘 역사서의 정치철학의 최초 모본(이상적 형태)을 제시하는 데 있다. 특히 출애굽, 사사기의 무정부 상황(기브아 집단 강간), 사무엘상의 이스라엘 왕국건국 일화, 솔로몬왕국의 분열 사건을 중심으로 구약성서의 정치철학을 개진한다.

출애굽과 혁명

여기서 하조니는 '구약성서는 세속적 국가권력을 신뢰하지 않는다'라고 말한 중세 유대인 학자 아이작 아브라바넬의 경구를 인용하며, 국가체제에 대해 구약성서가 처음부터 반감과 의심을 품고 있었음을 지적한다.[25] 국가체제에 대한 히브리 성서의 반감은 가인의 에녹성 건축(창 4:17), 바벨탑 축조(11:1–9)에 대한 창세기의 반감에서 잘 나타난다(11:1–9). 바벨탑은 거대한 제국적 국가에 대한 이미지이다.[26] 바벨탑 축조자들은 하늘도 다스리려는 야심의 표명자들이었다. 이방제국의 군주들의 경우 자기신격화는 이런 하늘영토 침범의지의 사례였다(겔 28:1–10의 두로 왕의 망자존대; 겔 29:3, 9). 스스로 신격화한 이방군주들 중에는 이집트의 파라오들, 앗수르의 산헤립(사 19장), 느부갓네살(단 2장; 4장), 아하수에로왕(에스더서) 등이 있다. 여호수아에게 정복당해 사지가 절단된 아도니베섹은 자신이 이렇게 여호수아에게 희생당하기 전 오래전에 자신의 휘하에 있는 칠십 명의 작은 도시국가 왕들의 사지를 절단해 동물처럼 사육했음을 원통하게 기억했다(삿 1:7).

구약성서는 악한 세속국가체제에 대한 대항적 반항자로 이스라엘 민족 조상을 소개한다. 이스라엘 조상들은 왕과 국가의 오만한 자기숭배에 저항한 사람들이다. 그 선두에 바벨론의 큰 도시 갈대아 우르에서 탈출한 아브라함이 있다. 그는 문명 국가체제 밖으로 탈출했다. 일견 무정부 상황을 선호하는 듯한 인상을 줄 정도로 이스라엘 조상들은 국가체제 밖을 지향했다. 하지만 구약성서는 국가 밖으로 탈출한 유목민 조상들의 삶을 이상화하지 않는다.[27] 유목민의 최대 위협은 기근이었으며, 기근이 오면 다시 국가체제(이집트)의 원조에 의존해야 했기 때문이었다(창 12:10). 그러나 요셉의 이야기에서 봤듯이, 기근을 만난 야곱의 가족에 대한 이집트의 원조는 히브리인들의 자유를 희생시켰다. 그럼에도 불구하고 구약성서는 국가체제 밖으로의 탈출을 장려하며 저항과 혁명을 독려한다. 출애굽 이야기가 바로 국가체제 밖으로 나오라고 격려하는 저항과 혁명 옹호 스토리이다. 출애굽기에서 국가에 저항하는 세 가지 장면은 히브리 산파들의 저항, 모세를 숨기는 모세 가족의 저항, 성년이 된 모세가 이집트 사람을 죽이고 미디안으로 도망치는 애국적 저항 이야기이다. 히브리 산파들은 국가의 명령보다 하나님 앞에서 옳다고 생각하는 바를 거침없이 행한다. 모세는 이집트의 국가체제 밖으로 도망쳐 조상들의 양치기 삶의 방식을 수용하면서(출 3:1-2), 저항과 혁명열정을 심화시킨다. 이처럼 하나님은 불의한 국가에 대한 저항자들을 사랑하신다. 노예제국가 이집트에 대한 공개적 불복종과 경멸은 속박의 집(출 13:3, 14; 20:1-2; 신 5:6; 6:12; 7:8; 8:14; 13:6, 11; 수 24:17; 삿 6:8; 렘 34:13)으로부터 구원받아 약속의 땅에서 자유롭게 살아가기를 원하는 사람들에게 최소한의 의무였다.[28]

사사기와 무정부 상태의 경험

이집트를 탈출한 히브리 노예들이 그리던 이상적인 삶은 '압제자 없는, 중앙집권적 권력통제나 간섭도 없는 자유의 삶'이었다. 사사기 8:22-23의 기드온은 이런 사사기 시대의 이상을 표현한다. '나는 물론 내 아들도 여러분들을 다스리지 않을 것이다.' 이런 반(反)왕정 정서는 사사기 9장의 요담의 나무우화에서 극명하게 드러난다. 나무들 나라에서는 아무도 다른 나무들을 다스리는 왕이 되려고 하지 않았다. 감람, 무화과, 포도나무 등 모든 좋은 나무들 모두 왕이 되기를 거절했다. 오직 가시나무 같은 나쁜 나무만이 왕의 야심을 가지고 왕이 되었다. 이 요담의 우화는 기드온의 악한 아들 아비멜렉을 조롱하고 비판한 우화였다. 사사기 9장의 나무우화는 결국 최악의 인물이 '왕'으로 등장하는 역설을 각성시키는 우화였다. 왕정이 얼마나 자유민들의 자유를 파괴할 위험요소인지를 섬뜩하게 그린 우화이다.

그리고 사무엘상 8장에서 사무엘에 의해 왕정의 위험성은 더욱더 철저하게 언명된다. '왕을 세워달라'는 유력자들의 요구를 반대하는 사무엘은 왕정 도입이 이스라엘 공동체를 속박적이고 압제적인 국가로 되돌아가게 만드는 일임을 상기시킨다. 사무엘상 8:11－18의 유명한 예언자적 왕정 위험 경고 중에 특히 18절을 주목해 볼 필요가 있다. '너희들이 선택한 왕 때문에 못살겠다고 부르짖는 날이 올 것이다.' 사무엘의 경고에 따르면, 왕은 상비군과 관료를 유지하기 위해 이스라엘 자유민들을 노예적 노역으로 몰아갈 것이다. 자유민들이 왕을 섬기는 노예들(아바딤)로 전락하면 출애굽 구원의 효력은 없어지는 셈이다(삼상 12:1－25). 그러나 왕정을 경계하는 구약성서는 그렇다고 무정부 정치질서를 이상적 정치체제로 보지 않았으며, 국가체제의 필요성을 일정 정도는 인정한다. 사사기에서 보듯이 무정부체제는 기대대로 잘 작동되지 않기 때문이다. 특히 사사기 17－21장을 보라. 사사기 마지막 이 다섯 장은 무정부주의의 폐해에 대한 긴 고소장이다(삿 17:6; 21:25). 사사기는 여호수아와 그의 시대의 가열 찬 가나안 정복전쟁 과정에서 경험된 이스라엘의 영적 정화(淨化)를 알지 못하는 세대(삿 2:7, 10)의 지리멸렬상에 초점을 맞추고 있다. 이 다섯 장에 나오는 여덟 개의 에피소드는 여호수아의 영도력 아래 성취된 가나안 정복성과가 점차 붕괴되어가는 과정을 보여주도록 편집되었다.

에피소드 1-3: 옷니엘(에피소드 1), 에훗(에피소드 2), 드보라 사사시대(에피소드 3)는 아직도 여호수아 시대의 영적 집중력을 견지한 이스라엘 지파들의 상대적 건강 상태를 보여준다. 가나안 정복의 선봉대 역할을 했던 유다, 에브라임, 베냐민 지파의 리더십이 아직까지는 잘 작동하고 있다. 그 결과 40년 동안에는 평안이 있었다(삿 3:11, 30; 5:31). 그러나 드보라 시대부터 지파들 간의 충성심 수준에서 균열이 보이기 시작한다.[29]

에피소드 4: 므낫세 지파 출신 기드온이 비주류 네 지파를 데리고 미디안 족속과 전쟁을 했지만 주류지파들(에브라임, 갓)에게 경멸당하거나 도움을 얻지 못한다(6-8장). 기드온은 비협조적인 갓지파에게 복수하고(8:16-17), 스스로 황금 에봇을 만들어 우상숭배의 구실을 안겨준다(8:24-28). 황금 에봇은 결국 기드온과 그의 가문에 올무가 되었다. 그의 아들 중 가장 악랄하고 야심 많은 아비멜렉이 왕으로 참칭해 동기형제들을 모두 학살했다. 천인공노할 만행이었다.

에피소드 5: 길르앗 사람 비류(匪類) 출신 입다는 암몬으로부터 길르앗을 구출해 내지만 정작 길르앗과 에브라임의 지역갈등은 해결하지 못하고 악화시킨다. 그는 '십볼렛' 발음 차이를 둘러싸고 벌어진 양 지역민의 분쟁을 해결하기는커녕 길르앗 사람들과 에브라임 사람 사이의 동족학살극을 일으킨다. 사사 자체가 문제해결자가 아니라, 문제촉발자요 문제확대자가 된 것이다.

에피소드 6: 삼손과 데릴라의 비극이다(16장). 삼손은 숙적 블레셋 출신 연인 데릴라를 위해 자신의 신적 괴력의 비밀을 탄로해 블레셋 족속에게 붙들려 눈알이 뽑히고 적들의 노리개감으로 전락했다가, 다시 자란 머리칼로 괴력을 회복해 블레셋 신전 하나를 무너뜨려 블레셋 족속 지도자들을 죽이고 자진(自盡)한다. 삼손의 죽음으로 단 지파는 할당받은 땅을 블레셋에게 빼앗겨 이스라엘 최북단으로 이주할 수밖에 없었다.

에피소드 7: 자기 소견대로 행하는 이스라엘 지파들을 그린다(17:6; 21:25). 단 지파의 제사장 탈취와 무고한 인명 살상행위는 무정부 상황의 극악무도한 사례 중 하나이다(17장). 한 방황하는 젊은 레위인은 사례를 많이 주는 개인 사당을 찾아다니다가 최북단으로 이주하는 단 지파에게 사실상 납치되다시피 해서 단 지파의 제사장이 되었다. 레위인 제도의 총체적인 무질서를 예해하는 일화가 아닐 수 없다.

에피소드 8: 사사기 19-21장은 베냐민 지파 기브아 남자들에 의한 성적 만행과 그로 인한 내전을 보도한다. 사사기 19:15-29은 이 지리멸렬한 무정부 상황을 처음부터 끝까지 보도한다. 기브아 불량배들은 기브아에 유숙하러 온 베들레헴 출신의 레위인을 끌어내어 집단 성폭행을 하려고 하다가 레위인을 환대한 베냐민 지파의 중재로 레위인 대신 그의 첩을 육체적으로 노략질하는 만행을 범했다. 기브아 불량배들은 레위인을 환대하기는커녕 그의 첩을 밤새도록 집단 성폭행했다. 이에 격분한 레위인은 자신의 첩 시신을 토막살해해 11지파에게 보내 베냐민 지파에 대한 응징을 간청한다. 레위인이 첩을 둔 것부터 지파들의 내전에 이르기까지 모든 사건들이 엽기적인 일탈과 타락 요소를 드러내고 있다. 이 만행의 전말을 전해 들은 이스라엘 11지파가 총궐기해 기브아 남자들의 만행을 징벌했고 결과적으로 600명의 베냐민 지파 장정들만 남기고 베냐민 지파의 남자들을 거의 전멸한다. 이 사건은 창세기 19:1−13의 소돔 멸망사건의 재현으로 묘사된다. 베냐민 지파가 소돔과 고모라 수준으로 타락했다는 것이다. 레위인의 첩을 집단 성폭행한 기브아 불량배들의 범죄는 소돔 사람들이 자행하려는 극악무도한 범죄였기 때문이다. 사사기 17:6과 21:25은 무정부 상황이 이집트의 압제체제 못지않게 악하다는 점을 분명하게 말한다. "그때에 이스라엘에 왕이 없으므로 사람이 각기 자기의 소견에 옳은 대로 행하였더라"

사무엘과 왕정의 성립

사무엘상은 사사기의 무정부체제에 대한 치유적 대안은 중앙집권적 통솔권력을 가진 왕의 통치라고 본다. 앞서 살펴보았듯이, 사무엘상 8:1−7, 8−18은 왕정을 요구하는 이스라엘 유력자들과 사무엘과 하나님의 불쾌한 반응을 자세히 보도한다. 우여곡절 끝에 초대 왕으로 선택된 사울은 암몬 족속으로부터 이스라엘을 구출함으로써 처음에는 왕정의 긍정기능을 보여준다(삼상 11:1−14). 그러나 사울의 리더십은 공포와 협박 리더십으로 변질되었다. 보복위협과 공포정치를 통해 이스라엘 12지파를 하나 되게 한 것이다. 사무엘상 8−12장에 개진되는 국가성립은 존 로크와 토마스 홉스의 사회계약설에 의한 국가성립과정과 다르다.[30] 두 학자는 사람들 사이의 사회계약이 국가의 토대라고 보지만, 사무엘상 8−12장은 하나님과 이스라엘의 계약이 중심계약이며 백성과 왕 사이에의 계약은 부차적 계약임을 분명히 한다. 독일 바이마르 공화국의 대실패에서 보이듯이(민중들이 세운 나라가 붕괴되고 히틀러 나치체제 등장), 백성 자체가 악한 지도자의 악행을 부추기거나 그들의 협력자가 된다면 국가는 극악무도한 기관으로 전락한다.[31] 통치의 적법성은 백성의 동의에서만 확보되는 것이 아니라 모든 국가를 초월하여 선하고 정의로운 하나님의 법에 의해 확보되어야 한다. 하나님의 법에 어긋날 때에는 아무리 백성의 동의를 얻어 탄생한 국가라도 그 국가는 악행자가 된다. 사무엘상이 증거하듯이, 국가의 형성에는 하나님의 의지, 정의가 개입되어 있다. 하나님의 동의나 승인 비준이 백성의 동의나 승인 비준보다 더 궁극적이다. 사무엘상 12장은 왕은 자신을 추대한 백성의 뜻에 맞게 통치하여야 할 뿐만 아니라 '선하고 올바른 길'(하데레크 하토바 베하여샤라)(삼상 12:13–14, 23, 25; 대하 19:11)을 따라 통치하여야 한다. "정의와 선"이라는 기준을 따라 통치하여야 한다는 것이다.[32] 이것이 오늘날 이스라엘 국가 헌법이 말하는 이중적 적법성이다. 인간 왕들의 누적된 악행은 하나님이 왕국에 대한 계약을 철회할 기회를 제공한다. 신명기 17:14–20은 이스라엘왕이 따라야 할 통치규범이다.[33] 신명기는 제한적 입헌군주제를 지지하며 법치주의를 옹호한다. 왕은 하나님의 법 아래 있어야 한다. 이 신명기 17장의 왕의 율법은 왕의 영토야망과 부국강병 야심도 경계하고 제한한다.[34] 하나님의 율법은 국력제한적인 나라, 제한적 권한 가진 왕이 다스리는 나라, 영토야심이 억제된 나라를 옹호한다.

솔로몬과 통일왕정의 종식

하지만 이스라엘 왕정은 첫 시작부터 신명기 17:14–20의 이상에서 급속하게 이탈하기 시작한다. 솔로몬왕국은 우상숭배와 무절제에 빠져, 왕의 율법인 신명기 17:14–20을 조직적으로 위반함으로써 쇠락일로로 일주한다. 하나님의 율법은 왕의 권력욕뿐만 아니라 성욕, 음식욕 등도 절제하라고 명한다. 국가의 욕구제한은 왕의 욕구제한을 통해 이뤄진다. 솔로몬은 사사들의 무절제, 탐욕 그리고 사사기 6–8장의 기드온의 무절제 탐욕을 상속한다.[35] 결정적으로 여성 편력과 색욕에 있어서는 아버지 다윗의 무절제를 상속받는다. 열왕기상 10:14–11:4은 솔로몬왕국이 하나님의 율법을 어기며 쇠락하는 과정을 예기케 한다. 특히 외국 아내들에 대한 솔로몬의 애착이 우상숭배와 배교를 초래했고 하나님에 대한 두려움 상실을 불러왔다. 하나님에 대한 두려움 상실은 하나님의 언약백성의 고통과 아우성에 대한 무관심과 무시를 가져왔고, 아들 르호보암은 솔로몬의 악행을 이어받아 마침내 왕국을 분열시켰다.[36] 왕의 율법에 대한 누적된 위반은 왕국 분열과 왕국 멸망을 초래한다.

결론

구약성서는 전제주의적 왕권, 권력의 남용을 강력하게 경계하지만, 국가 자체를 부인하는 무정부주의를 옹호하지도 않는다. 구약성서는 제한적 통일국가 덕목을 지지하며, 입헌적 자기제한적 왕이 다스리는 "작은 국가"를 지향한다. 이런 점에서 구약성서는 "국가"가 개인의 구원을 담보한다고 믿는 국가주의 구원론을 설파한 플라톤의 『국가론』이나 토마스 홉스의 『리바이어던』보다 훨씬 더 궁극적인 인간존엄 옹호 정치철학을 제시한다.

양치기 윤리학을 추구하는 사람들은 신명기 17:14－20이 제시하는 이상왕의 나라를 희구한다. 이상왕은 왕권을 제한하는 하나님의 율법을 매일 읽고 학습하고 내면화하는 왕이다. 이상왕은 영토 야심, 국부증대 야심, 왕실권력 공고화 야심에서 자유로운 자기제한적 입헌군주이다. 양치기 윤리를 체현한 개인들이 세우는 나라는 입헌적 자기제한적 왕이 섬기며 다스리는 나라이다.

14강 서론

인문고전으로서의 구약성서 읽기 사례 제시 2, 3

이번 시간에는 인문고전으로서의 구약성서 읽기의 두 사례를 제시합니다. 첫째, 바벨론 홍수설화의 빛 아래서 본 창세기 1장부터 9장의 홍수설화 이야기입니다. "홍수설화가 어떻게 창세기 1장부터 9장 전체에 걸쳐 있단 말입니까? 홍수는 6장부터 시작된 것 아닙니까?"라고 질문할 수 있죠. 아닙니다. 창세기 1장부터 홍수설화가 시작됩니다. 창세기 1장 2절에 보면 '깊음'이라는 단어가 나옵니다. "흑암이 깊음 위에 있고 여호와의 신은 수면에 운행하시더라" 이 말은 뭡니까? 창세기 1장 2절은 뭍, 육지가 큰 바다 안에 잠겨 있는 상태, 다시 말해 노아 홍수가 땅을 뒤덮은 상태와 똑같은 상태를 묘사합니다. 노아 홍수와 같은 큰 물이 땅을 다 뒤덮고 육지가 더 이상 땅 밖으로 드러나지 않는 상황이 바로 창세기 1장 2절 상황입니다. 그러니까 창조는 노아 홍수 같은 거대한 물에 의하여 땅이 잠겨 있는 상태로부터 시작됩니다. 그래서 창세기는 창조를 물에서 뭍, 육지를 건져낸 사건, 땅을 건져낸 사건이라고 보는 것입니다. 그런데 창세기 6장부터 9장은 땅이 다시 거대한 물 아래로 잠기는 이야기입니다. 노아 홍수 이야기는, 우리가 살고 있는 이 세계는 창조질서, 자연 그대로 그냥 계속 존재하는가? 아니면 인간의 반응과 인간의 행동에 따라서 창조질서는 다시 창조 이전의 혼돈으로 가역적(可逆的)인 변화를 경험할 수 있는가? 이 질문을 제기합니다. 구약성경은 우리가 살고 있는 이 세상은 인간의 악행 때문에, 인간이 자행한 무질서 때문에 창조 이전으로 되돌아갈 수 있다고 말합니다. 창조질서 안에는 창조 자체를 무효화할 수 있는 무서운 가역적(可逆的)이고 반동적인 에너지가 숨어 있다는 말입니다. 여기서 생태계 신학 혹은 창조질서 보전 신학의 근원적인 토대가 나옵니다.[37)]

또한 구약성서는 개인 윤리, 즉 바른 삶이 뭔가를 제시하고, 이상적인 정치 공동체가 무엇인가를 제시하는 책으로 읽을 수 있는 사례가 있습니다. 개인 윤리와 이상적인 정치 공동체에 대한 구약성서의 철학은 창세기부터 열왕기하까지에 나옵니다. 특히 창세기는 양치기의 삶과 농부의 삶을 비교하는데, 양치기의 삶은 국가 체제에 예속되지 않는 삶으로서 구약성서가 전반적으로 지지하는 삶이라고 말할 수 있습니다. 그렇다면 구약성서가 지지하는 정치질서는 무엇입니까? 플라톤의 『국가론』과 토마스 홉스의 『리바이어던』과 견줄 만한 구약성서의 정치질서는 무엇입니까? 그것은 제한된 입헌군주제입니다. 자기부인적, 자기제한적 입헌군주가 다스리는 정치질서, 이것이 바로 구약성서의 이상적 정치질서입니다. 제한적, 자기부인적 군주가 다스리는 왕정, 이것이 구약성서가 주창하는 이상적인 정치 공동체입니다. 신명기 17장 14절에서 20절에 나오는 왕의 율법이 바로 이 점을 옹호합니다.

14강-1

인문고전으로서의 구약성서 읽기 사례 2: 바벨론 홍수설화의 빛 아래서 본 노아 홍수 이야기

이번 시간에는 인문고전으로서의 구약성서 읽기 두 번째 사례를 말씀드리고자 합니다. 창세기 6장부터 9장까지 묘사되어 있는 노아의 홍수에 관한 이야기죠. 노아의 홍수 이야기는 창세기 6장부터 9장까지 자세히 묘사됩니다만, 좀 더 큰 맥락에서는 창세기 1장부터 9장, 좀 더 넓게는 창세기 1장부터 11장이 노아 홍수 이야기를 이해하는 데 중요합니다. 창세기 1장부터 11장은 놀랍게도 고대근동이 공동으로 소유했던 종교 문화유산을 공유하고 있습니다. 창세기 1장부터 9장이 어떤 점에서 고대근동의 종교유산, 다시 말해 고대근동의 창조설화와 공통점이 있는지를 먼저 살펴보고자 합니다.

앞에서도 몇 차례 말했듯이, 구약성서는 진공상태에서 만들어지지 않았습니다. 이스라엘 사람들은 고대 메소포타미아에 출현했던 셈족의 한 가문 데라와 아브라함의 후손들이죠. 따라서 고대근동의 융성했던 셈족의 문명과 문화를 떠나서는 아브라함과 이삭과 야곱이 일구려고 했던 문명을 이해할 수 없다는 거죠. 그래서 이스라엘 이야기, 즉 이스라엘의 창조관, 이스라엘의 세계관, 이스라엘의 인생관 이 모든 것들은 고대근동이 공통으로 소유했던 세계관, 인생관, 우주관과 연동돼 있다는 겁니다. 그 대표적인 예가 바벨론 홍수설화의 빛 아래서 해석 가능한 노아 홍수 이야기입니다. 노아 홍수는 창세기 1장부터 9장, 좀 더 넓게는 창세기 1장부터 11장까지의 맥락 안에서 이해해야 됩니다. 창세기 1장부터 11장은 제가 모세오경 강의 때 잠시 언급했지만, 아브라함이 등장하기 직전의 범례적인 원시 역사, 즉 모든 인류의 역사에 공통적으로 나타나는 원시 역사를 다루고 있습니다. 아브라함이 등장하기 전에 만민이 어떤 패턴에서 살았습니까? 창조, 반역, 심판, 심판의 집행 그리고 공든 탑이 무너지는 문명의 퇴락과 낙조, 이런 패턴의 이야기를 반복했습니다. 고대 메소포타미아의 문명은 창세기 1장부터 창세기 11장 안에서 맴돌았다는 말입니다. 창세기 첫 열한 장의 스토리는, 선한 창조, 창조질서 안에서의 균열, 창조질서 안에서의 우주적 반역 또는 인간 반역의 세계적 확장, 하나님의 심판과 개입, 그리고 하나님 심판으로 흩어지는 인류 분산의 과정을 압축적으로 말합니다. 각 사건은 아주 시적 산문으로 불릴 수 있을 만큼 압축적으로 묘사되고 있습니다.

아브라함 이전의 인류는 창조, 창조질서에 대한 인간의 반역, 하나님의 심판, 그리고 인류분산의 사이클을 계속 반복하는데요. 이 사이클에서 탈출한 사람이 누구입니까? 바로 갈대아 우르에서 하나님이 지시하는 땅으로 떠난 이스라엘 조상 아브라함입니다. 아브라함이 고대근동의 문화유산과 종교유산을 가지고 가나안 땅으로 들어왔다는 것은 명약관화합니다. 노아 홍수설화는 가나안 토양에서는 나올 수가 없었기 때문입니다. 고대 가나안 땅은 강의 범람으로 땅이 물에 잠기는 파천황(破天荒)의 재앙을 경험할 수 없는 지형이었습니다. 티그리스강과 유프라테스강 사이에 끼어 있는 땅 메소포타미아가 거대한 물의 범람을 주기적으로 겪는 땅이었습니다. 이 땅에서 유래한 설화가 노아 홍수설화죠. 그런데 노아 홍수설화의 바벨론 버전(version)이 바로 ＜에누마 엘리쉬＞ 또는 ＜아트라하시스＞라고 하는 고대 바벨로니아의 창조 이야기입니다. ＜아트라하시스＞는 인구가 폭증하자 신들이 인구 폭증을 견디지 못하여 인류를 멸절시키기 위하여 홍수 심판을 하는 이야기입니다. ＜에누마 엘리쉬＞는 뭍과 물이 뒤엉킨 원시우주 상태에서 바벨론의 신 마르둑이 세상을 창조하는 이야기입니다. ＜길가메쉬 서사시＞는 노아 홍수 이야기와 영생불멸 추구를 다루는 창세기 3-9장의 수메르 버전입니다. 당연히 이런 고대 메소포타미아의 모든 창조 이야기나 홍수 이야기는 다신교적 맥락에서 진술되고 있죠. 고대근동의 공통 문화유산이었던 ＜아트라하시스＞나 ＜에누마 엘리쉬＞나 ＜길가메쉬 서사시> 이런 이야기들이 구약성서로 편입되면서 유일신 신앙의 세례를 받아, 재가공되고, 윤색되었으며, 심지어 재창조되는 과정을 거쳤습니다. 그래서 구약성경을 구성하는 많은 이야기의 틀 자체는 유독 이스라엘에게만 나타나는 것이 아닙니다. 이스라엘이 속한 고대 메소포타미아 모든 문명에 공통적으로 나타나는 창조 및 우주기원 서사들이 구약성서에도 나타난다는 사실이 매우 중요합니다.

바로 이런 사실 때문에 우리는 구약성서를 보편적인 인문학적 또는 인문고전의 빛 하에서 읽을 수 있는 실마리를 찾는 거죠. 창세기 1장부터 11장 또는 창세기 1장부터 9장의 이야기가 고대근동의 창조 이야기, 홍수 이야기와 얼마나 같으며 얼마나 다른가를 알면, 구약성서의 인문고전으로서의 가치와 구약성서가 세계역사의 발전에 기여한 몫이 무엇인지를 좀 더 분명하게 알 수 있죠.

고대근동의 창조신화와 홍수설화는 <에누마 엘리쉬>와 <아트라하시스> 이야기에서 다뤄집니다. <아트라하시스>는 폭증하는 인류를 멸절시키려고 하는 신들이 벌인 인류 심판 이야기입니다. 이 바벨론 홍수설화의 주인공이며 왕인 아트라하시스는 최고신 엔릴(Enlil)을 좌절시키려는 인간우호적인 엔키(Enki)의 도움으로 홍수재앙으로부터 인간생존자들을 구해냅니다. 엔키는 이 남은 생존자들을 살리기 위해 큰 배를 건조하도록 조언하고 아트라하시스는 마침내 홍수에서 살아남아 신들과 화해하여 인간의 번성을 주도합니다. 창세기로 말하면 아트라하시스가 노아에 해당됩니다. <아트라하시스>는 종교문서라기보다는 인간의 탄생과 인구번성을 축복하는 대중오락용 문학이었을 가능성도 배제할 수 없습니다.

<에누마 엘리쉬>는 땅이 창조되고, 육지가 창조되고, 그 모든 다신교적인 전투 과정을 거쳐서 마침내 최고위의 신 지위에 오르는 바벨론 국가신 마르둑의 권력쟁탈 신화 이야기입니다. 그 첫 부분을 사역(私譯)하면 이렇습니다. '위 하늘이 아직 (하늘) 이름으로 불리지 않았고, 아래 마른 땅이 (땅) 이름으로 불리지 않았을 때, 신들의 아버지 태초의 앞수(Apsu)와 신들을 낳은 여신 티아마트(Tiamat)가 자신들의 물을 한데 뒤섞고 있었다. 늪지는 형성되지도 않았고 섬도 나타나지 않았다. 신도 나타나지 않아 (신) 이름으로 불리지 않았고 운명도 결정되지 않았다. 그런데 신들이 그들(뒤섞인 물) 안에서 생겨났다.' 앞수(Apsu) 신과 티아마트는 상대적으로 선재하는 신이었고 나머지 신들은 이 태초의 물(the primordial waters or realm)에서

형성되었습니다. 구약성서의 하나님과는 전혀 다른 신 이해가 여기에 엿보입니다.

<에누마 엘리쉬>는 티아마트와 킹구 신의 연합세력을 격파하고 '땅'을 만든 마르둑이 하급신들로부터 최고대권을 가진 신으로 추앙받아 에사길라에서 대신전을 헌정 받는 마르둑 신 개인 입신양명기입니다. 마르둑이 뭍과 물을 분리하여 땅을 창조하는 부분이 창세기 1장의 창조와 유사하여 많이 연구되고 있습니다.

<길가메쉬 서사시>는 BC 28세기 고대 수메르의 도시국가 우루크(Uruk)를 126년 동안 다스렸던 왕, 길가메쉬가 벌이는 영생추구 대모험 서사시입니다. 길가메쉬는 지상에서 가장 강력한 왕으로 3분의 2는 신, 3분의 1은 인간인 초인(超人)적 존재입니다. 그는 또한 압제적인 왕이었습니다. 누구의 말도 안 듣는 오만한 군주였습니다. 그의 압제에 불만을 품은 백성들은 천신(天神) 아누(Anu)(수메르어 안)와 모신(母神) 아루루(Aruru)에게 개입을 호소하기에 이릅니다. 이 두 신은 길가메쉬의 힘을 낮추기 위해 엔키두라는 힘센 야만인을 만듭니다. 엔키두는 처음에는 거의 동물적 존재였으나 창녀와의 성적 교접을 통해 급격하게 인간화되어 길가메쉬 조언자로 파견됩니다. 길가메쉬와 엔키두는 처음에는 갈등하고 싸우는 사이였습니다. 그러나 어느새 길가메쉬가 엔키두를 이겨 놓고 나서 엔키두를 친구로 영접해 둘은 친구가 됩니다. 둘은 삼나무 숲의 괴물 파수꾼 훔바바를 정벌하는 모험을 떠나 훔바바를 죽이고 우루크로 돌아옵니다. 길가메쉬가 여신 이쉬타르(Ishtar)(수메르어로 이나나)의 유혹을 받고도 물리치자, 이쉬타르는 아버지 아누신에게 길가메시를 징벌하기 위해 하늘의 황소를 내릴 것을 요청했습니다. 길가메쉬와 엔키두는 힘을 합해 이 하늘의 황소도 죽여버립니다. 엔키두가 훔바바와 하늘의 황소를 죽인 데 분노하여 이번에는 신들이 엔키두를 죽여버립니다. 친구이자 조언자의 죽음에 충격을 받은 길가메쉬는 영생의 비밀을 듣기 위해 죽지 않는 유일한 인간인 우트나피쉬팀과 그의 아내를 찾아 나섭니다. 고생 끝에 우트나피쉬팀을 만나 대홍수에 대해 전해 듣고 영원히 살 수 있는 기회를 두 번 얻지만 모두 실패하고 우루크에 돌아옵니다. 영생을 얻는 데는 실패한 길가메쉬는 인간의 자리로 되돌아옵니다. <길가메쉬 서사시>는 죽음을 신의 불멸불사성(不滅不死性)에 비하여 열등한 것, 불명예스러운 것으로 여겼던 고대 수메르인들의 죽음관을 잠시 엿보게 합니다. 길가메쉬에 상응하는 인물은 구약성서에 나오지 않습니다. 다만 <길가메쉬 서사시>가 영

생추구의 서사시라고 한다면, 창세기 3장은 선악을 알게 하는 나무에 대한 집착, 도덕적 완전성을 추구하는 이야기로 볼 수 있습니다.

자세히 연구하면 밝혀지지만 <에누마 엘리쉬>, <아트라하시스>, 그리고 <길가메쉬 서사시> 같은 고대근동의 창조 및 홍수설화, 영생불멸 추구 설화는 구약성경과 상당히 다릅니다. 큰 주제나 소재는 공통적일지라도 그 방향, 내용, 메시지는 많이 다릅니다. 구약성경은 이런 고대근동의 창조 및 홍수설화들을 야웨 하나님에 대한 이스라엘적 경험으로 재가공하고 윤색했기 때문이죠. 구약성서는 거의 새롭게 창조했다고 말해도 될 만큼 고대근동의 병행자료들을 개작하고 수정했습니다. 그럼에도 양자 사이에는 주제와 소재 면에서는 부인할 수 없는 연속성과 유사성이 존재합니다. 하지만 우리는 구약성경이 고대근동의 종교 및 문화유산과 일맥상통한다는 사실을 놀라워하며 받아들일 필요가 없습니다. 전 웨스트민스터 신학대학원 교수였던 피터 엔즈는 『성육신의 관점에서 본 성경 영감설』이라는 책에서 고대근동의 종교문화유산과 구약성경의 종교문화유산이 일맥상통할 뿐만 아니라, 주제적인 공유점을 나눠갖고 있다는 사실은 놀랄 만한 일이 아니라고 말했습니다. 이것은 예수의 성육신의 논리와 유사하기 때문이라는 것입니다. 인류의 메시야라고 일컬어지는 나사렛 예수가 인간이 되어 나타났을 때, 즉 말씀이 육신이 되어서 인간이 되어 나타났을 때 그는 유대인의 얼굴을 하고 왔습니다. 좀 더 구체적으로 유대인 농부의 얼굴을 하고 왔습니다. 심지어 많은 고생물학자, 고고학자, 역사학자들은 나사렛 예수의 키가 1m 58cm 정도에 약간의 곱슬머리를 가진 팔레스타인 농부 얼굴을 했을 것이라고 봅니다. 나사렛 예수가 그 외모에서는 이스라엘의 보통 농부와 거의 같다 하더라도 그 내면이 완전히 다르듯이, 구약성서의 창조 이야기나 홍수 이야기가, 외견상 고대근동의 창조 이야기와 홍수 이야기와 닮을 수 있지만 그 내면은 매우 다르다는 것입니다. 따라서 구약성서가 고대근동의 종교 및 문화유산과 일맥상통한 점을 갖고 있다고 하더라도, 구약성서의 본질적 가치가 약화되거나 훼손될 수 없다는 거죠.

그러면 우리가 노아 홍수를 그 자체의 자기완결적인 이야기로 읽으면 되지, 왜 바벨론 홍수설화의 빛 아래서 보려고 합니까? 노아 홍수를 그 자체로 읽어도 물론 해석 가능합니다. 그런데 바벨론 홍수설화인 <아트라하시스>나 창조설화인 <에

누마 엘리쉬>의 빛 아래서 보면, 노아 홍수 이야기를 이해하는 데 몇 가지 유익이 있습니다. 첫째, 우리는 구약성서가 근본적으로 고대근동에 출현했던 인문고전처럼 인간의 궁극적 질문들에 대해 답을 주려고 저작된 고전임을 암시받는다는 것이죠. 구약성서가 믿음의 전제를 갖지 않는 독자들에게도 고전으로서의 호소력과 매력을 드러낸다는 것입니다. 둘째, 구약성서의 창조 이야기와 홍수 이야기를 훨씬 더 잘 이해할 수 있습니다. 다신교적 세계관에서 유포된 홍수설화와 유일신 신앙의 터에서 유포된 홍수설화가 각각 어떤 지향점을 갖고 재가공되고 전승되었는지를 잘 알 수 있습니다. 셋째, 구약성서가 얼마나 독특한 세계관을 내세우는지를 더욱 분명하게 파악할 수 있습니다. 구약성서의 창조 및 홍수 이야기는 하나님의 창조행위가 바로 창조 이전의 원시혼돈 세력에 대한 통치행위였음을 분명하게 밝힙니다. 구약성서의 창조와 홍수 이야기는 우리가 누리는 창조질서가 인간의 죄악으로 창조 이전의 혼돈으로 퇴행할 수 있다는 창조질서의 가역성 때문에, 우리가 땅을 정복하고 다스리라는 지구대리통치 위임사명에 경성상태를 유지할 수 있게 해줍니다.

이 세 가지 중에서 셋째 유익이 가장 중요합니다. 창조 이야기와 홍수 이야기를 같이 읽으면 창조질서 자체의 취약성과 창조질서에 대해 대리통치 위임을 받은 인류가 가할 수 있는 파괴적 영향을 성찰할 수 있는 실마리를 얻을 수 있기 때문입니다. 고대근동의 홍수설화에는 구약성서의 창조설화가 보유하는 이런 실천적 함의가 거의 드러나지 않습니다. 결국 구약성서의 홍수 이야기는 구약성서의 인문고전의 가치가 얼마나 다대하고 의미심장한가를 증시(證示)하는 증거가 됩니다.

구약성서의 창세기는 땅과 물이 뒤엉킨 상태로부터 첫날 창조가 일어난다고 말합니다. 뭍과 물이 뒤엉킨 상태에서부터 창조가 시작된다는 사실은, 창조 이전과 창조 이후를 가르는 결정적 준거가 됩니다. 노아 홍수는 창조 이전으로 되돌아가는 반(反)창조이자, 첫 창조의 일시적 와해를 의미합니다. 창세기 1장 창조의 중핵은 마른 땅의 건져올림, 혹은 땅의 창조입니다. 땅은 피조물들의 생명이 꽃피는 생명 보양의 보금자리입니다. 이때의 땅은 바닷속에 있는 땅까지 다 포함합니다. 창세기 1장 9절에서 하나님은 모든 물은 한 곳으로 다 모여서, 통제 가능한 범위 내에서 있으라고 명합니다. 즉, 경계를 넘지 않는 범위 내에서 유폐되고 감금되어 있으라고 명령합니다. 여기서 창세기 1장 창조의 특징이 부각됩니다. 창조의 특징이 뭡니까? 창조주 하나님이 땅을 뒤덮고 있는 물들을 한 곳에 가두어 유폐시켜서 육지, 즉 모든 피조물, 특히 인간이 사는 거주지의 경계를 넘지 말도록 명령하고 있다는 것입니다. '경계를 넘지 말라'는 이 명령은 최초로 발설된 이후에 부단히 반복되고 있는 명령입니다(욥 38:10-11). 창세기 1장 9절의 이 명령은 시편 74편 17절, 욥기 38장 10-11절에 암시적으로 혹은 명시적으로 되풀이되고 있는 부분입니다. 그러니까 창조라 함은 뭐예요? 혼돈의 바다로부터 마른 땅을 계속 보호하고 보존하는 것이 창조입니다. 우리가 누리는 창조세계는, 한 번 창조된 이후 다시는 물이 땅을 범람시켜 잠기게 하는 것이 불가능한 불가역적인 질서가 아니라, 언제든지 창조 이전의 혼돈으로 퇴행할 수 있는, 가역적인 후퇴가 가능한 열린 체계라는 것을 안다면 "창조"는 부단히 반복되어야 하는 현재진행형 작업임을 깨닫게 됩니다. 창조세계는 한 번 창조됐기 때문에 영원불변한 고체적 질서로 확정된 것이 아니라, 인간의 반응과 응답 여하에 따라, 선한 창조질서가 다시 창조 이전의 혼돈으로 가역적으로 변질될 수 있다는 것입니다. 이 사실이 창세기의 홍수 이야기의 핵심 메시지라는 겁니다.

그런데 이런 신학적인 해석을 가능케 하는 창세기의 노아 홍수 이야기와 달리, 바벨론의 창조설화 <에누마 엘리쉬> 그리고 바벨론의 홍수설화인 <아트라하시스>는 좀 오락문학 같은 데가 있습니다. 이 문헌들은 종교적 경전으로 사용되었다기보다는 일종의 오락성이 가득 찬 문헌으로 읽혔을 가능성이 커 보입니다. <에누마 엘리쉬>는 바벨론의 최고신으로 추대받은 마르둑이 에사길라에서 열등한 신들로부터 성전(최고신을 위한 호화맨션)을 봉헌받는 이야기입니다. 홍수를 다스리고, 엄청난 혼돈 세력을 대표하는 티아마트와 킹구를 죽여서 인간이 살 수 있는 평화로운 육지를 만들어준 마르둑의 전공(戰功)에 보답하는 마음으로 열등한 신들이 성전을 지어 바쳤습니다. 마르둑의 전쟁성취에 대해서 열등한 신들이 성전을 지어 바침으로써 그를 바벨론 만신전의 최고신으로 모시는 이야기가 <에누마 엘리쉬>입니다. 그러니까 <에누마 엘리쉬>는 에사길라에 있는 마르둑 신전이 어떻게 세워졌는가, 그리고 바벨론 제국이 어떻게 세계의 패권국가가 되었는가를 설명하는 일종의 원인론적 신화였습니다. 바벨론 제국이 세계의 패권을 쥔 이유는 뭡니까? <에누마 엘리쉬>는 바벨론 제국이 섬겼던 신 마르둑이 세계의 모든 열등한 신들의 통치권을 위임받고 최고신으로 추대받았기 때문이라고 주장합니다. 마르둑이 세계를 위협하는 홍수를 다스리고, 엄청난 원시바다에서 땅을 건져 올려 인간이 살 수 있는 평화로운 거주공간을 만들어 줬기 때문에, 바벨론은 마르둑의 이름으로 세계를 다스리는 패권을 쥐었다고 본 것이죠.

창세기 1장에도 <에누마 엘리쉬>적 요소가 더러 있습니다. 창세기 1장 2절은, '땅이 혼돈하고 공허하며 흑암이 깊음 위에 있었다. 그리고 여호와의 신이 수면에 운행했다'입니다. 여기서 '깊음', '수면'이라고 알려진 '물'은 <에누마 엘리쉬> 첫 문단에 나오는 앞수(Apsu) 신과 티아마트가 뒤섞여 만들어진 '원시바다(abysmal and chaotic waters)'를 생각나게 합니다. "깊음"은 '원시바다의 혼돈'입니다. 우리 한글 개역성경은 터홈(tĕhôm)을 '깊음'이라고 얼버무려 번역했지만, 어디까지나 히브리어 터홈(tĕhôm)은 단지 '깊음'이 아니라 "바다 같은 심연(深淵)"을 가리킵니다. 물입니다. 물이 땅을 뒤덮고 있는 상태를 혼돈(混沌)이라고 말합니다. 그러니까 하나님의 첫 창조는, 생명보양에 적합하지 않은 혼합된 물(담수와 염수)이 땅을 완전히 뒤덮어서 어떤 피조물도 거주할 수 없는, 피조물 거주에 전혀 유익하지 않은 그런 황폐한 상황을 극복하는 사건이라는 것입니다. 생명배척적인 영역을 생명보양적이고 생명창조적인 영역으로 만드는 일이 하나님의 창조라는 거죠. 창세기 1장에서 말하는 하나님의 창조는, 어떤 피조물에게도 적합하지 않은 물에 가득 잠긴 혼돈 아래의 땅(붜하아레츠 하야타 토후 봐보후)을 피조물 보양적이며 인간 친화적인 거주공간으로 바꿔주는 사역입니다. 아무것도 없는 상태에서 뭘 만들었다고 믿는 "무(無)로부터의 창조"라기보다는, 뭔가 부정적이고 생명적대적인 영역으로부터 그 반대의 성질을 가진 영역으로 변형시킨 사역이라는 것입니다. 피조물과 인간이 거할 수 없는, 아주 쓸데없는 혼돈 같은 땅이 거주 가능한 땅으로 변형된 것을 창조라고 말합니다. 그러니까 창조는 일종의 질적 변환이죠. 혼돈과 공허를 질적으로 바꿔서 인간과 피조물이 거주할 수 있는 공간으로 질서정연하게 만든 것이 창조 이야기의 핵심이라는 것입니다. 여기서 중요한 점은 창조 이전에 땅을 뒤덮고 있는 그 거대한 물이 소멸된 것이 아니라, 어딘 가에 유폐되어 있으며, 여차하면 언제든지 땅을 범람시킬 수 있다는 것입니다. 지구상의 모든 물을 다 합하면 땅을 다 물 아래 침수시킬 수 있다는 말입니다. 지구 핵 안에 있는 거대한 물, 남극의 얼음, 대륙 전체가 얼음인 북극 얼음이 녹으면 다시 지구의 땅이 모두 물에 잠길 수 있다는 사실에 전율하지 않을 수 없습니다. 하나님의 창조세계의 평화는 지구 통치대리자인 인간이 이 유폐된 물이 땅을 범람시키지 못하도록 계속 '이 경계를 넘어오지 말라'고 명령을 해야 지켜질 수 있습니다.

이렇게 읽으면 지금 우리가 누리는 땅에 대한 감사와 책임감이 동시에 충만해집니다. 창조질서가 언제든지 창조 이전의 혼돈으로 돌아갈 수 있는 상태에서 땅은 어쩌면 인간에게 한시적이고 조건적인 선물로 주어진 것입니다. 인간이 이 창조질서를 잘못 관리하고 잘못 운영하면, 한때 창조질서를 위하여 창조주가 정하신 제방 너머에 유폐시켰던 물들이 다시 쇄도할 수 있습니다. 우리가 누리는 세계는 이 유폐된 혼돈물결이 인간이 살고 있는 거주공간 땅을 침수시켜서 다시 혼돈 상태로 되돌릴 수 있는 위험한 가능성에 열려 있는 세계라는 거죠. 노아 홍수 이야기는 창조질서의 내적 취약성에 대하여 이렇게 말하는 셈입니다. '창조질서의 내적 취약성을 아는 인류가 지혜롭다. 만일에 창조질서를 혼돈으로 되돌이킬 수 있을 죄가 관영하고, 하나님에 대한 반역 상태가 임계치를 넘으면, 창조질서는 다시 혼돈으로 치달을 수 있다. 따라서 하나님이 유폐시켰던 거대한 혼돈을 향하여 더 이상 넘치지 말라고 소리치는 인간의 청지기 역할이 결정적으로 중요하다.'

창세기 6장에 보면, 노아 홍수가 일어나기 직전 상황이 나옵니다. '땅이 패괴하여 땅에 있는 모든 생물들, 모든 피조물의 죄가 너무 커서 지구 모든 곳을 다 가득 채웠다.' 이처럼 땅이 폭력과 음란과 온갖 가증스러운 죄로 가득 차면, 땅을 혼돈 상태로 되돌리는 노아 홍수가 시작됩니다. 창세기 6장부터 시작되는 노아 홍수 이야기는 하나님이 처음으로 만든 땅이 그 자체로 완전무결할 절대안전 공간이 아님을 보여줍니다. 인간이 땅을 어떻게 사용하는가에 따라, 즉 땅에 등장한 인간이 어떻게 삶을 사는가에 따라 땅 자체가 창조 이전의 혼돈으로 되돌아가는 가역적인 변화를 받을 수밖에 없다는 것입니다. 노아 홍수 이야기는 이 가역적인 퇴행을 통하여 땅은 다시 창조 이전으로 되돌아갈 수 있다는 사실을 각성시켜주는 거죠. 이것이 노아 홍수 이야기의 인문학적 읽기가 주는 깨달음입니다.

노아 홍수 이야기를 이렇게 읽으면 어떤 실천적 함의를 도출할 수 있습니까? 우리가 흔히 익숙하게 생각하는 이 땅이 항상 그 모습 그대로 인간에게 우호적인 거주공간으로 남아있을 것이라고 확신해서는 안 된다는 것입니다. 지구가 인간의 반응과 상관없이 자연 질서를 늘 그대로 유지하며, 인간에게 매우 친화적인 환경을 조성할 것이라고 생각하면 안 됩니다. 노아 홍수 이야기에 대한 인문학적 읽기는 인간이 반역적인 죄를 많이 지어 누적시키면 인간과 피조물 친화적인 공간으로 최적화된 이 지구도 혼돈으로 되돌아갈 수 있다는 사실을 일깨워 줍니다. 결국 구약성서의 노아 홍수 이야기는 고대근동의 어떤 홍수 이야기나 어떤 창조 이야기보다 훨씬 더 인간의 지구보전 책임을 제고하고, 하나님 앞에서의 인간책임을 훨씬 더 부각시키는 방식으로 재가공됐다는 말이죠. 지구를 창조하는 것은 하나님의 과업이지만, 지구를 보전하고 하나님 뜻대로 유지하고 향유하는 것은 인간의 과업입니다. 창세기의 노아 홍수 이야기는 지구보전과 관리를 위임하신 하나님과 동역하는 일이야말로 인간 존엄성을 지키는 지름길임을 증거합니다. 노아 홍수 본문은 땅에서 이루는 인간문명의 질과 수준이 저하되면, 선한 창조질서도 창조 이전의 혼돈으로 되돌아갈 수 있다는 사실을 상기시킴으로, 인간이 이 땅의 평화와 땅의 보전에 결정적으로 중요한 역할을 한다는 사실을 각인시켜 줍니다. 인간은 신의 운명 토판에 적혀진 대로 신의 계획에 따라 로봇처럼 활동하는 것이 아니라, 하나님과 더불어 이 땅의 운명을 결정할 공동 운명체, 파트너 같은 지위를 누린다는 거죠. 노아 홍수 이야기는 우리가 흔히 알고 있는 이 친숙한 세계, 평화로워 보이는 이 세계가 창조 이전의 혼돈으로 퇴행할 수 있는 가능성을 늘 부단히 상기하므로, 지구대리통치 사명을 위임받은 인간을 각성상태로 소환합니다. 하나님이 천지를 창조할 때, 경계 너머로 유폐시켰던 엄청난 혼돈의 물이 다시 우리를 침수시켜서 창조질서가 나타나기 이전 상태로, 야생적 상태로, 하나님의 창조 손길이 없는 상태로 되돌아갈 수 있다는 가능성에 우리는 매 순간 소스라치게 놀라야 한다는 것입니다. 그런데 여기서 하나의 메타포가 생겨납니다. 창조질서를 언제든지 침수시켜서 창조 이전의 혼돈으로 되돌릴 수 있는 그 혼돈의 물이 인간성 안에도 잔존하고 있다는 겁니다. 우리 인간은 규범을 지키고, 경계 안에 사는 윤리적 자각을 가진 책임적인 사람으로 살다가도, 이 혼돈의 물, 원시바다가 우리를 격동하면 우리 인간은 액체적 무정형 상태가 되어서 하나님의 율법 경계와 제방을 넘는 혼돈 세력으로 바뀔 수 있다는 사실입니다. 각 개인 안에서 먼저 노아 홍수급 원시바다의 범람을 경험할 때 세계 전체는 실제 노아 홍수급 범람에 직면하게 된다는 원리입니다. 인간과 피조물의 죄와 임계치가 훨씬 넘는 반역 상태가 조성되면, 이것에 조응하여 세계도 부서지고, 세계의 내적 질서가 스스로 무너진다는 것입니다. 인간 존재의 내적 취약성만큼이나 이 세계의 창조질서도 내적인 취약성을 가지고 있다는 것입니다.

이것은 무엇을 가리킵니까? 노아 홍수 이야기는 우리가 선물로 받은 이 땅을 하나님과 더불어 관리하고, 사수하기 위해서 주체적 책임을 다해야 할 것을 가르친다는 것입니다. 창세기 노아 홍수 본문은 창조질서의 보전을 함에 있어서, 하나님의 뜻에 주체적으로 응답할 사명감을 일으키는 책임 제고적인 문서가 되는 거죠. 결국 우리가 구약성서에 대해 인문학적 읽기를 시도할 때 그 인문학적 읽기의 핵심은 뭡니까? 인간의 존엄을 사수하고, 인간의 책임을 제고하고, 인간이 이 땅에서 하는 행위가 얼마나 자기 운명에 결정적인가를 자각하는 것이 인문학 고유의 사명에 복무하는 것입니다. 인간의 운명은 하나님의 변덕에 맡겨져 있지 않고, 인간 자신의 결정에 인간 자신의 운명이 맡겨져 있다고 생각하는 주체적인 사유가 인문학적 사유의 중심 아니겠습니까? 인간의 역할과 사명에 대한 이런 주체적인 자각이 창세기에 있다는 거죠. 특히 창세기 6장부터 9장까지가 인간의 주체적인 응답이 지구의 미래를 결정하는 데 결정적임을 보여준다고 봐요. 그래서 저는 창세기 6장부터 9장의 노아 홍수 이야기가 고대근동의 홍수 이야기 또는 창조 이야기, 즉 <에누마 엘리쉬>나 <아트라하시스>에 비해서 훨씬 더 진지한 인문학적 관심을 드러내고 있다고 봅니다. 인간의 지위, 인간의 역할, 인간의 책임감을 압도적으로 부각시킨 문서, 즉 인문학적인 사명에 방점이 찍힌 문서가 바로 창세기의 노아 홍수 이야기로 저는 보는 거죠.

여러분, 고대근동의 창조와 홍수 이야기에 비해 창세기가 얼마나 독특한지를 주목해 보세요. 고대 다신교들에서는 신들이 했던 그 모든 일, 즉 인간의 운명을 결정하고 지구적 미래를 결정하는 이 모든 신들의 행위가 창세기에서는 인간에게 위탁돼 있습니다. 땅을 관리하고, 땅을 경작하고, 땅을 지키는 역할이 고대근동의 신화(<아트라하시스>)에서는 열등한 신들, 육체노동 전문 신들에게 맡겨져 있습니다. 그런데 구약성경에서는 땅을 경작하는 농민이 땅을 지키는 신적 대리자가 됩니다. 고대근동의 신화에서는 신들에게 맡겨진 그 역할이, 창세기에서는 신의 대리자로 지상에 창조된 인간에게 맡겨져 있습니다. 창세기에서는 인간이 신과 소통 가능한 신적 동반자로서 그 지위가 격상돼 있고 높여져 있다는 거죠.

여러분, 우리 인류는 2020~2022년 약 3년간 코로나19 팬데믹 시대를 살았던 적이 있습니다. 기후재앙이 초래한 동물거주지 축소로 인해 동물 숙주 코로나 바이러스가 인간 몸에 옮겨붙어 이 재앙이 돌발했다는 것이 지금까지 전문학자들의 주류 의견입니다. 코로나19 팬데믹은 지구 피조물 간의 평화, 인간과 동물의 평화가 가장 긴급한 의제라고 말합니다. 앞서 언급했듯이, 노아 홍수 이야기는 생태신학적으로 볼 때 매우 중요한 함의가 있죠. 우리는 지금 지구 폭염 시대에 살고 있습니다. '대프리카'라는 말도 있습니다. 대구가 아프리카 날씨를 재현하는 상황을 빗댄 말이지요. 요즘 대구나 남도지방 웬만한 도시가 적도 실론(스리랑카), 말레이시아, 싱가포르보다 더 덥습니다. 한여름의 대구는 37도 전후를 찍고 대도시는 밤에도 25도가 넘는 열대야를 빈번하게 연출해 오고 있습니다. 왜 이렇게 우리 한반도가 적도보다 더 더운 나라가 되었습니까? 많은 학자들은, 특히 기후생태학자들은 이를 이산화탄소의 과다배출 때문이라고 봅니다. 한국은 영토와 인구에 비해 에너지 과다사용국가이며 (세계탄소과다 배출 9위 국가) 육류과다 소비사회입니다. 우리나라의 자동차들에서 이산화탄소가 과다 배출되면 이 더운 공기가 지구 대기권 너머로 순환될 수 없어서 다시 역으로 우리 땅과 대기를 데웁니다. 시원하게 살려고 틀었던 에어컨의 프로판가스가 우리의 대기를 데웁니다. 우리가 소비했던 모든 에너지가, 더운 열기가 되고 우리를 공격하는 폭염이 되어 다가온다는 겁니다. 북태평양 고기압이 어쩌고저쩌고하는 이런 모든 기상예보들을 보면, 모든 기후 변화, 해수면 상승 등 이 모든 것들은 우리가 지구를 책임적으로 관리하지 않으면 지구 그 자체가 인간에게 적대적 행성으로 변한다는 것을 경각시킵니다. 우리는 우리가 어떻게 살든 지구가 기계적으로 자기정화를 하며, 인간에게 친환경적이고 쾌적한 환경을 제공해줄 것이라고 믿으면 안 된다는 거죠. 노아 홍수 이야기는 우리가 지구적인 환경을, 생태적으로 최적화하기 위해서 끊임없이 책임을 갖고 살아야 하는 사명감을 심어줍니다. 구약성서의 노아 홍수 이야기는 지구 생태계의 안정 보장성은 인간의 책임에 달려 있고, 우리가 어떤 문명을 땅에 건설하는가에 달려 있다는 것을 분명하게 경각시킵니다. 지금처럼 지구의 자정능력을 믿고, 이산화탄소를 많이 배출하고, 미세먼지를 많이 배출하고, 땅의 피조물적인 연약성을 모르고 땅의 비옥도를 상실할 만큼 계속 화학비료를 써서 농사를 지으면 지구는 인간과 피조물에게 적대적인 환경으로 되돌아갑니다. 우선의 단기간 생산력을 높이기 위해서 대규모 화학물질과 비료 등을 쓴다면 농토는 급격하게 비옥도를 상실하고 경작지는 금세 사라지죠. 그래서 여러분, 클라이브 폰팅이 쓴 『녹색세계사』라는 책을 한번 보세요. 고대 수메르 문명이 멸망할 때 그 상황을 묘사한 문서에 이런 문장이 나옵니다.[38] '땅이 하얘졌다.' 휴경하지 않고 땅을 계속 가혹하게 경작했을 때 표토가 사라지며, 결과적으로 표토의 모든 미생물이 사라지면, 땅 아래의 염분이 솟아나서 급속한 염화가 진행되어 땅이 하얘집니다. 수메르 문명의 멸망은 결국 땅의 지력 상실, 비옥도 상실 때문이라는 것이 정설입니다. 우리가 쓰고 있는 땅, 우리가 이고 있는 하늘, 우리가 쓰는 물, 우리가 마시는 대기, 이 모든 것들은 인간의 응답 여하에 따라서 우리에게 치명적인 무기가 되어 우리를 멸망시킬 수 있는 위험한 야생자연입니다. 인간이 통제할 수 없는 요소들입니다. 인간이 오히려, 땅, 하늘, 물, 공기에 의해 지배당합니다. 우리의 문명이 배출한 폐기물들은 창조질서를 가역적으로 후퇴시킬 수 있는 위협요소들입니다. 우리가 사용한 에너지, 우리가 배출한 공기, 우리가 사용한 물, 이 모든 것은 지구 안 어딘가에 가 있습니다. 지구 전체가 지구 자체를 감가상각시키는 우리의 문명활동과 일상생활 전체를 목격하고 감찰하고 촬영하고 있는 블랙박스요 CCTV입니다. 노아 홍수는 우리가 친숙하게 사용하고 알고 있는 물의 마성적 파괴력을 영원히 잊을 수 없는 강도로 인간의 기억 속에 새겨두었습니다. 노아 홍수 이야기는 인간으로 하여금, '너는 땅의 지배자가 아니라, 땅의 관리자요 보존자요 청지기임'을 깨닫게 합니다. 이처럼 노아 홍수 이야기는 고대근동의 창조설화와 홍수설화 등과 비교해볼 때, 인간의 존엄성과 인간의 책임성, 인간의 사명을 훨씬 더 압도적으로 부각시키는 문서입니다. 이런 점에서 창세기 노아 홍수 본문은 인문고전으로서의 구약 위상을 새삼스럽게 일깨워줍니다. 노아 홍수 본문은 인문학적 읽기가 가능한 고전문서라는 거죠.

아브라함은 세계를 창조 이전의 혼돈으로 돌아가게 만드는 고대 메소포타미아의 모태에서 태어나고 자랐습니다. 아브라함은 메소포타미아 문명이 혼돈의 세계로 퇴행하는 문명황혼기에 하나님이 지시하신 새 땅으로 갑니다. 그 땅은 뭡니까? 가나안은 다시는 혼돈을 직면하지 않아도 되도록 땅을 지키고, 경작하고, 다스리는 기회를 제공하는 땅이었습니다. 아브라함은 거기서 창조질서의 내적 취약성을 의식하면서 땅을 잘 다스리고, 지키고, 관리하는 역할을 부여받았습니다(창 18:18–19). 여러분, 아담과 하와에게 주어진 하나님의 사명은 다시 아브라함에게 위탁됩니다(1:26–28). 수메르 문명과 고바벨로니아 문명은 땅을 정복하고, 지키고, 관리하고, 다스리는 아담적 사명을 성취하는 데 실패했습니다. 하나님은 수메르 문명과 고(古)바벨로니아 문명이 번성하던 바로 그곳에 살던 아브라함을 불러서 전혀 다른 곳, 하나님이 지시하는 땅으로 떠나게 합니다. 아브라함은 창조질서의 내적 취약성을 의식하면서, 하나님과 함께 창조질서를 공동으로 관리하고 인간의 삶에 최적화시키는 조건으로 유지하는 데 앞장서는 역할을 부여받았습니다. 아브라함의 생애에 대한 인문학적 읽기는 바로 아브라함에게 부여된 이런 문명개창적인 사명을 부각시킵니다.

하나님은 아브라함이 신의 뜻대로 움직이는 로봇이 되기를 원하지 않습니다. 하나님은 아브라함이 당신의 논리를 이해하고 당신이 지으신 땅의 내적 질서를 이해하여, 거기에 맞게 행동하도록, 주체적으로 응답하기를 기대하신 것입니다. 우리가 구약성서를 특정종교의 경전으로 읽기 전에 이런 인문학적 성찰을 가지고 읽을 필요가 있습니다. 그럴 때 구약성서는 인문학적 성찰을 가지고 인류 모두에게 보편적인 통찰력을 제공하는 고전으로 존중받게 됩니다. 저는 구약성서가 호전적이고 배타적인 특정종교의 경전으로 유폐되지 않기를 바랍니다. 저는 구약성서의 메시지가 인류 모두에게 지성의 빛을 던지고, 지혜의 빛을 던지는 인문고전으로 먼저 영접되기를 바라는 거죠. 이번 시간에는 노아의 홍수 이야기, 창세기 6장부터 9장까지의 이야기를 인문학적 접근으로 읽었을 때 어떤 의미가 있는가를 잠시 살폈습니다. 감사합니다.

14강-2

인문고전으로서의 구약성서 읽기 사례 3: 구약성서의 윤리학과 이상적인 정치철학

이번 시간에는 구약성서를 인문고전으로 읽는 세 번째 사례를 소개하고자 합니다. 유대인 정치철학자 요람 하조니는 『구약성서로 철학하기』라는 책 3, 4, 5장에서 구약성서가 철학적 담론을 제시할 수 있는 일반적인 방법을 말하고, 구약성서의 대표적 윤리학, 양치기 윤리학 그리고 구약성서가 주창하는 이상적인 정치 공동체에 관한 담론, 즉 정치철학을 말하고 있습니다.[39] 하조니가 잘 지적했듯이, 저 또한 구약성서가 신의 계시로서 인문고전으로서의 가치보다는 종교문서로 격하되는 것에 대한 문제의식을 가지고 있습니다. 하조니는 『구약성서로 철학하기』서론에서 잘 말했습니다. 하조니는 여기서 그리스의 인문고전들인, 플라톤의 『대화록』, 파르메니데스의 철학담론, 소크라테스의 철학담론, 엠페도클레스의 철학도 자신들의 철학을 신의 계시에 의지하여 착상했다고 말한다는 사실을 주목하며, 구약성서에 '신' 혹은 '하나님'이 등장한다고 구약성서를 철학고전이 아니라고 배척해서는 안 된다는 점을 역설합니다. 파르메니데스는 자신에게 자신의 철학적 지혜를 준 여신을 언급하고 있고, 플라톤의 『대화록』에 나오는 소크라테스도 자주 자신이 신(다이몬)의 음성을 듣고 말을 한다고 말합니다. 엠페도클레스, 파르메니데스, 소크라테스 모두 다 신의 이름으로 자신의 철학담론을 계시인 것처럼 말한다는 것입니다.

그러나 여러분, 플라톤의 『대화록』에 나오는 소크라테스가 자신의 철학적 논변을 착상할 때 다이몬, 신의 음성을 듣고 말했다고 해서, 여러분은 소크라테스의 사상을 계시라고 생각하며 종교라고 분류합니까? 철학서적으로 봅니까? 어떤 대학이나 고등 교육기관도 플라톤의 『대화록』에 나오는 소크라테스의 교설을 종교적 가르침으로 분류하지 않습니다. 그러면 BC 8세기 그리스 서사시인 호메로스가 쓴 <오딧세이>와 <일리아드>는 어떻습니까? 이 둘 다 도처에 신의 이야기입니다. 그렇지만 그 호메로스의 <일리아드>와 <오딧세이>는 인문고전으로서 인정받습니다. 더 나아가서 헤시오도스의 『신통기(神統記)』와 호메로스의 서사시에서 스토리를 뽑아 구성한 『그리스-로마 신화』 한 번 보십시오. 신들의 이야기라고 그것이 종교서적으로 분류되나요? 아닙니다. 헤시오도스가 쓴 『신통기(神統記)』에 나온 신들의 계보도 전부 다 신의 이야기입니다. 그런데 사람들은 이 책을 고전으로 봅니다. 마찬가지로 사람들은 이윤기가 편저한 『그리스-로마 신화』를 신화요 고전으로 읽지, 진지한 신들의 이야기, 즉 종교문서로 읽지 않습니다. 오히려 문학고전 또는 철학으로 읽습니다. 그러니까 어떤 책의 등장인물이 신이라고 해서 그것이 곧장 종교문서가 되는 건 아니라는 말이죠.

요람 하조니는 모세가 신의 이름으로 말하는 것은 종교가 되고, 소크라테스가 신의 이름으로 말하는 것은 철학이 되는 이런 이분법은 매우 잘못되었다고 말합니다. 신구약성서를 철학고전으로 보지 못하게 만든 실마리를 제공한 교회사적으로 불행한 일화를 언급합니다. 하조니는 그리스도인들이 보는 66권 성경 전체를 신의 계시라고 유난히 강조했던 초대교회 교부들이 이런 불합리한 이분법을 스스로 도입했다고 봅니다. 특히 AD 2세기 카르타고의 교부 테르툴리아누스는 그리스 철학들은 인간의 철학적 사변에 불과하지만, 구약성경과 신약성경은 신의 직접 계시라는 말을 지나치게 강조함으로써 계시우월론을 펼쳤습니다. '계시가 이성보다 더 낫다. 따라서 성서는 어떤 철학이나 인문고전보다 더 우월하다.' 이 계시우월론은 18세기 서구의 계몽주의가 올 때까지는 괜찮았습니다. 계몽주의가 오자마자 이성적 합리성에 의한 사변, 계시에 의존하지 않는 이성 담론이 훨씬 더 진리에 가깝고 중립적이라는 계몽주의 신화가 나왔습니다. 그때부터 '신의 계시를 받았다'는 말은 오히려 편파적이고 당파적이며, 특정종교 옹호적이라는 오명(汚名)을 얻었습니다. 그러므로 하조니에 따르면, 오늘날 구약성서를 신의 계시라고 말하는 것은, 그것의 철학고전적 가치를 손상시키는 말이 됩니다. 하조니가 보기에 인간의 보편적인 이성과 양심에 호소하는 철학서적으로서의 구약성서는 이런 이분법 때문에 그것의 정당한 가치가 훼손되고 있는 거죠. 2세기 카르타고의 교부였던 테르툴리아누스는 한술 더 떠서 "아테네와 예루살렘은 무슨 상관이 있느냐?" 이런 말을 했습니다. 여기서 예루살렘은 계시를 상징하고, 아테네는 신의 계시 대신에 이성을 상징합니다. 계시우월론을 주장하기 위해서 테르툴리아누스는 모든 철학책을 다 거부했고, 신의 계시에만 집중을 하고자 했습니다. 그런데 요람 하조니가 볼 때 이런 이분법은 구약성서의 본질을 간과한 지극히 단순화된 논리라는 거죠. 하조니는 구약성서는 하나님의 계시이지만 그것은 어디까지나 철학고전으로 읽혀도 아무 문제가 없음을 강조합니다. 그는 구약성서가 자연법을 옹호하고 있음을 강조하며, 심지어 모세의 율법마저도 자연법이라는 근원적 토대 위에서 시작됐다는 사실을 역설합니다. 하조니는 구약성서의 모든 내용들은 철학담론을 말하고 있고 보편적인 인간의 이성에 호소하고 있다는 사실을 매우 강조합니다.

물론 하조니도 인정했듯이, 구약성서의 철학담론 방법은 오늘날과 같은 논문 형식이 아니죠. 가장 오래된 그리스의 철학담론 형식은 주로 시와 드라마였습니다. 호메로스와 그리스의 비극시인들 모두 주로 시와 연극적 장치를 통해서 철학을 많이 담론화했죠. 좀 더 후에는 대화를 통해 철학을 개진했고, BC 4세기 아리스토텔레스 시대에 가서야 다소 딱딱한 철학논문 같은 논리적 담론이 철학을 표현했습니다. 그런데 하조니에 따르면, 구약성서의 철학적 사상은 이야기(narrative 또는 story)를 통해서, 율법을 통하여, 그리고 예언자들의 설교에 등장하는 다양한 메타포를 통하여 개진되었습니다. 하조니는 구약성서가 이야기를 통하여 철학적인 담론을 제공하는 것이 매우 부적절하다는 현대의 편견들을 배척하고, 오히려 이야기 형식으로 철학적인 주장을 펼치는 구약성서의 방식은 철학사상을 개진하는 데 훨씬 적합하다고 주장합니다. 창세기부터 열왕기하 아홉 권(룻기 제외)이 구약성서의 역사이야기로 여기에 구약성서의 윤리학(행복철학)과 정치철학이 개진되고 있으며, 예언서 특히 예레미야에서 구약성서의 인식론과 형이상학(존재론)이 개진되고 있다고 주장합니다.

그래서 그는 여러 가지 예를 듭니다. 구약성서가 인간성에 관한 고찰, 이상적인 공동체에 대한 고찰, 죽음의 의미에 대한 고찰, 항상 존재하는 것이 무엇인지, 진리란 무엇이며 어떻게 진리를 알 수 있는가 등등에 대한 질문을 제기하고 그것에 대한 답변들을 스토리 안에 다 녹여서 개진한다는 것입니다. 좀 더 구체적인 예를 들면, 구약성서는 '어떤 삶이 바람직한가? 국가에 예속되는 삶이 바람직한가? 아니면 국가 바깥에서 자유를 추구하는 삶이 바람직한가?'라는 질문에 대한 답변들을 제시하기 위해 인물유형 대조하는 스토리를 활용한다는 거죠. 예를 들어서 창세기에 나오는 카인 모델과 아벨 모델, 아브라함 모델과 요셉 모델 등 대조되는 인물유형을 비교해, 대조된 인물들 각각을 통하여 어떤 삶이 더 바람직한가를 말한다는 겁니다.

그리고 예언자들이 설교나 강론을 통해 철학을 드러내는 데 사용하는 핵심수사기법은 메타포라는 것입니다. 하조니는 예언자들이 메타포를 통하여 특정한 철학적 담론을 주창한다고 말했습니다. 예언자인 이사야는 한 사람의 행동이 공동체의 안녕에 얼마나 중요한가를 강조하기 위해서 "산불 비유"(forest fire)를 말합니다. '한 사람의 행동이 공동체 전체를 멸망으로 빠뜨릴 수 있다.'는 것입니다. 그리고 그는 '진리가 우리에게 얼마나 현실적으로 유익한가?'와 같은 질문을 제기하며 진리가 갖는 실제적 효용을 강조하기 위해서 "길을 비추는 햇빛"(daylight) 메타포를 씁니다. 예레미야는 진리가 우리에게 갈증을 충족시키고 해소시키는 생수라는 말을 하기 위하여, 예레미야 2장 13절에서 생수 메타포에 호소합니다. 예레미야는 진리가 인간에게 얼마나 유익하고, 인간에게 얼마나 합당한 삶의 결과를 맺게 만드는가를 보여줌으로써 진리론에 대한 예언, 즉 철학담론을 설파합니다. 그러므로 구약성서의 예언자들은 다양한 메타포를 통해서 일종의 철학적 주장을 한다는 것입니다. 요즘식으로 말하면, 구약성서는 논문 형식이 아니라, 이야기나 메타포를 통하여 논문형식의 논제들을 개진한다는 거죠. 요람 하조니는 이 책의 1부 3장에서 구약성서가 가장 많이 이용하는 철학적 담론 형식은, 이야기와 메타포라고 말하며, 그리고 이야기 중에서는 반복된 사건과 대조적인 인물유형 비교를 통해서 주로 철학적 담론을 제기한다고 말합니다.

그래서 창세기 4장의 카인과 아벨 이야기를 종교적으로 읽으면, 카인은 하나님이 싫어하는 죄인의 대표이고, 아벨은 하나님이 인정하는 의인의 대표입니다. 하조니의 철학적 읽기는 하나님의 호불호(好不好) 기준을 가지고 카인을 낮추고 아벨을 높이지 않습니다. 오히려 요람 하조니는 카인은 인습적인 농부 삶을 계승하여 인습적 전통에서 한 발자국도 나가지 못하는 방식으로 땅에 매인 삶을 살았고, 반면에 아벨은 땅에 매인 삶을 거부하고 자유를 추구하는 삶을 선택해서 하나님의 호의를 얻었다고 말합니다. 아벨은 비록 풍요로운 삶은 누리지 못할지라도, 양을 치며 이동하면서 땅에 매이지 않는 자유를 추구하는 삶을 살았다는 것입니다. 하조니에 따르면, 농부적 삶은 국가에 예속되는 삶을 의미하고, 인습에 매인 삶을 의미하며, 반면에 양치기의 삶은 국가 바깥에서, 경계 바깥에서 자유를 추구하는 삶이었습니다. 그는 두 유형을 대조하면서, 양치기의 윤리가 농부의 윤리보다 훨씬 낫다고 주장합니다. 하조니는 구약성서의 주요한 모든 인물들은 제국의 체제와 국가 바깥으로 탈출한 양치기로서의 자유를 구가한 사람들이라고 말합니다. 아브라함은 수메르, 고바벨로니아 문명체제 바깥으로 탈출한 양치기였습니다. 본토 친척 아비 집을 떠나 이리저리 방황하며 유목민적인 방황을 하면서 자유를 찾은 사람이라는 거죠. 모세, 다윗, 야곱 전부 다 자유를 추구한 사람들입니다. 그에 비해서 이삭과 요셉은 자유를 추구하는 삶보다는 농사를 지어서 부를 추구하고, 잉여농산물을 축적하며 한곳에 아예 정착해 사는 정주형(定住型) 인물입니다. 요람 하조니는 구약성서의 행복철학이 이 두 모형의 인물들의 대조를 통해 개진된다고 봅니다. 하나님은 땅에 종속되어서 인습적이고 고착적인 삶을 사는 사람보다, 운명을 개척하고, 스스로 자유를 쟁취하기 위해서 모험을 감수하는 양치기적 모험의 삶을 더 높이 평가한다고 보는 겁니다. 이것이 요람 하조니의 인문학적 구약성서 읽기의 한 예입니다. 여러분이 요람 하조니의 양치기 윤리에 대한 옹호에 동의하지 않아도 됩니다. 그러나 그가 구약성서의 인물 대조를 통하여 이렇게 철학적 담론을 빼내는 과정은 주목해 보기 바랍니다.

그는 요셉과 유다를 또한 비교합니다. 창세기 37장부터 49장까지 요셉과 유다 두 대조되는 형제가 이야기를 끌어가는 중심인물이죠. 요셉은 뭡니까? 정치적 야심을 가진 지배 추구형 인물입니다. 유다는 누구입니까? 개과천선형 인물이요 자기개선형 인물입니다. 유다는 시행착오를 거쳐서 자기를 개선하는 인물로서 사람들을 설득하는 리더십입니다. 반면에 요셉은 자기 성공을 통하여 유익을 끼치지만, 국가에 봉사하는 일종의 관료적 성공사례입니다. 유다는 자기의 잘못을 뉘우치면서 끊임없이 점진적 개선을 통하여 주변 사람들을 안심시키는 너그러운 리더십의 유형입니다. 하조니에 따르면, 창세기 저자는 여기서 요셉과 유다를 대조하여 윤리학적인 성찰을 한다고 보는 거예요. 창세기 저자는 요셉보다는 유다가 이상적인 지도자에 가깝고 그의 삶이 더 바람직한 리더의 삶이라고 본다는 것입니다. 유다는 잘못했지만 자기 잘못을 고쳐가면서 사람들을 전부 다 이끌어가는 리더십의 표본이라는 겁니다. 이 개과천선형 인물인 유다의 리더십이 영속적인 영향력을 갖는다는 것입니다. 이에 반해 요셉은 지배하려는 의지는 강했지만 지배할 만한 덕성과 미덕은 모자라서 시험과 시련을 거쳐야만 되는 인물이었다는 거죠.

다음으로 시므온과 레위는 어떤 유형의 인물입니까? 시므온과 레위는 둘 다 급진적인 사람이고 열정적인 사람인데, 시므온은 급진적인 복수심에 가득 차 있고 레위는 급진적인 정의를 세우는 데 열심을 가진 형제입니다. 시므온과 레위 둘 다 급진적인 열정의 소유자지만, 한 사람, 레위는 종교적 명분을 가진 급진적 열정의 소유자가 되고, 나머지 한 사람 시므온은 종교적 열정이 없고 급진적 열정 자체만 가진 사람이 됩니다. 두 형제의 후손 모두 다 '흩어지는 운명'을 맛봅니다. 두 지파는 완전히 다른 의미로 흩어집니다. 시므온 지파는 12지파 중에 가장 빨리 지파의 독립성을 상실하고, 유다 지파에 흡수통일되고 소멸됩니다. 그런데 레위 지파는 어떻게 됩니까? 제사장 지파로 승격되고, 12지파를 대표해서 스스로 거룩함을 구현하고, 이스라엘의 거룩함을 수호하는 제사장 독점지파가 된 거죠. 이런 식으로 하조니는 구약성서가 인물들의 대조를 통하여 '어떤 삶이 바람직한가? 어떤 행동이 더 바람직한가?'라는 윤리학적 성찰을 담아내고 있다고 보는 겁니다. 이것이 4장에 나오는 "양치기 윤리학"의 핵심입니다. 양치기 윤리학의 핵심은 뭡니까? '구약성서에서 바람직한 삶은 국가나 문명체제에 인습적으로 매인 삶이 아니라, 국가 바깥으로 탈출하여 자유를 추구하며, 자신과 자신의 가족을 지키기 위해서 애를 쓰는 양치기의 삶이다.' '지나가는 나그네에게는 환대를 베풀며 왕들의 부조리한 억압적 통치에는 절대로 예속되지 않는 완강한 저항성, 이것이 바로 양치기 윤리의 특징이다.' 이렇게 요약할 수 있습니다. 양치기 윤리는 자기와 자신의 가족을 지키기 위해서 최선을 다하지만, 결코 이웃에게 배타적이지 않고 오히려 이웃을 배려하고, 견인하고, 지탱하는 배려심 많은 너그러운 개인주의자라는 겁니다. 주변인, 아웃사이더 윤리학으로서 명명된 4장의 결론에서 하조니는 구약성서가 주장하는 올바른 윤리적 삶의 모본을 아브라함에게 찾습니다. '이스라엘의 조상 아브라함은 국가 예속적이고, 잉여농산물 축적적인 파라오적 축적형 인간이 아니다. 권력의존적이며 국가의존적이면서 관료적 성공자였던 요셉형 인간이 아니다. 구약성서가 예찬하는 이스라엘 민족의 본질은 국가나 제국체제 밖에서 운명을 개척할 줄 아는 야생적 생존력으로 단련되어 광야를 방황하면서 양을 치는 양치기이다. 잉여농산물을 쌓지는 못할지라도 자유를 구가하며 자신과 가족들을 지키는 데 엄청난 충성을 보였던 아브라함적 인물, 이것이 구약성서의 윤리학의 모본이다.' 하조니는 바로 이런 아브라함적 삶의 방식이 바로 주변인의 윤리학으로 국가체제가 없어도 생존 가능한 윤리라고 주장합니다. 그래서 양치기 윤리학은 국가체제에 예속되는 것에 대해서 엄청난 경계를 합니다. 하조니는 이 양치기 윤리학으로 2,000년 동안 나라 없이도 디아스포라(Diaspora)로 살아남았던 유대인의 삶을 설명합니다. 유대인들은 국가에 예속되지 않는 탈국가적 공동체성을 추구하고 유지하려다가 항상 박해를 주로 당했습니다. 그럼에도 불구하고 유대인들은 어느 국가에도 완전히 종속되지 않았습니다. 그래서 박해를 받았습니다. 그렇지만 그 양치기적 독립성 때문에, 국가체제에 예속되기를 싫어하는 바로 그 야생성 때문에 유대인들은 박해를 받았지만 또한 오늘날까지 살아남았다는 거죠.

하조니는 양치기 윤리학은 창세기부터 열왕기하까지에 자세히 나온다고 주장합니다. 그는 4장 "양치기 윤리학"에서 모세오경 율법보다 더 근원적이고 더 오래된 자연법을 옹호합니다. 모세오경 율법은 인간 모두에게 이미 주어진 자연법을 더 확실하게 가르쳐 주기 위해서 주어진 보완적 법이지, 모세오경 율법이 자연법을 폐기하지 못한다는 점을 강조합니다. 하조니는 모세오경의 율법 때문에 비로소 인간이 선과 악에 대한 지식을 갖는 게 아니라고 보는 거죠. 하조니는 인간은 모두가 모세오경 율법이 오기 전부터 자연법적 본성으로 선악이 뭔가를 알도록 교육받았다고 말합니다. 창세기 3장에서 선악을 알게 하는 나무실과 관련 시험 기사에서 아담이 선악에 대한 선지식이 없다면, 하나님이 아담을 시험하는 의미가 없다는 거죠. 이스라엘 민족이 오기 전부터, 그리고 모세오경이 생기기 전부터, 모든 인류는 선악을 아는 지식, 즉 자연법적 선악 지식을 이미 알고 이 세상에 나왔다는 겁니다. 자연법이야말로 모세법보다 더 상위에 있는 법이라는 것입니다. 모세율법은 특별히 계시를 통해 주어졌기 때문에 자연법보다 더 우월하며 자연법을 대체할 수 있다는 생각을 하조니는 받아들이지 않습니다. 대신 모세오경 율법은 인간본성에 처음부터 주어진 하나님의 자연본성법의 존재를 결정적으로 입증하는 증거입니다. 구약성경의 율법들은 자연법을 지지하고, 자연법을 확실하게 하고, 자연법에서 간과된 것들을 더 부각시키는 데 이바지한다는 거죠.

이 세상의 모든 철학적 담론은 자연법적 본성에 의해서 시작되지 않습니까? 구약성서는 이 자연법적 본성을 조금도 부인하지 않습니다. 그래서 자연법적인 본성에 입각해서 양심과 이성을 논하고, 올바른 삶이 뭔가를 논했던 이 세상의 철학담론이 올바른 삶에 대한 구약성서 담론과 궤를 같이 하는 것은 당연하다는 겁니다. 이것이 요람 하조니가 사례로 든 구약성서 윤리학의 전제입니다.

이제 요람 하조니가 『구약성서로 철학하기』 5장에서 다룬 구약성서의 이상적인 정치철학에 대해 공부하고자 합니다. 하조니에 따르면, 창세기부터 열왕기하까지 아홉 권의 구약성서 저자는 이상적인 공동체와 이상적인 정치질서에 관한 담론을 제시합니다. 플라톤의 『국가론』에서는 네 계급으로 나눠진, 계급 있는 정의로운 사회를 설정합니다.[40] 플라톤의 이상적인 정부는 사유재산이 없고, 부르주아적인 소시민적 가족이 없는 철인왕이 선의 이데아에 정통하여 철학적 원리에 따라 다스리는 국가입니다. 그는 소크라테스의 입을 통해 계층과 계급은 나눠져 있지만 아무도 박탈감을 느끼지 않는 이상국가를 설파합니다.[41] 반면에 토마스 홉스는 『리바이어던』이라는 책에서 개개인의 권리를 가장 잘 보호하는 나라가 최고의 나라라고 주장합니다.[42] 그는 시민들의 계약에 의해 추대된 절대군주가 공권력을 가지고 엄정하게 법치를 구현하는 나라를 이상적인 나라라고 봅니다. 결과적으로 홉스는 개개인을 무섭게 다그치고, 국가에 복종을 유발시키는 절대군주제를 정당화합니다. 요람 하조니는 플라톤의 『국가론』과 토마스 홉스의 『리바이어던』과 비교해도 조금도 손색이 없는 정치철학이 창세기부터 열왕기하까지 개진되었다고 봅니다. 그 내용은 한마디로 뭡니까? 구약성서가 생각하는 이상적인 정치 국가 형태는 입헌적, 자기제한적 왕정입니다. 입헌적 자기제한적 왕정은 오늘날의 민주주의 정치체제와 일맥상통합니다. 구약성서는 두 가지 극단을 경계합니다. 파라오의 절대군주제와 사사기의 무정부주의 둘 다 배격합니다. 파라오 절대군주제는 절대권력을 가지고 모든 국민을 노예처럼 부리고 강제노역을 시키는 전체주의적인 압제체제입니다. 하조니에 따르면 구약성서는 국가주의 체제를 가장 무서운 악한 형태의 정치라고 봅니다. 이것과 정반대되는 극단에는 뭐가 있습니까? 구약성서는 파라오 절대적 군주체제의 극단에 사사기가 그리는 무정부주의가 있다고 말하며 이 또한 배격합니다. 사사기 17장 6절과 21장 25절은 말합니다. '그때는 왕이 없었으므로 모두 다 저마다 자기 소견으로 옳은 대로 행동해 버렸다.' 사사기 시대가 그런 무정부적 상황에서 좋은 이상적인 공동체를 만들어냈습니까? 아닙니다. 지파끼리 내전(삿 12장의 길르앗과 에브라임 내전, 20장의 베냐민과 열한 지파의 내전)이 일어났습니다. 윤리·도덕적으로 천인공노할 만행들이 일어났습니다(19장의 레위인의 첩에 대한 베냐민 지파 기브아 남자들의 집단 성폭행). 모든 지파와 모든 개인이 서로 상쟁하며 이스라엘 12지파 연맹체제는 해체 일로를 겪었습니다. 사사시대의 무정부 상황 아래서 모든 개인들은 불행했습니다. 이 무정부적 지리멸렬성과 파라오 압제체제 두 극단 모두를 거부하는 것이 구약성서의 이상적인 국가론입니다. 사무엘상 8-12장은 이상적인 정부를 찾아가는 창조적 진통과정을 다룹니다. 사사시대의 혼란과 무질서를 겪었던 이스라엘 지파들은 '열방처럼 이스라엘에도 왕이 있어야 한다'는 각성에 이르렀습니다. 상대적으로 재산이 많았던 유력자들이 '왕'을 세워야 한다고 목소리를 높이기 시작했습니다. 당시 마지막 사사였던 사무엘은 전국을 순회하면서 이스라엘 12지파 모두의 존경과 신망을 얻은 전국적 지도자였습니다. 이스라엘 민족의 장로들과 유력자들이 왕을 세워달라고 강력히 요청하자 예언자이면서 사사인 사무엘은 처음에는 격하게 반대하고 불쾌한 반응을 보였습니다. 사무엘은 사실 하나님의 반응이기도 했습니다. 하나님은 애초에 인간 왕을 세워달라고 요구하는 이스라엘 유력자들의 움직임은 야웨 하나님을 더 이상 왕으로 모시지 않으려는 일종의 반역이라고 생각했습니다. 그래서 예언자 사무엘을 통해 불쾌감을 피력했습니다. 그러나 '우리에게도 인근 나라들처럼 왕을 세워달라. 사무엘 당신의 아들들은 당신을 이어 사사가 되기에는 적당하지 않다'라고 항의하는 유력자들의 아우성이 커지자, 사무엘은 왕정 도입을 마지못해 승인합니다. 그러면서 사무엘상 8장에서 하나님께서는 사무엘을 통해 왕이 다스리는 나라가 이스라엘에 들어서는 즉시 이스라엘 자유민들은 왕에게 예속될 것임을 엄중하게 경고합니다(9–10절). 다음은 사무엘상 8:11–18입니다.

> 11 이르되 너희를 다스릴 왕의 제도는 이러하니라 그가 너희 아들들을 데려다가 그의 병거와 말을 어거하게 하리니 그들이 그 병거 앞에서 달릴 것이며 12 그가 또 너희의 아들들을 천부장과 오십부장을 삼을 것이며 자기 밭을 갈게 하고 자기 추수를 하게 할 것이며 자기 무기와 병거의 장비도 만들게 할 것이며 13 그가 또 너희의 딸들을 데려다가 향료 만드는 자와 요리하는 자와 떡 굽는 자로 삼을 것이며 14 그가 또 너희의 밭과 포도원과 감람원에서 제일 좋은 것을 가져다가 자기의 신하들에게 줄 것이며 15 그가 또 너희의 곡식과 포도원 소산의 십일조를 거두어 자기의 관리와 신하에게 줄 것이며 16 그가 또 너희의 노비와 가장 아름다운 소년과 나귀들을 끌어다가 자기 일을 시킬 것이며 17 너희의 양 떼의 십분의 일을 거두어 가리니 너희가 그의 종이 될 것이라 18 그 날에 너희는 너희가 택한 왕으로 말미암아 부르짖되 그 날에 여호와께서 너희에게 응답하지 아니하시리라 하니

우여곡절 끝에 이스라엘에 왕정이 시작됩니다. 사무엘상 12장에서 사무엘은 먼저 자신이 어떤 압제적 착취나 백성의 재산을 탈취하지 않았음을 공증하며 백성들의 동의를 얻습니다. 왕은 압제자나 탈취자가 되어서는 결코 안 되며 어떤 권력남용도 해서는 안 된다는 것을 가르치는 셈입니다. 마지막으로 이스라엘 지파들에게 이상적인 왕정을 이루도록 간곡히 당부합니다. 왕정 아래서도 야웨 하나님을 반드시 끝까지 경외하라고 호소합니다. 그러나 사울, 다윗, 솔로몬 세 왕을 거치면서 이스라엘 민족이 하나님과 점점 멀어져 갔음이 드러났습니다. 특히 솔로몬은 사무엘상 8장이 말한 왕정의 폐해를 고스란히 드러냈습니다. 이스라엘은 400년간의 왕정을 거치면서 나쁜 왕들에 의해 이리저리 휘둘리다가 망해 버렸습니다. 그래서 예언자들은 왕정이 국가멸망을 초래한 결정적 요인임을 깨닫고 왕권 제한 법령을 선포합니다.

왕정 실험 400년(약 BC 1000–600년)이 남긴 적폐를 보고 성찰한 구약성서의 예언자들이 설파한 이상적인 국가론은 뭡니까? 신명기 17장 14–20절에 나옵니다.

14 네가 네 하나님 여호와께서 네게 주시는 땅에 이르러 그 땅을 차지하고 거주할 때
에 만일 우리도 우리 주위의 모든 민족들 같이 우리 위에 왕을 세워야겠다는 생각이 나
거든 15 반드시 네 하나님 여호와께서 택하신 자를 네 위에 왕으로 세울 것이며 네 위
에 왕을 세우려면 네 형제 중에서 한 사람을 할 것이요 네 형제 아닌 타국인을 네 위에
세우지 말 것이며 16 그는 병마를 많이 두지 말 것이요 병마를 많이 얻으려고 그 백성
을 애굽으로 돌아가게 하지 말 것이니 이는 여호와께서 너희에게 이르시기를 너희가 이
후에는 그 길로 다시 돌아가지 말 것이라 하셨음이며 17 그에게 아내를 많이 두어 그
의 마음이 미혹되게 하지 말 것이며 자기를 위하여 은금을 많이 쌓지 말 것이니라 18
그가 왕위에 오르거든 이 율법서의 등사본을 레위 사람 제사장 앞에서 책에 기록하여
19 평생에 자기 옆에 두고 읽어 그의 하나님 여호와 경외하기를 배우며 이 율법의 모
든 말과 이 규례를 지켜 행할 것이라 20 그리하면 그의 마음이 그의 형제 위에 교만하
지 아니하고 이 명령에서 떠나 좌로나 우로나 치우치지 아니하리니 이스라엘 중에서 그
와 그의 자손이 왕위에 있는 날이 장구하리라

이 왕권제한법은 지상의 모든 왕들의 야심과 권력욕, 영토정복욕 등을 가차없이 제한합니다. 왕을 거의 수도사 수준으로 거룩하게 만들려고 합니다. '무릇 이스라엘 왕은 많은 말을 두지 말고, 많은 금은을 축적하지 말고, 많은 관료를 두지 말고, 전쟁을 함부로 하지 말라.' 왕은 이 여호와의 율법을 헌법적 요강(要綱)으로 삼아 늘 옆에 두고 헌법 수호 의지를 벼리고 벼려야 합니다. 왕은 한 마디로 자기를 부인하고 자신의 권력욕을 제한하고 살아야 합니다. 결국 자신을 왕으로 추대한 동포 형제자매들을 위해 자기를 높이지 않는, 지극히 겸손한 자기제한적인 입헌군주, 이것이 구약성서가 말하는 이상적인 왕이며 이런 왕이 다스리는 이상적인 왕정이 구약성서가 주창한 정치철학이었습니다. 다시 말해서 1215년에 나온 영국 존(John)왕의 마그나카르타 '대헌장'보다 더 일찍 구약성서가 입헌군주적 왕정을 도입한 셈입니다. '왕은 헌법적인 요강에 따라 자기 권한을 제한하고, 관료적 통치를 일삼지 말고, 전쟁 개시권을 함부로 남용하지 말라. 거대한 관료조직과 상비군도 거느리지 말고 이스라엘 형제들 위에 군림하지 말라.' 구약성서는 왕이 이스라엘 동포들의 지배자가 아니라 그들에게 본이 되는 모범적인 시민으로 살면서, 도덕적 감화를 통하여 세상을 통치하는 왕정을 주창합니다. 이런 이상적 왕에 의해 통치되는 이스라

엘은 의와 공도에 의해 통치되기 때문에 큰 민족(창 12:2 고이 가돌), 강대한 나라(18:18–19, 고이 가돌)가 되더라도 이웃에게 위협이 되지 않습니다. 입헌적 자기제한적 군주가 다스리는 나라는 이웃 나라에게 복이 됩니다(28:14–15). 이상이 하조니가 구약성서에서 이끌어 낸 이상적인 정치철학의 핵심입니다.

여러분, 제 교재의 문어체 강의안이 구약성서의 이상적 정치담론에 대해서 좀 더 자세히 다루고 있으니 참고하기 바랍니다. 이번 시간에는 인문학적 구약성서 읽기의 한 사례로 구약성서가 주창하는 윤리학과 이상적인 정치철학 담론을 공부하였습니다. 감사합니다.

인문고전으로서의 구약성서 읽기

15주차 강의안

15장

구약성서를 인문고전으로 읽는 것을 좌절시키는 걸림돌들1)

구약성서는 야웨 하나님이라는 신(神)이 등장하기에 인류의 고전으로 받아들여지기보다는 실로 오랫동안 이 특별한 신을 믿고 신봉하는 종교인들의 경전으로만 받아들여졌다. 유대교, 기독교, 이슬람교는 구약성서를 최고 경전으로 여기거나(유대교) 경전 중 하나로 원용하거나(기독교), 아니면 자신들의 교리를 뒷받침하려고 할 때 취사선택적으로나마 인증(引證)한다(이슬람). 이 세 종교를 통속적으로 믿는 자들과 종교권력자들은 유일신 신앙을 내세워, 인류의 나머지 종교나 인류의 고전으로 간주되는 고매하고 고상한 가르침을 담고 있는 경전적인 책들을 배척하거나 타기(唾棄)한다. 이 세 제도권 종교는 왕왕 유일신 신앙을 편협하게 해석하여 종교갈등을 불사하는 호전성을 보일 때가 있다. 유일신 신앙에 대한 통속적인 이해는 갈등유발적이다. 하지만 참다운 유일신 하나님 신앙은 세계만민이 하나님의 자애로운 다스림, 돌봄, 보호, 그리고 교제의 대상임을 천명하는 사상이며, 어떤 피조물도 이 한 분 하나님의 다스림 밖으로 배제되어서는 안 된다는 만민포용적, 만유포용적 하나님의 관심을 집약할 뿐, 타자, 외국인, 외국종교, 그리고 타 문명권의 고매한 철학과 윤리를 모조리 배척하라고 명하는 타자배척적 계율을 결코 강요하지 않는다.

책 전체를 마무리하면서, 구약성서를 인문고전으로 읽는 것을 좌절시키는 난제 세 가지를 골라 답변해 보려고 한다. 배타적 선민사상, 구약성서의 참혹한 전쟁기사와 야웨의 '인종학살 전쟁' 연루 혐의, 그리고 '모세율법은 하나님으로부터 직접 계시받은 계율'이라는 주장이 그것들이다.

15-1

구약성서의 선민사상은 글로벌 다원주의 다종교, 다인종 공존시대의 걸림돌인가?

구약성서에서 야웨 하나님은 자신을 가리켜 '나는 아브라함의 하나님, 이삭의 하나님, 야곱의 하나님'이라고 부른다. 이것이 선민사상의 원조라고 간주되는 구절이다(출 3:6). 그런데 이 하나님의 자기호칭은 오늘날 통속적으로 이해되는 그런 선민사상을 정당화하는 구절이 전혀 아니다. 구약성서의 선민사상은 이스라엘 민족의 자기복무적 이데올로기가 아니라, 만민향도적, 만민내포적 선민사상이기 때문이다(창 12:1-3; 18:18-19; 22:17-18; 출 19:5-6; 신 7장; 암 3:2; 갈 3:12-18). 구약성서는 자기희생적, 자기부인적 선민사상을 말하며 만민을 하나님께 이끌어가기 위해 정의와 공의를 모범적으로 실천해야 하는 선민의 책임을 훨씬 더 강하고 빈번하게 강조한다. 출애굽기 3:6의 하나님의 자기호칭, "아브라함의 하나님, 이삭의 하나님, 야곱의 하나님"은 중기, 후기 청동기시대에 하나님이 구사한 자기호칭이었다. "나는 아브라함의 하나님, 이삭의 하나님, 야곱의 하나님"이라고 하는 이 말 안에는 도시 안에 들어가지 못하여, 도시의 노동분업체계, 도시의 사회적 위계질서, 도시의 군사적 보호 혜택을 누리지 못하는 사람들의 하나님이라는 뜻이다. 오히려 '성 거주자'들에게 시달리는 '난민적 개인들의 보호자'라는 뜻이다. 후기 청동기 시대에(BC 18-12세기) 도시, 성 안에 들어가 살지 못한 사람들이 아브라함과 이삭과 야곱이었다. 그들이 BC 18-17세기에 가나안 땅에 처음 들어왔을 때, 가나안에는 대체로 이집트 또는 메소포타미아왕들의 봉신 도시국가들이 다수 존재했다. 가나안은 이집트-메소포타미아의 지배를 받는 도시국가들의 엉성한 산재로 인해 유입난민들이 비집고 들어갈 빈 땅(특히 산지 초목지)이 많았다. 즉 당시의 가나안 도시국가들은 가나안 영토를 다 지배하지 못했다(수 17:15). BC 18-16세기 상황에서 아브라함, 야곱, 이삭의 후손 이스라엘은 생물학적 집단 정체성을 가리키는 말이라기보다는 사회경제적 집단 정체성을 가리키는 말에 가까웠다. 그런 점에서 구약성서는 파라오 같은 절대군주가 아니라 노예를 자기 백성으로 선택하는 하나님을 말한다. 성 안에 사는 자들이 아니라 성 밖에 사는 난민적 유민들을 자기 백성으로 삼는 하나님을 말한다. 이처럼 구약성서의 선민사상에는 인간의 정의감을 만족시키는 요소가 작동한다.

청동기 시대에는 한 2,000명 정도의 성 거주자들이 2-3만 명의 성 밖 거주민들을 다스리는 시대였다. 그 2-3만 명은 성 안에 사는 도시국가의 왕의 보호를 받으면서 세금을 내는 예속민이었다. 그런데 아브라함, 이삭, 야곱은 가축을 쳤고 경작지에 정착하는 사람이 아니라서 도시국가에 예속되지 않았다. 목초지를 따라 6개월 동안 정착지를 떠났기 때문에 아브라함, 이삭, 야곱의 하나님이라는 말은 성 밖에 사는 떠돌이 1세의 하나님, 성 밖에 사는 떠돌이 2세의 하나님, 성 밖에 사는 떠돌이 3세의 하나님이라는 뜻이었다. 그러니까 그들은 바로 도시에 사는 사람에 의해서 압박당하는 성 밖의 사람들이었다. 아브라함은 이집트에서 파라오에게 아내를 빼앗겼다. 그는 또한 블레셋 사람들에게 아내를 빼앗겼다. 이것이 아브라함이 압박당하는 상황이었다. 아브라함과 이삭은 블레셋 사람들에게 우물과 목초지를 빼앗겼지만 속수무책이었다. 하나님은 도시 안에 사는 무력을 가진 왕에게 시달리는 아브라함과 이삭과 야곱을 보고 '나는 파라오의 하나님이 아니라, 아비멜렉의 하나님이 아니라, 도시국가의 군주들에게 우물을 빼앗기고 아내를 빼앗기면서 압박당하는 아브라함과 이삭과 야곱의 하나님이야'라고 말씀하신다. 이처럼 이스라엘의 하나님이라는 뜻은 "압박당하는 자들의 하나님"이라는 뜻이니, 온 인류는 아브라함, 이삭, 야곱의 하나님을 기뻐하고 박수 쳐야 한다. 압박당하는 자들, 즉 아브라함과 이삭과 야곱과 언약을 맺고 그들의 하나님이 되기로 결단한 이 하나님은 만민 향도적인 선민의 하나님, 만민 포용적인 선민의 하나님이다. 즉 아브라함-이삭-야곱의 하나님은 보금자리 없이 방황하는 난민의 하나님이라는 뜻이다! 그래서 아브라함–이삭–야곱의 하나님은 압박당하는 자를 위해 정의를 행하는 모세의 하나님으로 연결된다(시 103:6). 유대교는 아직도 이 선민사상의 보편적 차원을 잘 이해하지 못하고 있지만, 나사렛 예수와 사도 바울은 구약성서의 만민내포적인 선민사상의 의미를 결정적으로 석명(釋明)했다. 신약성서 갈라디아서에서 사도 바울은 독소조항처럼 보이는 선민옹호적 본문들을 전부 다 세계만민을 감동시킬 만큼 보편적으로 주석했다. 바울은 이웃사랑, 원수사랑을 위해 자기 목숨을 바친 나사렛 예수가 '이스라엘 사람'의 이상적인 완성체라고 선포하고, 나사렛 예수의 산상수훈 평화의 복음을 온 세상에 알린다. 아브라함은 성 밖에서 야생 목초지를 따라 양을 치면서 약속한 땅에 우거하였지만, 하나님이 경영하시는 그 성에 들어가 영구평화를 누릴 때까지는 성 밖에서 살면서 창조적 방황을 거듭했다(히 11:8–16). "이는 그가 하나님이 계획하시고 지으실 터가 있는 성을 바랐음이라"(11:10). 나사렛 예수와 사도 바울은 무장병력을 갖춘 왕들이 거대한 관료조직을 거느리는 압제적 국가체제에 속하지 않고, 순전히 비무장 시민단체 같은 교회가 인류공동체를 이끄는 것이 주류가 되는 세상을 앞당겨 맛보게 해주었다. 창세기의 대표적인 두 선민옹호 본문(창 12:1–2; 18:18–19)이 강조한 "큰 민족"("너로 큰 민족을 이루고") 혹은 "강대한 나라"("네가 강대한 나라가 되고")는 산상수훈 같은 이웃사랑과 비폭력 평화와 자비가 지배하는 나라를 가리킨다. "큰 민족"과 "강대한 나라"라고 번역된 히브리어는 동일한 고이 가돌(gôy gādôl)인데, 그것은 의(체데크)와 공도(미쉬파트)를 행하는 나라를 가리킨다. '아브라함은 강대한 나라가 되는데 그것은 군사적 정복이나 경제적 지배력을 통한 강대한 나라가 아니라, 의와 공도를 이루어서 강대한 나라가 되는 것이다'(창 18:19). '의(義)'라고 번역된 히브리어 체데크(츠다카)는 가난하고 주변화된 사회구성원이 계약공동체의 구성원으로 잔류하도록 베푸는 선제적 사랑과 의리를 가리킨다. '공도(公道)'라고 번역된 미쉬파트는 강자가 약자를 압박하지 못하도록 법적 강제를 통해서 강자를 견제하는 사법적 개입을 가리킨다. 미쉬파트는 약자 옹호적인 강자 억제이며, 체데크는 선제적인 약자배려, 약자옹호, 약자견인과 부축을 가리킨다. 이스라엘의 하나님 고유업무가 바로 체데크와 미쉬파트이다. 모든 종류의 약자 지탱 사역, 모든 종류의 법적, 정서적, 사회복지적, 약자 부축적, 약자 지탱적, 약자 옹호적 사역이 하나님의 고유과업이라는 것이다. 시편 103편 6절을 보라. '모세를 통하여 알려진 하나님은 압박당하는 자들을 위해서 공의를 행하고, 모든 가난한 사람들에게 정의를 행하는 하나님이다.' 이스라엘 하나님은 이처럼 보편적 하나님이다. 의와 공도가 보편적인 인류사의 중심주제이기 때문이다. 이 세계만민 가운데 하나님이 약자 옹호적인 것을 누가 반대하겠는가? 나사렛 예수는 구약성서의 하나님을 세계만민에게 전해 달라고 제자들에게 부탁했다(마 28:18–20). 나사렛 예수와 바울이 온 세상에 알리기를 원한 하나님은 난민을 위해 도시의 압제적 군주들을 견제하고 질책하는 하나님이다. 아브라함의 하나님은 온 세계만민에게 알려져야 할 하나님이다. 이런 점에서 하나님께 먼저 선택받은 아브라함과 그 후손 이스라엘은 만민에게 복이 된다.

> 1 여호와께서 아브람에게 이르시되 너는 너의 고향과 친척과 아버지의 집을 떠나 내가 네게 보여 줄 땅으로 가라 2 내가 너로 큰 민족을 이루고 네게 복을 주어 네 이름을 창대하게 하리니 너는 복이 될지라 3 너를 축복하는 자에게는 내가 복을 내리고 너를 저주하는 자에게는 내가 저주하리니 땅의 모든 족속이 너로 말미암아 복을 얻을 것이라 하신지라 (창 12:1-3)

> 18 아브라함은 강대한 나라가 되고 천하 만민은 그로 말미암아 복을 받게 될 것이 아니냐 19 내가 그로 그 자식과 권속에게 명하여 여호와의 도를 지켜 의와 공도를 행하게 하려고 그를 택하였나니 이는 나 여호와가 아브라함에게 대하여 말한 일을 이루려 함이니라 (창 18:18-19)

> 내가 네게 큰 복을 주고 네 씨가 크게 번성하여 하늘의 별과 같고 바닷가의 모래와 같게 하리니 네 씨가 그 대적의 성문을 차지하리라 (창 22:17)

사도 바울의 갈라디아서는 창세기 12:2과 22장 16–17절에 대한 긴 해설이다. '네가 네 독자도 아끼지 않고 나에게 바쳤은즉, 네 후손으로 말미암아 천하 만민에게 복이 임한다.' 창세기 12:2과 22:17의 의미를 바울은 갈라디아서 3장 8–15절에서 기막히게 해석한다. 갈라디아서 3장 8–15절은 창세기 12장 2절을 이렇게 해석한다. '모든 땅의 족속이 너로 말미암아 복을 얻을 것이다'를 '모든 이방인들이 너로 말미암아 복을 받으리라'라고 해석한 것이다. 선민의 가장 좋은 열매는, 만민을 위해 스스로 자기 아들을 번제로 바친 아브라함의 복이 이방인에게 흘러가는 일이라는 것이다. 번제단에 바쳐진 이삭이 바로 자기 목숨을 많은 사람들을 위해 바친 선민의 대표자 나사렛 예수의 예표이다. 선민 이스라엘은 만민에게 자기 아들을 바쳐서라도 하나님 사랑, 자비, 의와 공도를 실천하고 전파할 사명을 수행하는 민족이었다는 의미이다. 나사렛 예수와 바울이 나타나지 않았다면, 구약성서의 선민사상은 끝내 오해되었을 것이고 지금처럼 빛을 보지 못했을 것이다. 우리는 여기서 말하는 구약성서의 선민사상을 처음으로 선포한 모세와 그것의 참된 의미를 가장 잘 석명(釋明)한 사도 바울의 선언을 경청해 볼 필요가 있다. "5 **세계가 다 내게 속하였나니** 너희가 내 말을 잘 듣고 내 언약을 지키면 너희는 모든 민족 중에서 내 소유가 되겠고 6 너희가 내게 대하여 제사장 나라가 되며 거룩한 백성이 되리라 너는 이 말을 이스라엘 자손에게 전할지니라"(출 19:5-6). "하나님은 다만 유대인의 하나님이냐? 또한 이방인의 하나님은 아니시냐? 진실로 **이방인의 하나님도 되시느니라**"(롬 3:29).

15-2

왜 구약성서의 하나님 야웨는 이스라엘의 가나안 정복전쟁을 부추기고 명령하는가?

대니엘 호크는 『구약성서 하나님의 폭력(*The Violence of the Biblical God*)』에서 구약성서의 하나님이 폭력적인 인간들의 투쟁과 갈등의 영역에 여러 가지 모습으로 연루되고 참여하는 양상을 보여준다. 야웨 하나님이 초월적으로 이격된 하나님이 아니라 하나님 자신도 폭력행사의 이모저모에 연루된 모습을 에누리 없이 보여준다.[2] 호크는 신명기, 여호수아, 사사기에서 몰살명령, 인종청소적 수준의 폭력적 전쟁의 뿌리에 하나님이 있다는 사실 또한 부인하지 않는다. 그런데 호크는 이 평면적인 본문읽기를 한층 더 세심하고 유의미하게 극복하며, 하나님의 전쟁명령과 폭력사용이 어떤 맥락에서 등장하는지를 자세하게 보여준다. 호크는 하나님의 폭력적 전쟁연루가 하나님이 선제적으로 발동하는 작전의 일부가 아님을 잘 드러낸다. 폭력적인 인간들의 세계에 성육신하기로 결단한 그 결단의 대가라는 것이다. 이런 참혹한 전쟁상황에서 하나님은 아무리 초월적이고 거룩한 하나님이라고 할지라도 하나님 방식으로 행동하는 데 제약을 느낀다. 하나님은 당신의 동역자인 인간의 전쟁호소와 폭력사용의 문법을 완전히 도외시하는 전능자의 문법으로 행동하지 못한다는 것이다. 폭력이나 전쟁을 통해 타자를 멸절하고 정복하는 방식의 원시적 인간들과 동역하시고 동행하시는 과정에서 하나님의 거룩한 신성성이 폭력의 유혈로 얼룩졌다는 것이다. 호크에 따르면 하나님의 전쟁참여와 폭력 사용은 어떤 의미에서 인류, 피조물 전체를 인간의 무제한적 폭력과 파괴로부터 건져내려는 차선적(次善的)이고 차악적(次惡的)이며 현실적인 대응이었다.

구약성서는 나사렛 예수 산상수훈의 절대평화의 복음에 드러난 하나님의 평화가 나타날 때까지 과도기의 불완전 수준의 평화를 드러내고 있다. 하나님의 본마음은 나사렛 예수에게 다 드러날 때까지 구약성서에는 다소간 감춰져 있고 음영처리가 되어 있다. 구약의 율법이나 제도나 관습은 하나님의 본마음을 다 드러내지 못하는 면이 있다. 하나님의 본마음은 산상수훈의 예수님에게 드러났다. 독생자 예수님이 하나님의 품속에 있는 생각을 다 드러내신다. 하나님은 산상수훈의 평화를 이해하고 체득한 인류가 출현할 때까지, 불완전하고 거칠며 결함투성이인 인간의 동사와 인간의 형용사에 의해 수식되고 서술되고 규정되는 감금된 하나님이었다. 산상수훈의 예수 그리스도의 평화, 그것이 한때 폭력적 전쟁을 통해서라도 인간의 근원적 악을 무효화하고 근절하려고 하셨던 하나님의 본마음이었다. 다니엘 호크의 이 책은 구약성서의 폭력적인 하나님 이미지 때문에 실족하고 상처 입은 그리스도인들에게 해방적인 영감을 제공할 것이다. 다니엘 호크의 논리를 우리는 이렇게 요약할 수 있다. '구약성서에 나타나는 하나님 폭력은 1945년 5월 1-7일에 나치의 베를린 전쟁지휘부 벙커를 향해 투하된 폭탄투하 같은 폭력이다. 하나님의 전쟁은 이스라엘의 민족적 생존을 돕는 방어전쟁이었으며, 하나님은 단 한 차례도 이스라엘의 약탈전쟁이나 인근 나라 영토정복전쟁을 지지하거나 정당화하지 않았다.' 하나님의 평화사상은 이사야 2:2-4에 잘 드러나 있다.

> 2 말일에 여호와의 전의 산이 모든 산 꼭대기에 굳게 설 것이요 모든 작은 산 위에 뛰어나리니 만방이 그리로 모여들 것이라 3 많은 백성이 가며 이르기를 오라 우리가 여호와의 산에 오르며 야곱의 하나님의 전에 이르자 그가 그의 길을 우리에게 가르치실 것이라 우리가 그 길로 행하리라 하리니 이는 율법이 시온에서부터 나올 것이요 여호와의 말씀이 예루살렘에서부터 나올 것임이니라 4 그가 열방 사이에 판단하시며 많은 백성을 판결하시리니 무리가 그들의 칼을 쳐서 보습을 만들고 그들의 창을 쳐서 낫을 만들 것이며 이 나라와 저 나라가 다시는 칼을 들고 서로 치지 아니하며 다시는 전쟁을 연습하지 아니하리라

이런 간단한 해명에도 불구하고 소위 진멸전쟁이라고 불리는 헤렘전쟁에 대한 의심은 쉽게 가시지 않을 것이다. 헤렘전쟁은 진멸전쟁으로, 성(城) 거주민 전원몰살, 모든 물건, 전리품 소각전쟁이다. 헤렘전쟁은 이스라엘의 가나안 진입을 결사적으로 저항한 소수의 도시국가에게 행해진 전쟁이었다(수 2장; 6장). 여리고성 전쟁이 헤렘전쟁이었다. 모든 가나안 도시국가가 헤렘전쟁의 대상이 아니었다. 신명기 20장에는 가나안 도시국가와의 초보적 교전수칙이 나온다. '너희가 모든 성에 갈 때 먼저 화평을 청하라. 성문을 열면 절대로 몰살하면 안 된다.' 성문을 여는 이방 군주들은 살려주어야 하고 지배세력만 교체하는 데서 그쳐야 한다는 것이다. 여호수아 12장 마지막 절에서 여호수아는 가나안 도시국가 31명의 왕을 쫓아내고 교체했다고 회고한다. 성 주민은 몰살하지 않고 살려주었다는 말이다. 그런데 여리고는 끝까지 결사항전의 자세로 문을 닫고 이스라엘의 화평 인사를 받아주지 않아서 진멸전쟁이 행해졌다. 진멸전쟁의 가장 큰 의의는 잔인무도함에 있지 않고, 전쟁하는 주체가 약탈 욕구를 충족시키지 못하게 하는 데 있었다. 헤렘전쟁의 근본은 어떤 전쟁이 약탈 전쟁으로 돌변하지 않도록 하는 데 있었다는 것이다. 만일 전쟁에 참여한 군주와 군사들이 귀금속과 재산을 늘리는 일이 허용되면, 모든 이스라엘 자유농민은 항상 전쟁하고 싶은 군주의 밥이 될 처지에 놓였을 것이다. 하나님은 어떤 사적 이익도 취하지 못하게 헤렘전쟁법을 둠으로, 불필요한 전쟁이 일어나지 않게 원천 차단하셨다. 우리가 헤렘(진멸)전쟁이 더 잔혹하다 여기는 이유는 생물학적 목숨을 죽이는 것은 그들을 굴욕적으로 살려두는 것보다 더 잔인하다는 일종의 부등식 의식 때문이다. 그러나 죽임당한 한 남자의 아내가 자기의 남편을 죽인 사람의 아내가 되고 종이 되는 것은 죽임당하는 것만큼이나 가혹한 일이었을 것이다. 진멸전쟁이나 살려둬서 종으로 삼는 전쟁이나 전쟁 자체의 참혹성은 동일했을 것이다.

이스라엘 민족이 가나안 땅에 들어와 살려고 했을 때, 원주민들이 자기 땅을 보호하기 위해 막을 권리가 있지 않았을까? 이런 질문도 정당하다. 그런데 가나안 땅에 이주난민들이 살 빈 땅이 많이 남아 있었다면, 또 가나안 땅 전체를 주권적으로 지배하는 국가가 존재하지 않았다면, 누구든지 그 빈 땅에 들어가 살 권리를 누릴 수 있었다. 가나안 원주민들이라고 해도 가나안 땅에 이스라엘이 들어오는 것을 막을 권리가 없었다는 것이다. 고대 가나안에는 오늘날 19세기 이후에 생긴 네이션

스테이트(nation state), 주권적 영토 보존 개념이 없었기 때문이다. 그 당시에는 가나안은 누구든지 와서 살 수 있는 땅이었다. 비자도 없고 국경도 없었다. 그런데 가나안 원주민들이 이스라엘을 막아내 대적하는 것은, 그들이 그들의 생존권을 도모하는 것 이상의 적대행동이었다. 하나님이 이때 이스라엘 편을 든 이유는 정의의 원칙 때문이었다. 이스라엘은 비무장 민간인들로 구성된 이주민이었다. 가나안 도시국가의 왕들은 무장병력을 가진 세력이었다. 무력을 갖춘 도시국가 왕들이 비무장 집단인 이스라엘의 가나안 진입을 막으려고 한 것은 하나님이 간섭할 상황이었다는 것이다. 가나안 도시국가가 비무장 이스라엘의 가나안 진입을 방해하고 적대하는 것은 하나님이 볼 때 기울어진 운동장에서 강자가 약자를 지배하는 것과 똑같은 일이었다. 하나님은 이스라엘이 가나안 땅 진입 시 당한 이 곤경을 인종적 편애의 문제로 본 것이 아니라, 정의의 문제로 본 것이다. 원주민 아모리 족속의 죄 때문에 아모리 족속이 그 땅을 빼앗기듯이, 똑같은 원리로 이스라엘도 땅을 결국 빼앗길 수 있다는 엄중한 경고를 받으면서 가나안에 정착하게 되었다. 하나님은 땅의 주인이기에 당신의 땅을 더럽히고 오남용하는 거주자들을 몰아내고 새 거주자를 초청할 권리가 있다. 여호수아 사사기에는 인종청소 전쟁이라고 불리는 전쟁은 결코 없었으며, 오래 그 땅을 차지하고 살면서 토지를 오남용하는 죄를 임계치 이상 누적시켰던 원주민들에 대한 하나님의 거룩한 심판전쟁, 거주민 교체심판 전쟁만 있다. 창세기 14장, 신명기 2장, 신명기 12장을 잘 보라. 가나안 땅은 거주자들의 숱한 교체를 목격한 땅이다. 이스라엘의 가나안 진입을 막으려던 가나안 원(原)주민은 원원(元原)주민을 쫓아내고 정착한 족속들이다. 이스라엘 백성은 가나안 원주민을 쫓아냈고, 이스라엘은 또 나중에 다른 사람에게 패배당해 가나안 땅에서 쫓겨난다. 이런 원리로 가나안 땅의 임차거주민은 계속 바뀐다. 땅을 공평과 정의라는 하나님의 목적에 맞게 쓰지 못하는 사람들은 계속 땅을 빼앗기게 된다는 것이다. 창세기 14장에 보면 에돔 족속의 땅 세일산에는 호리 족속이 살고 있었고, 모압과 암몬 족속 이전에 그들의 땅에는 에밈 족속이 살고 있었다. 그래서 가나안 땅의 원래 주인이 있었는데 이스라엘이 침략했다고 생각하면 안 된다. '땅의 주인은 수없이 교체됐다. 하나님은 객토작업하듯이 땅의 임차인을 수없이 주기적으로 교체했다.' 이렇게 생각해야 한다. 이스라엘 민족이 가나안 땅에 들어가서 주도권을 쥐는 그때는 마침 아모리 족속의 죄가 관영하여 하나님이 아모리 족속의 주도권을 박탈하는 때였다. 따라서 이스라엘 백성도 아모리 족속의 심판 여백에 들어갔지만 그 똑같은 전철을 밟을 수가 있는 것이다. 신명기 7-9장을 보면, '너희 이스라엘도 너희들에게 쫓김 받는 이 가나안 원주민들의 행동을 따라 하면 신속하게 땅을 빼앗긴다'라는 경고를 내내 들으면서 가나안 땅에 들어간다. 아주 공평하다. 하나님은 절대로 인종적 편애의 원칙을 쓰지 않고, 공평과 정의로 땅의 공평한 사용을 하지 못하는 모든 족속을 쫓아낸다는 말이다.

독자들은 출애굽기, 레위기, 민수기, 신명기에 걸쳐서 가나안 토착종교는 철저하게 부정되거나 혐오되고 있음을 기억하여야 한다. 가나안 토착종교와 문명은 이스라엘과 공존 불가능한 타락과 부패의 극치를 보여주는 것으로 묘사된다. 이것은 무엇을 말하는가? 아마도 가나안 토착 문명에 대한 하나님의 파괴 명령의 가혹성을 완화시키려는 심리적인 준비 과정일 것이다. 가나안 토착세력은 자신들의 관영한 죄악 때문에 멸망당한다는 사실을 받아들이게 된다. 다시 말하지만, 여기서 우리는 모세오경의 땅 신학의 한 면모를 이해할 필요가 있다. 모세오경의 땅 신학 중 하나는 인간은 땅의 거류자에 불과하다는 사상이다. 어떤 누구도 땅을 영구적으로 소유하지 못한다. 현재의 가나안 토착족속들도 그 이전 시기의 토착족속을 몰아내고 정착하였고, 이제 이들도 이스라엘 백성에 의해 쫓겨날 운명에 놓인 것이다. 땅은 그 토착민들이 공의와 정의를 드러내지 못할 때 그들을 몰아내기(토하기) 마련이라는 것이다(창 15:1-15; 레 18:25, 28). 그런데 역사적으로 우연하게도 땅이 가나안 토착 거민을 토해내는 과정에 이스라엘 백성이 하나님의 공변된 심판의 대리자로 참여하는 것이다. 따라서 가나안 정복전쟁에서 이스라엘이 거둔 승리는 가나안 원주민에 대한 하나님의 심판의 결과일 뿐, 다른 어떤 것도 의미하지 않는다. 이스라엘의 군사적 승리도 아니고 도덕적 승리도 아니다. 하나님의 심판이자 공의와 정의가 악행과 불의에 대하여 거둔 승리일 뿐이다. 이 과정은 인간들의 상호살상 전쟁을 동반했고 하나님도 이스라엘의 생존권 투쟁, 거주지 확보전쟁에 연루되었다. 그 결과 하나님의 이미지에도 유혈낭자한 이미지가 덧칠되어 버렸다.

하지만 독자들은 구약성서의 하나님만을 잔인하고 잔혹한 이미지로 그려 낼 것이 아니라 인간 자체의 잔혹한 야만성과 상호살상적인 잔인성을 먼저 상기해야 한다. 우리 인간이 이룬 문명의 토대와 삶의 토대가 하나님과 이웃 민족에게 얼마나 역겨운지를 먼저 생각해야 한다. 가나안 족속들을 일소하라는 하나님의 전쟁명령은 가나안 토착문명과 그들의 오도된 신관을 파괴하라는 명령이었다. 신명기의 가나안 토착족속에 대한 명령은 인종청소적 학살 명령이 아니라, 인류 일반의 악행에 대한 하나님의 심판명령이었다. 그것은 창조주 하나님을 배반하고 우상을 섬기는 인류의 하나님 위엄 훼손과 창조주 영광 침탈에 대한 대항 공격이자 공변된 심판인 것이다. 이 하나님의 거룩하고 공변된 심판의 대행자가 이스라엘 백성이다. 따라서 이스라엘의 가나안 정복전쟁은 본질적으로 하나님의 전쟁이다. 영토적 야심, 자원 약탈, 신붓감 확보를 위한 전쟁이 아니다. 종교가 다르기 때문에 벌이는 협량한 종교전쟁은 더더욱 아니다. 전쟁의 본질적인 당사자는 이스라엘과 가나안 족속이 아니라 하나님과 가나안의 신들이다. 이스라엘 역사의 마지막 순간에는 바로 가나안 땅 오남용 죄악으로 심판받는 자가 바로 이스라엘임이 드러난다. 가나안 정복전쟁에 연루된 하나님은 결코 협량한 부족신(tribal god)이 아니며, 땅의 오남용, 문명의 일탈과 타락을 심판해 땅의 거주민을 교체할 권리를 가진 거룩한 하나님이다.

구약성서의 이스라엘 정복 이야기가 요즘 팔레스타인에 대한 이스라엘 정부의 박해 장면을 겹쳐 보게 만들 수는 있다. 그런데 이 경우는 팔레스타인 사람들이 그 옛날 이스라엘 민족의 처지에 놓여있기 때문에 하나님은 현재 핵무기로 무장한 이스라엘 국가가 아닌, 이스라엘 정부에게 부단히 감시당하고 감금당하고 박해받는 팔레스타인 사람들 편을 드실 것이다. 구약성서의 하나님은 인류가 보편적으로 기대하는 정의와 공의의 하나님이기 때문이다. "여호와께서 공의로운 일을 행하시며 억압당하는 모든 자를 위하여 심판하시는도다"(시 103:6).

15-3

모세율법의 원천: 하나님과 기층민중의 아우성

구약성서 특히 모세오경과 예언서를 관통하는 계명 중 가장 특이한 계명은 "다른 신들"에 대한 극단적인 배척과 혐오이다. 모세가 시내산에서 율법을 받을 때 이스라엘은 '다른 신들'을 예배했거나 그들과 일탈적 접촉도 시도하지 않았다. 그런데도 십계명의 첫째 계명이 '다른 신들'의 존재를 인정하면서도 그것들을 '야웨 옆에 병렬적으로 두고 섬기지 말 것'을 엄금한다. 구약성서는 국가를 지탱하는 핵심계명, 즉 헌법적 대요강(大要綱) 같은 계명을 전부 다 하나님 관련 계명으로 표현하고 있다. 종교적 언사(言辭)로 국가의 구성원리를 설명하는 구약성서는 국가의 멸망원인을 분석할 때도 '하나님이 아닌 다른 신들(특히 바알과 아세라)'에 대한 우상숭배를 제1원인으로 지명한다. 대표적으로 열왕기하 17장은 북왕국의 멸망원인을 '다른 신들'을 경외하고 이미 하나님이 가나안 땅에서 축출해 낸 이방 사람의 규례와 이스라엘왕들이 세운 율례를 행한 데서 찾는다(7-8절). 10-12절은 산당을 건설하여 목상과 아세라 상을 세우고 이방인들이 행했던 우상숭배를 함으로써, 예언자를 통해 준 명령, 율례, 율법을 어겨서 마침내 나라가 망했다고 첨언한다. 15절은 여호와의 율례와 조상들과 세운 여호와의 언약과 경계하신 말씀을 버리고 허무한 것을 뒤따라 허망해졌다고 말한다. 16-17절은 이스라엘이 두 송아지 형상의 신상을 만들어 섬기고, 아세라 목상을 만들고 하늘의 일월성신을 섬기고 바알을 섬겼고 자녀를 불 가운데 지나가게 함으로써 사술과 복술을 행하여 야웨의 격노를 초래했다고 역설한다. 그런데 유다 왕국도 이렇게 우상숭배 때문에 망한 이스라엘 사람들이 만든 관습을 행했기에 하나님께서 '이스라엘 온 족속'을 이방인의 노략군에 넘기셨다고 말한다(19-20절).

요약하면, 열왕기하 17장은 십계명의 첫 두 계명을 어긴 죄 때문에 나라가 망했다고 단언한다. 십계명의 첫 두 계명이 북왕국의 멸망을 거친 후에 이스라엘의 최고 헌법적 대요강으로 등장했음을 짐작게 하는 장면이다. 대부분 그리스도인들은 구약성서의 율법은 하나님이 백성들에게 일방적으로 선포하는 하나님의 법이라고 생각하며 받아들인다. 심지어 하나님이 돌판에다가 새겨 십계명을 주셨다고 믿는다. 이런 이해는 경건하지만 상징적인 그림언어를 문자적으로 직해한 오독(誤讀)에 근거한다. 인류사회의 어떤 법도 '신이 써 주었기 때문에 신성하다고 믿어진, 외부 권위자로부터 명령된 법'은 없다. 인간사회의 모든 법은-그것이 신의 이름으로 선포되었건 인간적 영웅의 이름으로 선포되었건 상관없이-민중적 아우성에 대한 응답이었고 민중적 승인을 획득한 후에 구속력(拘束力)이 있는 법으로 작동했다. 고대 이스라엘 사람들도 시내산 언약율법 돌판 수여 장면을 그림언어로 이해했지 문자적으로 해석하지 않았다. 고대 이스라엘 사람들은 하나님의 영(靈)에 추동되고 사로잡힌 예언자들(암 3:7-8; 미 3:8)이 반복적으로 선포하고 관철시키려고 했던 법들은 모두 다 하나님이 주신 율법이라고 믿었다. 십계명은 모세로부터 이어져 오던 예언자들이 거룩하신 하나님의 영에 추동되어 선포한 가르침들의 결정판(結晶版)이다. 모세를 머리로 하는 예언자 동아리가 긴 세월 동안 불의한 지배층들을 향하여 '준수하라'고 주창한 법이었다는 말이다(신 18:15-18; 34:10). 야웨 하나님이 이스라엘과 언약관계에 들어가는 절차를 중개한 예언자는 모세이고, 오늘날 모세오경에 적힌 십계명이 '모세가 중개한 야웨 하나님의 성품을 반영한 율법'임은 분명해도, 그 자구(字句) 하나하나가 모두 모세가 직접 반포한 법조문은 아니다. 우리가 알고 있는 십계명은 오랜 가나안 정착생활을 거친 후에, 더 구체적으로는 이스라엘의 국가적 멸망이라는 재난을 거친 후에 형성된 법이었다. '모세가 처음 이스라엘에게 중개한 거룩하신 야웨 하나님의 성품, 이름, 사역'(시 103:6)이 주도한 법이라는 점에서 십계명은 '모세가 시내산에서 받은 언약율법'인 것이다(출 24:7, 12; 32:15, 19; 34:27-28).

십계명의 모든 계명, 특히 그중에서도 마지막 계명은 가나안 땅에 들어가지도 않았던 시내산의 모세가 선포할 수 있는 계명이 아니다. "네 이웃의 집을 탐내지 말라. 네 이웃의 아내나 그의 남종이나 그의 여종이나 그의 소나 그의 나귀나 무릇 네 이웃의 소유를 탐내지 말라"(출 20:17; 신 5:21 집 외에 "그의 밭이나 그의 남종이나" 추가). 제4계명 안식일 계명도 마찬가지이다. "안식일을 기억하여 거룩하게 지키라 엿새 동안은 힘써 네 모든 일을 행할 것이나 일곱째 날은 네 하나님 여호와의 안식일인즉 너나 네 아들이나 네 딸이나 네 남종이나 네 여종이나 네 가축이나 네 문안에 머무는 객이라도 아무 일도 하지 말라"(출 20:8-10).

이처럼 십계명은 사회경제적으로 볼 때는 부유한 지배층들의 탐욕과 죄악을 경계하고 억제하는 법임을 알 수 있다.[3] 하층민들은 "다른 신들"을 야웨 옆에 병렬적으로 모시고 섬길 여력이 없으며 금송아지 형상을 주조해 신의 형상을 경배할 수 없었다(삿 17장 은 천백 개로 주조(鑄造)된 미가의 모친의 신상; 삿 6장 기브온의 아버지가 소유한 오브라 산당의 바알제단과 아세라 목상).

구약의 모든 율법은 위에 계신 하나님의 성품을 반영한다는 점에서 위로부터 주어진 법이다. 그럼에도 불구하고 구약의 율법은 민중의 아우성이 반영된 법이라는 점에서 아래로부터 생겨난 법이다. 민중의 탄식과 아우성을 온몸으로 공감하신 하나님이 '위에서'(예언자들의 중개를 통해) 내려주신 율법이다. 구약성경의 율법은 일방적인 하나님 명령처럼 선포되었지만, 그 법을 지켜야 하는 사람들의 실정에 맞게 개선되고 수정되었다.[4] '시내산에서 하나님이 단 한 번에 모든 시대에 유효한 율법을 돌판에 적고 써 주셨다'라는 이해는, 하나님이 어린아이와 같은 이스라엘 백성에게 일방적으로 법을 정해주셨고 이스라엘은 어린아이처럼 하나님이 적어주신 율법을 수동적으로 받기만 했다는 방식으로 이해하는 것인데, 이것은 부정확한 율법이해이다. 구약의 모든 율법은 역사의 시간을 따라 성장하는 이스라엘 공동체와 동행하는 하나님이 시대상황에 맞게 약간씩 수정하고 개정해 준 수정증보판을 반영한다(겔 18:4은 출 20:5의 세대연좌제 개정). 구약의 율법들은 이스라엘 백성의 요구와 품의(稟議)가 하나님께 상달되어 각 시대의 실정에 맞게 조율된, 신인(神人) 언약관계에서 합의된 산물이었다.[5]

그러므로 십계명의 으뜸 계명, "다른 신들" 숭배금지는 토지정의를 확정하려는 헌법적 요강이었으며, 좁은 의미의 종교적 계율이 아니었다. 오히려 사회경제적 정의를 확정하는 데 결정적인 헌법요강이었다. 이렇게 주장하는 이유는 세 가지이다.

첫째, “다른 신들”, 특히 바알–아세라 예배를 국가공식 종교로 도입한 오므리–아합 가문이 야웨 하나님 백성 이스라엘의 토지정의를 파괴했다는 점에서 바알–아세라 종교는 단지 좁은 의미의 종교문제가 아니었다. 미가서 6:16은 오므리의 율례와 아합왕실의 모든 예법이 가난한 자들에 대한 부자들의 합법적 약탈과 박탈을 정당화했음을 가리킨다. 열왕기하 17장도 유다 왕국의 몰락이 이스라엘 모든 왕들이 세운 율례, 특히 오므리–아합의 율례와 모든 예법을 답습했기 때문이라고 말한다. 둘째, 호세아는 바알–아세라 숭배가 북이스라엘에서 ‘하나님을 아는 지식’(다아트 엘로힘[6])을 소멸시켰으며, 그 결과 십계명 핵심계명들의 연쇄적 파기를 초래했고 끝내 이스라엘 언약공동체 해체를 초래했다고 말한다. 바알–아세라 신은 야웨와 이스라엘의 언약관계를 파괴했으며, 그 결과 야웨는 이스라엘의 언약백성 지위를 박탈하고 언약의 보증물인 ‘땅’도 빼앗았다. 셋째, 역대하 36:21은 유다 지배층의 70년 바벨론 유배는 토지정의의 근간인 안식년 율법의 누적적 위반에 대한 하나님의 일괄심판이었다고 말한다. 예레미야 34장의 시드기야는 안식년–면제년법(히브리 동포노예 해방법)의 일시적 시행을 중지하고 다시 풀려난 동포들을 재노예화하는 만행을 저질러 하나님에 의해 자유케 된 칼, 전염병, 기근에게 공략당하는 심판을 받았다(8–17절). 열왕기하 17장이 국가멸망을 초래한 죄라고 지목했던 “다른 신들” 숭배가 안식년 시행을 70년 동안 막았던 토지정의 파괴였음을 증시(證示)한다.

1계명의 의미 – “다른 신들”의 정체

그렇다면 구약성서가 그렇게 배척하는 “다른 신들”은 도대체 무엇이며 누구인가? 혹은 무엇인가? 첫째, 모세오경에서 단죄되고 타기되는 이방민족들, 특히 가나안 7부족과 인근족속들, 혹은 이스라엘과 유다를 정복한 강대국 열방이 섬기는 신들이 “다른 신들”이다. 야웨의 백성 이스라엘에게 어떤 도덕적 윤리적 법적 책임을 요구할 권리가 없는 낯선 신들이 다른 신들이다. 구체적으로 말하면, 야웨 하나님을 대체하고 밀어내려는 신들이 "다른 신들"이다. 암몬의 몰록과 밀곰, 블레셋의 다곤, 모압의 그모스, 시돈의 아스다롯, 바알과 아세라, 그리고 바벨론의 마르둑이 다른 신들이었다. 솔로몬이 "다른 신들"을 따르면서, 여호와의 명령을 지키지 아니하였고, **야웨와 맺은 언약과 법도**를 지키지 않았다(왕상 11:10-11). 모세오경의 언약, 율법, 법도, 규례는 하나님과의 수직적 언약과 이스라엘 백성 간의 수평적 언약을 집약하는 헌법적 강령들이고 요강이다. 그 요강의 핵심은 하나님이 언약백성에게 주시는 언약선물인 땅의 공평하고 공정한 배분과 사용을 지도하는 데 있었다. 이스라엘이 야웨언약을 지키고 언약율법들을 준행할 의무는 땅의 하사에서 나오는 의무이다(창 17:7-10; 시 104:44-45). "다른 신들" 숭배는 이상적인 이스라엘 언약공동체 사회를 구성하는 것을 방해하고 좌절시키는 결과를 가져왔다. "다른 신들"은 야웨 하나님이 희구하는 이상적인 언약공동체 사회를 구성하지 못하게 만드는 신들이다.

또한 "다른 신"은 호세아서에서 예시되듯이, 잘못 이해되거나 축소적으로 이해된 "야웨 하나님"이다. 바알과 아세라 같은 신으로 이해되는 "야웨 하나님"도 다른 신이다. 호세아서에는 야웨 하나님을 바알과 혼동하는 통속적 민간신앙의 일탈을 증언한다(2:16 '야웨, 내 바알'). 야웨 하나님을 거룩하신 하나님이 아니라 그저 풍요와 다산을 후원하는 신으로 축소시켜 야웨를 예배하면, 그것은 "다른 신" 숭배이다. BC 9-8세기 가나안 남부 지역 쿤틸라트 아주르디에서 발견된 고고학 유물에, "데만의 야웨," "야웨와 그의 (아내) 아세라"라는 구절이 발견되었다. 이 유물은 야웨가 그의 아내 아세라를 가진 남신인 것처럼 오해한 당시의 통속적인 신앙의 일단을 보여준다. 출애굽기 32장에서도 '다르게 이해된 야웨'가 "다른 신"으로 취급되는 상황이 나온다. 모세의 장기 부재 속에서 무리들이 아론에게 '우리를 인도할 신'을 보여달라고 요구하자, 아론이 백성으로부터 금귀고리를 거둬 송아지 형상을 만든 후, "이것이 너희를 애굽 땅에서 인도하여 낸 너희의 신이로다"라고 말했다(4절).

그런데 "다른 신들" 숭배를 금지하는 십계명 제1계명은 이스라엘이 가나안에 들어가기도 전에 선포된 법으로 말해지지만(출 20장; 32장; 34장), 이것이 십계명의 첫 계명이 되는 과정에는 "다른 신들" 숭배가 끼친 치명적이고 파괴적인 영향을 경험한 사람들의 역사적 기억이 크게 작용했을 것이다. '다른 신들에 오랫동안 노출되었던 가나안 정착 이후의 이스라엘 민족'에게 비로소 "다른 신들" 숭배가 얼마나 파괴적인지가 실감되었다는 것이다.

'너는 너를 위해 다른 신들(엘로힘 아헤림['ĕlôhîm 'ăḥērîm])을 내 면전에('al-pānāy) 두지 말라'는 법이 첫째 계명으로 격상된 데에는 "다른 신들"을 두었다가 나라가 망한 경험을 한 사람들의 각성이 있었다는 것이다. 다른 신들을 야웨 옆에 두었다가 나라를 쇠락게 하거나 멸망으로 이끈 인물이 솔로몬과 아합왕이었다. 열왕기상 11장은 솔로몬이 이방 여인들을 아내로 삼아서 이방신들을 섬겼다가 나라를 쇠락게 만드는 과정을 기록하고 있다. 열왕기상 17장부터 열왕기하 10장까지는 오므리-아합 가문이 "바알과 아세라"라는 "다른 신들"을 섬겼다가 나라를 멸망에 이르게 만드는 죄악을 자세히 기록한다. "나 외에 내 옆에 다른 신을 네게 두지 말라"라는 계명은 이스라엘 민족이 다른 신을 섬기기도 전에 준 계명이라기보다는 이스라엘 민족이 멸망을 경험한 후에 추후 생성된 법이었다.

열왕기상 17장부터 열왕기하 10장까지 이스라엘 역사의 결정적 시기를 좌우한 "다른 신들"은 바알과 아세라였다. 오므리-아합 가문이 국가 신으로 존숭한 이 두 이방신들은 야웨와 이스라엘의 언약적 유대를 파괴한 이방신들이었으며, 거룩하신 야웨의 공평과 정의에 전혀 관심이 없는 신들이었다. 놀랍게도 "다른 신들"은 이스라엘 지배층들과 왕들과 고관들이 앞다투어 섬겼던 신들이었다. 그들이 다른 신들, 바알-아세라를 섬겼을 때 땅을 매개로 맺어진 야웨-이스라엘 언약은 파기되고, 땅을 경작해 야웨께 공평과 정의를 추수해 소작료로 바쳐야 할(사 5:7; 시 104:44-45) 야웨의 언약백성은 해체되고 멸망당했다. "내 백성이 상했다"(렘 8:21). 결국 "다른 신들"을 섬기는 다른 신 숭배의 피해는 이스라엘 자유농민, 야웨의 언약백성의 몫이었던 것이다. 여기서 바로 기층민중의 아우성이 터져 나왔다. 그들은 야웨 하나님 외에는 아무도 이스라엘의 기층농민 즉, 사회·정치·경제적 약자를 돌봐주지 않음을 깨닫고, 십계명의 첫째 계명 제정을 요구했고 하나님은 당연히 이 요구를 들어주셔서 십계명을 주셨다. 십계명의 첫째 계명에는 아합에게 포도원을 강탈당하고 죽임을 당한 이스라엘 자유농민 나봇의 핏소리가 반영되어 있는 것이다.

인문고전으로서의
구약성서 읽기

16주차 강의안

16장

전체 결론-인문고전으로서의 구약성서 읽기의 의의

구약성서를 인문고전으로 읽는 최대의 목적은 구약성서를 특정종교의 교리적 농단과 자기복무적 해석으로부터 해방시키는 데 있다. 인문고전으로서 구약성서를 읽는 이 시도는 특정종교의 종교권력 절대화를 해체하고, 교파주의와 종파주의 읽기를 극복하는 데 있다. 인문고전으로서 구약성서를 읽는 이 접근은 예수 그리스도가 시범을 보여준 하나님 본마음으로 구약성서를 읽는 것을 계승한다. 그것의 당면목적은 모든 인류에게 구약성서의 메시지가 왜곡됨이 없이 전달되도록 하는 데 있다.

인문고전은 오늘날 무시당하고 주변화되는 '인문학'의 남상(濫觴)이요 원천이다. 인문학이란 한마디로 인간의 존엄성을 옹호하는 학문이다. 특별히, 거대한 권력체제에 의해 일방적으로 희생당하는 개인의 존엄성을 옹호하는 학문이다. 그렇다면 인간의 존엄성은 누가 파괴하는가? 무엇보다도 먼저 우리가 자기 자신에게 가하는 죄악된 행동이 인간 존엄성을 파괴한다. 즉, 개인의 인간 존엄성 파괴의 제1주범은 바로 자기 자신이다. 자기 자신이 자기 자신을 파괴한다. 손상당하고 불행한 환경에 노출되어 자란 개인의 경우 그의 뒤틀린 심리가 자신을 파괴한다. 알콜 중독자나 마약 중독자 등 모든 중독자는 자기 스스로 자신의 존엄을 파괴한다. 심한 폭력에 자아가 파괴된 사람은 또 다른 사람을 파괴하는 데까지 이를 수 있다.

그러나 나의 존엄성을 파괴하는 자는 자신만이 아니다. 인간의 존엄을 파괴하는 세력은 나의 자아 밖에도 있다. 압도적으로 비대칭적 힘을 가진 강한 자가 나의 존엄성을 파괴하는 경우가 있다. 비대칭적 힘을 가진 직장 상사나 강한 자가 나의 존엄을 파괴하는 것이다. 예를 들어, 편의점 아르바이트생의 경우 편의점 주인이 갑질을 일삼고 임금을 체불하고 규정노동보다 더 많은 양의 노동을 시키며 수시로 희롱을 일삼는 경우, 존엄이 파괴된다.

이 외에도 나를 겨냥하지는 않으나 시대가 추종하는 주류 대중문화가 인간의 존엄성을 훼손하기도 한다. '이러이러한 것을 못하면 나는 불행하고 부족한 사람인가?'라며 위축감을 심어주는 대중주류 문화는 우리 존엄을 손상시킨다. 이런 문화적 공세가 자신의 존엄성을 파괴하지는 않을지 몰라도 자신의 자존감을 의심하게 만든다.

이 세상 사람 중에 '나는 생각한다. 고로 나는 존재한다'라는 데카르트적 명제대로 살아가는 사람은 거의 아무도 없다. 생각대로 존재하지 못하고 생각의 70%로 축소된 영혼으로 존재한다. 자신이 회사의 부장일 경우, 자신보다 높은 계급의 상사로 인하여 회사 일에 관해 직장에서 자신이 옳다고 생각하는 바를 말하지 못하는 경우 '생각하는 대로 존재하는 데 실패한다.' 양심의 자유, 언론 출판의 자유를 누리지 못하고 살아가는 사람은 '생각하는 대로 살아가지 못한다.' 자신의 생각대로 살아가지 못하고 의견을 피력하지 못한 채 자신이 옳지 않다고 생각하는 바를 억지로 행하여야 하는 사람은 인간존엄을 파괴당하는 셈이다. 자신의 생계가 걸린 직장의 조건 때문에 말하고자 하는 바를 자유롭게 말하지 못하고 자신의 존엄이 70% 축소된 영혼으로 살아가게 되는 것이다. 위계질서가 지배하는 세상의 모든 직장에서는 위의 압력에 의해 자신의 의견을 지키고 표현하는 양심의 자유나 언론출판의 자유를 누리지 못한다. 다시 말해, 생계가 걸린 직장의 조건 때문에 인간은 자신의 존엄성을 발휘하지 못한 채 살아가며, 존엄성이 축소되거나 손상당한 채 살아간다. 오늘날 인간은 이런 상황 속에서, 즉 찌그러지도록 요구된 사회에서 살기 때문에 인문학은 굉장히 중요하다. 인간 존엄성은 데카르트적 명제를 경험하는 사람, 자신이 옳다고 생각하는 대로 행동할 수 있는 자유가 있는 사람만이 누릴 수 있는 천부불가양 권리이다. 그러나 우리는 우리가 생각한 대로 행동할 자유가 없는 세상에 살고 있다. 그러므로 내가 자유롭게 의사 결정할 수 있는 자유, 내가 옳다고 믿는 바를 두려움 없이 말할 수 있는 자유, 생계의 위험을 걱정하지 않고도 말할 수 있는 자유가 인간 존엄성의 중핵이다. 자유를 통해 향유되는 이 인간 존엄성을 옹호하는 학문이 바로 인문학이다.

그래서 인문학적 성서 이해는 하나님이 우리를 하나님의 형상대로 창조했다는 전제 아래 인간은 하나님에게만 절하며 그 외의 것에는 머리를 숙이지 않아도 된다는 진리를 가르친다. 인문학은 우리를 창조하신 사랑이 많고 의로우시고 정의로우시고 공의로우신 하나님 한 분 외에 누구에게도 굴욕적으로 머리 수그려 절할 필요가 없다고 가르친다. 인간은 하나님의 형상대로 창조되었기 때문에 갑질을 견디지 못한다. 우리가 우리를 노예처럼 부리는 사람들을 보고 견딜 수 없는 이유는, 우리 안에 하나님처럼 인간을 사랑하지 않는 모든 권력은 악한 것이라는 저항감이 우리들의 마음속에 솟구치기 때문이다.

하나님의 형상대로 창조된 인간의 존엄은 생각대로 존재할 수 있는 자유에 의해 향유되고 표현된다. 생각대로 존재할 수 있는 자유는 어떤 권력자나 압제자 앞에서도 양심이 위축되지 않을 수 있는 자유를 가리킨다. 생계문제가 내 양심을 파괴하지 않도록 내가 나를 보호하는 것을 의미한다.

인문고전으로 구약성서를 읽는 것과 보통 교회에 가서 구원받으려고 읽는 성서 이해의 차이점은 무엇인가? 우리가 인문학적 성서 이해를 하지 않았을 때에는 특정 종교, 특정교파, 특정종파, 특정 제도권 교회의 권력을 정당화하는 성경 읽기에 속박되기 쉽다. 종교개혁이 일어나기 전 중세의 모든 교회 다닌 사람들은 중세 로마 교황청처럼 교황권을 강화하기 위해 시도된 성경 읽기에 속박되었다. 이를 제도 권력, 제도권 종교 권력을 정당화하는 성경 읽기라고 말할 수 있는데, 이에 맞서는, 부당한 제도권 종교 권력에 맞서는 방법으로 성서를 읽는 것이 인문학적 성서 이해이다. 즉, 하나님의 이름으로 가해지는 모든 거짓된 종교의 권력에 저항할 수 있는 읽기가 인문고전으로서의 성서읽기이다. 이것은 특정 교파, 특정 교회의 권력을 정당화하는 맹목적 읽기, 인간의 존엄을 손상시키는 종교 권력의 부당한 읽기에 맞서는 읽기다.[1)]

이런 의미에서 인문고전으로서의 성서읽기는 한국교회에도 꼭 필요하다. 이런 성서읽기가 사제나 목사에게 해가 되는가? 아니다. 인문고전으로서의 성서읽기는 특정한 교회를 비판하는 것이 아니며, 부당하게 부풀려진 종교 권력을 비판하고 미신적, 맹목적으로 추종되는 교리를 비판하는 읽기이며, 한 시대의 지배적 이데올로기와 짝하여 하나님의 공의를 저버리는 제도권 권력자들의 성경 읽기를 극복하는 것이다. 마틴 루터와 캘빈의 성서읽기, 1933년부터 1945년 5월까지 나치의 만행과 나치의 교만한 신성모독적인 인류 대학살 범죄에 맞서서 성경을 읽었던 디트리히 본회퍼의 성서읽기 등이 인문고전으로서의 성서읽기를 실천한 실례들이다.

창세기 1:26－28은 인간 존재를 하나님의 형상으로 창조된 피조물로 정의한다. 골로새서 1:13－15은 "흑암의 권세에서 하나님의 사랑의 아들의 나라로 옮겨"가는 것이 하나님 형상 회복이라고 규정한다. 로마서 8장 29절도 구원을 하나님의 맏아들 예수 그리스도의 형상모방이라고 정의한다. 그런데도 교회에서는 '하나님의 형상을 따라 창조된 인간의 존엄을 회복한다'는 말을 거의 쓰지 않는다. 인문고전으로서의 성서읽기를 통해 교회에서만 통용되는 진리가 세상 모든 사람들이 알아듣기 쉬운 보편진리의 공통어로 번역될 수 있을 것이다.

미주

1주차 강의안

1) 기독교회가 자신의 독특한 교리를 전파하려고 하는 경우 그런 교회를 '복음전파적인 교회'(evangelical church)라고 부르며, 반면에 자신의 독특교리체계의 전파나 제도적 교세 확장보다는 세상의 공통선(민주주의, 생태계보호, 정의, 평등, 자유 등)을 추구하는 데 힘쓰며 심지어 이 과정에서 타 종교 사람들과 그리고 종교 없는 사람들과도 광범위하게 협력하는 경우 그런 교회를 에큐메니칼 교회(ecumenical church)라고 부른다.
2) 이종호, "한반도의 공룡유적지, 어디까지 가볼까?," 인터넷 과학신문 <더 사이언스>(www.thescience.co.kr). 4월 11일자 기사
3) 마틴 부버(Martin Buber), *Eclipse of God* (London: T.&T. Clark, 1952), 16-18.
4) 구약성서의 예언자들이 어떤 사람인가를 알려면 아브라함 요수아 헤셸(A. J. Heschel), 『예언자들』, 이현주 역(서울: 삼인, 2008)을 참조하라.
5) William L. Holladay, *Long Ago God Spoke-How Christian May Hear old Testament Today* (Minneapol:s, IN.: Fortress, 1997), 1-16.
6) James B. Pritchard, *Ancient Near Eastern Texts relating to the Old Testament* (Princeton, NJ.: Princeton University Press, 1969); 피터 엔즈, 『성육신의 관점에서 본 성경영감설』, 김구원 역(서울: 기독교문서선교회, 2006), 1-25.
7) 아래에 첨부된 고대 근동 지도를 참조하라.
8) 세부적인 면에서는 차이가 나지만 본서는 대체로 버나드 앤더슨을 따른다(Bernhard W. Anderson, *Understanding the Old Testament* [4th ed.; Upper Saddle River, NJ.: Prentice Hall, 1988], 584-589). 성서의 각 책을 연대기 안에 배치하는 것은 저자의 판단에 의하여 이뤄졌다.
9) 제임스 B. 프리처드(James B. Pritchard), 『고대 근동 문학 선집(*The Ancient Near East. An Anthology of Texts and Pictures*)』, 김구원 외(공역)(서울: 기독교문서선교회, 2016). <에누마 엘리쉬>(90-103쪽), <길가메쉬 서사시>(108-160쪽) 등의 최신 한국어 번역본은 가독성이 좋다.

2주차 강의안

1) 모세오경에 대한 논의는 김회권, 『하나님 나라 신학으로 읽는 모세오경』(서울: 복 있는 사람, 2017) 서론을 발췌한 것이다.
2) 창세기-신명기까지 모세오경 각 책의 메시지와 구조에 대한 자세한 논의는 김회권, 『하나님 나라 신학으로 읽는 모세오경』(수정증보판)을 참조하라.

3주차 강의안

1) 1주차 교재에 있는 고대 근동 지도와 출애굽 경로지도를 참조하라.
2) B. W. Anderson, *Understanding the Old Testament*, 59.
3) William L. Moran, *The Amarna Letters* (Baltimore, MD.: Johns Hopkins University Press, 1992), 307.

4) Anderson, 『구약성서의 이해 I』, 제석봉 역(서울: 성 바오로 출판사, 1986), 53.
5) Bernard W. Anderson, *Understanding the Old Testament* (Englewood, NJ: Prentice Hall, 1988, 69–71). 앤더슨을 비롯하여 대부분의 구약학자들은 이 문장(에허예 아쉐르 에허예, 'ehěe, 'ăšēr 'ehěe)의 히브리어 발음에서 "야웨"라는 하나님 이름이 차음되었을 것이라고 본다.
6) Julius Wellhausen, *Prolegomena to the History of Ancient Israel* (New York, NY.: Meridian Books, 1957).
7) Moshe Weinfeld, *The Place of the Law in the Religion of Ancient Israel* (VTS100; Leiden: Brill, 2004), 1–63.
8) 데니스 올슨, 『민수기 주석』(현대주석 시리즈), 서론.
9) Siro I. Trevisanato, *The Plagues of Egypt* (Euphrates, NJ.: Gorgias Press, 2005), 49–58.
10) 엔즈(Enns), 『성육신의 관점에서 본 성경 영감설』, 1–2장(1–65).

4주차 강의안

1) Patrick D. Miller, *Deuteronomy* (Louisville, KY.: John Knox Press, 1990), 19–21.
2) Miller, *Deuteronomy*, 87.
3) Miller, *Deuteronomy*, 91.
4) Miller, *Deuteronomy*, 95.
5) 이 주제를 자세히 다룬 논의를 보려면 Daniel L. Hawk, *The Violence of the Biblical God* (Grand Rapids, MI.: Eerdmans, 2019), 118–120쪽을 참조하라.
6) John T. McNeill(ed.), *Calvin: Institutes of the Christian Religion* (Philadelphia, PN.: The Westminster Press, 1960), 367–423.
7) Miller, *Deuteronomy*, 207.
8) 여호수아서의 메시지에 대한 논의는 김회권, "여호수아의 전쟁신학," 『목회와 신학』 부록 <그 말씀>(2006년 3월)의 일부를 다시 인용한 것이다.
9) 1주차 강의안 끝에 있는 12지파 가나안 정착지도를 참조하라.
10) John Goldingay, *Approaches to Old Testament Intrepretation* (Leicester: Apollos, 1991), 59.
11) Trent C. Butler, *Joshua* (WBC; Waco, TX: Word Bookks, 1983), 27.
12) L. Daniel Hawk, *Every Promise Fulfiled. Contesting Plots in Joshua* (Louisville, KY: Westminster/John Knox Press, 1991), 100–116.
13) 이 단락은 김회권, "여호수아 24장 14–28절에 대한 문학적 읽기," 「신학사상」117(2002년 여름호), 161–189쪽의 논의에 빚지고 있다.
14) 김회권, "가나안 땅을 영구적으로 차지하는 길: 갱신된 순종과 계약," 『목회와 신학』 부록 「그 말씀」(2006년 9월호), 126–140.
15) Samuel H. Brody, *Martin Buber's Theopolitics* (Indianapolis, IN.: Indiana University Press, 2018), 81–122.
16) 마틴 부버는 사사기가 왕정주의적 자료와 반(反)왕정주의적 자료가 뒤섞여 있는 책이라고 보았다(Martin Buber, *Kingship of God* [New York: Harper & Row, 1967]).
17) Martin Noth, *The Deuteronomistic History* (Sheffield: JSOT Press, 1981), 4–25, 84–88.
18) Gerhard von Rad, "The Promised Land and Yahweh's Land in the Hexateuch," in *The Problem of the Hexateuch and Other Essays* (London: SCM, 1984), 79–83.
19) Julius Wellhausen, *Die Composition des Hexateuchs und der historischen Bücher des*

Alten Testaments (4th ed.; Berlin: Walter de Gruyter, 1963).

20) 김용옥, 『여자란 무엇인가』(서울: 통나무, 1986), 262–264.

5주차 강의안

1) 이 단락의 글은 김회권, "열왕기하의 역사적 배경 연구," 「목회와 신학」 부록 「그 말씀」(2004년 6월호), 46–57쪽의 논의에 빚지고 있다.
2) John H. Walton, Andrew E. Hill, *A Survey of the Old Testament* (Grand Rapids, MI.: Zondervan, 2009), 155, 201–202.
3) Walton & Hill, *A Survey of the Old Testament*, 209–210; Donald J. Wiseman, *1 & 2 Kings* (Leicester: IVP, 1993), 46–52.
4) Walton & Hill, *A Survey of the Old Testament*, 208.
5) John H. Hayes & Paul K. Hooker, *A New Chronology for the Kings of Israel and Judah and Its Implications for Biblical history and Literature* (Atlanta, GA.: John Knox Press, 1988).
6) E. R. Thiele, *The Mysterious Numbers of the Hebrew Kings* (Rev. ed.; Grand Rapids, MI.: Zondervan, 1983).
7) John Bright, *A History of Israel* (Philadelphia, PA.: The Westminster Press, 1959).
8) M. Cogan & H. Tadmor, *II Kings* (Garden City, NY.: Doubleday, 1988).
9) B. S. Childs, *Introduction to the Old Testament as Scripture* (Philadelphia, PA.: Fortress, 1979), 300.
10) 요람 하조니, 『구약 성서로 철학하기』, 김구원 옮김(서울: 홍성사, 2016), 179–203.
11) Thomas Hobbes, *Leviathan* (London: Andrew Crooke, 1651), 106.
12) 아우렐리우스 아우구스티누스, 『하나님의 도성』, 조호연, 김종흡 옮김(파주: 크리스천다이제스트, 2007), 948–957.

6주차 강의안

1) 이 단락의 논의는 김회권, "귀환포로 공동체의 희망과 역경(에스라 3–4장)," 「목회와 신학」 부록 「그 말씀」(2005년 2월호), 46–52쪽의 논의에 빚지고 있다.
2) H. G. M. Williamson, *Ezra–Nehemiah* (WBC; Waco, TX: Word Books, 1999), 44–66.
3) E. H. Carr, 『역사란 무엇인가?』, 김택현 옮김(서울: 까치, 2012), 15–50, 185–186.
4) William W. Hallo, David B. Ruderman and M. Stanislawski (eds.), *Heritage: Civilization and the Jews: Source Reader* (New York, NY.: Praeger, 1984), 48–49.
5) Victor Ehrenberg, *From Solon to Socrates: Greek History and Civilization During the 6th and 5th Centuries* (3rd ed.; Abingdon, ENG.: Routledge, 2011), 99–100.
6) Robert J. Littman, "Athens, Persia and the Book of Ezra," *Transactions of the American Philological Association* 125(1995), 251–259.
7) David Janzen, "A Colonized People: Persian Hegemony, Hybridity, and Community Identity in Ezra–Nehemiah," *Biblical Interpretation* 24(2016), 27–47.

7주차 강의안

1) 이 단락의 논의는 G. von Rad, *Old Testament Theology* vol. 2, (trans. D. M. G. Stalker; Louisville: John Knox Press, 2000), 177–184쪽에 빚지고 있다.
2) 위의 책, 176.
3) 위의 책, 180–182.
4) 위의 책, 183–184.
5) 이 단원은 폰라드의 위의 책, 176–180, 183–184쪽 혹은 동일 저자의 다른 글, "Eighth Century Prophecy", in Eds. Ben C. Ollenburger et al., *The Flowering of Old Testament Theology* (Winona Lake, IN.: Eisenbrauns, 1992), 120–147쪽에 빚지고 있다.
6) Wellhausen, *Prolegomena to the History of ancient Israel*, 470.
7) 위의 책, 464–491.
8) 요수아 헤셸, 『예언자들』, 637–667.
9) 에드워드 W. 사이드, 『권력과 지성인』, 전신욱, 서봉섭 옮김(서울: 창, 2011), 33–62, 119–146.

8주차 강의안

1) 이 단원과 이사야의 메시지와 구조에 대한 논의는 김회권, 『이사야 I』(대한기독교서회 100주년 기념 성서주석 시리즈; 서울: 대한기독교서회, 2006), 41–55쪽에 빚지고 있다.
2) Pritchard, *Ancient Near Eastern Texts*, 283–284.
3) Pritchard, *Ancient Near Eastern Texts*, 285–287
4) Pritchard, *Ancient Near Eastern Texts*, 288; Martin Noth, *The History of Israel* (London: A. & B. Black, 1960), 253–269.
5) 김회권, 『이사야 40–66』(서울: 복 있는 사람, 2020), 보설 2(722–749).
6) G. W. F. 헤겔, 『철학강요』 1판(파주: 을유문화사, 1998), 209.
7) Brian McCarthy, "The Biblical Tradition, The Church, and Marx's Critigue of Religion," *CrossCurrents* 341(1984), 43–64.

9주차 강의안

1) 요람 하조니, 『구약 성서로 철학하기』, 133–178.
2) Guy Bunnens, J. D. Hawkins, I Leirens, *Tell Ahmar II. A New Luwian Stele and the Cult of the Storm–God at Til Barsib–Masuwari* (Leuven, Belgium: Peeters, 2006), 90–91.
3) G. W. F. Hegel, *Philosophy of Right*, trans. S. W. Dyde (Kitchener, Ontario[CN]: Batoche Books, 2001), 20.
4) Peter R. Ackroyd, 『이스라엘의 포로와 회복』, 이윤경 옮김(서울: 기독교문서선교회, 2019), 24–37.
5) 위의 책, 68–95.
6) 위의 책, 같은 쪽.
7) 박노자, "민중본위의 통일은 가능한가," 「녹색평론」 106(2009년 5–6월), 88–102.

10주차 강의안

1) 이 문제에 관한 자세한 논의를 보려면 본서의 "에스라－느헤미야의 메시지" 부분을 참조하라.
2) 스가랴의 구조에 대한 논의는 *New International Version Study Bible* (Grand Rapids, MI: Zondervan, 1985), 1405－1407쪽의 통찰에 빚지고 있다.
3) 마카베오 독립항쟁은 주전 168년부터 3년간 마카베오 형제가 이끈 이스라엘 민병대가 당시 예루살렘을 점령하고 있던 시리아 셀류키드 왕국의 군대를 축출하고 예루살렘을 탈환한 독립전쟁이었다(김회권, 『다니엘서』 [서울: 복 있는 사람, 2010], 26－67).

11주차 강의안

1) Mitchell Dahood, *Psalm 1－50*(ABC; Garden City, NY.: Doubleday, 1966), 175－177; Dennis Pardee and Nancy Pardee, "Gods of Glory Ought to Thunder: The Canaanite Matrix," in Lowell K. Handy (ed.), *Psalm 29 Through Time and Tradition* (Cambridge, ENG.: The Lutterworth Press, 2009), 115－125.
2) C. L. Seow, *Ecclesiastes* (ABC; New York et al.: Doubleday, 1997), 23－43.
3) 고종석, "고향에 묻힌 세 살배기 난민 아일란 쿠르디에게," 2015년 9월 13일 경향신문 칼럼.
4) "아멘－엠－오페의 교훈"(Instruction of Amenemope, The Teaching of Amenemope)은 고대 이집트 왕국 말기(이집트 제20왕조 시기 BC 1300년－1075경으로 추정) 작품이다. 아멘엠오페라는 한 현인이 그 아들에게 준 처세의 교훈집이다. 정직·고결·자제(自制)·인애(仁愛)를 설명하고 최고의 이상상(理想像)은 격정(激情)에 휘둘리는 사람이 아니라 평정(平靜)한 사람이라고 보았다. 이집트판 스토아 철학이라고 볼 수 있다. 구약성경 잠언 22장 17절－24장 22절은 특히 <아멘엠오페의 교훈>과 밀접한 관련이 있다(John A. Wilson, "The Instruction of Amen－em－Opet," Pritchard, *ANET*, 421－424).

12주차 강의안

1) John J. Collins, *Daniel with an Introduction to Apocalyptic Literature* (Grand Rapids, MI.: Eerdmans, 1984), 6－20.
2) B. W. Anderson, *Understanding the Old Testament* (4th ed.), 558.
3) John A. Balchin, "아가", J. A. 모티어, G. J. 웬함, D. A. 카슨, R. T. 프란스(공편), 『IVP 성경주석』(서울: IVP, 2015), 852.
4) J. Paul Tanner, "The History of Interpretation of the Song of Songs," *Bibliotheca Sacra* 154(1997), 23－46. 이 논문은 아가서의 남자 연인의 정체에 대한 다양한 가설들을 소개하고 장단점을 서로 비교하고 있다. 두 연인을 솔로몬과 술람미 여인이라고 보는 전통가설(F. 델리취)과 아가서의 등장인물을 아예 세 사람－솔로몬, 솔로몬의 연적인 남자목동, 여자 연인－의 삼각갈등이라고 보는 입장(J. Ewald)을 자세하게 소개한다. 남자 연인의 정체가 누군가에 상관없이 아가서 자체는 사랑의 절창으로 음미될 수 있다.
5) Harvie M. Conn, 『다니엘서의 메시야 예언: 다니엘서의 난제 해석』, 정정숙 옮김(서울: 개혁주의신행협회, 2007), 38－50.
6) 이희학은 마카베오 항쟁과정에서 무력항쟁파가 마카베오 상하서를 산출하고 비폭력 인내파가 다니엘서를 산출했다고 보는데(『다니엘서 주석』 [서울: 대한기독교서회, 2004], 64－65) 대체로 이 구분은 맞아 보인다. 하지만 7장, 10－11장의 상무적인 분위기를 볼 때 다니엘서를 전적으로 비폭력 인내파의 산물이라고 볼 수 있을지 의문이다.

7) 김회권, 『하나님 나라 신학으로 읽는 다니엘서』, 80.
8) 하만이 유대인들을 학살하려고 제비뽑아 택한 아달월 13일, 즉 축일 전날에 '타아니트 에스더'(에스더의 금식)라는 금식일로 부림절이 시작된다. 지금도 부림절 회당 예배에서 에스더가 낭독된다.
9) 클레르보의 버나드, 『나는 들의 꽃 골짜기의 백합화: 클레르보의 베르나르의 아가서 설교』(서울: 은성, 2011).

13주차 강의안

1) 톰 크루즈 주연의 미국 영화 "마이너리티 리포트"(Minority Report)는 범행 직전의 잠재적인 범죄자들을 미리 체포해 투옥시키는 범죄예방(pre-crime) 체제의 폐해를 다룬다. 만일 하나님의 전능하심이 인간의 범행의지를 사전에 알아차리고 그것을 막아버리는 전능하심이라면, 인간은 죄는 짓지 않겠지만, 죄를 지을 의지를 품고 있다는 그 이유만으로도 죄인으로 낙인찍히는 운명을 피할 수 없다. 사람들은 하나님의 전능성을 이런 범죄예방적 공권력의 무한정한 사용 안에서 보려고 하는데, 이것은 하나님의 전능하심이 인간의 주체성을 박제하지 않는 전능하심이라는 사실을 망각하는 데서 기인한다.
2) 아래 논의는 김회권, 『모세오경』, 79-87쪽을 수정하고 보완한 글이다.
3) 성 아우구스티누스, 『하나님의 도성』, 555-564.
4) 기독교 구약신학자 버나드 앤더슨(Bernhard W. Anderson)은, 레벤슨이 자신의 "혼돈과의 전쟁을 통한 천지창조론"을 옹호하기 위해 인증한 시편 104, 89, 74편이나 욥기 38장 등은 '태고적 우주창조'에 관한 내용이라기보다는 이스라엘을 창조하던 시기에 관한 것이라고 말함으로써 레벤슨의 '선재하는 악' 이론과 다른 입장을 취한다. 그는 전통적인 기독교신앙(무로부터의 신앙)을 옹호하면서도 구약성경의 창조신학을 구성하는 신화적 요소들에 대한 나름대로의 설명을 제시한다(*Creation versus Chaos* [Minneapolis, IN.: Fortress Press], 1987). 이런 점에서 앤더슨은 레벤슨이 비판하는 유대인 학자 Y. 카우프만과 유사한 입장을 취한다(Y. Kaufmann, *The Religion of Israel — From Its Beginnings to the Babylonian Exile* [trans. Moshe Greenberg; Chicago, IL.: The University of Chicago Press, 1960).
5) Levenson, *Creation and the Persistence of Evil* (Princeton, NJ.: Princeton University Press, 1988), pp. xviii-xxv.
6) 제랄드 윌슨은 시편을 이런 서사구조로 읽어낸 대표적 학자이다. Gerald Henry Wilson, *The Editing of the Hebrew Psalter* (Chico, CA.: Scholars Press, 1985).
7) 성 아우구스티누스, 『하나님의 도성』, 549-559.
8) Jon D. Levenson, 『하나님의 창조와 악의 잔존』, 홍국평, 오윤탁 옮김(서울: 새물결플러스, 2019).
9) Anders-Christian Jacobsen, "The Importance of Genesis 1-3 in the Theology of Irenaeus," *Zeitschrift für Antikes Christentum* 8/2, 299-316(특히 303-309).

14주차 강의안

1) 아래 논의는 김회권, 『모세오경』, 165-175쪽을 수정하고 보완한 글이다. 그런데 『모세오경』, 165-175쪽의 논의는 존 레벤슨, *Creation and the Persistence of Evil*의 중심논지를 요약하고 풀어쓴 글임을 밝힌다.
2) 하나님이 아브라함을 부르셨을 때 그는 대홍수 경험을 간직한 메소포타미아 사람이었다(수

24:2). 그래서 창세기 1–11장이 아브라함이 원래 속했던 메소포타미아의 창조설화와 유사한 것은 자연스럽다(Peter Enns, *Inspiration and Incarnation. Evangelicals and the Problem of the Old Testament* [Grand Rapids, MI.: Baker Academic, 2005], 53).

3) 티아마트의 동등어가 히브리어 터홈(tĕhôm)이다. 이것은 '원시바다'를 의미하는데 개역개정 성경은 이 단어를 '깊음'이라고 얼버무리며 그것의 신학적 차원을 주목하지 않는다.

4) 밴 게메렌, 『구원계시의 발전사 I』, 김의원, 안병호 옮김(서울: 성경읽기사, 1986), 90–91. 밴 게메렌은 노아 홍수 기사와 고대 근동의 병행자료의 유사성과 공통주제(신들의 회의와 판결, 영웅적 인물 주인공, 방주건조, 희생물 봉헌)를 인정하면서도, 구약성경이 야웨에 대한 절대유일신 신앙을 옹호하기 위한 변증적 동기로 고대 근동 병행자료를 전용(專用)했다고 본다.

5) Levenson, *Creation and the Persistence of Evil*, 14–25.

6) 19세기 말 베른하르트 둠(Bernhard Duhm) 이래 역사적–비평적 학자들은 이사야 1–66장을 삼등분하여 1–39장을 제1이사야, 40–55장을 제2이사야, 56–66장을 제3이사야라고 불렀다(*Das Buch Jesaja* [Göttingen: Vandenhoeck & Ruprecht, 1968[orig. 1892], 10–15]).

7) Levenson, *Creation and the Persistence of Evil*, 6–11.

8) 바다 용은 남성으로 묘사된다. 그것은 바다의 왕자(Prince Yamm) 혹은 심판자 강(Judge River, 혹은 Lotan[=Leviathan]), 혹은 꼬불꼬불한 일곱 머리 용, 탄닌, 혹은 바다 괴물 등으로 번역된다(사 27:1).

9) Levenson, *Creation and the Persistence of Evil*, 18–26.

10) 창세기 1:2의 하나님의 바람과 창 8:1의 큰 바람은 둘 다 원시바다(거대한 물)를 향해 뭔가를 '행하고 있다.' 우리는 창세기 1:2의 '하나님의 신/혹은 영'도 하나님의 바람으로 번역하는 것이 더 낫다고 본다. 반면에 차준희는 창 1:2의 루아흐 엘로힘을 하나님의 영으로 번역함으로써 생명보양적이고 잉태적 모성적인 하나님의 이미지를 찾아낸다. 그는 '운행하다'라는 히브리어 동사 라하프 동사가 사용되고 있는 신명기 32:11과 창 1:2을 비교해서 이런 결론에 도달한다(차준희, "구약에 나타난 창조의 영," 「구약논단」 55[2015년 3월], 190–191). 하지만 우리는 창 1:2의 루아흐 엘로힘이나 노아 홍수를 말리는 창 8:1의 큰 바람이 동일한 역할을 하고 있다고 본다. 두 경우 모두 바람은 뭍이 나타나게 만드는 역할을 한다.

11) 요람 하조니(Yoram Hazony), 『구약 성서로 철학하기』, 91–203. 이 단원의 논의는 이 책, 91–203쪽을 압축하고 요약한 것임을 밝힌다.

12) 위의 책, 93.

13) 같은 책, 같은 쪽.

14) 위의 책, 134–178.

15) 위의 책, 134쪽 각주 1(366–367쪽).

16) 위의 책, 140. 각주 26(367–368쪽)은 요람 하조니의 양치기 삶 이상화는 장 자크 루소의 영향을 반영하고 있음을 보여준다.

17) 위의 책, 140.

18) 위의 책, 142–155.

19) 위의 책, 144.

20) Hobbes, *Leviathan*, 106. 홉스는 순진하게도 욥기 41장에 등장하는 신화적 괴수인 레비아탄 같은 신적인 인조인간(mortal god)이 공권력으로 개인의 재산과 인권을 지켜줄 것이라고 믿었다. 홉스에 따르면 불멸의 하나님 아래서 시민들은 자신의 평화와 안전보장을 이 괴수국가에게 의존한다. 국가주의의 전형이 홉스의 사상에서 엿보인다.

21) 칼 포퍼가 『열린사회와 그 적들』에서 플라톤의 사상은 이미 전체주의의 시발점이라고 비판한다. 플라톤의 전체주의가 그대로 장 자크 루소의 사회계약설 사상에서도 나타난다는 것이다. 플라톤과 루소의 사상이 스탈린의 사상에 영향을 주었다는 것은 공공연하게 알려져 있다. 스탈린 공산

주의 전체주의 사회는 국가주의 사상의 악한 열매이다. 이런 전체주의에 맞서서 그것을 비판하고 개인주의를 옹호했던 사람이 자유주의 사상가였던 이사야 벌린(Isaiah Berlin)과 그의 제자 칼 포퍼(Karl Popper)였다(칼 포퍼, 『열린사회와 그 적들』, 이한구 옮김[서울: 민음사, 2006]).

22) 요람 하조니, 위의 책, 155－166.

23) 위의 책, 167－178.

24) 위의 책, 179－203.

25) 위의 책, 181.

26) 위의 책, 379쪽의 각주 8은 바벨탑이 사실 거대한 압제적 제국주의에 대한 은유임을 말한다.

27) 그들이 당한 곤경은 심히 중대했다: 아내 강탈당하는 위기(창 12:15; 20:2; 26:17－18), 친척납치 경험(창 14:11－12), 우물 강탈(창 26장), 딸의 성폭행(창 34:1－2).

28) 요람 하조니, 위의 책, 380쪽의 각주 24를 주목하라. 유월절은 자유쟁취 기념절기였다. 유월절에 도살된 숫양은 이집트의 수도 테베의 아몬신의 상징토템동물이었다. 아몬신의 상징인 숫양 도살은 이집트 신의 도살이었던 셈이다.

29) 삿 5장의 중부 가나안 전투에 참여하지 않았던 지파들 명단을 보라: 르우벤, 갓, 단, 아셀에게 가해진 드보라의 책망이다. '왜 너희들은 양 우리에만 앉아 있었는가? 양들이 우는 소리를 들으려 했는가?'(삿 5:14－18).

30) 요람 하조니, 위의 책, 389쪽 각주 71을 자세히 주목하라.

31) 위의 책, 193.

32) 위의 책, 94쪽 각주 77의 인용문을 유의하라.

33) 위의 책, 194－195쪽의 신명기 인용문을 유의하라.

34) 위의 책, 196쪽의 인용문은 매우 중요하다.

35) 위의 책, 197.

36) 위의 책, 201쪽 인용문(왕상 12:13－17)을 유의하여 살펴보라.

37) 김회권, "기독교 교육의 긴급한 의제로서의 창조질서 보전," 「신학과 실천」 63(2019년 2월), 541－575.

38) 클라이브 폰팅, 『녹색세계사』, 이진아, 김정민 옮김(서울: 그물코, 2007), 102－103.

39) 요람 하조니, 『구약 성서로 철학하기』, 81－203.

40) 플라톤, 『국가론』, 이환 편역(서울: 돋을새김, 2011), 63－83(제2권 국가의 탄생).

41) 플라톤, 『국가론』, 171－221.

42) Hobbes, *Leviathan*, 106 (XVII: Of the Causes, Generation, and Definition of a Commonwealth).

15주차 강의안

1) 본서의 15장, 16장 두 장은 ＜인문고전으로서의 성서읽기－구약편＞ 강좌에서 다뤄지지 않은 주제를 다룬다. 구약성서를 인문학적으로, 사회과학적으로 읽는 또 다른 시도라고 보면 된다.

2) L. Daniel Hawk, *The Violence of the Biblical God* (Grand Rapids, MI.: William B. Eerdmans, 2019), 1－17.

3) David J. A. Clines, *Interested Parties: The Ideology of Writers and Readers of the Hebrew Bible* (Journal for the Study of the Old Testament Supplement Series 205; Sheffield: Sheffield Academic Press, 1995), 26－45.

4) 출애굽기 20:22－23:33(소위 계약법전)은 신명기 12－26장의 신명기법전에서 최신판으로 수정되고 개정되었다.

5) '아래로부터 형성된 율법'의 대표적인 예가 딸 상속법이다. 민수기 27장과 36장의 슬로브핫의 딸 세 명은 부모 땅에 대한 아들 배타적 상속법에 도전한다. 그들은 아버지의 땅을 아들만 상속하게 하는 법을 고쳐달라고 모세에게 요구했다. 슬로브핫의 딸들이 모세를 찾아가 항의했다. '아들이 없으면 아버지의 땅을 상속받지도 못한 채 눈 뜨고 당해야 하나요?'라는 물음을 모세가 하나님께 여쭈었다. 슬로브핫의 딸들의 질문과 요구는 정당하기에 법을 하나님이 고쳐주셨다. 또 다른 예는 다음과 같다: 출 15:25−26 모세가 부르짖어 형성된 보건위생율법; 출 18:16 재판율법; 출 21:23−25 탈리오의 법(고대 근동의 법률 유산의 상속).
6) 다아트 엘로힘은 야웨 하나님과 이스라엘의 언약적 친밀감, 부부간의 정분(情分)을 가리키는 계약함의적인 전문용어이다.

16주차 강의안

1) 인간의 존엄을 고양하고 인간을 모든 종류의 부정적 억압으로부터 해방하려는 하나님의 관심은 때로 문학작품에 의해 더욱 잘 드러난다. 문학자들의 인간존엄 옹호적 성경읽기 사례를 보려면, Northrop Frye, *The Great Code: The Bible and Literature* (New York, NY.: Harcourt Brace Jovanovich, 1981), p. xi, 106−114쪽을 참조하라. 또한 David L. Larsen, *The Company of the Creative* (Grand Rapids, MI.: Kregel, 1999), 11−18쪽을 참조하라.

참고문헌

한국어 자료 및 역서

간(Conn), 하배(Harvie M). 『다니엘서의 메시야 예언: 다니엘서의 난제 해석』. 서울: 개혁주의신행협회, 2007.

고종석. “고향에 묻힌 세 살배기 난민 아일란 쿠르디에게.” 2015년 9월 13일 경향신문.

김용옥. 『여자란 무엇인가』. 서울: 통나무, 1986.

김회권. “여호수아 24장 14－28절에 대한 문학적 읽기.” 「신학사상」 117(2002년 여름호), 161－189.

김회권. “열왕기하의 역사적 배경 연구.” 「목회와 신학」 부록 「그 말씀」(2004년 6월호), 46－57.

김회권. “포로귀환 공동체의 희망과 역경(에스라 3－4장).” 「목회와 신학」 부록 「그 말씀」(2005년 2월호), 46－52.

김회권. “가나안 땅을 영구적으로 차지하는 길: 갱신된 순종과 계약.” 『목회와 신학』 부록 「그 말씀」(2006년 9월호), 126－140.

김회권. 『이사야 I』. 서울: 대한기독교서회, 2006.

김회권. 『하나님 나라 신학으로 읽는 다니엘서』. 서울: 복 있는 사람, 2010.

김회권. 『하나님 나라 신학으로 읽는 모세오경』. 서울: 복 있는 사람, 2017.

김회권. “기독교 교육의 긴급한 의제로서의 창조질서 보전.” 「신학과 실천」 63(2019년 2월), 541－575.

김회권. 『이사야 40－66』. 서울: 복 있는 사람, 2020.

클레르보의 버나드. 『나는 들의 꽃 골짜기의 백합화: 클레르보의 베르나르의 아가서 설교』. 장미숙 옮김. 서울: 은성, 2011.

박노자. “민중본위의 통일은 가능한가.” 「녹색평론」 106(2009년 5－6월), 88－102.

반 게메렌(van Gemeren), 빌렘(Willem). 『구원계시의 발전사 I』. 김의원, 안병호 역. 서울: 성경읽기사, 1986.

볼킨(Balchin), 존(John A). “아가.” J. A. 모티어, G. J. 웬함, D. A. 카슨, R. T. 프란스(공편). 『IVP 성경주석』. 서울: IVP, 2015, 852－865.

레벤슨(Levenson), 존(Jon D.). 『하나님의 창조와 악의 잔존』. 홍국평, 오윤탁 옮김. 서울: 새물결플러스, 2019.

사이드, 에드워드 W.『권력과 지성인』. 전신욱, 서봉섭 옮김. 서울: 창, 2011.
성 아우구스티누스.『하나님의 도성』. 조호연, 김종흡 역. 고양: 크리스천다이제스트, 2010.
아크로이드(Ackroyd), 피터(Peter R).『이스라엘의 포로와 회복』. 이윤경 옮김. 서울: 기독교문서선교회, 2019.
앤더슨(Anderson), 버나드(B. W.).『구약성서의 이해 I』. 제석봉 역. 서울: 성바오로출판사, 1986.
엔즈(Enns), 피터(Peter).『성육신의 관점에서 본 성경영감설』. 김구원 역. 서울: 기독교문서선교회, 2006.
올슨(Olson), 데니스(Dennis T).『민수기 주석』. 현대주석 시리즈; 서울: 장로교출판사, 2003.
이종호. "한반도의 공룡유적지, 어디까지 가볼까?" 인터넷 과학신문<더 사이언스> (www.thescience.co.kr). 2012년 4월 11일자 기사.
이환 편역.『플라톤의 국가론』. 서울: 돋을새김, 2011.
이희학.『다니엘서 주석』. 서울: 대한기독교서회, 2004.
포퍼(Popper), 칼(Karl).『열린사회와 그 적들』. 이한구 옮김. 서울: 민음사, 2006.
폰팅, 클라이브.『녹색세계사』. 이진아, 김정민 옮김. 서울: 그물코, 2007.
프리처드. 제임스 B.『고대 근동 문학 선집』. 김구원 외(공역). 서울: 기독교문서선교회, 2016.
차준희. "구약에 나타난 창조의 영."「구약논단」55(2015년 3월), 185-211.
카(Carr), 에드워드(E. H).『역사란 무엇인가?』. 김택현 옮김. 서울: 까치, 2012.
하조니(Hazony), 요람(Yoram).『구약 성서로 철학하기(*The Philosophy of Hebrew Scripture*)』. 김구원 옮김. 서울: 홍성사, 2016.
헤겔, G. W. F.『철학강요』1판. 파주: 을유문화사, 1998.
헤셸(Heschel), 아브라함 J(Abraham J.).『예언자들』, 이현주 역. 서울: 삼인, 2008.

외국어 자료

Anderson, B. W. *Creation versus Chaos.* Minneapolis, IN.: Fortress Press, 1987.
Anderson, B. W. *Understanding the Old Testament.* 3rd ed.; Englewood, NJ.: Prentice-Hall, 1988.
Anderson, B. W. *Understanding the Old Testament.* 4th ed.; Upper Saddle River, NJ.: Prentice-Hall, 1998.
Archer, Jr. Gleason L. *A Survey of Old Testament Introduction.* Chicago, IL.: Moody Press, 1974.
Barker, Kenneth L & Walker, Larry L. "Zechariah." in *New International Version Study Bible.* Grand Rapids, MI.: Zondervan, 1985, 1405-1407.
Bright, John. *A History of Israel.* Philadelphia, PA.: The Westminster Press, 1959.

Brody, Samuel H. *Martin Buber's Theopolitics*. Indianapolis, IN.: Indiana University Press, 2018.

Buber, Martin. *Kingship of God*. New York, NY.: Harper & Row, 1967.

Bunnens, Guy, Hawkins, J. D., Leirens, I. *Tell Ahmar II. A New Luwian Stele and the Cult of the Storm−God at Til Barsib−Masuwari*. Leuven, Belgium: Peeters, 2006.

Butler, Trent C. *Joshua*. WBC; Waco, TX: Word Books, 1983.

Childs, Brevard S. *Introduction to the Old Testament as Scripture*. Philadelphia, PA.: Fortress, 1979.

Clines, David J. A. *Interested Parties: The Ideology of Writers and Readers of the Hebrew Bible*. JSOT Supplement Series 205; Sheffield: Sheffield Academic Press, 1995.

Cogan, M. & Tadmor, H. *II Kings*. Garden City, NY.: Doubleday, 1988.

Collins, John J. *Daniel with an Introduction to Apocalyptic Literature*. Grand Rapids, MI.: Eerdmans, 1984.

Dahood, Mitchell. *Psalm 1−50*. ABC; Garden City, NY.: Doubleday, 1966.

Duhm. Bernhard. *Das Buch Jesaja*. Göttingen: Vandenhoeck & Ruprecht, 1968(orig. 1892).

Ehrenberg, Victor. *From Solon to Socrates: Greek History and Civilization During the 6th and 5th Centuries*. 3rd ed.; Abingdon, ENG.: Routledge, 2011.

Enns, Peter. *Inspiration and Incarnation. Evangelicals and the Problem of the Old Testament*. Grand Rapids, MI.: Baker Academic, 2005.

Frye, Northrop. *The Great Code: The Bible and Literature*. New York, NY.: Harcourt Brace Jovanovich, 1981.

Goldingay, John. *Approaches to Old Testament Interpretation*. Leicester: Apollos, 1991.

Hallo, William W., Ruderman David B., Stanislawski M. (eds.). *Heritage: Civilization and the Jews: Source Reader*. New York, NY.: Praeger, 1984.

Hawk, L. Daniel. *Every Promise Fulfilled. Contesting Plots in Joshua*. Louisville, KY.: Westminster/John Knox Press, 1991.

Hawk, L. Daniel. *The Violence of the Biblical God*. Grand Rapids, MI.: William B. Eerdmans, 2019.

Hayes, John H. & Hooker, Paul K. A *New Chronology for the Kings of Israel and Judah and Its Implications for Biblical history and Literature*. Atlanta, GA.: John Knox Press, 1988.

Hegel, G. W. F. *Philosophy of Right*. trans. S. W. Dyde. Kitchener. Ontario(CN.):

Batoche Books, 2001.

Hobbes, Thomas. *Leviathan.* London: Andrew Crooke, 1651.

Holladay, William L. *Long Ago God Spoke—How Christian may hear Old Testament Today.* Minneapolis, IN.: Fortress, 1997.

Jacobsen, Anders—Christian. "The Importance of Genesis 1—3 in the Theology of Irenaeus." *Zeitschrift für Antikes Christentum* 8/2(2005), 299—316.

Janzen, David. "A Colonized People: Persian Hegemony, Hybridity, and Community Identity in Ezra—Nehemiah." *Biblical Interpretation* 24(2016), 27—47.

Kaufmann. Y. *The Religion of Israel—From Its Beginnings to the Babylonian Exile.* trans. Moshe Greenberg; Chicago, IL.: The University of Chicago Press, 1960.

Larsen, David L. *The Company of the Creative.* Grand Rapids, MI.: Kregel, 1999.

LaSor, W. S., Hubbard, D. A., Bush, F. W. *Old Testament Survey.* Grand Rapids, MI.: Eerdmans, 1982.

Levenson, Jon D. Creation and the Persistence of Evil(Princeton, NJ.: Princeton University Press, 1988).

Littman, Robert J. "Athens, Persia and the Book of Ezra." *Transactions of the American Philological Association* 125(1995), 251—259.

McCarthy, Brian. "The Biblical Tradition, The Church, and Marx's Critique of Religion." *CrossCurrents* 341 (1984), 43—64.

McNeill(ed.), John T. *Calvin: Institutes of the Christian Religion.* Philadelphia, PA.: The Westminster Press, 1960.

Miller, Patrick D. *Deuteronomy.* Louisville, KY.: John Knox Press, 1990.

Moran, William L. *The Amarna Letters.* Baltimore, MD.: Johns Hopkins University Press, 1992.

Noth, Martin. *The History of Israel.* London: A. & C. Black, 1960.

Noth, Martin. *The Deuteronomistic History.* Sheffield: JSOT Press, 1981.

Pardee, Dennis & Pardee, Nancy. "Gods of Glory Ought to Thunder: The Canaanite Matrix." in Lowell K. Handy (ed.). *Psalm 29 Through Time and Tradition.* Cambridge, ENG.: The Lutterworth Press, 2009, 115—125.

Pritchard, James B. *Ancient Near Eastern Texts relating to the Old Testament* 3rd ed.; Princeton University Press, 1969.

Seow, C. L. *Ecclesiastes.* ABC; New York et al.: Doubleday, 1997.

Tanner, J. Paul. "The History of Interpretation of the Song of Songs." *Bibliotheca Sacra* 154(1997), 23—46.

Thiele, E. R. *The Mysterious Numbers of the Hebrew Kings.* Rev. ed.; Grand Rapids, MI.: Zondervan, 1983.

Trevisanato, Siro I. *The Plagues of Egypt.* Euphrates, NJ.: Gorgias Press, 2005.

von Rad, Gerhard. "The Promised Land and Yahweh's Land in the Hexateuch." in *The Problem of the Hexateuch and Other Essays.* London: SCM, 1984.

von Rad, G. "Eighth Century Prophecy." in Eds. Ben C. Ollenburger et al., *The Flowering of Old Testament Theology.* Winona Lake, IN.: Eisenbrauns, 1992, 120–147.

von Rad, G. *Old Testament Theology* vol. 2. trans. D. M. G. Stalker; Louisville, KY.: John Knox Press, 2000.

Walton J. & Hill, A. E. *A Survey of the Old Testament.* Grand Rapids, MI.: Zondervan, 2000.

Weinfeld, Moshe. *The Place of the Law in the Religion of Ancient Israel.* VTS100; Leiden: Brill, 2004.

Wellhausen, Julius. *Prolegomena to the History of Ancient Israel.* Cleveland & New York: Meridian Book, 1961.

Wellhausen, Julius. *Die Composition des Hexateuchs und der historischen Bücher des Alten Testaments.* 4th ed.; Berlin: Walter de Gruyter, 1963.

Williamson, H. G. M. *Ezra–Nehemiah.* WBC; Waco, TX.: Word Books, 1999.

Wilson, Gerald Henry. *The Editing of the Hebrew Psalter.* Chico, CA.: Scholars Press, 1985.

Wilson, John A. "The Instruction of Amen–em–Opet." in James B. Pritchard. *Ancient Near Eastern Texts relating to the Old Testament.* 3rd ed.; Princeton University Press, 1969, 421–424.

Wiseman, Donald J. *1 & 2 Kings.* Leicester: IVP, 1993.

저자 약력

김회권

서울대학교 영어영문학과 졸업(BA)
장로회신학대학원 교역학 석사, 신학석사(M. Div., Th. M.)
Princeton Theological Seminary 성서학 박사(Ph. D.)

2003년 – 현재 숭실대학교 인문대 기독교학과 교수
2022년 – 현재 숭실대학교 기독교학대학원장
2024년 – 현재 숭실대학교 교목실장
2010 – 2017년 숭실대학교 교목실장 역임
2020.12 – 2022.12 한국구약학회 회장 역임

주요 저서

하나님 나라 신학 시리즈 주석서(<모세오경>, <여호수아, 사사기, 룻기>, <사무엘상하>, <이사야 1–39장>, <이사야 40–66장>, <다니엘서>, <요한복음>, <욥기>, <수정증보판 사도행전 1, 2>), <하나님의 도성 그 빛과 그림자>, <자비경제학> 등 출간

제2판
인문고전으로서의 구약성서 읽기

초판발행 2021년 9월 14일
제2판발행 2024년 9월 10일

지은이 김회권
펴낸이 안종만 · 안상준

편 집 김다혜
기획/마케팅 김민규
표지디자인 Ben Story
제 작 고철민 · 김원표

펴낸곳 (주) 박영사
서울특별시 금천구 가산디지털2로 53, 210호(가산동, 한라시그마밸리)
등록 1959. 3. 11. 제300-1959-1호(倫)
전 화 02)733-6771
f a x 02)736-4818
e-mail pys@pybook.co.kr
homepage www.pybook.co.kr
ISBN 979-11-303-2075-5 93230

정 가 39,000원